U0128645

博士论文
出版项目

言以行道

庆历士大夫与北宋政治文化的转型

Practice Confucianism by Words

Qingli Scholar-Officials and the Transformation of
Political Culture in the Northern Song Dynasty

王启玮　著

中国社会科学出版社

图书在版编目（CIP）数据

言以行道：庆历士大夫与北宋政治文化的转型／王启玮著. —北京：
中国社会科学出版社，2024.3（2024.5重印）
ISBN 978 - 7 - 5227 - 3174 - 2

Ⅰ. ①言… Ⅱ. ①王… Ⅲ. ①知识分子—研究—中国—北宋②政治
文化—研究—中国—北宋 Ⅳ. ①D691.71②D691

中国国家版本馆 CIP 数据核字（2024）第 044571 号

出 版 人	赵剑英	
责任编辑	宋燕鹏	
责任校对	李　硕	
责任印制	李寡寡	

出　　版	中国社会科学出版社	
社　　址	北京鼓楼西大街甲 158 号	
邮　　编	100720	
网　　址	http://www.csspw.cn	
发 行 部	010 - 84083685	
门 市 部	010 - 84029450	
经　　销	新华书店及其他书店	

印　　刷	北京君升印刷有限公司	
装　　订	廊坊市广阳区广增装订厂	
版　　次	2024 年 3 月第 1 版	
印　　次	2024 年 5 月第 2 次印刷	

开　　本	710×1000　1/16	
印　　张	56	
字　　数	780 千字	
定　　价	298.00 元	

出 版 说 明

为进一步加大对哲学社会科学领域青年人才扶持力度，促进优秀青年学者更快更好成长，国家社科基金 2019 年起设立博士论文出版项目，重点资助学术基础扎实、具有创新意识和发展潜力的青年学者。每年评选一次。2021 年经组织申报、专家评审、社会公示，评选出第三批博士论文项目。按照"统一标识、统一封面、统一版式、统一标准"的总体要求，现予出版，以飨读者。

全国哲学社会科学工作办公室

2022 年

摘　　要

　　宋仁宗朝（1022—1063）是两宋思想、文学与政治诸领域发生重大变革并形成自身特征的关键历史阶段。此期的儒学复兴、诗文革新和政治变迁彼此相融互渗，均由庆历士大夫这一北宋新型士大夫群体承当。因此，要深入理解仁宗朝士大夫文化的种种内涵和新变，须对其"担纲者"的精神气质给予充分的关注。

　　庆历士大夫主要作为政治团体登场，共享一套迥异于主流的政治亚文化：以儒家理想主义为内核的价值观念、行为模式和话语体系。他们最突出的政治功绩，并非庆历新政，而是在权力世界构建并推广了这种新的意识形态，推动两宋的政治文化从单一走向多元。而庆历士大夫长期处于弱势地位，又面临污名化的困境，却能成功突围，进而移风易俗，依靠的是自身的能动性，具体来说，即持之以恒且彼此照应的"行"与"言"。他们通过言事、边防、中央决策、地方治理等多种政治行动实践儒家理想主义，坚持同吕夷简等老成士大夫展开政争，得位后又联手发起改革，在彰显"英俊"理念之实用性的同时树立起刚直有为、同心共济的"君子"形象。更为关键的是，他们重视言说作为一种社会行动的效力和潜力，利用体制内外的谏净、言说活动，依托各类公私属性的文学书写，反抗威权，参与论争，阐述理念，宣扬政见，引导舆论，成功地完成了自我辩护以及对于传统和主流的批判，由此重建儒家理想主义的合法性，为北宋政治文化的转型提供了核心动力。

庆历士大夫的政治生涯大致分为三个阶段。第一阶段是仁宗朝前期（1022—1045），他们借助政争和论争发起了一系列观念变革运动。庆历士大夫和老成士大夫持续冲突的根源是政治理念的结构性对立。"老成"拥有多元而不甚相融的知识结构，认同宋初以来谨厚慎重的政治文化，以儒术与政治为"两截事"，为政讲求循法守度，有所不为。庆历士大夫则用古道贯通人生的各方面，崇尚儒家理想，提倡行道有为，要求变革。两个群体从各自的视角出发相互审视，导致全面的理解偏差。他们都将对方视为合理秩序的颠覆者或窒碍者，认定自身排斥异己是正义之举。范、吕党争即可被还原为士大夫基于特定理念的呼应与对抗行为。双方一面贬斥政敌的人格和言行，一面合理化自身的政治行动，撕裂了整个言论场。庆历士大夫在论争中往往自我坐实"罪名"，为原先被主流鄙弃的结党、改革、直言、近名等行为正名，以政治修辞的褒贬转换助益政治文化的多元转向。

庆历士大夫在进行政争的同时也致力于推动舆论权力的抬升，促成士人言论观的转变。仁宗朝的公共言论空间并不总是宽松的，其边界历时而变。仁宗亲政后，大体鼓励言事，言论空间因而曲折扩张，至新政而达高点。庆历谏官开辟舆论阵地，期望为改革创造有利环境。新政失败后，仁宗支持"老成"打击"私说"，言论空间受限，但仍未丧失活力。在言论空间盈缩的过程中，发生了范晏之辩、景祐党争和"奏邸狱"三个标志性事件。范仲淹上晏殊书是庆历士大夫阐明自身言论观的核心文本。他们经由自辩、反击和避嫌，论证了以言行道的行动逻辑、以言报国的言者意识以及危言危行的立朝姿态，带动"以犯颜纳说为忠"的新风。景祐党争昭示仁宗朝政治舆论写作的兴起。庆历士大夫重视公议，利用多条传播渠道自主发声，借由书写构建独立的政治评判机制。"奏邸狱"则是权力在关键时刻对特定士人文化的一次粗暴干涉，是仁宗和"老成"清算庆历士大夫"出格"言行的表现。

　　同样是在仁宗朝前期，庆历士大夫为对抗宋初以降的消极声望观，发动"近名"褒义化运动，倡导积极近名论，抉发声望劝善沮恶的社会功能，并使之融入主流政治文化。和"近名"褒义化运动相表里的是北宋中期的"声望政治"。伴随声望体系的独立和舆论的活跃，一批儒家理想主义者被士林推选为具有超凡魅力的领袖。他们在关键时刻往往能凭借众望进入决策层，从而推动政治变革或改易政治路线。北宋中期以美为劝的士人上书以及《庆历圣德颂》是声望政治语境下的典型文本。前者展现北宋新型士人群体作为道义共同体的责善风气、理想主义、舆论意识和公共观念，反映声望的重要地位和二重属性。在声望政治的背景下，上书是下位者向上传递压力的首要途径。重望兼忧责则成为得位者决策和创作的前提。而《庆历圣德颂》采用合颂群臣的模式，是声望政治投射于文本的表现。此颂又和石介同时期的上书相呼应，意在向明君贤臣施加舆论压力，督促他们致治太平。

　　第二阶段是仁宗朝中期（1038—1055），庆历士大夫直面内外危机和新政成败，在应对具体政治问题的过程中进一步落实、思考和宣扬"英俊"理念。先看边事。宋夏战争不仅引发边防危机，还激化了北宋社会的内部矛盾。急遽变化的政治形势作用于诗界与政坛，一则触发边塞诗创作的热潮，二则为仁宗朝的政治变革乃至政治文化转型提供了契机。范仲淹、韩琦、梅尧臣、苏舜钦或直接参与或深度思考西事。四人的相关创作亦颇具个性，均围绕特定角色展开，兼有思想深度和文学表现力。范、韩在两宋文臣出任经略安抚使成为定制的进程中作为首批"儒帅"登场，经由"阅古堂"同题书写阐发了自身"以儒者奉武事"的所见所感，梅、苏则在边塞诗中分别自拟作幕僚、武将。不同的角色扮演或角色想象决定了文本面貌，又关系到个体的文化人格。范、韩提倡文武全才，梅推崇通儒，还有苏的尚武精神和烈士向慕，这些目标一致而面目各异的自我表达，折射出庆历士大夫对于边事的思考，以及他们在文武之间的探索和抉择。

再看贬谪和吏治。新政失败后的十年是"老成"居庙堂而庆历士大夫谪守地方的理想落潮期。庆历士大夫遭遇政治挫折，却并未因此消沉。一方面，他们在地方怀抱有待的信念，以乐道自适，但也没有放弃行道之志。关于"尹洙之死"的集体书写是他们重新激活儒家生死观的一次尝试，并折射出诸人于逆境向内发掘儒道内涵的努力。另一方面，他们在州县主持修筑各类公私建筑，作为安身兼寄意的归息之所。以记体文为中心的群体性创作因此趋于兴盛，承载思想、政治与文学之间的深层互动，堪称后新政时代最重要的文化景观。《岳阳楼记》《丰乐亭记》《醉翁亭记》等名篇显示，庆历士大夫受孟子思想启迪，在地方官任上广泛开展"众乐"的文化实践，延续改革时的循吏理想，开辟了地方官创作的新范式。《岳阳楼记》更是把忧济意识推至极境。此种强调利他的偏至型理念与韩愈"忧天下之心"一脉相承。范、韩的言说反映了科举士大夫的主体意识与政治诉求，昭示公共责任感的内转和下移。同时，庆历士大夫还检讨韩愈之忧中功利、庸俗的一面，凸显愈加纯粹的兼济之志。

最后阶段是仁宗朝后期至神宗初年（1045—1075），庆历士大夫逐步走出改革失败的困局，先后回归朝廷，并于嘉祐、治平之际长期主政。然而，他们的政治观念偏向保守，因此遭到后辈士大夫越来越激烈的批判，最终导向"濮议"和王安石变法。这类代际冲突有两方面的原因。一是庆历士大夫的政治反思和理念变迁。范仲淹晚年在写给叶清臣的信中回顾新政败局，批评庆历谏官一味追求名节而激起仁宗的猜疑，指出君子立朝"身安而国家可保"。此种现实主义论调几乎翻转了他一直以来提倡的政治价值观，昭示庆历士大夫的保守化趋势。韩琦、富弼、欧阳修从不同角度接续了范仲淹的反思。欧阳修在撰写范仲淹神道碑时强调"朋党之论"有名无实，就处在这条延长线上。二是后辈士大夫的成长和独立。在庆历士大夫影响下，新一代士大夫普遍接纳"英俊"理念，认可儒家理想主义。欧阳修和青年曾巩的政治互动，就反映了两代新型士大夫之间的精神契合和文化传承。后辈士大夫进入政坛后，不断发出变革的呼声，并非议富弼、韩琦、欧阳修因循无能。得位行道的角色期望以及外界舆论的压力于是愈益构成欧阳修晚年生命中的重负和羁束，催生出他晚年独具个性的对问体自述文。

关键词：庆历士大夫；政治文化；士大夫文学；儒道；合法化

Abstract

The reign of Emperor Renzong of the Song Dynasty (1022 – 1063) represents a pivotal historical phase during which significant changes in thought, literature, and politics took place, leading to the distinct characteristics of the Song era. During this period, the revival of Confucianism, literary innovations, and political shifts intertwined, with the Qingli 庆历 scholar-officials, a new type of elite group during the Northern Song, playing a central role. Hence, to deeply understand the diverse facets and novelties of the scholar-official culture during Renzong's reign, it is imperative to pay close attention to the intellectual and spiritual temperament of these key figures.

The Qingli scholar-officials primarily emerged as a political group, sharing a set of political subcultures distinct from the mainstream. This encompassed the value idea, behavioral patterns, and a discourse system rooted in Confucian idealism. Their most notable political achievement was not necessarily the Qingli Reform, but the introduction and promotion of this new ideology in the world of power, pushing the political culture of the Song Dynasty from being monolithic to diverse. Despite their marginalized status and stigmatization, the Qingli scholar-officials managed to break through and bring about a cultural shift. Their resilience stemmed from their own initiative. Specifically, it referred to the "actions" and "words" that was persistent and corresponded to each other. Through various political actions, such as administrative discussions, border defense, central decision-making, and local governance, they practiced Confucian idealism, consistently opposed veteran officials like Lü Yijian 吕夷简, and initiated reforms once in power. By emphasizing the practicality of their "Yingjun 英俊" (noble talent) concept, they showcased an image of upright, proactive, and united "Junzi 君子". Crucially, they recognized the efficacy and potential of speech as a form of social action. Relying on critiques and speeches inside and outside the system, and various literary writings of public and private attributes, they resisted authority, participated in debates, elucidated ideas, propagated opinions, guided public opinion, successfully defended themselves, critiqued traditional norms and mainstream perspectives, thus reestablishing the legitimacy of Confucian idealism, which served as the primary driving force behind the cultural transformation of the Northern Song.

The political careers of the Qingli scholar-officials can be categorized into three phases. The first phase, during the early reign of Emperor Renzong (1022-1045), witnessed their initiation of various ideological reform movements through political and ideological disputes. The underlying tension between the Qingli and the veteran scholar-officials lay in their structural opposition in political philosophy. The "Laocheng 老成" (veterans) possessed a diverse yet incohesive knowledge structure and were adherents of the cautious and prudent political culture that had persisted since the beginning of the Song Dynasty. They viewed Confucianism and politics as separate entities. As for the politics, they advocated governance based on law and restraint and believed the government should not do everything. In contrast, the Qingli scholar-officials integrated ancient principles into all aspects of life, revered Confucian ideals, and championed proactive governance and reforms. The two groups examined each other from their respective perspectives, leading to widespread misunderstandings. They both regarded the other side as disruptors or impediments to a rightful order, deeming their exclusion of the other as just. The Fan-Lü factional conflict can be understood as the manifestation of these scholars' alignments and confrontations based on specific ideas. Both sides disparaged the character and actions of their opponents while justifying their own political maneuvers, tearing apart the whole speech field. Often, the Qingli scholar-officials acknowledged accusations directed at them, legitimizing previously stigmatized actions like factionalism, reform, candid speech, and the pursuit of fame, promoting the multi-dimensional shift in political culture through the transformation of political rhetoric.

Amidst political struggles, the Qingli scholar-officials were committed to elevating the power of public opinion, bringing about a shift in the scholars' views on discourse. The public discourse space during Emperor Renzong's reign wasn't always liberal; its boundaries shifted over time. After Emperor Renzong began his personal rule, he generally encouraged open discourse, leading to a gradual expansion of the public discourse space, which peaked during the Qingli Reform. Qingli officials carved out spaces for public opinion, hoping to create a conducive environment for reform. After the failure of the reform, Emperor Renzong, siding with the "Laocheng", curbed "private opinions 私说", shrinking the discourse space, yet it retained its dynamism. Within this fluctuating environment, three landmark events occurred: the debate between Fan Zhongyan 范仲淹 and Yan Shu 晏殊, the Jingyou 景祐 factional conflict, and the "Zoudiyu Case 奏邸狱". Fan Zhongyan's letter to Yan Shu is a foundational document elucidating the Qingli officials' views on discourse. Through defense, counter-attacks, and avoidance of slander, they emphasized the logic of acting according to principles, the responsibility of speaking for the nation, and the posture of being cautious both in speech and conduct. This led to the renewed appreciation of speaking candidly as a form of loyalty. The Jingyou factional conflict signaled the rise of political opinion writing during Emperor Renzong's reign. Qingli officials valued public opinion and utilized various channels to voice their perspectives, establishing an independent mechanism for political judgment through writing. The "Zoudiyu Case" represented a crude intervention in a specific scholar culture by the authorities at a critical moment, reflecting Emperor Renzong and the "Laocheng" 's suppression of Qingli officials for their unorthodox discourse and deeds.

During the early part of Renzong's reign, Qingli officials sought to combat the negative reputation perspectives that had persisted since the early Song Dynasty. They initiated a movement to put a positive spin on "pursuing fame 近名", emphasizing the societal functions of reputation to encourage virtue and deter vice, integrating it into mainstream political culture. This paralleled the emergence of "reputation politics" in the mid-Northern Song period. With the independent development of a reputation system and the vitality of public opinion, a group of Confucian idealists was endorsed by scholars as charismatic leaders. Relying on public esteem, they were often able to enter the decision-making circles at critical moments, pushing for political reforms or shifts in political directions. Letters from scholars which admonished the recipient by praise and the *Qingli Shengde Song* 庆历圣德颂 are typical texts in the context of reputation politics. The former showed the intense morality, idealism, public opinion consciousness and public concept of the new scholar group in the Northern Song Dynasty as a moral community, and reflected the important position and dual attributes of reputation. In the context of reputation politics, epistolary writing was the primary way for those below to transfer pressure upwards. Attaching importance to reputation while also worrying about responsibility became the premise of decision-making and writing for those in power. However, the *Qingli Shengde Song* adopted the mode of singing together, which was the performance of reputation politics projected on the text. This text echoed Shi Jie's 石介 epistolary writing in the same period, intended to exert public pressure on the emperors and ministers, urging them to bring peace and tranquility to the country.

The second phase spans the mid-reign of Emperor Renzong (1038 – 1055), where Qingli officials confronted internal and external crises, as well as the successes and failures of the Reform, further implementing, reflecting on and advocating their "Yingjun" ideals. First is the war in the west. The Song-Xia war not only triggered border defense crises but also exacerbated internal conflicts within the Northern Song society. The rapidly changing political landscape impacted both the literary realm and the political arena, leading to a surge in frontier poetry and offering opportunities for political and cultural transformation. Figures like Fan Zhongyan, Han Qi 韩琦, Mei Yaochen 梅尧臣, and Su Shunqin 苏舜钦 either directly participated in or deeply contemplated the western frontier issues. Their works showcased distinct personalities, each revolving around specific roles, combining intellectual depth with literary expression. Fan and Han, as the pioneering "Scholar-Type General", expressed their experiences and insights of "serving military matters as Confucians" through "Yuegu Hall 阅古堂" themed writings. Meanwhile, Mei and Su portrayed themselves as military aides and warriors in their frontier poems. Different role playing or role imagination determines the appearance of the text, and also relates to the individual's cultural personality. Fan and Han advocated all-round talents, Mei respected profound Confucian, while Su admired brave warriors. These self-representations with the same goal but varied appearance reflected the Qingli officials' contemplation on frontier issues and their explorations and decisions between the civil and military domains.

Examining the themes of exile and administration, the decade following the failure of the reforms marked an ebb in the influence of the Qingli scholar-officials as the "Laocheng" dominated the central government while the Qingli officials were relegated to provincial posts. Despite political setbacks, the Qingli scholar-officials remained undeterred. On the one hand, they harbored a belief in the potential of their local assignments, enjoying their roles and staying true to their principles. Collective writings on "Yin Zhu's 尹洙 death" exemplify their efforts to rejuvenate Confucian views on life and death, reflecting their internal exploration of Confucian principles amidst adversities. On the other hand, they commissioned various public and private buildings in their jurisdictions as symbols refuge. Group writings, centered around the literary genre of Ji 记, flourished, capturing the intricate interplay of thought, politics, and literature, making it a significant cultural phenomenon of the post-reform era. Notable works like *Memorial to Yueyang Tower* 岳阳楼记, *Memorial to Fengle Pavilion* 丰乐亭记, and *Memorial to Zuiweng Pavilion* 醉翁亭记 reveal that, inspired by Mencius, the Qingli scholar-officials widely implemented the cultural practice of "collective joy" during their local tenures, continuing the ideal of virtuous administration from the reform period and creating a new paradigm for local official writings. *Memorial to Yueyang Tower* profoundly accentuates the consciousness of societal concern to its utmost. This extreme principle that emphasis on altruism resonates with Han Yu's 韩愈 ethos of "a heart concerned for the world". The discourses of Fan Zhongyan and Han Yu reflect the self-awareness and political aspirations of the scholar-officials who emerged through the imperial examination system, signifying a shift and descent in the sense of public responsibility. Meanwhile, the Qingli scholar-officials critically examined the utilitarian and mundane aspects of Han Yu's concerns, highlighting an even purer commitment to collective welfare.

In the final phase, spanning from the later period of Emperor Renzong's reign to the early years of Emperor Shenzong (1045-1075), the Qingli scholar-officials gradually overcame the aftermath of the failed reforms, returning to the central court and holding significant offices during the JiaYou 嘉祐 and ZhiPing 治平 eras. However, their political views leaned conservative, attracting increasing criticism from younger officials, culminating in the "Pu Debate 濮议" and Wang Anshi's Reform 王安石变法. There were two reasons for this type of intergenerational conflict. First, there was a political reflection and ideological shift among the Qingli scholar-officials. In the letter to Ye Qingchen 叶清臣, Fan Zhongyan reflected on the failure of the Reform, criticizing Qingli officials for prioritizing personal reputation, which aroused Emperor Renzong's suspicions. He mentioned that a gentleman's role in the court should ensure the security of the state. This pragmatic tone represented a departure from his long-held political values, signifying a conservative turn among the Qingli officials. Han Qi, Fu Bi 富弼, and Ouyang Xiu 欧阳修, each in their ways, echoed Fan Zhongyan's reflections. Ouyang Xiu, while writing the epitaph for Fan Zhongyan, emphasized the baselessness of the "factionalism" claims, aligning with this perspective. Second, there was the growth and independence of younger officials. Influenced by the Qingli scholar-officials, the new generation broadly embraced the "Yingjun" concept, acknowledging Confucian idealism. The political interactions between Ouyang Xiu and the young Zeng Gong 曾巩 reflected the spiritual alignment and cultural transmission between these two generations of scholar-officials. As younger officials entered the political arena, they persistently called for reforms and criticized figures like Fu Bi, Han Qi, and Ouyang Xiu for their negativeness and incompetence. The expectations to enact reforms and the pressures from external public opinion increasingly weighed on Ouyang Xiu, leading to his unique interrogation-style writings in his later years.

Key Words：Qingli scholar-officials; political culture; literature of scholar-officials; Confucianism; legitimation

目 录

Contents

绪　　论

一　何谓"庆历"，何谓"庆历士大夫"

宋人有云："仁祖之治，前有庆历，后有嘉祐。"[1] 宋仁宗赵祯在其四十二年统治生涯（1022—1063）里共使用过九个年号，就中庆历（1041—1048）、嘉祐（1056—1063）位列第六、第九，分别标示仁祖一朝的中段和终程。而在宋人眼中，这两个年号又别具深意。诸如"庆历、嘉祐之治"之类的口号被广为传颂，几乎成为整个仁宗时代的代称。它们表征本朝全盛之日，其间蕴含着许多足堪铭记的功德、可资效法的治道和值得玩味的故事。[2]

---

[1]　（宋）佚名编：《群书会元截江网》卷4《法祖》，文渊阁四库全书本，第31页 a。按，据四库馆臣考证，《群书会元截江网》乃南宋理宗朝建阳坊刻的科举类书。故是书所载本朝史事及相关议论多为宋人共享的公共知识。

[2]　欧阳修于治平三年（1066）给同道余靖作神道碑文，已提及"庆历之治"。其后，陈师锡在殿中侍御史任上力劝刚即位的宋徽宗听纳台谏直言以任贤去邪，明确提出"庆历、嘉祐之治"为"远过汉唐，几有三代之风"的"本朝甚盛之时"[参见（宋）陈师锡《上徽宗论任贤去邪在于果断奏》，曾枣庄、刘琳主编《全宋文》卷2031，上海辞书出版社、安徽教育出版社2006年版，第93册，第253页]。学者据此认为，"庆历、嘉祐之治"的概念是北宋后期旧党士大夫出于抵制新法、反对新党的需要而被塑造出来的，折射出他们的怀旧情结。参见曹家齐《"嘉祐之治"问题探论》，《学术月刊》2004年第9期；张邦炜：《"嘉祐之治"：一个叫不响的命题》，《四川师范大学学报》2021年第1期。至南宋，"庆历、嘉祐之治""庆历之治""嘉祐之治"等说法盛行于时，并被进一步抽象化，承担了多种政治功能，充分说明仁宗及其时代在宋人的历史记忆中占据着关键位置。蔡涵墨（Charles Hartman）即指出，从北宋末期开始，仁宗治下，尤其是庆历、嘉祐时期，开始被视作王安石变法之前的黄金时代。这一关于宋史的宏大寓言（grand allegory）也成为李焘《续资治通鉴长编》　（转下页）

不过，如若拨开宋人加诸庆历、嘉祐的种种褒美、阐释乃至信仰，回归这两个政治符号所确指的时空，就能发现理念和现实之间其实存在不小的出入。由庆历、嘉祐两个时段的政治形势观之，后者尚且可称治世，而前者则明显不够格。[①] 自宝元元年（1038）宋夏

（接上页）以及元人《宋史》的基石。参见 Charles Hartman, *The Making of Song Dynasty History*: *Sources and Narratives*, 960－1279 *CE*, Cambridge University Press, pp. 242－247. 归结起来，"庆历、嘉祐之治"在后世主要有三项政治功能。其一，有待恢复的盛世理想。周必大、陈俊卿、陆游、程洵、赵汝腾乃至秦桧等一大批南宋士大夫都表示渴望重造"庆历、嘉祐华夏太平之基"[（宋）陆游：《上郑宣抚启》，《渭南文集校注》卷9，钱仲联、马亚中主编《陆游全集校注》，浙江教育出版社2011年版，第9册，第222页]。其二，备受推崇的政治典范。南宋初王璧为宋高宗御书《无逸图》作赞时称颂："我宋仁宗明孝皇帝（在御，爰命翰墨之臣缮写为图，列于迩英阁，朝夕览观，究其指归，资以懋德立政。而庆历、嘉祐之治足以追俪三五，为万世无疆之休，盖其明效大验然也。"[《全宋文》卷4075，第185册，第370页）南宋名臣陈俊卿以仁宗盛治勉励宋孝宗："本朝之治，惟仁宗为最盛。愿陛下治心修身之道，专以仁宗为法，而立政任人之际，必稽成宪而行，则庆历、嘉祐之治不难致也。"[（宋）朱熹：《少师观文殿大学士致仕魏国公赠太师谥正献陈公行状》，《晦庵先生朱文公文集》卷96，朱杰人、严佐之、刘永翔主编《朱子全书》，上海古籍出版社、安徽教育出版社2002年版，第25册，第4457页] 而孝宗下诏举贤良方正能直言极谏时也感慨道："昔我仁祖临御，亲选天下士十有五人，崇论竑议，载在方策。庆历、嘉祐之治，上参唐虞，下轶商周。呜呼，何其盛也！"（刘琳等点校：《宋会要辑稿》选举一一之三二，上海古籍出版社2014年版，第5488页）又如南宋大臣刘光祖告诉宋光宗："咸平、景德之间，道臻皇极，治保太和，至于庆历、嘉祐盛矣。"[（元）脱脱等：《宋史》卷397《列传第一百五十六》，中华书局1985年版，第12098页] 袁说友也对宋宁宗说过："仰惟国朝版图全盛，货财充足，至于庆历、嘉祐之间，可谓极盛。"[（宋）袁说友：《进讲故事》，清翰林院钞本《东塘集》卷11，《宋集珍本丛刊》影印本，线装书局2004年，第64册，第357页] 南宋后期的吕中亦提出："夫庆历、嘉祐之间，天下至今号为太平。"[（宋）吕中撰，张其凡、白晓霞整理：《类编皇朝大事记讲义》（与《类编皇朝中兴大事记讲义》合刊）卷11，上海人民出版社2013年版，第233页）其三，反王安石及其新法的意识形态。具体论说参见曹家齐《"嘉祐之治"问题探论》；曹家齐：《"爱元祐"与"遵嘉祐"——对南宋政治指归的一点考察》，《学术研究》2005年第11期；曹家齐：《赵宋当朝盛世说之造就及其影响——宋朝"祖宗家法"与"嘉祐之治"新论》，《中国史研究》2007年第4期；张邦炜：《"嘉祐之治"：一个叫不响的命题》。

① 曹家齐：《"嘉祐之治"问题探论》即指出，宋人将嘉祐、庆历并称，主要着眼于用人，就政局而言，庆历年间最为动荡，远不能和嘉祐时期相比。另外，张邦炜：《"嘉祐之治"：一个叫不响的命题》提出，"庆历、嘉祐之治"名不副实，是北宋后期士大夫出于特定政治目的对仁宗朝历史进行"粉饰"和"重塑"的产物。张邦炜的观点值得重视，但他认为庆历与嘉祐没有本质差别，则需进一步讨论。

战争爆发以来，西北二边累年不靖，兼之国内灾异频仍，民乱兵变不止，至庆历初年，宋廷在军事、民生、治安、财政各领域无不面临异常严峻的问题。欧阳修在谏官任上多次采用"二虏交构，中国忧危，兵民疲劳，上下困乏，贤愚失序，赏罚不中，凡百纲纪，几至大坏"① 式的修辞极言时局之艰，绝非危言耸听。庆历四年（1044）宋夏议和后，仁宗朝的内外危机虽大为缓解，但天变与动乱仍未消歇，"天下多故"② 的困境没有从根本上得到改善。是故，庆历——这样一个先天不足的符码——在宋人那里却能和名实相副的嘉祐相提并论，更被一道从诸年号中刻意挑选出来指称本朝的黄金时代，其原因需要分别从政事、人事二端说起。

先看政事方面。在庆历年间发生的最引人注目的政治事件无疑就是那场被后世称为"庆历新政"的政治改革运动。虽然新政仅维持一年多光景便告失败，革新派也很快离朝四散，但此间的风云际会已足以使个中人、事彪炳千古，亦令庆历脱颖而出，成为仁宗朝乃至北宋政治高峰的象征。作为历史符号的庆历、嘉祐也因此呈现出微妙的差异。庆历并非治世，但同时也超越了一般意义上的治世。相较于长期承平、稳定的嘉祐之际，政局屡变的庆历时期在宋人看来反倒拥有更为充沛的社会活力和更为丰富的历史意涵，蕴藏着开创真正盛世的可能性。这里不妨引入王安石变法笼罩下的神宗朝作为参照。嘉祐之治与熙、丰时代无论从哪个角度看都判若天渊，而庆历政风之于熙、丰，则在对立之外更有本质趋同的一面。关于这点，可以参考朱熹的两段历史评述：

> 向见何一之有一小论，称荆公（王安石）所以办得尽，行许多事，缘李文靖（李沆）为相日，四方言利害者尽皆报罢，

---

① （宋）欧阳修：《论止绝吕夷简暗入文字札子》，李逸安点校《欧阳修全集》卷101，中华书局2001年版，第1545页。

② （宋）李焘撰，上海师范大学古籍整理研究所、华东师范大学古籍整理研究所点校：《续资治通鉴长编》卷163，中华书局2004年版，第3936页。

积得许多弊事，所以激得荆公出来，一齐要整顿过。荆公此意便是庆历范文正公（范仲淹）诸人要做事底规模。然范文正公等行得尊重，其人才亦忠厚。荆公所用之人，一切相反。①

今世有二弊：法弊，时弊。法弊但一切更改之，却甚易；时弊则皆在人，人皆以私心为之，如何变得？嘉祐间法可谓弊矣，王荆公未几尽变之，又别起得许多弊，以人难变故也。②

朱熹通览本朝史，将革除积弊视为主政者无法推卸的责任。③ 他指出，庆历维新而不遂，嘉祐政弊而循常，终至熙宁变法而召乱。范仲淹诸贤用实际行动响应了历史的召唤，为后人做出表率，只可惜，先有富弼、韩琦归朝当国却背弃初心，继而又有那似是而非的王安石变法引发更大的灾难。朱熹持论严苛，其批判无疑带有明显的政治倾向。但这样的本朝史观盛行于南宋。如吕中在《大事记讲义》开篇的《治体论》中总结"我朝立国之本末"，就对朱熹的意见加以提炼、发挥：

盖自李文靖抑四方言利害之奏，所以积而为庆历、嘉祐之缓势。自范文正天章阁一疏不尽行，所以激而为熙宁之急政。吾观范文正之于庆历，亦犹王安石之于熙宁也。……呜呼！使庆历之法尽行，则熙丰、元祐之法不变，使仲淹之言得用，则安石之口可塞。今仲淹之志不尽行于庆历，安石之学乃尽用于熙、丰。神宗锐然有志，不遇范仲淹而遇王安石，世道升降之会，治体得失之几，于是乎决矣。④

---

① （宋）黎靖德辑：《朱子语类》卷71，《朱子全书》，第16册，第2401页。
② （宋）黎靖德辑：《朱子语类》卷108，《朱子全书》，第25册，第4457页。
③ 改变现状，重建秩序，这本就是以朱熹为代表的理学型士大夫的政治取向，他们和范仲淹乃至王安石其实都是异代知己。
④ （宋）吕中：《类编皇朝大事记讲义》卷1，第38页。

历史固然不能假设，但吕中确信，国家的悲剧已经雄辩地证明，王安石是"劣质"的范仲淹，熙宁是"变质"的庆历。在理想政治的维度上，庆历远胜嘉祐、熙宁，指明了一条向上的正途。由此，甚至可以说，恰恰是庆历新政的流产，帮助庆历完成最后的升格，得以优入政治神话和文化记忆的界域。

庆历寓示"划旧谋新"①，这不单表现在政治层面，同时也向思想、学术、文学、世风等几乎所有领域延伸。它在后世的言谈中往往代表仁宗朝，被视作唐宋文化的分水岭。② 似乎唯有跨过庆历，宋代文化才开始显露出不同于前代的诸多特质，世人所熟悉所神往的"这一个"赵宋王朝才真正降临，且看历代学人的相关表述：

> 宋兴七十余载，百度修矣，论卑气弱，儒士犹病之。及乎庆历，始以通经学古为高，救时行道为贤，犯颜纳说为忠，呜呼！盛矣。然向者丁（谓）、寇（准）、吕（夷简）、范（仲淹）之朋党兴而复熄，庆历以后则朋党遂炽而不可救，而世故亦非向者之睹矣。③

> 自汉儒至于庆历间，谈经者守训故而不凿。《七经小传》出而稍尚新奇矣，至三经义行，视汉儒之学若土梗。古之讲经者，执卷而口说，未尝有讲义也。元丰间，陆农师（陆佃）在经筵始进讲义。自时厥后，上而经筵，下而学校，皆为支流曼衍之词，说者徒以资口耳，听者不复相问难，道愈散而习愈薄矣！

---

① （宋）田况撰，张其凡点校：《儒林公议》卷上，中华书局2017年版，第56页。

② 按，庆历之所以被选中用来代表仁宗朝，除上文讲到的主要因素外，还有两个可能的原因：其一，庆历在仁宗时代居于中段，完全可以稍作延伸，照应前后，比之嘉祐（仁宗末年）显然更有优势；其二，范仲淹在贬谪后，于庆历六年（1046）写出《岳阳楼记》，高倡"先天下之忧而忧，后天下之乐而乐"，被后人视作宋代士大夫觉醒的宣言。

③ （宋）陈傅良：《策问》其六，周梦江点校《陈傅良文集》卷39，浙江大学出版社1999年版，第546页。

陆务观（陆游）曰："唐及国初，学者不敢议孔安国、郑康成，况圣人乎！自庆历后，诸儒发明经旨，非前人所及，然排《系辞》，毁《周礼》，疑《孟子》，讥《书》之《胤征》《顾命》，黜《诗》之《序》。不难于议经，况传注乎！"斯言可以箴谈经者之膏肓。①

承唐者宋。建隆而下，文章犹有五季之粗鄙。庆历以来，得欧阳修、苏轼、曾巩，而文章始无愧于汉、唐。②

考论宋学，当重东都。挈其关键，在于庆历。真宗以前，犹沿唐习。仁宗以后，乃成宋风。……夫政事出于才，诗人发于学、性，数者同风，一变俱变。是故庆历以前，学沿信佛，庆历以后，乃尊杨（雄）、韩（愈）。庆历以前，文沿骈俪，诗沿晚唐，庆历以后，则宗韩、杜（甫）。大氐反晚唐为中唐，杨、杜皆因韩而尊者也。政事变于范希文（范仲淹），文字变于欧阳永叔（欧阳修），而石守道（石介）尤为之标。③

以上论断涉及文章、经术、朋党、士人观念等方面，从各角度阐明了发生于仁宗朝的大变局，同时，它们又不断经历衍生、扩充、叠加、累积，逐步发展到十分全备的程度。最末一段所引近人刘咸炘的观点就很有代表性。他首先主张，宋代文化在仁宗朝实现了脱唐入宋，而汴京、庆历是变化的枢纽。其次，他明言，庆历之际的文化转向是系统性的，政事、学术、文字、思想、人格"一变俱变"，而又各有其引领者。最后，刘将"宋学"的总趋向概括为"反晚唐为中唐"，在仁宗朝士人和以韩愈为代表的中唐士人之间建立起精神

① （宋）王应麟撰，（清）翁元圻等注，栾保群、田松青、吕宗力校点：《困学纪闻》（全校本）卷8，上海古籍出版社2008年版，第1094—1095页。

② （明）谢肃：《送车义初归京师序》，《密庵文稿》辛卷，明洪武本《密庵诗文稿》，《四部丛刊》三编影印本，上海书店出版社2015年版，第6页a。

③ 刘咸炘：《宋学别述》，载《推十书》（增补全本）甲辑，上海科学技术文献出版社2009年版，第1242页。

上的联系，可谓远见卓识。刘咸炘以及古人的种种见解为后世研治宋史者开辟无数法门，以"庆历新政""庆历党议""庆历诗风""庆历学术""庆历新义""庆历士风"为研究对象或核心概念的史籍、论著蔚为大观①，充分说明学界公认庆历是宋朝自立面目的节点。

　　这些学术史资料也为我们揭示了庆历转型说是如何发展、定型的。比如，陈傅良诠释宋代士大夫精神转向的片段，明显参考苏轼《六一居士集叙》。有趣的是，苏文把"欧阳子出"作为精神转向的起点，又用"至嘉祐末，号称多士"形容其结果。② 而陈傅良直接把这样一个"长育成就"的渐进过程折叠成"及乎庆历"式的骤变，突出庆历作为本朝历史转捩点的地位。又如，王应麟视庆历为北宋解经风气变迁的起点，并举刘敞《七经小传》为证。据晁公武《郡斋读书志》，王氏的观点得自元祐史官所编修的《神宗实录》。③然而，刘敞于庆历六年（1046）方进士及第，年不过三十，却要在此年前后就写出《七经小传》。此事很值得怀疑。④ 况且，年辈高于

---

　　① 除常见且实有其事的"庆历新政"外，"庆历党议""庆历诗风""庆历学术""庆历新义""庆历士风"分别参见（明）陈邦瞻编《宋史纪事本末》卷29，中华书局1977年版，第231—250页；马东瑶：《论北宋庆历诗风的形成》，《文学遗产》2002年第2期；刘子健：《欧阳修的治学与从政》，新文丰出版公司1984年版，第19—46页；卢国龙：《宋儒微言：多元政治哲学的批判与重建》，华夏出版社2001年版，第41—80页；刘越峰：《庆历学术与欧阳修散文》，商务印书馆2013年版；张兴武：《庆历新义关涉古文盛衰的内在逻辑》，《中华文史论丛》2017年第3期；李强：《北宋庆历士风与文学研究》，上海书店出版社2011年版，等等。

　　② 参见（宋）苏轼著，（明）茅维编，孔凡礼点校《苏轼文集》，中华书局1986年版，第316页。

　　③ 参见（宋）晁公武撰，张猛校证《郡斋读书志校证》卷4，上海古籍出版社1990年版，第143页；（宋）王安石撰，（宋）李壁笺注，（宋）刘辰翁评点，董岑仕点校：《王安石诗笺注》卷43，中华书局2021年版，第1599—1600页。

　　④ 相关考辨，参见徐洪兴《思想的转型：理学发生过程研究》，上海人民出版社1996年版，第196—197页。葛焕礼：《论刘敞在北宋的学术地位》（《史学月刊》2013年第8期）反驳了徐洪兴的观点，但所举史料都属间接证据，仍无法坐实刘敞年少时即写出《七经小传》。

刘敞的欧阳修、孙复、李觏等人早就开始议经疑传，自出议论。王应麟所引陆游之言即说明了这一点。由此可见，元祐史官和王应麟在相对抽象的意义上使用"庆历"。嗣后，皮锡瑞、马宗霍等人在撰写经学史著作时又进一步整合宋人的观点，从而使庆历转型说成为经学领域的一个经典命题。①

　　总之，在后世的历史叙事中，分明存在着复数的"庆历"，其时间跨度因具体内涵的不同而有伸缩。首先是真实的庆历。康定二年（1041）十一月，大赦，改元庆历；庆历八年（1048）十二月，颁德音，明年改元皇祐。庆历肇始自危急的西北边患，又收束于严重的河北水灾，历时 7 年有余。内忧外患仿佛惨淡而无边的乌云，一直悬停在那个时代的上空。这般境况似乎很难令人想到什么全盛之世。其次是指向新政的"短庆历"，由庆历三年（1043）三四月间的一系列人事调整开启，随即以庆历四年（1044）下半年以后革新派的持续外贬告终。至多再加上《岳阳楼记》问世的庆历六年（1046）。这样一个局部的片面的庆历代表了它在后人心目中应然的模样。② 这是庆历之所以为庆历的根由，也是它典范化的源头。③ 最后是象征革新以及仁宗盛治的"长庆历"。这是一个相对完整的历史

---

　　① 如皮锡瑞先是引述《困学纪闻》中的语段，并下论断"据王应麟说，是经学自汉至宋初未尝大变，至庆历始一大变也"，接着又引司马光、陆游之言，并解说疑经疑传的学者"皆庆历及庆历稍后人"，"可见其时风气实然，亦不独咎刘敞、王安石矣"。参见（清）皮锡瑞著，周予同注释《经学历史》，中华书局 1959 年版，第 220—221 页。马宗霍亦指出："宋初经学，犹是唐学，不得谓之宋学。讫乎庆历之间，诸儒渐思立异。"参见马宗霍《中国经学史》，上海书店 1984 年版，第 110 页。

　　② 蔡涵墨在观察、比对《宋会要》《续资治通鉴长编》之年条目（页码）数的基础上绘制了图表，从中可以看出，《续资治通鉴长编》宝元元年（1038）到庆历五年（1045）的年页码数一方面构成北宋前五朝（太祖、太宗、真宗、仁宗、英宗）的峰值，前后反差巨大，另一方面在比例上也远高于同时期《宋会要》的年条目数。这一趋势在庆历三年（1043）到庆历五年（1045）表现得尤为明显。这是因为，李焘高度认同庆历新政所承载的积极政治价值观，故在官方史料的基础上大量搜求革新派的奏议以扩充内容。参见 Charles Hartman, *The Making of Song Dynasty History: Sources and Narratives*, 960 - 1279 CE, pp. 86 - 88.

　　③ 按，与之相对的，作为治世的嘉祐和作为年号的嘉祐在时间尺度上基本等长。

单元，通常相当于整个仁宗朝，有时还可以延伸至英宗朝（1063—1067），即约等于北宋中期①。在此阶段，仁宗和庆历士大夫共同促成赵宋立国以来未有之变局，也造就了仁宗朝以后不复重现的升平之世。北宋中期的一系列标志性政治、文化现象，未必都确切发生在庆历时期，但在后人笔下，或出于塑造典型的考虑，或纯粹出于惯例，多被有意无意收归于这一通行符号的名下。诸"庆历"概念的联系和参差，彰显了"史实"与"史观"之间的张力，为我们返回北宋中期的历史情境提供了通路，也造成了一些不易觉察的障碍。

再看人事。宋人一致认为，庆历前期以及至和、嘉祐之际的庙堂上济济多士。而君子得位本身就是政治清明的标志。陈师锡倡导"庆历、嘉祐之治"，便立足于人君"开纳直言，善御群臣，贤必进，邪必退"的"致治之本"。仁宗于宝元、庆历之际采纳谏官韩琦、欧阳修、蔡襄之言罢免不称职的宰执，同时不次拔擢杜衍、范仲淹、富弼、韩琦至二府，相与成就"本朝甚盛之时"，令陈师锡叹慕不已。② 南宋士人章铸则干脆把"庆历之盛"与"杜、富、韩、范之事业"画上等号。③ 庆历新政实质上就是这批士大夫进入权力中心以后的壮举。他们年富力强，在二府、言官的位置上都有突破陈规、行道有为的高光表现。是故，《群书会元截江网》在用庆历、嘉祐限定"仁祖之治"后随即补充说明"庆历之泰，韩、范诸公为

---

① 如马东瑶：《论北宋庆历诗风的形成》就明确表示："庆历诗歌作为一种文学现象，包括天圣（1023—1031）年间到嘉祐、治平年间（1056—1067）大约四十年的诗歌创作。"马氏所说的仁、英二朝即相当于北宋中期。张其凡参考宋人的意见，将北宋政治史分为三个阶段：太祖、太宗、真宗三朝62年，为北宋前期；仁宗、英宗两朝45年，为北宋中期；神宗、哲宗、徽宗、钦宗四朝60年，为北宋后期。参见张其凡《论宋代政治史的分期》，载张其凡著《宋初政治探研》，暨南大学出版社1995年版，第1—18页。这一历史分期方式被学界广泛接受。

② 参见（宋）陈师锡《上徽宗论任贤去邪在于果断奏》，《全宋文》卷2031，第93册，第253页。

③ 参见（宋）徐自明撰，王瑞来校补《宋宰辅编年录校补》，中华书局1986年版，第1832页。

之也；嘉祐之泰，韩琦诸公为之也"①，直接表出太平背后的"诸公"。庆历、嘉祐虽间隔将近十载，却在政治层面表现出内在的连续性和一致性。这无疑是因为在这两个时段立朝主政并最终襄助仁宗开创治世的名臣其实是同一拨人。而他们便来自那个曾深刻改变两宋历史进程的士大夫群体——庆历士大夫②。

————————————

① （宋）佚名编：《群书会元截江网》卷4《法祖》，第31页a。

② 早在仁宗朝的历次政争中，以范仲淹、欧阳修为代表的革新派士大夫便被政敌贬斥为"朋党"。嗣后，宋人追慕这批士大夫在庆历新政中的作为，往往尊称他们为"庆历大臣""庆历诸公""庆历之彦""庆历诸贤""庆历诸老"。如杜范《论听言札子》："庆历诸臣侃侃之风，有光史册，扶直元气，培养国脉，以后人休者，实在于此。……是陛下欲寄仁祖之盛德，而大臣有愧庆历之诸贤也。"（清钞本《杜清献公集》卷11，《宋集珍本丛刊》影印本，第78册，第432页）郑湜《相体论二》："夫庆历诸公惟以公理自胜，故其心旷然，无所适莫尔。"（《全宋文》卷5845，第260册，第86—87页）林外《贺史丞相除少傅启》："惟庆历大臣尝条陈于救弊，而元祐正史亦订正于辨诬。"（《全宋文》卷5415，第242册，第230页）姚勉《廷对策》："独惟仁皇之天宇终定，浮云暂蔽，白日即昭。循至嘉祐之时，皆用庆历之彦，而成功致治，竟是当时指为朋党中之人。然则君子之党，何负于人之国哉？何代无贤，固有居今之时，义胆忠肝如庆历诸贤者，而或者以哗竞朋比目之，陛下本无是心也，臣意必有倡为是论者矣。"（傅增湘校豫章丛书本《雪坡舍人集》卷7，《宋集珍本丛刊》影印本，第86册，第266页）周必大《与吕子约寺丞书》："庆历诸贤黑白太明，致此纷纭。六一壮年气盛，切于爱士，不知文靖浑涵精深，期于成务，未免责备。"〔（宋）周必大撰，王瑞来校证：《周必大集校证》卷188，上海古籍出版社2020年版，第2875页〕王迈《贺郑丞相启》："凡端平大政之施设，有庆历诸老之典型。"（清钞本《臞轩先生四六》，《宋集珍本丛刊》影印本，第79册，第340页）李曾伯《代蜀总谢制置启》："此上委之以经营，而公慨然于荐拔。深得庆历诸老庙堂之气象，庶还绍兴盛时兵食之规摹。"（清初钞本《可斋杂稿》卷8，《宋集珍本丛刊》影印本，第84册，第264页）凡此种种，不一而足。

学界对"庆历士大夫"的人员构成、政治经历、思想特征和历史意义已有比较全面的讨论，足以证明这一士大夫群体的重要性，以及该概念的合法性。漆侠《范仲淹集团与庆历新政——读欧阳修〈朋党论〉书后》（《历史研究》1992年第3期）踵继其师邓广铭的观点，明确提出范仲淹等人是以政治集团的面貌出现的，并剖析了该政治集团的成员阶级、政治观念、领袖人物与政争历程，指出这个以范仲淹为首的政治集团是由中下层地主阶级及其士大夫形成的，他们对当时的政治形势具有共同的认识，提出了共同的改革意见。张希清《"以天下为己任"——范仲淹为政之道研究之一》（载北京大学中国古代史研究中心编《邓广铭教授百年诞辰纪念论文集：1907—2007》，中华书局2008年版，第438—460页）对漆侠"范仲淹集团"的概念提出商（转下页）

　　所谓"庆历士大夫"，盖指活跃于北宋仁宗、英宗、神宗三朝，在政治立场、思想取向和文化观念上皆具复古革新意识的士大夫共同体。其中的核心成员如欧阳修、韩琦、富弼、杜衍、尹洙、蔡襄、余靖、苏舜钦、石介、田况、孙沔、王素、孙甫等在范仲淹的引领和鼓舞下，出于行道救时的精神共鸣，以景祐政争和庆历新政两个事件为现实契机，集结成为北宋中期权力世界中一支极富行动力、创造力和影响力的政治力量。在这批新型士大夫身上，知与行是一体的，个体的内在的自觉与公共的群体的联合亦是同步的。他们不顾自身安危，或在激烈的政争中公开声援明显处于弱势的范仲淹，或在阻碍重重的改革中和衷共济，救弊图治，就这样几度同进共退，而始终声气相求，联系紧密。

　　除上述拱卫范仲淹的骨干群外，还存在一个更为广泛的同道群，包括滕宗谅、王质、梅尧臣、尹源、苏舜元、孙复、胡瑗、李觏、

（接上页）权，认为将范仲淹等人称为一个新兴的士大夫群体或政治派别更适当，取径较宽。刘子健也很早就注意到庆历士大夫的群体特征。他指出，这些新儒家们以意识形态为导向，倾向于结交志同道合者，共同遭受的挫败感和受到的攻击使他们更加紧密地团结在一起。到庆历新政阶段，革新派介于友人群和松散的政治团体之间，他们虽有一致的观点，却无法采取一致的行动，还十分脆弱。参见刘子健著，刘云军、李思、王金焕译著《欧阳修：十一世纪的新儒家》，重庆出版社 2022 年版，第 79 页。"庆历士大夫"的说法则流行于宋代思想史及文化史的相关研究中。研究者多聚焦成员的思想观念，同时参考其政治活动，以展开论述。如日本学者土田健次郎认为，"庆历士大夫"是以范仲淹为中心的改革者，他们将儒教作为立身处世的根据，并与古文产生共鸣，其思想的总体倾向是"从个人内在生活到外在的国家政策，全部用公道来贯通"，和夏竦等人不同。参见［日］土田健次郎《道学之形成》，朱刚译，上海古籍出版社 2010 年版，第 28—43 页。朱刚则将范仲淹、欧阳修及其周边一大批志向接近参与新政的官僚定义为"庆历士大夫"。他强调，这批士人的出现，表明由科举入仕的士大夫阶层产生了有别于中古门阀士大夫的身份自觉，他们将帝国立场的"救时"精神与"通经""行道"的文化传承意识相结合，对应着"知识分子—帝国官僚"合一的身份。参见朱刚《唐宋"古文运动"与士大夫文学》，复旦大学出版社 2013 年版，第 239—243 页。综上，"范仲淹集团"和"庆历士大夫"都有历史原型，分别渊源于宋人发明的"范党"和"庆历诸贤"两种说法，而在具体使用上各有侧重。考虑到研究对象的人员结构和复合属性，本书选用"庆历士大夫"一词以指称之。一方面，这个概念的内涵更为丰富，外延相对宽泛，故在使用上比较灵活；另一方面，它立足于理念层面，契合本书"政治文化"的题旨。

石延年、王益柔、谢绛、王尧臣、叶清臣、吴育、孔道辅、杨偕、郭劝、段少连、包拯、许元等。他们虽未直接参与党争和改革，但和核心成员共享相近的价值观，理解、支持后者的政治行动，自然也属于庆历士大夫的阵营。这些士大夫在一次次政治风波中积极联络范、欧、韩、富诸人，"日拳拳以追随"①，给他们慰安，为他们发声。同道的抉择充分反映了庆历士大夫的"群众基础"。

当然，庆历士大夫的群体性不仅呈示为理性层面的志同道合以及公共行动上的勠力同心，同样也反映在私人的情感联结上。他们大都"义兼师友"②，交情匪浅，彼此视为终身的诤友和知己，互动频繁而深入，由此聚合为一个在公私生活上均表现出相当认同感的友谊—业缘型初级群体。富弼自述和范仲淹"师友僚类，殆三十年"③，像这样亲密的关系在庆历士大夫内部比比皆是，并且由线成网，一直维系着共同体的存在。

而从整个唐宋士史的宏观视野看，庆历士大夫的崛起，昭示集经术、吏干、文学、德行于一身的综合型士大夫正式走上历史舞台，故有里程碑的意义。④ 而庆历士大夫本质上也是一个复合式的士人群体，兼具政治派别、文人社群和学者团体等多重性质，并且在每一种群体类型上都有令人印象深刻的表现。事实上，庆历士大夫正是依靠自身全面且以儒道贯通的知识结构，以及彼此之间的多维联系，一力承当并推动了仁宗朝的一系列文化革新活动。其一是思想领域，伴随儒学复兴的展开，有别于汉唐注疏之学的义理之学被创立，对

---

① （宋）范仲淹：《祭陕府王待制文》，《范文正公文集》卷11，李勇先、王蓉贵校点《范仲淹全集》，四川大学出版社2002年版，第274页。

② （宋）尹洙：《乞坐范天章贬状》，时国强校注《尹洙集编年校注》，中华书局2019年版，第47页。

③ （宋）富弼：《祭范文正公文》，《全宋文》卷610，第29册，第70页。

④ 唐宋士大夫知识结构的演进历程，参见陈植锷《北宋文化史述论》，中国社会科学出版社1992年版，第12—23页。王水照亦指出："宋代士人的身份有一个与唐代不同的特点，即大都是集官僚、文士、学者三位于一身的复合型人才。"参见王水照主编《宋代文学通论》，河南大学出版社1997年版，第27页。另外，前揭土田健次郎和朱刚的相关研究，也具体阐述了"庆历士大夫"的复合特征。

内的疑经、疑传和对外的排佛老两股思潮日益高涨。① 其二是政治领域，在仁宗朝，士大夫与君主"共治天下"的权力格局逐步确立②；同时，以科举入仕为门槛、以主体意识为基础、以儒家理想为目标、以朋党之争为表征的新型士大夫政治正式形成，并主导两宋的历史进程，而庆历新政正是这种士大夫政治出世的关键一环。其三是文学领域，诗文革新运动初见成效③，仁、英二朝迎来了宋代诗史上第一个创作高峰，其诗风走出西昆体的影响，奠定了有别于"唐音"的"宋调"的基础④；古文运动则一方面承载新型士大夫文化，并使之深入人心⑤，另一方面在排斥杨、刘时文与"太学体"险怪文风的过程中树立了平易流畅的风格范式⑥。值得注意的是，以上种种创变并非各自领域内的孤立事件，相反，它们在庆历士大夫手中齐头并进，交融互渗，汇合成唐宋文明演进的长河巨流。⑦ 职是之故，

---

① 参见刘复生《北宋中期儒学复兴运动》（增订本），生活·读书·新知三联书店 2023 年版，第 1—75 页；陈植锷：《北宋文化史述论》，第 151—235 页。

② 参见张其凡《"皇帝与士大夫共治天下"试析——北宋政治架构探微》，《暨南学报》2001 年第 6 期；邓小南《祖宗之法——北宋前期政治述略》，生活·读书·新知三联书店 2006 年版，第 408—421 页。

③ 参见程杰《北宋诗文革新研究》，内蒙古教育出版社 2000 年版，第 16—19 页。

④ 参见马东瑶《论北宋庆历诗风的形成》。

⑤ 参见朱刚《唐宋"古文运动"与士大夫文学》，第 25—27 页。

⑥ 参见葛晓音《北宋诗文革新的曲折历程》，《中国社会科学》1989 年第 2 期；祝尚书：《北宋古文运动发展史》，北京大学出版社 2012 年版，第 126—199 页。

⑦ 学界已注意到，在唐宋文化变革的整体图景下，思想、政治、文学之间存在错综复杂的关系，于是开始尝试采用一种综合性的视野予以观照。如包弼德（Peter K. Bol）聚焦"斯文"或者说"文"，以此探讨唐宋思想中基本价值观的转变。参见〔美〕包弼德《斯文：唐宋思想的转型》，刘宁译，江苏人民出版社 2000 年版。又如，卢国龙指出，北宋儒学复兴思潮与政治变革运动，具有密不可分的伴生关系，进而主张将北宋儒学看成一种政治哲学。参见卢国龙《宋儒微言：多元政治哲学的批判与重建》，第 1—40 页。复如，朱刚深刻检讨以"文学性"为基准的"古文运动"研究史，把"古文运动"放回到士大夫文学的宽广视野和唐宋时期的历史语境中，发现古文与古道、古制一体化的现象，遂将唐宋"古文运动"概括为：以古文文体，表达"新儒学"思想，以指导君主独裁国家。参见朱刚《唐宋"古文运动"与士大夫文学》，第 1—42 页。"古文运动"在朱刚这里实质上代表了唐宋之际士大夫文化的整体转型。这样的理路契合研究对象的特质，指明了学术研究的前沿趋向。

对于这场在仁宗时代爆发的全方位的文化巨变和社会转型，想要达成整全性的认识，首先必须对其"担纲者"群体的精神气质给予足够的关注①。

二　作为政治行动者的庆历士大夫

庆历士大夫首先是以政治团体亦即"范党"的面貌登场的。他们的群体认同也是在具体的政治实践中历经人事的磨砺而逐步确立的。早在景祐政争中，余靖、尹洙、欧阳修、蔡襄、韩琦、苏舜钦等一批年轻士人主动支持范仲淹，甚至自愿"以朋党被罪"②，与范同贬。及至庆历新政，范仲淹、富弼、韩琦、杜衍、欧阳修、蔡襄、余靖、王素、孙甫等核心成员齐聚中央，携手从决策、舆论两个层面推进改革，由此激发出强烈的同道意识。欧阳修适时写出《朋党论》，宣告他们是修身"则同道而相益"，事国"则同心而共济"，且"终始如一"的"君子之真朋"。③田况亦将革新派视作"并立与朝，以道德相劝摩""同心一德以济天下"的"君子"群体。④足见庆历士大夫自身已然知觉，他们本质上是一个以修齐治平为宗旨的道义共同体。

也是在政争和改革中，庆历士大夫的凝聚力一再凸显，并很快引发时人注目。在朝堂上，庆历士大夫的政敌从景祐政争始便不断指控他们为"朋党"。而在更广大的士林中间，庆历士大夫的声誉与

---

① "担纲者"是由马克斯·韦伯（Max Weber）创造的概念，意指一种共享独特伦理人格与生活样式的"身份群体"。理解、比较历史上关键"担纲者"群体的精神气质，有助于揭示文明演进与社会变迁的内在逻辑。关于"担纲者"的概念分析、理论阐释和学术实践，参见孟庆延《担纲者的"类型学"：中国革命研究的新视野》，《学海》2022 年第 2 期。据此，宋型文化的关键"担纲者"无疑是北宋的新型士人群体（朱刚命名为"科举士大夫"），庆历士大夫作为第一代新型士人，更是直接引领了宋型文化的初创，其重要性不言而喻。

② （宋）尹洙：《乞坐范天章贬状》，《尹洙集编年校注》，第 47 页。

③ 参见《欧阳修全集》卷 17，第 297 页。

④ 参见（宋）田况《儒林公议》卷上，第 57 页。

日俱增，几乎代表了"天下正人"①。庆历新政大大强化了这样的趋势。改革前夜，石介敏锐地意识到庆历士大夫此次大会同非同寻常，在《庆历圣德颂》里借重仁宗御口将得位的同道作为一个整体表而出之。② 从此，庆历士大夫不仅自我觉醒了内在的神（参见前揭《朋党论》），也由自我赋予了外在的形。新政失败后，庆历士大夫的影响力进一步上升。不单贤者成群而来的印象愈发深入人心，庆历士大夫，特别是其中主持新政的中坚力量，更被中下层士人视作济世行道的参照群体，为后者的成长、行动持续给予示范和激励。陈襄和三苏的事迹可以为证。

　　皇祐初，陈襄在仙居县令任上致书两浙转运使孙甫以加深关系。他在信中言必称圣贤、"吾道"，不见丝毫媚态。陈襄先是借鉴孟子的道统叙事，铺叙"圣人者不世出，同人之道难遇"的历史，再归结到自己因不及见贤人韩愈而"中夜起叹同人之难遇"的苦闷，继而强调庆历士大夫便是照进这晦暗生活的一束光。陈襄随即道出心声："幸今天子有臣范公、富公，若欧阳公、蔡公，四方有贤士在下，所宜同者若干人，某皆得而见之。"范仲淹、富弼、欧阳修、蔡襄，再加上陈襄本次拜会的孙甫，五人正是革新派的代表。在陈襄看来，庆历新政已经充分说明这些前辈是接续道统的当世圣贤。他们的聚合和作为，彻底扭转了行道者原子化的千古困境，预示了会同四方贤人得位有为的新纪元。在这样一个历史性的时刻，自认

---

　　① 参见（宋）韩琦《文正范公奏议集序》，《安阳集》卷22，李之亮、徐正英笺注《安阳集编年笺注》，巴蜀书社2000年版，第724页。

　　② 石介《庆历圣德颂》的历史意义，参见本书第三章第四节。欧阳修于庆历五年（1045）所作《外制集序》同样歌颂了君臣遇合、众贤汇征的盛况。叶适就注意到，欧阳修《外制集序》和石介《庆历圣德颂》用语相近，皆写尽"二十年间否泰消长之形，与当时用舍进退之迹"。参见（宋）叶适《习学记言序目》卷49，中华书局1977年版，第732页。后来孔平仲也讲到："庆历三年，天下所谓贤士大夫必用于两府、侍从、台谏之官。宋之用人，于兹为盛。介作《庆历圣德诗》。"可见《庆历圣德颂》的影响力。参见（宋）孔文仲《孔氏谈苑》卷4，载（宋）潘汝士等撰，杨倩描、徐立群点校《丁晋公谈录（外三种）》，中华书局2012年版，第253—254页。

"亦同之一"的陈襄当然急欲加入这支行道的队伍。① 于是，时至皇祐末，他在写给知制诰蔡襄的信中重提旧话：

> 某昔年尝闻朝廷群公之贤，愿得而见之，其先惟际遇于明公，前年道南都，始识丞相杜公、龙图欧阳公，今又获事富公于河阳。其不幸者，范公薨，杜公还政于朝。今日之望，惟诸公耳。②

陈襄"气古行高"，"常以自负所学不见知于当世名卿"。③ 他真正愿意师事的是那些"以身行道，为法于世"④ 的大贤，即范仲淹、杜衍、欧阳修、富弼、蔡襄、孙甫诸人。陈襄一再运用连类而及的笔法，既显示出他景仰作为整体的庆历士大夫，也表明他确信这些前辈依旧保有群体意识，依旧怀念那段协力改革的时光。显然，陈襄主动接近庆历士大夫的目的，已不止于见贤思齐，更不限于个人的政治前途，而达到"得与所同以济吾道"⑤ 的高度。庆历士大夫没有辜负陈襄的希冀，他们很快就接纳了这位志趣相投的后生。陈襄早在庆历年间便得到蔡襄的礼遇。他由仙居移知河阳县，又和长官富弼一见如故，两人"相得以道义"。富品评陈为"奇才"，而陈"亦自以为伸于知己"。富弼后来由太原入相，即以"文学政事"举

---

① 参见（宋）陈襄《与孙运使书》，南宋刻本《古灵先生文集》卷7，《宋集珍本丛刊》影印本，第8册，第715—716页。

② （宋）陈襄：《与蔡舍人启》，《古灵先生文集》卷9，《宋集珍本丛刊》影印本，第8册，第733页。

③ 参见（宋）叶祖洽《（陈襄）先生行状》，《古灵先生文集》附录，《宋集珍本丛刊》影印本，第9册，第70—71页。

④ （宋）陈襄：《与蔡舍人启》，《古灵先生文集》卷9，《宋集珍本丛刊》影印本，第8册，第733页。

⑤ （宋）陈襄：《与孙运使书》，《古灵先生文集》卷7，《宋集珍本丛刊》影印本，第8册，第715页。

荐陈襄，使他得迁太常博士，召试秘阁校理。①

　　陈襄的热情彰显了庆历士大夫的感召力，也反映出北宋新型士人群体向下、向后自发扩张的趋势。正如陈襄所说："斯道也，非某之独愿也，凡与吾同者，莫不愿也。"② 庆历士大夫借由新政对北宋的士阶层完成了一次集体性的启蒙和动员，向他们发出直抵灵魂的召唤。自此以后，越来越多的士人以庆历士大夫为先导，纷纷走上复古行道的道路。作为政策的庆历新政虽基本被废止，作为象征的革新运动却在士人的精神世界中，在他们的文字间，获得了永存。

　　嘉祐元年（1056），苏洵携二苏从眉山来到开封，上书拜会欧阳修。他起首即追述庆历士大夫于新政前后的合会与离散，并一气列出包括欧阳修在内的六位"慕望爱悦"的君子群像，同陈襄如出一辙。苏洵表示，此后的十余年间，他僻居乡里守道养心，仍密切关注六人的动向，为范仲淹、尹洙二人作古而"潸然出涕以悲"，又为余下四人"势将复合为一""喜且自贺"。他迫切地想要结识生者，"以发其心之所欲言"，渴望从旁观者、同情者转变为这个行道团体当中的一份子。而苏洵选择干谒欧阳修，则是因为：富弼贵为宰相，余靖、蔡襄远在万里之外，唯独欧不仅在朝，且名位不至过于显赫，存在沟通的可能。③ 苏洵的这番"权宜之计"之所以刻意不突出欧阳修，是为了强调六人一体，难分轩轾，其目的在于勾起欧对于同道中人和改革事业的记忆以拉近距离。苏洵、欧阳修之间的交流奠定了三苏与庆历士大夫的关系。苏轼几乎和父亲同时获知庆历士大夫。他年幼时就能诵习《庆历圣德颂》，又听乡先生介绍石介所颂十一人的品格、事迹。其中韩、范、富、欧四位"人杰"，尤令他敬

———————

　　①　参见（宋）叶祖洽《〈陈襄〉先生行状》，《古灵先生文集》附录，《宋集珍本丛刊》影印本，第9册，第71—72页。

　　②　（宋）陈襄：《与孙运使书》，《古灵先生文集》卷7，《宋集珍本丛刊》影印本，第8册，第716页。

　　③　参见（宋）苏洵《上欧阳内翰书》，曾枣庄、金成礼笺注《嘉祐集笺注》卷12，上海古籍出版社1993年版，第327—328页。

重。嘉祐二年（1057），苏轼登第，始见知于欧阳修，又通过恩师结识韩琦、富弼。三人皆以国士相待，还为苏不及见"范文正公"而抱憾不已。苏轼亦叹惋："彼三杰者，皆得从之游，而公独不识，以为平生之恨。"① 可见，在新政以后的漫长岁月中，无论生离还是死别都不能侵蚀庆历士大夫内部的精神联结，也无法磨灭后辈士人追随这批英杰的"畴昔之愿"。正因如此，多年后，苏辙为欧阳修撰写神道碑，将庆历新政视作其宦途的核心事件。他一面详叙欧在谏官任上如何配合范、杜、富、韩等"二府诸公"推进改革，一面回溯景祐党争，引述《朋党论》，以明确"朋党之论"的来龙去脉。他接着指出，伴随"二府诸公""相继以党议罢去"，欧阳修亦因"盗甥案"降官知滁州，此后辗转地方十余年，但"庆历"在欧阳修及其同道的人生中注定会有回响。苏辙有意采用一种前后呼应的方式宣布庆历士大夫如何一同重启他们的立朝生涯：

> 自滁州之贬，至是十二年矣，上临御既久，遍阅天下士，群臣未有以大称上意。上思富公、韩公之贤，复召置二府，时庆历旧人，惟二公与公三人皆在朝廷。士大夫知上有致治之意，翕然相庆。②

苏辙提醒读者，"庆历旧人"再度联手，最终开创了辉煌的嘉祐、治平之治。不难看出，庆历新政的意义，庆历士大夫的得名以及他们的声望，庆历与嘉祐的政治关联，这些宋人关于仁宗时代的历史观念，在苏辙这里，乃至在庆历士大夫在世的仁宗朝后期，都已初现雏形。

不难看出，庆历士大夫的政治生活是多维的。一方面，以儒学

---

① （宋）苏轼：《范文正公文集叙》，《苏轼文集》卷 10，第 311 页。

② （宋）苏辙：《欧阳文忠公神道碑》，《栾城后集》卷 23，陈宏天、高秀芳点校《苏辙集》，中华书局 1990 年版，第 1132 页。

为导向，以古道为旗帜，他们得以走向联合，发起政争，推进改革，带动他人；另一方面，言说和写作在庆历士大夫及其支持者的手中成为一项兼具解释性和创造性的事业，他们积极利用言辞描述并且定义他们所置身的权力世界，为我方的政治行为阐明乃至赋予意义。庆历士大夫作为复合人才的特性，以及他们在儒学和文学层面对"有为""致用"的不懈追求①，都展露无遗。由此而言，以政治为基底的权力世界无疑构成庆历士大夫发展壮大、浮沉奋斗的核心场域，当然也是他们展开思考和创作的重要语境。同时，权力世界又是开放的，包纳思想、学术、文学等各类文化因子。它们化作心态、观念、记忆、符号、话语、舆论等多种形式浸渗士大夫政治的表里，既深度参与了权力世界的塑造，更为其整体变迁提供了强劲的推力。

　　庆历新政便集中体现了北宋中期政治与文化之间犹如"莫比乌斯带"一般的复杂关系②。对于庆历新政的成因，传统的政治史研究一直有一个经典的阐释模型。学者往往在整体把握北宋前期社会、经济状况的基础上，致力于揭示北宋政治改革（包括庆历新政与王安石变法）的结构性因素。他们高屋建瓴地指出，由"三冗"（"冗兵""冗官""冗费"）问题导致的"积贫积弱"局面引发了这股改革浪潮。早在北宋立国阶段，太祖、太宗加强专制主义中央集权，又放任贫富分化，已埋下"三冗"问题和阶级矛盾的祸胎。太宗后

---

①　参见刘复生《北宋中期儒学复兴运动》（增订本），第285—290页；王水照主编：《宋代文学通论》，第4—18页。

②　这里借鉴林恩·亨特（Lynn Hunt）的说法。她之所以提出这种隐喻，是为了摆脱基础（经济、社会关系）—上层建筑（政治、文化）的理论预设，将社会和政治想象成莫比乌斯带的两面，以显示二者相互纠缠，难分先后。参见［美］林恩·亨特《法国大革命中的政治、文化和阶级》二十周年庆版本序言，汪珍珠译，北京大学出版社2020年版，第10—11页。同样的，在中国古典政治、思想与文学的研究中，将社会、经济、政治作为思想、文学发展的背景已是学术研究的规定步骤，思想、文学尤其是后者如何辐射政治、社会，虽不乏讨论，但仍有待推进。本书采用"莫比乌斯带"的譬喻，既是在实操层面同时强调这两个方面，也希望揭示士大夫政治中政治与文化互为因果乃至彼此交融的状态。

期，因循苟且的政风开始流行，再加上真宗于澶渊之盟后大搞天书封禅，"积贫积弱"的形势愈益显著。至宝元、庆历时期，宋夏战争最终引爆社会、经济、政治、军事的全方位危机，仁宗遂在巨大的压力下擢用范仲淹等人发起新政，力图革弊救时。① 上述阐释立足于唯物史观和长时段视野，不仅全面剖析了庆历新政的历史背景，并将其与王安石变法勾连起来，更借这两个汇聚各方因素的关键事件把捉住北宋社会的基本矛盾，虽然其中的部分观点有待商榷②，但总体而言仍可称得上是宏大而深刻的学术见解。

不过，学者依靠后见之明搭建起来的模型和史实之间始终存在一道无法弥合的缝隙，这导致他们的论述无法形成逻辑闭环。一旦开始叙述庆历新政的过程，学者很快就会发现革新派"辜负"了他们。范仲淹等人并未像研究预期的那样对症下药，集中精力根除弊病。梁庚尧就坦率地指出："庆历改革虽然为纾解政府财政的困窘而出现，但是综合观察范仲淹所提出的各项建议，在内容上实以整顿行政组织为主，也就是一般所说的澄清吏治。"③ 李华瑞则试图借用李觏的经济改革主张来替范仲淹集团设想，他们整顿官僚政治只是改革的初步，并不意味着财政经济方面便无需调整。④ 李氏的补充恰恰暴露了理论和现实不无枘凿。上述现象表明：传统的政治研究着重从社会结构的宏观视角入手探讨庆历新政，却低估了行动者的主

---

① 参见陈植锷《从党争这一侧面看范仲淹改革的失败》，《北京大学学报》1986年第4期；漆侠主编《中国改革史》，河北教育出版社1997年版，第283—302页；陈振《宋史》，上海人民出版社2003年版，第170—190页；何忠礼《宋代政治史》，浙江大学出版社2007年版，第136—150页；李华瑞《宋型国家历史的演进》，商务印书馆2022年版，第38—45页；梁庚尧《北宋的改革与变法：熙宁变法的源起、流变及其对南宋历史的影响》，台湾大学出版中心2022年版，第3—13页，等等。

② 参见李裕民《宋代"积贫积弱"说商榷》，《陕西师范大学学报》2004年第3期；李华瑞《近二十年来宋史研究的特点与趋势》，《社会科学战线》2020年第6期。

③ 参见梁庚尧《北宋的改革与变法：熙宁变法的源起、流变及其对南宋历史的影响》，第20页。

④ 参见李华瑞《宋型国家历史的演进》，第55页。

观动机，最后得出了一个不够完整也不甚彻底的因果解释。[①] 而要真正站在庆历士大夫的立场回顾和理解庆历新政，有必要引入政治文化（political culture）这一概念工具。

"政治文化"一词最初由美国政治学家阿尔蒙德（Gabriel A. Almond）于1956年在《比较政治体系》一文中正式提出。[②] 他和合作者又在后续研究中进一步做出定义：政治文化是一个民族在特定时期流行的一套政治态度、信仰和情感，它导源于本民族的历史和当下的社会、经济、政治活动进程，并影响着政治体系中每一个政治角色的行动。[③] 阿尔蒙德的贡献不止于提出概念，他还凭借公民文化的跨国比较和测量分析，奠定了实证主义的政治文化研究范式。[④] 白鲁恂（Lucian W. Pye）同样看好政治文化的应用前景，认为它可以将宏观、微观两种日趋分离的分析方法联结起来。他借用阿尔蒙德的定义，将政治文化描述为对政治中心理、主观层面的一种集合形式和表述，并指出，政治文化根植于公共事务和个人经验之中，它赋予政治过程以秩序和意义，并提供一种基本的假设和规则用以规范政治体系中的行为。[⑤] 白鲁恂于是写下一句简洁有力的断语："政

---

① 当然，研究者并非没有关注革新派，他们对范仲淹等人的变易观念、激昂士风以及"先忧后乐"、经世致用的思想都有论述，但一方面，这些观点多沿袭旧说，不够深入，另一方面，研究者多从社会症结和政治改革的理论预设出发寻找主体身上可以对应的点，仍没有从根本上给予行动者一个独立的讨论空间。

② 参见 Gabriel A. Almond, "Comparative Political Systems", *The Journal of Politics*, Vol. 18, No. 3, 1956.

③ 参见 ［美］加布里埃尔·A.阿尔蒙德、［美］小 G.宾厄姆·鲍威尔《比较政治学——体系、过程和政策》，曹沛霖、郑世平、公婷、陈峰译，上海译文出版社1987年版，第29页。

④ 政治文化研究中实证主义与解析主义两大范式，参见卢春龙《政治文化研究的多元历史传统：一个方法论的分析》，［美］布林特（Michael Brint）：《政治文化的谱系》代译序，卢春龙、袁倩译，社会科学文献出版社2013年版，第1—22页；胡鹏：《政治文化新论》，复旦大学出版社，第26—138页。

⑤ 参见 ［美］派伊《政治发展面面观》，任晓、王元译，天津人民出版社2009年版，第124—126页。

治文化之于政治体系犹如文化之于社会。"① 作为政治体系的"软件"和政治生活的"软环境"②，政治文化无论对于横向剖析、对比政治结构，还是纵向考察政治体系之延续与变迁，都是需要重视的变量和要素。

　　而在中国古代政治史领域，政治文化也愈益成为学者开拓学术空间的重要工具。③ 他们在概念界定上大都祖述开创者阿尔蒙德而略加变化，在实操层面则明显借鉴了解析主义的研究范式④。就士大夫政治研究而言，学者针对士大夫兼具知识分子和官僚角色的身份特性，主动对政治文化概念进行本土化改造，多采用相对宽泛的定义。现以掀起中国古代政治文化研究热潮的典范之作如阎步克《士大夫政治演生史稿》为例。阎著中的"政治文化"既包含了阿尔蒙德的观点，即政治的主观层面，又"经常用于指涉出于政治和文化的交界面上、兼有政治和文化性质的那些有关事项和问题"。作者解释说这样处理是为了适应中国古代政治与文化的密切关系。⑤ 另有研究同

① 参见 ［美］派伊《政治发展面面观》，第 124 页。

② 参见燕继荣《现代政治分析原理》，高等教育出版社 2004 年版，第 295 页；陈苏镇：《〈春秋〉与"汉道"：两汉政治与政治文化研究》，中华书局 2011 年版，第5—6 页。

③ 参见傅扬《陈苏镇〈《春秋》与"汉道"——两汉政治与政治文化研究〉评介》，载《中国中古史研究：中国中古史青年学者联谊会会刊》第 3 卷，中华书局2013 年版，第 305—315 页；仇鹿鸣《事件、过程与政治文化——近年来中古政治史研究的评述与思考》，《学术月刊》2019 年第 10 期；陈侃理主编《变动的传统：中国古代政治文化史新论》前言，上海古籍出版社 2023 年版，第 1—16 页。仇文指出，学者对政治文化的研究，渊源于 1980 年代中国学界的两个学术热点：士大夫政治与思想史、学术史。

④ 这主要表现在三个方面：首先，将各类符号、仪式、话语、表征纳入思考范围，丰富了学术议题；其次，关注文本，尤其重视文本的情境和内在结构；最后，强调对研究对象的"同情之理解"。仇鹿鸣《事件、过程与政治文化——近年来中古政治史研究的评述与思考》提到，近年来兴起的中国古代政治文化研究在议题和方法上和"新文化史"暗合。这也从侧面印证了中国古代政治文化研究和解析主义文化视角的同源关系。

⑤ 参见阎步克《士大夫政治演生史稿》，北京大学出版社 1996 年版，第 23 页。

样认为，"政治文化"是一个富有弹性的概念，它有两重内涵，一则指政治思维的方式和政治行动的风格，二则兼指政治与文化两个差异而又相关的活动领域，前者由后者交互生成。为因应这种复杂而又独特的历史事象，研究者采取政治史与文化史交互为用的方法。学者们对于"政治文化"的理解和运用大同小异，均主动添加义项，并认定新增义项比原初义项更值得重视，进而以之为中心展开论述，俾使理论尽量契合研究对象。①

实际上，政治文化的多义性本就内蕴于该术语之中。"政治文化"由"政治""文化"两个词汇组合而成，在汉语语境里，它既可以是"政治"修饰、限定"文化"的偏正短语（political culture），特指政治中的文化因素或者有关政治的文化现象，也可以是政治和文化的联合短语（politics and culture），意谓两个领域的总和，还可以略作延伸，表示两个领域之间的关联和交叉。研究者能够拓展"政治文化"的语义范围而不至汗漫，正是充分利用上述语法关系的结果。政治文化史长期受困于同时也受惠于核心概念之定义的多样性和模糊性②，而中国古代政治文化研究从一开始就积极尝试切实而灵活的研究策略③，并取得了不俗的学术成就。

不过，中国古代政治文化史仍不失政治文化研究的本质特征，而与学术关怀相近的政治思想史各有侧重。中国古代政治文化史一

---

①　邓小南有关宋代"祖宗之法"的研究也属于政治文化史范畴，她对"政治文化"的理解和阎相近。她提出"祖宗之法"存在于政治与文化交汇的界面上，体现宋代精英世界中流行的政治态度，并且由此构成当时的政治生态环境。参见邓小南《祖宗之法——北宋前期政治述略》，第13—14页。

②　参见李剑鸣《美国政治文化史研究的兴起和发展》，《历史研究》2020年第2期；胡鹏：《政治文化新论》，第11—19页。

③　按，"政治文化"的概念虽五花八门，但西方学者在进行研究时一般都倾向于给出唯一的确定的定义，不提倡把"政治文化"和"政治与文化"混为一谈。有学者指出，"政治文化"和"政治与文化"不能相互化约，如果不能区分二者，就会导致分析上的不精确和语言上的混乱。参见 Mabel Berezin, "Politics and Culture: A Less Fissured Terrain", *Annual Review of Sociology*, Vol. 23, 1997.

般聚焦精英政治文化，并不排斥系统的政治理论、政治哲学。但通常来讲，政治文化主要指向政治价值观、政治传统、政治意识、政治认同、政治态度、政治情感、政治修辞等主观因素。它们未必有多精深，也不见得多有思想上的体系性和独创性，却自有不可忽视的学术价值。

首先，政治文化并非悬浮于政治之上，相反，它是及物的，和政治实践直接关联，其"体"与"用"密不可分。这促使研究者把视线从"沉思的生活"转向"行动的生活"，从政治思想家的书斋走向权力世界，一面注重将思想放回到历史语境中，并以文化为纽带联结思想与现实，一面强调从行动者的行动和言说出发把握政治文化及其作用力。阎步克认为士大夫政治是一种独特的"政治—文化形态"，期望通过士大夫政治的演生揭示这种"政治文化模式"的生成过程和结构设计。[①] 亦有学者明确提出，文化史和哲学史或思想史的根本区别在于：文化史虽涉及种种观念和理想，但并不作孤立的处理，而是把它们和实际生活联系起来进行观察。因此，他聚焦儒学与政治、文化以及社会各方面的实际关联和交互作用，意图重建理学家所曾活跃于其中的历史世界。相应的，研究者用"政治思维和政治行动"来解释"政治文化"，也把政治主体的观念和实践同时纳入讨论范围，并由此将宋儒的思想概括为"内圣外王"以重建秩序。由二人的表述可以看出：一则，士大夫阶层和士大夫政治本身就适合采用政治文化的进路；二则，"政治与文化"的关系视角可以在操作层面有效促进"政治文化"的研究。另外值得关注还有方诚峰的研究。方跳出以"权力斗争"或"利益争夺"为主线的政治史，从政治体制和政治文化入手重新梳理北宋晚期纷繁复杂的政治演变过程。他没有直接给"政治文化"下定义，而是先将其剖分为三个层次：政治理论或主张；政治理想与口号；在上述主张、口号影响下的政治情绪或取向。他接着补充道，这三个层次不仅

---

① 参见阎步克《士大夫政治演生史稿》，第1—3页。

属于政治原则，也始终伴随着实践，尤其是后两个层次，无法脱离实践而独立存在。他因此把"政治文化"解释为"政治的原则、相应的政治实践"。正是借助政治文化宽广的涵盖面以及它和政治实践的亲和力，方诚峰得以深入理解北宋晚期政治自身的逻辑，观察行动者的政治原则与其实践之间的分合，由此探寻北宋晚期士大夫政治演变的内在理路。[①] 相关研究足以证明，政治文化能同时给宋代思想史、政治史带来视角的转换乃至范式的突破。

再者，政治文化关注群体而非个体的政治共识，描述一个政治共同体（小到一个政治团体，大到整个民族）所表现出的典型的政治观念和统一的政治倾向。这在中国古代政治研究中也有充分体现。有学者谈到，自己选择"政治文化"的原因之一便是该概念具有超越个体的意思，可以笼罩士大夫群体所显现的时代风格。他主张，宋代士大夫作为一个社会集体在思维方式和行动风格上呈示出空前绝后的新面貌。当然，他也承认，真正能做到这一点的只有宋代士大夫中的"创造少数"。不过，这些士大夫在现实中往往紧密团结在若干"头雁"身边，他们作为团体的强大影响力，足以引领士风，且从仁宗朝的庆历士大夫到南宋理学家，这样的"创造少数"代不绝人。宋代的士大夫政治无疑需要此种具有高度延续性的政治文化来维系。又如，陈苏镇立足于思想扩散来解释政治文化和政治思想的差异。他认为，政治文化强调社会、大众或民族对政治问题的看法，而政治思想则属于少数政治精英，后者只有在被社会普遍接受后才能形成某种政治文化，进而对政治进程产生重大影响。[②] 陈苏镇

[①] 参见方诚峰《北宋晚期的政治体制与政治文化》，北京大学出版社 2015 年版，第 2—7 页。

[②] 参见陈苏镇《〈春秋〉与"汉道"：两汉政治与政治文化研究》，第 5—6 页；邓小南、田浩、阎步克、陈苏镇、葛兆光、李华瑞、黄宽重、张国刚：《历史学视野中的政治文化》，《读书》2005 年第 10 期。按，陈苏镇参照阿尔蒙德、高毅等人的定义，将政治文化直接系于整个社会，而忽视精英政治文化等亚文化的存在，对概念的理解过窄。

的观点提醒我们，政治文化区别于政治思想的群体性是其与政治交互的基础。① 需要补充的是，思想经由文化抵达政治，这样的流动不仅发生在精英和大众之间，同样也在精英自身的政治生活中上演。同时，它既不是单向的，亦从来不是平直的。一则，政治现实与政治思想始终处于彼此渗透、制约以至冲突的状态；二则，政治思想在转化为政治文化的过程中往往会经历不同程度的简化、泛化、极化、虚化或异化，变得不成体系，甚至融入非理性的成分，但也因此拥有了引导行动以及影响现实的力量。如方诚峰指出，在北宋晚期的士大夫政治中，许多原初的儒家理想成为一种不能被放弃的政治话语、价值观，但它们又无法通过常规途径实现，于是就在政治实践环节逐渐"异化"，前人所指出的北宋晚期的政治困境如党争、腐败等，就是这种"异化"的副产物。② 这无疑是颇具启发性的见解。

　　基于上文的讨论，本书在运用"政治文化"概念时，亦保留它的两个学术取向：一方面，把"政治文化"作为激发问题意识的切入点，参考"思维结构与行动模式"的定义，着重经由"解析政治行动者的思考方式，尤其是他们如何界定行动的目标，如何表述行动的意义，如何为行动的正当性辩护"来探察"政治变动的起因或内在逻辑"③，力求透过庆历士大夫在权力世界中所表现出的具有共通性的言行及其背后的共识，透过他们的合法化策略，审思仁宗时代的政治变革和政治文化转型；另一方面，在具体操作层面特别是在文本细读及史事阐发上，贯彻"政治和文化"的综合视野，并在必要时将仁宗朝的政治文化置于唐宋政治、文化的整体脉络中予以理解，毕竟宋代士大夫的思维方式与行动风格都和这两大领域中的新动

---

① 胡鹏同样指出，从动态角度看，政治文化研究应包含如下内容：（思想）精英的思考和贡献→落地成为被民众普遍接受的政治规范和行为准则→引发相应的政治、经济和社会后果。参见胡鹏《政治文化新论》，第 168 页。

② 参见方诚峰《北宋晚期的政治体制与政治文化》，第 280 页。

③ 参见李剑鸣《美国政治文化史研究的兴起和发展》。

态互相关联。

那么，如何从政治文化入手解释庆历新政的缘起？如果将视线聚焦到庆历士大夫身上，就能发现他们是一群坚定的儒家理想主义者①，共享一整套迥异于主流的政治亚文化，包括："回向三代"的终极目标，"以天下为己任"的主体意识，得位行道的仕宦原则，刚直有为的价值观念，以及带有儒家复古色彩的政治话语。当然，庆历士大夫追慕三代，并不是要照搬三代礼治，而是在承认历史变迁的前提下，力图恢复三代的气度和精神。② 有学者在钱穆、刘子健的基础上③，对庆历士大夫所建立的政治文化做出了十分精辟的说明：在政治思维上，他们要求重建理想的人间秩序即"三代之治"，并对现状抱有强烈的不满，无论他们真心相信三代就是完满的世界，还是将乌托邦式的理想寄托于远古；在行动风格上，他们"以天下为己任"，以政治主体自待，要求承当重建秩序的重任。

由此而言，庆历士大夫发起新政，不仅是要应对危机，更是为了重建理想秩序。他们从来不只是被动地救偏补弊，而是意欲依照古圣贤之道的指引，彻底地改造当下这个不完美的世界。在乌托邦般的"三代之治"面前，现实无论是乱是治，无论是否存在"三冗"之类的痼疾，其实没有什么本质区别，都和上古三代相去甚远。这样一种强烈的落差感，再加上舍我其谁的使命感，才是庆历士大夫致力于政治批判和政治改革的根源所在。宝元、庆历之际的内忧外患迫使仁宗

---

① 参见刘子健《宋初改革家：范仲淹》，载 ［美］费正清（John King Fairbank）编《中国的思想与制度》，郭晓兵等译，世界知识出版社 2008 年版，第 85—118 页；刘子健《欧阳修：十一世纪的新儒家》，刘云军、李思、王金焕译，重庆出版社 2022 年版，第 28—32 页。

② 参见邓小南《祖宗之法——北宋前期政治述略》，第 407—408 页。

③ 钱穆在《国史大纲》第六编《两宋之部》专设《士大夫的自觉与政治革新运动》一章，强调宋代士阶层之觉醒促成了在朝的变法运动。所谓"自觉"，指以天下为己任的意识。钱穆还提出，范仲淹及其同道在政制上几乎全体有革新的要求，他们卑视唐代，而大呼三代上古。参见钱穆：《国史大纲》，商务印书馆 2010 年版，第 557—580 页。

"慨然厌兵，思正百度以修太平"①，则在客观上为这批理想主义者践行平生之志提供了契机。明乎此，便不难理解革新派何以要将澄清吏治作为新政的要务。结合科举、学校方面的相关举措可以清楚地看到，范仲淹诸人期望经由改进培养、选拔、考绩、待遇各环节重塑士大夫的政治人格。他们之所以要这么做，有两点原因：一是，庆历士大夫从特定的政治观念出发审视仁宗时代的政风士习，强调"天下怠于久安，吏习因循，多失职"②的现状直接导致宋夏战争以来"师久无功"③，时弊丛生；二是，庆历士大夫认定，士的短视、苟且、因循、功利，从根本上说来自三代终结以后儒道陵夷的衰世末俗。是故，由作新士类入手复兴"三代之治"，即王安石在祭范仲淹文中说的"官更于朝，士变于乡。百治具修，偷堕勉强"④，是范、王对于变法的共识。⑤ 当然，政治上的长期弱势以及庆历新政的失败，决定了庆历士大夫无法通过硬性的制度改革完成士阶层的改造。但在另一方面，他们始终身体力行，促使本群体的亚文化成功融入并引领主流政治文化，进而凭借典范之激励以及文化之熏陶这些软性力量，同样取得了陶冶人才、"振作士气"⑥的成效。

三 "言"与北宋政治文化的转型

庆历士大夫转移士风，从后设视角看，或许称得上是顺应历史

---

① （宋）欧阳修：《端明殿学士蔡公墓志铭》，《欧阳修全集》卷 35，第 520 页。

② （宋）欧阳修：《赠刑部尚书余襄公神道碑铭》，《欧阳修全集》卷 23，第 367 页。

③ （宋）欧阳修：《端明殿学士蔡公墓志铭》，《欧阳修全集》卷 35，第 520 页。

④ （宋）王安石：《祭范颍州文》，《临川先生文集》卷 85，王水照主编《王安石全集》，复旦大学出版社 2016 年版，第 7 册，第 1493 页。

⑤ 朱义群注意到，王安石起初主张以培养人才为先，但神宗汲汲于理财，与王存在分歧。后经两人进一步讨论，王安石上台变法，一面接受"以理财为先务"的政策，一面却忧虑理财超越培养人才为施政先务及其所造成的负面影响。参见朱义群《宋神宗即位初期政治研究（1067—1070）》，硕士学位论文，首都师范大学，2013 年，第 42—59 页。

⑥ （宋）黎靖德辑：《朱子语类》卷 129，《朱子全书》，第 18 册，第 4022 页。

潮流的绝大事业，但其过程却艰险异常，远不似风行草偃那般自然、顺遂。他们自身也因此屡见摈斥。按照通行的历史叙事，这样的局面是由于因循庸懦之小人不断倾轧乃至迫害锐意有为之君子的结果。这种"忠奸斗争"式的历史解释明显流于表面，遮蔽了诸多深层信息。导致庆历士大夫举步维艰的根本原因，与其说是吕夷简等位高权重者的打压，莫若说是东汉儒法合流以来士大夫政治所表现出的现实主义取向，以及专制官僚体制所贯彻的理性行政精神。① 上述政治文化在宋朝侧重于矫失防弊的立国精神②，以及北宋前期"以恭谨静慎为贤"③ 的政治氛围中又得到强化，成为绝大多数士大夫内化于心并自觉遵行的"常识""规范"和"惯例"，同时也构成官方意识形态的根基。庆历士大夫所崇尚的儒家理想主义固然可敬，但需注意的是，它并非普世价值。特别在仁宗朝这一历史转型期，彼时的政治文化呈现出多元竞争的格局，而儒家理想主义作为和主流截然对立的新兴意识形态，起初并不完全具备政治上的正当性。

因此，当范仲淹时隔千年，率先从心底再度喊出"回向三代"的呼声，很快就遭遇了褒贬两极化的状况。一方面，一大批年辈较浅、涉世未深的中下层士人被他的理想主义气质所吸引，进而凝聚成一个共同体；另一方面，那些在主流政治文化下成长起来并已在体制内占据优越位置的官员则大多对范仲淹的言行心存疑忌。尤其当后者发现，以范仲淹为首的激进分子来势汹汹，打着"三代""古道""圣贤"的幌子，把批判的矛头对准了自己以及自己赖以生存的政治体制和政治文化，他们立即做出反应，联手排击"范党"，以捍卫自身的理念和利益。故不应简单地把吕夷简这样的对立者和

---

① 东汉以降士大夫政治的特征，参见阎步克《士大夫政治演生史稿》，第412—463页。

② 参见邓小南《试论宋朝的"祖宗之法"：以北宋时期为中心》，载邓小南著《朗润学史丛稿》，中华书局2010年版，第1—35页。

③ （宋）欧阳修：《论包拯除三司使上书》，《欧阳修全集》卷112，第1693页。

"小人"画上等号。此类士大夫作为保守型的政治精英，同样也有自己的一套价值观念和评判标准，也为自己的行动提供了充分的理由。① 他们大多认为，现实永远不可能完美，永远不可能让所有人满意，也就永远会落人口实，然而，以范仲淹为首的"范党"不在其位，又缺乏相应的政治经验，却偏要从抽象的理念出发，抓住部分问题不放，妄图彻底推倒重来，全面清算决策者，轻率地更易平稳运行已久的政策，许诺建立一个自信史以来就未曾降临也不可能降临的太平极境，如此幼稚的政治狂想注定无法实现，反而往往会给现实带来不堪设想的危害。② 在此基础上，保守派进一步质疑庆历士大夫直言、联合、改革的动机，指责他们以公忠忧国之名行结党营私之实，认定他们是汲汲于干名求进的投机者，是传播焦虑、煽动对立、鼓吹生事的伪君子。站在保守派的政治立场，上述意见并非没有道理。和庆历士大夫不同，保守派将矫伪、浮竞、躁进、激讦之风视作最显著的太平之弊，以敦厚风俗、维持秩序为要务。在这个意义上，他们面对庆历士大夫，既有权势也有某种道德上的优越感。特别在大体承平的明道、景祐之际，他们排斥庆历士大夫更是理直气壮，义正词严。

正如韩琦在授意司马光撰写的祭范仲淹文中所说的："道卒与于时戾，谓公迂而仆愚。"③ 庆历士大夫发现他们在权力世界面临多重困境：作为直臣，他们不易在朝中立足；作为理想主义者，他们难

---

① 有学者在谈到范、吕党争时提出，吕夷简的政治风骨虽远不及范仲淹，但也绝不能归于"小人"行列。吕夷简和他的台谏从执政的立场出发，也形成了一套政治上的共识。不过，他没有对"吕党"以及南宋官僚集团的政治理念展开系统的论述。陈苏镇就指出，若能说清官僚集团的政治思想，并同理学集团的政治思想加以对比，就可以对宋代政治文化达成更全面深入的理解。参见邓小南、田浩、阎步克、陈苏镇、葛兆光、李华瑞、黄宽重、张国刚《历史学视野中的政治文化》。

② 刘子健也指出，新儒学的反对者声称这些沉寂许久的东西无法在不同时代中重新焕发活力，或者说这些缺乏先例的做法可能会导致新的离经叛道的行为。参见刘子健《欧阳修：十一世纪的新儒家》，第31—32页。

③ （宋）韩琦：《祭文正范公文》，《安阳集》卷43，《安阳集编年笺注》，第1332页。

于适应亦不屑于适应官僚体制；作为复古志道者，他们不见容于世俗；作为特立独行之士，他们又常被社会排斥或自立于流俗之外。庆历士大夫就这样持续承受着价值观念层面的激烈冲突，他们不仅在一场场政争中遭遇失利，更陷入动辄得咎的境地，长久背负诸如"迂阔""沽激""意在进身，假名疾恶""倾摇邦政，觊幸功名""奸邪党与诈忠卖直"一类恶名①，而"犹难辨明"②。这其中当然少不了保守派的攻讦和中伤，但从根本上说，它们源于主流政治文化对于新理念或说"异端"的偏见和敌意，尤其当前者发现后者自始至终都显露出取而代之的"野心"。至于保守派，在很多时候更像是主流政治文化和官方意识形态之代言人兼守护者。

庆历士大夫很早就察觉，自己坚守儒家理想主义，"事上遇人，一以自信，不择利害为趋舍"③，一面公开支持同道，一面以吕夷简等达官显贵为靶子，严词抨击世人以为理所当然的主流政治文化，以至"略不以形迹嫌疑顾避"④，如此行事，在当时的政治情境下极易被污名化。庆历三年（1043）三月，蔡襄看到仁宗亲选王素、余靖、欧阳修增备谏官，特意上书提醒："任谏非难，惟听谏之难；听谏非难，惟用谏之难"，"邪人"只消污蔑他们"好名也，好进也，彰君过也"，就足以迷惑君上。⑤ 庆历四年（1044），韩琦见仁宗下诏申诫朋党，却未加别白，遂启奏道：纵有"忠义之人""不顾形迹，建一善事，称一善人"，一旦遭遇"恶之者"的朋党之诬，"则

---

① 分别参见（宋）李焘《续资治通鉴长编》卷118，第2784页；（宋）欧阳修《论包拯除三司使上书》，《欧阳修全集》卷112，第1694页；（宋）李焘《续资治通鉴长编》卷114，第2664页；（宋）田况《儒林公议》卷上，第56—57页；（元）脱脱等《宋史》卷325《列传第八十四》，第10500页。

② （宋）欧阳修：《论杜衍范仲淹等罢政事状》，《欧阳修全集》卷107，第1626页。

③ （宋）欧阳修：《资政殿学士户部侍郎文正范公神道碑铭》，《欧阳修全集》卷21，第333页。

④ （宋）李焘：《续资治通鉴长编》卷148，第3580页。

⑤ 参见（宋）蔡襄《言增置谏官书》，（明）徐𤊹等编，吴以宁点校《蔡襄集》，上海古籍出版社1996年版，第396—397页。

善事与善人皆废而不用矣"。① 不久，革新派接连外贬，两人的担忧不幸成为现实。范仲淹后来更是坦率地指出，欧阳修等庆历谏官在新政中"高议直指，不恤怨谤"，虽于负谤左迁后依旧"自信于心，未足为耻"，却致使仁宗不再相信儒家理想主义。② 庆历士大夫得君行道的期望终又落空。由此可见，如何让自己的政治行动不被世人误解，不被政敌歪曲，不被君主猜疑，在庆历士大夫这里已然成为一个严峻而迫切的问题。

长年的争议和挫折促使庆历士大夫省思自身和同道的困境，进而寻求翻身之道。他们意识到，政治行动（"迹"）"示于外而天下所瞻"，其动机（"心"）则"藏于中而人所不见"。③ 通常来说，行动者因"心"以行"迹"，而旁观者反过来，从前者表现出来的"迹"来揣度他的"心"，这就可能导致理解偏差。如果双方存在竞争关系，则更容易产生认知上的倒错，造成此"心"非彼"心"的窘况。庆历士大夫的行为按照主流政治文化判断，难免谋求私利的"形迹嫌疑"，故他们虽"自信于心"，却一直不能在"迹"上自别于政治投机者，也就无法让保守派和君主了解他们的"不见之心"，更难以取信于人。庆历士大夫因此发现，自己的本意被误解乃至被曲解几乎成为常态，他们正面临一场严重的信任危机。特别在历经多次政争后，仁宗君臣对于庆历士大夫的刻板印象已然形成，极难被祛除。

包拯因此于皇祐二年（1050）上奏称，当下最大的弊政在于，朝廷无论用人还是决策"必避形迹，以为公道。上下相蔽，习以为常"，以致"有才者，以形迹而不敢用，不才者，以形迹而不敢去；

---

① 参见（宋）韩琦《乞别白朋党奏》，《韩琦诗文补编》卷3，《安阳集编年笺注》，第1643页。

② 参见（宋）范仲淹《与省主叶内翰书》其二，《范文正公文集》卷11，《范仲淹全集》，第263页。

③ 参见（宋）欧阳修《论包拯除三司使上书》，《欧阳修全集》卷112，第1694页。

事有可为者，以形迹而不为，事有不可行者，以形迹而或行"。他期望仁宗能"奋乾刚之威，确然英断，申命宰执进用贤俊，斥去形迹之弊，以广公正之路"。[①]当时，尹源亦有感于同道被污名化的遭际，甚至抛出了一个看似反常背理的观点：人臣不忠，以"无过"为大。尹源这里所说的"无过"，并非真能远过免咎，而指"众人不以为过，无迹可攻"。他进一步论证道：奸臣用心"本于爱身"，但"外示畏谨，循法度"，令人君和天下之人皆以为无过，故能"固其宠，久其权，以遂其邪"。而忠臣则恰恰相反，"一心公乎天下，不以身之安危易其守"，其行事"或犯上之忌，或冒下之谤"，使得人君和天下之人皆以为过。尹源因此建议，君主应该超越"徒见形者以为过"的流俗之见，由"舍其迹而责其心术"入手明辨臣僚忠奸。[②]单纯寄希望于仁宗绕过形迹而直求本心，这显然不太现实。不过，尹源的创作亦表明，庆历士大夫注意发挥自己的主观能动性，尝试扭转不利处境。

　　庆历士大夫的确在政治实践中摸索出了突围之道：依靠持之以恒并且彼此照应的"行"与"言"一点点洗刷掉污名，在公众面前挺立起一个个"表里俱澄澈"的忠臣群像，最终带领世人开辟出复古行道的新路向。他们首先在行动上注意避嫌。庆历士大夫之所谓避嫌，不等于妥协或畏缩，而是主动采取措施尽量消除"迹"上的"嫌疑"，证明自己表里相符、言行不贰，以与政治投机者区别开来，从而实现"自明而取信"[③]。具体来说，一是要做到"无所利于其间"[④]，时刻冷静、谨慎地对待名利，重视维护一己之名节；二是要始终如一地行道有为，尤其在得位后必须履行自己的言说和承诺。其次，更关键的是，庆历士大夫经由通向心志的言说为我方也

---

　　① 参见（宋）包拯《论大臣形迹事奏》，杨国宜校注《包拯集校注》卷3，黄山书社1999年版，第151—153页。

　　② 参见（宋）尹源《答客问》，《全宋文》卷436，第21册，第93—94页。

　　③（宋）欧阳修：《辞召试知制诰状》，《欧阳修全集》卷90，第1317页。

　　④（宋）欧阳修：《论包拯除三司使上书》，《欧阳修全集》卷112，第1694页。

为我方所信奉的儒家理想主义辩护（即便言与心的联系仍被许多人认定是迂曲的），力求从根本上破除世人的偏见和陈见，真正在价值观层面变恶名为美行，进而转守为攻，抨击吕夷简等人为怙权固位而颠倒黑白，抑贤用愚。庆历士大夫在逆境中争取信任和尊严的曲折经历，正是北宋新型士人成长为历史主体的过程。

正所谓"贤者固好辩"①。在庆历士大夫的政治生活中，"言"的地位和效用丝毫不逊于"行"。他们普遍"以谏诤为己责"②，号召以言行道报国，强调言说也是一种社会行动，具有干预政治以及实现正义的能力和潜力。③ 他们积极利用体制内外的谏诤、言说活动，依托各类公私属性的文学书写，坚持发出自己的声音，从而反抗威权，参与论争，阐述理念，宣扬政见，褒贬善恶，伸张公议。对庆历士大夫来说，文章不止于"润身"，"竹管子""口角头"无疑是他们在这个"君子"常被"小人""所胜所抑"的权力世界中最后的同时也是最可靠的武器。④ 事实上，庆历士大夫正是因为先一步掌握了舆论权力和文化领导权，才能抵住保守派所操纵的行政权力乃至仁宗所掌握的皇权反复施加的巨大压力，在斗争中愈挫愈勇，最终取得党争的胜利。⑤ 南宋吕祖谦即指出，范仲淹于仁宗朝"空一时所谓贤者而争之"，"天下议论相因而起"，遂使"朝廷不能主令，而势始轻矣"。⑥ 经庆历士大夫的倡导和示范，

---

① （宋）欧阳修：《上杜中丞论举官书》，《欧阳修全集》卷47，第659页。

② （宋）田况：《儒林公议》卷下，第102页。

③ 庆历士大夫"以言行道"观念的内涵与意义，参见本书第二章第二节第一小节。

④ 参见（宋）邵博撰，刘德权、李剑雄点校《邵氏闻见后录》卷21，中华书局1997年版，第164页。

⑤ 仁宗朝皇权、行政权力和舆论权力的分合，参见 James T. C. Liu（刘子健），"An Administrative Cycle in Chinese History: The Case of Northern Sung Emperors", *The Journal of Asian Studies*, Vol. 21, No. 2, 1962；本书第二章。

⑥ 参见（宋）叶适《习学记言序目》卷47，第708页。又及，张方平也持类似观点，参见苏辙《龙川别志》。

"议论"立足于台谏、文章和学术，而蒸蒸蔚起，成为仁宗朝历史的显著特征。①

　　李焘编纂《续资治通鉴长编》，就有意识地凸显庆历士大夫之言深度介入仁宗朝历史进程的态势。他大量翻阅庆历士大夫的章疏和文集，并在撰史过程中屡屡参考、援引他们的文字，政治倾向十分明显。比如，他在呈现明道废后风波、景祐范吕党争和庆历新政之争这三场政治冲突时，便着重采录庆历士大夫阵营的声音，即便他们是失败的一方，即便他们的章疏大多石沉大海。尤其是庆历士大夫上台改革的庆历三年（1043）、庆历四年（1044）两年在《续资治通鉴长编》里的篇幅各达 7 卷、8 卷之多，体量堪称前五朝记事之最。这是李焘广泛搜求革新派章疏以扩充内容的结果。② 或许在史家看来，这些文字代表了仁宗时代的公道和精神，指明了历史的另一种可能性。此外，李焘也注意利用庆历士大夫的诗文作品，不但借助苏舜钦《感兴》诗、石介《庆历圣德颂》、尹洙《答镇州田元均龙图书》、梅尧臣《书审》诗考证、辨析史事细节，还详述范仲淹《上执政书》《上资政晏侍郎书》、欧阳修《与高司谏书》《上杜中丞论举官书》、蔡襄《四贤一不肖诗》《喜欧阳永叔余安道王仲仪除谏官》以及石介《上王枢密书》《庆历圣德颂》《上富弼书》（已佚）等文本与政治之间的联系。庆历士大夫以言行道的姿态，跃然

---

　　① 　参见刘子健《欧阳修的治学与从政》，第 190—203 页；陈植锷：《北宋文化史述论》，第 35—59 页；张德建：《"议论文章"与北宋时代精神塑造及文学变革》，《文学遗产》2023 年第 3 期。此外，方诚峰通过宋哲宗亲政后针对"文字"的政治整顿也看出"文字"对于士大夫的重要意义。参见方诚峰《北宋晚期的政治体制与政治文化》，第 138—139 页。

　　② 　蔡涵墨已注意到了《续资治通鉴长编》中的这个特异之处。参见 Charles Hartman, *The Making of Song Dynasty History：Sources and Narratives*，960 – 1279 *CE*，pp. 86 – 88.

纸上。①

庆历士大夫之"言"的力量不止表现为外在的舆论权力，更反映在内在的观念层面。他们集体采用一类精巧而大胆的修辞战略。他们往往于政争时主动坐实"罪名"，再予以周密的合理化论证，借助修辞上的褒贬转换为那些原先被主流政治文化所鄙弃的"结党"（同心共济）、"邀名"（重名尚节）、"生事"（革弊救时）、"激讦"（危言鲠论）、"迂阔"（复古行道）、"好奇"（特立独行）、"轻锐"（勇于有为）等政治行为和人格正名，力图使儒家理想主义得到君主和世人的认同。这种不同寻常的自辩方式虽一开始常被政敌指为"形迹嫌疑"，令庆历士大夫愈益被动，但从长远看，这一方面让他们自身得以彻底摆脱污名，并在士林的拥戴和仁宗的许可下重新回朝主政，另一方面则直接推动北宋政治文化的整体转向。

宋人早已看到庆历士大夫的言说与北宋政治文化变革之间的内在关联。苏轼于元祐年间先后为范仲淹、欧阳修的文集作序，就揭示了这一点。苏轼在《范文正公文集叙》里强调，范公之言是其心志和道德的外显，范笃信"仁义礼乐，忠信孝弟"盖天性使然，"虽弄翰戏语，率然而作，必归于此"，遂令天下之人"信其诚，争师尊之"。苏还不忘提及，范早年便心生"忧天下致太平之意"，故作上执政万言书，天下传诵，他平生所为，亦无出此书。此信之外，范集二十卷更以整体的面貌诠释了"有德者必有言"的道理。② 据此，范仲淹凭借自身高度一致的德、言与行获得了朝野的信任与向慕，已是世所公认的事实。

---

① 此外，在王十朋眼中，这些以言行道的文字代表了仁宗朝的文学典范。他曾说："国朝四叶，文章尤盛，欧阳文忠公、徂徕先生石守道、河南尹公师鲁、莆阳蔡公君谟，皆所谓杰然者。文忠之文，追配韩子，其刚气所激，尤见于责高司谏书；徂徕之气，则见于庆历圣德颂；师鲁则见于愿与范文正同贬之书；君谟则见于四贤一不肖诗。"［参见（宋）王十朋《蔡端明文集序》，《蔡襄集》，第3页］王十朋所标举的"刚气"正是庆历之际时代精神的投射。

② 参见《苏轼文集》卷10，第312页。

　　而在苏轼稍后撰写的《六一居士集叙》① 中，"言"不仅从依附德的状态中独立出来，其地位更被一举推到无以复加的高度。苏轼参照当时盛行的道统叙事，构造出言的统绪。他的主要依据是孟子解释自己"好辩"时列举的圣贤事迹。苏轼敏锐地发现，孔子作《春秋》，孟子距杨、墨，和禹抑洪水有本质差别。禹化解了人类迫在眉睫的生存危机，其功劳"与天地并"，而孔、孟却偏"以空言配之"，不禁让人疑惑：这是不是拟于不伦，夸大了"言"的作用？苏轼随即用秦汉之际的乱局予以反驳。他指出，孟子殁后，又有"申、商、韩非之学"成为士人罔上以及人主牟利的工具，由于世间再无孔、孟"推其本末，权其祸福之轻重，以救其惑"，法家学说遂大行于世，导致秦朝灭亡，又引来"胜、广、刘、项"的纷争，"死者十八九，天下萧然"，最终酿成比洪水之患还要酷烈的人祸。由此看来，孔、孟之言能够"正人心，息邪说，距诐行，放淫辞"②，于衰世维持社会秩序不至崩解，其拨乱反正之功，足以和大禹治水媲美。苏轼通过敷演孟子之言，论证了言说与政治文化的关系。他聚焦"言"的互动性和即时性，点明孔、孟经由开导世人来矫正社会的主流价值观。按照苏轼的说法，在世俗那里，儒学并非天然地享有正当性，因此每个时代都需要这样一位圣贤化身木铎，以言劝世警俗。但现实是，秦汉以降，鲜有其人，社会堕入漫长的黑暗时代。中古时又有佛老惑乱天下，"莫或正之"。惟韩愈崛起于中唐，"匹夫而为百世师，一言而为天下法"③，被苏轼认为可以追配孟子。韩愈之后二百余年，又有欧阳修发扬"言统"：

　　　　其学推韩愈、孟子以达于孔氏，著礼乐仁义之实，以合于大道。其言简而明，信而通，引物连类，折之于至理，以服人

---

　　① 　参见《苏轼文集》卷 10，第 315—316 页。

　　② 　（清）焦循撰，沈文倬点校：《孟子正义》卷 13《滕文公章句下》，中华书局1987 年版，第 461 页。

　　③ 　（宋）苏轼：《潮州韩文公庙碑》，《苏轼文集》卷 17，第 508 页。

心，故天下翕然师尊之。自欧阳子之存，世之不说者，哗而攻之，能折困其身，而不能屈其言。士无贤不肖不谋而同曰："欧阳子，今之韩愈也。"

宋兴七十余年，民不知兵，富而教之，至天圣、景祐极矣，而斯文终有愧于古。士亦因陋守旧，论卑气弱。自欧阳子出，天下争自濯磨，以通经学古为高，以救时行道为贤，以犯颜纳说为忠。长育成就，至嘉祐末，号称多士。欧阳子之功为多。①

"通经学古""救时行道""犯颜纳说"，苏轼精辟地概述了北宋新型士大夫文化的内涵。而欧阳修在他笔下成为此种新文化的立法者。这体现在两个方面：首先，欧阳修在学术上承接道统，阐明了新文化守仁合道的精神内核；其次，欧阳修由浅入深，循循善诱，依靠简明通达的言辞令天下心悦诚服。苏轼这里巧妙地把欧平易近人的文风转化为他的文化影响力和政治话语权。② 仁宗朝士人被欧阳修说服后，开始广泛认同新型士大夫文化，并争相以此修身事国，新文化便自然而然地扩散开去，直至形成仁宗末年"号称多士"的大好局面。就这样，欧阳修用了整整一代人的时间重塑士阶层的价值观念。当然，他在此过程中也遭遇了巨大的阻力，但政敌只能"折困其身"，而始终无法"屈其言"。"言"的力量由此再度得到凸显。这种力量来自内在的信念、永恒的大道以及士林的公议，它无待乎外，却能不断辐射于外，是君子在权力世界不可或缺的利器。孔子

---

① （宋）苏轼：《六一居士集叙》，《苏轼文集》卷10，第316页。

② 在文学史的叙事里，欧阳修平易自然的文风是他领导古文运动走向胜利的一个重要因素。韩琦在为欧作墓志铭时就评说："景祐初，公与尹师鲁专以古文相尚，而公得之自然，非学所至，超然独骛，众莫能及。譬夫天地之妙，造化万物，动者植者，无细与大，不见痕迹，自极其工。于是文风一变，时人竞为模范。自汉司马迁没几千年，而唐韩愈出；愈之后又数百年，而公始继之，气焰相薄，莫较高下，何其盛哉！"（《安阳集》卷50，《安阳集编年笺注》，第1551—1552页）对比韩琦和苏轼的论述，可以很清楚地看到苏轼是如何将通行的"文统"叙事拓展为道术、政治和文学赅备的"言统"叙事。

作《春秋》后的"罪我"之叹，孟子对于"好辩"的焦虑，到苏轼这里不复存在。他坦荡地摆出"言统"，向世人宣告：如果不借助言说，或准确地说，没有《六一居士集》里的这些锦绣文章，"欧阳子之功"必将如无源之水，赵宋之"斯文"也永远会"有愧于古"。

苏轼的上述观点，代表了宋人对欧阳修这位"本朝议论之宗"[①]之历史功绩的主流看法。早在熙宁七年（1074），即欧阳修死后两年，钱藻、窦卞在审覆太常礼院给欧拟定的"文忠"谥号时，就着重描绘了他力挽颓风以至"一归于醇正"的言者形象，极力赞颂"仁义之言，其华晔然，独辉灼乎一代之盛，远出二京之上"。[②] 而陈寅恪晚年将欧阳修《五代史记》视作世风转移的关键，同样处在《六一居士集叙》的延长线上：

> 欧阳永叔少学韩昌黎之文，晚撰五代史记，作义儿冯道诸传，贬斥势利，尊崇气节，遂一匡五代之浇漓，返之淳正。故天水一朝之文化，竟为我民族遗留之瑰宝。孰谓空文于治道学术无裨益耶？[③]

陈寅恪、苏轼出于各自的目的为"空文"和"空言"的价值辩护，但两人对欧阳修之言（文）的评价仍是恰切的，因为他们都抓住了仁宗朝政治文化变迁的主线，发现中国古典政治思想史上的"欧阳修时刻"。毫不夸张地说，时至今日，我们依旧生活在欧阳修、范仲淹及其同道经由笔舌所造就的文化遗产之中，依旧能在吟诵"先天下之忧而忧，后天下之乐而乐"时感受到精神的伟力。

苏轼把仁宗朝的士风转关描述为欧阳修以言服人心，隐然指向一条由修辞考察北宋政治文化变革的进路。政治思想史学者昆廷·

---

① （宋）叶适：《习学记言序目》卷39，第585页。
② 参见《欧阳修全集》附录卷1，第2623页。
③ 陈寅恪：《赠蒋秉南序》，载陈寅恪著《寒柳堂集》，生活·读书·新知三联书店2001年版，第182页。

斯金纳（Quentin Skinner）从马克斯·韦伯的权力理论出发，承认所有的政治都需要一定程度的合法化（legitimation），同样将劝说或打动受众的维度纳入政治行动的范畴，并指出，正是在此种修辞性的维度，思想成了政治作为活动（politics – as – activity）的构成性因素。换言之，合法化的视角不能局限于作为权力或统治的其他资源的理论支撑或装饰，相反，它应该被理解为这些资源的不可缺少的组成部分。所有言语行动（speech acts）都具有政治潜力，既形成权力的新的份额，也改变现存的权力份额的分配。① 这在革新思想家（innovating ideologists）身上表现得尤为明显。此类社会行动者承担一项艰巨的任务：使那些被普遍认为有问题的社会行为合法化。为此，他们必须千方百计施展修辞策略，给那些社会行为提供一系列合适且有利的词汇，从而为他们所描述的行为表达或征求赞同，搁置或推翻谴责，以期鼓动、劝导或说服听众和读者接受某种新颖的观点，促使他们从新的道德角度看待相关行为。②

　　在仁宗朝这一历史转型期，庆历士大夫无疑就扮演着革新思想家的角色。他们操纵政治语言，运用近似修辞性重述（rhetorical re-

---

① 参见［芬］凯瑞·帕罗内（Kari Palonen）《昆廷·斯金纳思想研究：历史·政治·修辞》，李宏图、胡传胜译，华东师范大学出版社 2005 年版，第 46—59 页。这里解释下"言语行动"的意思，斯金纳在维特根斯坦（Ludwig Wittgenstein）、奥斯汀（J. L. Austin）的影响下，区分了语言的两个维度：一是传统上所说的表意的维度，即对据称是附属于词和句子的意义及其范围的研究；二是言语行动的维度，研究说话者在（以及通过）使用各个词和句子时他们能够做的事情的范围。斯金纳举例说明两个维度的差异。警察对在结冰了的池塘上溜冰的人喊"那儿的冰很薄"。为了理解这一幕，我们不仅需要了解词语的意涵，还需要了解警察在喊话时的行为，比如警示溜冰者。此外，警察在发出警示后可能还会进一步带来某些后果，例如成功地说服或恐吓溜冰者。斯金纳关注第二个维度，致力于探讨行动者在言说时正在"做"什么（do things with words）。参见［英］昆廷·斯金纳撰《言语行动的诠释与理解》，任军锋译，载丁耘主编《什么是思想史》，上海人民出版社 2006 年版，第 136—165 页；［英］昆廷·斯金纳《霍布斯哲学思想中的理性和修辞》，王加丰、郑崧译，华东师范大学出版社 2005 年版，第9页。

② 参见 Quentin Skinner, *Vision of Politics Volume* 1：*Regarding Method*，Cambridge University Press，2002，pp. 145 – 157.

description）的方式重建儒家理想主义的正当性①，促成新的政治观念和行为方式的合法化，进而重估乃至改变他们所置身的权力世界。北宋政治文化变革的核心动力就源于庆历士大夫发起或应对的道俗、朋党、言事、声望、变革、文武、吏治、取士、兼济、士风诸公共议题的大论辩。欧阳修有云："开口揽时事，论议争煌煌。"② 他所记述的不仅是具体事项上的争执，更涉及价值观层面的诸神之争。而庆历士大夫在此过程中提出的回向三代、志古抗俗、君子真朋、以言行道、思出其位、宁鸣不默、是是非非、尊名厉贤、名节为上、革弊救时、重塑纲纪、文武一道、先忧后乐等一系列概念、格言和命题，或发明或发扬的言说方式，以及他们对于主流政治文化的全面批判，一道为宋代的新型士大夫文化奠定了基础，并对后人的思想与行事持续产生影响。在这个意义上，我们完全可以将仁宗朝的政治文化变革转化为一个修辞问题来理解。

---

① 修辞性重述是斯金纳在古典修辞学中所谓随意褒贬法（paradiastole）的启发下提出的概念。由于德行与恶行总是构成相邻关系，那么，用来描述德行的名称同样可以用来描述相邻的恶行，反之亦然。这样做，就能将该行为置于一个相反的道德角度。参见［英］昆廷·斯金纳《霍布斯哲学思想中的理性和修辞》，第143—189页；Quentin Skinner, *Vision of Politics Volume* 1：*Regarding Method*, pp. 175 – 187. 有趣的是，庆历士大夫也观察到了这一现象。尹洙因大为忧虑"世人毁誉之亟"，一连作《好恶解》三篇，以主客对答的结构析疑解难。他在首篇就抛出一个怪象："观人之色辞，则是非纷焉。其色之庄也，誉之则曰'重而有守'，毁之则曰'狠而自恃'。其色之和也，誉之则曰'易而兼容'，毁之则曰'谄而求合'。其辞之直也，誉之则曰'慎而让善'，毁之则曰'险而伺迎'。其辞之博也，誉之则曰'通而理'，毁之则曰'夸而尚胜'。为是说者，皆好恶之为也，好恶发乎其人，非性之所好恶也。"（参见《尹洙集编年校注》，第313页）在尹洙看来，他显然身处好恶无定、心迹难通的时代。既然浅表的"色辞"本身带有多歧的诠解空间，这种阐释所不可避免的暧昧性非但不足以完整展现人之内在，还会导致是非纷杂。尹洙因此主张"一之以恕"，摆出宁誉莫毁的态度，这其实是用积极的统一标准搁置对人之言行的判断。在宽容外在的前提下，尹洙进而倡导以"古圣人之道"来"察其中"，凭此区分君子、小人，完成"人之好恶"至"性之好恶"的转换。同时，他也承认人性不可避免地存在偏向和好恶，但要不停留在外在印象，做到好正直而恶邪佞。而在政治实践中，庆历士大夫则灵活地使用修辞性重述展开自我辩护。

② （宋）欧阳修：《镇阳读书》，《欧阳修全集》卷2，第35页。

　　而要真正领会庆历士大夫进行论辩以及施展修辞时的意涵和用心，进而揭示其言说活动在意识形态上的革新意义，并非易事。在搜集材料和解读文本时关注庆历士大夫内部的各类和鸣或争鸣，自不待言，但在此之前，首先应当恢复其对立面——吕夷简等保守派应有的地位，学会尊重并倾听他们的声音，包括那些指向庆历士大夫的"阴毒"的攻讦之辞。通过系统地阅读保守派留下的公私、正反两方面的言论，不仅可以构建起他们的政治观念体系，还能发现这一士大夫群体和宋初以来政治传统之间的联系。[①] 惟其如此，才能厘清庆历士大夫在权力世界中需要摆脱的困境，必须对抗的成见，不得不参与的论辩，有待翻转的认知框架，或一言以蔽之，才能复原他们发声下笔时的历史语境。由此入手，方可明确庆历士大夫持何种立场介入当时业已存在的话题、观点或行动，最终如其所是地理解他们言说的意图。就算是《岳阳楼记》《醉翁亭记》这样在思想上具有超越性或在文学上达成不朽的经典文本，推原所始，其实也是范仲淹、欧阳修针对现实中某些特定问题而给出的答案。按照斯金纳的说法，这种语境主义的研究方法大体遵循以下

---

　　① 本书在具体研究过程中会大量涉及士大夫政争时的政治言论，这在有关保守派的论述上表现得尤为明显。此类言论本身就带有极强的功利目的和修辞属性，就像韦伯说的，"不是科学分析的工具，而是将其他人的政治态度争取过来的手段"，"不是为深思熟虑疏松土壤的铧犁，而是对付敌手的利剑，是战斗的工具"（参见［德］韦伯《以学术为业》，载［德］韦伯《学术与政治：韦伯的两篇演讲》，冯克利译，生活·读书·新知三联书店 2013 年版，第 37 页）。如何解析政治言论，如何以此为基础阐释言说者的政治观念，如何理解士大夫言与行、心与迹之间的异同，皆是需要深思的问题。邓小南对于"做法"和"说法"的讨论（参见邓小南《祖宗之法》，第 13—14 页），林鹄关于释读政治言论的构想（参见林鹄《忧患——边事、党争与北宋政治》，上海人民出版社 2022 年版，第 202—205、229 页），都是很有启发性的见解。本书尤其注意阅读的系统性和解读的分寸感，并将言与行统合起来就行思考，把握保守派和庆历士大夫言说背后的基本政治逻辑。同时，本书还重点参考斯金纳的观点。在斯金纳稍前，一种强烈的实证主义盛行于英国史学界，其代表学者纳米尔（Lewis Namier）把意识形态视为对事物真实状态的一种系统的曲解，认定政治家的言说特别是他们所宣称的道德原则是虚假的，对行动没有起到任何因果作用。斯金纳反对这种看法，他提出理解意识形态是解释历史行动的必要部分，并从合法化的角度（转下页）

步骤：

> 我们应当首先揭示那些我们所感兴趣的言说的意涵和主题，
> 接下来考察言说发表时的论争语境（argumentative context），借
> 以确定它与涉及同一主题的其他言说有着怎样的联系或关联。
> 假如我们能够准确把握这一语境，我们最终将有望理解我们所
> 感兴趣的言说者或著作家在言说时的行为。[①]

若想全面认识庆历士大夫的言语行动，应当在分辨以言表意（locu-
tionary act）和以言行事（illocutionary act）两种行动的基础上加以整
合，并且还要经由史实观察以言取效（perlocutionary act）的维度。
这三种言语行动彼此联系又互有本质差异，其中以言行事这一层
级是本书研究的焦点。故在具体操作层面需要采取互文式的解读
理路，一则把文本置于与其构成同质、悖反、呼应、对话、增补、
扩充、衍生等各种现实关联或逻辑关系的文本群中来把握，二则
关注文本从被生产到被阅读、传播、引述、回应或实践的纵向过
程。在文本的网络中理解庆历士大夫言说的深层意图，观察他们
具体如何以言行事。以史料为骨架，以经、子以脉络，以集部文
献为血肉，或许能够呈现一个更为鲜活、丰满和多元的中国古典

（接上页）将行动者的言说以及他们所宣称的理想纳入研究视野。他没有拘执于判断行
动者到底是"真诚"抑或"虚伪"之类的问题，而是着重讨论行动者如何采用修辞策
略使他们被质疑的行为合法化，在这个意义上，行动者所援引的道德原则对他们的行
为起到了相当具体的指导和限制作用。参见 Quentin Skinner, *Vision of Politics Volume* 1：
Regarding Method, pp. 145 – 157；Quentin Skinner, *Vision of Politics Volume* 2：*Renaissance
Virtues*, Cambridge University Press, 2002, pp. 344 – 367；马克·戈尔迪（Mark Goldie）：
《〈近代政治思想的基础〉的语境》，载［英］塔利（James Tully）等《重思〈近代政
治思想的基础〉》，胡传胜等译，华东师范大学出版社 2010 年版，第 3—21 页。这样一
来，政治言论的修饰性不仅不再阻碍我们认识士大夫政治，反而可以成为研究焦点。

①　［英］昆廷·斯金纳：《言语行动的诠释与理解》，载《什么是思想史》，第
136—165 页。

政治文化史。

斯金纳所谓"语境"，既指社会中的论争语境，也包括语言环境。就像他说的："为了辨明其（经典作品）论点的锋芒所向和力量所在，我们要对那个时代通行的政治术语有相当的判别能力。"① 在仁宗朝，我们可以发现两套彼此对立竞争的政治语言。一为保守派所持有，主张谨厚慎重、有所不为，其底层的意识形态多元而混杂；一为庆历士大夫所使用，强调行道忧济、刚直有为，是一种以儒家理想主义为内核并带复古色彩的语言。前者和宋初以来的官方话语呈现出明显的延续性，后者则源出先秦儒家经典，又深受韩愈文章的影响。不过，庆历士大夫在政治实践的过程中往往自主地取舍、改造前贤留下的思想和话语资源，使其政治语言自具时代特色，一如他们高倡"回向三代"，而实质上是为创造新世界。因此，我们需要在两套政治语言的交锋间寻找仁宗朝士大夫普遍关心的政治议题，同时也要辨识庆历士大夫之复古话语中的传统和新质，借助话语内部的新旧张力剖析他们的政治观念和言语行动。

总之，斯金纳的论述不单启示我们从合法化维度重审中国古代政治、思想和文学之间的关系，也为相关研究提供了可资借鉴的方法。本书以"庆历士大夫与北宋政治文化转型"为问题点，期望借助典型个案，超越传统上政治影响文学或文学反映政治的单向视角，抉发士大夫政治中言说与思想、权力互动以及联动的复杂图景。一方面，回到历史现场细读文本，将庆历士大夫的书写活动放置于具体的社会、语言情境中予以理解和诠释，系统而深入地考察士大夫文学在典型创作群体身上的展开过程、表现形式与内在意义，全面揭示庆历士大夫主导的政治文化转型如何辐射他们的文学书写，从而构成推动北宋中期文学变革的重要背景。另一方面，重估士大夫

---

① ［英］昆廷·斯金纳：《现代政治思想的基础》，段胜武、张云秋、修海涛等译，求实出版社1989年版，第5页。

文学在政治中的位置和功能①，同时关注庆历士大夫的思想如何在言语行动的层面呈现并发挥作用，强调庆历士大夫的文学书写活动是他们介入社会的关键途径，也是他们开展政治斗争和理念革命的利器，由此着重从文本入手，经由士大夫"言论—观念"的结构性对立探讨北宋中期政治，在此基础上，以修辞转换为主轴构建北宋政治文化转型的阐释框架。一言以蔽之："笔为利剑"②。"言词不仅反映社会和政治现实，也是改变现实的工具"③，古往今来，莫不如是。

最后简略谈一下本书的章节安排。庆历士大夫作为一个联系紧密的政治团体，其核心成员的仕宦生涯呈现一定的同步性，这给本群体的相关研究提供了便利。本书以庆历士大夫的聚散和进退为线

①　需要补充的是，对于宋代士人来说，文章业已成为言说最重要的组成部分，最常见的留存方式，故除刻意区分"言""文"的场合，两者基本上可以相互通用。因此，苏轼在为范仲淹和欧阳修的文集作序时大谈"言""语"。同样的，欧阳修自述"少以文章言语自任"［参见（宋）欧阳修《论河北财产上时相书》，《欧阳修全集》卷118，第1825页〕。他记叙石介实践"不在其位，则行其言"的方式是"遇事发愤，作为文章"［参见（宋）欧阳修《徂徕石先生墓志铭》，《欧阳修全集》卷34，第506页〕。而在富弼眼中，"三四寸竹管子"和"口角头"也是同义的。宋人也常用"笔舌"泛指文章议论。又如毕仲游于熙宁初年提醒苏轼："夫言语之累，不特出口者为言，其形于诗歌、赞于赋颂、托于碑铭者、著于序记者，亦言也。"［（宋）洪迈撰，孔凡礼点校：《容斋随笔》四笔卷1，中华书局2005年版，第637页〕"言"在这里显然包含口语与书面两大系统。此外，汉代以后，中国古代政治修辞的主要载体已从口语过渡到文字。参见苏力《修辞学的政法家门》，《开放时代》2011年第2期。有鉴于此，本书主要关注庆历士大夫的书面创作和北宋政治文化转型的关系。另外，在宋代文学学界，近来兴起的士大夫文学研究，在创作主体身上以文学为中心整合其政治、学术、文学、交际各类活动，从宋代士大夫复合人格的角度切入文学层面的研究，揭示宋型文化的特质，具有极强的理论适用性与阐释力，确如陶文鹏所说："是一个可以不断地开拓和挖掘的宏大课题"（陶文鹏主编：《两宋士大夫文学研究》绪言，中国社会科学出版社2012年版，第6页）。这也是对本书研究很有启发的一个概念。

②　James Tully（ed.），*Meaning and Context：Quentin Skinner and His Critics*，Princeton University Press，1988，pp. 7 – 25.

③　［美］林·亨特编：《新文化史》，姜进译，华东师范大学出版社2011年版，第16页。

索，并参考北宋中期政治史，选出五个时间点，将他们的政治历程大致分为首尾略有重合的三个阶段①，每个阶段又按照若干政治要素（这其中多数属于时人聚焦的公共议题），切分出相应的章节，以便全景式地展现庆历士大夫在庙堂和地方的政治活动，并突出各个时期的特点。本书整体架构如下表所示：

章节	主题	关键词	性质	核心时段
一	范吕党争	党争 改革		
二	宁鸣不默	言事 舆论	前期的政争、论争与理念革命运动	1022—1045
三	名的自觉	声望 名节		
四	儒者奉武	边事 文武		
五	忧乐之际	贬谪 吏治	中期的内外危机与新政成败	1038—1055
六	何以为士	反思 代际	后期的自我转变与代际互动	1045—1075

就总体而言，庆历士大夫在这三个阶段面临不同的政治问题，他们的集体行动因此各有侧重。再者，伴随年龄和阅历的增长，庆历士大夫的价值观念和行动风格也会发生变化。但他们对行道忧济之心的实践，对新型士大夫文化的推扬，仍是贯穿始终的主线。

---

① 这五个时间点依次是：乾兴元年（1022），仁宗即位，范仲淹上书枢副张知白，自白行道之志，开始在政坛上崭露头角；宝元元年（1038），李元昊称帝叛宋，拉开宋夏战争的序幕；庆历五年（1045），庆历新政宣告失败，改革派集体贬外；至和二年（1055），仁宗同日任命富弼、文彦博为相，欧阳修归阙，后迁翰林学士，次年，韩琦回朝任枢密使；熙宁八年（1075），王安石复相，韩琦病逝于相州，而欧阳修已于三年前过世，庆历士大夫中仅剩富弼尚存。

第一章

修辞转换与理念革新：
政治文化视阈下的范、吕党争

范、吕党争一向是理解北宋仁宗朝前期政治趋向与士夫进退的关键①。然而，就现有的政治史研究来说，学界对党争两造的关注显是不均衡的。与备受后人崇仰的范仲淹、欧阳修等"范党"或说"革新派"适相反，以吕夷简为代表的所谓"吕党"或说"保守派"，这个在仁宗朝权力世界中长久占据强势乃至主导位置的官僚群

---

① 南宋吕中编《类编皇朝大事记讲义》卷10 "仁宗皇帝"下就有条目专门探讨"朋党、君子、小人"。彭百川编《太平治迹统类》卷10也以"庆历朋党"为目。明人陈邦瞻编《宋史纪事本末》卷29亦设"庆历党议"一节。王夫之在《宋论》卷6中明确提出，北宋朋党之争由景祐诸公（即范仲淹、余靖、尹洙、欧阳修等人）开启。近人王桐龄《中国历代党争史》叙述北宋党争，亦由郭后之废、范吕之争和庆历党议讲起。又范、吕解仇事在宋代便已聚讼纷纭，由此公案之见重足知范、吕党争的重要性。参见王瑞来《范吕解仇公案再探讨》，《历史研究》2013年第1期。此外，陈植锷：《从党争这一侧面看范仲淹改革的失败》、沈松勤：《北宋文人与党争——中国士大夫群体研究之一》（人民出版社1998年版，第117—125页）、巩本栋：《北宋党争的再评价及其思想史意义》（《古籍研究》2000年第1期）、江小涛：《士大夫政治传统的重建与宋仁宗时期的"朋党之议"》（载黄正建主编《隋唐辽宋金元史论丛》第4辑，上海古籍出版社2014年版，第247—267页）、林嘉文：《忧乐为天下——范仲淹与庆历新政》（山西人民出版社2016年版，第40—192页）等对于范、吕党争都有专门的论述，着重于政治史和朋党论的阐释，本文则主要从政治修辞和政治文化的角度重新审视仁宗朝前期的士大夫党争。

体，于历史叙述中却罕有其自足性，而仅作为"范党"的对立面存在——一个弄权的守旧的终将被历史淘汰的对立面。①

上述研究格局的形成，源于盛行已久的革新为贤、保守不肖的价值判断。换言之，后世审视这段历史的视角是以"范党"的观念为基准的。早在庆历初年，一般士人面对由宋夏战事引发的政治困境，便"皆归过于张士逊、吕夷简"②而称颂"范党"，视革新为必然。后世亦多认为庆历新政之失败是由奸邪谗

---

① 这种历史叙述的倾向在《续资治通鉴长编》《宋史》等记载北宋中期历史的基本史籍中就已非常明显。《续资治通鉴长编》在呈现仁宗朝前期历史时，对于党争双方的叙述有明显的多寡褒贬之别。李焘在叙述庆历新政之失败后还注解说："正传谓仲淹及弼更张无渐，规摹阔大，论者以为不可行。此当时群小人谤仲淹及弼，故云尔。李清臣、蒲宗孟因而著之，未可信也。今略加删润，庶不失事实。"[（宋）李焘：《续资治通鉴长编》卷150，第3637页]这算是直接亮明自身的编撰态度。蔡涵墨发现，《续资治通鉴长编》卷140至152涵盖了庆历新政从兴起到失败的全过程（1043.3—1044.10），这13卷共引用117封奏议，其中106封来自支持革新的阵营，而反对改革的奏议则干脆付之阙如。他因此指出，李焘通过将更多的正文空间分配给革新派而非反对派来表达自己的观点。参见 Charles Hartman, *The Making of Song Dynasty History: Sources and Narraties*, *960–1279 CE*, p. 90. 罗昌繁：《"范党为是，吕党为非"刻板印象之形成——以庆历党人碑志为中心》（《天中学刊》2012年第5期）也指出庆历党人碑志影响《宋史》，使后人形成范是吕非的刻板印象。至现代，和"范党"研究的兴盛相比，"吕党"的研究成果极为有限。漆侠：《范仲淹集团与庆历新政——读欧阳修〈朋党论〉书后》是探讨仁宗朝士大夫朋党最为充分的文章之一。漆文认为刘后、吕夷简代表与范仲淹集团相对立的保守反动势力，亦是腐败的特权阶级的代表。王志双：《吕夷简与宋仁宗前期政治研究》（硕士学位论文，河北大学，2000年）是少有的对吕夷简集团之组成、性质和社会影响作专章论述的论文，其第二章认为吕夷简集团是以各种社会关系组合而成的、代表大官僚大地主阶级利益的集团，该集团为维护自身利益而奉行的保守方针使北宋社会陷入困局，明显延续了漆文的看法。惟姚红：《北宋宰相吕夷简奸臣说献疑》（《人文杂志》2008年第3期）认为吕夷简是忠君爱国的典型，而非一代奸臣。由此可见，对于"吕党"的研究总不脱忠奸的价值判断。这种长久以来的偏见是需要先予廓清的。另外，江小涛：《士大夫政治传统的重建与宋仁宗时期的"朋党之议"》（载《隋唐辽宋金元史论丛》第4辑，第247—267页）以"元老""新进"代替范党、吕党，突出其中的代际因素，并分别描述"元老""新进"的政治特征，令人耳目一新。不过，他在具体论述中依旧贯彻革新为贤、保守不肖的价值判断。

② （宋）余靖：《论当今可行急务奏》，黄志辉校笺《武溪集校笺》卷21，天津古籍出版社2000年版，第685页。

害君子造成的。① 但正是这种后见之明阻碍人们对处在彼时历史情境下限知的党争双方特别是"保守派"抱同情之理解，进而造成思考上的惰性。事实上，吕夷简等元老大臣亦属仁宗朝官僚中的精英，对造就天圣、景祐之际的承平局势及平复庆历初年的政治危机皆有功绩②。同时，这群士大夫也有一套成熟的政治理念和行事风格，有自己的政治操守，远非一句"保守因循"所能涵括③，只不过他们的声音在一直以来的历史叙述中常被遗忘或遮蔽。党争双方文集的留存状况明显呈现出失衡的局面。范仲淹、韩琦、欧阳修、蔡襄、余靖、苏舜钦、尹洙、石介、李觏这些革新分子及支持者均有卷帙可观的文集传世，与之相比，"保守派"中人虽亦勤于笔砚，但他们的文集多已散佚，这使得"保守派"的核心成员除张方平、宋庠、宋祁等少数人外，在后世普遍陷入失声的境地。④

---

　　① 如神宗朝御史蒋之奇弹劾钱明逸时回顾庆历旧事称："臣与明逸素无嫌隙，但以倾险憸薄，在仁宗朝附贾昌朝、夏竦、王拱辰、张方平之党，陷杜衍、范仲淹、尹洙、石介之徒，朝廷一空，天下同疾。"参见（宋）李焘《续资治通鉴长编》卷209，第5081页。

　　② 北宋时人邵伯温的长辈曾忆说："本朝唯真宗咸平、景德间为盛，时北虏通和，兵革不用，家给人足。以洛中言之，民以车载酒食声乐，游于通衢，谓之棚车鼓笛。仁宗天圣、明道初尚如此，至宝元、康定间，元昊叛，西方用兵，天下稍多事，无复有此风矣。元昊既称臣，帝绝口不言兵。庆历以后，天下虽复太平，终不若天圣、明道之前也。"参见（宋）邵伯温撰，李剑雄、刘德权点校：《邵氏闻见录》卷3，中华书局1983年版，第23页。真宗咸平、景德至仁宗天圣、明道多由王旦、王曾、吕夷简等"名相"当国主政。

　　③ 邓小南特别辨析了宋真宗朝名相李沆缄默静重的政风与所谓"循默之风"的区别，可以作为参考。参见邓小南《祖宗之法——北宋前期政治述略》，第304—308页。

　　④ 如吕夷简"属辞雄赡，长于理道"，朝廷典册多出其手［（宋）张方平：《故推诚保德宣忠亮节崇仁协恭守正翊戴功臣开府仪同三司守太尉致仕上柱国许国公食邑一万八千四百户食实封七千六百户赠太师中书令谥文靖吕公神道碑铭并序》，《乐全集》卷36，郑涵点校《张方平集》，中州古籍出版社1992年版，第594页］，南宋时尚存诗集五卷，陈振孙评说"文靖不以文鸣，而其诗清润和雅，未易及也"［（宋）陈振孙撰，徐小蛮、顾美华点校：《直斋书录解题》卷20，上海古籍出版社1987（转下页）

此外，范、吕党争研究还有一个难点，即范、吕两党并非都具备自觉的群体意识和明确的结党行为。和同心一德结成"君子党"的"范党"不同，"吕党"或"保守派"多以"不私不党"自居，在实际政争中，其核心人物亦无充分的协同，人际关系较为复杂，他们只不过出于相近的政治利益和政治观念共时地压制"范党"①。如庆历年间章得象、贾昌朝、陈执中等宰执排抑庆历革新派，似非当时已然罢相乡居并很快过世的吕夷简授意而为。②而夏竦则更是长

（接上页）年版，第 590 页]；章得象"论著文章数百篇，雅懿沉郁，薄天人之极"[（宋）宋祁：《文宪章公墓志铭》，《景文集》卷 59，商务印书馆 1936 年版，第 788 页]；张士逊"为辞章，深纯典正。尤嗜诗，所得皆自然经奇，无所雕厕"，"生平编次成十集"，被宋祁称为"有德而又有言者"[（宋）宋祁：《张文懿公士逊旧德之碑》，《景文集》卷 57，第 765 页]；贾昌朝有奏议三十卷、文集三十卷；高若讷"所著文章二十卷，善文辞者贵之"[（宋）宋祁：《高观文墓志铭》，《景文集》卷 60，第 803 页]；丁度"所著诗、论、制诰、奏议、碑颂等，离为七十卷"，"致道雅正，文辞纯致，较汉、唐名贤不少减"，又撰录《迩英圣览》十卷，《龟鉴精义》三卷，《庆历兵录》五卷，《庆历缮边录》一卷，《国朝具员》一卷，《编年总录》八卷，《大唐史略》一百卷，《管子要略》五篇，《备边要览》十篇，《寰海后图》[（宋）孙抃：《丁文简公度崇儒之碑》，（宋）杜大珪编，顾宏义、苏贤校证《名臣碑传琬琰集校证》上集卷 3，上海古籍出版社 2021 年版，第 72 页]；王拱辰为天圣八年（1030）进士科状元，有内制、外制集各五卷，奏议十卷，文集七十卷。然以上诸人文集均已散佚。惟张方平《乐全集》、宋庠《元宪集》、宋祁《景文集》今尚存（其中《元宪集》《景文集》大部由四库馆臣从《永乐大典》中辑出）。"保守派"文集在后世的遭际和他们的历史评价不无关系。

① 刘子健就看到，改革的反对派只是为了达到共同的目的而暂时联手，他们内部也不无敌意。参见刘子健《宋初改革家：范仲淹》，载《中国的思想与制度》，第 85—118 页。

② 按，欧阳修《资政殿学士户部侍郎文正范公神道碑铭》云："及吕公复相，公亦再起被用，于是二公欣然相约勠力平贼。"（《欧阳修全集》卷 21，第 335 页）又《东轩笔录》："范文正公仲淹为参知政事，建言乞立学校、劝农桑、责吏课、以年任子等事，颇与执政不合。会有言边鄙未宁者，文正乞自往经抚，于是以参知政事为河东陕西安抚使。时吕许公夷简谢事居圃田，文正往候之，许公问曰：'何事遽出也?'范答以'暂往经抚两路，事毕即还矣。'许公曰：'参政此行，正蹈危机，岂复再人?'文正未谕其旨，果使事未还，而以资政殿学士知邠州。"参见（宋）魏泰撰，李裕民点校《东轩笔录》卷 4，中华书局 1997 年版，第 41—42 页。可见两人关系在宋夏战争及新政期间趋于缓和，吕晚年乡居期间获取中央人事资讯并不及时，故不太可能遥控他人倾轧"范党"。此外宋人有吕夷简鄙夷章得象为人的说法[参见（宋）李心传撰，崔文印点校《旧闻证误》卷 1 引阙名书，中华书局 1981 年版，第 17 页]，晏殊、贾昌朝、陈执中等人与吕夷简也没有密切的关系。

期与吕夷简不协，和陈执中也"论议素不合"①。又如宋庠、宋祁兄弟也是倾轧、批判"范党"的主力，他们曾被吕夷简指为朋党而贬外，显然也算不上是吕的同党。总之，"吕党"各成员之间的联系原本并不紧密，甚至不乏彼此冲突的情况，他们很大程度上是出于后世研究需要而作为"范党"的对立面被归到一起的②。所以说，"范党"所攻击的吕夷简及其党附者，和后世意义略同于"保守派"的"吕党"本质上不是一个概念，前者无论在指涉范围、成员人数还是存续时间上均小于后者。③

再者，仁宗朝前期政坛还有部分与范仲淹交好同时与吕夷简关系淡薄乃至对立的士大夫，却在政治观念上和"范党"存在不可弥合的分歧，反而和吕多有类同之处。如王曾、晏殊都提携过范仲淹，

---

①　（宋）李焘：《续资治通鉴长编》卷160，第3866页。

②　这种粗泛的归并早在英宗朝就已产生，如蒋之奇批评钱明逸"在仁宗朝附贾昌朝、夏竦、王拱辰、张方平之党，陷杜衍、范仲淹、尹洙、石介之徒"。参见（宋）李焘《续资治通鉴长编》卷209，第5081页。其实，夏竦和其他人不算同党，王拱辰、张方平还曾激烈地弹劾过夏竦。另据苏舜钦口述，新政期间以王拱辰为首的台官势力"知二相胆薄畏事，必不敢开口以辨"，兴起"奏邸狱"。参见（宋）苏舜钦《与欧阳公书》，傅平骧、胡问陶校注《苏舜钦集编年校注》卷9，巴蜀书社1991年版，第609页。可见王拱辰与章得象也并非同党。

③　王志双通过考察吕夷简的社会关系网确定"吕夷简集团"以吕夷简为首，包括宋绶、刘平、李淑、陈尧佐、晁宗悫、蔡挺、王举正、王随、钱明逸、丁度、章得象、王拱辰、张方平、高若讷、张士逊、梁适、任中师等官僚士大夫，参见王志双《吕夷简与宋仁宗前期政治研究》，第10—24页。这个名单可以说是把与吕夷简有关系者都搜罗入内，却仍然存在以下四个问题：一是名单中部分官员和吕社会关系的强度未必达到结党的程度，诸如一次集体举荐（如章得象）、间接的亲属关系（如丁度）这样的证据过于单薄，并且社会网络盘根错节，只考察吕一人不能说明关系的排他性；二是社会关系与政治立场并不对等，就现有史料看，宋绶、晁宗悫没有攻击过庆历士大夫，相反，韩琦作谏官时上奏称王曾、蔡齐、宋绶宜大用，庆历元年（1041）蔡襄还家前曾去晁家告辞，晁向蔡讲述称叹好水川之役殁者忠节；三是选人标准不统一，高若讷、张方平的入选的原因是同流，即政见相同，都反对"范党"和庆历新政，这和社会网络无涉；四是这个名单没有包括一些重要的"保守"官员如贾昌朝、陈执中、苏绅、宋祁、宋庠等。这些问题造成"吕夷简集团"过于狭窄，难以用来解释仁宗朝前期的士大夫党争。

亦颇受"范党"中人的景仰。王曾在景祐年间和吕并相，"论议多不合"①，还被宋人认为是庆历党争的源头②。但王曾曾劝诫欧阳修居官思不出位，又在景祐党争中批评高若讷"多是择利"，范"未免近名"，皆非"纯意于国家事"。③ 王和范、欧显然在"言事""近名"等问题上意见相左。晏殊同样是显例。他荐举过范仲淹，又于天圣八年（1030）知贡举，取欧阳修为省元，并把长女嫁与富弼，对许多庆历士大夫有知遇之恩。故晏死后，欧为作神道碑，将其塑造成庆历革新派的护佑者。然而实际上，晏和范、欧等人的政治观念判然有别。天圣七年（1029），范上书劝阻仁宗率百官上刘太后寿，晏指责他会被人认定是好奇邀名，范当面予以驳斥，嗣后写信给晏申述言事和近名的正当性。庆历四年（1044），晏殊苦于谏官欧阳修"论事烦数"，在欧出为河北都转运使时不许谏官奏留，谏官蔡襄、孙甫遂以事弹劾晏，致使其罢相。④ 足见人际关系和政治观念之间不仅难以画上等号，还可能造成误判，传统的政治集团论并不适用于仁宗朝前期的士大夫党争。⑤

是故，本章选择搁置价值判断和党派划分，回归当时士大夫之间拉锯式争辩的现场，深入解析他们各自持有的政治观念和评价标准，还原那个政治局势与政治文化皆发生深刻变革的时代原本就具有的多重声部。由文本细读入手，从剖判士大夫的政治言论和修辞策略出发，通过探讨不同士大夫群体间或和鸣或不谐的对话，或呼

---

① （宋）李焘：《续资治通鉴长编》卷120，第2826页。

② 参见（宋）魏泰《东轩笔录》卷7，第83页。

③ 参见（宋）王岩叟《韩魏公别录》，《安阳集编年笺注》附录4，第1869页。

④ 参见（宋）李焘《续资治通鉴长编》卷152，第3699页。

⑤ 不仅如此，以政治态度为准的"革新派"所涉及的成员也要多于作为政治集团存在的"范党"，部分没有直接参与景祐党争和庆历新政的士大夫如尹源、石延年、苏舜元等也认同范仲淹的政治观念和政治行为。张希清：《"以天下为己任"——范仲淹为政之道研究之一》（载《邓广铭教授百年诞辰纪念论文集：1907—2007》，第438—460页）就不取漆侠"集团"的说法，主张将范仲淹等人称为一个新兴的士大夫群体或政治派别。

应或妥协或对抗的互动，来发见仁宗朝前期复杂的政治文化图景，进而求索理解两宋士大夫朋党及其争端的别种理路。① 须预作说明的是，本文无意否定"范党"的历史意义，只想证明，他们的伟大无需由贬低其政治对手获致，他们的特质却须经正视对手来发见。

第一节　仁宗朝前期士大夫"言论—观念"的结构性对立

皇祐四年（1052），垂暮的范仲淹写就了生平最后的文字——《遗表》，在这篇表奏中他回顾毕生志业，着意将庆历新政期间的闻见遭际摆在思虑的中心位置：

> 预中枢之密勿，曾不获辞；参大政之几微，益难胜责。自念骤膺于宠遇，固当勉副于倚毗。然而事久弊则人惮于更张，功未验则俗称于迂阔。以进贤援能为树党，以敦本抑末为近名。洎忝二华之行，愈增百种之谤。②

更张/迂阔、进贤援能/树党、敦本抑末/近名，范仲淹阐释当代史兼自辩的方式是把诸政治行为始终置于两套话语体系（自勉/俗谤）的尖锐对立中，由此凸显自我与流俗在政治领域的剧烈冲突。值得注意

---

① 北美汉学家李瑞（Ari Daniel Levine）从政治修辞入手探讨北宋晚期党争（1069—1104），发现党争双方都使用相同的两极分化的修辞，即以君子、小人的对立为中心来描述自己并贬低对手。李还上溯至仁宗朝党争，对欧阳修《朋党论》做出细致的解读。参见 Ari Daniel Levine, *Divided by a Common Language：Factional Conflict in Late Northern Song China*, Honolulu：University of Hawai'i Press, 2008. 本文的视角稍有不同，一则，本文更关注政治修辞的差异，即党争双方使用的话语框架只是表面近似，其内涵却大相径庭，并且他们在具体的政治言论上明显采用了截然对立的词汇系统；二则，本文对政治修辞的考察不限于朋党，而涉及士大夫政治生活的各个方面；三则，本文聚焦修辞对于政治文化的作用力，探讨修辞转换何以作为政治文化转型的原动力。

② 《范文正公文集》卷18，《范仲淹全集》，第427页。

的是，范以"以某为某"句式串起正反语汇的写法是极有意味的形式，源出《论语·阳货》所载子贡之语"恶徼以为知者，恶不孙以为勇者，恶讦以为直者"①，旨在描述一系列表面相似而本质相悖的品行。② 后世士大夫多仿此结构排击那些价值倒错的现象，如《盐铁论·颂贤》中御史大夫谓成颙、胡建"狡而以为知，讦而以为直，不逊以为勇"③，显是模拟经典之辞。范表正在此话语传统之中。

稍后，欧阳修《祭资政范公文》接过这种表述模式，更将之拓展为范仲淹整个政治生涯的普遍境遇：

> 公曰彼恶，谓公好讦；公曰彼善，谓公树朋。公所勇为，谓公躁进；公有退让，谓公近名。谗人之言，其何可听！先事而斥，群议众排。有事而思，虽仇谓材。毁不吾伤，誉不吾喜。……举世之善，谁非公徒？谗人岂多，公志不舒。善不胜恶，岂其然乎？成难毁易，理又然欤？④

基于范仲淹政治行为的相关评论，欧阳修构建出善人称誉/谗人讥毁两个截然相背的系统：贬恶/好讦、扬善/树朋、勇为/躁进、退让/近名，涉及的评价项和评论者较范表都有所拓展。姑置其中褒贬不论，欧文的表述结构实则昭示了当时言论空间的全面分裂状态。

像这样抨弹以黑为白的声音普遍存在于仁宗朝前期的权力世界

---

① （清）刘宝楠撰，高流水点校：《论语正义》卷20《阳货第十七》，中华书局2009年版，第708页。

② 孔门非常注重辨析那些似是而非的品行，如"君子周而不比，小人比而不周""君子和而不同，小人同而不和""君子泰而不骄，小人骄而不泰"〔（清）刘宝楠：《论语正义》卷2《为政第二》、卷16《子路第十三》、卷16《子路第十三》，第56、545、547页〕，均采用相同的句式说明周比、和同、泰骄这一系列貌同实异、褒贬分明的词汇有君子、小人之别。

③ （汉）桓宽撰集，王利器校注：《盐铁论校注》卷5《讼贤第二十二》，中华书局1992年版，第285页。

④ 《欧阳修全集》卷50，第697—698页。

之中。诸士大夫群体都声称政敌在"强词夺理"，将对手的政治行为描述为颠倒是非的"不义之举"，认为他们严重扰乱了合理的政治秩序。如范仲淹指摘吕夷简"以大为小，以易为难，以未成为已成，以急务为闲务"①。孙沔诘责吕夷简"以姑息为安，以避谤为智"②。苏舜钦亦谓宰执"习于旧弊，以寡言忽事为持重得体"③。与之相对的，则有刘元瑜指斥欧阳修等庆历四谏"以进退大臣为己任，以激讦阴私为忠直"④。宋祁认为小人"其铮铮似辨，其悻悻似直，攻人之私似公，触大臣撼大事似强，多所建请似才，数让小官辞小禄似高，阴引其朋似荐贤，攻其朋之细过似不党"⑤。以上说辞在形式层面均与范表、欧文高度近似，此类言说方式在仁宗朝前期公共舆论空间的流行实则折射出当时政治文化场的深层结构。

不难看出，政治争端的一个关键表征便是政治言论的分裂。在仁宗朝前期，士大夫之间持续的联合与冲突造成众声喧哗的局面，彼时各士大夫群体之间存在着许多针锋相对的言论，尤其在政争最为激烈的明道废后、景祐党争与庆历新政三场重大政治事件中，不同的士大夫个体和群体在权力世界中一面伸张己论，一面排击政敌，留下了非常丰富的文本群。从整体上看，这些表面偏激的争辩并非暂时而设的毁誉之辞，实则具有体系化的特征，深刻地反映了仁宗朝士大夫在政治观念层面的争持。

将这二十年来士大夫在公共空间中的言语互动无论毁誉皆予以汇总和分析，就能发现当时的政治言论虽然数量庞多，却并非毫无章法可循。不仅同一类政治话语、修辞和词汇有规律地重复出现，

---

①　（宋）李焘：《续资治通鉴长编》卷118，第2784页。

②　（宋）孙沔：《论宰相不进贤者为将来之资奏》，《全宋文》卷435，第21册，第79页。

③　（宋）苏舜钦：《上范公参政书·咨目七》，《苏舜钦集编年校注》卷8，第548页。

④　（宋）李焘：《续资治通鉴长编》卷154，第3744页。

⑤　（宋）宋祁：《宋景文公笔记》卷下，中华书局1985年版，第21页。

诸政治话语之间也往往构成同质或对抗的关系。因着逻辑上的联系，可以把这些言论统合成一个层次清晰、条理分明的话语网络。不管是乍看起来用心险恶的讪讦还是过甚其辞的虚美，都能在这个网络中找到合适的位置来安放，并由此呈示特定的政治意涵。具体来说，建构话语网络的方法是：首先，根据言论所针对的政治问题的异同，将它们纵向归并在若干类项也就是话题之下；然后，依照具体内容和褒贬倾向统一排列同一话题内的言论条目，再分别横向连缀起来，得到四组并置的言论群；最后，将内容相同而褒贬相反的言论群组合成两个一一对应又相互对立的话语系统。下面按照上述步骤摘录仁宗朝前期士大夫的代表性言论制成关系图如下①：

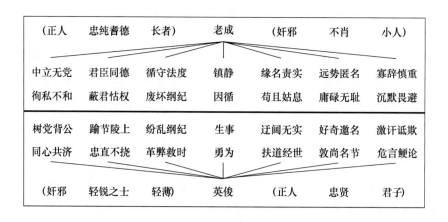

这个政治言论关系图中部每一纵项为一个话题，每一横项为一组言论群，而以正中粗线为界限，整个关系图由两个极端分化同时自成体系的言论系统组成。从水平向度看，言论系统内部诸类项虽分述士大夫公共生活的不同侧面，"中立无党""君臣同德"和"同心共济""忠直不挠"就政治关系言，"循守法度""镇静""缘名责实"和"革弊救时""勇为""扶道经世"就措政原则言，"远势匿名""寡辞慎重"和"敦尚名节""危言鲠论"就言行策略言，角

---

① 图中各条目所在语段、发声者及文献出处详见本章附录部分。

度各异，其内核却具有很强的一致性，各指向谨厚与鲠直两种政治风格，分别构成严密的体系。套用当时的自我标榜之语，上栏言论系统可被统称作"老成"话语；下栏则可被概括为"英俊"话语。"老成"话语构成仁宗朝前期言论空间的主流或说底色，"英俊"话语则作为一种新兴的政治话语，在饱受质疑的同时不断壮大。

"老成""英俊"两类言论系统分别对应不同的发声群体：前者以吕夷简、王曾、章得象、晏殊、陈执中、陈尧佐、王举正、丁度、贾昌朝、高若讷、宋庠、宋祁、苏绅、张方平、王拱辰等为代表，包含而不限于"保守派"，这里借用他们自己提出的褒词命名为"老成士大夫"；后者群体主要包括范仲淹、杜衍、孙沔、韩琦、富弼、欧阳修、蔡襄、孙甫、余靖、尹洙、尹源、田况、石介、王素、苏舜钦、苏舜元等，涉及的人员也稍稍溢出"革新派"，他们正是"庆历士大夫"。双方都以"正人""君子"自居，各自拥有一套全备并且足以自我正义化的政治话语。

老成士大夫大体延续了宋初以来的政治话语，又多少领受先时盛行的黄老风气①，崇尚汉初公卿式的"长者"之行②，在政治上主

---

①　宋初政治文化中的黄老因素，参见张其凡《吕端与宋初的黄老思想》，载邓广铭等主编《宋史研究论文集》，河南人民出版社 1984 年版，第 385—411 页；唐兆梅：《略论宋初的黄老思想》，《中州学刊》1991 年第 1 期；［日］竺沙雅章：《宋朝的太祖与太宗：变革时期的帝王》，方建新译，浙江大学出版社 2006 年版，第 138—140 页。李华瑞：《宋初黄老思想三题》（《河北大学学报》1995 年第 3 期）对黄老思想在宋初政治上的作用有所辩证。然而从政治话语和行为模式的延续性看，宋初士大夫与汉初公卿确有类同之处。

②　西汉初年的黄老思想与政治上"长者"风尚的关系，参见金春峰《汉代思想史》，中国社会科学出版社 2006 年版，第 42—66 页；阎步克：《士大夫政治演生史稿》，第 268—299 页。老成士大夫常以"长者"誉人。此外，宋祁还说王曾"务大体若丙吉，清净如曹参，总领众职如魏相，内文明如邓禹。于时被公之化，察察者敦，沾沾者愧"［（宋）宋祁：《文正王公墓志铭》，《景文集》卷 58，第 778 页］，其中曹参、丙吉皆是西汉前期崇尚黄老之学、为政宽大的名相。苏颂代宋庠作祭文悼念陈执中，赞誉陈"万石谨厚，博山慎密，既明且哲，克保终吉"［（宋）苏颂：《祭陈侍中文》，王同策、管成学、颜中其等点校《苏魏公文集》卷 70，中华书局 1988 年版，第 1065 页］，用西汉大臣石奋、孔光来比拟陈。

张"相守成者先德"①。从该群体的碑志传状来看，他们共享的理想政治性格存在一种程式化的描述模式，呈现为一系列以否定词领头的句群，这是北宋前期主流政治文化在文本上的表现：

> 不洁名，不矜劳，敢任天下之怨，不敢有天下之德（张方平言吕夷简）②；
>
> 进贤不植私，爱士不谋党，退不肖，不奸怨（宋祁言王曾）③；
>
> 不借交党引重为名高，……事上待下，直诚无饰，不违道以干誉，不矫情以图全。退朝阖门，不受私谒，诡行游说浮薄之士，无敢自通。性严毅，有威重，寡言笑。……专务远权势，匿名迹（张方平言陈执中）④；
>
> 不喜为皦厉行，要以天下中庸自居。……不植私，不援党，家无言利之老，室无侥福之祈（宋祁言章得象）⑤；
>
> 皂囊纳忠，弥缝阙遗。曰党曰附，吾所弗与。不激不讦，罔干虚誉。人不我知，吾不为沮。……事必师古，袭于常故。毋作聪明，毋越彝矩（文彦博言高若讷）⑥；
>
> 不将不迎，不矫不激。不求利权，不取名迹（孙抃言丁

---

① （宋）宋祁：《张文懿公士逊旧德之碑》，《景文集》卷57，第764页。
② （宋）张方平：《故推诚保德宣忠亮节崇仁协恭守正翊戴功臣开府仪同三司守太尉致仕上柱国许国公食邑一万八千四百户食实封七千六百户赠太师中书令谥文靖吕公神道碑铭并序》，《乐全集》卷36，《张方平集》，第593页。
③ （宋）宋祁：《文正王公墓志铭》，《景文集》卷58，第778页。
④ （宋）张方平：《推诚保德崇仁守正忠亮翊戴功臣开府仪同三司守司徒致仕上柱国岐国公食邑一万九百户食实封三千九百户赠太师兼侍中谥曰恭颍川陈公神道碑铭》，《乐全集》卷37，《张方平集》，第622页。
⑤ （宋）宋祁：《文宪章公墓志铭》，《景文集》卷59，第787—788页。
⑥ （宋）文彦博：《观文殿学士尚书左丞谥文庄高公神道碑》，申利校注《文彦博集校注》卷12，中华书局2016年版，第556页。

度）①；

　　襟量坦夷，无城府、不逆诈、不匿怨，性不喜为声名，故未尝有所矜治标饰，其于毁誉蔑如也。性不好交党，故未尝攀援结纳，其于人事泊如也。性不乐权利，故未希时取容，虽事君常礼不懈而已，其于进退恬如也（王巩言张方平）②。

可以看到，老成士大夫对大臣之角色期望的定义主要由一组旨在描述"有所不为"的消极赞誉构成。他们是宋初以来政治文化的传承者，可说是赵宋"祖宗之法"之防弊原则的人格化身。③ 而这些"有所不为"最终导向对个体品德的肯定，但这种肯定仍源自外部的认可。"老成"群体在盖棺论定之时亦常乐道墓主平生既能与君主"感通契会，同德一体，恩营始终之极致"④，又能"与人无憾恨之隙，无侵侮之羞"⑤，"始终明哲保身全"⑥，完成"全德"之人的构建。总体来说，老成士大夫追求的是行政立身的分寸和现行政治的稳定，关注政治行为在当下的"意图"。他们的仕宦重心虽始终指向

----

　　① （宋）孙抃：《丁文简公度崇儒之碑》，《名臣碑传琬琰集校证》上集卷3，第73页。

　　② （宋）王巩：《文定张公乐全先生行状》，《全宋文》卷1841，第84册，第378页。

　　③ 吴天墀《中唐以下三百年间之社会演变——庆历变革与近世社会之形成（上）》指出："盖宋立国之政治理想及其统治方法，乃持道家精神而又参以法家之术者，是以自始富于消极的牵掣之特色，本无忌于有所作为，而亦惟恐其臣民之能有所作为也。"（载吴天墀著《吴天墀文史存稿》，北京师范大学出版社2016年版，第59页）。又及，宋朝"祖宗之法"与宋初名臣质厚言行的关系，参见邓小南《祖宗之法——北宋前期政治述略》，第281—339页。

　　④ （宋）张方平：《故推诚保德宣忠亮节崇仁协恭守正翊戴功臣开府仪同三司守太尉致仕上柱国许国公食邑一万八千四百户食实封七千六百户赠太师中书令谥文靖吕公神道碑铭并序》，《乐全集》卷36，《张方平集》，第593页。

　　⑤ （宋）张方平：《推诚保德崇仁守正忠亮翊戴功臣开府仪同三司守司徒致仕上柱国岐国公食邑一万九百户食实封三千九百户赠太师兼侍中谥曰恭颍川陈公神道碑铭》，《乐全集》卷37，《张方平集》，第624页。

　　⑥ （宋）欧阳修：《晏元献公挽辞三首》其三，《欧阳修全集》卷56，第812页。

自我，但他们认可的合理秩序主要是由主流政治文化赋予的。也就是说，老成士大夫的自律是他律的产物，是受外在的社会规范和官方意识形态熏炙渐渍再加上自我规训的结果。

庆历士大夫则恰相反，他们性情刚毅，以古人是期，以贤才自许，将儒者积极进取的精神发扬到了极端，颇似汉末慷慨救世的名节之士①。他们使用的政治话语也与老成士大夫大相径庭，往往选取形容极致、周遍和必然性的词汇来描述同道的政治性格。如范仲淹立朝"竭忠尽瘁，知无不为"（韩琦语）②，"自始仕，慨然已有康济之志。凡所设施，必本于仁义而将之以刚决，未尝为人屈挠。……立朝益务劲雅，事有不安者，极意论辨，不畏权幸，不蹙忧患"（富弼语）③，"其事上遇人，一以自信，不择利害为趋舍。其所有为，必尽其力"（欧阳修语）④；杜衍"有大臣节，直己徇公，不恤于毁誉，不移于用舍"（蔡襄语）⑤，致仕乡居而"精明不衰"，"忧国之虑，过于有政。称善之勤，同于己为"（韩琦语）⑥；欧阳修"天资刚劲，见义敢为，襟怀洞然，无有城府"，在谏官任上"颜有必犯，阙无不缝。正路斯辟，奸萌辄攻，气劲忘怵，行孤少同"（韩

---

① 汉末士大夫政治言行的特征，参见于迎春《秦汉士史》，北京大学出版社2000年版，第465—512页。范仲淹在回顾革新派的言行时有过类比："汉李膺之徒，黑白太清，而禁锢戮辱。虽一身洁清，千古不昧，奈何邪正相激，速天下之祸，汉室亦从而亡之。"［（宋）范仲淹《与省主叶内翰书》其二，《范文正公文集》卷11，《范仲淹全集》，第263页］

② （宋）韩琦：《文正范公奏议集序》，《安阳集》卷22，《安阳集编年笺注》，第724页。

③ （宋）富弼：《范文正公仲淹墓志铭》，《全宋文》卷610，第29册，第60—61页。

④ （宋）欧阳修：《资政殿学士户部侍郎文正范公神道碑铭》，《欧阳修全集》卷21，第333页。

⑤ （宋）蔡襄：《祭杜祁公文》，《蔡忠惠集》卷36，《蔡襄集》，第662页。

⑥ （宋）韩琦：《祭正献杜公文》，《安阳集》卷43，《安阳集编年笺注》，第1341页。

琦语)①；蔡襄"其人杰然"，"奋躬当朝，谠言正色。出入左右，弥
缝补益"（欧阳修语)②；尹洙"与人言，是是非非，务穷尽道理乃
已，不为苟止而妄随，而人亦罕能过也。遇事无难易，而勇于敢为，
其所以见称于世者，亦所以取嫉于人，故其卒穷以死"（欧阳修
语)③；余靖"居常谦畏寡言，不敢少忤于人"，但"及论事上前，
分解落落；诋刺大臣，易于褐夫。出入兵戎危难之地，若在宴处"
（蔡襄语)④；石介"遇事发愤，作为文章，极陈古今治乱成败，以
指切当时，贤愚善恶，是是非非，无所讳忌"（欧阳修语)⑤；王素
"刚峭善议论，才敏过人，临事敢决无所屈"（苏舜钦语)⑥。庆历士
大夫被同道塑造成知无不为、特立独行的理想主义者。他们的内在
是自信自足的，他们的志向又始终指向外部世界，自任以天下之重，
追求的是远高于现实的理想秩序。因此当现行政治和外在规范有违
他们心中认定的道德准则时，他们拒绝妥协，而是自觉地成为批判
者和革新者，为行道救弊全然不顾自身的安危和外界的毁誉。可见，
老成士大夫与庆历士大夫在社会与自我、现实与理想、循规与变革
诸二元因素之间都做出了截然相反的选择。

　　而从垂直向度看，首先，言论场的每一纵项都构成一个集中的
议题，指向在当时引发普遍关注和争议的政治命题。其次，两个言
论组的单个类项之间都互为对立面，并且，群体内和群体间对于同
一政治行为的评判趋于两极化，各占誉、毁一端，其间根本无法容

---

　　①　（宋）韩琦：《故观文殿学士太子少师致仕赠太子太师欧阳公墓志铭》《祭少
师欧阳公永叔文》，《安阳集》卷50、卷44，《安阳集编年笺注》，第1551、1363页。
　　②　（宋）欧阳修：《端明殿学士蔡公墓志铭》，《欧阳修全集》卷35，第523页。
　　③　（宋）欧阳修：《尹师鲁墓志铭》，《欧阳修全集》卷28，第432页。
　　④　（宋）蔡襄：《工部尚书集贤院学士赠刑部尚书谥曰襄余公墓志铭》，《蔡忠惠
集》卷40，《蔡襄集》，第730页。
　　⑤　（宋）欧阳修：《徂徕石先生墓志铭》，《欧阳修全集》卷34，第506页。
　　⑥　（宋）苏舜钦：《两浙路转运使司封郎中王公墓表》，《苏舜钦集编年校注》卷
9，第634页。

纳中性词。如"老成"一方自诩"中立无党"①，和"英俊"倡导
"同心一德以济天下"② 适成对照，同时"老成"则被"英俊"视
作是"不务和同，或徇私意以相倾，或因小事而肆忿"，未能"少
济时事，以宽圣怀"③。而"英俊"也一直被"老成"群体认定是
"胶固朋党"④。人、我之间呈现出明显的认知偏差。同理，上图每
一纵项在词汇的义涵和褒贬上皆形成多重背反关系，由此形成了一
个严重分裂和互斥的言论场。士大夫的政治行为在特定语境中被赋
予词汇的同时也被赋予价值。这说明，"老成""英俊"分别遵循并
宣扬若干相互抵触的政治评判标准，故同一政治行为在他们各自的
话语体系中呈现出全然不同的道德褒贬之义。而两个士大夫群体对
于"自我"和对方的定位亦有极大反差，"长者"被斥为"不肖"，
"忠贤"被疑是"轻锐之士"，毫无调解的余地。总之，从纵向来
看，庆历士大夫与老成士大夫的政治言论完全构成结构性对立的关
系，这意味着两者对于每一个政治议题如言论、朋党、近名、改革
等都持迥然不同的观点，根本不能达成共识。前述范表、欧文那种
并置褒贬词汇的文本形式，其现实源头端在此。

　　需要注意的是，虽则庆历士大夫与老成士大夫在价值判断上存
在根本的差异，但他们进行政治思考和政治表述的话语框架是大体
相同的。比如他们都是在国家利益（"公"）与个人利益（"私"）
的二元关系下辨别某个政治行为是否合宜，都以"正"与"邪"的
二元概念评判士大夫的政治人格。再比如他们都希望成为"名臣"，
都追求合理的政治秩序（"纲纪"），也都标榜太祖、太宗创立的治
国原则（"祖宗之法"）。当然，庆历士大夫与老成士大夫认定的
"公/私""正/邪""名臣""纲纪""祖宗之法"等词汇的含义截然

---

　　① （宋）文彦博：《观文殿学士尚书左丞谥文庄高公神道碑》，《文彦博集校注》
卷12，第555页。
　　② （宋）田况：《儒林公议》卷上，第57页。
　　③ （宋）欧阳修：《论臣寮不和札子》，《欧阳修全集》卷104，第1592页。
　　④ （宋）李焘：《续资治通鉴长编》卷148，第3582页。

相异。① 乃至可以说，他们争夺话语权本质上就是在争夺诸基本概念的定义权和解释权。借助这样一套形式统一而内涵开放的规范术语，党争两造都能够针对现实中的政治现象，引述经典的思想资源，完成至少在逻辑上足能自圆其说的政治论述，俾使言论经由形式的理性和完备获致正当性。正因庆历士大夫与老成士大夫均遵循且善用共同的政治发言规则，他们的政治论争不但成为可能，更难以止息。

合纵横而言，"老成""英俊"这两类言论系统虽不免掺杂党同伐异的辞气，其内部极其自洽、彼此全盘互斥的特征却昭示了，看似纷繁的言论实则由两套体系化且全面对立的政治思维支撑以及区隔，即不同士大夫群体对担任某一政治角色者所应表现出的行为方式及人格范式各自形成了两种成熟的观念系统，彼此之间则存在极大的分歧，并在此基础上形成了一系列评判人、我之政治行为的差异准则。换言之，仁宗朝前期纷繁的政治言论是不同意识形态的外显，它们各自表述并不断加深观念的对立，同时召唤和排斥着听者，向外投射政治影响力。这种言论与观念的深刻联结决定了，只要将两类言论组中的正面词汇各自统合起来，不仅可以清晰地看到慎厚镇静的"老成"理念与刚直有为的"英俊"理念之间的分野，还能借此勾勒出两类士大夫的理想型。此种"言论—观念"的全方位对立是仁宗时代士大夫政治的一个重要特征，也成为党争的关键原因。

---

① 庆历新政期间改革派与保守派皆标举"祖宗之法"以为行事的依据，参见邓小南《祖宗之法——北宋前期政治述略》，第424—428页。庆历士大夫认为自己直言进谏、同道为朋、改革弊政都是为了促进国家公利，但在老成士大夫眼里却都是以激昂之举求进，出于个人私欲。老成士大夫认为自己慎厚寡言、循守法度是顾全大体，但庆历士大夫却认为他们是不顾公议，贪图禄位。因此他们皆以"正人"自居，以"奸邪"视人。双方对于"名臣"的角色期望也有宽厚与刚直之别。他们对"纲纪"的定义也很不同，老成士大夫认为是现实中较为稳定的政治秩序，以黄老、名法之学作为思想基础，庆历士大夫则将之上升到儒家的理想秩序，故"老成"被斥为"废坏纲纪"，"英俊"被斥为"纷乱纲纪"。

第二节　歧异的士风评判和当代史书写

仁宗朝前期士大夫的政治对抗深入至观念层面，影响到他们对于同一政治行为的主观判断，乃至可以说，当时的党争即由政治观念之同异所造成的认知上的共识和错位引发。是故，下面把言论连接到发声者，将政治观念落实到具体对象上来考察，主要探讨标榜老成的士大夫群体与自许英俊的庆历士大夫基于差异的政治观念怎样尝试理解（或更准确说，误解）对方的行为，从而在"言论—观念"对立与政治冲突之间建立起一种主体认知层面的联系。

作为重估政治伦理的一代，庆历士大夫在仁宗朝前期政坛上长期扮演自觉而尖锐的批判者角色，不断抵制和质疑当时的主流政治文化。这点尤其鲜明地体现在庆历三年（1043）孙沔、欧阳修、蔡襄弹劾吕夷简的奏议当中。他们三人一致认定，这位在仁宗朝前期主政最久的宰相于"二十四年间坏了天下"[1]，是引发宋夏战争以来政治危机的罪魁祸首。吕夷简的"罪大恶极"，不仅在于他自身的奸邪、苟且、无能和怙权，更在于他负有进贤退不肖的权力兼重任，却排斥曹修古、段少连、孔道辅、杨偕、孙沔、范仲淹、余靖、尹洙、欧阳修等忠谠鲠直的言事者，招徕王随、陈尧佐、张士逊这些庸碌之徒尸居相位，又令贪墨昏耄者遍布朝廷内外，一手造成"贤愚失序"的局面。[2] 更为可怕的是，吕完全颠倒了贤愚的评判标准，一面"以柔而易制者升为腹心，以奸而可使者任为羽翼，以谄佞取

---

[1] （宋）欧阳修：《论吕夷简札子》，《欧阳修全集》卷100，第1543页。

[2] 参见（宋）欧阳修《论吕夷简札子》《论止绝吕夷简暗入文字札子》，《欧阳修全集》卷100、101，第1543、1545页；（宋）蔡襄：《乞降吕夷简致仕官秩奏》，《蔡忠惠集》卷17，《蔡襄集》，第323页。

人者为君子，以愚懦无识者为长者"①，一面"见为善介特而自立者，皆以好名希求富贵以污之"②，致使二十年来政风不正，士风衰颓。不难看出，孙、欧、蔡意欲借助时势变化下"老成"理念被质疑而"英俊"理念受关注的契机③，以吕夷简为靶子全面清算这二十年来统治政坛的主流观念。在他们几乎可说是激讦的政治言论背后蕴藏着极为迫切和深刻的政治诉求。

庆历士大夫对"老成"理念的认识也经历了深化的过程，这在欧阳修身上表现得尤为明显。景祐三年（1036），欧阳修因撰《上高司谏书》声援范仲淹被贬，他于迁谪中途寄信给同贬的好友尹洙，以甚为不屑的语气说起官场习气："五六十年来，天生此辈，沉默畏慎，布在世间，相师成风。忽见吾辈作此事，下至灶间老婢，亦相惊怪，交口议之。不知此事古人日日有也，但问所言当否而已。"④在他看来，真宗朝以来形成的士风无疑过于循默卑弱了，以至对古人常有的道义之事大感惊怪。

三十余年后的嘉祐四年（1059），欧阳修在翰林学士任上再度论及仁宗朝前半期的士林习气。由于当时党争趋于平静，庆历士大夫如韩、富、欧已走出新政失败后的外放期，重新回朝主政，因此欧这次以更为冷静周详的笔调总结了"老成"理念的特征及其影响：

> 国家自数十年来，士君子务以恭谨静慎为贤。及其弊也，循默苟且，颓惰宽弛，习成风俗，不以为非，至于百职不修，纪纲废坏。时方无事，固未觉其害也。一旦黠寇犯边，兵出无

---

① （宋）孙沔：《论宰相不进贤者为将来之资奏》，《全宋文》卷435，第21册，第80页。

② （宋）蔡襄：《乞罢吕夷简商量军国事奏》，《蔡忠惠集》卷17，《蔡襄集》，第319页。

③ 参见本书第四章第一节第二小节。

④ （宋）欧阳修：《与尹师鲁第一书》，《欧阳修全集》卷69，第998页。

功，而财用空虚，公私困弊，盗贼并起，天下骚然。陛下奋然感悟，思革其弊，进用三数大臣，锐意于更张矣。于此之时，始增置谏官之员，以宠用言事之臣，俾之举职。由是修纪纲而绳废坏，遂欲分别贤不肖，进退材不材。而久弊之俗，骤见而骇，因共指言事者而非之，或以谓好讦阴私，或以为公相倾陷，或谓沽邀名誉，或谓自图进取，群言百端，几惑上听。上赖陛下至圣至明，察见诸臣本以忘身徇国，非为己利，谗间不入，遂荷保全。而中外之人，久而亦渐为信。自是以来，二十年间，台谏之选，屡得谠言之士。①

欧阳修首先概括宋初以来主流政治理念以"恭谨静慎"为总取向，并说明这种"老成"理念盛行后的流弊：士大夫不以"循默苟且""颓惰宽弛"为非，故阘茸尸位，隳败纲纪。注意，欧阳修这里使用的词汇由中性转入贬义。接着他叙说，"老成"理念在无事之时虽未暴露其害，但一到庆历多事之际便导致国家内外交困。欧在此基础上进一步论述道，庆历新政即是在"英俊"理念指导下旨在革正"老成"理念弊端的政治改革，其本质是意图置换官方意识形态。庆历士大夫在改革中不但以"英俊"理念自励，还要以之绳人，"分别贤不肖，进退材不材"。这激起老成士大夫及其笼罩下一般官员的强烈反对，欧随即阐述了"老成"理念在意识形态领域呈示出的排他属性，用一系列"或"字领头的语句罗列了"老成"一方对包括欧在内的言事官的非难。最后欧指出庆历新政虽流产，但以此为标志，"英俊"理念开始得到仁宗与士林的认可，并在仁宗朝后半期持续影响现实政治。要之，欧阳修的论说很有分寸感，运用丰富的褒贬词汇展示了士大夫"言论—观念"的对立，并描述了"英俊"理念曲折上升的历程。

---

① （宋）欧阳修：《论包拯除三司使上书》，《欧阳修全集》卷112，第1693—1694页。

然而，"英俊"眼中的士习振作，在"老成"一方看来却恰是世风转薄的表征。只是由于文集的大量散佚，老成士大夫对庆历士大夫的批判留存至今者，多是政争时的短章片言，缺乏正面且系统的阐述。幸而南宋刘清之编《戒子通录》收有贾昌朝《戒子孙文》，论说颇为详赡，可一觇"老成"群体面对庆历士大夫带来的世风转移的具体态度，现节录于下：

> 吾见近世以苛剥为才，以守法奉公为不才；以激讦为能，以寡辞慎重为不能。遂使后生辈当官治事，必尚苛暴，开口发言，必高诋訾。市怨贾祸，莫大于此。用是得进者，则有之矣；能善终其身庆及其后者，未之闻也。

> 复有喜怒爱恶，专任己意。爱之者变黑为白，又欲置之于青云；恶之者以是为非，又欲挤之于沟壑。遂使小人奔走结附，避毁就誉，或为朋援，或为鹰犬，苟得禄利，略无愧耻。吁，可骇哉！吾愿汝等，不厕其间。

> 又见时人肆胸臆，事颊舌，举止轩昂，出绳检之外，而观其行实，往往无取。大抵古人重厚朴直，乃能立功立事，享悠久之福。其以轩昂而得者，累过积非，即成祸败。是以君子居不欺乎暗屋，出不践乎邪径，外讷于言而内敏于行，然后身立而名著矣。[①]

此篇《戒子孙文》在形式上模拟长辈对子弟反复叮咛的语气，或者本就是贾昌朝口述的笔录版本。据贾氏末段自叙，本文作于嘉祐四年（1059）其六十二岁时，正与前引欧阳修《论包拯除三司使上书》同时，却在言论和观念上与欧文适相背反，可视作"老成"一

---

① （宋）刘清之辑：《戒子通录》卷6，四库全书珍本初集，商务印书馆1935年影印本，第7页b—第8页a。

方的总结。先须说明，虽则家训的传统多是训诫初涉世事的子孙后辈要立身谨慎，但贾氏此文则更应放在宋初以来重臣名宦的自警及戒子诗文如王溥《自问诗并序》、范质《诫儿侄八百字》、张齐贤《自警诗》、李至《座右铭》《续座右铭》、王随《省分箴》、丁度《慎言赋》《书绅铭》一类文本的序列中来把握，明显承载了当时的政治文化信息和功成名就者的处世智慧①。此外，贾昌朝还不断引入近世士风作为反面的靶子，带有很强的现实批判意味。②

贾昌朝在具体论述时亦采取与欧相似的从取向到流弊的结构：近世"以苛剥为才""以激讦为能"，以致后生治事"尚苛暴"，发言"高诋訾"；爱恶由己，遂使小人结党营私。在历数种种官场怪状后，贾昌朝指出现时好虚谈高举之人往往行实无取，并且一再强调世人居官如此行事无非是图谋名位与禄利，结果虽获利一时，却遗祸终身。他在抨击世风的同时也从保守理念出发建构出重厚朴直的"古人"与外讷内敏的"君子"人格，这和欧阳修称道的奇行伟节、死不失义之"古人"及守道惜名、同心济事之"君子"气味大不相侔③，由此理想差异可见两种政治观念之间的巨大分歧。

贾昌朝面向后辈的训诫言论显非为排陷政敌而设的偏激之辞，此种郑重的声音是值得关注的，并且其中许多语段确以格言的形式在缙绅间流传④。一方面，贾氏力图经由言传身教将保守理念内化凝

---

① 刘咸炘：《北宋政变考》就看到这些自白、训诫文字与宋初政治风气的联系，载刘咸炘著，黄曙辉编校《刘咸炘学术论集·哲学编（中）》卷5，广西师范大学出版社2010年版，第499—526页。

② 嘉祐三年（1058），宰相文彦博请罢，陈旭等台谏担心枢密使贾昌朝接替文再相，于是交章弹劾之，令贾出判许州。足见贾对仁宗朝的言事风气有切身的体会，这也构成他戒子孙的语境。

③ 参见（宋）欧阳修《与尹师鲁第一书》《朋党论》，《欧阳修全集》卷69、17，第998、298页。

④ 参见（宋）吴曾《能改斋漫录》卷14，上海古籍出版社1979年版，第410页。

定而成的人生信条传递给子孙后辈。学者已观察到，改革派多来自中下层地主阶级，而保守派多半出自大型地主家庭。① 其原因或许正在于世家内部尤重传统价值和官场惯习的承传，他们倾向于稳定，忌避风险，故提倡谨厚的品格。如被庆历谏官欧阳修、蔡襄斥为"柔懦缄默，无补于时"② 的参知政事王举正"幼嗜学，厚重寡言"，其父真宗朝名臣王化基"以为类己，器爱异诸子"③。又如王旦"以清慎训诸子"，其长子王雍"悫守家政，以清约先己，不为浮侈瘝其世法"，言语行事皆"以慎靖仁厚为之主"，比起王旦三子、"庆历四谏"之一的王素更得世人认可。④ 而当范仲淹因景祐党争被贬，王旦之侄王质扶病为其饯行，大臣责备他是"长者"却"自陷朋党"⑤。黄震就认为王质"宽仁"之性情"从文正公（王旦）家法

---

① 参见刘子健《欧阳修的治学与从政》，第 142—160 页；漆侠《范仲淹集团与庆历新政——读欧阳修〈朋党论〉书后》。刘咸炘：《北宋政变考》（载《刘咸炘学术论集·哲学编（中）》卷 5，第 499—526 页）亦发现当时旧派本相传授，婚宦关系很紧密。此外，钱穆：《国史大纲》、刘子健《欧阳修的治学与从政》提出范、吕党争在一定程度上亦是南人、北人之争，这在学界很有影响力。其后王德毅：《吕夷简与范仲淹》（载《宋史研究论集》第 2 辑，鼎文书局 1972 年版，第 119—184 页）已从史实角度进行了辩驳。吴天墀：《中唐以下三百年间之社会演变——庆历变革与近世社会之形成（上）》（载《吴天墀文史存稿》，第 57 页）则指出，"浮薄新进喜事之人"在宋初是北人对于南人的观感。同样在仁宗朝，此种地域歧视更多意味着政治性格的取舍。如"保守派"中章得象本闽人，却因性情庄重，度量宏廓，"初为杨亿所称，以为有公辅器"，理由是"闽士多轻狭，而得象浑厚有容，此所以贵也"[（宋）李焘：《续资治通鉴长编》卷 119，第 2813 页]。庆历士大夫多批驳南人气性浮薄，如杜衍本是越人，却告诫门生："天下惟浙人褊急易动，柔懦少立。"[（宋）朱熹：《五朝名臣言行录》卷 7 引《语录》，《朱子全书》，第 12 册，第 205 页] 范仲淹籍贯在吴，却成长于北方，还认为吴地"风俗太薄"[（宋）范仲淹：《与仲仪待制书》其三，《范文正公尺牍》卷下，《范仲淹全集》，第 704 页]。

② （宋）蔡襄：《乞罢王举正用范仲淹奏》，《蔡忠惠集》卷 21，《蔡襄集》，第 321 页。

③ （元）脱脱等：《宋史》卷 266《列传第二十五》，第 9186 页。

④ 参见（宋）苏舜钦《两浙路转运使司封郎中王公墓表》，《苏舜钦集编年校注》卷 9，第 631—634 页。

⑤ （宋）王辟之撰，吕友仁点校：《渑水燕谈录》卷 2，中华书局 1981 年版，第 14 页。

来"，而在景祐党争中的作为"斩斩出锋棱"，"此又文正公家所未有"。① 复如仁宗朝宰相王曙长子王益恭"孝谨温厚，得其家法"，其次子王益柔"笃学好古，善自树立"，个性截然不同。② 王益柔与尹洙、蔡襄、苏舜钦交好，庆历初又得范仲淹举荐为馆职，后因醉作《傲歌》而被卷入"奏邸狱"。由以上正反例证颇能见出世家子弟"持身能自修谨"③ 的标准相。而庆历士大夫的家庭教育就与之异趋，他们在劝诫子孙的同时往往不忘以自身言行激扬其志。如范仲淹次子范纯仁口占遗表："盖尝先天下而忧，期不负圣人之学。此先臣所以教子，而微臣资以事君。"④ 标举己父平生言志之句作为终身履行的格言。其幼子范纯粹在仲淹过世时年方七岁，范仲淹嘱咐夫人张氏待幼子长大后"使知吾所守所为者"，故张氏在范纯粹人生的不同阶段分别以"文正公之遗意""文正公所以治身治家之法""文正公所以事君者"⑤ 相告。后来神宗感慨范纯粹论事颇有父风。⑥

另一方面，贾昌朝极其严肃地对世风士行做出自己的判断。他的观点提醒我们，"老成"群体始终在以旧观念看待世态的新变化，将庆历士大夫的言行置于真宗朝以来形成的政治文化语境中尝试予以理解。而在真宗朝这一承平期的政治语境中，言论多攻讦及措政

---

① （宋）黄震：《黄氏日抄》卷50，张伟、何忠礼主编《黄震全集》，浙江大学出版社2013年版，第1649页。

② 参见（宋）尹洙《故推忠协谋同德佐理功臣枢密使金紫光禄大夫行尚书吏部侍郎检校太傅同中书门下平章事上柱国太原郡开国公食邑四千一百户食实封一千四百户赠太保中书令文康王公神道碑铭并序》，《尹洙集编年校注》，第76页。

③ 参见（宋）尹洙《送王胜之赞善一首》，《尹洙集编年校注》，第133页。

④ （元）脱脱等：《宋史》卷314《列传第七十三》，第10292页。

⑤ （宋）李清臣：《宋故冯翊郡太君张氏墓志铭》，郭茂育、刘继保编著《宋代墓志辑释》，中州古籍出版社2016年版，第333页。

⑥ 范仲淹家族的家学与家风，参见张兴武《两宋望族与文学》，人民文学出版社2010年版，第249—263页。

专务生事常被视作浮薄躁进的表现①。至仁宗朝，深谙世故的"老成"群体亦认为，天下之士"无有节行者"②，皆是为利求仕，因此宦途名场中手段与目的、外在言行与深层动机之间的关系极可能是迂曲的，"举止轩昂"背后往往是求名干进的私欲。而以庆历士大夫鲠直勇为的政治性格，他们在表面行迹上和真宗朝的奔竞者相较，的确难免类同的"嫌疑"。③并且在事实上，庆历士大夫确实经由高自标举而区别于一般官僚，获致清议的拥护和君主的重视，进而在宝元、庆历时势异变之际取得仕途上的突破。因此，"老成"一方虽不至对庆历士大夫带来的政治新质了无知晓④，但一旦身处利益关系错杂、上升机会有限的官场，他们仍习惯把庆历士大夫看成是虚伪的躁进之徒，认定他们貌似公忠实则阴私，不断质疑其言事、结党、改革的真实动机，尤其警惕这个表现活跃而联系紧密的士人群体对

---

① 真宗君相排斥官场奔竞之风的一个重要方面便是抑黜浮薄喜事和言事激讦者。参见邓小南《祖宗之法——北宋前期政治述略》，第300—304页。

② （宋）王岩叟：《韩魏公别录》，《安阳集编年笺注》附录4，第1870页。

③ 陈晔即注意到，范仲淹想要和"争为烦言"的"浮浅佻诡之辈"划清界限。参见陈晔《北宋政情、政风下的转对制》，《史学月刊》2010年第11期。不过，就庆历士大夫的自我认知而言，他们与真宗朝的轻锐之徒无疑有着根本的区别，他们不认为自己是轻薄生事者，如此行事之目的并非为求进。事实上，庆历士大夫亦警惕浮薄生事的风气。欧阳修写于庆历新政期间的《为君难下》由秦、赵二君用人之失立论："予又以谓秦、赵二主，非徒失于听言，亦由乐用新进，忽弃老成，此其所以败也。大抵新进之士喜用勇锐，老成之人多持重。此所以人主之好立功名者，听勇锐之语则易合，闻持重之言则难入也。"（《欧阳修全集》卷17，第296页）又及，欧、蔡等庆历谏官就屡次攻击夏竦，认为其"奸邪倾险"［（元）脱脱：《宋史》卷283《列传第四十二》，第9575页］。

④ 如王曾便十分赏识范仲淹，曾授意晏殊举荐。欧阳修则认为宋夏战争期间范、吕"欢然相约勠力平贼"［（宋）欧阳修《资政殿学士户部侍郎文正范公神道碑铭》，《欧阳修全集》卷21，第335页］。又如皇祐年间陈执中、贾昌朝均为范仲淹手书《伯夷颂》作跋，贾称"范希文好谈古贤人节义，老而弥笃"（《范仲淹全集》附录3，第983页）。再如苏绅曾论富弼必为公辅［参见（宋）苏象先《丞相魏公谭训》卷7，《苏魏公文集》附录1，第1164页］。李淑父李若谷曾反对朝廷以朋党视人。宋祁曾举荐欧阳修代己为知制诰。张士逊曾向仁宗夸赞蔡襄的为人和才华。

主流政治文化造成的强烈冲击，忧虑奔竞者纷起仿效。① 张方平就将庆历谏官视作"好名喜事之人"，将之置于真宗以前"好奇喜事之人"以及仁宗初年"轻锐之士"组成的"轻躁"谱系中，以揭橥本朝忠厚风气日渐消歇的缘由。② 曾于真宗朝出任监察御史的刘平甚至上书说他在前朝未见范仲淹这样的"奸邪党与诈忠卖直"之人③，强调范表面"忠直"内衷"奸邪"。真、仁两朝士大夫话语的延续实则昭示着认识上的近似性。因此，"老成"群体基于当代的历史经验认为，他们贬黜庆历士大夫无非是师法前辈名臣的应然之举。

与贾《戒子孙文》相呼应的文本还有宋祁《文宪章公墓志铭》，作于庆历八年（1048）章得象死后，其中最值得注意的是叙述章在庆历新政期间作为的语段：

> 在宰相府，务总纲纪，去烦苛。临大事从容镇静，无遽色亟言见于几微。士之辨锐自喜者，或上谒，有所开说，公为陈大体，皆语塞自引去。至上书过訾宰政，天子下其章，他辅臣欲雠实所言，公第置之，无所辨。监司绳切州县，更约束，劾发微密，所至纷然，公白其非。是时急于吏课，一切听之，未

---

① 庆历士大夫特别是其中年辈较晚者在政治性格上确实有"老成"一方所提及的问题，参见江小涛《士大夫政治传统的重建与宋仁宗时期的"朋党之议"》，载《隋唐辽宋金元史论丛》第 4 辑，第 247—267 页。此外，仁宗朝还有许多投机者仿效庆历士大夫的行为，自附清流，借此求名干进。刘子健就指出，改革派中既有真正的儒家理想主义者，也不乏追求私利，想借此加官晋爵的投机取巧者。参见刘子健《宋初改革者：范仲淹》，载《中国的思想与制度》，第 88—89 页。较为典型如庆历之际任监察御史的刘元瑜先是上书为庆历士大夫鸣不平，后因政治形势和人际关系的恶化，又依附权要，反戈攻讦庆历谏官。在讨论观念与现实之关系时，应该区分精英和一般士大夫。"保守派"的批判，在很大程度上也落在"英俊"人格造成的负面影响上。

② （宋）苏辙撰，俞宗宪点校：《龙川别志》卷上，中华书局 1982 年版，第 81—82 页。

③ （元）脱脱等：《宋史》卷 325《列传第八十四》，第 10500 页。当然，这里并不排除"老成"一方想要以最犯仁宗君相忌讳的罪名倾陷政敌，不过即使如此，对于庆历士大夫政治行为的认知依旧是他们选择这种攻击方式的重要原因。

几，议不以为便，举皆复故。①

章得象在新政时期位居首相。据说这位上宰颇不以改革为然，"每与范希文（范仲淹）、富彦国（富弼）以文字至相府，欲发议论，辄闭目数数，殊不应人"②，还轻蔑地提出，革新派不过如"小儿跳踯戏剧"，"不可诃止，俟其抵触墙壁自退耳"。③ 他后来亦因在此期间无所建明而遭台谏弹劾罢职。不过，在宋祁笔下，章得象的循默无为正是在践行"老成"大臣的政治理念，亦即当国"务总纲纪""大体"，事上对下"从容镇静"。在他们眼中，"朝廷防制，纤悉备具"，因此政治改革必然弊大于利，是"憸人"不念民生而"苟一时之进"的生事之举。④ 而庆历士大夫则按老成士大夫的惯常观点被定义为"辨锐自喜者"，他们言事好讦、为政烦苛，恰与章得象成一反正对比。宋祁还记录了双方的三次交锋，章先是在论辩中以理服人，再是包容了异论者的訾议，最后预言革新政策的荒谬，于是元老重臣在言语、德量、识见上完胜辨锐者。宋祁关于庆历新政的过程描述和士夫形象构建，和后世一般的历史叙事大相径庭，可说完全是褒贬易位。在墓主章得象和书写者宋祁的共识里，或者说，在老成士大夫看来，庆历新政的结局显然不是一场伟大改革的深可遗憾的挫败，而是一次元老重臣对轻锐者之闹剧的光辉、全面并且带有必然性的胜利。

老成士大夫的视角无疑是偏颇的，但这种亲历者的声音并非全然没有意义。"老成"一方排抑庆历士大夫当然不排除当下权势利益

---

① 《景文集》卷59，第788页。

② （宋）王岩叟：《韩魏公别录》，《安阳集编年笺注》附录4，第1870页。

③ 参见（宋）邵博《邵氏闻见后录》卷20，第156页。

④ （元）脱脱等：《宋史》卷282《列传第四十一》，第9540页。宋真宗也曾告诫臣下："朝廷宜守经制，傥务更张，则攀援者众，乃知命令之出，不可不谨。今言某事有利，轻为厘革，始则皆以为当，久乃翻成有害，泊加裁正，是朝令夕改也。"〔（宋）李焘：《续资治通鉴长编》卷76，第1731页〕

的算计，但捍卫官场的"合理"秩序以及他们所信奉的保守理念也是重要因素，甚至可以说占到了主导地位。这不仅是出于伸张"正义"的考虑，更是因为一旦"老成"理念被"英俊"理念取代，老成士大夫原先用以安身措政并且看似天经地义的政治原则必将遭受严酷的抨击，"老成"以及他们培养的子弟、门生、故吏必将无从适应这个急速转变的权力世界，这无疑会令他们产生深重程度远超出一般权力斗争的"生存"危机感。

庆历士大夫那极富理想主义气质的政治言论比之强调维持现状和尊重传统的"不言自明"的"老成"话语，显然更具打通古今的理论高度和批判现实的锐度，更能吸引广大中下层青年官员。尤其是庆历新政失败后，暂时占优的老成士大夫如章得象、贾昌朝、陈执中、丁度、高若讷、梁适等人虽身居二府高位，却始终不协众望，或因私事，或因"无所建明"，持续招致台谏弹劾，在位均不如王曾、吕夷简安稳和长久。这样一个"大臣体轻"而言者甚振的局面正是"英俊"理念开始凌轹"老成"理念的标志。① 在政治文化转型的大背景下，至和二年（1055）以后韩琦、富弼、欧阳修等人于清议呼声中归朝主政，开启嘉祐、治平之治，获得党争的最终"胜利"。时代的浪潮恰证明了老成士大夫的忧虑。

总之，政治理念的结构性对立导致"英俊"与"老成"两方在几乎所有政治行为上都存在着深刻的认知倒错和理解偏差（参见上一节言论关系表）。他们非但不能完全理解对方行为所蕴含的真实意图，亦且始终以或卑视或猜疑的眼光互相打量，在自身观念的对立处给对方行为贴上负面标签，将其视作合理秩序最为顽固的窒碍者或最具威胁的颠覆者。因此他们认定自己排击政见不同者是维护公义兼私利的必要之举。陈寅恪在研究中唐社会变迁时注意到：

---

① 参见本书第五章第一节第一小节。

纵览史乘，凡士大夫阶级之转移升降，往往与道德标准及社会风习之变迁有关。当其新旧蜕嬗之间际，常呈一纷纭综错之情态，即新道德标准与旧道德标准，新社会风习与旧社会风习并存杂用。各是其是，而互非其非也。斯诚亦事实之无可如何者。①

同样的，在新型士大夫崛起以及政治文化由单一向多元剧烈转变的庆历之际，对自我的坚持和肯定（"各是其是"）必然伴随着对他者的否定和拒斥（"互非其非"）。正是此种言行判断上全盘性的背反，使得仁宗时代的两大精英士大夫阵营间天然就缺乏政治互信及合作的基础，因而极大加剧了权力世界中的零和博弈。② 宋人自己就早已看到了这一点，并引以为戒。如李壁在向宋宁宗进言庆元党论之害时举本朝故事为证："元祐、绍兴之间，姑置勿论，止以仁庙时贾昌朝、范仲淹两党言之，其间固多君子，惟其一存偏陂，遂至黑白不分。"③ 李壁强调，仁宗朝的士大夫党争并非正邪之争，而是由观念偏颇过中引发的。

同时也应该看到，党争也构成士大夫政治观念生成的重要语境。对于对立面之存在的知觉，促使"英俊""老成"两个士大夫群体不断明确、强化各自的政治个性，虽不免矫枉过正，但正是在自我辩护和批判他者的过程中，他们对自身所持政治理念作出系统表述。特定的政治观念还赋予他们看待历史和当下的差异视角，使得双方

---

① 陈寅恪：《元白诗笺证稿》，生活·读书·新知三联书店 2001 年版，第 85 页。

② 当然在现实中士大夫的关系是极为复杂的，政治理念的不同并不一定会导向政争，这里考察的是群体性的总趋势。如老成士大夫中较年轻的文彦博就和庆历士大夫交好，王夫之认为"继起（吕夷简）当国能守正而无倾险者，文彦博也，而亦利用夷简之术，以自挫其刚方之气；乃恐其志不足以行，则旁求助于才辩有余之士，群起以折异己而得伸"［（清）王夫之著，舒士彦点校：《宋论》卷 4《仁宗》，中华书局 1964 年版，第 87 页］。在王氏看来，文彦博相当于更为温和和包容的吕夷简。

③ （宋）真德秀：《故资政殿学士李公神道碑》，明正德刻本《西山先生真文忠公文集》卷 41，《宋集珍本丛刊》影印本，第 76 册，第 435 页。

的见解具备一种片面的深刻性，尤能洞悉政敌作风影响下的流弊。因此，"英俊""老成"加于对方的批评之辞虽往往是在攻讦的语境下产生的"偏见"，却又往往不乏穿透历史的洞见。①

———————

① 这里再补充说明宋仁宗对党争的态度。仁宗对庆历士大夫往往稍黜而旋收，并直接推动了庆历新政和嘉祐、治平之治。然而，现实诡谲的一面在于，仁宗的容忍乃至一时之拔擢并不代表他的认同。作为真宗晚年唯一幸存的幼子，仁宗接受了长期的储君教育，至明道二年（1033）亲政，在自身禀性之趋向，"祖宗之法"的牵引，真宗作为承平帝王的示范，以及近臣师儒的教诲诸因素的合力形塑下，这位少年天子业已通过自我规约和价值内化接受了保守理念，成长为举止"皆遵先朝法度"的赵宋"守成"之主［参见（宋）吴曾《能改斋漫录》卷12，第347页］。仁宗认为君臣之际理应"诚意相通而后治道成"［（宋）李焘：《续资治通鉴长编》卷174，第4206页］。因此温良宽厚如他，虽能为彼时的政治言论和价值观念创设一个空前广阔而宽容的环境，却又和其父真宗一样，明显亲信那些和自己性情相类的谨重静退的大臣，而对激讦、生事、好名、结党的行径甚为戒备。易言之，仁宗在勉力包容"躁进者"的同时亦不免狐疑满腹。比如，景祐四年（1037），仁宗在吕夷简罢相时向其询问何人可代，吕答道："陛下欲用英俊经纶之臣，则臣所不知。必欲图任老成，镇静百度，周知天下之良苦，无如陈某者。"仁宗深以为然，果拜陈尧佐为相［（宋）文莹撰，郑世刚、杨立扬点校：《湘山野录》（与《续湘山野录》《玉壶清话》合刊）卷中，中华书局1997年版，第28页］。将之与《龙川别志》卷上所载真宗与李沆的对答同看，颇能见出真、仁之世大臣进退的核心原则。再者，作为典型的专制君王，仁宗的政治目标主要有三：一，始终维持自身至高无上的权力；二，尽量保证朝政在可控及可预期的范围内相对平稳地运行；三，致治太平。它们之于仁宗的重要性依次递减。老成士大夫攻击庆历士大夫结党营私、卖直求名、变乱纲纪等等，涉及仁宗的前两个关注点。而庆历士大夫指责"老成"因循败事，则指向第三个目标。哪一方更能搔到君王的痒处，一目了然。因此，在仁宗朝政争中，"老成"一方总能得到王权的支持，而庆历士大夫则屡遭集体贬谪，同时仁宗还常在党争后授意朝廷发布诫饬士风的诏敕，以警醒他眼中的轻薄之士。故查考仁宗朝前半期诫饬性质的诏敕，有很大一部分和庆历士大夫直接相关，如明道二年（1033）《责孔道辅等令御史台出榜朝堂敕》针对台谏伏阁言废后事，景祐三年（1036）《责范仲淹敕榜朝堂》、宝元元年（1038）《诫励士大夫诏》针对景祐党争，庆历四年（1044）《诫饬在位诏》于庆历新政失败后出榜朝堂，针对"奏邸狱"和按察地方二事。可以说，立志克绍箕裘的仁宗是当时保守理念最为重要的继承者和捍卫者，这决定了仁宗看待不同士大夫群体的眼光，以及君臣之间的互动方式。

第三节　"党争"的展开：一系列基于
观念的呼应与对抗行为

在明道至庆历的十余年间，范仲淹、吕夷简的对峙如石入水，激起层层涟漪，在权力世界中扩散开去。最核心的一层当然是"范党"与"吕党"的争持，这是典型的党争。核心圈层同时又被外围圈层所包裹，这一层是"英俊"与"老成"之间更为普遍的论辩和分裂。史载仁宗朝士大夫"持二人曲直，交指为朋党"①，他们对范、吕之争是非曲直的判断纷纭不一，由此群分类聚。在这个意义上，作为"英俊""老成"的标志性人物，范、吕的对立象征政治观念的抗衡，这构成仁宗朝前期权力世界中最关键的政治磁极，不断吸纳或排斥着士大夫们。当时较为集中的政治冲突总计有三次，即明道废后、景祐党议与庆历新政。下面着重从群体间与群体内互动的角度展开这三场政争的具体过程，结合前文讨论将这一阶段士大夫的"党争"还原为一系列基于政治理念的对立与回应行为。

范、吕的首次对立发生于明道二年（1033）十二月，当时仁宗在宰臣吕夷简的支持下图谋废黜刘太后为其所立的皇后郭氏，左司谏范仲淹"极陈其不可"。诏下之日，"疏不得入"，范遂与权御史中丞孔道辅率众台谏伏阁请对，并质疑吕夷简身为人臣而行为失当，吕则辩说"废后自有故事"，范、孔反驳汉光武帝废后乃失德，不足为法，其他废后事更"皆前世昏君所为"。吕不能答，便寻机逐范、孔出外。吕还在仁宗许可下命令御史台将诫饬台谏的诏敕出榜朝堂。侍御史杨偕乞与二人俱贬。侍御史郭劝、段少连及将作监丞富弼上疏论事，支持台谏，朝廷皆不报。②

---

① （宋）李焘：《续资治通鉴长编》卷 150，第 3637 页。
② （宋）李焘：《续资治通鉴长编》卷 113，第 2648—2649 页。

仁宗废后逐谏臣事件直接开启了仁宗朝宰臣与台谏频繁冲突的进程，初步显示出以台谏为核心的中下层官员积极集合起来的力量。吕与范、孔的激烈争吵，及杨、郭、段、富对范、孔的自发支持，在两点上各有异同：第一点关于君王废后而宰臣襄赞一事，吕夷简认为是君臣同德，又有故事可循，而范仲淹等人却认定这是邪臣蔽君、不顾公议之举；第二点更为重要，是由废后之争引发的对于台谏角色期望的讨论，吕夷简坚称台谏伏阁请对"非太平美事"①，认为他们言行轻肆，沽名求誉，范仲淹诸人却自认如此行事才算恪尽职守。可见士大夫在此事中的对抗与团结源于政治理念的异同。

嗣后，在景祐三年（1036）五月爆发的范、吕政争中，观念冲突涉及的范围较之前次大为拓展。彼时范仲淹回朝未久，权知开封府。他言事无所回避，因认为宰相吕夷简以私意进退官员，于是进言人主当知官人之法，不宜全委宰臣，又上《百官图》指明进退臣僚的次第。吕对此大为不满，一次仁宗就迁都事询问吕夷简②，吕明言："仲淹迂阔，务名无实。"范闻讯上《帝王好尚》《选任贤能》《近名》《推委臣下》四论，"大抵讥指时政"，将吕比作汉成帝时的外戚张禹，斥其破坏祖宗家法。吕大怒，与范往来论辩，指控他"越职言事，荐引朋党，离间君臣"。在仁宗授意下，范以上述罪名黜知饶州。侍御史韩渎希吕夷简意，请以范仲淹朋党榜于朝堂，戒百官越职言事，朝廷从之。③ 余靖上疏论救范仲淹，以朋党坐贬。尹洙亦上书愿与范同贬。欧阳修致信责备右司谏高若讷不能上书辨明范无罪，高缴进其书，欧降授夷陵县令。蔡襄作《四贤一不肖诗》称颂范、余、尹、欧而指斥高，以故险遭贬谪，幸得左司谏韩琦救护而免。苏舜钦上书请追寝《戒越职言事诏》。范仲淹贬外，又有李纮、王质等人饯送。

---

① （宋）李焘：《续资治通鉴长编》卷113，第2649页。

② 按，孔道辅主张迁都至洛阳，范仲淹反对此议，但认为国家有警可退守洛阳，因此亦须预先筹划。

③ 参见（宋）李焘《续资治通鉴长编》卷118，第2783—2784页。

　　景祐党争是促成庆历士大夫中核心成员在政坛上首次汇合的重要事件。以范、吕为核心的"英俊""老成"群体各执一词，论争激烈，根本无法展开对话。"老成"一方在指斥"范党"行为矫厉之外，又给他们添上不守本职、挟私立党、狂辞市直三项罪状。"英俊"阵营对此非但不作辩解，还自我坐实"罪状"。他们对抗主流政治文化的方式是公开建立与传统相悖的新的评价体系，彻底将"污名"褒义化。如范仲淹被吕夷简质疑是"务名无实"，便上《近名论》畅论爱名的必要性。再如余靖认为范仲淹"刺讥大臣，指讦时政"不应"与谗邪同罪"，强调自己明知故犯越职言事之戒是合理的①。复如尹洙主动陈乞与范同贬，理由是"今观敕意，乃以朋比得罪。臣与仲淹，义分既厚，纵不被荐论，犹当从坐；况复如众论，臣则负罪实深"②。欧阳修嘲讽高若讷畏懦充位兼文过饰非，又故意激将，让高"直携此书于朝，使正予罪而诛之，使天下皆释然知希文之当逐"③。王质亲送范仲淹，也有自陷"范党"的自觉。从中颇可见出新旧观念之间的断裂。而在群体内部特别是庆历士大夫中间，余靖、尹洙、欧阳修、蔡襄、苏舜钦这些年轻官员不顾个人仕宦前景，自发支持明显处于弱势的范仲淹，甚至甘愿与之同贬。范被贬后很长一段时间，"士大夫为仲淹言者不已"④。这都和明道废后事所呈现的互动模式基本相同，但这次观念冲突的深度和广度都远超前次事件。

　　"英俊"与老成士大夫的第三次交锋发生在庆历初年。自宝元元年（1038）始，西北边事连年不利，兼之灾害频现，仁宗朝的财政危机愈显突出，遂有赋役日重的趋势，又激化了国内问题，宋朝由此陷入一段内忧外患的时期。政治困境极大缓和了士大夫内部的矛

---

①　（宋）余靖：《论范仲淹不当以言获罪奏》，《武溪集校笺》卷 21，第 642—643 页。

②　（宋）尹洙：《乞坐范天章贬状》，《尹洙集编年校注》，第 47 页。

③　（宋）欧阳修：《与高司谏书》，《欧阳修全集》卷 68，第 990 页。

④　（宋）李焘：《续资治通鉴长编》卷 122，第 2881 页。

盾，康定元年（1040），仁宗和首相吕夷简在韩琦保荐下重新起用范仲淹，让韩、范二人共同经制陕西边备，尹洙、田况亦受辟于西北幕府。富弼则为边境纠纷出使辽国。然而内外危局也促使士大夫反思朝政，他们中很多人"归过于张士逊、吕夷简"①，期盼庆历士大夫能够扭转颓势。庆历三年（1043）三月，吕夷简以病重致仕，章得象、晏殊拜相，贾昌朝为参知政事，富弼任枢密副使，仁宗又亲擢欧阳修、余靖、王素、蔡襄充谏官，称"庆历四谏"。国子监直讲石介闻此作《庆历圣德颂》。四谏弹劾吕夷简、夏竦、王举正、李淑等人，力劝仁宗擢用范仲淹、韩琦。其后范、韩凭军功与人望回归中央，授枢密副使，未几范除参知政事。稍后又有杜衍拜相。仁宗在完成大规模的人事调整之后，数度督促范、韩、富等人"条奏当世务"，乃至开天章阁召对。范仲淹上《答手诏条陈十事》，韩、富亦各有条奏，提出要着重整顿官僚队伍。仁宗方信用范仲淹等人，多用其说，颁布诏书次第推行，著名的"庆历新政"由此全面展开。然而改革措施规摹阔大，"论者以为难行"②，很快便引发官员们的怨言和谤议。二府大臣如章得象、晏殊、贾昌朝、陈执中非但不支持新政，其中不少人还有意倾陷改革派。王拱辰、刘元瑜等宪官以及宋祁、张方平、苏绅等两制词臣对新政亦多阻挠和攻讦。伴随激烈的政争，政治形势急剧恶化，接连发生滕宗谅滥用公使钱案、董士廉奏尹洙不公案、苏舜钦"奏邸狱"、夏竦借石介倾陷富弼事、王素托人市木被贬事、欧阳修被诬盗甥案、余靖诈匿应举案，这些案件致使庆历士大夫在朝愈加孤危。至庆历四年底五年初（1044—1045），革新派皆罢职外贬，庆历新政也因此流产。

如果说明道、景祐之际尚属庆历士大夫表述"英俊"型政治理念的阶段，那么庆历新政就是他们践行理想的时点。庆历士大夫中的核心成员集结于二府和台谏，通过推行政治改革积极推广"英俊"

---

① （宋）余靖：《论当今可行急务奏》，《武溪集校笺》卷21，第685页。
② （宋）李焘：《续资治通鉴长编》卷150，第3637页。

理念，这引发了"老成""英俊"间最为尖锐的对立。"老成"群体本不成派，其内部还时有矛盾，但在排击庆历士大夫上却有相当的默契，也得到了仁宗的支持。因此，新政期间吕夷简虽去位，但章得象、贾昌朝、陈执中等大臣对庆历士大夫依旧采取敌视的立场，此期"老成"群体对庆历士大夫的排击常是台官先论之，"辅臣多主之"①，这批大臣的所作所为与吕无异。庆历四年（1044）十一月，由宋祁代仁宗撰写的《赐中书门下诏》可视作"老成"方面批判言辞的一次总结，诏书全面抨击了"英俊"理念影响下产生的"承平之弊"。庆历士大夫则在政治态势明显不利的状况下不但坚持己见，更通过各种公私途径声援政争中失意的一方，进退"惟义之从"②。同时，面对仁宗的质疑和"老成"群体的指责，庆历士大夫继续发扬将政治污名褒义化的辩论策略，"略不以形迹嫌疑顾避"③。如近名论，仁宗"颇以好名为非，意在遵守故常"，田况特为上书高倡近名有为的迫切性。④ 再如朋党论，仁宗曾问辅臣："自昔小人多为朋党，亦有君子之党乎？"仁宗的言下之意是反对一切形式的朋党。范仲淹却回复："臣在边时，见好战者自为党，而怯战者亦自为党，其在朝廷，邪正之党亦然，唯圣心所察尔。苟朋而为善，于国家何害也？"⑤ 范仲淹的言论一方面默认君子之党的存在，另一方面表明，他显然已从政治经历中获知，道同是相与为谋的重要前提，观念异同造成的人群分合几乎遍布整个权力世界。

欧阳修则较范仲淹更进一步。他故作惊人之语，奏上《朋党论》宣称小人无朋、君子有朋，并论证君子真朋之于君王、国家均不可或缺。实际上，欧阳修在《朋党论》中所要传达的主旨并不新奇：君子、小人各有其类，君主应当明辨正邪，从而进用君子，黜退小

---

① （宋）李焘：《续资治通鉴长编》卷 155，第 3759 页。

② （宋）韩忠彦：《韩魏公家传》，《安阳集编年笺注》附录 3，第 1862 页。

③ （宋）李焘：《续资治通鉴长编》卷 148，第 3580 页。

④ （宋）李焘：《续资治通鉴长编》卷 142，第 3416—3417 页。

⑤ （宋）李焘：《续资治通鉴长编》卷 148，第 3580 页。

人。这是唐宋士人讨论朋党和邪正问题的常调，只是他们通常在君子不党、小人结党的话语框架下予以呈现。欧阳修却故意选用一种完全颠覆既有阅读预期的话语策略，重构朋党概念，逆转其道德色彩，从而完成自辩。① 欧阳修所倡导的"君子之朋"，淡化政治色彩，同时加强伦理意味，将朋党的标准拔升到空前的高度。他的"君子有党论"虽看似有违儒家"君子群而不党"的传统观念，却在尚义弃利这一根脚处严守儒家的价值取向。②

正是通过这种论辩方式，欧阳修彻底翻转朋党的道德属性，力图廓清附着在自己和同道身上的污名，一笔截断纷纷扰扰的攻讦和指控，并转守为攻，反过来质疑那些"不务和同"的大臣，批判他们"或徇私意以相倾，或因小事而肆忿，纷然毁誉，传布道途"，唯独对"朝廷得失，邦国安危""熟视恬然，各思缄默"。③ 这样，欧阳修就调转了朋党论的公私逻辑。他主张，逢此多事之秋，国家亟须士大夫"同心忧国，舍小谋大"，精诚合作以纾国难，现在无疑到了应该重用"君子之朋"的关键时点，而那些表面上不结党的官员才是利己主义者，他们的危害是隐蔽而致命的。欧阳修同时强调，老成士大夫谴责革新派结党营私，不过是以小人之心度君子之腹，他们中如吕夷简"专夺国权，胁制中外"④，早已习惯任用私人，以利相合。因此，老成士大夫对革新派的攻击非但是无谓的，反而暴

---

① 按，沈松勤、罗家祥在君子、小人的框架下梳理朋党论的发展过程，指出"君子有党论"最初由王禹偁在《朋党论》中提出，而由欧阳修发挥到极致。参见沈松勤《北宋文人与党争——中国士大夫群体研究之一》，第48—57页；罗家祥：《朋党之争与北宋政治》，华中师范大学出版社2002年版，第3—8页。

② 参见沈松勤《北宋文人与党争——中国士大夫群体研究之一》，第52—53页。又及，"老成""英俊"在朋党问题的认识上确有差异。在庆历新政期间，王拱辰劝韩琦："稚圭不如拔出彼党，向这下来。"韩琦回答："琦惟义是从，不知有党。"王不悦而去。参见（宋）强至《韩魏公遗事》，《安阳集编年笺注》附录5，第1881页。足见"老成"还是用传统眼光看待朋党，而"英俊"则以道义相结交。

③ 参见（宋）欧阳修《论臣寮不和札子》，《欧阳修全集》卷104，第1592页。

④ （宋）欧阳修：《论吕夷简札子》，《欧阳修全集》卷100，第1543页。

露了自身的弱点。在此基础上，欧阳修鼓励仁宗效法先王，抛弃"自昔小人多为朋党"的成见，换一副近古君主所未有的眼光正视当下正在迅速成形的不同于利益集团的新型朋党形态——道义共同体，期望仁宗从公义的立场出发支持革新派的联合和行动，给予他们足够的信任和耐心。总之，《朋党论》凝结着欧阳修对于朋党问题的诸多思考和表述，不仅为自己所置身的士人共同体及时地提供了立场鲜明的理论阐释，也饱含冲破千百年来政治成见的锐气，兼有批判旧习、推扬新风的深意。庆历士大夫对于新旧思维的差异是有知觉的，故每以置换基本概念内涵的方式作为反驳的基点，表现出他们全力革新政治观念的莫大勇气。

当然，和先前的多次冲突一样，欧阳修此种公然挑战意识形态的论辩姿态甫一亮相，不出意外地激起了老成士大夫的剧烈反扑，也令仁宗心存芥蒂，在客观上确实对庆历士大夫的政治处境以及他们主持的改革事业造成了不利影响。正如田况所见证的，庆历以后朋党之论甚嚣尘上，带来了两个严重后果。一方面，"浮薄"以此为借口"竞肆攻诋"革新派，来迎合执政的意图，从而获取"好爵"，故"仕路险薄，益无耻矣"；另一方面，由于"近世并立于朝，以道德相劝摩为众所媢者"皆被指为朋党，像庆历士大夫这样的"同心一德以济天下者"注定无法在朝立足。[①] 在新政的波澜过后，仁宗和他的宰执又一次用异常强硬的手段迅速向传统政治路线靠拢，庙堂上的一切似乎没有变化。不过，若将眼光放长，同时将视线转到政治文化上，就能清楚地看到，欧阳修这一石破天惊的"君子有党论"几乎可以说重塑了宋代士大夫对待朋党的态度以及探讨相关问题的理论兼话语框架。[②] 这提醒我们：推进政治改革既需要坚定的意志，有时也讲究妥协的艺术，而变革政治观念则有赖于斩截的乃

---

① 参见（宋）田况《儒林公议》卷上，第 57 页。

② 欧阳修《朋党论》的影响，参见刘子健《欧阳修的治学与从政》，第 196—198 页；沈松勤：《北宋文人与党争——中国士大夫群体研究之一》，第 48—57 页；罗家祥：《朋党之争与北宋政治》，第 3—8 页。

至激进的态度，需要异乎寻常以至惊世骇俗的言辞。

由明道废后、景祐党议与庆历新政这几次发生在"老成""英俊"之间的政治冲突，可以总结出一种非对称的党争模式：

①庆历士大夫对老成士大夫发起政治攻击 → ②老成士大夫进行防守反击 → ③庆历士大夫以"罪"自辩 → ④仁宗支持老成士大夫 → ⑤庆历士大夫集体贬外

在庆历士大夫、老成士大夫、仁宗三股政治力量中间，老成士大夫明显占据政治上的优势，并在关键时刻往往能得到仁宗的支持。然而，老成士大夫每每在论辩无果之后动用权力压制异己者，不但导致他们所维护的意识形态其不言自明的合理性持续遭到削弱，他们自身也一次又一次地站在舆论的对立面。因此，他们虽在政争中暂时得胜，却发现自己在观念冲突层面愈益陷入孤立的境地。他们排斥政治对手的手段日渐严酷，正是自身虚弱和焦虑的表现。

与此相对，庆历士大夫则在政治上最弱势但也最富"攻击性"，因此屡败屡战。三次政争看上去都是他们主动"挑衅"，结果也都是"自找"贬谪。但这些"政治自杀"行为恰恰是他们变革政治文化的重要手段。庆历士大夫率先发起政争，依据未被普遍接纳（尤其是不为仁宗认可）的"英俊"理念批判老成士大夫，在辩论中还不断抛出在当时主流政治文化语境中"反常悖理"的政治观点，乃至意图通过政治改革这样的制度化手段使宋廷迫于时势暂时包容的政治观念成为常规行政的核心原则。这无疑会落人口实，直接引发并大大加重老成士大夫及仁宗的疑虑和反感，同时将许多原先对改革持观望态度的士大夫如宋祁、王拱辰、张方平等也驱至对立面，最终导致自身被贬，新政流产。当然，庆历士大夫并非不知他们的言论是颇犯忌讳的，但正是通过这种出人意表的言说方式，他们援引儒家经典（在古典语境中等同于具有普遍性的道德原则）为那些先前被认定是不值得提倡甚至用心险恶的政治品质和行为正名，在一场又一场的政治辩论中极为有力地树立并且张大了"英俊"理念。在这个意义上，他们不是政客，而是以政治为志业的政治家。

庆历士大夫在仁宗朝发起的这场政治话语上的"褒义化"运动绝不限于修辞上的褒贬转换，实则昭示政治文化的革命。斯金纳提醒我们重视修辞转换的意识形态色彩以及它在政治思想演变过程中所起到的关键作用。他尤其关注由革新思想家掌握的兼具描述和价值判断功能的词汇（evaluative-descriptive terms），这是因为他观察到：

> 在很大程度上，正是经由这些词汇的修辞操作（rhetorical manipulation），任何社会都能够成功地建立、维持、质疑或者改变其道德认同。我们用类似诚实、友善或勇敢等名目描述从而褒扬某类行为，同时用奸诈、挑衅或怯懦等名目来描述从而谴责另一些行为，这样才能维系对那些我们所喜或恶的社会行为的（固有）看法。既然如此，所有革新思想家都面临一项艰巨的然而明显是修辞的任务，他们的目标是将某些表面上可疑的社会行为合法化（legitimise）。因此，他们的任务是必须表明，一系列有利的措辞以某种方式适用于他们看似可疑的行为。如果他们能够施展这种修辞技巧，他们就有望去辩称，那些原本可能适用于其行为的谴责性描述可以被推翻或搁置。①

庆历士大夫采取形式多样而效果卓著的合法化策略。他们立足于儒道与公义，坚持同老成士大夫展开全方位的话语对抗。这类现象不单反映在前述政争文字中，也普遍存在于他们的各种诗文创作。一方面，庆历士大夫或尝试引入新的有利措辞，或积极操纵现有"褒义词"的应用原则，或着力于扭转一系列"贬义词"的言语行为潜力（speech act potential），从而利用它们来恰当地描述我方看似可疑

---

① Quentin Skinner, *Vision of Politics Volume* 1：*Regarding Method*, p. 149.

的行为，以论证其正当性和必要性；另一方面，他们创造性地运用各种修辞方式和辩护技艺，将原先被主流政治文化所鄙夷和抑制的政治行为、人格范式重新描述（redescribe）成正义的和道德的，让它们以正面形象升入仁宗朝士人言说、思考的视野，促使人们以新的政治伦理眼光来看待原先所谓的"问题"行为，进而引发整个士群的集体反思乃至逐步接受。同时，他们对于宋初以来主流政治文化颇具冲击力的批判，同样得益于上述褒贬转换。总之可以说，庆历士大夫借由系统性的修辞战略改变了两宋政治语言和政治文化的范式结构，进而引发整个政治情势的转移，最终成功地开创了一个在他们看来更为合理的新时代。

庆历士大夫不仅是思想者和论争者，也是坚持将理念付诸行动的政治家。尤其是在庆历之际，他们先前的激讦之语变为极有预见性的鲠直之言，即连吕夷简亦承认孙沔弹劾自己的奏疏是"药石之言"，并称"但恨闻此迟十年尔"①，这无疑是理念转变的标志之一。他们在边在朝应对内外危机时远比"老成"群体更为积极进取的政治作为，则令仁宗朝士大夫特别是后辈开始普遍认可"英俊"理念的价值。用欧阳修自己的话来说，先是骤见之下，非难毁谤者有之，惊怪相议者有之，深相叹赏者亦有之，中间"有事而思，虽仇谓材"②，终使"中外之人久而亦渐为信"③。庆历士大夫主持的政治革新运动虽以失败告终，但他们在这过程中重新定义了君子/小人的判断标准，建立并推广了一套迥异于主流的以刚直有为为核心的"英俊"理念，并将之植入北宋士大夫的政治观念当中，两宋的政治文化由此真正从单一趋向多元。这正是庆历士大夫在政治领域做出的最大功绩。

从北宋中期开始，人们就不断颂扬由庆历士大夫开启的"士风

---

① （宋）李焘：《续资治通鉴长编》卷139，第3347页。

② （宋）欧阳修：《祭资政范公文》，《欧阳修全集》卷50，第697页。

③ （宋）欧阳修：《论包拯除三司使上书》，《欧阳修全集》卷112，第1694页。

丕变"。如苏轼云："自欧阳子出，天下争自濯磨，以通经学古为高，以救时行道为贤，以犯颜纳说为忠。"①《宋史》传论亦评说："（范仲淹）每感激论天下事，奋不顾身，一时士大夫矫厉尚风节，自仲淹倡之。"② 正如苏轼以某为高、为贤、为忠句式所显示的，这种士风转变（即何为）实则根植于政治行为之价值体系及评判标准（即应何为）的多元化。

第四节　从"两截事"到一以贯通：由角色丛考察观念冲突的缘起

　　接下来的问题便是，"英俊""老成"之间观念冲突的缘起在何处，亦即，主要是什么因素促成仁宗朝产生庆历士大夫这样一批观念迥异于主流政治文化的士大夫群体。下面引入角色丛（role set）这一概念工具予以解答③。

　　宋型士大夫作为一种社会身份，其最显著的特征在于角色的多重性，即由官僚、学者、文士相互联结而组成一个角色丛。五代宋初以来具备文章与吏能的综合型人才就开始崛起于政坛。④ 至真宗朝，士大夫作为角色丛的现象初步显现。当时在朝占据要津的官员多由科举入仕，不仅颇负吏干，还兼有相当的文华和学识，如名相王旦年轻时即被王禹偁许为"以雄文直气扬其父风，以儒学吏才张为国器"⑤。又如王钦若、丁谓、林特、陈彭年等"五鬼"能

---

①　（宋）苏轼：《六一居士集叙》，《苏轼文集》卷10，第316页。

②　（元）脱脱等：《宋史》卷314《列传第七十三》，第10268页。

③　"角色丛"在社会学上指与某一身份相联系的角色的集合。参见［美］戴维·波诺普（David Popenoe）《社会学》（第10版），李强等译，中国人民大学出版社1999年版，第97页。

④　参见邓小南《祖宗之法——北宋前期政治述略》，第149—183页。

⑤　（宋）王禹偁：《送王旦序》，宋绍兴刻本《王黄州小畜集》卷19，《宋集珍本丛刊》影印本，第1册，第660—661页。

在真宗朝后期得势，除与他们善希人主意、奸邪无所不用其极外，还与其卓越的行政能力、敏赡的属词之才以及深厚的儒家和释道文化素养有关。① 而张詠惋惜寇準"学术不足"②，真宗朝能吏刘综"涉学素浅，又尚气好胜，不为物论所许"③，亦反证时势转移的趋向所在。

真宗朝的政治精英在知识体系、能力结构上虽趋于完备，但角色丛内部诸角色之间还未形成充分的互动，特别是他们之所学与所履在很大程度上是相互割裂的。这些政治精英对自身最突出的角色定位是职业官僚，和宋初的决策者一样"饶有应付事变的实践经验而理念色彩并不十分浓厚"，"更为关心的是现实政治而不是空泛的道德问题"。④ 他们的儒学修养固然不浅，却几乎无法激发高悬的理想或独立的人格，经术于他们而言终究只是一种话语工具。如李沆自言为相"无他能，唯不改朝廷法制，用此以报国"⑤。王钦若、丁谓等人更是怂恿真宗晚年盛为符瑞，还争相歪曲经义"左右附和"⑥。王旦则虽心知其非，却不能强谏，亦奉天书行事。

顺带一提，彼时文学创作与作者之人格、学术的关系亦略为疏离。宋初以来诗歌的表现范围比较狭窄，诗坛流行的晚唐、白体、西昆三体就其大体而言，均与特定的社会身份相关，即晚唐体对应方外，白体对应达官，西昆体对应馆阁，各自形成了特定的审美范式，因此诗人在创作时往往只能调动他一生中有限的生活经历、情感体验和知识储备。如寇準身跻大位，立朝刚毅，但诗学晚唐，"富

---

① 参见王智勇《论宋真宗朝"五鬼"》，《四川大学学报》2002 年第 1 期；邓小南：《祖宗之法——北宋前期政治述略》，第 311 页。

② （元）脱脱等：《宋史》卷 281《列传第四十》，第 9533 页。

③ （宋）李焘：《续资治通鉴长编》卷 82，第 1868 页。

④ 参见邓小南《试论宋朝的"祖宗之法"：以北宋时期为中心》，载《朗润学史丛稿》，第 1—35 页。

⑤ （宋）欧阳修：《归田录》卷 1，《欧阳修全集》卷 126，第 1915 页。

⑥ （元）脱脱等：《宋史》卷 431《列传第一百九十》，第 12802 页。

贵之时，所作诗皆凄楚愁怨"①，诗风与人格扞格不相入。② 文章领域则时兴杨、刘所倡之昆体骈文，杨亿自谓"抗心希古"③，然而他"希古"的方式不过"穿蠹经传，移此俪彼"④ 以供颂圣之用，明显流于形式。⑤ 总之，在宋初，诗文之形式规定对创作的影响时或强于作者的真实人格。⑥

逮至仁宗朝，老成士大夫全盘继承了真宗时代名臣们多元而不甚相通的角色丛特征，并促成其更为精细化的发展。他们多以吏材为政，又以诗赋起家、应用、事上、交游，学术取径亦不拘于一家：习儒术以缘饰吏事，明文法以措置公务，通佛老以治身处世，倾向于将诸文化资源工具化。能力的近乎全面和知识的博通泛取使得这些精英士大夫面对公私、进退、上下皆有以应之。⑦ 如吕夷简"敏学多闻，精识强记"，考正当世所行"文史之学"兼"名法之书"，又"属辞雄赡，长于理道"，朝廷典册多出其手，具有多方面的才能。他早年请免河北农器税，就以先儒之言、王道之本开说，得到

① （宋）文莹：《湘山野录》卷上，第8页。

② 另外，［日］副岛一郎：《宋初的古文和士风——以张咏为中心》（载［日］副岛一郎《气与士风：唐宋古文的进程与背景》，王宜瑗译，上海古籍出版社2005年版，第176页）看到真宗朝张咏、杨亿这样刚毅耿介的新型人格并未在创作中充分表现出来，他们甚至还喜欢李商隐式的艳诗，这是因为文学的成规不易打破。

③ （宋）杨亿：《武夷新集自序》，清嘉庆刻本《武夷新集》，《宋集珍本丛刊》影印本，第2册，第184页。

④ （宋）欧阳修：《与荆南乐秀才书》，《欧阳修全集》卷47，第660页。

⑤ 参见朱刚《唐宋四大家的道论与文学》，东方出版社1997年版，第76—77页。

⑥ 范仲淹《唐异诗序》云："九州之广，庠序未振，四始之奥，讲议盖寡。其或不知而作，影响前辈，因人之尚，忘己之实，吟咏性情而不顾其分，风赋比兴而不观其时。故有非穷途而悲，非乱世而怨，华车有寒苦之述，白社为骄奢之语。学步不至，效颦则多。"（《范文正公文集》卷8，《范仲淹全集》，第186页）可见，范仲淹批评宋初诗人缺乏个性，认为这是因为写作时模拟前人而非抒发自我的真实感受。

⑦ 如赵普赞颂太宗"以尧、舜之道治世，以如来之行修心"［（宋）李焘：《续资治通鉴长编》卷24，第554页］，宋孝宗《原道辨》主张"以佛修心，以道养生，以儒治世"（《全宋文》卷5279，第236册，第297页），这种多元且工具化的知识结构几乎可以看作是赵宋家法了。

王旦的赏识。在宰相任上主于"修明治方，综核名实"，显得益于名法之学。① 同时，吕的政术颇得之道家，"于天下事，屈伸舒卷，动有操术"②。又如，张士逊"于书史，多所泛览。为辞章，深纯典正。尤嗜诗，所得皆自然经奇，无所雕刿。故礼部尚书清河张詠许为第一流"，同样有学养亦有文才，在宰相任上"因其故而奉行之，本其宜而财相之，所以镇浮扼动，便安元元之道甚备"，明显受到名法和黄老之学的影响，他辞官后"人间事一不概意，阅黄老旁行书，粗以应外，精以治内，乘和日化，与相颓靡"，显以黄老之术自处。③ 这两位仁宗朝"名相"的仕履为我们展现了角色丛在现实政治特别是处理常规公务方面所能产生的效力。

复如，宋祁不赞成"文道合一"的主张，既汲取法家刑名之说，对佛教也兼容并蓄，在思想上呈现出驳杂的特点。④ 此外，在景祐政争中因訾议范仲淹而遭欧阳修、蔡襄痛骂的高若讷也是一位成功的老成士大夫。他"强学善记，自秦、汉以来诸传记无不该通，尤喜申、韩、管子之书，颇明历学"⑤，兼通医书，又"文词淹敏"⑥，立朝极善于调动自身多元的知识储备：

> 公践历二府，始终七年，循守法度，奉行故事，简静慎重，不轻改作。常曰："蒿目而忧世者，非致治之心也。"每被顾问，

---

① 参见（宋）张方平《故推诚保德宣忠亮节崇仁协恭守正翊戴功臣开府仪同三司守太尉致仕上柱国许国公食邑一万八千四百户食实封七千六百户赠太师中书令谥文靖吕公神道碑铭并序》，《乐全集》卷36，《张方平集》，第587—594页。

② （元）脱脱等：《宋史》卷311《列传第七十》，第10210页。按，吕夷简的政术，参见王德毅《吕夷简与范仲淹》，《宋史研究论集》第2辑，第127页。

③ 参见（宋）宋祁《张文懿公士逊旧德之碑》，《景文集》卷57，第763—765页。

④ 参见谢思炜《宋祁与宋代文学发展》，《文学遗产》1989年第1期。

⑤ （元）脱脱等：《宋史》卷288《列传第四十七》，第9686页。

⑥ （宋）宋祁：《授翰林学士举高若讷自代状》，《景文集》卷30，第385页。

必傅经以对，条理明畅，极尽治乱之原，上未尝不前席以欣纳。故愚谓本经术以熙治，载清静以镇浮，有两汉贤公卿之风，为得之矣。①

（高若讷）常谓承平久，吏忽事庞，必峻法治之。谓管夷吾、韩非责名实，赏信罚必，术最近，与儒家相辅，长利可兴云。②

庆历至皇祐年间，高若讷在二府扮演着标准的"老成"角色。这位仁宗钦定的"儒贤"步趋汉儒"以经术决事"的旧路，对待儒学的态度表现出实用化乃至工具化的倾向，对其本体价值关注不多。因此，他虽洞见到承平日久必然导致吏治窳败，却反对任何形式的改革，还援引《庄子·外篇·骈拇》之说以取消忧世之言与致治之心的关联（这极有可能是为镇服庆历士大夫这批"浮薄者"鼓舞起来的变革救弊的呼声），而主张在祖宗故事的框架内推行管子、韩非的刑名法术。在高的方案设计里，儒学、黄老、法术各有侧重，并且至少在逻辑上互补，确有"两汉贤公卿之风"，代表了"老成"群体在政治上的共同追求。③ 然而，高若讷虽明言要以法术辅佐儒术，但在黄老、法术交杂的背景下，儒术在政治领域实际已被虚悬，文彦博"本经术以熙治"云云显是过誉之辞。

较之前辈士大夫，"老成"群体的所学与所履之间建立起了一定的联系，特别是其中作为士大夫根本之学的儒术，已作为一种政治

---

① （宋）文彦博：《观文殿学士尚书左丞谥文庄高公神道碑》，《文彦博集校注》卷12，第554页。

② （宋）宋祁：《高观文墓志铭》，《景文集》卷60，第803页。

③ 实际上，《庄子》批判仁人"蒿目而忧世之患"，其背后是以追求仁义为"残生损性"的观念为支撑（参见王叔岷《庄子校诠》卷2，中华书局2007年版，第311—312页）。这与以仁义为本的儒术有根本的分歧。由此正可看出高若讷对不同思想资源的整合，如其摘句为己所用所示，以实用为导向，是比较浅薄且不成体系的，换言之，只关注其"用"而不及究其"体"。

话语参与到决策过程之中，当时"傅经以对""以经开说""一用经术，以相仁宗""引古以傅今事"①一类说法的涌现即是明证。不过总体来看上述联系还是较为浅表的，经术在政治领域通常只起到文饰之用，并未被老成士大夫内化为指导行事的准则。他们的自我定位仍为职业官僚，又深受黄老之学的影响，主政致力于维持现行政治、法度的平稳运行，其背后没有更为高远（在他们眼中则是迂远）的政治理想和改革诉求，立朝以有所不为、维持"纲纪"为鹄的。如王曾为相"论其事则无可数者"②，宋祁谓其"务大体若丙吉，清净如曹参，总领众职如魏相，内文明如邓禹"，使"察察者敦，沾沾者愧"③；吕夷简的仕宦心得是"事不要做到十分"④，"为相实以安静为本，每不欲有所更张"⑤；吕还被范仲淹、孙沔贬作李林甫，夏竦则干脆"美李林甫之为相"⑥；李若谷守官常持"勤、谨、和、

---

① （宋）文彦博：《观文殿学士尚书左丞谥文庄高公神道碑》，《文彦博集校注》卷 12，第 554 页；（宋）王安石：《赠司空兼侍中文元贾魏公神道碑》，《临川先生文集》卷 87，《王安石全集》，第 7 册，第 1516 页；（宋）王珪：《推诚保德崇仁守正忠亮佐运翊戴功臣开府仪同三司守司空致仕上柱国郑国公食邑一万一千六百户赠太尉兼侍中宋元宪公神道碑铭》，《华阳集》卷 36，商务印书馆 1936 年版，第 463 页；（宋）安焘：《宋故彰德军节度相州管内观察处置等使检校太师持节相州诸军事相州刺史充大名府路安抚使马步军都总管知大名府兼北京留守司公事畿内劝农使上柱国太原郡开国公食邑九千三百户食实封三千四百户赠开府仪同三司谥懿恪王公墓志铭并序》，《宋代墓志辑释》，第 308 页。

② （宋）强至：《韩魏公遗事》，《安阳集编年笺注》附录 5，第 1881 页。

③ （宋）宋祁：《文正王公墓志铭》，《景文集》卷 58，第 778 页。

④ （宋）孔平仲：《孔氏谈苑》卷 3，载《丁晋公谈录（外三种）》，第 243 页。

⑤ （宋）度正：《文靖公程文跋》，《全宋文》卷 6868，第 301 册，第 135 页。

⑥ 夏竦之见显然沿袭丁谓"曹、马为圣人"的说法。参见（宋）江休复撰，储玲玲整理《江邻几杂志》，上海师范大学古籍整理研究所编《全宋笔记》，第 1 编，第 5 册，大象出版社 2003 年版，第 162 页。值得注意的是，李林甫在当代史学界不再被脸谱化为奸相，而被认为是唐玄宗朝后期吏治派的核心人物。参见汪篯《唐玄宗时期吏治与文学之争——玄宗朝政治史发微之二》，载唐长孺等编《汪篯隋唐史论稿》，中国社会科学出版社 1981 年版，第 196—208 页；黄永年：《唐玄宗朝姚宋李杨诸宰相的真实面貌——兼论李杨与宦官高力士之争》，《中国史研究》2003 年第 2 期等。

缓"四字，还称世间事皆在忙后出错①；贾昌朝号称以经术致将相，实则和仁宗朝冯拯、陈执中、刘沆、梁适等宰臣一样"以文吏"拜相②。这批政治精英皆表现出极为强烈的现实取向和法吏精神，因此后来王安石概括说"自仁宗即位，大臣或操法令断天下事，稽古不至秦、汉以上，以儒术为疏阔"③。即如老成士大夫中主持仁宗经筵最久的贾昌朝，在欧阳修看来亦不过"颇知经术，能文饰奸言"④之徒。

下文所引吕夷简幼时学友也是隐士的王至清写给吕的信件，充分说明了经术与政治之间这种实质断裂的状态：

> 仆初与坦夫（吕夷简之字），读书山寺，论"家人"一卦，坦夫独以孔子"反身"二字，为此卦入证语。乃今天子，第有取于威如之吉，使天下夫妇之主，不得终始其义。坦夫独不可以"反身"之说谏之，而将顺至此乎？安在其有证于尼父一言也？仆今知读书与仕宦，自是两截事，幸哉！天以布衣终我身也。虽然，坦夫自今永保禄位矣。何者？有所废必有所爱。能从人主所爱处，有勋力焉，亦必不爱爵禄，以爱其人于众人之外也。此一牍也，先为相业唁，后为相位贺。惟坦夫两受之。⑤

此信写于明道二年（1033）仁宗废后事件之时，首相吕夷简因此事得罪于清议，是以王至清在信中深寓规劝乃至讥讽之意。王对吕大

---

① （清）黄宗羲原著，（清）全祖望补修，陈金生、梁运华点校：《宋元学案》卷20引《吕氏杂录》，中华书局1986年版，第828—829页。

② （元）脱脱等：《宋史》卷285《列传第四十四》，第9625页。

③ （宋）王安石：《赠司空兼侍中文元贾魏公神道碑》，《临川先生文集》卷87，《王安石全集》，第7册，第1516页。

④ （宋）欧阳修：《论贾昌朝除枢密使札子》，《欧阳修全集》卷110，第1667页。

⑤ （宋）袁褧撰，（宋）袁颐续，姚士麟校：《枫窗小牍》卷上，中华书局1985年版，第4页。

为不满之处有二：一则吕不能履行年少所学，以己说进谏君王①；二则吕为保禄位，捐弃士应有的独立品格，反助天子成此违戾经义之事，"使天下夫妇之主不得终始其义"。王至清因此得出"读书与仕宦，自是两截事"的结论，颇犀利地点出这位自谓立身须"贯之以道，总之以仁"②的宰辅，其仕宦遵循的实际是官场的现实逻辑和利益计算（即禄位），而与经术更与道义相隔绝。③据载，吕得信后大怒，将王至清并其子逐出京师，或许正在于"此一牍"中自有诛心之论在。

正当老成士大夫发挥自身的角色丛优势，完成真宗、刘后到仁宗的权力交接，开创天圣至景祐之际的平康局面，庆历士大夫也开始向主流政治文化发起冲击。他们在公共空间中集结起来，于批判旧范式的同时构建新范式，其思想基础是迥异于黄老、名法之学的儒家理想主义④。日本学者吉川幸次郎对此有一段非常精辟的论断：

> （在仁宗的时代）中国的文化与文明全体也都在进行着巨大的变化。其中最主要的是重新认识了古代儒学思想的价值，奠定了正统的民族伦理观念，而以其实践为个人的以及社会的中心任务。知识分子已不只是儒家政治哲学的阐释者，也变成了

---

① "家人"卦上九爻辞："有孚，威如，终吉。"《小象传》："'威如'之吉，反身之谓也。"［《周易正义》卷4，（清）阮元校刻：《十三经注疏》，中华书局2009年影印清嘉庆刊本，第103页］当时吕夷简即据"反身"二字做了一番经义上的发挥，可能是强调君子的威严并非外向地作威，而应内向地反身自治。这给学友王至清留下了深刻的印象。

② （宋）吕夷简：《门铭》，《全宋文》卷321，第16册，第15页。

③ 王至清"两截事"的论调，令人联想到张载教诲门人范育的言论："朝廷以道学政术为二事，此正自古之可忧者。"［（宋）张载：《答范巽之书》，章锡琛点校《张载集》，中华书局1978年版，第349页］由此可见这类政治批判在宋儒那里是一贯的。

④ 参见刘子健《宋初改革家：范仲淹》，载《中国的思想与制度》，第85—118页。

实践者，于是实现了书生主政的政治体制。①

吉川指出，庆历士大夫作为文化变革的承当者，必须身兼阐释者和实践者的双重身份。从角色丛的角度看，即是庆历士大夫在政治领域已不满足于仅将儒学视作一种话语工具，而是在本体阐释之上将所学与所履紧密联系起来②，从先前的读书与仕宦"两截事"转变到以儒术（道）贯串诸角色的状态。

　　这一过程中的先觉者自然是范仲淹。范在《遗表》里总结自己"生而遂孤，少乃从学。游心儒术，决知圣道之可行"③，实则他一生造次颠沛必于"圣道可行"四字上。富弼就说范仲淹"为学好明经术，每道圣贤事业，辄跂耸勉慕，皆欲行之于己。自始仕，慨然已有康济之志。凡所设施，必本于仁义而将之以刚决，未尝为人屈挠"，"作文章尤以传道，不为空文"④。可见他以仕宦行道、作文章传道，皆受经术和圣贤事业的指引。范仲淹这种行道经世的使命感在其仕宦早期就已产生，并成为他在公私场合皆竭力宣扬的核心信条，且看下列自白：

　　　　某何人也，可预陶甄之末？其大幸者，生四民中，识书学
　　　　文，为衣冠礼乐之士；研精覃思，粗闻圣人之道。知忠孝可以

---

　　①　［日］吉川幸次郎：《宋诗概说》，郑清茂译，联经出版事业公司 2012 年版，第 80 页。

　　②　庆历士大夫对儒学本体的阐释表现为当时义理之学的兴起。朱熹即云："理义大本复明于世，固自周、程，然先此诸儒亦多有助。旧来儒者不越注疏而已，至永叔（欧阳修）、原父（刘敞）、孙明复（孙复）诸公，始自出议论。如李泰伯（李觏）文字亦自好。此是运数将开，理义渐欲复明于世故也。"［（宋）黎靖德辑：《朱子语类》卷 80，《朱子全书》，第 17 册，第 2763—2764 页］另参见陈植锷《北宋文化史述论》，第 151—235 页。

　　③　《范文正公文集》卷 18，《范仲淹全集》，第 426 页。

　　④　（宋）富弼：《范文正公仲淹墓志铭》，《全宋文》卷 610，第 29 册，第 60—61 页。

奉上，仁义可以施下，功名可存于不朽，文章可贻于无穷，莫不感激而兴，慨然有益天下之心，垂千古之志，岂所谓不知量也。(《上张右丞书》，乾兴元年)①

有客淳且狂，少小爱功名。非谓钟鼎重，非谓箪瓢轻。素闻前哲道，欲向圣朝行。(《赠张先生》，天圣二年)②

臣腐儒多昧，立诚本孤。谓古人之道可行，谓明主之恩必报。(《睦州谢上表》，景祐元年)③

君子之道充乎己，加乎人，穷与达外也。(《试秘书省校书郎知耀州华原县事张君墓志铭》，庆历六年)④

由为学而至闻道，再到奉上、施下、功名、文章，范仲淹在公共向度的整个人生都以"道"为枢纽连接起来。他那素被后人传颂的"以天下为己任"的责任意识，范自己的概括则是"益天下之心"及"忧天下之心"，也处于同一延长线上。同时，"老成"群体那种儒、法、佛、老相对平等且分工明确的知识结构在范仲淹这里开始差序化，儒学的权威性得到凸显。他曾说"释道之书"则"君子弗论"，亦"非今理天下之道"⑤，将佛老排除在君子之学和国家意识形态的范畴之外。范还认为"劝学之道"在于宗经，与其"扣诸子，猎群史"而至"学非而博"，尚不如"能理其书而不深其旨"的"朴愚之心"更能执守规矩。⑥ 范这种有本末又贯通的角色丛，

---

① 《范文正公文集》卷9，《范仲淹全集》，第209页。
② 《范文正公文集》卷2，《范仲淹全集》，第26页。
③ 《范文正公文集》卷16，《范仲淹全集》，第386页。
④ 《范文正公文集》卷15，《范仲淹全集》，第365页。
⑤ （宋）范仲淹：《上执政书》，《范文正公文集》卷9，《范仲淹全集》，第217页。
⑥ （宋）范仲淹：《上时相议制举书》，《范文正公文集》卷10，《范仲淹全集》，第238页。按，仁宗时代欧阳修、石介、李觏等庆历士大夫成员发起的排斥佛老运动亦是此期知识结构差序化的表现。关于庆历之际排佛道的过程，参见陈植锷《北宋文化史述论》，第330—341页；徐洪兴《思想的转型：理学发生过程研究》，第143—149页。

极似他本人所称道的以"明体达用"为旨的胡瑗"苏湖教法"。四库馆臣论范时即言其"贯通经术，明达政体，凡所论著，一一皆有本之言。固非虚饰词藻者所能，亦非高谈心性者所及。苏轼称其天圣中所上执政万言书，天下传诵。考其平生所为，无出此者。盖行求无愧于圣贤，学求有济于天下。古之所谓大儒者，有体有用，不过如此"①。范仲淹能在同辈骨鲠大臣如孔道辅等人中脱颖而出成为庆历士大夫的"头雁"，正在于他这种得风气之先的新型角色丛。

　　上述行道的自觉使得范仲淹成为颇具理想主义气质的官员。他在朝始终拥有一种"兴起太平"式的终极追求，即令"王道复行"，"使天下为富为寿数百年""得与天下生灵长见太平"②；他从政亦始终具备近乎无限的时空意识，"意君成大舜，千古闻膻香。寸怀如春风，思与天下芳"③，漠视一时一己之得失。同时，他时刻以儒家政治理念审视着现行政治，故甚为鄙夷吕夷简那样的法吏派大臣，屡次斥责他们执政"以大为小，以易为难，以未成为已成，以急务为闲务"④，抨击他们"不思变其道，而但维持岁月"⑤。此外，范仲淹还认为老子"无为"之说只是"述古之风，以警多事之时"，而三代以还"王天下者，身先教化，使民从善"，故今之帝王须有好尚，"在其正而已"，批判了宋初以来流行于官场的黄老风气，凸显出儒家式的有为姿态。⑥ 可见范不仅留心行政的常规问题，更关心方向性

---

①　（清）永瑢等：《四库全书总目》卷152《集部五》，中华书局1965年版，第1311页。

②　（宋）范仲淹：《上执政书》，《范文正公文集》卷9，《范仲淹全集》，第212—228页。

③　（宋）范仲淹：《鄱阳酬泉州曹使君见寄》，《范文正公文集》卷3，《范仲淹全集》，第49页。

④　（宋）李焘：《续资治通鉴长编》卷118，第2784页。

⑤　（宋）范仲淹：《上执政书》，《范文正公文集》卷9，《范仲淹全集》，第212页。

⑥　（宋）范仲淹：《帝王好尚论》，《范文正公文集》卷7，《范仲淹全集》，第152页。

问题：

> 方今圣人在上，贤人在侧，取舍之际，岂有未至？然而刑法之吏言丝发之重轻，钱谷之司举锱铢之利病，则往往谓之急务，响应而行。或有言政教之源流，议风俗之厚薄，陈圣贤之事业，论文武之得失，则往往谓之迂说，废而不行，岂朝廷薄远大之谋，好浅末之议哉！①

范仲淹这里区分的"远大之谋"与"浅末之议"，分别对应法家之文吏政治和儒家之王道政治，是知"王道"理想是他进行现实批判的依据。范仲淹抨击朝廷的动力与其说来自其"腐败无能"的现状（事实亦并非如此），莫若说来源于现行政治和儒家理想之间的巨大差距。范也承认自己身处一个"朝廷久无忧""天下久太平"②的承平时代，事实上他所提倡的改革正需要宋初以来"王刑既清，王道可行"③的政治环境。④然而，范设想的王道政治以上追三代为宗旨，视久安杜危为必要，即所谓"上下同心，致君亲如尧舜；中外有道，跻民俗于羲黄。将安可久之基，必杜未然之衅"⑤。在范仲淹眼中，在他所设想的无瑕、永久、极致的理想图景的对照下，现实

---

① （宋）范仲淹：《奏上时务书》，《范文正公文集》卷9，《范仲淹全集》，第205页。

② （宋）范仲淹：《上执政书》，《范文正公文集》卷9，《范仲淹全集》，第212页。

③ （宋）范仲淹：《上执政书》，《范文正公文集》卷9，《范仲淹全集》，第228页。

④ 欧阳修庆历二年（1042）撰《本论》，在对比五代之乱与今宋之一统后提出仁宗君相"居得致之位，当可致之时，又有能致之资"（《欧阳修全集》卷60，第862—863页），与范仲淹观点一致。甚至在内外危机最危急的庆历三年（1043）范仲淹、韩琦上奏称："今国家以天下全盛之势，岂以偶胜偶负，而自谓中国不可振，而边患不可御邪？"〔（宋）李焘：《续资治通鉴长编》卷139，第3353页〕

⑤ （宋）范仲淹：《睦州谢上表》，《范文正公文集》卷16，《范仲淹全集》，第387页。

虽大体安稳但过于务实的文史政治和黄老作风遂显出其卑琐和苟且来。范因此十分不齿于那些只"取维持之功"而"忘盘固之道"的"老成"①，强调措政要深入至国家的根本，俾使"教化之道"亦如"刑名之用心"②，进行彻底的改革，施行"圣朝当行之事而未之行"③ 的政策。

庆历新政便是这样一次由范仲淹领导的得位行道的政治实践。蔡襄忆说庆历年间范"登于政府，天子问状。公拔根株，扳蹑三代。不为目前，苟且之计"④，明言改革宗旨是上追三代。富弼亦认为范在新政期间的"法度之说""皆所以抑邪佞，振纲纪，扶道经世，一一可行"⑤，成为新政的纲领，他还慨叹新政失败范氏贬谪的结局意味着"道之难行"。颇能见出范仲淹在新政中的主导地位和象征意义。韩琦则以为范在应对内外危机时"宏谋大策，出入仁义。朝思夕虑，条疏深切，志欲膏泽中夏，鞭笞四夷，使我宋之基，万世不拔"，此为政之广包夷夏下及万世的深广志虑，足以见"道之亨塞，时之重轻"全系范之"用不用"⑥。在庆历新政动辄被污名化为"生事""纷乱国经"的情况下，他们的上述宣言无疑是有力的回击。

将道内化为人生的根本并在各角色间一以贯之，此种新型角色

① （宋）范仲淹：《上执政书》，《范文正公文集》卷9，《范仲淹全集》，第212页。朱熹认为名相李沆、王旦"只恁地善"〔（宋）黎靖德辑：《朱子语类》卷129，《朱子全书》，第18册，第4022页〕，吕夷简所汲引皆"半间不界无状之人"〔（宋）黎靖德辑：《朱子语类》卷129，《朱子全书》，第18册，第4024页〕，可作范仲淹观点的注脚。

② （宋）范仲淹：《上执政书》，《范文正公文集》卷9，《范仲淹全集》，第228页。

③ （宋）范仲淹：《奏上时务书》，《范文正公文集》卷9，《范仲淹全集》，第199页。

④ （宋）蔡襄：《祭范侍郎文》，《蔡忠惠集》卷36，《蔡襄集》，第660页。

⑤ （宋）富弼：《范文正公仲淹墓志铭》，《全宋文》卷610，第29册，第58—61页。

⑥ （宋）韩琦：《文正范公奏议集序》，《安阳集》卷22，《安阳集编年笺注》，第724—725页。

丛不独表现在范仲淹身上，亦为庆历士大夫所共用，乃至成为他们交结的基础。① 因为在庆历士大夫看来君子"所守者道义，所行者忠信，所惜者名节"，理应"以同道为朋"②，时刻"以道德相劝摩"③。如韩琦自言"处道诚一贯"④。尹洙认为"有志于古，当置所谓文章、功名，务求古之道可也"，如此则"文章、功名从焉，而不有之也"⑤，由"有""从"之间的置换可见尹氏将文章、功名纳于古道之下的决心。他还严分"三代之治"与"吏治"，批判吏治者倒置本末，"持律令，主簿领，思虑不出几案，以谓为治之具尽在于是，顾崇儒术、本王化者为阔疏，不切于世"⑥。尹洙死后，富弼痛惜"使君子之道不能被天下而致太平"⑦。蔡襄在青年时就表示自己"专于圣人书，更求其意，少有得焉。储于心而力于躬，其于为文，不复奋肆夸丽，通乎意则已"⑧，树立躬行其道的自觉。他治平元年（1064）论仁宗治国"好生恤刑，泽及禽兽，然四方之俗未闻由礼乐，专用法"，称"法"不过是"网罗过咎而施刑耳"⑨，与范仲淹对时政的判断若合符节。蔡襄还认为余靖一生"已之无闷，用之有为，斯其蹈夫道者也"⑩，又在为胡瑗作墓志时强调"士之有志

---

① 张兴武也指出，以范、欧为代表的新型文人群体，将"复古明道"与修身、行事、立言有机统一起来。参见张兴武《宋初百年文道传统的缺失与修复》，《文学遗产》2006 年第 5 期。

② （宋）欧阳修：《朋党论》，《欧阳修全集》卷 17，第 297 页。

③ （宋）田况：《儒林公议》卷上，第 57 页。

④ （宋）韩琦：《途次答宣徽富公书意》，《安阳集》卷 2，《安阳集编年笺注》，第 73 页。

⑤ （宋）尹洙：《志古堂记》，《尹洙集编年校注》，第 385 页。

⑥ （宋）尹洙：《岳州学记》，《尹洙集编年校注》，第 366 页。

⑦ （宋）富弼：《哭尹舍人词》，《全宋文》卷 610，第 29 册，第 68 页。

⑧ （宋）蔡襄：《谢昭文张相公笺》，《蔡忠惠集》卷 31，《蔡襄集》，第 562 页。

⑨ （宋）蔡襄：《国论要目·明礼》，《蔡忠惠集》卷 22，《蔡襄集》，第 375—376 页。

⑩ （宋）蔡襄：《工部尚书集贤院学士赠刑部尚书谥曰襄余公墓志铭》，《蔡忠惠集》卷 40，《蔡襄集》，第 730 页。

于道，以身法世，莫不欲致之于用，推之于远"①。苏舜钦亦谓"人之所以为人者，言也。言也者，必归于道义。道与义，泽于物而后已，至是则斯为不朽矣"②，点出道义在为文与为政上的实践属性。石介主张"学者，学为仁义也。惟忠能忘其身，惟笃于自信者，乃可以力行也"，是以"思与天下之士，皆为周、孔之徒，以致其君为尧舜之君，民为尧舜之民，亦未尝一日少忘于心"③，其意愿比范仲淹还要迫切。

欧阳修则在教诲后辈学人时以极为精准而有次第的语言定义了以道贯之的新型角色丛："君子之于学也务为道，为道必求知古，知古明道，而后履之以身，施之于事，而又见于文章而发之，以信后世""夫世无师矣，学者当师经。师经必先求其意，意得则心定，心定则道纯，道纯则充于中者实，中充实则发为文者辉光，施于事者果毅"④。归结起来，士大夫公共生活的诸领域（为学、修身、事功、文章）不外明道和行道的体用二端。欧的完整表述反映出庆历士大夫对于新型角色丛的自觉，以及传授这种角色丛的努力。

儒术与事功的直接连通，使得庆历士大夫普遍和范仲淹一样将仕宦分为本末精粗两个层级，如韩琦有言："夫精艺而求仕，末也；得仕而行道，本也。"⑤ 他在宰相任上又强调："贤臣不以极位为乐，贵行道以济时。"⑥ 庆历士大夫为政自然是要行道务本。又石介视

①　（宋）蔡襄：《太常博士致仕胡君墓志》，《蔡忠惠集》卷 37，《蔡襄集》，第676 页。

②　（宋）苏舜钦：《上三司副使段公书》，《苏舜钦集编年校注》卷 7，第 458 页。

③　（宋）欧阳修：《徂徕石先生墓志铭》，《欧阳修全集》卷 34，第 507 页。

④　（宋）欧阳修：《与张秀才棐第二书》《答祖择之书》，《欧阳修全集》卷 67、69，第 978、1010 页。

⑤　（宋）韩琦：《并州新修庙学记》，《安阳集》卷 21，《安阳集编年笺注》，第706 页。

⑥　（宋）韩琦：《谢集贤相表》，《安阳集》卷 27，《安阳集编年笺注》，第873 页。

"位"为"行道之器"①，亦是极精准的概括。苏颂代其师杜衍辨析文学、政事的真义，也强调杜之所谓文学，乃"经纶王道，表里圣贤，言辞可以继《典》《坟》之美，论议可以明当世之务"，非"章句之言，诵数之说"；杜之所谓政事，乃"纲纪朝章，措置邦体，发一言则号令于天下，举一事则惠泽于生民"，非"规规然谨诏条奉长上"。②两相对比下，立现理想的丰美与现实的庸俗，杜衍的取舍态度非常明确。又如富弼自白"自始读书为学，必穷其本原，不到圣贤用心处辄不止"，决计若得位则"将持所学，发时之所未治，说吾君吾相而治之，用吾说，康吾民，则所谓富贵者，真富贵也"，若无位则"弃富贵如脱屣坠甑"，"著书为乐"以"救后世"③。可见富贵之禄位对他来说不过是以道施民的手段，绝非仕宦的目的。

继中唐之后，仁宗时代儒道在政治和文学领域的全面回归，标志着宋型士大夫多元贯通之角色丛的成形。④值得注意的是，儒道在庆历士大夫特别是范仲淹、欧阳修等人那里虽具有无可争辩的权威性，但道之贯通于诸角色却并不以取消政治、文学的独立价值作为代价。如范仲淹从早年上书起就关注政治理想如何落实的问题，屡向执政保证自己所言"皆今易行之事"⑤。从天圣三年（1025）《奏上时务书》、天圣五年（1027）《上执政书》再到庆历三年（1043）作为新政纲领的《答手诏条陈十事》，可以看到范提倡的革新政策其适宜实用的一面在不断强化。又如，欧阳修摒弃宋初以来在古文家中盛行的"道统论"，将"古道"新释为"君臣、上下、礼法、刑

---

①　（宋）石介：《与士熙道书》，陈植锷点校《徂徕石先生文集》卷16，中华书局1984年版，第190页。

②　（宋）苏颂：《谢太傅杜相公书》，《苏魏公文集》卷68，第1031—1032页。

③　（宋）富弼：《与陈都官书》，《全宋文》卷608，第29册，第23页。

④　中唐古文运动中士大夫为官行道的群体意识，参见胡明曌、王小甫《中晚唐的士大夫及其政治态度》，载陈苏镇主编《中国古代政治文化研究》，北京大学出版社2009年版，第154—193页。

⑤　（宋）范仲淹：《上执政书》，《范文正公文集》卷9，《范仲淹全集》，第211页。

法"之类的"百事"，并且仍重视"文"的重要性，理顺了文道关系。① 可以说，在范、欧这样的庆历士大夫的核心人物这里，角色丛中诸角色虽有本末之别，然而各角色之间的交流绝不是单向的，而始终呈现一种互动的态势。就像欧阳修所总结的，圣人之道"易知而可法"，圣人之言亦"易明而可行"②，范、欧等人对于"道"之实践属性的强调正是他们为适应行道而做出的积极调适。③

　　作为根本之学的儒术和作为事功核心的政治从"两截事"到以道贯通的关系转型，勾勒出北宋士大夫身份逐步成熟的轨迹。在仁宗朝前期这个质变的初始阶段，共时地汇聚着不同角色丛特征的士大夫群体，其中"老成"一方显是宋初士大夫的自然延伸，而庆历士大夫则属于新型的科举士大夫群体，他们身上更多体现出与传统政治文化的决裂。细推双方观念冲突的缘起，就在于现实政治中儒学理想的虚悬和在场。从他们对角色丛的自我认知看，在"老成"群体心中，官僚角色压倒一切，而对于庆历士大夫而言，儒者才是他们最为根本的角色，这导致双方施政理念的差异，"老成"群体是为偏于文吏型的官员，在日常行政中强调条例、法规、制度、资格等非人格因素的重要性④，大体顺从君权，行事不逾规矩，他们的政治目标着眼于现实，尤其注重现行秩序的稳定。而庆历士大夫则是儒生色彩浓厚的官员，他们重视士的能动性和独立品格，拥有行道的自觉，得位欲将儒家理想贯彻到政治领域，无位则据此理想批判当权者乃至君主。当然，他们并非不重视"纲纪"，但他们认定合理的体制应该激发而非抑制人的贤能，现状在他们看来"纲纪制度，

----

　　① 参见祝尚书《北宋古文运动发展史》，第126—137页。

　　② （宋）欧阳修：《与张秀才棐第二书》，《欧阳修全集》卷67，第978页。

　　③ 当然庆历士大夫中不是每位成员都有这种平易的观念，如孙复、石介等人讲求道统，并不太注重"道"的适用性，但无论如何，他们均能理解并在一定程度上赞同范、欧的道论。

　　④ 如宰相吕夷简奏令参政宋绶编成《中书总例》，自夸："自吾有此例，使一庸夫执之，皆可为宰相矣。"参见李焘《续资治通鉴长编》卷117，第2758页。

日削月侵，官壅于下，民困于外，夷狄骄盛，寇盗横炽"①。

因此，在仁宗时代的权力世界中，"老成"群体倾向于扮演保守者的角色，他们致力于维护"纲纪"，为政注重发扬有所不为的长者之风。而庆历士大夫则无疑是当时的激进者，他们在"道"的感召下集结起来，知无不为，有所为必尽其力。因此双方虽能在国家内外交困之际展开有限的合作，但终究难以相互理解。"英俊"始终不满"老成"维持现状的文吏政策，抨击弥漫于官场的谨厚之风，指责此是"循默苟且"；而"老成"质疑任何高出现实限度的理想表述，认定"英俊"的改革政策是"迂阔"而虚伪的，觉得庆历士大夫的政治批判充满了不在其位的幼稚和偏激，他们高自标举往往只为求名干进，扰乱了业已行之有效的政治规则。或许可以说，这是一种宋型的儒生、文吏之争。② 总之，通过以上梳理可以看出，仁宗时代不同士大夫群体在角色丛特征上的差异使得他们在政治理念和理想人格上存在分歧，这进一步导致大规模党争的起始和持续。

第五节　仁宗朝前期精英士大夫的派别和谱系

仁宗朝特别是庆历之际是一个政治理念迅速趋同同时剧烈对抗的时代，在此基础上精英士大夫们亦各自汇聚与争衡。不过现实的人际关系和群体判分要比"英俊""老成"的"言论—观念"二分

---

①　（宋）范仲淹，《答手诏条陈十事》，《范文正公政府奏议》卷上，《范仲淹全集》，第 524 页。

②　阎步克强调士大夫是兼具学者与官僚的"二重角色"，并从儒生与文吏分合的角度探讨秦汉时期士大夫演生的历程，参见阎步克《士大夫政治演生史稿》，第 1—28 页。而唐玄宗朝的政争本质上即是吏治与文学之争，参见汪篯《唐玄宗时期吏治与文学之争——玄宗朝政治史发微之二》，载《汪篯隋唐史论稿》，第 196—208 页。此外，有学者从仁宗朝儒生与文吏互动的视角分析庆历兴学的特征。参见陈文龙《庆历兴学三题》，《珞珈史苑》2011 年卷，武汉大学出版社 2011 年版，第 159—176 页。

局面更为复杂，易言之，士大夫群体的分合与政治观念的异同之间并非一一对应，而呈现出参差错杂的态势。

从宋人开始，就习惯以范、吕党争为主轴串起仁宗朝前期政治史，如前所述，这种政治集团论自有缺陷。近来有学者在研究仁宗朝前期党争时有意淡化范、吕党争的逻辑，突出代际差异，将其叙述成"元老"与"新进"之间势力的消长。"元老"指以吕夷简为首的作风保守的前朝旧臣，而"新进"则指仁宗即位以后科举入仕的青年才俊如欧阳修、韩琦、余靖、蔡襄等，他们在开风气之先的领袖人物范仲淹的引领下，崛起为政坛上一股要求变革的新兴力量。① 以纵向的世代而非横向的派系为基准对士大夫进行分类，确能避免原先研究上的某些问题，并能在线性的历史叙事中凸显"新进"士大夫的意义。但这种单一标准、二元对立的划分方式仍可能混淆同一世代士大夫之间的差异，事实上同世代的分歧有时要远大于代与代之间。如"元老"阵营里的吕夷简与夏竦，"新进"势力中的宋祁、宋庠兄弟与庆历士大夫，却展现出不同的政治性格，不能简单地视同一律。

鉴于此，本文以政治理念的异同为中心，同时也考虑社会网络、人事进退和新旧世代等因素的影响，尤其注意老成士大夫内部人员构成的多样性，将仁宗朝前期的精英士大夫分为以下四个群体：元老旧臣、庆历士大夫、庆历同年党、苏梁党人。这四类人群或者共享特定的政治观念，或者在权力世界中有结党行动的倾向。正是这些精英士大夫群体在内部和外部的互动很大程度上决定了仁宗时代政局的走向。下面逐一描述各士大夫群体。

首先是元老旧臣。

元老旧臣不像后面三个团体具备较强的朋党意识，准确地说是持有相近政治理念和资历的一类士大夫人群，主要包括陈尧佐（963—1044）、张士逊（964—1049）、李若谷（970—1049）、韩亿

---

① 参见江小涛《士大夫政治传统的重建与宋仁宗时期的"朋党之议"》，载《隋唐辽宋金元史论丛》第 4 辑，第 247—267 页。

（972—1044）、石中立（972—1049）、王随（973—1039）、王曾（978—1038）、章得象（978—1048）、吕夷简（979—1044）、陈执中（990—1059）、丁度（990—1053）、晏殊（991—1055）、王举正（991—1060）、高若讷（997—1055）、贾昌朝（998—1065）等人。他们多于太宗末至真宗朝这段时期以进士起家并成长起来，积累了深厚的政治资本，凭借元老旧臣的身份在仁宗朝前中期相继占据二府高位，是老成士大夫最为典型的代表。

这些元老旧臣的政治理念成形于真宗朝及刘后当权的仁宗初年。在这个大体承平的守成阶段，经由真宗与李沆（947—1004）、王旦（957—1017）等名相的协力引导，一种以保守厚重为内核的政治文化或说关于名臣的角色期望被士大夫所普遍接受，近代学者刘咸炘将其细化为"论治则主旧章，论人则循资格，观人则主禄命，貌以丰肥为福，行以宽厚为尚，言以平易为长，文以缛丽为美，修重厚笃谨之行而贱振奇跅驰之才"①。刘氏的概括大都较精准，唯"文"一项须略作辨析。自真宗大中祥符二年（1009）、仁宗天圣七年（1029）两度下诏申戒浮文，宋廷实际提倡雅正的文风，士大夫虽不尽为古文，但论文多以典雅为尚，此点与其他各项取向亦相同。总之，保守型的政治文化为士大夫的公共生活诸领域都提供了相互支撑且自成体系的行动原则。

仁宗朝的元老旧臣们完整承传了这种政治文化，并将之内化为自我的观念，元老旧臣中人性情虽不一律，但均主动向厚重质朴的特质靠拢。他们因此成为上节所论述的"老成"群体最为典型的代表，其行事风格则如该言论组下的一连串褒义词所示：处世中立无党，为人简静慎重，施政则循守法度，推崇"长者忠厚之行"②。他们中的精英分子如王曾、吕夷简就曾受王旦的提携，其后能够抵制

---

① 刘咸炘：《北宋政变考》，《刘咸炘学术论集·哲学编（中）》卷5，第505页。
② 王铚就赞誉吕夷简"为相，有长者忠厚之行，故其福禄子孙，为本朝冠族"。参见王铚撰，朱杰人点校《默记》（与《燕翼诒谋录》合刊），中华书局1981年版，第8页。

和平复真宗后期权相及仁宗初年刘后对士大夫政治的冲击，延续并张大了简静敦厚的政治传统。① 因此上述理念在仁宗朝近乎成为政治文化的底色，颇得当时士大夫如宋庠（996—1066）、宋祁（998—1061）、文彦博（1006—1097）、张方平（1007—1091）、王拱辰（1012—1085）等的认可和遵循，也符合沉浮于官僚体制中的一般官员的利益。如苏辙《龙川别志》即言："自真宗之世，至仁宗初年，多得重厚之士，由（李）沆力也。"② 吕中《类编皇朝大事记讲义》云："自李文靖（李沆）、王文正（王旦）当国，抑浮华而尚质实，奖恬退而黜奔竞，是以同列有向敏中之清谨，政府有王曾之重厚，台谏有鲁宗道之质直，相与养成浑厚诚实之风，以为天圣、景祐不尽之用。"③ 王辟之《渑水燕谈录》亦载："王沂公（王曾）当轴，以厚重镇天下，尤抑奔竞。……沂公之取人如此，故当时士大夫务以冲晦自养焉。"④ 足见两代精英士大夫对于士大夫之政治性格持续而有效的形塑过程。

其次是庆历士大夫。

庆历士大夫中除年辈较长的杜衍（978—1057）、范仲淹（989—1052）、孙沔（996—1066）外，核心成员如孙甫（998—1057）、余靖（1000—1064）、尹洙（1001—1049）、富弼（1004—1083）、田况（1005—1063）、石介（1005—1045）、欧阳修（1007—1072）、王素（1007—1073）、韩琦（1008—1075）、苏舜钦（1008—1048）、

---

① 不过，由于成长环境的影响，王曾、吕夷简又不同程度地熏染上王钦若、丁谓式的权术和权势欲，王曾使计逐丁谓，晚年又求复相。吕夷简"于天下事，屈伸舒卷，动有操术"［（元）脱脱：《宋史》卷311《列传第七十》，第10210页］，被郭后认定"多机巧善应变"［（宋）司马光撰，邓广铭、张希清点校：《涑水记闻》卷5，中华书局1989年版，第59页］，又屡被庆历士大夫指为专权，便反映了这一侧面。当然吕夷简往往采取以退为进的迂曲策略追求权力，绝不会破坏当时"远势匿名"的共识。此外，王曾比之吕夷简，明显与庆历士大夫走得更近，不过其观念仍属"老成"一方。

② （宋）苏辙：《龙川别志》卷上，第74页。

③ （宋）吕中：《类编皇朝大事记讲义》卷6，第139页。

④ （宋）王辟之：《渑水燕谈录》卷3，第30页。

蔡襄（1012—1067）多是出生于新千年、在天圣至景祐初年进士科
和制科考试中崭露头角的新锐。他们中大部分人要比元老旧臣晚半
辈到一辈，作为仁宗朝前期政坛的少壮派，表现出全新的素质。① 庆
历士大夫和一般意义上的政治朋党存在本质差别，他们之聚合主要
缘自行道理想和价值观念的深刻共鸣，亦即田况所说的"同心一德
以济天下"②，孙甫所说的"以道合者，思济其功"，"同心于国
事"③。欧阳修在《朋党论》中宣扬君子同道相益以修身、同心共济
以事国，就集中表达了庆历士大夫作为道义共同体的群体认同。

　　既然庆历士大夫的联系建立在宽泛的道义的基础之上，以实现
儒家理想为指归，他们作为个体依旧保有独立的思考能力和政治品
格。因而，庆历士大夫在修身和事国的具体事项上时有异见，甚至
还会为此发生激烈的争论，但这种差异往往源于追求共有的理想以
及实践共通的理念，并不影响他们对于彼此的认可。他们的联合经
得起时间、权位和意见分歧的考验，几乎做到了"始终如一"。

　　在修身方面，庆历士大夫突破了宋初以来"以谨默自守、掩覆
瑕垢为长者"④ 的士风，以道义相互切劘规诲，彼此待以直谅之
道。⑤ 他们深刻地认识到，在这个"世无师久矣"的时代，学道而

---

　　① 杜衍、范仲淹、孙沔分别是大中祥符元年（1008）、大中祥符八年（1015）、
天禧三年进士（1019）。杜在庆历士大夫中承担提携者和庇护者的先达角色，范、孙二
人则无论年辈还是入仕都比王曾（咸平五年进士）、吕夷简（咸平三年进士）晚半辈
左右。

　　② （宋）田况：《儒林公议》卷上，第57页。

　　③ （宋）孙甫：《唐史论断》卷下，清影宋钞本，第22页a。

　　④ （宋）蔡襄：《工部尚书集贤院学士赠刑部尚书谥曰襄余公墓志铭》，《蔡忠惠
集》卷40，《蔡襄集》，第729页。

　　⑤ 按，北宋前期，士大夫还未充分产生以道义相切磨的自觉，再加上朝野盛行
称美颂赞的习气，故士大夫在彼此沟通时往往重称誉而忌劝诫。向敏中一次在阅览友
人赠别的序文歌诗后，即不满"以践清华，居近密，名器伟重、组绂超峻为进身之望"
的谀辞，而呼吁众人"出直言以诚之，垂有益以喻之"，让他能"于太平之朝，彰其
道，成其业，去邪助正，嫉恶扬善，移风以变俗，悛伪以复古"。参见（宋）向敏中
《留别知己序》，《全宋文》卷133，第7册，第68页。

未至者"尚赖朋友切磋之益，苟不自满而中止，庶几终身而有成"，是以他们"常乐与学者论议往来，非敢以益于人，盖求益于人者也"，重视朋友这一人伦关系对人性的持久作用。① 在他们追忆交游的文字中，不时出现"义兼师友"②式的表述，常将师与友两种角色叠加在朋友身上，将道义的公共属性和高远目标植入交游关系之中。因此，庆历士大夫一旦认为同道的言行偏离道义，便会立马规诫对方。如景祐二年（1035），欧阳修获读同年石介之文，觉石"自许太高，诋时太过"，又于王拱辰处见其手迹，字怪而几不可辨，遂作《与石推官第二书》批评石介"好异以取高"，期望"以教人为师"的友人"履中道、秉常德"。③ 石介得信后立即作书反驳，他承认自己不善书法，但又申辩书不过是传道的工具；他承认自己"有自异于众者"，但又申辩这是由于自己独守圣人之经，常力摈斥风行于世的学佛老、杨亿之习，"非特为取高于人，道适当然也"。石介在信末声明自己在学舍以圣人之道教诸生，书法并非他"所急急然者"。④ 欧阳修回信首先说明书不可无法，故担心石介之书"近怪自异以惑后生"，又指出石介以排释老、杨亿自异，"是待天下无君子之与己同也"。⑤ 虽然欧阳修、石介最终也没能达成共识，但有一点是可以肯定的，那就是他们都以古道为归依。

在事国方面，庆历士大夫也不会因为私人关系而放弃自己独立的政见，故不乏面折庭争的时刻。⑥ 欧阳修就曾于庆历新政后期列

① 参见（宋）欧阳修《答李诩第一书》，《欧阳修全集》卷47，第668页。

② （宋）尹洙：《乞坐范天章贬状》，《尹洙集编年校注》，第47页。

③ （宋）欧阳修：《与石推官第一书》，《欧阳修全集》卷68，第991—992页。

④ （宋）石介：《答欧阳永叔书》，《徂徕石先生文集》卷15，第174—177页。

⑤ （宋）欧阳修：《与石推官第二书》，《欧阳修全集》卷68，第992—994页。

⑥ 按，对于那些尤其重视政治独立性的庆历士大夫如孙甫来说，公事一旦掺杂私念就是灾难。孙甫曾对曾巩口述，庆历新政期间范仲淹等革新派"亦皆戮力自效，欲报人主之知。然心好同恶异，不能旷然，心无适莫"，他当时从石介那里听说富弼、杜衍、范仲淹等人关于滕宗谅案的争议，知悉富弼依违于杜、范之间，大为失望，"自此，凡月余不能寐"。参见（宋）朱熹《五朝名臣言行录》卷9引《南丰杂识》，《朱子全书》，第12册，第303页。

举杜衍、范仲淹、韩琦、富弼四位革新派宰执的政争回击朋党之论：

> 盖衍为人清慎而谨守规矩，仲淹则恢廓自信而不疑，琦则纯正而质直，弼则明敏而果锐。四人为性，既各不同，虽皆归于尽忠，而其所见各异，故于议事，多不相从。至如杜衍欲深罪滕宗谅，仲淹则力争而宽之。仲淹谓契丹必攻河东，请急修边备，富弼料以九事，力言契丹必不来。至如尹洙，亦号仲淹之党，及争水洛城事，韩琦则是尹洙而非刘沪，仲淹则是刘沪而非尹洙。此数事尤彰著，陛下素已知者。此四人者，可谓天下至公之贤也。平日闲居，则相称美之不暇；为国议事，则公言廷诤而不私。以此而言，臣见衍等真得汉史所谓忠臣有不和之节，而小人谗为朋党，可谓诬矣。①

诸人关系明显呈现"和而不同"的特征，他们的交往是多维度的，但公私分明是一个根本原则。此外，庆历士大夫中的下位者还会写作以美为劝的书信督促得位的同道行道有为。② 以上这些诤言类书信折射出北宋中期士人关系的变革。③ 儒道抹平年辈先后、地位尊卑

---

① （宋）欧阳修：《论杜衍范仲淹等罢政事状》，《欧阳修全集》卷107，第1626—1627页。

② 参见本书第三章第三节。

③ 由于"友直谅"是儒家认定的益友，诤言类书信起源甚早。从现存文献来看，两汉时期就出现孙会宗《与杨恽书》、谷永《戒段会宗书》、杨终《戒卫尉马廖书》等诤言类书信。至中唐时期，以韩愈为中心的交游圈，包括柳宗元、孟郊、张籍、李翱、冯宿、裴度等人，开始大规模地写作这类书信，涉及修身和为官的各个方面。庆历士大夫也明言他们以中唐士人为师法的对象。欧阳修《上范司谏书》就提到："昔韩退之作《争臣论》，以讥阳城不能极谏，卒以谏显。"（《欧阳修全集》卷67，第974页）蔡襄《再答谢景山书》亦云："柳子厚于韩退之，其友也，子厚论史事，辞意甚严。张籍于退之，师弟子也，亦讥其驳杂。子厚与籍岂欲暴其师友之失而自取胜乎？以道有所明，不得私而让其师友也。其书传于今，人莫或非之。"（《蔡忠惠集》卷27，《蔡襄集》，第467页）可见两代士人之间的精神联结。

及交游亲疏等种种差距，使士人的关系进一步扁平化、公共化。以圣人为楷模，以成道为目标，每一位士都是相对平等的未完成者，都不免有立身有失、虑事不周的时候，因此必须相互箴规，往复商榷。

庆历士大夫是仁宗朝士大夫中自觉标举"英俊"型人格的群体，主张刚直有为、危言危行，力求同心共德以更张救弊，这无疑是一套迥异于当时主流政治文化的政治理念。实际上，在庆历士大夫上一辈人里，以王禹偁（954—1001）、寇準（961—1023）为中心，一批作风鲠直、敢于勇为的士大夫业已聚集起来，他们包括田锡（940—1003）、张詠（946—1015）、陈恕（946—1004）、钱若水（960—1003）、李迪（971—1047）、刘筠（971—1031）、杨亿（974—1020）等，他们彼此之间也有很深的私人交谊和政治上的协作，还有改革的意愿，后亦受到庆历士大夫的敬慕。①但由于太、真二朝世风的制约和诸人自身性格的缺陷，他们或者终不得位，或者晚年损节，在和权相丁谓的政争中一败涂地，未能将

---

① 范仲淹就颂扬杨亿"盛乎斯文，直哉厥躬"，并称赞其相与为友者有"大雅"王旦、"大忠"寇準和"至直"马知节三君子；又为田锡作墓志铭，称其为"天下之正人"。参见（宋）范仲淹《杨文公写真赞》《赠兵部尚书田公墓志铭》，《范文正公文集》卷8、卷13，《范仲淹全集》，第167—168、317—321页。韩琦为张詠作神道碑，誉其"以魁奇豪杰之材，逢时自奋，智略神出，勋业赫赫，震暴当世，诚一代之伟人也"，参见《安阳集》卷50，《安阳集编年笺注》，第1559页。田况也写过《张尚书写真后赞》，称赞张詠"乖不离正，崖弗厉公。名虽自贬，有激于衷"。参见（宋）田况《儒林公议》附录3，第187页。欧阳修《书王元之画像侧》极言对前贤王禹偁之风采文章的钦佩，参见《欧阳修全集》卷11，第181—182页。此外，关于真宗朝这一批士大夫在政治上的联合，亦可参见张鸣《从"白体"到"西昆体"——兼考杨亿倡导西昆体诗风的动机》，载袁行霈主编《国学研究》第3卷，北京大学出版社1995年版，第205—234页；[日] 副岛一郎：《宋初的古文和士风——以张詠为中心》，载《气与士风：唐宋古文的进程与背景》，第144—177页；王瑞来：《宰相故事：士大夫政治下的权力场》，中华书局2010年版，第116—127页。

直道躬行到底。① 直到庆历士大夫凭借更为全面且体系化的政治理念、更为紧密和大规模的群体形态、更为成熟而具韧性的政治性格崛起于仁宗朝，"英俊"人格才得到真正的表现和发扬，并在当时得到相当一部分士大夫如杨偕（980—1049）、郭劝（980—1050）、孔道辅（986—1039）、许元（989—1057）、滕宗谅（991—1047）、孙复（992—1057）、胡瑗（993—1059）、谢绛（994—1039）、石延年（994—1041）、段少连（994—1039）、尹源（998—1045）、包拯（999—1062）、叶清臣（1000—1049）、王质（1001—1045）、梅尧臣（1002—1060）、王尧臣（1003—1058）、吴育（1004—1058）、苏舜元（1006—1054）、李觏（1009—1059）、王益柔（1015—1086）等的支持。从广义的层面上说，他们也属于庆历士大夫。

---

① 庆历士大夫的前辈们往往一味性直而缺乏其他性格因素的中和，在太宗、真宗朝的政治环境中常因此败事。田锡"耿介寡合"，又"性凝执，治郡无称"［（元）脱脱：《宋史》卷293《列传第五十二》，第9792页］。张咏"性躁果卞急"，自名"乖崖"，即取"乖则违众，崖不利物"之意［（元）脱脱：《宋史》卷293《列传第五十二》，第9804页］。他本人也自知性情刚急之弊，曾作《鲦鳐鱼赋》《褊箴》自警，"然终以刚直，不跻柄用"［（宋）田况：《儒林公议》卷上，第42页］。王禹偁常因性刚言直而遭黜，太宗就不满其"赋性刚直，不能容物"的个性［（宋）李焘：《续资治通鉴长编》卷34，第752页］。《宋史》将三人合传，史臣惋惜他们"骯髒自信，道不谐偶，故不极于用"［（元）脱脱：《宋史》卷293《列传第五十二》，第9804页］。杨亿如欧阳修《归田录》载："杨文公亿以文章擅天下，然性特刚劲寡合。有恶之者，以事潜之。……真宗好文，初待大年眷顾无比，晚年恩礼渐衰，亦由此也。"（《欧阳修全集》卷126，第1914页）寇準虽位至宰执，但他执政失之刚復自用，王旦就说他"好人怀惠，又欲人畏威，皆大臣所避；而準乃为己任，此其短也"［（元）脱脱：《宋史》卷281《列传第四十》，第9532页］，是以两度入相，均不长久。他对权力又过于渴求，晚年以伪作天书迎合真宗的方式入相，终因政治斗争的失败而贬死岭南。张咏认为寇準虽是奇材，"惜学术不足尔"（《宋史》卷281《列传第四十》，第9533页）。苏辙则评说："準为人忠亮自信，固无异心，然使之得志，必有恣横失众之事，未必不为国之祸也。"（《龙川别志》卷上，第75页）寇準的政治性格，参见张其凡、刘广丰《寇準的宦历、性格与思想》，载《邓广铭教授百年诞辰纪念论文集：1907—2007》，第424—437页；王瑞来：《宰相故事：士大夫政治下的权力场》，第76—128页。李迪则"性直而疏"，先后与丁谓、吕夷简不和，两在相位而很快被罢免［（宋）李焘：《续资治通鉴长编》卷116，第2723页］。

再次是庆历同年党。①

庆历同年党的成员包括吴遵路（988—1043）、郑戬（992—1053）、宋庠（996—1066）、宋祁（998—1061）、叶清臣（1000—1049）等。他们之所以合称"庆历同年党"，是因除年辈较长的吴遵路为大中祥符五年（1012）进士外，宋庠、叶清臣、郑戬、宋祁均为天圣二年（1024）进士，分别以此榜第一、第二、第三、第十人及第。庆历元年（1041）宋庠升任参知政事，郑戬为枢密副使，叶清臣任三司使，宋祁为天章阁待制，"趣尚既同，权势亦盛，时人谓之'四友'"，宰相吕夷简"深忌之，指为朋党"，因此宋廷将四人与权知开封府吴遵路一道外贬，"仍降诏天下，戒朋比焉"。②

如果说，元老旧臣群体与庆历士大夫各以"老成""英俊"政治理念确立了仁宗时代政治光谱的两极，那么，年辈与资历大致处在两者之间的庆历同年党在政治观念和行为上都表现出较为明显的居间性。首先，庆历同年党虽较元老重臣更具党派意识，却远不及庆历士大夫那样牢固而坦荡。二宋、郑、叶、吴诸人以同年关系作为缔交的基础，再加上"趣尚既同"，以及彼此"夙期相许，心照莫逆"③ 的交谊，结成一个在公私二端皆联系密切的士大夫团体。政治是他们交游的重要维度，关于这点，《孔氏谈苑》载有一则记事：

> 宋庠罢参、郑戬罢枢、叶清臣罢计、吴安道（吴遵路）罢

---

① "庆历同年党"的定义，参见祁琛云《同年关系与北宋"庆历同年党"事件》，《西南大学学报》2010 年第 2 期。不过祁文认为"庆历同年党"事件只是吕夷简为排挤政敌而炮制的一起"有名无实的同年结党事件"，他们的交游几乎与政治无关。对此，笔者持不同观点，详见下文。

② 参见（宋）田况《儒林公议》卷下，第 123 页。

③ （宋）胡宿：《宋故宣徽北院使奉国军节度使明州管内观察处置等使金紫光禄大夫检校太保使持节明州诸军事明州刺史兼御史大夫判并州河东路经略安抚使兼并代泽潞麟府岚石兵马都部署上柱国荥阳郡开国公食邑二千五百户食实封三百户赠太尉文肃郑公墓志铭》，《文恭集》卷 36，商务印书馆 1936 年版，第 440 页。

尹，盖吕文靖（吕夷简）恶其党盛也。时数公多以短封庪词相
来往，如"青骨不识字"、"米席子作版"之类。"青骨"谓蒋
堂，时谚谓知制诰为"识字"，待制为"不识字"。杨吉作发
运，以米饷权要，得户部副使。①

庆历同年党不像庆历士大夫在往来书牍中坦承自己的政治见解，一
面常私下议论朝政，特别关心中高层官员之任免；另一面则惧人知
晓，故多以隐语相互联络，足见他们在政治上虽结朋党却又忌讳朋
党的矛盾态度。

其次，面对庆历之际的内外困境，庆历同年党"并据要地"后
的确"锐于作事"②，如宋庠"自以材术得进用，天下事有未便者，
数论上前"③，因而和当国专权的吕夷简多次发生争执。但一则诸人
所作事多有不得要领者，如宋庠预政后力主修筑潼关以拒夏人，关
城竣工未多时终因"无益于备"且"徒失民心"，而被撤毁④。不久
宋庠又遭吕夷简设计，在获知范仲淹擅答元昊书后竟向仁宗进言其
罪当斩。二则他们往往甫一经受政治风波便极易动摇己见。如宋庠
在范仲淹升任参政后"极怀忧挠，以长书谢过，云为憸人所使"⑤。
宋祁则于谪居中对郑戬倾诉，谓仁宗先前"遇士大夫至厚，每一进
见，则盖聪偃睿，启臣下竭尽之端"，他在此境遇下却"呐呐自守，
无半言敢越樽俎、媚灶奥"，只为"窒隙远嫌，以全自知之分"⑥。
宋祁于当年改郡时又致信吕夷简谢恩，再度强调自己在近侍任上
"无半言敢干公台，无一字敢预朝政。外防物议，内避亲嫌。甘处闲

① （宋）孔平仲：《孔氏谈苑》卷3，载《丁晋公谈录（外三种）》，第243页。
② （宋）李焘：《续资治通鉴长编》卷132，第3127页。
③ （宋）王珪：《推诚保德崇仁守正忠亮佐运翊戴功臣开府仪同三司守司空致仕
上柱国郑国公食邑一万一千六百户赠太尉兼侍中宋元宪公神道碑铭》，《华阳集》卷
36，第465页。
④ （宋）田况：《儒林公议》卷上，第58页。
⑤ （宋）孔平仲：《孔氏谈苑》卷1，载《丁晋公谈录（外三种）》，第183页。
⑥ （宋）宋祁：《郑资政书》，《景文集》卷49，第637页。

冷，逾越岁序"①。在宋祁事后的自我追述中，彼时的勇为敢言竟一变而为退怯自全。② 总之，二宋似未表现出一位成熟政治家所应具备的胆识和才干。

最后，由于庆历同年党的政治观念分布于谨厚和忠直之间的广阔地带，故其内部常呈现出不同的倾向。如吴遵路"性夷雅慎重，寡言笑"，"立朝敢言，无所阿倚"③；郑戬"外济以和，内果于断，倜傥以尚风谊，慷慨而好功名。精力过绝于人，英词鼓动于物"④，"遇事，果敢必行"⑤；叶清臣亦"天资爽迈，遇事敢行，奏对无所屈"⑥。他们三人都与范仲淹交厚，乃至在一定程度上构成政治盟友。⑦ 而二宋虽一度直言敢为，宋庠早年在明道废后之争中参与伏阁，宋祁在景祐党争时也作诗给范仲淹送行，但他们在政治实践中越来越认同"老成"理念。事实上，二宋正是精通并热衷于宣扬上

① （宋）宋祁：《吕相公书》，《景文集》卷49，第641页。
② 事实上，宋祁在宝元、庆历之际绝非如自己事后所言是晦默自安的，他有名的《上三冗三费疏》（收入本人神道碑中）即于宝元二年（1039）权度支判官时进呈。庆历二年（1042）他还朝为知制诰，荐欧阳修自代。宋祁如此向友人和宰臣自白，显是为避祸。
③ （元）脱脱等：《宋史》卷426《列传第一百八十五》，第12701页。
④ （宋）胡宿：《宋故宣徽北院使奉国军节度使明州管内观察处置等使金紫光禄大夫检校太保使持节明州诸军事明州刺史兼御史大夫判并州河东路经略安抚使兼并代泽潞麟府岚石兵马都部署上柱国荥阳郡开国公食邑二千五百户食实封三百户赠太尉文肃郑公墓志铭》，《文恭集》卷36，第439页。
⑤ （元）脱脱等：《宋史》卷292《列传第五十一》，第9768页。
⑥ （元）脱脱等：《宋史》卷295《列传第五十四》，第9855页。
⑦ 范仲淹和吴遵路在馆阁时即为挚友，明道二年（1033）范赴江淮赈灾，乞以知崇州吴遵路救灾事迹颁诸州为法。吴遵路死后，范仲淹分奉赒其家，奏乞差人部送其家属，作祭文缅怀故友。郑戬和范仲淹则是好友兼连襟，庆历三年（1043）代范仲淹、韩琦为陕西四路帅臣，后议事稍有异同，但郑、范仍有唱和。又郑与欧阳修有朋旧之谊，欧曾为其作祭文。叶清臣与范仲淹更是"相许道大，交荐言深。久要之意，不为浮沉"，范称其"谓道必行，谓事必正。高节莫屈，直言屡诤"［（宋）范仲淹：《祭叶翰林文》，《范文正公文集》卷11，《范仲淹全集》，第279页］，景祐四年（1037）叶上疏论范仲淹、余靖不当以言事被黜，皇祐元年（1049）又上书举荐富弼、范仲淹、韩琦等人。范写给叶的信亦颇为输心，曾共相探讨庆历新政失败的缘由。

述理念的一时作手，在他们为元老旧臣所作的碑志文如宋祁《张文懿公士逊旧德之碑》《文宪章公墓志铭》《高观文墓志铭》，以及代王言的诏书如宋庠《诫励士大夫诏》、宋祁《诫饬在位诏》中，无论在长者形象的建构抑或老成标准的阐释上均有独到而深刻的把握。宋庠"天资忠厚"，自许"逆诈恃明，残人矜才，吾终身弗为也"。他庆历之际初执政"遇事辄分别是非可否，用是斥退"，晚年再相"遂浮沉自安"，终因无所建明遭台谏弹劾而罢，这种"长者"作风才是他的常态。① 和庆历士大夫自觉且持久地组成"君子党"以革弊不同，庆历同年党中人在观念上的参差注定了他们只是在庆历之际自发地进行政治结党来应对危机。一旦政敌以"朋党"之名相倾陷，这个士大夫群体虽在私人交游层面继续存在，但在公共政坛上唯有自我解体。因此，他们在政治行为和理念上的这种不彻底性无异于授人以柄。

最后是苏梁党人。

所谓"苏梁党人"，据苏颂口述、苏象先笔录的《丞相魏公谭训》："曾祖（苏绅）平生与李献臣、张安道、梁相适、孙枢沔厚善，至被诬以朋党。国史谓时号'草头木脚'。"② 盖指以苏绅（999—1046）、梁适（1001—1070）二人为中心的士大夫群体，还包括李淑（1003—1059）、张方平（1007—1091）等人。这其中除孙沔与苏绅等人有私交而政见、进退趋异外，庆历三年（1043）前后李淑为端明殿学士兼翰林侍读学士，苏绅为翰林学士，梁适、张方平知制诰，诸人同在两制，往来甚密，在政治性格和观念上亦颇为类同。

一方面，苏梁党人皆极敏慧，多兼有文才与吏干，适于世用。如苏绅博学多知，其"议论文采，震耀一时"③；梁适"晓法令而挟

---

① 参见（宋）李焘《续资治通鉴长编》卷208，第5051页。

② （宋）苏象先：《丞相魏公谭训》卷6，《苏魏公文集》附录1，第1158页。

③ （宋）曾肇：《赠司空苏公墓志铭》，《苏魏公文集》附录2，第1192页。

智术"①，张方平称其有"敏才利器"②；李淑"警慧过人，博习诸书，详练朝廷典故，……制作诰命，为时所称"③；张方平少时便颖悟绝伦，为人"慷慨有气节，善属文，数千言立就"④。因此在内外多事的庆历之际，苏、梁等人能齐聚两制以代王言。⑤ 同时他们在政治上锐于进取，但立身有失谨严，又喜言事，故往往不为清议所许。⑥ 苏梁党人这种捷才多智、轻锐好进的政治性格颇似前辈士大夫中王钦若（962—1025）、丁谓（966—1037）、梅询（964—1041）、夏竦（985—1051）一类人物，均表现出恃才而轻德的倾向。⑦ 苏绅、梁适"人以为险诐"，李淑则"众恶其阴险"，三人又被谏官欧阳修、蔡襄视作"奸邪"（《论苏绅奸邪不宜侍从札子》《论李淑奸邪札子》《论李淑梁适奸邪奏》），张方平亦被欧阳修斥为"挟邪不

---

① （元）脱脱等：《宋史》卷285《列传第四十四》，第9625—9626页。

② （宋）张方平：《朝奉郎守秘书省著作郎直史馆判三司户部勾院轻车都尉赐绯鱼袋安定梁君墓志铭》，《乐全集》卷39，《张方平集》，第703页。

③ （元）脱脱等：《宋史》卷291《列传第五十》，第9741页。

④ （宋）王称撰，孙言诚、崔国光点校：《东都事略》卷74《列传五十七》，齐鲁书社2000年版，第619页。

⑤ 苏梁党人起家亦不尽以进士常科，亦可一窥他们的才性。苏绅天禧三年（1019）进士及第，景祐元年（1034）举贤良方正能言极谏科中第；梁适为真宗时翰林学士梁颢之子，曾辑录其父遗文及所自著以进献，得授秘书省正字，景祐元年（1034）更举进士；李淑"年十二，真宗幸亳，献文行在所。真宗奇之，命赋诗，赐童子出身"［（元）脱脱《宋史》卷291《列传第五十》，第9740页］，仁宗时赐进士及第；张方平景祐元年（1034）举茂材异等科不中，宝元元年（1038）举贤良方正能言极谏科中第。

⑥ 按，苏绅"喜言事""锐于进取，善中伤人"（《宋史》卷294《列传第五十三》，第9813页），梁适"晓畅法令，临事有胆力，而多挟智数，不为清议所许"（《宋史》卷285《列传第四十四》，第9624页），苏、梁"人以为险诐"，故有"草头木脚，陷人倒卓"之说［（宋）李焘：《续资治通鉴长编》卷158，第3918—3919页］。李淑"自负文藻，急于柄用，众恶其阴险，每入朝则搢绅为之不安"［（宋）田况：《儒林公议》卷下，第119页］。此外，梁适、张方平、李淑还因私事受过弹劾。

⑦ 近来学界已注意从政治性格和理念的冲突入手解释梅询、曾致尧等人的"险薄"形象，参见朱新亮《"险薄"的背后：宋夏战争视域下的梅询历史评价问题》，《河南大学学报》2017年第1期。

直"①，和王、丁、夏诸人在士论中的评价相当，皆以"奸邪倾险"为基调②。

另一方面，苏梁党人行事虽不免引人訾议，在政治理念上却不同于那些轻锐好进的前辈，而明显偏向老成。③ 首先，他们和仁宗朝部分元老重臣关系匪浅，吕夷简就曾荐拔过李淑、梁适、张方平、苏绅，苏绅将女儿嫁给吕夷简侄吕昌绪，李淑、张方平还分别为吕作墓志、神道碑。欧阳修、蔡襄任谏官时弹劾李淑的一大罪状正是"朋附夷简"④。其次，苏梁党人在议政以及和庆历士大夫交锋时，亦多立足于保守理念。景祐元年（1034），李淑上《时政十议》，多援引太宗、真宗言行立论，如"议言事"条抨击仁宗亲政以来献言之臣激讦躁进；又"议大臣"条力主"简静之政"，在历数太、真两朝的名相后强调"委相之大体"端在"谨守祖宗经制"。⑤ 观其褒贬之际，每以"老成"理念为准。庆历三年（1043），苏绅不满王素、欧阳修等庆历谏官频繁言事，借开封大旱进言，通过附会《洪范》"五事"坐实这些谏官乃"庶位"中"逾节而陵上者"、"下人"中"谋而僭上者"⑥。张方平虽与范仲淹有旧交，亦曾参与庆历新政⑦，虽也认识到"自景祐之末，纲维潜弛，上下苟且，人素姑

---

① （宋）李焘：《续资治通鉴长编》卷207，第5022页。

② （元）脱脱等：《宋史》卷283《列传第四十二》以王钦若（附林特）、丁谓、夏竦（附子安期）合传，理由是三人"世皆指为奸邪"（第9578页）。按，王钦若早年曾提携丁谓，二人后来同因争权而反目。王钦若、丁谓皆赏识夏竦，夏后为王作行状与墓志铭。梅询虽与王钦若不协，但素与夏竦交好，康定元年（1040）夏竦出镇陕西，梅特为作《送夏子乔招讨西夏》壮行。王、丁、梅诸人在政坛上均与李沆、王旦政见不合。

③ 按，这种政治理念的差异或许正是张方平激烈反对夏竦的一个原因。

④ （宋）欧阳修：《论李淑奸邪札子》，《欧阳修全集》卷101，第1547页。

⑤ （宋）李焘：《续资治通鉴长编》卷114，第2663—2667页。

⑥ （元）脱脱等：《宋史》卷294《列传第五十三》，第9813页。

⑦ 王巩《文定张公乐全先生行状》载："范文正公参知政事，时政有所厘革，必伺公入直，始出事目降敕词，尝谓朝士，张舍人于教化深，非但妙于文辞也。"（《全宋文》卷1841，第84册，第357页）

息"① 的政治问题，但他更不满庆历士大夫的政治作为，晚年还向苏辙批判范仲淹、欧阳修、余靖、蔡襄、孙沔等人带来的言事风格。欧阳修、蔡襄深赏"材猛过人"然"跌荡自放，不守士节"的孙沔②，在孙罪废时上奏为其申诉，却终身不喜同样才性特出的苏梁党人，正是出于政治观念的同与异。

苏梁党人的政治行为（轻锐）与观念（老成）其实并不协调，他们对于保守理念的接受主要在律人而非自律，不但疏于敛戢个性，反好攻讦他人，先以言行见忤于士论，后更与当世清流庆历士大夫发生观念冲突，故虽能以文才吏干和相似观念得到少数元老旧臣乃至仁宗的赏识，最终仍不免在国史上留下不正之名③。

随着文官制度的完善和士大夫政治的成熟，从真宗朝始，精英士大夫就形成了一系列有序而系统的行为模式和政治理念，李沆、王旦等名相，以王禹偁、寇準为代表的直臣群体，以及所谓"奸邪"王钦若、丁谓，三方的互动就已呈现出这种行为和理念之分野，不同类型的士大夫群体开始成形。活跃在仁宗朝的士大夫承继了前辈的政治遗产并有所发展。元老旧臣自然成为保守型政治理念的维护者，其中王曾、吕夷简等人亦有尚智术的一面。

较他们晚出的庆历同年党、苏梁党人、庆历士大夫则在庆历之际各自结党以应对内外危机。庆历同年党与苏梁党人构成了一个中间层。庆历同年党在行为上的过渡色彩和观念的混杂性，反映了庆历之际这个关键时点所激发的勇为敢言的士大夫人格新质。苏梁党人在政治性格和观念上的不和谐，则来自主流政治文化对于士大夫的规训作用。这两个群体犹疑不定的有为姿态都显示了"老成"理念的强大影响力。而庆历士大夫以更为自觉的朋党意识、更为全面

---

① （宋）张方平：《论治道先后奏》，《乐全集》卷20，《张方平集》，第278页。

② （元）脱脱等：《宋史》卷288《列传第四十七》，第9686页。按，孙沔和苏绅等人性情相类许是他们结交的基础。

③ （宋）李焘：《续资治通鉴长编》卷163自注引国史："方平与李淑、梁适、苏绅同时好倾陷人者。"（第3930页）

的"英俊"人格崛起于政坛，仁宗朝前期政治世界中"老成"与"英俊"两种政治理念的对立格局正式形成。

综上所述，宋仁宗时代儒学的复兴及其对政治的深度介入是北宋文化史上一大事因缘，它直接促成一种以行道即恢复儒家理想秩序为目标的政治观念的兴起，进而导致仁宗朝士大夫阶层的分化。这是理解仁宗朝士大夫政治的关键线索。在持续的政治论辩和斗争中，庆历士大夫和老成士大夫共同推动了北宋政治文化的多元转向，产生极为深远的影响。他们或发扬或创造的两套政治言论和意识形态亦成为后辈士大夫进行政治表述和思考的重要话语、思想资源。如熙宁四年（1071）刘挚向宋神宗论党争道："今天下有喜于敢为，有乐于无事。彼以此为流俗，此以彼为乱常。畏义者以进取为可耻，嗜利者以守道为无能。此风浸成，汉、唐党祸必起矣！"① 即指明这种从理念到话语的深层对立。总之，在北宋党争愈演愈烈的背后，是士大夫之间持续强化的"言论—观念"的对立。

此外还须强调两点。首先，"老成""英俊"两套言论系统中的具体条目无一不是传统的政治术语，乃至两者对立的情况也不同程度地在各个历史时期的儒生与文吏、新进与老成、无位者与在位者之间不断重演。然而，仁宗朝前期言论空间的分裂自有其鲜明的时代特色。一是两套言论系统的覆盖面都非常广，几乎涵括士大夫政治生活的各个方面，每一个纵向褒贬对立的层次也极其丰富，再加上长达十余年的存续时间，这放在整个中国古代也是十分罕见的现象。更重要的是，庆历士大夫对当时政治文化语境乃至整个帝制时代中一些颇犯忌讳的政治行为如朋党、近名、改革、直言进行创造性的正面阐释，并且在庆历得位之际仍高倡"英俊"理念，毅然发起改革，这早已超越政治常态。从政治话语的角度看，宋前及宋初的党争双方基本共享相同的政治价值体系和评价标准，他们只是把

① （宋）刘挚：《论用人疏》，裴汝诚、陈晓平点校《忠肃集》卷3，中华书局2002年版，第50页。

公认的褒词赋予自己，将贬词投向政敌，在自辩时一般极力摆脱或淡化指控，而不会像庆历士大夫那样主动承认"罪状"，进行正面的话语对抗和修辞转换。由此可见，仁宗朝前期的言论对立是结构性的存在，其实质是政治观念的冲突和革新。这也提示我们，中国古代的诸多政治符号有形式上陈陈相因的一面，但特定的言说方式会赋予这些符号以新意。一个时期的特定士大夫群体如何使用政治符号，它们具体形成什么样的结构，又有哪些词汇集中出现，这些词汇处于言论系统的哪个位置，其背后往往蕴藏着深层的政治意图，并为我们指示当时士大夫普遍关心的政治议题。

其次，"老成""英俊"这两套意识形态根柢于赵宋的政治文化土壤之中，皆具有一定的合理性。两者并没有正邪优劣之判，而各有其适宜的时势。宋初接续五代，在这治乱转关之世，"老成"理念足以为制度之草创、社会之恢复、秩序之重塑、士风之培厚提供意识形态的持续保障。这是一种看似"无为"的"有为"，时人常言"创业之相名易彰，守成之相迹难见""经纶之业易言，而镇靖之绩难知"①，正是充分肯定了这些"守成之相"的历史功绩。逮至内外危机显现的宝元、庆历之际，"英俊"理念又为庆历士大夫应对挑战、推动改革提供了精神支持。随着宋代社会的多元发展及士大夫的世代更替，仁宗朝前期成为这两种理念激烈碰撞的关键阶段。正是他们的政治理念所表现出的自洽性和合理性，极大地强化了双方的对立关系。

内藤湖南极其敏锐地观察到，党派性质的改变是唐宋变革的标志性政治现象。对此，他具体描述道：

> 唐宋时代的朋党虽都喧闹一时，但唐代朋党以贵族为主，专事权力斗争；宋代朋党则明显地反映了当时政治上的不同主义。

---

① （宋）王珪：《推诚保德崇仁守正忠亮佐运翊戴功臣开府仪同三司守司空致仕上柱国郑国公食邑一万一千六百户赠太尉兼侍中宋元宪公神道碑铭》，《华阳集》卷36，第463页；（宋）宋祁：《张文懿公士逊旧德之碑》，《景文集》卷57，第764页。

因为自从科举离开贵族的控制，以婚姻和亲戚关系结成的党派渐次衰落，党派成立的主要目的，变成表达政治上的意见。①

仁宗朝前期的士大夫党争作为宋型朋党之争的发轫②，呈示出官僚集团内部长期、广泛而深刻的对立，致使其发生的原因必然是多方面的，同时，婚姻、血缘、地域等因素是否真如内藤所说的那样从此逐渐淡化，也值得讨论。③ 但有一点是应该看到的，那便是，政治理念（"主义"）的矛盾不仅提供了党派分立的原动力，也在后续的政争过程中长期发挥关键作用。正是从仁宗时代的"英俊""老成"之争开始，宋代士大夫群体内部政治理念的异同持续影响党争的展开，如神宗朝开始的新旧党争④，南宋孝、光、宁三朝理学型士大夫集团与职业官僚集团之间的政争，都反映了两宋士大夫政治的特征。

---

① ［日］内藤湖南：《概括的唐宋时代观》，载刘俊文主编《日本学者研究中国史选译》第 1 卷《通论》，黄约瑟译，中华书局 1992 年版，第 15 页。又及，有学者在讨论景祐党争时也提出思想和观点的分歧在宋代党争中占了很重要的比例。而方诚峰也在分析元祐前期的政争时指出："研究北宋中期以后的政治，'名'有时候比'实'更为重要，价值观、权威比现实利益是更贴切的入手点。"参见方诚峰《北宋晚期的政治体制与政治文化》，第 81 页。上述观点令人想到韦伯的"扳道工比喻"：利益考量的确支配人的行动，但理念却决定利益的界定，最终影响行动的轨迹。这提醒我们，不能将人窄化为只知追名逐利或图谋生存的动物，而要关注人对意义和价值的追寻。相关讨论参见胡鹏《政治文化新论》，第 157—158 页。

② 这里之所以将仁宗朝士大夫党争视作宋型党争的起点，是因宋初党争更多表现为利益之争，和唐人区别不大。宋初党争的具体情况，参见何冠环《宋初朋党与太平兴国三年进士》，中华书局 1994 年版。江小涛：《士大夫政治传统的重建与宋仁宗时期的"朋党之议"》（载《隋唐辽宋金元史论丛》第 4 辑，第 247—267 页）也认为，真宗朝党争具有君子、小人之争的性质，也隐含南北士人之争的意味。而仁宗朝党争是"元老""新进"之争，与以往党争相比更注重道义之争。不过，范立舟提醒我们，历相太宗、真宗的张齐贤与李沆有分歧，大多不是出于单纯的权力争夺，而是由政见的不同和性情的差异所造成的。参见范立舟《忠义之气：张齐贤对宋初儒学政治文化的构建及其政治实践》，《杭州师范大学学报》2015 年第 3 期。

③ 比如，仇鹿鸣就对内藤的朋党假说提出异议，参见仇鹿鸣《事件、过程与政治文化——近年来中古政治史研究的评述与思考》。

④ 参见罗家祥《朋党之争与北宋政治》，第 30—45 页。

本章附录　仁宗朝前期士大夫言论
关系表的文献来源

正人：①宋仁宗：任能图旧，既获于正人；垂衣仰成，伫臻于大治。（《吕夷简拜昭文制》，《宋大诏令集》卷53《宰相三》，第270页）②贾昌朝：君子居不欺乎暗屋，出不践乎邪径，外讷于言而内敏于行，然后身立而名著矣〔（宋）贾昌朝：《戒子孙文》，载《戒子通录》卷6，第8a页〕

忠纯耆德：①刘平：愿明谕台谏官，毋令越职。仍不许更相引荐，或缺员，则朝廷自择忠纯耆德用之。〔（宋）李焘：《续资治通鉴长编》卷118，第2788页〕②宋祁：《张文懿公士逊旧德之碑》。

长者：①宋祁：（章得象）视上闇如，接下侃如，中陶然粹，外颓然简，照通量含，不见崖畛，天下遂推为钜人长者。〔（宋）宋祁：《文宪章公墓志铭》，《景文集》卷59，第786页〕②孙抃：上顾公（丁度）在翰林久矣，乃不自为之地，真确厚长者。〔（宋）孙抃：《丁文简公度崇儒之碑》，《名臣碑传琬琰集校证》上集卷3，第70页〕

老成：①宋仁宗：（吕夷简）国之老成，世所标准。（《吕夷简再相制》，《宋大诏令集》卷53《宰相三》，第272页）②吕夷简：陛下欲用英俊经纶之臣，则臣所不知。必欲图任老成，镇静百度，周知天下之良苦，无如陈某（尧佐）者。〔（宋）文莹：《湘山野录》卷中，第28页〕

奸邪：①富弼：自谓立此异议者，……是欲惑君听，抑贤才。奸邪用心，一至于此。〔（宋）李焘：《续资治通鉴长编》卷140，第3363页〕②欧阳修：臣先于庆历中擢任谏官，臣感激仁宗恩遇，不敢顾身，力排奸邪，不避仇怨。〔（宋）欧阳修：《乞辨明蒋之奇言事札子》，《欧阳修全集》卷93，第1378页〕

不肖：①蔡襄：四公称贤尔不肖，谗言易入天难欺。[（宋）蔡襄：《四贤一不肖诗》，《蔡忠惠集》卷1，《蔡襄集》，第11页] ②欧阳修：今足下（高若讷）家有老母，身惜官位，惧饥寒而顾利禄，不敢一忤宰相以近刑祸，此乃庸人之常情，不过作一不才谏官尔。[（宋）欧阳修：《与高司谏书》，《欧阳修全集》卷68，第989页]

小人：①欧阳修：臣见杜衍等真得汉史所谓忠臣有不和之节，而小人谗为朋党，可谓诬矣。[（宋）欧阳修：《论杜衍范仲淹等罢政事状》，《欧阳修全集》卷107，第1627页] ②韩琦：小人始大不喜，相与巧诋，必期破坏，公（欧阳修）常极力左右之。[（宋）韩琦：《故观文殿学士太子少师致仕赠太子太师欧阳公墓志铭》，《安阳集》卷50，《安阳集编年笺注》，第1540页]

中立无党：①文彦博：公（高若讷）性资方介，中立无党，惟道是信，不以世俗毁誉为得失。[（宋）文彦博：《观文殿学士尚书左丞谥文庄高公神道碑》，《文彦博集校注》卷12，第555页] ②宋祁：（章得象）不植私，不援党，家无言利之老，室无徼福之祈。[（宋）宋祁：《文宪章公墓志铭》，《景文集》卷59，第788页]

君臣同德：①张方平：有以见大君（仁宗）元臣（吕夷简）感通契会，同德一体，恩营始终之极致者矣。[（宋）张方平：《故推诚保德宣忠亮节崇仁协恭守正翊戴功臣开府仪同三司守太尉致仕上柱国许国公食邑一万八千四百户食实封七千六百户赠太师中书令谥文靖吕公神道碑铭并序》，《乐全集》卷36，《张方平集》，第592—593页] ②宋祁：古之遭时君，必终始自托，然始未尝不隆，而后稍薄也。如公（章得象）叠宠蕃数，存无比而殁有加焉。易名之日，太常谥曰文宪，至内外无间言，全德哉若人！[（宋）宋祁：《文宪章公墓志铭》，《景文集》卷59，第788页]

循守法度：①文彦博：公（高若讷）践历二府，始终七年，循守法度，奉行故事，简静慎重，不轻改作。[（宋）文彦博：《观文殿学士尚书左丞谥文庄高公神道碑》，《文彦博集校注》卷12，第554页] ②宋祁：（张士逊）因其故而奉行之，本其宜而财相之，所以镇浮扼动，便安元元之道甚备，翕然号称职相。［（宋）宋祁：《张文懿公士逊旧德之碑》，《景文集》卷 57，第 762 页］

　　镇静：①宋祁：大抵相创业者先功，相守成者先德，经纶之业易言，而镇靖之绩难知，公（张士逊）可谓治世之杰辅，皇极之全懿者已。［（宋）宋祁：《张文懿公士逊旧德之碑》，《景文集》卷 57，第 764 页］②吕夷简：陛下欲用英俊经纶之臣，则臣所不知。必欲图任老成，镇静百度，周知天下之良苦，无如陈某（尧佐）者。［（宋）文莹：《湘山野录》卷中，第 28 页］

　　缘名责实：①宋仁宗：若夫委质事君，协恭宣力。思无出位，是曰守官。和异于同，固当择善。况朝经式序，仕次有阶。因行察言，缘名责实。（《诫励士大夫诏》，《宋大诏令集》卷 192《政事四十五》，第 706 页）②张方平：（吕夷简）如期而召，复冠钧衡，修明治方，综核名实。［（宋）张方平：《故推诚保德宣忠亮节崇仁协恭守正翊戴功臣开府仪同三司守太尉致仕上柱国许国公食邑一万八千四百户食实封七千六百户赠太师中书令谥文靖吕公神道碑铭并序》，《乐全集》卷 36，《张方平集》，第 591 页］

　　远势匿名：①张方平：（吕夷简）不洁名，不矜劳，敢任天下之怨，不敢有天下之德。［（宋）张方平：《故推诚保德宣忠亮节崇仁协恭守正翊戴功臣开府仪同三司守太尉致仕上柱国许国公食邑一万八千四百户食实封七千六百户赠太师中书令谥文靖吕公神道碑铭并序》，《乐全集》卷 36，《张方平集》，第 592—593 页］②宋祁：（章得象）愈谦晦，无纤介觖望，不为赫赫名自结，其澹于进取乃如此。［（宋）宋祁：《文宪章公墓志铭》，《景文集》卷 59，第 786 页］

　　寡辞慎重：①贾昌朝：吾见近世以苛剥为才，以守法奉公为不才；以激讦为能，以寡辞慎重为不能。［（宋）贾昌朝：《戒子孙文》，载《戒子通录》卷 6，第 7 页 b］②文彦博：公（高若讷）践历二府，始终七年，循守法度，奉行故事，简静慎重，不轻改作。［（宋）文彦博：《观文殿学士尚书左丞谥文庄高公神道碑》，《文彦博集校注》卷 12，第 554 页］

徇私不和：①欧阳修：近日以来，风俗尤薄，缙绅之列，不务和同，或徇私意以相倾，或因小事而肆忿，纷然毁訾，传布道途。[（宋）欧阳修：《论臣寮不和札子》，《欧阳修全集》卷104，第1592页] ②欧阳修：小人所好者禄利也，所贪者财货也。当其同利之时，暂相党引以为朋者，伪也。及其见利而争先，或利尽而交疏，则反相贼害，虽其兄弟亲戚不能相保。[（宋）欧阳修：《朋党论》，《欧阳修全集》卷17，第297页]

蔽君怙权：①苏舜钦：及阁下受谴，天下之人民识与不识，皆叹息怒骂，以谓宰相（吕夷简）蔽君怙权，不容贤者在朝。[（宋）苏舜钦：《上范公参政书》，《苏舜钦集编年校注》卷8，第527—528页] ②欧阳修：夷简罪恶满盈，事迹彰著，然而偶不败亡者，盖其在位之日专夺国权，胁制中外，人皆畏之，莫敢指摘。[（宋）欧阳修：《论吕夷简札子》，《欧阳修全集》卷100，第1543页]

废坏纲纪：①范仲淹：我国家革五代之乱，富有四海，垂八十年，纲纪制度，日削月侵，官壅于下，民困于外，夷狄骄盛，寇盗横炽，不可不更张以救之。[（宋）范仲淹：《答手诏条陈十事》，《范文正公政府奏议》卷上，《范仲淹全集》，第524页] ②欧阳修：以夷简为陛下宰相，而致四夷外侵，百姓内困，贤愚失序，纪纲大隳，二十四年间坏了天下。[（宋）欧阳修：《论吕夷简札子》，《欧阳修全集》卷100，第1542—1543页]

因循：①范仲淹：傥国家不思改作，因循其弊，官乱于上，风坏于下，恐非国家之福也。[（宋）范仲淹：《奏上时务书》，《范文正公文集》卷9，《范仲淹全集》，第203页] ②孙沔：况今之政失于宽而蔽于姑息，今之士弛于务而幸于因循，是养其惰也。[（宋）孙沔：《乞每旦亲政振举纲目奏》，《全宋文》卷434，第21册，第59页]

苟且姑息：①蔡襄：夷简出入中书，且二十年，不为陛下兴利除害，苟且姑息，以致事事隳坏如此。[（宋）蔡襄：《乞罢吕夷简商量军国事奏》，《蔡忠惠集》卷17，《蔡襄集》，第320页] ②欧阳修：及其弊也，循默苟且，颓惰宽弛，习成风俗，不以为非。[（宋）欧阳修：《论包拯除三司使上书》，《欧阳修全集》卷112，第1693页]

庸碌无耻：①蔡襄：善人耻此，往往退缩，以避好名干进之毁。是以二十年来，人人不肯尚廉隅、厉名节，浅者因循阘茸，深者靡恶不为，都无愧耻。[（宋）蔡襄：《乞罢吕夷简商量军国事奏》，《蔡忠惠集》卷17，《蔡襄集》，第319页]②欧阳修：彼或挟材蕴知，特以时方恶人之好名，各藏畜收敛，不敢奋露，惟恐近于名以犯时人所恶。是以人人变贤为愚，愚者无所责，贤者被讥疾，遂使天下之事将弛废，而莫敢出力以为之。[（宋）欧阳修：《本论上》，《欧阳修全集》卷60，第862页]

沉默畏避：①欧阳修：五六十年来，天生此辈，沉默畏慎，布在世间，相师成风。[（宋）欧阳修：《与尹师鲁第一书》，《欧阳修全集》卷69，第998页]②苏舜钦：今朝廷之患，患在执政大臣不肯主事，或循嘿，或畏避，大抵皆为自安之计。[（宋）苏舜钦：《上范公参政书·咨目七》，《苏舜钦集编年校注》卷8，第547页]

树党背公：①蓝元震：四贤得时，遂引蔡襄以为同列，以国家爵禄为私惠，胶固朋党，苟以报谢当时歌咏之德。[（宋）李焘：《续资治通鉴长编》卷148，第3582页]②宋仁宗：久服含养之仁，浸成党与之弊。至乃挟朋相援，奸计自营，驱扇飙尘，混淆朱紫。（《诫励士大夫诏》，《宋大诏令集》卷192《政事四十五》，第706页）

蹢节陵上：①苏绅：今朝廷号令有不一者，庶位有蹢节而陵上者，刑罚有妄加于下者，下人有谋而僭上者。[（宋）李焘：《续资治通鉴长编》卷142，第3396页]②张方平：上以谦虚为贤，下以傲诞为高，于是私说遂胜，而朝廷轻矣。[（宋）苏辙：《龙川别志》卷上，第82页]

纷乱纲纪：①钱明逸：（富）弼更张纲纪，纷扰国经。[（宋）李焘：《续资治通鉴长编》卷154，第3740页]②反新政者：（范仲

淹、富弼）务欲倾摇邦政，觊幸功名。[（宋）田况：《儒林公议》卷上，第56—57页]

生事：①宋仁宗：朕疾夫为国生事之徒，背公死党之俗。推狂济果，去简成烦。（《诫饬在位诏》，《宋大诏令集》卷193《政事四十六》，第708页）②张方平：二公（王曾、吕夷简）既罢，则轻锐之士稍稍得进，渐为奇论，以撼朝廷，朝廷往往为之动摇。庙堂之浅深，既可得而知，而好名喜事之人盛矣。[（宋）苏辙：《龙川别志》卷上，第82页]

迂阔无实：①吕夷简：仲淹迂阔，务名无实。[（宋）李焘：《续资治通鉴长编》卷118，第2784页]②高若讷：臣风闻本人（范仲淹）谋事疏阔，及躁情狂肆，陷于险薄，遂有离间君臣之罪。[（宋）田况：《儒林公议》卷下，第106页]

好奇邀名：①晏殊：众或议尔（范仲淹）以非忠非直，但好奇邀名而已。[（宋）范仲淹：《上资政晏侍郎书》，《范文正公文集》卷10，《范仲淹全集》，第230页]②王曾：向来如高若讷辈多是择利，范希文亦未免近名。要须纯意于国家事尔。[（宋）王岩叟：《韩魏公别录》，《安阳集编年笺注》附录4，第1869页]

激讦诋欺：①宋仁宗：范仲淹比缘奖擢，骤委剧烦。罔畏官守之隳，专为矫厉之趣。奏述狂肆，疑骇众多。既妄露于荐称，仍密行于离间。本于躁率，但恣诋欺。（《敕牓朝堂》，《宋大诏令集》卷192《政事四十五》，第706页）②李淑：陛下临朝清明，询纳忠直。然献言之臣，多涉矫激，肆为诋谋，不顾理道，苟饰智诈，图惑聪明，意在进身，假名疾恶，交章累牍，须报乃已，鬻已之直，归过君父，岂副陛下询纳之意哉？[（宋）李焘：《续资治通鉴长编》卷114，第2664页]

同心共济：①欧阳修：君子则不然，所守者道义，所行者忠信，所惜者名节。以之修身，则同道而相益，以之事国，则同心而共济，终始如一。[（宋）欧阳修：《朋党论》，《欧阳修全集》卷17，第297页]②田况：近世并立于朝，以道德相劝摩，为众所媚者，皆

指之为党。未知同心一德以济天下者，由何道而可致哉？［（宋）田况：《儒林公议》卷上，第57页］

忠直不挠：①富弼：况（范）仲淹以忠直不挠，庄宪时论冬仗事，大正君臣之分，陛下以此自擢用之。［（宋）富弼：《论废嫡后逐谏臣奏》，《全宋文》卷599，第28册，第266页］②余靖：观其（范仲淹）临事不苟，言必忤上，竭中奉国，夫岂私其身哉？［（宋）余靖：《论范仲淹不当以言获罪奏》，《武溪集校笺》卷21，第642页］

革弊救时：①范仲淹：我国家革五代之乱，富有四海，垂八十年，纲纪制度，日削月侵，官壅于下，民困于外，夷狄骄盛，寇盗横炽，不可不更张以救之。［（宋）范仲淹：《答手诏条陈十事》，《范文正公政府奏议》卷上，《范仲淹全集》，第524页］②欧阳修：庆历之初，上厌西兵之久出而民弊，亟用今丞相富公、枢密韩公及范文正公，而三人者遂欲尽革众事以修纪纲，而小人权幸皆不悦，独公相与佐佑。［（宋）欧阳修：《太子太师致仕杜祁公墓志铭》，《欧阳修全集》卷31，第468—469页］

勇为：①欧阳修：公（范仲淹）所勇为，谓公躁进；公有退让，谓公近名。［（宋）欧阳修：《祭资政范公文》，《欧阳修全集》卷50，第697页］②韩琦：公（范仲淹）以王佐之才，遇不世出之主，竭忠尽瘁，知无不为。［（宋）韩琦：《文正范公奏议集序》，《安阳集》卷22，《安阳集编年笺注》，第724页］

扶道经世：①富弼：（范仲淹）又先时别上法度之说甚多，皆所以抑邪佞，振纲纪，扶道经世，一一可行。［（宋）富弼：《范文正公仲淹墓志铭》，《全宋文》卷610，第29册，第60页］②欧阳修：君子之于学也务为道，为道必求知古，知古明道，而后履之以身，施之于事，而又见于文章而发之，以信后世。［（宋）欧阳修：《与张秀才棐第二书》，《欧阳修全集》卷67，第978页］

敦尚名节：①范仲淹：人不爱名，则圣人之权去矣。经曰"立身扬名"，又曰"善不积，不足以成名"，又曰"耻没世而名不称"，又曰"荣名以为宝"。是则教化之道无先于名，三古圣贤何尝不著于名乎！某患邀之未至尔。[（宋）范仲淹：《上资政晏侍郎书》，《范文正公文集》卷10，《范仲淹全集》，第232页]②欧阳修：君子则不然，所守者道义，所行者忠信，所惜者名节。[（宋）欧阳修：《朋党论》，《欧阳修全集》卷17，第297页]

危言鲠论：①韩琦：（范仲淹）危言鲠论，建明规益，身虽可绌，义则难夺。[（宋）韩琦：《文正范公奏议集序》，《安阳集》卷22，《安阳集编年笺注》，第724页]②欧阳修：（蔡襄）奋躬当朝，谠言正色。出入左右，弥缝补益。[（宋）欧阳修：《端明殿学士蔡公墓志铭》，《欧阳修全集》卷35，第523页]

奸邪：①李淑：真宗常曰："奸邪无状，诚难察见。若察其好倾人而自进者，十见八九。"此言至要，愿陛下三省之。[（宋）李焘：《续资治通鉴长编》卷114，第2665页]②刘平：臣见范仲淹等毁訾大臣，此必有要人指授仲淹辈，欲逐大臣而代其位者。臣于真宗朝为御史，顾当时同列，未闻有奸邪党与诈忠卖直所为若此。[（元）脱脱等：《宋史》卷325《列传第八十四》，第10500页]

轻锐之士：①张方平：二公（王曾、吕夷简）既罢，则轻锐之士稍稍得进，渐为奇论，以撼朝廷，朝廷往往为之动摇。[（宋）苏辙：《龙川别志》卷上，第82页]②宋祁：士之辨锐自喜者，或上谒，有所开说，公（章得象）为陈大体，皆语塞自引去。[（宋）宋祁：《文宪章公墓志铭》，《景文集》卷59，第788页]

轻薄：①刘元瑜：（庆历谏臣）自兹以进退大臣为己任，以激讦阴私为忠直，荐延轻薄，列之馆阁，与相唱和，扇为朋比。[（宋）李焘：《续资治通鉴长编》卷154，第3744页]②张方平：比年以来，朝廷颇引轻险之人，布之言路，违道干誉，利口为贤，天下承风，靡然一变。[（宋）张方平：《再对御札一道》，《乐全集》卷18，《张方平集》，第234页]

英俊：①富弼：是日上封移书，论公以忠义获谴，极道所不可者，皆当世英豪。[（宋）富弼：《范文正公仲淹墓志铭》，《全宋文》

卷610，第29册，第58页]②苏舜钦：是时，上方登用俊良，划革夙弊，公雍容侍从之列，以清风峻节为一时所畏。[（宋）苏舜钦：《朝奉大夫尚书度支郎中充天章阁待制知陕州军府事平晋县开国男食邑三百户上护军赐紫金鱼袋王公行状》，《苏舜钦集编年校注》卷9，第641页]

正人：①欧阳修：伏望圣慈一切不纳，早与一外任差遣，使正人端士安心作事，无谗毁之避。[（宋）欧阳修：《论李淑奸邪札子》，《欧阳修全集》卷101，第1548页]②韩琦：公（杜衍）既大任，为国图宁。力进忠良，正人汇征。[（宋）韩琦：《祭正献杜公文》，《安阳集》卷43，《安阳集编年笺注》，第1341页]

忠贤：①蔡襄：（吕夷简）假托人主威权，以逐忠贤，以泄己怒，殊不念陛下虚受恶名。[（宋）蔡襄：《乞罢吕夷简商量军国事奏》，《蔡忠惠集》卷17，《蔡襄集》，第318—319页]②孙沔：今天下士大夫皆称贤才，而陛下不用者，左右毁之也。[（宋）孙沔：《论宰相不进贤者为将来之资奏》，《全宋文》卷435，第21册，第79页]

君子：①范仲淹：前者数君子感遇激发，而高议直指，不恤怨谤。[（宋）范仲淹：《与省主叶内翰书》其二，《范文正公文集》卷11，《范仲淹全集》，第263页]②欧阳修：君子则不然，所守者道义，所行者忠信，所惜者名节。[（宋）欧阳修：《朋党论》，《欧阳修全集》卷17，第297页]

第 二 章

宁鸣不默：庆历士大夫的"言者"风采与仁宗朝舆论权力的兴起

王夫之曾在《宋论》里批判道：仁宗时代"言满天下，蔚然可观，相传为不讳之朝"，"故当时士民与后世之闻其风者，所甚歆仰于仁宗，皆仁宗之失也"。① 无论持何种立场，"言"在士大夫政治中存在感和作用力的急遽提升，无疑构成仁宗时代政治文化转型的重要侧面。

刘子健对此亦有极其精辟的论述。他把由皇帝掌握的至高权力或称皇权（ultimate power）、在政府机构具体运行层面发挥作用的行政权力（executive power）以及从儒家意识形态权威转化而来并被士林所共同支持的舆论权力（opinion power）这三种类型的权力作为参照系，力图经由它们的动态关系分析北宋皇帝的行政类型和北宋的历史进程。他指出，在仁宗朝，士大夫内部就行政权力归属以及政策导向等问题爆发激烈政争，舆论权力是异见者反对当权者的主要武器，当权者则致力于反击指控，同时力图压制和操纵政治舆论。异见者的攻击终致当权者落马，并吸引其他有政治抱负的官员争相效仿，这大大促进了舆论权力的增强。三类权力的互动导致北宋中

---

① （清）王夫之：《宋论》卷4《仁宗》，第87页。

期政治日益陷入分裂、争议甚至瘫痪的境地，当权者和异见者、改革派和保守派之间的党争愈演愈烈，这象征行政权力与舆论权力之间的冲突。而仁宗面对各类问题，比如应采取怎样的政策，将行政权力托付给谁以及该相信哪一方的批判，越发举棋不定。① 刘氏对仁宗朝舆论权力勃兴的相关探讨，相较于"言满天下"之类的现象描述，无疑更具学理性和历史感。

正如刘子健所言，仁宗朝舆论权力的崛起过程不可谓不曲折，它一方面和党争互为因果，另一方面离不开庆历士大夫的努力。他们身处复杂而多变的政治环境，不顾自身的安危得失，长期活跃于仁宗朝的言官队伍和舆论舞台，关注且借重"言"的力量，积极地阐述和推广自身的言论观念与写作意识，由此极大地开拓了公共言论的空间，进而彻底改变两宋舆论场的游戏规则，并将"以犯颜纳说为忠"② 的公共价值观引入宋代士人的主体精神。自此，一代代的"言者"们踵继庆历士大夫的脚步，踏上了以言行道报国的征程，成为两宋权力世界里一股不容忽视的力量。

本章计划从事、理两个方面入手，追寻庆历士大夫与仁宗朝舆论权力的联系。首先，本章将借鉴刘子健的论说模型，以仁宗、庆历士大夫和老成士大夫三方的互动为主轴，在历史进程中展开至高权力、行政权力和舆论权力的动态关系，更为细致地呈现庆历之际公共言论空间的繁复图景和变迁轨迹，掘探各方言行背后的理据和意图。再者，本章借由天圣范晏之辩、景祐党争和"奏邸狱"这三个标志性的言论事件，审视庆历士大夫自居为"言者"的主体特征和行动方式，聚焦庆历士大夫的言道阐说、诤谏活动和舆论写作，揭示他们为何以及如何经由言说践行儒道，介入政治，又采用怎样的言行策略转移士林的言论观念，并观察他们的言者姿态会遭受皇

---

① 参见 James T. C. Liu，"An Administrative Cycle in Chinese History：The Case of Northern Sung Emperors"。

② （宋）苏轼：《六一居士集叙》，《苏轼文集》卷10，第316页。

权和行政权力的哪些干涉。

第一节　庆历之际公共言论空间的盈缩轨迹

　　本节将对庆历之际公共言论空间的大体面貌做一番爬梳，以明晰庆历士大夫所置身的公共言论场。宋人普遍认为，在仁宗这位宽仁之君治下，庆历士大夫开启了一个言路畅通的清明之朝，如苏辙就回顾说：

> 仁宗皇帝仁厚渊嘿，不自可否。是非之论，一付台谏，孔道辅、范仲淹、欧阳修、余靖之流以言事相高。此风既行，士耻以钳口失职。当时执政大臣，岂皆尽贤？然畏忌人言，不敢妄作。一有不善，言者即至，随辄屏去。故虽人主宽厚，而朝廷之间无大过失。①

苏辙的观点代表一种通行的历史叙述。但事实上，如若近距离地观察仁宗朝的公共言论场，就能发现它并不总是宽松的，尤其是庆历之际言论空间的边界伴随朝廷与士林的磨合、君主与官员的互动以及庆历士大夫与老成士大夫的政争而时刻呈现盈缩消长之势。这其中，宋仁宗的影响不容忽视。以庆历新政为界，他对言事的态度发生了不小的转变，这直接导致宋廷采取前后有别的言论政策，进而引发整个言论空间的变迁。同时，庆历士大夫也积极发挥自己在政治和舆论上的能量，不断开拓言论空间，为自己和同道争取主动权。总之，庆历之际的言论风气在不同政治参与者的观念分合和交流互

---

　　①　（宋）苏辙：《论台谏封事留中不行状》，《栾城集》卷36，陈宏天、高秀芳点校《苏辙集》，中华书局1990年版，第623页。

动中生成，其历时变化尤其值得关注。

一　仁宗亲政初期公共言论空间曲折扩张的过程

事情还要从真宗朝说起。自大中祥符以后，真宗钦定"太平"基调，致使颂美文风大兴，相应的，朝臣上疏批评时政的空间被大幅限缩。刘太后主政后虽做出一定调整，但仍大体沿袭真宗后期的意识形态和政策导向。[1] 年少的仁宗从明道二年（1033）亲政起就有意改变"自祥符已来，谏诤路塞"[2] 的局面，他迅速召还范仲淹、范讽、孔道辅、李纮、郭劝、段少连等直臣，除为台谏。仁宗此举既是为报偿范、孔诸人先前疏请太后还政的功劳，也期望能在诸人的帮助下澄清朝风，扫除女主政治的残余。这无疑释放出广开言路的信号，仁宗亲擢的台谏们更是在皇恩的激励下积极言事，这股心气在他们为反对废后而集体伏阁请对一事中得到淋漓尽致的展露。范仲淹事后这样追忆道："（皇帝陛下）临轩以来，仄席不暇。思启心沃心之道，奖危言危行之臣。万宇咸欢，九门无壅。臣腐儒多昧，立诚本孤。谓古人之道可行，谓明主之恩必报。而况首膺圣选，擢预谏司，时招折足之忧，介立犯颜之地。当念补过，岂堪循默！"[3] 指明自己犯颜进谏既是行道的表现，也是受到仁宗鼓舞的结果。

然而，仁宗亲政之初的政治风向不无反复，言论空间的扩张也受限于此。特别是明道二年（1033）台谏群体因反对废后被贬一事严重挫伤了士人言事的积极性。景祐元年（1034），监察御史里行孙沔就观察到："自道辅、仲淹被黜之后，庞籍、范讽置对已来，凡在搢绅，尽思缄默。"[4] 至景祐二年（1035），仁宗又摆出优容言事者

---

① 宋真宗后期至刘太后主政时期的政治文化与言论环境，参见张维玲《从天书时代到古文运动：北宋前期的政治过程》，台湾大学出版中心2021年版，第191—198页。

② （宋）李焘：《续资治通鉴长编》卷109，第2535页。

③ （宋）范仲淹：《睦州谢上表》，《范文正公文集》卷16，《范仲淹全集》，第386页。

④ （宋）李焘：《续资治通鉴长编》卷115，第2710页。

的姿态。他先是授范仲淹礼部员外郎、天章阁待制，后召范回朝，随即提拔为吏部员外郎、权知开封府，委以重任。同年，仁宗又授孔道辅龙图阁直学士以示恩宠。时有近臣献诗百篇，执政请除龙图阁直学士。仁宗明确表示："是诗虽多，不如孔道辅一言。"遂以命孔道辅。"议者因是知前日之斥果非上意也"。① 虽则这一重开言路的过程很快被景祐党争打破，宋廷还为此下诏"戒百官越职言事"②，不过，庆历士大夫业已活跃在仁宗朝的舆论场中，发出越来越洪亮的声音。景祐党争是为庆历士大夫在政治舆论写作方面的开端，他们积极地利用创作和传播来维护自己所认定的正义，并尝试构建独立于宋廷的贤不肖评价机制，尽力扩张公共言论空间。

　　真正促成仁宗决心广开言路的是宝元、庆历之际的宋夏战争和天变人祸。严峻的政治形势使得仁宗收回犹疑态度，转而重视言论的价值。他指示朝廷激励士庶进言献策，期望广泛听取朝野内外的建议以应对危机，主动创设了一个相对宽松的言论环境。③ 宝元元年（1038）正月，仁宗以灾异屡现，下诏求直言，命谏官、御史、搢绅、百僚密疏"朕躬之阙遗，执事之阿枉，政教未臻于理，刑狱靡协于中，在位壅蔽之人，具官贪墨之吏"以闻，限半月内实封进纳，并承诺将亲览奏疏，择善施行。④ 这很快就引来宋祁、苏舜钦、张方平、苏绅、叶清臣、张观等人上书议政。宝元二年（1039）十一月，宋祁又上疏论三冗三费，闰十二月，苏绅陈便宜八事。康定元年（1040）正月，知谏院富弼论日食，"谓应天变莫若通下情，愿降诏求直言，尽除越职之禁"，仁宗遂"悉许中外臣庶上封议朝政得失"，撤除了景祐党争中颁布的戒百官越职言事的禁令。⑤ 同年三

---

① 参见（宋）李焘《续资治通鉴长编》卷117，第2754页。
② （宋）李焘：《续资治通鉴长编》卷118，第2784页。
③ 宋夏战争对仁宗朝政治的研究，参见本书第四章第一节第二小节。
④ （宋）李焘：《续资治通鉴长编》卷121，第2851页。
⑤ （宋）李焘：《续资治通鉴长编》卷126，第2978页。

月，仁宗以臣下犹未有所献，再度"申诏中外言阙政"①。一时间
"吏民上书者甚众"，知谏院富弼为此建议选知制诰二人置局中书，
"考其所言可用用之"②。庆历二年（1042）四月，尹洙在秦州上
《论命令恩宠赐与三事疏》。庆历二年（1042）五月，仁宗诏三馆臣
僚上封事及听请对，欧阳修"上疏言三弊五事，力陈当时之患"③。
庆历三年（1043）正月，陕西转运使孙沔以峻辞弹劾宰臣吕夷简，
仁宗不加罪，"议者喜其謇切"，吕本人也承认此是"药石之言"④。
庆历四年（1044）五月，执政欲重诛作诗讪谤朝政的卫尉寺丞邱濬。
仁宗却薄其罪，并宣布他对待舆论的宽容姿态："狂夫之言，圣人择
焉。古有郁谟哭市，其斯人之徒欤！"⑤ 这一阶段高扬起来的言事风
气，仁宗在其间起到了非常关键的引导作用。

　　同时，仁宗也对在景祐党争中贬外的庆历士大夫予以优待，向
士林显示自己开广言路的气量和决心。早在景祐四年（1037）十二
月，直史馆叶清臣于京师地震后建议："顷范仲淹、余靖以言事被
黜，天下之人，齰舌不敢议朝政者，行将二年。愿陛下深自咎责，
许延忠直敢言之士，庶几明威降鉴，而善应来集也。"⑥ 仁宗即谕执
政徙范仲淹、余靖、欧阳修、尹洙于近地，态度有所缓和，其后更
是重用诸人。苏舜钦在《诣匦疏》里自白亲见言路重开的感受：

　　　　昨见范仲淹以刚直忤奸臣，果罹中伤，言不用西 [而] 身
　　窜谪，甚可悲也。是时降诏天下，不许越职言事，臣今苟务激
　　切，不避极 [权] 右，必恐横遭伤害，无补于时，因自悲嗟，
　　不知所措。既而孟奏 [春] 之初，雷电暴作，臣以谓国家之失，

① （宋）李焘：《续资治通鉴长编》卷126，第2987页。
② （宋）李焘：《续资治通鉴长编》卷126，第2993页。
③ （宋）欧阳发等：《先公事迹》，《欧阳修全集》附录卷2，第2631页。
④ （宋）李焘：《续资治通鉴长编》卷139，第3347页。
⑤ （宋）李焘：《续资治通鉴长编》卷149，第3610页。
⑥ （元）脱脱等：《宋史》卷295《列传第五十四》，第9849页。

众臣无有为陛下言者，唯天丁宁以告陛下也。陛下极圣至明，其肯忽之！果能需发明诏，许臣寮皆得献言，臣初闻之，踊跃欣抃。又谓虽有灾异，陛下能讲求嘉言，革去时弊，故可变化而召善和也。①

仁宗主动撤去禁令，"讲求嘉言"，一扫苏舜钦自景祐党争以来因言路闭塞而产生的悲嗟和无奈，这代表了庆历士大夫及其同情者们的所见所感。他们不禁畅想，仁宗能够再接再厉，发起更宏伟的改革事业。

彼时的政治困境同样大大激发了士林的言事热情。一方面，庆历士大夫先前被"老成"一方指为激讦的政治批判被现实证明是极富预见力的有识之论，以言报国的迫切性和正当性因而得到朝野的认可。如庆历二年（1042），范仲淹如是向仁宗解释自己先前直言进谏的举动：

臣曩者不能练事，效贾生恸哭长太息之说，黩于圣聪，以中外共弃，屡经贬放，亦已塞朝廷之薄责矣。然今之狂士，效唐人肆言朝市，往往甚于臣者，而朝廷容之。直以臣于无事之秋，先为之言，故天下指之为狂矣。而臣自追其咎，未尝怏怏，此搢绅之所谅也。②

在这个多事的时日，范仲淹个人不仅洗刷去因先忧而言而背负的污名，还得到仁宗的重用。宋廷也亡羊补牢，调整言论政策，甚至包容那些"肆言朝市"的"狂士"。现实已经给出答案，"言"的价值终于得到官方的重视。范的言语虽谦恭，内中却满是自信于己心兼自明于士林的果断和无悔。

---

① 《苏舜钦集编年校注》卷7，第437—438页。

② （宋）范仲淹：《让观察使第一表》，《范文正公文集》卷17，《范仲淹全集》，第403页。

　　另一方面，由现实引发的危机感促使士人反思政治弊病，提出变革救时的方案，然后将自己的思考通过言论予以公开表达。上文提到士人积极应诏言事便是明证。叶适就说："自赵元昊反，重之辽人求关南地，天下之士始稍奋发，深思远虑以为之说。"① 在仁宗朝士人的政治批判中流行一个观点，吕夷简当国以来对于政治言论的钳制是造成今日之弊的重要原因。如孙沔《论宰相不进贤者为将来之资奏》直言："景祐已前，纲纪未尝废，犹有感激进说之士。观今日之政，以验今日之事，几何不恸哭长叹息，而反无人为陛下言者，臣实耻之。……景祐已后，丞相吕夷简进当国政，以承平可恃，以功业可久，连黜忠言，几废直道。"② 孙沔这里所说的直道耗散的转折点自然是景祐党争。蔡襄《乞罢吕夷简商量军国事奏》亦指出："夫开直言、旌谠论者，宰相之体也。夷简执政以来，屡贬言者凡三四次，如曹修古、段少连、孔道辅、杨偕、孙沔、范仲淹、余靖、尹洙、欧阳修等，或谪千里，或抑数年，或缘私恨。假托人主威权，以逐忠贤，以泄己怒，殊不念陛下虚受恶名。此不忠之大者。又使天下之人，父教其子，兄教其弟，咸以直言为讳。此乃绝忠谠之嘉谟，成本朝之阙政，其过一也。"③ 一则视广开言路为宰相必行之事，二则建立吕夷简贬言者到绝直言终至成阙政的逻辑联系，三则对吕与仁宗做切割。连张方平也在宝元元年（1038）上书请求仁宗"广言路"④。是故，宝元、庆历之际，君主倡于上而士林应于下，共同创造了一个异常活跃和广阔的言论空间。

　　宝元、庆历之际，宋廷不断放开百官的言事权，鼓励士庶进言，俾使昨日之禁忌一变而为今日之懿行。这种政策的适时调整肯定了庆历士大夫积极进言的行为，进而推动言论空间的扩张和政治文化

---

① （宋）叶适：《始议二》，《水心别集》卷10，刘公纯、王孝鱼、李哲夫点校《叶适集》，中华书局1961年版，第759页。

② 《全宋文》卷435，第21册，第78—79页。

③ 《蔡忠惠集》卷19，《蔡襄集》，第318—319页。

④ （宋）张方平：《上疏一道》，《乐全集》卷17，《张方平集》，第253页。

的变革。言路的畅通和言论的转向将朝廷（权力）和士林（舆论）连接在一起，形成了一股应对困局的合力。正是在热烈的言事氛围中，权力体系和声望体系逐步汇流，最终于庆历新政达到高潮。① 在内外危机面前，"老成"理念持续受到质疑，"英俊"理念则越来越得到士林的认可和官方的接纳。老成士大夫主张的"寡辞慎重"被士人们贬为"依阿循默"。而庆历士大夫所倡"危言危行"的价值愈益凸显，直言的褒义化借由时代的助力而取得实质进展。

二　庆历谏官与庆历新政中的舆论战线

在仁宗朝言论空间的变迁史上，庆历新政可以说是继仁宗亲政之后的第二个转折期。这一阶段，庆历士大夫所代表的舆论力量重归中央，被暂时整合进官方的话语系统中，而获得了前所未有的声量。另一方面，他们所推行的改革却引发不小的争议，并最终被这些否定的声音所吞没。职是之故，庆历新政前后的言论空间是极有活力同时又异常纷繁的。庆历士大夫围绕政治革新开辟出两个战场。主战场自然是中央决策层，由跻身二府的范仲淹、富弼、韩琦及宰臣杜衍主持。次要战线则放在舆论场，这里活跃着欧阳修、蔡襄、余靖、王素、孙甫等谏官。他们虽是辅助作战，其成败却直接关乎新政的行废。诸人的行状、碑志多把他们担任谏官的经历置于庆历新政的大背景下予以呈现，详述他们凭借诤谏维护革新之政和改革之人的作为。李焘《续资治通鉴长编》亦云"上遂欲更天下弊事，故增谏官员"②，在改革和增置谏官之间建立起因果关系。接下来即以庆历谏官为中心，透视言论与新政的联动。

庆历三年（1043）三四月间，仁宗向外界宣示改革除弊和广开言路的决心。他对宰执班子作出重大调整，同时增置谏官，亲擢王素、欧阳修、鱼周询并知谏院，期待他们"勤乃节行，厉于忠诚。

---

① 北宋中期舆论与权力的离合关系，参见本书第三章第二节。
② （宋）李焘：《续资治通鉴长编》卷140，第3359页。

姑务謇谔谔之辞，敷陈而亡挠；岂宜持庸庸之计，畏避以自安"①。
鱼辞命，宋廷以余靖替之。王、欧、余又推荐蔡襄为谏官，得仁宗
批准。四人从此开始了一年有余的谏官生涯。在这样一个关键性的
历史节点，仁宗亲自增选素有直声的四位青年才俊出任谏官②，并时
常加以勉励和优待③，确保他们能有所作为。这无论对个人，抑或言
官角色都有非同寻常的意义。

对个人来说，仁宗的高调选任和持续支持给予欧阳修等人一个
践履言道理念和言官角色期望的绝好机会。此前，欧阳修、蔡襄已
为"金絮北饵胡，弓刀西压陕"的困局焦心不已④，故积极响应宋
廷的号召，频频上书指陈利病。欧还撰作《本论》《正统论》《为君
难论》等一系列论体文章，就政治的原则性问题展开思考。承担言
责后，他们更是"感激奋励，遇事辄言，无所回避"⑤，将忧国除弊
之心和以言报君之志发挥到了极致。欧阳修曾向徐无党自白："修今
岁还京师，职在言责，值天下多事，常日夕汲汲，为明天子求人间
利病，无小大，皆躬自访问于人。"⑥ 披露尽力在这个多事之秋扮演
好天子耳目的衷心。欧阳修在谏官任内所上札状，今存于周必大校
刊《欧阳文忠公集》之《奏议》的卷1至卷10，达95篇之夥，如

---

① （宋）胡柯编：《欧阳修年谱》，《欧阳修全集》附录卷1，第2602页。

② 按，先前参与景祐党争的欧阳修、余靖、蔡襄自不待言，王素也少有直名，
孔道辅、孙沔都曾推荐王素为言官。

③ 如庆历三年（1043）九月，仁宗赐王素三品服，余靖、欧阳修、蔡襄五品服，
面谕他们："卿等皆朕所自择，数论事无所避，故有是赐。"［参见（宋）李焘《续资
治通鉴长编》卷143，第3477页］又如欧阳修因奏事，论及当世人材，仁宗赞叹欧：
"如欧阳某，何处得来！"［参见（宋）欧阳发等《先公事迹》，《欧阳修全集》附录卷
2，第2634页］又如宋人笔记载："余靖不修饰。作谏官，乞不修开宝塔。时盛暑，上
入内云：'被一汗臭汉熏杀！喷唾在吾面上。'"［（宋）孔平仲：《孔氏谈苑》卷3，载
《丁晋公谈录（外三种）》，第242页］这则轶事广为流传，被认为是仁宗宽待台谏的
典型例证。

④ （宋）蔡襄：《龟山夜泊书事》，《蔡忠惠集》卷2，《蔡襄集》，第24页。

⑤ （宋）欧阳修：《赠刑部尚书余襄公神道碑铭》，《欧阳修全集》卷23，第
367页。

⑥ （宋）欧阳修：《答徐无党第二书》，《欧阳修全集》卷70，第1012页。

果再算上他在河北都转运按察使任内所上言事奏状以及《朋党论》①，欧阳修近两年的诤谏活动共留下百篇左右的文字，涉及人事、吏治、民生、边事、军政、盗贼、狱事、灾祥、外交、制度、财税、舆论、恩典、科举、朋党等各方面，其进言的频率、广度和深度可想而知。其余谏官也不遑多让，蔡襄、余靖的文集同样保存了大量谏官时期所上的奏议。蔡谓余"朝廷之大议，政事之得失，权臣材德之是否，士大夫之贤不肖，莫不尽心而举正也"②，洵非虚言。

　　庆历谏官向仁宗申说的话题，有不少是和庆历新政直接或间接相关的。③ 当然，他们对新政的推动不限于具体的政策层面，舆论层面的助力其实更值得关注。庆历谏官对于自己在庆历新政期间的言责是有深刻自觉的。早在仁宗更用二府大臣之际，他们就意识到："君子即蒙进用，小人自恐道消，故共喧然，务腾谗口，欲惑君听，欲沮好人。不早绝之，恐终败事。"④ 及至改革前夕，他们又提醒仁宗：范仲淹等人若要"救数世之积弊"，"必须先绝侥幸因循姑息之事"，如此则"外招小人之怨怒，不免浮议之纷纭，而奸邪未去之人，亦须时有谗沮"，故改革之初，"尤须上下协力，凡小人怨怒，仲淹等自以身当浮议奸谗，陛下亦须力拒，待其久而渐定，自可日

---

　　① 按，欧阳修出为河北都转运按察使，仁宗在陛辞时面谕："不久当还，无为久居计。有事但言来，无以中外为限。"欧答说："在京师所言，尚以风闻，或恐失实，况于外？"仁宗劝勉道："有所闻，但言来，行与不行则在此。"足见仁宗仍赋予他言事的权利。参见（宋）欧阳发等《先公事迹》，《欧阳修全集》附录卷2，第2634页。

　　② （宋）蔡襄：《工部尚书集贤院学士赠刑部尚书谥曰襄余公墓志铭》，《蔡忠惠集》卷40，《蔡襄集》，第728页。

　　③ 参见［日］小林义广撰，朱刚译，陈珏校《欧阳修的诤谏观和舆论观》，载朱刚、刘宁主编《欧阳修与宋代士大夫》，上海人民出版社2007年版，第3—28页；王世农：《台谏、舆论与北宋改革的命运》，《文史哲》2004年第3期。

　　④ （宋）欧阳修：《论禁止无名子伤毁近臣状》，《欧阳修全集》卷106，第1619页。

见成功"。① 对于庆历谏官自身而言，充分利用一切公私发声的渠道，以切直的言论对抗以及廓清所有可能的毁谤，向仁宗传达也向外界宣示己方所认定的"公议"，坚定君主的有为之志，俾使"正人端士安心作事，无谗毁之避"②，为改革创造良好的舆论环境，是他们义不容辞的使命。

庆历谏官最直接的舆论斗争手段是清扫一切指向新政和革新派的谗言、谣言。针对具体的攻讦如结党营私之说，欧阳修先后奏上《朋党论》《论杜衍范仲淹等罢政事状》坚决予以回击，并显示出借以变革传统政治思维的意图。③ 对于那些谣言，他们也非常警惕。如欧阳修风闻有人作无名诗中伤三司使王尧臣，立即建议仁宗降诏戒励臣下，不得造作和传播谣言，以"禁止谗巧，保全善人"④，确保范仲淹、韩琦等人能有所作为。

庆历谏官另一用力的方向是褒贤贬奸。他们严厉地谴责吕夷简、夏竦、苏绅、李淑、梁适等所谓"奸邪"，以防他们得到仁宗的信用。特别是旧相吕夷简，欧阳修、蔡襄在他辞位后连上《论吕夷简札子》《论止绝吕夷简暗入文字札子》《乞罢吕夷简商量军国事奏》《乞降吕夷简致仕官秩奏》《乞罢吕公绰纠察在京刑狱奏》等奏札，直斥其"罪恶满盈，事迹彰著""立性奸邪，欺君卖国"⑤。这一则是为彻底消减吕夷简的政治影响力，二则如首章所述，是要以吕为靶子扫荡"老成"理念。苏绅、李淑、梁适这类被谏官认定朋附吕夷简的"三尸五鬼"也遭到猛烈的弹劾。欧阳修担心他们"依旧潜

---

① （宋）欧阳修：《论乞主张范仲淹富弼等行事札子》，《欧阳修全集》卷101，第1554页。

② （宋）欧阳修：《论李淑奸邪札子》，《欧阳修全集》卷101，第1548页。

③ 二文的政治文化意涵，参见本书第一章第三节以及第六章第二节第三小节。

④ （宋）欧阳修：《论禁止无名子伤毁近臣状》，《欧阳修全集》卷106，第1619页。

⑤ （宋）欧阳修：《论吕夷简札子》，《欧阳修全集》卷100，第1543页；（宋）蔡襄：《乞降吕夷简致仕官秩奏》，《蔡忠惠集》卷17，《蔡襄集》，第323页。

毁好人"①，亦出于澄清舆论的目的。同时，庆历谏官以舆论为背景建议仁宗进用贤能黜退庸才②。譬如，欧阳修、蔡襄、余靖见朝廷擢用韩琦、范仲淹为枢密副使，立即请求罢免参知政事王举正，令范仲淹上位，或者至少让两人对调。他们的理由是：时当朝廷急于用人之际，"凡不堪大用者去之，乃协天下公论，不必待其作过，亦不须俟其自退也"③。欧阳修还要求王"自量材业优劣何如仲淹，若实不如，即须自求引避，以副中外公议"④，丝毫不留情面。庆历谏官的上述言论，既反映了他们以"英俊"理念进贤退不肖的一贯努力，又是他们作为连接舆论与朝廷的通道，助推声望体系介入权力的表现⑤。他们直言："不专听断，不揽威权，使号令不信于人，恩泽不及于下"是仁宗之失，"持天下之柄，司生民之命，无嘉谋异议以救时弊，不尽忠竭节以副任用"是大臣之过，"朝有阙失而不能救，民有疾苦而不能达，陛下宽仁少断而不能规，大臣循默避事而不能斥，百官邪正并进而不能辨，四夷交构内侵而不能谋，有顾避之心，无力净之节"是他们这些言官之罪。⑥ 这就将君主、宰执、言官的角色期望提升到理想的高度。此外，庆历谏官盛赞范仲淹、韩琦、富弼等人的才干，尤其是范，在他们口中可谓卓绝群伦。这实际上是将革除积弊、重开太平的期望寄托在诸位君子身上，盖出于公心。因此，他们不但主张重用范、韩、富等，更鞭策仁宗力主施行诸人所条陈的事项，强调"陛下得失，在此一举；生民休戚，系此一时"⑦。

---

① （宋）欧阳修：《论李淑奸邪札子》，《欧阳修全集》卷101，第1548页。

② 参见［日］小林义广《欧阳修的诤谏观和舆论观》，载《欧阳修与宋代士大夫》，第3—28页。

③ （宋）欧阳修：《论王举正范仲淹等札子》，《欧阳修全集》卷98，第1510页。

④ （宋）欧阳修：《论王举正范仲淹等札子》，《欧阳修全集》卷98，第1510页。

⑤ 参见本书第三章第二节第二小节。

⑥ （宋）蔡襄：《言灾异奏三》，《蔡忠惠集》卷16，《蔡襄集》，第308页。

⑦ （宋）欧阳修：《论乞主张范仲淹富弼等行事札子》，《欧阳修全集》卷101，第1553页。

庆历谏官一系列褒贤贬奸的谏诤活动带来了极为显著的舆论效应，不仅成为朝廷用人的重要参照，还影响到士大夫的当世声名和后世形象。雷简夫曾评价谏官欧阳修："执事被圣上不次之知，遂得以笔舌进退天下士大夫。士大夫不知刑之可惧，赏之可乐，生之可即，死之可避，而知执事之笔舌可畏。"① 欧阳修的"笔舌"凌驾于朝廷刑赏，足见言说作为一种权力的强大威慑力。

无论是驳斥"党议"，还是褒贤贬奸，庆历谏官的上奏皆词锋斩截，不留余地。正如欧阳修所言："夫事之利害，激切而言，则议者以为太过；言不激切，则听者或未动心。"② 他们的言说风格源于以言报国的热忱以及庆历之际的政治语境。庆历谏官一方面面临内外危机的挑战，另一方面则见证千载难逢的行道革弊的机遇，在焦虑、振奋的情绪激荡下，语气自然趋于峻刻。此类"激切而言"的现象同样广泛存在于庆历谏官议论具体事务的文字中。他们往往由时事引申出时势，强调天下的危难、生民的困苦，反复提请仁宗正视"外有羌戎结连侵胁之忧，内有边陲守御战争之苦，兵冗财竭，赋敛暴兴，生民膏血，掊取无极"③ 的严酷现实，以突出"更改救弊"的迫切性。这些激切的言论确实发挥了为新政造势的作用，却也激起了政敌的仇视，乃至成为他们攻击革新派的借口。庆历谏官贬奸，被苏绅认定是"蹈节而陵上"④。他们褒贤，被监察御史刘元瑜诋为"以进退大臣为己任"⑤。欧阳修的《朋党论》，则更是被老成士大夫视为革新派结党营私的证据。庆历新政前后舆论场的纷繁嘈杂，可见一斑。

王素、欧阳修、蔡襄、余靖的诤谏活动，为他们赢得了"四谏"的美名。他们是继孔道辅、范仲淹后第二批为言官的角色期望做出

---

① （宋）邵博：《邵氏闻见后录》卷15，第120页。
② （宋）欧阳修：《论契丹侵地界状》，《欧阳修全集》卷118，第1824页。
③ （宋）李焘：《续资治通鉴长编》卷150，第3656页。
④ （宋）李焘：《续资治通鉴长编》卷142，第3396页。
⑤ （宋）李焘：《续资治通鉴长编》卷154，第3744页。

示范的关键群体。① 苏辙就说："孔道辅、范仲淹、欧阳修、余靖之流以言事相高。此风既行，士耻以钳口失职。"② 足见庆历士大夫的角色扮演为世人树立了正直敢言的言官典型。"四谏"的称号在后世屡屡重现，如南宋的"嘉熙四谏"、晚清的清流"四谏"等，亦可见欧阳修等人的影响。

　　而这一段谏官经历也构成了庆历谏官生命中不可重来的以言行道的岁月。庆历五年（1045）欧阳修致信刚罢相出知兖州的杜衍："某蒙国厚恩，任责尤重，殆此期岁，旷无所闻。不惟上辜陶钧，实亦惭愧知己，瞻望门馆，岂胜区区。然自东藩下车已累月，而尚稽修问左右之礼，盖其进不能为朝廷辨邪正，而使谗言胜于公议，退亦何所述其私焉？用此彷徨，非懈怠也。"③ 他自认无法做到辨邪正、排谗言，终究是辜负了君主的嘱托，知己的关切。多年后，欧依旧回忆并感慨：

> 　　愿［顾］我实孤生，饥寒谈孔孟。壮年犹勇为，刺口论时政。中间蒙选擢，官实居谏诤。岂知身愈危，惟恐职不称。十年困风波，九死出槛阱。④

欧的自述隐然有将谏官生涯作为人生拐点的意味。自此之后，人事消磨，他再也不是那个议论风生的青年了。而并肩作战的经历也让庆历谏官结下了真挚的情谊。庆历六年（1046），蔡襄与王素互有答赠，讲起他们三年前在谏垣的经历以及尚未完成的志愿。至和二年

---

①　孔、范及庆历四谏对言官角色扮演的影响，参见本书第五章第一节第一小节。又，刁忠民认为，宋代台谏事权之重，远超前代，有三次契机，第三次便是"庆历四谏"的增置和扮演。参见刁忠民《论北宋天禧至元丰间之台谏制度》，《四川大学学报》1999 年第 3 期。

②　（宋）苏辙：《论台谏封事留中不行状》，《栾城集》卷 36，《苏辙集》，第623 页。

③　（宋）欧阳修：《与杜正献公书》其一，《欧阳修全集》卷 145，第 2353 页。

④　（宋）欧阳修：《述怀》，《欧阳修全集》卷 5，第 89 页。

（1055），蔡襄致信远在岭南的余靖，向他告知老友的动向：欧阳修、孙甫已留京，王素不久自己则已乞知泉州。言下之意，他们终究是难再齐聚了。

三　新政失败后宋廷对"私说"的禁抑

宋夏议和后宋朝的政治形势逐步稳定，庆历士大夫主持的改革以及他们对党论等指责的回击，愈益引发仁宗的怀疑和抵触，令他的立场重向老成士大夫靠拢。庆历四年（1044）十一月，仁宗赐诏中书门下，以新近发生的"奏邸狱"和遣使按察地方的新政举措两个事项为中心，对于庆历士大夫表现出及影响下的"承平之弊"，包括"朋党""比周"的交游方式、"激讦"的言事姿态、"行怪"的行事特征、"讪上"的属文倾向、"为国生事"的革新政策，予以周遍而猛烈的抨击，并敕令"中书、门下、御史台采察以闻""当责其不悛，惩乃攸类，罚之无赦，令在必行"，以期彻底止禁浮薄浇竞的歪风邪气。① 由此诏敕看，宋廷从公私关系的视角评判庆历士大夫的政治行为，他们结党是"假我王爵，布为私恩"，遣使苛察是"背公死党"，发表言论是"雷同私论，营罔朝听"，均属悖公义济私利之举。② 很明显，宋廷预期通过抑制浮薄的政策导向，伸张朝廷的威信和权力，阻遏士林中由庆历士大夫"鼓扇"起来的"私"的言论和势力，重建合理的上下秩序。事实上，后新政时代的执政者的确陷入了"大臣体轻"而言者甚振的困局。是故，这篇申戒性质的王言，昭示宋廷行政理念和言论政策的转向，也预告了庆历新政的失败。以此为标志，官方意识形态重新趋于保守，先前被宋廷暂时接纳的"君子"理念再度遭到排斥，"老成"理念则回归官方意识形态的主流位置。尊严朝廷与排抑浮薄构成后新政时代（1045—

---

① 参见《诫饬在位诏》，《宋大诏令集》卷193《政事四十六》，第708—709页。
② 参见《诫饬在位诏》，《宋大诏令集》卷193《政事四十六》，第708—709页。

1055）宋廷施政的总方针。

有趣的是，庆历士大夫在后新政时代虽多谪守江湖，但他们所倡导的"君子"理念却依旧在庙堂保有影响力，尤其得到了台谏官员的认可。他们继承了庆历士大夫的政治理想和行事作风，危言鲠论，毫不顾忌，与老成的宰执展开新一轮政争。[1] 这批士大夫很快成为宋廷重点敲打和整饬的对象。

仁宗对后新政时代的台谏作风多有不满，皇祐元年（1049），他为变革"近岁风俗，争事倾危，狱讦滋多，上下暌急"[2] 的局面，下诏禁止台谏风闻言事。皇祐三年（1051），仁宗因谏官陈旭言吕公弼事对辅臣说："古之君子贵夫几谏，今则务讦人阴私，以沽直名，朕不取也。"[3] 直指谏官卖直取名。也是在同一年，仁宗于贬黜殿中侍御史里行唐介后降敕榜于朝堂称："卑图柄臣，下轻上爵，干非己任，侵及主权。故堂陛之级易陵，而朝廷之势可动。必资惩革，以警群伦。"[4] 警告那些下位陵上的官员，重申朝廷尊严。他还因唐介言吴奎、包拯阴结文彦博一事嘱咐宰相选用"忠厚淳直、通世务、明治体之人"担任台谏，意欲革除顽固的"浮薄之弊"[5]。皇祐五年（1053），仁宗诏令台谏上章论事"毋或朋比以中伤善良"[6]，戒备台谏协合言事。至和二年（1055），他又下诏指出"尸言责者或失于当"[7]，还在台官弹劾宰臣陈执中事中不悦"台谏官不识体，好言人家私事"[8]。嘉祐五年（1060），仁宗下诏"戒上封告讦人罪或言赦

---

① 后新政时代的政治形势，参见本书第五章第一节第一小节。

② （宋）李焘：《续资治通鉴长编》卷166，第3983页。

③ （宋）李焘：《续资治通鉴长编》卷170，第4089页。

④ 《贬唐介后榜朝堂诏》，《宋大诏令集》卷193《政事四十六》，第710页。

⑤ 参见（宋）陈均编，许沛藻、金圆、顾吉辰、孙菊园点校《皇朝编年纲目备要》卷14，中华书局2006年版，第323页。

⑥ （宋）李焘：《续资治通鉴长编》卷174，第4211页。

⑦ 《诚饬在位诏》，《宋大诏令集》卷193《政事四十六》，第710页。

⑧ （宋）李焘：《续资治通鉴长编》卷178，第4313页。

前事，及言事官弹劾小过或不关政体者"①。可见他反感台谏好言他人阴私及琐细之事的做法。嘉祐六年（1061），仁宗再次下诏诫约台谏"务敦修于行实，无过事于言华。以忠告善道为药石之珍，以厚诬巧訾为风俗之戒"②，还曾告诫侍御史知杂事郭申锡勿"资言以进"③。总之，仁宗于后新政时代一改先前鼓励言事的做法，而是选择在宰辅的配合下不断约束台谏，确保他们既能履行职责，又不至于因言事者激讦过当而动摇朝廷的尊卑秩序。

仁宗对言路的整顿得到老成士大夫的赞同和助推。早在庆历三年（1043），苏绅就攻击王素、欧阳修等谏官"数言事"是"蹈节而陵上""谋而僭上"④。庆历四年（1044），监察御史刘元瑜亦弹劾庆历谏官"以进退大臣为己任，以激讦阴私为忠直，荐延轻薄，列之馆阁，与相唱和，扇为朋比"⑤。两人均认为庆历谏官感激言事是破坏公共秩序的罪行。皇祐五年（1053），宋廷以孙抃为御史中丞，谏官韩绛论其"非纠绳才，不可任风宪"，孙抃即手疏批判当时士人"趋进者多，廉退者少，以善求事为精神，以能讦人为风采，捷给若啬夫者谓之有议论，刻深若酷吏者谓之有政事"，仁宗认可其说，趣令视事。⑥ 这无疑是两种政治理念的冲突。嘉祐元年（1056），宰相刘沆进言："自庆历后，台谏用事，朝廷命令之出，事无当否悉论之，必胜而后已。又专务抉人阴私莫辨之事，以中伤士大夫。执政畏其言，进擢尤速。"⑦ 指出庆历之后台谏论事鲜有公心，已然盘结成一股强横而自私的政治势力。

而在老成士大夫当中，张方平可谓后新政时代鼓吹官方意识形

---

① （宋）李焘：《续资治通鉴长编》卷191，第4627页。
② 《诫约台谏诏》，《宋大诏令集》卷194《政事四十七》，第712页。
③ （元）脱脱等：《宋史》卷330《列传第八十九》，第10620页。
④ （宋）李焘：《续资治通鉴长编》卷142，第3396页。
⑤ （宋）李焘：《续资治通鉴长编》卷154，第3744页。
⑥ 参见（宋）李焘《续资治通鉴长编》卷174，第4211页。
⑦ （宋）李焘：《续资治通鉴长编》卷184，第4448页。

态最力的旗手，他极力抵制"庆历四谏"的言事风气，认定他们"颇开朋党，险危善良，鼓动风波，沦胥以败"①。张方平的观感源于自身的政治理念。宋人黄震认为，张方平是"尊严者"，"务欲天下士视朝廷如雷霆鬼神不敢议"②。这段论述颇为精辟地点明了张氏政治行为的出发点：朝廷尊严。张方平非常警惕公共空间中一切以下犯上的举动，反复强调"下轻其上，贱人图柄，则国家摇动，俗用不静""古志有之，下凌则上替者，积衰之渐，不可长也"③。而这正是张方平和官方意识形态的契合处。在张方平看来，仁宗朝无疑是一个趋向"下凌上替""国家摇动"的时代，他晚年曾向苏辙回顾仁宗朝的政治走势：

> 国朝自真宗以前，朝廷尊严，天下私说不行，好奇喜事之人，不敢以事摇撼朝廷。……仁宗初年，王沂公（王曾）、吕许公（吕夷简）犹持此论。自设六科以来，士之翘俊者，皆争论国政之长短。二公既罢，则轻锐之士稍稍得进，渐为奇论，以撼朝廷，朝廷往往为之动摇。庙堂之浅深，既可得而知，而好名喜事之人盛矣。许公虽复作相，然不能守其旧格，意虽不喜，而亦从风靡矣。其始也，范讽、孔道辅、范仲淹三人，以才能为之称首。其后许公免相，晏元献（晏殊）为政，富郑公（富弼）自西都留守入参知政事，深疾许公，乞多置谏官，以广主听。上方向之，而晏公深为之助，乃用欧阳修、余靖、蔡襄、孙沔等并为谏官。谏官之势，自此日横。郑公犹倾身下士以求誉，相帅成风。上以谦虚为贤，下以傲诞为高，于是私说遂胜，而朝廷轻矣。④

---

① （宋）张方平：《论进用台谏官事体奏》，《乐全集》卷24，《张方平集》，第365页。

② （宋）黄震：《黄氏日抄》卷50，《黄震全集》，第1653页。

③ （宋）张方平：《论小臣妄投封章讪上事奏》《奏陈执中碑文》，《乐全集》卷20、卷25，《张方平集》，第280、375页。

④ （宋）苏辙：《龙川别志》卷上，第81—82页。

张方平把朝廷与私说的角力作为叙述当代史的主线，呈现了上下失序的渐进过程。他指出，尤其是庆历士大夫崛起于政坛，推崇有为之才和言事之风，以致形成上退下进的惯性，令朝廷的尊严在"私说"摇撼下日益沦落。这是张方平一贯的政治见解。① 庆历七年（1047），他在回答仁宗的手诏提问时分析天下大势道：近来"朝廷颇引轻险之人，布之言路，违道干誉，利口为贤，天下承风，靡然一变"，再加上"外人议论，展转缘饰，沽激仿效，惟恐不及，败坏雅俗，遂成险薄"，造成"自将相而下，至于卿大夫士，惴惴危恐，莫有泰然而自安者。一动一为，辄曰：'恐致人言也。'"他于是呼吁仁宗"察其真奸，必正国典，宽其小疵，以全人用"，从而"通上下之情""合上下之势"。② 仁宗览奏特异之，亲书"文儒"二字赐给张方平。可见这对君臣对时弊的认知是趋同的。张方平于庆历六年（1046）权同知贡举时要求朝廷禁绝"怪诞诋讪""流荡猥烦"

---

① 有趣的是，范仲淹，这位在张方平看来煽动"私说"之势的始作俑者，同时也是张的故交。因此，张方平在为范仲淹书写文字时会用心处理绕不开的言事问题。比如，景祐二年（1035），范仲淹在知苏州任上除礼部员外郎、天章阁待制，他自作除礼部员外郎的谢表，又请张方平代作除待制的谢表。前者，和范仲淹在同一阶段所作的《睦州谢上表》《饶州谢上表》《润州谢上表》共享一个主题，那便是：坚决地为自己直言进谏辩护，并劝诫仁宗听取意见。而由张方平起草的谢表，态度更为恭敬，立场也不再坚定，还替范自省在反废后之事中的做法是"浅智深谋，昧朝廷之大体"[（宋）张方平：《代人自外郡除待制表》，《乐全集》卷29，《张方平集》，第484页]。范本人在当时断然不会说出此言。虽说张文更符合谢表的体例，应该也得到了范的肯定，但对读张、范的文字，仍可看出两人政治观念的差异。又如，皇祐四年（1052）范仲淹去世后，张方平自撰祭文，又让苏颂作祭文，以纪念师友。两篇祭文都谈到范仲淹早年直言的壮举，苏颂据实直说："公为谏官，慷慨敢言。自下劘上，弗屈要权。"[（宋）苏颂：《代张端明祭范资政文》，《苏魏公文集》卷70，第1062页]"自下劘上"显然为张方平所忌讳，于是他抓住范在景祐政争中批判权相伸张皇权的表现，写下"赤墀清规，正色谠辞，引义慷慨，主尊臣卑"[（宋）张方平：《祭资政范侍郎文》，《乐全集》卷35，《张方平集》，第572—573页]的赞语，这是以自己的方式为范仲淹辩护。

② 参见（宋）张方平《再对御札一道》，《乐全集》卷18，《张方平集》，第234页。

的"太学新体"，正是为了清理革新派留下的文化遗产。① 从中亦可看到张方平对规矩和秩序的追求。

顺带一提，张方平惯用"私说"指称庆历士大夫带动起来的言论风气，这一概念出自法家，表示那些由士、民主导的不受国家控制的言论。在法家看来，这类言论背弃"公法"而谋求"私利"，惑乱天下，削弱人主之威势，应当予以禁绝。如《管子·法法》明确提出"私议立则主道卑"②，同书"任法篇"则论证了"私说日益"如何造成"公法日损，国之不治"③。这些观点可与张方平之言合看，他们都在公私对立的框架下解释了遏制士、民之私说与重塑朝廷尊严之间的内在逻辑。而张方平的意见之所以得到仁宗重视，原因可能有二：其一当然是他提出的建议有助于加强君主专制；其二，仁宗君臣需要这样一种自上而下的公私观和言论观来应对士林以所谓"公议""公道"为基础发展起来的舆论力量，保证朝廷始终掌控判定公私和调节言论空间的主导权。由此看来，后新政时代仁宗和宋廷对庆历士大夫的打压，指"公议"为"私说"，隐然呈现儒、法的对立。

综上所述，在后新政时代，仁宗和老成士大夫有感于"轻锐之士"带来的挑战，联手把维护朝廷尊严放在官方意识形态的中心位置，注重以赏罚和臧否伸张朝廷威信，理顺上下秩序，重塑敦厚士风。为此，他们持续打压台谏日益高涨的言事热情，倾向于将直谏视为"私说"而时常加以排斥。这造成十年间言论空间在台谏与高层的争持中相对收缩，但舆论权力始终没有失去内在的活力。

---

① 参见林岩《北宋"太学新体"考论——以张方平庆历六年科举奏章为中心》，《文艺研究》2022 年第 8 期。

② 黎翔凤撰，梁运华整理：《管子校注》卷 6《法法第十六》，中华书局 2004 年版，第 296 页。

③ 《管子校注》卷 15《任法第四十五》，第 911—912 页。

第二节　"犯颜纳说"何以为忠——范仲淹上晏殊书所见士人言论观的转向

从明道废后到景祐政争再到庆历党争，我们可以发现"老成""英俊"之间的冲突多因言而起，并且也往往表现为言论上的激烈交锋。在具体事项之外，和言论直接相关的政治伦理问题也一直是两方争执的焦点。关于"越职言事"的合法性，关于台谏的角色期望，乃至一般性的言行原则，一时间都成为士大夫相与论辩的核心话题。正是在这样的情境下，庆历士大夫经由批判和自辩清晰地阐明了以言行道的行动逻辑、以言报国的言者意识以及危言危行的立朝姿态，同时将这些新理念推而广之，促成整个士阶层言论观的质变。因此，要揭开苏轼所说的"（天下）以犯颜纳说为忠"[①] 的现实缘起和思想基础，作为开创者的庆历士大夫，其自身的经历和言说无疑是最不容忽视的。

而在庆历士大夫聚焦言论议题的一系列言说中，范仲淹写给晏殊的《上资政晏侍郎书》可以说是一个奠基性的文本。[②] 这封作于天圣八年（1030）的书信连同它所关联的范、晏异同一事，正式拉开了"老成""英俊"言论观之争的大幕。范、晏结缘于天圣五年（1027）。彼时范仲淹丁母忧，寓居应天府。晏殊正好担任南京留守，聘请范主管府学，宾主甚为相得。范仲淹在执教期间向执政上万言书，宰相王曾阅后大为叹赏，便授意与范有旧的御史中丞晏殊向朝廷举荐范试馆职。晏殊在举状中既表彰范仲淹"为学精勤，属文典雅。略分吏局，亦著清声"，又称颂范任学官时"观书肆业，敦劝徒

---

① （宋）苏轼：《六一居士集叙》，《苏轼文集》卷10，第316页。
② 刘静贞注意到《上资政晏侍郎书》标志范仲淹确立了自身直言进谏的理念渊源和行动根据。参见刘静贞《北宋前期——皇帝和他们的权力》，稻乡出版社1996年版，第250—253页。

众，讲习艺文。不出户庭，独守贫素”的“儒者之行”，赞誉集中
在才学、品行和吏干。① 经王曾、晏殊两位高官的运作，天圣六年
（1028）十二月，范仲淹服除归阙，通过召试，以大理寺丞为馆阁校
理。次年冬至，仁宗亲率百官至会庆殿给刘太后祝寿，范仲淹上奏
抗议，认为天子与百官同列，有损君体。疏入，不报。晏殊闻讯，
招来范诘问道："尔岂忧国之人哉！众或议尔以非忠非直，但好奇邀
名而已。苟率易不已，无乃为举者之累乎！"② 显然，晏殊的关注点
不在范仲淹所言之事的是非曲直，而在范言事行为本身是否合理。
晏殊之所以担心范仲淹如此行事会惹来祸端，进而连累到身为举主
的自己，首先自然是由于他本就反感这般轻率的行为，更重要的原
因则是，晏很清楚范氏此举在彼时的政治文化语境中注定无法取得
世人的认可。③ 范仲淹当场答复：自己犯颜进谏正是为报答对方的知
遇兼荐举之恩，不意反以忠直而受责。范的第一反应是将公共责任
引入私人关系（这也是他一贯的交游理念），主要针对晏殊"举者
之累"的非难，尚不及言事。晏殊听罢更为恼怒，让范仲淹别强词
夺理。晏的强烈反对令范深感震惊，他实在想不明白，这位对自己
一直赞誉有加且颇有清誉的高官为何会因为正义之举而突然翻脸。
他几乎要脱口而出："傥以某远而尽心，不谓之忠；言而无隐，不谓
之直，则而今而后未知所守矣。"④ 到底怎样才算"忠直"，到底如
何立朝为官，范一时间对晏殊的主张大惑不解。最终，他于告退后
再三思索，认定自己身正行直，问心无愧，遂修书一封，洋洋数千
言，既阐明上寿事不合礼法，也为自己的"狂直"提供了极其周密

---

① 参见（宋）楼钥《范文正公年谱》，《范仲淹全集》附录2，第871页。
② 参见（宋）范仲淹《上资政晏侍郎书》，《范文正公文集》卷10，《范仲淹全集》，第230页。
③ 陈晔指出，在延续宋初以来"循默"作风的晏殊以及许多仁宗朝士大夫眼中，像范仲淹这样积极言事的士大夫和"浮浅侥觊之辈"其实没有差别。参见陈晔《北宋政情、政风下的转对制》。
④ （宋）：范仲淹《上资政晏侍郎书》，《范文正公文集》卷10，《范仲淹全集》，第236页。

的辩解。

《上资政晏侍郎书》谈及"言"的文段大致可以分为三个部分：首先，范仲淹将自身直言的原因追溯到古道，从而在根本上确立此举的合法性；其次，范罗列了许多针对其言事行为的责难，并逐条予以驳斥或回应；最后，范还展开一场历史推演，他把"天下之士"分成"危言危行"和"逊言逊行"两大类，以"二党""交战"之"胜负"作为解释"天下理乱"的线索，以此论证"危言危行"于国于身皆不可或缺。范仲淹的论说有破有立，颇成体系，后来庆历士大夫有关言论问题的各类陈述，基本不出这封上书的范围。是故，本节将以《上资政晏侍郎书》为线索，一方面呈现庆历士大夫在言道关系上的新探索，具体揭示他们面对质疑时采取的自辩策略，着重观察他们怎样在建构新型言论观的同时将其正当化，另一方面以上书中的自问自答为引，从仁宗与老成士大夫对言事现象的评述出发，还原他们的言论观念及其思想、历史渊源，由此解释他们为何对庆历士大夫的言行持批判态度。通过下文的分析可以看到，从晏殊一辈的"众或议尔以非忠非直，但好奇邀名而已"到苏轼这一代的"以犯颜纳说为忠"，庆历士大夫在其间如何一步步折转北宋士人言论观念的趋向。

一　从修辞明道到以言行道

范仲淹在具体展开辩解前，先做一番自述，向晏殊说明自身进言的精神动力：

> 某天不赋智，昧于几微，而但信圣人之书，师古人之行，上诚于君，下诚于民。韩愈自谓有忧天下之心，繇是时政得失，或尝言之，岂所谓不知量也？①

---

① （宋）范仲淹：《上资政晏侍郎书》，《范文正公文集》卷10，《范仲淹全集》，第231页。

范仲淹摆出他舍私奉公的一贯态度。首先，他说自己天资愚钝，以致无法察识安危之兆。这显然和现实不符。范本人精通易学，尝谓"（圣人）安危之几存乎《易》"①。从范留下的二十七则《易义》可知，他关注君子"德""位""时"之间的关系②，主张适时进退，因而《易义》中不乏"知吉之先，辨祸之萌""藏器于身，待时而动"③一类说法。如此看来，范故作谦词，其实是在委婉地表达忘身为国的立场。至于是否会因此招来祸患，是否会像晏殊担心的那样"为举者之累"，他早已置之度外，自然不会在这点上多费口舌。紧接着，范仲淹从公的一面立论。他自白遵奉古圣人之言行，故立志对君、民皆尽忠尽力。在这里，我们又一次清楚地看到范仲淹如何从儒学信仰自觉地生发出士当以天下为己任的使命感。范很早便认定，士继承圣人之道，又居四民之首，身处沟通君、民的中间位置，因此对于两者也就是整个天下均负有责任，须以"忠孝""奉上"，"仁义""施下"④。随后，范援引韩愈之言，将责任意识转化为具体的行动，从而在言事和儒道之间建立起内在的逻辑线索。韩愈所阐发的"忧天下之心"，强调士无论穷达都应当兼济天下，折射出寒士的主体观念与政治诉求，昭示公共责任感的内转和下移，这构成范仲淹"先忧后乐"说的先声。⑤范正是借由"忧天下"的公心给予不得位则积极进言时政得失以充分的正当性，他明确提出，自己先前直言谏诤，绝非率意妄为，亦非"好奇邀名"的投机行径，而是行道兼济的正义之举，其背后自有深厚的儒学根基。

以言行道，这是范仲淹反复强调的行事原则，也是他自辩的底

---

① （宋）范仲淹：《上时相议制举书》，《范文正公文集》卷10，《范仲淹全集》，第237页。

② 参见程杰《北宋诗文革新研究》，内蒙古教育出版社2000年版，第100页。

③ （宋）范仲淹：《易义》，《范文正公文集》卷7，《范仲淹全集》，第143、145页。

④ 参见（宋）范仲淹《上张右丞书》，《范文正公文集》卷9，《范仲淹全集》，第209页。

⑤ 参见本书第五章第四节第三小节。

气之所在。景祐元年（1034），范在《睦州谢上表》中向仁宗重申自己在谏官任上的所作所为皆是因为 "腐儒多昧，立诚本孤。谓古人之道可行，谓明主之恩必报"①。还值得注意的是，范仲淹讨论言事的必要性，不仅上升到儒道的高度，也着意引入当下的情境予以落实：

> 某又闻，天生蒸民，各食其力，惟士以有德，可以安君，可以庇民，于是圣人率民以养士。《易》曰："不家食，吉。" 如其无德，何食之有？某官小禄微，然岁受俸禄仅三十万。窃以中田一亩，取粟不过一斛。中稔之秋，一斛所售不过三百钱，则千亩之获，可给三十万。以丰歉相半，则某岁食二千亩之入矣。其二千亩中，播之耨之，获之敛之，其用天之时、地之利、民之力多矣。傥某无功而食，则为天之螟，为民之螣。使鬼神有知，则为身之殃，为子孙之患。某今职在校雠，务甚清素，前编后简，海聚云积。其间荒唐诡妄之书，十有七八。朱紫未辨，膏肓奈何？某栖迟于斯，绝无补益。上莫救斯文之弊，下无庇斯人之德，诚无功而食矣。所可荐于君者，惟忠言耳。②

范仲淹认定，士作为 "劳心者"，唯有依靠 "安君" "庇民" 的德行方能 "食于人"，因此他入仕为官，时刻反思自己的作为，极力避免尸位素餐。如今范仲淹由晏殊举荐，跻身许多中下层官员欲进而不得的馆阁，却萌生强烈的不得志之感。作为国家的后备人才，馆职的日常是在三馆中校理群书，甚为清闲。范仲淹一则没有机会踏踏实实地富厚民生，二则面对手头驳杂的图籍，一时间也无力振兴古

---

① （宋）范仲淹：《睦州谢上表》，《范文正公文集》卷16，《范仲淹全集》，第386页。
② （宋）范仲淹：《上资政晏侍郎书》，《范文正公文集》卷10，《范仲淹全集》，第233页。

道，补救"斯文之弊"，这样的生活显然让他无处安放那颗灼热的忧济之心。正是为了克服"无功而食"的惭愧以及不能行道的焦虑，范选择以进献"忠言"作为践行理想兼自我救赎的方式，于是就出现了天圣七年（1029）那封"倾动天下"①的上疏。

得志则"泽加于民"，不得志则以言尽责。这便是范仲淹早早确立的行动策略，"言"从此成为一种不可或缺的行道路径，范也用毕生时间完成了他"素闻前哲道，欲向圣朝行"②的承诺。当言论与行道直接勾连，一种新的言论观念也就应运而生，范仲淹给出了一句极其精辟的概括："儒者报国，以言为先。"③在范仲淹看来，士的言责不再由外在的制度所赋予，而是内在道义的必然要求，或者说是一种自觉。生而为儒，无论是否身当言路，甚至，无论是否入仕，他都应当积极地发声，以此报国行道。相比于传统的得位行道，以言行道无需前置条件，完全行之在我，故范仲淹提高了它的行动优先级，以此凸显行道的自主性。

而在现实中，范仲淹忠实地践行自己所提倡的言者意识，刚直敢言的姿态几乎贯穿他的整个仕宦生涯。尤其在名位不高的青中年时期，言论一直被范视作行道的首要方式。先看范仲淹担当言官的情况。范于明道二年（1033）任右司谏虽首尾不满一载，却屡屡建明大事，如谏阻朝廷用刘太后遗命立杨太妃代为太后并参决国事，反对清算刘太后当权时事，推动仁宗亲政初期朝政的平稳过渡。特别在年底的废后事件中和孔道辅一道领导台谏面斥宰相，伏阁求对，更是被宋人认为是台谏崛起的标志。而在言官之外，范仲淹不仅履职尽责，完成分内工作，还持之以恒地主动献言乃至进行净谏。范对言者的角色扮演，帮助他迅速打开声誉，也造成仕途的跌宕，用

---

① （宋）蔡襄：《祭范侍郎文》，《蔡忠惠集》卷36，《蔡襄集》，第660页。

② （宋）范仲淹：《赠张先生》，《范文正公文集》卷2，《范仲淹全集》，第26页。

③ （宋）范仲淹：《让观察使第一表》，《范文正公文集》卷17，《范仲淹全集》，第403页。

他自己的话讲："颠沛十载，灰而又燃者数四矣。"① 但范本人从未
畏惧也从未后悔过。

下面以范仲淹的碑志传记以及楼钥编写的《范文正公年谱》为
中心，摘录出和其当时职守基本没有直接关联的议政进言的事项，
制成一览表，时间截至康定元年（1040）范西行赴边前：

时间	职任	言事情况
乾兴元年（1022）	监泰州西溪盐仓	冬十二月上书枢密副使张知白论时政。
天圣三年（1025）	知兴化县	夏四月二十日，上书请救文弊，复武举，重三馆之选，赏直谏之臣，及革赏延之弊。
天圣五年（1027）	守丧，掌应天府学	是年上书执政，言朝廷得失、民间利病，凡万余言。
天圣七年（1029）	秘阁校理	十一月，仁宗率百官上皇太后寿于会庆殿，乃御天安殿受朝。上疏极谏。疏入，不报。又奏疏请皇太后还政，亦不报。
天圣八年（1030）	秘阁校理河中府通判	上疏论职田不可罢。上疏论士人寄贯开封府。上疏论太后复辟，疏入，不报。三月，上疏谏止买木修寺观。五月，上书时相议制举。上疏言减郡邑以平差役。
天圣九年（1031）	河中府通判陈州通判	奏《致仕分司官乞与折支全俸状》。
明道元年（1032）	陈州通判	闻京师多不关有司而署官赏者，乃附驿奏疏甚恳至，愿以唐中宗朝上官婕好、贺娄氏卖墨敕斜封官为戒。又屡上疏言内降之弊，引韦后为戒。
明道元年（1033）	右司谏出使江淮体量安抚	虽有差遣于外，亦恳恳不忘忧国，途中上《时弊十事》，皆政教之大者。
景祐二年（1035）	权知开封府	自还朝，论事益急。十二月，郭皇后暴薨，中外疑内侍阎文应置毒。劾奏其事，即不食，悉以家事属其长子。仁宗卒听其言，窜阎岭南，寻死于道。

① （宋）范仲淹：《让观察使第一表》，《范文正公文集》卷17，《范仲淹全集》，第403页。

续表

时间	职任	言事情况
景祐三年 （1036）	权知开封府 知饶州	夏五月戊寅朔，公论建都事。宰相吕夷简言其迂阔。闻之，又上《帝王好尚》《选任贤能》《近名》《推委臣下》四论以献，大抵讥指时政。又为《百官图》以献，因指其迁进迟速次序，曰某为超迁，某为左迁，如是为公，如是为私，意在丞相，又以外戚张禹比吕夷简。吕大怒，辩于上前，且诉范越职言事，荐引朋党，离间君臣。范亦交章辩析，辞益切，遂罢黜，落职知饶州。

由上表可知，青中年时期的范仲淹在担任言官以外的职务时，言事的频率、类型和范围都远超一般的中下层官员，其见解之阔通，话题之敏感，言辞之犀利，更是鲜见其匹，充分反映了范氏特出的天下意识和理想主义。范仲淹作为言者的活跃表现，很快就得到了同道的认可。在他们看来，言者（诤谏）、儒帅（御边）和执政（改革）这三类公共形象相互连缀，共同展现了范仲淹的立朝大节。其中，言者较为特殊，它所指称的范畴不限于谏官，而是弥散于范氏的整个仕宦前期，其存在甚至盖过了范实际担任的一系列政治角色。如富弼《祭范文正公文》就描绘了这样一位以言行道的君子：

> 有宗公晏，荐公文章。典校图籍，馆阁之光。献后诞节，奸谋请皇，下率百辟，北面奉觞。公闻骇走，出疏于囊，虽示民孝，君入臣行，愿得元宰，外行故常。帝首宗之，内宴是将。众为公栗，公胆益张。于时非公，大节几忘。并悟献奸，遄遄于外。献既往矣，谏垣召拜。夙夜寒蹇，益用不怠。帝怒椒掖，讲从废殂。公率诸僚，御史协力。伏閤而谏，气直寰域。坐是谪去，中外失色。累易郡玺，召尹上京。尹职非志，志安朝廷。连挂柄臣，又窜南征。忠亮信特，天下皆倾。①

---

① 《全宋文》卷610，第29册，第69—70页。

在富弼笔下，"言"构成范仲淹前半仕宦生涯的叙事主线，也是他用以塑造挚友形象的核心要素。范的谏官经历自不待言，连他在馆职乃至权知开封府任上的表现，也被富弼分为本职工作和言事行动两部分，前者一笔带过，后者才是浓墨重彩、传神写照的关键情节。富弼在有关权知开封府的文段中更是明言"尹职非志，志安朝廷"，既表出范仲淹理想之所系，也是对吕夷简彼时"待制侍臣，非口舌任也"① 一语的正面回应。富弼的这种主次安排，意在告诉读者：言者是在范仲淹心中最为本质的身份认同，它是内发而非外铄的，它策动了范的诸多壮举，是这位当世圣贤留给世人的至为珍贵的精神遗产。两宋之交成书的《遵尧录》记载，范仲淹知开封时尝言："侍臣，当辅翼天子之政教，固宜朝夕论思，以图称职。如开封，乃一郡之事耳。政使如赵、张辈，功绩何足为报？"② 言下之意，渺视差遣的治郡之职，而突出贴职（天章阁待制）的论思之责。这段话虽未必真出自范仲淹之口，但足以看出范的"言者"本色影响深远。

自范仲淹作为言者崛起于天圣七年（1029），多元的行道观念和泛化的言者意识遂在北宋士人中间迅速地流行开来，明道二年（1033）欧阳修写给范仲淹的上书便充分展现了这一趋势。此前，范仲淹回朝就任右司谏，欧阳修等一批"洛之士大夫"殷盼他在任上有所作为，这份期待当然源于范先前的种种辉煌事迹。欧阳修在这封热情洋溢的书信中集中阐释了他对于谏官的定位：

> 故士学古怀道者仕于时，不得为宰相，必为谏官，谏官虽卑，与宰相等。天子曰不可，宰相曰可，天子曰然，宰相曰不然，坐乎庙堂之上，与天子相可否者，宰相也。天子曰是，谏

---

① （宋）李焘：《续资治通鉴长编》卷117，第2766页。

② （宋）罗从彦：《遵尧录》卷6，明成化七年（1471）刊本《豫章罗先生文集》卷7，《宋集珍本丛刊》影印本，第32册，第429页。

官曰非，天子曰必行，谏官曰必不可行，立殿陛之前与天子争是非者，谏官也。宰相尊，行其道；谏官卑，行其言。言行，道亦行也。九卿、百司、郡县之吏守一职者，任一职之责，宰相、谏官系天下之事，亦任天下之责。①

欧阳修把新理念引入旧有的官僚体制，给予言官前所未有的地位。唐宋士人多从设官分职的制度性视角出发解释言官在整个官僚体系中的独特地位，故有天子耳目的譬喻。很少有人会像欧阳修这样完全以行道为基准将谏官与群官之首的宰相等视。这主要是因为：言官本是口舌之任，品阶低下（御史中丞除外），又不厘庶务，通常不被纳入行道的范畴。欧在上书中也承认，若要行道，先须跻身九卿、百执事以及郡县长吏一类"贵官大职"方可，行道惠及天下则更是专属于宰相的特权。是故，古人谈到得位行道，预设的对象一般指向宰辅，至多扩展到进入中央决策层或主政地方的中高层官员。而后一群体，如欧所言，行道多有职守上的限制。言官与行道建立稳固的联系，是由以韩愈、柳宗元为代表的中唐士大夫创始的。韩、柳宣扬士人居官守道或说入仕行道的使命感。② 而言官和史官正是颇受他们重视的两类政治角色。韩愈作于早年的《争臣论》，以圣贤"得其道，不敢独善其身，而必以兼济天下也"督责谏议大夫阳城履行言责，又用"未得位，则思修其辞以明其道"为自身作论正名。③ 这对庆历士大夫影响甚深，乃至可以说直接启发了诸人关于言者的论说。

　　石介亦于明道二年（1033）撰写了多封上台官书，动辄以得位行道许人。如他的《上李杂端书》开篇由魏征"愿为良臣，不为忠

---

① （宋）欧阳修：《上范司谏书》，《欧阳修全集》卷67，第973—974页。

② 韩、柳的行道观，参见葛晓音《论唐代的古文革新与儒道演变的关系》，《中国社会科学》1987年第1期。

③ 参见马其昶校注，马茂元整理《韩昌黎文集校注》卷2，上海古籍出版社1986年版，第112—113页。

臣"的格言古事推出臣下得时方能行道，紧接着转入现时政治的叙述，以仁宗亲政之初的政策与人事变革证明李纮"得尧、舜之主而事之"，其道易行。① 《上孔中丞书》大谈用"学周公、孔子之道""施及国家，布于天下，以左右吾君、绥吾民"②，学韩甚明，足见言官作为体制内行道的关键媒介已成为庆历士大夫的共识。欧阳修则更进一步，在韩愈泛言得道兼济的基础上借助"言行，道亦行"这一层转换，首次提出谏官"以言行道，关乎天下"的独特地位。这种行道观扭转了行实而言虚的陈见，把言论也视为一类特殊然而有效的政治行动，将宏大的道德原则和灵活的行事策略巧妙地结合起来，极大提升了言论在权力场中的存在感和重要性。正是在这个层面上，谏官才能被欧阳修描述为在庙堂上与天子、宰相分庭抗礼的一极。后来欧阳修在谏官任上危言鲠论，便是践履此行道观。北宋中期台谏势力的急遽扩张，也和言官由道统体认自身之尊严息息相关。③

不仅如此，欧阳修、石介也对韩愈的修辞明道说做了相应的调整。韩愈主张无位即修辞明道，提倡穷达皆应有为于世，意在改变达则兼济、穷则独善的传统守道观，颇具思想革新的意味。④ 然而，在韩愈这里，无位明道和得位行道仍有质的差别，这主要表现在用的层面，前一途径在多数情况下无法立即作用于当代，其功效往往是潜在的或至少是滞后的。换言之，由于身份的穷达之异以及言行的虚实之别，无位明道的施为性天然地弱于得位行道。这在《争臣论》中就已显端倪。韩愈之所以提出修辞明道，是为了表明自己

---

① 参见《徂徕石先生文集》卷 14，第 160—161 页。

② 《徂徕石先生文集》卷 13，第 150 页。

③ 虞云国指出，宋代台谏得人的一个重要原因在于士大夫自觉精神的觉醒，参见虞云国《宋代台谏制度研究》，上海社会科学院出版社 2001 年版，第 97—100 页。

④ 韩愈守道观的革新意义，参见葛晓音《论唐代的古文革新与儒道演变的关系》。

"非以为直而加人"，以此规避"伤于德而费于辞"一类的指责。① 这无疑属于消极的防御策略。彼时韩愈不过一介寒士，身处"朝廷大臣以谨慎不言为朴雅"② 的唐德宗朝，承受着巨大的道德压力，尚无余力拓展无位明道的实践价值，无论理解抑或运用依旧比较保守。

从渊源看，韩愈的修辞明道说既是其"文以载道"思想的体现③，同时也继承了先秦以来盛行的"立言不朽"观念。"立言不朽"作为一种社会理想，伴随春秋时期大夫阶层的崛起和觉醒而出现。④ 至春秋晚期，以"孔子成《春秋》而乱臣贼子惧"⑤ 为标志，"立言"的主体下移至士阶层。汉代士人以此事为中心，系统地总结了前贤的述作成绩，把编撰"成一家之言"⑥ 的史、子类著述确定为"立言不朽"的首要方式。既言"不朽"，"立言"自然是朝向后世的，它对当下其实没有太多期待，惟寄望于后人能够理解现时有待实现的正义，能够珍重作者无法施展的抱负。如司马迁一再强调，《周易》《春秋》《离骚》《国语》《孙膑兵法》《吕览》《说难》《孤愤》以及《诗》三百篇"大抵贤圣发愤之所为作也"，还解释说这些圣贤"皆意有所郁结，不得通其道也，故述往事，思来者"。⑦ 文本因作者的沉沦而与今人隔绝，转而在永恒的时间之流中召唤"来者"打开。有学者指出，司马迁的这段历史叙述并非实录，而是一种个性化的书写策略，意在通过对经典文本生成背景的时空重塑表

---

① 参见《韩昌黎文集校注》卷 2，第 112—113 页。

② （唐）元稹：《叙诗寄乐天书》，冀勤点校《元稹集》卷 30，中华书局 2010 年版，第 405 页。

③ 参见葛晓音《论唐代的古文革新与儒道演变的关系》。

④ 参见过常宝、高建文《"立言不朽"和春秋大夫阶层的文化自觉》，《北京师范大学学报》2014 年第 4 期。

⑤ （清）焦循：《孟子正义》卷 13《滕文公章句下》，第 459 页。

⑥ （汉）司马迁撰，（南朝宋）裴骃集解，（唐）司马贞索隐，（唐）张守节正义：《史记》卷 130《太史公自序》，中华书局 1982 年版，第 3319 页。

⑦ 参见（汉）司马迁《史记》卷 130《太史公自序》，第 3300 页。

达自身的写作诉求——一种"郁结"后的愤怒。① 司马迁身遭宫刑，又生活在前贤创造的文化遗产之中，故在知觉到经典之不朽的同时也在有意无意地压抑言说的当代性。司马迁仿效孔子作《春秋》，撰成《太史公书》百三十篇，也是希冀"藏之名山，副在京师，俟后世圣人君子"，发愤以俟后、"隐约"以"遂志"从此渗入立言式述作的肌理。② 汉代士人对立言谱系的梳理，加上自身的书写活动，为后人的言行提供了参照。唐代士人延续了他们的观点，且看孔颖达等人在《春秋左传正义》中对"三不朽"的注解：

> 立德，谓创制垂法，博施济众，圣德立于上代，惠泽被于无穷。……立功，谓拯厄除难，功济于时。……立言，谓言得其要理，足可传记。③

"上圣之人"立德，能给予当代乃至万世以秩序，为最上；"大贤之人"立功，能及时地济世救民，次于立德；贤者立言，只能"使后世学习"，故又次于立功。可见在唐人看来，"立言"默认就是要托付后世的。韩愈也接受了此种文化共识，他对于修辞明道是有具体设想的，从中可以清晰地看到立言的痕迹：

> 方今天下风俗尚有未及于古者，边境尚有被甲执兵者，主上不得怡而宰相以为忧。仆虽不贤，亦且潜究其得失，致之乎吾相，荐之乎吾君，上希卿大夫之位，下犹取一障而乘之；若都不可得，犹将耕于宽闲之野，钓于寂寞之滨，求国家之遗事，考贤人哲士之终始，作唐之一经，垂之于无穷，诛奸谀于既死，

---

① 参见程苏东《"诡辞"以见义——论〈太史公自序〉的书写策略》，《岭南学报》复刊第 11 辑。

② 参见（汉）司马迁《史记》卷 130《太史公自序》，第 3320 页。

③ 《春秋左传正义》卷 35，《十三经注疏》，第 4297 页。

发潜德之幽光：二者将必有一可。①

韩愈所阐述的修辞明道，以探求当世之务为基础，延伸出两条路线：或经由进言时政得失获致得位行道的机遇，或师法圣人撰作当代史褒贬善恶以垂鉴后世。"言"在韩愈的人生规划中虽占据核心位置，但不管是化作进身的凭证还是凝结为不朽的"唐之一经"，它都只能间接地影响社会。尤其是作经撰史一途，构成韩愈无位明道的理想状态，其本质就是走"立言不朽"的老路。就像他对张籍说的："然观古人，得其时行其道，则无所为书；书者，皆所为不行乎今而行乎后世也。"② 不独是韩愈，中唐的古文家其实普遍怀抱修史留名的壮志。③ 对此，李翱说得很明白：

> 凡古贤圣得位于时，道行天下，皆不著书，以其事业存于制度，足以自见故也。其著书者，盖道德充积，厄摧于时，身卑处下，泽不能润物，耻灰烬而泯，又无圣人为之发明，故假空言，是非一代，以传无穷，而自光耀于后，故或往往有著书者。……仆窃不自度，无位于朝，幸有余暇，而词句足以称赞明盛，纪一代功臣、贤士行迹，灼然可传于后，自以为能不灭者，不敢为让；故欲笔削国史，成不刊之书，用仲尼褒贬之心，取天下公是、公非为本。群党之所谓为是者，仆未必以为是；群党之所谓为非者，仆未必以为非。使仆书成而传，则富贵而功德不著者，未必声名于后；贫贱而道德全者，未必不烜赫于无穷。韩退之所谓"诛奸谀于既死，发潜德之幽光"，是翱心也。④

---

① 参见（唐）韩愈《答崔立之书》，《韩昌黎文集校注》卷 3，第 168 页。

② （唐）韩愈：《重答张籍书》，《韩昌黎文集校注》卷 2，第 136 页。

③ 参见李少雍《刘知几与古文运动》，《文学评论》1990 年第 1 期。

④ （唐）李翱：《答皇甫湜书》，郝润华、杜学林校注《李翱文集校注》卷 6，中华书局 2021 年版，第 79—80 页。

李翱认定著书是像自己这样无位而欲留名者的事业，他不但欲将未及实现的行道兼济之志寄托于史书，等待"后圣人君子"的知赏，还想由此翻转现世的人物评价标准，期待有朝一日为那些有德操的寒士扬眉吐气。李翱树立的两个目标，皆意味着他把目光投向幽远的未来。李反复申说"以传无穷，而自光耀于后""灼然可传于后，自以为能不灭者""未必不烜赫于无穷"，看似信心十足，实际上也是在变相承认自己"身卑处下"，缺乏改变现实的能力。再者，李翱描画出一条从孔子、左丘明、司马迁到韩愈的"立言"线索，足证中唐古文家的修史理想其来有自。

柳宗元同样以修史自期，曾因不满韩愈"以史道在职"[①]而畏避苟且，去信责问，主张"凡居其位，思直其道，道苟直，虽死不可回也。如回之，莫若亟去其位"[②]，将行道、直道诸观念与史官直接关联起来。柳在永贞之后长年黜守南荒，"孤囚废锢，连遭瘴疠羸顿，朝夕就死"[③]，只得放弃修史之志。但在另一方面，他将自身贬谪后的创作尽皆纳入"立言"的框架中：

> 仆之为文久矣，然心少之，不务也，以为是特博弈之雄耳。故在长安时，不以是取名誉，意欲施之事实，以辅时及物为道。自为罪人，舍恐惧则闲无事，故聊复为之。然而辅时及物之道，不可陈于今，则宜垂于后。[④]

由此可见，得位方可行道的传统观念仍然统治着中唐古文家的精神世界，他们终究没能充分发掘修辞明道的现实关怀。韩愈年轻时发

---

① （唐）柳宗元：《与史官韩愈致段秀实太尉逸事书》，尹占华、韩文奇校注《柳宗元集校注》卷31，中华书局2013年版，第2037页。

② （唐）柳宗元：《与韩愈论史官书》，《柳宗元集校注》卷31，第2026页。

③ （唐）柳宗元：《与史官韩愈致段秀实太尉逸事书》，《柳宗元集校注》卷31，第2037—2038页。

④ （唐）柳宗元：《答吴武陵论非国语书》，《柳宗元集校注》卷31，第2070页。

下宏愿：“行之以不息，要之以至死，不有得于今，必有得于古；不有得于身，必有得于后。”① 借用这段话来说，中唐古文家创作的承继对象是古人，预期读者是后人，当下则因着现实的诸多限制而被他们忽视了。

庆历士大夫接过中唐古文家的修辞明道说并加以扬弃。一方面，欧阳修独力重撰《五代史》，参与编写《唐书》，完成前贤念兹在兹的立言理想。② 另一方面，欧阳修、石介等人变修辞明道为以言行道，全面开拓了无位者的言行策略，大幅提升了他们的行动力，这一划时代的新观念由欧阳修于治平二年（1065）撰写的石介墓志中明确提出：

> 先生貌厚而气完，学笃而志大，虽在畎亩，不忘天下之忧。以谓时无不可为，为之无不至，不在其位，则行其言。吾言用，功利施于天下，不必出乎己；吾言不用，虽获祸咎，至死而不悔。其遇事发愤，作为文章，极陈古今治乱成败，以指切当世。贤愚善恶，是是非非，无所讳忌。世俗颇骇其言，由是谤议喧然，而小人尤嫉恶之，相与出力必挤之死。先生安然，不惑不变，曰：“吾道固如是，吾勇过孟轲矣。”③

同样是无位而不忘忧天下，石介、欧阳修显然远比中唐士人要乐观、灵活。他们弃置了韩愈穷则传道的旁观立场，肯定不在其位也能以言行道的主体性和能动性，强调借助言论也可以即时地直接地介入社会，维持公义，由此描画出行道的别种模式。当然，石、欧也承认“言”要真正发挥“功利施于天下”的作用尚取决于得位者的态

① 参见（唐）韩愈《上考功崔虞部书》，《韩昌黎文集校注》文外集卷上，第663页。

② 参见蒙文通《中国史学史》，上海人民出版社2005年版，第72—74页；刘成国《书写“涩体”：宋祁与古文运动》，《文学评论》2023年第1期。

③ （宋）欧阳修：《徂徕石先生墓志铭》，《欧阳修全集》卷34，第506页。

度，但他们同时强调，与其担心言而无用，不如现在就行动起来，尽己所能地发声。这种见解关注个体的意志和行动（为不为），而非行动的成效（能不能），和中唐以来兼济观的内转一脉相承。

同样是发愤而作，欧阳修预言，石介的创作同样具备"存之警后世，古鉴照妖魔"① 的价值，无疑能够得到"后来者"的尊重，他本人也必将拥有"不可朽"的"名声文行"②。更关键的一点则在于，欧指出，石介"发愤"与自身无涉，而完全源于阅世遇事的公心。石介之愤很快转化为"极陈治乱""指切当世"的言说姿态以及"无所讳忌""至死而不悔"的刚心勇气，力求善恶是非，明白昭晰，强化文字在当代的传播力和批判力，以期"警时鼓众"③。前代圣贤那种刻意隐约其辞的做法，到石介这里已不复存在。孟子转述曾子所谓"自反而不缩，虽褐宽博，吾不惴焉；自反而缩，虽千万人，吾往矣"的"大勇"④，石介得之矣。

还需要指出的是，石介生前就意识到，自己"狂狷好妄言，而有位不见听纳"，只得到"沽激好名躁进"的非议。⑤ 他身边的父兄亲友则再三告诫："得其政不若畜之于身，待其当位然后施之于事。"⑥ 石介经自我反省，也认同了相对稳妥的旧观念。但在现实中，他每每因事所激便回到"今复不能默"⑦ 的状态。这位不以文学知名的儒者始终非常信任同时充分调动言说的力量，他的言说也

_____

① （宋）欧阳修：《读徂徕集》，《欧阳修全集》卷3，第43页。
② 参见（宋）欧阳修《重读徂徕集》，《欧阳修全集》卷3，第46页。按，石介其实也有穷则独善、立言不朽的念头。他曾向士建中倾诉，自己很可能无法得位行道，遂打算退居守道，"不得行之于上，当存之于下，不得施之于天下，当畜之于一身；不得利于当世，当垂之于后人"。参见（宋）石介《与士熙道书》，《徂徕石先生文集》卷16，第190页。
③ （宋）石介：《石曼卿诗集序》，《徂徕石先生文集》卷18，第212页。
④ （清）焦循：《孟子正义》卷6《公孙丑章句上》，第193页。
⑤ 参见（宋）石介《上王沂公书》，《徂徕石先生文集》卷14，第167页。
⑥ （宋）石介：《上王沂公书》，《徂徕石先生文集》卷14，第167—168页。
⑦ （宋）石介：《上王沂公书》，《徂徕石先生文集》卷14，第168页。

的确深刻影响到北宋的历史进程。"世俗"的骇然和谤议，小人的嫉恶和倾陷，恰恰从另一面确证了石介以言行道的成就。①

范仲淹、欧阳修、石介合力完成以言行道的理论构建，致力于打破言说和行道之间最后一层厚障壁，激发言说的及物属性。核心原则既已确立，他们自居为"言者"的一系列行动便有了十足的底气。诸人探讨言道关系的文字不但作为经典文本出现在《圣宋文选全集》《皇朝文鉴》《古文关键》《圣宋名贤五百家播芳大全文粹》等本朝文章选本之中，还和他们的行动一道被宋人持续引述、称颂②。在他们的引导、示范下，越来越多的宋代士人意识到，不必再一味哀叹不遇，也不必再等待后来的"圣人君子"，只要勇于发声，你我在当下的每一刻都有可能改变这个世界。再者，在书写层面，宋人继续追求立言不朽，尽心完成那些在体例上追攀圣人、在思想上自成体系的著述，与此同时，他们也重视各类长篇短制的写作，但凡可以经世致用，不拘形式，无论高下，也无须执着于隐显。

二　仁宗与"老成"的批判及其渊源

范仲淹、欧阳修、石介是在实践过程中总结出新言道观的，言行高度一致。而就庆历士大夫整体而言，虽不是每个人都有三人那样的理论自觉，但从景祐党争等事件看，他们均支持范、欧等人的言行，认同以言为尚的行动理念，并在公共生活里尽心扮演"言者"角色。因此不妨说，庆历士大夫就是一群事实上的以言行道者，刚直是他们政治人格中的核心要素。范、石的活跃已见前述，下面再举几例：

---

① 石介对以言行道的践行及其影响，参见本书第三章第四节。
② 如范仲淹在上书中提出的观点构成《岳阳楼记》"先忧后乐"的先声，欧阳修上范仲淹书中讨论谏官之重要性的核心段落被司马光写入《吕献可章奏集序》中，其石介墓志转述石以言行道的部分被曾巩截录进史书《隆平集》中，可见后辈士人的重视程度。

欧阳修：公之在朝，以直自遂。排斥奸回，罔有剧易。后来相承，敢陨故事。虽庸无知，亦或勉励。此风之行，逾三十年。①

余靖：伟欤襄公，惟邦之直。始登于朝，官有言责，左右献纳，奸谀屏息。庆历之治，实多补益。②

蔡襄：公以材名在选中，遇事感激，无所回避，权幸畏敛，不敢挠法干政，而上得益与大臣图议。③

王素：资尤劲，善谈论，及为御史谏官，论事上前，不挠权势，不顾嫌忌，称为敢言。④

孙沔：识而在位，正直是谋。有献有言，天子之休。公言孔嘉，昧者是疑。或违或行，公守不移。⑤

尹洙：自兹登瀛，坐扬清风。举止甚直，议论必公。⑥

苏舜钦：官于京师，位虽卑，数上疏论朝廷大事，敢道人之所难言。⑦

庆历士大夫作为"言者"的表现是多方面的：有人在台谏任上危言鲠论，无所回避，重塑了言官的角色期望，建构了新的传统或曰"故事"，如范仲淹、欧阳修、蔡襄、余靖、王素、孙甫、孙沔、田况、富弼、韩琦等；有人虽位卑身下，或告老归田，却心忧天下，

---

① （宋）苏辙：《祭欧阳少师文》，《栾城集》卷26，《苏辙集》，第432页。

② （宋）欧阳修：《赠刑部尚书余襄公神道碑铭》，《欧阳修全集》卷23，第369页。

③ （宋）欧阳修：《端明殿学士蔡公墓志铭》，《欧阳修全集》卷35，第520页。

④ （宋）张方平：《宋故端明殿学士金紫光禄大夫行工部尚书致仕上柱国太原郡开国公食邑三千八百户食实封一千二百户谥懿敏王公神道碑铭并序》，《乐全集》卷37，《张方平集》，第647页。

⑤ （宋）毕仲游：《孙威敏公沔神道碑》，《名臣碑传琬琰集校证》上集卷23，第492页。

⑥ （宋）范仲淹：《祭尹师鲁舍人文》，《范文正公文集》卷11，《范仲淹全集》，第277页。

⑦ （宋）欧阳修：《湖州长史苏君墓志铭》，《欧阳修全集》卷30，第455页。

自负"言责"，利用各类渠道上书言事，如范仲淹、欧阳修、苏舜钦、石介、杜衍、尹洙、蔡襄、富弼、余靖等；有人作诗文褒善贬恶，指陈世弊，乃至着意借助舆论拓展干预政治的门路，如欧阳修、蔡襄、石介、苏舜钦、梅尧臣等。就像苏辙在祭奠欧阳修时所说的那样，庆历士大夫凭借身体力行在公共空间中集聚起一股前所未有的刚风直气，剧烈地改变了北宋士人的言行准则。

　　然而，庆历士大夫推动北宋士人言论观念转型的过程却障碍重重。在很长一段时间内，庆历士大夫积极言事的行为往往招致老成士大夫的反对和仁宗的疑忌，他们自身亦因此屡经贬放。晏殊对范仲淹的责问以及范前后"三黜"，便是典型事例。范仲淹在《上资政晏侍郎书》里总计列举三类七条批评意见，基本囊括了庆历士大夫遭受的所有非难，它们分别是：

性质	主题	具体内容
制度	侵官	不在其位，不谋其政。
	僭越	天下有道，庶人不议。
		远不当谏。
		言未及而言谓之躁。
品行	浮躁	然献言之初，或有所赏，于是浮浅侥觊之辈，争为烦言，或采其细而伤其大，或夸其利而隐其害，下冒上之宠而矫其辞，上疑下之躁而轻其说。此政教之大害也。
	矜奇	若以某好奇为过。
	近名	若以某邀名为过。
人身	贾祸	人皆谓危言危行，非远害全身之谋。

　　从范仲淹自问自答的情形看，"老成""英俊"就言论问题展开的交锋涉及三个维度：一是古典政治哲学。它为双方的论争提供了思想兼话语资源；二是宋初以来形成的制度规范和政治文化。这是仁宗和老成士大夫用来判断言事行为的"常识"，惩戒庆历士大夫的惯例和传统，同时也成为庆历士大夫借以自辩的依据，意欲突破的

藩篱；三是当下的政治现实。双方持续性的政争，以及他们对于言事行为的评述，既是仁宗朝言论伦理之争的起点，也是士人言论观转向的直接表现。不难看出，无论在理论还是实践层面，"言"所牵扯的现象和问题是极其复杂的，其间并不存在统一的评价标准，因此"老成""英俊"皆拥有广阔的空间来构建本群体的言论观念，并由此确证自身行动的正当性。接下来将从三个维度入手，探讨仁宗和老成士大夫如何在排击"狂率""浮薄""躁进"之徒的过程中维护他们认定的秩序与正义。

先谈理论层面。秦汉以降，先秦诸子所奠定的多种政治哲学体系构成了帝制时代意识形态的基质，于千百年间持续给各王朝的政权及政策提供合法性依据。从仁宗和老成士大夫所援引的概念、格言以及所表现出的思想倾向看，他们有关"言"的理论阐述和政治行动主要涉及儒、法、道三家的政治哲学。比如，上一节提到的，宋廷在庆历新政失败后着意压制"私说"以重塑朝廷尊严，显然与法家思想相通。又如，韩非警告统治者，面对言论若"说其辩而不求其当"，极易造成天下之人"其谈言者务为辩而不周于用"，终致"举先王言仁义者盈廷，而政不免于乱"。[1] 他还称，"学者""称先王之道以籍仁义，盛容服而饰辩说，以疑当世之法而贰人主之心"，"言古者""为设诈称，借于外力，以成其私而遗社稷之利"。[2] 法家戒惕空言高谈的观点也为"老成"一方所吸取。复如，仁宗君臣往往将积极言事目之为好奇、近名的行径，并认定此举"非远害全身之谋"，这和老庄之说息息相关。[3] 显然，"老成"一方采纳道、法两家学说可谓各有侧重，呈现宏观（国家）、微观（个体）的分野。与之相较，他们对于儒学的接受则是成系统的，范仲淹上书胪列的各种批判即多引述《论语》，横跨制度、品行、人身数个类别，足见

---

① 参见（清）王先慎撰，钟哲点校《韩非子集解》卷19《五蠹第四十九》，中华书局1998年版，第451页。

② 参见（清）王先慎《韩非子集解》卷19《五蠹第四十九》，第456页。

③ 参见本书第三章第一节第三小节。

儒学在意识形态全部领域的支柱地位。

儒家素有"慎言"的传统。① 孔子认为"君子欲讷于言，而敏于行"②，"讷"意为"迟钝"，"敏"意为"疾勤"，这精辟地概括了儒家的言行原则：谨言力行。因此，孔门一面反对巧言令色、言过其行，一面警惕讦直的举动。孔子在一次和子贡的对谈中指出，君子憎恶"称人之恶""居下流而讪上""勇而无礼""果敢而窒"四类恶行，子贡则明言讨厌"徼以为知者""不孙以为勇者""讦以为直者"。③ 在儒家看来，恶意中伤、以下犯上、出言不逊、无理取闹、发人阴私，种种似是而非的言语行为容易被人赞誉为"勇""直"，实际上尤为君子所不齿。而判断一项言语行为是否合理的标准，一者源于以仁为核心的道德体系，一者来自以礼为表征的等级名分制度，后者关系到个体在体制内的行动。孔子有云："非礼勿言。"④ 发言者理应恪守其分，不逾规矩。故孔子又主张"不在其位，不谋其政"⑤。清儒刘宝楠认为"谋"意谓"为之议论"，并征引"君子思不出其位"（《论语》所载曾子语）、"位卑而言高，罪也"（《孟子》所载孟子语）、"君子素其位而行，不愿乎其外"（语出《礼记·中庸》）等格言与此句文义相发明⑥，论证详赡，可以信从。由此看来，孔门已然注意到：个体的言论在体制内时刻存在越界的风险，必须依照职分予以自我控制。

战国时代的儒者愈加重视言辞的作用，但也在不同程度上继承了"慎言"的传统。比如，孟子在"言距杨墨"的过程中被人冠以"好辩"的名头，他得知后特向弟子解释，本人并非喜好论辩，而是

① 参见武克忠《论孔子的言、行观》，《齐鲁学刊》1988 年第 3 期；伍晓明《〈论语〉中的"论辩"与孔子对言的态度》，《中国文化研究》2008 年第 1 期；王齐洲《"修辞立其诚"本义探微》，《文史哲》2009 年第 6 期。

② （清）刘宝楠：《论语正义》卷 5《里仁第四》，第 159 页。

③ 参见（清）刘宝楠《论语正义》卷 20《阳货第十七》，第 707—708 页。

④ （清）刘宝楠：《论语正义》卷 15《颜渊第十二》，第 484 页。

⑤ （清）刘宝楠：《论语正义》卷 9《泰伯第八》，第 304 页。

⑥ （清）刘宝楠：《论语正义》卷 9《泰伯第八》，第 304 页。

想要"正人心，息邪说，距诐行，放淫词"，故不得已而为之。孟子还举孔子作《春秋》为例，说孔子自知此举僭行"天子之事"，遂发出"知我者其惟《春秋》乎，罪我者其惟《春秋》乎"的浩叹。① 通过这些言论分明能够辨识出"慎言"的压力。孟子同样抵制思出其位，他曾讲述孔子担任委吏的故事，借此提出一项仕宦原则："位卑而言高，罪也。立乎人之本朝而道不行，耻也"②。"言"也被孟子纳入穷则独善、达则行道的框架内。位卑者不仅无需担负行道兼济的责任，更不应妄自议论国事。孟子在齐国时还强调，当"有官守者""有言责者"和像自己这样"无官守""无言责"的客卿不受诸侯重用，各有其行事策略。③ 可见，随着官僚制的日益发展，"官守""言责"至战国已分别由专人承担，这样的制度安排成为孟子考虑进退趋舍的前提。又如，即便是鼓吹"君子必辩"的荀子，也认识到用"先王之至高至治之道"干说"末世至卑至乱之君"是十分困难的，故对一味"直至"之言持否定态度，提倡言谈委曲而又不折伤其道。④

老成士大夫不管是正面阐释自身的言行观，还是批判他人的言事行为，都大量援引儒家格言（尤其是《论语》中的话语）以自重。后一种情况已见于范仲淹的上书，前一种情况则如前揭贾昌朝《戒子孙文》所示。由引用的具体情况看，"老成"一方虽也存在一些为达政治目的而刻意割裂情境的做法，如范氏上书中的"天下有道，庶人不议""言未及而言谓之躁"等语，但从根本上说，他们确实服膺先圣"慎言"的教诲，并自觉地在公共生活中予以践行。如贾昌朝劝导后辈成长为"外讷于言而内敏于行"⑤ 的君子，其期

---

① 参见（清）焦循《孟子正义》卷13《滕文公章句下》，第446—461页。

② （清）焦循：《孟子正义》卷21《万章章句下》，第709页。

③ 参见（清）焦循《孟子正义》卷8《公孙丑章句下》，第269页。

④ 参见（清）王先谦撰，沈啸寰、王星贤点校《荀子集解》卷3《非相篇第五》，中华书局1988年版，第84—85页。

⑤ （宋）贾昌朝：《戒子孙文》，载《戒子通录》卷6，第8页a。

望不可谓不殷切。究其所以，一方面当然是因为儒学自身的影响力，另一方面则是由于"慎言"的亲和力，它既可与法、道两家的相关思想并行不悖，也适用于宋初以来的政治文化和官僚体制。老成士大夫对于"慎言"理念的接受以及运用因而可以说是毫无障碍的。

接着看现实层面。无论是出于专制抑或治道的需要，君主总是倾向于维持言路的通畅。尤其对于以防弊之政建基的宋代来说，开广言路更是自开国即已确立的政策导向。两宋的言路，严格意义上特指专职论列的台谏和掌管封驳的给舍两类担负言职的机构及官员，除此之外宋廷还设置了多种制度化或临时性的官员进言渠道。① 魏了翁对此有过一番总结："宰辅宣召，侍从论思，经筵留身，翰苑夜对，二史直前，群臣召归，百官转对、轮对，监司帅守见辞，三馆封章，小臣特引，臣民扣匦，太学生伏阙，外臣附驿，京局发马递铺。"② 两宋言路的多样性，于此可见一斑。

正如苏轼通过观察长时段的历史变迁发现："历观秦、汉以及五代，谏诤而死，盖数百人。而自建隆以来，未尝罪一言者，纵有薄责，旋即超升，许以风闻，而无官长，风采所系，不问尊卑，言及乘舆，则天子改容，事关廊庙，则宰相待罪。故仁宗之世，议者讥宰相但奉行台谏风旨而已。"③ 宋廷对于言路的制度建设和风气引导从祖宗朝就已起步，经真宗朝的进一步发展，而在仁宗朝达到高峰。早在建隆三年（962）三月，夺权不久还未及统一南北的宋太祖就降下御札宣布，他"膺运开基，推诚待物，顾干戈之渐偃，欲华夏之永安，渴听谠言，庶臻治道"，故"今后每遇内殿起居，应在朝文班朝臣及翰林学士等以次转对"；如遇"要切"之事，"即许非时上

---

① 宋朝言路的总体面貌及其与政治文化的关联，参见邓小南《信息渠道的通塞：从宋代"言路"看制度文化》，《中国社会科学》2019 年第 1 期。

② （宋）魏了翁：《应诏封事》，明嘉靖铜活字印本《重校鹤山先生大全文集》卷18，《宋集珍本丛刊》影印本，第 76 册，第 758 页。

③ （宋）苏轼：《上神宗皇帝书》，《苏轼文集》卷 25，第 740 页。

章，不必须候轮次"。① 由太祖奠定的"转对"虽沿袭唐人旧制，但言事范围有所拓展，除"时政阙失""朝廷急务"外，还包括"刑狱冤滥""百姓疾苦"，可以称得上"凡关利病，得以极言"。② 南宋时岳珂乃至据此认为"是凡百司皆许之以献出位之言，如台谏之职矣"③。而南宋人传闻太祖所定"誓不诛大臣言官，违者不祥"④ 的戒约，亦将太祖视为本朝开言路的第一人。

太宗登基后便摆出"欲闻说论，以致太平"⑤ 的有为姿态，为此屡屡下诏督促臣僚进言⑥，还多次抚慰、褒奖田锡、王禹偁、张咏等直臣，传为一时佳话。比如，太平兴国六年（981）九十月间，太宗亲作玺书分别赐予田锡、魏羽，大事揄扬他们的"謇谔之节"⑦，同时下诏令在朝及外任文武官"不以名位高卑，自今或闻民间利病，及时政得失，并得上书直言，无有所隐"，声称自己"事无细大，必务躬亲，言有抵忤，皆从采纳"。⑧ 即便有平民上书言时政，引对时出言狂悖，太宗非但不加罪于人，还予以慰谕。而在雍熙北伐失败后，太宗又开始重新审视言事官问题，下诏明确谏官具有言责，敦促他们"极言得失"，并重提御史的监督权，表现出虚心纳谏的强烈意愿。⑨ 端拱年间，太宗有感于贾谊当太平之日为"感动人主"而"指论时事，尤为激切"，遂向户部使李惟清打听现今廷臣中有否如

---

① 参见《宋会要辑稿》职官六十之一，第 4665 页。

② 参见《宋会要辑稿》职官六十之一，第 4665 页。

③ （宋）岳珂撰，朗润点校：《愧郯录》卷 5，中华书局 2016 年版，第 68 页。

④ （宋）曹勋：《进前十事札子》，傅增湘校嘉业堂丛书本《松隐文集》卷 26，《宋集珍本丛刊》影印本，第 41 册，第 593 页。

⑤ （宋）李焘：《续资治通鉴长编》卷 29，第 649 页。

⑥ 参见《宋会要辑稿》帝系九"诏群臣言事"条。

⑦ 《答田锡上疏玺书》，《宋大诏令集》卷 187《政事四十》，第 683 页。

⑧ 参见《宋会要辑稿》帝系九之一，第 211 页。

⑨ 宋太宗后期振兴台谏的举措，参见季盛清《宋初振兴台谏监察考述》，载杨渭生主编《徐规教授从事教学科研工作五十周年纪念文集》，杭州大学出版社 1995 年版，第 410—421 页；杨光《专职言事官的设立——北宋前期对台谏制度的整顿》，《中华文史论丛》2019 年第 2 期。

此"真忠臣明国体者"。李建议奖擢"言事中理"者，含容"不知忌讳"者，"即贾谊之流复出"。太宗立马表示，自己一直都在努力"开言路，广视听"，若有"言大事，知大体者"，他定会"擢以不次之位"。① 淳化五年（994），太宗又下诏，规定京朝、幕职、州县官等不得再进献诗赋、杂文，独给"指陈时政阙失、民间利害及直言极谏书"打开一条通路。② 由以上事迹可以看出太宗鼓励言事的良苦用心。无怪乎南宋人吕中慨叹："自张詠封还诏书，而后之为给事中者，始敢于封驳。自田锡奏议鲠直，而后之任言责者始敢于尽言。讲官振职自孙奭始，三司振职自陈恕始。人才虽盛于景德、庆历之时，而实胚胎于今日（指太宗朝）耳！"③

作为继业守成之君，真宗自即位伊始就着意树立谦抑敬慎、虚怀纳谏的个人统治形象，引来许多直臣纷纷进言，期望一举开新政治。④ 后来苏辙就回顾说："昔真宗皇帝临驭群下，奖用正人。一时贤俊，争自托于明主。孙奭、戚纶、田锡、王禹偁之徒，既以谏诤显名，则忠良之士相继而起。其后耄期厌事，丁谓乘间，将窃国命，而风俗已成，朝多正士，谓虽怀奸慝而无与同恶，谋未及发，旋即流放。"⑤ 将真宗后期不绝如缕的正气系于真宗平时对正人直臣的奖掖。真宗在位时不仅"顺考前规，举行转对"，还更为频繁地下诏求直言，时常敦促那些"未预次对群官"上章奏事。⑥ 而士大夫亦积极响应，强调广开言路、整顿台谏的重要性⑦。终于在天禧元年（1017）二月，真宗颁发诏书，分别设置六员专事言责的谏官、御

---

① 参见（宋）李焘《续资治通鉴长编》卷29，第650页。
② 参见（宋）李焘《续资治通鉴长编》卷36，第792页。
③ （宋）吕中：《类编皇朝大事记讲义》卷4，第97页。
④ 参见刘静贞《皇帝和他们的权力：北宋前期》，第91—101页；邓小南《祖宗之法——北宋前期政治述略》，第290—311页。
⑤ （宋）苏辙：《论台谏封事留中不行状》，《栾城集》卷36，《苏辙集》，第623页。
⑥ 参见《宋会要辑稿》职官六十之二，第4665页。
⑦ 参见杨光《专职言事官的设立——北宋前期对台谏制度的整顿》。

史，实质性地推动了为台谏正名举职的进程。以这封被后人称为"天禧诏书"的关键文件为标志，宋代台谏系统正式走向历史前台。"天禧诏书"本身也成为言官借以自重的依据，成为士大夫讨论台谏制度的前提，在两宋历史中持续产生影响。①

虽然太祖、太宗、真宗采取诸多举措广开言路，彼时也有一批诤臣应运而生，但宋初的公共言论环境仍然很难说是开放、通畅的，和被人称作"不讳之朝"的仁宗时代更是有质的差异。一则，身为独裁天子，宋初三帝固然不会忽视辟言路，但也绝不会放松对言路的控制，更不容许触犯逆鳞或有损威权的行为发生。如太祖虽知道察言纳谏，但其性情也有鲁莽冲动的一面，进言者会遭遇难以预料的风险。② 太宗要求进谏，也能远距离欣赏士大夫刚直的风采，却不能容忍有人挑战"圣明"。③ 因此，太宗面对"好直言"的田锡"或时不能堪"④。太宗还曾让宰执转告王禹偁，"戒以容物"，而王"愤懑所激，不能自已"，在太、真两朝因直言直笔历经三黜。⑤ 王初贬商州时忆说"一旦命执法，嫉恶寄所施。丹笔方肆直，皇情已见疑。斥逐深山中，穷辱何嬴嬴"⑥，这样的窘况在他的政治生涯中一再上演。真宗较之父辈愈为宽厚，但同时也益加警惕"浮薄"之风。至大中祥符以后，真宗更是发起天书封禅，喜好颂美之辞，而有意拒斥臣僚批评时政。他以"浮靡"的罪名下令排

---

① 天禧诏书的意义和影响，参见［日］熊本崇《宋天禧元年二月詔—宋初の御史—》，《石卷專修大学研究紀要》，1991年；刁忠民：《论北宋天禧至元丰间之台谏制度》；虞云国：《宋代台谏制度研究》，第2—3页；杨光：《专职言事官的设立——北宋前期对台谏制度的整顿》。

② 参见刘静贞《皇帝和他们的权力：北宋前期》，第32—33页。

③ 参见邓小南《祖宗之法——北宋前期政治述略》，第304页。

④ （宋）李焘：《续资治通鉴长编》卷28，第639页。又及，在田锡的文集中，颂圣同样是非常引人注目的现象。

⑤ 参见（宋）苏颂《小畜外集序》，《苏魏公文集》卷66，第1009页。

⑥ （宋）王禹偁：《吾志》，《王黄州小畜集》卷3，《宋集珍本丛刊》影印本，第1册，第540页。

击西昆体，正是借文风问题警告敢于讽刺君主的文士。① 凡此种种，皆说明刚直之士在宋初依旧受到皇权的重重压制，其生存空间远没有想象中那么大。② 即便刚直如张詠，也曾写信给友人杨亿，劝他"加颐气于和，啬精于漠，了然独到，邈与道俱"，勿因豪气外暴而"屑屑罹祸"。③

二则，宋初三朝官方对于言路的制度建设相对滞后，或多流于虚文。宋初台谏系统大体沿袭五代"徒置两司，殆如虚器"的局面，这其实是太祖、太宗有意为之，二帝具备"纪纲总于人主"的才略和威望，不愿言官过多掣肘自己。④ 天禧诏书则既有整顿台谏的现实用意，更有"形象工程"的一面，它在真宗朝后期至仁宗初年并未得到落实，台谏制度仍有待健全。⑤ 同样的，转对制度在宋初偏仪式化，构成一种临时性的开言路举措，在实际政治中处于相当边缘的位置。⑥ 而太宗、真宗虽屡下诏广求直言，却不宜夸大它们的作用。太宗、真宗往往是因国家遭遇灾祸而不得不放下身段，故诏求直言本就自带政治作秀的成分，即便出于真心，在彼时的政治文化情境下，这一举措的实效也很有限，以至于时常出现君主埋怨士大夫

---

① 参见张鸣《从"白体"到"西昆体"——兼考杨亿倡导西昆体诗风的动机》，载《国学研究》第 3 卷，第 205—234 页。

② 按，进言者不仅要受皇权限制，在多数情况下首先会感受到来自相权的压力，发生在田锡和卢多逊之间的一则事迹就说明宋初宰相对言路的干涉。参见杨光《专职言事官的设立——北宋前期对台谏制度的整顿》。北宋后期的魏泰将此现象概括为"祖宗朝，宰相怙权，尤不爱士大夫之论事"，并指赵普为始作俑者，赵当国后致使"每臣僚上殿，先于中书供状，不敢诋斥时政，方许登对"。魏还补充，在田锡进论此事后，风气稍微扭转，但"士大夫有口者"仍多外补。参见（宋）魏泰《东轩笔录》卷 14，第 158 页。

③ （宋）田况：《儒林公议》卷上，第 45 页。

④ 参见虞云国《宋代台谏制度研究》，第 2—3 页。又及，北宋前三朝台谏制度的具体情形，也可参见刁忠民《北宋前三朝台谏制度述论》，《四川大学学报》1998 年第 4 期。

⑤ 参见杨光《专职言事官的设立——北宋前期对台谏制度的整顿》。

⑥ 参见陈晔《北宋政情、政风下的转对制》。

"循默以自持"① 而士大夫批评"朝廷鲜纳谏诤"② 的话语。此外，宋初朝廷始终约戒越职言事，思不出位也成为不少士大夫遵循的政治伦理。③

三则，宋初盛行"敦庞笃厚之风"④，君主和高层官员明显偏好"外讷于言而内敏于行"的政治人格。如太宗认为："自古人臣谏君，固是好事，然须言当其理。国家擢任，亦须平允之人，如卖直沽名，侥求升进，悉非良善。"⑤ 对谏言者严加审视。如真宗在和王旦等宰臣策划发布天禧诏书时提出："当下诏别置台省官专主谏奏，然所选尤须谨厚端雅识大体者，至于比周浮薄，朕不取焉。"⑥ 他在任命刘烨为右正言后又强调："谏官、御史之任，实难其人。当须识朝廷大体，达政刑要道，言必诣理，乃为称职耳。"⑦ 不难看出真宗于选用言官方面颇为慎重。而彼时执政的文臣也多以镇重勤勉著称，更为关心社会现实而反感浮泛的高谈阔论。⑧ 这既是士大夫从五代以来自我调适的表现，也是和君主相互磨合的结果。职是之故，宋初三朝的名相多排抑辩言者，由此引导士风。相传赵普为相，"于厅事坐屏后置二大瓮，凡有人投利害文字，皆置瓮中，满即焚于通衢"⑨，用颇具仪式感的举动宣示其"尤不爱士大夫之论事"⑩ 的决心。需要指出的是，赵普插手言路很大程度上是为"怙权"。这一层

---

① （宋）王称：《东都事略》卷4《本纪四》，第25页。

② （宋）李焘：《续资治通鉴长编》卷89，第2040页。

③ 参见陈晔《"思不出位"观念与宋代士大夫议政》，《四川师范大学学报》2015年第1期。

④ （清）王夫之：《宋论》卷4，第87页。

⑤ （宋）李焘：《续资治通鉴长编》卷25，第583页。

⑥ （宋）李焘：《续资治通鉴长编》卷89，第2040页。

⑦ （宋）李焘：《续资治通鉴长编》卷89，第2056页。

⑧ 参见邓小南《祖宗之法——北宋前期政治述略》，第148页。

⑨ （宋）邵伯温：《邵氏闻见录》卷6，第54页。按，《续资治通鉴长编》记此事为："尝设大瓦壶于视事阁中，中外表疏，普意不欲行者，必投之壶中，束缊焚之。"[（宋）李焘：《续资治通鉴长编》卷14，第306页] 突出赵普怙权的一面。

⑩ （宋）魏泰：《东轩笔录》卷14，第158页。

因素在后来的主政者那里大为淡化，"镇俗"成为他们的首要目标。真宗时期国策由创业转为守成，"庙论主于安静"①，名相李沆在真宗的支持下以镇重的态度应对"浮薄"之俗②。在李沆那里，"浮薄"主要指的是那些妄动生事或妄言激讦之人，据说他曾自我标榜："居重位，实无补万分，惟四方言利事者，未尝一施行，聊以此报国尔。"③ 继李沆而起的另一位真宗朝名相王旦继承了前辈的政风，两人相与"养成浑厚诚实之风"。④

北宋前期的决策者们，从先贤遗文、历史传统以及自身的政治经验中得出结论：言虚而行实，言易而行难，不在其位，空发议论，永远要比身当其职的实干轻松得多，于是这也就成了权力世界中一条屡试不爽的终南捷径，招来多少名利之徒蜂拥而至。在他们眼中，那些踊跃进言乃至直言不讳的士人，远不像表面看起来那样公忠为国，而这帮人的所作所为非但往往无济于事，反倒还很有可能造成严重后果。是故，宋初以来的君相们在持续推进开言路事业的同时，也重视对言事者予以鉴别，并加以诫励和约束。真宗先后与李沆、王旦展开的两次互动就展现了他们的一贯努力：

> （咸平二年）上以亢旱，诏中外臣庶并直言极谏，诏书略曰："朕累降诏书，大开言路，颇多丛脞，罔副询求。思得谠言，以答天戒，善者必加甄赏，否者亦为优容，勿尚靡词，复谈鄙事。"时有上封指中书过失，请行罢免者，上览之不悦，谓宰相曰："此辈皆非良善，止欲自进，当谴责以警之。"李沆进曰："朝廷比开言路，苟言之当理，宜加旌赏，不则留中可也。况臣等非材，备员台辅，如蒙罢免，乃是言事之人有补朝廷。"

① （宋）黎靖德辑：《朱子语类》卷130，《朱子全书》，第18册，第4033页。
② 参见邓小南《祖宗之法——北宋前期政治述略》，第290—311页。
③ （宋）李焘：《续资治通鉴长编》卷56，第1244页。
④ 参见（宋）吕中《类编皇朝大事记讲义》卷6，第139页。

上曰："卿真长者矣。"①

（大中祥符八年八月）己丑，上谓宰臣曰："近省群臣准诏直言，皆止寻常事务。"王旦曰："其中多以兴建宫阙为言。"向敏中曰："外人不知修崇真馆，虽暂役兵卒，实无妨民事。"上曰："亦有挟情属意，词近掉阖者，殊不知矫伪易辨。"旦曰："至于刘骥者，援据今古，若素留心著撰。及观其历任，始则违法取息钱，以告敕质之；寻又枉法受赇，削藉配隶。今始得为文学，而抗章高论，自谓人莫我若。"上曰："古人云察言观行，正谓此也。"②

真宗经由察言观行已然发现：议论时政者，多言谈琐屑，见识鄙陋，或大而无当，谋事疏阔；指陈时弊、攻人过失者，又多"诋讦诬罔"③，俌张为幻，或狂言妄语，吹毛求疵；更有"不逞之徒，迩来甚众，驾肩诣阙，接踵叫阍，述间阎猥近之谈，希朝廷褒进之泽。至有倩人作奏，借术陈词，匿在己之罪名，兴有位之诬谤"④。以上几类言事者无一例外都是虚伪至极的投机分子，无非自炫其能，沽名求进。太宗也看到："在位之人，始未进用时，皆以管、乐自许，即得位，乃竟为循默，曾不为朕言事。"⑤ 他只得数说臣下有始无终，未能体察自己的求治之心。这类以言事为名利之具的现象在官场中不断上演，极大消磨了言者的信誉，乃至产生了诸如"卖直取名"⑥之类的恶名。故在彼时的政治语境里，好言喜事者，尤其是那些着力批判朝政和大臣的士人，往往会被认为是浮薄躁进之徒，苏易简、张詠、王嗣宗、胡旦、梅询、曾致尧诸人的经历便

---

① （宋）李焘：《续资治通鉴长编》卷44，第934页。
② （宋）李焘：《续资治通鉴长编》卷85，第1945页。
③ （宋）李焘：《续资治通鉴长编》卷65，第1459页。
④ 《诫约上疏者诏》，《宋大诏令集》卷191《政事四十四》，第699页。
⑤ （宋）李焘：《续资治通鉴长编》卷34，第748页。
⑥ （宋）李焘：《续资治通鉴长编》卷55，第1208页。

是明证①。对于这样的官员，真宗和他的名相们有信心——辨识出来，容忍自是彰显我之大度，谴责则属情理之中。

北宋前期的决策者们还意识到，辩言者一旦相师成风，必将淆乱既定的政治规则，颠覆原有的社会秩序，不仅不会如他们所言让这个世界变得更好，反会引发更多的纷争和骚动。首先，士大夫若汲汲于言事，通常意味着不安其位，无心履职，这会妨害日常政务的运行；其次，"私说"兴起，必将助长以下犯上之风，这会侵蚀朝廷的威权，造成尊卑失序的乱局；最后，"言事利病"的文字往往承载"轻为厘革"的意愿和为国生事的作风，不利于君相严守经制，控御全局。② 此外，言论伦理还关系到朋党（"互扇虚誉""奸邪党与诈忠卖直"③）、声望（"卖直取名"）、变革（"言事利病，轻为厘革"④）、士风（"比周浮薄"）诸领域，整顿言路无疑有助于根除官僚制的一系列内源性问题。

---

① 如苏易简为翰林学士承旨，太宗本欲"稔其名望而后正台辅"，苏易简"以亲老急于进用，因亟言时政阙失，遂参大政"。参见（元）脱脱等《宋史》卷266《列传第二十五》，第9173页。史臣点出苏易简的功名心，这可能沿自国史的记载。又如张咏立朝刚直，终不得大用，后生晚辈认定是因为他为人"躁愎"而"不任辅弼"。参见（宋）田况《儒林公议》卷上，第42页。又王嗣宗"刚果率易，无所畏惮，每进见，极谈时事，或及人间细务"，王旦甚不喜其"轻险好进"的个性［（宋）李焘：《续资治通鉴长编》卷72，第1638页］。复如胡旦是宋初著名的士大夫。宋人惋惜他学冠一时却个性狷躁。胡旦早年在左拾遗、直史馆任上"数上书言时政利病"，出为淮南东路转运副使、知海州。后献《河平赋》，以"逆逊远投，奸普屏外"形容卢多逊、赵普外贬，太宗读后认为"词意悖戾"、恣意狂躁，命宰相亟加窜逐。参见（元）脱脱等《宋史》卷432《列传第一百九十一》，第12827—12828页。又《湘山野录》载，胡旦瞀废于襄阳，"欲诣阙乞见"，得到真宗许可。他到阙后，王曾在中书对宰执说："此老利吻，若获对，必妄讦时政。"遂阻拦之。参见（宋）文莹《湘山野录》卷中，第32页。先不论胡旦是否真是躁进之徒，他的遭际无疑可以折射出宋初的官方意识形态。梅询、曾致尧的经历，参见朱新亮《"险薄"的背后：宋夏战争视域下的梅询历史评价问题》。

② 参见邓小南《祖宗之法——北宋前期政治述略》，第290—311页。

③ （宋）李焘：《续资治通鉴长编》卷44，第930页；（元）脱脱等：《宋史》卷325《列传第八十四》，第10500页。

④ （宋）李攸：《宋朝事实》卷3，中华书局1955年版，第40页。

时至仁宗朝，宋廷在开言路的正反两面都非常突出。一方面，仁宗接过了开言路的事业，他颇能包容言事者，并常在关键时点主动拓宽言路，为当时的言事风气提供了发育的沃壤。欧阳修于至和年间就回顾道："臣伏见陛下仁圣聪明，优容谏诤。虽有狂直之士犯颜色而独忌讳者，未尝不终始保全。往往亟加擢用，此自古明君贤主之所难也。"① 王夫之《宋论》也将"言满天下"归结到仁宗求治心切与性情偏于宽柔两个特质上。

而在另一方面，仁宗和老成士大夫亦延续了宋初以降"以恭谨静慎为贤"② 的立身准则和用人理念，仍对言事者心存戒备，尤其抵触那些无言责在身而有越俎代庖之嫌的士大夫。比如，在宋夏战争期间，宋廷有意借功名吸引士人上书言事，枢密使杜衍举荐关中隐士雷简夫，雷受召赴朝，"论边事甚辩"，大得仁宗赏识。仁宗"令中书检真宗用种放故事"，欲仿效其父做成"详延茂异"的典型，却遭宰臣吕夷简反对，遂命雷简夫为校书郎、秦州观察判官。吕的理由是"士大夫有口才者，未必能成事也"。③ 由此个案可以看出，就算面临特殊事态，仁宗君相依旧尽力秉持务实避虚的执政理念，审慎地看待进言者，对于那些假公济私、凌轹卿相的上书人，更是不惜加以责罚。④ 又如孙抃置身两禁十二年，"朝廷得失、天下利害事非所职者，未尝建言，亦不与人谈议"，有人讥其循默，孙抃的回答是"事有分齐，岂可越职横说"。⑤ 足见仁宗朝士大夫恪守本分，宁被讥嘲也不敢越雷池一步。

仁宗和老成士大夫还察觉官员在扮演言者角色时容易走向极端，

① （宋）欧阳修：《荐王安石吕公著札子》，《欧阳修全集》卷109，第1653页。
② （宋）欧阳修：《论包拯除三司使上书》，《欧阳修全集》卷112，第1693页。
③ 参见（宋）李焘《续资治通鉴长编》卷135，第3215页。
④ 参见本书第四章第一节第二小节。
⑤ 参见（宋）苏颂《朝请大夫太子少傅致仕赠太子太保孙公行状》，《苏魏公文集》卷63，第964页。

担忧台谏日益深陷"以立异为心，以利口为能"① 的怪圈。是故，仁宗和其父真宗一样关心言官人选的品格。皇祐三年（1051），仁宗因唐介弹劾文彦博、吴奎事特向宰相庞籍强调："谏官、御史，必用忠厚淳直、通世务、明治体者，以革浮薄之弊。"庞籍既承圣谕，自是中书奉诏举台官，必以此语载敕中。② 在西事之外、日常政务占主流的大部分时间里，性忠厚、务大体一直是仁宗物色言官人选的首要特质。皇祐四年（1052），他又面谕新任右正言韩绛"凡所言事不宜沽激，当存朝廷事体，务在可行，毋使朕为不听谏者"③，就重申了这一原则。而老成士大夫在担当或谈论言职时自然也明白知大体的重要性，力避激讦、细碎、狷躁的言事行为。如张方平为前辈马绛志墓："公素厉风节，及在司察之职，危言无顾惮，不为击抟悻悻近名事，称为知大体。"④ 其实马绛在台官任上可以称得上危言危行，他参与过明道二年（1033）伏阁请对事件，也曾引来王曾、吕夷简劝诫，但张方平仍将不近名、知大体一类美誉安在他头上。直臣马绛尚且如此，那位在景祐党争中因公开非议范仲淹"谋事疏阔，及躁愤狂肆，陷于险薄"⑤ 而被欧阳修写信痛斥的谏臣高若讷，就更是被老成士大夫着意描述成言官的典范。或许是因认识到欧的"恶意"和影响力，文彦博在给高若讷写神道碑时着重回顾了高在言官系统中的称职表现：

> 公迭居谏宪，当职论事，不烦细激讦，以要虚名。务举大体，中时之急病。若犍为土豪，缘戚里为郎，得大郡。公谓玷

---

① （元）马端临撰，上海师范大学古籍研究所、华东师范大学古籍研究所点校：《文献通考》卷 50《职官考四》，中华书局 2011 年版，第 1438 页。

② 参见（宋）李焘《续资治通鉴长编》卷 171，第 4116 页。

③ （宋）李焘：《续资治通鉴长编》卷 173，第 4174 页。

④ （宋）张方平：《朝奉郎守太常少卿权北京留守御史台公事上柱国扶风县开国男食邑三百户赐紫金鱼袋马公墓志铭并序》，《乐全集》卷 40，《张方平集》，第 738 页。

⑤ （宋）田况：《儒林公议》卷下，第 106 页。

郎选，轻郡寄，亟论罢之。内侍长居中任事，恃恩而肆，公率同列极言而斥出之。复言：“今执政，古三公之任，所谓坐而论道者也。今进对立侍，裁移刻而罢，于咨诹体貌之礼，固有未尽。宜复坐论，以通上下之情，以究都俞之美。”上以为识治体而深器之，于是益有大用之意。①

文彦博的叙事可与高若讷在缴进欧书时的自白同看。高如是说道：

> 臣为御史谏官，相继将及二载，每念诏令不便，奸邪慢朝，授任非宜，兴造未当，虽有中书已行之事，臣屡尝率意言之，介然誓心，不知忌讳。至于微小之事，耳目不接，则不敢喋喋，上烦圣听，以沽邀名誉也。②

高自述既注重履行献替之责，又忌讳卖直取名，这反映出他行由中道的自我期待。正是怀着这份老成风格的言者意识，高若讷长年活跃在台谏官的岗位上，颇得仁宗认可，于庆历七年（1047）由右谏议大夫、权御史中丞升任枢密副使。虽则在此期间，他屡遭庆历士大夫及其同情者的攻击。前有欧阳修的让书以及王曾“择利”③之讥，后有苏舜钦上书弹击高若讷“素复温和软懦，无刚鲠敢言之才”，质疑他乃“执政引拔建置，欲其慎默，不敢举扬其私，时有所言，必暗相关说”，其所为“旁人窥之，甚可笑也”。④“老成”“英俊”之间的理念分歧，于此亦可见一斑。

仁宗和老成士大夫之所以孜孜提倡“恭谨静慎”，是因为他们都注意到，太平日久，言路大开，也带来了不可忽视的副作用：矫伪

---

① （宋）文彦博：《观文殿学士尚书左丞谥文庄高公神道碑》，《文彦博集校注》卷 12，第 553—554 页。

② （宋）田况：《儒林公议》卷下，第 107 页。

③ （宋）王岩叟：《韩魏公别录》，《安阳集编年笺注》附录 4，第 1869 页。

④ 参见（宋）苏舜钦《诣匦疏》，《苏舜钦集编年校注》卷 7，第 439 页。

沽激之徒有如过江之鲫，以言谋利的现象也愈演愈烈。仁宗曾多次对辅臣抱怨："今言事者，或潛毁大臣，扬君过以钓虚名，不能补益时政，恐浸成俗，朕甚恶之""古之君子贵夫几谏，今则务讦人阴私，以沽直名，朕不取也"①。然而，当下这个"士人交诬"的衰世，毕竟无法重现仁宗理想中"古者卿大夫相与让于朝，士庶人相与让于道。周成王刑措不用，汉文之时耻言人过"式的淳厚风俗。②仁宗也像太宗那样洞悉士大夫的言事衰退律："此中见人多矣。为小官时，则有肯尽言，名位已高，则多顾藉。"③他将这类现象定义为"资言以进"，并一再告诫言官、侍从切勿如此行事。④老成士大夫则同样提醒仁宗不要放松警惕。如景祐元年（1034）李淑上时政十议，其三"议言事"云：

> 陛下临朝清明，询纳忠直。然献言之臣，多涉矫激，肆为诋諆，不顾理道，苟饰智诈，图惑聪明。意在进身，假名疾恶，交章累牍，须报乃已，鬻己之直，归过君父，岂副陛下询纳之意哉？先朝有刘骥者，轻为奏疏，先帝语左右曰："此人言多捭阖，期在必行。殊不知近伪乱真，词旨易辨。"骥尝枉法受赇，古人察言观行，正为此也。愿陛下每于进对之际，深防邪僻之人，辨其诚诈，毋轻信用。假有称某人善者，或大臣意欲援用，碍于同列；或已有一节之美，先借他人张本自衒；或尝闻圣奖，希旨称述，借其为援，豫结朋比。又有言某人非者，或大臣所恶，欲其斥去；或闻上称誉，将有褒陟，忌其进用，巧为中伤；或素怀憎嫉，名声轧己，结合疑似，挟情毁害。如此之人，奸险万状，不可不防，真宗常曰："奸邪无状，诚难察见。若察其

---

① （宋）李焘：《续资治通鉴长编》卷124、卷170，第2924、4089页。
② 参见（宋）李焘《续资治通鉴长编》卷122，第2882页。
③ （宋）欧阳发等：《先公事迹》，《欧阳修全集》附录卷2，第2635页。
④ 参见（元）脱脱等《宋史》卷330《列传第八十九》，第10620页。

好倾人而自进者，十见八九。"此言至要，愿陛下三省之。①

李淑将这批言事者"意在进身，假名疾恶"的隐秘心理揣摩地异常透彻，可做晏殊"众或议尔以非忠非直，但好奇邀名而已"一语的注脚。李淑不仅细致描绘了"邪僻之人"的"奸险万状"，还借真宗之口总结了"辨其诚诈"的总原则。他不仅深入批判当下的言事风气，还将我方观点和前朝的政治传统相勾连，显得有理有据，极具说服力。李淑之"议言事"是以"老成"理念读史阅世的结果，这样的声音在彼时的政治情境中并不少见。如贾昌朝发现"时人肆胸臆，事颊舌，举止轩昂，出绳检之外，而观其行实，往往无取"，故"沽激"之讥其来有自。② 孙抃亦指出，当下那些"谏官所谓才者"多是"以善求事为精神，以能讦人为风采"的"趋进者"。③ 总之，在仁宗和"老成"看来，每回放开言路都会带来愈加嘈杂纷乱的局面，须用赏罚二柄痛加裁抑。因此他们从未停止打击以庆历士大夫为代表的"辨锐自喜者"。

　　在仁宗和"老成"的批判里，庆历士大夫是一群狂躁恣肆、戾气十足的言事者，他们利心颇重甚至可说用心险恶，出于一己私欲妄图"悻言罔上"④，惑乱朝廷。仁宗和"老成"的批判集中在以下几个方面：其一是求名图利的真实动机。仁宗朝前期宋廷针对庆历士大夫发布的诫饬类诏书中或多或少都涉及言论问题，其中常有"但思沽激，共扇浇浮""沽激名誉""诡激邀名"一类指责⑤。仁宗和"老成"认定庆历士大夫多是"衒直奸私"⑥ 的伪君子，主要

---

① （宋）李焘：《续资治通鉴长编》卷114，第2663—2667页。

② 参见（宋）贾昌朝《戒子孙文》，载《戒子通录》卷6，第8页a。

③ 参见（宋）李焘《续资治通鉴长编》卷174，第4211页。

④ 《敕榜朝堂》，《宋大诏令集》卷192《政事四十五》，第706页。

⑤ 参见《责孔道辅等令御史台敕榜朝堂敕》《敕榜朝堂》《诫饬在位诏》，《宋大诏令集》卷192《政事四十五》、卷192《政事四十五》、卷193《政事四十六》，第706、706、708页。

⑥ 《敕榜朝堂》，《宋大诏令集》卷192《政事四十五》，第706页。

原因即在于此。其二是迂阔、生事的内容。仁宗和"老成"一向怀疑儒家理想主义，视之为不切实际的幻想，同时也警惕轻谈改革的"歪风"。其三是越职侵事。仁宗和"老成"十分反感庆历士大夫不量职分而自命为"言者"的出格举动。在景祐党争之后，宋廷针对范仲淹"罔畏官守之隳，专为矫厉之趣"①，分别于景祐三年（1036）、宝元元年（1038）发布两条诏敕予以猛烈批判，一再申明"士操之美，蹈道是先；职局之分，出位为责""委质事君，协恭宣力。思无出位，是曰守官"②的仕宦原则。尤其在后一道诏书中，仁宗用轻蔑地口气提醒这些躁进之徒如此行事实是缘木求鱼："况朝经式序，仕次有阶。因行察言，缘名责实。苟存忠洁，自致显荣。何必舍尔夷途，蹈于险辙，钓名污行，触禁投愆。"③其四是涉嫌结党。正如宝元元年（1038）《诫励士大夫诏》所说："而士类至广，材品或殊。久服含养之仁，浸成党与之弊。至乃挟朋相援，奸计自营。驱扇飙尘，混淆朱紫。托狂辞而市直，结阴好以济仇。章交公车，声布行路。"④庆历士大夫上书荐贤以及彼此声援，往往被仁宗和"老成"视作结党。他们指摘时病，批判在位者，又常被认定是离间君臣，谗毁正人。其五是上下失序，这在上一节已讲到，即张方平所目睹的"私说遂胜，而朝廷轻矣"⑤的趋势。其六是败坏风气。所谓"私议弗禁，则风俗易偷"⑥，于仁宗、"老成"眼中，庆历士大夫孜孜言事，已然在士林中鼓煽起一股浮薄之风，"使济济相让，取愧尧人之封；翕翕烦言，更兴周雅之刺。永惟浇兢，良用惩嗟"⑦。张方平就明确提出："本朝风俗淳厚，自范文正公一变，遂

---

① 《敕榜朝堂》《宋大诏令集》卷192《政事四十五》，第706页。

② 参见《敕榜朝堂》《诫励士大夫诏》，《宋大诏令集》卷192《政事四十五》、卷192《政事四十五》，第706、706页。

③ 《诫励士大夫诏》，《宋大诏令集》卷192《政事四十五》，第706页。

④ 《宋大诏令集》卷192《政事四十五》，第706页。

⑤ （宋）苏辙：《龙川别志》卷上，第82页。

⑥ 《诫励士大夫诏》，《宋大诏令集》卷192《政事四十五》，第706页。

⑦ 《诫励士大夫诏》，《宋大诏令集》卷192《政事四十五》，第706页。

为崖异刻薄。"① 宋廷之所以屡屡惩处、降谪庆历士大夫，同时下诏诫饬，就是要以 "罚之无赦，令在必行"② 的决绝态度来宣示其敦厚风俗、维持秩序的一贯立场，一方面督促庆历士大夫 "宜内讼于非心，无亟伤于至化"③，另一方面警示百官，告诫他们 "勉思中正之言，靡蹈偷薄之尤。咸自敦修，以称朕意"④。以上种种非议，尽皆化作范仲淹在《上资政晏侍郎书》中预先设立的靶子，接下来该轮到庆历士大夫回应了。

三 庆历士大夫的反击与避嫌

从范仲淹上书的自问自答看，庆历士大夫面对仁宗和 "老成" 的多方诘责，很快就给出了全方位且极具策略性的自我申辩，一方面为心中认定的正义回击论敌，另一方面则为自明本心而避嫌，在这一进一退间，一个表里如一的言者形象终于被公开树立在了士林面前。

先看反击。庆历士大夫在言论伦理所关涉的士风、结党、改革、秩序、近名诸议题上均经由修辞的褒贬转换为新观念正名⑤，因此这里主要聚焦他们如何开拓言论伦理内部的理论空间。针对有关出位进言、直言极谏的指控，庆历士大夫坚持予以辩证，几乎翻转了以上两项言事行为的道德评判⑥。比如，范仲淹各以制度、经典为基点就出位言事的合法化问题给出了两套阐释。他先是在信中向晏殊提出自己上疏言事的三重制度依据。其一是言路的特殊性。范认为，

① （宋）黎靖德辑：《朱子语类》卷 52，《朱子全书》，第 15 册，第 1747 页。
② 《诫饬在位诏》，《宋大诏令集》卷 193《政事四十六》，第 709 页。
③ 《诫励士大夫诏》，《宋大诏令集》卷 192《政事四十五》，第 706 页。
④ 《敕榜朝堂》，《宋大诏令集》卷 192《政事四十五》，第 706 页。
⑤ 分别参见本书的第一章第二节、第一章第三节、第一章第四节、第二章第三节第二小节、第三章第一节第三小节。
⑥ 陈晔就注意到，欧阳修在《答西京王相公书》《易童子问》中试图论证士大夫对政治发表意见的正当性，创造出一种间接的政治参与方式。参见陈晔《"思不出位" 观念与宋代士大夫议政》。

"不在其位，不谋其政"指的是"各司其局，不相侵官"，但言路不同于一般的职任，言事行为本身及其所关切的事项均不受权责限制，故无所谓"侵官"。其二是馆职的重要性。范提醒道，唐太宗设立馆阁的本意便是"于此延天下之才，使多识前言往行，以咨政教之得失，备廊庙之选用"，如宋廷"延才之意不减于前"，他作为君主身旁的后备人才，应当享有进谏的权力。其三是官方开言路的举措。范指出，朝廷为鼓励言事，不仅诏令百官经转对"明言圣躬之过失，宰司之阙遗"，还让那些"不预转对者""实封章奏以闻"，因此自己这番上疏极谏无非是在践行国家赋予的权利。① 由此看来，范仲淹的活跃表现无疑得益于宋初以来官方对言路相关的制度、风气建设。

宝元二年（1039），范仲淹再度向友人解释自己"入朝以来，思报人主，言事太急，贬放非一"的境遇，为出位言事补充了经典依据：

> 然仆观《大过》之象，患守常经。九四以阳处阴，越位救时，则王室有栋隆之吉。九三以阳处阳，固位安时，则天下有栋挠之凶。非如艮止之时，思不出位者也。吾儒之职，去先王之经，则茫乎无从矣，又岂暇学人之巧，失其故步？但惟精惟一，死生以之。②

老成士大夫在批判出位言事时往往强调"思无出位，是曰守官"③，该论点的原型是一句儒家格言"君子思不出其位"，出自《论语》和"艮"卦的《大象传》，意谓"不越其职"。④ 范仲淹凭借他对

---

① 参见（宋）范仲淹《上资政晏侍郎书》，《范文正公文集》卷10，《范仲淹全集》，第231—232页。

② （宋）范仲淹：《与胡安定屯田书》，《范文正公尺牍》卷下，《范仲淹全集》，第693页。

③ 《诫励士大夫诏》，《宋大诏令集》卷192《政事四十五》，第706页。

④ 参见（清）刘宝楠《论语正义》卷17《宪问第十四》，第587页。

《易》的谙熟，通过诠解"大过"卦的卦象与爻位论证出位言事的必要性，彰显了"惟精惟一，死生以之"的儒者本色。"大过"卦其实很早就被解经者联想到"患守常经"一类人事现象。如孔疏在王弼注的基础上明确提出："'过'谓过越之过，非经过之过。此衰难之世，唯阳爻乃大能过越常理以拯患难也。故曰'大过'。"① "大过"卦四阳在中，二阴在外，有赖阳爻"过越本分，拯救阴弱"②，因而九三、九四两个阳爻就很关键。九三当位，爻辞云"栋挠，凶"；九四不当位，爻辞却说"栋隆，吉"。对此，孔疏的解释是：前者"居大过之时，处下体之极，以阳居阳，不能救危拯弱，唯自守而已。独应于上，系心在一，所以'凶'也"；后者则"体居上体，以阳处阴，能拯救其弱，不为下所挠，故得栋隆起而获吉也"。③ 范仲淹参考了前人通说，并接入位分的制度性视角，旗帜鲜明地主张"越位救时"，反对一味"固位安时"。范作此信时适逢灾异屡见、西事初起，故他有十足的把握宣称：当下是大过之时而非艮止之时，自己先前看似出格的言事行为正是因为洞察了"本末俱弱"的危势。两年后富弼能说动仁宗尽除越职言事的禁令，亦可佐证范氏所为响应了时代号召。

实际上，范仲淹借助"大过"卦塑造了奋身许国、有为拯难的行动主体。而在现实世界中扮演、呼唤这样一位"大过人"，正是庆历士大夫的心声。如胡瑗在讲授"大过"卦九四爻的义理时强调：

> 夫大过之时，是本末衰弱之世，唯圣贤出乎其类，过行其事而拯济之。今九四以阳居阴，是能过其位分，以拯天下之弊；亦如大厦将倾而得良匠扶持之，使其梁栋隆起而得全安也。盖衰乱之世，既拯民出于涂炭，然后获其亨通而得吉也。"有它

---

① 《周易正义》卷3，《十三经注疏》，第83页。
② 《周易正义》卷3，《十三经注疏》，第84页。
③ 参见《周易正义》卷3，《十三经注疏》，第84页。

咎"者，九四之应在初六，若圣贤之人欲兴起天下之治，必须
至公至平，用心不偏，独力特行，挺然无所畏惮，使天下无一
物不获其赐，如此则可以兴滞补弊，扶衰拯弱，而立功业于
天下。①

胡瑗所描述的"圣贤之人"无疑是以天下为己任精神的化身。胡瑗
很清楚，救济天下绝非易事，唯有德才兼备的圣贤才能承当。不过，
对于那些"有仁义不忍之心，悯生灵之涂炭，悼纪纲之废坠"然而
"不能终济，以至灭顶"的"才小德薄之人"，胡瑗在诠释上六爻时
也主张悯其志业，不可咎责。②李觏撰《易论》，也多次提到"大
过"卦。如他比较"大过""遯""明夷"诸卦指出："《大过》之
时，本末虽弱，而未见君之昏乱，臣之谗邪！是国家之难，何世无
之？君子之义，不得不救也。"③按照李觏的观点，"大过"之时也
存在于表面承平的年代，需要君子来救世。又如他在解答"文王之
囚，箕子之奴"的问题时想到了"大过"卦："亦有进不违私，志
在救难，以危其身，此又君子之大义，非智者之羞也。《大过》上六
曰：'过涉灭顶，凶，无咎。'谓处大过之极，过之甚也。涉难过甚，
故至于灭顶，凶。志在救时，故不可咎也。"④用上六爻替忧天下而
忘身的大义辩护。石介于宋夏战争期间亦借"大过"卦倡导君子无
位救时的壮举："《大过》上六，君子矣，心在救时，至于灭顶凶而
无悔。且当栋桡之世，居无位之地，而过涉以扶衰拯溺，可谓君子
矣。"⑤蔡襄在替殉难于好水川之战中的友人耿傅辩护时同样援引

---

① （宋）胡瑗著，（宋）倪天隐述，白辉洪、于文博、［韩］徐尚贤点校：《周易
口义》卷5，中国社会科学出版社2021年版，第173页。
② 参见（宋）胡瑗《周易口义》卷5，第174页。
③ （宋）李觏：《易论第十二》，王国轩点校《李觏集》卷3，中华书局2011年
版，第48页。
④ （宋）李觏：《易论第十》，《李觏集》卷3，第46页。
⑤ （宋）石介：《责臣》，《徂徕石先生文集》卷8，第85页。

"大过"卦上六爻辞云："其说谓虽涉难过深，而志在救时，不害于义，故不可咎也。戾于浮言而中于大义，夫何恨哉！"①

不难看出，庆历士大夫重视"大过"卦，也是意欲解决一个潜在问题："言事太急"可能会给个体带来凶祸，有违明哲保身之道。② 而这也是长久以来许多士人不愿接纳"犯颜纳说"的一个关键原因。由真宗授意并审阅、王钦若等人领衔编修的《册府元龟》卷523 至549 设谏诤部，借鉴孔子述五谏之义，将谏诤离析为直谏、规谏、讽谏、强谏、遗谏五门，一一加以评述，集录史事。编者对讽谏、规谏、遗谏皆大力褒扬，别无异辞，对直谏、强谏的阐发则耐人寻味，如论直谏：

> 夫极言切谏，以弼违箴阙，拂心逆耳，而有犯无隐，触法靡悔，守死不贰，此忠臣之志也。若夫南面万乘之贵，中堂千里之奥，威福已任，惨舒立致，乃敢奋发于悃愊，规切其过失。面折廷诤，以救其非；露章封事，以明其道。斯张良喻之于苦口，韩非比之于批鳞，非徒戾一时之意，且将蹈不测之祸，自非诚心内蕴，精忠感厉，冀一悟于人主，而有利于国家者，畴能若是哉！兹所谓匪躬之臣，伏节之士者也。然而夺美显恶，非人臣之礼，主文谲谏，著风雅之义，又何必以婞直诋讦为任哉。③

真宗君臣虽肯定"极言切谏""有犯无隐"体现了"忠臣之志"，但

---

① （宋）蔡襄：《耿谏议传》，《蔡忠惠集》卷32，《蔡襄集》，第583 页。

② 按，孔疏在阐释"大过"卦上六爻时指出"'无咎'者，所以涉难灭顶，至于凶亡，本欲济时拯难，意善功恶，无可咎责"，并举龙逄、比干死谏的事迹，称赏他们"忧时危乱，不惧诛杀，直言深谏，以忤无道之主，遂至灭亡。其意则善，而功不成，复有何咎责"。参见《周易正义》卷3，《十三经注疏》，第84 页。可见言事是士"涉难灭顶"的重要因素。

③ （宋）王钦若等编纂，周勋初等校订：《册府元龟》卷534，凤凰出版社2006年版，第6088 页。

同时也指出，直谏有悖于"人臣之礼"和讽喻之义，很可能引发决策者的逆反心乃至怒火，不仅将激化事态，更会让言事者遭遇"不测之祸"，轻则贬谪，重则杀身。因此，真宗君臣理解直谏的苦心，却并不提倡这种近于"婞直谄讦"的行为。同样的，对于"强谏"（这其中包括出位言事），编者哀愍其背后的"爱君之心"，呼吁人主宽容，但也不忘点明，这是风险极高的言事行为，且不得圣贤认可，即他们所概述的"仲尼之述五谏，非尚乎讦讦，范宁之著五论，以兵谏为非"。① 老成士大夫自然也熟知直谏、强谏的后果。是故，晏殊听闻范仲淹上疏极谏的第一反应是担忧他连累自己，范本人亦因"言事太急"而"贬放非一"。贾昌朝则用"大抵古人重厚朴直，乃能立功立事，享悠久之福。其以轩昂而得者，累过积非，即成祸败"② 劝诫子弟，也指向了这一点。于是就有了范仲淹上书中的这句话："人皆谓危言危行，非远害全身之谋。"③ 总之，对于老成士大夫来说，直谏于公于私都是得不偿失的行为。

范仲淹凭借自身的危言危行率先向上述"常识"发起了全面冲击，用"三黜三光"的壮举以及深切而决然的说理文字开辟出一条直谏之路。他在《上资政晏侍郎书》里立场鲜明地提出："某又闻，事君有犯无隐，有谏无讪，杀其身，有益于君则为之。卫觊曰：'非破家为国、杀身成君者，谁能犯颜色，触忌讳，建一言哉！'亦忠臣之分也。"④ 在范看来，忠直为国是所有士大夫义不容辞的责任，即便这意味着一定的风险。这是范仲淹一贯的立朝姿态。他每一次因言获罪，于贬地无论向仁宗进呈谢表抑或与人唱和，都会用斩截的言辞宣示自己俯仰无愧：

---

① 参见（宋）王钦若等编纂《册府元龟》卷548，第6272页。

② （宋）贾昌朝：《戒子孙文》，载《戒子通录》卷6，第8页 a。

③ （宋）范仲淹：《上资政晏侍郎书》，《范文正公文集》卷10，《范仲淹全集》，第235页。

④ 《范文正公文集》卷10，《范仲淹全集》，第231页。

有犯无隐，人臣之常，面折庭诤，国朝之盛。有阙即补，何用不臧！①

臣独愧非才，首当清问。危言多犯，孤立自持。斧钺居前，雷霆在上。敢避枢机之祸，终乖药石之良。②

有犯无隐，惟上则知；许国忘家，亦臣自信。③

臣考兹前训，虑于未萌。当危言危行之秋，有浸昌浸微之说。④

一入谏诤司，鸿毛忽其身。可负万乘主，甘为三黜人。⑤

心焉介如石，可裂不可夺。尽室得江行，君恩与全活。回头谏诤路，尚愿无壅遏。⑥

吾生岂不幸，所禀多刚肠。身甘一枝巢，心苦千仞翔。志意苟天命，富贵非我望。立谭万乘前，肝竭喉无浆。意君成大舜，千古闻膻香。寸怀如春风，思与天下芳。片玉弃且在，双足何辞伤。⑦

继王禹偁之后，范仲淹再次向世人展现了言行不贰、百折不挠的谏诤者形象。他何尝不知"逆龙鳞者掇齑粉之患，忤天威者负雷霆之

---

①　（宋）范仲淹：《睦州谢上表》，《范文正公文集》卷16，《范仲淹全集》，第387页。

②　（宋）范仲淹：《苏州谢就除礼部员外郎充天章阁待制表》，《范文正公文集》卷16，《范仲淹全集》，第388页。

③　（宋）范仲淹：《饶州谢上表》，《范文正公文集》卷16，《范仲淹全集》，第389页。

④　（宋）范仲淹：《润州谢上表》，《范文正公文集》卷16，《范仲淹全集》，第391页。

⑤　（宋）范仲淹：《酬叶道卿学士见寄》，《范文正公文集》卷2，《范仲淹全集》，第42—43页。

⑥　（宋）范仲淹：《和谢希深学士见寄》，《范文正公文集》卷3，《范仲淹全集》，第50页。

⑦　（宋）范仲淹：《鄱阳酬泉州曹使君见寄》，《范文正公文集》卷3，《范仲淹全集》，第49页。

诛"，何尝不知只需"揭厉""低昂"便可"晏安"①，但"理或当言，死无所避"。② 而在受挫之后，范仲淹也总会感谢君主的优待，并表示自己不改言者本色，"此而为郡，陈优优布政之方；必也入朝，增謇謇匪躬之节"③。不知仁宗每每读到如此倔强的自白，心里会是怎样的感受。

不过，大多数士人并没有范仲淹这样的觉悟，一味强调"有犯无隐""杀身成君"，或许只会让老成士大夫觉得是在大放厥词。因此，若要避免自说自话的窘境，进而推广新型言论观，必须先从公、私两端出发，系统地论证直谏的正当性和可行性。而范仲淹很早就尝试在上书中说服晏殊：

> 夫天下之士有二党焉：其一曰，我发必危言，立必危行，王道正直，何用曲为？其一曰，我逊言易入，逊行易合，人生安乐，何用忧为？斯二党者，常交战于天下。天下理乱，在二党胜负之间尔。傥危言危行，获罪于时，其徒皆结舌而去，则人主蔽其聪，大臣丧其助。而逊言逊行之党，不战而胜，将浸盛于中外，岂国家之福、大臣之心乎！人皆谓危言危行，非远害全身之谋，此未思之甚矣。使缙绅之人皆危其言行，则致君于无过，致民于无怨，政教不坠，祸患不起，太平之下，浩然无忧，此远害全身之大也。使缙绅之人皆逊其言行，则致君于过，致民于怨，政教日坠，祸患日起，大乱之下，恼然何逃！当此之时，纵能逊言逊行，岂远害全身之得乎！
>
> 凡今之人，生于太平，非极深研几，岂斯言之信哉！昔魏晋之乱，哲人罹忧，至有管宁之徒涉海而遁。某今进危言于君

---

① （宋）范仲淹：《鄱阳酬泉州曹使君见寄》，《范文正公文集》卷3，《范仲淹全集》，第49页。

② 参见（宋）范仲淹《睦州谢上表》，《范文正公文集》卷16，《范仲淹全集》，第386页。

③ （宋）范仲淹：《饶州谢上表》，《范文正公文集》卷16，《范仲淹全集》，第389页。

　　亲，蹈危机于朝廷，不犹愈于涉海之险，而遁于异域者乎？①

　　范仲淹把"危言危行""逊言逊行"两类士大夫的斗争作为决定"天下理乱"的主轴，并且强调：如果所有官员都做到危言危行，那就能达成天下太平，实现终极的"远害全身"之道；反之则将招致乱世，这对所有人而言都是灭顶之灾。由此，范仲淹阐明了危言危行无论对于国家还是个体都是不可或缺的。于公，它直接关系治乱，故决策者理当包容并听取危言；于私，它有远期的大利，故言事者不应短视，即便出于功利心也要直谏。历史雄辩地证明，大公本就不遗私。范就这样巧妙地填补了其自我表述中关于个体安危的理论缺口，为危言危行提供了更为充分的辩护。

　　至于老成士大夫是否会接受范仲淹的"妥协"，答案多半是否定的。范这里的口吻依旧像往常一样峻急。他刻意采取二元对立的叙述模式，几乎是在逼迫读者于"危""逊"之间做出选择。而根据范褒贬甚明的态度，结论是显而易见的。但如果要换作老成士大夫来回答，事情就没有看上去那么简单了。"危言危行""逊言逊行"云云，语出《论语·宪问》。子曰："邦有道，危言危行；邦无道，危行言孙。"② 孔子发现言的潜在风险要远高于行，相应的，为了能在"邦无道"时"免于刑戮"③，孔子也适当放宽了言的道德尺度。他主张，在坚持道义的大原则下，君子不妨行权，根据情境灵活调节言论策略，一味直言不讳可能贾祸。④ 当然，儒家所谓的"逊言"

────────────

　　① （宋）范仲淹：《上资政晏侍郎书》，《范文正公文集》卷10，《范仲淹全集》，第235—236页。

　　② （清）刘宝楠：《论语正义》卷17《宪问第十四》，第554页。

　　③ 参见（清）刘宝楠《论语正义》卷6《公冶长第五》，第164页。

　　④ 按，清儒宦懋庸在注解"邦无道，危行言孙"时提出："邦无道，则当留有用之身匡济时变，故举动虽不可苟，而要不宜高谈以招祸也。汉之党锢、宋之元祐党、明之东林党，皆邦无道而言不孙者也。以此章言之，岂圣人之所许哉！故韩魏公谓石介为怪鬼，而周顺昌者流亦识者所不取也。"可见庆历士大夫一些以言行道的行为，也被后儒归入"邦无道而言不孙"的范畴内。参见程树德撰，程俊英、蒋见元点校《论语集释》卷28《宪问上》，中华书局1990年版，第951页。

绝非偷合苟容，而指"不许直以取祸"①。再加上儒家讲究慎言，激讦则更为君子所不取。老成士大夫全盘接受了慎言传统，并进一步将其与黄老、名法之学相整合，在权力世界中注重逊言安身，不提倡危言危行。他们也讲以直诚事君，只是他们所说的"直"更多指向质直，而非庆历士大夫推崇的刚直。② 因此，"老成"设想的言者是性忠厚、守规矩、知大体、行中道之人，但由于政策导向以及言论本身的风险，宋初以来士人在言事方面普遍有所"不及"。这就是庆历士大夫一直批判的循默、卑弱的风气。范仲淹利用二元修辞的互斥性，力图把原本有条件的"危言"扩展到士的整个公共生命，同时将"逊言"贬为趋奉而彻底逐出君子的备选行动行列。在这个意义上，范变易圣贤之训，大倡"危言"，鄙弃"逊言"，宁过无不及，既是其自认忠直之行遭质疑后的强烈反弹，也反映出他意欲冲决网罗乃至矫枉过正的心态③。

以二元修辞伸张直道兼亦为己正名，这是范仲淹前期创作中一个引人注目的现象。天圣三年（1025），范仲淹向仁宗、刘太后上书论时政，开篇就自述"耻佞人之名，慕忠臣之节，感激而发，万死无恨"④，趋舍甚明。范对于忠、佞有自己的认识：

> 自古帝王，与佞臣治天下，天下必乱；与忠臣治天下，天下必安。然则忠臣骨鲠而易疏，佞臣柔顺而易亲。柔顺似忠，

---

① 程树德：《论语集释》卷28《宪问上》，第951页。

② 如宋祁曾上《直言对》，主张小人"其言也阴贼忌害，巧为迎合，听之似可用，察之而无实"，君子"其言也质直塞正，多所补益，听之似逆耳，察之而有实"，并批判"朝廷之言路太广"，有"以言丧邦"的风险。参见《景文集》卷29，第363—364页。宋祁同样采用二元修辞，但他和范仲淹对于"直"的定义有差异，另外，宋警惕"虚言"的危害，言论观念相对保守。

③ 王瑞来就注意到范仲淹危言危行有过正矫枉之意在。参见王瑞来《天地间气：范仲淹研究》，山西教育出版社2015年版，第55—56页。

④ （宋）范仲淹：《奏上时务书》，《范文正公文集》卷9，《范仲淹全集》，第199页。

多为美言；骨鲠似强，多所直谏。美言者得进，则佞人满朝；直谏者见疏，则忠臣避世。二者进退，何以辨之？但日闻美言，则知佞人未去，此国家之可忧也；日闻直谏，则知忠臣左右，此国家之可喜也。伏惟圣明，不可不察。①

范仲淹将曲直作为判别忠佞的核心原则。"忠臣"是为危言鲠论的直臣，而"佞臣"则是柔顺美言之人，"顺""逊"同义，柔顺美言即相当于逊言逊行，可见《上资政晏侍郎书》里的二元修辞早在四五年前就已显雏形。这种危逊分明的思维方式主导了范仲淹接下来的一系列政治行动，并在政争中不断强化。

景祐党争后，梅尧臣给贬至饶州的范仲淹寄去《灵乌赋》，在"闵汝之忠"②的宗旨下，就范先前的言事行为与其商榷。梅赋先是通过罗列"人之灵，大者贤，小者智；兽之灵，大者麟，小者驹；虫之灵，大者龙，小者龟；鸟之灵，大者凤，小者乌"点出"贤不时而用，智给给兮为世所趋"，继而聚焦凤、乌的反差，一面申说"凤不时而鸣"，故"人不怪兮不惊"，一面惋惜乌因"事将乖而献忠，人反谓尔多凶"而"招唾骂于邑间"的遭际，于是建议灵乌"结尔舌兮钤尔喙，尔饮啄兮尔自遂，同翱翔兮八九子，勿噪啼兮勿睥睨，往来城头无尔累"。③不难看出，梅尧臣的言论观念处于"老成""英俊"之间，他肯定范仲淹所言之事的诚意和价值，但不认同范采取的言事方式。梅期望范语默有时，一则可以明哲保身，二则能够像大贤那样有为于世。

---

① （宋）范仲淹：《奏上时务书》，《范文正公文集》卷9，《范仲淹全集》，第204页。

② （宋）叶梦得撰，（宋）宇文绍奕考异，侯忠义点校：《石林燕语》卷9，中华书局1984年版，第136页。

③ 参见（宋）梅尧臣《灵乌赋》，朱东润编年校注《梅尧臣集编年校注》卷6，上海古籍出版社1980年版，第96—97页。

　　然而，范仲淹拒绝了梅尧臣的善意规劝。他和作《灵乌赋》①，借禽言志，详述言事前后的心路历程。范首先表示，他发声告凶的动机是要报答主人的养育之恩，这反映出由报恩思想催生出的事业心和责任感②。接着范透露，自己在言事之前就已预料到"警于未形，恐于未炽"必将导致"知我者谓吉之先，不知我者谓凶之类"，但他同时也知晓"告之则反灾于身，不告之则稔祸于人"，遂决定"主恩或忘，我怀靡臧。虽死而告，为凶之防"。在一番自白过后，范仲淹终于道出了那句千百年来起顽立懦的名言："宁鸣而死，不默而生。"这是一个极具思想史意味的时刻。范用直截了当的二元修辞阐明了忧国忘身、刚直至极的言者意识，彰显其与旧观念抗争到底的决心。自此，范仲淹已然站上公道的制高点，再加上他对承诺的忠实践行，老成士大夫任何或公或私的考量和批判都显得那么"卑俗"，往往只能反衬范的伟大。当然，范仲淹对于可以争取的友人，不止有高调的反拨，还有耐心的引导。范在《灵乌赋》后段，由梅赋铺排物类引申开去，先是提醒梅"彼希声之凤皇，亦见讥于楚狂；彼不世之麒麟，亦见伤于鲁人。凤岂以讥而不灵，麟岂以伤而不仁"。言下之意，既然圣贤亦不免于世俗之讥伤，那么自己现在的处境也是志古行道的结果，不管未来有无人言，他都将继续直谏。然后，范又举"太仓之鼠""荒城之狐"为例，说明皮之不存毛将焉附的道理，讽劝老友走上长远的明哲保身之路。最后，他又用二元修辞"宁骥子之困子驰骛兮，驽骀泰于刍养。宁鹓鶵之饥于云霄兮，鸱鸢饫乎草莽"强调自己的抉择。总之，范仲淹在《灵乌赋》中运用熟悉的表述模式重申了对于直谏的思考和信念。这类言说，伴随范的言事行动，贯穿其大半政治生涯，成为人事变幻中的那个"不变"。

----

　　① 《范文正公文集》卷1，《范仲淹全集》，第8—9页。
　　② 参见王瑞来《宋代士大夫主流精神论——以范仲淹为中心的考察》，载姜锡东、李华瑞主编《宋史研究论丛》第6辑，河北大学出版社2005年版，第169—198页；王瑞来：《天地间气：范仲淹研究》，第56—58页。

不独是范仲淹，庆历士大夫中的其他成员也在以各种方式宣扬直谏的重要性。如富弼于明道二年（1033）台谏伏阁请对事件中上疏申辩道：“居谏官者，务要讦直，乃号称职，依违者为旷职。今循默者已居显要，而讦直者尚居散地。苟如是，不若废谏官。如不欲废，即默默者可黜，讦直者可用。”① 富直接挑战了仁宗和“老成”对于言官的角色期望，他将后者扫入“循默者”的行列并大加批判，并呼吁仁宗进用范仲淹、孔道辅这样的“讦直者”。也是在同一年，欧阳修于洛阳官署西偏营建郡斋“非非堂”，认定“夫是是近乎谄，非非近乎讪，不幸而过，宁讪无谄”②，同样采用二元修辞凸显“危言危行”的人生态度。又如景祐二年（1035），石介由御史台辟为主簿，因上疏论事而不被召用，欧阳修闻讯，致信御史中丞杜衍替友人辩护：

　　　　且主簿于台中，非言事之官，然大抵居台中者，必以正直、刚明、不畏避为称职。今介足未履台门之阈，而已因言事见罢，真可谓正直、刚明、不畏避矣。度介之才，不止为主簿，直可任御史也。③

欧阳修和富弼一样修正了言官的角色期望，凸显其刚直无畏的面相，同时他又强调为官择人，认为石介官非言职，其言其行却胜似言官，像他这般“为人刚果有气节，力学，喜辩是非”的“好义之士”④，理应直接担任御史而非区区主簿。

庆历士大夫还热衷探讨谏议一类问题，留下了许多以此为题的论说文。如蔡襄作《明谏》⑤，跳出“为谏之难”即“进谏之难”

---

① （宋）李焘：《续资治通鉴长编》卷113，第2653页。
② （宋）欧阳修：《非非堂记》，《欧阳修全集》卷64，第930页。
③ （宋）欧阳修：《上杜中丞论举官书》，《欧阳修全集》卷47，第659页。
④ （宋）欧阳修：《上杜中丞论举官书》，《欧阳修全集》卷47，第658页。
⑤ 参见《蔡忠惠集》卷33，《蔡襄集》，第591—592页。

的思维定式，将视角切换到"人主听而用之之难"上。蔡着重描述
了这样的现象：君主于治平之日"无大过举"，"闻谏必深悦之"，
但进谏者"多称前世危亡之事以为鉴"，由于"其言非有今日之明
验"，君主"必谓其阔迂而无所考信"，便有佞者趁机进谗："由御
久安之势，贵乎循故袭常，无烦于更治也。"于是君主愈加懈怠，
"言人而无所是非，真伪浑并，虽外有纳谏之名，而无用之之实"，
致使"忠言日衰而下情滋蔽"，最终引发大患。他因而得出结论，君
主必须戒除"怠心"，必须重视那些看似迂阔的"称危亡者"，如此
方能"庶乎惧危亡而不至也"。另外，蔡襄又剖析了"直谏为下"
的传统观念，发现前人非议直谏，是因为他们认定这种进谏方式
"迂险诞妄，指陈丑恶，易激其怒，不若详善其言使易行也"。蔡为
此特意辨明："迂险诞妄"固然为贤者所不取，但"深言以起怒"
"非谏者之过"，谏者绝不是要故意激怒君主。在此基础上，蔡襄阐
发了理想中的"为谏"之道："进谏不能必于用，本乎直而已矣，
不逆上之所用舍而枉其志也；纳谏不必皆用，取乎是而已矣，不以
其言之婉直而遗其实也。"从听取"迂言"到进谏本乎直，蔡襄的
建议显然都是有现实指向的。又如尹洙的《广谏》同样为直谏辩护：

> 昔舜命禹曰："毋若丹朱傲。"周公戒成王曰："毋若商王
> 受。"又曰："小人怨詈汝，则皇自恭德。"是则君臣道隆，辞
> 达而已矣。然礼有五谏，圣人从讽者，盖为人臣言之也。若为
> 人君言之，虽闻怨詈，亦将自儆，不无益也。或曰："禹、周公
> 奚不讽？"曰："申戒于未然，虽激，犹讽也；陈事于已兆，虽
> 讽，犹辨也。大禹、周公之为臣也，欲其君克终厥戒，俾后世
> 不见其过，举德美充乎无穷，与夫违而弼之异矣。"嗟乎，后世
> 以禹、周公之道事君者，庸非忠乎！①

---

① 《尹洙集编年校注》，第31—32 页。

尹洙借助《尚书》所载禹、周公之言，将"讽谏"重新定义为人臣向人君申戒未然之患，这其中容许出现激切之言。在此基础上，尹主张，士大夫用禹、周公式的直道事君，无疑是忠诚的表现。《广谏》可以看做《灵乌赋》的姊妹篇，它们都尝试回应这样一个问题："警于未形"的直谏何以为忠？范仲淹的方案是高扬主体的自觉意识，而尹洙的选择则是以"讽谏"之名行直谏之实，可谓殊途同归。

庆历士大夫经由持续性的直谏和自辩构建并推扬了新的言道观念（以言行道）及其政治实践形式（危言危行）。然而，伴随言事活动的展开，他们很快又遇上了一个棘手的难题：如何证明自己真的是诚实、公忠的直谏者？此问直指动机，可以说从根本上决定了言事行为的道德属性和实用价值。它自言事制度产生之日起就已存在，又在仁宗时代日益高涨的言事风气中趋于显著。不仅仁宗和老成士大夫每以"卖直取名""资言以进"为言，连庆历士大夫也无奈地发现庙堂之上的投机者与日俱增。范仲淹在《上资政晏侍郎书》中承认：宋帝广开言路，彰显"尽心以虚受天下之言"的气魄，但并非所有言事人都"尽心以助成王道"，一旦朝廷于"献言之初""或有所赏"，就会引来"浮浅侥觊之辈""争为烦言，或采其细而伤其大，或夸其利而隐其害"，造成"下冒上之宠而矫其辞，上疑下之躁而轻其说"的困局。[①] 范视之为"政教之大害"。而石介也曾听朝中的士大夫讲过这样一个案例，某官一开始"忠鲠谠直，謇謇敢言，触龙逆鳞，不避诛死，由是人主知之，声名蔼然，耸动朝野。不四五年，取显仕"，及至"位弥高，身弥贵，禄厚惠渥，私庭曳青绶者五六人，门前炎炎可炙手"，便顾惜"势力荣宠"，"如有物塞其耳，如有叶蔽其目，如有钳缄其口，朝廷有阙政，国家有遗事，若不闻，若不睹，而不复言"。于是士大夫们得出结论：某官"向之

---

① 参见《范文正公文集》卷10，《范仲淹全集》，第233—234页。

忠鲠谠直，謇謇敢言"只是沽名钓誉，只是以此为"速进之媒"。①
蔡襄在《明谏》里也提到，君主设置奖赏原本是想"辅忠气而开谠
论"，但妄人"随之资言以速进，甚者诡谲而紊政；意苟得焉，喑嘿
以自固"，遂有佞者利用这些害群之马扩大打击面："举天下之好言
者均取贵仕耳，孰从而求信夫所谓忠谠者哉！"于是贤者"以进为己
累，而寡言"，君主的善政最终没能达到劝人献忠的目的，反而阻滞
了正常的言事风气。②总之，正是由于上述伪君子的存在，宋初以来
的决策者始终不肯放松对直谏的警惕和压抑。

　　面对老成士大夫的非难以及仁宗的疑忌，庆历士大夫期望通过
言说和行动取得世人的理解，证明自己绝非"卖直取名"的伪君子，
以求彻底摆脱嫌疑。先看言说。《上资政晏侍郎书》虽用语直率，态
度强硬，但从根本上说，这是一封旨在袒露赤诚之心以求得理解的
长信。范仲淹在文章首尾都声明这一点：

　　　　请露肝膂之万一，皆质于前志，非敢左右其说，惟公之采
　　择，庶几某进不为贤人之疑，退不为贤人之累，死生幸甚！死
　　生幸甚！③
　　　　惟公察某之辞，求某之志，谓尚可教，则愿不悔前日之举，
　　而加平生之知，使某馨诚于当时，垂光于将来，报德之心，宜
　　无穷已。傥察某之志，如不可教，则愿昌言于朝，以绝其进。
　　前奏既已免咎，此书尚可议责。使黜之辱之，不为贤人之累，
　　则某退藏其身，省求其过。不敢以一朝之责，而忘平生之知，
　　报德之心，亦无穷已。④

范仲淹一再强调，他上书只是为了自明本心，并不是要狡辩，更不

---

① 参见（宋）石介《上孔中丞书》，《徂徕石先生文集》卷13，第149页。
② 参见《蔡忠惠集》卷33，《蔡襄集》，第592页。
③ 《范文正公文集》卷10，《范仲淹全集》，第231页。
④ 《范文正公文集》卷10，《范仲淹全集》，第236页。

是故意抬杠。他期望晏殊能够在知晓言事动机后表示认同和支持。范也提出，如若晏殊依然不以为然，正好拿这封信作为"罪证"来请求朝廷降下处分，这样也能保证不连累晏。而范即便因此受罚，也不会怀恨在心，更不会改节易操。显然，范仲淹的此番论说早已不拘执于具体事项的褒贬评判，而上升到人与人之间观念分合的层次。在此基础上，他提醒晏殊：他对上疏进谏一事的表态将直接决定"天下如某之徒"即危言危行者的进退，进而影响天下治乱。文献并未记载晏殊的反应，但不难想见此事很可能就这么不了了之了。事实上，晏殊本身是反对刘太后僭越礼制的，曾于明道二年（1033）举《周官》中有关后服的记载委婉地劝阻其服衮冕谒太庙。然而，一则晏抵触直谏，故先和范论辩，后与庆历谏官失和；二则晏也不会贸然违抗主流意识形态。他看到上书，兴许会叹息范幼稚、冲动，空有一腔热血却不能成事，而和范关系疏远的老成士大夫则多半会认定他的这套说辞是在文过饰非。

　　如果依靠"言"仍无法自证清白，那就唯有寄希望于实实在在的"行"了。庆历士大夫设想的言事人尽心报国，在行事风格上本就和"志于赏"[1]的投机者迥然不同，言事给他们带来的往往是个人利益方面的损失而非增益。早在天圣五年（1027），范仲淹给王曾等宰执上万言书，就考虑到对方可能怀疑自己"欲矫圣贤之知，为身名之计"。范因此解释说：他未等终丧之后"为歌为颂，润色盛德，以顺美于时"，而毅然选择"居丧上书，逾越典礼，进逆耳之说，求终身之弃，而自置于贫贱之地"，就足以确证自己"不敢以一心之戚，而忘天下之忧，是不为身名之计明矣"。[2]同样的，他在《上资政晏侍郎书》中强调，先前国家鼓励言事，自己"尝闻长者之余论，郁于胸中而莫敢罄发"，是因"耻与浮浅侥觊之徒受上之疑

———————————

[1]　（宋）蔡襄：《明谏》，《蔡忠惠集》卷33，《蔡襄集》，第592页。

[2]　参见（宋）范仲淹《上执政书》，《范文正公文集》卷9，《范仲淹全集》，第228页。

于国门"。① 范甚至提议"今朝廷必欲求有道之言，在其择而必行，不在其诱于必赏"，将功利因素从言事制度中尽量剔除出去。"言而无赏"，则"浮浅侥觊之徒"自然绝迹，而"真有忧天下之心者，不废其进焉"，最终重建"下不冒上之宠而直其辞，上不疑下之躁而重其说"的合理秩序。②

不过，言事者毕竟是在现实制度下开展行动的，不得不思考用何种方式应对"赏"和"名"。庆历士大夫主张言事者理应时刻做到"自明而取信"③。具体来说，言事者应当慎重地对待奖赏和升迁，必要时选择退让以避嫌疑，若凭借谠言或直声取得高位，则仍需积极有为，始终不变，唯有如此方能消除世人的疑虑。嘉祐四年（1059）欧阳修上书劝阻包拯升任三司使正是践行这种见解的典型事例。

欧阳修指出，仁宗朝政治文化变革的标志在于："言事者"终得君主和"中外之人"的信任，不再动辄被污名化为"好讦阴私""公相倾陷""沽激名誉""自图进取"的小人。身为"庆历四谏"的一员，欧阳修"昔尝亲见朝廷致谏之初甚难，今又复见陛下用谏之效已著"，深知上述从观念到政策的整体转向是多么难能可贵。是故，当他听说御史中丞包拯接连弹劾两任三司使张方平、宋祁去职后自代其任，敏锐地意识到兹事体大，包拯之举"非惟自涉嫌疑，其于朝廷所损不细"，遂立即上书表示反对。欧点明"言事之臣"常处嫌疑之地，毕竟"言人之过似于徼讦，逐人之位似于倾陷"，惟"无所利于其间"方能自明其心，取信于人。一旦像包拯这样素有直声的"言事之臣"都逐人自代，则不仅"使将来奸佞者得以为说而惑乱主听，今后言事者不为人信而无以自明"，也会"开诱他时言事之臣，倾人以觊得，相习而成风"。此事必将破坏仁宗朝后期好不容

---

① 参见《范文正公文集》卷10，《范仲淹全集》，第234页。

② 参见《范文正公文集》卷10，《范仲淹全集》，第234页。

③ （宋）欧阳修：《辞召试知制诰状》，《欧阳修全集》卷90，第1317页。

易建立起来的政治默契和"用谏之效"，致使宋廷重新陷入猜疑才士、言臣的泥沼中。① 欧阳修这一番"原其本末"的剀切之言，颇显出他维护直谏的用心。欧阳修晚年虽不复如年轻时那般激昂进取，但他仍旧认可和珍视由自己引领的言事风气和声望观念，多次化身为君主和台谏之间的润滑剂。欧阳修显然认识到，一套政治价值观能否持久取决于其公信力而非强制力。

其实早在庆历新政期间，欧于谏官任上便格外留心一己之进退升降。庆历三年（1043）十二月，宋廷诏欧阳修试知制诰，以示恩典，他"退而循省，未止忧惊"②，故坚辞不赴。仁宗于是下旨直除知制诰，并遣使者临门告谕。欧累辞不获，只得以右正言知制诰，依旧言事激切，知无不为。欧在辞免知制诰的一札三状中反复申说，他"所以敢兹恳请者，盖以上系朝廷任人之体，非专臣子饰让之私"③，理由是：首先，他本人已被质疑"本非为国而去恶，但务倾人而进身"，现在如若接受"越次升用"，那就意味着主动坐实讥议，他虽"自省忠国之节，特惟陛下知之"，却再也别想洗脱"激讦沽名""侥幸求进"的污名；其次，小人"见言者得进既速，则各务奔趋"，"争以口舌为事"，以致"后来有谠言之士，必雷同以干进见疑"，无法"自明而取信"，这最终会造成"君子、小人，情伪何别"的困局。④ 由此可见，欧阳修在《论包拯除三司使上书》里的陈述，除名节论外⑤，其余部分都已在他谏臣生涯的近似时刻尽数道出，反映了欧一贯的"惟言事者不可以速冒宠荣"⑥

---

① 参见（宋）欧阳修《论包拯除三司使上书》，《欧阳修全集》卷112，第1692—1695页。

② （宋）欧阳修：《辞召试知制诰状》，《欧阳修全集》卷90，第1316页。

③ （宋）欧阳修：《辞直除知制诰状》，《欧阳修全集》卷90，第1317页。

④ 参见（宋）欧阳修《辞召试知制诰状》《辞直除知制诰状》《辞免第二状》，《欧阳修全集》卷90，第1316—1318页。

⑤ 欧阳修《论包拯除三司使上书》中的名节论，参见本书第三章第一节第四小节。

⑥ （宋）欧阳修：《辞直除知制诰状》，《欧阳修全集》卷90，第1317页。

的慎重态度和深沉思虑。欧阳修在谏官任上"言事一意径行，略不以形迹嫌疑顾避"①，其直臣面目早就广为人知，而与此同时，他再三推却"宠荣"，唯恐避"行迹嫌疑"不及，其谦退姿态或许鲜为人知。这两种政治表现貌似背反，却一道重塑了赵宋言事者的角色期待。② 它们都根源于心中的道义，一如欧阳修所说，"惟义之所守"，有所不避亦有所不为。

言事者以名得位后何为，同样是庆历士大夫非常重视的问题。明道二年（1033）十一月，仁宗诏用龙图阁待制孔道辅为右谏议大夫、权御史中丞。次月石介上书于孔，质问孔既已"赫然有声烈于天下，复得位于朝，见用于天子"，何以"为中丞逾月，而未闻有举焉"。石介接着痛切地指出，从古至今，"君子少，小人多"，"君子常不胜小人，小人不惟常胜君子，而又不能容之"，更令人愤慨的是，那些所谓的君子在得位或受挫后，往往"不能死节以永终誉，中途晚节，须有渝变"。③ 为此，他特地提醒孔道辅：

> 今有人位未显，身在下，能坚正不顾其身，敢直言极谏，犯天子颜色，封章抗疏，论天下利害，群小人必丛立指点曰："此人求速进也，沽虚名也，非以行道也。"吁！吾徒不见容于小人也，不取信于天下也，固若是乎？学周公、孔子之道不用，则卷而怀之；用之，则肯已乎！实将施及国家，布于天下，以左右吾君、绥吾民矣，群小人排毁不已。吁！可怪也。阁下亦当大警戒之，勿使天下有所论，则君子幸甚，天下

---

① （宋）李焘：《续资治通鉴长编》卷148，第3580页。

② 按，谏不求赏是庆历士大夫的普遍立场。如宝元元年（1038），右司谏韩琦成功弹劾四宰执，朝廷欲以知制诰奖宠其尽忠尽责，韩琦表示："谏行足矣。因取美官，非本意也，人其谓何？"事遂寝。参见（宋）王岩叟《韩魏公别录》，《安阳集编年笺注》附录4，第1870页。

③ 参见（宋）石介《上孔中丞书》，《徂徕石先生文集》卷13，第147—149页。

幸甚。①

石介之所以如此急切地作书告诫孔道辅，是因孔在言官任上的语默动静不止决定能否保全一己之名节，更是关乎君子能否洗刷沽名求进的污名进而取信于天下的大事。孔道辅自然明了石介的深意②。不久，他和右司谏范仲淹率众台谏官伏阁请对，一致反对仁宗和宰臣吕夷简废郭皇后，因此贬知泰州。这场风波被公认是仁宗朝台谏势力增强的关键事件。孔道辅以自己的言行再次赢得清流官员们的认可，成功地捍卫了言事者的尊严和信誉。

第三节　通向"不讳之朝"：景祐党争　　　　　与仁宗朝政治舆论写作的展开

南宋学者吕祖谦曾以"言"为线索爬梳北宋历史：

　　国初宰相权重，台谏侍从莫敢议，朝士不平，屡有攻击。如卢多逊、雷德骧、翟马周、赵昌言、王禹偁、宋湜、胡旦、李昌龄、范讽、孔道辅，更胜迭负，然终不能逊庙堂之势。至范仲淹空一时所谓贤者而争之，天下议论相因而起，朝廷不能主令，而势始轻矣。③

在吕祖谦看来，由范仲淹领头的庆历士大夫自下而上地改变了赵宋的政治生态：一则士大夫的持续对立造成"言满天下"的局面；二

---

①　（宋）石介：《上孔中丞书》，《徂徕石先生文集》卷13，第149—150页。

②　事实上，孔道辅生前已遭受躁进的讥评，《儒林公议》载："孔道辅自以圣人之后，常高自标置，性刚介，急于进用。或有劝其少通者，答曰：'我岂姓张、姓李者耶！'闻者多笑之。"参见（宋）田况《儒林公议》卷下，第72页。

③　（宋）叶适：《习学记言序目》卷47，第708页。

则政治的主导权由朝廷过渡到士大夫。而这一切的起点，正是明道二年（1033）的废后风波以及景祐三年（1036）的范、吕政争。①

有学者指出，在景祐党争中，范仲淹被贬的核心罪名之一是"自结朋党"，即仁宗认为其有交结要人以求进的嫌疑，但随后，一批支持范氏的中下层官员则突出他因言获罪的一面，仁宗对朋党问题的关注重心也从交结要人转向其他官员对范的朋附。② 可以说，余靖、尹洙、欧阳修、蔡襄等人自发的入场和声援，改变了景祐党争的走向，使其中的言论因素得以凸显。本节即从舆论的角度重审景祐党争，呈现范、吕冲突后"天下议论相因而起"的全过程，还原庆历士大夫如何利用多条传播渠道在宋廷强制阻塞的言路之外开辟出舆论的阵地，展开对范仲淹之行为和人品的辩护，对贤不肖的评判，由此揭示庆历士大夫的舆论意识以及他们对仁宗朝政治舆论写作的推动。

一　景祐党争的传播诸相与舆论动向

景祐党争缘起于范仲淹言事，从一开始就和言论脱不开干系。景祐二年（1035）十月，范仲淹归阙，以天章阁待制判国子监，"言事愈急"。宰臣吕夷简私下派人劝告："待制侍臣，非口舌任也。"范反驳："论思政侍臣职，余敢不勉。"从中可见吕与范对侍臣是否负有言责意见相左。吕见范坚持己见，遂调其权知开封府，"欲挠以剧烦，使不暇他议，亦幸其有失，亟罢去"。③ 然而，范仲淹尹京后不仅颇有治绩，更愈益"以谏净为己责"，献上《百官图》及《帝王好尚》《选贤任能》《近名》《推委》四论讥刺时政，并举荐同知枢密院事韩亿为相。吕夷简大怒，自辩于仁宗前，并斥责范

---

① 《类编皇朝大事记讲义》卷10"仁宗皇帝"门下"朋党、君子、小人"条、《宋史纪事本末》卷29"庆历党议"条均从景祐党争开始叙述。

② 参见杨光《政治过程与历史书写——景祐三年范仲淹被贬事件发微》，《北京社会科学》2019年第12期。

③ （宋）李焘：《续资治通鉴长编》卷117，第2766页。

"越职言事，荐引朋党，离间君臣"①。这三项指控均与范氏之进言直接相关，"越职言事"更是将此举本身就定为罪行。范亦交章对诉，辞愈切。仁宗偏向吕夷简，政争以范仲淹落职知饶州告一段落。宋廷还采纳侍御史韩渎的建议，"以仲淹朋党榜朝堂，戒百官越职言事"②，既昭告范氏的罪名，又明确禁止非台谏官员进言。

仁宗授意下的判决和禁令，并未如预期终结政争及其周边的论争，反而激起了士林的强烈反弹，余靖、尹洙、欧阳修、蔡襄等中下层官员前赴后继，公开支持范仲淹，经由一切可能的媒介宣扬己方的政治立场，对抗官方以及由它控制的公共言论。这使得景祐党争迅速演变为一场大规模的政治舆论事件，一次言论的博弈，几乎包含两宋时期所有的公私传播渠道，如图2-1所示。

下面逐一分析宋廷和士大夫使用过的各类媒介及其传播效力：

1. 下令：这里主要指仁宗和政府下达贬斥范仲淹、余靖、尹洙、欧阳修的人事任免命令。北宋前期，朝廷下达一项人事任免命令，通常采用"诰敕并行"的形式，即同时颁给除授对象官告与敕牒两份下行文书。其中，官告又称告身，是朝廷委任官员的凭证。官告上载录制词，属于"王言"，由两制词臣代为起草，以皇帝的口吻宣示本次任免的理由，常附带朝廷对该官员的评价。而敕牒是宰相机构颁布的命令文书，具有行政效力。③先看景祐党争中的官告制词。像范仲淹、余靖、尹洙、欧阳修这样的中下层官员，朝廷下发的是由知制诰撰写的外制文书，现存《范仲淹落职知饶州制》《欧阳修谪守夷陵县令制》两份相对完整的文本。这两份四六制词均详述降惩范、欧的缘由，如斥责范"每因进对之时，屡谈时务，姑挟谋身之利，辄兴摇众之端。离间大臣，历加诋毁，交结在位，阴有

---

① （宋）李焘：《续资治通鉴长编》卷118，第2783—2784页。
② （宋）李焘：《续资治通鉴长编》卷118，第2784页。
③ 北宋前期人事任命文书的种类、形式与特征，参见张祎《制诏敕札与北宋的政令颁行》，博士学位论文，北京大学，2009年，第147—155页。

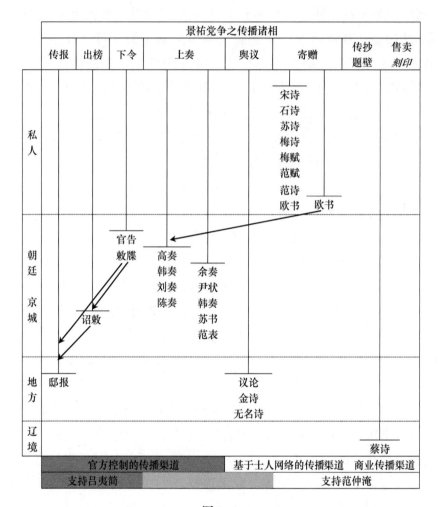

景祐党争之传播诸相								
传报	出榜	下令	上奏		舆议	寄赠	传抄题壁	售卖刻印
私人						宋诗 石诗 苏诗 梅诗 梅赋 范赋 范诗 欧书　欧书		
朝廷京城		官告 敕牒 诏敕	高奏 韩奏 刘奏 陈奏	余奏 尹状 韩奏 苏书 范表				
地方	邸报			议论 金诗 无名诗				
辽境							蔡诗	

官方控制的传播渠道	基于士人网络的传播渠道　商业传播渠道
支持吕夷简	支持范仲淹

图 2-1

荐论，动形危害之言，居显比周之迹"①，责备欧"托附有初，诋欺
罔畏，妄形书牍，移责谏臣，恣陈讪上之言，显露朋奸之迹，致其
奏述，备见狂邪"②，都主要针对他们的政治言论而发。宋廷借重仁

---

① 《范仲淹落职知饶州制》，《宋大诏令集》卷205《政事五十八》，第765页。

② （宋）柳植：《欧阳修谪守夷陵县令制》，《全宋文》卷480，第23册，第52页。

宗之口给范、吕定罪，欲以至高权力促使二人反省自身言行，并以儆效尤，将官方意识形态传递给百官，达到"用警偷俗"① 的目的。再看敕牒。据杨光考证，敕榜开头附录了朝廷为贬谪范仲淹所下的敕牒，结合《宋会要》《续资治通鉴长编》《儒林公议》以及高若讷、尹洙的上书等文献，可以大致还原敕辞节文"范仲淹言事惑众，离间君臣，自结朋党，妄自荐引，及知开封府以来区断任情，免勘，落天章阁待制，知饶州"。② 不难看出，敕牒用简洁明晰的散文罗列范仲淹的若干罪状，其用意与制词一致，由于被录入敕榜，传播更广。

2. 出榜："榜"在宋代是政府为晓示政令而张贴的公告文书。作为一种官方信息传播媒介，榜是官方意识形态干预舆论场的重要途径。榜文的对象包括军民和官员。其中皇帝命御史台出榜于朝堂、专门面向在朝官员发布的奖谕、诫谕、抚谕性质的诏敕被称为敕榜。③ 景祐三年（1036）宋廷为景祐党争公布的诏书即属于诫谕类的敕榜。宋廷将它张贴在命范仲淹外贬的敕牒之下，用君王训诫臣下的权威口吻，严厉谴责范仲淹出位言事、沽激求进、自结朋党、离间君臣，又由范被贬引申到"授仕者以宿业为嗤，献规者以服谗为得，沽激名誉，协比朋俦，务骋谲辞，有玷醇治"的浇薄士风，最后警告百官"勿舍己以营他，勿背公而稔衅。排根引重，奚习多岐；衒直奸私，宁或取悔"，引导他们"勉思中正之言，靡蹈偷薄之尤"。④ 仁宗和吕夷简君相通过敕榜向全天下公开惩处范仲淹等人的理由及整饬士风的决心，等于是给整个景祐党争定了调。

———————————

① （宋）柳植：《欧阳修谪守夷陵县令制》，《全宋文》卷480，第23册，第52页。

② 参见杨光《政治过程与历史书写——景祐三年范仲淹被贬事件发微》。

③ 榜的特征和用途，参见朱传誉《宋代新闻史》，台湾商务印书馆1967年版，第127—153页；张祎：《制诏敕札与北宋的政令颁行》，第46—53页；杨军：《宋代榜的传播学解读》，《新闻与传播研究》2011年第3期；杨芹：《宋代敕榜研究》，《中华文史论丛》2017年第3期。

④ 参见《敕榜朝堂》，《宋大诏令集》卷192《政事四十五》，第706页。

3. 传报：宋代的邸报指中央经进奏院下发到地方的官方文书，刊登朝廷的行政命令和人事变动等各类时政信息，是连通央地的关键信息通道。景祐党争的相关邸报今虽不存，但不难想见应该载录了贬谪范仲淹等人的人事命令和前述敕榜的主要内容。宋廷欲以此警示地方官吏，俾使官方的声音向州县延伸。

4. 上奏：上奏是各级官员向皇帝和朝廷表达政治观点、建议或诉求的主要方式。范、吕政争致使士大夫纷纷上奏各陈己见，往复论辩。侍御史韩渎上请"以仲淹朋党榜朝堂，戒百官越职言事"①，沧州副都部署刘平上书攻击范仲淹"奸邪党与诈忠卖直"，敦请仁宗"明谕台谏官，毋令越职"。② 光禄寺主簿苏舜钦则上疏请求追寝戒百官越职言事的诏敕。集贤校理余靖亦上奏坚称范仲淹不当以言获罪。馆阁校勘尹洙上状明言愿坐朋党与范同贬。右司谏高若讷被欧阳修书信所激，上奏指斥范仲淹"谋事疏阔，及躁情狂肆，陷于险薄，遂有离间君臣之罪"，与敕榜传达的官方说法保持一致，并告发欧"谓天子以忤意逐贤人"的异见。③ 在蔡襄作《四贤一不肖诗》后，泗州通判陈恢立马上章"乞根究作诗者罪"④，谏官韩琦则弹劾陈越职希恩。还有范仲淹至饶州后所上谢表，言辞谦卑，但仍不改有犯无隐的立场。总之，范、吕的支持者们延续了二人激辩的态势，他们在范仲淹以言事和朋党被贬是否正当、戒百官越职言事是否合理以及作诗纪事是否有罪诸问题上都有争论，由此形成双方争执的正面战场。

5. 寄赠：寄赠由于是个体流向个体，因此属于较为私密的传播方式，当然也不排除诗文作品生成后向外传播的情况。在范仲淹等人被贬后，友朋寄赠诗文的情况不在少数，存留至今的就有宋祁《送范希文》、梅尧臣《闻欧阳永叔谪夷陵》《寄饶州范待制》《闻尹

---

① （宋）李焘：《续资治通鉴长编》卷118，第2784页。
② （宋）李焘：《续资治通鉴长编》卷118，第2788页。
③ （宋）田况：《儒林公议》卷下，第106页。
④ （宋）李焘：《续资治通鉴长编》卷118，第2787页。

师鲁谪富水》《灵乌赋》、石介《寄永叔》、苏舜钦《闻京尹范希文谪鄱阳尹十二师鲁以党人贬郢中欧阳九永叔移书责谏官不论救而谪夷陵令因成此诗以寄且慰其远迈也》、谢伯初《寄欧阳永叔谪夷陵》等。这些文本无疑证明景祐党争是促成庆历士大夫走向联合和相知的催化剂。写作者多对友人行正义之事却得罪迁谪深表愤慨，故借文字传达自己的认同和慰问。石介《寄永叔》还借义兽驺虞数落失职之龙而得罪影射欧阳修贻书切责高若讷而遭贬一事，这种动物寓言模式同样被梅尧臣《灵乌赋》《彼鸳吟》《啄木》用来描述范仲淹的义举和遭际。此外，欧阳修在贬谪途中写给尹洙的《与尹师鲁第一书》，范仲淹至饶州后答复梅尧臣的《灵乌赋》，回赠友人的《鄱阳酬泉州曹使君见寄》《和谢希深学士见寄》，皆自明本心，强调自己始终无悔。这里还有一个特例，欧阳修《与高司谏书》并非写给同道，而是责备右司谏高若讷"不能辨仲淹非辜，犹能以面目见士大夫，出入朝中称谏官"[1]，以一番痛诋兼激将之语引得高向宋廷缴进信件，从而将私人通信公于朝堂，引发轰动一时的舆论效应。

6. 传抄、题壁、售卖以及印刷（存疑）等基于士人网络和商业活动的传播渠道：蔡襄撰作的组诗《四贤一不肖诗》可谓景祐党争事件中最具影响力的文本，它一经问世就引爆舆论，和《与高司谏书》一道成为对抗乃至最终盖过官方说辞的至强音。彼时蔡襄为义愤所激，因"官微不能自达"[2]，遂作诗记事。《四贤一不肖诗》共五首，一诗咏一人，其中"四贤"分指范仲淹、余靖、尹洙、欧阳修，"不肖"指高若讷，褒贬甚峻。据载，蔡诗写成后，很快在京城流行开去，人人争相传抄，书商见有利可图，立马大量复制此诗进行售卖，得到颇为丰厚的利润。辽国使者正好来到开封，秘密购入此诗回国。直到二十余年后的嘉祐四年（1059），张中庸出使辽国，

---

① （宋）李焘：《续资治通鉴长编》卷118，第2787页。

② （宋）蔡襄：《工部尚书集贤院学士赠刑部尚书谥曰襄余公墓志铭》，《蔡忠惠集》卷40，《蔡襄集》，第728页。

路过幽州，还能看到馆驿的墙壁上有人题写蔡诗。① 田况《儒林公议》也提到，蔡诗一直被人传诵着。《四贤一不肖诗》经由士、商自发的关注和传布，透过多重媒介，几乎是在一夕之间就从京城遍传天下，甚至越境外流到邻国。作为一个政治舆论文本，蔡诗传播的速度之快、范围之广、历时之久、样态之多，令人印象深刻，这离不开民间信息传播网络的独立和高效。另外值得一提的是，书商很可能刻印此诗牟利②，政治舆论与新兴媒介的关系，的确引人遐想。③

7. 舆议：景祐党争是轰动朝野的大事，故迅速成为世人热衷谈论的话题。而欧阳修之所以写信责备高若讷，即是因为他听到高在余靖家公然"诋诮希文为人"。④ 可见，范、吕政争爆发后，士人在聚会时总要谈论两人曲直，常会出现意见相左的情况。总体来说，年辈较长、政治经验较丰富或者被深度嵌入体制的官员，虽未必都赞同吕夷简，但倾向于认为范仲淹及其支持者的做法是不妥当的。而年纪较轻、资历较浅、政治地位较低或者未入仕的士人，则或明或暗地指责吕夷简、高若讷等人为奸邪，认定范仲淹一方是绝对正义的，并将此事视作政治黑暗的表征。先看前者。如当时与吕夷简并相的王曾评说此事："向来如高若讷辈多是择利，希文亦未免近名。要须纯意于国家事尔。"⑤ 王曾十分赏识范仲淹，又与吕夷简不

---

① 参见（宋）王辟之《渑水燕谈录》卷 2，第 15 页。

② 参见［日］井上进《中国出版文化史》，李俄宪译，华中师范大学出版社 2013 年版，第 86 页。四库馆臣亦认为："襄时为秘阁校勘，因作是诗，至刊刻模印，为辽使所鬻。"［（清）永瑢等：《四库全书总目》卷 152《集部五》，第 1312 页］

③ 按，蔡襄后在谏官任上十分关注印刷媒介，他在《乞罢魏兼馆职奏》中说："苏州民谣，刊板传诵，臣略得两句云：'绕梁歌妓唱，动地饥民哭。'杭州刻《安抚夜饮图》卖于都市，丑声恶语传于道路。"（《蔡忠惠集》卷 18，《蔡襄集》，第 331 页）就利用地方印刷的文字和图像弹劾魏兼。

④ （宋）欧阳修：《与高司谏书》，《欧阳修全集》卷 68，第 989 页。

⑤ （宋）王岩叟：《韩魏公别录》，《安阳集编年笺注》附录 4，第 1869 页。按，《宋史》载王曾之言略有不同："今言者不激，则多畏顾，何补上德？"（《宋史》卷 312《列传第七十一》，第 10222 页）不过亦能与高、范二人对应。

协。他对高、范各打五十大板，并非是和稀泥，而是要着重告诫君子们切忌卖直取名。他于党争后"意甚不平，然不能救止，但令亲识宽谕贬者而已"①，既是力有未逮，可能也有观念分歧的因素。又如，时人记载，范仲淹被贬后，台谏"无敢辨之者，皆言仲淹不当指夷简为莽、卓"。② 这里面固然不乏沉默畏慎、趋利避祸者，但也不排除台谏本身就反对范氏言行的可能。高若讷称，他"自仲淹落职之后，诸处察访端由，参验所闻，略与敕榜中事符合"，风闻范"谋事疏阔，及躁愤狂肆，陷于险薄，遂有离间君臣之罪"，于是得出结论："范仲淹顷以论事切直，比来亟加进用，知人之失，尧、舜病诸，忽兹狂言，自取谴辱；宽大之典，固亦有常"。③ 由此看来，高若讷未必不是表里如一之人。王曾、高若讷的评判其实代表了老成士大夫对于景祐党争的看法。蔡襄在《四贤一不肖诗》里也讲到，对于余靖的上奏，"高冠长佩丛阙下，千百其群诃尔愚"④。再看范仲淹的支持者们。根据苏舜钦《上范公参政书》的叙述，在明道、景祐的一系列政治风波中，"天下之人"拥护范仲淹而贬抑吕夷简，已到"无此言者，众指以为愚"的程度，另外，还有"险奸凶歼之人"受"群议"所迫而蛰伏起来，时刻意欲抹黑范氏。⑤ 苏舜钦的说辞虽不无夸饰，但也反映出舆论的动向。他提到的"天下之人"，显然主要是指像他以及欧阳修、余靖、尹洙、蔡襄这样的中下层士人。下面再举四例佐证。一是，《渑水燕谈录》载，范仲淹被贬后，"朝廷方治朋党，士大夫莫敢往别"，惟王质扶病饯送于国内。⑥ 这段记事出自欧阳修所作王质神道碑，原无"士大夫莫敢往别"一语。实际上，从欧阳修《于役志》看，当时仍有一大批青年士人顶着政

---

① （宋）田况：《儒林公议》卷下，第 107 页。
② （宋）田况：《儒林公议》卷下，第 102 页。
③ （宋）田况：《儒林公议》卷下，第 106—107 页。
④ 《蔡忠惠集》卷 1，《蔡襄集》，第 11 页。
⑤ （宋）苏舜钦：《苏舜钦集编年校注》卷 8，第 527—528 页。
⑥ （宋）王辟之：《渑水燕谈录》卷 2，第 14—15 页。

治高压主动送别"范党"，和他们频繁聚会。① 这无疑是在表达亲范的政治立场。② 二是，远在江西的曾巩和金君卿听闻景祐党争始末，相与作诗颂扬范仲淹等人，可见"英俊"理念对青年士人的感召。三是，范仲淹被贬后，很长一段时间内"士大夫为仲淹言者不已"③。宝元元年（1038），仁宗还因"中外臣僚屡有称荐仲淹者"特下内降，诏戒百官朋党。④ 政争失利的一方竟能引来士大夫主动站队，足见舆论所向。四是，景祐党争也成为当时盛传的无名诗的素材。景祐四年（1037），有所谓"轻薄子"取张祜《何满子》诗，将二十字添益成二十八字："天章故国三千里，学士深宫二十年。殿院一声河满子，龙图双泪落君前。"四句分别嘲咏范仲淹、王宗道、萧定基、王博文事。⑤ 虽是一时流行的笑谈，却也折射出士林对范仲淹被贬的关注和同情。

综上，作为政治舆论事件的景祐党争，宣告仁宗朝舆论权力的崛起。在这场政治兼言论的博弈中，吕夷简一方是为政治场中的上位者，他们迅速取得仁宗的支持，不仅有能力贬逐以范仲淹为首的反对者，还掌控着官方的"言路"。他们一方面经由奏疏、诏敕、制

---

① 《于役志》记载，欧阳修与人饯送范仲淹于"祥源之东园"。欧阳修出京及宦游过程中，又有王拱辰、蔡襄、田况、杨察、燕肃、薛仲孺、郑戬、石介、刁约、张充、叶清臣、胡宿、王洙、史炤、王质、范镇等士人和他相会。参见《欧阳修全集》卷125，第1897—1904页。

② 欧阳修《于役志》非以作者启程而以范、余、尹贬谪开篇，很可能就是在暗示上述情形。参见［德］顾彬（Wolfgang Kubin）、梅绮雯、陶德文、司马涛《中国古典散文——从中世纪到近代的散文、游记、笔记和书信》，周克骏、李双志译，华东师范大学出版社2008年版，第114页；成玮：《褒贬即从字面求——由〈于役志〉看欧阳修〈春秋〉学的特色》，《华东师范大学学报》2017年第2期。

③ （宋）吕中：《类编皇朝大事记讲义》卷10，第203页。

④ （宋）李焘：《续资治通鉴长编》卷122，第2881页。

⑤ 参见（宋）司马光《涑水记闻》卷3，第51页。按，此无名诗在北宋其他一些笔记中有另一版本："仲昌故国三千里，宗道深宫二十年。殿院一声河满子，龙图双泪落君前。"首句范仲淹事被替换为章仲昌事。可见这些口传的无名诗文本有流动性。参见（宋）范镇撰、汝沛点校《东斋记事》（与《春明退朝录》合刊）卷3，中华书局1980年版，第29页；（宋）魏泰：《东轩笔录》卷15，第169页。

词、邸报等相对封闭可控的官方信息传递系统向朝野反复传达进退官员和训诫士风的决议，另一方面则用"戒百官越职言事"的禁令遮断政敌在朝堂上的发声渠道。但事与愿违，仁宗和吕夷简一方非但无法引导舆论，反倒激起了越来越多的异见，在舆论场中愈益陷入十分被动的境地。这是因为舆论场和政治场的游戏规则往往是错位的。仁宗和吕夷简一方在政治上的强势不仅容易给世人造成诸如霸道、狭隘、心虚之类的负面印象，落下以权势排抑言事者的口实，更会刺激大众去传阅庆历士大夫创作的诗文，使得整个事态发展远超出他们的掌控范围。而像范仲淹这样秉持理想主义的政治批判者，像余、尹、欧、蔡这样一批甘愿舍弃前程也要反抗强权的追随者，这些政治场中的弱势之人和失意之人才是舆论青睐的对象。金君卿有诗云："四海疮痍剧猬毛，爱君三谏未能逃。所期力济生民福，不为名存信史褒。想见斯人心独喜，愿为君党义尤高。忠言已入身甘窜，始见吾徒气思豪。"① 金诗以忠义称许范党，以"吾徒"传达共鸣，无疑道出了广大士人的心声。同样重要的是，庆历士大夫毫不示弱，发起言论抗争运动，"一人去国，众人哗然而争之，章疏交于上，讽刺作于下"②，依靠舆论扭转不利局面，积极宣扬自身言行的正当性。这中间，有尹洙上奏自坐范党这样的惊人之举，有欧阳修借嘲诮高若讷为范仲淹打抱不平，并逼迫对方公开让书，有蔡襄作诗记录时事，通过激活宋代本就发达的士人网络和商业活动广泛传播作品。他们不但坚持在政治场合与论敌针锋相对，更善于利用非官方媒介传达自己的声音，释放民间信息传播网络蕴藏的巨大政治潜能，从而牢固地占据道义和舆论的高点。

再者，从传播效果看，皇帝以及代表皇帝的朝廷习惯以命令和断言居高临下地输出"真理"和权威，强制所有人服从，不容任何

---

① （宋）金君卿：《和曾子固闻言事谪官者》，北京大学古文献研究所编《全宋诗》卷400，北京大学出版社1995年版，第4927页。

② （清）永瑢等：《四库全书总目》卷152《集部五》，第1312—1313页。

人置辩，相比而言，私人创作显然更有亲和力，其影响力的多寡几乎完全来源于作者能否凭借文辞吸引进而打动人，能否以情理感染以及说服人，一言以蔽之，即能否发扬文学那夺人耳目乃至摄人心魂的魅力。这自然难不倒欧、蔡诸人。如欧阳修的书信便取得"斯言感切固已至"① 的效果。另据田况说，蔡襄讥诮高若讷的诗句"袖书乞怜天子旁"，"人到于今讽诵且笑之"。② 足见他们的创作几乎成为流行文化的一部分。此种借助文字影响舆论的意识和能力，正是庆历士大夫屡仆屡起、"灰而又燃"③，直到多年后夺取"党争"最后胜利的重要原因。

二　"公是公非"：庆历士大夫的政治舆论写作

庆历士大夫在景祐党争中的书写活动，昭示仁宗朝政治讽喻写作的兴起。④ 蔡襄在《四贤一不肖诗》结尾提出："朝家若有观风使，此语请与风人诗。"⑤ 一方面，蔡襄将自身的创作置放于《毛诗大序》所揭橥的"风诗"亦即美刺讽谏的传统中来获取合法性。另一方面，他为《四贤一不肖诗》设定的理想传播路线是从"观风使"到天子，而在现实中，他的诗歌很快成为舆论热点，随即经由泗州通判陈恢（或许还有台谏和皇城司）奏上，也算是以别种方式实现了预期。在这点上，《四贤一不肖诗》虽和石介《寄永叔》、梅

---

① （宋）蔡襄：《四贤一不肖诗》，《蔡忠惠集》卷1，《蔡襄集》，第10页。

② 参见（宋）田况《儒林公议》卷下，第107页。

③ （宋）范仲淹：《让观察使第一表》，《范文正公文集》卷17，《范仲淹全集》，第403页。

④ 周剑之指出，景祐三年（1036）是北宋诗风变迁的节点，以《四贤一不肖诗》为代表的诗歌从整体上复苏了诗歌中的政治讽喻精神。参见周剑之《"以天下为己任"诗风之开启——北宋景祐三年朋党事件中的诗歌写作及其诗歌史意义》，《广西社会科学》2010年第11期。李强则将蔡襄《四贤一不肖诗》、石介《庆历圣德颂》视作庆历之际的"诗文干政"事件，重点阐发其政治意涵。参见李强《北宋"诗文干政"与士风——以仁宗庆历之际为中心》，《东岳论丛》2008年第2期。本文关注舆论的中介作用，侧重点有所不同。

⑤ 《蔡忠惠集》卷1，《蔡襄集》，第11页。

尧臣《彼鵁吟》等同属讽喻诗范畴，但舆论因素的凸显使其具有超出一般讽喻诗的丰富内涵，反映了以言行道的即时性。

自汉魏六朝之后，采诗观风已不再作为日常制度存在。[①] 在官方渠道日渐闭塞之时，讽喻诗如何于传播接受环节完成"下以风刺上"[②] 的使命，成为唐宋士人必须考虑的问题。[③] 中唐元稹、白居易相与倡作新乐府等讽喻诗，正是对上述文学观念的一次实践，可谓《四贤一不肖诗》的近源。元、白在写作过程中就心存广播人口以上达天听的意图。白居易在《新乐府序》中说："其辞质而径，欲见之者易谕也。其言直而切，欲闻之者深诫也。其事核而实，使采之者传信也。其体顺而肆，可以播于乐章歌曲也。"[④] 注重从辞、言、事、体诸方面增强传播的便利性和效果。而根据白氏后来的自述，他的讽喻诗在当时也确实引起过舆论效应，在士林和朝廷间流传。[⑤] 不过，元稹在写成讽喻诗后以"词直气粗，罪尤是惧""不敢陈露于人"[⑥]，白居易的讽喻诗本身也因"意激而言质"[⑦] 不被世人所爱，

---

① 参见任半塘《唐声诗》上编，上海古籍出版社 1982 年版，第 416 页。

② 《毛诗正义》卷 1，《十三经注疏》，第 566 页。

③ 事实上，在中国古典诗史中，许多讽喻诗是由后人通过辨识其隐微的字句而发掘出来的，只能说是理论上的讽喻文本，至于它们在现实中是否发挥过讽喻的政治功能，还是一个未知数。

④ （唐）白居易著，谢思炜校注：《白居易诗集校注》卷 3，中华书局 2006 年版，第 267 页。

⑤ 白居易曾自述："凡闻仆《贺雨》诗，而众口籍籍，已谓非宜矣。闻仆《哭孔戡》诗，众面脉脉，尽不悦矣。闻《秦中吟》，则权豪贵近者相目而变色矣。闻《乐游园》寄足下诗，则执政柄者扼腕矣。闻《宿紫阁村》诗，则握军要者切齿矣。大率如此，不可遍举。"参见（唐）白居易《与元九书》，谢思炜校注《白居易文集校注》卷 8，中华书局 2011 年版，第 324 页。《旧唐书》本传亦载："居易文辞富艳，尤精于诗笔。自雠校至结绶畿甸，所著歌诗数十百篇，皆意存讽赋，箴时之病，补政之缺，而士君子多之，而往往流闻禁中。章武皇帝纳谏思理，渴闻谠言，二年十一月，召入翰林为学士。"（刘昫等：《旧唐书》卷 166《列传第一百一十六》，中华书局 1975 年，第 4340—4141 页）

⑥ （唐）元稹：《上令狐相公诗启》，《元稹集》卷 60，第 727 页。

⑦ （唐）白居易：《与元九书》，《白居易文集校注》卷 8，第 327 页。

故两人讽喻诗的传播总体上远不及杂律与感伤诗。①

元、白的讽喻写作深刻地影响了晚唐五代士人。白居易的新乐府五十篇以《白氏讽谏》为名流行于时，四明胡抱章和后蜀杨士达还拟作五十篇，"颇讽时事"②。有趣的是，我们可以很轻易地在晚唐五代看似繁盛的讽喻写作中发现诗人与帝王之间的"默契"（当然，这点在白居易与唐宪宗那里就能看到）。这类现象在蜀地尤为明显。如僧人贯休因在荆南作《酷吏辞》讥刺时政，被高季兴疏远，遂西行入蜀。蜀主王建"常命诵近所撰诗"，贯休乃举《公子行》嘲讽在座的贵戚，王建称善，而贵戚多有怨气。贯休后于寿春节进献《尧铭》《舜颂》二章，王建复加奖赏。③ 又如苏州人蒋诏恭（一作蒋贻恭）"性耿直，有逸才"，"每有吟咏，辄涉讥刺"，于王建末年作诗讽刺权宦，王建见诗大喜，许之为"敢言之士"，特授名山令。④ 又冯涓"恃其学富，所为轻薄"，但注重"清苦直谏，比讽箴规"，王建大兴土木，致使百姓困穷，冯涓因其生辰献《生日歌》，"先纪王功，后陈生聚"，王建赞其"忠说"，遂赐黄金十斤"以旌礼谏"，并减轻百姓徭役。⑤ 复如欧阳炯拟白氏讽谏诗五十篇以献，蒲禹卿应制科，出语讦直，诋诃官吏，两人都得到后蜀后主孟昶的嘉奖。上述事例，惟冯涓之讽谏稍见成效，其余大多不了了之，但仍能从中看出，晚唐五代君主对讽喻写作是给予了一定关注的。只是，讽喻写作一再以君主嘉奖诗人而非改变现实作结，或许会造成其本身越来越像文人和君主协作完成的政治表演，君主收获开明宽大的英名，而文人则得到实利和声名。

---

① 参见尚永亮、李丹《"元和体"原初内涵考论》，《文学评论》2006年第2期。

② （宋）钱易撰，黄寿成点校：《南部新书》癸卷，中华书局2002年版，第177页。

③ （清）吴任臣撰，徐敏霞、周莹点校：《十国春秋》卷47，中华书局2010年版，第670—671页。

④ （清）吴任臣：《十国春秋》卷42，第621页。

⑤ （五代）何光远撰，邓星亮、邬守玲、杨梅校注：《鉴诫录校注》卷4《轻薄鉴》，巴蜀书社2011年版，第96页。

到北宋前期，田锡、王禹偁、张詠等直臣在创作上也赓续了白居易的讽喻精神，但在地方，王禹偁等人的新乐府诗随着宋初采诗举措的变质而陷于消沉。① 在中央，真宗大中祥符之后，颂美太平的文风大行于世，更是挤占了讽谏的空间。杨亿、钱惟演、刘筠唱和《宣曲》，"其诗盛传都下"，"或谓颇指宫掖"，遭致真宗下诏讽切。② 总之，在制度缺失兼政治压力的背景下，宋初士大夫的讽喻写作不但较为萧条，并且一旦传播立即会引来文祸。以至于当王禹偁读到戚纶"辞直意切，急于救时"的《理道评》十二篇，立马忧虑"若无知心，亦恐腾口，以为失路而造谤也"。③

逮至仁宗朝，讽喻写作进一步得到士人的重视。较早致力于此类创作的是颜太初，他"求天下国家政理风俗之得失，为诗歌泊文以宣畅之"④，天圣年间曾以诗发卫真令黎德润之冤，"览者壮之"，后范仲淹安抚江淮，请朝廷追恤黎德润。景祐元年（1034），颜见文宣公袭封被除，作《许希诗》美医者许希不忘本，"指除袭封事，讽在位者得路，反忘先师"⑤，又致书副相蔡齐，蔡上言于仁宗，朝廷诏令孔宗愿袭封文宣公。景祐三年（1036），他作《东州逸党诗》讥刺山东人范讽、石延年、刘潜等人放荡不遵礼法，为孔道辅所称赏，仁宗闻诗后治范讽罪。同年秋，颜又礼葬前同州通判宋武，并撰《哭友人诗》诉其冤，作恶的前同州守"坐是废于时"⑥。此外如《后车诗》《同州题名记》《望仙驿记》皆有为而作。从颜太初的经历可以看出，士人的讽喻写作能够经由传播对

---

① 参见葛晓音《北宋诗文革新的曲折历程》。

② （宋）陆游：《跋〈西昆酬唱集〉》，《渭南文集校注》卷31，《陆游全集校注》，第10册，第300页。

③ （宋）王禹偁：《荐戚纶上翰林学士钱若水启》，《王黄州小畜集》卷25，《宋集珍本丛刊》影印本，第1册，第709页。

④ （宋）司马光：《颜太初杂文序》，李文泽、霞绍晖校点《司马光集》卷64，四川大学出版社2010年版，第1324页。

⑤ （宋）李焘：《续资治通鉴长编》卷117，第2767页。

⑥ （宋）司马光：《颜太初杂文序》，《司马光集》卷64，第1325页。

官方决策施加引导。①

与颜太初差不多同时，欧阳修、尹洙、苏舜钦、梅尧臣等人劝导士人关心民瘼和时弊，"将文学兴讽、怨刺的职能置于首位"。②在他们的提倡下，有为而作、"警时鼓众"成为庆历之际的诗歌新风尚。③值得注意的是，庆历士大夫不仅创作了一大批针砭现实的诗文作品，更在元、白基础上继续拓展讽喻书写的传统，探索融合讽喻与舆论的不同路径，打通书写、传播、接受诸环节，缀连出政治→文学→舆论→政治的影响链条。他们在创作过程中聚焦舆论的中介作用，甚至在很多情况下，引导舆论或宣扬公议本身就成为写作目的。换言之，对于庆历士大夫来说，写作从来不是终点，让写作真正介入现实才是他们念兹在兹的目标。基于此，本文将庆历士大夫的这类文学活动称为政治舆论写作，它们是仁宗朝舆论权力抬升的重要表征。

标志政治舆论写作起始的关键事件正是景祐党争。在皇帝和宋廷明确做出判决并着手管制言论的情况下，欧阳修、蔡襄等人及时地书写党争中的人、事并予以评价，将其诠释为小人排抑君子的不义不公之事，进而罗列出迥异于官方的贤不肖名录。这些和宋廷针锋相对的声音经由多种媒介被迅速放大，使庆历士大夫获得足以抗衡宋廷的舆论支持，还转而向宋廷施加压力。这种依靠私人写作及舆论传播深度介入政争乃至对抗行政权力、至高权力的做法，显已超出讽喻写作的通常范畴。同时，欧、蔡直接把中央政争中的官员作为书写的焦点，亦有别于以"风""事"为中心的传统讽喻写作。蔡诗褒贬甚明的文词，也与讲究讽兴、谲谏的讽喻诗以及言辞质直的元、白新乐府有所不同，这无疑需要非凡的政治勇气和敏锐的宣

---

① 这里还可以补充一个文学传播事例，知延州范雍在康定元年（1040）三川口之战后"日告朝廷益兵，复为诗以言贼事，凡数十章"，传播于时，促使宋廷改变对夏策略。参见（宋）田况《儒林公议》卷下，第71页。

② 参见葛晓音《北宋诗文革新的曲折历程》。

③ 参见马东瑶《论北宋庆历诗风的形成》。

传意识。

庆历元年（1041），尹洙、蔡襄、欧阳修等人因耿傅战死被诬一事而展开的创作及传播活动同样反映出他们的舆论敏感性。庆历元年（1041）二月，宋军被夏方聚歼于好水川、姚家川，主将环庆副部署任福以下泾原驻泊都监桑怿、渭州都监赵律、都同巡检刘肃、参军事耿傅等人俱殁于阵，泾原行营都监王珪、武英因伤重不愈而亡。宋廷追恤死难者，赠任福为武胜军节度使兼侍中，赠耿傅为右谏议大夫，并官其五子。遂有传闻称：耿傅督迫诸将进军致败，任福等则违背节度，皆行赏过厚。当时之所以有这样的异议产生，是因为：一则朝野一时无法接受如此灾难性的军事失利；二则耿傅是殉国群臣中唯一的文官，有人利用潜在的文武矛盾来诋毁耿以及他背后的韩琦。在此情势下，在边的尹洙和在京的蔡襄，不约而同地为耿傅写下了辩谤的文字。

耿傅是尹、蔡的旧识。宝元年间，尹洙丁父忧居河南，蔡襄为西京留守推官，耿傅时以将作监丞知河南永宁县，两人"始识耿君，其为人材智勇敢，固已推重；若夫道义，则交渐劘之"①。宝元二年（1039），尹洙应耿傅之请为其父作墓志。宋夏战争爆发后，尹、耿又在西北边境共事，尹曾作攻守策头询问友人。而任福此次出征是由陕西经略安抚副使韩琦直接下令的，实际是为了贯彻韩琦与尹洙倡议的攻策。文官耿傅从军赴险，亦是韩琦所命。因此耿傅忠死而被诬毁，尤令尹、蔡感愤痛切。

尹洙先是撰写《悯忠》，逐日记录以任福为首的诸将由受命进击到战败身死的全过程，绘出虽鲁莽失计却仍在绝境中奋勇力战的武将群像，最后深自叹惋这些不幸的忠义节士。其姊妹篇《辨诬》则将视线聚焦到耿傅身上。尹洙在整场战役中截取了有关耿傅的两个事件：一是耿傅身为文官并无军责，却不但随军出征，还不顾诸将劝告坚持在前线指挥，直至战死，此事有朱观与武英两个证人；二

---

① （宋）蔡襄：《寄尹师鲁书》，《蔡忠惠集》卷27，《蔡襄集》，第472页。

是决战前夜耿傅在朱观营中托名朱观作书于任福，"戒以持重，虑为虏诱"①，此事有韩琦奏上的物证。尹洙正是以这两件无可置辩的事实为友人辩诬，进而把耿傅塑造成一位"临大敌不慑，与骁雄之士争致其命"②的英烈文吏，"以劝忠义"③。

蔡襄一开始在京城听到传言就觉与常识不合，但苦于没有证据反驳。随后他在还乡前造访参知政事晁宗悫，晁方以西事为念，向蔡"称叹没者之忠节"，谈及耿傅事迹。蔡襄"乃以傅之所以死者明白无疑"，遂作《耿谏议传》，旨在"非特弭傅之谤，抑亦为忠义唱"。④ 传记先记叙耿傅在知永宁县任上妥善处置了当地积年未决的妖人惑众贿史案，以显示友人之吏材。再讲述耿傅以书劝诫诸将及战没事，以证明友人是"孟子所谓舍生而就义者"，他在人生的最后时刻"戾于浮言而中于大义"，因此死而无憾。⑤ 蔡襄《耿谏议传》表现的两个仕宦片断，前者由于是作者亲见亲闻，故详切；后者因是转述，故表出主干，与尹洙《辨诬》有一略一详之别。

蔡传、尹文的流布非常迅捷。蔡襄在归乡途中写成此文，随信寄与在京任职的欧阳修，托欧代为宣扬。半年后，蔡襄还都，"则见者多矣，是非或参焉"⑥。尹洙撰作《悯忠》《辨诬》的消息也很快传到京城，蔡襄听说后立即抄录《耿谏议传》寄尹，请其增补，并让尹回赠《辨诬》，又为尹洙作文辩护。后来《悯忠》《辨诬》二文还被乾州判官李师锡刻石立碑于边，其石本传写甚广。

蔡襄、尹洙认识到"谈者籍籍，徒以私智称度"⑦，故有意通过披露不为外界所周知的信息来击破谣言，进而颂扬耿傅为国殉身的

---

① 《尹洙集编年校注》，第 208 页。

② 《尹洙集编年校注》，第 209 页。

③ （宋）尹洙：《奉诏分析董士廉奏臣不公事状》，《尹洙集编年校注》，第 330 页。

④ （宋）蔡襄：《寄尹师鲁书》，《蔡忠惠集》卷 27，《蔡襄集》，第 471 页。

⑤ 《蔡忠惠集》卷 32，《蔡襄集》，第 582—583 页。

⑥ （宋）蔡襄：《寄尹师鲁书》，《蔡忠惠集》卷 27，《蔡襄集》，第 471 页。

⑦ （宋）蔡襄：《寄尹师鲁书》，《蔡忠惠集》卷 27，《蔡襄集》，第 471 页。

英烈之风。他们一面注重摆证据，讲事实，并与耿傅一贯的人品相参验，加强可信度，一面积极宣扬自身的创作，以期改变边地和京城两个关键地点的舆论风向。尤其是蔡襄，及时与欧阳修、尹洙沟通，主动联系友人推动文章的传播，将边地和京城的舆论场连接起来，可以说是本次政治舆论写作的主导者。

石介作于庆历三年（1043）新政前夜的《庆历圣德颂》更是发挥出多重舆论效应。一方面，石介借天子之口"褒贬大臣，分别邪正"，助力士论干预政治，并通过此类书写和庆历谏官一道维系革新派的舆论战线，配合新政的实施。另一方面，《庆历圣德颂》又与石介寄上富弼的书信相呼应，反映出石介意在向明君贤臣施加舆论压力，督促他们致治太平。①

庆历新政失败后，庆历士大夫遭遇负谤左迁、分处地方的低谷期，面对同道离散乃至离世的悲剧，他们集体撰写以碑志为中心的纪念文字，其目的大略有二：一是告别逝者，团结生者；二是确立当代史的阐释权，借助己方的舆论影响力弥补政治上的劣势。② 尤其是范仲淹、尹洙二人的身后文字"系国家天下公议"③，具有不容忽视的公共意义。庆历士大夫期望以范、尹生平为线索向士林呈现他们所理解的仁宗朝前半期政治、文化变动的轨迹，表彰二人毕生践履的价值观念，洗刷同道和自身从庆历新政乃至景祐政争以来就背负的朋党、激讦、生事、躁进等诸种污名。事实上，庆历士大夫在同道碑志中的叙事和品评的确奠定了后世历史书写的基本框架。④ 富弼向欧阳修说明范氏墓志作法的长信，就充分展露了他们的写作目的：

---

① 石介《庆历圣德颂》的舆论策略，参见本书第三章第四节。

② 庆历士大夫集体纪念文字的面貌和意义，参见本书第六章第二节。

③ （宋）欧阳修：《与韩忠献王稚圭书》其十五，《欧阳修全集》卷144，第2338页。

④ 参见罗昌繁·《"范党为是，吕党为非"刻板印象之形成——以庆历党人碑志为中心》。

　　大都作文字，其间有干着说善恶，可以为劝戒者，必当明白其词，善恶焕然，使为恶者稍知戒，为善者稍知劝，是亦文章之用也。岂当学圣人作《春秋》，隐奥微婉，使后人传之、注之尚未能通，疏之又疏之尚未能尽，以至为说、为解、为训释、为论议，经千余年而学者至今终不能贯彻晓了。弼谓如《春秋》者，惟圣人可为，降圣人而下皆不可为，为之亦不复取信于后矣。学者能约《春秋》大义，立法立例，善则褒之，恶则贬之，苟有不得已须当避者，稍微其词可也，不宜使后人千余年而不知其意也。若善不能劝，恶不能戒，则是文字将何用哉？既书之而恶者自不戒，善者自不劝，则人之罪也，于文何过哉？弼常病今之人，作文字无所发明，但依违模棱而已。人之为善固不易，有遭谗毁者，有被窜斥者，有穷困寒饿者，甚则诛死族灭。而执笔者但求自便，不与之表显，诚罪人也。人之为恶者，必用奸谋巧诈，货赂朋党，多方以逃刑戮，况不止刑戮是逃，以至子子孙孙享其余荫而不绝，可谓大幸矣。执笔者又惮之，不敢书其恶，则恶者愈恶，而善人常沮塞不振矣。君子为小人所胜所抑者，不过禄位耳。惟有三四寸竹管子，向口角头褒善贬恶，使善人贵，恶人贱，善人生，恶人死，须是由我始得，不可更有所畏怯而嗫嚅，受不快活也。向作希文墓志，盖用此法，但恨有其意而无其词，亦自谓希文之善稍彰，奸人之恶稍暴矣。今永叔亦云："胸臆有欲道者，诚当无所避，皎然写之，泄忠义之愤，不亦快哉！"则似以弼之说为是也。然弼之说，盖公是公非，非于恶人有所加诸也，如希文墓志中，所诋奸人皆指事据实，尽是天下人闻知者，即非创意为之，彼家数子皆有权位，必大起谤议，断不恤也。①

这段自白有以下几点值得注意。首先，富弼将文章与权位并置起来，

---

① （宋）邵博：《邵氏闻见后录》卷21，第163—164页。

极言文章之于君子和社会的大用。富弼在历经一系列政治风波后认定，小人要比君子更适应权力世界的生存法则，小人不仅千方百计逃避罪罚，还诋毁、排抑君子，君子则常常陷入穷困潦倒乃至身死族灭的境地。既然现实总是贤愚倒错，那么，君子唯有挥动手中的笔"褒善贬恶"，才能为自己和同道讨回公道，进而维持天地间正义不坠。其次，富弼主张必须通过率直爽利、"明白其词"的文风来向天下彰显君子之善，暴露奸人之恶，这样既能充分发挥文字戒恶劝善的功能，也可由此一番痛快淋漓的言说发泄君子心中的愤懑。为明己心，富弼批评今人作文字瞻前顾后、"依违模棱"，明言自己不取圣人"隐奥微婉"的《春秋》义法。后一观点，令后辈邵博直呼可畏①，却近乎成为庆历士大夫的共识。再次，富弼还强调文辞的重要性，"词"承担达意兼行远的任务。这也是富弼尽力劝说欧阳修改变写作策略的直接原因。欧阳修身为"文宗"的才华和盛名使其在集体书写过程中举足轻重，几乎决定了整个活动的走向。从次，富弼解释说，自己的创作虽有强烈的不平之意，但依据的都是尽人皆知的事实，反映的全是公议，并未夹带私愤。最后，富弼预言，他的写作会引发新一轮舆论斗争，吕夷简的门生故吏、子孙族人必将挟权势以凌人，大肆诽谤范仲淹和自己，而他依旧毫不畏怯。

　　富弼的上述观点，基本代表了庆历士大夫对于政治舆论写作之意义、风格、文辞、内涵以及风险的总体认识。他们把舆论视作独立于政治权力之外的、倾向于正人和公义的力量，将其整合进自身的文学活动中，依据不同的政治、舆论情境，创造出一系列极具舆论亲和力的讽喻性文本，践行无位则以言行道的理念。在这过程中，庆历士大夫发挥自身的主动性和优势，利用文字、传媒褒贬人物，参与党争，澄清谣言，助推改革，书写历史，积极开拓政治舆论写

---

　　①　富弼之所以给欧阳修寄去这封长信，是因为他和欧在如何书写范、吕党争上意见相左，欧阳修的写作态度相对审慎、中立，这其实是有深意的。参见王水照《欧阳修所作范〈碑〉尹〈志〉被拒之因发覆》（《江西社会科学》2007 年第 9 期）以及本书第六章第二节。

作的适用场景和政治功能，充分调动舆论来介入公共事务，并在舆论的支持下始终占据进可攻（得位行道）、退亦可守（去位成名）的战略上风。

在理论和实践层面皆重视"公议"，是庆历士大夫在公共生活中的一贯表现。① 借用田况所作笔记的题名，庆历士大夫一直在追求"儒林公议"，也常以此自居。对于他们而言，君子之议论必须遵从公道，同时也要向天下昭示公道，故理应一清二楚：

> 夫道至大也，至公也。以其至大也，故学者莫能悉其要，于是异端偏说兴焉。君子畏道之不明，然后是是而非非，以其至公也。君子是是而非非，咸一于至当，不得私而让焉。……《春秋》之法，为亲者、尊者、贤者讳其恶。传曰"恶讦以为直"者，皆谓不暴于人之隐匿耳。若夫论义曲直，必章章然大辨，以传于世，岂比家人温寒劳苦语言，务相承取而已哉！②

由此看来，庆历士大夫心目中的"公议"不仅指向公众，更指向公道。有学者指出：在宋代，公议成为一种普世的政治价值，影响着人们的政治思维，在权力制衡机制中发挥基础性作用；宋人主要从去私即公的态度选择、合众即公的客观标准和公出于理的先验判定三个角度界定公议。③ 透过庆历士大夫的政治舆论写作以及庆历谏官的进言活动，我们已经可以清晰地看到上述历史趋势。庆历士大夫对道义的追求虽然并不像后世理学家那样在天理观下去私合众，但本质上都是追求道统与政统的分立。正是在他们的抗争下，士论不再被动辄污名化为惑乱人心、颠覆秩序的"私说"，而成为

---

① 关于这点，小林义广对以欧阳修为代表的谏官有详细阐发，参见［日］小林义广《欧阳修的诤谏观和舆论观》，载《欧阳修与宋代士大夫》，第3—28页。

② （宋）蔡襄：《再答谢景山书》，《蔡忠惠集》卷27，《蔡襄集》，第467页。

③ 参见陈晔《词汇与理念：宋代政治概念中的"公议"》，《安徽师范大学学报》2019年第1期。

承载道义和多数人利益的"公议"，成为政治决策者必须重视的关键因素。

　　还值得注意的是，庆历士大夫的政治舆论写作与北宋诗文革新的进程紧密相关。伴随诗文革新运动的展开，整个文学场的游戏规则在发生着质变。而这场革命浪潮的引领者正是欧阳修、尹洙、蔡襄、苏舜钦、梅尧臣等人，他们的创作透现出高绝的才性和新人耳目的风格，引得时人竞相传阅、模仿。他们也由此获得巨量的文化资本以及远超自身政治地位的社会影响力。就古文而言。庆历年间僧人契嵩提到："章君表民以官来钱唐，居未几，出欧阳永叔、蔡君谟、尹师鲁文示予学者，且曰：'今四方之士以古文进于京师，崭然出头角，争与三君子相高下者，不可胜数。'"① 契嵩读后也深觉"仁义之言炳如也"。皇祐元年（1049），王开祖致信称赞王安石，亦以欧阳修、尹洙、蔡襄作比，王逊谢道："此数公，今之所谓贤者，不可以某比。"② 富弼后来也说："今天下文章，惟君谟与永叔主之。"③ 足见蔡、欧、尹已然成为颇具号召力的文坛巨子，三人的作品也被士人视为当世古文的典范，流播于以开封为中心的广大地域之中。特别是欧阳修，在景祐时期便以"藻翰"崛起于"文场"④，庆历之后更是主盟文坛数十载⑤，其以"笔舌"褒贬人物的分量，不下于朝廷之赏罚。而在仁宗朝诗坛上，欧阳修、梅尧臣、苏舜钦风头正劲。欧常对举梅、苏，推为特立于诗国的"双凤凰"。他还曾对蔡襄说："近时苏、梅，二穷士耳，主张风雅，人士归之。自二穷士死，文士

---

① （宋）释契嵩：《纪复古》，邱小毛、林仲湘校注《镡津文集校注》卷8，巴蜀书社2014年版，第144页。

② （宋）王安石：《答王景山书》，《临川先生文集》卷77，《王安石全集》，第7册，第1382页。

③ （宋）富弼：《修建坟院帖》，《全宋文》卷608，第29册，第29页。

④ （宋）蔡襄：《四贤一不肖诗》，《蔡忠惠集》卷1，《蔡襄集》，第10页。

⑤ 参见洪本健《欧阳修入主文坛在庆历而非嘉祐》，《华东师范大学学报》1999年第5期。

满朝，而使斯道寂寞。"① 极言二人是人心所向的风雅之主。② 欧阳修、蔡襄等人正是认识到自身文字日益上升的影响力，熟悉舆论传播的机制，才能持续推进政治舆论写作，进而成为士林的舆论领袖。同时，他们在政治舆论写作方面的活跃表现也大大增强了自身文字的曝光度，彰显文学之于政治的自主性，这对欧阳修等人文名的养成以及诗文革新的推进都有不小的助益。

此外，正如富弼所担忧的那样，政治舆论写作比之一般的讽喻写作多一层持久的舆论效应，其风险也相应上升。因此，庆历士大夫在写作时虽以直言不讳为主调，但也讲究言语策略。如《四贤一不肖诗》的曲笔，《庆历圣德颂》正文仅从侧面暗示"大臣"不公，很难说没有避祸的考虑。然而，这些轰动一时的文本仍被政敌用作弹击作者及其同道的"罪证"。蔡襄在景祐党争中就受到陈恢中伤，幸得韩琦救护而免祸。庆历四年（1044）内侍蓝元震重提旧事："范仲淹、欧阳修、尹洙、余靖，前日蔡襄谓之四贤。斥去未几，复还京师。四贤得时，遂引蔡襄以为同列。以国家爵禄为私惠，胶固朋党，苟以报谢当时歌咏之德。"③ 把《四贤一不肖诗》作为庆历士大夫结党营私的证据。尹洙写成《辨诬》后，就有人非议他不懂避嫌。尹洙后来遭受董士廉指控，罪状之一即是"作《闵忠》《辨诬》文，诳惑中外，令李仲昌刻石掩韩琦恶"④。石介也因《庆历圣德颂》引来夏竦报复，并被后人指为害己累人。他们的前辈颜太初被

---

① （宋）欧阳修：《与蔡君谟帖》其五，《欧阳修全集》卷155，第2592页。

② 有趣的是，宋祁同样描述过仁宗朝诗坛的状况："上即位，天圣初元以来，搢绅间为诗者益少，惟故丞相晏公殊、钱公惟演、翰林刘公筠数人而已。至丞相王公曙、参知政事宋公绶、翰林学士李公淑，文章外亦作诗，而不专也。其后石延年、苏舜钦、梅尧臣皆自谓好为诗，不能自名矣。"〔（宋）宋祁：《宋景文公笔记》卷上，第5页〕他对石、苏、梅的贬抑，恰与欧阳修的推尊形成对照。这一方面当然是由于诗学观念的差异，另一方面也透露出文学场中的保守者面对颠覆者的防卫心态。

③ （宋）李焘：《续资治通鉴长编》卷148，第3582页。

④ （宋）尹洙：《奉诏分析董士廉奏臣不公事状》，《尹洙集编年校注》，第330页。

诏用为国子监直讲，御史谓其"狂狷，不可任学官"①，改除河中府临晋主簿。由此可见，政治舆论写作无疑需要士人的勇气和承当。

在庆历士大夫的带动下，政治舆论写作与仁宗朝的社会热点几乎如影随形。譬如，皇祐三年（1051），殿中侍御史里行唐介弹劾宰相文彦博勾结张尧佐、张贵妃，言辞激烈，致使仁宗大怒，责授春州别驾，后改贬英州。文彦博亦因此罢相外任。一时间，朝中士大夫以诗送别唐介者甚众，独李师中诗尤为人传诵，其辞曰："孤忠自许众不与，独立敢言人所难。去国一身轻似叶，高名千古重于山。并游英俊颜何厚，未死奸谀骨已寒。天为吾君扶社稷，肯教夫子不生还。"② 以"孤忠""独立""扶社稷"推许唐介，以"英俊颜厚"讥讽临阵退缩的言官吴奎，以"奸谀骨寒"怒斥文彦博。李师中诗作言辞之犀利，和蔡襄《四贤一不肖诗》相比，亦有过之而无不及。另据魏泰记载，彼时梅尧臣亦为此写下一首题为《书窜》的长诗，详述此事始末，并寓褒贬与叙事之中。但梅尧臣写成后，不敢以诗示人。嗣后，欧阳修为梅编辑文集，又为避嫌削去此诗。故梅诗始终少有人知。③ 由此一事不难看出，后辈士人的政治舆论写作足称得上青出于蓝而胜于蓝。顺带一提，后来唐介因文彦博举荐而高升，无复直言。李师中还向其索还自己先前所赠的送行诗，令唐介很是尴尬。可见这些文字不仅是对君子的褒美，也是一种无形而经久的监督。

三 "四贤一不肖"：用书写构建独立的政治评判机制

就像蔡襄诗作标题"四贤一不肖"所显示的那样，庆历士大夫借由书写和舆论意图实现的目标归根结底指向人而非事，具体来说，就是要推翻宋廷对景祐党争的裁断，为同道的言行辩护，由此重订

---

① （宋）司马光：《颜太初杂文序》，《司马光集》卷64，第1325页。

② （宋）黄朝英撰，吴企明点校：《靖康缃素杂记》补辑，中华书局2014年版，第103—104页。

③ （宋）魏泰：《东轩笔录》卷7，第79—81页。

贤与不肖的名录，并通过传媒向全天下宣扬。而他们据以评判善恶贤愚的标准自然是和官方意识形态截然不同的"英俊"理念。

《与高司谏书》①正是欧阳修用批判者的视角写成的，凝结着他以"英俊"理念观照老成士大夫时产生的种种不平。这封信本为景祐党争而发，欧阳修于开头却不急于切入正题，而是从十四年来"三疑"高若讷是否为君子说起，先是天圣二年（1024），欧阳修僻居随州，在进士榜上初识高若讷之名，彼时高的同榜进士宋庠、宋祁、叶清臣、郑戬等人皆以文学得名，独高厕身其间，不可称道，不免让欧质疑高的文华。再是景祐元年（1034），欧阳修重至开封，一面听尹洙赞誉高为"正直有学问"的"君子人"，一面却看到高在台官任上"俯仰默默，无异众人"，又不禁质疑起他的才干。最后是近来，两人结识，欧见高平居无事时"侃然正色，论前世事，历历可听，褒贬是非，无一谬说"，几乎要认同尹洙的判断，然而，范仲淹贬官后，高若讷当众訾议其人其行，欧遂"决知足下（高若讷）非君子也"。这是彻底从品行上否定了高若讷。由"三疑"不难看出，欧阳修很早就热衷于品评像高若讷这样小有名气的士大夫，同时，他的评判始终是独立、审慎并且严格的。而伴随仕途的展开，欧阳修逐渐融入精英士大夫的交游圈，他对高若讷的认识也越来越切近，故有信中一层比一层深入的批判。

欧阳修之所以会得出上述结论，是因为一则高若讷的履职表现不符合欧对言官角色的期待，二则高公开站到范仲淹的对立面。尤其是后一原因，构成欧阳修推进写作的基点。欧坚持这样一个预设：范仲淹"平生刚正，好学通古今，其立朝有本末，天下所共知"，"今又以言事触宰相得罪"的事实益可证明范是刚直不阿的君子。至景祐年间，范仲淹历经三黜，业已凭借立朝敢言的壮举闻名天下，乃至在某种程度上成为"英俊"理念的化身，吸引了大批青年士人的目光。欧阳修就多次向范仲淹主动表达自己的敬意。明道时期，

---

①　《欧阳修全集》卷68，第988—990页。

欧初仕洛阳，听说范回朝任右司谏，便期待其有所作为。欧还代表"洛之士大夫"寄上书信，敦促其以言行道。景祐元年（1034），欧阳修又致信因言事贬外的范仲淹，称许范为"有忧天下之心者"，并劝慰他"自重，亦以为天下士君子重也"。① 景祐三年（1036），欧阳修更因支持范仲淹，而与曾经的岳父兼恩人胥偃产生嫌隙。由此看来，欧阳修这次写信责备高若讷，实是延续一贯的政治态度，经由公开声援范仲淹来追随心中的理想。欧阳修如此，余靖、尹洙、蔡襄、韩琦、苏舜钦、石介亦然。这些相识或不相识的士人，都在景祐党争的催化下加速向范仲淹聚拢，生发出同道的群体意识。由此可说，景祐党争无疑激活了范氏潜在的影响力，并将"英俊"理念推向历史的前台。

职是之故，欧阳修不惮以最大的恶意揣测高若讷"诋诟"范仲淹的意图：

> 今足下家有老母，身惜官位，惧饥寒而顾利禄，不敢一忤宰相以近刑祸，此乃庸人之常情，不过作一不才谏官尔。虽朝廷君子，亦将闵足下之不能，而不责以必能也。今乃不然，反昂然自得，了无愧畏，便毁其贤，以为当黜，庶乎饰己不言之过。夫力所不敢为，乃愚者之不逮；以智文其过，此君子之贼也。②

欧阳修认定，高若讷此举必是想要文过饰非，以合理化他无能、畏缩的庸人行径。但这不过是用一个更大的错误来掩盖原先的过失，只会暴露高的心虚，令他降格为无耻、虚伪的"君子之贼"。当然，欧阳修的原心之论建立在将"英俊"理念视为天下公理的基础上。而高若讷作为老成士大夫，认定自己以适宜的方式履行了言责，根

---

① （宋）欧阳修：《与范希文书》，《欧阳修全集》卷67，第983页。
② （宋）欧阳修：《与高司谏书》，《欧阳修全集》卷68，第989页。

本就不赞同范仲淹的言事行为及其承载的理念，"忽兹狂言，自取谴辱"① 云云实是他的心里话。

为防高若讷提出异议，欧阳修先退一步，分范仲淹贤不贤两种情况预作驳斥：如若范不贤，则高当其进用不发一言，待其自败又随而非之，此是先前失职；如若范贤，则意味着天子和宰相以忤意逐贤人，高却毁贤以自饰，更是无法免责。总之，高在官方渠道不发一言，面对士林则大放厥词，绝非合格的言官。欧阳修的这番讨论不乏话术成分，同时也折射出他认为言官理应遵从公议的基本立场。高若讷在政争中不跟从"公议"与天子、宰相争是非，反做起官方的传声筒，妄图搅浑舆论场，这样的作风自然令欧阳修激愤不已。

接着，欧阳修援引西汉故事指出，当小人谗害君子之时，不管谏官如何为其畏祸不谏寻找托词，"直可欺当时之人，而不可欺后世"，何况今人也未必可欺，故高若讷在百官不得越职言事的情况下在其位而不言，不仅意味着他个体"不复知人间有羞耻事"，更会造成"书在史册，他日为朝廷羞"。欧阳修这段话，首先表明公道自在人心，高若讷如此行事迟早受到公议的审判，其次则把景祐党争定性为忠奸斗争，将高一笔划入暂时得势而终将被世人唾弃的"奸臣"阵营。最后，欧阳修用反讽的口吻激将道：

> 若犹以谓希文不贤而当逐，则予今所言如此，乃是朋邪之人尔。愿足下直携此书于朝，使正予罪而诛之，使天下皆释然知希文之当逐，亦谏臣之一效也。②

欧阳修重申追随范仲淹参与政争的意愿。这种自我坐实"罪名"的做法也是庆历士大夫面对政争的常态，数年前范仲淹在《上资政晏

---

① （宋）田况：《儒林公议》卷下，第107页。
② （宋）欧阳修：《与高司谏书》，《欧阳修全集》卷68，第990页。

侍郎书》结尾也有类似建议，这显示出庆历士大夫和旧观念决裂的强烈信念。高若讷读到欧书后，果然一怒之下奏上此书，虽得宋廷为其主持"公道"，却又迎来更为猛烈的舆论声浪。

欧阳修集中火力切责原与政争并无直接干涉的高若讷，其诉求显已逾越政治层面，而向舆论和观念两个方面延伸。欧阳修其实是以高若讷这个"冷漠"的言官兼"阴毒"的看客为靶子，一面对"老成"理念笼罩下"沉默畏慎""相师成风"① 的士大夫予以当头棒喝，一面清算舆论场中任何附和宋廷的声音，明明白白地告诉世人：何为君子，何为小人；谁是君子，谁是小人。同时，《与高司谏书》又是一封别样的绝交书。欧阳修在向尹洙解释自己的为文用心时讲到："然师鲁又云暗于朋友，此似未知修心。当与高书时，盖已知其非君子，发于极愤而切责之，非以朋友待之也，其所为何足惊骇？"② 可见，在欧阳修心中，"朋友"首先须是道合志同的君子，须是那些经过自己的评判和拣选，在道德和观念上值得深交的人。这也是欧阳修支持范仲淹而讥诮高若讷的直接原因。在这个意义上，欧致高书事件直观地反映了仁宗朝前期士大夫党争受突发事件刺激而呈现出的从理念异同到言语褒贬再到人群分合的发生过程，揭示了欧阳修等青年士人自愿追随范仲淹反抗上位者的心理动因。

蔡襄《四贤一不肖诗》③ 品评人物、贤贤贱不肖的色彩同样十分突出。周剑之从人物叙事诗的角度解读此诗，认为蔡襄通过褒贬人物来传达政治观点和思想倾向，并指出，诗人分咏人物的写法，借鉴了史传叙事，使每首诗各自独立又相互关联，既能以互见法揭示党争全貌，又突出了人物在事件中的地位和作用。④ 这是非常敏锐的观察。蔡襄在写作时注重以人论事，以事见人，在每首诗中皆以

---

① （宋）欧阳修：《与尹师鲁第一书》，《欧阳修全集》卷69，第998页。
② （宋）欧阳修：《与尹师鲁第一书》，《欧阳修全集》卷69，第998页。
③ 参见《蔡忠惠集》卷1，《蔡襄集》，第8—11页。
④ 参见周剑之《宋诗叙事性研究》，中国社会科学出版社2013年版，第47—51页。

刻画性情、叙述生平开场，再将景祐党争放置在写作对象的整个仕宦经历中予以呈现和评判。这种有意追求整体性和连续性的叙事方式能让读者迅速把握住每一位人物的精神特质和公共形象。蔡诗中的四贤一不肖各有其面目。范仲淹的贤能和鲠亮、余靖的英爽磊落、尹洙的节义、欧阳修的雄文博学还有高若讷的卑懦龌蹉，皆跃然纸上，令人过目难忘。关于景祐党争的是非曲直，自然也就清楚无疑了。

还值得注意的是，在"范希文"诗中，蔡襄对范、吕政争以及范氏被贬谪训诫做模糊处理，只是惋惜范氏多有建明却不被采纳。这一曲笔当是为了避免引起仁宗的猜忌。蔡襄在后文随即点出"吾君睿明广视听，四招邦俊隆邦基"，而"廷臣谏列复钳口"。言下之意，范仲淹越职言事是少有的忠义之举，响应了君主开言路招英俊的政策导向。可见蔡襄此时仍在替范仲淹求取仁宗的谅解。当然，正邪之争始终是蔡襄叙述的主线，他在"高若讷"诗中明言"嘉谋谠论范京兆，激奸纠缪扬王庭。积羽沈舟毁销骨，正人无徒奸者朋"，便直斥吕夷简一方为奸邪。蔡襄采取上述写作策略，有两个目的：一是离析仁宗和吕夷简，对前者可以争取也必须争取，对后者则要抗争到底；二是以互见法表出全部信息，同时分散风险。

又如蔡襄作"尹师鲁"诗，以"君子道合久以成，小人利合久以倾"开篇，点出尹洙于范仲淹落难之际挺身而出，甘愿同贬，乃是君子之交的不俗表现，有别于只会趋炎附势或落井下石的势利小人，从而将尹洙的言行诠释为"惟善与恶宜汇征"。接着，蔡襄针对"朋党"的污名指出，"吉士"同声支持范仲淹，并非仅仅出于交情，而是想以"高谭"开悟人主，这和当年大臣被逐而"朋邪隐缩无主名"迥然不同。因此，范仲淹绝非奸邪，他和尹洙等人绝非以利相合的朋党，此是显而易见的事实。蔡襄的上述论说，集中阐述了庆历士大夫作为道义共同体的交游特征，已开欧阳修《朋党论》的先声。

复如"欧阳永叔"诗披露欧阳修致信高若讷的原委："敕令百

执无越位，谏垣何以敢封囊。哀来激愤抑复奋，强食不得下喉吭。位卑无路自闻达，目视云阙高苍茫。裁书数幅责司谏，落笔骙骙腾康庄。"强调他们这批青年官员见言官齐喑而己身无路自通的憋屈与愤慨，以此解释欧何以要用激烈的言辞谴责高。"欧阳永叔""高若讷"二诗从欧阳修的詈语"不复知人间有羞耻事"引申开去，将其进一步具象化，悬想高若讷奏上欧书时动作、神态上的细节，"岂图反我为怨府，袖书乞怜天子傍""人谓高君如挞市，出见缙绅无面皮。高君携书奏天子，游言容色仍怡怡"，活画出高"狐假虎威"的"无耻"嘴脸。这些生动同时略带夸饰的诗句满是来自道义高点的鄙夷，具有正面议论所欠缺的直观效果和嘲讽色彩，最易打动读者，并迅速转化为谈资。用当下时兴的话来说，一自蔡襄成功"造哏"，高若讷在世人印象中永难摆脱这样一个小丑般的形象。孰贤孰不肖，自然在笑谈之间便深入人心。

综上，欧阳修、蔡襄以景祐党争为契机，从具有明显倾向性的道义出发，公开表彰由范仲淹领衔的中下层士人，肯定了他们出位言事、自坐朋党以及舆论抗争等多种看似"出格"的行为，同时严词斥责他们眼中倚仗权势排抑君子的吕夷简，以及高若讷等向权力俯首、谄媚的广大士大夫。"四贤"一类名目，不仅向外扩张了庆历士大夫的影响力，也能向内激发他们的群体自觉。"不肖""奸邪"等负面评价，则令老成士大夫切实感受到舆论的压力和士风的变迁。

士林之政治主动性的提升，以及士人群体力量的崛起，是探讨仁宗朝政治必须予以考虑的新因素。正是以景祐党争为起点，庆历士大夫在政争中坚持以"英俊"理念来分别善恶贤愚，借助公议、公道来对抗权势，用舆论褒贬来替代君主、朝廷的赏罚二柄，带动士林逐步构建起一套独立于朝廷的人、事评价机制，并运用这套机制作用于政治，创造出新局面。① 而像旨在"分别邪正"的《四贤

---

① 士大夫自主的政治、人物评价机制及其作用于政治的方式，参见本书第三章第二节。

一不肖诗》《庆历圣德颂》等一系列诗文作品的写作和传播，则是庆历士大夫用以撑起这种评价机制的支柱。

也是从景祐党争开始，范仲淹、吕夷简继真宗朝的寇準、丁谓之后，各自成为舆论场中君子、小人的代表。① 自二人以下，则分别有欧阳修、尹洙、余靖、富弼、韩琦等拥护范仲淹的"四贤""君子"，李淑、苏绅等朋附吕夷简的"三尸""五鬼"。士林对于贤不肖的判定，反映了士大夫评价机制持续而自主的运转态势。而庆历士大夫也在接下来的仕宦生涯中获得了诸如"龙图老子"（范仲淹）、"韩、范"（韩琦、范仲淹）、"四谏"（欧阳修、王素、余靖、蔡襄）、"人杰"（韩琦、富弼、范仲淹、欧阳修）、"四真"（富弼、欧阳修、包拯、胡瑗）、"富、韩"（富弼、韩琦）、"今之韩愈"（欧阳修）等一系列群体或个体的品评名目，足见他们的社会影响力和舆论支持度长期保持高位。

第四节　被惩戒的"醉歌"：政治与诗学交错中的"奏邸狱"

庆历四年（1044）十月，时任大理评事、集贤校理、监进奏院的苏舜钦循例和同僚刘巽一道筹办祠神燕集。两人在各出俸钱外又支用"卖故纸钱"预备酒肴伎乐，宴请奏邸官吏和馆阁同舍。席间殿中丞、集贤校理王益柔戏作《傲歌》。太子中舍李定欲参会却遭

---

① 按，韩琦晚年曾对后辈强至讲过："真宗议配享，清议皆与沂公（王曾），不与申公（吕夷简），诚意不可欺如此。"又说："顷时丁、寇立朝，天下闻一善事，尽归之莱公（寇準），未必尽出莱公也；闻一不善，皆归之晋公（丁谓），未必尽出晋公也。盖天之善恶争归焉。"［参见（宋）强至《韩魏公遗事》，《安阳集编年笺注》附录5，第1880页］可见王曾、吕夷简在仁宗朝初年舆论场中的生态位已经有趋向寇準、丁谓的走势，至范、吕党争兴起，范仲淹遂取代王曾，而与吕夷简各自成为正、邪的代表。

拒，遂大肆宣扬此事。御史中丞王拱辰闻讯，率其下属刘元瑜、赵祐等极力排击预会人员。御史台的劾奏得到参知政事贾昌朝、翰林学士宋祁、知制诰张方平或暗或明的支持。此事经仁宗批准交由开封府审理，其辖下军巡院请求派遣宦官持文符逮捕相关人员，严加讯问，一时震动都下。知制诰赵概、枢密副使韩琦、知潞州尹洙皆论救而不得。起初，开封府对苏、刘二人的处罚意见是追两官，罚铜二十斤。后由知审刑院丁度议定苏、刘坐监主自盗除名勒停。王洙、刁约、江休复、王益柔、周延隽、周延让、章岷、吕溱、宋敏求、徐绶、陆经一众集会官员或降官或贬外，馆阁因之一空。这便是北宋历史上闻名的"奏邸狱"。

　　"奏邸狱"几乎以一种政治迫害的方式彻底改变了诗人苏舜钦的命运，又影响当时的馆阁风气，更牵动庆历革新派的去留，兼具政治与文学研究的广阔空间。学界对此案早有关注，不仅全面考证事件始末及涉案人员，还进一步探讨其与苏氏创作及仁宗朝党争、士风之关系。[①] 不过，这些研究多着重考察"奏邸狱"作为历史事件的真相以及革新派对此案的叙述，而没有注意到庆历五年（1045）权力场中的判决远不是"奏邸狱"的终结，政治争端仍以一种话语

---

　　① 如沈松勤：《北宋文人与党争》，第 117—125 页；朱瑞熙：《宋仁宗朝"奏邸狱"考述，载《漆侠先生纪念文集》编委会编《漆侠先生纪念文集》，河北大学出版社 2002 版，第 277—291 页；李强：《北宋庆历士风与文学研究》，上海书店出版社 2011 年版，第 160—209 页；黄柯柯：《不断被讲述的"奏邸狱"》，载马东瑶主编《弦诵集》，中国社会科学出版社 2017 年版，第 153—164 页；顾友泽：《"进奏院赛神会"与会人员考》（《古籍整理学刊》2004 年第 5 期）、《论宋庆历年间"进奏院案"的性质及兴起与扩大化》（《枣庄学院学报》2008 年第 3 期）、《北宋文人政治遭际与诗歌创作的标本——苏舜钦"进奏院案"前后诗歌之比较》（《江西社会科学》2008 年第 4 期）、《北宋"进奏院案"探析》（载南京大学古典文献研究所编《古典文献研究》第 12 辑，凤凰出版社 2009 年，第 53—67 页）。其中，朱瑞熙考述"奏邸狱"经过。沈松勤据《傲歌》认为此案是文字狱。李强指出此案源于仁宗对士人出位议政的不满，并注意到欧阳修对"奏邸狱"的政治化解读对后世的重大影响。黄柯柯认为此案代表仁宗整饬自由化士风。本文将在前人研究基础上全面揭示"奏邸狱"的书写史及此案所承载的名士文化与新型士大夫人格。

博弈的形态在士大夫的书写场中延续着。是故有必要将研究视野从历史事实转向历史书写，全面探讨"奏邸狱"作为一个"故事"是如何在众多形态及立场歧异的文本之中变迁和定型的。但记录"奏邸狱"的材料组和其他有关范、吕党争的存世文献一样呈现出极不平衡的状态，"吕党"一方的声音显得异常微弱，因此王拱辰墓志①的重要性不言而喻，而这一关键文本在"奏邸狱"的先行研究中还未得到充分利用。

王拱辰墓志由安焘执笔，全文达 4184 字之夥，内中专设一文段详叙"奏邸狱"，以王拱辰亦即主谋的立场讲述案发经过以及他本人的弹奏理由，指引我们注意那次士人集会上以王益柔《傲歌》为代表的谐谑性言论和写作。实际上，这些长久以来被斥作轻肆放诞的醉饱之言绝不只是授人以柄且无足深论的"少年狂语"，其背后自有深厚的创作传统和名士文化作支撑，并在某种意义上构成科举士大夫人格的一次悲剧展演。因此"奏邸狱"不独是政治事件，同时也是文化事件，其本质是权力在政治变革的关键时刻对特定士人文化的一次粗暴干涉。经由这一被惩戒的"醉歌"，不仅可以发现唐宋诗学的某些特质，也能勾勒出北宋新型士人主体在遏抑中生成的曲折历程。

一　多重文本网络中的"奏邸狱"故事

两宋文献存世的数量和种类繁多，故出土文献的史料价值相对于前代有所下降，通常起到补充而非发覆的作用。但有关宋代出土

---

①　王拱辰墓志 1976 年出土于河南洛阳伊川县窑底村，基本情况参见洛阳地区文物工作队《北宋王拱辰墓及墓志》，《中原文物》1985 年第 4 期。此外，黄宽重：《宋史研究的重要史料——以大陆地区出土宋人墓志资料为例》（《新史学》第 9 卷第 2 期）、李合群：《〈宋史·王拱辰传〉勘误》（《中国史研究》2011 年第 2 期）、陈希丰：《"婚姻"与"趋向"：以北宋王拱辰家族婚姻网络为中心》（载袁行霈主编《国学研究》第 38 卷，北京大学出版社 2016 年版，第 83—117 页）都注意到这方墓志的史料价值。

文献的解读和利用也有前代无法比拟的优势，那就是这一时期的出土文献与丰富的传世文献往往能构成较为完备和系统的文本集，足以向后人揭示细微到写作心理和叙事策略、宏阔到公私叙事流变史的全方位信息。因此，在展开具体论述前，先须对记录"奏邸狱"的主要传世文献稍作回溯和爬梳，以明确王拱辰墓志在整个材料组中的位置。

关于"奏邸狱"，现存最原始的文献当是"主犯"苏舜钦向欧阳修、韩维、文彦博陈说冤情的四封书启。同时，苏氏挚友欧阳修、蔡襄亦知悉此事，欧先后替苏舜钦、江休复、王洙三位"案犯"写作墓志，又为苏舜钦文集作序，皆讲到"奏邸狱"。蔡在朝亲见其事，曾于《乞叙用吕溱状》中叙及该案。这几个文本的性质近似于苏舜钦的自述。而若干由后辈执笔的"奏邸狱"相关人员碑志包括受罚及同情一方如宋敏求神道碑（苏颂撰）及墓志（范镇撰）、韩琦行状（李清臣撰）及家传（韩忠彦撰）、赵概神道碑（苏轼代张方平撰），发难一方如王拱辰行状（刘挚撰）及墓志（安焘撰），也对该案有详略不一且角度各异的记载。这些文本虽在信息等级上不及苏、欧、蔡之言，亦属"奏邸狱"的一手材料。①

赵宋官修史书中有关"奏邸狱"的记载亦以各种方式留存至今。李壁注《王荆文公诗》卷35《次韵子履远寄之作》"庚寅增注"引《仁宗实录》所载陆经预奏邸燕集贬外事。《名臣碑传琬琰集》下集卷20《王懿恪公拱辰传》直接采自绍兴重修《哲宗实录》②，中叙王拱辰在"奏邸狱"里的言行。史季温注黄庭坚诗《观秘阁苏子美题壁及中人张侯家墨迹十九纸率同舍钱才翁学士赋之》节录《国史》中涉及此案的片段。此处之《国史》当为元丰五年（1082）成

---

① 一般认为庆历四年（1044）梅尧臣所作《杂兴》《邨中行》等诗以隐语记"奏邸狱"。同年尹洙上《论朝政宜务大体疏》，亦为进奏院会饮事而发，但未叙其事。这里均不做具体讨论。

② 参见苏贤《杜大珪〈名臣碑传琬琰集〉整理与研究》，硕士学位论文，华东师范大学，2015年，第21页。

书的仁、英《两朝国史》。《宋会要》亦载苏舜钦诸人的贬谪及缘
由。这些官方文献载录"奏邸狱"已能见出受到前述一手资料影响
乃至因袭其说的痕迹。① 而其他宋元人所著重要史籍（《续资治通鉴
长编》及《隆平集》《东都事略》《宋史》中苏、王诸人传记等）、
笔记（《湘山野录》《东轩笔录》《渑水燕谈录》《后山谈丛》《中吴
记闻》《西塘集耆旧续闻》《清波别志》《挥麈前录》《梁溪漫志》
等）述及"奏邸狱"，除依据实录、国史及传闻外也多参考一手
资料。②

综上所述，"奏邸狱"相关文献构成一个层次丰富的系统。首
先，全体文献可分为一手与二手两大类。二手文献择取哪些一手文
献作参照，会直接影响乃至决定它采取何种方式呈现"奏邸狱"。同
时二手文献也有明显的互文关系，尤其需要注意实录、国史在一二
手文献之间的中介作用。其次，一手文献又可分为两组平行的文本
群。涉案双方在案发时已产生极大争执，发起者坚称这是一次独立、
合规的执法，受罚及同情者则多认为这是一场党争背景下有预谋的
冤狱。当他们书写或被书写，自然表现出迥然不同的叙事倾向，进
而生成两套从故事细节到涉及人员再到政治定位都大相径庭的故事
版本。最后，每个文本都有其个性，同一故事版本的一手文献内部
在叙事和阐释上也有细微而颇具深意的差异。基于以上三个层次，
接下来将以王拱辰墓志为中心建立多维的篇际对读体系，在前人考
辨史实的基础上进一步追问："奏邸狱"故事在多重的文本网络中如
何生成、裂变及流衍，这其中又蕴含着怎样的书写逻辑和政治意图。

先从最小的层级即王拱辰行状和墓志的比较说起。王氏行状、

① 如陈希丰指出，《东都事略》及《名臣碑传琬琰集》之《王拱辰传》记述
"奏邸狱"依据王拱辰墓志。参见陈希丰《"婚姻"与"趋向"：以北宋王拱辰家族婚
姻网络为中心》，载《国学研究》第 38 卷，第 83—117 页。

② 如《续资治通鉴长编》卷 153 "庆历四年十一月甲子"条下李焘自注显示，
他记述"奏邸狱"以正史（即《两朝国史》）为模板，又据王拱辰行状、魏泰《杂记》
（即《东轩笔录》）、韩琦行状及家传予以校补。

墓志均作于元丰八年（1085）七月王辞世至十二月下葬之间，信息来源应同是王拱辰家人提供的生平、家世资料，两者的联系十分紧密，不排除安焘写作时参考过行状的可能。① 不过，由于文体特征、写作目的以及作者个性的差异，这两个同源文本在风格上也有一定区别，主要表现在叙事的详略与分寸上。首先，行状与墓志虽同样记述死者的世系、名字、乡里、行治、履历、寿年等信息，但在记录性与纪念性上各有偏重，行状的叙事一般较墓志更为详备。至宋，一则行状和墓志的体量都大幅提升，叙事趋于烦冗，二则行状普遍被用作碑志写作的素材库。故行状在叙事上未必详于墓志，但呈现的死者生平行谊通常更全面。就王拱辰行状、墓志来看，二文篇幅相当，却采用不同的叙事方式，总体而言前者载录的生平事迹更丰富，后者对单个事件的叙述更细致，多补充某事之因果与细节。② 再者，王氏行状、墓志的书写目的又有公私之别。刘挚表示他完成行状后将上呈尚书省以供太常议谥，史馆编录。而安焘则受王拱辰家人之托撰作墓志，再由苏辙书丹，张士宁摹刻上石，藏诸圹中，可见他提笔首先是要告慰死者及其亲属。因此二文虽皆贯彻隐恶扬善的宗旨，但行状叙事稍显中立，用语也较克制，相对更讲求实录。

---

① 在写作时间上，行状作于太常议谥之前，墓志作于此事之后。在信息来源上，安焘提到他写作墓志是因王拱辰子王晋明“奉公之世系、爵里与所论公之行事见属”（《宋代墓志辑释》，第307页）。刘挚虽未明言其素材得自何处，不过他能状王拱辰“世系官事始终”［（宋）刘挚：《王开府行状》，《忠肃集》拾遗，第479页］，又详述行状不必记录的葬日、葬地，是知刘挚与丧家声气相通。此外，行状和墓志在临近结尾赞颂王拱辰性情、仕宦的部分基本一一对应，只是言辞和次序略异，应当分别由王拱辰家人提供的模板变化而来，也可证明两个文本是同源的。

② 如同是叙述王拱辰早期仕宦活动，行状比墓志多记三事，包括王任益、梓路体量安抚使时裁断的两个案件以及他任翰林学士时向仁宗解释塘泺的功能。墓志则补充王建议在二广设立五管的历史原因，又在庆历二年（1042）宋辽交涉中补充王受命改写国书后以故事请丁度以下同视草的细节，以及宋辽议和的结果。又如同是叙述庆历年间王拱辰在御史中丞任上的活动，行状共记十二事，墓志只记六事，其中王弹劾夏竦拜枢相而受石介作颂褒美是不多的行状比墓志叙述更详尽的事迹，其余如“奏邸狱”、弹劾滕宗谅事均是墓志记事远详于行状。

墓志则不仅给作者留有更多发挥空间，也愈加明显地受到丧家意愿的影响。① 两者的风格差异集中体现在记奏邸事上：

> 苏舜钦子美监进奏院，鬻故牍得缗钱数千，夜召朋友宴集，客或为《傲歌》，有"醉卧北极遣帝抶［扶］，周公孔子驱为奴"云者。公弹劾之，遂坐黜。（行状）②

> 苏舜钦监进奏院，因祠神燕集，而客有恃才傲睨，被酒肆言物论所不平者，为御史击之。又指舜钦为易故牍以得缗钱，请属吏如法。公亦奏云："燕会小过，不足治。其如放言狂肆，诋玩先圣，实为害教，宜薄惩之。"朝廷竟峻其责，皆坐贬去。其后议者概以公为排沮善良，岂公论也哉！（墓志）③

相较于行状仅略陈案情，安焘在墓志中着意撮述王拱辰劾奏的大旨，又于呈现事件"原委"之外记录舆论以故非议王氏，最后还直接评说此类谴责皆非公论，不单内容大为拓展，表达形式上又是叙议结合，即在叙述单个事件后随即发表相关议论，颇耐人寻味。

从体例上看，碑志文之"序"本质上是一种第三人称叙事体应

---

① 例如，安焘在记录王拱辰晚年立朝实际时一直有意弱化王对新法本身的批判，将其话语重心引向评级新法施行失当。如记王拱辰熙宁元年（1068）还朝事，刘挚引述王拱辰对青苗法、助役法的批评，安焘则遗落此事，又在王还朝与论事之间添上一段对新法的解释，讲明新法起自神宗的意志，故法度本善，只是奉行者操之过急，有失法意。又如记王元丰三年（1080）论保甲为盗时，安焘强调这是由于主事者姑息太甚而致，刘挚则径直点出王使神宗"始悟保甲之为盗"［(宋) 刘挚：《王开府行状》，《忠肃集》拾遗，第 477 页］。总体上看行状较征实而墓志更有倾向性，两者的叙事差异不仅源于刘挚（旧党）、安焘（新党）两人对立的政治立场，也与文体不无关联。安焘采取将法与人分离的特定叙述方式为新法辩护，可能与他熙宁初在荆湖北路转运判官、提点刑狱兼常平农田水利差役事任上"平心奉法"［(元) 脱脱等：《宋史》卷 328《列传第八十七》，第 10565 页］的经历有关，同时墓志也为他提供了相对自由的写作空间。

② 《忠肃集》拾遗，第 473 页。按，"扶"原作"抶"，据《续资治通鉴长编》《公是集》改。

③ 《宋代墓志辑释》，第 308 页。

用文，起初由叙事文字间杂颂辞构成，其议论成分自中唐特别是韩愈之后才得到真正的提升和发展。① 职是之故，明人徐师曾提出墓志和碑文皆有正、变二体，"正体唯叙事实，变体则因叙事而加议论焉"②。在两宋碑志文中，徐氏所谓的"变体"并不鲜见，但"序"中的议论成分通常是一段作者由墓主之遭际、功德、才能或死亡生发出来的总感想，集中出现在临近开头或结尾的位置，一般不羼入序文记述履历的部分。③ 少数情况下，碑志撰作者在叙述履历的环节一改常态，紧接某事展开针对性的探讨和回应，且逸出寻常赞颂之格，这往往意味着此事在当时引起了较大争议，甚至本身就不甚光彩，而其评判结果又关系到死者的平生大节，亟需作者在此紧要关节处严加辨析。例如，王安石《司封员外郎秘阁校理丁君墓志铭》先记叙丁宝臣因曾在知州任上弃城避战而致仕途困蹇，随后评论"世皆以咎言者，谓为不宜"，再通过阐释"有不去以死，有去之以生"的"古之道"替友人申辩。④ 在他看来，这一段夹在叙事中间的辩冤之论显是不得不发。

安焘在墓志中对"奏邸狱"也做了类似处理。总体上看王拱辰墓志逐一载录死者"十三事"⑤，属于事项完备、行文平实、一力褒美的常规达官碑志。但偏偏在书写"奏邸狱"上，作者有意逾越碑志撰写的常格，不但补充了行状阙载而志文仅见的负面信息，更就

① 汉唐碑志文的演进历程，包括韩愈对"序"中议论成分的发展及其对宋人的影响，参见叶国良《韩愈冢墓碑志文与前人之异同及其对后世之影响》，载叶国良《石学蠡探》，大安出版社 1989 年版，第 47—99 页。

② （明）徐师曾著，罗根泽校点：《文体明辨序说》（与《文章辨体序说》合刊），人民文学出版社 1962 年版，第 149 页。

③ 还有极个别的碑志序文以议论为主，用以记录那些事迹不显而与作者关系密切的贤士如中唐李观《故人墓志铭》、北宋王安石《王逢原墓志铭》等。

④ 参见《王安石全集》，第 7 册，第 1584 页。

⑤ 清人王行总结墓志铭记事不出讳、字、姓氏、乡邑、族出、行治、履历、卒日、寿年、妻、子、葬日、葬地"十三事"。参见（明）王行：《墓铭举例》卷 1，载（清）朱记荣辑《金石全例》，北京图书馆出版社 2008 年版，上册，第 257 页。

此发表他在叙事环节独有的议论，于盖棺论定之际仍尽力反驳那些挥之不去的责难声，终使该案成为他笔下名臣王拱辰一生中异常突兀的存在。这恰说明安焘及王氏家人痛切地意识到"奏邸狱"的严重性，此四十年前旧事不只是王氏后半生都没能洗刷的仕宦"污点"，更极有可能持续贬损他的身后名。

安焘的忧虑并非无谓。正是以"奏邸狱"为标志，王拱辰的仕宦生涯在庆历时期迎来了一个不小的转折，他的抉择直接影响了士论对其的定位和评价。此前，王和许多青年官员一样，在吕夷简与范仲淹的政争中对极富理想主义气质的庆历士大夫抱有同情。① 庆历三年（1043）他和范仲淹共同举荐苏舜钦入馆阁。稍后，他在御史中丞任上与欧阳修、蔡襄等谏官一道论罢枢密使夏竦，此事还被石介写入《庆历圣德颂》。庆历四年（1044）他又同宋祁、张方平、欧阳修、王洙、孙甫等人议定贡举新法与兴学政策，以落实范仲淹"精贡举"的改革主张。然而，随着庆历新政的推进，王拱辰也开始非议革新派②，同时，他同属下鱼周询、刘元瑜、钱明逸等台官在滕宗谅滥用公款案、"奏邸狱"等狱事中皆成为排斥革新派及其同道的主力。王接连发起弹劾到底是为维持纲纪还是党同伐异？又或者两者兼而有之，则孰重孰轻？他的动机其实未可轻言。但有两点是肯定的，一是"奏邸狱"的书写此后由党争阴谋和独立执法两端分叉开去，凸显某些故事细节和政治阐释意味着对另一些细节和阐释的遮蔽；二是不论事实为何，王拱辰未来的政治声誉与"吕党"或者

---

① 王拱辰与欧阳修、蔡襄、石介、王素、孙甫、尹源、田况等人均是同年，和欧更是友婿。景祐元年（1034）石介致书王拱辰，激励他主持斯文。次年欧阳修在王拱辰处亲见此信。范、吕景祐党争后，蔡襄、余靖、欧阳修贬外，政治气氛趋紧，但王和一批青年官员仍殷勤饯送，事见欧《于役志》。其时欧又托王替他致信同贬的尹洙，表明己意。庆历元年（1041）石介还写信请求王拱辰资助他完成家族改葬事宜。

② 庆历新政时王拱辰劝韩琦"不如拔出彼党，向这下来"。可见他的政治立场。参见（宋）强至《韩魏公遗事》，《安阳集编年笺注》附录5，第1881页。

说反"范党"的身份标签绑定在了一起①。

起初，保守派在"奏邸狱"的较量中占尽上风。宋廷不但贬逐预宴官员，还下诏训诫士大夫。革新派则受"奏邸狱"及其他政争的牵连而被迫离朝，新政由此中辍。政治高压同时又抑制了权力场中的异见。故苏舜钦在得罪之初悲叹举朝无人为己辩冤，他本人也因顾虑"相中伤者，皆当路得志"而不敢"力自辩雪"②。但庆历政争一时的胜负并不代表"奏邸狱"和党争就此收场，嗣后该案给王拱辰带来的严重烦扰注定是少年得志的他所无法理解和预料的。

首先是政局的逆转。自至和元年（1054）始，欧阳修、韩琦、富弼等人相继回朝主政，开启了嘉祐、治平之治。至此，庆历士大夫获得了党争的最终胜利，保守派维持了十年的政治优势彻底瓦解。伴随这一变动，嘉祐元年（1056），枢密使韩琦主持平反，追复尹洙、苏舜钦原官，这表明官方承认庆历时期对两人的审判是不公的。

更重要的是，政治的裁决虽能决定士夫仕宦之升降，却无法左右士论的风向。庆历士大夫在仁宗朝始终是清议所归的对象，相应的，他们也拥有不容忽视的舆论能量。尤其当欧阳修这位文宗延续了他在谏官任上"以笔舌进退天下士大夫"③的自觉，经由私人创作弥补案发时"子美可哀，吾恨不能言"④的遗憾，欧之文章兼苏之悲剧总能激起读者的愤慨和认同。欧阳修《湖州长史苏君墓志铭》

---

①　邵伯温记王"终身不至执政"是为欧阳修所抑，原因为王是"吕党"，欧是"范党"。此事无论真假，皆可见宋人将王拱辰在新政中的政治立场覆盖其终身。参见（宋）邵伯温《邵氏闻见录》卷8，第81页。需要说明的是，和革新派结成"君子党"不同，"吕党"或说保守派并不足以构成政治朋党，他们中的大多数人只是在共同排击革新派这一点上步调一致，并且没有材料直接证明王拱辰和吕夷简过从甚密、党同伐异。后人以两案论证王是"吕党"，又以王是"吕党"证明两案是牵连革新派的政治阴谋，其实构成了循环论证。

②　（宋）苏舜钦：《上集贤文相书》，《苏舜钦集编年校注》卷9，第675页。

③　（宋）邵博：《邵氏闻见后录》卷15，第120页。

④　（宋）费衮撰，金圆校点：《梁溪漫志》卷8，上海古籍出版社1985年版，第89页。

通首不离"辨冤"二字①，其记叙苏氏生平行迹，以"奏邸狱"为中界运用了一略一详两副笔调，即是由于欧有感于长久以来无人替挚友申冤，故"述其得罪以死之详，而使后世知其有以也"。在墓志中，他这样呈现这位当世贤材"一毁终世以颠隮"的悲惨命运：

> 自元昊反，兵出无功，而天下殆于久安，尤困兵事。天子奋然用三四大臣，欲尽革众弊以纾民。于是时，范文正公与今富丞相多所设施，而小人不便。顾人主方信用，思有以撼动，未得其根。以君文正公之所荐而宰相杜公婿也，乃以事中君，坐监进奏院祠神奏用市故纸钱会客为自盗除名。君名重天下，所会客皆一时贤俊，悉坐贬逐。然后中君者喜曰："吾一举网尽之矣。"其后三四大臣相继罢去，天下事卒不复施为。②

欧阳修在墓志中叙"奏邸狱"本体不过寥寥数语，比刘、安记事还要简略。他用力的方向是经由添加政治背景和人际关系方面的信息把"奏邸狱"包纳于庆历新政成败的进程之中，弱化它的案件属性而凸显其作为党争"附属品"的一面。其实在欧之前，苏舜钦自己就已通过梳理人际关系强调"奏邸狱"另有缘由，曾向欧阳修、文彦博分析真正的祸因是台官与宰执杜衍、范仲淹及谏官蔡襄、孙甫都有宿怨，故借奏邸之会牵连诸人以泄愤，同时知审刑院丁度也因怒杜衍不逐孙甫，不惜深文周纳，酿成冤狱。欧阳修则进一步统合人物和事由，建构起带有强烈道德褒贬色彩的党争叙述模式，点明君子与小人在琐碎的个人恩怨之上有着更为深层的矛盾，又用革新派受累离朝而致新政流产的客观结果来支持此论，从而关合"奏邸狱"和庆历新政。

---

① 按，苏舜钦墓志之"题"也有深意，欧阳修为知交好友撰写碑志，"题"一般称字，而此墓志是题其小官以申其冤枉。参见叶国良《韩愈冢墓碑志文与前人之异同及其对后世之影响》，载《石学蠡探》，第47—99页。

② 《欧阳修全集》卷30，第455页。

欧阳修对"奏邸狱"的书写具有一贯性，他所撰江休复、王洙墓志也对"奏邸狱"故作倒置主次的叙事安排，于本事前附加一大段游离于墓主之外的背景说明，以"小人—大臣执政—苏舜钦—坐客"的关系链串联起欧所认定的冤案真相。与之适成对照的是，另一位"奏邸狱""从犯"宋敏求的神道碑（苏颂撰）和墓志（范镇撰）惟书墓主坐进奏院会贬外，足见欧阳修极为重视"奏邸狱"与庆历党争之间的联系。在欧看来，"奏邸狱"是新政期间正邪冲突的一个缩影，是小人用以攀扯君子、阻碍改革的借口。故苏舜钦被重罚被侮辱并非由于监守自盗，而只因他是君子阵营中那位被小人抓住把柄的不幸者。①

由上可知，宋廷和士论很快就在"奏邸狱"的评判上达成共识，明显偏向苏、欧一方。赵概在"奏邸狱"起时即表示与会者皆名士，若予严惩会令士林失望。皇祐二年（1050）右司谏钱彦远上书建议恢复"奏邸狱"同坐者的官职。元丰年间陆佃借此"冤案"替"太学狱"主犯龚原、王沇之诉冤。当时及后世士人追念苏舜钦，也多悲慨他"才大终为累，冤深岂复论"②。如元祐元年（1086），黄庭坚于馆阁作诗缅怀这位仁宗朝诗坛健将，痛惜其在庆历党争中遭柄臣毁谤除职，几乎是苏舜钦墓志的韵语版本。而王拱辰、张方平等人则被宋人视作"巧发奇中"的奸邪之辈。欧阳修刻绘的小人（往

---

①　这种党争叙事为庆历士大夫所共享。最明显的例证是韩琦行状及家传同样认定"奏邸狱"是"在朝奸邪者""欲因奏邸事倾正人"，参见（宋）韩忠彦《韩魏公家传》，《安阳集编年笺注》附录3，第1792页。嘉祐六年（1061）蔡襄也在奏状中提到"奏邸狱"是仇人罗织的冤案。此外，庆历士大夫内部撰作碑志行状将个人命运与庆历党争相关联，如欧阳修的范仲淹神道碑、孙甫墓志、杜衍墓志、余靖神道碑、蔡襄墓志，富弼的范仲淹墓志，韩琦的欧阳修墓志，蔡襄的余靖墓志。该现象同样发生在那些没有直接参与新政的成员的碑传上，如欧阳修的尹源墓志、王质神道碑、石介墓志，韩琦的尹洙墓表，苏舜钦的王质行状。欧甚至在晏殊神道碑中将其塑造成支持新政并与革新派同进退的贤相，而实际上，晏虽擢欧阳修等人任谏官，但很快就厌烦他们的言事风气，后遭孙甫、蔡襄弹劾而罢相。

②　（宋）韩维：《哭苏子美三首》其三，《全宋诗》卷428，第5263页。

往被认为是王拱辰）喜道"一网举尽"的得志之态也不断被宋人重提。可见从仁宗朝后期开始，士大夫就普遍认为"奏邸狱"是一场冤案，并表现出哀苏斥王的倾向。

宋人对于"奏邸狱"的认知决定了他们历史书写的面貌。或不妨说，"奏邸狱"正是庆历士大夫的政治观念主导后世历史叙事的典型案例。首先，两宋公私史籍及《宋史》都站在欧、苏一边，将"奏邸狱"置于庆历党争的宏大叙事中来讲述。李壁注引《仁宗实录》点出监察御史刘元瑜弹劾陆经别有私心。《宋会要》谓"奏邸狱"中御史极力弹击盖因苏舜钦为宰相杜衍之婿，把此案定性为党争。同书记陆经预奏邸燕集贬谪事与实录完全一致。史季温注引《两朝国史》则先是在"朋党滋盛"的背景下一并记录范仲淹、富弼离朝与苏舜钦等馆阁之臣被贬，接着具体叙述"奏邸狱"，不仅全盘沿用欧阳修的说法，更揭示欧所谓的"中君者"是御史中丞王拱辰及其属下鱼周询、刘元瑜，最后还并置仁宗以为过薄而王拱辰等自喜的情节以凸显台官的小人嘴脸。[①] 两相对照下，苏舜钦墓志之叙事反较国史更显婉曲。国史的这一官方定论对后世史书影响深远。《续资治通鉴长编》卷153"庆历四年十一月甲子"条即源出于此而愈加详赡，李焘又据王拱辰行状补充王益柔"谤讪周、孔"，据韩琦家传补充宋祁、张方平乞诛王益柔罪而韩进言挽救，指出宋、张"欲因益柔以累仲淹"，延续并张大了欧志、国史的观点。[②]

同时，苏舜钦诸人传记述及"奏邸狱"亦采取党争叙事模式，并且这种倾向随时间推移而呈现出扩散的趋势。《隆平集》苏舜钦传

① 参见（宋）黄庭坚著，（宋）任渊、（宋）史容、（宋）史季温注，黄宝华点校《山谷诗集注》别集诗注卷下，上海古籍出版社 2003 年版，第 1096—1097 页。按，从史季温注征引内容的体例来看，它可能属于国史"纪"的部分，或是注家合并国史中有关"奏邸狱"的几处记载而成。《续资治通鉴长编》李焘自注提到正史之苏舜钦传，御史不载刘元瑜姓名，刘元瑜传不云弹劾苏，也是佐证。

② 参见（宋）李焘《续资治通鉴长编》卷 153，第 3716 页。又《宋宰辅录》引《续资治通鉴长编》云杜衍受苏"奏邸狱"之累而罢相，不见于现在的辑本。

先在仕履部分讲述他因"奏邸狱"除名，再介绍苏与杜衍的翁婿关系，引出"言者因舜钦连及衍，故衍遂罢政事"① 的结论。同书杜衍传载杜以"奏邸狱"为罗织之狱而执不可，和史实有出入，但合于冤狱说。绍兴重修《哲宗实录》王拱辰传在记奏邸事上承袭王拱辰墓志，而删削回护之语，立场更为中立。② 《东都事略》王拱辰传亦照抄实录附传的记事，而同书苏舜钦传、杜衍传则承袭《隆平集》苏传、杜传一系的说法，同书江休复传更是重提欧阳修在江志中构建的关系链。《东都事略》以互见法揭露"奏邸狱"的党争背景，这可能反映了实录及国史诸人传记的大致面貌③。《隆平集》《东都事略》杜衍传记事之误可能就源自实录和国史附传。至元人编撰的《宋史》则汇综前人载记，形成颇为繁复的"奏邸狱"版本。该书苏舜钦传、杜衍传、王益柔传一再强调"奏邸狱"是王拱辰等小人为构陷主持革新的范仲淹、杜衍而炮制的冤案。最为关键的是，史臣在王拱辰传中捐弃互见的写作原则，明言"拱辰之党"不便范、杜的更张，故发起"奏邸狱""因是倾之"，还补充王"由此为公议所薄"。④ 这种稍显冗余的做法取消了"奏邸狱"双方差异的声音，使得党争论构成正史的唯一叙事。

　　其次，两宋笔记对"奏邸狱"也多有关注，虽未必像欧阳修那

---

　　① （宋）曾巩撰，王瑞来校证：《隆平集校证》卷6，中华书局2012年版，第208页。

　　② 参见陈希丰《"婚姻"与"趋向"：以北宋王拱辰家族婚姻网络为中心》，载《国学研究》第38卷，第83—117页。按，《哲宗实录》《东都事略》和王拱辰墓志相比，"恃才傲睨，被酒肆言物论所不平"（《宋代墓志辑释》，第308页，下同）被缩略为"因酒放言"（《王懿恪公拱辰传》，《名臣碑传琬琰集校证》下集卷20，第2174页），王氏劾奏被删去前七字和后四字，"朝廷竟峻其责，皆坐贬去"改为"由是皆坐重贬"。这样一改，墓志对《傲歌》的贬斥态度被消解，同时王拱辰的惩处建议更为严重，并直接建立王氏劾奏与宋廷判决之间的因果联系。

　　③ 王称编著《东都事略》"特掇取五朝史传及四朝实录附传，而微以野史附益之"。参见（宋）李心传撰，徐规点校《建炎以来朝野杂记》甲集卷4，中华书局2000年版，第113—114页。

　　④ （元）脱脱等：《宋史》卷318《列传第七十七》，第10360页。

样直接关联庆历新政，但无一例外皆采信苏舜钦一方的说法，将其定义为发起者（或审判者）别有所图的冤狱。费衮《梁溪漫志》乃至全文抄录苏写给欧的书信，保存了这份苏氏别集失收的珍贵文献。不仅如此，这些笔记还在苏、欧叙述的基础上积极扩充故事情节。如《后山谈丛》指出杜衍、丁度是因戏言结怨。《渑水燕谈录》加添宦官捕人及韩琦营救苏舜钦两个细节。《挥麈前录》《西塘集耆旧续闻》补记李定挟私告发，《湘山野录》云苏舜钦不预郊赦，二事亦见载于《东轩笔录》。这些层累增多的信息难免真伪参杂①，但有一点是确定的：它们基于冤案观念被添补的同时也强化了这一观念。可见，一旦党争论成为公共的历史见解，后世的文本将围绕它而不断自我孳生。

更有甚者，由于保守派在舆论和政治的争衡中接连败北，王拱辰的"吕党"身份也成为他无法摆脱的"污名"。治平四年（1067）蒋之奇在弹奏钱明逸时追述钱"在仁宗朝附贾昌朝、夏竦、王拱辰、张方平之党，陷杜衍、范仲淹、尹洙、石介之徒"，致使"朝廷一空，天下同疾"②，便以小人倾陷君子阐释庆历之际的一系列案件。又如王称在《东都事略》王拱辰传中采纳《邵氏闻见录》《东轩笔录》所载王向仁宗谮害富弼而未果事，并评说"拱辰党吕夷简以撼富弼，固正士之所不与也"③。据富弼晚年奏疏，确有人在他使辽后进谗，不过富未透露名姓，邵伯温、魏泰基于王拱辰属"吕党"的观念而附会在王身上，虽不为《续资治通鉴长编》所取，但这份可疑的史料仍受党争史观的驱使而进入《东都事略》这样严肃的历史

---

① 如洪迈《容斋随笔》卷 8 辩证《后山谈丛》记事有误。《东轩笔录》记苏不预郊赦是因"奏邸狱"断于赦前数日，而《湘山野录》则记苏不预郊赦在罪废之后，且为言者所沮，两个说法相互矛盾，也都不准确。又《东轩笔录》记"一网打尽"为刘元瑜所言，谓此言出处是欧阳修《苏氏文集序》，《湘山野录》谓苏削籍贬窜至湖州，皆有误。

② （宋）李焘：《续资治通鉴长编》卷 209，第 5081 页。

③ （宋）王称：《东都事略》卷 74《列传五十七》，第 621 页。

著作之中。此外《东都事略》和《宋史》皆明言王拱辰行事不正，王在庆历新政中的转变正是这类负面评价的重要来源。

至刘挚、安焘撰文的元丰八年（1085），欧阳修的苏舜钦墓志早就广为流布，《两朝国史》亦已问世，围绕“奏邸狱”的是非之争尘埃落定。当时苏颂便以舒亶、王拱辰为例教诲其孙苏象先：“士大夫立朝当言路，一涉非义失人心，则终躬遂废。如王君觊未三十为御史中丞，缘进奏院事，终躬轗轲，不复大用，陷于刻薄，可不慎哉？”① 可见“奏邸狱”之于王拱辰正如乌台诗案之于舒亶。面对“其后议者概以公为排沮善良”的严峻形势，刘、安必须慎重处置“奏邸狱”的素材，选择适宜的叙事策略替王拱辰辩护，进而洗脱他的“吕党”嫌疑。两人的具体做法有同有异。

一方面，鉴于庆历之际王拱辰担任御史中丞的经历在其仕宦生涯中的重要性，刘挚、安焘在王拱辰这三年任职时间内都采用大密度的叙事（行状十二事，墓志六事），将王在御史中丞任上的活动连缀成一个规模可观的事件序列，以显示他很早就表现出“遇事必言”② 的直臣素质。当“奏邸狱”被放置在一系列正面的诤谏事件当中，特别是和王拱辰协同庆历四谏奏罢夏竦这样公认的壮举相联结，无疑会给读者一个强烈的暗示：王拱辰发起“奏邸狱”同样只是在秉公履职、就事论事。

另一方面，比起行状基本据实呈现“奏邸狱”始末③，安焘在墓志中刻意调整了部分细节。譬如，他把王的劾奏单拎出来放到御史的弹击之后，再着一“亦”字，使其完成从主谋到辅助的角色转换。再如，安指出王在劾奏中仅建议略施薄惩，再着一“竟”字，强调朝廷的处罚大大超出王的预期。这和安焘对性质相近的滕宗谅

---

① （宋）苏象先：《丞相魏公谭训》卷3，《苏魏公文集》附录1，第1138页。
② 《宋代墓志辑释》，第309页。
③ 当然，刘挚也只做到基本如实，比如他在此案中没有像叙述其他进谏那样引述王劾奏的具体内容，又如他只是模糊地提到处罚结果，没有说明其严重性。

案的书写方式截然相反①。事实上，据苏舜钦自述，御史台三论奏邸事，至集体上书力请仁宗严办，这自然是宪长王拱辰主导的结果，审讯此案的"刻薄之吏"陶翼也是王所举荐的。《续资治通鉴长编》则直书王拱辰廉得其事，指使属下鱼周询、刘元瑜劾奏。另据韩琦行状及家传，王拱辰还和宋祁、张方平等列状上言王益柔作《傲歌》，其罪当诛。这些说法不排除夸饰成分，但辅以行状的记载，足证王拱辰在"奏邸狱"中绝非如安焘所言只是面目温和的附和者。安之所以如此写作，实是因为他自己也无法像辨析滕案那样理直气壮地驳回非议，只能尽量弱化王拱辰在"奏邸狱"中的存在，为此不惜做出偏离事实的改动。

不过，安焘此番虚虚实实的叙述指向了这样一个事实：无论在彼时的政治冲突抑或后世的舆论风波中，王益柔的《傲歌》始终是王拱辰一方手里最为有力的凭据。其实，据苏舜钦自述，"奏邸狱"的导火索正是这类戏谑之语②。其后"数与僚友燕聚，语言多轻肆"③亦成台官劾奏的一个重要理由，王拱辰对王益柔的指控也远比苏舜钦要严重，并且借此成功激怒仁宗，使事态扩大。嗣后仁宗下诏整顿士风，还严厉训斥《傲歌》。只是韩琦于案发之际及时劝解令仁宗宽恕了王益柔，"奏邸狱"最后被定性为经济案件，王主要以预会从坐。再加上苏、欧对此事讳莫如深，这极大削弱了《傲歌》这一关键罪证的存在感。而刘、安从苏、欧的沉默处发力，于奏邸燕集外大书王作《傲歌》事。刘有选择地披露《傲歌》最显悖逆的

---

① 行状记滕案非常简略，墓志一则明言"执政大臣"（即范仲淹）"欲薄其罪"，二则通过添加细节突出王拱辰坚持弹劾。这种强化角色兼直陈其事的笔法许是因安焘认定滕滥用公使钱使得"人情愤怨，无敢言者"，故王在此案中完全是不畏强权。可知王拱辰虽两度排击革新派同道，但滕案尚能得到合理的解释，舆论压力远较"奏邸狱"为小。参见《宋代墓志辑释》，第 308 页。

② 据苏舜钦自述，在"奏邸狱"发生前一个月，他与尹源、王益柔、孙甫、蔡襄在奏邸中燕集，王与孙、蔡有言语之戏，遭殿中侍御史赵祐弹奏。此奏留中，引起台官的报复性弹击。

③ 《宋会要辑稿》职官六四之四十九，第 4793 页。

部分。安则在墓志中径谓王益柔"恃才傲睨，被酒肆言物论所不平"，并调换台官指控主人监守自盗和攻击坐客醉作《傲歌》两个情节的先后主次之序以凸显后者，又借王拱辰之口放过燕集而痛贬《傲歌》，等于是在主罪上主动让步却在次罪上立定脚跟，把弹劾的正当性全系于后者。刘、安的辩护方式说明他们都相信举《傲歌》为挡牌不仅可以有效地回应舆论，兴许还能激发中立者的赞同。①

刘、安的轻重安排不为无据。即便如朱熹褒范贬吕甚是分明，他也不得不承认"奏邸狱""虽是拱辰、安道辈攻之甚急，然亦只这几个轻薄做得不是"，认可仁宗"惩才士轻薄之弊"，批评苏舜钦诸人于宵小探伺之际"轻儇戏谑"是何等的幼稚，并指出《傲歌》终是批逆龙鳞、招来大祸的"败阙"。② 后来乾隆也从正风俗的角度也肯定仁宗批准"奏邸狱"，还强调应严惩王益柔。可见刘、安之说不乏舆论基础，《傲歌》确是"范党"在庆历党争中的一个破绽。

那么，该如何理解《傲歌》？它真的纯是"败阙"吗？

二 《傲歌》及其背后的文化谱系

王益柔《傲歌》今已难睹全貌，惟留存王拱辰行状记录的片段"醉卧北极遣帝扶，周公孔子驱为奴"，扬言臣妾天帝，奴仆先圣，

---

① 李焘在编纂《续资治通鉴长编》时敏锐地意识到《傲歌》的重要性，在"庆历四年十一月甲子"条记事中根据王拱辰行状和韩琦家传添补此事。此外，司马光《日录》卷3有则记事"王益柔，字胜之，昔懿恪王君贶言苏子美祭神会事时指慢诗，乃益柔作也"[(宋) 司马光撰，李裕民校注：《司马光日记校注》，中国社会科学出版社1994年版，第91页]，《施注苏诗》注解"王胜之"亦详叙其因作《傲歌》得罪。可见宋人几乎把《傲歌》当作王益柔的标签了。

② (宋) 黎靖德辑：《朱子语类》卷129，《朱子全书》，第18册，第4024页。此外，周辉也接受党争叙事，但他同时反问："然其间有服惨未除而与此妓乐会者，亦岂俱出于文致耶？"[参见 (宋) 周辉撰，刘永翔、许丹整理《清波别志》卷上，《全宋笔记》，第5编，第9册，大象出版社2012年版，第152页] 这和《傲歌》性质相当。

乍读之下实在令人惊异于他的肆无忌惮。正如王拱辰所说，仅此两句就一连犯下指斥乘舆和"诋玩先圣"的大错，《傲歌》被指为"害教"并不为过。退一步讲，这至少也算是狂悖无礼的醉言，发生在奏邸燕集上确属失态。

然而，设若起王益柔、苏舜钦于泉下，两位隽才面对外界的诘责，很可能提出一套在当年的政治高压下无法陈述的辩词，通过追溯往昔的创作传统与诗歌谱系把"害教"之举扭转为文士风流。这当然不是说两人将以诡辞自解，他们只会声明以下事实：《傲歌》脱胎于特定的文化母体，亦唯有投身于那样的文化语境内方能全面理解它。实际上，清代诗人袁枚已于一定程度上替王、苏做出了辩护：

> 再考"周公孔子驱为奴"，乃是王直柔之词。即使真有此诗，与子美无涉。而况诗人放歌，多不可为典要。杜少陵，圣于诗者也，亦有"孔丘盗跖俱尘埃"之句。夫齐孔、跖，亦何异于奴周、孔？然而未闻古之人有罪少陵者，则亦不以辞害义也。①

戴祖启在来信中重申王拱辰的指控，强调苏舜钦、王益柔"非圣无法"，仁宗震怒之下欲诛二人，"良不为过"，并认定欧阳修哀愍苏极不明智。② 为抗衡这番卫道的说法，袁枚特意搬出以杜甫为圣人的"诗统"，其所作名篇《醉时歌》赫然存在"孔丘盗跖俱尘埃"之句，不仅直呼孔子之名，更齐同大盗与圣贤。按戴氏的标准，这自然也和王益柔一样是为"非圣无法"。但老杜此诗却从未惹人非议，这一经典例证说明像王、杜这样的"诗人放歌"不属于严肃写作，

---

① （清）袁枚：《答戴敬咸孝廉书》，《小仓山房诗集补遗》卷19，周本淳标校《小仓山房诗文集》，上海古籍出版社1988年版，第1541页。按"直柔"为袁氏误记。
② 参见（清）戴祖启《答袁简斋先生书》，《师华山房文集》卷3，《清代诗文集汇编》，上海古籍出版社2010年版，第359册，第158页。

不应遭受如此苛刻的道德审查。

实际上，杜甫《醉时歌》代表了中古时代形成的一种诗歌传统，即诗人模拟被酒放言或本就是沾醉吟咏，于熏熏然中弃绝日常经验及规范的羁束，甚而故意颠覆物理或伦理的秩序，创作出一系列意脉跳脱、感情奔逸、风格旷放、用语豪肆的诗作，以表达流连杯酒之意。此处借用这类诗作题目中常出现的字眼，将它们统称为"醉歌"。在这些作品中，像老杜那样"訾议"圣贤的情况不在少数。如陶渊明直言贤人颜渊、荣启期"虽留身后名，一生亦枯槁"①，比不上称心适宜，无所营求。王绩在《赠程处士》中讥讽周、孔各被礼乐、诗书所囚缚，故不如高枕安卧，醉饮消愁。王维《偶然作》则悬想田舍老翁在聚饮之际困惑三皇五帝得位是非难定，遂得出乐居田园的选择。又李白于席间高呼"古来圣贤皆寂寞，惟有饮者留其名""辞粟卧首阳，屡空饥颜回。当代不乐饮，虚名安用哉"②，杜牧亦尝酌酒狂歌"尧、舜、禹、汤、文、武、周、孔皆为灰"③，同样采取抑圣贤扬饮者的命意。

中古诗人们在无限的时间尺度上一笔抹杀圣贤之经历、功绩和声名的价值，以显示人生短促，本无意义可寻，未若及时行乐，当下痛饮。他们的这类"醉歌"承自汉末骚客"万岁更相送，贤圣莫能度""不如饮美酒，被服纨与素"④ 的咏叹，嗣后又为宋代诗人所承继，其作为文学形式的意味（辞）要大于内容（义）本身。如自许为纯儒的梅尧臣一再置酒浩歌"终当笑杨雄，穷壁常寂寞。更知首阳人，薇蕨事亦错。不若阮步兵，醉鞍伸两脚""著书欲传道，未

---

① （晋）陶渊明：《饮酒》其十一，袁行霈笺注《陶渊明集笺注》卷 3，中华书局 2003 年版，第 261 页。

② （唐）李白：《将进酒》《月下独酌四首》其四，（清）王琦注《李太白全集》卷 3、卷 23，中华书局 1999 年版，第 180、1064 页。

③ （唐）杜牧：《池州送孟迟先辈》，《樊川文集》卷 1，吴在庆校注《杜牧集系年校注》，中华书局 2008 年版，第 130 页。

④ 《古诗十九首》其十三，隋树森《古诗十九首集释》卷 2，中华书局 1955 年版，第 20 页。

必如孔丘。当时及后代，见薄彼聃周。功名信难立，德行徒自修。劳劳于我生，蒂挂同赘疣。不如听邻笛，就其举杯瓯"①。"太白后身"郭祥正《醉歌谢太平李倅自明除夜惠酒》更是于醉中大感历史的虚无，取《竹书纪年》的记载质疑尧舜禅让之事。连宋祁之兄、素称清约庄重的宋庠也曾醉吟"跻蹻盈圣智，孔颜罹忧摧。区区百世后，美恶同尘灰。吾欲挈瑶斗，蹈海为金罍。挹兹忘忧物，与尔同嘲谐"②，这显是化用老杜诗句。梅、郭诸人的狂言更多是重复前辈诗家屡试不爽的写作技巧，即故作惊人之语以达致奇崛的艺术效果和助兴的现实目的。诗人们相信，醉中一时戏言不会有人当真，更何况"醉歌"很大程度是为一种劝酒的套路，他们只是在完成这种诗歌传统的"常规动作"，理应得到宽容甚至欣赏。

当然，王益柔《傲歌》大言醉中狂态，和"醉歌"典型文本反用圣贤典故的作法稍有不同。不过，《傲歌》产生于中古诗人惯于酒后调排圣贤的书写传统，这是殆无疑义的。因此它也应当享有面对道德审查时的豁免权。韩琦提出《傲歌》乃"少年狂语"，不足深治，此语能够略微平复仁宗的愤怒，和中古以来"君当恕醉人"③的共识是分不开的。

更重要的是，《傲歌》和"醉歌"共同根植于由老庄、魏晋名士、陶渊明、盛唐文士渐次培育起来的文化土壤，它的基本特征便是疏离乃至反抗儒家倡导的历史叙述和社会秩序。先秦道家认定仁义是残生害性、纷乱社会的根由，故而强调"圣人不死，大盗不止"④。《庄子》一书常以批判和嘲弄儒家偶像的方式展开论说，如

---

① （宋）梅尧臣：《周仲章通判润州》《赴刁景纯招作将进酒呈同会》，《梅尧臣集编年校注》卷21、卷23，第570、693页。

② （宋）宋庠：《去年三月禊饮池上岁月易得忽复暮春因再宴僚属作》，《元宪集》卷2，商务印书馆1935年版，第20页。

③ （东晋）陶明渊：《饮酒》其二十，《陶渊明集笺注》卷3，第282页。

④ 王叔岷：《庄子校诠》卷2，第352页。

盗跖篇中盗跖对着孔子依次申斥上古圣王、孔门高徒、世之贤士的事迹以验证"子之道，狂狂汲汲，诈巧虚伪事也"①。至魏晋时期，饮酒和以老庄玄理为主要内容的清谈构成名士不可或缺的两项素质。一方面彼时不乏诋訾周孔之言，另一方面纵酒放诞被认为是"越名教而任自然"思想的实践方式，由此成为名士风度最为人瞩目的表征。②嗣后，陶渊明拓宽了名士文化的界域，凭借惊人的艺术创造力将老庄的哲思和嗜酒饮醋的名士作派融入自身诗意的境界之中。初盛唐文人便深受魏晋名士和陶诗的影响，视痛饮狂歌为饶有兴味的艺术行为和写作方式。此后，名士风度以酒为触媒，以诗为载体，以老庄之学为精神内核，融汇三者形成一种风流俊逸的人格范式兼审美理想，不断吸引后世文人追慕、仿效。

是故，诗人"醉歌"在助酒功能之外自有深意，其实质是回向名士文化，他们之诋诃圣贤并非酒后无意义的宣泄，而是以一种看似破坏性的形式承载与儒学异质的观念。前引梅诗谓孔子传道却见薄于老、庄，又云扬雄著书、夷齐采薇皆不如阮籍醉卧，其取舍姿态就很能说明问题。但也应该看到，"醉歌"仅是唤起而非探究老庄之学，其思想深度是很有限的。名士文化只是给诗人打开了特定的创作空间，并且随着"醉歌"在后世不断被重复，名士文化在其间呈现出的思想意味愈淡薄而艺术性愈突出。

苏舜钦、王益柔恰以名士文化的当代传人自居。苏豪放嗜酒，他与石延年同是当世闻名的酒徒，两人共同开发出"鬼饮""了饮"

---

① 王叔岷：《庄子校诠》卷 5，第 1185 页。又如，老庄一脉的《列子·杨朱》又云"仁圣亦死，凶愚亦死。生则尧舜，死则腐骨；生则桀纣，死则腐骨。腐骨一矣，孰知其异"（杨伯峻：《列子集释》卷 7，中华书局 1979 年版，第 221 页），杜甫、宋庠醉歌中语与此近似。

② 酒与魏晋名士的关系，参见鲁迅《魏晋风度及文章与药及酒之关系》，载鲁迅著《而已集》，人民文学出版社 1980 年版，第 97—125 页；王瑶《文人与酒》，载王瑶著《中古文学史论》，北京大学出版社 1986 年版，第 156—175 页。

"囚饮""鳖饮""鹤饮"等诸多怪奇的饮酒名目①，很有魏晋名士使酒任诞的遗风。在"奏邸狱"之前，这些馆阁名士就频频会饮、雅集。一次，王益柔、苏舜钦在盛夏聚于僧舍尝试"暑饮"，苏舜钦苦热作诗："争得羿复生，射此赤日落。欲擘青天开，腾身出寥廓。狂走无处逃，坐恐肝脑涸。不如以酒浇，庶可免焦烁。"② 想落天外，出语狂肆。事后，苏因酒后身体不适还告诫王"快意事皆然，遗殃慎无作"③，显有寓意，不想竟一语成谶。还有一次，这批名士在竹轩聚会。王益柔于席间赋诗，众皆属和，苏舜钦有诗云："君与我同好，数过我不穷。对之酌绿酒，又为鸣丝桐。作诗写此意，韵如霜间钟。清篇与翠干，岁久日益称。惜哉嵇阮放，当世已不容。吾侪有雅尚，千载挹高踪。"④ 明言吾辈欲推倒世俗偏见，追随竹林名士的雅尚。可见苏、王自己就有自觉，他们集会赋诗是在向名士文化致敬，而《傲歌》正是此种意识的产物。

"傲"意谓孤高自负、不屑随俗，本质上是指在自我与社会的永恒冲突中强调前者的自足和伟大而篾弃后者对人性自由的桎梏。在注重群体规范的儒家看来，这种比"狂狷"还要偏至且不逊的性格显然不值得提倡，故《尚书·尧典》有"简而无傲"之诫。《册府元龟·总录部·傲慢》收录许多名士事迹，其序文起首就告诫读者"傲以取祸""慢以失官"，还申说无论恃才傲物抑或纵逸乱常皆非"君子之道"。⑤ 然而在名教之外，"傲"很快成为一项不可或缺的品行，一个至关重要的通行准则。名士有"啸傲""傲岸""高气不群，迈世独傲"，隐者常"寄傲""傲然以称情"，诗酒风流则是

---

① 参见（宋）张舜民撰，汤勤福整理《画墁录》，《全宋笔记》，第 2 编，第 1 册，大象出版社 2006 年版，第 203 页。

② （宋）苏舜钦：《依韵和胜之暑饮》，《苏舜钦集编年校注》卷 2，第 150 页。

③ （宋）苏舜钦：《依韵和胜之暑饮》，《苏舜钦集编年校注》卷 2，第 150 页。

④ （宋）朱弁撰，陈新点校：《风月堂诗话》（与《冷斋诗话》《环溪诗话》合刊）卷上，中华书局 1988 年版，第 102 页。

⑤ （宋）王钦若等编纂：《册府元龟》卷 930，第 10767 页。

"傲雅觞豆之前""追傲逸于古人"。① 《世说新语》干脆合"简""傲"成词用以归类特定的名士做派。陶渊明喜谈"傲"，尤见其合名士、隐者与酒客为一的身份自觉。②

王益柔便是在这样的文化谱系下接纳"傲"作为题眼，他拓展了"醉歌"传统的写作边界，不再如前人只是远远地訾议儒家圣贤，而选择在笔端直接驱使天帝、周孔，将作为名士兼饮者之标志的"傲"夸饰到了极点。他故意采用这种"骇人耳目"的方式宣示自我在天地间的存在，极写醉中恣意张扬而冲破世俗认可之一切典范的主体精神，正合于刘伶《酒德颂》"以细宇宙齐万物为心"③的篇旨。清人颜元痛贬《傲歌》"侮天骂圣，放废狂荡甚于竹林"④，亦点出此诗的思想渊源。怎奈此世与彼世何其近似，竹林名士"当世已不容"的悲剧再度在大宋馆阁名士身上重演。

苏舜钦在写给欧阳修的信中透露，他和王益柔、蔡襄、尹源、孙甫等人会饮嘲戏乃"吾曹常事"，再结合前述竹轩燕集、僧房暑饮来看，像《傲歌》这样谐谑、恣肆的"文字饮"是这些馆阁、谏垣

---

① 《世说新语·言语》载周颉在王导座"傲然啸咏"［（南朝宋）刘义庆著，徐震堮校笺：《世说新语校笺》卷上，中华书局2006年版，第89页］。郭璞《客傲》谓"傲岸荣悴之际，颉颃龙鱼之间"［（唐）房玄龄等：《晋书》卷72《列传第四十二》，中华书局1974年版，第1905页］。《世说新语·赏誉》"王平子迈世有隽才"条刘孝标注引《卫玠别传》云王澄"高气不群，迈世独傲"（《世说新语校笺》卷中，第396页）。"寄傲"语出陶渊明《归去来兮辞并序》"倚南窗以寄傲"（《陶渊明集笺注》卷5，第406页）。陶《感士不遇赋》又云"靡潜跃之非分，常傲然以称情"（《陶渊明集笺注》卷5，第431页）。"傲雅觞豆之前"语出《文心雕龙·时序》，参见（梁）刘勰著，黄叔琳注，李详补注，杨明照校注拾遗《增订文心雕龙校注》卷9《时序第四十五》，中华书局2012年版，第537页。"追傲逸于古人"语出皇甫松《醉乡日月序》，参见陈尚君辑校《全唐文补编》卷75，中华书局2005年版，第923页。

② 王叔岷已发现陶渊明喜用"傲"字。参见王叔岷《陶渊明诗笺证稿》卷3，中华书局2007年版，第299页。

③ （唐）房玄龄等：《晋书》卷49《列传第十九》，第1375页。

④ （清）颜元，王星贤、张芥尘、郭征点校：《颜元集》，中华书局1987年版，第305—306页。

名士日常生活的一部分。① 这固然和馆阁清净无事的职守以及闲时宴赏的旧习有关②，同时也承载着庆历之际的时代风会。在这个意义上，《傲歌》所凸显的对自我的注重、对规则的漠视，实则是以一种极致的姿态昭示北宋中期新型士人主体的生成。

三　苏舜钦、王益柔与庆历之际的馆阁风气

两宋的馆阁是为国家育才养贤之地。能登瀛抱椠者通常是同辈中的翘楚，在文华、学识和吏干上多有过人处。这些俊彦们虽清而不要，但往往抱有极高的议政热情，一旦集结起来也是一支不可小视的政治力量。有学者注意到，在仁宗朝前期的范、吕党争中，馆职始终站在范仲淹一边，屡屡涉入政治风波的中心。③ 不过，馆职在景祐党争时更像是自发向范仲淹靠拢的意外盟友。直至庆历新政时期，双方才建立起实质性的联系。

宝元、庆历之际的内外危机，以及宋廷用人政策的调整，为范仲淹推选才能之士提供了契机。苏舜钦、王益柔就是他以"朝廷擢才之际"④ 为由荐入馆阁的。范仲淹十分重视馆职的选任。早在天圣三年（1025），范上奏议论时务，就批判宋廷忽视馆阁的选址和选材，有失培养"将相之材"的本意，因此他提议刘太后、仁宗与大

---

① 有一则欧阳修的轶事或许能帮助我们理解宋代文人酒后放浪的习气："欧阳公与人行令，各作诗两句，须犯徒以上罪。一云：'持刀哄寡妇，下海劫人船。'一云：'月黑杀人夜，风高放火天。'至欧云：'酒黏衫袖重，花压帽檐偏。'或问之，答云：'当此时，徒以上罪亦做了。'"［（宋）邢居实撰，（元）陶宗仪辑《拊掌录》，王利器辑录《历代笑话集》，上海古籍出版社 1981 年版，第 115 页］此事无论真假，都可看出宋人对醉言是很宽容的。

② 这点陈元锋有详细的讨论，参见陈元锋《北宋馆阁翰苑与诗坛研究》，中华书局 2005 年版，第 146—176 页。

③ 参见陈元锋《北宋馆阁翰苑与诗坛研究》，第 221—223 页。不过，陈元锋认为馆职在景祐党争中是主动参与，在庆历新政中却是被动卷入，故未考察苏舜钦、王益柔的政治态度。

④ （宋）范仲淹：《再奏乞召试前所举馆职王益柔章岷苏舜钦等》，《范文正公政府奏议》卷下，《范仲淹全集》，第 621 页。

臣"议其可否，重为制度，以法唐兴之时，而延廊庙之器"。① 庆历三年（1043），范仲淹主持新政，提出"抑侥幸"的改革举措，表示"国家开文馆，延天下英才，使之直秘庭，览群书，以待顾问，以养器业，为大用之备"，故应采取各项措施保证"馆阁职事更不轻授"，俾使"文有古道、才堪大用之士"得以"充其职"。② 很快，范仲淹在枢密副使任上举荐王益柔、苏舜钦、章岷、尹源等"文行有名之士十人"充实业已人才凋敝的馆阁，升任参知政事后又建议先召试王、苏、章三位"声称著闻者"，正是为了践行自身"广搜时彦，大修王度，以固其本"的政治理想。③

苏、王诸人之能得到范仲淹的垂青，一是因为他们非常符合范的人才标准，二则出于政治上的投契。苏舜钦、王益柔可以说是那个时代真正的豪杰自树之士。苏舜钦"状貌奇伟，慷慨有大志"④，早年于时文盛行之际即不顾世人非笑，和苏舜元、穆修一道专力撰作古文。他亦颇有诗名，风格豪宕，以至"举世徒惊骇"。⑤ 因此在欧阳修的印象里，苏"始终自守，不牵世俗趋舍"，"可谓特立之士"。⑥ 在政治上，苏舜钦位卑而不忘忧国，数度上书言事，敢言人所难，在范、吕党争中一直旗帜鲜明地支持范仲淹，抓住一切机会公开表达自己的立场，《乞纳谏书》《诣匦疏》《投匦疏》《火疏》《论五事状》《论西事状》等皆是明证。康定元年（1040）范守边时就欲招辟苏入幕。两人既是政治上也是思想上的同道。

---

① 参见（宋）范仲淹：《奏上时务书》，《范文正公文集》卷9，《范仲淹全集》，第202页。

② 参见（宋）范仲淹：《答手诏条陈十事》，《范文正公政府奏议》卷上，《范仲淹全集》，第528页。

③ 参见（宋）范仲淹《奏杜杞等充馆职》《再奏乞召试前所举馆职王益柔章岷苏舜钦等》，《范文正公政府奏议》卷下、卷下，《范仲淹全集》，第625、621页。

④ （宋）欧阳修：《湖州长史苏君墓志铭》，《欧阳修全集》卷30，第455页。

⑤ （宋）欧阳修：《水谷夜行寄子美圣俞》，《欧阳修全集》卷2，第29页。

⑥ （宋）欧阳修：《苏氏文集序》，《欧阳修全集》卷43，第614页。

王益柔身为旧相王曙之子，是当时士林中"善自树立"① 的后起之秀。他为人"俶傥宏达，服仁畏义"，"论经义，颇斥远传，解众说，直究圣人指归，大为建明"，"策时事，则贯穿古今，深切著明，于俗易通，于时易行"。当时科举以诗赋取士，他不屑为之，性情行事皆迥异于寻常衣冠子弟。王益柔很早就结识尹洙、蔡襄，两人称道他是"真魁杰人""欧阳永叔之流"。② 景祐年间，王益柔与蔡襄常游宴于洛中，蔡深赏王"君意高如鸿，孤超遗健羡"③，化用杜牧诗句，言其少有大志、超迈不群。王益柔亦喜论天下事，曾寄写建议给宣抚河东的丁度、杜衍，两人还朝后以学术政事举荐王。庆历初，仁宗简拔范仲淹等人于二府，政敌指为朋党，仁宗下诏诫饬。王益柔为此上书论辩，言辞剀切。范仲淹虽未识其面而荐试馆职，还以王不善词赋，请求改试策论，可谓惺惺相惜。后来司马光赠诗给王益柔："胜之家本公侯贵，弱冠英才已惊世。雒阳多士谁敢伦，千古比肩唯贾谊。昔遭绛灌深切齿，奔走十年为下吏。近方扺拭出泥途，稍学和光匿锋锐。"④ 嗟叹王弱冠英才，又点明他年轻时不懂和光同尘，故像贾谊一般遭人倾陷。

特立独行，棱角分明，锋芒逼人，文采风流，是苏舜钦、王益柔的共相。他们在公共领域是矢志行道的清流官员，在私人生活中则饶有率性任诞的名士做派。这中间看似横亘着儒、玄的区别乃至对立，但从根本上看，他们公私生活的根本理念是相通的，亦即，不向自以为不合理的现行秩序妥协，遵照一己之才性和内心的意愿去生活。从阮籍、嵇康到陶渊明，魏晋名士已在不同程度上讥刺虚伪的名教，拒斥污浊的政治和鄙陋的世俗。苏舜钦、王益柔的价值

---

① （宋）尹洙：《故推忠协谋同德佐理功臣枢密使金紫光禄大夫行尚书吏部侍郎检校太傅同中书门下平章事上柱国太原郡开国公食邑四千一百户食实封一千四百户赠太保中书令文康王公神道碑铭并序》，《尹洙集编年校注》，第76页。

② 参见 （宋）尹洙《送王胜之赞善一首》，《尹洙集编年校注》，第133页。

③ （宋）蔡襄：《和王胜之游普明院》，《蔡忠惠集》卷1，《蔡襄集》，第11页。

④ （宋）司马光：《和胜之雪霁借马入局偶书》，《司马光集》卷4，第93页。

观本质上结合了玄学批判的一面和儒学建构的一面，展现出自尊而俊逸的人格特质，自内向外放射着无比丰沛的精神力量。他们和初盛唐士人的精神气质何其近似，这两个世代的士人身上或许都闪耀着一个王朝青春鼎盛之时特有的光华。

　　苏舜钦和王益柔很快凭借自身特出的才性成为馆阁中的活跃分子，并将他们的思虑和活力投注到公共领域。一则，他们的政治倾向比在位的革新派还要激进，甚至公开訾议范仲淹"因循姑息，不肯建明大事"。① 二则，他们忧心西北战火连年，又在中央见证庆历新政陷入激烈的争议中，故常感焦虑。三则，庆历二年（1042）仁宗诏三馆臣僚上封事及听请对，像苏、王这样的馆阁之士也获得了一定的议政空间，这无疑会带动他们的政治热情。尹洙因争城水洛事遭贬，王益柔提出异议，就利用了馆职的言事权。至于苏舜钦，他在苏州回顾自己的馆阁生涯："昨在京师官时，不敢犯人颜色，不敢议论时事，随众上下，心志蟠屈不开，固亦极矣！"② 这段痛定思痛之言有虚有实。苏舜钦在新政期间的确不再如往常一样上书言事，但这并不代表他就从此畏葸不前。事实上，他将自己的政治关怀托付给革新派，由此调换"议论时事"的渠道。比如，苏舜钦曾写信给范仲淹，提醒范抓住机遇建事有为，并随书附上七条改革建议，涉及储君、禁军、财政、边事等多方面问题，部分观点确有见地。庆历四年（1044），他还向欧阳修出示感怀诗，以忧愤的笔调描绘了民众在春旱兼大疫中的惨况，抨击了那些饱食粱肉、夸夸其谈却独独缺少富民救民之术的"高位"。③ 由此二事足见苏舜钦时刻关心同道和时政。《宋史·杜衍传》说苏舜钦"论议稍侵权贵"而导致

① 参见（宋）苏舜钦《上范参政书并咨目七事》，《苏舜钦集编年校注》卷8，第528页。按，庆历之际苏舜钦政治立场、心态与诗风之关系，亦可参见马茂军《庆历党议与苏舜钦诗风的嬗变》，《商丘师范学院学报》2006年第3期。

② （宋）苏舜钦：《答韩持国》，《苏舜钦集编年校注》卷9，第616页。

③ （宋）苏舜钦：《城南感怀呈永叔》，《苏舜钦集编年校注》卷2，第146页。

"奏邸狱"①，也可佐证他依旧心忧天下。

苏舜钦、王益柔之以言行道，延续了庆历士大夫在馆阁中亦不忘天下的精神。天圣七年（1029）范仲淹在馆阁校理任上反对上寿事，景祐三年（1036）余靖、尹洙、欧阳修等一批馆阁之士在范、吕政争中声援范仲淹，庆历二年（1042）欧阳修在馆职时屡屡上书论事，这些前辈及同道的作为，可以说为苏、王道夫先路。从天圣至于庆历，庆历士大夫凭借自身在馆阁中的活跃表现，将公共责任感源源不断地输入国家储才之地。

尽管苏舜钦、王益柔不缺以言报国的机会，但他们置身这个千载难逢的大有为时代却职事清闲，无法直接效力边事，参与改革，终究不能不心生强烈的失落感。苏舜钦曾于告假出京中途作诗寄赠馆中诸君，从中颇可看出他们阶段性的心境。苏直言"朝廷比多事，亦合强激昂。况有诏书在，烂然贴北墙"，自己理当立朝"奋舌说利害，以救民膏肓"，不然则"挺身赴边疆"扫平边患，现实却是"数事皆不能，徒只饱腹肠"，故转而寄望于僚友"诸君天下选，才业吁异常，顾当发策虑，坐使中国强，蛮夷不敢欺，四海无灾殃"，但他终究不能抚平心中起伏的忧思，最后只得"莽不知所为，大叫欲发狂"。② 欲发奋自强，而终归于茫然。如此错杂的情绪让苏舜钦无所适从。他在和同僚江休复唱和时又曾感慨"虚言盗禄食，实又畏上天"③，可与范仲淹任馆职时因"无功而食"自惭同看。苏舜钦在写给欧阳修的感怀诗末则强调了一种有心无力之感："我今饿伶俜，悯此复自思：自济既不暇，将复奈尔为！愁愤徒满胸，嵚嶔不能齐。"④ 既然在公共渠道难以落实宏伟的抱负，这些青年官员便往

---

① （元）脱脱等：《宋史》卷 310《列传第六十九》，第 10191 页。

② （宋）苏舜钦：《舟中感怀寄馆中诸君》，《苏舜钦集编年校注》卷 2，第 143 页。

③ （宋）苏舜钦：《夜闻秋声感而成咏同邻几作》，《苏舜钦集编年校注》卷 2，第 156—157 页。

④ （宋）苏舜钦：《城南感怀呈永叔》，《苏舜钦集编年校注》卷 2，第 146 页。

往将报国议政的冲动和观时睹事的"忧愤"倾注于杯酒戏谑之间，因而招致"谤及时政"的罪名。不妨这样说，他们的集会和创作实际相当于政治批判以及政治参与的别种样态。

苏、王等馆阁之士在庆历之际的仕宦经历和生命体验构成了《傲歌》的生成语境。由此可见，醉中撰作《傲歌》既是名士风度的体现，实际上也成为这批青年士人堆积于胸的郁愤情绪的出口，属于怀才不遇时的自放之举，折射出他们无限接近改革中心却无法参预其事的焦灼心境。理解《傲歌》并非严肃的思想宣言，而是特定时刻的情感宣泄，是政治受挫后的心理反弹，则思过半矣。①

苏舜钦、王益柔的活跃，昭示北宋新型士人主体的生成②。只不过两人年辈、资历较浅，相对欠缺政治经验，因而观念偏理想化，性格更为疏放，容易授人以柄。除《傲歌》外，两人在馆阁中还多有恃才傲物之举③，可见他们颇自矜于自身的才华和身份，但如此行事无疑会招人嫉恨。苏舜钦自谓"多触时忌，不能防闲小人"④，尹洙形容王益柔"不屑细故，与时疏阔，由是谤誉交至"⑤，都指向了这一点。这也是新型士人人格趋于极端后暴露出来的弊病。为此，蔡襄、尹洙很早就规劝王益柔收敛气性。蔡襄告诉王益柔，"意气广大者"和"刚介者"卑视世俗，遂"高伉脱去以矫之，往往纵肆"，

---

① 与之可以类比的是，活跃于仁宗朝前期的"东州逸党"同样是一群特立独行之士，性情和苏、王相近，而更趋极端。如他们中的领袖人物范讽仰慕嵇康、阮籍，"性疏诞，不顾小节"，在言官任上"好大言捭阖，时亦有补益"，平时"好朋饮，高歌嗷呼，或不冠帻"〔（宋）田况：《儒林公议》卷下，第68页〕。他们的狂狷个性既是功利心的外显，也是受现实压抑的产物。"东州逸党"的特质与境遇，参见程杰《北宋诗文革新研究》，第81—88页。

② 北宋新型士人主体的人格特质，参见本书结语部分。

③ 比如，苏舜钦拒绝由门荫入仕的李定参加祠神燕集，王益柔题诗嘲戏年长官高的同僚张掞。

④ （宋）苏舜钦：《答范资政书》，《苏舜钦集编年校注》卷9，第622页。

⑤ （宋）尹洙：《送王胜之赞善一首》，《尹洙集编年校注》，第133页。

这样的做法其实"自亦离道"。① 尹洙则提醒王益柔，那些"持身能自修谨"的"衣冠子弟"，虽说不上多贤能，但至少不招谤议，如今朝廷"方以文法治天下"，希望王能兼取修谨之道。②

庆历之际，这批特立独行之士协助革新派，为仁宗朝政坛注入了新风气，但同时，他们勇为而疏阔的性格也给革新派带来了不小的政治隐患。范仲淹、韩琦、富弼等革新派主干离朝去位的直接原因就是受到滕宗谅张亢滥用公钱案、董士廉以城水洛事告尹洙不法案、"奏邸狱"、夏竦倾陷石介案等一系列案件的牵连。在庆历士大夫看来，这无疑是老成士大夫"绳小过以陷人"③，阴谋阻挠庆历新政的施行。而范仲淹在张亢、滕宗谅滥用公使钱案中营救二人，韩琦、尹洙在"奏邸狱"中论救苏舜钦、王益柔，皆出于爱护贤材及新型人格之意。苏舜钦在写给欧阳修的信里将范营救葛宗古、滕宗谅、张亢事系于"朝廷大体"，并慨叹自己无人相助，就看到了上述案件的共性。

事实上，老成士大夫本身就敌视特立独行的政治行为和生活态度，他们排击庆历士大夫及其同道也并非完全出于争权夺利的私心。老成士大夫向来注重立朝循名责实，行事不逾规矩，认为"时人肆胸臆，事颇舌，举止轩昂，出绳检之外"只是贪求名位，"观其行实，往往无取"。④ 再者，他们也强调在日常生活中谨慎自守，警惕饮酒无礼的名士之风。⑤ 换言之，老成士大夫习惯于从宋初以来形成

---

① （宋）蔡襄：《送王胜之西归序》，《蔡忠惠集》卷29，《蔡襄集》，第511—512页。

② 参见（宋）尹洙《送王胜之赞善一首》，《尹洙集编年校注》，第133页。

③ （宋）费衮：《梁溪漫志》卷8，第89页。

④ （宋）贾昌朝：《戒子孙文》，载《戒子通录》卷6，第8页a。

⑤ 宋人尤其关注饮酒和无礼的害处。如宋初丞相范质《诫儿侄八百字》注重警示傲慢与饮酒的名士之风。仁宗朝士大夫也延续了这种观点，景祐年间宋廷严惩"东州逸党"便是明证。当时颜太初在《东州逸党诗》中将"东州逸党"纵酒豪饮、不拘礼法的风气与魏晋名士风度相联系，皆予以斥责，此诗迅速得到宋廷的认可。"东州逸党"与北宋中期意识形态、礼法之士的冲突，参见程杰《北宋诗文革新研究》，第86页。

的传统观念出发打量新型士大夫人格，认定这是士风轻薄的表现，必须及时采取措施敦厚风俗，遏止此种虚伪不正、流荡不返的倾向。而从仁宗朝前期宋廷出榜朝堂的一系列诫饬诏书来看，仁宗和"老成"一直在联手弹压庆历士大夫沽激放肆、结党营私等出格的政治行为。庆历四年（1044）颁布《诫饬在位诏》的直接原因便是"奏邸狱"。职是之故，王拱辰在庆历新政期间的转变以及他发起"奏邸狱"，也有深层并且是严肃的政治意图，未必首先出于党争的考虑。

"奏邸狱"过后，大宋的馆阁翰苑自然迎来了一波大换血。仁宗由此案认定，像苏舜钦、王益柔这般"轻薄少年""不足为台阁之重"。宰相领会其意，"自是务引用老成"。孰料这些老成之人"往往不惬人望"，尤其是翰林学士彭乘和天章阁侍讲杨安国，"语言文章，为世所笑"。① 历史似乎又将进入下一个周期。

---

① 参见（宋）魏泰《东轩笔录》卷4，第42页。

第 三 章

名的自觉：庆历士大夫主导的声望观革命及其与文学的联动

"夫名之于人，呕且大者也。"① 作为非物质的有价值物，声望（prestige）② 之于士的重要性毋庸置疑。孔子云："君子疾没世而名不称焉。"③ 司马迁称"立名"乃士借以"托于世，列于君子之林"的"行之极"④，即道出了千百年来士阶层始终认可的立身处世的准则。

---

① （宋）王禹偁：《答丁谓书》，《王黄州小畜集》卷18，《宋集珍本丛刊》影印本，第1册，第654页。

② 马克斯·韦伯在《阶级、身份、政党》一文中指出，阶级、身份群体和政党是共同体内部的权力分配现象。阶级分层的基础是经济秩序；身份群体分层的基础是社会秩序，即社会荣誉或声望的分配领域；政党属于权力的领域，其分层基础是法律秩序。参见［德］马克斯·韦伯《经济与社会》（第2卷），阎克文译，上海人民出版社2019年版，第1284—1302页。韦伯的观点后来发展成多元社会分层理论，他提出的三种秩序也演变为社会分层的三个关键维度：财富和收入（经济地位）、权力（政治地位）和声望（社会地位）。其中声望指一个人从别人那里所获得的良好评价与社会承认，与财富、权力可以互相影响。参见［美］戴维·波诺普《社会学》（第10版），第239—242页；李春玲、吕鹏《社会分层理论》，中国社会科学出版社2008年版，第33—49页。

③ （清）刘宝楠：《论语正义》卷18《卫灵公第十五》，第629页。

④ （汉）班固撰，（唐）颜师古注：《汉书》卷62《司马迁传》，中华书局1962年版，第2727页。

秦汉以降，士大夫这样一种文人兼为官僚的独特角色始终构成中国古代官僚政治的主体，演生出别具一格的士大夫政治。[①] 士大夫特出的二重角色和立名理想，也使得声望和政治以多种形式相互交涉。一方面，声望参预权力运作和人事选任的过程，并且这种参预一般都有制度、规则或惯例上的保障，其程度则与士权相对于皇权的强弱正相关，这就决定了，声望较高的士大夫一般更易获取晋升和行政上的便利，"以名取人"[②] "取名致官"[③] 一类现象在帝制时代的中国始终或隐或显地存在着；另一方面，士大夫之声望的来源是非常多元的，他们在道德、文化（思想、学术、言语、文学）、政治（品级、职权、劳绩、资历、清浊）、人际关系（家世、婚姻、交游）等方面的成就皆有助于增重个人和家族的名望，而立名本身也是士入仕为政的一个重要目标。儒家提倡立德、立言、立功"三不朽"，即为士大夫确立了层次丰富且本末有序的立名观。

时至两宋，官僚政治体制进一步趋于理性和严密，尤其是科举制的推广和完善，以及循资原则对铨选制度的渗透[④]，大幅削弱了中古以来声望施予政治的制度化的辐射作用。而与此同时，随着庆历士大夫的登场，士大夫与君主"共治天下"的参政理念正式成形，新型的士大夫政治应运而生。[⑤] 在这一进一退之间，北宋中期成为继汉末之后新一轮士阶层自觉和崛起的历史阶段，士论大兴，士节见

---

①　中国古代士大夫政治的演生史以及士大夫的角色特征，参见阎步克《士大夫政治演生史稿》。

②　汉末察举制"以名取人"风尚的形成及其与士大夫二重角色的关系，参见阎步克《察举制度变迁史稿》，辽宁大学出版社1991年版，第81—89页。

③　参见（唐）韩愈《上考功崔虞部书》，《韩昌黎文集校注》文外集卷上，第663页。

④　参见邓小南《宋代文官选任制度诸层面》，河北教育出版社1993年版，第88—120页。

⑤　北宋中期特别是仁宗朝的士大夫参政意识与"共治"局面，参见张其凡《"皇帝与士大夫共治天下"试析——北宋政治架构探微》，《暨南学报》2001年第6期；邓小南：《祖宗之法——北宋前期政治述略》，第416—421页。

尚，士望至上，声望强力地影响甚至冲击政治的运行、权力的分配以及士的公共生活。不过，宋代的社会形态、政治制度和士人精神皆异于中古士族社会，声望介入政治的方式自然也大相径庭。套用两个时代的流行词汇来说，赵宋"名臣"和汉末魏晋"名士"毕竟各有其面目。①

值得注意的是，北宋中期士大夫政治中声望作用的凸显，虽可说是唐宋历史发展的某种必然，但在当时却遇到了巨大的争议和阻力。这是因为，整个北宋前期皆盛行务实避虚的政治文化，声望远非权力场的显性要素，在几代君王、名相的引导下，士大夫于仕宦生涯中不仅普遍漠视一己之声望，更警惕他人之高名，多有意采取"远名"的行事策略。仁宗朝政坛延续了上述惯性，"近名"仍是士大夫避之唯恐不及的污名。经由庆历士大夫的抗争，声望的影响力才得到实质性的提高。

这一变化主要表现在三个层面。首先是观念层面。针对官方意识形态在声望领域发布的种种贬语和污名，庆历士大夫携手发起了一场"近名"褒义化运动，为自身重名近名的姿态辩护，重新论证"名"的重要性以及"近名"的正当性和可行性，这彻底改变了北宋中期士阶层的声望观。其次是主体层面。伴随"近名"褒义化运动的推进，越来越多的士人开始坦然地面对声望，公开地追求名节，他们对声望的兴趣明显从北宋前期积久而成的德望向主动进取的声名偏移。从此，士林独立于朝廷之外，依照声望高低自主地推举出一批极具号召力的领袖，尤其尊崇乃至追随那些极富理想主义气质的政治批判者，颇有与官方分庭抗礼的意味。同时，声望之于士大夫个人，既是宝贵的政治资本，也可能成为无法摆脱的重负和羁束，

---

①　按，宋人好谈本朝名臣，如杜大珪的《名臣碑传琬琰集》，朱熹的《五朝名臣言行录》《三朝名臣言行录》，朱熹外孙李幼武的《皇朝名臣言行续录》《四朝名臣言行录》《皇朝道学名臣言行外录》，这些垂范后世的史学编撰活动都是此种意识的反映。宋人深刻地意识到，正是这些精英士大夫定义了他们的价值体系，塑造了他们身处的权力世界。

这主要表现为声名卓著者对舆论和"名节"的焦虑。最后是政治层面。北宋中期的士大夫政治呈现出鲜明的"声望政治"的特征，声望在政治领域的影响力和重要性得到质的提升。彼时士林不仅成功建立起一个独立的声望等级体系，还使之成为朝廷用人和措政的重要参照。在某些关键时刻，声望体系依靠舆论直接介入权力的分配，促使君主不次任用那些众望所归的士大夫。而这些士大夫在得位后也要做出相应的政治行动（往往是推行政治变革），以符合士林的期待，否则就将面临誉望贬损的后果。从庆历新政到王安石变法，在北宋中期许多重大历史事件中都不难发现，声望贯穿始终，发挥了不可或缺的作用。由此可说，"名"是为理解北宋中期政治史的一个关键词。

有鉴于此，本章首先聚焦声望与权力互动的命题，以庆历士大夫主导的"近名"褒义化运动和"声望政治"为中心，具体呈现北宋前中期士大夫政治中声望升格的曲折过程。在某种意义上，这也是一部宋代士大夫阶层成长壮大的史诗。接着，以欧阳修《上范司谏书》、石介《庆历圣德颂》两个经典文本为中心，讨论北宋中期士大夫文学在"声望政治"背景下如何展开，揭示士大夫的声望观念革命催生出何种文学景观，以及文学创作又如何利用并且推进"声望政治"。

第一节　"近名"褒义化运动的
背景及展开

宋理宗淳祐十一年（1251），左司谏林彬之在回顾仁宗朝党争时指出："自景祐、庆历至于至和、嘉祐，有以朋党之论撼君子者，有以好名之说排正论者。"① 可见，宋人早已看到"朋党"与"好名"

---

① （宋）林希逸：《工部侍郎宝章阁待制林公行状》，清钞本《竹溪鬳斋十一稿续集》，《宋集珍本丛刊》影印本，第83册，第588页。

是老成士大夫最常用来排击庆历士大夫的贬词。而在庆历士大夫主导的政治文化变革里占据枢纽位置的，也正是关于"朋党""近名"两项政治议题的大论辩。二者当中，"朋党论"一直是宋代文史研究中的核心概念，积累了相当丰硕的成果。这和以党争为北宋政治基本叙述脉络的通行做法有关。与之相对，同样重要的"近名论"则至今仍未得到应有的关注和系统的讨论。① 是故，本节将在解析北宋前期声望观念的基础上具体呈现仁宗朝"近名"褒贬之争的历程。

一　宋初政坛"远名"原则的盛行及其对士人的影响

"近名论"于仁宗朝成为牵动全局的关键论题，起因是庆历士大夫直接回击老成士大夫的"近名"之讥。也就是说，"近名"作为话头最初是被老成士大夫掷入公共舆论空间的，庆历士大夫实际上是在政敌设置的话语框架下进行价值的翻转。是故，要真正理解"近名"褒义化运动的意图和内涵，先须揭开庆历士大夫被非难的原因同时也是他们集矢的标的，讲明老成士大夫为何"以好名之说排正论者"。对于这个现象，后世每以小人毁谤君子目之，不免有失公允。老成士大夫的此类政治攻击需要放置于北宋前中期政治文化的语境中予以理解，这是他们认同和捍卫宋初以来主流声望观念的表

---

① 当然，学界对"近名论"也有一定论述。如刘复生《北宋中期儒学复兴运动（增订本）》（第167—168页）、［日］佐藤仁《范仲淹の「近名論」について》（《久留米大学文学部紀要》，1994年）、王瑞来《宋代士大夫主流精神论——以范仲淹为中心的考察》（载《宋史研究论丛》第6辑，第169—198页）等文对范仲淹"近名论"有所论析，但没有把视野拓展到整个庆历士大夫群体。谢琰《"不朽"的焦虑——从思想史角度看欧阳修的金石活动》（《华东师范大学学报》2017年第2期）、李昌舒《论北宋士人的"好名"：以欧阳修为例》（《安徽师范大学学报》2018年第5期）以欧阳修为中心探讨了北宋中期新型士人重视名节的现象，对"近名"之争有所涉及。杨世利《北宋士风与儒家名节观》（《中州学刊》2010年第2期）注意到仁宗朝爆发了以"近名""好名"为中心的争论，但仅将"近名"之争作为说明士风与儒家名节观的史料使用，对其本体未作深入探讨。总之，现有研究一方面讨论"名节"时重"节"而非"名"，另一方面未将"近名"之争联系北宋前中期的政治文化来考量，也就没有观察到词义褒贬转换及其背后的思想转型。

现，绝非单纯为了争权夺势。

宋初中央集权制度的形成大体以矫失防弊为精神原则①，宋廷着意倡导循谨静慎的政治性格，这使得士大夫普遍青睐卑以自牧的谦谦君子之风。再加上当时盛行黄老之术与名法之学，宋廷亦注重综核名实的吏治取向。北宋前中期的意识形态因此明显呈现出务实戒虚的特征。在这样的政治文化背景下，正如《庄子·内篇·养生主》所言："为善无近名。"② 声望在此期权力场中是为一项依旧必要但并非重要的因素，在很多情况下甚至不是一个具有多少积极意味的概念，故彼时"名"每以"虚名""浮誉"等贬义的面目出现。

北宋前期的统治者们看待声望有以下两个倾向。一方面，宋廷的人事决策向来重视德望须匹配权位，尤其是跻身台谏、侍从以上的清望官一般都要求至少是物议无论者。故宋廷在宣布人事任免的文书中不乏"聿隆时望""苟未符于人望，则难屈于朝彝"③ 之类的话语。如宋太宗待苏易简"眷遇复绝伦等"，却有意延后参政的任命，原因之一便是"欲稔其名望而后正台辅"。④ 他提拔向敏中、夏侯峤任枢密使，是因考虑到"近密之司，典领尤重，必素有名望、端亮谨厚者处之，乃可镇静而责成"。⑤ 又如张詠在太宗朝"时望渐高"，"执政者"颇为忌惮，"恐其大用"，以张詠"有威名"为由，劝太宗命他由文转武。⑥ 复如宋真宗曾向大臣钱若水"访近臣之可用者"，钱答说王旦"有德望，堪任大事"，真宗亦赞同，王旦不久即位列二府。⑦ 天圣元年（1023），钱惟演一心欲图入相，监察御史

---

① 参见邓小南《试论宋朝的"祖宗之法"：以北宋时期为中心》，载《朗润学史丛稿》，第1—35页。

② 王叔岷：《庄子校诠》卷1，第99页。

③ 《王旦拜集贤相制》《责钱惟演崇信军节度赴本镇诏》，《宋大诏令集》卷51《宰相一》、卷205《政事五十八》，第263、764页。

④ 参见（元）脱脱等《宋史》卷266《列传第二十五》，第9173页。

⑤ 参见（宋）李焘《续资治通鉴长编》卷41，第876页。

⑥ 参见（宋）田况《儒林公议》卷上，第33—34页。

⑦ 参见（元）脱脱等《宋史》卷282《列传第四十一》，第9544页。

鞫詠奏言"今若遂以为相，必大失天下望"，刘太后遣内侍持奏以示钱惟演，示意此事难成。① 再如宋仁宗拜陈执中作相时恐其"物望未孚"，特谕翰林学士张方平善为草制，"无使外人得有言"。② 由此可见声望在中高层官员选任上的参考价值。这其实也是中国古代官僚制度运行的常态。

但在另一方面，宋廷非常警惕乃至排斥那些不经由实绩而积极立名的行为，专注于维持官僚制固有的务实倾向。宋初帝王因此屡有痛诋"虚名"的情况。如宋太宗尝谓唐太宗为"好虚名者"，讥其"每为一事，必豫张声势，然后行之，贵传简册"，认为良史应"务摭实而去爱憎"。③ 太宗这种崇实疾虚的倾向在其子宋真宗那里得到强化。真宗曾亲撰《文臣七条》"赐诸道牧守及知州知军通判知监知县"，其四曰责实，"谓专求实效，勿兢虚誉"④。咸平二年（999），他不满朝臣"交结朋党、互扇虚誉"以"速求进用"的"浮薄之风"，"命降诏申警，御史台纠察之"。⑤ 大中祥符八年（1015），他见权知开封府慎从吉因"好言人过"而致"谤者甚多"，再次强调"当官宜守常道，或强为善以取名，则毁谗必随至矣"。⑥ 可见真宗打击"虚名"是为了教导官员安分守己，专求实效。

真宗命人编修的《册府元龟》"总录"部下专设"虚名"门，历数前代文人名士虚妄败事的例证，其序言总结道："夫名浮于行，声过其实，先民用耻，小人争骛。盖由不纯其德，务饰其诈，身为斧藻，言生枝叶，苟合于世，寝以成风。大则朋扇相高，日彰浮称；次则矜持自用，徒炫謏闻。诡诞则多，循实何有？或误听而进擢，或从权而委任，罔获攸济，终败乃事。是知胶柱鼓瑟，讵能合变？

---

① 参见（元）脱脱等《宋史》卷297《列传第五十六》，第9886页。

② 参见（宋）叶梦得《石林燕语》卷5，第75页。

③ 参见（宋）李焘《续资治通鉴长编》卷35，第779—780页。

④ 参见《宋大诏令集》卷191《政事四十四》，第701页。

⑤ 参见（宋）李焘《续资治通鉴长编》卷44，第930页。

⑥ 参见（宋）李焘《续资治通鉴长编》卷85，第1953页。

画地作饼，不可以啖者矣！"① 足见北宋前期的决策者们着力塑造
"循实"而非"诡诞"的官场风气，立志解决这个自官僚制度形成
之日起就存在的痼疾。

上行则有下效。北宋前期的大部分高层官员本身就以纯诚务实、
渊默温恭著称。② 真宗朝名相李沆、王旦就是其中的典范人物。他们
依靠端谨、勤勉的政治表现积久而养成重望，从未主动求取声名。
易言之，远名避势是这两位名臣维持相业德望不坠的关键。李沆
"性直谅，内行修谨，言无枝叶，识大体。居位慎密，不求声誉，动
遵条制，人莫能干以私"③。他主张治道以"不用浮薄新进喜事之
人"为先，故劝真宗抑而不用"以才名自负"的梅询、曾致尧等
人。④ 王旦"有识略，善镇定大事，不以名誉，必求其实。苟贤且
才矣，必久其官，而众以为宜某职然后迁。其所荐引，人未尝知"，
"务匿名迹，远权势。他所荐士尤多，类不以告人"。⑤ 李、王在真
宗朝先后当国，用人"抑浮华而尚质实，奖恬退而黜奔竞"，"养成
浑厚诚实之风"。⑥ 在君主和重臣相与示范、规诫下，居官用人之远
名崇实已近乎成为北宋前期士大夫的行事准则。

更有甚者，北宋前期的精英士大夫为求实利乃至可以不顾惜名
誉和舆论。王旦为相适逢真宗大兴天书封禅之事，他虽深觉其非却
"无一不预"，以故加官。后人惋惜他"心知得罪于清议，而固恋患
失，不能决去"，终有玷名节。⑦ 可见声望在这位名相的政治抉择中

---

① （宋）王钦若等编纂：《册府元龟》卷954，第11045页。

② 参见邓小南《试论宋朝的"祖宗之法"：以北宋时期为中心》，载《朗润学史
丛稿》，第1—35页。

③ （元）脱脱等：《宋史》卷282《列传第四十一》，第9541页。

④ 参见（宋）苏辙《龙川别志》卷上，第73—74页。

⑤ （宋）徐自明：《宋宰辅编年录校补》卷3《真宗皇帝》，第103—104页。

⑥ （宋）吕中：《类编皇朝大事记讲义》卷6，第139页。

⑦ 参见（宋）洪迈《容斋随笔》卷4，第55页。又，苏辙论此事："时王旦为
相，材有过人者，然至此不能力争，议者少之。盖旦为人类冯道，皆伟然宰器也。
道不幸生于乱世，生死之际不能自立；旦事真宗，言听谏从，安于势位，亦不能以正
自终，与道何异。"（《龙川别志》卷上，第73页）由此发现晚唐五代至北宋前期政治
文化的延续性。

所占权重有限。比王旦尤甚者要数真宗朝权相丁谓。丁初涉仕途就劝王禹偁"为善不近名"，王则反诘丁"欲与世浮沉，自堕于名节"。① 丁谓视权臣曹操、司马懿为圣人，并宣扬："古今所谓忠臣孝子，皆不足信。乃史笔缘饰，欲为后代美谈者也。"② 由此惊人之论可知丁氏十足的政客面目：行事始终抱有功利目的，而对身后名漠然置之。是故，乾兴元年（1022）他在排挤掉寇準后给宰执大肆进官，王曾劝说不当"以数十年旷位之官一旦除授"，而应关注公议，丁谓弗听。其后前相李迪在贬所几遭不测，有人质问丁谓："迪若贬死，公如士论何？"丁却毫不在乎当世公议与后世声名，答说："异日好事书生弄笔墨，记事多轻重，不过曰'天下惜之'而已。"③ 王旦、丁谓事迹无疑暴露了宋初以来崇实政风的极端形态：在缺乏高远理想、独立士格之牵引以及罔顾声誉、舆论之约束的情况下，士大夫可能展现出卑弱无骨甚至全无道德感的一面。

在北宋前期，还有少数士大夫试图突破"远名"意识的藩篱，但他们的经历却恰从反面印证了这一意识形态在当时的强大控制力。寇準就是一个典型案例。寇準在太、真两朝是极具争议的大僚，这和他特立独行的政治性格有莫大的关联。好名便是其中非常显眼的一项，主要表现为他用人常欲立名和澶渊之盟后自矜己功。此二事也是导致他仕途跌宕的重要原因。寇準的仕宦生涯总是伴随着"好求虚名"的指责。景德年间，寇準初相时力主"宰相所以器百官"，故"举措多自任"，"在中书喜用寒进，每御史缺，辄取敢言之士用之"，真宗因不满他"以国家爵赏过求虚誉"，"无大臣体"，遂罢其任。参政冯拯也援用旧相吕蒙正之言攻击寇準"轻脱好

---

① （宋）王禹偁：《答丁谓书》，《王黄州小畜集》卷18，《宋集珍本丛刊》影印本，第1册，第654页。

② （宋）王曾撰，张其凡点校：《王文正公笔录》，中华书局2017年版，第21页。

③ 参见（宋）李焘《续资治通鉴长编》卷98，第2273—2275页。

取名誉"。① 大中祥符三年（1010），寇準知天雄军时主动施予护送
契丹使者过境的振武军士钱物，又惹得真宗讥讽其"好收人情，以
求虚誉"。② 大中祥符八年（1015），寇準罢枢密使，连一向赏识他
的王旦亦不取其"好人怀惠，又欲人畏威"，认为这些"皆大臣所
当避，而準乃以为己任，此其所短也"。③ 天禧四年（1020），寇準
再度罢相，降授制书里开列的理由内仍有"将明莫显，声实靡
孚"④。如果说中下层官员好名一般被视作求进的话，那么像寇準这
样的大臣在人事任免上近名则被认为是公器私用，甚至有倚仗士望
自重以与君权对立之嫌，因此屡屡招致真宗的猜忌和打压。反之，
王旦、李沆遵循"远名势"，丁谓强调"名者公器，不可多得"⑤，
其实都出于所谓恪守臣分的考虑。

　　事实上，寇準于太、真之世的确凭借过人的才胆与功业造就盛
名。真宗初年他权知开封府时已有入相之望，王嘉祐还提醒寇準
"负天下重望，中外有太平之责"，为相若不能得君以"建功业、泽
生民"则"誉望损矣"。⑥ 其后的寇、丁党争，更使两人分别成为权
力世界中正、邪的象征。田况《儒林公议》记载："寇準在相位，
以纯亮得天下之心。丁谓作相，专邪黩货，为天下所愤。民间歌之
曰：'欲时之好呼寇老；欲世之宁当去丁。'及相继贬斥，民间多图
二人形貌，对张于壁，屠酤之肆，往往有焉。虽轻诋顽冥、少年无
赖者，亦皆口陈手指，颂寇而诟丁，若己之恩仇者，况耆旧有识者
哉！"⑦ 韩琦也曾追叙："顷时丁、寇立朝，天下闻一善事，尽归之

① 参见（宋）徐自明《宋宰辅编年录校补》卷3《真宗皇帝》，第101页。
② 参见（宋）李焘《续资治通鉴长编》卷73，第1653页。
③ 参见（宋）李焘《续资治通鉴长编》卷84，第1923页。
④ （宋）徐自明：《宋宰辅编年录校补》卷3《真宗皇帝》，第143页。
⑤ （宋）王禹偁：《答丁谓书》，《王黄州小畜集》卷18，《宋集珍本丛刊》影印
本，第1册，第654页。
⑥ （元）脱脱等：《宋史》卷293《列传第五十二》，第9800页。
⑦ （宋）田况：《儒林公议》卷上，第65—66页。

莱公（寇準），未必尽出莱公也；闻一不善，皆归之晋公（丁谓），未必尽出晋公也。"① 这种天下公论将一时善恶分系于特定个体的箭垛效应在宋代尚属首例。只是士林清议未像后来在范、吕党争中追随范仲淹那样，给予寇準公开且强力的拥护，这在一定程度上导致他决定密谋发动政变。

而对寇準本人来说，虽则声望有时可充作晋升的资本，但他在追求享乐和权力时也同样未给名留下足够的空间。寇準生性豪侈，他以旧相身份出镇外州，"虽有重名"却"不以吏事为意"，"所至终日宴游"，难免给政敌留下话柄。② 天禧三年（1019），寇準判永兴军时有部下朱能称天书降乾祐山中，"赖準旧望，欲实其事"③，寇準为求再入相，"损节遂成其事，物议已讥之"④。据说当时"中外咸识其诈"⑤，真宗却乐见大有名望且素反天书的寇準支持，召其赴阙。寇準将行，有门生劝告："公若至河阳，称疾坚求外补，此为上策。傥入见，即发乾祐天书诈妄之事，尚可全平生正直之名，斯为次也。最下，则再入中书，为宰相尔。"⑥ 寇準并非不知这些政治抉择各自意味着什么，但他在全名和掌权之间很快做出自己的取舍。"得天下之心"者竟不得不以自毁名节的方式接近权力中枢，颇可见出北宋前期政治领域中声望因素的薄弱。一则声望在权力场中完全处于弱势位置，声名显赫之人尚且不能得到相应的舆论支持，更遑论政治地位；二则士大夫个体内在还未产生名誉的自觉，声望观念的淡薄导致他们在政治选择面前往往会"喻于利"。宋人每每太息

---

① （宋）强至：《韩魏公遗事》，《安阳集编年笺注》附录5，第1880页。
② （宋）李焘：《续资治通鉴长编》卷65，第1466页。
③ （宋）李焘：《续资治通鉴长编》卷93，第2142页。
④ （宋）文莹：《湘山野录》卷中，第27页。
⑤ （宋）李焘：《续资治通鉴长编》卷93，第2142页。
⑥ （宋）李焘：《续资治通鉴长编》卷93，第2148页。

"準之卒及于祸，盖自取之"①，寇準晚年自取其祸实则也是那个"远名"时代一个盛名者的悲剧。

　　活跃于太宗朝至真宗初年的古文家柳开亦"喜以名骛于时"②。柳开平生以道统自居，其门人张景说他"以大儒名于天下，学者率以公为蓍龟，得公一顾，声名四出"③。然而张氏之语当有许多夸饰成分在。柳开作文用语拙涩，为人也颇怪僻，曾以文换武，长期供职于边地。他的这种经历在当时以诗赋取士且文尊武卑的社会背景下很难激起广泛的认同，其后辈穆修仍有学古则"背时远名，阔于富贵"④的忧虑。事实上，柳、穆等古文家及其门徒自我认可的人生价值很大程度上正是在主动疏离主流或说抗俗自立的过程中获致的。

　　与柳开同时的另一位古文家王禹偁显然在士林中更有清望。王禹偁宣扬"近名"的价值，他本人也"以文章负天下之望何其多"⑤，然而此"天下之望"却未能助他"乘时得路为卿相"⑥。王终其一

---

①　（宋）李焘：《续资治通鉴长编》卷93，第2148页。

②　（宋）文莹：《玉壶清话》（与《续湘山野录》《玉壶清话》合刊）卷3，第29页。

③　（宋）张景：《故如京使金紫光禄大夫检校司空知沧州军州事兵马钤辖兼御史大夫上柱国河东县开国伯食邑九百户柳公行状》，（宋）柳开撰，李可风点校《柳开集》附录，中华书局2015年版，第221页。

④　（宋）穆修：《答乔适书》，清钞本《河南集》卷2，《宋集珍本丛刊》影印本，第2册，第409页。

⑤　（宋）王禹偁：《答郑褒书》，《王黄州小畜集》卷18，《宋集珍本丛刊》影印本，第1册，第651页。不过也不能对王禹偁的声望做过高估量，如《玉壶清话》所载苏易简榜下孙何等进士三百余人送王禹偁出知黄州事出于后人附会。此事辨析参见（宋）周必大《二老堂诗话》，载何文焕辑《历代诗话》，中华书局2004年版，第657—658页。而多数年轻士人追捧王禹偁只是出于干谒的功利目的，甚至王还遇到过"有业荒而行悖者，既疾孙何、丁谓之才，又忿吾之无曲誉也，聚而造谤焉"〔（宋）王禹偁：《答郑褒书》，《王黄州小畜集》卷18，《宋集珍本丛刊》影印本，第1册，第651页〕。

⑥　（宋）王禹偁：《酬安秘丞见赠长歌》，《王黄州小畜集》卷13，《宋集珍本丛刊》影印本，第1册，第618页。

生，在朝位不过词臣，故常感慨自身有道无位的处境："谬掌斯文虽未丧，欲行吾道即无权""自觉有文行古道，可能无位泰生民"①。再加上，他"遇事敢言，喜臧否人物，以直躬行道为己任"，为文著书"多涉规讽"，以此上为太宗下为流俗所不容，屡见摈斥。② 因此，王氏之文名给他带来不仅是荣光，也有招人毁谤妒恨的忧闷，他尝自白："虚名既高，忌才者众；直道难进，黜官亦多。"③ 王禹偁这里有意采用贬义的"虚名"实是表达自嘲和无奈。他晚年被贬黄州时又有"行高于人则人所忌，名出于众则众所排"④ 的说法，可见王虽无位行道，却在纷乱的舆论场中切实感受到成名带来的压力。

较王禹偁晚一辈、主要活跃于真宗朝文坛的杨亿亦"以辞章擅天下，为时所宗"⑤。他同样"耿介坦夷，敦尚名节"，评品人物善恶分明，又"喜诲诱后进，赖以成名者甚众"。⑥ 可以说，王禹偁与杨亿虽在写作的着力点上有时古之分，但两人之文名和性情却颇为近似，均为鲠直矜名的一代文宗。而杨亿身处政治形势严峻的真宗朝后期，这位文学侍从所遭遇的名高见忌的窘境更甚于王禹偁。当时王钦若骤见重用，因受杨亿鄙薄，故王"屡抉其失"。陈彭年"以文史售进"，"忌亿名出其右"，亦"相与毁訾"。那些被杨亿贬议的文士也是"退多怨诽"。⑦ 在政敌交毁下，先是杨亿主倡的西昆体由于讽刺帝王而遭真宗下诏诫饬，其后更是被真宗猜疑大肆张扬

---

① 参见（宋）王禹偁《和屯田杨郎中同年留别之什》，《王黄州小畜集》卷11，《宋集珍本丛刊》影印本，第1册，第611页；（宋）王禹偁：《长洲遣兴》其二，《全宋诗》卷71，第806页。

② 参见（元）脱脱等《宋史》卷293《列传第五十二》，第9799页。

③ （宋）王禹偁：《谢转刑部郎中表》，《王黄州小畜集》卷22，《宋集珍本丛刊》影印本，第1册，第683页。

④ （宋）王禹偁：《黄州谢上表》，《王黄州小畜集》卷22，《宋集珍本丛刊》影印本，第1册，第684页。

⑤ （元）脱脱等：《宋史》卷305《列传第六十四》，第10091页。

⑥ （宋）李焘：《续资治通鉴长编》卷96，第2227页。

⑦ 参见（元）脱脱等《宋史》卷305《列传第六十四》，第10082—10083页。

代君草诏之事，对其"恩礼渐衰"①。杨亿为避谗谤，佯狂逃奔许州，后作《君可思赋》自述"志本勿矜，言乎有凭。非施劳而伐善，岂扬己而害能！每燥吻而踯躅，屡抚心而屏营。……岂望夫连城之报？岂爱乎画饼之名？嗟民生之朴忠，希在昔之遐踪。思不出位，罔贪天功"②，为澄清事实不得不压抑自己性刚尚名的一面。范仲淹就慨叹杨亿"命世之才，其位不充，故天下知公之文，而未知其道"③，指出其权位与文名才干不相匹配。

李沆、王旦、丁谓、寇準、柳开、王禹偁、杨亿这七位北宋前期精英士大夫在声望方面的种种言行，代表了当时不同类型的士大夫面对声望及其影响的典型态度。统而言之，"远名"的意识始终是北宋前期主流政治文化的重要组成部分，士大夫的全名观念普遍较为淡漠。同时，声望既无法有效地兑现为权力世界的资本，亦不能转化作舆论力量的实际支持。另外，寇準、柳开、王禹偁、杨亿的言行表明宋代士大夫开始重视和追求声望。寇準背负中外太平之责，王禹偁、杨亿在舆论场中备受毁誉，已然折射出声望加诸个体的压力。不过，士大夫名节观的自觉，以及士林所掌握的声望体系的独立和成熟，还要等到下个世代。

二 仁宗与老成士大夫反"近名"的表现和理据

仁宗朝是北宋士大夫之声望观念发生质变的关键时期，同时也是"远名"意识之统治力达到巅峰的时代。仁宗和老成士大夫同是北宋前期意识形态的传承者和捍卫者，"远名"自然得到他们的一致认可。仁宗与太宗一样认为唐太宗"似好名者"，此举被臣下称扬是"尚实德、简虚名之至"。④ 他又尤其注重对士大夫"因行察言，缘

---

① （宋）欧阳修：《归田录》卷1，《欧阳修全集》卷126，第1914页。
② 《全宋文》卷282，第14册，第148页。
③ （宋）范仲淹：《杨文公写真赞》，《范文正公文集》卷8，《范仲淹全集》，第167页。
④ （宋）李焘：《续资治通鉴长编》卷146，第3549页。

名责实"①，曾颁行真宗《文武七条》训诫臣下。② 因此，仁宗颇不悦官员"枉己以近名，行险以怙宠"③，亦厌恶台谏"谮毁大臣，扬君过以钓虚名"④，强调言事"务敦修于行实，无过事于言华"⑤。仁宗不止是沿袭父祖重行实斥虚名的作风，他还时常以身作则，告诫士大夫切勿"近名"，这一类用意深远的"表演"几乎贯穿他的泰半帝王生涯：

（明道二年十二月，1033）丙申，上谓辅臣曰："每退朝，凡天下之奏，必亲览之。"吕夷简曰："若小事皆关听览，恐非所以辅养圣神。"上曰："朕承先帝之托，况以万几之重，敢自泰乎！"又曰："朕日膳不欲事珍美，衣服多以缣缯为之，至屡经浣濯，而宫人或以为笑。大官进膳，有虫在食器中，朕掩而不言，恐罪及有司也。"夷简曰："陛下孝以奉先，俭以临下，虽古盛德，何以加此。"上曰："此偶与卿等言之，非欲闻于外，嫌其近名尔。"⑥

（庆历元年八月，1041）甲申，遣官奏告宗庙。是日，上谓辅臣曰："昨造一小殿禁中，而有司不喻朕意，过为侈丽，然不欲毁其成功，今大相国寺方造殿藏太宗御书，寺额可迁置之。"因言朕内寝多以黄布为茵褥。吕夷简对曰："陛下孝以奉先，俭以率下，虽圣人之盛德，孰加乎此！"上曰："偶与卿等言及之，

① 《诫励士大夫诏》，《宋大诏令集》卷192《政事四十五》，第706页。
② 有学者注意到宋代帝王训诫士大夫以求其名实相符、责其修身自省为主，这种要求在唐代帝王的诏书中很少见。参见黄正建《唐代"士大夫"的特色及其变化——以两〈唐书〉用词为中心》，载陈锋、张建民主编《中国古代社会经济史论——黄惠贤先生八十华诞纪念论文集》，湖北人民出版社2010年版，第496—502页。
③ （宋）李焘：《续资治通鉴长编》卷110，第2568页。
④ （宋）李焘：《续资治通鉴长编》卷124，第2924页。
⑤ 《诫约台谏诏》，《宋大诏令集》卷194《政事四十七》，第712页。
⑥ （宋）李焘：《续资治通鉴长编》卷113，第2646页。

非欲闻于外，恐其近名尔。"①

庆历三年（1043）五月旱，丁亥夜雨。戊子，宰相章得象等入贺，上曰："昨夜朕忽闻微雷，因起，露立于庭，仰天百拜以祷。须臾雨至，朕及嫔御衣皆沾湿，不敢避去，移刻雨霁，再拜而谢，方敢升阶。"得象对曰："非陛下至诚，何以感动天地！"上曰："比欲下诏罪己，避寝撤膳，又恐近于崇饰虚名，不若夙夜精心密祷为佳耳。"②

（庆历八年六月，1048）壬辰，帝语辅臣曰："春夏久雨，朕日蔬食，夙夜祷于上帝。傥霖淫未止，当去食啜水，冀移灾朕躬。然不欲使外闻之，嫌其近名耳。"宰臣文彦博对曰："今景气澄晏，实圣德感通也。"③

仁宗一再向宰臣炫示自己拥有勤政、尚俭、忧民的明君素养，又不忘附加勿使外闻及精心密祷的传播限制，着意凸显自己的崇实作风。④ 这番仁宗特有的"每事张扬"一则无非是重复祖宗远名以成德的迂曲惯技，二则亦是经由君臣互动及宰臣可能的对外宣扬开启一种持久的示范效应，反复叮嘱士大夫须当实干远名。仁宗对"近名"的嫌恶使得"近名"成为一个极具概括力的政治污名。而和仁宗配合无间的宰臣吕夷简、章得象、文彦博诸老成士大夫在"远名"这一点上自是君上的知己。他们（当然也包括仁宗）对"名臣"的角色期望业已达成共识，这主要来源于宋初以来君相塑造的政治文化传统。在他们的居官信条里，崇实远名是为一项必备的行事准则。

---

① （宋）李焘：《续资治通鉴长编》卷133，第3161页。
② （宋）司马光《涑水记闻》卷8，第148页。
③ （宋）李焘：《续资治通鉴长编》卷164，第3954页。
④ 按，实情则很可能与此相反，宰臣非但不会保密，反会大肆对外宣扬仁宗的明君面目，当然照例须添上崇实的这一面。如若仁宗真心不愿近名，则史官根本不会一再大书特书。

如吕夷简论事"婉而正，辩而裁，通而易从，不崇空语以干浮誉"，为相"不洁名，不矜劳，敢任天下之怨，不敢有天下之德"。① 王曾遵行王旦之言，用人"必先望实"②，其"当轴，以厚重镇天下，尤抑奔竞"，使"当时士大夫务以冲晦自养"③。章得象为人"谦晦，无纤介觖望，不为赫赫名自结，其澹于进取乃如此"，"辅政八年，章程修明。其嘉猷纳之上，庶绩付之有司，功名势地，皆一不取。故论者但美公德，不能言其所以德"。④ 陈执中"由世资，自致通显，初不借交党引重为名高，挺拔特立，峻清不杂，如绝壁千仞，高倚霄汉。事上待下，直诚无饰，不违道以干誉，不矫情以图全"，"摄大柄，断国论，凡进对谟议，未尝漏言，有猷有为，世莫闻知。善则称君，过以归己而已。专务远权势，匿名迹"。⑤ 高若讷"迭居谏宪，当职论事，不烦细激讦，以要虚名"，"性资方介，中立无党，惟道是信，不以世俗毁誉为得失"⑥。丁度"不将不迎，不矫不激。不求利权，不取名迹。人其谓何，我则惟一"⑦。张方平"性不喜为声名，故未尝有所矜治标饰，其于毁誉蔑如也"，亦"不好交党""不乐权利"。⑧ 宋庠"为人端厚清畏，进止有法度。即上

---

① （宋）张方平：《故推诚保德宣忠亮节崇仁协恭守正翊戴功臣开府仪同三司守太尉致仕上柱国许国公食邑一万八千四百户食实封七千六百户赠太师中书令谥文靖吕公神道碑铭》，《乐全集》卷 37，《张方平集》，第 588—593 页。

② （宋）罗从彦：《遵尧录》卷 5，《豫章罗先生文集》卷 6，《宋集珍本丛刊》影印本，第 32 册，第 423 页。

③ 参见（宋）王辟之《渑水燕谈录》卷 3，第 30 页。

④ 参见（宋）宋祁《文宪章公墓志铭》，《景文集》卷 59，第 786—788 页。

⑤ 参见（宋）张方平《推诚保德崇仁守正忠亮翊戴功臣开府仪同三司守司徒致仕上柱国岐国公食邑一万九百户食实封三千九百户赠太师兼侍中谥曰恭颍川陈公神道碑铭》，《乐全集》卷 36，《张方平集》，第 622 页。

⑥ （宋）文彦博：《观文殿学士尚书左丞谥文庄高公神道碑》，《文彦博集校注》卷 12，第 553—555 页。

⑦ （宋）孙抃：《丁文简公度崇儒之碑》，《名臣碑传琬琰集校证》上集卷 3，第 73 页。

⑧ 参见（宋）王巩《文定张公乐全先生行状》，《全宋文》卷 1841，第 84 册，第 378 页。

有所问，必据经以对，退而未尝与人言。间或荐引士大夫，惟恐其
闻之，不敢掠上恩"。① 文彦博则撰《座右志》，颇征引经史，讥讽
世人"其学未得其仿佛，即饰虚誉以夸愚俗；时小有所长，又自虑
时之不知也，必欲家至而户晓焉"，故以穷则"藏器抱德"、达则
"慎其名检"的君子之德自勉。②

　　上文不避辞繁胪列老成士大夫对待声望和舆论的统一立场，是
为说明"远名"在仁宗朝政治文化中的重要位置。老成士大夫一
般将"远名"视作终身奉行的仕宦原则：言事不能激讦近名，交
游不能结党邀名，当大任更应不取名迹，荐举亦不可公器私用以
求虚名。可见"老成"理念以"远名"为中心已达到何等精密和
自洽的程度。而老成士大夫如此热烈地标举"远名"，庆历年间仁
宗的"表演"趋于频繁，除以身作则的需要外还有一个关键原因，
即"远名"原则在当时遭受了前所未有的质疑和蔑视，已不足以
作为一种不言自明的行事规范而存在。因此他们在政治文化的冲
突和变革中抱着危机感大声疾呼，由其音声之高亢恰见其内心之
焦灼。

　　"远名"原则的挑战者正是庆历士大夫。作为仁宗时代最具争议
亦最为坚定的好名者，"名"之于庆历士大夫不再是隐晦消极之物，
反而构成士人公私生活中最为显著的质素。庆历士大夫完整承继并
发扬了儒家的传统声望观，他们所求之"名"不仅是空间上的声名
远播，更具备时间上的永久属性。范仲淹毫不掩饰自己"少小爱功
名"的"淳且狂"的个性③，他的声名观结合了"益天下之心"与

---

　　① （宋）王珪：《推诚保德崇仁守正忠亮佐运翊戴功臣开府仪同三司守司空致仕
上柱国郑国公食邑一万一千六百户赠太尉兼侍中宋元宪公神道碑铭》，《华阳集》卷
36，第466—467页。
　　② 《文彦博集校注》卷13，第571—573页。
　　③ （宋）范仲淹：《赠张先生》，《范文正公文集》卷2，《范仲淹全集》，第
26页。

"垂千古之志"①，拥有近乎无限的时空界限。这种"功名可存于不朽"② 的自我期许在范仲淹的同道那里同样非常强烈。苏舜钦即自谓"幼喜读书，弄笔研，稍长则以无闻为耻。尝谓人之所以为人者，言也。言也者，必归于道义。道与义，泽于物而后已，至是则斯为不朽矣"③，既将文章、政事植根于道，也设置了不朽的预期。蔡襄在祝贺欧阳修等庆历三谏上任时亦以万事成尘而功名永存之语相劝勉④。尹洙则论说："吾观人之情，莫不以显荣为通，诎辱为穷。然死之日，曾无铢两之异焉。独善恶之著，其人虽没，其名犹存，必视其巨细，为世之近远。故君子置彼而忘此。"⑤ 他认为人生之荣辱是暂时的，而善恶之名是远为长久的存在，很自然便得出君子置彼忘此的结论。欧阳修亦认识到"自古贤者无不死，惟令名不朽，则为永存矣"⑥，曾作诗云："人生一世中，长短无百年。无穷在其后，万世在其先。得长多几何，得短未足怜。惟彼不可朽，名声文行然。"⑦ 他因此坚信好友石介、苏舜钦虽身世坎坷，但他们的文章声名必能"不灭愈光"⑧，故无须计较人生中短暂的得失。而恰恰是"不朽"的志望令欧本人的后半生陷入漫长的焦虑情绪中⑨。超越当世之名而追求不朽之名不但给予庆历士大夫以自信，也促使他们高

① （宋）范仲淹：《上张右丞书》，《范文正公文集》卷9，《范仲淹全集》，第209页。
② （宋）范仲淹：《上张右丞书》，《范文正公文集》卷9，《范仲淹全集》，第209页。
③ （宋）苏舜钦：《上三司副使段公书》，《苏舜钦集编年校注》卷7，第458页。
④ 参见（宋）蔡襄《喜欧阳永叔余安道王仲仪除谏官》，《蔡忠惠集》卷4，《蔡襄集》，第74页。
⑤ （宋）尹洙：《故朝奉郎司封员外郎直史馆柱国赐绯鱼袋张公墓志铭》，《尹洙集编年校注》，第381页。
⑥ （宋）欧阳修：《与王郎中道损书》其一，《欧阳修全集》卷147，第2406页。
⑦ （宋）欧阳修：《重读徂徕集》，《欧阳修全集》卷3，第46页。
⑧ （宋）欧阳修：《祭苏子美文》，《欧阳修全集》卷49，第695页。
⑨ 参见陈湘琳《欧阳修的文学与情感世界》，复旦大学出版社2012年版，第254—284页；谢琰：《"不朽"的焦虑——从思想史角度看欧阳修的金石活动》。

度重视自身的声望管理。

　　庆历士大夫在权力场中采取了一种迥异于老成士大夫也远超出传统政治文化预期的行为模式，他们始终以"道义""忠信""名节""同道而相益""同心而共济"①，不在其位则以"危言鲠论，建明规益"②，在其位则"欲尽革众事以修纪纲"③。声望构成他们个人高自标举以及彼此产生共鸣的基础，也是他们所创造的新型意识形态的一个核心概念。而在老成士大夫看来，这帮新进小生几乎事事都高调地站到了传统声望观的反面，所作所为皆是激昂近名之举。故在仁宗朝，君主和老成士大夫发出的基于"近名"的批判，大都落在庆历士大夫身上。宋廷针对庆历士大夫之"恶行"颁布的诫饬诏书就常有"沽激名誉"一类训斥④。范仲淹《遗表》与欧阳修《祭资政范公文》亦皆提及"谗人"毁谤范"近名"。⑤再如石介被张方平斥为"狂谲盗名"⑥，他自己也发现："介狂猖好妄言，而有位不见听纳，但得沽激好名躁进之论。"⑦又富弼纠察在京刑狱，因事被执政警告"无为近名"，而富仍坚持己见。⑧由此可见，仁宗和老成士大夫一直在联手压制这股不断抬升的"近名"之风。

　　观察庆历士大夫在声望领域背负的一系列污名："沽激""诡激""矫厉""躁率""钓名污行""好名喜事""附离交扇""背公

　　① 参见（宋）欧阳修《朋党论》，《欧阳修全集》卷17，第297页。

　　② （宋）韩琦：《文正范公奏议集序》，《安阳集》卷22，《安阳集编年笺注》，第724页。

　　③ （宋）欧阳修：《太子太师致仕杜祁公墓志铭》，《欧阳修全集》卷31，第468—469页。

　　④ 《勑牓朝堂》，《宋大诏令集》卷192《政事四十五》，第706页。

　　⑤ 按，后来托名梅尧臣的《碧云騢》则直诋范仲淹"妆群小，鼓扇声势，又笼有名者为羽翼，故虚誉日驰，而至参知政事"，及得位却名不副实，失位又"不复妆群小，笼名士，故底里尽露"。参见《全宋笔记》，第1编，第5册，第79页。

　　⑥ （宋）苏象先：《丞相魏公谭训》卷7，《苏魏公文集》附录1，第1160页。

　　⑦ （宋）石介：《上王汾公书》，《徂徕石先生文集》卷14，第167页。

　　⑧ 参见（宋）苏轼《富郑公神道碑》，《苏轼文集》卷18，第530页。

死党"①，不难发现"近名"与仁宗时代的言论、朋党、改革诸议题紧密关联，牵一发而动全身，同时也可以清楚地看到仁宗和老成士大夫长期以来疾虚倡实的决心。在他们看来，近名者本质上就是一群奔竞之徒，往往言不顾行，名不副实，舍本趋末，徇私废公，党同伐异，在此辈貌似公忠忧国的面目底下实则潜藏着汲汲求进的私心，近名者一旦通过炫直沽名取得"不次之迁"，很快便会暴露虚诈无能的本性。

是故，仁宗和老成士大夫认定，近名者在权力世界中无疑极具蛊惑力和破坏力，这些人的危害不仅在于自身的德不配位，更在于他们以虚伪矫饰的投机行为混淆善恶是非的边界，以沽激求进的权力欲扰乱官各有职、"仕次有阶"的政治规则，以浮华轻薄的作风败坏宋初以来养成的敦厚质朴的士风。如果放任声望体系在士林中不断扩张，必将威胁乃至颠覆以皇权为中心的权力等级秩序。

不可否认的是，仁宗和老成士大夫排斥"近名"的逻辑有其合理性，这是他们从历史从祖宗故事从自身的政治经验中汲取的教训，前一章讨论过的"卖直取名"现象便是典型例证。王曾属于老成士大夫中赏识"范党"的要员，他这样评说景祐党争："向来如高若讷辈多是择利，范希文亦未免近名。要须纯意于国家事尔。"② "择利"自是远名者的恒弊，而范仲淹被王曾认定是夹杂私心的近名者，

---

① 按，这些贬义词可以看作汉魏以来士人批判尚名之弊的一次大集结。如"沽激"，这个由唐人发明而在宋人那里发扬光大的贬义词，在仁宗朝出现的频率极高，几乎可以视作"近名"的同义词，参见《责孔道辅等令御史台劾牓朝堂勑》，《宋大诏令集》卷192《政事四十五》，第706页；《劾牓朝堂》，《宋大诏令集》卷192《政事四十五》，第706页；（宋）石介：《上王沂公书》，《徂徕石先生文集》卷14，第167页；（宋）欧阳修：《论包拯除三司使上书》，《欧阳修全集》卷112，第1694页；（宋）张方平：《再对御札一道》，《乐全集》卷18，《张方平集》，第234页。"矫厉""躁率"出《劾牓朝堂》，《宋大诏令集》卷192《政事四十五》，第706页。"好名喜事"出（宋）苏辙：《龙川别志》卷上，第82页。"钓名污行"出《诫励士大夫诏》，《宋大诏令集》卷192《政事四十五》，第706页。"诡激""附离交扇""背公死党"出《诫饬在位诏》，《宋大诏令集》卷193《政事四十六》，第708页。

② （宋）王岩叟：《韩魏公别录》，《安阳集编年笺注》附录4，第1869页。

个中缘由值得深思。再者，士权对皇权的侵凌亦不仅是中古历史给予后人的警示。事实上，张方平就曾说自己在仁宗朝见证了朝廷权威持续陵夷的过程。他追叙道，自景祐四年（1037）王曾、吕夷简去相，"轻锐之士"稍得进用，"渐为奇论，以撼朝廷，朝廷往往为之动摇"，于是"好名喜事之人"横行于朝，其中范讽、孔道辅、范仲淹"以才能为之称首"，至庆历之际，欧阳修、余靖、蔡襄、孙沔等在宰执晏殊、富弼的支持下"并为谏官"，"于是私说遂胜，而朝廷轻矣"，再不复真宗朝以前"朝廷尊严，天下私说不行"的局面。①

　　然而，当反近名的观念被固化为北宋前中期官方意识形态的一部分，其一味矫失防弊，又引发了新的问题。尤其是进入仁宗时代，庆历士大夫强烈地感觉到来自官方的猜忌和桎梏，这是他们开启"近名"之辩的直接原因。

三　庆历士大夫与"近名"褒义化运动

　　面对来势汹汹的抨击声浪，庆历士大夫亟需为自身的言行做出辩护。同"朋党论""直言论"一样，庆历士大夫从未回避和否认仁宗及老成士大夫的"好名"之讥，相反，他们接力发起了一场"近名"褒义化运动，经由论争挑战官方意识形态，为自身的近名之举正名，进而重释"名"的内涵与价值，祛除掩盖于"近名"之上的污名。

　　实际上，宋代士大夫对于"名"的正面阐发始于王禹偁《答丁谓书》。不过，《答丁谓书》一则影响较为有限，二则论述亦稍简略，无法对主流政治文化形成有效的冲击，甚至王禹偁的诤言根本不为丁谓所取。总之，要等到庆历士大夫这一代人崛起于政坛，"名"的正面价值才得到全面深入的抉发。

　　下面将通过细读范仲淹《上资政晏侍郎书》（1030）与《近名

---

① 参见（宋）苏辙《龙川别志》卷上，第82页。

论》（1036）、欧阳修《本论上》（1042）与田况《论好名奏》（1043）、包拯《上仁宗要务七事奏》（1051）与欧阳修《论包拯除三司使上书》（1059）这六篇三组不同时段的代表性文本，具体呈现"近名"褒义化运动，阐明仁宗朝士人声望观的转型历程。

　　仁宗朝前期是为庆历士大夫创立新型"近名论"的初始阶段，这一任务主要由他们中的先觉者范仲淹在两场论争中完成。第一个回合是和晏殊。面对"好奇邀名"的指控，范仲淹作《上资政晏侍郎书》，畅论"近名"的正当性和必要性。第二个回合是和吕夷简。景祐三年（1036），范仲淹上疏论迁都洛阳事，仁宗询及宰臣吕夷简，吕评说："仲淹迂阔，务名无实。"① 范听说此事，立献《帝王好尚》《选贤任能》《近名》《推委》四论，其中《近名论》在《上资政晏侍郎书》的基础上系统地阐述了"近名"的正面价值。且看范氏的自辩：

　　　　若以某邀名为过，则圣人崇名教而天下始劝。庄叟云"为善无近名"，乃道家自全之说，岂治天下者之意乎！名教不崇，则为人君者谓尧舜不足慕，桀纣不足畏，为人臣者谓八元不足尚，四凶不足耻，天下岂复有善人乎！人不爱名，则圣人之权去矣。经曰"立身扬名"，又曰"善不积，不足以成名"，又曰"耻没世而名不称"，又曰"荣名以为宝"。是则教化之道无先于名，三古圣贤何尝不著于名乎！某患邀之未至尔。②

　　　　《老子》曰"名与身孰亲"，言人知爱名，不如爱其身之亲也。《庄子》曰"为善无近名"，言为善近名，人将嫉之，非全身之道也。此皆道家之训，使人薄于名而保其真。斯人之徒，非爵禄可加，赏罚可动，岂为国家之用哉！我先王以名为教，

────────────

① （宋）李焘：《续资治通鉴长编》卷118，第2784页。
② （宋）范仲淹：《上资政晏侍郎书》，《范文正公文集》卷10，《范仲淹全集》，第232—233页。

使天下自劝。汤解网，文王葬枯骨，天下诸侯闻而归之。是三
代人君已因名而重也。太公直钓以邀文王，夷、齐饿死于西山，
仲尼聘七十国以求行道，是圣贤之流无不涉乎名也。孔子作
《春秋》，即名教之书也。善者褒之，不善者贬之，使后世君臣
爱令名而劝，畏恶名而慎矣。夫子曰："疾没世而名不称。"
《易》曰："善不积，不足以成名。"……武王克商，式商容之
闾，释箕子之囚，封比干之墓，是圣人敦奖名教，以激劝天下。
如取道家之言，不使近名，则岂复有忠臣烈士为国家之用哉！①

范仲淹这两段自辩的言语策略大体相通，均跳出老成士大夫的预设，
着重经由剖判"名"背后的思想资源完成"近名"的褒贬转换，进
而重建积极近名论的理论基础。范没有直接否定消极近名论，而是
指出其来自老庄之说，仅止于存身，难于甚至阻碍及物。接着，他
通过连缀圣贤好名的事迹和儒家重名的格言，阐明声望具有劝善沮
恶的效用，强调圣人以身垂范，撰作《春秋》，皆促成后人把外界的
舆论褒贬内化为个体的道德自觉。由此可见，范仲淹的政治思想以
崇儒学抑佛道为底色，发展了中古以来的二元世界观。②

还值得注意的是，范仲淹在论述过程中特别拈出"名教"一词
指称声望的社会功能，稍异于传统意义上因纲常伦理（即名分）而
立的"名教"③。实际上，声名之"名"与名分之"名"同源出先

---

① （宋）范仲淹：《近名论》，《范文正公文集》卷7，《范仲淹全集》，第154—
155页。

② 中古时期的二元世界观参见陈弱水《柳宗元与中唐儒家复兴》，载陈弱水《唐
代文士与中国思想的转型》，广西师范大学出版社2009年版，第246—289页。按，范
仲淹的思想深受儒、佛、道三家的影响，不过，他在政治理念上一直严守儒家本位。

③ "名教"之义，参见陈寅恪《陶渊明之思想与清谈之关系》，载陈寅恪《金明
馆丛稿初编》，生活·读书·新知三联书店2001年版，第201—229页；汤用彤《读
〈人物志〉》，载汤用彤《魏晋玄学论稿》，上海古籍出版社2001年版，第3—22页；唐
长孺《魏晋南北朝隋唐史三论——中国封建社会的形成和前期的变化》，武汉大学出版
社1992年版，第65页。

秦的名实之辩，实质上都属于相对于实体的符号范畴，无论在理念还是实践上都有相通之处。汉末名教政治最重声名①，便是"名节"和"名教"不可分割的显例。在范之前亦多有士人利用"名"的这种多义性为"近名"辩护。如《颜氏家训·名实》反对时人借死后声名无用质疑"圣人以为名教"，提出圣人此举意在"劝其立名，则获其实"。② 这里正反意见均默认"名教"是"以声名为教"之意。又如王禹偁主张"名""修之于身，则为名节；行之于世，则为名教"③，以泛化的"名"贯串个体操守和社会秩序。范仲淹的名教论正处于颜、王之说的延长线上。

当然，范仲淹的自辩也不纯是自出己意，他在《近名论》后段着重回应了晏殊、吕夷简的批评。晏殊指责范仲淹为人虚伪，吕夷简攻击范能力虚高，这两点正是近名者给老成士大夫留下的主要负面印象。范承认"为善近名"有流于矫伪做作的可能，他借鉴孟子严分圣人、王者与霸者的历史观指出，即便是"假忠孝而求名者"，虽不如"性本忠孝者"和"行忠孝者"，毕竟底线尚在，远胜过"简贤附势，反道败德，弑父叛君，惟欲是从"的"不复爱其名者"。在这个意义上，"名"在"刑法干戈"之外为世人提供了一重外在约束机制。④

范仲淹在两场论争中具体阐明了"名"何以能成为"激劝天下"的积极因素。这一新型声望观也是庆历士大夫的共识，构成整个"近名"褒义化运动的出发点。庆历士大夫于提出积极近名论后，并不满足于坐而论道，而是一直尝试以此批判和变革政治。很快，

---

① 参见唐长孺《魏晋南北朝隋唐史三论——中国封建社会的形成和前期的变化》，第65页。

② 参见（北齐）颜之携撰，王利器注《颜氏家训集解》卷4《名实第十》，中华书局1993年版，第312—313页。

③ 参见（宋）王禹偁《答丁谓书》，《王黄州小畜集》卷18，《宋集珍本丛刊》影印本，第1册，第654页。

④ 参见（宋）范仲淹《近名论》，《范文正公文集》卷7，《范仲淹全集》，第155页。

在国家内外交困同时"英俊"理念日益见重的庆历之际，他们起而行之的契机到来了。这一阶段"近名"褒义化运动的代表文本有欧阳修的《本论上》与田况的《论好名奏》，他们共同论证了积极近名论的实效性。前者主要面向士大夫，后者则直指君主。

庆历二年（1042），欧阳修撰成《本论》三篇，集中探讨了当时政治及思想领域存在的主要问题，并分别给出了解决方法。其《本论上》指出，正是"财"（财政）、"兵"（军事）、"法"（制度）、"贤"（人才）、"名"（声望）五者之不备导致宋王朝"生齿之数日益众，土地之产日益广，公家之用日益急，四夷不服，中国不尊，天下不实"。① 而在上述五者当中，欧阳修认为"名"占据着最为根本的位置：

> 夫财用悉出而犹不足者，以无定数也。兵之敢骄者，以用之未得其术。以此知制之不立也。夫财匮兵骄，法制未一，而莫有奋然忘身许国者，以此知不任人也。不任人者，非无人也。彼或挟材蕴知，特以时方恶人之好名，各藏畜收敛，不敢奋露，惟恐近于名以犯时人所恶。是以人人变贤为愚，愚者无所责，贤者被讥疾，遂使天下之事将弛废，而莫敢出力以为之。此不尚名之弊者，天下之最大患也。故曰五者之皆废也。②

欧阳修一路由"财""兵"到"制"到"人"到"名"追溯而上，得出"不尚名之弊"是为引发"五者之皆废"连锁反应的"天下之最大患"。"近名"长期被污名化，使得贤者因心怀顾虑而不敢奋发有为，进而造成士大夫"变贤为愚"的荒唐局面。欧阳修的观点既源于他对历史和现实的洞察，也来自切身的仕宦体验。

宋初以来务实戒虚的意识形态极大地削弱了声望劝善沮恶的社

---

① 参见《欧阳修全集》卷60，第860—861页。
② 《欧阳修全集》卷60，第862页。

会功能，这在客观上确实助长了官僚制内生的惰性，压抑了官员的主动性和进取心，促成一种偏于保守甚至可以说是因循的政治风气。士大夫普遍"以避谤为智"①，追求消极的"不毁"而非积极的"誉"，推崇有所不为，避忌生事。特别是仁宗和老成士大夫把积极近名与沽激躁进画上等号，这固然有效地甄别并敲打了许多虚伪的投机分子，但他们也因此猜疑和排挤庆历士大夫这样的儒家理想主义者，拒斥立意高远的政治批判和变革方案，最终导致仁宗朝前期权力世界的分裂和政事的宽弛。

"远名"政策固有的缺陷在宝元、庆历之际的政治危机中暴露无遗。于是在欧阳修之后，又有蔡襄屡屡对"近名"污名化现象大加抨击。庆历三年（1043）三月，蔡襄提醒仁宗信任亲擢的王素、余靖、欧阳修诸谏官，理由之一便是"邪人"很可能污蔑他们"好名"来混淆视听。② 蔡襄的上书实是有感而发。他在就任谏官后，立马上奏直指旧相吕夷简当政时"见为善介特而自立者，皆以好名希求富贵以污之"，"善人耻此，往往退缩，以避好名干进之毁"，遂令二十年来"人人不肯尚廉隅、厉名节，浅者因循阘茸，深者靡恶不为，都无愧耻"。曹修古、段少连、孔道辅、杨偕、孙沔、范仲淹、余靖、尹洙、欧阳修等仁宗即位以来的直臣均在被污者之列。③ 蔡以颇为犀利的笔调写出官场上声望因素不振的严重后果。尤其是他对庸碌之"浅者"和无耻之"深者"的区分和描绘，可谓切中时病。

有鉴于此，欧阳修设计了"均财而节兵，立法以制之，任贤以

---

① （宋）孙沔：《论宰相不进贤者为将来之资奏》，《全宋文》卷435，第21册，第79页。

② 参见（宋）蔡襄《言增置谏官书》，《蔡忠惠集》卷23，《蔡襄集》，第396—397页。

③ 参见（宋）蔡襄《乞罢吕夷简商量军国事奏》，《蔡忠惠集》卷17，《蔡襄集》，第318—319页。

守法，尊名以厉贤"① 的政治改革方案。他强调尊崇声望的重要性，呼吁朝廷在官员评价机制方面将"近名"彻底褒义化，重新激活声望的社会功能，以此勉励贤者承担起矫弊救时的责任，并为他们推行有为之政创设良好的政治和舆论环境。欧阳修倡导的"尊名"论不仅是厉下也是劝上的，《本论上》文末期待仁宗"奋发威烈以耀名誉，可如汉武帝、唐太宗之显赫"②。仁宗素不喜的"好名者"唐太宗赫然在目。嗣后欧阳修在谏官任上"自任言责，无所顾忌"③，一心"使正人端士安心作事，无谗毁之避"④，很大程度上就出于"尊名以厉贤"的考虑。

欧阳修之力主"尊名"，是庆历之际士林中兴起的政治变革诉求的反映。至庆历三年（1043），在仁宗支持下，范仲淹主导的庆历新政全面铺开，观念上的"近名"褒贬更是和政治上的改革与否直接相关。田况一次上殿奏事，和仁宗论及政体，仁宗"颇以好名为非，意在遵守故常"⑤，变革意志愈转愈下。田况见此，退而撰《论好名奏》：

> 名者由实而生，非徒好而自至也。尧、舜、三代之君，非好名者，而鸿烈休德倬若日月，不能纤晦者，有实美而然也。设或谦弱自守，不为恢闳睿明之事，则名从而晦矣，虽欲好之，岂可得耶？方今政令宽弛，百职不修，二敌炽结，凌慢中国。朝廷恫矜下民横罹杀掠，竭沥膏血，以资缮备，而未免侵轶之忧，故屈就讲和，为翕张予夺之术。自非君臣朝夕耻愤，大有为以遏后虞，则愈可忧矣。陛下若恐好名而不为，则非臣之所

---

① 参见（宋）欧阳修《本论上》，《欧阳修全集》卷60，第860—861页。

② 《欧阳修全集》卷60，第863页。

③ （宋）韩琦：《故观文殿学士太子少师致仕赠太子太师欧阳公墓志铭》，《安阳集》卷50，《安阳集编年笺注》，第1540页。

④ （宋）欧阳修：《论李淑奸邪札子》，《欧阳修全集》卷101，第1548页。

⑤ （宋）李焘：《续资治通鉴长编》卷142，第3416页。

敢知也。陛下傥奋乾刚，明听断，则有英睿之名；行威令，慑奸宄，则有神武之名；斥奢汰，革风俗，则有崇俭之名；澄冗滥，轻会敛，则有广爱之名；悦亮直，恶谀媚，则有纳谏之名；务咨询，达壅蔽，则有勤政之名；责功实，抑侥幸，则有求治之名。今皆非之而不为，则天下何所望乎？抑又闻圣贤之道曰名教，忠谊之训曰名节，此群臣诸儒所以尊辅朝廷，纪纲人伦之大本也。陛下从而非之，则教化微，节义废，奥诟无耻之徒争进，而劝沮之方不行矣，岂圣王率下之意耶？①

田况着重阐述了名实关系："名"皆由"实"而生，同时也会对"实"产生反作用。在此前提下，他先是论证了"名"之生成是一个不以人主观意志为转移的自然过程，言下之意是讽劝仁宗与其空自担忧"虚名"，不如多关心实务。接着，田况揭示了"近名"被污名化后的流弊：仁宗因反感"好名"，进而抵触其"实"即"大有为"之政，不愿从根本上解决政治问题，不免因噎废食。这和欧阳修的"尊名"说大同小异。不仅如此，田还引入内忧外患接踵而来的严峻时局，以说明扭转声望之污名的紧迫性。他企盼仁宗从此振作，取得英睿、神武、崇俭、广爱、纳谏、勤政、求治之美名，不负天下人的期望。最后，田况摆出儒家"名教""名节"一贯的说法，重申声望的"劝沮"作用。此又与范仲淹的积极近名论相当。合而言之，田况此奏与范仲淹、欧阳修的言说明显构成相互呼应的关系，不妨视作积极近名论在关键时刻的一次集中表述。

　　由天圣至于庆历，庆历士大夫在主持"近名"褒义化的过程中始终注重阐释和推广声望的社会功能。在他们的不懈努力下，积极近名论终于在庆历新政期间得到相当程度的实践，构成君臣有为的观念背景。然而，欧阳修、田况标举的赫赫之名之于仁宗并没有多

---

① （宋）田况：《儒林公议》附录3，第204—205页。

少吸引力。等到宋夏和议，内外危机稍解，仁宗很快又走上了"以好名为非"的老路，不仅很快停止支持改革派及其新政，更于革新派外贬之际下诏斥责他们"附离交扇，流荡忘还。更相援接，以沽声誉"①。这标志着仁宗朝的意识形态重新趋于保守。

四　庆历士大夫对积极近名论的补充

以庆历新政为节点，"近名"褒义化运动进入了一个外进而内缩的新阶段。外进的一面表现在，新政的失败和庆历士大夫的失利丝毫没有滞碍"近名"褒义化的进程，相反，庆历士大夫虽在贬谪后多年为政地方，但他们构建的新型声望观越来越受到士林的认同，其在宋廷的影响力也日益彰显，并于十年后随着庆历士大夫的回归而重新被官方接纳。内缩的一面表现在，庆历士大夫在新阶段着重对积极近名论进行理论上的补充，以期消除这种新声望观可能带来的流弊。

包拯的《上仁宗要务七事奏》就较早展现了积极近名论在公共空间的外进趋势。皇祐三年（1051），天章阁待制、知谏院包拯向仁宗条陈"当今之要务"七事，皆关乎"近岁以来"凸显的政治弊习，其三曰：

> 臣伏闻顷岁大臣颛政，颇恶才能之士，有所开建，则讥其近名，或云沽激，欲求进达，遂使才能之士莫敢自效，纵能不顾忌讳，指陈事理，固亦困于沮挠，无得而施用矣。且名者，圣贤之所贵也。孔子曰："君子疾没世而名不称焉。"贾子曰："烈士徇名。"人不顾名，何以趋善？圣人所以贵也。夫群下虽众，然士有志于国家之急者甚少。其能处心积虑图报于上，又困于近名之说，是则志士仁人终无以奖进矣，岂陛下之心哉？此诚顷岁大臣之罪也。臣愿陛下但顾其臧否而亟行之，勿以

近名沽激求进为念，则人得以尽其心矣。①

包拯观察到，消极近名论成为"大臣"用以排挤"才能之士"的惯常借口，一旦积极建言被"大臣"污名化为"近名沽激求进"，"才能之士"便不敢亦不能有所作为。他因而提出，仁宗须正视声望的作用，将"志士仁人"从"近名之说"中彻底解脱出来，公允地评估他们的进言并予以施行。不难看出，包拯在声望观念上和庆历士大夫深有共鸣，是积极近名论的支持者，也是庆历士大夫一方的同情者。他的抉弊和建策，同欧阳修关于"不尚名之弊"的思考如出一辙，只是包拯刻意对仁宗和"大臣"作切割，以便让后者承担所有"罪行"。包拯之言无疑道出了一大批见证庆历新政以来政治变局的士大夫的心声。② 故虽则当时庆历士大夫长久蛰居地方，但由他们开创的政治言说却仍旧时常回响在庙堂之上。另据史载，包拯在谏院所上奏疏，朝廷多见采纳，其中自然有这封著名的《七事奏》。由此可见，彼时决策者对于"近名"的态度也有所软化。

欧阳修撰写于嘉祐四年（1059）的《论包拯除三司使上书》可以说是他总结"近名"褒义化运动并做出补充论述的集大成之作，此文同样清晰地显示了"近名"褒义化运动外进而内缩的趋势。时值庆历士大夫回朝当国的嘉祐、治平之际，积极近名论被宋廷稳固接纳并转化为施政原则。"近名"褒义化运动业已完成。欧阳修在《论包拯除三司使上书》里就详细叙述了庆历新政以来包括积极近名论在内的"英俊"理念曲折上升的过程。在这个风气渐开的新时代，欧阳修注意到，一旦素有直声的包拯做出疑似逐人自代的举动，那么言事者很可能重回旧日"不为人信而无以自明"的不利境地。因此，欧阳修从包拯接受三司使任命一事出发，强调了"名节"的重

---

① （宋）包拯：《七事奏》，《包拯集校注》卷3，第205页。

② 按，曾巩《隆平集》本传云包拯《七事奏》"其论甚美"，可见时论的风向。参见（宋）曾巩《隆平集校证》卷11，第333页。

要性：

> 臣闻治天下者，在知用人之先后而已。用人之法，各有所
> 宜，军旅之士先材能，朝廷之士先名节。军旅主成功，惟恐其
> 不趋赏而争利，其先材能而后名节者，亦势使之然也。朝廷主
> 教化，风俗之薄厚，治道之污隆，在乎用人。而教化之于下也，
> 不能家至而谆谆谕之，故常务尊名节之士，以风动天下而耸励
> 其偷薄。夫所谓名节之士者，知廉耻，修礼让，不利于苟得，
> 不牵于苟随，而惟义之所处。白刃之威有所不避，折枝之易有
> 所不为，而惟义之所守。其立于朝廷，进退举止皆可以为天下
> 法也。其人至难得也，至可重也。故其为士者，常贵名节以自
> 重其身；而君人者，亦常全名节以养成善士。①

欧阳修解释"名节"的本质即是行事一本于道义，并着重指出保全
名节应是士人立身立朝及君主用人养士的首要原则。他在这里提议
朝廷用人"务尊名节之士"，看似与早年设计的"尊名以厉贤"方
案一脉相承，其内涵其实已发生方向性的变易。一是性质的由"虚"
到"实"，"尊名以厉贤"的逻辑是以"名"引出材能（"实"），
"名"只是手段，而"名节"统括声誉与节操，本身就是一种独立
于甚至优先于"材能"的"实"；二是功能由侧重"劝善"转向
"沮恶"，"尊名"的关键在"激劝天下"，而"尊名节"重在维护
"有所不取而不为"的"廉耻之节"；三是机制的由"内"到
"外"，"名"发挥作用主要倚仗外在的舆论监督，而"名节"则始
终需要心中的道德准则来维系，要做到事事不苟随于人。

欧阳修论述重心的这三重变化反映出，时至嘉祐、治平之际，
由于庆历士大夫的角色从低位的批判者上升为高位的决策者，积极

---

① （宋）欧阳修：《论包拯除三司使上书》，《欧阳修全集》卷112，第1692—
1693页。

近名论从言说发展到实践的阶段，以及新政失败后政治反思的展开，庆历士大夫的声望观在总体上转向更为中庸和深沉的境地。当然，欧阳修在这里大谈有所不为，自有忠直勇为作前提，绝非要回归消极近名论，而是期望经由阐扬"名节"，从根源上消除仁宗和老成士大夫担忧的沽激求进现象。

事实上，范仲淹最初提出积极近名论，目的是回击"近名"污名化现象，难免矫枉过正，对"近名"的预期过于乐观。故他在《近名论》中出于辩论需要而暂时肯定"假忠孝而求名者"这样的伪君子。至此，欧阳修以严格的道德本位立场补全了积极近名论原先相对薄弱的论述环节，将伪君子彻底放逐在名节的范围之外。史载，欧阳修上奏后，"拯即家避命，不许，久之，乃就职"①，足见包拯也认同欧"惜名节"的说法，不愿被人误解为投机者。

欧阳修之重视名节，一则出自现实的考虑，二则源于欧阳修及其同道对士节的自觉追求。前者促使庆历士大夫深入思考和尽力补救积极近名论固有的缺陷，后者则为他们提供了解决问题的出口。

先看现实的刺激。庆历士大夫在推进"近名"褒义化运动的过程中已然警觉，积极近名论于激励贤材的同时也容易让投机分子觅得可乘之机。欧阳修很早就意识到，"异众以取名，贵难而自刻者"皆是"节而太过"的"苦节"，故"行于己不可久，虽久而不可施于人"。②庆历兴学之后，他又观察到许多青年士子受"近名"及议论风气的影响，为求"异众""则必为迂僻奇怪以取德行之名，而高谈虚论以求材识之誉"③。这无疑也是一种"苦节"，矫伪沽激，过犹不及。他晚年更是悲哀地总结说变节才是这个世界的常态："士少勤其身，以干禄仕、取名声，初若可爱慕者众也。既而得其所欲而怠，与迫于利害而迁，求全其节以保其终者，十不一二也。"④欧

---

① （宋）李焘：《续资治通鉴长编》卷189，第4557页。

② 参见（宋）欧阳修《易童子问》卷2，《欧阳修全集》卷77，第1117页。

③ 参见（宋）欧阳修《议学状》，《欧阳修全集》卷110，第1673页。

④ 参见（宋）欧阳修《祭吴尚书文》，《欧阳修全集》卷50，第700页。

对积极近名论的反思就建立他阅世有感的基础之上。

职是之故，要推广积极近名论，先须做到辨识真伪君子，即蔡襄所说的，明确"忠与巧者之分"①。而庆历士大夫作为新型声望观的发起者，更应找出自别于沽名钓誉者的途径，以自身言行如一取得君主和士林的信任。庆历士大夫的相关思考和实践集中围绕台谏展开。他们很清楚，这类角色的作为以及随之而来的黜陟往往牵动政治文化的整体走向。庆历士大夫同样发现言官普遍存在"卖直取名""资言以进"的行为。有鉴于此，他们提倡"自明而取信"的行事原则，并予以实践。② 这一方面是为了获得相对安定的政治环境而能有所作为，另一方面也是为了在仁宗和老成士大夫"一刀切"的用人政策之外开辟出一条既能充分发挥声望之劝沮功能又能有效鉴别和清除"卖直取名"现象的新路线，由此增强积极近名论的可信度和可行性。这可以说构成了"近名"褒义化运动的另一条线索，它以庆历新政为界限由暗转明。欧阳修《论包拯除三司使上书》一文即对"自明而取信"原则进行了概括和升华，他同时给这条新路线树起一个明确的目标，那便是声望与操守结合而成的"名节"。他不仅用此原则律己，还要以之警人，全力维持言事机制的良性运转。

再看庆历士大夫对士节的追求。对于如何克服"名"可能带来的弊端这个永恒的社会难题，仁宗和老成士大夫无疑是比较悲观的，他们因此压抑声望，在排斥虚名的同时也甘愿消减声望的劝沮功能。而庆历士大夫则相信，可以通过讲求"节"来完善"名"，可以由义利抉择勘破言事者的诚伪，从而消除虚名的负面影响。这也是他们自己身体力行的信念。这两个群体之所以会在这个难题上产生从认知到行动的全部分歧，是因为他们对人性的判断大相径庭。韩琦追忆的一段范仲淹、吕夷简品评天下人物的轶事就说明了这点：

---

① 参见蔡襄《言增置谏官书》，《蔡忠惠集》卷23，《蔡襄集》，第397页。

② 参见本书第二章第二节第三小节。

> 希文尝与吕申公论人物，申公曰："吾见之多矣，无有节行者。"希文曰："天下固有人，但相公不知耳。相公以此意待天下士，宜乎节行者之不至也。"①

吕夷简等老成士大夫阅人多矣，对身陷名利场的士大夫的品行一向评价不高，故惯用狐疑的眼光打量那些非同寻常或说为善近名的政治行为，倾向于认定它们动机不纯，不过是在私欲之外包裹一层精致而虚伪的外壳罢了。范仲淹等庆历士大夫则不然，他们清楚地知道，天下非无节行士，正是老成士大夫自己在不断排斥和污名化君子，故举目所见皆是小人。

庆历士大夫之所以如此肯定"天下固有人"，是因为他们自己便是那群"所守者道义，所行者忠信，所惜者名节"的"君子党"②。从长时段的士史来看，庆历士大夫可说是继汉末名士后第二个自觉地把名节作为修身事国之重要原则的士人共同体。他们在践行积极近名论时始终以砥砺气节作支撑，普遍表现出忠直的品格和高度的自律，和沽激者有本质差异。欧阳修曾说："廉耻，士君子之大节，罕能自守者，利欲胜之耳。物有为其所胜，虽善守者或牵而去。故孟子谓勇过贲、育者，诚有旨哉！君子之道暗然而日彰，而今人求速誉，遂得速毁以自损者，理之当然。"③ 君子须在利欲的诱惑下始终自守廉耻，方能挺立名与节，以免陷入名不副实的境地。

庆历士大夫还从自己的仕宦经历中察知，仁宗朝士人在消极近名论笼罩下"不肯尚廉隅、厉名节"，以致"浅者因循阘茸，深者靡恶不为，都无愧耻"。④ 他们宣扬积极近名论，也是期望一则凭借声望的劝沮功能和舆论的监督机制，二则以"尊名节之士"的用人政策为指

---

① （宋）王岩叟：《韩魏公别录》，《安阳集编年笺注》附录4，第1870页。
② 参见（宋）欧阳修《朋党论》，《欧阳修全集》卷17，第297页。
③ （宋）欧阳修：《廉耻说》，《欧阳修全集》卷130，第1984页。
④ 参见（宋）蔡襄《乞罢吕夷简商量军国事奏》，《蔡忠惠集》卷17，《蔡襄集》，第318—319页。

挥棒，共同敦促士人重视名节，扭转宋初以来择利而不顾名节的士习。

实际上，除前述欧阳修上书以及他在《新五代史》中的批判外，庆历士大夫并未对"名节"作过多的阐释。也许在他们看来，名节应该予以躬行而非停留在口头。于是这些行动者以身作则，成功地将这种兼具见义勇为和非义不行的名节观深植入北宋中期政治文化之中。这是庆历士大夫留给后人的宝贵的精神遗产。韩琦就见证了，欧阳修在谏官任上"颜有必犯，阙无不缝。正路斯辟，奸萌辄攻"，使"人畏清议，知时不容。各砺名节，恬乎处躬"，凭一人之力于二十年间变革了士风。① 南宋学者陈傅良认为，"起建隆至天圣明道间，一洗五季之陋，知乡方矣，而守故蹈常之习未化。范子始与其徒抗之以名节，天下靡然从之，人人耻无以自见也"②，构建出庆历士大夫以名节扫清五代习气的历史。朱熹则从真、仁两朝名臣求复相的细节谈到北宋政治文化的革新：

> 问："本朝如王沂公，人品甚高，晚年乃求复相，何也？"曰："便是前辈都不以此事为非，所以至范文正方厉廉耻，振作士气。"曰："如寇莱公，也因天书欲复相。"曰："固是。"③

寇凖、王曾均是宋人公认的正人④，却贪恋权势，而未觉任何不妥。直至范仲淹以廉耻激励士林，名节才成为真正需要士大夫用心考虑和抉择的仕宦因素。自此，士大夫对外界舆论的关注，以及对自我

---

① 参见（宋）韩琦《祭少师欧阳永叔文》，《安阳集》卷44，《安阳集编年笺注》，第1363页。

② （宋）陈傅良：《温州淹补学田记》，《陈傅良文集》卷39，第501页。

③ （宋）黎靖德辑：《朱子语类》卷129，《朱子全书》，第18册，第4021页。《朱子语类》同卷还有类似说法："祖宗以来，名相如李文靖王文正诸公，只恁地善，亦不得。至范文正时便大厉名节，振作士气，故振作士大夫之功为多。"（《朱子全书》，第18册，第4022页）

④ 士林对王曾与吕夷简的评价与寇、丁类似，都发生了箭垛效应。韩琦就说："真庙议配享，清议皆与沂公，不与申公，诚意不可欺如此。"〔（宋）强至：《韩魏公遗事》，《安阳集编年笺注》附录5，第1880页〕

的道德审查都较北宋前期大为加强。如韩琦教诲后辈："富贵易得，名节难守。"① 他扶立英宗即位后接到挚友尹洙之子尹构的上书，劝其功成身退以保令名。几年后韩果得请外镇，与王、寇之取舍异趋。当然，庆历士大夫倡议名节不仅是为了防弊，也是为了劝善，为了"振作士气"。《宋史》称"（范仲淹）每感激论天下事，奋不顾身，一时士大夫矫厉尚风节，仲淹倡之"②，即点出名节积极的一面。

　　综上所述，仁宗朝的"近名"褒义化运动是一场由庆历士大夫主导的自下而上的声望观念革命。它以庆历新政为界，明显分为前后两个阶段。前一阶段是庆历士大夫构建积极近名论并尝试予以实践的阶段，他们通过数次论争扫清了附着在"近名"上的污名，揭示了消极近名论对士风和政治造成的负面影响，同时发掘了声望劝善沮恶的社会功能，将其与政治变革直接联系起来。他们的言说与行动影响深远，直接推动了北宋士人声望观的整体转向。后一阶段则是庆历士大夫成功推广积极近名论并转入补弊的阶段。积极近名论以新政为契机迅速得到士林的广泛认可，并逐步被主流政治文化吸纳，其缺漏愈益显著。欧阳修适时大倡"名节"，尝试纠偏，从如何取信于人的角度出发重审积极近名论，力图使积极近名论以"名节"作骨，从而行之久远。

第二节　北宋中期"声望政治"的形成与解体

　　"近名"褒义化运动解放了声望的社会功能，促使声望升格为士之公共生活和国家之权力运作首先就要考虑的关键因素，由此开启了一个上下皆重名的新时代。北宋中期的中下层士人大多不再俯伏

---

① （宋）王岩叟：《韩魏公别录》，《安阳集编年笺注》附录 4，第 1868 页。
② （元）脱脱等：《宋史》卷 314《列传第七十三》，第 10268 页。

于权力之下，而是依据声望高低自主地选择他们支持和追随的对象，众望所归者亦注重回应期待，以保全一己之名节，故双方常合力进行响应影从式的政治活动。在这个意义上，"名"可以说是维系"天下正人"① 的核心要素。

在北宋中期，我们可以发现一批身具超凡魅力（charisma）的士林领袖，诸如范仲淹、韩琦、富弼、欧阳修、王安石、司马光诸人便是个中代表。这些士大夫之所以能脱颖而出，与权位关系不大，而主要取决于个人所表现出的与众不同的特质。首先，他们多是坚定的儒家理想主义者，以天下为己任，以行道为使命，同时具备践行自身理想所需的强大的意志力和卓越的行动力，甘愿为理想承担政治风险甚至做出自我牺牲；其次，他们往往会在公共空间提出一套极其高远的复古的政治愿景，以此批评现行政治，并宣称可以通过变革创造性地解决社会当下存在的诸多问题，使之重归儒家的理想秩序；再次，他们多刚正勇为，特立独行，无论观念还是言行皆合于古（道）而不合于今（俗）；最后，他们本人通常还是当时公认的道德楷模、顶尖的学者和一流的文人，具有杰出的品格和全才的素质。这些士林领袖不仅在士林中享有无与伦比的号召力，还对士人的情感、价值观、信仰有着异乎寻常的影响力。他们本人不仅被推许为儒家理想和改革精神的人格化身，他们的进退也被视作朝政清明与否乃至道之行与不行的标志。正是这些伟人彻底改变了北宋中期权力世界的图景。

北宋中期的新型士人没有止步于构建一个基于声望的共同体，他们还试图通过舆论自下而上地影响中央的人事政策，俾使权力分配符合他们的预期。经由他们的努力，声望从权力的控制下逐步独立出来，并在特定情况下超越权力成为最具决定性的社会分层标准，直接影响乃至决定政治权力的分配和政治路线的变易。在某些关键

---

① 参见（宋）韩琦《文正范公奏议集序》，《安阳集》卷22，《安阳集编年笺注》，第724页。

时期，宋廷高层人事调整的原则由传统的"以望配位"转换为"以位符名"，统治者超拔那些众望所归的士林领袖执政，以盛名和君恩激励得位者进行政治上的改弦更张。

对于士大夫来说，声望从此成为非常关键并且是可兑换的政治资本，而权力则往往无法直接转化为声望。因此，位高权重者非但未必能获致誉望，反常有招訾议、失士心之虞。相反，声名卓著者常能得到舆论的助力，始终简在帝心，令其进则立取清要之职，乃至越级而跻身卿相之位，退则保有相当的话语权和号召力，在官方的权力分配中长期占据极其优越的位置。这些现象在士大夫普遍远名的北宋前期是难以想象的。

考虑到北宋中期士大夫政治的上述特质，或可称之为"声望政治"。"声望政治"亦由庆历士大夫直接推动。它起始于仁宗亲政，终结于熙宁新法，主要经历了四个阶段：明道仁宗亲政至景祐党争，初现雏形；宝元、庆历宋夏战争至庆历新政，正式形成；新政失败至嘉祐、治平之治，稳步发展；嘉祐、治平之治至熙宁新法，经历新一轮高潮并走向终结。接下来将分阶段叙述"声望政治"成立与解体的过程。

一　初显：仁宗亲政与景祐党争

明道二年（1033）三月刘太后逝世，仁宗在渊默十余年后开始亲政，他主持革正了先前女主统治下的若干弊政，又对中央人事做出重大调整：黜退太后生前任用的大臣，吕夷简罢相，张耆罢枢密，范雍、夏竦、赵稹罢枢副，陈尧佐、晏殊罢参政；同时拜李迪为相，擢王随为参政，李咨为枢副，王德用签书枢密院事；召还范仲淹、范讽、孔道辅、李纮、郭劝、段少连等人，他们多是在太后临朝期间以清直敢言著称的台谏，此时再度被授予言职。仁宗还追赠曹修古右谏议大夫，赠刘越右司谏，赠寇準中书令，复莱国公。

显然，仁宗亲政后这一系列人事任免活动主要出于增强皇权的目的，但也并非没有考虑真宗末年以来清议和民意的走向。当时石介就形容仁宗"图任元老，详延正人，或在于朝，或在于野，有魁闳博达、卓荦英伟之士，咸登崇其人，拔置左右，以光辅万世不不之业。故今相庭洎枢府数公与中丞，皆不次进任，居在密近。又自河北召李（纮）为知杂，自陈州取范（仲淹）为谏官，复三命御史位，中外胥抃，人神相欢，皆以为得人"①。虽不免夸饰，但亦可见皇权与舆论相互配合的状况。

彼时"声望政治"的特征主要表现在其影响而非成因上，"睿谟圣政，赫然日新"②且贤名者在位的政局让士人们倍感振奋，并充满期待。欧阳修等"洛之士大夫"于天圣九年（1031）范仲淹倅陈时就相与鼓舞："我识范君，知其材也。其来不为御史，必为谏官。"不久范果回朝任右司谏，他们更是"翘首企足，伫乎有闻"③。石介在给范讽的信中也说自己"一旦见圣人龙行雷动于六合之上，贤臣跃起云会，耳目如豁聋瞀，心意祛积滞，踊跃奋悚，不能制其喜"④。

遗憾的是，明道二年（1033）君臣上下合衷共进的局面很快就被当年年底的废后之争打破了。宰臣吕夷简虽助仁宗废郭后，尽逐异议者，却因此折损名节，以至友人王至清讥其无相业；台谏范仲淹、孔道辅等虽在政争中落于下风，直名却愈加彰显，广得中下层士人的拥护，像欧阳修即主动寄信慰问身在贬所的范仲淹。这为孔、范后来的回归打下了舆论的基础。

景祐二年（1035），范仲淹归阙，令"正人端士，酌酒相贺"⑤。他后以吏部员外郎权知开封府，决事如神，京师谣曰："朝廷无忧有范君，京师无事有希文。"⑥ 足见范的一举一动都为士林所瞩目。范

① （宋）石介：《上范思远书》，《徂徕石先生文集》卷13，第150—151页。
② （宋）石介：《宋颂·明道》，《徂徕石先生文集》卷1，第6页。
③ 参见（宋）欧阳修《上范司谏书》，《欧阳修全集》卷67，第974页。
④ （宋）石介：《上范中丞书》，《徂徕石先生文集》卷12，第132页。
⑤ （宋）余靖：《论范仲淹不当以言获罪奏》，《武溪集校笺》卷21，第642页。
⑥ （宋）孔平仲：《孔氏谈苑》卷4，载《丁晋公谈录（外三种）》，第252页。

仲淹随即与吕夷简发生激烈的政治冲突。时范之职位不可谓不重①，和首相吕夷简相比却官位悬殊，势力更是不可同日而语。但范、吕之政争迅速扩大为士大夫之党争，政治地位相对卑下的范仲淹不仅得到庆历士大夫的大力声援，并且在他被吕放逐的数年间令整个士大夫阶层因"持二人曲直"②而分裂，一时间"士大夫为仲淹言者不已"③，连蜀地隐者张俞都上书吕夷简呼吁"范仲淹以谏诤而遭摈斥，若外徇物望，内惟邦本，宜委重柄而授之"④，以范氏之誉望增重己说。苏舜钦亦曾描述当时士论的态度：

> 自阁下（范仲淹）作谏官，天下之人引领数日，望阁下入两府，使天下被其赐；及阁下受谴，天下之人识与不识，皆叹息怒骂，以谓宰相（吕夷简）蔽君怙权，不容贤者在朝，将日衰弊，无复太平之期。当是时，无此言者，众指以为愚；惟是险奸凶歼之人，嫉阁下声名出人，甚于仇寇，然驱于群议，喑呜相次，伏毒不敢开口，但日日窥伺阁下之失，将以快意。⑤

这无疑是一段极富鼓动性的言论，将这些带有夸饰色彩与党争偏见的文字略作转述和总结即可得出如下事实：明道废后、景祐党争之后，士论总体是扬范而抑吕的，在权力场中弱势的范于舆论场却异常强势，吕则正相反。乃至可以说，仁宗朝中期形成了多重的社会分层机制，一是表现为官位高低的政治权力体系，一是呈示为士论褒贬的社会声望体系。前者源于行政权力，是传统的强势分层机制，

---

① "知开封府"除是首都长官，亦很有升任执政的可能。洪迈即谓："国朝除用执政，多从三司使、翰林学士、知开封府、御史中丞进拜，俗呼为'四入头'。"[（宋）洪迈：《容斋随笔》续笔卷3，第253页]

② （元）脱脱等：《宋史》卷314《列传卷七十三》，第10275页。

③ （宋）吕中：《类编皇朝大事记讲义》卷10，第203页。

④ （宋）王称：《东都事略》卷118《隐逸传一百一》，第1030页。

⑤ （宋）苏舜钦：《上范公参政书并咨目七事》，《苏舜钦集编年校注》卷8，第527—528页。

操持于宰执之手，偏向"老成"理念，并总是能得到皇权的支持；后者立足于舆论权力，以景祐党争为标志彻底独立出来，主要由以庆历士大夫作为中坚的中下层士人所建立，以"英俊"理念为基准，正不断挑战和削弱行政权力的权威。苏舜钦自己曾说："朝廷张爵位，君子以名称重轻而沮劝之。道行无状，一旦射合时利而位可得也，名则逊矣。盖名之发惟精识者尸之，不私不隐，不以荣辱迁，为得符天下之正义，虽小人好恶淆其间，不能夺也。"① 即认识到朝廷所张之"爵位"与君子重轻之"名称"是两套相互独立的评价体系。

　　而对范仲淹及其同道来说，名节是他们立身处世的基准，故声望体系远比权力体系更重要。景祐党争中余靖、尹洙、欧阳修甘愿与范同贬，王质则乐于自陷"范党"，蔡襄《四贤一不肖诗》对贤不肖的判断恰与权力体系相反。又范天圣七年（1029）因忤刘太后意贬倅河中，僚友送饯谓"此行极光"；明道二年（1033）因废后事贬睦州，又谓"此行愈光"；景祐三年（1036）落职贬饶州，复谓"此行极光"。② 从范与僚友"三黜三光"的默契可见他们面对"名"与"位"不可兼得时的取舍态度。在他们那里，声望体系何止独立于权力体系之外，几乎凌驾于其上。

二　高潮：宝元、庆历之际的危机与改革

　　仁宗朝中期声望体系的建立与新型士人群体的崛起是分不开的。在他们的努力和坚持下，仁宗时代的声望体系迅速壮大，舆论力量亦极强韧，毫不怯于反抗国家权力。一旦内外局势生变，舆论便会强势干预朝政。③ 这在宝元、庆历之际的政坛表现得尤为明显。

---

① （宋）苏舜钦：《上三司副使段公书》，《苏舜钦集编年校注》卷7，第458页。

② （宋）文莹：《续湘山野录》（与《湘山野录》《玉壶清话》合刊），第77页。

③ 小林义广勾稽相关史料指出舆论与国家意志的决定相联结是在进入仁宗时代以后，参见［日］小林义广《欧阳修的谏诤观和舆论观》，载《欧阳修与宋代士大夫》，第3—28页。

范仲淹外贬后不久，景祐四年（1037）吕夷简也因事罢相，继之上台的宰臣王随、陈尧佐"皆老病而不和，中书事多不决"，参政韩亿、石中立"又颇以私害公"，于是"物议益喧"。苏舜钦上《诣匦疏》弹劾"物望甚轻，人情所忽"的王随、石中立、张观、高若讷。① 时任谏官的韩琦累上封奏指言仁宗于辅弼之任不得其人，又引荐"当时天下之望"倾属的王曾、杜衍、范仲淹、吕夷简，其中庆历士大夫及其支持者占三席，而吕夷简虽先前在政争中大忤清议，但本人毕竟长于吏才因而不失众望。仁宗"迫于正论"一日尽罢王、陈、韩、石四人，却拜张士逊、章得象为相，后又以宋庠、晁宗悫为参政，终令"天下大失望"。②

宝元元年（1038）宋夏战争爆发，士论进贤黜不肖的功能愈加凸显，仁宗也开始有保留地接纳声望体系。据石介说，当西北战事胶着之际范仲淹尚远谪于苏州，"人皆曰不用阁下（范仲淹），贼不可破，及刘（平）、石（元孙）败，此论益喧然满都下"③。很快在康定元年（1040），仁宗罢黜宰臣张士逊，再拜吕夷简为相，又以范仲淹"士望所属"，"拔用护边"。④ 范在边声名愈高，不仅与韩琦并称"韩、范"，威德更是著闻塞外，连羌人和夏人也敬称其为"龙图老子"⑤。

随着宝元元年（1038）以来宋夏战争的持续以及由此引发的社会问题的加剧，仁宗时代的政治文化以此为契机开始加速转型，声

---

① （宋）苏舜钦：《苏舜钦集编年校注》卷7，第439页。

② （宋）王岩叟：《韩魏公别录》，《安阳集编年笺注》附录4，第1869页。按，此则记事有误，宋庠、晁宗悫入中书晚于张士逊、章得象，辩证参见（宋）李焘《续资治通鉴长编》卷121，第2865页。另据韩琦《乞择辅弼奏》，韩举荐杜衍、范仲淹、孔道辅、宋祁、胥偃"众以为忠正之臣"，及王曾、吕夷简、蔡齐、宋绶"尝所用者"中"人所属望"之臣，庆历士大夫也占主体（《安阳集编年笺注》附录1，第1605页）。

③ 参见（宋）石介《上范经略书》，《徂徕石先生文集》卷17，第198页。

④ （宋）李焘：《续资治通鉴长编》卷150，第3637页。

⑤ 参见（宋）王辟之《渑水燕谈录》卷2，第14页。

望体系遂于庆历新政前夕影响到北宋中央的权力分配。庆历三年（1043）正月，孙沔上疏疾呼"今天下士大夫皆称贤才，而陛下不用者，左右毁之也；天下士大夫皆谓纤邪，而陛下不知者，朋党庇之也"，督促宰臣"荐用贤才，合天下公议，俾士大夫厌服其心，是失之于始，而得之于终，犹可宽天下万世之责"，期望仁宗择相"观立朝之本末，采多士之佥论，临大事而有守，秉谅节而不回"。① 宋廷也将用人原则从"以资"及时调整为"以才"。于是在庆历三年（1043）三月，仁宗选用"当时有声望者"王素、欧阳修、余靖、鱼周询四人并命作谏官（惟鱼坚辞），蔡襄作诗庆贺："御笔新除三谏官，士林相贺复相欢。"② 三人又荐蔡襄知谏院。其后这些庆历谏官们以天下公议自居，常上书"分别邪正"③。他们看到"今每一差遣，则物议沸腾，累日不息"的时病，主张"朝廷每用一人，必当使天下人服"。④ 有负众望的大臣如宰臣吕夷简在一片"罪恶满盈，事迹彰著"⑤ 的斥责声中黯然罢职、失势直至离世；夏竦被仁宗召为枢密使，台谏交章论阻，指为"奸邪"，使其未入国门而归镇；参政王举正屡被谏官欧、蔡斥为懦默不称职，王听闻自求罢。与之相对，范仲淹、韩琦、富弼等"皆士大夫所望以为公卿"而"其位未副"⑥，田况等人数以为言，故仁宗"以中外人望"不次进用范、

---

① （宋）孙沔：《论宰相不进贤者为将来之资奏》，《全宋文》卷435，第21册，第79—81页。

② 参见（宋）吴曾《能改斋漫录》卷12，第357页。按，吴曾在笔记中甚至敷演出一段故事：当时惟鱼周询誉望不及其他三人，故蔡襄写诗只说"三谏官"，鱼听说后以"不预士论"为由辞职。这当然属于小说家言，但颇可见宋人想象庆历之际的核心因素：声望。

③ （宋）苏辙：《欧阳文忠公神道碑》，《苏辙集》，第1130页。

④ 参见（宋）欧阳修《论张子奭恩赏太频札子》，《欧阳修全集》卷104，第1583页。

⑤ （宋）欧阳修：《论吕夷简札子》，《欧阳修全集》卷100，第1543页。

⑥ （宋）王安石：《太子太傅致仕田公墓志铭》，《临川先生文集》卷91，《王安石全集》，第7册，第1579页。

韩、富为枢密副使①，三人均再三辞让而后受命，据说当时"制命一出，士大夫贺于朝，庶人喜于路，至有饮酒叫号以为乐者，谓陛下去邪任忠，可刻日以观太平矣"②。谏官欧、蔡还上请"退举正，用仲淹，以答天下之望"③，劝勉君主用人要信而不疑，未几范果复除参政。此外，经杜衍、范仲淹、韩琦、富弼等人举荐，苏舜钦、王洙、刁约、江休复、王益柔等青年才俊在馆阁，孙复、石介等大儒在太学，皆一时之选。

　　至此，庆历士大夫中主要成员凭借时望一一为仁宗所重用，他们亦"感激眷遇"，"以天下为己任"，"日夜谋虑"以期"兴致太平"④，政治革新如箭在弦。也惟有以这些众望所归的"君子"为中介，上至帝王"欲因群材以更治"⑤之志下至"四方属望之心"⑥方能勾连统合为一股指向革众弊开太平的大有为之政的合力，仁宗朝"声望政治"由此进入高潮。多年后的熙宁八年（1075），韩琦在回忆这段众贤会同的岁月时讲到："庆历初，仁宗御天下久，周悉时敝，重以西师未解，思欲整齐众治，以完太平。登进辅臣，必取人望，收用端鲠，以增谏员。"⑦这位当事人在"取人望"与"完太平"之间建立起了直接的联系。

　　然而，庆历士大夫的改革政策激起了既得利益者与老成士大夫的反对，他们以御史台为阵地发起了舆论攻势。而仁宗亦对改革渐

---

　　①（宋）李焘：《续资治通鉴长编》卷143，第3431页。又，范仲淹、韩琦家藏仁宗御批云："朕用韩琦、富弼、范仲淹，皆公议人望之所归。"参见（宋）强至《韩魏公遗事》，《安阳集编年笺注》附录5，第1885页。

　　②（宋）蔡襄：《乞用韩琦范仲淹奏》，《蔡忠惠集》卷18，《蔡襄集》，第334页。

　　③（宋）蔡襄：《再论王举正奏》，《蔡忠惠集》卷17，《蔡襄集》，第322页。

　　④（宋）李焘：《续资治通鉴长编》卷150，第3637页。

　　⑤（宋）欧阳修：《观文殿大学士行兵部尚书西京留守赠司空兼侍中晏公神道碑铭》，《欧阳修全集》卷22，第353页。

　　⑥（宋）尹洙：《贺枢密副使富谏议启》，《尹洙集编年校注》，第260页。

　　⑦（宋）韩琦：《故观文殿学士太子少师致仕赠太子太师欧阳公墓志铭》，《安阳集》卷50，《安阳集编年笺注》，第1537页。

不耐烦，并重新开始质疑积极近名论。"远名"观念从此在中央再度夺回统治权。不过，国家权力虽极为强力却并非是全能的，它不但无计控制声望系统的朝向和政治理念的转移，反而会给异议者增添许多失败英雄式的荣光。庆历五年（1045）年初，仁宗欲许范仲淹自请罢参政，宰臣章得象提醒说范"素有虚名，今一请遽罢，恐天下谓陛下轻黜贤臣"，遂与仁宗设计逐之。① 可见仁宗与老成士大夫亦忌惮范仲淹背后的声望体系。

三 回归：从后新政时代到嘉祐、治平之治

新政失败后的十余年时间，庆历士大夫虽集体谪居江湖，但他们先前协力改革的壮举以及后来治理地方的作为保证这一群体在士林依旧享有重名，范仲淹不幸于皇祐四年（1052）逝世，韩琦、富弼继承了范的政治遗志②，"韩、富"齐名于世，"并有天下之望"③。欧阳修的声名则更是政治、文学、学术多维度的，特别在文学领域，宋人谓庆历以后欧"以文章擅天下，世莫敢抗衡者"④。

庆历士大夫获得的支持主要来自以台谏和后辈士人为代表的中下层士人⑤，这其中最典型的例子要数贾黯。贾黯是为庆历六年（1046）进士科状元，他及第后几乎遍访庆历士大夫，先是致启问候

---

① （宋）李焘：《续资治通鉴长编》卷154，第3740页。

② 范仲淹晚年在给韩琦的信中屡次提到"公与彦国（富弼字），青春壮图，宜精意远略，行复大用，乞自重自重"，"吾道进退，无固必也，惟保得明公、彦国与此老（尹洙）无攀缘选取之阶，可不愧于天下"[（宋）范仲淹：《与韩魏公书》其十七、二十一，《范文正公尺牍》卷上、卷上，《范仲淹全集》，第675、676页]，颇有以道授受之意。另范仲淹在给杜衍的信中也说："天下始终不变者，仲淹惟敢保韩、富二公而已。"[（宋）韩忠彦：《韩魏公家传》卷10，《安阳集编年笺注》附录3，第1864页]

③ （宋）陈舜俞：《上韩相书》，《全宋文》卷1535，第70册，第324页。

④ （宋）叶梦得撰，徐行仪整理：《避暑录话》卷上，《全宋笔记》，第2编，第10册，第237页。洪本健《欧阳修入主文坛在庆历而非嘉祐》对欧阳修庆历以后的文章盟主地位有详细说明。

⑤ 后新政时代后辈士人追随庆历士大夫的现象，参见本书绪论及第六章第一节第二小节。

远贬滁州的欧阳修，还至兖州杜衍处拜谢。贾回到乡邦邓州，适逢范仲淹为守，遂向其求教，范赠以"不欺"二字。贾黯闻言终身不忘，常对人称道："吾得于范文正公者，平生用之不尽也。"① 庆历七年（1047），尹洙临终时贾黯亦往探视。是以这位青年官员嗣后回朝，"自以年少遭遇，备位谏官，果于言事。首论韩琦、富弼、范仲淹可大用"②，积极把士论传扬给宋廷。贾黯的做法在当时台谏中并不少见，他们一直提醒仁宗进退二府大臣须"顺天下之望""从天下之公议"③。同时，老成士大夫虽于庆历党争中胜出，却始终无法得到士林的信服，"位望益隆"而"才名益损"④。宰辅与台谏因此争执不断，呈现出"大臣体轻"而"台谏之职始振"的态势，二府大臣在位皆不长久。这与贬黜地方而名望正隆的庆历士大夫形成了鲜明的对比。后辈士人陈舜俞就曾在给富弼的上书中总结富贬外至归阙的十年间"朝廷之事日不治，阁下之望日益隆"⑤，在此阶段，士论再一次主动选择对抗国家权力，对下位者们表示了高度肯定。

到至和年间，仁宗决心改变"近岁以来大臣体轻"⑥ 造成的纷扰局面，方法即慎择大臣，"采天下公议所归"⑦。他乞灵于声望体系，终于不必再为宰臣人选而"焦劳见于容色"⑧。至和二年（1055）六月，仁宗罢免宰臣陈执中，同日并用富弼、文彦博为相，特意派遣内侍趁宣麻之际"密于百官班中听其论议"。结果富、文"久有人望"，"一旦复用，朝士往往相贺"。内侍还奏，仁宗大悦。

---

① （宋）邵伯温：《邵氏闻见录》卷8，第83页。

② （宋）李焘：《续资治通鉴长编》卷170，第4082页。

③ 参见（宋）李焘《续资治通鉴长编》卷165、卷179，第3967、4333页。

④ （宋）李焘：《续资治通鉴长编》卷164，第3943页。

⑤ （宋）陈舜俞：《上时相书》其一，《全宋文》卷1535，第70册，第326页。

⑥ （宋）欧阳修：《论贾昌朝除枢密使札子》，《欧阳修全集》卷110，第1668页。

⑦ （宋）李焘：《续资治通鉴长编》卷176，第4264页。

⑧ 参见（宋）朱熹《三朝名臣言行录》卷3引《南丰杂识》，《朱子全书》，第12册，第442页。

几天后，他明知而故问时任翰林学士的欧阳修除用富、文"外议如何"。欧果然"以朝士相贺为对"。仁宗感慨："自古人君用人，或以梦卜。苟不知人，当从人望，梦卜岂足凭邪？"欧趁热打铁，代仁宗作《赐新除宰臣文彦博让恩命第二表不允仍断来章批答》有"永惟商、周之所记，至以梦卜而求贤，孰若用搢绅之公言，从中外之人望"之句，便具述仁宗之语。[①] 许是仁宗对自己这回黜陟大臣的"大手笔"太过得意了。稍后又逢旧相庞籍入对，仁宗问道："朕用二相何如？"庞答说："二臣皆朝廷高选，陛下拔之，甚副天下望。"仁宗补充："诚如卿言。文彦博犹多私，至于富弼，万口一词，皆曰贤相也。"庞则强调要看到公议之誉与谤两面会相互转换，并讽劝仁宗"用之则当信之坚，任之久，然后可以责成功"，颇得仁宗嗟赏。[②] 由此君臣互动可知声望体系施予权力分配的积极作用。同样在地方，陈舜俞记叙他身处的吴地听闻仁宗复召富弼归政府，"缙绅先生、庠序学士，至于岩穴逸处，皆奔走庆贺，谓国家太平一旦复兴，拭目而视，洗耳而听，不复有所疑虑"[③]，足见这次任命意义之重。

当时"以位符名"的人事安排不仅在宰相一级，而涉及许多中央清要之职。宰臣富弼和翰林学士欧阳修、中丞包拯、侍讲胡瑗"皆极天下之望"，被誉为"四真"。[④] 又富弼、欧阳修与中丞张昇被士大夫称为"三得人"[⑤]。嘉祐元年（1056），韩琦自相州归朝出任三司使，在道改除枢密使，亦令"缙绅之君子、闾巷之愚民""欣欣鼓舞，而引首北望，惟恐来朝之缓"[⑥]。三年（1058），韩琦接替文彦博为相。五年（1060），欧阳修拜枢副，次年进参政，由此开启

①　参见（宋）欧阳修《归田录》卷1，《欧阳修全集》卷126，第1917页。

②　（宋）李焘：《续资治通鉴长编》卷180，第4354页。

③　（宋）陈舜俞：《上时相书》其一，《全宋文》卷1535，第70册，第326页。

④　（宋）洪迈：《容斋随笔》五笔卷3，第866页。

⑤　（宋）李焘：《续资治通鉴长编》卷180，第4354页。

⑥　（宋）欧阳修：《与韩忠献王稚圭》其十八，《欧阳修全集》卷144，第2339页。

庆历士大夫长期当国的嘉祐、治平之治①。在治世的总体背景下，先前几近陵夷的中央决策层之权威得到重塑。

富弼、韩琦用人非常注重参考声望体系，富为相"守格法，行故事，而附以公议，无心于其间，故百官任职，天下无事"②，韩汲引士人，"多正直有名，或忠厚可镇风俗，列侍从、备台谏，以公议用之，士莫自知出何人门下"③。仁宗末年，宰执韩琦、欧阳修与台谏司马光、吕诲、范镇、包拯等还联手解决了继承危机，扶助英宗顺利即位，上下配合十分得力。因此，治平三年（1066）欧回顾说："自富弼、韩琦当国以来，十数年间，外自监司，内则省府官，比类选擢甚精，时亦得人，比于往年，绝不同也。"④ 从以公议进人到百官得人，声望体系与权力体系在这一阶段特别是嘉祐时期相辅相成，"声望政治"因而呈示出较为平和而持久的形态。

嘉祐六年（1061）前后，李清臣完成了他的贤良进卷。⑤ 其中有《劝吏策》一篇，主张以"示荣辱"为"劝吏之要"，认为"刑赏为一时之荣辱，而其权在时君；名义为万世之荣辱，而其权在清议。刑赏犹有弊也，名义未尝有弊也。故圣人先之以名义，而后之以刑赏"⑥，显示出"声望政治"下后辈士人尝试将声望体系融入政治体制的意愿。

四　解体：熙丰变法

不过，富、韩、欧诸人晚年的政治立场趋于保守，他们稳健的

---

① 按，"嘉祐、治平之治"一词借鉴刘子健对韩琦、富弼、欧阳修当政时段的描述，参见刘子健《欧阳修的治学与从政》，第224—247页。

② （宋）苏轼：《富郑公神道碑》，《苏轼文集》卷18，第533页。

③ （宋）李清臣：《韩忠献公琦行状》，《安阳集编年笺注》附录2，第1738页。

④ （宋）欧阳修：《独对语》，《欧阳修全集》卷119，第1835页。

⑤ 李清臣贤良进卷的具体情形，参见朱刚《唐宋"古文运动"与士大夫文学》，第292—296页。

⑥ 《全宋文》卷1715，第79册，第13—14页。

措政风格显然与他们年轻时曾引领的"英俊"理念相背。在某种意义上，他们业已蜕变为他们曾激烈反对的老成士大夫。因此，到治平时期，韩、欧皆陷入身居高位而誉望日减的困境。以"濮议"为代表的政争，既是言官与宰执之间矛盾的大爆发，是科举士大夫内部的代际冲突，同时也是"声望政治"自我更新的表征。

王安石、司马光等新一代士大夫开始崭露头角，很快成为众望所归附的对象。他们一方面接过刚直是尚的"英俊"理念，重视诤谏，呼吁变革，另一方面则对积极近名论有所反思。王安石撰《名实论》痛诋虚名乱实之弊，又曾讥讽范"天资明爽，但多暇日，故出人不远。其好广名誉，结游士，以为党助，甚坏风俗"。[①] 他和司马光、吕公著等人在皇祐、嘉祐之际颇为恬退，屡辞清要之职，竟致"得官辄让"一时间成为沽激求进的捷径。[②] 由此足见诸人言行的巨大影响力，以及政治投机事随时变，花样百出。新一代的知名士们虽较庆历士大夫更为远名，他们身负之高名却一点也不逊于年轻时候的前辈。是故，不难理解熙宁三年（1070）司马光为何要在《与王介甫书》中这样极写王的声名：

> 窃见介甫独负天下大名三十余年，才高而学富，难进而易退。远近之士，识与不识，咸谓介甫不起则已，起则太平可立致，生民咸被其泽矣。天子用此起介甫于不可起之中，引参大政，岂非欲望众人之所望于介甫邪？[③]

王安石在嘉祐至熙宁初年是当之无愧的士林领袖，也是当时改革诉求的代言人。正是凭借这近似当世圣人的高名，王安石被年轻的神

---

① 参见（宋）李焘《续资治通鉴长编》卷275，第6732页。

② 参见陈元锋《王安石屡辞馆职考论——兼论宋代馆职、词臣之荣显与迁除》，《文史哲》2002年第4期。

③ 《司马光集》卷60，第1255—1256页。

宗选中一道实践他的大有为之政。照理，王上台应当尽力满足"众人之所望"，但结果却是"士大夫在朝廷及自四方来者，莫不非议介甫，如出一口。下至闾阎细民、小吏走卒，亦切切怨叹，人人归咎于介甫"①。司马光向王安石强调，这是一个十分危险的信号，不仅会令王安石个人的美名毁于一旦，也会对以舆论为基础、以"名"为秩序的"声望政治"造成极大的破坏。

司马光的担忧最后成为现实，神宗和王安石的遇合造就了"声望政治"的高峰，也开启了它的终结之路。王安石依靠"声望政治"而得以行道，但他同时发现"声望政治"也给变法造成了不小的阻碍。因为有太多同样闻名天下的士大夫在坚决地反对新法，他们的异议足以鼓动"流俗"，影响舆论的风向。这其中有韩琦、富弼、欧阳修这样的三朝重臣，有司马光这样的同辈名臣，也有苏轼、苏辙这样的后起之秀。因此要推行新法，首先必须排抑这些当代知名士。自熙、丰之后，以新法为导向、以皇权为中心的权力体系持续压制舆论，以此打击声望体系，这成为北宋后期君主独裁的一个重要手段。宋神宗时代洛阳与汴梁之间呈现出前所未有的"政统"与"道统"、"师"与"吏"、政治重心与文化重心的分离格局②，和"声望政治"的破裂及沉沦无疑有着直接关联。

"声望政治"本质上是以士论为表征的社会声望体系独立并介入权力分配的结果。北宋中期的士阶层不再只是被动地等待君主的选择，他们始终主动地施加舆论压力，使君主不得不顾及士望的趋向，也令声名卓著者不得不维持众望。同时，"声望政治"虽总体上是倚靠舆论自下而上发起的，最终却离不开君主的认可。仁宗身为独裁天子而能尊重以台谏为代表的士论，重视辅弼之臣的选任，尝试理

---

① （宋）司马光：《与王介甫书》，《司马光集》卷60，第1255—1256页。

② 参见葛兆光《洛阳与汴梁：文化重心与政治重心的分离——关于11世纪80年代理学历史与思想的考察》，《历史研究》2000年第5期。

解积极近名论的意义，逐步适应和接纳声望体系，有意愿和士大夫一同开创"共治"局面，从而使得皇权与士权在互动中不断寻求新的平衡点。此是"声望政治"得以在曲折中形成和稳固的重要前提。在这个意义上，"声望政治"无疑折射出道统与政统在现实中既彼此对立又相互依倚的复杂关系。

综上所述，"近名"褒义化运动实质是一次与宋初以来政治传统决裂的理念革命，它折射出北宋中期士阶层在行动方式和价值观念上的质变，同当时有关朋党、言论、改革等政治议题的论争一道直接决定了北宋政治文化的整体转向。庆历士大夫通过修辞革命和政治实践完成了士阶层声望观念的破立，构建起一整套涵括个人修养论（名节）和国家治理论（名教）的积极近名论，促使士阶层重新拾起从五代起就长期遗落的名节。

和"近名"褒义化运动相表里的是"声望政治"，它在隐、显之间有规律的交替构成北宋中期政治史的重要线索。"声望政治"作为声望与权力的结合体，其隐、显主要取决于两者的关系，而两者关系则由具体的情境所决定。当国家面临危机或社会普遍要求变革，声望体系的政治作用力会得到极大的释放，那些公认的贤才也会得到统治者的青睐。这是庆历新政和王安石变法得以开展的重要前提。而一旦局势恢复平和，官僚制求稳的倾向压倒一切，权力对于声望天然存在的斥力又重新增长，士林领袖也转而受到统治者的猜忌。这是庆历新政无法持久的关键原因。

"近名"褒义化运动和"声望政治"在庆历士大夫的主导下同步推进，彼此激发。它们分别从观念层面和政治层面反映出北宋中期士阶层的名的自觉。名节从此不仅被视作士个人立身立朝的根本，也真正成为士人阶层的关系基础和分等标准。在这个公认人才极盛、名公辈出的伟大时代，声望"激劝天下"的作用是不应被忽视的。

第三节　美劝与言道："声望政治"
背景下的书体文新变

近年来，书信作为士人沟通与社交的重要媒介，颇受学界的瞩目。① 研究者通常将士人书信视为一种新开拓的史料来使用，聚焦于其承载了哪些公私信息，呈现了怎样的人际网络、书信文化。这类外部研究固然充分揭示了书信这一特定文类的文献价值、社会属性和政治功能，但把书信定为研究的材料而非对象，忽视书信文作为有待解读之文本的一面，亦不免造成某些研究上的盲区和留白。②

修书犹似晤语，实质是一个自我陈述同时影响他人的互动过程，故而书信文本的形式（怎么写）在重要性上往往不亚于其内容（写什么）。这里所谓形式，不仅指文体、书仪方面的规范，这在唐宋士人那里早已是一项必备的公共知识，也包括言说策略，即作者如何调动、创造和组织一系列语汇、词藻、格言、修辞、话术来清晰地表情达意，并引导读者做出符合预期的回应。这些形式要素特别是后者一方面考验作者自身的才华以及其对投献对象、人际关系的认知，另一方面则使书信文普遍成为"内馨于悃愊，外影于藻翰"的

① 士人书信研究见重的标志性事件是 2014 年在英国牛津大学彭布罗克学院举办的"宋金元时期士人的讯息沟通：以书信与笔记作为研究材料"（Letters and Notebooks as Sources for Elite Communication in China，900—1300）国际学术工作坊。会议主旨及代表论文参见朱铭坚、魏希德（Hilde De Weerdt）主持的《北大史学》第 20 辑"宋金元时期士人的书信往来与讯息沟通"专辑。

② 需要补充的是，就文学研究来看，唐宋士人书信并非热门话题，它们通常被当作探讨士人生平、交游、心态、文学思想以及行卷的材料而非独立的研究对象。这和史学的利用方式没有本质区别。较具文学意味的研究集中在文体学层面，不过一则局限于内容、风格的呈现，对文本形式的分析和创作范式的总结还有待推进，二则很少表现出文史交叉的视野。

"文辞"①。尤其对于那些有求于人的下位者来说，选择适宜的言说方式以打动进而说服高位者，是他们写作时必须反复斟酌的课题。"上书"② 也因此成为唐宋科举社会中格外讲求言辞艺术和尊卑秩序的一类文体。

---

① 参见（宋）王钦若等编纂《册府元龟》卷903，第10491页。又及，中唐以后，书已成为表现士人才性的重要文体。如于頔曾寄《文武顺圣乐辞》《天保乐诗》《读蔡琰胡笳辞诗》《移族从》《与京兆书》给韩愈，想必俱是其得意之作。又如权德舆在《徐泗濠节度使赠司徒张公文集序》中罗列众体，特别指出"痛诋时病，以发舒愤懑，则《投元杜诸宰相书》"[（唐）权德舆撰，蒋寅笺，唐元校，张静注：《权德舆诗文集编年校注》，辽海出版社2013年版，第536页]。其《比部郎中崔君元翰集序》则云"摅志气以申感慨，则与李都统及三从事书"（《权德舆诗文集编年校注》，第294页）。可见书体文在相当程度上已变成可以公开阅读的作品。因此，中晚唐人在干谒时也常献书为赞。如李观曾献"《安边书》《汉祖斩白蛇剑赞》《报弟书》《邠宁庆三州飨军记》《谒文宣王庙》《文大夫种碑》《项籍碑》《请修太学书》《吊韩弇没胡中文》等作"于兵部侍郎陆贽，还强调《报弟书》"最逐情"，冀陆一览。参见（唐）李观《帖经日上侍郎书》，（清）董诰等编《全唐文》卷533，中华书局1983年版，第5415页。

② 关于"上书"所指称的对象和范围，清人吴曾祺认为，"凡致之尊长者"皆称为"上书"，包含两体："进御者"归入奏议类，此体"始于战国，盛于汉，自元明以后不复见"；"非进御者"归入书牍类，此体"与书相类"。参见（清）吴曾祺《涵芬楼文谈附录文体刍言》，王水照编《历代文话》，第7册，复旦大学出版社2007年版，第6640—6644页。金传道考察历代《文选》类总集中的"上书""书"，指出"上书"皆指"进御者"，"非进御者"则属"书"类。参见金传道《北宋书信研究》，博士学位论文，复旦大学，2008年，第11页。吴、金的观点尚须进一步辨析。唐宋时期以"上某某书"为题的文章可分为上皇帝和上尊长两种情况。前一体属公文，是秦汉以前上书言事传统的延续，构成奏疏之外的非常规言事渠道；后一体属私书，也可被称为"上书"。如司马光《书仪》卷1"私书"类中就列有"上书"体，以示"上尊官之仪"。从唐宋文集的类目看，时人多将上尊长书归入"书"，把上皇帝书独立为和"书"有关联的"上书"，如周必大编《欧阳文忠公集》卷45、卷46为"上书"，卷47为"书"，或如吕祖谦编《皇朝文鉴》，干脆将上皇帝书并入"奏疏"，同时把上尊官书置于"书"类。不过，当时也不乏把两类文体都归入"书"的情况，如《文苑英华》卷667至卷693"书"类涵括两体，北宋刻本《范文正公文集》卷9"书"亦然。复如《新刊国朝二百家名贤文粹》卷68至卷114收录"书"，按上书对象依次罗列"上皇帝书""上宰相书""上台谏书"诸门类。可见，上皇帝书的功能和奏疏无异，又带有书信的制式特征，故出现两属现象。上尊长书则一般被归入"书"类，亦可被视为广义的上书。本文探讨的"上书"指上尊长书。

古人对书信之形式早有关注。刘勰讨论"书记"首先即强调其风格与"尽言"功能之间的联系。他通过阐明春秋以来诸经典作家作品各具特色的"翰墨""辞气"，指出修书"宜条畅以任气，优柔以怿怀；文明从容，亦心声之献酬也"。① 这提醒我们，文本细读特别是形式分析是深入文本和"心声"的通路，也是开掘士人关系及政治文化地层的利器。

循此理路审视唐宋时期的士人上书，不难在一众下位者干谒的颂声中辨识出一组面目特异的文本。在这些书信中，私人的利益请托被公共的政治诉求所取代。中下层士人们发展出一套称美誉望以劝讽有为的话语模式，意欲借助舆论和声望督促得位者采取符合士林期待的政治行动。这一群体书写现象集中出现在北宋中期，起始于仁宗明道二年（1033）欧阳修《上范司谏书》及石介寄予台官的四通上书。在这段历史转型的关键期，中下层士人不仅及时察知时风的动向，更主动参与政治文化变革的进程，经由书写完成一场场自下而上的人际互动和政治实践。

一　欧阳修、石介明道二年上书的修辞术与行道观

明道二年（1033）三月，刘太后过世，仁宗亲政。他随即调整朝中人事，罢黜太后生前任用的二府大臣，召还范仲淹、孔道辅、范讽、李纮、郭劝、段少连等一批直臣，授予言职。这个"睿谟圣政，赫然日新"② 的时刻令士人们无比振奋。很快，初入仕途的欧阳修从洛阳投书右司谏范仲淹，向这位钦慕已久的前辈诉说了自己的期望和忧虑。

《上范司谏书》③ 素被古文评点家们认为集中体现了欧氏纡余委备的个人风格。此信通篇围绕谏诤问题往复论说，"一线联络，中自

---

① 参见（梁）刘勰《增订文心雕龙校注》卷 5《书记第二十五》，第 341—342 页。

② （宋）石介：《宋颂·明道》，《徂徕石先生文集》卷 1，第 6 页。

③ （宋）欧阳修：《欧阳修全集》卷 67，第 973—975 页。

具千回百折之势"①。欧阳修首先言明这是一封贺信。他解释说，司谏不过七品卑官，却关系"天下之得失、一时之公议"，是足能兼济天下的关键职位，虽与宰相高下悬殊，在行道的广度和效力上则殊途同归。这就意味着，谏官不仅和宰相一样"系天下之事，亦任天下之责"，其自身又受舆论监督，故应忧虑"君子百世之讥"。由谏官之卑写至谏官之重，由谏官可贺讲到谏官可惧，欧阳修提笔就"作数层跌扑"②，使书信从一开始便显出屈曲摇曳之致。

谏官既如此吃紧，自是"非材且贤者，不能为也"。欧阳修的笔墨遂从谏官落到范仲淹身上。由于范被召归阙及就任谏官是当时的热点事件，欧特意引入包括他本人在内的"洛之士大夫"的群议，以与范本人的遭际和表现相参验，而前者在相当程度上就代表着舆论。"洛之士大夫"先是逆知像范这样的干材回朝必为言官，果如其言。嗣后他们又预言如范之贤，在位必面折庭争，结果"翘首企足，伫乎有闻，而卒未也"。此一节欧阳修依旧采用欲抑先扬的曲笔，落脚在一"惑"字，暗示范氏所为够不上"材且贤"的盛名。行文到此，欧仍不放松，自代范假想出可能的解释："有待而为"。这看似是热心地替范缓颊，实则是为后篇设置一个集矢的箭靶，从而减缩所有可能的辩解和转圜的空间，依旧是将取姑予的路数。

接下来，欧阳修宕开一笔，转而讨论韩愈作《争臣论》讥诮阳城不能极谏事。阳城是唐德宗时知名的谏官，他由处士被征为谏议大夫。京师之人"皆想望风采"，认定阳城"能自苦刻，不乐名利，必谏诤死职下"③，他到任五年却始终无所建明，激起韩愈作论非之。又过二年，阳城方"庭论陆贽，及沮裴延龄作相"，成就直名。鉴于阳城"卒以谏显"，有一种观点认为他实是"有待而然"，韩愈

---

① （清）朱宗洛：《古文一隅评文》卷下，《历代文话》，第4册，第4208页。

② （清）浦起龙辑：《古文眉诠》卷57，乾隆九年（1744）三吴书院刻本，第19页b。

③ 参见（唐）韩愈撰《顺宗实录》卷4，（宋）魏仲举集注，郝润华、王东峰整理《五百家注韩昌黎集》外集卷9，中华书局2019年版，第1619页。

"不识其意而妄讥"。不难看出，欧阳修意在以古喻今，只要阐明韩愈作论的合理和适时，就能在相当程度上证明自己修书亦是义举。欧论证道，德宗时内外多事，阳城"宜朝拜官而夕奏疏"，他适逢陆、裴之事"一谏而罢"，无非搪塞其言责罢了。再者，如若阳城不及七年便迁职，终究是缄默无为。

随后，欧阳修更是步步进逼。他先类比古今：一则"今之居官者"迁转频繁，在任时间有限，绝无可能"待乎七年"；二则现今虽天下无事，但仁宗"欲闻正议而乐谠言"，以故擢用直臣，范仲淹亟须有所作为，"使天下知朝廷有正士，而彰吾君有纳谏之明"。因此当下进言的必要性比之唐时有过之而无不及。这一段说理从特殊性立论，一一照管前文，滴水不漏。然后欧阳修又描述了士人出处的普遍表现，他们在野时"常恨不见用"，及至在朝或推说不敢越职言事，或推说位卑不得言，或推说有待而为，结果"终无一人言"，这是值得反思和警醒的。至此，欧阳修完成了辩护，他充分说明，自己仿效韩愈发声绝非妄议，同时有待云云无论在古在今皆是诿过之辞和后见之明。

既然谏官"任天下之责，惧百世之讥"，既然君子已发牢骚，并拒绝接受有待之类的托词，那么，范仲淹如今若要保全声名，唯有一改前态，"思天子所以见用之意，惧君子百世之讥，一陈昌言，以塞重望，且解洛之士大夫之惑"。欧阳修在文末作了简洁而有力的收束，明确地表达了真实的写作意图，点到即止。《上范司谏书》也从开场的贺信一变而为一封极高明的让书。

欧阳修的本意不过是督促当下有负众望的范司谏能够立即直言诤谏，却敷演出一篇如许开阖跌宕的绝妙文字。他善作"层层展放，层层扑击"[1]，一方面使所有的责难和激劝都有称誉和让步为之作衬，另一方面他对谏官之重、范氏之名的褒美也在后文对照下尽皆转化为切实的期待和压力。就这样，欧阳修令积极、消极两类看似

---

[1]　（清）浦起龙辑：《古文眉诠》卷57，第20页a。

对立的话语环环相扣，彼此依存，精巧地交织成文，由此反复积蓄和倾泻势能，造就文势有如大江逶迤，中多波澜起伏，却一径东注，愈转愈深。金圣叹评说《上范司谏书》"严意，行以宽笔。严，故听者竦仄；宽，故读者愉乐"①，便准确把握住了欧阳修所采用的复合型言说方式。尤其和以问对结构全篇的《争臣论》相比，韩子议论率直，锋芒毕出；欧公说理委婉，柔中有刚。两文各臻其妙。欧之笔调虽异于韩，其态度却同样郑重、坚决，不许有任何商量和宽贷的余地，丝毫不让前辈。他相信自己这封以美为劝的书信能够在维系关系的同时有效地促成范仲淹的改变。

无独有偶，同是在明道二年（1033），欧阳修的同年兼挚友石介也深受仁宗亲政的鼓舞，先于五月接连写信给新任侍御史知杂事李纮、殿中侍御史郭劝和御史中丞范讽，又于年底致书新任御史中丞孔道辅。石氏这四份寄上台官的书信与欧书遥相呼应，皆采用先颂扬后劝诫的形式以敦促言官净谏，共享大体相同的话语模式和政治诉求。

如石介在《上李杂端书》② 里同样强调御史匡正天下纲纪的重要职责，借此期望李在位"既克知其理，又克行其事"。同时，石介也注重声望之于士大夫的意义。他特别指出，李纮之能乘时得位，是因其刚直之声名广受士林传颂，又得仁宗垂青。因此，李在得位之初就背负上了以实副名的重任，即须以直道始终，用将来直言敢谏的称职表现来回报当下的"天子意、天下称"。

《上郭殿院书》③ 主写舆论监督的作用。石介先是通过记叙郭劝、曹修古、杨偕、段少连四位前宪臣贬外和回朝的事迹，歌颂四人以直道进退，一再令"天下想望四御史风采，颂叹四御史声烈"，是为应时运而生的御史人选。继而，石介追述元稹变节自保而遭人

---

① 参见（清）金圣叹《天下才子必读书》卷13，陆林辑校整理《金圣叹全集》，凤凰出版社2016年版，第5册，第467页。

② 参见《徂徕石先生文集》卷14，第160—161页。

③ 参见《徂徕石先生文集》卷12，第133—135页。

讥鄙的实例，再次对郭劝等人提出善始善终的要求。他这样强调，当郭劝等人凭仗直名得君逢时之际，"天下倾耳拭目以观御史之举"，他们立朝的一言一行无一不在士论的注目和评判下，是故必须做到"能有其初，能有其终"才能避免背负恶名。

《上范中丞书》① 以美为劝的作旨最为直露。石介先是在仁宗主持的一系列举措中突显李迪拜相、范讽任御史中丞的意义，他们"简在帝心，符于物望"，此回被天子委以重任，一"出天下之政令"，一"持天下之纪纲"，必能造致"人神上下，胥相协庆，穷天之垠，合亿万口，并亿万心，如一心，如一口，无人异辞"的谐和局面。于是石介极写两人大用的消息流播天下的热烈场面，更借各色人物之口传达出对政治革新的殷切企盼，当下所有的问题都将"待吾天子、吾相国、吾中丞"而一举解决，所有的弱势群体都将"为吾天子、吾相国、吾中丞"所拯救。石介因此畅想："惟相国、中丞为天子、为天下致太平焉。"为证开太平适逢其时，石介又历数三代至汉唐的圣君贤臣以说明仁宗与李迪、范讽"圣贤符会，千载旦暮，在此时也"。在前文蓄势已足的情况下，石介催促李、范"竭王佐之才，馨忠臣之节，以副人主急太平之意，符天下倾耳拭目之望"，一笔将千古圣贤的使命、天下万民的期待压在二人肩头，足有千钧之重。

《上孔中丞书》② 则统合了前面出现的各类书写要素，如称扬孔道辅兼有天下之名与朝廷之位，故将以夫子之道事君济世，如强调御史中丞职责之重，如赞颂仁宗擢用孔为顺天应人之举，如以官员由謇谔转入缄默的反面事例讽劝孔以直道始终。这些表述也都可以被归在以美为劝的话语框架下。石介又特意于此信后幅稍作变化，讲述"君子常不胜小人"的困境，并指出这与君子"不能死节以永终誉"直接相关。是故，在孔道辅履新逾月而未见作为的关口，石

---

① 参见《徂徕石先生文集》卷12，第129—132页。
② 参见《徂徕石先生文集》卷13，第149—150页。

介告诫这位他一直敬重的夫子苗裔，善始善终不仅是为一己之名节，更是关乎君子能否取信于天下的大事。

　　石介的这四封上书主要为勉励台官而作，和欧阳修意兼讥劝稍有不同。欧是在劝人改过，石介则多为防患未然。同时，有别于《上范司谏书》的用语节制、下笔从容、结构精巧，石介的上书在其情绪激昂的状态下写成，文中不乏他本人好发的排比和大言，相对而言稍欠打磨，文本层次也较单一。但正因如此，这些文本以美为劝的特征反而愈加显豁。石介大费笔墨极力揄扬上书对象，首先当然是为传达景仰之情，同时这些褒语又别具深意，台官的重要性越被石介描摹，上书对象越受石介推尊，他们之得位越被石介描述得意义重大，他们的言责就越被认定是不可或缺且不可推却的。借韩愈的说法，石介之"称道过盛"实意在"诱之而欲其至于是"①。再就文章整体来说，这些褒语还起到铺垫作用，和后文的劝言紧密配合，一道组成善始善终的规诫，绝不能等闲视为谀辞。

　　在仁宗朝政治重启的节点，欧阳修、石介不约而同地重视言官群体，借助舆论积极表彰刚直敢言的政治人格，不单是对仁宗开辟言路及时做出反应，更和他们自身对言道关系的思考有直接关联。两人上书言官督促他们履职进谏，实质上构成了双重的以言行道的实践。

二　仁宗朝以美为劝的书体文新范式及其内涵

　　欧阳修、石介明道二年（1033）的上言官书，以迂曲的言说策略、公共的利益诉求和强烈的行道意识，昭示唐宋上书谱系中一种创作新范式的兴起。就其以颂美为主的面貌以及有求于人的作旨看，这类书信和唐宋时期颇繁盛的干谒书信近似，只是前者出于公义，意在劝诫，和后者的恭维之词、私请目的迥然不同。而就议论公事的性质看，这类书信又和传统的士人言事上书相通。"上书"自其诞

---

　　① 参见（唐）韩愈《与卫中行书》，《韩昌黎文集校注》卷3，第193页。

生之日起便承担着"陈事"的功能①。唐代士人亦间有上书大臣论政的情形，如张九龄《上姚令公书》、王昌龄《上李侍郎书》、陆长源《上宰相书》、李观《上陆相公书》、杜牧《上泽潞刘司徒书》等。这类上尊官书一则大都以事而非人为中心，偏重讨论具体政务而非普遍原则；二则言说方式较为直露，多未充分利用声望和舆论作为进言的依托；三则上书对象不是宰相一级的高层官员就是地方大僚。唯贞元二十一年（805）白居易代人作与宰相韦执谊的上书和元和三年（808）韩愈写给隐士李渤的信件，已或部分或简略地采用美劝形式传达行道观念，彰显中唐士人之于北宋士人的先导作用。直到欧阳修、石介之上书问世，以美为劝的士人书信才真正融合唐宋上尊长书的两大传统而完成体式的构建，其创作遂从自发走向自觉，从个别推广到集体，进而形成两宋书体文创作的新风尚。

在欧、石上书后的很长一段时间内，中下层士人密切地关注着"材且贤者"的进退语默，一旦这些名贤身居行道之要津（通常是宰执或言官），或到任后表现不佳，或有外任的趋势，他们会立即行动起来，致信得位者，敦促其居官有为，娴熟地利用颂美达成讽劝的目标。这类以美为劝的上尊长书（及若干与友书启）于北宋中期持续涌现，汇成一个在形式特征和创作意图上都高度一致的群体书写现象，其总体面貌如下表所示：

写作时间	作者	对象	文本或文献来源
明道二年（1033）	欧阳修	范仲淹	《上范司谏书》
	石介	范讽	《上范中丞书》
		郭劝	《上郭殿院书》
		李纮	《上李杂端书》
		孔道辅	《上孔中丞书》
宝元元年（1038）	苏舜钦	杜衍	《上京兆杜公书》

---

① 参见（北齐）颜之推《颜氏家训集解》卷5，第330页。

写作时间	作者	对象	文本或文献来源
康定元年（1040）	石介	杜衍	《上杜副枢书》
庆历元年（1041）	曾巩	田况	《上田正言书》
庆历二年（1042）	苏舜钦	杜衍	《答杜公书》
	石介	苏颂、苏绅	佚，《丞相魏公谭训》卷6
庆历三年（1043）	钱彦远	杜衍	《贺杜相公书》
	李觏	范仲淹	《寄上范参政书》
	尹洙	范仲淹	《贺参政范谏议启》
		富弼	《贺枢密副使富谏议启》
	王安石	田况	《上田正言书》其一
庆历四年（1044）	苏舜钦	范仲淹	《上范公参政书》
	尹洙	范仲淹	《答河东宣抚参政范谏议启》
	石介	富弼	佚，《续资治通鉴长编》卷150
	王安石	田况	《上田正言书》其二
庆历五年（1045）	曾巩	欧阳修、蔡襄	《上欧蔡书》
庆历八年（1048）	蒲宗孟	何郯	佚，参见《上钱司谏书》
		钱彦远	《上钱司谏书》
至和二年（1055）	陈舜俞	富弼	《上时相书》其一
	司马光	范镇	《与范景仁书》
嘉祐元年（1056）	陈舜俞	富弼	《上时相书》其二
	苏洵	富弼	《上富丞相书》
嘉祐三年（1058）	陈舜俞	富弼	《上时相书》其四
		韩琦	《上韩相书》
嘉祐四年（1059）	张田	富弼	佚，《续资治通鉴长编》卷190
嘉祐五年（1060）	苏辙	富弼	《上昭文富丞相书》
嘉祐六年（1061）	陈舜俞	欧阳修	《上欧阳参政侍郎书》其一

　　这些以美为劝的书信在特定历史阶段大量集聚绝非偶然，离不开范、欧、石等庆历士大夫的尝试和示范。以庆历新政为界，前期的上书活动主要由欧阳修、石介、苏舜钦发起，对象则包括庆历士大夫中的先达范仲淹、杜衍和庇护人王曾，以及范讽、郭劝、李纮、

孔道辅等年辈稍长的同道。新政前后的上书发起人除石介、尹洙、苏舜钦、李觏外，曾巩、王安石、苏洵、钱彦远、陈舜俞等深受庆历士大夫感召的后辈士人也开始参与其中，杜衍、范仲淹、富弼、欧阳修、蔡襄、田况等得位的庆历士大夫成为收信的一方。仁宗朝后期，上书者的位置完全由成长于新型政治文化下的后辈士人接替，对象则集中在嘉祐之际久居高位的富、韩、欧身上，另外还有部分台谏。总之，伴随政治地位的变迁，庆历士大夫的角色由作者、读者兼有向读者转移。

这些以美为劝的书信为我们展示了北宋新型士人群体内部特有的人际关系。他们主要基于精神的共鸣而聚合在一起，本质上是一个道义共同体。刚直有为的人格、得位行道的原则以及致治太平的目标是他们的共识。在道的维度上没有尊卑长幼，只有公是公非。因此下位者自觉有义务也有能力监督同道是否得位行道。同时，这类士人书信也揭示了上述关系得以成立的具体表现。下面将以四个关键词为线索加以阐明。

首先是进言动因：责善。明人马峦认为，欧阳修《上范司谏书》和司马光《与范景仁书》承载着"古人责善之风"。①　洵为的评。中下层士人之所以采取以美为劝的言说方式，其中一个重要原因是他们总体上依旧非常认可上书对象，对其心存冀望。正所谓"君子之爱人以德"，敬慕之深，故责望之切。上书人主要出于爱戴之心和报恩之意才汲汲进言，提出善意的忠告或批评。他们由衷为君子得位感到欣喜，并希望他能够善始善终。这些得位者有一点不惬人意的表现，就足以让他们万分忧虑。因此，苏洵会对富弼表示："古之君子，爱其人也则忧其无成"②　王安石报偿言官田况之奖诲知遇的方式是倾诉自己及他人之"疑"，一如当年欧箴刺范。钱彦远则在议论

---

① （明）马峦、（清）顾栋高撰，冯惠民整理：《司马光年谱》卷6，中华书局1990年版，第412页。

② （宋）苏洵：《上富丞相书》，《嘉祐集笺注》卷11，第308页。

一番"贤材得失在宰相"后向杜衍说明："唯受恩最深，敢用常礼圚牍引虚辞谀公，小人也。颇因古义以献。且知不言，负公矣，言不行，亦在公矣。"① 就这样，一封封贺信变成了大谈得位行道的劝诫之书。

其次是上书根源：理想。对照史书，我们往往会发现许多上书似乎就是"不识其意而妄讥"。如明道二年（1033）石介见孔道辅"为中丞逾月，而未闻有举"便赶忙作书，欧阳修亦对范仲淹耐心无多。其实就在当年年底，孔、范率众台谏伏阁请对，抗议仁宗废黜郭皇后，传为一时美事。由此看来，石、欧上书似过于毛躁。再如庆历新政期间，苏舜钦认定范仲淹的改革方向有误，便赶忙告知更为激进的方案。石介致信富弼，"责以行伊、周之事"②，终落人口实。从结果看，两人的上书似是书生之见，多此一举。之所以出现这样的现象，一则当然是因为责善之切，更为根本的原因则是中下层士人的评价标准普遍过于高远。一方面，他们的行道理想落在现实政治中便是唯有宰执可行、台谏可言的根本之策、万世之谋、天下之功，非但一己之遭际无足挂齿，连日常措政、寻常官职也被他们认为不足为。因此，尹洙听闻范仲淹出朝巡边，会写信劝阻："愿明公深思根本，为国家谋长久之算，一堡一障不足以捍御，无或因循，异时负天下之望。"③ 另一方面，中下层士人不在其位，欠缺相关的政治经验，又担忧"岁月有去而无回，功名难成而易隳"④，故习惯用一种极其理想化的眼光时刻审视现实中得位的同道，一旦发现任何偏离道义的行为，便立即作书规劝。于是这些书信多陈义极高，一般不探究细务，亦不考虑现实的限制，只着力向得位者传递行道的信念，输出焦灼的情绪。而正是这份纯粹或者说"幼稚"成

---

① （宋）钱彦远：《贺杜相公书》，《全宋文》卷410，第20册，第42页。

② （宋）李焘：《续资治通鉴长编》卷150，第3637页。

③ （宋）尹洙：《答河东宣抚参政范谏议启》，《尹洙集编年校注》，第298页。

④ （宋）苏舜钦：《上范参政书并咨目七事》，《苏舜钦集编年校注》卷8，第530页。

就了一批踔厉风发、抑扬有致的作品。每一封上书实际上都是一次儒家理想主义的宣言，标识出北宋士人精神的高点。

再次是成书要素：舆论。舆论是下位者的武器，是他们无位而以言行道的底气所在。即使得位行道的理想不再被信奉，他们还有这个功利层面的撒手锏。当无数下位者集合起来发声，他们中的每一个人都将获得足够的勇气和权威逾越势位的悬隔而对高位者做出评判并提出要求。是故，中下层士人在上书中十分重视营造舆论的压力，以表面委婉实则强势的发言提醒上位者注意，迫使他们有所顾忌。石介就常在大力颂美后话锋一转，预设中途变节而引来天下人非议的后果来加重劝诫的分量。如《上李杂端书》"惧万一有所不副天子意、天下称"①，《上郭殿院书》"一言失，一善废，天下伺之，天下窥之"②，《上范中丞书》"无如太康之际，帝制遂不克振，使天下君子息心"③，《上孔中丞书》"阁下亦当大警戒之，勿使天下有所论"④，无一不是触目惊心的言论，犹如直刺要害的寸铁，令读信人无可回避。像这样的转折也广泛存在于其他士人的上书中。再者，为了增强舆论的效力，中下层士人还会强调"君子百世之讥"要远远重于行于一时的"有司之法"。这一观点在欧阳修《上范司谏书》里便已展露。苏舜钦也在《上京兆公书》中说："君子之为，不畏时王之罚，而畏众人之议；或众议喧哗，不可盖塞，则虽终日九迁，亦足羞也。"⑤ 从空间入手极力抬高舆论褒贬之于士大夫的意义，将之视作比朝廷赏罚更为根本的评价标准，用以增重己说。

最后是上书性质：公共。中下层士人上书所体现的责善风气、行道理想和舆论策略都是公共属性的，他们的眼界和心量不囿于自身，而扩充到至高至广的境地。这些士人不在其位而行其言，更是

---

① 《徂徕石先生文集》卷14，第162页。
② 《徂徕石先生文集》卷12，第135页。
③ 《徂徕石先生文集》卷12，第132页。
④ 《徂徕石先生文集》卷13，第150页。
⑤ 《苏舜钦集编年校注》卷6，第433页。

直接地呈示了以天下为己任的责任感。他们在信中往往强调公义远比私利重要，是衡量是非得失的唯一标尺。如苏舜钦告知岳父杜衍："若丈人得尽其才，使天下和平，某虽老死畎亩，终身不入仕宦，如在三旌之位也。"① 这即是前述石介言道观念的另一种表述，足见中下层士人的这类进言大多出自公心，盖为家国天下而非区区个人私情赞颂和求请在位者。即便他们渴望进用于时，也绝非贪求爵禄，而是为了实现自己兼济天下的志向。中下层士人还通过上书将这种自任以天下之重的使命感传达给得位者。如司马光于好友范镇就任谏官之际嘱咐他："自今日以往，天下之民万一有失职而吟叹者，景仁之责也。朝廷之政，万一有违理而伤道者，景仁之责也。"② 言责几乎被司马光提高到了顶点，可与欧书同看。陈舜俞则反复申说宰相富弼须"动天下之听，耸天下之观，释天下之疑，除天下之诮，复天下之望""来天下之言，收天下之计，塞天下之责，不遂失天下之望，保有天下之功"③，期望富一切政治行为的出发点和落脚点都放在"天下"上。因此，中下层士人会以"公议"自居，连许多上书也很快流入公共空间。如《上范司谏书》先是被范仲淹写入奏状，其中讨论谏官角色的片段又被司马光照搬进吕诲章奏集的序文里。可见，以美为劝的书信写作能盛行一时，欧阳修本人及其创作的影响力也是不容忽视的因素。

三　书体文与"声望政治"的关联

正是经由积极的写作和沟通，北宋中期的中下层士人摸索出自下而上乃至由野及朝的政治参与方式，并予以大规模实践。他们在极力褒扬和推举贤臣的同时也将自己行道的志愿寄托在他们身上，易言之，中下层士人既给予贤臣以崇高的声誉，又使他们不得不背

---

① （宋）苏舜钦：《答杜公书》，《全宋文》卷876，第41册，第51页。

② 《司马光集》卷59，第1235页。

③ （宋）陈舜俞：《上时相书》其一，《全宋文》卷1535，第70册，第330—331页。

负得位行道的期待。这便是上书者用复合型话语建构出的声望的二重性。在以美为劝的上书文本中，以舆论褒贬为表征的声望是贯穿始终、联结美劝的核心概念。上书者秉持"凡负天下之望者，必任天下之责"① 的写作逻辑，警告得位的贤臣盛名之下其实须副，否则只能吞下"负陛下任擢之意，而隳天下之望"② 的苦果。因此，他们很自然地提出"古人不以位为乐而以位为忧"③，得位者虽身至名位的高点，却也背负上了沉重的忧责，真正的挑战其实才刚刚开始。

值得注意的是，这些以美为劝的士人上书虽强调舆论效应、声望压力，实则没有权力赋予的强制力，它们主要依靠向内激发读信人自身的警惕、反思和焦虑来达成目的。职是之故，这些上书在北宋中期大量产生，折射出声望在彼时政治文化和士人观念中的崇高地位。易言之，以美为劝的书信群就直接来源于同时也有效作用于北宋中期的声望观念革命和"声望政治"过程，其于明道仁宗亲政、庆历新政以及嘉祐之治迎来三个创作高峰，正和"声望政治"的隐显交替同步。这些上书以个体为中心展开了"声望政治"运作的全过程：首先，众望者拥有十分丰厚的象征资本，他们往往能够在君主和舆论意见相合的关键时刻越级升迁，获得重要职位的任命；接着，众望者在得位之初就会面临上至天子下至士庶针对其个体提出的行道有为之期待和致治太平之目标；最后，众望者在整个任职期间都会担负保全名节的压力，他们必须竭力完成期待以符合人主意、天下望，否则将声名日减。

而要使声望完成从资本到压力的转化，有赖得位者的自觉。因此，中下层士人需要选择那些享有盛名同时自身亦重名的官员作为上书对象。于是北宋中期来自士林的以美为劝之声多数便落在庆历

① （宋）司马光：《与范景仁书》，《司马光集》卷59，第1234页。
② （宋）苏舜钦：《上京兆杜公书》，《苏舜钦集编年校注》卷6，第433页。
③ （宋）陈舜俞：《上时相书》其四，《全宋文》卷1536，第70册，第342页。

士大夫身上，令他们在朝始终都能切实知觉到源自声望和舆论的压力。庆历士大夫爱惜名节、重视舆论的特质亦决定了他们对此种重压极度敏感。当庆历士大夫经由"近名"褒义化运动把声望从私人领域里解放出来，强调其公共价值，他们也必须践行自己在积极近名论里承诺的行道有为的理想。随着声名的稳固增长和官位的曲折上升，他们受到的舆论关注越来越多，承担的士林期待越来越重，由此内化形成的保全名节的压力也愈加影响到他们的公共生活。对于这些长久处于"声望政治"中心的声名藉藉者来说，来自士林的拥戴是有选择有代价的，不在其位而有"天下之望"固是宝贵的政治资本，得位如何能"不失四海之望"① 却也成为他们不得不担荷的重负。

所谓"名声善恶存乎人"②。庆历士大夫的全名焦虑如前所论，实则来自士林的期望和评判，而君王拔用那些众口称道的贤臣，也是企望他们能一新庶政，致己尧舜。由于庆历士大夫先前的净谏活动把士林对于宰执的角色期望提升到了得君行道的高度，又兼庆历、嘉祐之际变革呼声高涨，待他们自居此位躬行其职，便不得不面对现实行政与政治理想之间的巨大差距，以及时人愈发严苛的评判目光和践诺要求，由此背上异常沉重的心理负担。庆历士大夫假如不能完成合"实"与"名"的全过程，则先前之声望终将化作虚名，士林往日之称誉亦反会转为訾议。而对于他们这些重名者来说，志同道合者责善的批评其实远比政敌恶毒的攻讦更能引发他们心灵深处的震动和不安。庆历士大夫得位后摆出有为姿态，不仅是为追求理想和令名，也是为满足士林的特定期待以消除可能的"求全之毁"。庆历士大夫此种自外及内的居位压力于明道二年（1033）欧、石上书中就已发生，至他们集体立朝的庆历新政和嘉祐之治两个阶

---

① （宋）欧阳修：《论乞主张范仲淹富弼等行事札子》，《欧阳修全集》卷101，第1554页。

② （宋）韩愈：《与卫中行书》，《韩昌黎文集校注》卷3，第194页。

段则表现得愈发明显。

在庆历新政期间，时任谏官的蔡襄指出，士人之所以"指忠贤之士而属望焉"，是因为他们希冀忠贤之士得进用后君臣"庶其协力而大有为，以解焦劳之急"。① 李觏则提醒时任参政的范仲淹，他身处不"立天下之功"即"失天下之名"的境地，如若"患更张之难，以因循为便，扬汤止沸，日甚一日"，"则士林称颂不复得如司谏待制时矣"。② 仁宗在命词臣张方平撰写的除授范仲淹参知政事的制敕里也强调："大恩之下难为报，大名之下难为处。矧兼二者，可无勉哉！"③ 即以君恩与声望鞭策范仲淹尽心辅佐。嗣后，范仲淹等二府大臣每进见，仁宗"必以太平责之，数令条奏当世务"④。欧阳修听闻此事，立马上奏：范仲淹、富弼"是陛下特出圣意自选之人"，"初用之时，天下已皆相贺"，近日陛下"特开天章，从容访问，亲写手诏，督责丁宁"，又令"中外喧然，既惊且喜"，这两件盛事"固已朝报京师，暮传四海"，天下之人"皆谓自来未曾如此责任大臣"，于是"延首拭目"，都想看看"陛下欲作何事，此二人所报陛下果有何能"。⑤ 欧于一番铺陈后敦促道："陛下得失，在此一举；生民休戚，系此一时。以此而言，则仲淹等不可不尽心展效，陛下不宜不力主而行，使上不玷知人之明，下不失四海之望。"⑥ 欧阳修将以美为劝的笔法迁移到公文中，既表明舆论热烈拥护改革，也在向仁宗和革新派宰执传递压力。正是在士大夫与君主的合力催促下，范仲淹、富弼、韩琦等人先是屡屡辞授而不可，几乎是被声

---

① （宋）蔡襄：《乞用韩琦范仲淹奏》，《蔡忠惠集》卷18，《蔡襄集》，第334页。

② （宋）李觏：《寄上范参政书》，《李觏集》卷27，第299页。

③ （宋）王应麟：《困学纪闻》（全校本）卷19，第2031页。

④ （宋）李焘：《续资治通鉴长编》卷143，第3431页。

⑤ 参见（宋）欧阳修：《论乞主张范仲淹富弼等行事札子》，《欧阳修全集》卷101，第1553—1554页。

⑥ （宋）欧阳修：《论乞主张范仲淹富弼等行事札子》，《欧阳修全集》卷101，第1554页。

望裹挟着于短时间内上任、改革，最终到了"欲以岁月尽治天下事"① 的地步。但即便如此，他们一得位就有为的姿态仍无法获取舆论的全盘认可，苏舜钦于庆历四年（1044）五月寄上范仲淹的书信即具体呈现了彼时流传于士林之中的种种善意批评：

> 去年天子又采天下之议，召阁下入政府，天下之人踊跃咏歌，若己得之，皆曰："朝廷用人如此，万事何足虑！"日倾耳拭目，望阁下之所为。未及半年，时某自山阳还台，已闻道路传云：阁下"因循姑息，不肯建明大事。"时尚窃窃私语，未敢公然言也。某既绝不之信，必谓怨恶之人煽成此谤，谈者好奇易传耳。及至都下，言者稍众，不复避人矣。某始疑之，是何知于前而昏于此邪？既而又为辨之曰："治久疾者不可速责以效，苟以悍剂暴药攻之，死生未可知也。"谈者或然之。
>
> 已而某又当阁下之荐，不复可与众辨矣。与之合倡，实不忍为；但恻然愧羞，暗不敢言，而念虑终夕，不能去怀，乃知古之烈士为知己死者以此也。某又窃观阁下所为，于时亦孜孜数有建白，未甚为旷，是何毁之多也！岂诚之少衰，不锐于当年乎？岂施设之事，未合群望乎？岂以有高世之名，未见为高世之事乎？愚者不可晓。但闻论议之众，皆云："教训医工，更改磨勘，复职田，定赎刑之类，皆非当今至切之务。譬如倒悬者馈之以食，大馁者饮之以浆，徒益人之忿耳。"某受阁下非常之知，日思所报，欲阁下之誉复如当年，念之无他术焉，必取众议而用之，则皆厌然而服，不复有所诋訾矣。今辄条数事，布于左右，非出于浅见寡识，盖得之群言焉。若阁下择其一二，上闻而行之，于国甚利，人又甚乐，故非刻薄侥一时之利也。②

---

① （宋）苏洵：《上富丞相书》，《嘉祐集笺注》卷11，第309页。
② （宋）苏舜钦：《上范参政书并咨目七事》，《苏舜钦集编年校注》卷8，第528—529页。

苏舜钦上书之意可一言蔽之，即他因不满范仲淹主持之新政的力度与方向而提出若干具体建议。不过，苏显然并不急于直陈其事，而是选择将自身真正的意图包裹在不断膨胀的舆论当中渐次予以表露，真可谓才人狡狯之笔。因此他在书信中不避辞费地详述了士论从范仲淹得位之初的全力支持到窃议其因循姑息再到公然讥刺终至众口议论其改革政策有偏差的整个过程。这其中苏舜钦描绘的自我角色颇耐人寻味，他先是对窃议"绝不之信"，接着内心始生疑窦而口头为范辩解，继而受范举荐不复与人辩但"念虑终夕，不能去怀"，最后决定遍采群言上呈范处助其恢复声誉。这样一个主动连通士论与名臣的中介性质的发声者，使得作者的诤言不仅有出自公议的底气，又带有为人着想的亲切感。而这一角色的依违和为难恰反映出"声望政治"中下位者对上位者既十分信任又紧张对抗的暧昧态度。在迂曲地表明己意后，苏便径直要求范建事有为，于公是为维护声望体系在权力体系前面的信誉，于私则为保持士大夫最为根本的"平生令名"。苏舜钦对以美为劝模式稍做改造，将原本可能的訾议、潜在的损名后果皆落实为已形之事，极大加强了讽劝的力量。

至嘉祐、治平时期，韩琦、富弼与欧阳修等归阙得位的庆历士大夫再次背负上了声望压力。至和二年（1055）王令闻富弼入相即作诗：

> 元首赓歌乐股肱，四方强远喜声盈。忠贤不死天心在，辅弼终归圣虑精。中国自今应更重，本朝前日可嗟轻。要须待见成尧舜，未敢轻浮作颂声。①

这首七律很有概括力，几乎收纳"声望政治"的全部表现：帝王得

---

① （宋）王令：《闻富并州入相》，沈文倬点校《王令集》卷10，上海古籍出版社1980年版，第169页。

人之喜、四方欣戴之情、君子忠贤之称、大臣体重之望。尾联却在
迭声庆贺后反说不敢作颂，只因应来的太平盛世还未来，亦直指
"声望政治"的预期。

　　然而，当时士林中变法呼声虽高涨，主政的韩琦、富弼与欧阳
修等人的政治观念明显趋向稳健保守，他们之所为当然也无法令后
辈士大夫信服。至和二年（1055）年底陈舜俞即上书富弼，称士论
斥其"循常用例，未尝主事。殆失天下之望，为自安之计耳"①。嘉
祐三年（1058）韩琦拜相，陈舜俞又上书云富弼在任三年"未尝发
所蕴见洪业"，故望韩琦"无失其时，力行而已"。② 英宗朝爆发的
"濮议"更是这种不满情绪的一次激烈表达。韩、欧等宰执虽在此政
争中惨胜，却给自身名誉造成了极为严重的消极影响。

　　实际上，庆历士大夫对于来自声望和舆论的压力也有表述和回
应。康定元年（1040），范仲淹在举荐欧阳修的奏状中特别提到欧阳
修曾移书斥责自己"缄默无执"，将《上范司谏书》与欧痛诋谏官
高若讷的书信并列。足见范本人就已读出这本质上是一封严厉的让
书。庆历六年（1046），范仲淹在《邓州谢上表》中回顾他的参政
经历："革姑息之风，则谋身者切齿；尚循默之体，则忧国者寒心。
退孤上恩，进敛群怨。诚难处于要路，复请行于边鄙。"③ 可见范之
自请巡边，不仅是因"谋身者"的谗毁，还由于"忧国者"的责
难。政敌的攻讦、同道的期待以及君主的托付聚合成一种前所未有
的重负，令他深感难处要路。蔡襄、余靖诸谏官也同样自知士林期
望他们在任"必有建明"，是故他们时常担心自己难以称职，"上负
陛下选擢之恩，下负生灵困苦之望，忧虑终日，讥责满身"，甚而为
此自乞窜逐。④

　　欧阳修、富弼晚年也异常重视士林中的訾议。如富弼一接到陈

① （宋）陈舜俞：《上时相书》其一，《全宋文》卷 1535，第 70 册，第 328 页。
② （宋）陈舜俞：《上韩相书》，《全宋文》卷 1535，第 70 册，第 325 页。
③ 《范文正公文集》卷 18，《范仲淹全集》，第 419 页。
④ （宋）李焘：《续资治通鉴长编》卷 150，第 3657 页。

舜俞上书便招其对谈，向他解释自身的为政用心。陈从此一直和富保持联络，其后又进献《治说》五十篇，并于嘉祐四年（1059）举制科第一。这和庆历四年（1044）李觏应制科时随《寄上范参政书》附录《庆历民言》三十篇如出一辙。正是在此氛围下，苏轼、苏辙为应制举，均在上书干谒富弼时指摘其保守政风，以显示一己之胆识，很快获试并中制科。复如嘉祐四年（1059），三司使包拯荐张田权发遣度支判官，被宰执阻难。张田直接上书首相富弼，直指其举措有失，辜负天下重望，包拯由是得请。中下层士人利用富弼面对士林期望的忧虑反客为主，确保自己的声音能被倾听，甚至发展出一种迂曲的干谒方式。而欧阳修对于身处盛名之下、舆论中心的自觉是理解其晚年心态及创作的一个关键因素。得位行道的角色期望愈益构成他生命中的重负和羁束，并催生出内向的自讼意识。①梅尧臣感慨挚友"既负天下望，必忧天下责，每闻谏诤辞，苦意多矫激"②，可作欧一生写照。

　　古人向来强调，下位者若欲规箴上位者特别是人君，须"主文而谲谏"，即借助委婉的言辞进行讽劝，令"言之者无罪，闻之者足以戒"。③ 这其中的关键是妥善处理美、刺关系以达成讽谏的效果。北宋士人发掘了上书中颂辞的表意功能，促成美、刺（或劝）两种异质的话语在书信内部即产生相反相成的有机联系，最终在整体上形成以美为劝的合力，由此创作出一系列发语婉曲而用意谅直的文本，拓展了广义的讽喻书写的可能性。

　　这些书信文本也为我们揭橥党争叙事所遮蔽的历史细节。北宋新型士人共同体和而不同，其内部始终存在着张力。下位者与得位者之间围绕行道这一共同理想持续进行着双向的复杂的互动。那些富有超凡魅力气质的名臣一方面吸引广大士人聚集在他麾下，另一

---

① 参见本书第六章第四节。

② （宋）梅尧臣：《依韵奉和永叔感兴五首》其二，《梅尧臣集编年校注》卷26，第885页。

③ 参见《毛诗正义》卷1，《十三经注疏》，第566页。

方面也时刻受到士林群体力量的牵引。而中下层士人既主动追随"君子"对抗"小人"，同时也对自己的偶像进行着理性的审视乃至批判。正是通过类似的书写活动，中下层士人集结成一支极具活力的政治力量，在北宋中期的权力场中不断寻觅机会发出自己的声音。正如欧阳修所说："士之在下位而能以闻于上者，不有言者乎？"①以美为劝的书信群凸显了北宋新型士人群体的主动性和创造力，展现了道统超越政统的一条重要路径。

时至宋神宗朝，随着庆历士大夫集体退出历史舞台，以及"声望政治"经历新一轮高潮并迅速走向终结，以美为劝的书信作为一个大规模的群体书写现象也告一段落。不过，由庆历士大夫倡始的美劝形式与言道之辨依旧对两宋士人的上书活动和政治实践持续产生示范效应。一旦某些众望所归者得位或士林亟盼政治变革，来自中下层的以美为劝的声音仍会复现。如元丰末元祐初，司马光回朝主政，便收到许多督促其有为的书信。毕仲游上书强调司马光"以身任天下之重，而人以天下责公"，故应立刻废止新法。②司马光则不断回复"期待之过，而责望之重"③，深感来自重名的压力。至徽宗朝，那些素有直声的宰执或言官就位，也会引得人上书。如蜀地士人王赏《上张丞相书》《上吴中丞书》和彭俊民《上吴中丞书》便是典型文本。他们在信中上溯韩论欧书，追怀庆历、嘉祐之际范仲淹诸人的事迹，足证这类上书其来有自。复如乾道四年（1168），朱熹见陈俊卿拜相月余而"未有卓然大异于前日"，故寄去一封似贺实让的书信，讽劝这位"以大忠壮节早负天下之望"的名臣须当即求取士议众力以行道有为，这样"犹足以终慰天下之望，毋使前日

---

① （宋）欧阳修：《邢州观察支使张德熙可著作佐郎制》，《欧阳修全集》卷81，第1169页。

② （宋）毕仲游：《上门下侍郎司马温公书》，《全宋文》卷2393，第110册，第285—286页。

③ （宋）司马光：《答武功石令飞卿启》，《司马光集》卷62，第1299页。

之欣然者，更为今日之悒然也"。① 通过这种话语，不难窥见宋代新型士人精神承传演进的脉络。

第四节　变异的颂声：《庆历圣德颂》的文本结构与舆论效应

《庆历圣德颂》，这篇石介精心撰作于庆历三年（1043）四月旨在颂美人君圣德、歌咏一时盛事的诗什，可谓此山东大儒平生分量最重且在当时颇具影响力的大文字。不过，也正是本篇"褒贬大臣，分别邪正"② 之作，致使夏竦等气类不同者"恶之若仇"，不仅造成石氏晚年乃至身后的悲剧，连嗣后新政的失败和革新派的集体外贬，此诗亦"颇为累焉"。③ 据传，《庆历圣德颂》甫一问世，石介之师友孙复就预言"子祸始于此矣"④；范仲淹、韩琦这两位石介极力颂扬的大臣获悉此诗后，范抚股道："为此鬼怪辈坏了也。"韩亦谓："天下事不可如此，如此必不成。"均断言石介之举必误事。⑤

《庆历圣德颂》带有石介浓厚的个人风格，又深刻地改变了作者的人生轨迹，同时产生并作用于北宋中期的政治、舆论环境。故在宋人及后世的著述和言谈中，无论是有关石介本人的墓志、歌诗，抑或是叙及庆历新政的各类史传、笔记，皆不忘记下新政之初石介歌颂圣德一事，甚至《宋史·儒林传》还全录颂文。而又因《庆历圣德颂》对石氏个人生涯和庆历新政皆造成灾难性的后果，后人论

---

① （宋）朱熹：《贺陈丞相书》，《晦庵先生朱文公文集》卷24，《朱子全书》，第21册，第1092—1093页。

② （宋）欧阳修：《徂徕石先生墓志铭》，《欧阳修全集》卷34，第507页。

③ （宋）田况：《儒林公议》卷上，第7页。

④ （宋）欧阳修：《徂徕石先生墓志铭》，《欧阳修全集》卷34，第507页。

⑤ 参见（宋）罗从彦《遵尧录》卷6，《豫章罗先生文集》卷7，《宋集珍本丛刊》影印本，第32册，第430页。

及此颂皆是毁远多于誉。他们在叹惋石介之不幸及承认此颂之舆论辐射力的同时，还着重指摘石介的这一写作行为是极其轻率而偏激的，有太多非理性的成分，非但于事无补，终是自贻伊咎。这近乎成为古今共谈的"定谳"。

总体上看，这些批评的声音大致可分为三类：其一是不满石介此颂极端甚至情绪化的表述形式，如叶适谓石介"以其忿嫉不忍之意，发于偏宕太过之辞"①，多有褒贬失当之处，王之望也说《圣德颂》"真一代名笔"，"但语激讦而气不平，无宽裕优游之风"②；其二则直接否定石介擅分邪正的做法，有学者认为此颂"过为别白，私自尊尚"，使己方"负天下之令名"，则"非惟人情不堪，造物亦不吾堪"，遂激起被贬为"奸邪"一方的攻讦，致使党论再兴③；其三是抨击石介在功未成时便急于作颂，进而指出他自许"雅颂吾职"④实属匹夫横议，如四库馆臣质疑石介此颂学韩愈《元和圣德诗》而不伦，"唐宪宗削平淮蔡，功在社稷，愈仿雅颂以纪功，是其职也。至于贤奸黜陟，权在朝廷，非儒官所应议。且其人见在，非盖棺论定之时，迹涉嫌疑，尤不当播诸简牍，以分恩怨"⑤。总之，后人的议论无一不是在党争框架下展开的，他们集中批判的是石介党同伐异的习气，且明显偏重后者（即贬奸）。前揭孙、范、韩这些石介同仁的负面评价也在后世臧否之际被一再引述。⑥

石介《庆历圣德颂》的确对他个人和庆历新政都产生过严重的消极影响，这是毋庸置疑的事实（当然这也和夏竦疯狂而阴毒的报

---

① （宋）叶适：《习学记言序目》卷50，第746页。

② 参见（宋）王之望《上宰相书》其三，《全宋文》卷4360，第197册，第257页。

③ 《诸贤赞颂论疏》，《范仲淹全集》附录10，第1346页。

④ （宋）欧阳修：《徂徕石先生墓志铭》，《欧阳修全集》卷34，第507页。

⑤ （清）永瑢等：《四库全书总目》卷152《集部五》，第1312页。

⑥ 今人张兴武：《〈庆历圣德诗〉与北宋中期政治文化的转型》（《中华文史论丛》2017年第1期）已注意跳出党争框架，结合北宋中期的政治文化解读此颂。不过，张文强调党争理念对赋颂文学的影响，其思考仍处在党争的延长线上。

复不无关系）。然而，石介于新政前夜这一特定时点全力颂美明君贤臣绝非单纯是一场"自取其祸""怪鬼败事"的政治实践，甚至范、韩那两句著名的预测本身也很可能是他人假托的后见之明①。此类主

---

①　范、韩非议《庆历圣德颂》一事最初见载于罗从彦靖康元年（1126）编辑成书的《遵尧录》中（并非一般认为的南宋初成书的《枫窗小牍》）。按，罗从彦乃两宋之际的大儒，师从二程高弟杨时，而朱熹父朱松、师李侗皆曾问学于罗。罗从彦兼通史学与道学，《遵尧录》是他的代表著作，然亦间有记事不实处（参见梁天锡《遵尧录史事疏证》考异部分，台湾宋史座谈会编《宋史研究集》第13辑，国立编译馆中华丛书编审委员会1980年版，第359—472页）。《遵尧录》卷6记石介事如下："初晏殊、杜衍皆居相府，而仲淹、富弼、韩琦皆进用，以至台阁多一时之贤。太子中允石介作《庆历圣德诗》以褒贬大臣，分别邪正，累数百言。仲淹与韩琦适自陕西来，道中得之。仲淹抚股谓琦曰：'为此鬼怪辈坏了也。'琦曰：'天下事不可如此，如此必不成。'"（《豫章罗先生文集》卷7，《宋集珍本丛刊》影印本，第32册，第430页）此则记事由作颂之由、作颂经过、读者反应三部分组成，除第二部分取材自欧阳修《徂徕石先生墓志铭》外，第一、三部分皆须检讨。第一部分主要是细节有误，杜衍庆历四年（1044）九月方拜相，苏舜钦等馆阁群彦要到范仲淹在参政任上方举荐，均在石介作颂之后。第三部分则既不见时人如欧阳修、田况等人叙石介事时谈起，也不符合范、韩对石介的态度。范仲淹庆历六年（1046）在信中谈到石介："石先生芒角太高，常宜宽之。……曾劝他，余就洪守，石就汶倅，俱不听，直至惹祸。"［（宋）范仲淹：《与朱校理书》其二，《范文正公尺牍》卷下，《范仲淹全集》，第705—706页］一则范虽认识到石介为人有锋芒，但总体上对他仍是尊重宽容的；二则范信中提到的石"惹祸"事显在范仲淹归阙后，当指石介与富弼奏言遭夏竦篡改事。而韩琦与石介平素交厚，曾审读石介《三朝圣政录》并作序，庆历四年（1044）三月时任枢副的韩琦更是"荐国子监直讲石介、青州千乘县主簿孙复。介官置之文馆，复请改京官"［（宋）韩忠彦：《韩魏公家传》卷4，《安阳集编年笺注》附录3，第1792页］，朝廷从之。若韩在一年前就已逆料石成事不足，则以他向来稳重的性格决计不会行举荐事，而会像范那样劝石出判。因此，范在新政前夕不至痛贬石作颂为"怪鬼坏事"，韩也必无"天下事不可如此"之说。又及，新政前夕朝廷下令二府不得在私邸接见宾客，当时石介却"出入大臣之门，颇招宾客，预政事"［（元）脱脱：《宋史》卷432《列传第一百九十一》，第12836页］，曾过富弼处探听范仲淹、杜衍在滕宗谅案上的争议，可见革新派多未忌讳石介议论其事。斥石介为"怪鬼"者另有其人，应属反新政的阵营。欧阳修《读徂徕集》言："陈诗颂圣德，厥声续猗那。羔雁聘黄晞，晞守走邻家。施为可怪骇，世俗安委蛇。谤口由此起，中之若飞梭。"（《欧阳修全集》卷3，第43页）庆历士大夫深知石介个性，多抱平恕的态度，石介之举惊骇的是"世俗"一方。如张方平曾论石介礼聘黄晞事："前日狂生以羔雁聘之不受，何不与吃了羊、着了绢一任作怪？"［（宋）苏象先：《丞相魏公谭训》卷6，《苏魏公文集》附录1，（转下页）

流阐释的形成一则源于后人"倒放电影"式的认知模式，二则与两宋政治史研究中朋党视角的强势地位有关。一味强调《庆历圣德颂》贬奸的一面①，而忽略其以褒贤为主的整体性，难免会阻碍我们全面理解石介原本的写作意图。

是故，本文将首先从文本内部出发，经由互文性解读来把握《庆历圣德颂》的结构特征，即将该文本放置于石介个人的思维模式和仁宗朝"声望政治"的历史语境中来理解，由此进路探讨其"美得人"②

（接上页）第1160页] 罗从彦为强调"仲淹可谓明也矣"，故采信范、韩非议事，又因他的影响，此事在南宋广为朱熹、叶适等人所知。袁褧《枫窗小牍》乃至在《遵尧录》基础上又擅加"（夏）竦之密姻，有令于阁者，手录此颂进于二公，且口道竦非，为诸君子庆，二公去阁"[（宋）袁褧：《枫窗小牍》卷上，第5页]的情节，细节愈多愈不足信。试想范、韩若有意屏退旁人，则二人拊股密谈的情形何以为外人所知？此外，《五朝名臣言行录》卷7引《东轩笔录》载范仲淹任参政时谓石介"性亦好异，使为谏官，必以难行之事，责人君以必行。少拂其意，则引裾折槛，叩头流血，无所不为"，以此反驳欧阳修等"四谏"举荐石为谏官的请求（参见《朱子全书》，第12册，第216页）。此事田况《儒林公议》卷下亦载，叙述更为精炼，且将拒斥之言系于仁宗。田况熟识范、石、欧等人，庆历三年（1043）十一月至四年（1044）七月在朝参与新政，应亲见此事，又兼《儒林公议》如其名，叙事远比魏泰《东轩笔录》可信。是以此拒斥之语实为仁宗所言，被魏泰误置于范身上。同样的，叶梦得《避暑录话》引孙复之语自证其说："为天下不当如是，祸必自此始。"[（宋）叶梦得：《避暑录话》卷上，《全宋笔记》，第2编，第10册，第281页]则阑入《遵尧录》所载韩琦之言，使孙复从原先仅预言石介命运到预言新政成败。要之，随着石介沽激迂阔之形象在后世的定型，很快从北宋后期开始人们就不断层累地增添相关材料，突出其迂阔的一面，使其固化为基于此种性格的箭垛人物。无怪苏轼在《议学校贡举状》中举证："通经学古者，莫如孙复、石介，使孙复、石介尚在，则迂阔矫诞之士也，又可施之于政事之间乎？"（《苏轼文集》卷25，第724页）孙复、石介师徒已成"迂阔矫诞之士"的典型。这其中尤得石介赞赏并受石介行为影响的范、韩、孙的批评当然是最有说服力的证据，但正是这部分材料他人伪作、真假夹缠的情况最为严重，真可谓石介这位不幸者身后之又一厄。

① 北宋前期雅颂文学已出现"斥奸"的现象，太平兴国八年（983）胡旦献《河平颂》言逐卢多逊、出赵普事，有"逆逊投荒，奸普屏外"等语，引发太宗震怒，随即遭贬。参见（宋）李焘《续资治通鉴长编》卷24，第561页。胡旦此次献颂显出于投机目的，但也证明在宋代撰颂以分别邪正是很有风险的写作行为。

② （宋）欧阳修：《徂徕石先生墓志铭》，《欧阳修全集》卷34，第507页。

主旨的政治文化意涵和多重舆论效应。欧阳修在替挚友石介撰写墓志铭时感慨，石力行其学至于“违世惊众，人或笑之”，他本人必回击：“吾非狂痴者也。”当时唯“君子”能“察其行而信其言，推其用心而哀其志”。[①] 本文即尝试通过“察其行”“推其用心”来打破后人对于石介的刻板印象，发现他“柔”的那一面，同时证明《庆历圣德颂》既不是一次对既定事实的不合时宜的张扬，亦非对《元和圣德诗》拙劣而机械的模拟，它在新政时期的舆论场中也绝非突兀的存在，而是积极顺应北宋政治文化转型的“忧思深远”[②] 之作。在世所公认的石介最为迂怪矫诞的书写行为里，恰恰潜藏着诗人讲求修辞技巧和舆论策略的匠心，含蕴着他开风气之先的胆识。

一　《庆历圣德颂》与新政前后的政治情境

石介《庆历圣德颂》号称为“播吾君之休声烈光、神功圣德”[③] 而作，但此诗最引人瞩目和聚讼的无疑是它“褒贬大臣，分别邪正”的环节，其主体部分可被看作一组“名臣颂”的集合。[④] 南宋学者叶适阅读《庆历圣德颂》的感受就很典型，现引录于下：

> 《庆历圣德颂》，后世莫能定其是非，按《烝民》《韩奕》《崧高》《江汉》，皆指一人为一诗，其词优游，无克厉迫切之意，故曰：“人亦有言，柔则茹之，刚则吐之；惟仲山甫，柔亦

---

① （宋）欧阳修：《徂徕石先生墓志铭》，《欧阳修全集》卷34，第507页。

② （宋）欧阳修：《徂徕石先生墓志铭》，《欧阳修全集》卷34，第507页。

③ （宋）石介：《庆历圣德颂并序》，《徂徕石先生文集》卷1，第7页。

④ 雅颂文学的源头《诗经》就有不少歌颂贤臣的诗篇（以《大雅》为主），逮至汉唐，“名臣颂”更是构成雅颂文学的一个传统，这点宋人就有认识。宋初赵湘在《宋颂》序中说：“周公旦、召公奭、大圣大贤，捃摭《雅》《颂》，唱圣君贤臣之大业，发五声八音，风腾四方。”（《全宋文》卷171，第8册，第377页）又仁宗朝张俞《答吴职方书》罗列汉唐“名臣颂”谱系甚详，亦可参看。不过在歌咏君主的“圣德颂”里如此大张旗鼓地颂美多位贤臣，这在石介之前未有先例。这点对比《庆历圣德颂》和石介追步的《元和圣德诗》就能很清晰地看到。

不茹，刚亦不吐，不侮鳏寡，不畏强御。"抑扬予夺，至此极矣。仲淹方有盛名，举世和附，一旦骤用，出人主意，比仲山甫宜若无愧，颂之可也。而介所讲未详，乃以二十年间否泰消长之形，与当时用舍进退之迹，尽于一颂，明发机键以示小人，而导之报复，《易》所谓"翩翩不富""城复于隍"，若合契符，宜其不足以助治，而徒以自祸也。介死最为欧阳氏所哀，序《外制》，视颂语不稍异。然则修所见亦与介同者耶？①

叶适一方面肯定了石介作颂的外部条件，即范仲淹彼时既有盛誉，又得仁宗擢用，可比肩周宣王之贤臣仲山甫；另一方面又经由细审辞气否定了石氏之颂所呈现的"克厉迫切"的风格，石介试图将纵向的仁宗朝前期政争史（"二十年间否泰消长之形"）与横向的新政前夕人事变局（"当时用舍进退之迹"）尽纳于一颂，故采用合颂诸人的形制，这已然逾越《大雅》"指一人为一诗"的成例，破坏了雅颂文学应有的雍容舒徐的气度，终究只能是授人以柄。抛开叶适的价值评断不论，他对《庆历圣德颂》文本形态的描述可谓颇得其要。

《庆历圣德颂》的上述文本特征须置于彼时的政治文化情境中予以理解。庆历三年（1043）在仁宗朝政治史里是具有转折意义的中点，昭示着诸多政治线索的交汇、终结和开始。正是在这一年，明道二年（1033）以来的范、吕党争以庆历士大夫的胜出告一段落，宝元元年（1038）以来的西、北二边危机亦以和议收场，同时一场注定影响深远的政治革新正处于酝酿当中。这无疑是一个充满可能性的年代，仁宗朝前期兴起的新型政治理念（暂时地）获得仁宗和朝廷的接纳，原先一度饱受压抑的政治力量也被（有限地）整合进中央决策层和言官层。而这一切转变的前提在于当年三四月间仁宗的一系列政治部署，石介在颂序起首即以近乎实录的笔调呈现了这

---

① （宋）叶适：《习学记言序目》卷49，第732页。

一过程：

> 三月二十一日大晞，皇帝御紫宸殿朝百官，相（章）得象、（晏）殊，拜（夏）竦枢密使，（吕）夷简以司徒归第。二十二日，制命（贾）昌朝参知政事，（富）弼枢密副使。二十六日，敕除（欧阳）修、（余）靖、（王）素并充谏官。四月八日，皇帝御紫宸殿朝百官。（杜）衍枢密使，（范）仲淹、（韩）琦枢密副使，乃用御史中丞（王）拱宸、御史（沈）邈、御史（席）平、谏官修、靖十一疏，追竦枢密使敕。十三日敕，又除（蔡）襄为谏官。①

接着石介在长时段的历史脉络中凸显当下皇帝"退奸进贤"的盛举："上视汉、魏、隋、唐、五代，凡千五百年，其间非无圣神之主、盛明之时，未有如此选人之精，得人之多，进人之速，用人之尽，实为希阔殊尤，旷绝盛事。"② 这是一个声望体系和国家权力紧密结合、相得益彰的时刻。石介高声欢呼，范、富"实为不世出之贤"，"陛下有之"；"诸臣亦皆今天下之人望"，"为宰相谏官者，陛下尽用之"。③ 这批在当时表现出超凡魅力气质的士林领袖终于凭借众望超升而至中央决策层，仁宗朝的"声望政治"由此达到顶峰。士者国宝，儒者席珍。石认为虚夸祥瑞远不如歌咏此君臣相遇之盛事，因此他确定了《庆历圣德颂》正文"君臣一体"的写作逻辑：以美贤臣来颂君德，其写作重心自然从明君过渡到名臣上。

石介在正文"历颂群臣"④ 的部分也有自己的安排。这首先表现在诸人次第上，和颂序以日期先后及官职高卑为线索的史笔不同，颂文分咏二府（包括中书门下、枢密院）、谏院三个臣僚群，以表出

---

① （宋）石介：《庆历圣德颂并序》，《徂徕石先生文集》卷1，第7页。
② （宋）石介：《庆历圣德颂并序》，《徂徕石先生文集》卷1，第7页。
③ （宋）石介：《庆历圣德颂并序》，《徂徕石先生文集》卷1，第7页。
④ （宋）苏轼：《富郑公神道碑》，《苏轼文集》卷18，第531页。

仁宗"上倚辅弼，司予调燮。下赖谏诤，维予纪法"① 的深意。此外，诗人虽明言皇帝"举擢俊良，扫除妖魅。众贤之进，如茅斯拔。大奸之去，如距斯脱"②，但落实到具体写作上惟颂正人不斥奸邪，是故序文中出现的吕夷简、夏竦二人并未在正文部分实名登场。③ 序文与正文的次序异同参见下表：

序文	章得象	晏殊	夏竦	吕夷简	贾昌朝	富弼	欧阳修	余靖	王素	杜衍	范仲淹	韩琦	夏竦	蔡襄
正文	章得象	晏殊	贾昌朝		范仲淹	富弼	杜衍	韩琦	欧阳修		余靖	王素		蔡襄
字数	24	16	72		120	32	32		48		24	24		
	48		216			72			112					

---

① （宋）石介：《庆历圣德颂并序》，《徂徕石先生文集》卷1，第9—10页。

② （宋）石介：《庆历圣德颂并序》，《徂徕石先生文集》卷1，第9页。

③ 关于今本《徂徕集》中《庆历圣德颂》正文未斥奸邪的现象，有观点认为此非石介原文全本。如清人卢文弨注意到石介《庆历圣德颂》被时人评为"褒贬大臣，分别邪正"，正文却"于奸邪曾未指斥一人，不知当日何即以此召怒"，因此提出"今日之所传非全诗"的观点，其理由是"序云'颂一首，四言，凡九百六十字'，今止于七百六十八字，共少一百九十二字，则其为不全可知。其序列诸贤，自得象与殊、昌朝、仲淹、弼、衍、琦、修、靖、素、襄而下即承云：'皇帝明圣，忠邪辨别，举擢俊良，扫除妖魅。众贤之进，如茅斯拔；大奸之去，如距斯脱。'是其所云奸邪者，亦必实指其为某某，而今皆阙。吾意当时不独小人之党恶其指斥而灭去之，即正人君子之为守道计者，亦必共相与去之矣，故其全者遂不传。"参见（清）卢文弨撰，杨晓春点校《钟山札记》（与《龙城札记》《读史札记》合刊）卷1，中华书局2010年版，第33—34页。卢氏观点未必成立，一则《庆历圣德颂》毕竟是颂体，一般情况下不会出现百馀字的斥奸之语；二则《庆历圣德颂》在当时流传极广，石介友人不可能换掉所有文本。苏轼年幼时亲见此颂，概述此颂内容是"历颂群臣"，《宋史》亦全载颂文，与《徂徕集》中收录的版本无大异。至于序文中的"九"字很可能是"七"字形讹。此外，王铚《默记》卷中一条记事出现疑似今本《庆历圣德颂》以外的残句"惟竦、若讷，一妖一孽"[（宋）王铚：《默记》，第26页]，然高若讷庆历三年（1043）初任翰林侍读学士，非在贬者之列，也没有在颂序中出现，再加上这条记事本身就多有舛误，是故此残句显是后人模仿"惟仲淹、弼，一夔一契"而作的。

尤其值得注意的是，范仲淹被石介提到枢府臣僚群的最前列，并且明显可以看出，以范为界限，其后前并有着墨多寡、褒扬重轻之别。范之前的中书臣僚群地位最为尊崇，却并非石介书写的焦点。宰臣章得象、晏殊仅合称"重慎微密""君相予久"①，参政贾昌朝虽被许为"学问该洽"② 的儒者，然贾实以馆伴辽使有劳而受擢用，此事为石介所略。范之后的诸辅弼、谏官才是石介倾力塑造的人物，范仲淹、富弼被比拟作三代贤臣"一夔一契"③，韩琦被誉为"其器魁磊，岂视屇楔""可属大事，敦厚如勃"④，诗人之称美可谓无以复加。石介在表彰范、富、欧、余等人时还详叙他们先前忠直敢为的仕宦事迹作为佐证，足见其用心。

这样一个覆盖面广且有层次感的"名臣颂"体系说明，石介一方面肯定"老成""英俊"两方在危机当前之际同受仁宗所托和衷共济，另一方面则把革弊政开太平的有为期望放到以范、富、韩、欧为代表的庆历士大夫身上。石介的上述观念是和颂中诸人在明道、景祐以来声望体系里占据的位置相匹配的。苏轼曾追叙他年幼时诵读《庆历圣德颂》的经历：

> 庆历三年，轼始总角入乡校，士有自京师来者，以鲁人石守道所作《庆历圣德诗》示乡先生。轼从旁窃观，则能诵习其词，问先生以所颂十一人者何人也？先生曰："童子何用知之？"轼曰："此天人也耶，则不敢知；若亦人耳，何为其不可！"先生奇轼言，尽以告之，且曰："韩、范、富、欧阳，此四人者，人杰也。"⑤

---

① （宋）石介：《庆历圣德颂并序》，《徂徕石先生文集》卷1，第8页。
② （宋）石介：《庆历圣德颂并序》，《徂徕石先生文集》卷1，第8页。
③ （宋）石介：《庆历圣德颂并序》，《徂徕石先生文集》卷1，第9页。
④ （宋）石介：《庆历圣德颂并序》，《徂徕石先生文集》卷1，第9页。
⑤ （宋）苏轼：《范文正公文集叙》，《苏轼文集》卷10，第311页。

《庆历圣德颂》是新政前夕一个非常著名的舆论宣传文本，连僻居蜀地的下层士人都能及时获读。乡先生对苏轼强调所颂十一人中更有韩、范、富、欧阳四位"人杰"，可见士论与文本形态之间相互映射的关系，一方面石介评议诸人与彼时士论可以说若合符节，另一方面《庆历圣德颂》的广泛传播又极大强化了声望体系的影响力。①

　　石介的创意其次表现在模拟帝王口吻发声这点上。《庆历圣德颂》正文除结尾补述群臣、诸侯、四夷畏服的反应外，主体部分皆架设于"皇帝龙兴，徐出闱闼。晨坐太极，昼开闾阖。躬揽英贤，手锄奸桩"②的特定场景上，因此行动言语的发起者全是皇帝这位至高的权力拥有者。诗中用以指示仁宗自称的"予"出现达 39 次之夥，其频度远远超出《元和圣德诗》（起到同样指称功能的"我"仅出现 4 次）。特别在"历颂群臣"的语段，石介每以"予""汝"之称的错综往还构建出君主褒奖、激劝臣下的情节，着意呈示帝王"大声汹汹，震摇六合。如乾之动，如雷之发"③的威势。而这种绝对的力量恰是石介所需的，他之由美贤臣颂圣德实际也是借重御音以揄扬诸臣，既是声望体系与国家权力结合的文本表现，其本身也构成了一种助推力。落实到具体写作上，石介不仅意使士论对贤不肖的划分得到君主的确认，也欲为整个仁宗朝前期庆历士大夫直接参与的党争史做一总结和定调，他是这样假托仁宗之口回顾往事的：

　　　　惟汝仲淹，汝诚予察。太后乘势，汤沸火热。汝时小臣，危言業業。为予司谏，正予门闱。为予京兆，聖予谗说。贼叛予夏，为予式遏，六月酷日，大冬积雪，汝暑汝寒，同于士卒。

---

　　①　在颂序中作为反面人物出现的夏竦，宋人也提到"夏英公既失时誉，且以《庆历圣德颂》之故，不正之名愈彰"［（宋）洪迈：《容斋随笔》四笔卷 12，第 778 页］。亦可见石介《庆历圣德颂》对声望体系的影响。

　　②　（宋）石介：《庆历圣德颂并序》，《徂徕石先生文集》卷 1，第 8 页。

　　③　（宋）石介：《庆历圣德颂并序》，《徂徕石先生文集》卷 1，第 8 页。

予闻辛酸，汝不告乏。①

惟修惟靖，立朝谦谦。言论礥砢，忠诚特达。禄微身贱，其志不怯。尝诋大臣，亟遭贬黜。万里归来，刚气不折。屡进直言，以补予阙。②

上段历数范仲淹“三黜”事迹，下段谈起景祐党争中余靖、欧阳修自愿同贬事，石介无不是模仿帝王劳问的口吻，从庆历士大夫的角度叙述当代史，准之以视刚直为忠诚而非沽激的“英俊”理念③，则范、欧诸人旧时之政治挫折悉数转化为今日贤臣资质的证明，朝廷对“正人”和“邪孽”的分别和用舍终于契合士论认可的“正位”。当然，石介的正邪评判和历史阐释并非全盘出诸仁宗本意④，而多属诗人“自我作圣”，其实质是石介所代表的士论强势干预权力话语的表现。

前文讲到，庆历之际革新派围绕政治改革开辟出政治和舆论两

---

① （宋）石介：《庆历圣德颂并序》，《徂徕石先生文集》卷1，第8—9页。

② （宋）石介：《庆历圣德颂并序》，《徂徕石先生文集》卷1，第9页。

③ 按，石介非常重视刚正立朝的政治性格，在颂中还褒扬富弼“以道辅予，弼言深切。予不尧、舜，弼自笞罚。谏官一年，奏疏满箧”，王素“昔为御史，几叩予榻。至今谏疏，在予箱匣”，蔡襄“亦尝献言，箴予之失。刚守粹悫，与修俦匹”。参见（宋）石介《庆历圣德颂并序》，《徂徕石先生文集》卷1，第9页。

④ 仁宗在庆历初年确以人望进用庆历士大夫，欲将有为，不过这并不代表他就完全倾向于“英俊”理念，一反先前所为了。事实上仁宗还是与老成士大夫更为亲近，就以《庆历圣德颂》所谓“奸邪”吕夷简、夏竦为例，吕因病去位，仁宗对他宠遇非常，乃至自剪髭须赐之，后仍命吕参议军国大事；夏竦被仁宗认为“早事圣考，尝更要途。肆朕纂承，愈益亲近”，仁宗一开始任他作枢密使也是出于“思任旧人”的考虑，无奈格于众议而罢［参见（宋）徐自明《宋宰辅编年录校补》卷5《仁宗皇帝下》，第243页］。因此仁宗全然没有把吕、夏视作“奸邪”，他在新政前夕的人事调整也有意建构中央“异论相搅”、相互制衡的局面。此外从仁宗进用范、欧等人时颁布的制词和其他言论来看，未见他过多回溯和反思前事。袁褧《枫窗小牍》就批判石介代仁宗立言：“其颂至范仲淹曰：‘太后乘势，汤沸火热。汝时小臣，危言寰寰。’太后一语，仁宗含之于中，不敢出之口者，所不宜言。”［（宋）袁褧：《枫窗小牍》卷上，第5页］

条战线。后者主要由"庆历四谏"和石介主导，他们是士议进入宋廷的重要管道。石介在国子监"不量职分，专以时事为任"①，教导诸生，"闻朝廷美政则歌诵之，否则刺讥之"②。《庆历圣德颂》很可能就是在太学师生议论国事的氛围中产生的，反映了中下层士人的政治倾向和参政诉求。

由此看来，在庆历新政前后，《庆历圣德颂》是庆历士大夫所掀起的舆论声浪中较为显眼的一部，石介对历史和时势的判断在诸同仁中间早已成为共识。当时，庆历士大夫特别是其中出任言官者亦多有峻别善恶的言论。斥奸如孙沔、欧阳修、蔡襄等皆直指吕夷简、夏竦为奸邪，一如石介上溯仁宗朝前期政争史。褒忠如蔡襄先是称赏朝廷选用的王素、余靖、欧阳修三人皆特立之士，"昔以直言触忤权臣，摈斥且久。今者一日并命，人无贤愚，万口相庆，皆谓陛下特发神断，擢任不疑"③，其后仁宗罢夏竦枢密使，用韩、范作枢密副使，蔡又提到士大夫"谓陛下去邪任忠，可刻日以观太平矣"④。富弼见仁宗擢用韩、范，也赞叹"仰认圣意，只从公论，不听谗毁，擢用孤远"，还推及天下之人"皆谓朝廷进用大臣常如此日，则太平不难致也"。⑤ 欧阳修亦谓"朝廷擢用韩琦、范仲淹为枢密副使，万口欢呼，皆谓陛下得人矣"⑥。他们皆由人事任免说到太平期望，和《庆历圣德颂》并无二致。

总体来看，石介《庆历圣德颂》虽号称"褒贬大臣，分别邪正"，但正文主于颂贤，仅从侧面写出"大臣"之不正，与上述言论相比甚至可以说是较为温和的言论了。另一方面，《庆历圣德颂》

---

① （宋）李焘：《续资治通鉴长编》卷 160，第 3877 页。

② （宋）曾巩：《隆平集校证》卷 15，第 445 页。

③ （宋）蔡襄：《言增置谏官书》，《蔡忠惠集》卷 23，《蔡襄集》，第 396 页。

④ （宋）蔡襄：《乞用韩琦范仲淹奏》，《蔡忠惠集》卷 18，《蔡襄集》，第 334 页。

⑤ （宋）富弼：《乞令韩琦范仲淹更任内外事奏》，《全宋文》卷 601，第 28 册，第 298—299 页。

⑥ （宋）欧阳修：《论王举正范仲淹等札子》，《欧阳修全集》卷 98，第 1510 页。

凭借其作为颂美文学的吸引力，即时反映重大政治变局的热点内容，以及由美贤臣颂圣德又反以君王之言歌咏群臣的独特形式获得迅速而广泛的流传，成为在伸张"正论"压制"邪议"方面至为关键的舆论宣传文本。石介在颂文结尾描摹群臣的反应："群下踧踖，重足屏息，交相告语：曰惟正直，毋作侧僻，皇帝汝殛！"① 告诫官员们"曰惟正直，毋作侧僻"即是他揣摩和宣扬"圣意"的一个目的。

《庆历圣德颂》的意义在当时就已为庆历士大夫所深知，庆历三年（1043）任谏官未满一月的欧阳修上书呼吁禁绝匿名诗伤毁近臣，他强调自仁宗"去吕夷简、夏竦之后，进用韩琦、范仲淹以来"，"天下欣然，皆贺圣德"，因而请求朝廷"禁止谗巧，保全善人"。② 从欧的用语来看，他描述的公议其最显明的证据当属刚问世不久的《庆历圣德颂》。由之可见此颂在庆历士大夫同时期的言论群中间是极为典型的存在，也是石介与"庆历四谏"在舆论场中协同行动的重要表现。而庆历士大夫不断强调舆论对于仁宗用人的正面反馈，正是希图以此劝勉君主"委信辅臣，听其措置，虽有怨谤，断在不疑"③，坚定地支持新政的推行。

二　颂文的群像结构与石介的共同体意识

上文主要从政治文化背景出发分析《庆历圣德颂》的文本形态，将之视作新政前夕声望体系介入国家权力的一种文学表现。下面由石介的思想观念入手探讨《庆历圣德颂》的名臣群像结构。石介采用名臣颂这种结构，不仅是特定政治文化在文本中的投射，更和石介个人的思维方式和写作经验直接相关。

庆历三年（1043）对于庆历士大夫及其支持者来说不仅是一个君臣相遇更是一个善类汇合的时点。这种空前的大会同和大有为的

---

① （宋）石介：《庆历圣德颂并序》，《徂徕石先生文集》卷1，第10页。

② （宋）欧阳修：《论禁止无名子伤毁近臣状》，《欧阳修全集》卷106，第1619页。

③ （宋）李焘：《续资治通鉴长编》卷142，第3414页。

局面带给士人以强烈的精神震撼。而当时将此合一之势写到极致的作品就是《庆历圣德颂》，石介在诗中通过以仁宗之口历颂群臣的方式呈现了从"君子"之合到"众贤之进"①再到君臣之遇乃至声望与权力诸层面的联合态势。同时，《庆历圣德颂》主体虽是由十一位官员汇聚而形成的合颂结构，但石介有序而精准地把握住了每一个写作对象的特征，在整体中勾画出面目各异且相互配合的名臣群像。晏殊、章得象的"重慎微密"，贾昌朝的"学问该洽"，范仲淹、富弼的忠诚之至和"一夔一契"之拟，杜衍的"率履弗越"，韩琦的"奇骨"兼"敦厚"，欧阳修、余靖的"立朝谔谔"，王素的"含忠履洁"，蔡襄的"刚守粹悫"，皆是颇为贴切甚至是很有预见力的品题，在有宋一代影响深远。

石介《庆历圣德颂》在历颂诸人方面的成功并非偶然，而得益于他先前积累的写作经验。通读《徂徕集》即能发现，石介非常热衷于在线性叙述中列举同质化而又有个性的群像。其一是纵向的，即石介广为人知的道统书写②，通过排比"伏羲氏、神农氏、黄帝氏、少昊氏、颛顼氏、高辛氏、唐尧氏、虞舜氏、禹、汤氏、文、武、周公、孔子者十有四圣人"与"孟轲氏、荀况氏、扬雄氏、王通氏、韩愈氏五贤人"的谱系③，缕述他们各自成道、明道的事迹，借助文字的气势和圣贤的权威（而非论说本身的合理或精妙程度）彻底压服读者，此是石介创作的惯技。其二是横向的，石介在诗文中常喜表现和畅想同道携手的场景，如《乙亥冬，富春先生以老儒醇师，居我东齐，济北张洞明远、楚丘李缊仲渊，皆服道就义，与介同执弟子之礼，北面受其业。因作百八十二言相勉》写"壮且

---

① （宋）石介：《庆历圣德颂并序》，《徂徕石先生文集》卷1，第9页。

② 欧阳修就说石介"谓尧、舜、禹、汤、文、武、周公、孔子、孟轲、扬雄、韩愈氏者，未尝一日不诵于口；思与天下之士，皆为周、孔之徒，以致其君为尧舜之君，民为尧舜之民，亦未尝一日少忘于心"〔（宋）欧阳修：《徂徕石先生墓志铭》，《欧阳修全集》卷34，第507页〕。

③ （宋）石介：《尊韩》，《徂徕石先生文集》卷7，第79页。

勇"之张洞、"少而奇"之李缊及磊落过人的石介本人拜"道德如
韩孟"的孙复为师，叙中夹议甚有次第。①《寄弟会等》则自矜门下
之盛，分咏门生张豹、刘君平、卢淑、李常、高枢、赵泽、孔彰、
弟石会、石合、侄石淳、石沆，共十一人，诗人各就其才性予以教
诲。又如《上杜副枢书》《贤李》以交游对象之贤且众衬托孙复、
李迪之贤，为此开列出一长串山东士人的名单。复如石介向范讽推
荐士建中、张方平、田直谅（见《上范思远书》），在向孔道辅自荐
外又推荐颜太初、姜潜二人（见《上孔徐州书》），向韩琦推荐孙
复、梁构、姜潜、张洞四人（见《上韩密学经略使书》），又向范仲
淹推荐梁构、姜潜、张洞、李缊、曹起五人（见《上范经略书》），
他在信中对诸人都一一做了介绍和品评。石介后来撰写《庆历圣德
颂》即在此延长线上。由之不难看出，石介之乐写且善写群像其实
和他自觉的共同体意识有莫大的联系。

　　在仁宗时代，石介一直是鼓吹复古最力的旗手，他主张士大夫公
共生活的各个方面都应贯彻圣人制定的"万世常行不可易之道"②。石
本人斥时文，排佛老，"遇事发愤，作为文章，极陈古今治乱成败，
以指切当时。贤愚善恶，是是非非，无所讳忌"③，这些不同领域的
排他性行为都指向"道"这一终极目标。虽则石介复而少变的卫道抱
负确有失迂远，其言行也时为意气所激而"无所讳忌"，但他也有行
事重视策略的一面，那就是对志同道合者对群体力量的不懈寻求。

　　石介此种共同体意识源于前代圣贤事迹的垂范。石介虽认定
"非常之事"须待"非常之人"才有"非常之功"④，不过他也早就

---

　　①　（宋）石介：《徂徕石先生文集》卷2，第19—20页。

　　②　按，"万世常行不可易之道"的说法在石介文章中比比皆是，参见（宋）石
介《怪说下》《复古制》《录蠹书鱼辞》《宋城县夫子庙记》，《徂徕石先生文集》卷5、
卷6、卷7、卷19，第63、70、81、221页。

　　③　（宋）欧阳修：《徂徕石先生墓志铭》，《欧阳修全集》卷34，第506页。

　　④　（宋）石介：《上韩密学经略使书》，《徂徕石先生文集》卷16，第186页。
按，石介的个人英雄史观，参见刘越峰《庆历学术与欧阳修散文》，商务印书馆2013
年版，第79—81页。

看到，正如"明堂所赖者唯一柱，然众材附之乃立；大勋所任者惟一人，然群谋济之乃成"①，每当圣贤应运而生，必有从之者、师之者自愿加入并接续圣贤开创的不朽事业，有以助成其功。故孔子居洙、泗之间有"七十子与三千之徒"，孟轲则有"公孙丑、万章之徒"，扬雄则有"侯芭之徒"，王通则有"程元、薛收、房（玄龄）、魏（徵）之徒"，韩愈则有"皇甫湜、孟郊、张籍、李翱之徒"。②而石介在《庆历圣德颂》序中不厌其烦地胪列从尧至唐的圣君贤臣谱系以比美新政前夕的君臣相遇，也是由于他认定"古者天子能赫然建功烈，垂基统，揭于亿万世下，称为圣明者，未有不得贤杰以为相者也"③。

同时，圣贤的经历屡次证明，在论敌环伺、"丛聚嘲噪"的情形下，主倡者和响应者须戮力同心方可与之抗衡，进而维系斯道之不坠，这里面中唐"韩门"的卫道功绩尤令石介印象深刻：

> 吏部（韩愈）志复古道，奋不顾死，虽摈斥摧毁日百千端，曾不少改所守。数十子（柳宗元、皇甫湜、李翱、李观、李汉、孟郊、张籍、元稹、白乐天辈）亦皆协赞附会，能穷精毕力，效吏部之所为。故以一吏部、数十子力，能胜万百千人之众，能起三数百年之弊。唐之文章所以坦然明白，揭于日月，浑浑灏灏，浸如江海，同于三代，驾于两汉者，吏部与数十子之力也。④

先觉者韩愈的复古行动果然激起世俗之众的惊骇排毁，幸有柳宗元以下十数人"协赞附会"，以韩愈为中心聚成一股强到"能胜万百千人之众，能起三数百年之弊"的合力。石介在此处显然夸大了韩

① （宋）石介：《上范经略书》，《徂徕石先生文集》卷17，第200页。
② （宋）石介：《上孙少傅书》，《徂徕石先生文集》卷15，第173—174页。
③ （宋）石介：《上范思远书》，《徂徕石先生文集》卷13，第150页。
④ （宋）石介：《上赵先生书》，《徂徕石先生文集》卷12，第137页。

愈在当时的号召力，人为扩张了"韩门"的势力①，这反映出他向来持有的团结一切可与有为者的信念。

石介在现实中同样认识到卫道事业的艰难和个体力量的薄弱，他曾"奋独力"攻乎异端却发现"我寡彼徒众"，反攻者"日以千数"，令其非但不能成事反险些得祸。② 有鉴于此，石介十分注重经营自身的关系网络，执着地从中寻觅同道以组织起一个复古卫道的士人共同体。他的交游对象可以划分为两类：第一类构成石介的核心关系层，带有明显的地缘（京东）、学缘（泰山学派）特征，包括孙复、赵师民、石延年、士建中、祖无择、龚鼎臣、张唐卿、李山英、杜默、刘牧、张洞、姜潜、李蕴、曹起、梁构、赵泽、苏唐询、崔峍、张绩、张豸、刘君平、卢淑、李常、李堂、高枢、赵泽、孔彰、石会、石合、石师愚、石淳、石沇等，这批士人的政治地位都不高，很多甚至是白身，石介故有"先生（孙复）穷于身，而吾曹穷于势力"的感喟③；第二类则是石介在官场经由地缘、同年、同僚诸途径结交并得到他本人认可的士大夫，包括李迪、王曾、孙奭、蔡齐、孔道辅、范讽、郭劝、李纮、杜衍、范仲淹、富弼、韩琦、欧阳修、田况、蔡襄、张叔文、夏竦、王拱辰、张方平、苏绅、苏颂等。他们多是仁宗时代偏向"英俊"理念的士大夫，却也不乏其后在庆历新政中反对改革甚至迫害石介本人的潜在对手。这和《庆历圣德颂》称扬章得象、晏殊、贾昌朝的情况相类，可能皆出于石介团结一切可与有为者的信念。石介的这两个交游圈各包含不少泰山学派和庆历士大夫的核心人员，石介在这两个典型的士人共同

---

① 柳宗元、元稹、白居易不属韩门，特别是元、白在中唐古文运动中起到的作用并不大，元白诗派与韩孟诗派的诗学追求亦有所区别。关于中唐文人的群体意识和韩愈文学集团的人员组成，参见孟二冬《中唐诗歌之开拓与新变》，北京大学出版社1998年版，第53—66页。

② （宋）石介：《送张绩李常序》，《徂徕石先生文集》卷18，第215页。

③ （宋）石介：《与祖择之书》，《徂徕石先生文集》卷15，第179页。按，仁宗时代京东士人的政治地位、群体意识，参见程杰《北宋诗文革新研究》，第72—73页。

体中也都是异常活跃的骨干，甚至于泰山学派和庆历士大夫的成员名单最初就呈现在他的《乙亥冬，富春先生以老儒醇师，居我东齐，济北张洞明远、楚丘李缃仲渊，皆服道就义，与介同执弟子之礼，北面受其业。因作百八十二言相勉》《上杜副枢书》《庆历圣德颂》诸诗文中。

石介期望建立的士人共同体既分享崇高的公共目的，又在内部有着不同的角色分配，这其中至关重要的当然是前代圣贤扮演过的领导者角色。石介自己就强调正是自柳开、王禹偁、孙何等人亡故后"世无文公儒师，天下不知所准的"，才造成现今斯文久弊、"大道榛塞"的危局。① 然而有趣的是，石介在诸人中虽最具结盟意识，他对自身的角色定位却并非共同体的中心而是节点。换言之，他清楚自己注定不是那个"非常之人"，而欲成为且仅成为一个将圣贤与今世、将可与为善者连结起来的联络人和激励者，这和他的自我认知有关。

事实上，石介并不像欧阳修所说是"自许太高"② 的骄矜者，他早岁对己身才性就有自知之明，认识到自己既无当时第一流的儒学、文章造诣③，反有性情"不合其中""不得其和"的缺陷④。是

① （宋）石介：《与裴员外书》，《徂徕石先生文集》卷16，第191页。
② （宋）欧阳修：《与石推官第一书》，《欧阳修全集》卷68，第991页。
③ 石介常自谓才学远不如孙复、士建中，如《寄明复熙道》："二贤信命世，实为有道见。天使扶斯文，淳风应可逌。我缀二贤末，材驽愧款段。"（《徂徕石先生文集》卷3，第27页）《上孙先生》："然熙道淳深，介实浅近，若笔力雄壮俊伟，坐周公之堂奥，鼓轲、雄之文辞，则俱不敢望先生斯道。"（《徂徕石先生文集》卷15，第182页）从石介主动师事孙复且尽力推举孙、士的行为来看，这些陈述应该都是发自内心的。
④ （宋）石介：《上颍州蔡侍郎书》，《徂徕石先生文集》卷17，第206页。按，士建中、孙复、刘牧、蔡齐嘱咐石介"去其不得于中而就于中"〔（宋）石介：《上孙先生书》，《徂徕石先生文集》卷15，第182页〕，石介全盘接受；而欧阳修提醒石介行事须"履中道、秉常德"〔（宋）欧阳修：《与石推官第一书》，《欧阳修全集》卷68，第992页〕，石介立即去信予以回击。他的不同态度可能是关系亲疏和地位高低的差别引起的。这再次提醒我们，不宜将石介视作全然没有自知之明还要文过饰非的"怪鬼"。

故石介虽颇以刚勇自许，却始终对"主斯文、明斯道"的"宗师"之任敬谢不敏①；虽言必称道统，却从未像他所崇尚的柳开那样以绍续道统者自居②。再者，石介"自顾形质短陋，恐终不得所以行道之位"③，因而对得位行道也不抱幻想。④

石介主动选择的卫道路线是：一则，以言行道；二则，"以师道自居"⑤，即以自身为中介引领后辈进入圣贤之道的文化传统中，由此培养卫道的后备队伍，这是他后来被尊为"宋初三先生"的缘由；三则，积极找寻足以胜任领导者角色的大贤，并呼吁同伴在其麾下集结成为卫道的共同体。这导致石介对于荐人、许人、为人辩护的热情远远盖过其自荐、自许与自辩。他时常引荐京东士人给官场中的有力者，致力于勾连两个交游圈⑥；还不断揄扬、鼓舞同时代的佼佼者们，曾抬举不少士大夫作盟主。⑦ 从石介开出的看似庞杂的当世

---

① （宋）石介：《上孙先生书》，《徂徕石先生文集》卷15，第182页。

② 石介在《赠张绩禹功》里先历数中唐以来"卒能霸斯文"的韩愈与柳开，接着转到自己"有慕韩愈节，有肩柳开志"，现实却是"我惭年老大，才力渐衰矣。……卒能霸斯文，吾恐不在己"。参见《徂徕石先生文集》卷2，第17页。

③ （宋）石介：《与士熙道书》，《徂徕石先生文集》卷16，第190页。

④ 石介早就预感到自己之官位不显，宝元元年（1038）他作《予与元均、永叔、君谟同年登科，永叔寻入馆阁，元均今制策高第，君谟复磨砺元均事业，独予驾下，因寄君谟》，慨叹自己不如田况、欧阳修、蔡襄三位同年仕途亨通，至有"蝼蚁何计逐飞鸿"之句（《徂徕石先生文集》卷4，第47页）。在石介的创作里许人与自谦是非常突出的一对现象。

⑤ （宋）欧阳修：《徂徕石先生墓志铭》，《欧阳修全集》卷34，第507页。

⑥ 石介尤其关注两个交游圈的联合，他《密直杜公作镇于魏，天章李公领使于魏，明复先生客于魏，熙道宰于魏，因作诗寄之》一诗就歌咏了景祐元年（1034）杜衍、李纮、孙复、士建中在南京应天府汇合的局面，李、杜二公与孙、士二贤各有所长，合之则成魏之政教。参见《徂徕石先生文集》卷3，第29页。

⑦ 石介遍寻盟主的行为及其背后焦躁的结盟心态，参见王水照《北宋的文学结盟与尚"统"的社会思潮》，载王水照《王水照自选集》，上海教育出版社2000年版，第105—130页。此外，和石介极力推举他人相对，当有人同样如此赞誉他本人时，石介不但自言愧不敢当，还强调孙复、士建中才是真正的韩、孟再生。参见（宋）石介《上孙先生书》《与董秀才书》《与裴员外书》，《徂徕石先生文集》卷15、卷16、卷16，第182—183、187—188、191—192页。

圣贤名单里，仍能清晰辨识出真正得到他倾心推许、寄予厚望的亦
不过数人，其中能够主盟明道事业的是大儒孙复、赵师民与士建中，
石介甚至这样迫不及待地设想师友们在三人领导下联合行动的声势：

> 使先生（孙复）与熙道（士建中）为元帅，介与至之（姜
> 潜）、明远（张洞）被甲执锐，摧坚阵，破强敌，佐元戎周旋
> 焉。曹二（曹起）、任三坐于樽俎之间，介知必克捷矣。然后枭
> 竖子辈首，致于麾下。使斯文也，真如三代、两汉，跨踰李唐
> 万万。使斯道也，廓然直趋于尧、舜、禹、汤、文、武、周公、
> 孔子。①
>
> 先生（赵师民）如果欲有为，则请先生为吏部，介愿率士
> 建中之徒为李翱、李观。先生唱于上，介等和于下，先生击其
> 左，介等攻其右，先生犄之，介等角之。又岂知不能胜兹万百
> 千人之众，革兹百数十年之弊，使有宋之文赫然为盛，与大汉
> 相视，巨唐同风哉！②

借激烈的战事比况诸人欲在士的精神世界发起的暴风骤雨般的革命，
这在他人为狂言，于石介却是常态。在他想象的这场必胜的伟大战
役里，京东士人们组成一个紧密协作的共同体，一支分工明确的劲
旅。石介根据同道才性分别为他们设计了合适的角色，孙、赵、士
为发号施令的元帅，他本人并姜、张为冲锋陷阵的勇将，亦即，三
人绍续韩愈这位先觉者的卫道事业，石介等人则"协赞附会"。在这
里，石介共同体意识的渊源与具体表现皆显露无遗。

同时，石介还极为关注能够主持行道的得位者，前期是刘太后
临朝期间维护皇权的直臣群体，后期则如《庆历圣德颂》所示，是
为以范仲淹、富弼二人为核心的庆历革新派。对于这些群体，石介

---

① （宋）石介：《上孙先生书》，《徂徕石先生文集》卷15，第182页。
② （宋）石介：《上赵先生书》，《徂徕石先生文集》卷12，第138—139页。

除是会同之势的歌颂者外又自觉承担起了鞭策者的职责。而要践履此角色，有赖于石介终其一生都在尝试的舆论书写策略。

三　石介"是是"型舆论书写的历程

石介在积年无位的状态下将言论视作政治参与的首要途径，这不但表现为他所写作的《怪说》《中国论》《唐鉴》《彼县吏》《录微者言》《责臣》《责素餐》等一系列指斥世风、针砭时弊的论说文（即所谓"非非"），更呈示为他通过采取若干写作策略充分拓展了"是是"的舆论功能，注重以美为劝，意欲凭借赞誉明君贤臣的颂声达到督促其有为的目的，并强调士论对个体言行的监督。当石介把经世抱负系于"吾言"之用，把政治理想寄托在那些得位者身上，便为自身的行道热情找到了随时皆可宣泄的出口；当他主动献身于伟大的卫道事业，置身于当世贤人聚成的共同体中，则一己之荣辱得失均不足虑。

石介晚年写就的《庆历圣德颂》属于兼具"非非""是是"多重舆论性质的作品。一方面，由前论可知，石介分别正邪和阐释历史的目的乃在于通过传播手段抵拒"邪论"，进而捍卫得位的"君子"以及他们将进行的事业；另一方面，《庆历圣德颂》又是旨在以美为劝的典型文本，石介在褒扬圣君贤臣的同时也在施加着舆论压力，督促他们在位有为。而《庆历圣德颂》的此种舆论特性需要联系石介个人创作的历时面貌和内在逻辑予以论证。实际上，石介很早就在从事"是是"型舆论书写，他还主动适应仁宗朝前期政治形势的变化，及时调整这类写作活动。下面将考述石介此种舆论书写策略的历时过程，进而探究《庆历圣德颂》如何发挥"是是"的舆论功能。

石介"是是"型舆论书写的起点是明道二年（1033）所写的四封上言官书。石介在信中强调"名"的约束力，务使得位者知觉到自己已被声望和舆论所"挟持"。可见他从一开始就已熟练掌握以美为劝的言说方式，也正是他和欧阳修一道开启了北宋中期书体文新变的进程。同时，石介对上书对象也有筛选，多是士林中声名远播且自身亦珍视名节的士大夫，这在他往后的"是是"型舆论书写中仍是重要的前提。

　　明道二年（1033）之后的一段时间内，石介继续以致信大臣的形式进行"是是"型舆论书写。景祐元年（1034）八月，他上书新任枢密使王曾，督促其谏止仁宗湎淫内荒；康定元年（1040）九月，他上书庆贺新任枢密副使杜衍，提醒其得位行道；庆历二年（1042），他又写信给苏颂，以苏绅、苏颂名臣贤子"天下属望"为由劝阻苏绅辞御史中丞之职①，都不同程度地以美为劝，试图施予推力。

　　不过，因为彼时属于"声望政治"的落潮期，石介这类致意大臣的写作行为只是偶尔为之，他在此阶段着力讽劝的是一手开启"声望政治"却又很快背离初心的仁宗。宝元元年（1038）石介"采记（太祖、太宗、真宗）三朝以来行事闻见最详者"②，类次而编成《三朝圣政录》，经韩琦审阅后上呈仁宗，期望君主能"斟酌祖宗垂宪，效而行之"③。《三朝圣政录》虽明言"述列圣之美"④，但一则石介于"每篇之末，又自为之赞，以申讽喻之意"⑤；二则原本记事间有不雅驯者，韩琦就曾让石介删削太祖惑溺宫女而后杀之

---

　　①　（宋）苏象先：《丞相魏公谭训》卷6，《苏魏公文集》附录1，第1160页。按，苏绅虽在庆历新政期间与革新派政见相左，遭到欧阳修乃至士论的非议，但庆历二年（1042）及稍前他上书言事，卓有声誉。此外，苏氏父子亦重名，苏颂曾上书辩解国史中苏梁党人的污名，请求削去"草头木脚"等语。参见（宋）苏象先《丞相魏公谭训》卷6，《苏魏公文集》附录1，第1158页。

　　②　（宋）韩琦：《三朝圣政录序》，《安阳集》卷22，《安阳集编年笺注》，第734页。

　　③　（宋）石介：《三朝圣政录序》，《徂徕石先生文集》卷18，第210页。

　　④　（宋）韩琦：《三朝圣政录序》，《安阳集》卷22，《安阳集编年笺注》，第734页。

　　⑤　（宋）韩琦：《三朝圣政录序》，《安阳集》卷22，《安阳集编年笺注》，第734页。

等数事①。足见石介经由歌颂祖宗圣德讽喻仁宗的用意②，特别是太祖惑溺宫女一事，显是针对仁宗先前废郭后宠尚美人所发。稍后石介又撰《宋颂》九篇，历咏太祖、太宗、真宗、仁宗"功德之尤著见者"③，从其体例看很可能就是配合《三朝圣政录》而作的④，其末章称扬仁宗明道初年的"睿谟圣政"⑤，亦是以美为劝，意在敦请仁宗重行善政。

当庆历三年（1043）三四月间"声望政治"以前所未有的力度回归，石介又一次强烈知觉到了时代风会的感召，就像他在《庆历圣德颂》里总结的："同明道初，天地嘉吉。"⑥ 近似的政治情境以及由此激发的同种诉求，使得石介在撰作《庆历圣德颂》时很自然地调动他明道二年（1033）以来积累的以美为劝的书写经验。

这一方面表现在文本层面，如颂序逐日记叙人事黜陟，排列史事歌咏君臣会同；如颂文呈现名臣的群像，追述往事以印证大臣之贤，宣扬刚直品格的正面价值。凡此皆是石介在明道上书群中就予以运用并在《庆历圣德颂》中愈为显豁的书写要素。又如《庆历圣德颂》称颂仁宗亲自进贤退奸的语段，无论流程还是细节都与《宋颂》"明道"篇的相关部分极为类同。复如《庆历圣德颂》设想仁宗开口便道："予祖予父，付予大业。予恐失坠，实赖辅弼。"⑦ 一语说尽仁宗身为继业者的重任，以及他选用大臣的深意。这也呼应了石介先前撰颂、编书的经历。

另一方面则表现立意上，石介通过《庆历圣德颂》的广泛流传

---

① 参见（宋）强至《韩魏公遗事》，《安阳集编年笺注》附录5，第1881页。

② 《圣政》一类文本在塑造"祖宗之法"及引导当朝天子方面的作用，参见邓小南《祖宗之法：北宋前期政治述略》，第370—398页。

③ （宋）石介：《宋颂九首并序》，《徂徕石先生文集》卷1，第2页。

④ 《宋颂》的作年推定，及其与《三朝圣政录》在体例上的类同，参见陈植锷著，周秀蓉整理《石介事迹著作编年》，中华书局2003年版，第83页。

⑤ （宋）石介：《宋颂九首并序》，《徂徕石先生文集》卷1，第6页。

⑥ （宋）石介：《庆历圣德颂并序》，《徂徕石先生文集》卷1，第8页。

⑦ （宋）石介：《庆历圣德颂并序》，《徂徕石先生文集》卷1，第8页。

把仁宗与庆历士大夫的声名推至高点，并有意借仁宗之口将"予望太平，日不逾浃"① 的愿景播诸天下，督促他认可的圣君贤臣在相遇之际就担负起来自士林的革弊有为的期待。因此，不能简单地认为石介甫见正人在朝便急于颂美太平源于他本人"信周公孔子之言，谓太平可立致，而不度世务行之难易"② 的躁率个性。

虽则由于"圣德颂"文体本身的限制，石介自首及尾均维持颂声，没有进行话语切换以挑明以美为劝之旨。不过，《庆历圣德颂》确实构成新政期间石介之舆论书写计划的关键环节，在当时，他正是凭借这样一个具有整体性的作品系统，利用不同文本的相互配合以达到劝诫正人的目的。就在作颂造势后不久，石介上书给《庆历圣德颂》中着墨最多的人物，时任枢密副使的富弼，"责以行伊（尹）、周（公）之事"③，言下之意自是敦趣他效法圣人，以行道为己任，尽心辅佐仁宗致治太平。④ 而从此类比拟三代贤臣的颂美手段可以推知，石介的这封上书不仅和《上范中丞书》遥相呼应，更与其近作《庆历圣德颂》关系甚深⑤。如此一来，石介《庆历圣德颂》表彰愈力，散布愈广，它所造成的以及传导至书信的舆论压力和全名要求就愈为强劲，以美为劝的效果也愈为突出。他的赞誉显是有所求的。《庆历圣德颂》及与之配套的上书是石介"是是"型舆论

①　（宋）石介：《庆历圣德颂并序》，《徂徕石先生文集》卷1，第10页。

②　（宋）蔡襄：《答赵内翰书》，《蔡忠惠集》卷27，《蔡襄集》，第473页。

③　（宋）李焘：《续资治通鉴长编》卷150，第3637页。

④　由于石介自编《徂徕集》收录作品以《庆历圣德颂》为最晚，再加上后来宋廷曾下令查问石介生前往来通信的士大夫，因此石介在庆历三年（1043）四月以后撰写的书信今已全部亡佚，惟上富弼书赖史略存其大意。这就导致现在难以还原新政期间石介舆论书写计划的全貌。另外，当时石介"出入大臣之门，颇招宾客，预政事"［（元）脱脱：《宋史》卷432《列传第一百九十一》，第12836页］，故他极有可能也通过口头言语激励革新派。如范仲淹就曾劝石介出知外郡，石介不听，两人进退态度有别。

⑤　石介在《庆历圣德颂》序里就赞誉范仲淹、富弼"实为不世出之贤。求之于古，尧则夔、龙，舜则稷、契，周则闳、散，汉则萧、曹，唐则房、魏"（《徂徕石先生文集》卷1，第7页），与上书用语颇相类。

书写的集大成之作，也是他统合三种卫道方式的一次尝试。石介晚年采取的这种协同公私写作的做法，能够参与并增强外界的舆论力量，通过传播美言，使士林皆共享一己之政治期待，弥补了早先私人通信因缺乏证据而约束力遭削弱的不足。

正如批评者所说，石介在新政前夕作颂的确不合于《毛诗大序》"颂者，美盛德之形容，以其成功，告于神明者也"① 的定义，然而这正是石介的创意所在。换言之，《庆历圣德颂》正是在君臣遇合而太平未成时才能发挥其以美为劝的舆论功能。而在北宋中期文坛，像石介这样作颂声以讽喻的情况实则并不少见，甚至可以说，这类作品构成了北宋颂赋文学的一大趋势。较早如天禧二年（1018）范仲淹因真宗新立太子上呈《皇储资圣颂》，其序在歌颂一番圣上决策之英明、太子资质之神灵后，以"上世圣贤，未尝不勉而后至，慎而后宁"为由劝诫真宗要重视储君的教育，后在颂文部分也强调"守之而已，仁远乎哉"。② 稍晚如嘉祐三年（1058）交趾进贡奇兽谓之麒麟，司马光为此"奏赋以讽"③，上《交趾献奇兽赋》悬想并歌颂仁宗归还麒麟而登用俊杰的善政，规劝之意甚明。二人也都是在事初起而功未成时撰作的，其写作意图与石介颇有相通之处。

然而令人遗憾的是，石介晚年这些以美为劝的颂文和奏记最终成为夏竦报复的缘起和工具。石介所倾力称颂的以范仲淹、富弼为中心的革新集团也很快被政敌逼至地方，但他们在新政失败之后的沉沦阶段始终结成一个命运共同体，于江湖之上相互慰藉，等待着声望政治的再度降临。

石介的"是是"型舆论书写虽然最终遭遇了巨大的挫折，《庆历圣德颂》到头来也沦为后人慨叹和非议的对象。但上述悲剧难以抹杀这样一个事实：石介倾力"陈诗颂圣德"在舆论领域其实是非

---

① 《毛诗正义》卷1，《十三经注疏》，第568页。
② 《范文正公文集》卷8，《范仲淹全集》，第169—172页。
③ （宋）苏轼：《司马温公行状》，《苏轼文集》卷16，第476页。

常成功的。他贬奸的效果自然有夏竦的怨恨和报复为证，其褒贤的成绩也并非无迹可寻。如前述范仲淹《邓州谢上表》"革姑息之风，则谋身者切齿；尚循默之体，则忧国者寒心"① 之语所示，"忧国者寒心"在一定程度上正是由石介的颂声鼓舞起来的。及至后世，人们屡屡引述《庆历圣德颂》来称美庆历士大夫。如李清臣《韩忠献公行状》："山东大儒石介尝为《庆历圣德诗》，谓可属大事，重厚如勃。世不以其言为过。后屡当大事，系安危，而有言于上，无不信者，由公素望，信于人主，著于天下也。"② 王辟之也谈到石介作颂，"其后富、范为宋之名臣，而魏公（韩琦）定策两朝，措天下于泰山之安，人始叹先生之知人也"③。即便是指摘石介怪僻的苏轼，其作《富郑公神道碑》叙述庆历新政："时晏殊为相，范仲淹为参知政事，杜衍为枢密使，韩琦与公副之，欧阳修、余靖、王素、蔡襄为谏官，皆天下之望。鲁人石介作《庆历圣德诗》，历颂群臣，皆得其实。曰：'维仲淹、弼，一夔一契。'天下不以为过。"④ 足见石介此颂在后人眼中有近于公论的一面。

---

① 《范文正公文集》卷18，《范仲淹全集》，第419页。
② 《安阳集编年笺注》附录2，第1744页。
③ （宋）王辟之：《渑水燕谈录》卷3，第28页。
④ （宋）苏轼：《苏轼文集》卷18，第531页。

第 四 章

儒者奉武：宋夏战争背景下
庆历士大夫的角色意识与自我表达

宋仁宗御宇之四十二年，宋人凡亲历及缅思者，皆许为"本朝至平极盛之世"[①]。然若通观这一所谓太平时日，不难发现仁宗朝的内外形势实则仅能说是粗安，边境冲突与地方动乱时有发生，特别是宝元、庆历之际的宋夏战争（时人称之为"西事"[②]）及契丹索地一度严重威胁北宋的国家安全。逢此危局，庆历士大夫纷纷加入应对战争和边警的队伍，就中尤以熟谙边事和虏情著称者，即能开列出范仲淹、韩琦、富弼、田况、尹洙、滕宗谅、孙沔、余靖、胡瑗、欧阳修等一长串名单，他们可以说是仁宗朝御敌靖乱的中坚。

作为挑战兼机遇的宋夏战争不仅成为仁宗朝士人思索和议论的焦点，同时也促使边事上升为诗文书写的重要话题。关于战争对仁宗朝诗文创作的影响，无论是整体论述抑或个案考察，学界皆已积

---

① （宋）叶适：《财总论二》，《水心别集》卷11，《叶适集》，第772页。

② 如庆历二年（1042）张方平《请校会邦计事札子》："伏见西事以来，应副边备，天下被其劳，凡百赋率，至增数倍。"（《乐全集》卷23，《张方平集》，第340页）又庆历三年（1043）欧阳修《论韩琦范仲淹乞赐召对事札子》："况今西事未和，边陲必有警急，兼风闻北虏见在凉甸与大臣议事，外边人心忧恐。"（《欧阳修全集》卷97，第1492页）

累了较为丰硕的成果。① 本章将在此基础上聚焦创作主体，借由历史现场与文学书写的交互，重点探讨以下几组问题：第一，庆历士大夫在当时的政治文化背景下如何参与、谈论以及书写原本陌生的武事？怎样适应由文向武的视野转换？第二，这一越界行为对他们的心态和观念产生了何种影响？又怎样折射到文学层面？第三，庆历士大夫在共同面对边事时，由于社会地位、政治职务、精神气质、能力结构和思维方式的区别，他们的行动方式和表述策略，又会表现出怎样的异同？第四，庆历士大夫的西事书写如何辐射现实的政治及观念？

接下来将围绕范仲淹、韩琦、梅尧臣、苏舜钦在宋夏战争期间的政治行动和文学活动展开讨论。诸人有关西事的创作颇具个性，均在特定角色意识的引导下展开，兼有思想深度和文学表现力。其中，范、韩在两宋文臣出任经略安抚使成为定制的进程中作为首批"儒帅"登场，并经由"阅古堂"同题书写阐发了自身"以儒者奉武事"② 的所见所

---

① 宋夏战争与仁宗朝诗歌的关系研究包括张廷杰：《宋夏战事诗研究》（甘肃文化出版社 2002 年版）、梅国宏：《宋代诗人笔下的宋夏战争题材诗歌论略》（《海南大学学报》2008 年第 3 期）、诸葛忆兵：《范仲淹的西北边塞诗作》（《古典文学知识》2011 年第 4 期）等。朱东润：《梅尧臣传》（载朱东润著《朱东润传记作品全集》第 2 卷，东方出版中心 1999 年版，第 3—212 页）、霍松林：《论苏舜钦的文学创作》《论梅尧臣诗歌题材、风格的多样性》（载霍松林著《唐音阁论文集》，河北教育出版社 2000 年版，第 264—292 页）、谢琰：《北宋前期诗歌转型研究》（北京大学出版社 2013 年版）等也论及梅、苏论兵及边塞诗。此外，也须注意刘庆：《"文人论兵"与宋代兵学的发展》（《社会科学家》1994 年第 5 期）、戴伟华：《北宋文士与兵学关系述略》（载沈松勤主编《第四届宋代文学国际研讨会论文集》，浙江大学出版社 2006 年版，第161—172 页）、刘瑛：《谁复轻儒者，难淹笔砚间——论梅尧臣注〈孙子兵法〉与北宋文人谈兵风气》（载章培恒主编《中国中世文学研究论集》，上海古籍出版社 2006 年版，第 1412—1420 页）、魏鸿：《宋代孙子兵学研究》（军事科学出版社 2011 年版）、王军营等：《北宋中期文人谈兵社会风尚刍议》（《西北大学学报》2011 年第 3 期）、张蕴爽：《由〈孙子兵法〉注家身份浅析梅尧臣》（载《弦诵集》，第 123—140 页）、刘大明：《北宋"文人论兵"现象形成与"重文抑武"政策》（《华中国学》2017 年秋之卷）等宋代文人论兵的相关研究。

② （宋）富弼：《范文正公仲淹墓志铭》，《全宋文》卷 610，第 29 册，第 61 页。

感，梅、苏则在创作边塞诗时分别自拟作幕僚、武将，帅、将与佐皆为边地分职体系中的重要角色。不同的角色扮演或角色想象决定了西事创作的基本路径，也和个体所表现出的文化人格息息相关。从范、韩提倡的文武全才，到梅推崇的通儒，再到苏的尚武精神和烈士向慕，这些目标一致而面目各异的文学表达和自我塑造，折射出庆历士大夫对于边事的思考，以及他们在文武之间的探索和抉择。

第一节　宋夏战争对仁宗朝朝野 及诗坛的影响

宋夏战争以及由其激化的诸多社会问题令仁宗君臣不得不面对前所未有的内外危机。治平二年（1065），欧阳修在谈论西边事宜时就曾忆说：“国家自宝元、庆历以后，一方用兵，天下骚动，国虚民弊，如此数年。”[1] 此数年间“天下骚动”的困局强烈作用于当时的政坛与诗界，导向一系列新变的到来。这直接呈现为兵机边事在此阶段上升为热门的政治议题和写作主题。而在更深层次，宋夏战争也构成仁宗朝政治变革以及政治文化转型的契机。

一　宋夏战争与士人赴边

北宋自立国之日起就一直承受着契丹、党项的军事威胁。这实际上是安史之乱以降中原王朝对西、北二边控制力持续削弱的结果。安史之乱后讫于唐亡，北部的“河朔割据型藩镇”[2] 始终叛服无常，晚唐五代时契丹崛起于东北，先迫使后晋割让幽云十六州，其后更

---

① （宋）欧阳修：《言西边事宜第一状》，《欧阳修全集》卷114，第1721页。

② 张国刚按唐代藩镇与中央政治、财政、军事关系的不同，将《元和郡县图》所载诸藩大致分为河朔割据型、中原防遏型、边疆御边型、东南财源型四类。其中唐代藩镇割据主要集中在河朔地区，故得名。参见张国刚《唐代藩镇研究》，湖南教育出版社1987年版，第77—103页。

是南下灭晋，企图据有中原。而在西部，由于安史乱中唐廷尽征河陇、朔方诸镇将士入靖国难，吐蕃趁西北兵力空虚之际连年入寇，甚至一度攻占长安，到唐代宗广德元年（763），吐蕃尽取河西、陇右之地，"凤翔之西，邠州之北，尽蕃戎之境，湮没者数十州"①。直至唐宣宗大中三年（849）秦、原、安乐三州七关归附，两年后张议潮献沙、瓜等十一州图籍入见，唐朝才在形式上收复河湟故地，但同时，西北沿边的吐蕃、回鹘、党项等势力仍很兴盛。因此，在中晚唐很长一段时期内，河北与河湟在唐人眼中是帝国肌体上一北一西两块创伤，痛惜藩镇割据、河湟沦陷的主题为当时诗人所惯咏②，如杜牧"弦歌教燕、赵，兰芷浴河湟。腥膻一扫洒，凶狠皆披攘"③ 的政治宣言构成中晚唐士人"中兴"理想的核心。

　　入宋后，中原王朝完成政治中心的东移，并和契丹南北对峙，数有攻守和战，自然极为关注河北的边境形势，收复燕云的主张亦终北宋未歇。是以，自宋初以来，士人屡有警惕北敌及慨叹幽州沦丧之声，正与中晚唐诗里忧虑河朔局势的题材前后相续。如路振《伐棘篇》哀叹"索头丑奴搔河壖，朔方屯师连七年"④。王禹偁《对雪》由悯思河朔民、河朔兵而自责"多惭富人术，且乏安边议"⑤，河北的边防压力始终横亘在士大夫心头。天圣七年（1029），石介漫游河朔时作诗称颂柳开"匈奴恨未灭，献策言可虏。幽州恨

　　① （后晋）刘昫等：《旧唐书》卷196上《列传第一百四十六上》，第5236页。

　　② 唐代河湟诗参见余恕诚、王树森《唐代有关河湟诗歌的诗史意义》，《学术界》2012年第8期。该文指出，中晚唐语境里的"河湟"指安史之乱后被吐蕃占领的唐关辅以西，包括唐前期河西、陇右两节度使所辖之地，以及关内道西北部、剑南道北部的部分土地。

　　③ （唐）杜牧：《郡斋独酌》，《樊川文集》卷1，吴在庆校注《杜牧集系年校注》，中华书局2008年版，第65页。

　　④ （宋）路振：《伐棘篇》，《全宋诗》卷73，第838页。

　　⑤ （宋）王禹偁：《对雪》，《王黄州小畜集》卷4，《宋集珍本丛刊》影印本，第1册，第546页。

未复，上书言可取"①，又作《感事》诗详叙柳开在边治兵结客，图谋恢复。张方平早年亦以"吾民孰不愿左袒"呼吁幽蓟奇士"共取燕支归"②，收复幽燕也一直是宋人理想。反观陕西，其时吐蕃政权早已瓦解，党项虽据有夏、银等五州故地，并在李继迁领导下一度反宋，但毕竟意在自保，对宋朝边境的威胁有限。更重要的是，宋初诸帝"无意疆理西部边陲"，乃至在真宗朝对夏州政权施行"姑务羁縻，以缓争战"的政策。③ 仁宗朝中期之前，宋初诗人中鲜有继承唐人河湟诗正视西北边患的传统，即如杨亿《郑工部陕西随军转运》"陇右行收万里地，关中坐致九年储"④ 一联明言恢复河湟，也仅是送行诗大言夸人的陈套。

西北边境局势随着李继迁之孙李元昊的上台而骤然紧张起来。他于明道元年（1032）继位夏国王后，一面频繁骚扰北宋边境，一面"侵噬西蕃，开拓封境"，"僭叛之迹"渐彰⑤。然而，仁宗君臣此时依旧奉行真宗确立的姑息之策。蔡州进士赵寓上书言李元昊必反，建议治兵为边备，反被宰相以狂言罪流放福州。后来苏颂回顾这段历史就说："谋夫愤愤壮士忧，屡献忠言曾苦口。庙堂尚论正无为，肯向平时议攻守。"⑥ 宝元元年（1038）十月，李元昊称帝自立，欲兴兵侵宋，宋夏战争正式拉开帷幕。西事伊始，宋廷上下囿于敌我实力悬殊的成见，尚未把李元昊这名"蠢尔微寇"的"非心"和"凌犯"⑦ 看成多大的威胁，张士逊、章得象、陈执中、张观等二府大臣"皆谓小羌不足忧"⑧。群臣亦谓："李元昊，小丑也，

① （宋）石介：《过魏东郊》，《徂徕石先生文集》卷2，第21页。
② （宋）张方平：《幽蓟行》，《乐全集》卷4，《张方平集》，第59页。
③ 参见李华瑞《宋夏关系史》，中国人民大学出版社2010年版，第4—31页。
④ （宋）杨亿：《郑工部陕西随军转运》，《武夷新集》卷3，《宋集珍本丛刊》影印本，第2册，第215页。
⑤ 参见（宋）田况《兵策十四事奏》，《儒林公议》附录3，第195页。
⑥ （宋）苏颂：《和林成之五题·西邻》，《苏魏公文集》卷2，第19页。
⑦ 《宋会要辑稿》选举一十之二三至二四，第5466页。
⑧ （宋）田况：《儒林公议》卷上，第9页。

旋即诛灭矣。"① 意外的是，其后的数年间宋军在三川口、好水川、定川寨接连惨败，李元昊则兵锋正盛，扬言要入据关中。北宋朝野震愤异常，宰臣吕夷简乃至骇叹"一战不及一战"②。为应付残酷而胶着的边境战事，宋廷在经历了最初的张皇失措后立即改变策略，将大量政治资源和注意力投注到原先备受冷落的武事上，乃至达到"空国事边"③ 的程度。

宝元、庆历之际严峻的边防危机促使陕西的地方组织与军事力量经历了一个剧烈整合和扩充的过程，这在制度上为士人供职西鄙提供了广阔的空间。与此同时，宋廷也很快就意识到西北地区存在着文武人才的巨大缺口，在全国尤其是陕西各州军广泛征召"识西贼情伪与山川要害，攻取方略"的"勇敢智谋之士"④，原先言边事谈兵机的士大夫如范仲淹、尹洙、石延年、杨偕等也都得到进用。朝廷进而持续向陕西输送全国的豪杰俊彦。故苏轼有云："士盛庆历，如汉武、宣。用兵西方，故西多贤。"⑤

而在当时，士人若要直接参与边事并发挥作用，有四种潜在职任可供选择。一是经略安抚使（宋人一般简称作"儒帅""帅臣"）。经略安抚使节制诸将，镇守边陲，掌控一路军事与民政大权。作为方面军的统帅，非久负时望的名臣如范仲淹、韩琦、庞籍则无能胜任。二是帅臣幕僚。宋代的经略安抚使副均握有一定的奏辟权，故得以开府揽贤。特别在战争时期，陕西边地幕府如范仲淹幕下呈现出"辟士甚众""奇怪豪隽之士，往往蒙见收择"⑥ 的繁盛局面。当时帅司帐下有三类文职僚佐较为重要：参决军谋的判官、负责书奏

①　（元）脱脱等：《宋史》卷291《列传第五十》，第9728页。

②　（宋）田况：《儒林公议》卷上，第9页。

③　（宋）张方平：《请罢陕西招讨经略司事》，《乐全集》卷21，《张方平集》，第296页。

④　（宋）李焘：《续资治通鉴长编》卷126，第2971页。

⑤　（宋）苏轼：《祭滕大夫母杨夫人文》，《苏轼文集》卷63，第1957页。

⑥　（宋）欧阳修：《答陕西安抚使范龙图辞辟命书》，《欧阳修全集》卷47，第662页。

的掌书记与协理事务的勾当公事。① 如胡瑗曾在范幕任陕西路经略安
抚司勾当公事，田况则在夏竦幕下任陕西路经略安抚使判官。又如
尹洙先从葛怀敏辟，为泾原秦凤两路经略安抚判官，其后夏竦、韩
琦、范仲淹复辟尹洙为陕西路经略安抚判官。胡瑗、尹洙等人后能
做到"颇知武事""论议益精密，而于西事尤习其详"②，这一段幕
僚经历甚为重要。三是儒将。儒将盖指文官出身而中途转资为武臣
的将领，自宋初始就不乏其人。③ 西事期间宋廷求将的一个重要途径
便是"命近臣举朝士换武官"④。儒将同其他武将一样受帅臣节制，
直接承担领兵作战这样的军事任务。宋夏战争期间举足轻重的儒将
有为仁宗誉作"诗书之将"的刘平，但他在三川口之战中兵败被执，
崭露头角者则有种世衡、张亢等⑤。四是边牧。除帅臣兼任一路首州
知州外，沿边地区诸州（军）长吏虽以武人为主（同时以文臣任通
判），然亦有参用文臣的情况。如滕宗谅知泾州时适逢大将葛怀敏败
于定川，"寇兵大入，诸郡震骇"⑥，滕不但以其谋略抚平周边的不
安情绪，还协助范仲淹善后，令范对这位同年大为嗟赏，乃至举其
自代。

　　在西事带来的挑战同时也是报国立名的机遇面前，仁宗朝的士

---

① 关于宋代宣抚使的属僚设置，参见王曾瑜《宋朝宣抚使等的属官体制》，《文
史》第 22 辑。

② （宋）胡瑗：《请兴武学疏》，《全宋文》卷 408，第 19 册，第 416 页；（宋）
欧阳修：《尹师鲁墓志铭》，《欧阳修全集》卷 28，第 433 页。

③ 参见何冠环《败军之将刘平——兼论宋代的儒将》，载何冠环《北宋武将研
究》，中华书局（香港）2003 年版，第 283—332 页；陈峰：《北宋武将群体与相关问
题研究》，中华书局 2004 年版，第 60—69 页。

④ （宋）欧阳修：《论军中选将札子》，《欧阳修全集》卷 99，第 1520 页。

⑤ 何冠环：《败军之将刘平——兼论宋代的儒将》（载《北宋武将研究》，第
283—332 页）、曾瑞龙：《北宋种氏将门之形成》（中华书局（香港）2010 年版）、陈
峰：《宋朝儒将的角色与归宿——以张亢事迹为中心考察》（载《邓广铭教授百年诞辰
纪念论文集：1907—2007》，第 513—521 页）对三人有探讨。

⑥ （宋）范仲淹：《天章阁待制滕君墓志铭》，《范文正公文集》卷 15，《范仲淹
全集》，第 361 页。

林内部各有各的抉择。就中卓然挺特者如范仲淹、韩琦、滕宗谅、尹洙、田况等士大夫，在彼时"人心颇恐，士大夫多避西行"① 的怯懦风气下慷慨赴边，抗暴纾难，展现出大无畏的承当精神。而欧阳修、张方平先后拒应范仲淹辟出任经略掌书记一职，当然并非出于畏避心理，然除学者所指出的鄙弃时文、"知之不尽"等推力原因外②，其实还存在很重要的反向拉力。像欧阳修很快就官复馆阁校勘这样的清职，庆历元年（1041）又以《崇文总目》书成迁集贤校理，张方平亦于同年免试除直集贤院，未几知谏院。适逢仁宗广开言路，是故欧、张不至边地，却一样能就西事出谋究弊。欧阳修的《通进司上书》《准诏言事上书》，皆文理优长且颇中时病。张方平监新定郡时所作《平戎十策》，以及谏官任上的一系列论兵奏议，与欧相比亦毫不逊色。立于庙堂直言净谏而非区区执掌文书，是他们依照自身才性及仕途预期做出的最优选择。

　　后来宋人总结说，宋夏战争期间，范、韩身任帅臣，"吕公夷简当国，欧、富、张公方平任论议，文公彦博、庞公籍皆有重望，尹公洙、田公况又佐翼其间，所谓本朝第一等人无不聚在西陲也"。③可见，当时为措置西事而建立的分职任事体系主要包括在朝的宰辅、议论之臣以及在边的帅臣、幕僚，履职者则俱属庆历士大夫与老成士大夫中的"第一等人"，正是在他们的通力协作下（有时亦不免龃龉），仁宗朝的西北边境才能重归安宁。

二　宋夏战争对宋廷政策和士人观念的冲击

自真宗景德元年十二月（1005）宋辽盟于澶渊、景德二年

---

① （宋）李清臣：《韩忠献公琦行状》，《安阳集编年笺注》附录2，第1732页。

② 参见［日］小林广义《关于欧阳修辞谢范仲淹的辟召》，载台湾大学中国文学系主编《纪念欧阳修一千年诞辰国际学术研讨会论文集》，台大中文系2009年版，第99—113页；黄德进：《欧阳修评传》，南京大学出版社1998年版，第74页；陈湘琳：《欧阳修的文学与情感世界》，第59—60页；顾永新：《欧阳修学术研究》，人民文学出版社2003年版，第151页。

③ （宋）周南：《丁卯召试馆职策》，《全宋文》卷6694，第294册，第130页。

（1005）宋夏媾和，直至宝元元年（1038）李元昊称帝立国、庆历二年（1042）契丹索求关南地之前，北宋西、北二边的形势一直较为和缓，长期的治平局面不可避免地加速了武事在朝廷政务与士人知识领域的边缘化。对此，富弼在庆历四年（1044）有一段总结："当国大臣，议和之后，武备皆废。以边臣用心者谓之引惹生事，以搢绅虑患者谓之迂阔背时，大率忌人谈兵。幸时无事，谓彼不敢背约，谓边不必预防，谓世常安，谓兵永息，恬然自处，都不为忧。"① 先不论富氏事后批判的倾向，从他的回顾可以看出，"后澶渊时代"（1005—1038）宋廷确立的"用文德怀远，以交好息民"②的外交政策，以及政坛上流行的视言行激昂为虚矫躁进的"老成"理念，共同压抑着当时文武官员讲武谈兵的意愿。孙沔也观察到，仁宗朝前期"有论西北事者，谈兵略者，谄佞之辈必群聚而非笑之"③。由于"武事"几近成为公共空间中的禁忌话题，再加上宋初以来"崇文抑武"方针影响下文武价值取向的失衡④，至仁宗朝前期，士大夫"耻言兵事""以兵言者为妄人"⑤ 的社会风气业已流行，武事因负面的价值评判而被放逐于士大夫的主流知识视野之外。

在这样的情势下，仁宗君臣猝然遭遇一代枭雄李元昊及其统帅下凶悍异常的夏人，自然很快就暴露出能力的缺陷和精神的薄弱。治平二年（1065），欧阳修曾检讨西事开初宋方的被动局面：

自真宗皇帝景德二年，盟北虏于澶渊，明年，始纳西夏之

---

① （宋）富弼：《上河北守御十三策》，《全宋文》卷602，第28册，第309页。

② （宋）张方平：《送古卞北游序》，《乐全集》卷34，《张方平集》，第561页。

③ （宋）孙沔：《论宰相不进贤者为将来之资奏》，《全宋文》卷435，第21册，第81页。

④ 参见陈峰《北宋武将群体与相关问题研究》，第251—302页。

⑤ （宋）张方平：《送古卞北游序》，《乐全集》卷34，《张方平集》，第561页；（宋）韩琦：《故崇信军节度副使检校尚书工部员外郎尹公墓表》，《安阳集》卷47，《安阳集编年笺注》，第1446页。

款，遂务休兵，至宝元初，元昊复叛，盖三十余年矣。天下安
于无事，武备废而不修，庙堂无谋臣，边鄙无勇将，将愚不识
干戈，兵骄不识战阵，器械朽腐，城郭隳颓。而元昊勇鸷桀黠
之虏也，其包畜奸谋欲窥中国者累年矣。而我方恬然不以为虑，
待其谋成兵具，一旦反书来上，然后茫然不知所措，中外震骇，
举动苍惶，所以用兵之初，有败而无胜也。①

正如欧阳修所指出的，澶渊之盟之后漫长的承平年月，其对国家武
备的严重侵蚀，不仅在于兵甲城郭这些器物的朽坏，实则更表现在
能够应对边事的文武人才的断层上。

为改变这样的不利状况，宋廷一面适时确立"擢才为急"② 的
用人原则，一面撤除景祐党争以来禁越职言事的限制，准许中外官
员上书议论朝政得失，尤其鼓励士庶上书陈说方略，期望能从中发
现御敌良策，并寻得才兼文武之士予以进用。如宝元二年（1039），
宋廷诏翰林学士至知杂御史，节度使至诸司使，各举京朝官及殿直
以上有方略材勇、通知边事者各二人。康定元年（1040），宋廷下诏
令陕西州军，有勇敢智谋之士，识西贼情伪与山川要害，攻取方略
者，悉诣所在自陈，敦遣赴京师。庆历三年（1043），韩琦、田况宣
抚陕西，有数百搢绅草泽上书言方略，由二人定其高下。这类举措
在西事期间还有很多，一时间"言事自荐者甚众"③。苏舜钦就作诗
描绘过彼时"帷幄监前败，降心问白屋。尺诏下中天，公车塞章
牍"④ 的热闹场面，可见宋廷搜求人才的焦灼之心。

需要指出的是，宋廷施行的上述政策确实发现并进用了一批才
能之士，但也不宜夸大它们的效果。一则，很多上书陈方略言政事

① （宋）欧阳修：《言西边事宜第一状》，《欧阳修全集》卷 114，第 1721 页。
② （宋）孙抃：《丁文简公度崇儒之碑》，《名臣碑传琬琰集校证》上集卷 3，第
70 页。
③ （宋）刘敞：《谕客》，《公是集》卷 48，商务印书馆 1936 年版，第 579 页。
④ （宋）苏舜钦：《送安素处士高文悦》，《苏舜钦集编年校注》卷 2，第 91 页。

的士人其实有口才而无实才，他们进献的也多是缺乏实用价值的书生之见。仁宗就曾抱怨："自用兵以来，策试授官人猥多，而任事颇无善状。"[①] 庆历八年（1048）仁宗还总结西事以来"献奇谲空言者多，陈悠久实效者少"[②]。二则，彼时上书言事的士人群体可以说是鱼龙混杂，其中不乏逐取富贵的投机分子。如宝元二年（1039），寿州长史林献可"言国家休咎之事"，显是踵继天书时代的故技，意图以灾祥求进。仁宗谓辅臣："朝廷得失在任人，得人则政治，失人则政隳。若尧、舜之世，虽有灾异不为害，桀、纣之世，虽有祥瑞不为福。今之言者多挟此以求进用，不可不察。"[③] 表达了走出真宗朝政治文化的决心。像林献可这样的钻营之徒在西事期间俯拾皆是。如令狐挺曾献上《韬略》《策论》五十篇，诏藏秘阁。其后阆丘良孙冒取其中的三篇奏上，得宋廷任用。欧阳修获悉此事，欲出秘阁本以证阆丘良孙之罪，但此事最终不了了之。[④] 而在老成士大夫眼中，一味强调开言路非但于事无补，还造成诸多乱象，应立即进行调整。如宋庠在西事期间上奏称：

> 顷因叛羌扰境，加以岁初日食风灾之变，陛下省躬念咎，勤劳日昃，思所以销伏众异，询逮下情，荐敕攸司，广开言路。故自春夏以后，或诣阙，或投匦，或遣近臣临问，或于便坐引对。公私草泽，上封言事者，以千百数。大抵论兵料敌，不越攻守之策。虚谈谬语，众所共知；道采途闻，互相求丐。然质其实效，可施于用者，卒无得焉。其间尤可怪者，王建中以通籍之臣，乃言今之天下非陛下之有。李元振不逞狂竖，而献封削牍，字皆方寸，辞意悖慢，侮蔑朝仪。丁腴卜祝之家，滥名

---

① （宋）李焘：《续资治通鉴长编》卷 141，第 3387 页。
② （宋）李焘：《续资治通鉴长编》卷 163，第 3922 页。
③ （宋）李焘：《续资治通鉴长编》卷 124，第 2935 页。
④ 参见（宋）毕仲游：《司封员外郎令狐公墓志铭》，《全宋文》卷 2404，第 111 册，第 136 页。

贡士，杂引星变，云京师且有大火。王翊胥徒贱品，因缘荐导，累求上殿，缙绅嗟笑。李可久原州酒户，嘱托奸邪，无功授官，正人切齿。若斯之类，皆当伏诛都市，投弃退荒，布告天下，以清风俗。其余或恣为毁黩，或轻议灾祥，述闾阎猥滥之辞，陈锥刀琐末之利，妄为器械，意度山川，荐达亲联，援引朋党，冒恩傲禄，情无不至。遂使天下幸灾好乱之辈，负愆失职之人，群吠京师，雀跃朝著，盱衡鼓舌，曾无嫌忌。陛下业已搜访，务存包纳，随材第赏，皆过所期，矜愚含垢，未尝加罪。恭惟天地江海之量，非名言所能及已。然人道有上下，国体有重轻。下而犯上，则堂陛浸亵；重而可轻，则器鼠无忌。今使小臣末吏，竖儒黔首皆得攘臂奋笔，议朝廷大事，凌轹卿相，以为傲幸进取之资，臣恐乘风随流，荡而不反，权削威弛，非国家之福。①

宋庠指摘虚言无用，抨击傲幸进取，忧虑权削威弛，几乎汇总了"老成"一方关于言论问题的全部批判。他的意见绝非出于偏见，而是有许多事实作为依据。宋庠观察到，随着言论环境越来越趋于纷乱，朝廷也有走向崩溃的风险，故他上奏的心情不可谓不急切。鉴于此，仁宗也不得不下诏整饬："比上书献方略者，率多市文于人，或削取前后臣僚章奏，以冀恩赏。已诏无得更陈边事。如闻尚有诣阙者，其令禁绝之。"② 宋廷开始着重对上书者加以限制和拣汰。

　　宋廷的政策调整，其最大的作用在于辐射带动功能，即以功名为指挥棒迅速激发士人谈兵论事的积极性，进而改变社会风气。随着宋夏战争的进行，如何经制西事自然成为士人关心的话题。在边

---

　　①　（明）黄淮、（明）杨士奇编：《历代名臣奏议》卷175，上海古籍出版社1989年版，第2295页。

　　②　参见（宋）李焘《续资治通鉴长编》卷136，第3260页。

和在朝的官员，乃至草野之士都纷纷参与到攻守战和的讨论中来。① 仁宗也积极作出回应，"圣心忧念，每有臣僚言及西事，必皆倾心听纳"②。庆历元年（1041），韩琦上奏称："窃以西贼叛命以来，言边事者盖以万计，皆人持所见，献忠于上。而朝廷广务听纳，纤悉必行。"③ 在边防压力与宋廷引导下，朝野共谈兵略边事已成为一时之热潮。宋人后来即概述："仁庙时，天下承平久，人不习兵。元昊既叛，边将数败，朝廷颇访知兵者，士大夫人人言兵矣。"④ 士人谈兵讲武不再被歧视，赴边从戎也成为新的常态。而宝元二年（1039），宋廷重新调整真宗朝以来的禁兵书政策，解除士人私习《孙子》《吴子》并《通典》所引诸家兵法的禁令，这无疑也助成士人言兵的风气。⑤

宝元、庆历之际，武事在政治场域及士大夫知识视野中从边缘向中心同步迁移，不过是宋夏战争冲击旧秩序的一个侧面，这一现象背后是整个政治文化和士人思想的变革。仁宗朝新旧两套意识形态此长彼消的态势愈加明朗。宋夏战争期间，剧烈恶化的时势促使士人开始普遍质疑"老成"理念和保守政治的合理性，重新审视仁宗朝前期政治的得失。他们反思的结果是"人皆归过于张士逊、吕夷简，责其惟能私徇，不识权变"⑥，指明张、吕这些元老重臣必须为西事以来出现的一系列社会问题担负主要责任，突出"老成"理念短于权变的弊端。当时，孙沔、欧阳修、蔡襄等谏官一再上书直斥吕夷简为"二十四年间坏了天下"的"奸邪"⑦，猛烈炮轰他"不

---

① 宋廷的攻守和战之争，参见李华瑞《宋夏关系史》，第 37—42 页。
② （宋）欧阳修：《论韩琦范仲淹乞赐召对事札子》，《欧阳修全集》卷 97，第 1492 页。
③ （宋）韩忠彦：《韩魏公家传》卷 2，《安阳集编年笺注》附录 3，第 1769 页。
④ （宋）晁公武：《郡斋读书志校证》卷 14，第 634 页。
⑤ 北宋的禁兵书政策，参见魏鸿《宋代孙子兵学研究》，第 22—24 页。
⑥ （宋）余靖：《论当今可行急务奏》，《武溪集校笺》卷 21，第 685 页。
⑦ （宋）欧阳修：《论吕夷简札子》，《欧阳修全集》卷 100，第 1543 页。

为陛下兴利除害，苟且姑息，以致事事隳坏如此"①，便是此种舆论在朝野的公开表达。而吕夷简面对来势汹汹的"公论"，也只得一面承认这些指责是迟到的"药石之言"，一面自请罢相，后又请罢豫军国大事，逐步淡出政坛。

急遽变化的政治形势也给庆历士大夫开辟了上升渠道，为他们倡导的"英俊"理念提供了接受的土壤。庆历士大夫先前的政治批判被事实证明是远见卓识。范仲淹"当福而知祸，在治而防乱"②的呼声，不复是迂阔的空谈，而成为极具预见性的忠告。宝元二年（1039），右正言、直集贤院吴育上奏称：

> 夫朝廷总制天下，必建基立本，以消患于未萌。若政令修、纪纲肃、财用富、恩信洽、赏罚明、士卒精、将帅练，则四夷望风，自无异志。有一未备，则强敌乘闲而生心。方今天下少安，人情玩习，而多务因循，居常有议及政令、纪纲、边防机要，则谓之生事。或有警急，则必至忽遽而莫知所为。若稍安静，又无人敢辄言。且夏州久有人往来中国，熟见朝廷有因循之势，遂敢内畜奸谋。③

吴育一方面强调建立根本以消弭一切可能的祸乱，另一方面批判了宋廷因太平日久而产生的"因循之势"。像这样的观点其实早在西事发生前就被范仲淹等人反复提出，终于在宝元、庆历之际的已萌之患下成为朝堂上的主流声音。④　而这次仁宗也爽快地听取了吴育的意

---

① （宋）蔡襄：《乞罢吕夷简商量军国事奏》，《蔡忠惠集》卷17，《蔡襄集》，第320页。

② （宋）范仲淹：《奏上时务书》，《范文正公文集》卷9，《范仲淹全集》，第201页。

③ （宋）李焘：《续资治通鉴长编》卷123，第2897页。

④ 学者指出，庆历之际士大夫普遍认识到攘外必先安内，外患由内忧引起，而要消除外患，必须先改革内政。参见陶晋生《宋辽关系史研究》，联经出版事业公司1984年版，第92—93页；李华瑞《宋夏关系史》，第43—44页。

见，等于是给范仲淹于无事之秋而先发出的"狂直""迂阔"之言一个晚来但并非没有意义的肯定。

同时，庆历士大夫特别像范仲淹、韩琦、富弼、尹洙等受命于艰难之时，凭借自身的才干和功劳积攒了丰厚的政治资本和士林声望。孙沔、欧阳修诸人也因积极进言为君主和士人所瞩目。欧阳修后来就说范仲淹"先事而斥，群议众排。有事而思，虽仇谓材"①，此多事之秋正是范凭借实干正名的机会。得益于庆历士大夫勇于任事的政治表现，"英俊"理念刚毅进取的正面价值也越来越得到广大士人的认同。

危机更促成了变革。宝元、庆历之际的困局迫使宋廷上下猛然惊觉天下无事只是一戳就破的泡沫，国家内外原来潜藏着这么多结构性的问题和难缠的敌人，这不能不令人心生深重的焦虑感。下面截取的一段蔡襄的发言就代表了相当一部分士人的心声：

> 顷年，庄献明肃太后初弃六宫，陛下亲临庶政，一日出令，邪臣沮气，天下观听，洒然快意，期于一变，以臻大治。自后数年，方内无事，左右之臣，易于袭常，而恬于苟安，陛下忧勤之心，且亦少懈。已而西羌背违，举兵寇边；遣将兴师，屡战屡败；馈运赋敛，百姓困穷。北虏乘势窥我强弱，遣使求地，京师震骇。幸而增赂，以得暂息。四海嗷嗷，日忧一日，以将来之患当何如也！然犹指忠贤之士而属望焉，幸而进用，庶其协力而大有为，以解焦劳之急。②

蔡襄清楚地指出，天下从无事到多事的骤变，决定了仁宗君臣由苟安向有为的转向。而改革以救弊，不仅是为挽救一时的燃眉之急，

---

① （宋）欧阳修：《祭资政范公文》，《欧阳修全集》卷50，第697页。
② （宋）蔡襄：《乞用韩琦范仲淹奏》，《蔡忠惠集》卷18，《蔡襄集》，第334页。

也指向了彻底解决"将来之患"，指向了太平之世、根本之道、长久之业。因此，范仲淹等人在《答手诏条陈十事》对改革主导精神做出如下描述："天下之理有所穷塞，则思变通之道。既能变通，则成长久之业""欲正其末，必端其本；欲清其流，必澄其源"。① 而庆历新政的主导人物除我们熟悉的庆历士大夫外，还有仁宗。欧阳修即指出："自元昊反，兵出无功，而天下殆于久安，尤困兵事。天子奋然用三四大臣，欲尽革众弊以纾民。"② 自西事以来积聚的忧患意识是庆历初年仁宗大有为的前提。正是他一手提拔了改革派，并催促他们推行新政。总之，宋夏战争为庆历新政奠定了现实基础，也设置了目前需要解决的问题。③

三 仁宗朝西事诗的特征及其在边塞诗史上的位置

西北边境成为触发宋代诗人边塞书写的重要场域，主要是从仁宗宝元初李元昊称帝叛宋开始的。延绵六年有余的宋夏战争，使得陕西边境尤为频繁地进入彼时诗人们的创作视野之中。这里要探讨的西事诗，指的就是以宋夏战争为核心创作阶段的仁宗朝西北边塞诗作群。值得注意的是，仁宗朝西事诗的创作主体主要是梅尧臣、苏舜钦、欧阳修、石介、胡宿、刘敞、刘攽、祖无择等一批中下层士人。他们彼时未能赴边效力，亦多缺乏申说边事忧虑与见解的公共渠道，便将之寓于篇咏，直接推动了边塞诗歌创作的风潮。

早在李元昊的试探性进攻阶段，诗坛就已在大声疾呼西北边患的严重性。这和沉闷的朝堂形成了鲜明对比。景祐元年（1034）苏舜钦《庆州败》就直言："无战王者师，有备军之志。天下承平数

---

① 《范文正公政府奏议》卷上，《范仲淹全集》，第 524 页。

② （宋）欧阳修：《湖州长史苏君墓志铭》，《欧阳修全集》卷 30，第 455 页。

③ 陶晋生详细讨论了新政与外患的关系：庆历改革发生的原因之一是为了外患，而外患一旦消失，对于改革的要求，就不如庆历初年那样迫切。参见陶晋生《宋辽关系史研究》，第 93 页。

十年，此语虽存人所弃。"① 景祐二年（1035）石介作《西北》，则
更是忧思深广："吾尝观天下，西北险固形。四夷皆臣顺，二鄙独不
庭。吾君仁泰厚，旷岁稽天刑。蘖芽遂滋大，蛇豕极膻腥。渐闻颇
骄蹇，牧马附郊坰。吾恐患已深，为之居靡宁。堂上守章句，将军
弄娉婷。不知思此否，使人堪涕零。"② 石介这种对二鄙边情的高度
敏感，当得自他前一年撰《中国论》时形成的"四夷处四夷，中国
处中国，各不相乱"③ 的严分夷夏之观念。石介此时已察觉，原本
就"不庭"的夏人与辽人必将以武力挑战内夏外夷之限。虽则大臣
与边将仍罔顾边事，但以此诗为标志，在北宋士人那里，唐人式的
对西、北二边的忧患意识业已全部觉醒，只是重心由原先的河湟略
向北转移到银、夏一带。直至三川口之败，知延州范雍"日告朝廷
益兵，复为诗以言贼事，凡数十章"，颇痛心疾首道："承平废边事，
备预久已亡。万卒不知战，两城皆复湟。轻敌谓小丑，视地固大荒。
愿因狂狡叛，从此葺兵防。"在战败现实和诗歌的共同鞭策下，原先
"轻视元昊，边臣奏请，不甚允从"的宋廷"方罪枢臣而逐之"，改
变对夏策略。④ 宋夏战争也进入白热化的阶段。

西事诗也在西北边患加剧与宋廷政策转变的助推下蔚起为仁宗
朝中期诗坛的大宗。嗣后苏舜钦诗中所咏的"蜀士"就上书欲"掉
舌灭西寇，画地收幽燕"⑤，石介宝元二年（1039）在观棋时亦有感
而发："安得百万骑，铁甲相磨鸣。西取元昊头，献之天子庭。北入
匈奴域，缚戎王南行。东逾沧海东，射破高丽城。南趋交趾国，蛮
子舆榇迎。尽使四夷臣，归来告太平。"⑥ 皆可与杜牧《郡斋独酌》
诗同看。而胡宿为回答党项缘何会占据河曲一带反叛，即历数秦汉

① （宋）苏舜钦：《庆州败》，《苏舜钦集编年校注》卷1，第34页。

② 《徂徕石先生文集》卷2，第17—18页。

③ 《徂徕石先生文集》卷10，第117页。

④ 参见（宋）田况《儒林公议》卷下，第71页。

⑤ （宋）苏舜钦：《蜀士》，《苏舜钦集编年校注》卷5，第329页。

⑥ （宋）石介：《观棋》，《徂徕石先生文集》卷2，第23页。

晋唐的西疆经略政策至当下，初盛唐"太宗神且武，贞观粹而王。都雍三才直，安西万里长。声明冒葱雪，亭堠彻甘凉。圣术初无敌，孙谋本克臧"，直接拓土控驭，一变而为宋初"地广孽芽出，海深神怪彰。遗雏偷啸聚，杂种学跳梁。王者轻分土，仁人重纳隍。犹如弃鳞介，不使易衣裳"，弃地姑息养患。① 胡宿另有《凉州》哀叹："一从天宝陷凉州，路绝阳关数百秋。谁念弓裘侵紫塞，空余歌舞在红楼。"② 便由河西沦陷将唐宋时期的西北局势串接起来，与中晚唐诗人的同题乐府诗十分近似，像中唐王建《凉州行》即云："凉州四边沙皓皓，汉家无人开旧道。边头州县尽胡兵，将军别筑防秋城。万里人家皆已没，年年旌节发西京。"③ 仁宗朝诗人们如胡宿已经意识到，本朝的西部边患需要上溯历史方能被真正理解，关注西北局势也为他们和唐代诗人所共享。这与仁宗朝政治话语里将"汉唐旧疆"内涵固定为幽燕、西夏（含河西等地）、河湟和交趾的进程是同步的④。

　　由前文的历时梳理可以清楚看到，在宋夏战争全面爆发以前的景祐年间，北宋士大夫群体呈现出一种上层忽视下层忧患的局面，且从赵寓的遭际来看，上下层之间的信息交流往往是被人为隔断的。于是那些在公共渠道被迫噤声的中下层士人在私人创作性质的诗歌中找到了宣泄忧边情绪的出口。如苏舜钦可以说是仁宗朝最先注意到西北危机的士人，他宝元元年（1038）诣匦上书，只是轻点一句"西北之夷，岂有窃萌背盟犯顺之心者乎"⑤。而四年前他的《庆州败》前段批判就已十分直露，后段则以嘲讽笔调记事，丝毫不假情

---

① （宋）胡宿：《吴兴秋晚郡斋长句》，《文恭集》卷6，第71页。

② 《文恭集》卷4，第46页。

③ （唐）王建撰，尹占华校注：《王建诗集校注》卷1，巴蜀书社2006年版，第1页。

④ 关于北宋"汉唐旧疆"话语的变化，参见黄纯艳《"汉唐旧疆"话语下的宋神宗开边》，《历史研究》2016年第1期。

⑤ （宋）苏舜钦：《诣匦疏》，《苏舜钦集编年校注》卷7，第437页。

面。诗、文之间姿态迥异。又如前述石介《西北》亦对"吾君"旷岁姑息、"堂上"墨守旧策、"将军"晏安玩寇深感愤慨。足见在西事袭来前，来自中下层诗人们已得战机之先。

　　在今天所能见到的西事文字之中，任事的中上层士大夫由于将主要精力投入现实的应对边事上，这在一定程度上压抑了他们个人的创作兴趣，检视夏竦、范仲淹、尹洙、韩琦乃至欧阳修、张方平等人别集，他们西事期间的文字以议论军政事务的公文以及往来商讨边事的书信为主，直接反映西事的诗作并不多见。又如庞籍虽则"性喜诗，虽相府机务之繁、边庭军旅之急，未尝一日置不为。凡所以怡神养志，及逢时值事，一寓之于诗。其高深阔远之趣，固非庸浅所可及"①，然因其《清风集略》已佚，我们现在只能看到他如何处置边庭军旅之急，而无缘寓目那些"高深阔远"之作。② 以苏舜钦、石介、梅尧臣、刘敞为代表的中下层士人恰相反，他们对西事的关注和思考既然缺乏公共渠道来表达，则非诗歌吟咏无以宣泄。像苏舜钦、石介对西事题材始终保持景祐年间旺盛的写作欲，在宋夏战争期间又与其他诗人的创作一道汇成宝元、庆历诗坛上新的书写潮流。他们极善于援笔作戈，积极地凭借诗歌以浓郁的情感记录战事、臧否将帅、探讨战略，集结成为一股当时令人无法漠视的庄重洪大之声。

　　由于前人对仁宗朝西事诗做过整体论述，是故这里主要期望揭示这种中下层士人创作占主流的文学现象的特性。面对远在陕西的

---

　　①　（宋）司马光：《故相国庞公清风集略后序》，《司马光集》卷65，第1360页。
　　②　范仲淹《依韵和延安庞龙图柳湖》《和延安庞龙图寄岳阳滕同年》、宋祁《和延州庞龙图见寄》《答庞龙图塞下秋意》《和延州经略庞龙图八咏》、宋庠《寄延州经略庞龙图》、司马光《塞上四首》《延安道中作》《送何济川为庞公使京庆阳席上探得冬字》《入塞》《奉和经略庞龙图延州南城八咏》等诗均为酬和庞籍之作。又皇祐三年（1051）韩琦称赞二度知渭州的王素《西行诗集》"山川满目吟虽苦，戈甲藏胸意自闲。威望昔尝流塞外，雅歌今复奏兵间"［（宋）韩琦：《览渭帅王龙图西行诗集》，《安阳集》卷6，《安阳集编年笺注》，第254—255页］，然王素《西行诗集》今亦不存。

宋夏战争，仁宗朝中下层士人的创作姿态概括起来就是"西望凄然"，即石介在《偶作》里说的"倚锄西北望，涕泪空沾襟"①。所谓"西望"，盖指这些诗人身处内地，与诗歌所要表现的地域相距迢远，他们往往只能西向颙望，探听边境传来的任何忧与喜。因此我们经常能看到诸如梅尧臣《闻尹师鲁赴泾州幕》《故原有战卒死而复苏来说当时事》《董著作尝为参谋归话西事》、石介《徂徕山斋熟寝，家童报征西府从事田集贤元均、张著作叔文、赵推官庶明书至，开缄读之，因题书后》、刘敞《闻韩范移军泾原兼督关中四路》《闻伯庸再安抚泾原》《闻徙关中兵备河东》、刘攽《闻西戎乞降》这样的诗题，他们在倾听西事亲历者口述时感怆，为"西师又失律，将帅各颠覆"②而痛心，为范仲淹"国耻行且刷，寇仇不可保"③而期待，为"忆昨传消息，羌来渭水旁"④的边警而忧虑，终为"高枕兴王世，吾生免外忧"⑤而欣喜。诗人们依靠"闻"那些遥遥西来的有限消息创造出一个又一个文本中的西北边境，情感之炽烈，叙事之逼真，似如亲睹。地理的距离、地位的卑下并未阻隔他们自发的忧边之念，他们与这个多忧多难的国家有着深沉的一体感。

所谓"凄然"，一则面对西北边境连年溃败的局面，诗人们意识到"小丑"李元昊自有"可汗甚雄杰，其下亦辑睦"⑥的优势，适成对比的却是宋廷的无谋与边将的无能，诗人们只能"屡闻戎马入，辄有国殇诗"⑦，屡屡嗟伤夏人"狂童得志贱物命，陇上盘马为嬉

---

①　《徂徕石先生文集》卷3，第30页。

②　（宋）刘敞：《闻伯庸再安抚泾原》，《公是集》卷10，第109页。

③　（宋）刘敞：《贺范龙图兼知延安》，《公是集》卷5，第49页。

④　（宋）刘敞：《观陕西图二首》其二，《公是集》卷21，第237页。

⑤　（宋）刘攽：《闻西戎乞降》，逯铭昕点校《彭城集》卷10，齐鲁书社2018年版，第226页。

⑥　（宋）刘敞：《没蕃士》，《公是集》卷10，第106页。

⑦　（宋）刘敞：《国殇》，《公是集》卷22，第255页。

遨"① 而我方"长戈不能断右臂，壮士无过委黄埃"② 的边地窘状。性刚志烈如苏舜钦乃至会产生极强的愤慨情绪，如他有感于"蛮夷杀郡将，蝗蝻食民田"的现实，难抑"余愤落樽前"③。庆历元年（1041）赴越奔丧途中苏舜钦又目睹兵祸、弊政与天灾相缠结的人间惨相，不禁"倚柂泪横臆"。④ 正因此，宝元、庆历之际诗人描摹的西北边境呈现出压抑而悲凉的氛围，如苏舜钦写定川寨之败后"恸哭皇天未厌祸，空同无色劲气消"⑤，想象天地之色为之凄凉。

二则这些中下层士人因地位、地理所限，难以将忧国心落实到现实层面，其忧虑情绪底层实则是深深的无力感。如刘敞要到庆历六年（1046）方进士及第，宋夏战争期间他虽"此心除国仇"，却很清楚自己无能"借前筹"。⑥ 刘敞在观览陕西地图时自知"分明见地里，怅望隔要荒"⑦，其壮怀激烈也只是为"近无西事消息"⑧。他愤恨于败局，却明言"鄙夫无忧责，感慨只恸哭。况闻哀痛诏，辍食想颇牧"。⑨ 因此刘敞唯有频频赠诗于尹洙、王尧臣、范仲淹、韩琦、夏竦，期望这些在边的帅臣、幕僚能协力御敌纾难，或在边防紧急时徒劳祈求"安得连山如长城，遍限中原却蛮貊"⑩。又如，正当他人于西北"兵谋贵胜纵横出"之际，石介则只能在"海鸟忘机饮啄余"的东鲁守丧闲居。⑪ 他关怀边事的出口表现在言说而非行动上，一是撰写《责臣》指斥那些负有官责却不肯赴边御敌的大臣；

---

① （宋）苏舜钦：《瓦亭联句》，《苏舜钦集编年校注》卷2，第99页。
② （宋）刘敞：《防秋》，《公是集》卷16，第174页。
③ （宋）苏舜钦：《有客》，《苏舜钦集编年校注》卷1，第40页。
④ （宋）苏舜钦：《吴越大旱》，《苏舜钦集编年校注》卷2，第112页。
⑤ （宋）苏舜钦：《瓦亭联句》，《苏舜钦集编年校注》卷2，第99页。
⑥ （宋）刘敞：《近无西事消息》，《公是集》卷21，第239页。
⑦ （宋）刘敞：《观陕西图二首》其二，《公是集》卷21，第237页。
⑧ （宋）刘敞：《近无西事消息》，《公是集》卷21，第238页。
⑨ （宋）刘敞：《闻伯庸再安抚泾原》，《公是集》卷10，第109页。
⑩ （宋）刘敞：《防秋》，《公是集》卷16，第174页。
⑪ （宋）石介：《徂徕山斋熟寝，家童报征西府从事田集贤元均、张著作叔文、赵推官庶明书至，开缄读之，因题书后》，《徂徕石先生文集》卷4，第45页。

二是将山东豪杰之士如孙复、姜潜、张洞、梁构荐给韩琦、范仲淹，并寄诗激励在边效力的友人田况、张叔文、赵寓，希冀"将军请用多多算"①。仁宗朝中下层诗人对自身无法赴边报国的处境是有自觉的，对宋夏战争有一种由不在其位及地理悬隔而产生的距离感。他们在现实中寄望于那些在边的士大夫，同时在书写西事时始终维持旁观者兼批判者的姿态。换言之，他们中的多数人满足于以诗言志，并未从忧患意识中产生自我承当的精神。因此像石介、刘敞的西事创作虽丰富，在思想层面却不免表现出身为事外之人的相对疏离和单薄的一面，如石介面对"今西夷之鬼，抗中国而敌万乘；西夷之服，升黄堂而骄诸侯。尊于天子，满于九州。王法不禁，四民不收"的淆乱局面，却只能局促庭中，"植萱于阶兮，庶忘吾忧"②，全无《答欧阳永叔书》《怪说》里奋身自任摈斥佛老、杨亿的锐气。

就唐宋边塞诗的发展历程观之，唐代的边塞诗尤善于营造一种现场感，多有着重书写从军出塞题材的作品，这与前代乐府诗传统、广置方镇幕府的制度和唐人昂扬健举的时代精神有着莫大关联。而仁宗朝西事诗所表现出的那种凄然西望的创作姿态和沉痛无力的情感基调，无疑昭示着宋代文人身当边鄙内缩且外患严峻之际其精神气质的转移：一方面他们相对缺乏积极进取的心态，而倾向于对边事作理性分析，较少空自夸言的情况；另一方面由于制度和文武价值观的影响，以及理性精神的增强，他们对武事相对疏离，写作较为节制，不常像前代诗人那样假想自我或少年游侠赴边御敌。总之，在西事题材最为兴盛、情绪最为激愤的仁宗朝诗坛，我们也能从中看到自我冷静的质素。

---

① （宋）石介：《寄赵庶明推官》，《徂徕石先生文集》卷4，第44页。
② （宋）石介：《植萱》，《徂徕石先生文集》卷3，第30页。

第二节　"儒帅"的创生——范、韩 "阅古堂"唱和中的 角色论与文武观

在宋夏战争期间建立的分职守边体系（帅臣、边牧、幕僚、武将）里，经略安抚使无疑是居于枢纽地位的角色。而在宋夏战争期间就任帅臣的官员中，范仲淹、韩琦的表现尤为卓著。史载："琦与仲淹在兵间最久，二人名重一时，人心归之，朝廷倚以为重，故天下称为韩范。军中服其威名，为之语曰：'军中有一韩，西贼闻之心骨寒。''军中有一范，西贼闻之惊破胆。'"① 宋人普遍认为，宋夏战争出现转机以及最终被平复，主要有赖于范、韩二人在陕西主导的军事防御行动。

范、韩这段戍边经历的意义不独体现在他们及时地捍护了宋王朝西北边境的安全，亦体现在其对政治制度和个体生涯的深远影响上。于公而言，自李元昊侵叛以后，宋廷逐步在陕西、河东、河北地区划分并设立安抚使路，文臣作为一路帅臣统兵御边成为定制。范仲淹、韩琦就身处首批经略安抚使的行列，他们凭借自身出色的吏才武干和守边功绩给后人树立了"儒帅"的典范。换言之，范、韩在任上的一系列政治行动塑造了这一新型角色的期望，并预示了宋代"边防统兵体制发展的新方向"，即"'大帅'人选不再是武臣，而是科举出身的文臣"。② 余靖庆历四年（1044）就上奏称："大臣必谓韩琦、仲淹二年泾原，成规可守，故专任狄青，足以了事。"③ 足见韩、范在边的表现业已凝结成可供后人遵从的"成规"。

---

① （宋）徐自明：《宋宰辅编年录校补》卷5《仁宗皇帝下》，第245页。

② 参见赵冬梅《文武之间：北宋武选官研究》，北京大学出版社2010年版，第208页。

③ （宋）李焘：《续资治通鉴长编》卷150，第3629页。

于私而言，此数年宣力疆埸的生涯构成范、韩人生中极其重要的体验。这不仅是积累政治资本的宝贵履历，更是一次以文武兼济为方向的历练。在这过程中，他们向着武事拓展了自身的知识体系和能力结构，于戎马间获致了异质的生命体验和审美经验，由此在原本的儒生品格之中融入了尚武的因子。皇祐元年（1049），韩琦于河北边地定州构筑郡斋"阅古堂"，自撰《定州阅古堂记》并《阅古堂》诗，还邀请范仲淹、富弼、欧阳修、文彦博等同道进行同题书写。这正是庆历士大夫对久经磨砺的儒帅人格的一次集中阐释和自我反思。

本节将结合范、韩实践"儒帅"之角色期望的历程，细读韩琦《定州阅古堂记》并《阅古堂》诗及其周边文本，揭示宋代士大夫"以儒者奉武事"[①] 时的精神世界和思维图景，尝试以此个案具体呈现文学、观念与制度之间的互动。

一 范、韩塑造"儒帅"角色的曲折历程

若以结果而论，范仲淹、韩琦在经制西事方面基本上是成功的。他们对儒帅角色的扮演终以实现守土议和这一战略目标而告成，他们在边创造的成规与功绩亦被后人所铭记。然若以过程论，范、韩对儒帅角色的认知和实践并不是一帆风顺的，他们在以儒奉武的过程中实则始终伴随着能力缺失的焦虑、何以应敌的迷茫和角色冲突的不适，有时还不得不面对严酷的失败与朝廷的猜忌，甚至他们自身在评判这段成边岁月时也带有一种其志未遂的情绪。究其所以，是因为文臣在长时间且高烈度的战争环境中扮演这一类新近产生的权责重大的武事型角色绝非易事。

其实严格说来，宋代的经略、安抚使最早出现于真宗初年。除巡视、宣慰性质的安抚使外，经略使如：咸平四年（1001）八月，李继迁"抄劫边部益甚"，真宗以"边臣玩寇，朔方饷道愈艰"，命

---

① （宋）富弼：《范文正公仲淹墓志铭》，《全宋文》卷610，第29册，第61页。

兵部尚书张齐贤为泾、原、仪、渭、邠、宁、环、庆、鄜、延、保安、镇戎、清远等州军安抚经略使。① 次年七月，宋廷因河东边警，又以邓州观察使钱若水为并代经略使、判并州，虽未兼都部署之名，"其任实同"，此是两宋边帅选用儒将之始。② 不过这一时期的经略、安抚使因事而置，事毕则罢，皆非常设，经略使更是自张、钱之后不再除人。③ 可见真宗时代经略、安抚使制度虽初步成型，但一则属于临时差遣，二则至仁宗时代又隔了整整一代人。经略、安抚使制度真正定型是在仁宗朝宋夏战争爆发以后。宋廷先后于陕西、河东、河北边境正式设立安抚使路，并确立了文臣以经略安抚使兼都部署的身份节制武将即所谓"以文驭武"的统军体制。④ 在这样的情势下，范、韩这一辈成长于"后澶渊时代"的太平年月、凭科举起家以儒术为业的士大夫，在"以兵言者为妄人"⑤ 的世风下，于彼时"人心颇恐，士大夫多避西行"⑥ 的氛围中，仓促间远赴边地处置原本陌生的武事，直面高烈度的战争，承担在当时并无多少先例可循的一方统帅的职责，无疑需要经历一个适应乃至挣扎的过程。

在范、韩之前就任经略安抚使的夏竦、范雍、陈执中等二府旧臣在西北边境便由于不能称职而遭解任。范雍"好谋而少成"⑦，知延州时轻信李元昊，不设防备，又轻敌玩寇，贸然遣将纵掠。李元昊怒而入寇，乘虚直逼延州城下。范雍急召刘平自庆州帅军救援，导致三川口之败。范因此左迁户部侍郎、知安州。夏竦"雅意在朝

---

① （宋）李焘：《续资治通鉴长编》卷49，第1068页。

② 参见（宋）李焘《续资治通鉴长编》卷52，第1140页。

③ 真宗朝经略、安抚使制度，参见李昌宪《宋代安抚使考》，齐鲁书社1997年版，第20—21页。

④ 参见王曾瑜《宋朝的文武区分和文臣统兵》，《中州学刊》1984年第2期；陈峰：《北宋武将群体与相关问题研究》，第201—208页。

⑤ （宋）韩琦：《故崇信军节度副使检校尚书工部员外郎尹公墓表》，《安阳集》卷47，《安阳集编年笺注》，第1446页。

⑥ （宋）李清臣：《韩忠献公琦行状》，《安阳集编年笺注》附录2，第1732页。

⑦ （元）脱脱等：《宋史》卷288《列传第四十七》，第9679页。

廷，及任西事，颇依违顾避，久之无功"，庆历元年（1041）在判永兴军任上与知永兴军陈执中议论多不合，两人"皆上表乞解兵柄"，以故俱徙内。① 时张亢质诘夏竦、陈执中在边不肯主事，"但主文书、守诏令。每有宣命，则翻录行下，如诸处申禀，则令候朝廷指挥"。② 张方平更是上奏请罢陕西招讨经略司，理由是夏竦为陕西经略安抚招讨使节制四路军政的三年间"师惟不出，出则丧败。寇惟不来，来必得志。控要城寨，残荡无几。内属藩落，驱掠向尽。钝兵挫锐，财殚力屈"。③ 其余如武官夏守赟"性庸怯，寡方略，不为士卒所附"④，在经略安抚使任上不久即罢归。总之他们都无法成功达到儒帅的角色期望，这一重任有待稍后履职的范仲淹、韩琦来实现。

就范、韩个人而言，他们在西行守边之前对武事并非一无所知，尤其是范仲淹，他早年游河朔时就有"敢话诗书为上将"⑤ 之志，后在《奏上时务书》《上执政书》里倡言设武备，平日亦习兵书，"喜论兵"⑥，不过这些终属书生纸上之见。待二人亲至前线统兵御敌，便很快发现自身在知识和能力上的缺陷。范仲淹自谓："运偶文明，世专儒素。靡学孙吴之法，耻道桓文之事。国家以西陲搔动之际，起臣贬所，特加奖用。臣自知甚明，岂堪其任；但国家之急，不敢不行。"⑦ 韩琦也说自己"识暗经远，才屈任重，偶以童篆末技，优窃科等；幸遇天下无事，方垂彻警。专修俗吏之业，罕究兵

---

① （宋）李焘：《续资治通鉴长编》卷134，第3190页。

② （宋）李焘：《续资治通鉴长编》卷132，第3148页。

③ （宋）张方平：《请罢陕西招讨经略司事奏》，《乐全集》卷21，《张方平集》，第296页。

④ （宋）李焘：《续资治通鉴长编》卷127，第3013页。

⑤ （宋）范仲淹：《河朔吟》，《范文正公文集》卷4，《范仲淹全集》，第68页。

⑥ （宋）惠洪撰，陈新点校：《冷斋夜话》（与《风月堂诗话》《环溪诗话》合刊）卷2，中华书局1988年版，第19页。

⑦ （宋）范仲淹：《耀州谢上表》，《范文正公文集》卷16，《范仲淹全集》，第394页。

家之学"，只因愤激于边地惨况，"故受命引道，无敢固辞"。① 此外他还数度自陈"素昧兵机，不经边任""兵旅之宜，素非习练""徒能办职，本不知兵"。② 这些表奏中的说法虽有故作逊辞的成分，但也可以看到，范、韩身为文臣而欠缺系统的兵学修养，又从未有过供职边鄙的实地体验，不得已西行御敌，往往陷入难堪其任的窘境。朱熹论西夏事时就认为："韩、范亦无素定基本，只是逐旋做出。……本朝韩、范、张魏公诸人，他只是一个秀才，于这般事（武事）也不大段会。只是被他忠义正当，故做得恁地。"③ 王夫之也说："（西事）不得已而委之文臣。匪特夏竦、范雍之不足有为也。韩、范二公，忧国有情，谋国有志，而韬钤之说未娴，将士之情未浃，纵之而弛，操之而烦，慎则失时，勇则失算。吟希文'将军白发'之歌，知其有弗获已之情，四顾无人，而不能不以身任。是岂足与狡诈凶横之李元昊争生死者哉？"④ 范、韩对儒帅角色期望的构建正是在应对外部挑战和内在忧虑的曲折历程中逐步完成的。

康定元年（1040）二月，韩琦使蜀归朝，奏事便殿，"论西兵形势甚悉"⑤，仁宗命其为陕西安抚使。韩琦驰至延州，适逢李元昊解围而去，他于是"选练材武，治战守器，慰安居人，收召豪杰，与之计议，檄诸郡守城郭如河北，始设烽燧以候虏"⑥，又上书举荐范仲淹可代范雍守延。三月，范仲淹复天章阁待制、知永兴军，在道改为陕西都转运使。五月，宋廷以韩琦为枢密直学士，范仲淹为龙图阁直学士，两人并任陕西经略安抚副使，同管勾都部署司事。

---

① （宋）韩琦：《谢降御前札子表》，《安阳集》卷24，《安阳集编年笺注》，第792页。

② （宋）韩琦：《周历边塞陈利害奏》《谢复官表》《谢转官充秦凤路经略安抚招讨使表》，《韩琦诗文补编》卷2、《安阳集》卷24、《安阳集》卷24，《安阳集编年笺注》，第1618、795、799页。

③ （宋）黎靖德辑：《朱子语类》卷133，《朱子全书》，第18册，第4153页。

④ （清）王夫之：《宋论》卷4《仁宗》，第93页。

⑤ （宋）李焘：《续资治通鉴长编》卷126，第2973—2974页。

⑥ （宋）李清臣：《韩忠献公琦行状》，《安阳集编年笺注》附录2，第1732页。

韩琦针对"将未知士之勇怯，士未知将之威惠"① 的问题提出选将练卒之策。八月，范仲淹兼知延州，他自此"莫遑寝食"，"城寨未谨，兵马未精，日有事宜，处置不暇。而复虞内应之患，发于边城；或反间之言，行于中国。百忧具在，数月于兹"。② 范在延分州兵为六将，各将三千人，分部教之，视敌多寡遣将抵御，夏人不敢犯，既而诸路皆取法其制。宋人甚至认为这是后来"熙宁将法"之本。③ 夏人为此相互告诫："无以延州为意，今小范（仲淹）老子腹中自有数万兵甲，不比大范（雍）老子可欺也。"④ 由此可见，范、韩到任后迅速整顿武事，使得西北边境的危局有所缓解，不过真正的挑战才刚刚开始。

康定元年（1040）年底，范、韩在对夏采取攻势还是守势上发生分歧。此年十二月，经仁宗手诏催促，经略安抚使夏竦筹划攻守二策，遣副使韩琦、判官尹洙诣阙奏陈。宋廷决议用攻策，诏泾原、鄜延路来年正月发兵进讨。知延州之范仲淹却反对大举伐夏，执意不肯出师，并上奏乞存鄜延一路进行招纳。庆历元年（1041）二月，韩琦巡边，闻李元昊聚兵侵犯渭州，急趋镇戎军尽出其兵，又招募敢勇凡一万八千人，指派前来计事的环庆副部署任福为大将，泾原驻泊都监桑怿为先锋，钤辖朱观、泾州都监武英继之，行营都监王珪、参军事耿傅皆从军，又命渭州都监赵律将瓦亭骑兵为军后继，共同迎击李元昊。虽然韩琦再三嘱咐任福须持重用兵，待敌归而邀击之，但结果任福轻敌冒进，在好水川中伏被歼。韩琦于归途路遇亡卒家属持故衣纸钱招魂哭诉，他"不胜悲愤，掩泣驻马，不能前

---

① （宋）李焘：《续资治通鉴长编》卷128，第3032页。

② （宋）范仲淹：《耀州谢上表》，《范文正公文集》卷16，《范仲淹全集》，第394页。

③ （宋）徐度撰，朱凯、姜汉椿整理：《却扫编》卷上，《全宋笔记》，第3编，第10册，大象出版社2008年版，第130页。

④ （宋）李焘：《续资治通鉴长编》卷128，第3036页。

者数刻"。① 韩琦因此上章自劾，降知秦州。当时范仲淹亦以擅答李元昊书降知耀州，未几徙知庆州。适逢翰林学士王尧臣安抚陕西，上奏辩说："此两人天下之选也，其忠义智勇名动夷狄，不宜以小故置之，且任福由违节度以致败，尤不可深责主将。"② 经由上述挫折，范、韩对经略安抚副使的职责界限和战略选择有了更为清晰的认识，在角色扮演上也愈加稳健，并且他们凭借一年来的杰出表现已然在边建立了威名，真正成为儒帅的上佳人选。特别是范氏所持之守策实开宋夏议和的先导。

庆历元年（1041）十月，宋廷对陕西的军事防御体系重新做出安排，罢夏竦、陈执中，正式将陕西边境划分为秦凤、泾原、环庆、鄜延四大战区（安抚使路），分别以韩琦、王沿、范仲淹、庞籍为本路马步军都部署、经略安抚缘边招讨使。韩琦在秦州增广州城，修葺宁远、永宁二寨，"招辑属户，益市诸羌马，讨杀生羌之钞边者，厉兵以待贼"，使夏人"不敢窥秦塞为盗"。③ 范仲淹于庆州城大顺、细腰，复胡卢等寨，招徕环庆属羌，并上攻守二策。他在边"威德著闻，夷夏耸服，属户蕃部率称曰龙图老子，至于元昊，亦以是呼之"④。宋廷的这一制度调整和人员变更经由范、韩等人的活跃表现很快被证明是有效的，陕西的边防力量大为增强。仁宗后来就褒奖说："陕西沿边自分委四路以来，颇闻训齐士卒，修营城堡，羌丑逾年不来犯塞。"⑤

庆历二年（1042）闰九月，李元昊以兵十万，分两路入攻渭州。泾原帅王沿命泾原副都部署葛怀敏率军抵御，葛轻进遭围，战没于定川寨。李元昊掳掠渭州、镇戎军一带而去，关中震恐。韩琦听说

---

① （宋）魏泰：《东轩笔录》卷7，第82页。

② （宋）欧阳修：《尚书户部侍郎参知政事赠右仆射文安王公墓志铭》，《欧阳修全集》卷33，第483页。

③ （宋）李清臣：《韩忠献公琦行状》，《安阳集编年笺注》附录2，第1734页。

④ （宋）王辟之：《渑水燕谈录》卷2，第14页。

⑤ （宋）韩忠彦：《韩魏公家传》卷3，《安阳集编年笺注》附录3，第1776页。

夏人犯镇戎军，即遣步将纪质率军赴援。后闻定川丧师，又遣总管许怀德领军驻凤翔府以策应。范仲淹闻讯则亲率大军连夜赴援，追不及，遂移兵过关辅，人心于是大定。仁宗得奏喜道："吾固知仲淹可用。"①亟命范、韩加职进官。据范纯粹的说法，其父的这一壮举开创了陕西四路策应之法，宋廷"后来参定战守约束，颁降诸路，实用其策"②。

此役过后，宋廷命文彦博代王沿为泾原帅，不久又以泾原伤夷，欲令范仲淹与文彦博对易。范则奏陈泾州地重，力不足以独当，期望与韩琦一同经略泾原，并驻泾州。宋廷悉从范氏之请，复置陕西四路都部署、经略安抚兼缘边招讨使，命韩琦、范仲淹、庞籍分领之，韩兼领秦凤，范兼领环庆，庞籍亦兼领环庆。范、韩开府于泾州，而徙文彦博帅秦凤，滕宗谅帅环庆。宋廷还下诏，凡军期申覆不及者，韩、范、庞皆可便宜从事，并罢去其余诸路经略、招讨使的名号，以崇三帅之位。这样，一个以范仲淹、韩琦、庞籍三人为核心的四路协防体系稳固地建立了起来。范、韩诸人合力主持边务，"既任事久，岁补月完，甲械精坚，诸城皆有备，赏罚信于军中，将亦习斗识形势，每出，辄有功，勇气倍于初时"③，彻底改变了西事之初敌强我弱的不利局面。范、韩此时更是度势量力，已不再满足于被动防御，而欲"谋取横山故地，渐复灵、夏"④，最后诛灭夏人。然而由于宋夏随即展开和议，范、韩亦受诏归阙，这个一劳永逸的计划终未及施行。

宋夏战争的非常事态迫使宋廷不断调整陕西的军事制度和边防体系，从一开始多名文臣统帅遥居永兴以节制边地，事不专一且人员重叠，到"分委四路"，文臣统帅驻守前线亲总戎事，全权负责一路军政，再到通过区分文臣统帅的层级和辖界来促成诸路协防策应，

---

① （宋）李焘：《续资治通鉴长编》卷138，第3312页。
② （宋）李焘：《续资治通鉴长编》卷368，第8886页。
③ （宋）李清臣：《韩忠献公琦行状》，《安阳集编年笺注》附录2，第1734页。
④ （宋）富弼：《范文正公仲淹墓志铭》，《全宋文》卷610，第29册，第59页。

在专一事权的基础上达到更高质量且有重点的资源整合。这种分而复合的趋势对文臣统帅个人的武事素养和互相之间的配合程度都提出了极高的要求。

　　制度的变革需要人来执行，范仲淹、韩琦正是在西事期间脱颖而出的儒帅扮演者。他们依据边情的变化有选择地将制度规定真正落实到行动中，能够详练地"裁处军政，审料敌情"①，并从守边的实际经验出发制定若干开创性的规则和战略决策，由此成功地抵御夏人的侵袭，扭转了西北边境的局势，最终在资历、能力和威望上都足以胜任镇抚一方的儒帅角色。历时地看，范、韩作为兼具创造力和实践能力的行动主体，凭借在西事中的实际表现成为宋人眼中的儒帅典型，推动了经略、安抚使制度的常态化。皇祐元年（1049）权三司使叶清臣即说，当今臣僚之中，"方面之才，严重有纪律者，莫如韩琦"，"帅领偏裨"之任则"范仲淹深练军政"。② 软性的行为示范往往比硬性的制度规定更有影响力，此后宋人之于儒帅的角色期望，其统兵绥乱的一面很大程度上是由范、韩等人在宋夏战争期间率先定义的。元祐元年（1086）李常在倡议"择儒帅"时就说："孙子曰：'将者，智、信、仁、勇、严也。'以是言之，非通儒学士知国体者，不足与知此。臣不敢远陈古事，在仁祖时盖非范仲淹、韩琦、庞籍之徒不用也。"③ 即以仁宗朝西事中脱颖而出的范、韩、庞为当代儒帅典范。

　　范仲淹、韩琦在西北边境长期担任经略安抚使之职，直接统帅将士，防守方面，如此兼跨文武的差遣确能让文臣发挥多方面的才略，却也令角色间的冲突愈益凸显为职任内部的矛盾处境。庆历二年（1042）四月由范仲淹领衔的陕西四路帅臣辞改观察使一事，便将此种身份内在的紧张状态暴露无遗。当时宋廷诏命以枢密直学士、

---

①　（宋）范仲淹：《除枢密副使召赴阙陈让第五状》，《范文正公文集》卷19，《范仲淹全集》，第444页。

②　（宋）李焘：《续资治通鉴长编》卷166，第3989—3990页。

③　（宋）李常：《上哲宗七事奏》，《全宋文》卷1575，第72册，第238页。

礼部郎中韩琦为秦州观察使，枢密直学士、吏部郎中王沿为泾州观察使，龙图阁直学士、吏部郎中庞籍为鄜州观察使，龙图阁直学士、右司郎中范仲淹为邠州观察使，即把他们所带之贴职、文官阶改为武官阶中的正任官。这表示他们换官后将从文官序列转到武人序列。朝廷此举意在"正其名使之总戎，厚其禄使之抚下"①，原是褒奖性质的，况且在他们之前已有朝廷命文臣换廉察以示优待的实例。② 然而范仲淹、王沿、庞籍闻讯皆累辞不拜，范仲淹在辞让表里罗列"失朝廷之重势""减议论之风采""发将佐之怒""鼓军旅之怨""取夷狄之轻""贻国家之患"六项理由，大多在强调儒臣身份的便利性和必要性。他接着总结说，"儒臣武士，所习不同，所志亦异"，因此"不愿去清列而就廉察之厚禄"。③ 就算是接受换官的韩琦，也企望"国家推公兴治，任人有次，必不令臣永沉武列，老于疆垂。或薄效之可甄，宜旧物之来复"。④ 可见他们在文武的角色冲突中均坚持文臣本位，认定自己以儒奉武不过是国家危难之时暂时而为。最后宋廷也表示谅解，准许四人还守旧官。

范仲淹、韩琦在宋夏战争当中通过在边的积极行动，以及调解文武角色的冲突，逐渐深化了自身对儒帅职任的认知和践行。而这些基于特定角色的体验和思索稍后就在他们的文学书写中得到了充

---

① （宋）张方平：《论四路将率追兵不赴事奏》，《乐全集》卷21，《张方平集》，第301页。

② 如张方平《论四路将率追兵不赴事奏》提到："故事：尚书丞郎之带职者，得换廉察。钱若水罢枢密副使，徐乃授之。马知节罢枢密副使，止除防御使。"（《乐全集》卷21，《张方平集》，第301页）韩琦《谢赐诏书示谕表》也说："窃记陛下纂极以来，此例甚少。李维、李士衡，以老疾荣俸，陈尧咨以侈性尚豪，并遭遇承平，各充其欲。"（《安阳集》卷24，《安阳集编年笺注》，第807页）

③ （宋）范仲淹：《让观察使第一表》，《范文正公文集》卷17，《范仲淹全集》，第400—404页。

④ （宋）韩琦：《谢赐诏书示谕表》，《安阳集》卷24，《安阳集编年笺注》，第807页。又，皇祐五年（1053），韩琦加节武康军节度使，慨叹自己"一落粗官伍哙曹，清流甘分绝英髦"[（宋）韩琦：《次韵答留台春卿侍郎以加节见寄二首》其一，《安阳集》卷7，《安阳集编年笺注》，第274页]。

分的展示。

二 "阅古事迹"：韩琦的定州治绩与郡斋书写

西事阶段是范仲淹、韩琦私人创作的低潮期，他们在军书旁午之际还未及用文学语言呈现以儒奉武的新经验。如范仲淹之"将军白发征夫泪"① 及"将军了边事，春老未还家"② 均沿袭前代边塞题材的旧称谓、旧语词来抒发当下的戍边体验。唯《依韵答梁坚运判见寄》"蔽野旌旗色，满山笳吹声。功名早晚就，裴度亦书生"③ 以裴度督统众将平蔡州事自勉，略表儒臣从戎之感。总之，范、韩在诗文中系统地表达自身对儒帅人格的理解，要等到皇祐时期以韩琦所筑定州阅古堂为中心的群体创作。

西行御边的经历使范、韩获致了通晓边事的称号，开拓了他们仕宦的新界域。其后范、韩亦多有在西、北二边供职的情况。范仲淹庆历四年（1044）六月自请宣抚河东、陕西，五年（1045）正月罢参政，以资政殿学士知邠州，兼陕西四路缘边安抚使。不过范本人早已厌倦"风沙至恶，触目愁人"的"塞下州郡"景象④，在边警解除后一心"求取罢兵南国去，满楼苍翠是平生"⑤。因此他很快于庆历五年（1045）十一月引疾求解边任，得罢陕西四路缘边安抚使，改知邓州，自此连典内郡，未再赴边。他晚年虽偶亦追忆昔日在边之事（如《送河东提刑张太博》《阅古堂诗》），但其创作仍以歌咏山水光景、抒发闲适意绪为主。

① （宋）范仲淹：《渔家傲·秋思》，唐圭璋编《全宋词》，中华书局 1965 年版，第 11 页。

② （宋）范仲淹：《城大顺回道中作》，《范文正公文集》卷 6，《范仲淹全集》，第 120 页。

③ 《范文正公文集》卷 6，《范仲淹全集》，第 120 页。

④ （宋）范仲淹：《再奏辩滕宗谅张亢》，《范文正公政府奏议》卷下，《范仲淹全集》，第 630 页。

⑤ （宋）范仲淹：《与张焘太博行忻代间因话江山作》，《范文正公文集》卷 6，《范仲淹全集》，第 122 页。

北人韩琦则不然，他于庆历三年（1043）八月就曾宣抚陕西，庆历五年（1045）三月罢枢副，以资政殿学士知扬州，庆历七年（1047）五月为京西安抚使、知郓州，十二月徙知真定府兼都总管，庆历八年（1048）四月为定州路安抚使、都总管、知定州，皇祐五年（1053）正月拜武康军节度使、河东路经略安抚使、知并州，至和二年（1055）二月以疾自请移知乡邦相州，直至嘉祐元年（1056）七月病愈回朝。可见，在庆历新政失败后的很长一段时间里，韩琦一直以儒帅身份镇守北部边境。对他来说，那"许国壮心轻蹈死，殄戎豪气入横刀"① 的志念，那"霜严猎卫鹰权峻，风入弓胶士气豪"② 的物象，那"练士当时阅，临高共一观"③ 的职责是往昔更是当下。这也促使韩氏此一阶段的诗歌时时透现出沉雄刚健的风调，与其人格两相辉映。在韩琦的这段戍边生涯中，定州是历时最长也是最为重要的宦游之地。他治定五年，"政声流闻，自是天下遂属以为相"④，为宋人树立了和平时期处置边地之军政民务的帅臣楷模。接替韩琦知定的宋祁就称誉说："赖名臣之前治，辑郡务而有条。坐遵成规，便足为政。"⑤

韩琦之移知定州其实也带有应急性质。彼时，宋廷经制河北武备，置大名府、高阳关、真定府、定州四路，命判大名府贾昌朝、知瀛洲王拱辰、知成德军鱼周询、知定州韩琦任安抚使，各主持一路兵民之政，"首是任者""非得文武兼备之才不可居"⑥。宋廷此次委派文臣驻守北边，一贯的考虑当然是借鉴陕西边境分治四路的方式统筹北部边防力量以御外敌契丹。不过，在外部局势较为平稳的

---

① （宋）韩琦：《次韵答留台春卿侍郎以加节见寄二首》其一，《安阳集》卷7，《安阳集编年笺注》，第274页。

② （宋）韩琦：《并塞晚秋》，《安阳集》卷7，《安阳集编年笺注》，第285页。

③ （宋）韩琦：《甲午冬阅》，《安阳集》卷7，《安阳集编年笺注》，第290页。

④ （宋）叶梦得：《石林诗话》卷中，载《历代诗话》，第421页。

⑤ （宋）宋祁：《定州到任启》，《景文集》卷55，第724页。

⑥ （宋）韩琦：《定州厅壁题名记》，《安阳集》卷21，《安阳集编年笺注》，第714页。

年代，一则民事的重要性不下于军政，特别是时逢黄河决口，河北受灾严重，故须遣文臣加强边地治理；二则处理内患也是极为紧要的事项，就在不久前贝州还发生过王则兵变，因此如何控驭河北骄兵也成为一个问题。

定州系"天下要重之最"①，先前的守臣皆为武官，治兵不知法度，致使士卒颇为骄纵。明镐率诸州兵平定贝州兵变时，"独定兵邀赏赉，出怨语，几欲噪城下"。韩琦素闻其事，认为定兵不治将乱。到任后威恩并施，一面申严军律，立斩军中犯令情涉暴横者以示警戒，一面抚恤殉国者的亲属。又仿古兵法作三阵，严加训练。由是，"定兵精劲齐一，号为可用，冠河朔"。② 同时，韩琦在措置民事上也大有作为。适逢河北发生饥荒，他多方擘画，设法救活数百万人，不但得到仁宗诏书褒奖，邻城旁路亦取其政以为法。韩琦历经西事的磨炼，早已能熟练扮演镇抚一路的儒帅角色。况且，在和平时期，整顿军纪和救济民弊均为韩琦所长，是以他在定州的活跃表现很快便令中外"视中山隐然为雄镇，声动虏中"③。

在使治下"吏民、军旅，率相信顺"④ 之后，这位"喜营造，所临之郡必有改作"⑤ 的儒帅在定州出于诸种目的，为各色人群修造了不同的建筑：北岳庙为神灵而修（《定州重修北岳庙记》），州学为学子、众春园为民众而建（《定州新建州学记》《定州众春园记》），唯郡斋阅古堂是韩琦特意为自己构筑的，在堂室落成之后他又作《定州阅古堂记》并《阅古堂》诗以明己志。

韩琦自撰的《定州阅古堂记》起首即把自身知定州的缘起置于

---

① （宋）富弼：《定州阅古堂并序》，《全宋诗》卷265，第3366页。

② 参见（宋）李清臣《韩忠献公琦行状》，《安阳集编年笺注》附录2，第1736页。

③ （宋）李清臣：《韩忠献公琦行状》，《安阳集编年笺注》附录2，第1736页。

④ （宋）韩琦：《定州厅壁题名记》，《安阳集》卷21，《安阳集编年笺注》，第714页。

⑤ （宋）徐度：《却扫编》卷下，《全宋笔记》，第3编，第10册，第176页。

制度变革的时代大势之中。宋廷之所以分河北为四路，"悉用儒帅兼本道安抚使"，是由于"河朔地大兵雄而节制不专，非择帅分治而并抚其民不可"，点出儒帅背负的治兵与抚民两项重任。韩琦首膺是选，深感朝廷倚望之重，"惧不能称上所以付与之意。退而思迹古名臣之轨躅，以自策励"，又"患其汩于多务而志之弗虔"，因此将郡圃中的一座坏亭增修为堂，"乃摭前代良守将之事实可载诸图而为人法者，凡六十条，绘于堂之左右壁"，这即是"阅古堂"之名的来源。① 如此一来，阅古堂便成了韩琦"监古以自勉"的所在，置身堂中，阅览诸图，自然会在前代文武名臣之事业的鞭策下催生出"古人能之，予反不能之"的自省意识。接下来韩琦便以大段独白的形式披露了自己的内衷：

> 今予之所为也，诚以己之道未充而君之禄殊厚，任重途远，惟仆踣之是虞，故在燕处之间，必将监古以自勉。其未至也，则虽纷肴馔、竞筂吹，四时之景交见于前，予方仰而愧、俯而忧，孰知夫乐之为乐哉？其少进也，则虽吏文之扰怀，边责之在己，予固得其道而处之。至于幅巾坐啸，恬然终日，予之所乐，恶有既乎？若其宾客之于斯，僚属之于斯，不离几席，如阅旧史，俾人人知为治者莫先于教化，用兵者莫贵于权谋，而俱本之于忠义。功名一立，不独身享富贵，而庆流家宗，其余风遗烈，可以被于旂常，传于简策，藐于万世，而凛然如存，咸有耸慕之意，不以酣歌优笑之为乐，而以是为乐，则予也，岂徒己之为益？是将有益于人。知我者，其以我为喜爽垲、遂娱赏而已乎！②

---

① 参见（宋）韩琦《定州阅古堂记》，《安阳集》卷21，《安阳集编年笺注》，第697页。

② （宋）韩琦：《定州阅古堂记》，《安阳集》卷21，《安阳集编年笺注》，第697—699页。

郡斋从功能上说本是给地方官提供一个公余娱赏的处所，是以郡斋书写虽是官吏所为，一般来说却鲜有政治意图。特别从中晚唐起，州县官舍业已成为士人实现"吏隐"的一类主要场所，他们在文学创作中着重强化郡斋的幽居特性，刻意在公务环境中营造出对宦情的疏离姿态和幽人自适的小天地。① 韩琦虽亦时时燕处堂中，但阅古堂之于他主要是进行自我反思的空间。一方面，韩琦在晏居时也始终怀抱充己道、报君恩这样"任重途远"的政治忧责意识；另一方面，他追求的并非耳目声色的感性之乐，而是称职行道的理性之乐、阅史知方的智性之乐以及留名万世的不朽之乐，均带有很强的社会性。

韩琦同时而作的诗歌和《定州阅古堂记》一样忧思深远，如《阅古堂》诗就是记文的韵语翻版，说理剀切，主旨落在"公余时纵观，大可儆龊龊"② 二句上。《阅古堂八咏》组诗则一律采用前幅描摹物态后幅表达政治寓托的写作模式，叶梦得评说："其《垒石》《药圃》《沟泉》三篇，卒章云：'主人未有铭功处，日视崔嵬激壮怀。''吾心尽欲医民病，长得忧民病不销。''谁知到此幽闲地，多少余波济物来。'其意气所怀，固已见于造次赋咏之间，终成大勋，岂徒言之而已哉！"③ 足见上述诗作亦皆承载着韩琦自警自勉的用意。因此可以说，韩琦的阅古堂写作主于言志，一反唐人郡斋书写的去政治化倾向和逍遥超脱的格调，将政治因素作为一种前提和归宿引入独处、宴宾等公务之外的私人活动中，由此呈现出"意思深长""理趣流露"之名臣文学的特质。④

---

① 参见葛晓音《中晚唐的郡斋诗和"沧洲吏"》，《北京大学学报》2013 年第1 期。

② （宋）韩琦：《阅古堂》，《安阳集》卷1，《安阳集编年笺注》，第37 页。

③ （宋）叶梦得：《石林诗话》卷下，载《历代诗话》，第436 页。

④ 参见（清）吴之振、（清）吕留良、（清）吴自牧选，（清）管庭芬、（清）蒋光煦补《宋诗钞》，中华书局1986 年版，第99 页。韩琦诗歌创作与其名臣身份的关系，参见许总《宋诗史》，重庆出版社1992 年版，第207—214 页；莫砺锋：《论北宋名臣韩琦的诗歌》，《文学遗产》2014 年第1 期；马自力、范伟：《韩琦的名臣心迹与诗歌创作》，《求索》2017 年第7 期。

而正如韩琦在阅古堂的左右壁分别绘制古良守与古名将的事迹，他在定州同时面对吏事和边责，故他在郡斋"监古以自勉"的内容当然也就包括"为治者"之教化和"用兵者"之权谋两个方面。在韩琦看来，儒帅身份相当于叠合郡守与将帅角色，是以文武二端均不能偏废。他指出，文臣、武将拥有共同的伦理基础，即"俱本之于忠义"①。不仅如此，韩琦还在《阅古堂》诗里强调文、武皆是圣贤之道不可或缺的组成部分："仲尼大圣人，文武亦云学。况其下者乎，而不事砻琢？"② 韩氏的说法源自《论语·子张》，子贡谓孔子师承："文武之道，未坠于地，在人。贤者识其大者，不贤者识其小者。莫不有文武之道焉。夫子焉不学？而亦何常师之有？"③ 不过子贡所说的"文武之道"原指周文、周武的先王之道，韩琦这里诠释为文治与武事，明显是为自己兼资文武的理想寻求经典依据。他在《定州新建州学记》中亦以此教诲诸生：

> 夫子之教，天地也。凡为人者，孰不戴履之？舍天地，将安之乎？故文、武，一道也，恶有二焉！昔夫子亦尝学焉，而后识其大者，故曰"我战则克"。……是知为儒而不知兵，为将而不知书，一旦用之，则茫然不知其所以克之之道，而败辱随之。④

不难看出，韩琦文武相须的见解是由西事屡败之局激发的。他的这种基于儒帅角色的文武观念，其意义需放在文武官员分立的长时段历程中来理解。士在周代最初是作为低级贵族而登场的，他们接受

---

① （宋）韩琦：《定州阅古堂记》，《安阳集》卷21，《安阳集编年笺注》，第699页。

② 《安阳集》卷1，《安阳集编年笺注》，第37页。

③ （清）刘宝楠：《论语正义》卷22，第749—750页。

④ （宋）韩琦：《定州新建州学记》，《安阳集》卷21，《安阳集编年笺注》，第691—692页。

系统的"六艺"（礼、乐、射、御、书、数）教育，原无文、武之别。自战国起，新建立的中央集权官僚制表现出官分文武的特征，士阶层内部亦产生文士与武士的分化。秦汉王朝在制度上延续并加强了官分文武的趋势，然而允文允武仍是彼时官员的普遍追求。唐代明确区分了职位与品位上的文武分途，而以职位为中心，同时两者并未构成相对固定的对应关系。在晚唐五代，文武官员的选任隔离开始形成，彼此之间的价值差异和职业歧视也逐渐显现。逮至北宋，文武分立被进一步制度化，文武身份的判定以官（品位）而非差遣（职位）为准，两者在很大程度上是相互对应的，各自形成了不同的序列，"迁次使任，皆不相参涉"①，文武之间需要经过换授才能互相移易。由于官僚组织中呈现文武分立的现实，官员在职位性质和知识结构上多固守或文或武一途，文武官员之间也更为疏离。② 尤其在宋代，尊文卑武的世风几乎达到高峰。澶渊之盟后士大夫普遍鄙视谈兵讲武。宋真宗时孙何就说："朱梁、后唐，以马上为治，文武之柄，离而为二。文者专治笔砚，耻言军旅之事；武者狃习戈戟，罕有帷幄之谋。交相是非，坐观成败。"③ 当时孙何《上真宗乞参用儒将》、夏竦《论将帅策》均呼吁擢用儒臣统兵，但受限于制度，他们的儒将理想并未真正实现。

　　宋夏战争极大地冲击了这种文武日相殊途的制度设计和严重失衡的文武观念。首先，严峻的时势促使士人们展开反思，从理念入手探求边患的内因。这其中范仲淹的观点尤其值得重视。庆历元年

---

　　①　（宋）司马光：《苏骐骥墓碣铭序》，《司马光集》卷75，第1527页。

　　②　先秦至唐宋士阶层、官僚制及社会观念中的文武分化现象，参见顾颉刚《武士与文士之蜕化》，载顾颉刚著《史林杂识初编》，中华书局1963年版，第85—91页；杨宽《战国史》，上海人民出版社2003年版，第221页；邢义田《允文允武：汉代官吏的一个典型》，载邢义田著《天下一家：皇帝、官僚与社会》，中华书局2011年版，第224—284页；邓小南《祖宗之法：北宋前期政治述略》，第174—183页；赵冬梅《文武之间：北宋武选官研究》，第18—26页；方震华《权力结构与文化认同——唐宋之际的文武关系（875—1063）》，社会科学文献出版社2019年版。

　　③　（宋）孙何：《上真宗乞参用儒将》，《全宋文》卷184，第9册，第176页。

（1041），范甫任一路大帅，便上书宰臣吕夷简，提醒宋廷在推广新制的同时注意调和文武之间由来已久的矛盾：

> 窃以文武之道一，而文武之用异。然则经天下，定祸乱，同归于治者也。传曰："天下安，注意相；天下危，注意将。"斯则将相之设，文武之殊久矣。后世多故，中外不恬，二道相高，二权相轧，至有大将军而居三司之上，盖时不得已也。五代衰乱，专上武力，诸侯握兵，外重内轻，血肉生灵，王室如缀，此武之弊也。皇朝罢节侯，署文吏，以大救其弊，立太平之基。既而四夷咸宾，忘战日久，内外武帅，无复以方略为言。惟文法钱谷之吏，驰骋于郡国，以克民进身为事业，不复有四方之志。一旦戎狄叛常，爰及征讨，朝廷渴用将帅，大患乏人，此文之弊也。①

范仲淹分别从"体""用"出发思考文武关系。他承认文武在具体事务上存在差异，同时也指出文武之间从根本上说是相通的，也是互补的。然而，制度上的文武分化并未在后世打开协和共济的局面，反而引发了观念、权力两个层面的无尽纷争，文武两个阵营从此陷入相互排斥以及彼此倾轧的怪圈。范接着将文武之争的流毒置于近世的现实中予以呈现，先后阐释了五代的"武之弊"和当代的"文之弊"。这一番陈说融合深度的理论批判和不俗的历史洞察力，有力地论证了宋初以来矫枉过正的制度设计以及由此带来的偏执的价值观念是现时边隅不靖的根源所在。故范仲淹最后强调，如今唯有"使文武之道，协和为一"②，方能平定边患。而实际上，范早在天圣年间就已认识到"文武之道，相济而行，不

---

① （宋）范仲淹：《上吕相公书》其二，《范文正公文集》卷11，《范仲淹全集》，第256页。

② （宋）范仲淹：《上吕相公书》其二，《范文正公文集》卷11，《范仲淹全集》，第257页。

可斯须而去焉"①，遂作《奏上时务书》劝诫刘后、仁宗并重"文经武纬"。

其次则是制度建设带来的新风气。宋廷在宋夏战争中逐步确立的"以文驭武"的统军体制使得原本就居强势地位的文官也开始在边境参与乃至主导战争的进程，这为儒臣开辟出赴边奉武的便捷通道。韩琦在西事期间及其后扮演的儒帅角色，允许士大夫直接以文官身份主持一路军政②，同时又注重发挥抚俗济民的吏能，这要求履职者拥有才兼文武的素质。韩琦正是顺利实现了这种角色期望并在文学创作中自觉表达的士大夫。在韩的作为和言说中，武事不再被污名化，而被提升到和文事一样的高度。他以儒臣立身而不废武事的定位，既是对过去儒帅生涯的总结，也是对自我身份认同的一种构建。韩琦在《定州阅古堂记》并《阅古堂》诗中竭力宣扬的"文武一道"主张，呼吁回归士阶层初起时文武不分的理想状态，也构成了对晚唐五代以来"文武异道，将相异材"③之成见的一种强烈反拨。因此，韩琦认为孔子"文武亦云学"，虽未必合于子贡本意，却的确和孔子这样的春秋之士的知识体系颇为相契。

在后世的叙述里，韩琦更是成为文武分途时代儒臣统兵者的表率。如明清之际陈子龙《兵家言序》即云："自汉以后，文武渐分，然犹有虞诩、诸葛亮、周瑜、陆逊、司马懿、羊祜、杜预、温峤、谢玄、韦睿、崔浩、李靖、裴行俭、郭元振、裴度、李德裕、韩琦、李纲、虞允文之徒，奋策儒素，建功阃外，为时宗臣。彼岂必有博

---

① （宋）范仲淹：《奏上时务书》，《范文正公文集》卷9，《范仲淹全集》，第200页。

② 部分儒帅可能会换武官阶，如皇祐五年（1053）韩琦就加节武康军节度使、知并州，但这类换授属于宠秩，实际上并不标识文武，儒帅归朝或内徙即转回文职。这和以文换武后即在武官阶系统中迁转的儒将不同。

③ （宋）穆修：《上大名陈观察书》，《河南集》卷2，《宋集珍本丛刊》影印本，第2册，第410页。

虎之力，射雕之技哉？不过深明古今之事，能决机宜之便耳，然则岂非儒者之所当务耶？"① 仁宗朝中期的宋夏战争极大地改变了宋朝的军事组织，自此之后，儒将以儒帅这样一种全新的形式在两宋不断涌现。② 范仲淹、韩琦即是这一变革初始阶段的典型人物，他们也确实察知并推动了时代风会的趋向。

三　"阅古堂"同题书写现象及其意义

韩琦不仅把公共性的政治反思灌注入自身的郡斋书写中，还通过寄赠和邀约的方式发起了一场以阅古堂为中心的同题书写，借助同道之力将阅古堂及其所承载的文武观念推向公共文坛。③ 实际上，韩琦在仁宗朝并不算文学造诣上乘的文人，在当时却拥有极大影响力和传播控制权④。这是因为他一则拥有崇高的政治地位和政治声望，位高自然声远；二则拥有开放的人际关系网络，并且还善于组织和利用群体力量扩大自己的声音。韩琦这种创作方面的传播意识在阅古堂同题书写中有非常典型的表现。

皇祐元年（1049）秋，韩琦建成阅古堂，将《定州阅古堂记》摹刻上石，遂开始广邀友朋参与唱和。他先是向富弼、欧阳修、文彦博"邮问索诗"⑤，同时把记文石本分寄给范仲淹、杜衍，并请范仲淹作同题诗。范曾转呈记文与孙甫寓目，孙未及时归还，因此范

---

① （明）陈子龙：《兵家言序》，孙启治校点《安雅堂稿》卷4，辽宁教育出版社2003年版，第63页。

② 宋代儒将增多的现象及成因，参见刘子健《从儒将的概念说到历史上对张浚的评价》，载陶希圣先生九秩荣庆祝寿论文集编辑委员会编《国史释论——陶希圣先生九秩荣庆祝寿论文集》，食货出版社1988年版，第481—490页。

③ 北宋士大夫非集会的同题书写现象与公共性"文坛"观念的关系，参见朱刚《唐宋"古文运动"与士大夫文学》，第187—211页。

④ 王水照《宋代文学研究的思考——北宋名臣文集五种出版感言》（载王水照《鳞爪文辑》，陕西人民出版社2008年版，第119—127页）提醒我们注意像韩琦这样文学意义弱而文学史意义强的文人。

⑤ （宋）富弼：《定州阅古堂并序》，《全宋诗》卷265，第3366页。

请韩再赠予记文和富、欧等人的诗作，许诺阅后即赋诗。韩琦随即遣人寄来诗文，范称美"《阅古》之作，盖出古人也"①，又誊写自作的《阅古堂诗》回寄给韩。韩返信致谢。皇祐二年（1050），韩琦决定把诸人创作的同题诗作一并刻在阅古堂内。欧阳修闻讯表示"阅古事迹，尤见大君子之用心，动必有益于人也"，并谦称"苟得附方尺之木于梁栋间，寓名诸公之后，为幸多矣，所恨文字污公好屋尔"，还怪韩琦先前未寄记文，自己只能于杜衍处一观。② 事毕之后，韩琦寄给欧阳修《阅古堂碑》三本，欧慨叹："公之德业，当施本朝，耀青史，而刻金石。淹留边郡，闲暇之余，尚足以为一方故事，焕赫塞上。窃顾小子亦得列于众作之间，既足为荣，亦可愧也。"③

经由韩琦的传播和众人的参与，"阅古事迹"不但成为定州当地的焕赫故事，更是彼时政坛与文坛上极具影响力的群体事件。韩琦的继任者宋祁在定州作乐歌十阕，其词曰："听说中山好，韩家阅古堂。画图真将相，刻石好文章。"④ 即视阅古堂及其诗文刻石为定州的地标。不过，可能由于宋祁自认"儒帅非真帅"⑤，仅把阅古堂当成"欢酌坐怡然"⑥ 的寻常郡斋，故韩琦闻其歌而不悦。至和二年（1055）御史中丞张昇向韩琦索求阅古堂诗石本。嘉祐初，定帅王素营葺阅古堂，刻自作阅古堂诗于石，寄示韩琦。治平元年（1064），韩琦妻弟崔公孺模刻范仲淹《阅古堂诗》，韩琦谓其"欲起贵名增

---

① （宋）范仲淹：《与韩魏公书》其二十五，《范文正公尺牍》卷中，《范仲淹全集》，第 679 页。

② （宋）欧阳修：《与韩忠献王稚圭书》其十，《欧阳修全集》卷 144，第 2335 页。

③ （宋）欧阳修：《与韩忠献王稚圭书》其十四，《欧阳修全集》卷 144，第 2337 页。

④ （宋）魏泰：《东轩笔录》卷 11，第 130 页。

⑤ （宋）宋祁：《到官三岁四首》其三，《景文集》卷 8，第 88 页。

⑥ （宋）宋祁：《阅古堂》，《景文集》卷 8，第 95 页。

世慕，更刊余礼广人传"①。连远在扬州的王令也"始闻定作阅古堂，又闻定有阅古诗"②。元祐年间衡规《韩魏公治绩碑记》亦云："公于郡圃建阅古堂，摭前代良守将之事可法者凡六十条，绘于堂之左右壁。一时名士皆为赋诗，刻石堂上。"③ 将此盛事置于韩琦定州善政的序列中。

　　在"一时名士皆为赋诗"的阅古堂同题书写中，韩琦由戍边经历获致的个人性思考很快就得到了群体的认同和推扬。韩琦邀请的作者范仲淹、富弼、欧阳修、文彦博等人不但是他的挚友，更是宝元、庆历之际平复边境危机的重要成员，多有驻守或至少是宣抚边地的实际体验，故皆深知"阅古事迹"背后的君子用心。如欧阳修《韩公阅古堂》先是追述韩琦在定州"因难乃见才"，妥善处置军政与民事，期年之间就使治下"骄惰识恩威，讴吟起羸瘵。貔貅著行伍，仓廪饱堆积"。接着写韩琦政成之后建阅古堂，壁绘"英英文与武"以自勉，最后赞誉韩琦兼资文武，"循吏一州守，将军万夫敌"不足尽其才，像他这样"富寿及黎庶，威名慑夷狄"之人当归庙堂之上，"从容任群材，文武各以职"。④ 文事与武事两个平行因素贯穿全诗，与韩琦文武一道的观念正相呼应。富弼《定州阅古堂》叙事更为详赡，在结构上与欧诗近似，旨在颂扬韩琦"雅文杰武，自当视乎古人，且天下方迟公入辅，以致太平，若其安疆埸、屏王室，岂庸考古而后能哉"。⑤ 此外，富诗的长序与正文也可对译，与韩琦的记文并同题诗如出一辙。

　　欧阳修、富弼虽能准确把握韩琦的儒帅角色意识与文武观念，但在这种遥赠且限题的创作中还是难免程式化。唯范仲淹《阅古堂

　　① （宋）韩琦：《次韵和崔公孺国博模刻文正范公阅古堂诗》，《安阳集》卷10，《安阳集编年笺注》，第396页。

　　② （宋）王令：《寄题韩丞相定州阅古堂》，《王令集》卷2，第26页。

　　③ （宋）衡规：《韩魏公治绩碑记》，《全宋文》卷2277，第104册，第223页。

　　④ （宋）欧阳修：《韩公阅古堂》，《欧阳修全集》卷4，第74—75页。

　　⑤ 参见（宋）富弼《定州阅古堂并序》，《全宋诗》卷265，第3366页。

诗》在参酌欧、富之作以后再行构思，改褒美韩琦治绩的"颂"为劝勉其师古有为的"箴"，极有创意。这其实和韩琦赋予阅古堂的"监古以自勉"精神颇为相通。范诗分为前后两部分，前幅主要阐释阅古堂"阅古以儆今"的寓意。所谓"阅古"，即"必求古人心"，直指仁智忠义。范随后展开具体阐释，称"古贤守"能使"王道自此始"，"古名将"则能使"皇威彻西海"，施惠所及，均不限于一时一地，在唱和诸人中陈义最高。接着范又举出张良、诸葛亮这样"将相俱能任"的古人（即前代儒将），期望后人踵继前人赫赫之迹，此之谓"儆今"。范在此诗后幅将师古所得落实到当下，他回顾自己与韩琦协力守御西北边境的经历，并督促友人完成未竟的事业：

> 仆思宝元初，叛羌弄千镡。王师生太平，苦战诚未禁。赤子喂犬彘，塞翁泪涔涔。中原固为辱，天子动宸襟。乃命公与仆，联使御外侵。历历革前弊，拳拳扫妖祲。二十四万兵，抚之若青衿。惟以人占天，不问昂与参。相彼形胜地，指掌而蹄蹻。复我横山疆，限尔长河浔。此得喉可扼，彼宜肉就碪。上前同定策，奸谋俄献琛。枭巢不忍覆，异日生凶禽。仆已白发翁，量力欲投簪。公方青春期，抱道当作霖。四夷气须夺，百代病可针。河湟议始行，汉唐功必寻。复令千载下，景仰如高岑。因赋阅古篇，为公廊庙箴。①

集体记忆的导入为范仲淹的"阅古篇"开辟出一块极富个性又深为友人所知的书写空间。在回忆中，范有选择地突出了两人任儒帅时奋发有为的一面：他们在王师苦战、黎庶涂炭的危难关头一道受命抗敌，在边革除前弊，全力御寇，又抚兵若士，深察人事，最后相度地形，联名提出谋取横山的策略，却因夏人请和而未果。因此结

---

① （宋）范仲淹：《阅古堂诗》，《范文正公文集》卷3，《范仲淹全集》，第63—64页。

尾处范勉励正当盛年的韩琦，期待他能够扫平辽夏，恢复汉唐旧疆。

范仲淹《阅古堂诗》之所以在本次同题书写中显得别具一格，是因为他用私人的经验与思考支撑起了这首五古长诗。此诗前段释"阅古"为"必求古人心"，正是范仲淹一贯的师古观念的表现；后段追溯过往，则反映出范一直难以忘怀这段戍边生涯，故在和共同亲历者的唱和里常大段铺排在边旧事。值得一提的是，除《阅古堂诗》外，其《送河东提刑张太博》亦追忆他和副手张焘协作的城大顺与救泾原二事，在激烈而多变的战场上凸显人的行动。

更重要的是，范仲淹在诗中详述谋取横山之策提出及搁置的全过程，尤见范、韩二人在这一战略上持续倾注的心力。早在庆历元年（1041）正月，范仲淹就视经略横山一带作"拓边之一事"①。庆历二年（1042）十一月，范、韩已"日夜计议，选练兵将，渐复横山，以断贼臂，不数年间，可期平定"②。庆历三年（1043）四月，范累辞枢副的任命，理由仍是他与韩琦欲"选练兵将，于三二年间，仗朝廷威灵，讨服横山界近蕃，以遏外患"③。庆历四年（1044）五月，范、韩在朝同上《奏陕西河北和守攻备四策》，其中"陕西攻策"即攻夺横山一带。六月，两人同奏陕西、河北画一利害事，又提议"相度下横山一带要害之地，如进兵攻讨，则据险修寨，以夺其地，就降其众"④。可见范、韩于西事后期一直在谋划此策，是以范诗"复我横山疆"以下数语当足以激起韩琦的共鸣。治平二年（1065），韩还重提二十年前和范同上的御边四策，认为"得西人山界土地、部族为甚利"⑤。后来李清臣为韩琦作行状时就特别提到横山之谋："（韩）与范公伸前议，同决策上前，期以兵覆李元昊。会

---

① （宋）李焘：《续资治通鉴长编》卷130，第3082页。

② （宋）李焘：《续资治通鉴长编》卷138，第3322页。

③ （宋）范仲淹：《除枢密副使召赴阙陈让第二状》，《范文正公文集》卷19，《范仲淹全集》，第441页。

④ （宋）李焘：《续资治通鉴长编》卷150，第3624页。

⑤ （宋）李焘：《续资治通鉴长编》卷205，第4965页。

夏国送款，公谋不果用。范公每恨龃龉功不就，故作《阅古堂诗》
叙其事，传于世。"① 益可见阅古堂唱和的公共性。

　　范仲淹在《阅古堂诗》中如此强调谋取横山的必要性，其背
后还存在更为深沉的思虑。赵宋面临的国际形势与汉唐相较有根
本差异。彼时 "四夷不服，中国不尊"② 的现实无疑有悖于 "溥天
之下，莫非王土。率土之滨，莫非王臣"③ 的传统天下观，这在宋
代君主与士大夫心中激起了一股强烈而绵长的屈辱感。真宗在澶
渊之盟后进行天书封禅，即是北宋帝王有意对抗这种焦灼心态的
表现。④ 至宝元、庆历之际，李元昊侵叛，契丹索地，一系列外忧
更是加剧了仁宗君臣的愤耻感。如欧阳修等人听闻李元昊猖獗，"屡
有斥指之词，加之轻侮购募之辱，至于执戮将吏，杀害边民"，"尤
为愤耻，每一思之，中夜三起"。⑤ 欧阳修在边警解除之后还不平
道："自中国之威，近年不振，故元昊叛逆一方，而劳困及于天下。
北虏乘衅，违盟而动，其书辞侮慢，至有责祖宗之言。陛下愤耻虽
深，但以边防无备，未可与争，屈志买和，莫大之辱。"⑥ 富弼虽有
奉使契丹之功，但始终认为 "忍耻增币，非吾意也"⑦，还期望仁宗
"益修武备，无忘国耻"⑧。蔡襄也说西事以来夏人与契丹 "凌胁中

---

① （宋）李清臣：《韩忠献公琦行状》，《安阳集编年笺注》附录 2，第 1734 页。

② （宋）欧阳修：《本论上》，《欧阳修全集》卷 60，第 861 页。

③ 《毛诗正义》卷 13《北山》，《十三经注疏》，第 994 页。

④ 澶渊之盟与天书封禅在帝王心理上的联系，参见刘静贞《北宋前期——皇帝
和他们的权力》，第 107—148 页；邓小南：《祖宗之法——北宋前期政治述略》，第
311—319 页。

⑤ （宋）欧阳修：《答陕西安抚使范龙图辞辟命书》，《欧阳修全集》卷 47，第
662 页。

⑥ （宋）欧阳修：《论杜衍范仲淹等罢政事状》，《欧阳修全集》卷 107，第
1627—1628 页。

⑦ （宋）朱弁撰，孔凡礼点校：《曲洧旧闻》（与《师友谈记》《西塘集耆旧续
闻》合刊）卷 2，中华书局 2002 年版，第 112 页。

⑧ （宋）李焘：《续资治通鉴长编》卷 138，第 3309 页。

国，大为耻辱"①，并认为仁宗振作原因之一即是"愤西北二虏之耻"②。宋廷最后虽通过议和平息边患，但在仁宗君臣心底仍留下包羞忍辱的记忆，乃至于时政记及起居注以"国恶不可书"为由"不载元昊叛命、契丹遣使事"。③叶适通览历史，尖锐地指出："天下之弱势，历数古人之为国，无甚于本朝者"，但宋廷在澶渊之盟后"文恬武嬉，舞蹈太平，不见其为弱也"，及至宋夏战争爆发，"形势大屈"，全天下方才猛然惊醒，"皆悟其为弱证矣"。④因此，范诗谓李元昊叛乱使"中原固为辱"。他抱憾于灭夏之计的未及施行，又鼓励韩琦夺四夷之气，造汉唐千载之功，皆是欲洗刷前辱，力挽弱势。

而正如时人期待范、韩在边"会刷苍生耻，重看铸剑耕"⑤，儒帅作为前线抗敌的最高统领，垄断了先前由武官担纲的最高军事长官角色，直接背负殄寇雪耻的重任。然而，范、韩于西事期间扮演的儒帅，虽能防御夏人的来犯，却欠缺主动进攻方面的建树，"无大胜，亦无大败"⑥，始终没能彻底解决边患。前揭王夫之"纵之而弛，操之而烦，慎则失时，勇则失算"的讥评，虽是苛论，却也大体符合实际。范、韩亦屡有"才不逮志，未有成绩""无出奇之策，惟知守御而已""臣久居边塞下，诚无寸功""虽无成功，实尽死节"⑦

---

①　（宋）蔡襄：《乞罢吕夷简商量军国事奏》，《蔡忠惠集》卷17，《蔡襄集》，第320页。

②　（宋）蔡襄：《乞用韩琦范仲淹奏》，《蔡忠惠集》卷18，《蔡襄集》，第335页。

③　（宋）李焘：《续资治通鉴长编》卷171，第4116—4117页。

④　参见（宋）叶适《纪纲三》，《水心文集》卷14，《叶适集》，第814—815页。

⑤　（宋）刘敞：《闻韩范移军泾原兼督关中四路》，《公是集》卷26，第303页。

⑥　（宋）叶梦得：《石林燕语》卷9，第134页。

⑦　（宋）范仲淹：《除枢密副使召赴阙陈让第五状》《奏乞罢参知政事知边郡》《谢许让观察使守旧官表》，《范文正公文集》卷19、《范文正公文集》卷17、《范文正公政府奏议》卷下，《范仲淹全集》，第444、410、639页；（宋）韩琦：《扬州谢上表》，《安阳集》卷25，《安阳集编年笺注》，第820页。

的"日常自讼"①之语。再者，儒帅因是文臣，不必亦不能亲当矢石，故无法直接把控前线战事。韩琦、任福的好水川之败便是明证。当时张方平甚至认为"前后所以覆军杀将，张贼气，丧国威，使边事至此，未有劳还之期者，其大失在于主将不亲临行阵"②。

范仲淹还从文武关系的角度思考过儒帅面临的困境。他先是历数道，西事以来，前有刘平败殁、范雍去官，次则韩琦与自己任儒帅副手，"不能成绩，以罪失职"，复以夏竦、陈执中分处二道，亦"以师老罢去"，可谓"三委文帅，一无武功"，无怪乎武将"笑且议"。他接着指出，现在朝廷将西北边境划分为四路，仍皆用儒帅，已然引发武将不满。未来四路儒帅中有一不堪其任者，则武将"岂止于笑，当尤而怒之"。更严重的问题是，"用儒无功，势必移于武帅"，则"外寇未平，而萌内患"。范因此主张，四路之中"文武参用"，以"均其事任，同其休戚，足以息今日之谤议，平他时之骄怨，使文武之道，协和为一"。③至范、韩归阙，儒帅面对武将的窘态依旧没有多大改善。范在朝力辩不可严惩儒帅滕宗谅、张亢，也是考虑到"国家边上将帅中未有曾立大功可以威众者"，"若一旦以小过动摇，则诸军皆知帅臣非朝廷腹心之人，不足可畏，则是国家失此机事，自去爪牙之威矣"。④可见范自己就很焦虑，儒帅当下的权威主要由朝廷和制度赋予，他们自身尚未通过建功立业来落实，故这一新兴群体显得有些"名实不副"，远不能服众。

当然，范、韩在边并非没有主动进取的尝试。韩琦、尹洙当年坚持攻策，正是愤慨于宋廷"屯二十万重兵，只守界壕，不敢与敌，

---

① （宋）范仲淹：《谢许让观察使守旧官表》，《范文正公政府奏议》卷下，《范仲淹全集》，第639页。

② （宋）张方平《西事咨目上中书》，《乐全集》卷21，《张方平集》，第295页。

③ （宋）范仲淹：《上吕相公书》其二，《范文正公文集》卷11，《范仲淹全集》，第256—257页。

④ （宋）范仲淹：《再奏辩滕宗谅张亢》，《范文正公政府奏议》卷下，《范仲淹全集》，第630页。

中夏之弱，自古未有"①。宰臣吕夷简也赞成说："自刘平败覆以来，言羌事者，人人震怯。今韩、尹健果如此，岂可沮之也？"② 结果却一败涂地。范仲淹在《送河东提刑张太博》中忆写的城大顺与救泾原二事，亦属率军进击方面的成功案例。尹洙即致信称慕："自国家分命儒臣统制方面，未有亲总师律、蹈履贼境如明公者，诚懦夫所增气也。"③ 然范氏之壮举终是牛刀小试。范、韩精心谋划的攻夺横山之策也因故夭折。

　　总体上看，范、韩塑造的儒帅角色偏于消极守成而非积极有为。是以范仲淹虽未落得像夏竦那样为人攻击"怯懦特甚，示夷狄以弱"④，但他作《渔家傲》数阕"颇述边镇之劳苦"，被欧阳修呼为"穷塞主之词"，除词风悲凉的原因，还由于范仲淹离欧阳修理想中的"真元帅之事"尚差"战胜归来飞捷奏"的壮举。⑤ 有鉴于此，范仲淹在《阅古堂诗》里向韩琦重提谋取横山之策，企望友人能够凭借堂堂正正的胜利彻底弥补儒帅角色在拓边立功上的短板。

四　皇祐征南之役与"儒帅"角色的纸上重构

　　嗣后，仁宗朝皇祐时期的征南之役使得儒帅角色的上述潜在缺陷愈益凸显。皇祐四年（1052）五月，侬智高起兵反宋，趁岭南无备，"十余月间连破十二郡，所向无前"⑥。宋廷遣骁将张忠、蒋偕讨捕，皆败于侬智高，又派文臣杨畋、孙沔、余靖招抚，亦久而无功。仁宗以为忧，在宰相庞籍的力荐下委派枢密副使狄青出征。次年正月，狄青统帅孙沔、余靖、石全彬三部之兵并番落骑兵在邕州归仁铺一战而击溃敌军，随即分兵平定叛乱。在征南之役中，狄青"总其师律"，

---

① （宋）韩忠彦：《韩魏公家传》卷2，《安阳集编年笺注》附录3，第1766页。
② （宋）田况：《儒林公议》卷上，第11页。
③ （宋）尹洙：《答环庆招讨使范希文书》，《尹洙集编年校注》，第232页。
④ （宋）田况：《儒林公议》卷上，第47页。
⑤ （宋）魏泰：《东轩笔录》卷11，第126页。
⑥ （宋）余靖：《大宋平蛮碑》，《武溪集校笺》卷5，第158页。

孙沔、余靖"济以事机"并处置民事。① 三人各有分工，配合得当，文臣让出了西事以来的军事主导权，以武将狄青为核心，取得辉煌战果。这在当事人余靖皇祐五年（1053）撰写的《大宋平蛮碑》《大宋平蛮京观志并序》中有明确记载，并得到了官方认可。

是役过后，武人狄青成为一时名将，"议者"甚至据此以为在讨贼之事上"文士不足用"，而"宿儒伟贤亦不能自解"。② 梅尧臣《十一日垂拱殿起居闻南捷》记南事："将军曰青才且武，先斩逗挠兵后强。从来儒帅空卖舌，未到已愁苕叶黄。徘徊岭下自称疾，诏书切责仍勉当。因人成功喜受赏，亲戚便拟封侯王。昔日苦病今不病，铜鼓弃掷无镖枪。"③ 讥讽儒帅孙沔以纸上谈兵受命，既出征则怯战逗留，最后因人成功还厚颜领赏，褒狄贬孙的态度甚明。足见文臣所承当的儒帅一职，其存在的合理性招致舆论的严重质疑。

在这样的情势下，滕元发撰《孙威敏征南录》，把孙沔作为平定侬智高之乱的绝对主角，构建出一个计谋百出、临阵不惧并直接指挥了征南之役的儒帅形象，甚至为此不惜贬低狄青的功绩。但滕文中许多情节明显与史实不符。④ 滕在结尾阐释主旨："予尝谓近世文臣，罕有躬战伐，成功名者。独公善为兵，又能身下狄以攘寇难，固已鲜哉。因录以示世云。"⑤ "躬战伐，成功名"正是儒帅从一开始就缺乏的素质和业绩。而在这个意义上，宋人屡屡称道范、韩能令"西贼"骨寒胆破，亦未始不是一次对症下药的"造神"运动。

然而，"范、韩"之号和《孙威敏征南录》毕竟只能算以符号重塑儒帅形象。逮至宋神宗朝，随着西北边局攻守易势，庆历之际

---

① （宋）余靖：《免转给事中状》，《武溪集校笺》卷15，第449页。

② （宋）李焘：《续资治通鉴长编》卷174，第4197—4198页。

③ （宋）梅尧臣：《十一日垂拱殿起居闻南捷》，《梅尧臣集编年校注》卷23，第659页。

④ 《孙威敏征南录》的史实考辨及作旨解析，参见张劲松《〈孙威敏征南录〉贬低狄青功绩探因——史实考辨与士大夫叙述心态解析》，《江西社会科学》2012年第12期。

⑤ （宋）滕元发：《孙威敏征南录》，《全宋笔记》，第1编，第8册，第9页。

范、韩御边的事迹以及宋夏和议的结果在神宗君臣那里更是不值一提。王安石便曾对神宗谈道：范仲淹不过"粗胜一时人"，"非有过人智略，粗知训练持守"，彼时李元昊之所以不能进犯，也只因"主客势异，仲淹务自守"。① "小范老子"已然被神宗时人拉下神坛。

现实中儒帅能够真正弥补积极进取的不足，要等到神宗开边政策下蔡挺、王韶、章楶等新一代儒帅的崛起。彼时整个西北的战略态势由防御转入反攻，这些儒帅在恢复河湟、进击西夏的过程中"树勋戎马间"，成为"一时良将"。② 熙宁六年（1073），宋军取得大捷，收复熙、洮等数州，拓边二千余里，置熙河路。群臣上表称贺，并作诗酬和。王安石、王珪诸诗皆极力颂美君相与将帅，虽不乏溢美之词，但毕竟确有其事，欧阳修梦想中战胜归来的"真元帅之事"终于由后辈实现。

神宗朝儒帅自我表述中的儒帅形象和边塞氛围亦与范、韩庆历守边时的创作截然趋异。如蔡挺早在庆历年间便跟随王尧臣安抚陕西，后从富弼出使契丹。庆历四年（1044），范仲淹宣抚陕西、河东，推荐他通判泾州。至治平、熙宁之际，蔡挺长期以儒帅的身份守备西北边境，先是在庆州大挫夏人，于大顺城射伤前来督战的夏主谅祚，又度形胜之地筑荔原堡，结交湟中酋豪以为斥候。神宗即位后，蔡挺移任渭州兼泾原路马步军都总管、经略安抚使。他勤练士卒，整顿行伍，厚待将卒，又选用土兵番骑。后来宋廷为恢复熙河故地，诏发西北精锐前去助讨，蔡挺麾下的泾原之兵作战尤力，各路将领无不叹服其训练之精。蔡在渭州还留心田牧，检括田地，并筑熙宁寨，开地两千余顷，派兵驻守。熙宁元年（1068）冬，蔡挺侦知夏人集于胡卢河，出奇兵击破之，又遣四将分路入讨，荡平勒缓等七族，诛其首恶，迫使夏人远徙天都山之北。熙宁三年（1070），夏人又大举入寇，庆帅难以抵御，蔡挺命张玉将万人往解

---

① （宋）李焘：《续资治通鉴长编》卷234，第5673页。

② （元）脱脱等：《宋史》卷328《列传第八十七》，第10592页。

其围。四年（1071），庆州兵变，关陕骚然，蔡又命张玉讨平之。蔡挺在渭既久，虽功业卓著，但"郁郁不自聊，寓意词曲"①，作《喜迁莺》，流传禁中。神宗因此将他召还，授枢密副使。蔡词云：

> 霜天清晓。望紫塞古垒，寒云衰草。汗马嘶风，边鸿翻月，垅上铁衣寒早。剑歌骑曲悲壮，尽道君恩难报。塞垣乐，尽双鞬锦带，山西年少。　　谈笑。刁斗静。烽火一把，常送平安耗。圣主忧边，威灵遐布，骄虏且宽天讨。岁华向晚愁思，谁念玉关人老。太平也，且欢娱，不惜金尊频倒。②

蔡词和范仲淹《渔家傲》同样抒发抑郁思归之情。不过，由于战略形势的转变，与范词"将军白发"的"弗获已之情"有别，蔡词中的儒帅于太平边塞从容谈笑，只等天子下令讨伐夏人，因此蔡挺的愁思完全属于个人，乃至带有英雄无用的牢骚。他所描绘的塞垣景象苍凉而又平静，反映出一切尽在其掌控中的自信。据蔡挺墓志记载，蔡"起诸生，本以文学进，雅有大志，间读兵书战策，以将帅之略自任"，又游历边塞，"知其山川城邑，至于风谣气俗，莫不谙悉"，就任儒帅后，"追惟宝元、庆历间元昊陆梁、辽人侥幸之事，每慨然长叹，以为上凭天子神武之威，下乘戎狄衰敝之势，湟、洮以西可缮亭障，长城以南可彻烽候，顾龊龊近习，未尝精虑尔"。③由此可见，作为仁、神二朝边事的亲历者，蔡挺所说的"骄虏且宽天讨"并非虚言，而是期望从根本上改变仁宗朝以来西北二边的被动局面，彻底弥补君主和士大夫的遗憾。总之，对读蔡词和范仲淹的"穷塞主之词"，可以明显感觉到情感和风格上的区别。这在一定

---

① （元）脱脱等：《宋史》卷 328《列传第八十七》，第 10577 页。

② （宋）蔡挺：《喜迁莺》，《全宋词》，第 197 页。

③ 参见（宋）张方平《宋故推诚保德功臣资政殿学士正奉大夫行右谏议大夫判南京留司御史台上护军南阳郡开国侯食邑一千八百户食实封二百户赐紫金鱼袋赠工部尚书蔡公墓志铭并序》，《乐全集》卷 40，《张方平集》，第 754—755 页。

程度上折射出仁、神二朝的时代差异，为我们揭橥北宋儒帅群体由诞生走向成熟的一段心史。

第三节　从谈兵儒者到"边幕僚佐"：作为边塞诗人的梅尧臣

不同于位高权重的范、韩，梅尧臣、苏舜钦在身份上属于中下层士人，他们未能赴边，却对西事抱有尤为强烈的参与感，进而依照自身之才性分别构造出"通儒—幕僚"与"烈士—武将"两类虚构性的"文化人格—政治角色"。这使得他们的写作拥有私人化的理路，对西事不复有遥遥打量的陌生感，而带上深入观察、思索的特定视角，由此各自构造出独到而统一的文本系统，比一般诗人旁观式的边事书写更显出个性与深度。

在仁宗朝，文人吟咏武事的面貌不仅取决于个体的性情与思维，更和当时的诗歌传统及政治文化语境密切相关。历时来看，边塞题材至中古就已在语汇、故实、意象、风格、主题诸方面形成了若干书写传统。寒素士人不拘有无边地经历，都可经由拟作乐府旧题表达报国立功的志愿。共时来看，西事期间宋廷政策由"忌人谈兵"① 转为鼓励上陈方略，士人亦随之从"耻言兵"变成"争言兵"②，这虽扭转了澶渊之盟后武事在北宋朝政及士大夫知识谱系中的边缘位置，但宋初以来崇文抑武方针下失衡的文武价值观仍会持续影响谈兵者。

那么，梅、苏在当时的谈兵风气与文武观念下怎样进入武事这一相对陌生的政治、知识领域，二人又如何凭借文学书写使自己"置身"于那个未曾踏足的遥远边地，去"经历"那一场场听闻或悬拟的战斗，进而在想象与现实、传统与个性、理想与压力之间为

---

① （宋）富弼：《上河北守御十三策》，《全宋文》卷 602，第 28 册，第 309 页。

② （宋）刘敞：《送梅圣俞序》，《公是集》卷 35，第 419 页。

自身乃至整个宋代边塞诗另辟蹊径。通过对读梅、苏边塞诗可以清晰地看到，这类诗作不仅是观察二人诗风同时也是探讨仁宗朝政治文化及宋调特质的典型文本群。

一　梅尧臣的兵学修为、陪位型人格和幕僚期待

梅尧臣最初涉足西事，依靠的是自身的兵学素养，而非最为人熟知的诗人身份。以此为起点，他在战争期间为自身设计出西幕幕僚的角色预期，以冀在边献谋致功。然而，西事留给梅尧臣的终只有已然破灭的幕僚理想，以及论兵素质与儒者身份之间的对立状态。上述现实挫折在梅诗中并未一味呈示为愤懑怨艾的消极情感，他自觉的幕僚视角与儒者认同使得其西事书写具有突出的个性特征。梅尧臣甚至有意通过诗作承载幕僚理想，以诗人身份缓解儒生与论兵者间的冲突。这些在中晚年的梅尧臣那里，已然构成一个重要的创作乃至人生主题。是故，本节将以梅尧臣论兵者与儒者两种身份为线索，由两者交缠的一面揭示他幕僚角色设计的形成过程，再探讨诗人对"儒者论兵"的焦虑，在此基础上进一步揭示梅尧臣特定的角色意识与身份观念对其西事书写的影响。

梅尧臣以荫补入仕，至宝元初只做过三任主簿一任知县，更经历一次春闱不第的打击，与他那些因卷入景祐党争而广得时誉的洛阳故交范仲淹、欧阳修、尹洙相比，只能说是仕途晦暗。他一直想改变自己晋升乏力的现状，因此特于宋廷改元宝元之际上《宝元圣德诗》等三诗，但这次以诗才求进的尝试并未起效。此时适逢李元昊称帝，宋夏战争突现。梅尧臣遂于次年上书言兵，并自注《孙子》十三篇进御。仁宗朝士大夫"人人言兵"的风气可以说完全是由西事诱发的，梅尧臣能在兵书解禁之初且战事甫起大臣"皆谓小羌不足忧"[1] 时就"独先注《孙子》十三篇献之"[2]，确如刘敞所誉是

---

[1]　（宋）田况：《儒林公议》卷上，第9页。

[2]　（宋）刘敞：《送梅圣俞序》，《公是集》卷35，第419页。

"知权"之举，透露出鲜明的学者气质。① 这构成梅尧臣参与武事的起点和基点。

不过，注书论兵于梅尧臣而言也是跨界的行为。特别在当时"以兵言者为妄人"② 的成见中，梅身为士大夫论兵的先行者，须审慎处理知识领域中儒与兵的对立。康定元年（1040），他作《依韵和李君读余注孙子》详述训释《孙子》之旨，可做一篇自序看：

> 我世本儒术，所谈圣人篇，圣篇辟乎道，信谓天地根。众贤发蕴奥，授业称专门，传笺与注解，璨璨今犹存。始欲沿其学，陈迹不可言，唯余兵家说，自昔罕所论。因暇聊发箧，故读尚可温，将为文者备，岂必握武贲，终资仁义师，焉愧道德藩。挥毫试析理，已厌前辈繁，信有一日长，可压千载魂，未涉勿言浅，寻流方见源。③

梅尧臣的自辩颇为迂曲，起首不谈《孙子》，先声明己之为学根柢于儒术，又谓五经之汉唐注疏俱在，自己研习未精，故不可轻议经传。这番表态后，梅方讲到"兵家说"自古罕有所论，故轮到自己注解补遗，这是在通观儒学史的基础上说明自注《孙子》的缘由。然而，当时流传的"《孙子》注者尤多，［至二十余家］"④，通行本就有曹操、杜牧、陈皞注"三家《孙子》"，并非真如梅氏所说是"自昔罕所论"。他的观点，应是认为兵书一直欠缺如经书传注这样的经学式注解。接着梅通过"将为"四句集中阐发自己的兵学观念：既然

---

① 按，梅尧臣之上书言兵，可能有他叔父梅询的影响在。梅询当李继迁攻灵州时曾屡上书陈论西北事。

② （宋）韩琦：《故崇信军节度副使检校尚书工部员外郎尹公墓表》，《安阳集》卷47，《安阳集编年笺注》，第1446页。

③ （宋）梅尧臣：《梅尧臣集编年校注》卷10，第160页。

④ （宋）欧阳修：《孙子后序》，《欧阳修全集》卷42，第606—607页。

"虽有文事，必有武备"①，捍卫文事不必直接诉诸武力，以仁义道德为师旅藩卫才是终极战胜之道，那么儒者论兵自是合理且必要的。他以此强调自注《孙子》是主究"术"而不及"道"的权变之举。正是怀着这样的信念，他寻流探源自注《孙子》，以救旧注烦冗之弊。梅尧臣至此完成了儒者论兵从缘起、方式到理想的理论构建，这和杜牧以圣人赅备文武之道为由坦然作注截然不同。

梅尧臣在"术"的层面注解《孙子》，故其条目本身的儒学色彩并不突出，但仍不失特色。梅注《孙子》勇于去取，颇有注家敢于删繁出新的自负。同是书生谈兵，相比于杜牧注博引经史，梅注尤显简明扼要。梅尧臣这种"谈兵""曾不涉陈迹"②的理念明显受到北宋中期经学领域兴起的疑辨思潮的影响。梅尧臣在仁宗朝士人中虽不以经术史材见长，但他早年就"学乎六经仁义之说"③，"经行修明"④，始终以儒素为立身根本，对学术抱有浓厚的探究欲，"非如唐诸子号诗人者僻固而狭陋也"⑤。他和同时期的硕学鸿儒如欧阳修、刘敞、王安石等交流密切。从梅尧臣称道汉儒"发（六经）蕴奥"来看，他在经学上总体仍遵信旧说，如其《毛诗小传》即属继承毛传绪余的专门之学。不过，梅尧臣绝非固守故训之人，他敏锐捕捉到当时的学术风气。如他曾以"问传轻何学，言诗诋郑笺"概括欧阳修夷陵期间的学术成就，并赞颂友人疑经乃"探讨愈精专"⑥。他还称许孙复《春秋尊王发微》"自古《春秋》学，皆知

---

① 《春秋穀梁传注疏》卷19，《十三经注疏》，第5312页。

② （宋）梅尧臣：《合流值雨与曹光道饮》，《梅尧臣集编年校注》卷16，第372页。

③ （宋）欧阳修：《梅圣俞诗集序》，《欧阳修全集》卷43，第612页。

④ （宋）欧阳修：《梅圣俞墓志铭》，《欧阳修全集》卷33，第497页。

⑤ （宋）欧阳修：《梅圣俞墓志铭》，《欧阳修全集》卷33，第497页。

⑥ （宋）梅尧臣：《代书寄欧阳永叔四十韵》，《梅尧臣集编年校注》卷9，第143页。

不可过"①。梅尧臣自己的《诗》学研究虽未具如此鲜明的革新意识，但斟酌旧注、断以己意的情况可能也不少，像王安石就十分赞赏他的《毛诗小传》。再者，梅尧臣对经传虽不轻加訾议，在史学和诸子学方面却更富创见。他曾撰《唐载》二十六卷"多补正旧史阙缪"②，又参与编修《唐书》。欧阳修初成《五代史》，就欲寄示梅尧臣征求意见。司马光也赞誉梅"史法贯兴衰"③。梅尧臣注《孙子》也很快得到时人的认可。欧阳修即"日夕渴见"此书，后为其作序评说："（梅）乃自为注，凡胶于偏见者皆抉去，傅以己意而发之，然后武之说不汩而明。"④ 欧所撮述的梅注法门，完全可移用到他自身的经学研究上。胡瑗亦称"梅尧臣曾注《孙子》，大明深义"⑤。嘉祐时王无咎更提到梅注《孙子》十三篇行于天下。可见梅注《孙子》之见重主要因为他以儒者论兵颇合仁宗朝的学术风气和政治需求。

梅尧臣之注解《孙子》不仅源于学术兴趣，更承载着他为西事激发的政治抱负。梅在《依韵和李君读余注孙子》后段自白："庙谋盛夔离，正议灭乌孙，吾徒诚合进，尚念有亲尊。"⑥ 自言"吾徒"凭兵学素养正可助"庙谋"灭夏之议，故合该进用。诗人的报国之诚和用世之志于上呈《孙子》注时便已汇流。末了又云顾念亲尊而难远游，则又表达了他对前途无着的隐忧。

梅尧臣的担忧不为过虑。西事期间朝廷的确广求中外言兵献策者，然应者如云，朝廷登用之人却实在有限，许多上书自荐的智勇之士终落得铩羽而归。如欧阳修《送任处士归太原》曾记叙任生遭

---

① （宋）梅尧臣：《哭孙明复殿丞三首》其三，《梅尧臣集编年校注》卷27，第969页。

② （宋）欧阳修：《梅圣俞墓志铭》，《欧阳修全集》卷33，第497页。

③ （宋）司马光：《梅圣俞挽歌二首》其一，《司马光集》卷10，第330页。

④ （宋）欧阳修：《孙子后序》，《欧阳修全集》卷42，第606页。

⑤ （宋）胡瑗：《请兴武学疏》，《全宋文》卷408，第19册，第416页。

⑥ 《梅尧臣集编年校注》卷10，第160页。

际："是以天子明，咨询务周遍。直欲采奇谋，不为人品限。公车百千辈，下不遗仆贱。况于儒学者，延纳宜无间。如何任生来，三月不得见？……遂令拂衣归，安使来者劝？"① 由贤才之遭弃捐，正见天子咨询延纳之诏动成虚文。蔡襄另有《送任山归河东》诗，篇中所言"长谣复西归，孤怀不偶众"②者许就是这位任生。又如苏舜钦《蜀士》亦写一贾姓士人自陈能"掉舌灭西寇，画地收幽燕"，又学成久被世人遗弃的兵战之法，结果"三献辄罢""志屈心悲"③，在京城羁旅数年后黯然返蜀。

梅尧臣虽久已入仕，非白衣儒生可比，然究是落拓青衫，官卑职小，其上书言兵无果就是明证。因此，梅便不似蜀士贾生徒劳作再献三献，转而寄望于那些拥有奏辟权的西北帅臣身上。同时，他对践履自身兵学修为的角色也有了更为明确的选择——西幕幕僚。

康定元年（1040），欧阳修在辞谢范仲淹的辟命时曾特意提醒："伏见自至关西，辟士甚众。……然尚虑山林草莽，有挺特知义、慷慨自重之士，未得出于门下也，宜少思焉。"④ 揆诸欧、范共有的交游圈，长期屈沉下僚的慷慨之士除时正遭疾次年即奄逝的石延年、已应西幕的尹洙及受辟而弗行的苏舜钦，当数那个高呼吾徒合进的梅尧臣了。欧之举荐梅，自然不是指望他去范仲淹幕下执掌"一末事耳"的"军书奏记"，而是企盼深通兵法的友人能负起"参决军谋，经画财利，料敌制胜"的重任。⑤ 可是等到庆历元年（1041），范仲淹还是没有任何表示，梅尧臣一面写了慨叹高才见忌的《桓妒妻》诗，一面很可能是通过叔父梅询向时任陕西经略安抚招讨使的

---

① 《欧阳修全集》卷1，第17页。

② 《蔡忠惠集》卷1，《蔡襄集》，第15页。

③ 《苏舜钦集编年校注》卷5，第329页。

④ （宋）欧阳修：《答陕西安抚使范龙图辞辟命书》，《欧阳修全集》卷47，第662页。

⑤ （宋）欧阳修：《答陕西安抚使范龙图辞辟命书》，《欧阳修全集》卷47，第662页。

夏竦投献了一篇《寄永兴招讨夏太尉》，以"助画"干谒的意图极其明显，诗人甚至明言"此言虽小可喻远，幸公采用不我忘"①。然而面对梅尧臣入幕的诉求，父执夏竦亦长久未作回应。

西事胶着的两年间，梅尧臣动用一切可能的人际关系以求得帅臣提携，却屡遭冷遇。至庆历元年（1041）秋，诗人不得不南下赴湖州监税，西行入幕的理想愈显迢遥。离京前夕，欧阳修与陆经一道为梅饯别，席间欧阳修作《圣俞会饮》一诗，对老友此行半是惋惜半是慰安：

> 吾交豪俊天下选，谁得众美如君兼。诗工镵刻露天骨，将论纵横轻玉钤。遗编最爱孙武说，往往曹杜遭夷芟。关西幕府不能辟，陇山败将死犹惭。嗟余身贱不敢荐，四十白发犹青衫。吴兴太守诗亦好，往奏玉琯和英咸。杯行到手莫辞醉，明日举棹天东南。②

对梅尧臣径以"豪俊"许之，恰照应欧先前对范仲淹推举的"挺特知义、慷慨自重之士"。而梅尧臣之"众美"其所以远超侪辈，是因为他一人兼具诗工不凡与将论纵横两类素质，他的宦途在当日时势下原本充满着多种可能性。然一则关西帅臣吝于辟召，二则梅在庙堂缺乏援手，知己如欧阳修也人微言轻，故其兵学高论终无处施展。幸喜知湖州胡宿亦富诗才，因此欧阳修替友人着想：此去不妨断了帅臣幕僚的念想，安心以诗人身份扮演好郡守属吏的角色。

梅尧臣的《醉中留别永叔子履》也作于祖宴同时，可说与欧诗桴鼓相应，尤其是此诗后幅专叙醉饮场面：

> 门前有客莫许报，我方剧饮冠帻敧。文章或论到渊奥，轻

---

① 《梅尧臣集编年校注》卷11，第179页。
② 《欧阳修全集》卷1，第18页。

重曾不遗毫釐，间以辨谑每绝倒，岂顾明日无晨炊。六街禁夜
犹未去，童仆窃讶吾侪痴，谈兵究弊又何益，万口不谓儒者知。
酒酣耳热试发泄，二子尚乃惊我为，露才扬己古来恶，卷舌嗫
口南方驰。江湖秋老鳜鲈熟，归奉甘旨诚其宜，但愿音尘寄鸟
翼，慎勿却效儿女悲。①

只有在醉时，梅尧臣才算找回了人生的自信和自主权，这个原本
"绕城假得老病马，一步一跛令人疲"②栖栖遑遑来欧舍道别的失意
士人，现在却高嚷着要闭门谢客，誓与挚友痛饮达旦。他们罔顾冠
帻不整，论文、辨谑皆时有妙语。这样在旁观的童仆看来有些痴癫
的诗酒狂欢，实则是士人在用自我放纵的反常方式集体向屈抑才杰
的沉闷现实投以不平和鄙弃；亦惟有在醉中，诗人才能以远迈平居
清醒时的眼力和勇气抉发出事实背后的规律性因素。于是这位寻常
"醉后高叉手而语弥温谨"的"非善饮者"③，当下却趁酒酣耳热发
泄道："谈兵究弊又何益，万口不谓儒者知！"此处"万口"所指涉
的，除朝堂的衮衮诸公，除关西的方面帅臣们，当然还有那些固执
儒不知兵成见的世人。这种由现实掘入观念的识见，以及发抒悲慨
时的激愤态度，非备尝艰辛的亲历者则不能具。即使是欧、陆二子，
也只能漫惊其所为了。欧阳修彼时还只是担忧"在上者""知之不
尽，士不为用"④，但梅尧臣的遭际却是，世俗"不谓儒者知"，即
连知人的意愿也没有，他上书、干谒反成"露才扬己"之行。"卷
舌嗫口"更见其无奈，虽则欧谓太守好诗，虽则江南风物淳美，诗
人此行毕竟意兴阑珊。结句倡言勿效儿女悲，又明显在回应欧文

---

① 《梅尧臣集编年校注》卷11，第186页。
② 参见（宋）梅尧臣《醉中留别永叔子履》，《梅尧臣集编年校注》卷11，第
186页。
③ （宋）苏轼：《书渊明诗二首》其二，《苏轼文集》卷67，第2113页。
④ （宋）欧阳修：《答陕西安抚使范龙图辞辟命书》，《欧阳修全集》卷47，第
662页。

"慷慨自重之士"、欧诗"豪俊"之赞誉。总之，《醉中留别永叔子履》着力于刻画观者反应，童仆一"讶"知交一"惊"间，相知者范围的逐步紧缩凸显了梅尧臣独有的不遇感，且在命意上不断与友人对话，均呈示出梅诗言远思深的特质。

梅尧臣之欲入西北幕府，亦是其宦途惯性和性格使然。他曾长期担任州县属吏之职，欧阳修后来就说梅尧臣"困于州县凡十余年。年今五十，犹从辟书，为人之佐"①。另一方面，梅尧臣虽终身穷厄，名位不显，却得以诗老身份来往周旋于一时名公钜卿及后生俊彦间，史载性喜饮酒而家贫的他引得"贤士大夫多从之游，时载酒过门"②，乃至时人有"三公识者多，荐拔可立待""主张风雅，人士归之"③ 的期许。职任上"为人之佐"及交际上身卑交贵的状态极易积久而促成其因人成事、"谨严微敢忽"④ 的陪位型人格。⑤ 梅尧臣对自身边幕幕僚的角色设计，亦是此种人格的自然延伸。梅氏甘为陪衬的心态尤其反映在他最为擅长的诗歌创作领域，即论者指出的他"自比孟郊"的姿态⑥。值得注意的是，梅尧臣亦常用韩、孟式的比拟来衡度自身与欧阳修的关系。如他在《永叔寄诗八首并祭子渐文一首因采八诗之意警以为答》中曾说："昔闻退之与东野，

---

① （宋）欧阳修：《梅圣俞诗集序》，《欧阳修全集》卷43，第612页。

② （元）脱脱等：《宋史》卷443《列传二百二》，第13092页。

③ （宋）刘敞：《赠梅圣俞》，《公是集》卷6，第58页；（宋）刘克庄撰，王秀梅点校：《后村诗话》前集卷2，中华书局1983年版，第22页。

④ （宋）梅尧臣：《和淮阳燕秀才》，《梅尧臣集编年校注》卷18，第505页。

⑤ 著名的范仲淹、梅尧臣交恶公案即可视作此种人格冀援受挫后的心理逆动。关于梅、范交恶，参见刘子健《梅尧臣〈碧云䨫〉与庆历政争中的士风》，载刘子健著《两宋史研究汇编》，联经出版事业公司1987年版，第103—116页；方健：《范仲淹评传》，南京大学出版社2001年版，第86—97页。

⑥ 钱锺书：《谈艺录》，生活·读书·新知三联书店2001年版，第505—507页；王水照：《北宋洛阳文人集团与宋诗新貌的孕育》，载《王水照自选集》，第174—197页；尚永亮、刘磊：《欧、梅对韩、孟的群体接受及其深层原因》，《四川大学学报》2005年第4期；陈湘琳：《欧阳修的文学与情感世界》，第64—65页；成玮：《制度、思想与文学的互动——北宋前期诗坛研究》，复旦大学出版社2013年版，第197—198页。

相与结交贱微时，孟不改贫韩渐贵，二人情契都不移。韩无骄矜孟无脼，直以道义为己知，我今与子亦似此，子亦不愧前人为。"① 重心便从诗艺转到贵贱交谊上。嘉祐二年（1057），欧阳修知贡举，梅尧臣时为小试官，他在与欧唱和之际又云："犹喜共量天下士，亦胜东野亦胜韩。"② 径以孟、韩自比和他比。梅后在答复新科进士王无咎的书信里亦称道欧门胜于韩门："退之于今可以当吾永叔，其李翱、皇甫湜、柳子厚，未能当吾永叔之门人也。足下亦在其门人之列。仆生于是时，得遍识而遍观其进退道德，亦以乐也。又游从于其间，为幸何如！虽智不逮，不敢退避，庶几附光渐润，期有闻于后世耳。"③ 如此欣然于附骥尾的说辞，虽不乏自谦成分，亦多少反映梅尧臣"游从于其间"的真实心态。是以梅尧臣对西行戍边的角色构想，当然无涉于独当一面的帅臣、跃马提兵的武将及镇守州郡的边牧，而颇倾向于辅弼大帅、襄赞军谋且"庶几附光渐润"的幕僚职务。④

应该说，在经历过长年的属员生涯后，梅尧臣早能很好地扮演既富吏干又通人情的僚佐角色。截至宝元初，梅已做过三任主簿，他初以恩荫补桐城主簿，即有政声，使得当地"伊人颇欣戴"⑤。梅尧臣后调任河南县主簿，其时"钱惟演留守西京，特嗟赏之，为忘

---

① 《梅尧臣集编年校注》卷 15，第 287 页。

② （宋）梅尧臣：《和永叔内翰》，《梅尧臣集编年校注》卷 27，第 926 页。

③ （宋）梅尧臣：《答王补之书》，《全宋文》卷 593，第 28 册，第 159—160 页。

④ 当然，人的个性是极其复杂的，远非一二特质所能涵括。梅尧臣也自有他恃才傲世的一面，如《邵氏闻见后录》引曾仲成语云："圣俞谓苏子美：'永叔自要作韩退之，强我作孟郊'，虽戏语，亦似不平也。"〔（宋）邵博：《邵氏闻见后录》卷 18，第 145 页〕不过，据钱锺书分析，梅尧臣"世故多经，志气销减"后，"不复恶欧言己之遇'必'如东野，而感欧许己之才可比东野，知其语虽杀风景，而其'心实扶助'"（钱锺书：《谈艺录》，507 页）。而在参与政治方面，梅尧臣的陪位型人格也是愈到后期表现得愈为突出。

⑤ （宋）梅尧臣：《河南受代前一日希深示诗》，《梅尧臣集编年校注》卷 1，第 18 页。

年交，引与酬倡，一府尽倾"①，上下颇为相与。未几梅尧臣又以亲嫌改官河阳主簿，则知府李迪奏荐他为江浙知县，以玉成其南下侍亲之愿。西事期间，梅在湖州和胡宿亦多文酒过从。可见梅尧臣之欲入关西幕府，自有其宦途惯性的因素。不难想见，凭梅氏之才性及交际能力，他不仅能在西幕承担起参决戎机的职责，还将和范仲淹、滕宗谅、尹洙等旧识往来唱酬，应付公私事务皆余裕干练。因此梅尧臣的入幕意愿，未始没有发挥己长的考虑。梅尧臣庆历五年（1045）应辟许州王举正幕，庆历八年（1048）又应晏殊辟，署镇安军节度判官，自认"贫难久待乏，薄禄借沾润。虽为委吏冗，亦自甘以进"②，依人作幕不失为存身之法。那么，梅氏若西行入幕，更能"勇脱区区簿书内"③，借此摆脱冗杂庸凡的文幕生活，在为人僚佐的位置上运筹建策，"有闻于后世"，弥补他荫补入仕的短板。

二 儒生·诗人·论兵者：角色冲突的显现与消弭

欧阳修提到的"关西幕府"与梅尧臣自称"谈兵儒者"，是为读解西事背景下梅尧臣关于自我角色选择和身份认同的关键。梅尧臣之所以一直视西幕幕僚为理想职任，是因为他以儒兼兵的学术追求决定了以儒奉武的政治选择，他虽汲汲于参与武事，却绝不愿因此改变自己的儒者身份。而他设计的幕僚角色不仅能有效消解职务上的文、武界限，还十分切合自身的知识结构与政治地位。

梅尧臣对儒者身份的坚持不仅表现为角色选择，在他赠与帅臣、边牧、幕僚这三类边地文臣群体的诗篇里，"儒"及相关概念亦不断复现，对对方儒者属性的强调在同期诗人之中尤为突出。梅尧臣的这种特定书写策略，既是当时以文驭武之制度事实在文本上的反映，

---

① 《宋史》卷443《列传二百二》，第13091页。

② （宋）梅尧臣：《得曾巩秀才所附滁州欧阳永叔书答意》，《梅尧臣集编年校注》卷17，第406页。

③ （宋）梅尧臣：《送李泾州审言》其二，《梅尧臣集编年校注》卷26，第899页。

亦很能见出诗人的身份认同。如仁宗朝两度就任泾原路经略安抚使兼知渭州的王素于梅尧臣笔下就是一员"塞上足封侯"的"儒帅"，是足使"虏尘无犯边"的"儒将"。① 梅尧臣在宽慰徙知德顺军的友人又说："志士莫忆家，将军亦儒生。"② 可见在诗人看来，不管是边牧抑或将军，其本质终为儒生。此外，送别边郡长贰的如《送陆介夫学士通判秦州》："介胄奉儒服，诗书参将谋。"③ 又《范殿丞通判秦州》："主人本燕客，宁独事书诗。"④ 二诗均以相反相合的笔调构建出以儒奉武的典型情景。复如《送李泾州审言》其一："谁人识谢艾，只是一书生。"⑤ 特比友人李复圭于前凉儒将谢艾。而面对最易激起诗人共鸣的那些边幕僚佐，梅尧臣更是不吝赞语。如出身将门而进士及第的杨畋赴官并州录事参军，他以"吴钩皆尚壮，章甫几为儒"⑥ 句切合其身份。又如同是给威胜军判官张修送别，欧阳修只是泛咏行人去所是为文武盛地，梅尧臣的祝语则更带情感倾向："青骊渡河水，侠气动刀环。……谁复轻儒者，难淹笔砚间。"⑦ 颇有为吾儒扬眉之意，并对儒者飒爽从戎难掩企羡之情。同样的笔调复如梅送张洞赴辟西行时颂扬友人："虽病君强行，宝刀仍喜带。岂是为俗儒，空言事夸大。"⑧ 诗人还形容刁纺应辟西幕有"出处惟义敦"的"古君子"之风⑨。

---

① （宋）梅尧臣：《邵伯堰下王君玉饯王仲仪赴渭州经略席上命赋》《寄渭州经略王龙图》，《梅尧臣集编年校注》卷14、卷22，第245、612 页。

② （宋）梅尧臣：《送顾中舍赴德顺军》，《梅尧臣集编年校注》卷22，第610 页。

③ 《梅尧臣集编年校注》卷22，第632 页。

④ 《梅尧臣集编年校注》卷14，第262 页。

⑤ 《梅尧臣集编年校注》卷26，第899 页。

⑥ （宋）梅尧臣：《杨畋赴官并州》，《梅尧臣集编年校注》卷4，第59 页。

⑦ （宋）梅尧臣：《张修赴威胜军判官》，《梅尧臣集编年校注》卷4，第63 页。

⑧ （宋）梅尧臣：《送张推官洞赴晏相公辟》，《梅尧臣集编年校注》卷21，第565 页。

⑨ （宋）梅尧臣：《题刁经臣山居时已应辟西幕》，《梅尧臣集编年校注》卷12，第197 页。

　　由论兵之儒者至于参赞军事之幕僚，是梅尧臣依照自身之能力结构与身份预期做出的适宜选择，这实际也是当时中下层士人以儒生身份效命疆场的首选。梅尧臣乃至期望通过积极应对帝国边境的紧急事务，能由此弥补秦汉儒、吏分化以来形成的"儒生栗栗，不能当剧"① 的刻板印象，故屡于诗尾致意"谁复轻儒者，难淹笔砚间""贾谊非俗儒，慎无轻寡变""岂是为俗儒，空言事夸大"②，警惕迂疏迟缓之俗儒，而呼唤兼具材智和豪气的通儒登场。梅氏笔下之通儒，虽稍逊盛唐边幕文士那份"孤剑通万里""不弱并州儿"③的任侠气度④，却亦有"青骊渡河水，侠气动刀环""青衫出二崤，白马如飞电"⑤ 的英姿，于国家缓急之际足堪进用。

　　欧阳修也意识到，梅尧臣率先言兵的举动将对儒者的固有形象造成冲击，他在《孙子后序》里调侃："圣俞为人谨质温恭，仁厚而明，衣冠进趋，眇然儒者也。后世之视其书者，与太史公疑张子房为壮夫何异。"⑥ 一则，儒者主于涵养道德，似与变诈出奇的智谋及壮勇猛烈的武事并不兼容，梅却能以儒者身份包容这些原相扞格的能力，实在值得大书一笔；二则，张良、梅尧臣皆非壮夫，但在扮演或欲扮演运筹帷幄、决胜千里的理想谋臣角色上，前者深通黄老雌柔之术，故"状貌如妇人好女"⑦，后者则是温厚恭谨的儒者，从中可一觇汉初和宋代中期意识形态的巨大差异。后来王无咎也提

---

　　① （汉）王充撰，黄晖著：《论衡校释》卷12，中华书局1990年版，第534页。

　　② （宋）梅尧臣：《张修赴威胜军判官》《闻尹师鲁赴泾州幕》《送张推官洞赴晏相公辟》，《梅尧臣集编年校注》卷4、卷10、卷21，第63、157、565页。

　　③ （唐）高适：《登陇》，刘开扬笺注《高适诗集编年笺注》，中华书局1981年版，第248页；（唐）岑参：《北庭西郊候封大夫受降回军献上》，廖立笺注《岑嘉州诗笺注》卷1，中华书局2004年版，第137页。

　　④ 关于盛唐军幕文士的人格形象，参见余恕诚《战士之歌和军幕文士之歌——从两种不同类型之作看盛唐边塞诗》，《文学遗产》1985年第1期。

　　⑤ （宋）梅尧臣：《张修赴威胜军判官》《闻尹师鲁赴泾州幕》，《梅尧臣集编年校注》卷4、卷10，第63、157页。

　　⑥ 《欧阳修全集》卷42，第606—607页。

　　⑦ （汉）司马迁：《史记》卷55《留侯世家》，第2049页。

出作诗与用兵"二者之趣不同"，而梅尧臣乃能兼任士之"纯静宽疏"与"壮烈豪肆"者之所能，堪称"才可以施于大者"①。由梅尧臣这一典型个案可以发现，西事拓展了仁宗朝儒士的形象边界。

不过，正如欧、王所描述的那样，儒者、诗人和兵家这三种身份在能力和气质方面存在强烈反差，同一主体人格在调和三者时必将面临各角色之间的冲突，甚至这种调和本身其实亦在一定程度上偏离了传统的儒者形象。梅尧臣在《依韵和李君读余注孙子》里如此不避辞繁地解释自己以儒论兵的立场，就透露出他在上述角色张力下的焦虑心态。他甚至在从事自注之前就向欧阳修表明，《孙子》仅是"战国相倾之说"，不及"三代王者之师，司马九伐之法"，指出兵、儒之间的价值等差。② 而诗人将自己不得施展兵谋的原因归之于"谈兵究弊又何益，万口不谓儒者知"③，见解虽深，但其实世人对梅"不己知"并非因为他儒者身份的限制，而是像欧阳修所言是梅尧臣官卑且无援的缘故。梅氏的这种说法，恰表明他对儒者论兵始终心存顾虑，对自我的道德审查极为严苛。梅尧臣其后还曾批判西事期间好勇轻文之浇薄士风："于时多骄佚，黄卷罕所亲，昨以兴西师，往往剑射伸。短衣夸走马，睢目语常瞋，欲效西山勇，遂笑东鲁仁。舍本趋富贵，乃与市贾滨。"④ 谈兵究弊同击剑走马相比虽更似书生事业，但毕竟亦有舍本售才之嫌。

如果说梅尧臣一开始只是为谈兵儒者之不合时宜而痛心，那么，到庆历五年（1045）宋夏议和，边境形势趋于缓和，他唯有彻底放弃旧有的角色意识。梅在一次和友人谈心时讲到："方与旧将饮，谈

---

① （宋）王无咎：《上梅直讲圣俞书》，《全宋文》卷1525，第70册，第140—141页。

② （宋）欧阳修：《孙子后序》，《欧阳修全集》卷42，第606页。

③ （宋）梅尧臣：《醉中留别永叔子履》，《梅尧臣集编年校注》卷11，第186页。

④ （宋）梅尧臣：《寄宋次道中道》，《梅尧臣集编年校注》卷15，第304—305页。

兵灯烛前，闻有故交至，心喜辄轮边。跨马踏明月，往见竞留连，且共语出处，子怀予久然。男儿太平时，功业未可先，故当守诗书，道义跻古贤。苟复不得用，卷以放林泉。"① 既已不能从戎立功，自当全面回归诗书为业、道义是尚的儒生角色。同年，刘敞亦谓梅"闭匿不省（兵事）利害"是忧虑"功名之说胜则隳教化"的"知道"之举②。可见，自梅氏的通儒想象因入幕受挫而无法实现后，对儒者纯粹性的追求会使这种折衷式的形象会立刻陷入瓦解的境地。至嘉祐二年（1057），梅尧臣在京任国子监直讲，又协助欧阳修"共量天下士"，其儒者事业渐有起色，故当王无咎赞其能"两任"作诗和用兵时，梅尧臣亦自谦亦自省道："推道顷所注《孙子》并所为诗。皆少时习尚狂漫，徒欲以致功名于当时者，不谓谬为人知，传在耳目，非纯儒之学，今以为愧也。"③ 儒者、诗人、兵家这三种身份在梅尧臣的价值体系里无疑有着严格的本末秩序。伴随西事影响的衰退，梅尧臣后半生的兵家身份一直被其有意淡化。最终，他在晚年将作诗、谈兵扫入少时欲致功名的狂漫习尚，他的理想身份完成了由善应变重事功之通儒向学业精粹之纯儒的转型。④ 解读梅诗特别是他的边塞及论兵诗时，当注意此种身份观的历时演变。

三　析理与悲悯：幕僚想象、儒者意识对创作的渗透

宋夏战争期间，梅尧臣的幕僚理想虽未能实现，但在个人的西

① （宋）梅尧臣：《夜酌赵侯家闻合流曹光道诣府遂访之一夕纵谈明日光道赴本任邀余诗送因叙其言以赠焉》，《梅尧臣集编年校注》卷15，第318页。

② （宋）刘敞：《送梅圣俞序》，《公是集》卷35，第419页。

③ （宋）梅尧臣：《答王补之书》，《全宋文》卷593，第28册，第159页。

④ 实际上，梅尧臣晚年政治境遇的改善与他作为诗人的名声有着直接关联。《续资治通鉴长编》载："庚申，赐国子博士梅尧臣同进士出身，仍改太常博士。尧臣，询从子，工于诗。宋兴，以诗名家为世所传如尧臣者盖少。大臣屡荐尧臣宜在馆阁，召试学士院，而有是命。"[（宋）李焘：《续资治通鉴长编》卷171，第4109页] 欧阳修在《归田录》中则惋惜："梅圣俞以诗知名三十年，终不得一馆职。"（《欧阳修全集》卷127，第1934页）梅尧臣的自我认知显然更为严苛。

事书写上，他的幕僚理想转化为一种独特的写作观念而持续发生作用。梅尧臣以儒论兵不为世俗所知，其幕僚理想亦随之落空，但这位政治失意者从未放弃"谈兵究弊"，在他个人的边事书写上，边幕僚佐的角色意识和谈兵儒者的身份自觉转化为独特的写作观念而持续发挥作用。一方面梅尧臣在创作中着力于剖析军情，筹划方略，另一方面梅的边塞诗常表现出儒者的悲悯情怀。

先看角色意识的渗透。梅尧臣官卑职小，在公共空间自然鲜有话语权，也就缺乏施展自身韬略的渠道。因此他一旦作诗对战事发表见解，便下笔不休，叙述、议论皆滔滔汩汩，务于罄尽积蕴未发的兵机利害，以冀对边事有所助益。如他庆历元年（1041）代叔父梅询而作的《寄永兴招讨夏太尉》：

> 宝元元年西夏叛，天子命将临戎行，二年孟春果来寇，高奴城下皆氐羌。五原偏师急赴敌，昼夜不息趋战场，马烦人怠当劲虏，虽持利器安得强。二师覆败乃自取，岂是廊庙谋不臧。朝廷又选益经略，三幕贤俊务所长，或取李悝备边策，或欲五道出朔方。仲夏科民挟弓矢，季冬括驴赍道粮，官军未进复犯塞，搴旗杀将何倡狂。遂令士卒愈沮气，欲使乘障胆不张。我愿助画迹且远，侧身西望空凄凉，庶几一言可裨益，临风欲寄鸟翼翔。所宜畜锐保城壁，转馈先在通行商，守而勿追彼自困，境上未免小夺攘。譬如蚊虻嘬肤体，实于肌血无大伤，此言虽小可喻远，幸公采用不我忘。诚知公虑若裴度，圣上听用同宪皇，当时岂不历岁月，犹且众镇未陆梁。况今鹰犬乏雄勇，便拟驰骋徒苍惶，且缓须时励犀卒，终期拉朽功莫当。①

此诗大致可分为"叙"与"论"两部分。前段（"宝元"句至"欲使"句）体现了梅尧臣叙事从容精当、时见理思的特点，以三川口、

好水川两大战役为纲，不仅将宝元元年（1038）夏人侵叛以来的西事动向爬梳得条理分明，还着意总结若干军事教训，为后段议论提供了充分的事实支持。这无疑反映出梅尧臣的诗才足以应付战争全景式的宏大叙事。诗人认为，宋军三川口败绩的原因在于长途奔袭、以劳战逸，这还是主将自取其祸；而好水川之败则纯是夏竦、韩琦、范仲淹三幕幕僚谋划不精且意见不一所致。让梅尧臣尤感愤懑的是，这些幕僚提出的攻策不仅骚扰州县，甚而贻误战机，终令宋军在被动防御中一再遭遇败覆。实际上，梅尧臣已在《故原战》中已指出好水川之战的败因是大将"邀勋轻赴敌"①，但他这里特别批评"三幕贤俊""令士卒愈沮气"，注重战略部署对单次战役的影响，是因为幕僚的角色意识使得他对西事的思考更趋狭深，容易放大特定群体在战争中的作用，无怪乎梅尧臣后来甚至以双关笔法讥讽范仲淹"蝙蝠尝入幕，捕蚊夜何忙"②。他人无才而在幕，己身有谋而迹远，自信能"谈兵究弊"的梅尧臣不甘"侧身西望空凄凉"，遂经由叔父向帅臣夏竦转达了自己的军事方略，借此扮演幕僚角色。诗人在后段针对士卒畏懦、转馈扰民两大现实困境，建议在关中实行坚壁自守以蓄锐及鼓励通商以抚民两个政策。而即便在投谒之作难免的谀辞里，梅将仁宗、夏竦君臣比作扫平藩镇的唐宪宗、裴度，亦顺势提醒夏竦务必沉着待时，可说是一篇之中再三致意。

　　总的说来，《寄永兴招讨夏太尉》叙事老劲，析理深折透辟，是梅尧臣精心结撰的论兵范作。相比于刘敞泛泛恭维夏竦"策效曾无敌，师行辄有神"③的《上夏太尉》，梅诗之思虑深远超出投赠诗范畴。诚如梅氏反复声明"庶几一言可裨益""此言虽小可喻远"，《寄永兴招讨夏太尉》直可作一篇"论西事书"或军幕文书读。此诗既以见诸实用为鹄的，故梅笔势虽开阖动荡，但无论叙事、议论

---

①　《梅尧臣集编年校注》卷11，第182页。

②　（宋）梅尧臣：《谕乌》，《梅尧臣集编年校注》卷15，第291页。

③　《公是集》卷26，第308页。

均不蔓不枝，只就战略一点刻抉入里，前破后立，言辞务实而精准，体现出补苴罅隙的幕僚思维。

　　许是赠人以议论确有为人助画的效果，居于身份等差序列中位的诗人亦能缓解儒者与谈兵者的对立。梅尧臣不必以儒者而以诗人身份论兵，遂可抛去心理负累，暂时安心"充当"幕僚。职是之故，西事缓和后，屡屡技痒的梅尧臣依旧延续了他结合"诗工"与"将论"的尝试。亦是通过这些诗作，我们得以窥知晚年以纯儒自许的梅尧臣仍对兵事保持了相当的敏感。皇祐四年（1052）他在《送河北转运使陈修撰学士》一诗里指出："河隍多宿兵，兵食固所须。……今来岁调饷，且与往昔殊。不使民转挽，但使民归租，急缓实塞下，商贾以利趋。关西河东亦如此，军食虽足民实虚。"[1] 如今民众虽不必转输军饷，只需缴纳租税，而主要由商人从民户处低价籴买粮食，然后高价入中给官府，但实施以来还是造成"军食虽足民实虚"的困局。可见梅一直关注自己当年提到的"转馈先在通行商"[2]，并加以反思。嘉祐三年（1058），梅尧臣赠别周介之通判边郡定州时，先不讲周之为人行事，却借知并州庞籍因擅听州将筑堡遭败而调离并州一事说开，告诫友人："我师无不勇，将吏实易之，常抱雪耻志，此旨君所知。兵家尤戒贪，持重养以威。……古人维其均，今人意参差，临事欲之死，身往心已移。上能同甘苦，下必同安危，愿君因议论，兹语何难为。"[3] 大倡持重养威、上下同德的训师宗旨。合二诗观之，诗人思考边事的思考既有一贯性，也有随时事变动而产生的新见。尤须注意的是，这两首诗有许多诗句直接化用自《孙子》，甚至《送周介之学士通判定州》一诗"可以将诗句与《孙子》原文对应起来，诗中善待兵士、勿轻敌、戒贪等

---

① 《梅尧臣集编年校注》卷22，第631页。

② （宋）梅尧臣：《寄永兴招讨夏太尉》，《梅尧臣集编年校注》卷11，第179页。

③ （宋）梅尧臣：《送周介之学士通判定州》，《梅尧臣集编年校注》卷29，第1121—1122页。

主张，皆为《孙子》所申述者"①。足证梅尧臣之兵学储备与诗歌创作间的良性互动。

　　而在摆落干进之类的功利目的后，诗人的议论姿态显得更为正大坦诚。同样是送周介之上任，后辈士人文同仅泛泛揄扬："黠狯慑所闻，射猎不敢边。兹焉势愈重，岂谓甲马然？将军庙堂老，御史蓬瀛仙。合谋运潜略，胜气压古燕。"②而梅尧臣在完成送行诗寻常应酬功能外更时有"我有愚者虑，赠君临路岐"③的自觉。除酬赠之作，庆历八年（1048）梅还作有《兵》，就贝州兵变发表己见，主张"若使威刑立，三军岂敢嚣"④，强调驯服骄兵还须釜底抽薪。皇祐四年（1052），梅尧臣特作《书南事》赞誉魏瓘在侬智高叛乱前筑城是"有待"之举。⑤同年，蔡襄在宴饮之际向友人出示收藏的古铜牙弩，本只为"玩古验汉魏"⑥以助兴。梅尧臣却对古物反复观摩探问，认为其"精妙近世应难加"，还于诗末郑重提议"愿侯拟之起新法，勿使边兵死似麻"⑦。由上述梅诗与寻常套路之间的异趋，足见他几乎是终身未改他"谈兵究弊"的旧习。若说曹操以实战，杜牧以论文作为自身兵学的出口，那么梅则是凭借诗才施展其始终未经战事检验的兵谋，他的创作因而呈示出极强的职任意识和议论色彩。前代边塞诗，虚构如乐府系统普遍表现战将形象和英雄情结，实写则如边幕文士多描摹异域风土、军旅生活。梅的幕僚

---

①　参见张蕴爽《由〈孙子兵法〉注家身份浅析梅尧臣》，载《弦诵集》，第123—140页。

②　（宋）文同：《送周介之学士通判定州二首》其二，胡问涛、罗琴校注《文同全集编年校注》卷18，巴蜀书社1999年版，第569页。

③　（宋）梅尧臣：《送周介之学士通判定州》，《梅尧臣集编年校注》卷29，第1121页。

④　《梅尧臣集编年校注》卷18，第434页。

⑤　《梅尧臣集编年校注》卷22，第628页。

⑥　（宋）刘敞：《和阎都官九月十三日夜对月是夕某与子华圣俞如晦会饮君谟所》，《公是集》卷5，第54页。

⑦　（宋）梅尧臣：《蔡君谟示古大弩牙》，《梅尧臣集编年校注》卷22，第638页。

角色书写显然不同于二者，继杜甫之后拓宽了边塞和论兵题材相融互渗的写作路向。

　　再看儒者身份的影响。和议论风生的谈兵长诗相比，梅尧臣的纪战诗却尤为简短精练，且看他叙写好水川之役的《故原战》《故原有战卒死而复苏来说当时事》二诗：

　　　　落日探兵至，黄尘钞骑多，邀勋轻赴敌，转战背长河。大将中流矢，残兵空负戈，散亡归不得，掩抑泣山阿。①

　　　　纵横尸暴积，万殁少全生，饮雨活胡地，脱身归汉城。野獾穿废灶，妖鹏啸空营，侵骨剑疮在，无人为不惊。②

好水川之役是促使宋廷转变对夏战略的关键一战，牵扯到的文武将帅甚众，天然就具备广阔的书写空间。梅尧臣则首先在诗体上就选择端严凑整的五律，用笔极为省净。如《故原战》利用五律的体制特征，以一联记一事，犹如四幅写实而凝重的油画，将好水川一役探敌、鏖战、困斗、溃亡的全过程顺叙而下。而即使在简练的叙述里，诗人也没有忽视对细节的打磨和事理的索求。首联落日黄沙的天幕下缀以疾驰的探兵钞骑，即渲染出边塞临战时分特有的焦灼而苍凉的气氛。颔联谓"邀勋轻赴敌"，更是切中主将任福贪功轻进的要害。同时，梅尧臣纪战有冷静客观还原事实的自觉，无意过多揣度评骘诗中人物。是以任福虽难逃败将之咎，梅尧臣却仍于颈联忠实记录宋方将士抵死奋战的悲壮场面。史载，宋军被围后，主将任福"力战，身被十余矢"。小校刘进劝他自免，任福严词拒绝："吾为大将，兵败，以死报国耳！"他仍"挥四刃铁简，挺身决斗"，终因"枪中左颊，绝其喉"而死。其部下王珪亦决心以死报国，"乃

---

　　① （宋）梅尧臣：《故原战》，《梅尧臣集编年校注》卷11，第182页。
　　② （宋）梅尧臣：《故原有战卒死而复苏来说当时事》，《梅尧臣集编年校注》卷11，第183页。

复进战，击杀数百人，铁鞭至挠曲，手掌破裂，犹奋身跃马，三中箭三易马，最后得其下马，左右驰击，又杀数十人，飞矢中其目，遂死”。① 足见梅诗中“大将中流矢”一语并非泛写，而是向那些殉难的悲情英雄致敬。诗作最后在残兵掩抑的悲泣声中收尾，足见梅尧臣的恻隐之心。而《故原战》之姊妹篇《故原有战卒死而复苏来说当时事》则以一介战卒为主角，经由幸存者的眼光揭示战争对于人心与肉体的蹂躏，诗人坚信读此诗者必与他一样“无人为不惊”，同样表现出强烈的同情。

　　值得注意的是，上述由人及己并于诗末揭出同情乃至反思的写作模式在梅尧臣侧面写及西事的诗作中也很普遍。他一次于襄城登高望雪时诗思遥深，念及“谁思五原下，甲色千里屯。冻禽立枯枝，饥兽啮陈根，念彼无衣褐，愧此貂裘温”②，此番替人设想与自愧情绪皆体现出诗人身为儒者的悲悯情怀。当时宋廷下令“三丁籍一壮，恶使操弓鞬”以备不虞，地方官吏希旨“搜索稚与艾，唯存跛无目”，致使“田间敢怨嗟，父子各悲哭，南亩焉可事，买箭卖牛犊。愁气变久雨，铛缶空无粥，盲跛不能耕，死亡在迟速”，梅尧臣奋而作诗刺之，进而对自己在官而无能的处境深自愧耻：“我闻诚所惭，徒尔叨君禄，却咏《归去来》，刈薪向深谷。”③ 他嗣后意犹未尽，又做代言体性质的《汝坟贫女》批判朝廷不当决策对民间的骚扰。面对战事背景下遭遇不幸的军民，梅尧臣屡屡主动躬自反省，颇见出士大夫仁民爱物的良心。

四　梅诗中的“城水洛”事

　　梅尧臣评叙西事的诗作总体上的确呈现出理性客观的面貌，不过，一旦对象涉及边地幕僚，梅在写作时就难抑强烈的情感倾向，

---

① （宋）李焘：《续资治通鉴长编》卷131，第3101—3102页。
② （宋）梅尧臣：《襄城对雪》其二，《梅尧臣集编年校注》卷9，第148页。
③ （宋）梅尧臣：《田家语》，《梅尧臣集编年校注》卷10，第164页。

甚至会产生评判立场的偏移，这在梅尧臣有关尹洙的两首西事诗《闻尹师鲁赴泾州幕》《董著作尝为参谋归话西事》里表现得最为明显。特别是后者，学者每举此例说明梅尧臣论事公正独立①，但如果细致还原诗作的创作背景，就能发现梅尧臣看似公正的言论背后其实也暗含一层主观好恶在。而这些都来自梅尧臣对幕僚角色的认同感。

在判官、掌书记、勾当公事诸西幕僚佐里，"大明（《孙子》）深义"②的梅尧臣自然最青睐智囊型的判官角色。因此当他在康定元年（1040）听说洛阳故交尹洙应辟为泾原秦凤两路经略安抚判官，梅虽身不能至，向往之心却早随老友驰骛西北了。《闻尹师鲁赴泾州幕》是他这段人生低谷期少有的快意文字：

> 胡骑犯边来，汉兵皆死战，昨闻卫将军，贤俊多所荐。知君虑不浅，求对未央殿，天子喜有言，轺车因召见。筹画当冕旒，袍鱼赐银茜，曰臣岂身谋，而邀陛下眷。青衫出二崤，白马如飞电，关山冒风露，儿女泣霜霰。军客壮士多，剑艺匹夫炫，贾谊非俗儒，慎无轻寡变。③

不同于刘敞主于议论的《贺尹学士辟经略府》，梅诗以叙事、写人见长，伴随场景从边境到宫殿再经川途至戎幕的转换，辗转其间的卑小判官成了绝对主角。劲敌之进犯，宿将之拔举，天子之召对，儿女之涕泣，军客之骁勇，盖全为陪衬尹洙这位智勇兼备、奋身许国的幕僚形象而设。彼时梅尧臣僻居襄城，可能只探听到友人赴幕的琐碎消息。诗人能凭此信笔绘出如许鲜活的动态图景，当是因为同样的画面已被他悬想过太多回了。诗人以尹洙为原型倾力塑造的理

---

① 参见朱东润《梅尧臣诗选》，人民文学出版社 1980 年版，第 70 页；张廷杰《宋夏战事诗研究》，第 159 页；谢琰《北宋前期诗歌转型研究》，第 318 页。

② （宋）胡瑗：《请兴武学疏》，《全宋文》卷 408，第 19 册，第 416 页。

③ 《梅尧臣集编年校注》卷 10，第 157 页。

想幕僚角色，无疑正寄托着他自身西行入幕的壮志。而梅之所以既写泾原秦凤两路经略安抚副使葛怀敏的辟召，又详叙尹入对受帝宠眷，除有事实依据，其实也是为他当时已行或欲做的上书言兵、干谒帅臣二事所发。

而从尹洙后来的经历看。梅尧臣之于西幕幕僚的角色期望，包括才学、人际、仕履各方面，他都已实现甚至远逾所望。尹洙"当天下无事时独喜论兵"。叶适后来说他早年所作的《叙燕》《息戍》《法制》诸篇是"与贾谊相上下"的"救败之策"①。在宋夏战争的五六年里，尹"未尝不在其间，故其论议益精密，而于西事尤习其详"②。尹洙在边与范仲淹、韩琦交谊甚笃，尤为韩所深知。在军亦"谦勤爱士，虽悍夫冗列，皆降意容接"③，曾荐狄青于范、韩，更以边劳一路由经略判官升至知渭州兼泾原路经略部署，又于庆历四年（1044）二月正式成为泾原一路帅臣。梅尧臣的"贤俊"之称，"贾谊"之比，不为过誉。

然而，庆历四年（1044）城水洛之争的迅速激化，却使尹洙的宦途急转直下，乃至埋下他晚年贬死的命运。对此，梅尧臣一面挂念"故人迁谪"，明言"欲访其人"④，一面则于次年春作《董著作尝为参谋归话西事》论此事：

> 子说颇骁勇，筑城收汉疆，提兵无百骑，偷路执生羌。大将罪专辄，举军皆感伤，归来出万死，羸马亦摧藏。⑤

---

①　（宋）叶适：《习学记言序目》卷50，第746页。

②　（宋）欧阳修：《尹师鲁墓志铭》，《欧阳修全集》卷28，第433页。

③　（宋）韩琦：《故崇信军节度副使检校尚书工部员外郎尹公墓表》，《安阳集》卷47，《安阳集编年笺注》，第1458页。

④　（宋）梅尧臣：《使者自随州来知尹师鲁寓止僧舍语其处物景甚详因作诗以寄焉》，《梅尧臣集编年校注》卷16，第348页。

⑤　（宋）梅尧臣：《梅尧臣集编年校注》卷15，第270页。

在解析本诗前，先须略为梳理水洛城事件之流程，以明梅氏写作原委。水洛城位于泾原、秦凤两路的交界地带。先是庆历三年（1043），静边寨主刘沪谋筑水洛的提议，深得陕西四路都部署郑戬的支持，在获得朝廷首肯后，刘沪随即前往该地董领其事。然至此年底，时正宣抚陕西的韩琦上书力反筑城，知秦州文彦博、知渭州尹洙、泾原路副都总管狄青亦皆不欲修。故次年正月，宋廷从韩琦奏请，诏令陕西都部署司、泾原经略司罢修水洛城。但刘沪时已兴役，郑戬还遣属官著作佐郎董士廉（即梅诗之"董著作"）将兵助之。二月，郑戬被撤销陕西四路经略安抚招讨使、都部署之职，改知永兴军，尹洙得以泾原大帅的身份全权处理筑城水洛一事。郑戬旋又上书"极言城水洛之便，役不可罢；命刘沪、董士廉督役如故"。一时议者纷纭不决，宋廷遂派三司副使鱼周询往视利害。尹洙在此期间屡召刘、董罢役而还，二人却反"日增版趣役"，又命瓦亭寨都监张忠往代刘沪，刘拒不受替。结果尹洙大怒，没等鱼周询到来，就命狄青"领兵巡边，追沪、士廉，欲以违节度斩之"。狄青械送二人至德顺军狱。[①] 事态至此进一步扩大，在庙堂上引发了激烈争议。朝臣们的论争主要集中在相关联的两点上：一是完筑水洛与否；二是如何处理文武、将帅关系。如欧阳修就认为"罪沪既不可，罢水洛城又不可，沮狄青又不可"，因而建议设法令刘沪、狄青二人和解，"务要两全"。[②] 同时欧在人事上主张将尹洙调往他路，刘沪则留下继续筑城，强调这样就"于洙无损，于沪获全其功，于边防利便，三者皆获其利"[③]。后来宋廷的调停方案就参考了欧氏的意见。

梅诗所论亦不外筑城纷争与人事纠葛两方面，不过和朝臣瞩目尹洙、狄青、刘沪三人不同，在这里原不起眼的董士廉倒成了主角。

---

① （宋）李焘：《续资治通鉴长编》卷 147，第 3556—3557 页。

② （宋）欧阳修：《论水洛城事宜乞保全刘沪等札子》，《欧阳修全集》卷 105，第 1601—1602 页。

③ （宋）欧阳修：《再论水洛城事乞保全刘沪札子》，《欧阳修全集》105，第 1603 页。

此诗前幅专写筑城一事，史料中董士廉只是被郑戬遣往水洛助役的僚属，不过从梅尧臣的转述来看，董不但主动提出筑城收疆的策略，还率军取小道进至水洛，途中亦有所斩获，是郑戬幕下兼具勇略的参谋。诗作后幅又记叙董士廉之遭际，谓董、刘被大将狄青擒胁下狱，罪名是"专辄行事，不禀本路节制"①。董士廉虽不怯强敌，履危如安，却险以"违节度"②论斩，还遭系狱二十余日，终只得憔悴归来。梅尧臣此诗仍用五律体制，借董之口记叙城水洛始末，寓褒贬于叙事内里。由劈头"子说颇骁勇"、中腹"举军皆感伤"等诗句观之，梅尧臣不但誉其为多谋果行之士，还认为狄青之举有失军心，他态度鲜明地站到述说者一方，并显有指斥旧友尹洙之意，此种立场即便与支持城水洛的欧阳修、范仲淹相比亦有些"过火"。

梅尧臣的怜悯兼是非之心，一来当然起自他甚为赞同"拓地广塞"式的拓边活动，故为董士廉之有功不见赏反遭罪戾大鸣不平，这一点早已为论者指出；二者与他对幕僚角色的渴慕有莫大关联。梅尧臣之所以主动采用董士廉的视角观察乃至评述水洛城之争，正出于诗人对董在西事期间的角色及其言行大为认同之故。换言之，当帅臣尹洙、大将狄青与幕僚董士廉发生尖锐冲突时，诗人之于尹洙虽堪称"不阿所好"，但他对董士廉未始没有偏袒。梅尧臣亦有他私人观念造成的立场偏离，未必"一切都是从国家的利益出发"③。而要探知梅氏此种隐微心曲，还需对梅诗写作背景及董士廉之身份作一番考述。

庆历四年（1044）夏秋间，宋廷相继下达了对城水洛之争诸当事人的处置命令。尹洙调任庆州，后改知晋州，狄青任副都部署如故，刘沪降一官，董士廉移知蔡州确山县，罚铜八斤。朝廷虽以"坐违本路帅命"对刘、董稍示惩戒，然终使二人"卒城水洛"，并

---

① （宋）尹洙《奉诏令刘沪董士廉却且往水洛城勾当状》，《尹洙集编年校注》，第289页。

② （宋）李焘：《续资治通鉴长编》卷147，第3557页。

③ 朱东润：《梅尧臣诗选》，第70页。

仍以刘沪"权水洛城主"①。从处理结果看，宋廷最终采纳筑城水洛的意见，自然对刘沪一方给予了一定优待，特别是刘沪正凭城水洛终成其"庆历名将"②之功业。董士廉则远没有那么幸运。尹洙虽先徙晋州，旋移潞州，毕竟皆属河东要郡，宋廷还迁秩进职以表慰安。而董士廉只能东归内地，所得不过一知县，失去的却是继续效力边塞以图升迁的机会，同时朝廷的决议更让董士廉认定自己之遭缧绁与内调完全是无妄之灾。于是在庆历五年（1045）三月，趁革新派失势之际，董士廉者立即诣阙上书，专以水洛事讦讼尹洙。

据尹洙本人所写《奉诏分析董士廉奏臣不公事状》，董士廉的告发除水洛城旧讼外，尚有尹作《悯忠》《辨诬》诳惑中外与擅用官钱及公事钱二端。尹氏《悯忠》《辨诬》专为耿傅随军阵殁于好水川后"忠死而毁"③一事所撰，意在"以劝忠义"，写及韩琦的不过战前动员、讽耿傅随军和事后上奏耿傅致任福书二三事，董士廉却偏从中读出"令李仲昌刻石掩韩琦恶"的用心④。又擅用官钱及公事钱，显是踵郑戬发滕宗谅枉费公使钱之故技。很明显，城水洛之争同先前发生的滕宗谅案、"奏邸狱"一样，至此已变质为针对庆历士大夫的政治倾轧。果然，韩琦闻此不自安，恳请补外。尹洙则先是"盛夏就狱，穷治百端"⑤，后贬崇信军节度副使，徙监均州酒税，终困塞而卒。董士廉此次诣阙上书不但极善拿捏时机，且其"挟恨拑撝"⑥亦起文致兼株连之效，其政治敏感与能量恐非长久供职于边境的下层官僚所能拥有。而官卑职微如他，竟能扳倒尹洙及

---

① （宋）李焘：《续资治通鉴长编》卷151，第3670页。

② （宋）周必大：《跋张芸叟题刘沪坟庙诗》，《全宋文》卷5133，第230册，第427页。

③ （宋）蔡襄：《寄尹师鲁书》，《蔡忠惠集》卷27，《蔡襄集》，第471页。

④ （宋）尹洙：《奉诏分析董士廉奏臣不公事状》，《尹洙集编年校注》，第329页。

⑤ （宋）尹洙：《答江休复学士书》，《尹洙集编年校注》，第347页。

⑥ （宋）尹洙：《覆奏监察御史李京札子状》，《尹洙集编年校注》，第336页。

其支持者枢密副使韩琦，关键还是"辅臣多主之"①，兼"制使承风指，按验百端"②。监察御史李京在董士廉由尹言及韩时，异常默契地上言："琦过实自洙始，请并责洙。"殿中侍御史刘湜往渭州审讯尹洙，亦"颇傅致重法，盖希执政意也"。③ 以上种种现象皆表明，董士廉诣阙上书很可能是受人指使，或至少已预先和反新政一派互通声气，有"柄臣为之左右"④。

　　照此不难想见，庆历五年（1045）春，梅尧臣在汴与董士廉相遇之际，董很可能正边奔走权门，边四处传布城水洛的"冤情"，一则为报怨寻求政坛奥援，一则在舆论上造势。另一位当事人尹洙此时也急于澄清事实。庆历四年（1044）秦凤路招讨使文彦博"询刘沪被系始末"，尹洙即刻去信说明，还着重解释了文彦博"蒙责以不言"的"城水洛利害"⑤。七月，他又向欧阳修倾诉："某方为奸人所挤，构虐百端，举朝莫与为辩。若见永叔，必极论是非。"⑥ 到京后，尹洙因待阙"心疑郑戬谮己，因奏乞与戬俱下御史狱，辨水洛城事"⑦。诚如尹洙所说："水洛事未易可言，然事之利害，人人各异见，不必深咎。"⑧ 边事争端的两造皆各有一套故事版本和辩解之词，此事并无绝对正义可言，有的只是立场各异且言之凿凿的意见。然董士廉在水洛城事件平息半年后复构造词讼，以他事倾陷尹洙、韩琦，则业已脱离原本单纯的政争，而沦为私仇公报的小人行径。

---

① （宋）李焘：《续资治通鉴长编》卷155，第3759页。

② （宋）韩琦：《故崇信军节度副使检校尚书工部员外郎尹公墓表》，《安阳集》卷47，《安阳集编年笺注》，第1456页。

③ （宋）李焘：《续资治通鉴长编》卷156，第3788页。

④ （宋）李清臣：《韩忠献公琦行状》，《安阳集编年笺注》附录2，第1736页。

⑤ （宋）尹洙：《答秦凤路招讨使文龙图书》其二，《尹洙集编年校注》，第291页。

⑥ （宋）尹洙：《答谏官欧阳舍人论城水洛书》，《尹洙集编年校注》，第296页。此外，尹洙庆历七年（1047）又作《别南京致政杜少师启》辩解其被董控诉擅用官钱事。

⑦ （宋）李焘：《续资治通鉴长编》卷151，第3684页。

⑧ （宋）尹洙：《答谏官欧阳舍人论城水洛书》，《尹洙集编年校注》，第296页。

梅尧臣作为尹洙故交，却在权力斗争愈演愈烈的时势下，选择倾听并信从董士廉为复仇而设计的说辞，还作诗表明己之立场，此种姿态明有偏袒，绝非"不因私废公"①云云所能解释。而在董士廉一方，争取到尹氏旧友兼名诗人梅尧臣作诗同情，虽在政治方面未必有多少助力，却无疑是舆论导向上的巨大胜利。

梅尧臣的上述表态，倒并非其政治立场所致。庆历新政期间梅尧臣虽已与范仲淹疏远，但不见得就站在革新派的对立面。而由梅尧臣为奏邸狱所作的一系列诗篇如《杂兴》《送逐客王胜之不及遂至屠儿原》《邺中行》《送苏子美》等观之，他反对此类政治案件的态度甚明。特别是梅于尹氏逝后伤惋"谪死古来有，无如君甚冤"②，足见他对董士廉后来的挟私上书深感骇然与愤慨。同时，从他哀悼尹洙的《哭尹师鲁》《五月二十夜梦尹师鲁》二诗来看，两人的友情是终身不改的。那么，在祸罍初显而未彰的庆历五年（1045）年初，极有可能是董本人的身份和遭际引发了梅氏的强烈共鸣，故令诗人一时偏听，有激而云。

董士廉与尹洙、郑戬同为天圣二年（1024）进士，然董入仕后"困踬累年"③，直至庆历四年（1044）方在永兴军节度推官任上改官。而其时尹洙的官衔已为行右司谏、直集贤院、知渭州兼泾原路经略部署，郑戬则以尚书礼部侍郎为陕西四路都总管兼经略、安抚、招讨使，董士廉的地位相较于两位同年不啻霄壤。董少"以倜傥闻"④，为人"不徇小节，喜从兵事"，因而他于庆历元年（1041）西入永兴军幕府，希冀"因时立功"，经由在边地"思奋其材"获取"有为"之"异赏"⑤。董在陕西的事迹，除改官及水洛城事外，

---

①　参见张廷杰《宋夏战事诗研究》，第 159 页。

②　（宋）梅尧臣：《哭尹师鲁》，《梅尧臣集编年校注》卷 17，第 395 页。

③　（宋）尹洙：《与水洛城董士廉第三书》，《尹洙集编年校注》，第 286 页。

④　（元）脱脱等：《宋史》卷 303《列传第六十二》，第 10053 页。

⑤　（宋）欧阳修：《永兴军节度推官董士廉可著作佐郎制》，《欧阳修全集》卷 80，第 1154—1155 页。

余难详考，不过就王铚《默记》呼他作"关中豪侠之士"① 来看，他在边塞亦属姚嗣宗式的活跃分子。② 董士廉的幕府经历虽难比尹洙，然郑戬遣其助刘沪筑城，可见董的能力和忠诚已获致幕主的认可。不出意外的话，待城水洛事了，董士廉当能得到"转官酬奖"③ 及郑戬之青睐。然而，现实中尹洙的极力反对却使董士廉陷入进退维谷的境地：若听命郑戬加紧筑城，则之于泾原大帅尹洙是为"侵官"④；若依尹洙言罢役，则是违背上司郑戬之令。而董选择站在郑戬一边，就是典型的幕僚行事。嗣后刘沪、董士廉被尹洙指使狄青系狱，郑戬果真极语论救于朝。无论是董士廉"老困可哀"⑤ 的处境，还是他喜从兵事的个性，乃至其对入幕展材的属意，皆与梅尧臣这位穷诗老及言兵儒者颇为类同。

尤其是城水洛事件，实则是董士廉在郑、尹的边事冲突中遭受池鱼之殃，这种依人作幕特有的悲哀，正足以触动梅尧臣的怵惕恻隐之心。故《董著作尝为参谋归话西事》诗尾命意一本《诗·周南·卷耳》，将董士廉的形象定格为一位羸马背上落魄归来的穷者。漂泊游宦，人困马病，诗人提笔至此，会不会想到四年前那个跨老病马无奈南下的自己⑥。南下者因儒帅不屑一顾，归来者则被儒帅下狱几至于死。在这点上，两位西事中的失意之人理应深有同感，彼此互许为知音。

---

① （宋）王铚：《默记》卷上，第 12 页。

② 曾瑞龙就曾指出，董士廉"关中豪侠"之出身对其行事有极大影响。参见曾瑞龙《拓边西北——北宋中后期对夏战争研究》，中华书局（香港）2006 年版，第31—37 页。

③ （宋）韩琦：《陈修水洛城利害奏》，《韩琦诗文补编》卷 3，《安阳集编年笺注》，第 1641 页。

④ （宋）尹洙：《与水洛城董士廉第三书》，《尹洙集编年校注》，第 286 页。

⑤ （宋）尹洙：《答秦凤路招讨使文龙图书》其二，《尹洙集编年校注》，第291 页。

⑥ （宋）梅尧臣：《醉中留别永叔子履》："新霜未落汴水浅，轻舸惟恐东下迟。绕城假得老病马，一步一跛令人疲。"（《梅尧臣集编年校注》卷 11，第 186 页）

　　而写作此诗前后，梅尧臣的境况依旧可用人马共敝的互文式修辞来形容，其《寄汶上》有云："瘦马青袍三十载，故人朱毂几多违，功名富贵无能取，乱石清泉自忆归。"① 借助西事与新政提供的政治契机，故人皆已青云直上；诗人宦情冷落，却仍不见旧交汲引。这在梅尧臣，不能不心生愤懑与怨怼的情绪。叶梦得论梅、范交恶事由即言：

　　　　及公（指范仲淹）秉政，圣俞久困，意公必援己，而漠然无意，所荐乃孙明复、李泰伯。圣俞有违言，遂作《灵乌后赋》以责之。略云："我昔闵汝之忠，作赋吊汝；今主人误丰尔食，安尔巢，而尔不复啄叛臣之目，伺赃垒之去，反憎鸿鹄之不亲，爱燕雀之来附。"意以其西帅无成功。②

由梅尧臣这番悻然口吻可知他对先前"关西幕府不能辟"还是无法释怀。其作于同时的《谕乌》亦有句云："蝙蝠尝入幕，捕蚊夜何忙。"③ 对范仲淹在边辟召的"龌龊"幕僚甚为不齿。无怪乎庆历五年（1045）刘敞送梅尧臣出京时，仍语带惋惜重提梅注《孙子》一事。可能出于同样原因，约自庆历以后，梅尧臣对西事期间涌现出来的首批儒帅多持苛论④，他攻讦范仲淹"西帅无成功"前已述及，又如庆历八年（1048），文彦博以河北宣抚使镇压贝州兵变，旋因功拜相，梅尧臣闻讯作《宣麻》讥讽宋廷赏逾其功。又皇祐四年（1052），孙沔受命南征侬智高，次年和狄青一道凯旋，梅尧臣刺其

---

　　① 《梅尧臣集编年校注》卷 15，274 页。
　　② （宋）叶梦得：《石林燕语》卷 9，第 135—136 页。
　　③ 《梅尧臣集编年校注》卷 15，第 291 页。
　　④ 除梅应酬王素的《邵伯堰下王君玉饯王仲仪赴渭州经略席上命赋》《寄渭州经略王龙图》例外。

"因人成功喜受赏"①，皆与彼时朝议相左。

昨日应辟西行之尹洙，今日已成权柄在握的大帅。角色的转换与地位的悬隔无疑使得尹、梅这对洛阳故友愈为疏离。而曾为幕僚的董士廉与尝期盼成为幕僚的梅尧臣，当他们面对城水洛发生的那场不对称冲突，总易达成这样的共识：这是一次得势者对弱势一方的陵暴。真正"专辄"的并非边将与幕僚，恰是上位的大将与儒帅。况且尹洙当年属于"三幕贤俊"的一员，曾主张"五道出朔方"②征讨西夏，如今却连"筑城收汉疆"的良策都要粗暴打断，在梅看来无疑又属违背素心之人。因此，梅尧臣《闻尹师鲁赴泾州幕》《董著作尝为参谋归话西事》二诗透现的对尹态度之历时迁变，其所昭示的恰是梅氏叙边事时不变的幕僚视角，他对尹洙曾有过的热望与失望或许皆源于此。

第四节　苏舜钦边塞诗中的武将想象与烈士向慕

相比于梅尧臣依违于儒、兵之间，苏舜钦对二者的弃取态度就斩截得多。他强调儒者与战士所为绝非一人一时所能兼备，因而提出文、武两条报国立名的道路，又由于西北边防体系中主将的极端无能，以及诗人"居常慕烈士之行"③的个性，使得苏舜钦在边塞诗中竭力将自身塑造成挺身赴边、扫荡西寇的勇将形象。此种情感诉求领域（载体为诗）"创造英雄"的观念，却与苏舜钦在政治表

① （宋）梅尧臣：《十一日垂拱殿起居闻南捷》，《梅尧臣集编年校注》卷23，第659页。

② （宋）梅尧臣：《寄永兴招讨夏太尉》，《梅尧臣集编年校注》卷11，第179页。

③ （宋）苏舜钦：《启事上奉宁军陈侍郎》，《苏舜钦集编年校注》卷6，第400页。

达渠道（载体为文）中拒绝辟召、提倡守势的策略选择适相背反。那么，苏舜钦边塞诗中的武将想象是如何形成的，与他的性情、仕宦观有何种联系，怎样理解苏舜钦在诗人与论兵者身份上的言论差异。这是本节着重剖析的几个问题。

一　荒唐的战争与缺席的英雄：苏诗中的西北边事

与梅尧臣纪战务求精练不同，苏舜钦惯用长篇歌行铺叙战事本末，显出两人"放检不同调"① 的创作性格。早在景祐元年（1034）秋，李元昊大败宋军于龙马岭节义烽，时于长安侍父的苏舜钦就近作有《庆州败》一诗：

> 无战王者师，有备军之志。天下承平数十年，此语虽存人所弃。今岁西戎背世盟，直随秋风寇边城。屠杀熟户烧障堡，十万驰骋山岳倾。国家防塞今有谁？官为承制乳臭儿，酣觞大嚼乃事业，何尝识会兵之机。符移火急蒐卒乘，意谓就戮如缚尸；未成一军已出战，驱逐急使缘岭巇。马肥甲重士饱喘，虽有弓剑何所施？连颠自欲堕深谷，虏骑笑指声嘻嘻，一麾发伏雁行出，山下掩截成重围。我军免胄乞死所，承制面缚交涕洟。逡巡下令艺者全，争献小技歌且吹；其余劓馘放之去，东走矢液皆淋漓。首无耳准若怪兽，不自愧耻犹生归！守者沮气陷者苦，尽由主将之所为，地机不见欲侥胜，羞辱中国堪伤悲！②

由此诗可见，远在宋夏战争全面爆发前，苏舜钦便已关注西事，其创作也已形成鲜明的个人风格。一则，正如起首"无战"四句直指

---

① （宋）梅尧臣：《偶书寄苏子美》，《梅尧臣集编年校注》卷14，第251页。
② 《苏舜钦集编年校注》卷1，第34页。

兵政疵败所示，苏氏早具全局性的批判眼光。这点从他后来的论战诗中仍能看到，如《己卯冬大寒有感》中间的长段议论："然由在遇专，丑类易剪伐，训士无他才，赏罚在果决。近闻边方奏，中覆多沈没，罪者既稽诛，功者不见阅，虽使颇牧生，勇智当坐竭。或云庙堂上，与彼势相戛，恐其立异勋，欻然自超拔。不知百万师，寒刮肤革裂，关中困诛敛，农产半匮竭。"① 苏舜钦认识到边事成败绝非孤立事件，而与宋廷奖惩的公正与否息息相关。苏舜钦在诗中揭露庙堂中人因妒才忌功不顾西北军民之困苦，颇见其志在善善恶恶的诗胆，与他"献书著论惊上国"② 的犀利作风十分类同。二则，此诗表现出诗人对于战事现场的高度还原，以及在这过程中对叙事细节的追求。庆州之役在史书上的记载仅寥寥数语（参见《续资治通鉴长编》卷115），但于苏舜钦笔下却扩展成一出首尾俱全的荒诞剧目：从双方登场，西戎寇边烧杀，边将仓促出击；到宋方缘险进军，虏骑驰骋自如；再至两兵相接，敌骑雁行合围，我军遭伏乞降；最后是夏人凌辱俘虏，降兵偷生而归。在战役的各个阶段，苏氏的诗笔持续摆荡于敌我双方之间，主动—被动—有序—混乱—凶黠—庸懦—残暴—无耻的反差画面由此交替出现，如经纬交织成军事灾难的纪实。诗中宋方脸谱显是丑角，尤其是全军被俘后的漫画式刻绘，不但对应前文"就戮如缚尸"的谶语（可笑的是实际角色发生对转），更以异常具有冲击力甚至有些丑陋的图像呈示出夏人对宋军之肉体和尊严的毁灭性的侮害，而我方对此的"不自愧耻"恰构成最严峻的国耻。以此观之，苏舜钦用笔的辛辣峻峭，实则正是其爱国忠悃使然。

八年后的庆历二年（1042），当定川寨之战这场更为惨烈的大溃败发生时，苏舜钦和其兄苏舜元一道愈益自觉地发扬了这种满含忧

---

① 《苏舜钦集编年校注》卷2，第88页。
② （宋）刘敞：《续杨十七挽苏子美诗》，《公是集》卷18，第203页。

愤的嘲讽笔调①：

> 阴霜策策风呼虓，羌贼胆开凶焰豪（苏舜钦），赤胶脆折乳马健，汉野秋毵黄云高（苏舜元）。驱先老尪伏壮黠，裹以山壑鬼莫招（苏舜钦），烽台屹屹百丈起，但报平安摇桔槔（苏舜元）。喜闻赢师入吾地，主将踊跃士惰骄（苏舜钦）。神锋前挥拥胜势，横阵立敌俱奔逃（苏舜元）。不知饵牵落槛阱，一挥发伏如惊飙（苏舜钦），重围八面鸟难度，相顾无路惟青霄（苏舜元）。地形窄束甲刺骨，眦裂不复能相鏖（苏舜钦）。弃兵衮衮令不杀，部曲易主无纤罅（苏舜元）。恸哭皇天未厌祸，空同无色劲气消（苏舜钦）。狂童得志贱物命，陇上盘马为嬉遨（苏舜元）。苍皇林间健儿妇，剪纸沥酒呼嗷嗷（苏舜钦），将军疾趋占葬地，年年载柩争嵬崤（苏舜元）。朝廷不惜好官爵，绛蜡刻印埋蓬蒿（苏舜钦），三公悲吟困数败，车上轻重如鸿毛（苏舜元）。②

---

① 按，苏舜元、苏舜钦兄弟年岁相近，"皆抱负奇伟，有志于世"［参见（宋）刘克庄《跋苏才翁子美帖》，辛更儒笺校《刘克庄集笺校》卷104，中华书局2011年版，第4356页］，是盐泉苏氏家族入宋第四代中的秀异分子。宋夏战争期间苏舜元曾"条上御贼方略"，后又"陈攻守利害十二事以闻"［参见（宋）蔡襄《苏才翁墓志铭》，《蔡忠惠集》卷39，《蔡襄集》，第705页］，同样十分留意边事动向。同时，苏舜元"精悍任气节，为歌诗亦豪健，尤善草书"［（元）脱脱等：《宋史》卷442《列传第二百一》，第13081页］，"诗亦遒劲，多佳句"［（宋）欧阳修：《六一诗话》，《欧阳修全集》卷128，第1954页］，性情和创作均与苏舜钦颇为投合。兄弟二人又有联句的习惯，彼此共韵赋诗甚是默契，并在游戏文字外表现出相当的政治关怀（参见何新所《宋代联句诗考论》，《中国韵文学刊》2004年第3期）。欧阳修尝称道两人的《丙子仲冬紫阁寺联句》"无愧韩孟也"［（宋）欧阳修：《六一诗话》，《欧阳修全集》卷128，第1955页］，足见他们的联句诗虽成于众手，却往往殆同一人之作。因此这里不拟在联间区分作者，而将《瓦亭联句》视作一整体，经由此诗探讨苏氏子弟特别是苏舜钦边事创作的特点。

② （宋）苏舜钦：《瓦亭联句》，《苏舜钦集编年校注》卷2，第99页。按，关于此诗本事的考辨，参见张廷杰《宋夏战事诗研究》，第163—171页。

定川寨之役乃宋夏开战以来继三川口、好水川后的第三场大战，此役李元昊仍采用诱敌围歼的故技，宋方主将葛怀敏轻敌冒进，终致宋军惨败，被俘者甚众。《庆州败》语直意露，诗人一开始就直斥主将为"乳臭儿"，明言其未尝"识会兵之机"，其后所叙宋军之进兵过程亦是纷乱至极，一一胎下败果。与之相对，《瓦亭联句》则声色内蓄，收起过于泄漏诗人情绪倾向的断语，着力在叙事层面揭露现实本身的荒唐状态。《瓦亭联句》前幅尤具匠心之处在于二苏有意调用诗中人物的限知视角加强情节的跌宕，人物与读者的信息是不对称的。联句记事部分，起首六句照例展示夏人的凶狠桀黠，紧接六句写宋军出击迎敌，除偶用"惰骄"这样的贬语，宋方将士似乎可称得上是踊跃用兵、锐不可当。然而，他们的表现全建立在"羸师入吾地"的虚假情报之上，故其临敌果勇并非真勇，而属于贪功冒进的妄动。不管是误判烽燧，还是主将侥幸取胜的心理，抑或将士摩拳擦掌、宋将挥剑乘胜逐北，在预知敌方"驱先老尪伏壮黠"的读者眼中，皆属一厢情愿、自入彀中的可笑可悲之举。故苏氏兄弟随即以"不知饵牵落槛阱"一语点破，以宋军先胜后败、前勇后怯的拙劣表现达成反讽效果。

　　二苏的创意不止于此，两位诗人接下来又以或愤慨或讥嘲的口吻罗列了与战事相关的各色人群：将士本应奋勇杀寇，而今却自愿弃兵降敌；狂虏本应天怒人弃，而今却得志恣游；健儿本应夫妇团聚，而今却阴阳两隔；将军本应率部御侮，而今却年年载枢争葬地；"古之设爵位，盖欲英雄躧"①，而今朝廷却滥赐殁者；三公本应当国主事，而今却束手悲吟。种种角色期望（"本应"）与实际扮演（"而今"）之间的巨大落差昭示了对宋朝上下造成的震动。同时，西事陷入"一战不及一战"②的窘境，不但是因在边将士败事有余，在朝的执政大臣何尝不是成事不足？故二苏在此诗前段不遣一理语，

---

① （宋）苏舜钦：《蜀士》，《苏舜钦集编年校注》卷5，第329页。
② （宋）田况：《儒林公议》卷上，第9页。

却依旧延续其全局性的批判眼光，可见他们纯熟的叙事功力。

同是面对战败的兵卒，梅尧臣哀"死而复苏"者的不幸，苏舜钦则怒"不自愧耻"之俘虏的不争。同是书写战争悲剧，梅重点叙述苦战过程，叹惋边将虽败犹荣，苏则强调"守者沮气陷者苦，尽由主将之所为"（《庆州败》）。苏舜钦在诗中描绘的西北边地显是英雄缺席的场域。苏氏兄弟在《瓦亭联句》后段悬想"白衣壮士"赴边荡寇正是为了承担武将角色在现实中缺失的职责。因此，由现实激发的武将想象是理解苏舜钦边事书写的关键。

二　苏舜钦的武将想象及其与现实的关系

庆历三年（1043）冬，苏舜钦因范仲淹的荐举进入馆阁，翌年春在告假赴山阳挈家中途向集贤院诸同僚倾吐了自身面对时局的政治怀抱：

> 峻阁郁前起，隐嶙天中央，春风花竹明，晓雨宫殿凉。溢目尽图史，接翼皆鸾凰，明窗置刀笔，大案罗缣缃。文字虽幼学，钝庸今废忘，不能温旧习，考古评兴亡。腼颜于其间，汗下如流浆，徒然日饱食，出入随群行。朝廷比多事，亦合强激昂。况有诏书在，烂然贴北墙，奋舌说利害，以救民膏肓。不然弃砚席，挺身赴边疆。喋血鏖羌戎，胸胆森开张。弯弓射挽枪，跃马扫大荒，功勋入丹青，名迹万世香，是亦丈夫事，不为鼠子量。①

诗人在经历了"乍脱泥滓底"而侧身"英俊场"的最初兴奋后，开始认真考虑自身"出处""语默"的问题，为此他列举了三条用世之路。其一是最基础的集贤校理的本职工作，即考校图史。余下两

---

① （宋）苏舜钦：《舟中感怀寄馆中诸君》，《苏舜钦集编年校注》卷2，第142—143页。

项则属朝廷多事时激昂任事的不同选择：或者在朝慷慨言事，参与新政，拯民济世；或者亲赴西北边塞，鏖战夏人，立功疆场。特别是赴边一途，诗人描述的"喋血鏖羌戎，胸胆森开张。弯弓射挽枪，跃马扫大荒"如此搏命阵场的情景，显非守边文臣群体如儒帅、边牧、幕僚能胜任，而应为武将之职责。苏舜钦对此也有自觉，其诗中"不然弃砚席，挺身赴边疆"的转折表达，所指不仅是在朝与赴边的空间差异，当还有弃笔从戎的文武转换。他欲弥补的终是西北边防体系里主将无能的缺陷。苏舜钦的感慨绝非偶然，同年秋，他感时成咏，复向馆阁同事江休复怊怅抒怀道：

> 志士感节物，中夕耿不眠，起听抱膝吟，悲烈声相干。念此华叶改，想见颜色鲜，顾人生世间，荣悴理亦然，岂伤岁月速，愧无功名传。少小学文章，出值用武年，儒官多见侮，敢为战士先，欲弃俎豆事，强习孙吴篇，迂钝不可为，屈曲性亦难。[1]

庆历四年（1044）已届宋夏战事尾声，彼时"士大夫争言兵，或因以取富贵"[2]的新风尚方兴未艾。受此影响，苏舜钦亦如梅尧臣树立了习兵以立功扬名的强烈志愿，不过两人在践行上却有着弃文从戎和载笔戍边的根本差别。如前所论，梅尧臣从言兵到期望作幕，其儒者意识贯穿始终，军幕幕僚正是折中儒术和武事的理想职任，可见他设想的是以儒者身份为轴心的兼容性角色。苏舜钦则大异于是，此诗"少小"以下六句设置了三组两两相对的概念，"学文"和"用武"之间存在两套互斥的知识范畴（"俎豆事"／"孙吴篇"）和角色系统（"儒官"／"战士"），因此执戟必得投笔，学武

---

① （宋）苏舜钦：《夜闻秋声感而成咏同邻几作》，《苏舜钦集编年校注》卷2，第156页。

② （宋）刘敞：《送梅圣俞序》，《公是集》卷35，第419页。

必先弃文，容不得骑墙。也就是说，苏舜钦追求的是或文能"奋舌说利害"或武可"跃马扫大荒"的偏至型角色，比梅更饶狂生气质。同时，和梅先儒后兵的身份排序不同，苏是"不牵世俗趋舍"的"特立之士"①，自不顾忌世俗成见，他认定儒生与战士只有角色选择的歧异，并无价值高下之别，慷慨从军、临戎决胜还颇符合他的自我期许和一贯个性。前面两首诗说到"不然弃砚席，挺身赴边疆。……是亦丈夫事，不为鼠子量""欲弃俎豆事，强习孙吴篇"，如此决绝姿态与豪横口吻，则温谨儒者梅尧臣非但道不出，甚至对梅来说还有些君子不齿。照前述梅诗《寄宋次道中道》来看，当时自谓"敢为战士先"的苏舜钦恐难逃梅尧臣"舍本趋富贵"之讥。

苏舜钦此种儒兵文武判然二分的观念，显然与他"性不及中庸之道，居常慕烈士之行"②的性情分不开。而他的烈士向慕又源自其事功理念，苏曾自谓"铁面苍髯目有棱"之貌与"心曾许国终平虏"之志及"一生肝胆如星斗"之心相表里③。似此刚武英豪生逢边鄙多事，舍挺身赴边别无他途。彼时"二边方横猾""四海皆疮疣"④的纷扰时局，以及主将无能的严峻现实，亦极易激发苏舜钦禀赋的男子血性。宝元二年（1039）冬，诗人念及"延川未撤警，夕烽照冰雪，穷边苦寒地，兵气相缠结"的边警，复想到"初临戎"而"淹留未见敌，愁端密如发"的"主将"，不禁乞灵于自立壮节的古烈士："予闻古烈士，自誓立壮节，丸泥封函关，长缨系南越，本为朝廷羞，宁计身命活，功名非与期，册书岂磨灭？"⑤同样作于西事期间的《吾闻》则由言及行："吾闻壮士怀，耻与岁时没，出必凿凶门，死必填塞窟。风生玉帐上，令下厚地裂，百万呼吸间，

① （宋）欧阳修：《苏氏文集序》，《欧阳修全集》卷43，第614页。
② （宋）苏舜钦：《启事上奉宁军陈侍郎》，《苏舜钦集编年校注》卷6，第400页。
③ （宋）苏舜钦：《览照》，《苏舜钦集编年校注》卷4，第300页。
④ （宋）苏舜钦：《哭师鲁》，《苏舜钦集编年校注》卷4，第253页。
⑤ （宋）苏舜钦：《己卯冬大寒有感》，《苏舜钦集编年校注》卷2，第88页。

胜势一言决。马跃践胡肠，士渴饮胡血，腥膻屏除尽，定不存种孽。予生虽儒家，气欲吞逆羯，斯时不见用，感叹肠胃热，昼卧书册中，梦过玉关北。"① 诗人将"壮士怀"释为怀揣临阵必死之志临阵杀敌，甚至不惜以马践胡肠、渴饮胡血这样夸张到可怖的场景彰显绝去羁牵亦难可匹敌的阳刚气质②，透现出他对强劲的"血气心膂"③的极端崇尚。唯于战事之非常形势下，"壮士怀"方能在"呼吸间"凝聚为浓重的个人英雄情结。苏舜钦十分清楚他"欲吞逆羯"的豪气早非传统儒家所能牢笼，其言"昼卧书册"而"梦过玉关"，已然亮出去此适彼的鲜明态度。及至后来面对"奸凶""虎狼"等人生中的诸恶势力，诗人亦有"烈士共剑起，忿发如危弦"④ 这样奋勇自卫的瞬间。

　　由于现实中宋将的鲁莽与怯懦，苏舜钦纪战诗中真正叙述敌我交锋的片段异常简略，每每夏人"一挥发伏"，宋军便弃兵乞降，战斗意志异常消沉。于是苏舜钦在诗中塑造烈士，往往重视其节义羞耻观（"本为朝廷羞，宁计身命活"）和无畏英雄气（"出必凿凶门，死必填塞窟"），进而想象他们在堂堂之阵上历经"喋血鏖羌戎，胸胆森开张"的激烈战斗而获"跃马扫大荒"的坦荡胜利（《舟中感怀寄馆中诸君》）。现实的缺憾处，才有烈士的用武地。钱锺书认为："陆游诗的一个主题——愤慨国势削弱、异族侵凌而愿意'破敌立功'那种英雄抱负——在宋诗里恐怕最早见于苏舜钦的作品。"⑤ 这无疑是因为二人在英雄情结和角色想象上高度近似。而苏舜钦的言行又与梅尧臣对通儒的身份认同成一对照。虽则烈士、通儒其初始

---

① 《苏舜钦集编年校注》卷5，第327页。

② 按，后来我们熟悉的传为岳飞所作《满江红·怒发冲冠》"壮志饥餐胡虏肉，笑谈渴饮匈奴血"一句可能就点化苏舜钦《吾闻》中的诗句。

③ （宋）苏舜钦：《启事上奉宁军陈侍郎》，《苏舜钦集编年校注》卷6，第400页。

④ （宋）苏舜钦：《苦调》，《苏舜钦集编年校注》卷4，第303页。

⑤ 钱锺书：《宋诗选注》，生活·读书·新知三联书店2002年版，第34页。

均指向西事刺激下生成的济事应变的豪俊形象。

苏舜钦挺身赴边、"屏除腥膻"的抱负若落实到现实中，对应的政治角色自然是儒将。不过，出身名门的苏舜钦在文尊武卑之世风下绝不会由文换武，自堕家声。① 况且他"屈曲性亦难""处世介且迂"②，是素性耻居人下的"特立之士"③，深知朝议不公导致"虽使颇牧生，勇智当坐竭"（《己卯冬大寒有感》），恐难甘愿仅做一员处处受主帅节制并被时论政策压抑的武将。事实上，苏舜钦并非全然没有机会效力西鄙。早在康定元年（1040），范仲淹就有意延揽舜钦入幕，而苏舜钦的拒辟之语很是耐人寻味：

> 某观古之烈士，受人一言一顾之重，不计己之能否，事之重轻，殒命捐躯，无向而不入，或促其祸败，累于所知者多矣。然史氏稗说，皆辍之以称述其事，而警厉偷浅。某窃谓其勇敢敦气节则有余，至于成就大计，趣道与权，则不足矣。故某自少小，迫于作官，所为不敢妄，必审处己之才能而傅会于道，人虽不知，自信甚笃且久矣。
>
> 昨者，朝廷以阁下才谋绝世，负天下之重望，倚之以究西事，故阁下开置幕府，收策志虑英荦之士以自广，盖以兵者重器，资群材以共举，一失其任，则折衄随之。而阁下误有听采，将引猥琐置于左右，委言垂意，发于颜色，某非不知依阁下之重，可以取光价而自振起，设临几事不能有所建弼耻也，有所建弼而不合于义，不行焉亦耻也，况于倾挠哉！若是则不惟亏

---

① 苏舜钦出身于北宋中期显赫一时的盐泉苏氏家族，他本人亦有浓厚的家族意识。参见张邦炜《宋代盐泉苏氏剖析》，载张邦炜著《宋代婚姻家族史论》，人民出版社 2003 年版，第 274—304 页；谭积仁：《家族视域中的苏舜钦研究》，《中国诗歌研究动态》2012 年第 2 期。

② （宋）苏舜钦：《夜闻秋声感而成咏同邻几作》《送关永言赴彭门》，《苏舜钦集编年校注》卷 2、卷 3，第 156、222 页。

③ （宋）欧阳修：《苏氏文集序》，《欧阳修全集》卷 43，第 614 页。

损阁下之望，某终身可废，无所容焉，是以上犯盛意，恳激避辞者，盖在此也。①

苏舜钦很了解幕僚角色的依附性：虽能因人成事，却只有建议权，还不免遭人掣肘。他两相权衡，最终决定"恳激避辞"。此种回绝姿态和梅尧臣之企盼入幕不得又构成一层对比。有趣的是，倘将戎幕换成诗坛，以欧阳修代之范仲淹，两人的态度差异亦如出一辙。② 由此可见梅尧臣陪位型人格与苏舜钦耿介傲兀的个性气味迥异。更重要的是，可能是苏舜钦平时的言行和创作易被人目为烈士，他特向范仲淹澄清说自己现实处世主张量己傅道，于"兵者重器"尤为审慎，进而深自反省他诗歌吟咏里一再崇仰的烈士人格，斥其不足以"成就大计，趣道与权"。苏舜钦的谨慎态度无疑来自现实的残酷教训，康定元年（1040），久负盛名的儒将刘平便一边激励部下"义士赴人之急，蹈汤火犹平地，况国事乎"③，一边率众进入李元昊设下的伏击圈，终致三川口之败。苏舜钦在书信中提到烈士虽"殒命捐躯"却"促其祸败，累于所知者"，或许正是影射此事。④

苏舜钦的自我反思说明，正如他秉持文武对立的身份认知，此种二分观念亦存于其政治言说和私人创作之间。⑤ 他的奏议上书以见诸实施为指向，诗歌则以情感发舒为鹄的，导致公私话语间常呈现出两相矛盾的状况，这样的现象在边事书写中表现得尤为突出。苏

---

① （宋）苏舜钦：《上范希文书》，《苏舜钦集编年校注》卷7，第490—491页。

② 关于梅、苏二人对欧阳修构建之当代诗史的态度，参见成玮《制度、思想与文学的互动——北宋前期诗坛研究》，第193—199页。

③ （宋）李焘：《续资治通鉴长编》卷126，第2967页。

④ 按，苏舜钦在《论西事状》中就举"刘平不能持重俟隙，务于速战，身罹禽获，伤剥国威"为例论证"讨之不如守之之利"。参见《苏舜钦集编年校注》卷7，第502页。

⑤ 在苏舜钦的这封《上范希文书》虽属私人间的通信，但一则上书对象特殊，二则书信主体由对军事策略的严肃讨论和理性辨析组成，因此这里也将其内容视作政治言说。

舜钦无论作为论兵者抑或诗人，对西事的经验总结（夏人伏击，宋将冒进）和目标设定（"闭之塞漠"而非"唊以民膏"）① 别无二致，但两种身份提出的具体策略却大相径庭。他在推辞招辟时反对范仲淹自守前线的决定，强调帅臣和将佐角色均需养成持重沉远而非胆气张锐的性格。他还担忧大帅麾下"将佐不知此事，锐而少思，狃毫发之胜，中其诡谲而所丧必大"②。以此观之，诗人苏舜钦激赏的"喋血鏖羌戎，胸胆森开张。弯弓射挽枪，跃马扫大荒""马跃践胡肠，士渴饮胡血"之壮士怀，于论兵者苏舜钦眼中无非是成事不足的匹夫之勇，甚至会"促其祸败，累于所知者多矣"③。这种持重立场同样表现在他康定元年（1040）所上《论西事状》中。其时宋廷取陕西经略司所画攻守二策中的攻策，据宰臣吕夷简的说法，朝廷如此行事是为在自刘平三川口败覆以来的震怯氛围中劝激健果言攻的韩琦、尹洙二人。④ 苏舜钦却坚持异议，谓此是"愤其凶悖，勇而不知思也"。他力主坚壁清野、设伏用奇之策，强调"方今之势，不患其来战，患守之之道未至耳"⑤，与西事中后期宋廷的对夏策略一致。如诗人苏舜钦自负能"百万呼吸间，胜势一言决……腥膻屏除尽，定不存种孽"，在论兵者苏舜钦看来亦不过狂言欺人，套用《论西事状》中语即"议其功者，恐锐而寡谋，败陛下军事也"⑥。

范仲淹"舍安逸以就危隘"⑦，韩琦、尹洙之痛惜宋军"只守界壕，不敢与敌，中夏之弱，自古未有"⑧，皆磊落豪杰做派，足称得上是文臣中的勇烈之士，却招致论兵者苏舜钦的诘难。由此分歧可

---

① （宋）苏舜钦：《串夷》，《苏舜钦集编年校注》卷 2，第 162 页。
② （宋）苏舜钦：《上范希文书》，《苏舜钦集编年校注》卷 7，第 492 页。
③ （宋）苏舜钦：《上范希文书》，《苏舜钦集编年校注》卷 7，第 490 页。
④ 参见（宋）田况《儒林公议》卷上，第 9 页。
⑤ （宋）苏舜钦：《论西事状》，《苏舜钦集编年校注》卷 7，第 502 页。
⑥ （宋）苏舜钦：《论西事状》，《苏舜钦集编年校注》卷 7，第 502 页。
⑦ （宋）苏舜钦：《上范希文书》，《苏舜钦集编年校注》卷 7，第 491 页。
⑧ （宋）韩忠彦：《韩魏公家传》卷 2，《安阳集编年笺注》附录 3，第 1766 页。

知他公私话语之抵牾。苏舜钦集中讨论西事的《上范希文书》《论西事状》均作于康定元年（1040），其谨慎态度在西事初起时就已确立，而他书写成边捍敌一类诗作则贯穿整个宋夏战事。由此看来，苏舜钦的公私话语冲突一直是左右互搏式的，不仅全无达成共识的可能，还承担着不同的意愿。

所谓烈士之行，即于死生存亡之地担荷天下至急至重之务，从而建树奇节伟功。"贼气愈张王"且"王师数倾衄""秦民著暴敛"① 的危机当头，诗人苏舜钦殷殷呼唤"殒命捐躯"以赴国难的烈士壮夫。此种应西事而生的极致人格，正如苏氏在遐想之始就表明的"吾闻壮士怀""予闻古烈士"，与其说亟待践履，毋宁说更多作为一种勇于承当的姿态存在。而像烈士"丸泥封函关，长缨系南越"（《己卯冬大寒有感》）的功绩只是两汉故实，乃"史氏稗说""辍之以称述其事"②，苏舜钦诗歌中出场的"古烈士"亦可视作是对中古边塞文学传统的承继，与其说它是经世的，莫若说是审美的更为恰切。崛起于汉魏之际的建安诗，即以其遒劲格调、壮健情思和事功理念沾溉世人，就中曹植之《白马篇》则开启游侠立功边塞的写作模式③。"建安风骨"更得初盛唐文人的发扬蹈厉，边塞诗亦堪称盛唐时代"最鲜明的标志"④。以上种种文学经验皆构成诗人苏舜钦理解当下战事的"前结构"。他猛呼"功勋入丹青，名迹万世香，是亦丈夫事，不为鼠子量"（《舟中感怀寄馆中诸君》），不正是汉唐文人"名在壮士籍，不得中顾私。捐躯赴国难，视死忽如归""万里不惜死，一朝得成功。画图骐麟阁，入朝明光宫。大笑向文士，一经何足穷"⑤ 这些雄强之音的嗣响？他发下"马跃践胡肠，

① （宋）苏舜钦：《送安素处士高文悦》，《苏舜钦集编年校注》卷2，第91页。
② （宋）苏舜钦：《上范希文书》，《苏舜钦集编年校注》卷7，第490页。
③ 葛晓音：《八代诗史》，陕西人民出版社1989年版，第61—62页。
④ 林庚：《略谈唐诗高潮中的一些标志》，《社会科学战线》1982年第4期。
⑤ （三国魏）曹植：《白马篇》，赵幼文校注《曹植集校注》卷3，人民文学出版社1984年版，第412页；《塞下曲》，《高适诗集编年笺注》，第269页。

士渴饮胡血。腥膻屏除尽，定不存种孽"（《夜闻秋声感而成咏同邻几作》）的宏愿，亦无非步趋汉唐文士"长驱蹈匈奴，左顾陵鲜卑。弃身锋刃端，性命安可怀""愿将腰下剑，直为斩楼兰"① 的故辙。在苏舜钦创造的诗意世界里，中古时代特有的昂扬人格和英雄情结重被激活，由此造就一种雄骏英发的壮美诗意，这在仁宗朝诗坛是非常宝贵的审美经验。亦唯有在这古典式的大声鞺鞳之中，汉唐文士"功名只向马上取，真是英雄一丈夫"② 的尚武精神才获得扫荡世俗成见的绝对力量，仁宗朝士人方可堂堂正正表白"敢为战士先"③ 的志向。这未始不是文学对庸俗缺憾之日常生活的一种赎救。

　　苏舜钦之烈士向慕除有汉唐文学的渊源，就近与北宋前期"东州逸党"的人格型范亦声气相通。这种一致性集中表现为他们"慷慨悲歌"式的创作风气和对豪杰人格的倾力构建。苏舜钦与"东州逸党"的代表人物石延年本就交契，曾在汴京一道"高歌长吟插花饮"，有段"相会欢无涯"④ 的经历，苏舜钦还推许石作"当世伟人"⑤。欧阳修描述石延年"廓然有大志，时人不能用其材，曼卿亦不屈以求合"⑥，同他记叙苏舜钦之为人的文字合看，则二人之性情志向颇为类同，互引为知己不足为奇。石延年亦极关注边事，"尝上言天下不识战三十余年，请为二边之备"，无果。待西事起，他才蒙召见，宋廷"稍用其说"。⑦ 但石延年惜于庆历元年（1041）赍志而殁。后来刘克庄列举柳开、苏舜钦、石延年、刘季孙四人为"儒者

---

① （三国魏）曹植：《白马篇》，《曹植集校注》卷3，第412页；（唐）李白：《塞下曲六首》其一，《李太白全集》卷5，第284页。

② （唐）岑参：《送李副使赴碛西官军》，《岑嘉州诗笺注》卷2，第369页。

③ （宋）苏舜钦：《夜闻秋声感而成咏同邻几作》，《苏舜钦集编年校注》卷2，第156页。

④ （宋）苏舜钦：《哭曼卿》，《苏舜钦集编年校注》卷2，第104页。

⑤ （宋）苏舜钦：《大理评事杜君墓志》，《苏舜钦集编年校注》卷8，第568页。

⑥ （宋）欧阳修：《释秘演诗集序》，《欧阳修全集》卷43，第611页。

⑦ （元）脱脱等：《宋史》卷442《列传第二百一》，第13071页。

谈兵"然"有志而未遂"的典型。① 其中，柳开"善射""性倜傥重义"②，曾主动请求换武，活跃在太、真两朝的南北边鄙。刘季孙则是大将刘平之子，乃"武人能诗者"③。益可见"智谋雄伟非常之士"④ 如苏、石二人者，其尚武气质与角色预期皆近于儒将。如果说石延年的不遇命运由社会保守格局对士人精神的制约造成⑤，那么苏舜钦面对西事自觉区分现实和创作，亦可视作此类无奈在仁宗朝中期的延续。

仁宗朝并非汉末式的乱世，也不似初盛唐这样尚武开疆的帝国上升期，诗人苏舜钦禀自文学传统的烈士情结在现实中难有出路。原因不在于他无路请缨，而在于其理想的戍边方式在当时崇文抑武、赏罚不公的政治态势下注定无法实现。⑥ 质言之，苏舜钦实则不愿以妥协姿态奔赴边疆。同时他也清楚，仁宗朝对外早已失去了唐前期那样的军事优势，先不论占据幽燕与宋分庭抗礼的北朝契丹，就是蕞尔夏邦，苏氏也屡言"贼昊奸谲""锋锐不可触""十万驰骋山岳倾"⑦，反对边将主动出击。诗人"屏除腥膻"之理想在外敌凶悍兼朝廷掣肘的内外形势下不啻呓语，西事勉强平复的现实便是明证。因此苏舜钦的一些西事诗终以呼告上帝黯然收场，如"我欲叫上帝，愿帝下明罚，早令黜虏亡，无为生民孽""欲决沉云叫阴帝，虏灭不使天下寒"⑧ 等语，由自许烈士而至祈求神明，对象的愈趋缥缈，

① （宋）刘克庄：《刘宝章墓志铭》，《刘克庄集笺校》卷165，第6418页。
② （元）脱脱等：《宋史》卷440《列传第一百九十九》，第13028页。
③ （宋）刘克庄：《跋何某诗》，《刘克庄集笺校》卷107，第4446页。
④ （宋）欧阳修：《释秘演诗集序》，《欧阳修全集》卷43，第611页。
⑤ 参见程杰《北宋诗文革新研究》，第88页。
⑥ 苏舜钦在《瓦亭联句》《己卯冬大寒有感》等诗里就已对上至朝野下到边境的全局性的玩寇渎职现象进行过揭露和批判。
⑦ （宋）苏舜钦：《论西事状》《送安素处士高文悦》《庆州败》，《苏舜钦集编年校注》卷7、卷2、卷1，第502、91、34页。
⑧ （宋）苏舜钦：《己卯冬大寒有感》《寒夜》，《苏舜钦集编年校注》卷2、卷5，第88、335页。

正透现出诗人内心的极度焦灼兼行动上的裹足不前。

苏舜钦《夜闻秋声感而成咏同邻几作》《舟中感怀寄馆中诸君》《吾闻》诸诗，常起首即抛出"延川未撤警""出值用武年""朝廷比多事"之危急时势，继而高举烈士壮夫之行，临末则自破执念，用世理想忽坠跌为"莽不知所为，大叫欲发狂"这样极端茫然的心境。此种彻热彻冷的表述模式集中反映了志士型文人身处边鄙多事之时而无处大展雄才的压抑心境，这更多表现为一种英雄无用式的情绪宣泄，至于怎样利用机遇如何施为之类的现实状况，苏倒未像梅尧臣那样深思熟虑过。苏舜钦之终作退步想，与盛唐文人始终高倡从军边塞、博取功名相较，似有一间未达。这恰表明，作者本人即深知其烈士向慕实为一种过于高悬的目标，是诗性勃发而非理性诉求。然正因无法施之现实，苏舜钦此类创作才纯粹指向理想层面，得以尽力展示雄奇想象和刚强人格。在北宋诗人里能将由对外战争激发的屈辱感受和激愤情绪表达到如此极致的，能如此执着于武将想象和烈士向慕的，苏都可说是无匹的。钱锺书曾论陆游谈兵："气粗言语大，偶一触绪取快，不失为豪情壮概。顾乃丁宁反复，看镜频叹勋业，抚髀深慨功名，若示其真有雄才远略、奇谋妙算，殆庶孙吴，等侪颇牧者，则似不仅'作态'，抑且'作假'也。自负甚高，视事甚易。"[①] 此一段妙论完全可以移诸苏舜钦之身，他不但率先尝试"英雄抱负"一类诗歌主题，于有意"作态""作假"方面更开陆游先河，只不过诗人苏舜钦较曾亲赴南郑幕的陆游更偏执于想象。这与梅尧臣担忧扬才、非儒的指责显然异趋，盖因苏偏于理念而梅渴于进用之故。

苏舜钦的文武观念说到底是复古的，他的烈士向慕与武将想象并非像梅尧臣的实践型，而来源于前代文武理念和创作传统。苏的功名观亦然，当读至《汉书》张良"此天以臣授陛下"一语，他会

---

① 钱锺书：《谈艺录》，第 394—395 页。

"抚案曰：'君臣相遇，其难如此！'复举一大白"①，于此心有戚戚。事实上，君臣遇合的事迹无劳外求，苏氏兄弟的祖父，被太宗誉为"君臣千载遇"②的苏易简就是个中典范。"秦蜀才子"③苏易简太平兴国五年（980）被太宗擢冠甲科，时方年逾弱冠。他后"由知制诰为学士，年未满三十，在翰林八年，特受人主之遇，复绝伦等，或一日至三召见"④，及第才十余年遂拜参政。苏舜钦在《先公墓志铭》《父祖家传》里反复称述、追慕父祖辈的辉煌仕履，足见其政治理想之所系。蜀地文人如陈子昂、李白那种豪迈个性、过人才气和用世志尚，也成为整个盐泉苏氏家族特出的文化性格。一如盛唐文人冀望风云际会，立取卿相，苏舜钦自负"前古治乱之根本，当今文武之方略，粗通一二，亦能施设"⑤，志在"便将决渤澥，出手洗乾坤"⑥，像武将、幕僚居于人下显"非大贤事业"⑦，即连儒帅一职也未必符合他预期。与石延年、苏舜钦皆交厚的僧人惟俨认为当世贤材"若不笞兵走万里，立功海外，则当佐天子号令赏罚于明堂"，此番"卓卓著功业如古人"式的大言未尝不是石、苏心声。⑧

　　是故，立朝佐天子平四夷方真正为苏舜钦理想所系。庆历二年（1042），苏舜钦称扬富弼"本为廊庙器"，其才不止奉使契丹"不烦一甲屈万众"，若"使之当国柄天下"，必能使夷狄不复猖狂。⑨同年，欧阳修表示，性磊落而"兼众美"如苏舜钦，自应"高冠出

---

① （宋）龚明之撰，孙菊园校点：《中吴纪闻》卷2，上海古籍出版社1986年版，第39页。

② （宋）陈岩肖：《庚溪诗话》（与《岁寒堂诗话》合刊）卷上，中华书局1985年版，第1页。

③ （宋）苏舜钦：《父祖家传》，《苏舜钦集编年校注》附录1，第694页。

④ （宋）李焘：《续资治通鉴长编》卷34，第755页。

⑤ （宋）苏舜钦：《上集贤文相书》，《苏舜钦集编年校注》卷9，第677页。

⑥ （宋）苏舜钦：《夏热昼寝感咏》，《苏舜钦集编年校注》卷3，第198页。

⑦ （宋）苏舜钦：《上京兆杜公书》，《苏舜钦集编年校注》卷6，第433页。

⑧ （宋）欧阳修：《释惟俨文集序》，《欧阳修全集》卷43，第610页。

⑨ （宋）苏舜钦：《寄富彦国》，《苏舜钦集编年校注》卷2，第127页。

人上，谁敢揾其膺。群臣列丹陛，几位缺公卿。使之束带立，可以重朝廷。况令参国议，高论吐峥嵘"①，可谓知己之言。西事期间，苏舜钦主要在京供职，频频上书议论边事。他践行烈士向慕的方式与其说是洒血疆场，不如说是位卑而"数上疏论朝廷大事，敢道人之所难言"②。这也在苏舜钦的西事诗中留下了全局式批判的痕迹。正因如此，欧阳修感慨梅尧臣不预西事，其说不过西幕不辟，将败可惭。他对苏舜钦则太息："故人在千里，岁月令我悲。所嗟事业晚，岂惜颜色衰。庙谋今谓何，胡马日以肥！"③ 在朝的"庙谋"才占据他们谈论边情的中心位置。因此，当苏舜钦听说"区区黠虏"竟堂而皇之"遣使峨冠谒上都"，宋廷竟又要输岁赐以讲和，只得在诗中一再感叹"闻说西羌使，犹稽北阙诛。俗言无上策，且复醉茱萸""闭之塞漠为良策，啖以民膏是失图。淳俗易摇无自挠，每闻流议一长吁"④，可见他从未忘怀西事的整体动向和终极目标。

三 任侠气·国耻观·报恩心：苏舜钦的烈士向慕

当然，诗人苏舜钦的烈士向慕亦不纯流于空言矜夸的才人伎俩，这种浪漫好奇的说辞内中仍有他的一瓣心香在。这里不妨先回顾苏舜钦在《上范希文书》里描述的烈士形象："某观古之烈士，受人一言一顾之重，不计己之能否，事之重轻，殒命捐躯，无向而不入。"⑤ 这类为酬恩知己不惜蹈死陵险的人格征象，其原型当来自《史记》记载的"为知己者死""立意较然，不欺其志"⑥ 的刺客与"其言必信，其行必果，已诺必诚，不爱其躯，赴士之阨困"⑦ 的游

---

① （宋）欧阳修：《答苏子美离京见寄》，《欧阳修全集》卷53，第752页。
② （宋）欧阳修：《湖州长史苏君墓志铭》，《欧阳修全集》卷30，第455页。
③ （宋）欧阳修：《立秋有感寄苏子美》，《欧阳修全集》卷53，第752页。
④ （宋）苏舜钦：《九日汴中》《串夷》，《苏舜钦集编年校注》卷2、卷2，第137、162页。
⑤ 《苏舜钦集编年校注》卷7，第490页。
⑥ （汉）司马迁：《史记》卷86《刺客列传》，第2519、2538页。
⑦ （汉）司马迁：《史记》卷124《游侠列传》，第3181页。

侠群体①。苏舜钦在写给范的另一封信中提及"古之烈士为知己死"②，亦是佐证。而他其后对烈士人格的一番扬抑，"谓其勇敢敦气节则有余"，"成就大计，趣道与权""则不足"（《上范希文书》），认为他们小节可观大节未立，则显是沿袭班固《汉书·游侠传》对游侠的评判。可见苏舜钦的烈士向慕已涵茹了相当的任侠质素，这也是苏氏的西事创作能上承汉唐边塞诗之英雄情结与尚武精神的原因。

苏舜钦之侠气动荡不独表现在其言行的浅表层面，他的艺术性格亦可用"豪侠"作比拟。苏舜钦在天圣年间即"与其兄才翁及穆参军伯长作为古歌诗杂文，时人颇共非笑之，而子美不顾也"，欧阳修对他此番豪杰自树之举大为嗟叹："独子美为于举世不为之时，其始终自守，不牵世俗趋舍，可谓特立之士也。"③苏氏的古体诗尤其是七古亦最能体现其个性，刘克庄就说："苏子美歌行雄放于圣俞，轩昂不羁如其为人。"④苏舜钦作诗非靠工力苦吟，断"不肯低心事镌凿"⑤，而是不断驱驰激情与才气，"聊此感激成荒辞"⑥，由此形成他雄豪放肆的诗风。⑦仁宗朝最杰出的诗艺品评人欧阳修屡论苏舜钦"其于诗最豪，奔放何纵横。……间以险绝句，非时震雷霆"

---

①　苏舜钦在后文讲到"史氏稗说，皆辍之以称述其事"的现象，司马迁即首开风气者。正史中唯"前二史"《史记》《汉书》为游侠立传，《后汉书》以下均未设此类传。此外，刺客与游侠的行事风格和个性特征有许多共通之处，后世往往混淆两者，总以侠视之。参见陈平原《千古文人侠客梦》，人民文学出版社1992年版，第28页；汪涌豪：《中国游侠史》，复旦大学出版社2001年版，第34—39页。因此不难理解苏舜钦对"烈士"的定义何以会融汇刺客、游侠二者。

②　（宋）苏舜钦：《上范公参政书并咨目七事》，《苏舜钦集编年校注》卷8，第529页。

③　（宋）欧阳修：《苏氏文集序》，《欧阳修全集》卷43，第614页。

④　（宋）刘克庄：《后村诗话》前集卷2，第23页。

⑤　（宋）苏舜钦：《赠释秘演》，《苏舜钦集编年校注》卷2，第123页。

⑥　（宋）苏舜钦：《吕公初示古诗一编因以短歌答之》，《苏舜钦集编年校注》卷5，第346页。

⑦　参见张鸣选注《宋诗选》，人民文学出版社2004年版，第105页。

"子美笔力豪隽以超迈横绝为奇"①，可见苏诗主导风格之所向，与诗豪石延年趋近。苏舜钦诗中那种"莫可隐抑的直健粗犷之气"，当得自他个性气质的自然流露。② 欧阳修即有言："子美气尤雄，万窍号一噫。有时肆颠狂，醉墨洒滂沛。譬如千里马，已发不可杀。盈前尽珠玑，一一难束汰。"③ 诗人生命元气的恢张迸发造致一种有醇有疵的偏胜境界和"异量之美"④。欧阳修"千里马"的况譬也极易使人联想到同类意象，梅尧臣曾撮述欧氏篇旨："吾交有永叔，劲正语多要，尝评吾二人，放检不同调。其于文字间，苦硬与恶少。"⑤ 便以不自绳检的恶少行径形容友人诗风。而以苏氏之胸廓气豪，倾吐胸臆正足以出语惊人。欧阳修常道苏舜钦"不惟胸宽胆亦大，屡出言语惊愚凡""苏豪以气轹，举世徒惊骇""我独疑其胸，浩浩包沧溟。沧溟产龙蛰，百怪不可名。是以子美辞，吐出人辄惊"⑥，便强调苏诗惊愚起懦、警时鼓众的劲健格调。苏舜钦亦是书家，他"喜为健句，草书尤俊快"⑦，下笔纵横和醉墨滂沛皆是其雄气喷薄的表征。故黄庭坚直呼苏舜钦为"翰墨之豪杰"⑧。同样喜醉中作草的陆游尝论舜钦草书："字大如斗健欲飞，利刀猛斫生蛟螭，墨渴字燥尤怪奇，百魅潜影神灵悲。"⑨ 深赏其字怪狠奇健的独特美感，乃

---

① （宋）欧阳修：《答苏子美离京见寄》，《欧阳修全集》卷53，第752页；（宋）欧阳修：《六一诗话》，《欧阳修全集》卷128，第1953页。

② 参见程杰《北宋诗文革新研究》，第120页。

③ （宋）欧阳修：《水谷夜行寄子美圣俞》，《欧阳修全集》卷2，第29页。

④ 关于梅、苏诗歌的"异量之美"，参见程千帆《读宋诗随笔》，载程千帆著《程千帆全集》第11卷，河北教育出版社2000年版，第401页。

⑤ （宋）梅尧臣：《偶书寄苏子美》，《梅尧臣集编年校注》卷14，第251页。

⑥ （宋）欧阳修：《紫石屏歌》《水谷夜行寄子美圣俞》《答苏子美离京见寄》，《欧阳修全集》卷4、卷2、卷53，第64、29、752页。

⑦ （宋）魏泰：《东轩笔录》卷11，第128页。

⑧ （宋）黄庭坚：《跋湘帖群公书》，刘琳、李勇先、王蓉贵点校《黄庭坚全集》正集卷26，四川大学出版社2001年版，第680页。

⑨ （宋）陆游：《观苏沧浪草书绢图歌》，钱仲联校注《剑南诗稿校注》卷22，上海古籍出版社1985年版，第1669页。

至认为有令"乾坤震荡"的惊人威力。赵孟頫径谓："苏子美书如古之豪侠，气直无前。"① 可见苏氏书法长处在风流俊爽，然稍失之轻佻疏放，得失皆极鲜明。

苏舜钦不管是诗、文、书诸艺文门类，抑或是体裁选择、审美风范、读者反应各创作与接受环节，皆呈示出豪犷刚健的阳刚气质，务以"豪""惊"人，反映出他性情中近侠的一面。欧阳修曾以短句联排摹绘苏舜钦文思道："子之心胸，蟠屈龙蛇；风云变化，雨雹交加；忽然挥斧，霹雳轰车。人有遭之，心惊胆落，震仆如麻。须臾霁止，而回顾百里，山川草木，开发萌芽。"② 借天地间自然伟力的奔突幻化极写苏氏构思时胸臆之意气鼓荡、物象交作，好像他的文章并非由精思静念讨得，而是意绪之瞬息变换乃至激烈争斗下的产物，虽难免精粗不一，却自有一股气血和生意在。正如前人"恶少""五陵年少""豪杰""豪侠"之比所昭示的，苏舜钦所达到的此种艺术之自由境界，无疑浸染着豪宕不拘、任张个性、矫伪任真、弃绝庸常的古典任侠精神③。苏舜钦这位"诗书之侠"为仁宗朝艺坛带来的感性经验和旺健生命力，在当时就给欧阳修带来了极强烈持久的震撼。要之，清人宋荦联系文风与人格的评语可作对文士舜钦的总论："子美诗磊落自喜，文章雄健负奇气，如其为人。"④

"游侠"与"烈士"两种人格在伉直刚毅、重义轻生、言信行果等方面本就有诸多共通之处。而从语源分析看，虽则《庄子》已

---

① （宋）赵孟頫：《书评》，载朱存理编《珊瑚木难》（与《赵氏铁网珊瑚》合刊）卷7，上海古籍出版社1991年版，第235页。

② （宋）欧阳修：《祭苏子美文》，《欧阳修全集》卷49，第695页。

③ 关于侠的精神特质，参见汪涌豪、陈广宏《侠的人格与世界》，复旦大学出版社2005年版，第126—178页。

④ （清）宋荦：《苏子美文集序》，《苏舜钦集编年校注》附录6，第800—801页。

出现"烈士之勇"与"侠人之勇力"的说法①，但最早对两者进行详尽定义的是《韩非子》。在标举"王者独行"的韩非眼中，烈士与侠崇尚私义私行而乱法令，均属游离于君主权威之外的人群。不过两者在具体表现上有所差别，"好名义不进仕者，世谓之烈士"②，是以烈士"进不臣君，退不为家""虽众独行，取异于人"③，皆以其"好名义"之故。故烈士人格在原初就指向内在品性；同时，"侠以武犯禁"，"群侠以私剑养"④，是知游侠因好逞私勇而行犯上作乱之事，主要基于外在行为的界定。至后世，烈士重名守节的特征愈益凸显，因此有"烈士徇名""烈士以义彰其名"⑤的说法，"古烈士风"由此成为士人钦慕的操行。此外，烈士"进不臣君""虽众独行"虽为韩非所指斥，却被后人认为是君子风范的一部分。司马迁就在《游侠列传序》中区分了"宰相卿大夫""独行英俊""游侠"三等人，其中孔子弟子季次、原宪"读书怀独行君子之德，义不苟合当世"⑥，皆与烈士之"好名义不进仕"相应和。可以说，烈士人格很快便完成了与儒家理念相融洽的过程。侠则不然，正如儒、侠的对立早为韩非所揭橥，游侠因其"行虽不轨于正义""不入于道德"⑦的行事准则，始终被史家儒者视作"德之贼也"⑧。

----

① 《庄子·外篇·秋水》："白刃交于前，视死若生者，烈士之勇也。"《庄子·杂篇·盗跖》："侠人之勇力而以为威强。"参见王叔岷《庄子校诠》卷3、卷5，第616、1203页。

② （清）王先慎：《韩非子集解》卷17《诡使第四十五》，第410页。

③ （清）王先慎：《韩非子集解》卷20《忠孝第五十一》，第467页。

④ （清）王先慎：《韩非子集解》卷19《五蠹第四十九》，第449页。

⑤ （汉）司马迁：《史记》卷61《伯夷列传》，第2127页；（汉）陆贾撰，王利器校注：《新语校注》卷上，中华书局1986年版，第30页。

⑥ （汉）司马迁：《史记》卷124《游侠列传》，第3181页。

⑦ （汉）司马迁：《史记》卷124《游侠列传》，第3181页；（汉）班固：《汉书》卷92《游侠传》，第3699页。

⑧ 东汉荀悦认为"三游"（游侠、游说、游行）将"伤道害德，败法惑世"。参见（汉）荀悦著，张烈点校《汉纪》（与《后汉纪》合刊）卷10，中华书局2002年版，第158页。

而游侠群体内部也是流品杂沓，司马迁《游侠列传》所记即有"侵凌孤弱，恣欲自快"的"暴豪之徒"。整个汉唐时期的任侠风气仍很兴盛，就中固不乏仗义抗节之士，但雄张乡邑、陵横街肆的地方豪强、京洛恶少毫无疑问占到主流。这一现象反映到文学领域，便表现为在汉唐乐府诗（如《长安有狭斜行》《名都篇》《洛阳道》《长安道》《羽林行》《结客少年场行》等乐府旧题）及其他游侠题材创作中，类似"洛阳繁华子""长安轻薄儿""贵里豪家""五陵年少"这类耽于使酒纵博、驰逐为乐且常作奸犯科的少年纨绔构成文人惯咏的母题。又如，在曹植那里，既有《白马篇》借助特定的故事流程使游侠之行合法化①，又作《名都篇》讽刺当时的京洛少年"骑射之妙，游骋之乐，而无忧国之心"②。总之，直到宋代，游侠依然是帝国内部摇摆于公私之间而毁誉参半的非主流群体。③

可能正是由于古今士论对游侠的暧昧论断，苏舜钦个性虽有任侠的一面，然通检其诗文，"烈士""壮士""丈夫"等一类偏男子阳刚的说法一再出现，可说居时人之冠，他却始终讳言"侠"之一字。非但如此，苏舜钦还批判烈士小节可观而大节未立，注重剔除该人格中粗豪败事的不足和行事本身的盲目，提倡审己度势以成大计（权）及行事归于道德公义（道），彻底消除其私义害公的缺陷。而在另一些场合，苏舜钦描绘的烈士肖像则更为驳杂："古之烈士，身积道义，而往往伏穷阎之下，栖岩穴之中，虽裘葛不完，粝糠几废，亦未尝造谒有位，祈望恩奖，顾血气心膂岂异于人哉？且非乐枯槁饿贱而恶荣利也。盖以被一顾之厚，一言之饰，虽没齿不可忘；

---

① 陈平原：《千古文人侠客梦》，第26页。

② （宋）郭茂倩：《名都篇》题解，郭茂倩编《乐府诗集》卷63，中华书局1979年版，第912页。

③ 宋人常将侠客比之于柳宗元描述的失足妇人"河间妇"。参见龚鹏程《侠的精神文化史》，山东画报出版社2008年版，第111页。

苟不怀报，则夷狄之民也。"① 一则抱道守穷一如"独行英俊"，被恩怀报则似"游侠"，苏舜钦笔下的古烈士于进退之际可谓兼具两者之长；二则究其烈士向慕之所起，除西事的刺激外，最早应是来自他的宦途经历。当他身为后进被陈尧佐、范仲淹等官场前贤奖掖时，既想倾吐感遇之情，又不愿放弃思与行的独立性。苏舜钦或标举或反省烈士人格，态度看来善变，实皆出于上述两全考虑。

诗人苏舜钦在改造游侠精神上正与士人苏舜钦趋向一致。他的烈士向慕内中虽有勇悍慷慨、轻生重义的侠风作骨，却绝非在狂歌醉眠或私斗犯禁中虚掷人生的浪子，而是一意为"国之大事"忠勇赴边的侠士。他笔下的烈士当然不脱报德复怨的任侠习气，但在这里君恩国耻彻底替代了私恩私怨，成为烈士恪守的首要信条。如他对庆州败的态度是"羞辱中国堪伤悲"。又如前揭《己卯冬大寒有感》："予闻古烈士，自誓立壮节，丸泥封函关，长缨系南越，本为朝廷羞，宁计身命活。"烈士的羞耻观一系于朝廷荣辱。他不复是逸出社会常规的异质分子，而是充分社会化的英雄人物，具有极强的家国意识。于是有《有客》诗云："有客论时事，相看各惨然。蛮夷杀郡将，蝗蝻食民田。萧瑟心空远，徘徊志自怜。何人同国耻？余愤落樽前！"② 从夏人侵叛到民生忧患，纷扰的内外时事均被诗人纳入"国耻"范畴，构成他感愤兴发的根源。而从苏舜钦连连慨叹"徘徊志自怜""何人同国耻"来看，能如对饮二人一般执此心志者无几，或者诗中酒客竟也是诗人孤寂无聊时拟设的角色。究其缘由，盖以其身世较为特殊之故。

如前所述，苏舜钦来自当时的"大家著姓"盐泉苏氏。盐泉苏氏属于北宋前中期新兴的科举士人家族，其兴盛源于苏易简在太宗朝官场的迅速崛起。宋帝对这位"秦蜀才子"的垂青，以及入宋四

---

① （宋）苏舜钦：《启事上奉宁军陈侍郎》，《苏舜钦集编年校注》卷6，第400页。

② 《苏舜钦集编年校注》卷1，第40页。

代世宦的显赫经历，使得苏氏子弟对于赵宋皇室怀有极浓重的恩遇难偿之情愫。苏易简在翰林时，"一日，上（太宗）召对赐酒，谓之曰：'君臣千载遇。'易简应声曰：'忠孝一生心。'"① 此"忠孝一生心"可视作盐泉苏氏一族的"族箴"。因此苏舜钦会自陈："某心膂血气人也，家世受朝廷重恩，庐墓在京师，平生厉名节，勤文墨。"② 在这一段简短的个人介绍里，家世与性格、籍贯、平生所为一样不可或缺，是为造就我之为今我的缘由。世受君恩的苏舜钦尤为关注君王国事，故不难理解他会以"烈士"指称"不避鈇钺而进谏"③ 的忠臣。当他听闻暴徒突入禁内谋乱，便"欲奏《鸱鸮》诗"谲谏天子，理由还是"吾家本寒微，世受朝廷恩"④，对于君主有着非同一般的忠诚。而苏舜钦之所以位卑却数进直言，依然是由于他顾念"自以世受君禄，身齿国命，涵濡惠泽，以长此躯，便欲尽吐肝胆，以封拜奏"⑤。面对"锐而寡谋，败陛下军事"（《论西事状》）的刘平、石元孙，苏舜钦不忍加斥责，反上书敦促仁宗厚恤刘、石二族以彰忠孝之义，使"烈士义夫，闻之震激，人人思为陛下用也"⑥，并且认为于公于私，君恩、国耻、家仇三者的叠合，必能激励刘平子弟感遇不世，奋勇破敌。这显是以己心度人的结果。又如同是送外戚李端懿知边郡，欧阳修唯自谦："临行问我言，我惭本儒鲰。"⑦ 苏舜钦的壮行诗则意气扬扬：

　　冀州绿发三十一，**趯趯**千骑居上头，眼如坚冰腷珂月，气劲健鹘横清秋，不为膏粱所汩没，直与忠义相沉浮。干戈未定

---

① （宋）陈岩肖：《庚溪诗话》卷上，第1页。
② （宋）苏舜钦：《上集贤文相书》，《苏舜钦集编年校注》卷9，第675页。
③ （宋）苏舜钦：《火疏》，《苏舜钦集编年校注》卷6，第363页。
④ （宋）苏舜钦：《感兴》，《苏舜钦集编年校注》卷4，第271页。
⑤ （宋）苏舜钦：《诣匦疏》，《苏舜钦集编年校注》卷7，第437页。
⑥ （宋）苏舜钦：《乞用刘石子弟》，《苏舜钦集编年校注》卷6，第488页。
⑦ （宋）欧阳修：《送李太傅端懿知冀州》，《欧阳修全集》卷53，第755页。

民力屈，此行正解天子忧，男儿胜衣志四海，实耻坐得莫［万］户侯。①

脱略膏粱习气，以材武之质举忠义纾君忧，苏诗为游侠立功边塞的叙述陈套赋予了新的内涵。四海志与封侯愿，亦当是诗人与李端懿共勉之辞。照此逻辑，像苏舜钦这样世受重恩的"烈士义夫"，尽忠报国自当奋不顾私。是以，当庆历二年（1042）定川之败的消息传来，苏舜元、舜钦兄弟便急欲奔赴西鄙为宋廷殄敌雪耻：

> 白衣壮士气塞腹，愤勇不忍羞本朝（苏舜钦），重瞳三顾可易得，亮辈本亦生吾曹（苏舜元）。穷居哀牢厌咄咄，岁月奔激朱颜凋（苏舜钦）。当年请行大明下，今日颓堕思南巢（苏舜元）。阳羡溪光逗苍玉，尺半健鲫烟中跳，便欲买田学秧稻，不复与世争锱铢。奈何三世奉恩泽，肯以躯命辞枯焦（苏舜元），以知出处系大义，一饭四顾情如烧。贺兰磨剑河饮马，颈系此贼期崇朝，归来天下解倒挂，玉色蔼蔼宸欢饶（苏舜元），笔倾江河纸云雾，叹颂天业包陶姚（苏舜钦）。②

《瓦亭联句》后段大体沿袭由曹植《白马篇》开创的"仗剑远游—驰骋边关—立功受赏"叙事三部曲③，不过，二苏倾力塑造的"白衣壮士"绝非游荡在中古歌诗里的贵游少年，而是淹滞下层甚至草莱的书生型英豪。此壮士亦非不暇顾私便"连翩西北驰"的"幽并游侠儿"④，而正面临士人独有的出处两难的境遇。诗人巧妙地将这一问题转化为对特定空间的抉择：那"阴霜策策"、羌贼凶黠的西北

---

① （宋）苏舜钦：《送李冀州诗》，《苏舜钦集编年校注》卷2，第138页。
② （宋）苏舜钦：《瓦亭联句》，《苏舜钦集编年校注》卷2，第99—100页。按，"阳羡"句以后标名似有误。
③ 参见陈平原《千古文人侠客梦》，第26页。
④ 参见（三国魏）曹植《白马篇》，《曹植集校注》卷3，第411页。

苦寒之地，象征战将死生荒徼的戍边生涯；那平和富足、风光宜人的东南鱼米之乡，则代表文士清节自守的隐逸光景。不同空间冷暖意象的并置为壮士的踌躇不决提供了颇为直观的注解。① 而最后令此烈士壮怀激烈的精神力量恰为苏氏兄弟特出的报君恩复国耻之志，于是他磨剑饮马、献房阙下，终于完成尚武人格与"大义"的双重建树。"白衣壮士"无疑承载着苏氏游侠独特的羞恶观和报恩心，一则搅扰侠肠之事由个人顺逆让位于家国情怀；二则他不像汉唐乐府里朝受恩光暮即赴边的豪杰，君恩对于二苏而言指向家族而非个体，在君恩涵濡中"以长此躯"的苏氏兄弟，自己虽位卑不遇，"穷居哀牢"，也愿为宋帝朝廷捐躯效命。这位涵括苏氏兄弟家世、性情与政治抱负的"白衣壮士"是他们有感于宋朝外部困局而创造的理想人物，是诗人们以自身为依据构建的"书生超人"。即便准之以近代兴起的"儒侠"概念②，其重公义除国害的一面亦庶几近之。

四　梅、苏边塞诗的诗史意义

宋夏战争是梅尧臣、苏舜钦二人诗风形成自身特色的重要语境，梅、苏边事书写鲜明的个性表征，集中体现在二人已然脱离应事漫发的单纯累积型写作，而各以"通儒—幕僚""烈士—武将"两类虚构性的"文化人格—政治角色"为轴心，将相近题材的诗作辐辏而成两个逻辑贯通的文本系统，在体裁选择、诗作风格、内容取舍及写作思维上均具备内在的一致性和外在的辨识度，由此形成文学言说的合力，既传达出两位诗人对于边事持久而深入的关怀和思考，又以创作的自由弥补了他们的现实缺憾。这是梅尧臣、苏舜钦边塞诗能迥出时辈的根源所在。

---

① 按，这种在人生/文武角色选择上的困惑为舜钦所常有，上文出现的《舟中感怀寄馆中诸君》《夜闻秋声感而成咏同邻几作》等诗便是显例。

② 参见章炳麟著，徐复注《訄书详注》，上海古籍出版社 2000 年版，第 73—79 页。

梅尧臣、苏舜钦边塞诗的创作视野差异套用梅一联诗句来讲即"壮士颇知勇，诸儒方贵谋"①。正是梅、苏二人各有执守的人格决定了他们在角色选择和边事写作上呈现出巨大的差别。梅欲为通儒，则乐道兵略权谋；苏以壮士自任，故关注边将作战之勇怯。在两人的边塞诗里，细致到单次战役的纪实，宏阔到战略层面的评述，上述个性歧异可说是广泛存在的。通览梅、苏边塞诗，常感二人忧国忧边则一，其口吻却有温厚儒者与瞠目烈士之别：梅关注军机韬略一类智性力量，诗作本身也充溢着理性精神和儒者情怀；苏则好以夸饰之辞写极端之行动、超常之人事，作品内中时刻涌动着强烈的感性体验和情绪冲动。在总体上表现为主于施为的通儒之诗和偏于纾愤的豪杰之诗的分野。由此可见，梅、苏诗风的分歧与两人在身份认同、知识结构、思维模式上的差异是分不开的。在西事刺激下，由梅、苏自发的忧患意识和承当精神催生出的这种文学书写中的通儒与烈士形象，突破了澶渊之盟以来耻言兵事的士大夫固有人格。同时，梅对儒者论兵的反思，苏的二分思维，都为他们的此种开拓提供了与主流政治文化对话的接口。以此观之，他们具备当时一流诗人的胆识，也有讲求策略的睿智和稳健。

梅、苏二人的边塞诗还表明，看似与边事在空间和职责上均疏远的诗人，他们的角色想象也依托并受制于现时的制度和文化。梅尧臣的角色设计就来自西北边境的职任体系，因而梅诗中幕僚想象的眼界、言说方式以及对自我形象的构建，都受到现实中边地幕僚群体特别是其中佼佼者如尹洙的影响。同时，他对言兵那种自负而顾虑的微妙情绪，实际就是儒不言兵此种政治文化惯性下精通兵学的士大夫的典型心理。梅后来选择以诗中议论助画，又显是积极适应时代风气的一种言说策略。苏舜钦则将自身的政治理念与审美需求截然区隔，论兵者舜钦仍延续他位卑而数上书的做法，诗人舜钦径直期望扮演驱夷狄开太平的"白衣壮士"角色，想象性地解决棘

---

① （宋）梅尧臣：《宣麻》，《梅尧臣集编年校注》卷18，第433页。

手的外敌，公共表达渠道（载体为文）与情感诉求领域（载体为诗）看似两相背反，却都来源于苏舜钦对边境局势的细致考量。而即便是诗人舜钦的烈士向慕，其突出的报恩观念和国家意识，亦承载着苏氏家世及北宋中期政治文化的诸多现实信息。

通过剖析梅、苏二人的边事书写和心路历程可以看到，在现实政治和时代风气面前，以梅、苏为代表的中下层士人确是力量薄弱的群体，但这些士人并非全然顺时随俗之人，他们实际在行事、言论上在在而有自我的坚持。梅于西事初起时先注《孙子》，又为自身设计西幕僚佐的角色预期，及至赴边受阻而士大夫争言兵之际则闭口不言兵，最后以诗人身份缓解儒生与论兵者的角色冲突。苏则不单在边事创作上发扬他上书论政敢言人所难的锐气，更希望经由继承中古边塞诗创作传统，召回这个过于右文的王朝自澶渊之盟后耗散许久的尚武精神。足见他们一直都以不懈的创作自我调适，同时在必要时自外于时代风气，以自身最宝贵的才华倔强发声。这些独立乃至反抗性的言语姿态反映了士大夫对政治理想的坚守，对自身价值的认定。当诗人们采用独特的书写策略来寄托乃至高扬自己在现实中已然失落的理想，仁宗朝诗坛同时也收获了"覃思精微"和"超迈横绝"① 这两种声音。

梅尧臣、苏舜钦的边事书写也标志着宋代边塞诗开始形成自身的特色。这首先表现为写作内容的现实指向性。梅、苏虽未游历边塞，但他们的创作多缘于西事，专力于即时即事，有为而作，叙事记战役之实况，说理究军政之时弊，抒情亦为真人真事而发，皆切合当下的具体情境，部分纪战诗更是凭借丰富的细节营造出极强的现场感。他们继承并发扬杜甫以古诗和新题乐府论述时事的优良传统，较为彻底地摆脱了中古边塞诗沿袭乐府旧题的写作惯习。实际就整体而言，中古盛行的边塞乐府诗创作至北宋大为萎缩，"西事""使辽"等现实题材构成边塞诗的大宗。这说明，在坚持"边地"

---

① （宋）欧阳修：《六一诗话》，《欧阳修全集》卷128，第1953页。

这一地域特征的同时，当下的边事已取代过往的文学传统，成为激发北宋诗人想象力和写作热情的主要因素。在这个意义上，北宋边塞诗或称"边事诗"更为恰切。

其次表现为写作心态的时代性。梅、苏的边事书写虽总体呈现出刚健慷慨的风格，却未完全继承中古边塞诗常有的那种积极昂扬的精神境界和酣畅淋漓的抒情模式，而透出悲凉的底色。梅尧臣边塞诗承载的悲悯情怀自不待言，即是诗人舜钦，不仅大书国耻身恨，在武将想象上亦有无力的一面。梅、苏边塞诗本质上是批判性的，反映中下层士人面对"一战不及一战"① 之时局的焦灼情绪。他们对于论兵也并非毫无顾虑，梅经历儒者与论兵者的角色冲突，在自我审查后回归纯儒身份，苏的二分思维以及对烈士人格的改造，从中都能看出当时文武观念的影响，和唐人坦荡论兵不同。在"武昭不素，文德有余"② 的仁宗朝，诗人书写边事始终存在理性的节制，而无法达成极致的抒情。而正因如此，梅、苏边塞诗在报国立功的激扬之志、边事不利的悲愤情绪与文人言兵的审慎态度之间形成了独特的张力。

最后也是最关键的表现为写作范式的革新。梅、苏的身份意识与角色想象紧密联系，贯穿边事书写的整个过程，个体的知识结构和性格特质赋予二人观察和思考边情的独到视角，促使他们产生了扮演特定角色的意愿，此后他们无论在记录战事还是塑造自我形象上都延续了此种期待，由此创作了一系列具有统一指向的诗作群。此外，他们还反思自身从事武事的形象，并将表现谈兵从戎的诗作置于不同身份的关系网络中来发挥作用，如梅以诗人身份联结儒生与论兵者，苏建立诗人与论兵者的互补结构，均是他们在创作时深刻省思的结果。学界已注意从身份差异的角度进行盛唐边塞诗的类型研究。然而，盛唐战士之歌源于旧题乐府的代拟传统，属泛咏性

---

① （宋）田况：《儒林公议》卷上，第9页。
② （宋）周南：《丁卯召试馆职策》，《全宋文》卷6694，第294册，第130页。

质；军幕文士之歌则是作者以现实身份直抒所历所感。① 梅、苏始终在自觉的身份意识和角色想象引导下进行个性化且系统性的边事书写，这在边塞诗史上无疑具有开创意义。此种写作过程的理性化和诗歌文本的体系化正展现了宋调特出的筋骨思理。

武事一度为梅尧臣、苏舜钦开启了人生的另一种选择，他们对边事书写也倾注了相当的精力和热情。但在宝元、庆历之际"士之负才能者，皆欲因时有所施为"② 的潮流里，两人非但无用于时，更进入穷窘不遇的中年。梅在此期饱尝"予生多不偶，事事相与背"③ 的艰辛，苏则坐"奏邸狱"除名为民，断送政治生命。故欧阳修在苏、梅逝后慨叹这两位失意者"不幸罹忧患，触网罗，至困厄流离以死，与夫仕宦连蹇，志不获伸而殁，独其文章尚见于世者，则又可哀也欤"④。

不过，正如欧庆幸二人文章垂世，在诗的国度，梅、苏的高才勇为早得时人许可，他们因而化身作最富韬略的兵家与骁果善战的武将。换言之，二人的文化人格及角色想象在文学世界中得以实现，乃至成为他们在诗人身份之外的代表形象。如刘敞借梅尧臣"知兵心自许，见谓百夫雄"⑤ 加以善意的嘲谑，刘攽亦关注梅尧臣"论兵自负纵横略"⑥ 的爱尚。司马光则在梅殁后痛惜他"兵形穷胜负，史法贯兴衰。……世俗那能识，伤嗟正［止］为诗"⑦，强调其诗才之外的兵形与史法，似此论定甚是恰切。又如韩维在西事期间同样叹惋苏舜钦："惟君抱雄才，文字乃兼副。要当被金甲，独立诸将

---

① 参见余恕诚《战士之歌和军幕文士之歌——从两种不同类型之作看盛唐边塞诗》。

② （宋）欧阳发等：《先公事迹》，《欧阳修全集》附录卷 2，第 2630 页。

③ （宋）梅尧臣：《寄谢开封宰薛赞善》，《梅尧臣集编年校注》卷 16，第 303 页。

④ （宋）欧阳修：《江邻几文集序》，《欧阳修全集》卷 43，第 618 页。

⑤ （宋）刘敞：《圣俞坠马伤臂以其好言兵调之》，《公是集》卷 22，第 253 页。

⑥ （宋）刘攽：《伤梅圣俞直讲都官》，《彭城集》卷 13，第 316 页。

⑦ （宋）司马光：《梅圣俞挽歌二首》其一，《司马光集》卷 10，第 330 页。

右。指挥神武师，为国缚狂寇。献俘天子廷，功以钟鼎镂。勉哉俊其时，此论讲已旧。"① 苏舜钦在友人眼中不徒是区区诗人，而首先是能挥师殄寇的豪杰。直至四十余年后的元祐元年（1086），时任校书郎的黄庭坚在秘阁观览苏舜钦的题壁诗《舟中感怀寄馆中诸君》，有感而凭吊前修云：

> 仁祖康四海，本朝盛文章。苏郎如虎豹，孤啸翰墨场。风流映海岱，俊锋不可当。学书窥法窟，当代见崔张。银钩刻琬琰，虿尾回缥缃。擢登群玉府，台阁自生光。春风吹晓雨，禁直梦沧浪。人声市朝远，帘影花光凉。秋河湔笔研，怨句挟风霜。不甘老天禄，试欲叫未央。小臣胆如斗，侏儒俸一囊。请提师十万，奉辞问犬羊。归鞍饮月支，伏背笞中行。人事多乖迕，南迁浮夜航。此时调玉烛，日行中道黄。柄臣似牛李，倾夺谋未臧。鲁酒围邯郸，老龟祸枯桑。兼官百郡邸，报赛用岁常。招延青云士，共醉椒糈觞。俗客避白眼，傲歌舞红裳。谤书动宸极，牢户系桁杨。一网收冠盖，九原人走藏。庖丁提刀立，满志无四旁。论罪等饕餮，囚衣御方良。姑苏麋鹿疃，风月在书堂。永无湔祓期，山鬼共幽篁。万户封侯骨，今成狐兔冈。迩来四十年，我亦校书郎。雄文终脍炙，妙墨见垣墙。高山仰豪气，峥嵘乃不亡。张侯开诗卷，词意尚轩昂。草书十纸余，雨漏古屋廊。诚知千里马，不服万乘箱。遂令驾鼓车，此岂用其长？事往飞鸟过，九原色莽苍。敢告大钧手，才难幸扶将。②

这首长诗裁剪统括了苏舜钦诗才书艺、政治理想和后半生涯，又不

---

① （宋）韩维：《答苏子美见寄》，《全宋诗》卷417，第5107页。
② （宋）黄庭坚：《观秘阁苏子美题壁及中人张侯家墨迹十九纸率同舍钱才翁学士赋之》，《山谷别集诗注》卷下，《山谷诗集注》，第1096—1100页。

断化用苏氏诗句，呈示出黄氏"爱护诗人"①的拳拳之念。值得注意的是，苏舜钦本在《舟中感怀寄馆中诸君》中开列校书、言事、赴边三途，到黄庭坚这里却精缩为"小臣胆如斗，侏儒俸一囊。请提师十万，奉辞问犬羊。归鞍饮月支，伏背笞中行"的壮举，足见苏舜钦这个在仁宗朝"孤啸翰墨场"的人中"虎豹"给后代诗人留下的典型印象：武将。亦唯有如此，苏舜钦的雄文豪气、淋漓妙墨、峥嵘肝胆方能与其"万户封侯骨"交相辉映，汇合成刚健昂藏的诗人形象，而这正是苏氏对仁宗朝诗坛最为突出的贡献，也是黄对苏"高山仰豪气"的首要原因。

---

① （宋）黄庭坚：《观秘阁苏子美题壁及中人张侯家墨迹十九纸率同舍钱才翁学士赋之》诗末注，《山谷别集诗注》卷下，《山谷诗集注》，第1100页。

第 五 章

忧乐之际：后新政时代庆历士大夫的谪守体验与集体言说

在仁宗朝，庆历士大夫总共有过两次集体贬谪的经历：第一次是景祐三年（1036）范、吕政争后，范仲淹、余靖、尹洙、欧阳修贬外，数年后他们就官复原职，或回归中央，或赴边效力。第二次是庆历四年（1044）新政失败，革新派亦在短时间内接连远贬地方。庆历四年（1044）六月，范仲淹自请宣抚边地，王素出知渭州。七月，富弼自请宣抚河北。八月，欧阳修出为河北都转运使。十月，蔡襄以养亲为辞出知福州，石介求出，通判濮州。十一月，苏舜钦被除名勒停。庆历五年（1045）正月，孙甫出知邓州，范仲淹罢参政知邠州，富弼罢枢副知郓州，杜衍罢相知兖州。三月，韩琦罢枢副知扬州。五月，余靖出知吉州。八月，欧阳修夺职贬知滁州。此期边帅滕宗谅、尹洙亦谪官内徙。自兹直到至和时期富、欧、韩回朝，庆历士大夫大多游宦地方，度过了"风波流落"[①] 的十年光阴。正如《岳阳楼记》开篇"庆历四年春，滕子京谪守巴陵郡"[②] 所言，"谪"与"守"描述了他们中多数人在后新政时代的生活状态。

相比于景祐党争，庆历集体贬谪事件的涉及人员更广，持续时

---

① （宋）欧阳修：《谢宣召入翰林状》，《欧阳修全集》卷91，第1333页。
② 《范文正公文集》卷8，《范仲淹全集》，第194页。

间更长，政治形势更严峻，而庆历士大夫处穷的心态则更为成熟，彼此的联系也更为紧密。这些都对他们的创作产生了深刻的影响，带来一种阶段性的转向。再者，鉴于景祐党争的诗史意义已为研究者所揭橥。① 因此，这里把讨论的重心放到庆历贬谪事件上，并在必要时回溯景祐之贬，以便追索庆历士大夫面对挫折的群体心态。

庆历到至和的政局趋向和党派分野总体上是庆历新政之败局的延续。同时，庆历士大夫及其"英俊"理念虽折戟于庙堂之上的政争，在士林中却依旧保持强劲的号召力。是故，不妨将这一阶段称为后新政时代（1045—1055）。

相较于庆历新政这场流产的中央改革，后新政时代庆历士大夫或谪守或闲居于地方，同样具有深远的政治文化意味。由公共向度观之，这是一个政治环境极为压抑的年代，也是一个新政理想仍被坚持的年代；从私人一面来看，这是一个充满忧患和不遇感的年代，也是一个谪宦情绪真正得到消解和超越的年代，一个个人创作达到高峰的年代。本章主要从两场集体书写现象入手探讨后新政时代庆历士大夫的地方生涯与文学表达的关系。一场是"众乐"书写，从中可以发现庆历士大夫在州县官任上对革新理想的坚守和实践；一场是尹洙之死的相关创作，折射出庆历士大夫直面诸多人生磨难的一贯姿态。

第一节　后新政时代的政治态势与庆历士大夫的外贬经历

后新政时代虽是"老成"居庙堂而"英俊"处江湖的理想落潮

---

① 周剑之：《"以天下为己任"诗风之开启——北宋景祐三年朋党事件中的诗歌写作及其诗歌史意义》认为围绕景祐朋党事件的诗歌写作首次使宋代士大夫"以天下为己任"的政治主体意识在诗歌中得到了集体性的呈现，这一方面复苏了诗歌中的政治讽喻精神，形成了以诗议政的趋势，另一方面又促使诗人以超脱的姿态面对仕途起伏，为贬谪诗歌带来了积极达观的面貌。

期，但庆历士大夫未曾放弃新政期间即已树立的循吏理想，同时他们的影响力仍在扩张。在中央，由庆历新政激扬起来的"英俊"理念得到以台谏为代表的中下层官员的普遍认同，他们与老成士大夫所把持的决策层不断发生激烈的政治冲突。而庆历士大夫虽遭受严重的政治挫折，却在地方找到了行道的机会，并营造各类公私建筑作为施政与安身的场所，为再度返归朝廷积蓄着力量。

一　宰辅、台谏争衡下的中央政局

随着宋与辽、夏关系的重新正常化，西、北二边趋于平静，宝元、庆历之际的内外危机至后新政时代遂大为缓和。然而那一段"国家多故，边陲绎骚，人事纷纭，灾异屡见"[1] 的忧患岁月却铭刻在了仁宗和士大夫共同的记忆之中，令仁宗君臣始终以警惕的眼光审视现行政治。这促使他们在后新政时代的朝堂上继续讨论政治改良乃至改革的必要。

庆历七年（1047）春，仁宗因大旱下诏罪己，并许"中外臣僚指当世切务，实封条上"[2]，钱彦远时以直言极谏登科，上疏极言边备、吏治、民生之弊，期望仁宗"以此三方之急，因天戒之明，命大臣讲长久之计，以安元元性命"[3]。庆历八年（1048）春，仁宗幸龙图、天章阁，召近臣、宗室观太宗游艺集、真宗幸澶渊诗碑及三朝瑞物。仁宗当场出手诏赐辅臣，由先前的宋夏战事说开，问及"冗兵措置之宜，国计盈虚之本，仕进多门之滥，牧守乏人之由，将帅简擢之体，西北预备之术"[4]，又命翰林学士、三司使、知开封府、御史中丞上陈"朕躬阙失，左右朋邪，中外险诈，州郡暴虐，法令非便民者，及朝廷几事"[5]。条奏者中以鱼周询、张方平所对最

---

① （宋）张方平：《再对御札一道》，《乐全集》卷18，《张方平集》，第233页。
② （宋）李焘：《续资治通鉴长编》卷160，第3865页。
③ （宋）钱彦远：《答诏论旱灾奏》，《全宋文》卷410，第20册，第26页。
④ （宋）张方平：《再对御札一道》，《乐全集》卷18，《张方平集》，第229页。
⑤ （宋）李焘：《续资治通鉴长编》卷163，第3922页。

称详敏，他们的建议自然属于"老成"一方的改良方案，里面不乏对庆历士大夫的批判。不久，仁宗又御迎阳门，召知制诰、待制、谏官、御史等，令诸人将"朝政得失，兵农要务，边防备御，将帅能否，财赋利害，钱法是非，与夫谗人害政，奸盗乱俗，及所以防微杜渐之策"①悉对于篇，殿中侍御史何郯在奏对之外又乞许两制、两省言事。皇祐二年（1050）九月，仁宗在举行明堂大礼前还嘱咐辅臣"广询民间利病，著为条目，务从宽大"，以称其"勤恤之意"。②皇祐五年（1053）五月，宋廷又诏两制、两省、台谏官、三馆带职、省府推判官等次对言事，"凡朝政得失，生民利病，灾异时数，直言无隐，不得徇私挟情，抉摘阴细，无益治道，务在公实"。③

当然，与庆历三年（1043）逐条施行的范仲淹天章阁奏对不同，后新政时代的以上讨论多数皆流于空言。虽则如此，此期有关"当世切务"之言论的频繁和猥多足以反映出朝野上下对于现实的不满以及要求变革救弊的呼声。庆历八年（1048），殿中侍御史何郯在奉诏答问时就表达了强烈的批判态度："今天下多故，政令舛失者不一，使贤智之士驱驰，尚恐不足救其弊，若犹复雍容拱默为高，以言议非责，则朝廷之事，何所寄焉！"④在危机感的驱使下，台谏与宰辅的矛盾逐渐凸显，双方"分为敌垒，以交战于廷"⑤。此种政治角力的态势用宋人的话说是为"大臣体轻"⑥而"台谏之职始振"⑦。

先谈后新政时代的宰辅们。章得象于新政期间无所建明，在改

---

① （宋）李焘：《续资治通鉴长编》卷163，第3935页。

② （宋）李焘：《续资治通鉴长编》卷169，第4060页。

③ （宋）李焘：《续资治通鉴长编》卷174，第4212页。

④ （宋）李焘：《续资治通鉴长编》卷163，第3936页。

⑤ （清）王夫之：《宋论》卷4《仁宗》，第92页。

⑥ （宋）欧阳修：《论贾昌朝除枢密使札子》，《欧阳修全集》卷110，第1668页。

⑦ （宋）吕中：《类编皇朝大事记讲义》卷13，第257页。

革派外贬后仍居位自若，监察御史里行孙抗为此数以为言，而章亦十上章自请去位，未几便罢相。贾昌朝居相位时和枢副吴育"数争论帝前"，"论者多不直昌朝"，后因御史中丞高若讷"阴阳不和，责在宰相"之说罢职①。嘉祐元年（1056），贾昌朝除枢密使，据说当时"中外人情，莫不疑惧，缙绅公议，渐以沸腾"②。一年后，宰相文彦博求退，谏官、御史担心贾继任，便联手弹劾之。因此正史评说"昌朝在侍从，多得名誉。及执政，乃不为正人所与，而数有攻其结宦官、宫人者"③。庆历七年（1047），宋廷降制召夏竦为宰相，谏官、御史有言，遂改枢密使。他在枢相任上屡被言者论为奸邪，一年后由于天变罢职出判。夏"平生不协群望"④，死后初谥"文正"，因司马光、刘敞上疏反对改谥"文庄"。宋庠任宰相时遭到谏官包拯、吴奎、陈旭攻讦，言其"不戢子弟，在政府无所建明"⑤，在位七月余即罢相。陈执中两度拜相，在后新政时代在位最久，达六年有余。但他虽甚得仁宗信用，却始终因自身寡学少文而不得清誉，乃至后被苏轼斥作"俗吏"⑥，死后为礼官韩维请丑谥曰"荣灵"。陈初相时，灾异当前却"无所建明，但延接卜相术士"，又"喜进无学匪人，不协众望"，"言者相继论列不已"，以故罢相⑦。他再相则因女奴捶死案导致以御史中丞孙抃为首的宪臣累章纠弹，欧阳修亦上奏言其"自执政以来，不协人望，累有过恶，招致人言"⑧，故陈再度罢职。梁适则素"不为清议所许"⑨，由于御史马

---

① （宋）李焘：《续资治通鉴长编》卷160，第3865页。
② （宋）欧阳修：《论贾昌朝除枢密使札子》，《欧阳修全集》卷110，第1667页。
③ （元）脱脱等：《宋史》卷285《列传第四十四》，第9620页。
④ （宋）司马光：《论夏令公谥状》，《司马光集》卷16，第499页。
⑤ （宋）李焘：《续资治通鉴长编》卷170，第4084页。
⑥ （宋）苏轼：《真宗信李沆》，《苏轼文集》卷72，第2281页。
⑦ （宋）徐自明：《宋宰辅编年录校补》卷5《仁宗皇帝下》，第283页。
⑧ （宋）欧阳修：《论台谏官言事未蒙听允书》，《欧阳修全集》卷108，第1635页。
⑨ （元）脱脱等：《宋史》卷285《列传第四十四》，第9624页。

遵、吴中复极论其贪黩怙权，罢相出知郑州。刘沆为相时与御史发生激烈冲突，宪官孙抃、马遵、吕景初、吴中复等交章弹击，仁宗知"清议弗平"①，故亟罢之。文彦博、庞籍属于此期宰相群中誉望较著者，和庆历士大夫也有深交，但他们均因私事为言者所诋，在位未久既遭罢相。文面对御史唐介的质诘只有拜谢不已，无复先前吕夷简抗衡台谏的手腕，而庞为相之声望"减于治郡时"②，都算不上成功。

嘉祐元年（1056），欧阳修在论及"近岁以来大臣体轻"时指出，此事的具体表现为宰辅"连为言事者弹击"，原因则在于"用非其人，不协物议"③，这是极精准的概括。后新政时代的宰辅们多属"老成"一方，他们虽在这一阶段的政治博弈中占据优势，却始终未能取得士林的信服和认可，因而在相位上常惹訾议，居位自然不甚安稳。和宋初三帝相比，青中年时期的仁宗在选任二府之臣上总体是"亟用亟罢，不能持久"④，不过，仁宗朝前期尚有王曾（居相位九年余）、吕夷简（居相位近十一年）这样在位颇久且能镇抚内外的名相存在。后新政时代的宰臣们则在任期、功业和德望上均远逊于王、吕，更难以比肩其后嘉祐、治平之际的富弼、韩琦一流人物，是夹在先达和后辈之间普遍较显平庸的人群，其原因除个体的政治才能外，或许更在于"老成"理念影响力的持续衰减。⑤

---

①　（宋）李焘：《续资治通鉴长编》卷176，第4265页。

②　（元）脱脱等：《宋史》卷311《列传第七十》，第10201页。

③　（宋）欧阳修：《论贾昌朝除枢密使札子》，《欧阳修全集》卷110，第1668页。

④　（宋）何郯：《论宰相择贤材而久其任奏》，《全宋文》卷614，第29册，第108页。

⑤　又及，哲宗朝刘挚在历数北宋前期名相时谓"仁宗时则有若王曾、吕夷简，简重方严，镇抚内外，以才谋识略，平治四方。晚年得富弼、韩琦，付属大事，世以永宁"［（宋）李焘：《续资治通鉴长编》卷372，第9021页］，正好缺少后新政时代的宰臣代表。

　　再看后新政时代台谏的动向。新政失败后一段时期内台谏主要由王拱辰、鱼周询、刘元瑜、钱明逸等反新政的"老成"官员组成，而自庆历末年始，他们的继任者很快就表现出极为鲜明的言者风采。谏官如钱彦远"性豪迈，其任言职，数有建明"①；陈旭"居谏列，振厥职能，言议忠果，不避权要"②；包拯立朝刚毅，"在谏院踰二年，数论斥大臣权幸，请罢一切内降曲恩"③；贾黯"自以年少遭遇，备位谏官，果于言事"④；吴奎"孜孜言事，不避权幸"⑤。台官如杨察"论事无所避"⑥；张昇清忠谅直，"指切时事无所避"⑦；梁蒨"弹劾无所顾望，奸权敛惧"，"其言顺不迎上，直不媚世，皆出天下公议"⑧；孙抗"在御史言事，计曲直利害如何，不顾望大臣"⑨；何郯、吴中复"皆良御史"⑩，何"事干朝廷大体及大奸大蠹，无不论列"⑪，吴"居言路，直言极谏，耸闻五府"，得赐仁宗亲书"文儒铁御史"⑫；范师道"厉风操，前后在言责，有闻即言，或独争，或列奏"⑬；赵抃"弹劾不避权幸，声称凛然，京师目为'铁面御史'"⑭；唐介以论文彦博贬外，"直声动天下，士大夫称真

①　（元）脱脱等：《宋史》卷317《列传第七十六》，第10346页。

②　（宋）蔡襄：《河北转运使陈旭授天章阁待制充都转运使制》，《蔡忠惠集》卷12，《蔡襄集》，第234页。

③　（宋）李焘：《续资治通鉴长编》卷172，第4133页。

④　（元）脱脱等：《宋史》卷302《列传第六十一》，第10014页。

⑤　（宋）包拯：《请留吴奎依旧供职奏》，《包拯集校注》卷3，第193页。

⑥　（元）脱脱等：《宋史》卷295《列传第五十四》，第9856页。

⑦　（元）脱脱等：《宋史》卷318《列传第七十七》，第10363页。

⑧　（宋）刘挚：《兵部员外郎直史馆梁公墓志铭》，《忠肃集》卷13，第275页。

⑨　（宋）王安石：《广西转运使孙君墓碑》，《临川先生文集》卷89，《王安石全集》，第7册，第1543页。

⑩　（元）脱脱等：《宋史》卷322《列传第八十一》，第10453页。

⑪　（宋）李焘：《续资治通鉴长编》卷169，第4055页。

⑫　（宋）韩驹：《北湖集序》，《全宋文》卷3511，第162册，第19页。

⑬　（元）脱脱等：《宋史》卷302《列传第六十一》，第10027页。

⑭　（元）脱脱等：《宋史》卷316《列传第七十五》，第10322页。

御史"①；吕景初谓"御史之职在触邪，死亦不避"②；李京"数上书论事"③，引得宰相贾昌朝不悦；马遵为言事御史，"至则弹宰相之为不法者，宰相用此罢，而君（马遵）亦以此出知宣州"④。

不难看出，后新政时代的台谏们多自任以言责，论事切直，纠弹大臣，善于运用公议，又积极维护自身风闻言事一类的特权，极尽心力地扮演着天子耳目的角色，接过了孔道辅、范仲淹、孙沔及"庆历四谏"激扬起来的言事作风。嘉祐元年（1056），宰相刘沆指出："自庆历后，台谏用事，朝廷命令之出，事无当否悉论之，必胜而后已。又专务抉人阴私莫辨之事，以中伤士大夫。"⑤ 他的攻讦亦从侧面反映了庆历以来言官的活跃。南宋人也把"台谏之职始振"的起点落在"自庆历以来"，将范仲淹与吕夷简、唐介与文彦博、马遵与梁适、张昪与刘沆的争端共同视作"台谏之权敢与宰相为抗"的标志。⑥ 如果说仁宗朝前期的台谏角色尚需特定行动者的扮演，那么从后新政时代开始则是稳固的角色期望在引导和制约着扮演者的行为。一旦扮演者在言官的角色期望上普遍达成共识，他们就能在后新政时代的政坛上集结成为一股强大的舆论力量。

从共时层面来看，台谏在弹劾重臣权幸如陈执中、梁适、刘沆、张尧佐等时多联合行动，交章论列，在同僚因言事落难时亦常采取救援行动，因此刘沆会产生"台官朋党"⑦ 的印象；从历时层面来看，由于存在源源不绝的生力军，在政争中作为个体的台谏可能暂时性地遭受了挫折，但作为角色的台谏则始终保持强劲的言论攻势，直至击败位高而孤立的大臣。这种言官的角色意识在当时是如此强

---

　① （元）脱脱等：《宋史》卷 316《列传第七十五》，第 10327 页。

　② （宋）魏泰：《东轩笔录》卷 12，第 137 页。

　③ （元）脱脱等：《宋史》卷 302《列传第六十一》，第 10019 页。

　④ （宋）王安石：《兵部员外郎马君墓志铭》，《临川先生文集》卷 95，《王安石全集》，第 7 册，第 1645 页。

　⑤ （宋）李焘：《续资治通鉴长编》卷 184，第 4448 页。

　⑥ （宋）吕中：《类编皇朝大事记讲义》卷 9，第 257、189 页。

　⑦ （宋）李焘：《续资治通鉴长编》卷 184，第 4460 页。

烈，以至重厚寡言如王举正、孙抃，前者任参政时曾被欧阳修讥为"柔懦不能晓事，缄默无所建明"①，后者"久处显要，循循罕所建明"②，两人在御史中丞任上却讦直敢言，甚得风宪体，颇不似寻常为官时，足见自觉的角色扮演对于士大夫个体的深刻影响。

后新政时代政坛上老成之宰辅与鲠直之台谏的抗衡状态在某种程度上构成了仁宗朝前期观念冲突在现实中的延续。基于宝元、庆历以来的政治经验，以台谏为代表的中下层官员已然认识到"老成"理念和法吏政治的不足，而推崇"敢任天下之责"③ 的君子人格，并期望推进政治改革。彼时像宋庠这样的"雍雍然有德之君子"，为相"尤务清净无所作为"，屡引得"有为者病之"，遂为"人言排诋"而罢相。他晚年自谓："时贤多以不才诮我。"④ 可一觇"无为"与"有为"两种政治倾向的争持和消长。又如皇祐三年（1051），谏官吴奎劝诫仁宗："今天下之人皆谓之贤，陛下亦知其贤，然不能进；天下之人皆谓之不肖，陛下亦知其不肖，然不能退。……且朝廷之过，常在乎无事之时因循而不为，有事之后颠覆而失措。中外臣僚，平时建一策，举一官，虽有可取，皆抑而不行，又从而媒孽，谓之生事。"⑤ 皇祐四年（1052），知谏院包拯条陈七事，其二、三指责大臣以朋党、沽名的借口排斥正人。两人均由人事的贤愚倒置讲到时政的因循不为，这是后新政时代台谏时常为之的批判言论，适与庆历士大夫对政治理念的去取相一致。

政治性格的类同使得后新政时代的台谏对庆历士大夫多持认可和同情的态度。这其中最典型的例子是贾黯。这位青年官员"自以

---

① （宋）欧阳修：《论王举正范仲淹等札子》，《欧阳修全集》卷98，第1510页。

② （宋）李焘：《续资治通鉴长编》卷174，第4211页。

③ （宋）包拯：《论委任大臣奏》，《包拯集校注》卷3，第217页。

④ （宋）王得臣撰，俞宗宪点校：《麈史》卷下，上海古籍出版社1986年版，第82页。

⑤ （宋）李焘：《续资治通鉴长编》卷171，第4103页。

年少遭遇，备位谏官，果于言事。首论韩琦、富弼、范仲淹可大用"[1]，积极把士论传扬给宋廷。像贾黯这样的言官还有不少。如庆历七年（1047），夏竦谗言石介、富弼通敌谋乱，侍御史知杂事张昪及御史何郯极论其事，认为夏此举意不在石，而是他怀疑范仲淹、富弼在两府时曾同力排摈自己出朝，"以石介曾被仲淹等荐引，故欲深成石介之恶，以污忠义之臣"[2]。同年殿中侍御史里行唐介上请仁宗罢文彦博而相富弼。谏官包拯上书论事，为"近名""朋党"辩护，又乞与杨纮、王鼎、王绰等由改革派举荐按察地方而遭贬的官员复职，还建议朝廷召还孙甫等人以开言路。皇祐中谏官李兑、右正言贾黯各有章疏为尹洙诉冤。皇祐五年（1053），欧阳修在颍居母丧，吴中复特来慰问。至和元年（1054），侍御史毋湜于仁宗赐对便坐时提出："帝王治国之本，职在专求公相以自羽翼。杜衍、范仲淹不幸早去陛下左右，自后所得如衍、仲淹者几何人？虽有可用者，皆被散使在外，窃恐陛下风教自此无如先时。"[3] 据文同说，毋湜的建议直接推动仁宗召还庆历士大夫，毋本人也因此得到"朝论"的称赞。同年，欧阳修罢流内铨，出知同州，知谏院范镇一再上书乞留欧。至和二年（1055），殿中侍御史赵抃听闻欧阳修、贾黯俱乞外，上奏云："近日正人端士纷纷引去，侍从之贤如修辈无几，今皆欲去者，以正色立朝，不能诏事权要，伤之者众耳。"[4] 知制诰刘敞亦有言，欧、贾遂复留。嘉祐元年（1056），贾昌朝欲因事动摇宰相富弼，殿中侍御史吕景初及里行吴中复皆反对。总之，庆历士大夫虽在后新政时代长期受到政敌的排抑，但他们在政争中总能凭借清望得到来自台谏的支持。

另一方面，庆历士大夫也会在这一时期的宰辅与台谏之争中对后者尽力施以援手。皇祐三年（1051），御史唐介当殿斥责宰相文彦

---

① （宋）李焘：《续资治通鉴长编》卷170，第4082页。

② （宋）李焘：《续资治通鉴长编》卷160，第3877页。

③ （宋）文同：《龙图毋公墓志铭》，《文同全集编年校注》卷24，第765页。

④ （元）脱脱等：《宋史》卷316《列传第七十五》，第10322页。

博，引发仁宗盛怒，惟独蔡襄进言请仁宗矜贷之。至和元年
（1054），御史吕景初、吴中复、马遵坐论丞相梁适罢台职，蔡襄时
知制诰，封还辞头，拒不草制。至和二年（1055），宪官联手弹劾宰
相陈执中，欧阳修见言事未蒙听允，亦上奏乞罢陈执中。此外，皇
祐元年（1049），范仲淹除尚书礼部侍郎，举张昇自代，认为其
"筮仕以来，清介自立。精思剧论，有忧天下之心；纯诚直道，无让
古人之节"①，亦可看作范的夫子自道。马遵在宪官任上也得到范仲
淹、杜衍的赞赏。从这两个群体的互动足见双方在政治理念上颇有
共鸣。

二　"十年困风波"：庆历士大夫的政治挫折与忧患中年

后新政时代以庆历士大夫的集体外贬、庆历新政的全面挫败为
起点。在此后的十余年时间内，除蔡襄于皇祐三年（1051）回朝供
职外，范仲淹、富弼、韩琦、欧阳修等人始终以州府或路分长官的
身份辗转诸州②。另外，庆历四年（1044），苏舜钦罪废为民，随即
侨居苏州。庆历五年（1045），尹洙贬崇信军节度副使居随州，后徙
监均州酒税，不久至邓州范仲淹处求医。庆历六年（1046），余靖以
将作少监分司南京，遂乡居养病达六年之久。庆历七年（1047），杜
衍致仕，寓居南京应天府。总之，庆历士大夫中的大多数成员是在
地方度过了他们的盛壮之年。无怪乎至和元年（1054），当欧阳修归
朝觐见，仁宗会惊诧于他"鬓发之白"，为之恻然，问其在外几年，
今年几何。③　流光兼磨难还是在庆历士大夫身上留下了不可逆的
痕迹。

---

①　（宋）范仲淹：《举张昇自代状》，《范文正公文集》卷19，《范仲淹全集》，
第437页。

②　在后新政时代，范仲淹历知邠、邓、杭、青诸州，在移知颍州途中去世；富
弼历知郓、青、郑、蔡、河阳、并诸州府；韩琦历知扬、郓、成德、真定、定、并、
相诸军州府；欧阳修历知滁、扬、颍、应天诸州府。

③　（宋）欧阳发等：《先公事迹》，《欧阳修全集》附录卷2，第2635页。

如果说，此前的景祐党争，吕夷简尚能区别国事与私憾，对庆历士大夫曲示怀柔，是以双方的政争更多表现在政治理念的层面①；那么到庆历革新及后新政时代，党争中政治倾轧的成分明显加重。②彼时"浮薄竞肆攻讦，希执政意，以致好爵。仕路险薄，益无耻矣"③。庆历士大夫惊觉自己动辄得咎，正深陷"阘茸辈唯欲摭人细过"④而织就的文网当中，种种广肆株连、挟私报复、百端穷治、恶意的诽谤、阴险的中伤、莫须有的猜忌不断袭来，"怨忌毁骂谗构之患，一日俱发，翕翕万状"⑤。现择其要者简述于下：

1. 滕宗谅滥用公使钱案：庆历三年（1043），知永兴军郑戬揭发边帅滕宗谅先前在泾州枉费公用钱十六万缗，监察御史梁坚亦劾奏之。朝廷派太常博士燕度前往邠州鞫讯其事。燕度在边枝蔓勾追，还欲劾问枢副韩琦议边事因依。参政范仲淹、知庆州田况、谏官欧阳修皆上书论救滕宗谅、张亢。宰相杜衍与范在此事上意见不合，富弼依违难决。梁坚死后，台谏仍执其说。滕因此内徙，先由庆州

---

① 《儒林公议》载："范仲淹以天章阁待制权尹京府，自以言事被用，以谏诤为己责。吕夷简作相，气势熏炎，无敢迕者。仲淹屡犯其锋，夷简深怀忌惮，但博示含容，以亲谕仲淹。"〔(宋)田况《儒林公议》卷下，第102页〕又如康定元年（1040）范仲淹以龙图阁直学士任陕西经略安抚副使，其加职乃吕夷简所请。既而范入谢，仁宗谕范令释前憾，范顿首答道："臣向所论盖国事，于夷简何憾也！"〔(宋)李焘：《续资治通鉴长编》卷127，第3014页〕欧阳修撰《范仲淹神道碑》也提到康定、庆历之际"及吕公复相，公亦再起被用，于是二公欢然相约戮力平贼"（《欧阳修全集》卷21，第335页）。韩琦后来回忆说："申公以进贤自任，恩归于已，时士皆出其笼络，独欧、范、尹旋收旋失之，终不受其笼络。"〔(宋)强至：《韩魏公遗事》，《安阳集编年笺注》附录5，第1881页〕

② 南宋吕中就说："观仲淹之始去也，夷简以朋党目之，而诸贤以逐。仲淹之再去也，夏竦以朋党目之，而诸贤亦为之再逐。……盖夏竦用心惨于夷简。"参见（宋）吕中《类编皇朝大事记讲义》卷10，第205页。

③ (宋)田况《儒林公议》卷上，第57页。

④ 参见（宋）尹洙《答河北都转运欧阳永叔龙图书》其二，《尹洙集编年校注》，第317页。

⑤ (宋)曾巩：《上欧蔡书》，参见陈杏珍、晁继周点校《曾巩集》卷52，中华书局1984年版，第707页。

移知凤翔府，后降一官知虢州，又移知岳州。

2. 城水洛之争：此事及后续直接导致韩琦乞外，尹洙贬死。详情参见本书第四章第三节第四小节。

3. "奏邸狱"：此事导致苏舜钦除名为民，其岳丈杜衍也受牵连而罢相。多年后苏舜钦愤叹己冤之不得雪，全因"被罪一二年间，谤议汹汹，尚未宁息；相中伤者，皆当路得志"，"虽欲力自辨雪，徒重取困辱耳"①。此案的详情参见本书第二章第四节。

4. 夏竦倾陷石介、富弼事：庆历四年（1044），夏竦为报石介《庆历圣德颂》诋己之怨，命女奴摹仿石介笔迹，改石介写与富弼书信中的"伊、周之事"为"伊、霍之事"，又伪作石为富撰废立诏书，造飞语上闻。范仲淹、富弼遂不自安于朝，皆请巡边。范、富出使后谗谤愈多，石介亦求出，通判濮州，未几病卒于家。庆历五年（1045）冬，仁宗遣中使察视山东贼盗，还奏说盗不足虑，而知兖州杜衍、知郓州富弼"山东尤尊爱之，此为可忧"②。仁宗欲徙二人于淮南，听参政吴育进谏而罢。同时，石介又被查出尝与徐州叛民孔直温有联系。夏竦趁机谗言石介未死，受富弼指派入契丹密谋起兵。这引起朝廷猜疑，罢富弼京西路安抚使之职，又诏京东路监司体量石介存亡以闻，并羁管石介妻子于江淮。庆历七年（1047），夏竦在枢府又造谤谓石介不能说服契丹，又被富弼派往登、莱二州结交金坑恶徒数万人欲作乱。石介为此险遭发棺之祸。庆历八年（1048），富弼在青州赈济河北流民，又受到仁宗的猜忌。

5. 欧阳修被诬盗甥案：欧阳修妹婿和前妻有女张氏，欧将其嫁与族兄之子欧阳晟。庆历五年（1045），张氏与家奴通奸，事下开封府，府尹杨日严因旧怨指使狱吏附致其言以牵连欧阳修。谏官钱明逸于是弹劾欧私通张氏，且欺占其财。诏户部判官苏安世、内侍王

---

① （宋）苏舜钦：《上集贤文相书》，《苏舜钦集编年校注》卷9，第675页。

② （宋）李焘：《续资治通鉴长编》卷157，第3803页。

昭明监勘。狱事起，诸怨恶欧阳修之人皆欲倾陷欧，独赵概、张方平为欧辩护。而苏安世独明其诬，忤执政意，与王昭明俱得罪。欧坐以张氏奁具买田立欧阳氏券，左迁知制诰、知滁州。

6. 王素托人市木被贬案：庆历五年（1045），范仲淹宣抚河东，弹劾转运使刘京在所部买私物扰民，朝廷罢免刘京，并让知并州明镐调查情况，于是又发现王素做谏官时曾托刘京购买木材，刘京又将此事委托给文水县令董望，亏损运输费以及隐瞒税钱四十千。朝廷下诏让御史台审讯刘京、王素，王降知华州。言官又说王素和监察御史里行阎询联姻，御史台办案时没有避嫌，最终夺阎询里行之职，王素又落职知江州，未行，改汝州。

7. 余靖诈匿应举案：余靖先于庆历四年（1044）以习胡语出知吉州。庆历六年（1046），原太常博士茹孝标为报旧仇，将余靖少时犯刑后改名取解它州及第之事告知谏官钱明逸，钱即劾奏余靖不宜在近侍。余靖坐是左迁将作少监分司南京，他遂托病还乡，"阖门谢宾客，绝人事，凡六年"①。仁宗常欲用之，但每为大臣所抑。

8. 欧阳修坐谗言出守事：至和元年（1054），欧阳修回朝判吏部流内铨，朝中有人恐欧再被起用，于是伪托欧名作乞汰内侍挟恩令为奸利奏，引起宦官的忿怨。宦官杨永德以差船及引见胡宗尧事中伤欧。欧阳修因此罢流内铨出知同州。

9. 贾昌朝动摇文彦博、富弼事：嘉祐元年（1056），开六塔河事败，施仲昌等皆坐责。贾昌朝时判大名府，欲因之动摇主张开河的宰相文彦博、富弼，乃令内侍刘恢密奏六塔水死者数千万人，穿土犯禁忌，且河口冈与国姓御名有嫌，而大兴锸畚非便。诏遣中使置狱。贾氏之谋终被台官识破，但贾却因此升任枢密使。

在这段"相缘补外，谤毁崎岖"②的动荡岁月中，庆历士大夫

---

① （宋）欧阳修：《赠刑部尚书余襄公神道碑铭》，《欧阳修全集》卷23，第367页。

② （宋）韩琦：《祭文正范公文》，《安阳集》卷43，《安阳集编年笺注》，第1332页。

告别了他们的盛壮之年，又历尽同道的离散乃至离世，故深感"忧患飘流诚已甚""忧患经多矣""人生聚散，忧患百端，相见何时"①。在他们的生命体验里，与那君臣遇合、协力改革之高峰同样鲜明而深刻的，是随之而来的负谤左迁、流落四出的低谷，人情翻覆、生命升沉仅在瞬息之间变幻，教人备尝命运的侮弄和世路的凶险。比如，尹洙接连罹受弹劾、下狱、贬官、丧子、疾病诸般惨事，顿感"世路风波，殊可骇畏，窜身山林，闭目氛埃，无路可致耳"②。苏舜钦在被革职后"但以遭此构陷，累及他人，故愤懑之气不能自平，时复嵘岾于胸，一夕三起，茫然天地间无所赴愬"③。范仲淹临终时上《遗表》，尚自忆说他在庆历之际曾身负"百种之谤"④。富弼也终生铭记他和范罢职后遭小人"自此蛊孽，毁訾如沸。必置其死，以快其志"⑤ 的经历。至和元年（1054），欧阳修回朝后仍心有余悸，述说自己参与新政以来浮沉宦海的岁月：

> 愿［顾］我实孤生，饥寒谈孔孟。壮年犹勇为，刺口论时政。中间蒙选擢，官实居谏诤。岂知身愈危，惟恐职不称。十年困风波，九死出槛阱。再生君父恩，知报犬马性。归来见亲识，握手相吊庆。⑥

欧阳修于饱尝困厄后认识到，在"奸邪"环伺的权力场中，愈尽力完成公共的角色期望，则愈可能造成对个体生命的戕害。是故，后新政时代庆历士大夫在地方生活的关键任务就是应对由"仕路险薄"

---

① （宋）欧阳修：《和太傅杜相公宠示之作》《答太傅相公见赠长韵》《与王懿敏公仲议书》其一，《欧阳修全集》卷12、卷12、卷146，第195、198、2386页。

② （宋）尹洙：《答秦凤路招讨使文龙图书》其二，《尹洙集编年校注》，第291页。

③ （宋）苏舜钦：《与欧阳公书》，《苏舜钦集编年校注》卷9，第611页。

④ 《范文正公文集》卷18，《范仲淹全集》，第427页。

⑤ （宋）富弼：《祭范文正公文》，《全宋文》卷610，第29册，第70页。

⑥ （宋）欧阳修：《述怀》，《欧阳修全集》卷5，第89页。

带来的人生困境和忧患之感。

三　庆历士大夫对地方官角色的认知及践履

面对后新政时代严酷的政治形势，庆历士大夫一开始不仅表现出戒言息谤的倾向，同时亦多有乞外保身之举。二府中的改革骨干如范仲淹、富弼、韩琦诸人皆以事自请离朝，尽量规避风险。欧阳修在河北都转运按察使任上听闻众贤因朋党之诬而纷纷去位，于义愤之余也开始审视自身的处境。他在一首寄内诗中以结伴遨游于林间的鸠鸟自况，倾诉阅世的感受：

> 前年辞谏署，朝议不容乞。孤忠一许国，家事岂复恤。横身当众怒，见者旁可慄。近日读除书，朝廷更辅弼。君恩优大臣，进退礼有秩。小人妄希旨，论议争操笔。又闻说朋党，次第推甲乙。而我岂敢逃，不若先自劾。上赖天子圣，必未加斧锧。一身但得贬，群口息啾唧。公朝贤彦众，避路当揣质。苟能因谪去，引分思藏密。还尔禽鸟性，樊笼免惊怵。①

在险恶的政治环境中，山林之于人生的意义被重新激活，一向勇于任事的欧阳修终于喊出了主动回归山林的愿望。这其实也代表了庆历士大夫阶段性的心声。不过，他们其后去到地方，并未做消极的避祸者，而自觉地成为革新理念的积极践行者，这主要表现在诸核心成员如范、韩、富、欧、蔡等人于州府长吏任上的治理活动。在讨论此问题之前，先要了解庆历士大夫在新政期间对地方官角色达成的新认识。

众所周知，庆历新政的重心在于整顿吏治，范仲淹答手诏条陈的十事中前五项"明黜陟""抑侥幸""精贡举""择官长""均公

---

① （宋）欧阳修：《班班林间鸠寄内》，《欧阳修全集》卷2，第32页。

田"皆与此相关。① 其中直接关系到地方吏治的"择官长"更是
"十事内最得先行者"②。革新派认识到，由于当时地方官"不问贤
愚，不较能否，累以资考，升为方面"，造成州县"懦弱者不能检
吏，得以蠹民；强干者惟是近名，率多害物"，"邦国之本，由此凋
残"，因此，他们期望通过加强对地方各级官吏的选任和考察令"诸
道官吏庶几得人"，俾使扮演者能够完成地方官的角色期望，以"正
纲纪，去疾苦，救生民"。③ 他们对按察官员一事尤为究心，曾选用
杨纮、王鼎、王绰等一批精明强干的能吏为按察使巡行州县，以便
涤除"年老、病患、赃污、不材四色之人"④。

　　庆历士大夫澄清地方吏治的迫切志愿根植于他们对于地方官权
责的极度重视上。宋初为加强中央集权，"以文臣知州，以朝官知
县，以京朝官监临财赋。又置运使，置通判，置县尉"⑤，持续削
弱地方事权。咸平二年（999），京西转运副使朱台符上疏质疑此
事，就认为原本"刺史、县令，亲民之官，有民人焉，有社稷焉，
盖三代之诸侯也"，但现今知州在选任、威权、禄利等方面皆不及
刺史，更不能上比三代之诸侯，州郡是以多苟且因循之弊政⑥。宝
元、庆历之际寇盗与兵变频仍，即"暴露出府州兵力和财政的极度
空虚"⑦。庆历二年（1042），欧阳修有感于时局，在《问进士策》

---

① 参见邓广铭《宋朝的家法和北宋的政治改革运动》，《中华文史论丛》1986 年
第 3 辑；陈荣照《范仲淹研究》，生活·读书·新知三联书店（香港）1987 年版，第
130—152 页；姚瀛艇《论"庆历新政"对宋代吏治的改革》，《史学月刊》1988 年第 1
期；漆侠主编《中国改革史》，第 302—309 页；方健《范仲淹评传》，第 222—262 页；
诸葛忆兵《范仲淹研究》，中国人民大学出版社 2010 年版，第 125 页等。

② （宋）李焘：《续资治通鉴长编》卷 144，第 3480 页。

③ （宋）范仲淹：《答手诏条陈十事》《再进前所陈十事》，《范文正公政府奏议》
卷上、卷上，《范仲淹全集》，第 531、539 页。

④ （宋）欧阳修：《再论按察官吏状》，《欧阳修全集》卷 106，第 1614 页。

⑤ （宋）吕中：《类编皇朝大事记讲义》卷 2，第 50 页。

⑥ （宋）李焘：《续资治通鉴长编》卷 44，第 938 页。

⑦ 朱瑞熙：《中国政治制度通史》（宋代卷），人民出版社 1996 年版，第 358—
359 页。

中系统地探讨了古今地方治理的变迁：

> 古者为治有繁简，其施于民也有浅深，各适其宜而已。三代之盛时地方万里，而王所自治者千里而已，其余以建诸侯。至于礼乐刑政，颁其大法而使守之，则其大体盖简如此。诸侯大小国盖数千，必各立都邑，建宗庙。卿士大夫朝聘祭祀，训农练卒，居民度土，自一夫以上皆有法制，则其于众务，何其繁也！今自京师至于海隅徼障，一尉卒之职必命于朝，政之大小皆自朝出，州县之吏奉行而已。是举天下皆所自治，其于大体，则为繁矣。其州县大小，邑闾田井，训农练卒，一夫以上略无制度，其于众务，何其忽而简也！夫礼以治民，而乐以和之，德义仁恩，长养涵泽，此三代之所以深于民者也。政以一民，刑以防之，此其浅者尔。今自宰相至于州县有司，莫不行文书、治吏事，其急在于督赋敛、断狱讼而已，此特浅者尔。礼乐仁义，吏不知所以为，而欲望民之被其教，其可得乎？夫治大以简则力有余，治小以繁则事不遗，制民以浅则防其僻，渐民以深则化可成，此三代之所以治也。今一切悖古，简其当繁而繁其可简，务其浅而忽其深。故为国百年，而仁政未成、生民未厚者，以此也。然若欲使国体大小适繁简之宜，法政弛张尽浅深之术，诸侯井田，不可卒复，施于今者何宜？礼乐刑政，不可卒成，用于今者何便？悖古之失，其原何自？修复之方，其术何始？迹治乱，通古今，子大夫之职也，其悉心以陈焉。[①]

欧阳修围绕行政的繁简与深浅展开论述。他指出：今世变三代分封诸侯为中央集权，但州县对"众务"的制度建设远不如诸侯，此之谓"简其当繁而繁其可简"；今世从中央到地方皆重视督赋敛、断狱

---

① 《欧阳修全集》卷47，第674—675页。

讼之类的刑政举措，不知以礼乐仁义化民，此之谓"务其浅而忽其深"。欧阳修认为，这是赵宋开国百年"仁政未成、生民未厚"的根源。他因而期望士子能考量古今地方治理的得失，反思"悖古之失"，提出"修复之方"。当然，欧阳修也不是迂腐的复古主义者，他明确表示，三代的"诸侯井田""礼乐刑政"如今未必能完全恢复，而要经过一番斟酌和取舍。不难看出，欧阳修对地方治理的思考既有厚重的历史感，又对政体、政术予以全面思考。

有鉴于地方治理的日益衰败，庆历士大夫甚为关注地方官序列下的政治角色，认为州县亲民官的简拔直接影响到"邦本"的稳固①。范仲淹等人在推行新政之际反复强调："臣闻先王建侯，以共理天下。今之刺史、县令，即古之诸侯。一方舒惨，百姓休戚，实系其人。"② 又："今转运、按察使，古之岳牧、方伯、刺史、观察使、采访使之职也；知州、知县，古者诸侯、守宰之任也。内外官虽多，然与陛下共理天下者，惟守宰最要尔。"③ 虽说以今制况古制是宋人常用的说理方式④，但像范仲淹那样一反真宗初年朱台符的看法，不仅超唐越汉，径以州县官比拟古之诸侯，上溯先王之政，还重申汉宣帝的"共治"之说，以期增重地方官对自我地位及权责的认同感，进而将之作为改革举措的直接理据。⑤ 这样的观点在庆历之前很难看到，无疑显示出儒学复兴对政治文化领域的影响。

---

① （宋）范仲淹：《上执政书》，《范文正公文集》卷9，《范仲淹全集》，第212页。

② （宋）范仲淹：《答手诏条陈十事》，《范文正公政府奏议》卷上，《范仲淹全集》，第531页。

③ （宋）李焘：《续资治通鉴长编》卷144，第3481页。

④ 如康定元年（1040）权三司使公事郑戬上言："国家所置诸道转运使副，即汉刺史、唐观察使之职，其权甚重。"［（宋）李焘：《续资治通鉴长编》卷127，3011页］便借汉唐旧制来说明诸道转运使副"其权甚重"。不过在庆历之前似不多见宋人将州县官比作诸侯的说法。

⑤ 有学者指出，范仲淹在北宋士大夫中是谈论天子与士大夫"共治天下"最多者之一。参见张希清《"以天下为己任"——范仲淹的为政之道》，载《中国古代政治文化研究》，第268—302页。

不过，庆历士大夫对于地方亲民官的重视在现实中终被认为是苛察、生事，那些雷厉风行的按察使为辖下官员视作"三虎四瞪"，"择官长"的政策不久亦遭废罢。然而，当庆历士大夫谪处江湖，亲自扮演地方官角色时，他们有意愿并且也有能力履行自己在新政期间就已明确的循吏的角色期望。如韩琦在出知扬州时自白："臣内不能协赞筹帷，精讲致平之策；外不能周旋塞垒，力营预备之谋。而乃宴处名城，坐尸厚俸，庇亲自足，临政少忧。于臣身则粗安，在臣志则未报。敢不导宣宽诏，慰抚编氓？"① 明言要将原先在内致平兼在外备边的志向投入地方治理中去。又如范仲淹在知邓州任内一次贺雪时表示："今之刺史古诸侯，孰敢不分天子忧。自秋徂冬渴雨雪，旬奏空文惭转邮。得非郡国政未洽，刺史闭阁当自忧。上赖天子仁且圣，神龙奔走不俟求。同云千里结雪意，一夕密下诚如羞。"② 足见范仲淹等人在后新政时代的地方治理活动始终连通着自觉的角色意识，同时上述"今之刺史古诸侯"式的新观念在角色转换之后终于能发挥实效。

庆历士大夫对于政治上内外大小或说国家与地方之关系的认识随着实践的展开也有深化，这普遍呈现在他们的交流互动之中。范仲淹皇祐元年（1049）在给韩琦的信中自白："某已陈乞再任，或移浙中一郡，虽于国无济，但一方州庶事由己，吏民可安，自且恬泰。"③ 有一方吏民休戚系于己身的责任感，并欣然于能真正把握州民与己身的命运。是年，范仲淹再次抵书韩琦，与其共勉："今镇静北面，练兵养民，是亦为政矣。君子之道如阳春白日，于照临生育

---

① （宋）韩琦：《扬州谢上表》，《安阳集》卷25，《安阳集编年笺注》，第821页。

② （宋）范仲淹：《依韵答贾黯监丞贺雪》，《范文正公文集》卷3，《范仲淹全集》，第58页。

③ （宋）范仲淹：《与韩魏公书》其二十，《范文正公尺牍》卷中，《范仲淹全集》，第675—676页。

之意，岂择其小大之限哉？"① 便主张君子之道不择小大，以勤勉实干为先。滕宗谅迁谪岳阳，范仲淹谓其"巴陵政修，百废具兴。虽小必治，非贤孰能"②。尹洙亦指出当时官场常态是为"凡由大而适小，必易其治，或阴愤阳昏，事弛官废，下不胜弊者有之；或慎微虑危，循旧保常，无所设施者有之"，滕宗谅却"用舍一致，勇其所树立，不以险夷自疑于时"，足见其"爱君之深，信道之笃"③。富弼知青州时不顾一己之疑谤，勉力赈济流民，作书与欧阳修："在青州二年，偶能全活得数万人，胜二十四考中书令远矣。"④ 则地方济民之举大胜秉政中枢，可见其重实政而轻虚位的襟怀。庆历四年（1044），尹洙在听说欧阳修出巡河北时虽抱憾于"正人在朝，天下蒙福。今虽总制一道，然所施置不过千里"，重轻不可同日可语，但仍劝勉挚友："圣上慈明，永叔以忠亮被遇，不当以外内易虑，忘怀本朝也。"⑤ 欧阳修知滁任上曾对梅尧臣倾诉："小邦为政期年，粗有所成。固知古人不忽小官，有以也。"⑥ 其《汝瘿答仲仪》亦嘱咐王素："君官虽谪居，政可瘳民瘼。"⑦ 这种为政不忽小官的积极姿态改变了当时官场重内轻外的思维定势⑧，促使他们更为自主地扮演

---

① （宋）范仲淹：《与韩魏公书》其二一，《范文正公尺牍》卷中，《范仲淹全集》，第676—677页。

② （宋）范仲淹：《祭同年滕待制文》，《范文正公文集》卷11，《范仲淹全集》，第275页。

③ （宋）尹洙：《岳州学记》，《尹洙集编年校注》，第367页。

④ （宋）叶梦得：《避暑录话》卷下，《全宋笔记》，第2编，第10册，第287页。

⑤ （宋）尹洙：《答河北都转运欧阳永叔龙图书》其一，《尹洙集编年校注》，第305页。

⑥ （宋）欧阳修：《与梅圣俞书》其二十，《欧阳修全集》卷149，第2454页。

⑦ 《欧阳修全集》卷3，第48页。

⑧ 洪迈曾描述宋人对京师的向往："国朝承平之时，四方之人，以趋京邑为喜。盖士大夫则用功名进取系心，商贾则贪舟车南北之利，后生嬉戏则以纷华盛丽而悦。"［（宋）洪迈：《容斋随笔》五笔卷9，第934页。）

好地方官角色。范仲淹乞知邠州时"庶朝廷无内重外轻之失"① 的自白，道出了他们的共同心声。

庆历士大夫之能在地方官任上真正实现循吏的角色期望，使其不至流于空言，乃在于他们除有文学修养，同样是吏干优长的一代人，范、韩、富出将入相，自不待言。即如素以道德文章著称的欧阳修，亦不忘忽系民休戚的俗吏之务，对后学多谈吏事，留下"文学止于润身，政事可以及物"的警言②。后新政时代他们连典数州，所至多有治声，颇得民心：范仲淹"在邓二年，邓人爱之，及徙荆南，众遮使者请留，仲淹亦愿留，诏从其请"③；杜衍在兖州、富弼在郓州，"山东尤尊爱之"④，富弼在青州又赈济河北流民，"凡活五十余万人"⑤，他后知河阳，"仁政精明，民已歌乐"⑥；韩琦在定州五年，先是救济饥民，"全活人命及五七百万"⑦，"将行，定人争欲遮留公，使不得出"⑧；欧为数郡，"所至民便，既去民思"⑨，在知应天府任上被民众尊称为"照天蜡烛"。他们对吏治理想之躬行，在地方上卓见成效。

此外，庆历士大夫还主动向后辈传达自己在新政期间积累的地方治理的经验，如皇祐三年（1051），欧阳修在酬答奉命安抚江南的韩绛时着意重谈人情因循、吏治败坏以致民病的旧说：

---

① （宋）范仲淹：《陈乞邠州表》，《范文正公文集》卷20，《范仲淹全集》，第447页。

② 参见（宋）吴曾《能改斋漫录》卷13，第393页。

③ （宋）李焘：《续资治通鉴长编》卷163，第3918—3919页。

④ （宋）李焘：《续资治通鉴长编》卷157，第3803页。

⑤ （宋）苏轼：《富郑公神道碑》，《苏轼文集》卷18，第532页。

⑥ （宋）陈襄：《又与蔡舍人启》，《古灵先生文集》卷9，《宋集珍本丛刊》影印本，第8册，第733页。

⑦ （宋）韩忠彦：《韩魏公家传》，《安阳集编年笺注》附录3，第1797页。

⑧ （宋）江少虞辑：《宋朝事实类苑》卷8引《魏王别录》，上海古籍出版社1981年版，第81页。

⑨ （宋）朱熹：《考欧阳文忠公事迹》，《晦庵先生朱文公文集》卷71，《朱子全书》，第24册，第3436页。

百姓病已久，一言难遽陈。良医将治之，必究病所因。天下久无事，人情贵因循。优游以为高，宽纵以为仁。今日废其小，皆谓不足论。明日坏其大，又云力难振。旁窥各阴拱，当职自逡巡。岁月侵臁颏，纪纲遂纷纭。坦坦万里疆，蚩蚩九州民。昔而安且富，今也迫以贫。疾小不加理，浸淫将遍身。①

针对此类官场顽疾，欧阳修紧接着又开出从严整饬地方官吏的老方：

汤剂乃常药，未能去深根。针艾有奇功，暂痛勿吟呻。痛定支体胖，乃知针艾神。猛宽相济理，古语六经存。蠹弊革侥倖，滥官绝贪昏。牧羊而去狼，未为不仁人。俊乂沉下位，恶去善乃伸。贤愚各得职，不治未之闻。此说乃其要，易知行每艰。迟疑与果决，利害反掌间。舍此欲有为，吾知力徒烦。②

这一番自问自答堪称忧思深远，是欧阳修自身居"谏列"起就一直重视的问题。韩绛自江南回朝，果然上言"江西人蕃赋重，州县长吏多不得人"③，没有辜负欧阳修"上副明主意，下宽斯人屯"④ 的期望，足见诗歌的力量。

有学者指出，"以天下为己任"作为宋代士大夫的一种集体意识，表现在不同层次与方式上面，并非动辄便提升到秩序全面重建的最高度。吕大钧、大临兄弟建立"乡约"，范仲淹首创"义庄"，表明士大夫已认识到"治天下"必须从建立稳定的地方制度开始。

---

① （宋）欧阳修：《奉答子华学士安抚江南见寄之作》，《欧阳修全集》卷5，第78—79 页。另外，欧阳修此期还作有《送张洞推官赴永兴经略司》《与田元均论财计书》等诗文反思新政。

② （宋）欧阳修：《奉答子华学士安抚江南见寄之作》，《欧阳修全集》卷5，第79 页。

③ （宋）李焘：《续资治通鉴长编》卷172，第4139 页。

④ （宋）欧阳修：《奉答子华学士安抚江南见寄之作》，《欧阳修全集》卷5，第79 页。

从这个意义上说，庆历士大夫在后新政时代的地方治理活动和庆历新政一样都指向"以天下为己任"的意识。那场由中央自上而下期望一举"澄清天下"① 的改革虽已失败，但庆历士大夫通过扮演地方亲民官延续新政时期确立的吏治观念和革新理念，正构成一次将天下意识落实到地方秩序上的集体尝试，就像皇祐二年（1050）范仲淹对韩琦说的：

> 未大用间，亦处处有仁义可行。②

四　庆历士大夫的地方营造活动和相关文学活动

庆历士大夫在后新政时代常引颜回事迹作为君子处穷的典范（参见尹洙《送浮图迥光一首》、欧阳修《送徐无党南归序》）。不过，和颜子在陋巷箪食瓢饮的贫士之乐不同，庆历士大夫的地方生活在物质上还是比较丰足的。如苏舜钦就说，他放废后隐居于苏州"人生内有自得，外有所适，亦乐矣"③。又如范仲淹"方其在朝，自奉简俭，及谪居于外，则务为丰腆"，以此自适。④ 欧阳修解"需"卦亦云："君子之时将及矣，必待之焉。饮食以养其体，宴安和乐以养其志，有待之道也。"⑤ 可以说，庆历士大夫在后新政时代多已成为成熟的文官，意识到人生需要一张一弛的节律感，在庙堂得时行道的劳碌和在江湖乐道独善的闲适都是仕宦生涯中不可或缺的体验。

而在后新政时代，庆历士大夫在地方主持营造或修葺的各类公

---

① （宋）欧阳修：《论按察官吏札子》，《欧阳修全集》卷98，第1506页。

② （宋）范仲淹：《与韩魏公书》其二三，《范文正公尺牍》卷中，《范仲淹全集》，第677页。

③ （宋）苏舜钦：《答韩持国》，《苏舜钦集编年校注》卷9，第617页。

④ （宋）李纲：《书范文正公事》，《李纲全集》卷160，岳麓书社2004年版，第1479页。

⑤ （宋）欧阳修：《易童子问》卷1，《欧阳修全集》卷76，第1108页。

私建筑，是他们达成外适的主要空间，也是他们进行创作的关键场域。无论是宦游州郡者如范仲淹、韩琦、欧阳修、滕宗谅，还是致仕退居者杜衍，抑或除名废放者苏舜钦，他们在数年"忧患飘流"的迁徙经历里，几乎每至一地皆精心修建，既能托庇己身又可以游赏憩息的亭园居所。同时，范、滕、韩、欧以及余靖、孙沔等人在州府长官任内亦积极推动公共设施的建设。①

当然，文人经营园林别业，地方官优游于郡斋，或在治下胜境构筑亭园，这在中古时期就很普遍。② 就庆历士大夫而言，他们在早年的仕宦生涯中已有建造郡斋、亭园的爱尚，较典型如欧阳修自撰的《非非堂记》《夷陵县至喜堂记》《画舫斋记》，历时地反映了他在洛阳、夷陵、滑州供职时修建或接受郡斋的轨迹。不过，庆历士大夫在地的公私营造活动汇聚成一股热潮，要等到后新政时代。像宋人说韩琦"喜营造，所临之郡必有改作"③，考诸生平，此种嗜好显是韩琦在后新政时代的地方仕宦经历中养成的。

庆历士大夫参与营造或修葺的建筑从性质和功能来看大致可分为三类：一是各类公共建筑，如州学、庙宇、堤坝、城郭、桥梁等；二是私人的园林居所，如苏舜钦的苏州沧浪亭、杜衍的应天府新居等；三是兼具公私性质的郡斋、州圃、亭楼，如滁州三亭（丰乐亭、

---

① 范仲淹十分注重公共性质的营建活动，他在邠州建州学、在邓州修葺百花洲，他在苏州创立范氏义庄亦出于周济族人的公心。另一方面他对私人居所的营建并不热心，朱熹《五朝名臣言行录》卷 7 引述过一则范仲淹晚年的轶事："公在杭州，子弟以公有退志，乘间请治第洛阳，树园圃以为逸老之地。公曰：'人苟有道义之乐，形骸可外，况居室哉！吾今年逾六十，生且无几，乃谋树第治圃，顾何待而居乎？吾之所患，在位高而艰退，不患退而无居也。且西都士大夫，园林相望，为主人者，莫得常游，而谁独障吾游者？岂必有诸己而后为乐耶？俸赐之余，宜以赒宗族。若曹遵吾言，毋以为虑。'"（参见《朱子全书》，第 12 册，第 219 页）这反映了"乐道"的至高境界。

② 参见葛晓音《山水田园诗派研究》，辽宁大学出版社 1993 年版，第 86—101 页；葛晓音：《中晚唐的郡斋诗和"沧洲吏"》；李浩：《唐代园林别业考论》，西北大学出版社 1996 年版。

③ 徐度：《却扫编》卷下，《全宋笔记》，第 3 编，第 10 册，第 176 页。

醒心亭、醉翁亭）①、扬州平山堂、颍州聚星堂、岳州岳阳楼、邓州百花洲、定州阅古堂、定州众春园、相州园池（昼锦堂、康乐园、休逸台、求己亭、广春亭）等。他们能够在地方进行大规模的营建活动，和北宋朝廷对于文官特别是州县长吏在物质上的优待有关②。苏舜钦作为世家子弟，杜衍作为退休旧相，他们在地方购置土地兴建居所自不算难事。而范仲淹、韩琦、欧阳修、滕宗谅、余靖、孙沔这些州府长吏在一地营造的公共建筑及郡斋州圃更为宏大而多样，除了由于他们为政有成、善于筹措外，个人俸禄的丰厚和地方政府的财政支持也是重要原因③。

伴随营建活动的进行，以记体文为中心、以同朋唱和为辅佐的群体性创作趋于兴盛，堪称后新政时代最引人注目的文化景观。这批互为表里的建筑与文本，既是庆历士大夫自我表达的重要管道，

---

①　关于醉翁亭的性质，据欧阳修《醉翁亭记》，此亭乃山僧智仙所建，与丰乐亭由欧公自筑不同。不过在醉翁命名之后，醉翁亭发挥的自适乃至共乐的游赏功能，与丰乐亭无异。因此醉翁、丰乐二亭均可视作公共性的游赏设施，北宋末梅执礼《东园序》就说："滁阳旧无郡圃，而醉翁、丰乐诸亭皆在关外。"（《全宋文》卷3349，第156册，第57页）可能是由于功能的这种趋同，嘉祐元年（1056）欧阳修在《醉翁》序自述："余作醉翁亭于滁州。"（《欧阳修全集》卷15，第260页）明言自作醉翁亭。而后人亦多将造亭之功归之于欧公，如苏辙《欧阳文忠公神道碑》云："公之在滁也，自号醉翁，作亭琅琊山，以醉翁名之。"（《栾城后集》卷23，《苏辙集》，第1135页）

②　这里是举大体而言，庆历士大夫中个别成员如尹洙在贬谪期间还是极为贫困的，他在随州不过"结茅为亭，以芟而嬉"［（宋）曾巩：《尹公亭记》，《曾巩集》卷18，第299页］，死后子弟尚赖韩、欧赈济。

③　宋朝官员的待遇要优于前朝，并且州郡守官的经济状况普遍优裕于同级的中央官员，他们手里握有一笔可供公费宴饮的公使钱。参见叶烨《北宋文人的经济生活》，百花洲出版社2008年版，第66—67页。范仲淹《陈乞邠州状》就强调"先劳后禄之效"（《范文正公文集》卷20，《范仲淹全集》，第447页），庆历新政里"均公田"政策的指导原则便是厚禄以养贤养廉，特别是通过均衡职田"使英俊之流，乐于为郡为邑之任，则百姓受赐"［（宋）范仲淹：《答手诏条陈十事》，《范文正公政府奏议》卷上，《范仲淹全集》，第532—533页］。此外，州郡长吏在一定程度上也有权主持治下财政支出的分配。另外，北宋中期知州的公共景观营建活动，参见丁义珏《自适·共乐·教化——论北宋中期知州的公共景观营建活动（1023—1067）》，《中华文史论丛》2020年第3期。

同时也汇聚着他们寻求认同的嘤鸣。如苏州沧浪亭（苏舜钦《沧浪亭记》）、岳阳楼（范仲淹《岳阳楼记》）、邓州百花洲、滁州丰乐亭（欧阳修《丰乐亭记》）、滁州醉翁亭（欧阳修《醉翁亭记》）、扬州平山堂、定州阅古堂（韩琦《定州阅古堂记》）、相州昼锦堂（韩琦《相州新修园池记》）等更是成为地标式的存在，永能引发后世士人对于庆历士大夫及"庆历气象"① 的钦慕怀想。后新政时代庆历士大夫的地方营建活动与相关创作，如下表所示：

人物	地点	建筑 修建者 时间	记体文 作者 作年	相关创作（作者）
苏舜钦	苏州	沧浪亭 苏舜钦 1045	沧浪亭记 苏舜钦 1045	《沧浪亭》《沧浪怀贯之》《独步游沧浪亭》《初晴游沧浪亭》《沧浪静吟》《沧浪观鱼》《郡侯访予于沧浪亭因而高会翌日以一章谢之》《水调歌头·沧浪亭》（以上苏舜钦）《沧浪亭》（欧阳修）《水调歌头·和苏子美》（尹洙）《寄题苏子美沧浪亭》（梅尧臣）《沧浪亭》《寄子美学士》（以上胡宿）《寄题苏子美沧浪亭》（韩维）
尹洙	随州	茅亭（后名尹公亭） 尹洙、李禹卿 1046	尹公亭记 曾巩 1068	—
蔡襄	福州	春野亭 蔡襄 1046	—	《新作春野亭》《春野亭待月有怀》（以上蔡襄）
范仲淹	邠州	庙学 范仲淹、王稷 1046	邠州建学记 范仲淹 1046	—
	邓州	百花洲 范仲淹 1047	—	《中元夜百花洲作》《依韵答王源叔忆百花洲见寄》《献百花洲图上陈州晏相公》《定风波自前二府镇穰下营百花洲亲制》（以上范仲淹）
		览秀亭 范仲淹 1047	—	《览秀亭诗》（范仲淹）

① （宋）李曾伯：《重修岳阳楼记》，《全宋文》卷7857，第340册，第330页。

续表

人物	地点	建筑 修建者 时间	记体文 作者 作年	相关创作（作者）
欧阳修	滁州	丰乐亭 欧阳修 1046	丰乐亭记 欧阳修 1046	《丰乐亭小饮》《丰乐亭游春三首》《幽谷晚饮》（以上欧阳修）《寄题滁州丰乐亭》（梅尧臣）《寄题滁州丰乐亭》（蔡襄）《寄题丰乐亭》（苏舜钦）《幽谷引》（王安石）《题欧阳永叔新凿幽谷泉》《幽谷泉》（以上刘攽）
		醒心亭 欧阳修 1046	醒心亭记 曾巩 1047	—
		醉翁亭 释智仙 1046	醉翁亭记 欧阳修 1046	《题滁州醉翁亭》《赠沈遵》《赠沈博士歌》（以上欧阳修）《寄题滁州醉翁亭》《醉翁吟》（以上梅尧臣）《醉翁亭》（苏舜钦）《寄欧阳公》《寄题醉翁亭》（富弼）《效醉翁吟》（王令）《酬欧阳舍人寄题醉翁亭诗》（张方平）
	扬州	平山堂、美泉亭、无双亭 韩琦、欧阳修 1048	—	《答通判吕太博》《朝中措·送刘仲原甫出守维扬》（以上欧阳修）
	颍州	聚星堂 欧阳修 1049	—	《聚星堂前紫薇花》《人日聚星堂燕集探韵得丰字》《橄榄》《鹦鹉螺》《堂中画像探题得杜子美》《雪》（以上欧阳修）《聚星堂咏雪赠欧公》（杜衍）
		三桥 欧阳修 1049	—	《三桥诗》《和人三桥诗绝句三首》《飞盖桥玩月》（欧阳修）
滕宗谅	岳州	州学 滕宗谅 1046	岳州学记 尹洙 1046	—
		堰虹堤（未成） 滕宗谅 1046	堰虹堤记 欧阳修 1046	—
		岳阳楼 滕宗谅 1046	岳阳楼记 范仲淹 1046	—
杜衍	应天	新居 杜衍 1047	—	《新居感咏》（杜衍）《某伏蒙宫师相公寄示新居诗斋沐捧读不胜铭叹某谨成拙诗一章上纪盛德粗伸谢意》（文彦博）

续表

人物	地点	建筑 修建者 时间	记体文 作者 作年	相关创作（作者）
韩琦	定州	阅古堂 韩琦 1049	定州阅古堂记 韩琦 1049	《阅古堂》《阅古堂前植菊二本九月十八日花犹未开因以小诗嘲之》《阅古堂八咏》《答定帅仲仪龙图寄示阅古堂诗刻》《次韵和崔公孺国博模刻文正范公阅古堂诗》《次韵答侍读张龙图索阅古堂诗石本》（以上韩琦）《阅古堂诗》（范仲淹）《定州阅古堂》（富弼）《韩公阅古堂》（欧阳修）《寄题韩丞相定州阅古堂》（王令）
		北岳庙 韩琦、游开 1049	定州重修 北岳庙记 韩琦 1049	——
		孔庙、州学 韩琦、张撰 1050	定州新建 州学记 韩琦 1050	——
		众春园 韩琦 1050	定州众春园记 韩琦 1050	《众春园》《七夕同末伏会众春园》《观稼回北园席上》《壬辰寒食众春园》（以上韩琦）
	并州	庙学 韩琦、张撰 1054	并州新修 庙学记 韩琦 1054	《五贤赞》（韩琦）
	相州	相州园池（昼锦堂、康乐园、休逸台、求己亭、广春亭） 韩琦 1056	相州新修 园池记 韩琦 1056 相州昼锦堂记 欧阳修 1065	《昼锦堂赏新牡丹》《昼锦堂》《康乐园》《寒食会康乐园》《暮春康乐园》《休逸台》（以上韩琦）《寄题相台太尉韩公昼锦堂》（宋祁）
富弼	青州	富相亭 （后人命名） 富弼 1050	——	《石子涧二首》（范仲淹）《游石子涧》（欧阳修）
余靖	桂州	新城 余靖 1055	桂州新城记 王安石 1055	——

续表

人物	地点	建筑 修建者 时间	记体文 作者 作年	相关创作（作者）
孙沔	杭州	城门 孙沔 1055	杭州新作 双门记 蔡襄 1055	—

后新政时代兴起的营造兼书写现象群的重要性不仅在于特定时期内数量的累积，更表现在它于公私两端皆展示出富有时代氛围和主体印迹的特质，在一定程度上构成对庆历新政及其败局的回应。

从公共一面来看，庆历士大夫在州郡守官任上重视建造和修葺各类公共设施无疑构成他们地方治理的一部分。特别是其中最常见的学记，反映了庆历士大夫对于新政的坚持不限于吏治一项，他们同时还积极参与和推动地方的文教事业，对庆历兴学诏自倡而自应。[1] 庆历士大夫很早就重视地方学校的建设[2]。后新政时代，范仲淹在邠州，滕宗谅在岳州，韩琦在定州、并州，均兴建州学及庙学，并自撰或请人代作记文。蔡襄则于泉、福二地"礼其士之贤者，以劝学兴善"[3]，以经术改变了闽地专用诗赋应举的风气；欧阳修在各地颇交接学人，奖掖后进，皆表现出一种有为的姿态。

在庆历士大夫同时撰写的学记如尹洙《岳州学记》、范仲淹《邠州建学记》、韩琦《定州新建州学记》以及欧阳修《吉州学记》、余靖《饶州新建州学记》《浔州新成州学记》里均强调庆历兴学诏的意义。如范仲淹《邠州建学记》明言："庆历甲申岁，予参贰国

---

① 参见郭英德《范仲淹与庆历兴学》，景范教育基金会统筹《范仲淹研究文集之二》，新亚洲文化基金会有限公司 2001 年版，第 145 页。

② 关于范仲淹及其追随者在 1035—1045 年之间建设地方学校的总体情况，参见包弼德《斯文：唐宋思想的转型》，第 440 页。

③ （宋）欧阳修：《端明殿学士蔡公墓志铭》，《欧阳修全集》卷 35，第 521 页。

政，亲奉圣谟，诏天下建郡县之学，俾岁贡群士，一由此出。"① 再如欧阳修《吉州学记》开头即不吝笔墨追叙新政之概况：

> 庆历三年秋，天子开天章阁，召政事之臣八人，问治天下其要有几，施于今者宜何先，使坐而书以对。八人者皆震恐失位，俯伏顿首，言此非愚臣所能及，惟陛下所欲为，则天下幸甚。于是诏书屡下，劝农桑，责吏课，举贤才。其明年三月，遂诏天下皆立学，置学官之员，然后海隅徼塞四方万里之外，莫不皆有学。②

这样就将吉州一地的建学之举通过兴学诏书融入新政的宏阔时代背景中，以见该地得风气之先，同时又以吉州乃至四方积极建学为例论证新政政策的成功。虽说宋代学记常不忘提庆历兴学一笔，以示先河后海之意。③ 但像范、韩、欧这样直接领导和参与新政的当事人，亲历朝廷下诏至地方兴学的全过程，在字句间自然拥有很强的即时性与代入感，这和后人在学记里遥遥致敬不可等视。

从私人一面来看，庆历士大夫在地方营建园林居所、郡斋亭台，于漂泊江湖之际倾力驯服陌生的环境，将之改造成安身兼寄意的归息之所，有效消解谪宦的悲哀，表现出积极有为的居住理念和主人姿态。他们在选址、营建、命名、布局、功用上均有自己独到的安排，并往往在记体文里自我袒露情志，这样一来建筑这种物质实存也成为主体人格和趣味的征象。同时，在亭园中游赏憩息的士大夫有着极为丰富的感性体验，展现出忧乐醉醒的群像。如苏舜钦《沧浪亭记》以诗意的笔调描述自己的日常生活：

---

① 《范文正公文集》卷 8，《范仲淹全集》，第 196 页。
② 《欧阳修全集》卷 39，第 572 页。
③ 参见刘成国《宋代学记研究》，《文学遗产》2007 年第 4 期。

予时榜小舟，幅巾以往，至则洒然忘其归，觞而浩歌，踞而仰啸，野老不至，鱼鸟共乐。形骸既适则神不烦，观听无邪则道以明，返思向之汩汩荣辱之场，日与锱铢利害相磨戛，隔此真趣，不亦鄙哉！①

蒙冤罪废的经历令苏舜钦对仕途艰险、人情机伪充满着嫉恶和戒惧，他因此主动选择远离谗毁交作的庙堂，栖居于宁静平和的地方。在他精心构筑的沧浪亭这个纯粹的诗性空间里，苏舜钦以文人隐士的身份重新掌握生命的主动权和身心的自由。虽以"醉饱"而废放却依旧不改醉态，这其中或许隐然有一种反抗姿态在。

尤其值得注意的是，像范、欧、韩等人在州郡长吏任上营造的亭台州圃如百花洲、丰乐亭、众春园、康乐园兼具公私属性，不仅供自适之用，也是他们与治下民众共乐的场所。这在他们后新政时代的一系列诗文里皆有表现，汇聚成为"众乐"书写。这一群体性文学书写现象深刻反映了庆历士大夫在贬谪中对循吏理想的理解和践行，以及调和自适与济物的努力，折射出后新政时代思想、政治与文学之间的深层互动。

第二节　尹洙之死：唐宋思想变迁中的死亡及其书写

想要揭示超越忧患的内在力量，首先需要直视悲剧本身。庆历新政的失败带出一段理想坠失、贤人艰屯的时日。庆历士大夫及其同情者中有不少人被强烈的幻灭感所笼罩。比如，真宗朝宰相毕士安之孙毕从古"天资直介"，"与时人多不合，绝不喜事贵人"，贵人中只有杜衍、范仲淹、包拯、田况、刘湜五人了解他，"自范仲淹

① 《苏舜钦集编年校注》卷 9，第 625—626 页。

以毁废"，毕从古"亦无意用于世"。① 态度更为决绝的还要数王质和尹源。王质原本"视世事，若无一可以动其心者"②，尹源亦"视世事若不干其意"，"旷然不有累其心"③，但二人"惟以天下善人君子亨否为己休戚"④，在听闻改革派为小人连构大狱或贬或废后皆"叹息忧悲发愤，以谓生可厌而死可乐也"⑤，尽日被酒哀歌，终以疾早逝。王、尹之主动选择"一愤乐死其如归"⑥，实则是以自戕式的行为激烈地表达他们对于现实的抗争态度。

在后新政时代这个理想落潮期，死亡的阴云也向庆历士大夫压覆过来，那个伟大的时代好似随着缔造者们的弃世而逐渐远去了。除王质、尹源外，石介、尹洙、滕宗谅、苏舜钦、范仲淹、苏舜元等人亦于此十年间相继殒身，几使存者于"交朋沦落殆尽，存者不老即病，不然困于世路"的索寞中"无复生意"⑦。在上述死者中，范仲淹、尹洙这两位当世贤人赍志以殁，尤令同道痛心疾首。在他们看来，两人的死亡早已越出个体悲剧的范畴而显出哲人其萎、道之不行的象征意味。本节聚焦庆历士大夫关于尹洙之遭际和死亡的集体书写，揭示他们对穷达、生死、忧乐的思考。

庆历五年（1045），尹洙因为董士廉的诉讼和举报，"盛夏就狱，穷治百端"⑧，被贬为崇信军节度副使，后徙监均州酒税。他在赴任途中便已染疾，在均州百余日始终不能康复，遂至邓州范仲淹

① （宋）毕仲游：《尚书郎赠金紫光禄大夫毕从古行状》，《全宋文》卷2403，第111册，第129页。

② （宋）欧阳修：《尚书度支郎中天章阁待制王公神道碑铭》，《欧阳修全集》卷21，第339页。

③ （宋）欧阳修：《太常博士尹君墓志铭》，《欧阳修全集》卷30，第451—452页。

④ （宋）欧阳修：《尚书度支郎中天章阁待制王公神道碑铭》，《欧阳修全集》卷21，第339页。

⑤ （宋）欧阳修：《太常博士尹君墓志铭》，《欧阳修全集》卷30，第452页。

⑥ （宋）欧阳修：《太常博士尹君墓志铭》，《欧阳修全集》卷30，第452页。

⑦ 参见（宋）欧阳修《与章伯镇书》其五，《欧阳修全集》卷147，第2406页。

⑧ （宋）尹洙：《答江休复学士书》，《尹洙集编年校注》，第347页。

处托付后事。到达邓州五天后，庆历七年（1047）四月初十凌晨，尹洙病故于邓州馆驿。

尹洙的死讯立刻在士林中传布开来，人们既为大贤废死的悲剧深表哀恸，也对他临终时异乎寻常的平静和清明大感惊奇。于是"尹洙之死"很快成为士大夫和佛教徒笔下的热门话题，书写者们纷纷从各自的观念出发剖析"子死特异"① 背后的因由，由此形成极其微妙的两歧格局。一方以范仲淹、欧阳修、韩琦等庆历士大夫为代表，三人撰写的碑志和集序共同将挚友尹洙塑造为一位纯粹的道德君子，而对于尹洙之死的评述正是他们达成该目标的终末环节。另一方则以僧人契嵩为代表，他在《辅教编》中主张尹洙之死是证明佛法"益人之死"的典型事例②。各思想阵营展开的这一场场死亡书写并不是孤立的，相反，它们或彼此呼应或相互抗衡，交织成一个整体。

这实在启人疑窦：同一人的同一场死亡何以会出现两种截然对立的阐释？它们各自怎样建构自身的合理性，又如何争夺话语权？与之关联的问题还有：范仲淹最开始的解释何以会采用释老之说，而又为何范、欧、韩后来在公共文字里统一将尹洙之死改写成儒学版本？

顺着这些问题重新审视这个被持续记录和定义的贤者之死，就能发现它产生于并且也参与到唐宋思想的变迁之中，关涉儒学与佛老在临终关怀领域的博弈。故唯有将尹洙之死及其书写放置在北宋中期这个儒学复兴同时也是思想变革时代的大背景中方能获致全面的理解。

---

① （宋）范仲淹：《祭尹师鲁舍人文》，《范文正公文集》卷11，《范仲淹全集》，第277页。

② （宋）契嵩：《辅教编·劝书第三》，《镡津文集校注》卷1，第22页。按，何寄澎在讨论契嵩对抗排佛时注意到尹洙之死，他认为这只是契嵩附会传说，扭曲古文家形象，则把问题简单化了。参见何寄澎《北宋的古文运动》，上海古籍出版社2011年版，第296—298页。

一 被书写同时被争夺的"尹洙之死"

尹洙临终之际的情状在范仲淹寄给韩琦的讣告信中有着极为详尽的逐日记录，反映出范对此事浓厚的表述欲，这构成了尹洙之死被书写的起点：

> 师鲁去赴均州时，已觉疾作。至均，寝食或进或退，仅百余日。得提刑司文字，舁疾来邓，以存没见托，至五日而启手足。苦痛苦痛！至终不乱。初相见时，却且着灸，不谈后事。疾势渐危，遂中夜诣驿看他，告伊云："足下平生节行用心，待与韩公、欧阳公各做文字，垂于不朽。"他举手叩头。又告伊云："待与诸公分俸赡家，不令失所。"他又举手云："渭州有二儿子。"即就枕，更不他语。来日与赵学士（赵良规）看他，云："夜来示谕，并记得，已相别矣。"顾家人则云："我自了当，不复管汝。"略无忧戚。又两日，犹能扶行，忽索灌漱讫，凭案而化。众人无不悲泣，无不钦服其明也。别赵学士云"不怛化"；别韩俌（韩宗彦）云"少年树德"；别贾状元（贾黯）云"亦无鬼神，亦无烦恼"。官员又问以家事，答云："参以人事，则不乐也。"终更无言。庄老释氏齐死生之说，师鲁尽得之，奇异奇异！寻常见他于儿女多爱，不谓能了了如此。初九日夜四更有事，十日晚殡于西禅，送终之礼甚备，官员举人无不至者。①

范仲淹见证了尹洙从"舁疾来邓"到"凭案而化"的全过程。尹洙在人生的最后五天里始终神识不乱，这份直面死亡的平静和通达令众人感佩万分。此外，还要特别注意他的诀别语："不怛化"语出《庄子·内篇·大宗师》，本义是勿要惊扰垂死之人，后世又多用以

---

① （宋）范仲淹：《与韩魏公书》其一，《范文正公尺牍》卷中，《范仲淹全集》，第666—667页。

形容逝者不惧死亡；"少年树德"来自儒家的"三不朽"说；"亦无鬼神，亦无烦恼"，前句是儒家"敬鬼神而远之"观念的理性延伸，后句则明显属于佛教话语，意谓断除自心执迷。由是观之，尹洙临终时刻的精神世界呈示出三家杂糅的面貌，这构成尹洙之死多元阐释的客观条件。然而，范仲淹提出的首个解释却仅取其二，即尹洙尽得"庄老释氏齐死生之说"。同时，他也发觉这个解释和尹洙平日重人伦的表现判然有别，只能连呼"奇异"。不过，"齐死生"之说绝非范氏临时想到的结论，他很快作祭文重申："人皆有死，子死特异。神不惑乱，言皆名理。能齐死生，信有人矣。"①祭文的文体功能就是向死者倾诉，可见范坚信这个解释能得到亡友本人的认可。

"齐死生"意即齐同死生，源于《庄子》。庄子由"道通为一"的原理引申出生和死互相转化，他强调人只要顺从自然的变化，不去区别生和死，就能挣脱生死的束缚。②故《庄子》中有"以死生为一条""死生存亡之一体""死生同状"的说法③。这种生死观在《淮南子·齐俗训》里被总结为"齐死生"④，从此构成老庄之学的重要术语⑤。

佛教的生死观则稍异于是。佛教主张生死轮回说，认为众生皆

① （宋）范仲淹：《祭尹师鲁舍人文》，《范文正公文集》卷11，《范仲淹全集》，第277页。

② 参见朱伯崑《庄学生死观的影响及其特征——兼论道家生死观的演变过程》，陈鼓应主编《道家文化研究》第4辑，上海古籍出版社1994年版，第63—76页。

③ 参见王叔岷《庄子校诠》卷1、卷1、卷2，第184、239、414页。其中"死生存亡之一体"与"无怛化"同出《庄子》所载子祀、子舆、子犁、子来四人为友的故事。范仲淹或许从中得到启示。

④ （汉）刘安编，何宁撰：《淮南子集释》卷11，中华书局1998年版，第797页。

⑤ 如对于明显受到道家思想影响的贾谊《鵩鸟赋》，司马迁指出其主旨是"同死生"[（汉）司马迁：《史记》卷84《屈原贾生列传》，第2503页]，班固《幽通赋》谓"周、贾荡而贡愤兮，齐死生与祸福"[（汉）班固：《汉书》卷100上《叙传上》，第4220页]。又如阮籍《达庄论》阐扬"今庄周乃齐祸福而一死生"[（三国魏）阮籍撰，陈伯君校注：《阮籍集校注》卷上，中华书局1987年版，第136页]。这里的"同死生""齐死生""一死生"皆同义。

在六道之中经历无尽的生死流转，唯有达到涅槃境界方能超脱生死苦海。故而佛教的生死观借用释典常称道的"出生死"① 来概括似更为恰切。不过，佛教视生死同为虚幻，和道家也有相通之处。故自魏晋格义佛教以来，以道家"齐死生"概念比配佛教生死观的现象并不鲜见②。教外的士人更是统而言之，如韩愈谓僧人高闲"一死生，解外胶"③，此语还被契嵩拿来佐证韩知佛法。④

范仲淹在信中提及"齐死生"亦不分释老，但应该偏向道家。这是因为虽则范曾披阅《大藏经》以及"直指死生之源"的《十六罗汉因果识见颂》⑤，而"顿觉世缘大有所悟"⑥，但他平复生死"大怖"的法门终究归于道家。皇祐元年（1049）范仲淹自白"放心逍遥，任委来往"⑦ 的生命观，以此劝慰病重的兄长范仲温，这明显承自道家学说。他本人临终所上《遗表》中亦出现"无悝化"

---

① 如《华严经·菩萨问明品第十》："一切无碍人，一道出生死。"［（唐）实叉难陀译：《华严经》卷 13，上海古籍出版社 1991 年版，第 65 页］又如《成唯识论》以"真如出生死苦"［（唐）玄奘译，韩廷杰校释：《成唯识论校释》卷 10，中华书局 1998 年版，第 687 页］。

② 如东晋谢敷《安般守意经序》言开士安清"审荣辱之浮寄，齐死生乎一贯"［（梁）释僧祐撰，苏晋仁、萧链子点校：《出三藏记集》卷 6，中华书局 1995 年版，第 247 页］，罗含《更生论》云"达观者所以齐死生"［（南朝梁）释僧祐撰，李小荣校笺：《弘明集校笺》卷 5，上海古籍出版社 2013 年版，第 236 页］，均属格义之列。后世如北宋高僧智圆死前口占《生死无好恶论》，采《涅槃》《庄子》之说为俗谛，采《楞严》之说为真谛，显是合释老以自述生死观。

③ （唐）韩愈：《送高闲上人序》，《韩昌黎文集校注》卷 4，第 271 页。

④ 参见（宋）契嵩《非韩下》，《镡津文集校注》卷 19，第 371 页。按，契嵩释"一死生"为"死犹生也，生犹死也，在理若无其生死者也；既见其理不死不生，则其人不贪生不恶死也"，由道家生死观引申出佛教生死观。

⑤ 《十六罗汉因果识见颂》乃混杂罗汉信仰、果报观念和禅宗思想的民间劝善之书。关于此颂的性质，参见印顺《华雨香云》，正闻出版社 1986 年版，第 203 页；周叔迦《佛教基本知识》，中华书局 2005 年版，第 127 页。

⑥ （宋）范仲淹：《十六罗汉因果识见颂序》，《范文正公别集》卷 4，《范仲淹全集》，第 506—507 页。

⑦ 参见（宋）范仲淹《与中舍书》其二，《范文正公尺牍》卷上，《范仲淹全集》，第 650 页。

一类庄学术语①。范氏的这些说法皆可移用作他死亡书写的注脚。

无独有偶，嘉祐元年（1056）高僧契嵩又为范仲淹立足于释老的见解增加了一个看似强力的旁证：

> 昔尹待制师鲁死于南阳，其神不乱。士君子皆善师鲁死得其正，吾亦然之也。及会朱从事炎于钱唐，闻其所以然益详。朱君善方脉，当师鲁疾革，而范资政命朱夜往候之。尹待制即谓朱曰："吾死生如何？"朱君曰："脉不可也。"而师鲁亦谓朱曰："吾亦自知吾命已矣。"因说其素学佛于禅师法昭者，"吾乃今资此也"。及其夕三鼓，屏人，遂隐几而终。余晚见尹氏《退说》，与其送迥光之序，验朱从事之言，是也。②

契嵩打听到的范仲淹幕僚朱炎的见闻，或可补范氏信中初九夜尹洙死时的记叙之阙，"其夕三鼓"和"隐几而终"的细节也基本符合范的原初记录，有一定可信度。因而，朱炎亲闻尹本人坦陈他自知其命全赖法昭禅师平素教诲之佛法，等于又给尹洙之死提供了一个权威解释。不仅如此，契嵩还在尹洙所写的文章中为朱炎的说法找到了内证。基于以上发现，契嵩明确将尹洙之死用作佛法"益人之死"的铁证。

然而，契嵩罗列的证据并非无懈可击。首先是他转述的朱炎之见证。朱平生学禅，深悟佛教生死之说③，他的叙述及契嵩的记录自然是为宣扬佛法，绝非只是纯粹再现往事。其次，契嵩在杭偶遇朱上距尹离世已隔两三年，再过六七年他方写出《劝书》并编成《辅教编》，记忆难免有些模糊。因此，契嵩与朱炎总会在有意无意间改窜和删添事件细节，甚至整段言辞凿凿的叙述都可能出自二人捏造。

---

① 参见《范文正公文集》卷18，《范仲淹全集》，第427页。
② （宋）契嵩：《辅教编·劝书第三》，《镡津文集校注》卷1，第21—22页。
③ 参见（宋）苏轼《记朱炎禅颂》，《苏轼文集》卷66，第2081—2082页。

这一版本的尹洙之死有处明显的破绽就出在尹洙自言学佛的核心情节上，而这要从契嵩举出的两个内证讲起。

契嵩提到的《退说》和《送浮图迥光一首》，后者显然出自他的误读和附会，反而可见尹洙在逆境中坚持儒道。① 而《退说》直接和法昭禅师有关，须详加辨析。由尹氏的自述可知，尹和法昭是结交三十载的旧识，他路过汝州常借宿彼所。尹晚年在贬随途中又与法昭相见，他告诉禅师乐退山林之念，法昭则强调退、进均是有为，不若两忘之。尹洙听后"竦然，愧其说之胜"，故顺其意"作《退说》以自儆"。但从《退说》后段说理部分看，尹洙实际未能真正理解禅师的观点。法昭主张彻底摆脱进退得失的较量，超越"齐进退"而臻于"出进退"。但尹洙最后仍坚持认为"予之不才，于退适宜者"，尽管不再轩轾进退，却始终心存分别，并视此为法昭本意。② 因此，虽然尹洙晚年多与僧人迥光、法昭、智聪等往来，并对佛老之说表现出兴趣，但从他本人崇儒贬佛的卫道立场兼尚未入门的禅学修为来看，恐怕难达以佛法知生死的境界。故此事很可能出于契嵩、朱炎二人的夸饰乃至假托。

不过，契嵩认定自己其实才是去蔽的一方，原因在于"士君子皆善师鲁死得其正"。而让人意外的是，在士林中首倡这种儒学阐释的关键人物正是范仲淹。范在完成书信、祭文后，又撰写了更具公共性的《尹师鲁河南集序》，略叙尹氏生前"之才之行与其履历"而详述其临终表现，删去枝蔓的细节而凸显尹死前精明刚强的一面，这种叙事策略也被欧阳修、韩琦所采纳。再看范的议论："死生不能乱其心，可不谓正乎！死而不失其正，君子何少哉！"③ 这里范援引儒家的正命说，指出尹洙面对死亡依靠的是坚毅的意志而非超脱的玄思，这与范先前提出的释老齐死生之说截然异趣。正如范氏所说，

---

① 何寄澎对此辩证甚力，参见何寄澎《北宋的古文运动》，第 297 页。
② 《尹洙集编年校注》，第 353 页。
③ 《范文正公文集》卷 8，《范仲淹全集》，第 184 页。

尹洙之死预设的评判者是"君子"，他的解释完全是儒家式的。孟子有言："莫非命也，顺受其正。是故知命者不立乎岩墙之下。尽其道而死者，正命也；桎梏死者，非正命也。"① 儒家主张君子知命，认为人之祸福寿夭皆是命数，非人力所及，君子应当听天由命，"修身以俟之"②，尽天之道而至于寿终正寝，这便是正命。范仲淹认为尹洙死前的自足与宁静正是他"顺受其正"的表现，绝不是将忧患视若虚幻或消泯死生之别。

与范序差不多同时，欧阳修也完全变换了范仲淹的原初解释，其《尹师鲁墓志铭》在世所共知的"文学""议论""材能"之外着重择取尹洙"上书论范公而自请同贬"及"临死而语不及私"③二事，以此称道尹"忠义之节，处穷达，临祸福，无愧于古君子"④。在欧笔下，尹洙于进退生死关头的这些奉公舍私之举，凸显了尹洙作为"君子"而始终存养的"笃于仁义"的道德力量⑤，此外更无释老的容身处。相比于语简意深的墓志，欧为挚友写作的祭文愈显辞畅而情切："嗟乎师鲁！世之恶子之多，未必若爱子者之众。何其穷而至此兮，得非命在乎天而不在乎人！方其奔颠斥逐，困厄艰屯。举世皆冤，而语言未尝以自及；以穷至死，而妻子不见其悲忻。用舍进退，屈伸语默。夫何能然？乃学之力。至其握手为诀，隐几待终，颜色不变，笑言从容。死生之间，既已能通于性命；忧患之至，宜其不累于心胸。"⑥ 欧和范一样都引入儒家"知命"的观念，着意构造出个人命运之急剧恶化（变）与其情志之镇静从容（常）的巨大反差。欧强调尹洙之能不令忧患累于心胸"乃学之力"，其思想内核则是"通于性命"，较范仲淹的正命说又有拓展。

---

① （清）焦循：《孟子正义》卷 26《尽心章句上》，第 879—882 页。
② （清）焦循：《孟子正义》卷 26《尽心章句上》，第 878 页。
③ （宋）欧阳修：《论尹师鲁墓志》，《欧阳修全集》卷 72，第 1045 页。
④ （宋）欧阳修：《尹师鲁墓志铭》，《欧阳修全集》卷 28，第 432 页。
⑤ （宋）欧阳修：《论尹师鲁墓志》，《欧阳修全集》卷 72，第 1045 页。
⑥ （宋）欧阳修：《祭尹师鲁文》，《欧阳修全集》卷 49，第 694 页。

那么，儒家的性命学说如何用来具体解释尹洙之死？这在欧《祭尹师鲁文》中只是略点一笔。直到至和元年（1054），韩琦在他集大成性质的尹洙墓表里不取范告知的释老阐释，转而强调"自古圣贤，必推性命"，才最终统合范、欧之说补全了尹洙之死的儒学诠释：

> 如公之文武杰立，而贯以忠义兮，此天之性。位不大显，遭谗而跌，且不寿兮，此天之命。虽孔孟不能以兼适兮，尚一归于默定。昧者不思而妄求兮，徒自奔于邪径。故公临祸福死生而曾不少变兮，是能安性命而归正。①

传统儒家认定人的"性"与"命"皆禀受自上天。前者指人之天性，如才能性情之类；后者指人之命运，若穷通寿夭之属。② 他们从历代圣贤及自身的遭际中得出这样的见解："性"与"命"的组合是多样的，均不受个人意志控制。即如孔孟亦不能兼得性命之善，终身恓惶奔走于列国间。对于性命关系，汉儒已形成"命有三名"③的析分，大略言之，人的命运可分为"受（寿）命"或曰"正命"（行善得善）、"遭命"（行善得恶）、"随命"（各随行之善恶而得善恶）。由此可见，儒家的性命之说实质上讨论的是人与其无法把控的天、时之间的关系，进一步讲，是为应对古来君子常有的生存和心灵危机。在韩琦看来，尹洙身具文武之才、忠义之节，却不遇且不

---

① 《安阳集》卷47，《安阳集编年笺注》，第1460页。

② 按，韩琦此处对"性"与"命"概念的界定沿用汉唐旧说。"乾"卦《象》："乾道变化，各正性命。"孔颖达等疏："性者，天生之质，若刚柔迟速之别；命者，人所禀受，若贵贱夭寿之属是也。"（《周易正义》卷1，第23—24页）则"性"意近于"天性"，"命"意近于"命运"。此外，王充《论衡·命义篇》提出"操行善恶者，性也；祸福吉凶者，命也"［（汉）王充：《论衡校释》卷2，第51页］，这是指"性""命"之具体表现而为言，他还有"性""才""命""时"的细分，亦可参考。

③ 《白虎通·寿命》《论衡·命义》及赵岐《孟子注》都细致讨论过性命关系，参见（清）焦循《孟子正义》卷26《尽心章句上》，第879—880页。

寿，当属行善而得恶、性善而命凶的大不幸者，他"遭命"的悲剧乃至会导致当下儒家信仰的危机，令"守道之士""仰天叹呼，疑为善而得祸"，"中人者""引以为监，思择利而自安"。① 这也是庆历士大夫对于尹洙之死的共识。当时写给尹洙的哀祭诗文如欧阳修《祭尹师鲁文》、苏舜钦《哭师鲁》、富弼《哭尹舍人词》以及韩琦自己的《祭龙图尹公师鲁文》亦皆控诉冥冥上穹"汩涽参错，颠倒乖暌"②，对庆历新政失败以来"贤者胡恶，动与屯奇？不肖胡佑，坐来福禧"③ 的不公局面倍感痛心和无奈。但尹洙面对"性"与"命"不可调和的冲突，面对这一系列人生灾难，从未怨天尤人，亦从未逆理妄求。他始终践行儒者知命守道的信条，以极其平和的态度接受自身的贬殁命运，终于"安性命而归正"，在人生的最后关头仍挺立起大儒君子的凛凛风骨，尤令韩琦敬重。

范、欧、韩一再"重返"尹洙死亡的现场，足见此事在士大夫中间引发的强烈震撼和持续关注。从范《尹师鲁河南集序》提出尹洙"死而不失其正"，中经欧《尹师鲁墓志铭》《祭尹师鲁文》倡言"忠义之节"和"通于性命"，再到韩琦汇综前说，撰尹洙墓表细致阐发"安性命而归正"，庆历士大夫有意识地在这些公共性质的纪念文字中展开一系列充分协作的改写活动，彻底抹去佛老介入尹洙之死的痕迹，同时经由援引传统性命学说将尹洙之死完全纳入儒家生死观的轨道。④ 范、欧、韩在尹洙之死书写上的这一集体转向使得他们在尹洙平生形象的呈现上获得了内在的统一性和纯粹性，即以儒道贯串这个当世贤者的一生。譬如欧"处穷达，临祸福"及韩"临

---

① （宋）韩琦：《故崇信军节度副使检校尚书工部员外郎尹公墓表》，《安阳集》卷47，《安阳集编年笺注》，第1459页。

② （宋）富弼：《哭尹舍人词》，《全宋文》卷610，第29册，第68页。

③ （宋）韩琦：《祭龙图尹公师鲁文》，《安阳集》卷43，《安阳集编年笺注》，第1328页。

④ 北宋中期以前，哀祭和碑志两类文体间或出现性命之说，但一则泰半源于佛老，二则多是作者浮泛的感慨，并未聚焦死者的临终表现。而庆历士大夫自觉、严肃、协作的死亡书写绝不是套话，自有深意。

祸福死生"这样周遍性的叙述使忠义之节和性命之学得以逆推至尹洙终身，最终完成君子形象的构建。而从契嵩提供的信息来看，范仲淹原先持有的释老齐死生说因书信和祭文的私密性而鲜为人知，庆历士大夫这次联手宣扬的行动凭借自身的政声文名最终取得了主导仁宗朝士林舆论的效果。

综上所述，尹洙之死在仁宗朝成为一个极具延伸性的书写话题，被不同思想阵营赋予了各色皆能自圆其说的解释，几乎涉及中国古典死亡文化的方方面面。不论是范、欧、韩还是契嵩皆非诚实的书写者，他们在叙事上或删削枝叶或加添情节，在阐释上或自我调整或穿凿附会，片面凸显尹洙之死的单一意涵，进而依据这种排他性的阐释论证儒、释、道诸思想体系对于人生的终极意义。多元的死亡书写现象背后实质是三家思想的争衡。

而尹洙之死能吸引北宋中期一流思想家们竞相争夺话语权，形成差异的阐释格局，其原因除尹洙本人的交游、声望以及他死亡的特异性和多义性外，还和唐宋思想转型的大背景有着不可分割的联系。不妨这么说，尹洙之死引发的书写现象既受到北宋中期死亡文化的强烈影响，同时也参与到儒学与释老争竞士大夫临终关怀的进程之中。

二　唐宋思想变迁中的死亡文化

魏晋之际玄学的兴起与佛教的流布是中国思想史上的大事因缘，奠定了整个中古时代儒、释、道三家鼎立的思想格局。在这一段漫长时期内，士人普遍持有"外儒内佛（道）"的二元世界观，即儒学"为人类生活中的外在行为和群体秩序提供规范"，佛教与道家则是"安顿个人心灵生活、探索宇宙终极问题的资源"。[1]尤其值得注意的是，中古以降佛道的盛行与其能最大限度地消弭个体对于死亡的终极恐惧息息相关。由于儒家注重"事人""知生"远甚于"事

---

[1]　参见陈弱水《柳宗元与中唐儒家复兴》，载《唐代文士与中国思想的转型》，第246—289页。

鬼""知死"，故鲜少讨论幽昧难明的鬼神死亡问题。而另一方面，无论是佛教宣扬轮回报应，还是道家及玄学好谈"一死生""齐彭殇"①，抑或道教鼓吹服食丹药以求长生，作为思想兼作为宗教的佛道总能为死亡开出儒家所欠缺的解脱之方。因而，释老不仅长期主宰临终关怀领域，还进一步渗入士庶的丧葬习俗。②

由于儒学和佛道有内外之别，因此中古士人在人生的不同境遇和不同阶段对三教各有侧重。一般来说，他们年轻时处于生命和仕宦的上升期，自然更热衷提倡外向事功的儒学，及至步入中晚年，或者饱受人事和生命的磨难，或者思绪变得愈为深沉内敛，便转而倾心释老，用以安抚内心的创伤和困惑，这种内倾至死亡而达到巅峰。初唐文人崔融称道郑仁恺一生"学始于周孔，中于老庄，终于释教"③，就点出士大夫个体的思想倾向在穷达、老少之间历时变动的轨迹。

中古士人的二元世界观在韩愈那里开始松动。他力排佛老，尝试建立儒家的心性论，要求人生的内外面都统一于儒学。④ 然而，韩

---

① 王羲之《兰亭集序》云"固知一死生为虚诞，齐彭殇为妄作"，可见这是两晋清谈的主要话题。参见（唐）房玄龄等《晋书》卷 80《列传第五十》，第 2099 页。

② 汤用彤认为，自两晋佛教隆盛以后，士大夫与佛教之关系约有三事，其中之一就是"死生之恐惧"。参见汤用彤《隋唐佛教史稿》，武汉大学出版社 2008 年版，第 182 页。吉川忠夫亦指出，佛教的轮回报应说对中国士大夫极具诱惑性。参见 [日] 吉川忠夫《六朝精神史研究》，王启发译，江苏人民出版社 2010 年版，第 13—17 页。两晋之际玄学生命观的流行及内涵，参见钱志熙《唐前生命观和文学生命主题》，东方出版社 1980 年版，第 267—320 页。此外，中古玄学、道教、佛教对丧葬习俗的影响，参见王永平《道教与唐代社会》，首都师范大学出版社 2002 年版，第 405—408 页；刘淑芬：《中古的佛教与社会》，上海古籍出版社 2008 年版，第 183—328 页；高二旺：《魏晋南北朝丧礼与社会》，上海古籍出版社 2017 年版，第 348—368 页等。

③ （唐）崔融：《唐故密亳二州刺史赠安州都督郑公碑》，《全唐文》卷 220，第 2224 页。按，中古士人人叙述的这种变迁也有儒学、老庄、佛学三家思想渐次深化的意味。梁武帝《会三教诗》自述"少时学周孔""中复观道书""晚年开释卷"的思想历程，可视作另一案例。参见逯钦立辑校《先秦汉魏晋南北朝诗》，中华书局 1983 年版，第 1531—1532 页。

④ 参见陈弱水《柳宗元与中唐儒家复兴》，载《唐代文士与中国思想的转型》，第 246—289 页。

愈尚未深入探求儒学的内在资源，更别说在儒家生死观上有所建树。就连其弟子李翱所作《复性书》，这篇素被认为是中古儒学心性论的开创性著作在讨论"死何所之"问题时也援引孔子"未知生，焉知死"的格言以申说"生之道既尽，则死之说不学而自通矣"，仍摆出避而不谈的姿态。① 韩门这种思想上的"未见"集中呈现在韩愈之死及其书写上。韩晚年曾批判士大夫食丹药求长生的风气，自己却终因服硫黄而病故，足见这位先行者在死亡面前终究没能立定脚跟。② 再者，韩愈遗命丧葬"无不如礼"，切不能让世俗通行的浮图夷狄、阴阳吉凶之事"污我"。③ 但转头张籍、李翱在吊祭韩氏的诗文里皆用"生死为一纲""人心乐生，皆恶言凶，兄之在病，则齐其终。顺化以尽，靡憾于中，别我千万，意如不穷"④ 一类道家之说解释其临终时不同寻常的旷达，这异质的关键一笔无疑构成了更为本质的"污我"，甚至可能消解韩愈排斥佛老的纯儒形象。⑤ 显然，二元世界观下的张、李和读者们并不认为这是一个问题。由韩

---

① 参见《李翱文集校注》卷 2，第 24 页。又及，高彦休《唐阙史》"李文公夜醮"条载，李翱"未尝信巫觋之事"，在庐州刺史任上有郡客李处士"自云能通鬼神之言"，李翱先以孔子"未知生，焉知死"说怒斥之，并将其系累下狱，后因夫人背疽不得不屈从李处士之言行夜醮，最终见证神异，"惊愕惭报，避席而拜，酬之厚币"。参见陶敏主编《全唐五代笔记》，三秦出版社 2008 年版，第 2335—2336 页。此事未必为真，却可见中晚唐一般知识人对李翱生死鬼神观的看法。

② 事见白居易《思旧》。罗联添：《韩愈研究》（天津教育出版社 2012 年版，第 114—121 页）、卞孝萱：《"退之服硫黄"五说考辨》（《东南大学学报》1999 年第 4 期）考证白诗中"退之"确指韩愈，可成定谳。近来，李浩：《韩愈〈服硫黄〉新证》（《中国语言文学研究》2019 年第 2 期）则提出韩愈服食硫黄是为治疗早衰之疾，在当时的医疗观念中无可厚非，和他反对服药求仙的立场并不矛盾。

③ 参见（唐）皇甫湜《韩愈神道碑》，《全唐文》卷 687，第 7039 页。

④ （唐）张籍：《祭退之》，徐礼节、余恕诚校注《张籍集系年校注》卷 7，中华书局 2011 年版，中华书局，2011 年，第 914 页；（唐）李翱：《祭吏部韩侍郎文》，《李翱文集校注》卷 16，第 273 页。

⑤ 按，田安（Anna Shields）注意到李翱在《祭吏部韩侍郎文》里两次引用老庄之语，和李惯常的笔调有异，她认为这反映了李思想的多元化，未必能为其他同道所接受。参见［美］田安撰《同慰死生：中唐文人在友人逝后的友谊践履》，卞东波、刘杰译，《文学研究》2019 年第 1 期。然合李、张二人诗文看，这种写法具有普遍性。

愈之死益可见儒学观念及话语在唐代死亡文化中整体缺席的状况。①

北宋前半期的思想界延续了中古的二元世界观，赵普颂扬宋太宗"以尧、舜之道治世，以如来之行修心"②，一语道尽当时士大夫包括君王之精神世界的常态。释门也往往挟二元世界观自重，如宋初高僧智圆主张儒释"言异而理贯"，只是"儒者饰身之教，故谓之外典也；释者修心之教，故谓之内典也"。③ 而儒家在死亡文化领域依旧影响甚微，契嵩就宣扬"儒者不尚说乎死生鬼神之事"④。世人在丧葬仪式上也普遍举行佛道斋醮，若有士大夫不愿释老介入身后事，仍需像韩愈那样在临终时特别叮嘱。如蔡襄就观察到彼时冠昏丧葬皆不如古，"丧礼尽用释氏"⑤，故他在曹修睦墓志中记录曹死前"戒其子薄葬，若世所向浮屠法；输钱击钟，与计七日而去，斋者皆不得用"，并在墓铭里对此大加颂扬。⑥ 因此李觏和欧阳修面对"外儒内佛（道）"的大势，只得痛陈：三代以后"儒失其守，教化坠于地"，天下人经历了从"修身正心"到"养生送死"的全方位的信仰危机和礼义沦丧，方有佛道乘隙而入。⑦

---

① 当然，韩愈之死对伸张儒家礼法还是有贡献的，他遗命丧葬排除佛、道、阴阳等因素对后世儒者产生了示范效用。如曾致尧"遗戒无以佛污我"［（宋）欧阳修：《尚书户部郎中赠右谏议大夫曾公神道碑铭》，《欧阳修全集》卷20，第329页］，就沿袭先贤之言，此细节被欧阳修和王安石分别写入其碑志中。

② （宋）李焘：《续资治通鉴长编》卷24，第554页。按，宋孝宗撰《原道辨》驳斥韩愈的一元世界观，主张"以佛修心，以道养生，以儒治世"（《全宋文》卷5279，第236册，第297页），故二元世界观几可视为赵宋的"祖宗之法"。

③ （宋）智圆：《中庸子传上》，《闲居编》卷19，载董平主编《杭州佛教文献集萃》，宗教文化出版社2016年版，第1辑，第4册，第2143页。

④ （宋）契嵩：《辅教编·劝书第一》，《镡津文集校注》卷1，第14页。

⑤ 参见（宋）蔡襄《国论要目·明礼》，《蔡忠惠集》卷22，《蔡襄集》，第375—376页。

⑥ 参见（宋）蔡襄《尚书司封员外郎曹公墓志铭》，《蔡忠惠集》卷38，《蔡襄集》，第698—699页。

⑦ 参见（宋）李觏《建昌军景德寺重修大殿并造弥陀阁记》，《李觏集》卷24，第260—261页；（宋）欧阳修：《本论中》《本论下》，《欧阳修全集》卷17，第288—293页。

　　正是在这样的思想格局下，一股规模空前的排佛老浪潮兴起于仁宗朝。当时的排佛老者们不再满足于重提旧调，他们普遍认识到，释老之吸引力根柢于其死生性命之说能在世人面对人生挫折特别是死亡时提供精神上的慰藉，这是唐宋排佛史上不可忽视的现象。① 而庆历士大夫及其同道在其中起到了中流砥柱的作用。如穆修发现，"死生祸福之说"，圣人有所不及，"唯佛氏明言之"，无怪世人从而求之。② 孙复指出，佛老之徒"以死生祸福、虚无报应为事"，"千万其端，惑我生民"，以此横行中国。③ 欧阳修和石介一道斥责佛教徒描画天堂地狱或鼓吹"无生"，道教徒则自夸长生不死，皆是利用人性"畏死""贪生"的本能传教。④ 欧还看到，"当世知名士"在终极恐惧面前也多无异于常人，往往"方少壮时力排异说，及老病畏死，则归心释老，反恨得之晚者"，论锋直指二元世界观的历时性。⑤ 这些言论无疑昭示了唐宋思想的大变局，即北宋中期的儒学家自觉地接过中唐韩愈一元世界观的大纛，以一种更具针对性的姿态继续和释老争夺内在心灵尤其是死亡文化的主导权。

　　以范、欧、韩、尹为代表的庆历士大夫也不同程度地参预了排佛运动。欧阳修是当时抨击佛老的主力，自不待言。尹洙生前和欧

---

　　① 宋前排佛者鲜以临终关怀立论，与之相关的有南朝时期的形神之辩，聚焦于鬼神问题。又初唐傅弈上疏称："生死寿夭，由于自然；刑德威福，关之人主。乃谓贫富贵贱，功业所招，而愚僧矫诈，皆云由佛。窃人主之权，擅造化之力，其为害政，良可悲矣！"［（后晋）刘昫等：《旧唐书》卷 79《列传第二十九》，第 2715 页］也只是略点一笔。此外，学界讨论庆历之际的排佛运动很少涉及死亡文化，笔者管见所及，惟李祥俊：《北宋时期儒家学派的排佛论》（《齐鲁学刊》2006 年第 1 期）简略地提到欧阳修认为佛教有儒家缺乏的终极关怀。

　　② 参见（宋）穆修《蔡州开元寺佛塔记》，《河南集》卷 3，《宋集珍本丛刊》影印本，第 2 册，第 418 页。

　　③ 参见（宋）孙复《儒辱》，《全宋文》卷 401，第 19 册，第 309 页。

　　④ 参见（宋）石介《中国论》，《徂徕石先生文集》卷 10，第 117 页；（宋）欧阳修《跋唐华阳颂》，《欧阳修全集》卷 139，第 2228 页。

　　⑤ 参见（宋）欧阳修《跋唐徐浩玄隐塔铭》，《欧阳修全集》卷 140，第 2233 页。

一样是为"扶道贬异"之徒①。他在谪居中反对废放之臣"闵其身之穷，乃趋浮图氏之说，齐其身之荣辱穷通，然后能平其心"，遂以颜子之乐证明"乐吾圣人之道者，未始有忧"，积极推广儒家一元世界观。②韩琦的排佛立场也很明确，他自谓平生"未始习佛"③，又在《五贤赞》中讴歌"吾祖"韩愈于"炽哉佛老，乱我中土。驱彼世人，日陷邪蛊"时独先"既攻且拒"的卫道之功④，他自己也曾上奏求罢禅殿营造及指斥妖僧惑众。范仲淹的态度则相对较温和，他通晓释典道书，又多结交衲子羽流，故在私人生活中并不排斥佛老之学⑤。但范在公共领域数度谴责佛老靡费国帑民力，并认定"释道之书""君子弗论者，非今理天下之道也"⑥，仍以儒家为士大夫之学的绝对正统。

职是之故，范、欧、韩集体改写尹洙之死属于典型的"儒者以文排佛"⑦活动，不仅意在维护尹氏扶道贬异者的形象，更是一次配合批判言论的正面论证行动。他们尝试在这场众所瞩目的贤者之死中抵御释老的渗透，重新激活儒学的生死观念，俾使其可以励生，亦能慰死，进而在释老统治的"死生性命"领域再度树起儒家性命之说，并把尹洙"临祸福死生而曾不少变"的一生塑造成儒家一元世界观的经典案例，助力儒学回归死亡文化。又因范与欧、韩的思想格局略有差异，范的死亡书写呈现出公私话语的分野，他还将尹

---

① 参见（宋）谢绛《游嵩山寄梅殿丞书》，《梅尧臣集编年校注》卷2，第39页。按，尹洙排佛亦可参见何寄澎《北宋的古文运动》，第297页。

② 参见（宋）尹洙《送浮图光一首》，《尹洙集编年校注》，第351页。

③ 参见（宋）韩琦《赵少师续注维摩经序》，《安阳集》卷22，《安阳集编年笺注》，第742页。

④ 参见《安阳集》卷23，《安阳集编年笺注》，第767—768页。

⑤ 范仲淹与佛老的关系，参见程杰《北宋诗文革新研究》，第92—105页；孙海燕《一代大儒范仲淹与佛教之关系略论》，《法音》2004年第8期。

⑥ （宋）范仲淹：《上执政书》，《范文正公文集》卷9，《范仲淹全集》，第217页。

⑦ （宋）契嵩：《上仁宗皇帝万言书》，《镡津文集校注》卷9，第170页。

洙"殡于西禅"，欧、韩的儒学解释则更为统一和明晰。

　　而契嵩长期活跃在辅教护法的前线，深知须坚决捍卫同时充分发挥佛学益人生死的传统优势来对抗这场来势汹汹的排佛大潮。于是他和朱炎联手置换了尹洙之死在当时公认的儒学内核，借此撬动尹氏生前的纯儒形象，确保其非但不会削弱反能增强佛教的影响力。这其实是唐宋释门及崇佛者化解大儒攻势的惯常手法。《劝书》所呈现的尹洙与法昭之关系，和《与大颠三书》《韩退之别传》里的韩愈、大颠，以及《欧阳文忠公外传》里的欧阳修、居讷并无二致，皆讲述大儒迁谪后心折于禅师说法，属于基于交游的二次演绎。

　　经由庆历士大夫和契嵩的书写，尹洙之死成为宋人谈论死亡的一个话头。一派如沈括、释惠洪、释宗晓参考契嵩参验内外证的做法，径将法昭"进退两忘"说作为尹洙顿悟"死神常理"的契机，还增添了若干尹、范互动的神异细节。不过沈括、惠洪最后提到尹洙"尚未能脱有无之见"①，许是已看出尹严格来说并非学禅者。另一派如邵伯温、陈著将尹洙之死与吕海之死及张载"存顺没宁"之格言并提，皆视为"大君子于死生去来不变"②的典型。这延续了仁宗朝书写者的观念分野，也折射出儒学与释老在死亡文化领域反复拉锯的态势。

三　庆历士大夫在唐宋儒家死亡文化中的位置

　　尹洙之死的相关文本群聚合成仁宗朝一桩标志性的死亡书写公案。这不仅是对死者的告别和纪念，更构成生者的集结和自白。不同思想阵营之间的对抗，范、欧、韩的前后反差，以及契嵩的刻意附会，种种文字间的裂隙都在召唤我们深入掘探北宋中期的文化地层，它们共同揭露了这样一个事实：彼时儒士与僧人各自广泛调动

---

① （宋）沈括撰，金良年点校：《梦溪笔谈》卷20，中华书局2015年版，第195页。

② （宋）邵伯温：《邵氏闻见录》卷8，第80页。

思想资源、事例储备、关系网络和舆论能量以争夺死生性命的话语权，而尹洙之死正是双方在此关键阵地上的一次短兵相接。

严格说来，这不是一场对等的战斗。契嵩在《辅教编》中不仅大谈性命死生鬼神一类佛教熟精而夫子罕言的命题，更在尹洙之死外另举杨亿、谢泌、查道三位名公的事迹证明佛法益人生死，还由"天下人人默自得之，若此四君子者何限"① 引申开去，彰显出其对佛教生死观之理论及其传播的极度自信。和主场作战的契嵩不同，庆历士大夫身为意图收复失地的开拓者，经由自我修正和众人接力复现儒家生死观并对其何以作用于尹洙之死做出了详尽的说明，先取小胜，最终在后世影响上和契嵩打成平手。庆历士大夫虽基本完成战役目标，却无意改变我方在整个战略层面的不利境地。首先，尹洙的言行显示，他死前的精神世界毕竟是暧昧多义的；其次，庆历士大夫最初并未有自觉，范仲淹的第一反应仍是佛老之说；再次，他们的儒学阐释全盘沿袭传统观念，始终没有对儒家性命学说进行创新和提升；最后，他们重建的儒家生死观要求死者具备"古君子"的崇高品行，这或许适用于尹洙之死这样的大贤悲剧，也能得到这批经历行道成败的新型士大夫的认可，但无法推广到一般士庶的临终关怀上。合而言之，庆历士大夫非但没有弥补儒家传统生死观相对薄弱的思想性和吸引力，反而有将之精英化的倾向。这造成他们的儒学阐释因人而设，注定后继乏力。

庆历士大夫在死亡书写上的曲折历程表明他们只是开始意识到释老盛行的症结所在，只是以尹洙之死为契机在死亡文化领域初步展开倡儒学排释老的纯化行动，还远远谈不上深入思考这个由他们明确提出的古老难题，更遑论拿出一套行之有效的解决方案。换言之，庆历士大夫的理论构建和对策制定显然没有跟上他们同时进行的现状批判。这和庆历士大夫对心性之学的忽视特别是欧阳修的审慎态度直接相关。由欧提出的当时最具建设性的排佛论——"修本"

---

① （宋）契嵩《辅教编·劝书第三》，《镡津文集校注》卷1，第22页。

说，其要旨也不过是恢复儒家礼法，并未针对佛老思想的内向优势而有所作为。

更有甚者，由于庆历士大夫的儒学生死观不逾孔孟汉儒之规矩，未能如释老学说那般在生命最被动的时刻达致精神上的主动和超脱，故当他们自己面对死亡时也往往一如尹洙，难以单靠儒学自持。如范仲淹宽慰兄长和临终上表皆用老庄之说。富弼晚年崇佛，自言"直要脱却无始以来生死根本"①，还被顾炎武举为"南方士大夫，晚年多好学佛；北方士大夫，晚年多好学仙"的典型案例②。苏舜钦听闻尹洙死讯，复念及己身以罪废，无缘救死和自救，于"兀兀空悲愁"中惟有乞灵于庄子"所乐唯髑髅"之说。③ 欧阳修所谓"老病畏死，则归心释老"的"当世知名士"，或许就有范、富、尹、苏等在列。而那些始终坚守儒家生死观的同道也各有各的困扰。如欧阳修虽以儒家"三不朽"观念安身立命，却因回避探索心性，一直无法借助儒学信念彻底排解生命盛衰之感。④ 他早年丧妻，亦只得尝试借助"庄生善齐物""浮屠说生死"平复自己的忧生之思⑤。韩琦终生服膺儒家性命之学。⑥ 然而嘉祐年间他任宰相时接受契嵩的干谒。后者奉上《辅教编》，称此书"于阁下性命真奥之极际而有所资"⑦。韩阅后不仅当面予以褒奖，"特比之史笔"，又"益以其文

---

① （宋）富弼：《与张隐之书》，《全宋文》卷608，第29册，第25页。

② 参见（清）顾炎武著，黄汝成集释，栾保群、吕宗力校点《日知录集释》卷13，上海古籍出版社2006年版，第805—806页。

③ 参见（宋）苏舜钦《哭师鲁》，《苏舜钦集编年校注》卷4，第253页。

④ 参见刘宁《盛衰体验对欧阳修诗歌日常化书写的影响》，《苏州大学学报》2018年第1期。

⑤ 参见（宋）欧阳修《绿竹堂独饮》，《欧阳修全集》卷51，第724页。

⑥ 如韩琦认为妻弟崔公孺临终之言"见其达性命之深也"。参见（宋）韩琦《故尚书比部员外郎崔君墓志铭》，《安阳集》卷49，《安阳集编年笺注》，第1519页。另据韩琦行状，他晚年尤重知命，常以自己的仕宦经历劝诫子孙"穷达祸福，固有定分，枉道以求之，徒丧所志，慎守勿为也"。参见（宋）李清臣《韩忠献公琦行状》，《安阳集编年笺注》附录2，第1745页。

⑦ （宋）契嵩：《再上韩相公书》，《镡津文集校注》卷10，第190页。

与诸公称之于馆阁"，还将此书力荐给欧阳修。[1] 这意味着韩琦晚年成为佛法益人生死说的重要宣传人，足见他对排佛问题到底缺乏足够的敏感。

无怪乎后来二程如是批判佛教道："佛学只是以生死恐动人。可怪二千年来，无一人觉此，是被他恐动也。圣贤以生死为本分事，无可惧，故不论死生。佛之学为怕死生，故只管说不休。下俗之人固多惧，易以利动。至如禅学者，虽自曰异此，然要之只是此个意见，皆利心也。"[2] 二程所指出的佛学生死观之详人所略和鼓动大众两大优势已为庆历士大夫所揭橥，但他们仍认定自己发二千年来之未覆，应是没有关注也未必看得上庆历士大夫不成体系的排佛言论。事实上，道学家的确不曾师法前人，他们是在全新的心性论和气论层面探讨死亡文化，一方面从义利之辨入手贬斥佛教生死观，另一方面着力阐明死的现象和死的超越。道学家的论说有破有立，其生死观的体系和深度较之前代儒者都取得了飞跃性的进展。尽管如此，他们也终究未能在超越死亡这一点上构建出可与佛教匹敌的理论。[3] 此后的儒学思想家们仍奋战在死亡文化的阵地上，抗拒着来自释老生死观的巨大压力。而庆历士大夫的批判和书写构成儒学生死观回归的重要节点，虽然这个事实或许并不为道学家所承认。

总之，由唐宋儒学演进的长时段视角看，韩愈、尹洙、张载三位大儒的死亡及其书写，从顺从主流到发现问题最后到提出方案，由重现礼法到复兴观念最后到创造理论，连缀出儒学重返中国古典死亡文化的漫漫征途。在这个意义上，庆历士大夫在尹洙之死书写上的种种开拓与止步皆显现出鲜明的过渡色彩。

---

① 参见（宋）契嵩《重上韩相公书》，《镡津文集校注》卷10，第191页。

② （宋）程颢、（宋）程颐：《河南程氏遗书》卷1，王孝鱼点校《二程集》，中华书局1981年版，第3页。

③ 道学家对佛教生死观的批判，以及他们建立的生死观和影响，参见［日］土田健次郎《道学之形成》，第294—312页。

四　乐道·独善·有待：庆历士大夫的谪居心态

庆历士大夫对尹洙之死的改写和阐释，充分表明他们于逆境向内发掘儒道价值的努力。而在后新政时代，庆历士大夫自身不仅在言说更在行动上贯彻、体味儒道，这集中呈现为群体性的"乐道"心态。

如果说庆历新政是君子乘时得位以行道有为的阶段，那么后新政时代无疑是时屯命蹇、"道之难行"① 的十年。庆历士大夫在历经景祐至庆历之际的一系列政治挫折后切身体会到"道无古今"而"时有用舍"② 的事实，因此虽仍孜孜行道，却不再执着于现实的成败，更不会在意己身的穷达。韩琦曾教导后辈："君子当先处己至于义足，而后委之命，可以无悔。"③ 从"处己足义"到"委命"的次第安排导向一种有为且通达的人生态度。范仲淹也持类似观点："君子之道充乎己，加乎人，穷与达外也。"④ 欧阳修亦深明此理，他在范仲淹的碑志中这样写道：

> 公少有大节，于富贵、贫贱、毁誉、欢戚，不一动其心，而慨然有志于天下，常自诵曰："士当先天下之忧而忧，后天下之乐而乐也。"其事上遇人，一以自信，不择利害为趋舍。其所有为，必尽其力，曰："为之自我者当如是，其成与否，有不在我者，虽圣贤不能必，吾岂苟哉！"⑤

---

① （宋）富弼：《范文正公仲淹墓志铭》，《全宋文》卷610，第29册，第61页。
② （宋）苏舜钦：《答李锐书》，《苏舜钦集编年校注》卷9，第657页。
③ （宋）王岩叟：《韩魏公别录》，《安阳集编年笺注》附录4，第1867页。
④ （宋）范仲淹：《试秘书省校书郎知耀州华原县事张君墓志铭》，《范文正公文集》卷15，《范仲淹全集》，第365页。
⑤ （宋）欧阳修：《资政殿学士户部侍郎文正范公神道碑铭》，《欧阳修全集》卷21，第333页。

在欧阳修的叙述里，范仲淹将个人可以把握的"为之自我者"做到极致，同时认识到结果何如"有不在我者"，故无怨无悔。他显然看到范仲淹这样内外层次分明的有为观和他知名的"先忧后乐"之说实际是互相支撑的，唯以两者相合，范方能获致"于富贵、贫贱、毁誉、欢戚，不一动其心"的大节。因此，庆历士大夫对于道的信念并未由于新政的失败而有所改易，他们于穷达之际"始终仁义"①，屡屡宣扬"男儿穷困终归道""进与退系乎道之所存""进者道之行，退者道之止"②，累积了许多论道的文字。他们仍将"道"视作贬谪生涯中的内在信仰，乃至"至死流离，惟道是赖"③，颇有殉道的自觉。

不过，在这个"道"与"位"、"性"与"命"皆相乖错的时代，庆历士大夫必须在逆境中寻求一种更为积极的处道方式。庆历士大夫在谪居中极为重视君子如何经由"知命委时"达到"致远而无闷"的状态④，亦即发掘道之于安顿自我心灵的意义。他们自任以道的方式不尽属理性的考量，反而更多呈示为可以被概括为"乐道"的感性体验。在诸人当中贬谪经历最为丰富的范仲淹很早就形成了对于儒家之道德名教的多维认识，即"进则尽忧国忧民之诚，退则处乐天乐道之分"⑤，他的仕宦生涯实际也是在进忧退乐或说兼济与独善的往复转换中度过的。如范仲淹景祐元年（1034）向郭劝

---

① （宋）欧阳修：《祭苏子美文》，《欧阳修全集》卷49，第695页。

② （宋）苏舜钦：《答仲仪见寄》，《苏舜钦集编年校注》卷3，第235页；（宋）尹洙：《答汝州王仲仪待制书》其一，《尹洙集编年校注》，第343页；（宋）范仲淹：《访陕郊魏疏处士》，《范文正公文集》卷3，《范仲淹全集》，第54页。

③ （宋）蔡襄：《祭范侍郎文》，《蔡忠惠集》卷36，《蔡襄集》，第660页。

④ （宋）范仲淹：《与蔡钦圣殿丞书》其一，《范文正公尺牍》卷下，《范仲淹全集》，第696页。

⑤ （宋）范仲淹：《谢转礼部侍郎表》，《范文正公文集》卷18，《范仲淹全集》，第423页。范在《润州谢上表》中也有类似表述："进则持坚正之方，冒雷霆而不变；退则守恬虚之趣，沦草泽以忘忧。"（《范文正公文集》卷16，《范仲淹全集》，第391页）

谈及："某谓志于道者，皆欲杀身成君。及其少屏，则信起独善之
□。又嘉江山满前，风月有旧，真赏之际，使人愉然，曾不知通塞
之如何耶?"① 即区分了志道者在朝兼济与贬处独善两种状态。他同
年所写《睦州谢上表》亦先自白"谓古人之道可行，谓明主之恩必
报"的立朝大节，再顺接以"乐道忘忧，雅对江山之助"的地方境
况，两种生活图景构成互补关系。② 他在睦州还作《和葛闳寺丞接
花歌》："我无一事逮古人，谪官却得神仙境。自可优优乐名教，曾
不恓恓吊形影。"③ 内则乐道忘忧，外得江山之助，范在儒者的道德
人格之义中还融汇了传统文士的山水审美之乐④。其后范仲淹更借
"儒者自有名教可乐"⑤ 的亲身体会教诲张载。

　　至后新政时代，范仲淹依旧延续了"乐道"的观念，还以此劝
励友人。如庆历四年（1044）六月，他写信给时遭勒停的同年魏兼：
"某谪宦中，未尝动念，此公之所谅也。今虽叨窃过量，其风波恐
畏，无异当年，赖朝廷宽厚，未至颠覆。乐天守道，亦如鄱阳
日。"⑥ 他当年在饶州"乐天守道"的处己之法于"风波恐畏"之今
日仍有效验。稍晚范再次告诫魏兼"须是以道自乐"，并强调如此则
荣利不足道。⑦ 庆历五年（1045），他奉劝王素："愚曾落职南行，
当时满朝见怒，惟责己乐道，未始动怀。君子皆有通塞，孔孟不能
逃，况吾辈耶!"⑧ 则"乐道"的依据除范景祐南贬的亲身经历外，

---

① （宋）范仲淹：《与谏院郭舍人书》，《范文正公尺牍》卷下，《范仲淹全集》，
第 685 页。

② 《范文正公文集》卷 16，《范仲淹全集》，第 386—387 页。

③ 《范文正公文集》卷 3，《范仲淹全集》，第 46 页。

④ 参见程杰《北宋诗文革新研究》，第 100—103 页。

⑤ （元）脱脱等：《宋史》卷 427《列传第一百八十六》，第 12723 页。

⑥ （宋）范仲淹：《与工部同年书》其一，《范文正公尺牍》卷下，《范仲淹全
集》，第 698 页。

⑦ （宋）范仲淹：《与工部同年书》其二，《范文正公尺牍》卷下，《范仲淹全
集》，第 698 页。

⑧ （宋）范仲淹：《与仲仪待制书》其二，《范文正公尺牍》卷下，《范仲淹全
集》，第 703—704 页。

还有圣贤的遭际。庆历六年（1046），他和尹洙互勉："惟君子为能乐道，正在此日矣。"① 又称赞苏舜钦于闲居之际"穷道著书，日与圣人语堂奥，晏然自居，得《易·艮》象'时行时止，而其道光明也'"②。皇祐二年（1050），他告知韩琦应"安仁乐道"③。足见"乐道"之于范仲淹是终身行之且愈老弥笃的人生信条。

以安仁乐道彻底冲淡仕路风波中的孤危之感，这在庆历士大夫中间是很普遍的现象。尹洙在贬所重提颜子乐道，正是出于这个目的。又如欧阳修曾称赏他在滁州的同僚李大临"知道之明者，固能达于进退穷通之理，能达于此而无累于心，然后山林泉石可以乐，必与贤者共，然后登临之际有以乐也"，点出山林之乐、共贤者之乐的前提在明道达理，欧虽于后文自谦"不足以知道"，但这实是他夫子自道。④ 富弼就说欧在滁"醉翁醉道不醉酒，陶然岂有迁客容"⑤。韩琦也说欧虽"阴被谗逐"却"以道自处，怡怡如也"⑥。再如苏舜钦向范仲淹述说在苏州闲居"得心安舒而身逸豫，坐探圣人之道，又无人讥察而责望之，何乐如是"⑦。这些文字和范仲淹的"乐道"自白汇成了一个时代的声音。

而"乐道"的外在表现——阅读，在庆历士大夫这里也是极富兴味的日常生活经验。范仲淹景祐元年（1034）致书王尧臣说："水石琴书，日有雅味；时得佳客，相与咏歌。古人谓道可乐者，今始信然！"⑧ 庆历五年（1045），他寄信给田况亦谓："端居萧索，惟

---

① （宋）范仲淹：《与尹师鲁书》其二，《范文正公尺牍》卷下，《范仲淹全集》，第 707 页。

② （宋）苏舜钦：《又答范资政书》，《苏舜钦集编年校注》卷 9，第 661 页。

③ （宋）范仲淹：《与韩魏公书》其二三，《范文正公尺牍》卷中，《范仲淹全集》，第 677 页。

④ 参见（宋）欧阳修《答李大临学士书》，《欧阳修全集》卷 70，第 1016 页。

⑤ （宋）富弼：《寄欧阳公》，《全宋诗》卷 265，第 3370 页。

⑥ （宋）韩琦：《故观文殿学士太子少师致仕赠太子太师欧阳公墓志铭》，《安阳集》卷 50，《安阳集编年笺注》，第 1551 页。

⑦ （宋）苏舜钦：《答范资政书》，《苏舜钦集编年校注》卷 9，第 622—623 页。

⑧ （宋）范仲淹：《与王状元书》，《范文正公尺牍》卷下，《范仲淹全集》，第 686 页。

道可依，日扣圣门，所得多矣。某此去南阳，亦且读书。涉道贵深，退即自乐，非升沉之可摇也。"① 前后二书均将读书与乐道紧密相连。庆历五年（1045）春，欧阳修在河北转运使任上作《镇阳读书》诗，歆羡石介于泰山"圣经日陈前，弟子罗两厢。大论叱佛老，高声诵虞唐。宾朋足枣栗，儿女饱糟糠"的讲学生涯，自叹在谏院废书不观，无复以文章自娱，遂决定退身乞外，再寻旧学。② 他后在滁州终于得偿所愿："郡斋静如僧舍，读书倦即饮射，酒味甲于淮南，而州僚亦雅。亲老一二年多病，今岁夏秋已来安乐，饮食充悦。省自洛阳别后，始有今日之乐。"③ 欧的乐感体验里包含郡斋读书一途。他晚年决计归田"惟寻旧读书"，自言"乃至读书勤，其乐固无限"，正在上述中年经历的延长线上。④ 尹洙于贬所随州"日以考图书、通古今为事，而不知其官之为谪也"⑤。苏舜钦在幽居期间的诗文中常描绘自己"诗书穷不放"⑥ 的场景，自幸"日甚闲旷，得以纵观书策，及往时著述有未备者，皆得缀缉之"⑦。欧阳修亦言苏舜钦晚年"日益读书，大涵肆于六经。而时发其愤闷于歌诗，至其所激，往往惊绝"⑧。可以说，庆历士大夫研味名教之乐很大程度上得自于阅读经史本身的乐趣，而贬谪地方的阶段也往往成为他们学术、创作的爆发期。这样一来，"乐道"的多重体验令庆历士大夫的人生具备丰富的选择和弹性的空间，不再像北宋前期士人那样过于

---

① （宋）范仲淹：《与田元均书》，《范文正公尺牍》卷下，《范仲淹全集》，第706页。

② 《欧阳修全集》卷2，第35页。

③ （宋）欧阳修：《与梅圣俞书》其十八，《欧阳修全集》卷149，第2453页。

④ （宋）欧阳修：《读书》，《欧阳修全集》卷9，第139页。

⑤ （宋）曾巩：《尹公亭记》，《曾巩集》卷18，第299页。

⑥ （宋）苏舜钦：《寒夜十六韵答子履见寄》，《苏舜钦集编年校注》卷4，第246页。

⑦ （宋）苏舜钦：《答范资政书》，《苏舜钦集编年校注》卷9，第622页。

⑧ （宋）欧阳修：《湖州长史苏君墓志铭》，《欧阳修全集》卷30，第455页。

看重"位"之得丧。① 另外顺带一说，庆历士大夫的"乐道"颇合于"困"卦君子"在困而亨""固穷而乐道"② 的观念。

庆历士大夫的"乐道"体验既是传统儒家"士穷不失义，达不离道"③ 信条的朴素实践，也是谪居生活的日常状态。在他们看来，穷则乐道就是理所当然之事，根本无足称道。尹洙被贬后，"有见顾者哀予之穷，恻然见于色辞"，他认为这些人"未必相知，特哀吾穷耳"。惟李康侯言语之间"皆张大仁义之说"，毫无哀怜之意。尹洙引以为知己，因为两人都明了"身之穷不足累于心"。④ 苏舜钦在苏州收到马永的长信，看到对方赞誉自己"不以得丧累其所守，不为怨愤不怿之词"，虽感念其情意，但认定马是"似孰予之迹而未烛其里者"。苏在回信中指出，君子得位则忧世，无位则乐道，这是自然而然的过程，自己如今"道胜而位丧，于道何伤而不乐邪"？苏舜钦最后强调：马永"但见今之庸人，得则轩然而愉，失则枯稿而吟"，故以为"我"乐道可取，但这实是"不以圣贤之道，策予所未至，徒以众人而望于予"。⑤ 尹洙、苏舜钦的言行代表了庆历士大夫的共识。

以内向的"乐道"代替外向的"行道"，昭示着庆历士大夫之思虑重心的阶段性转向，他们原先对于天下国家的兼济式的关怀在后新政时代大多投入对于个体生命的独善式的眷注⑥。苏舜钦于废放后潜心治《易》，"乃知君子理身格物之道，自有本也"，遂自诘

① 成玮以徐铉、王禹偁、穆修、范仲淹四个典型例证说明宋初士大夫阶层愈来愈自觉且积极地应对"道"与"位"的分离，参见成玮《制度、思想与文学的互动——北宋前期诗坛研究》，第 17—25 页。

② 参见（宋）欧阳修《易童子问》卷 2，《欧阳修全集》卷 77，第 1114 页；（宋）范仲淹：《易义》，《范文正公文集》卷 7，《范仲淹全集》，第 147 页。

③ （清）焦循：《孟子正义》卷 26《尽心章句上》，第 890 页。

④ 参见（宋）尹洙《送随县尉李康侯一首》，《尹洙集编年校注》，第 352 页。

⑤ （宋）苏舜钦：《答马永书》，《苏舜钦集编年校注》卷 9，第 668—669 页。

⑥ 这一变化也和庆历士大夫在庆历之际凶险的政治环境中注重安身避祸有直接关联，参见本书第六章第一节第一小节。

"性疏且拙，疏则多触时忌，不能防闲小人；拙则临事不敏，无所施为；因此遂得退藏，盖亦自幸，苟致之剧地，责其功绩，徒自劳困，而无补于时也"。① 这番痛下针砭的谦辞虽有激愤的成分，但苏舜钦悔恨先前"险难以萌而不之见"，自幸当前能退藏而非在剧地，终归是将注意力放到自身安危上。他早年认定"洁矩厉行，施才业以拯世务"之士"非只蹈道以为乐，上者觊声名，次者幸禄赏"②，在废放之后则只剩蹈道自乐一途。欧阳修至和元年（1054）撰成"勉人"兼"自警"的《送徐无党南归序》，文中他先是罗列"三不朽"的途径，接着辨析"施于事者"须待时命故"有得有不得"，"见于言者"须资天赋故"有能有不能"，唯"修于身者"在欧看来非但"无所不获"，从颜回事迹看还是达成不朽最为允当的方式。③ "立德"之可能性与重要性的凸显无疑带有时代特征。

庆历士大夫深谙道"施于众则劳，而足于己则易"的"物理之常势"④，当此贬谪之际，欧的"修于身"、韩琦的"处己足义"、范仲淹的"道充乎己"、苏舜钦的"志气内自充"⑤ 这些个体的存养工夫占据他们精神世界的中心位置。尹洙在给韩琦的信中亦曾详叙这种转变："平时与人异同，遂至争论不息，盖国家事。今既废放，若复云云，乃是怀私忿耳。不惟绝之于口，亦不萌之于心，用是益以自适。"⑥ 伴随身份转换，尹洙主动放下公共责任感的重负，把自适作为生命最后阶段的主调。因此，尹洙于庆历五年（1045）听闻杜衍罢相出镇的消息后特意去信表示赞同：

> 士大夫之有知者，相与窃议，咸以相公居位日浅，法制利

---

① （宋）苏舜钦：《答范资政书》，《苏舜钦集编年校注》卷9，第622页。
② （宋）苏舜钦：《上三司副使段公书》，《苏舜钦集编年校注》卷7，第457页。
③ 《欧阳修全集》卷44，第631页。
④ （宋）苏舜钦：《答马永书》，《苏舜钦集编年校注》卷9，第668页。
⑤ （宋）苏舜钦：《答章傅》，《苏舜钦集编年校注》卷4，第315页。
⑥ （宋）尹洙：《答扬州韩资政书》，《尹洙集编年校注》，第369页。

泽，未大施于下，用是于邑。某之鄙心，更所未尽。若于朝廷、
于生民而言，则不异众说；若以进退论之，兹为全美。……夫
宰相之任，道行则久处而无嫌，道黜则亟当去位。然高位大权，
人所顾籍，于是被持禄保宠之讥，蒙阿谀顺旨之议，不独今世，
前代名公所不能免。恭惟识进退之体，保初终之节，全天下之
望，考于今日，可谓无愧。若以岁月，则平时所履，惧将
大损。①

尹洙认为"道黜"之时高位者唯有退保个人名望，对施与朝廷生民
的"法制利泽"无能为力也无可厚非，在特定时段表现出舍公取私
的倾向。他异于众说而自许杜衍知己的独见，乃至其本人晚年的性
情变化均可视作前述独善转向的具体反映。

　　然而，后新政时代庆历士大夫集体选择独善虽则显出他们行道
热忱的相对衰减，却绝不意味着他们就此放弃兼济的理想。他们在
地方自主扮演循吏角色便是坚持有为的明证。况且，庆历士大夫皆
谙习《易》动静变化之理，如欧阳修《易童子问》解"剥"卦：
"剥者，君子止而不往之时也。剥尽则复，否极则泰，消必有息，盈
必有虚，天道也。是以君子尚之，故顺其时而止，亦有时而进
也。"② 既然天道始终在剥复否泰、消息盈虚之间循环，那么庆历士
大夫于后新政时代退藏自适只是暂时而为，他们虽不复像先前那样
积极救时，却在地方一直心怀行道之志望等待"有时而进"的机会。
对此，苏舜钦有一段论说极为透彻：

　　夫道无古今，但时有用舍，有志之士，不计时之用舍，必
趋至极之地，以学探求圣贤之意而迹其所行，本原既明，则将
养其诚心而泯去异端也。当其未知于人用于世，则修之益勤，

---

① （宋）尹洙：《贺兖州杜相公启》，《尹洙集编年校注》，第 319 页。
② （宋）欧阳修：《易童子问》卷1，《欧阳修全集》卷76，第 1110 页。

守之益坚，内自贵珍而有待也。盖先能置身名爵禄子［于］虑外，然后乃能及此，故君子虽被贼害，颠沛其身，不更所守，岂虑外之物足顾哉！①

前面讲到，庆历士大夫在后新政时代深入探讨了"道"与"时"的关系。苏舜钦为这种思考引入"未知于人用于世"的具体场景，这无疑对应着他们当时的现实处境。苏认为君子此时应当守道修身，不为外物动摇，"内自贵珍而有待"。庆历士大夫"乐道"的内涵实则就是发现个体道德在逆境中的内在力量。在这里苏为乐道设置了"有待"的预期，即他所说的"迹其（圣贤）所行"。换言之，"有待"维系着乐道和行道，庆历士大夫由是对君子之用行舍藏进行更为精细地剖析。苏舜钦还以此激劝范仲淹："阁下前视卿辅之地不欲处，谦让引去，偃息藩镇，以闲放自喜，此正得时止之道也。处此至静，益宜思念康世尊本之术，充于胸中，因时而发，大庇天下，则其道卷舒而光明矣。"②苏舜钦接续范仲淹"艮"象"时行时止，而其道光明也"③的说法，勉励范在时止之际怀道不迁，耐心等待"因时而发，大庇天下"。苏在信中虽自谦放废者不得此理，但其实他"卷藏经济术，强谈奉狙猿，闲困尚有待，不忍沈湘沅"④的念虑无一日暂舍。

　　庆历士大夫之所以在颠沛艰难中保持"有待"，是因为他们一则内有道之在我的自信和尽力行道的无悔，富弼就说范仲淹乃"韩愈所谓信道笃而自知明者"，"黜则欣然而去，人未始见其有悔色"，有人慰唁，范答说："我道则然，苟尚未遂弃，假百用百黜，亦不

　　①　（宋）苏舜钦：《答李锐书》，《苏舜钦集编年校注》卷9，第657页。
　　②　（宋）苏舜钦：《又答范资政书》，《苏舜钦集编年校注》卷9，第661—662页。
　　③　（宋）苏舜钦：《又答范资政书》，《苏舜钦集编年校注》卷9，第661页。
　　④　（宋）苏舜钦：《夏热昼寝感咏》，《苏舜钦集编年校注》卷3，第198页。

悔。"① 二则由于他们外有士林公议的支持乃至"圣主"的"保全"②。富弼曾追念范当"毁訾如沸"时"公云圣贤，鲜不如是。出处以道，俯仰无愧。彼奸伊何，其若天意？我闻公说，释然以宁。既而呶呶，果不复行"③。范仲淹亦致意韩琦"但委顺静处为妙，天下自有公议"④，欧阳修则谓石介"谗诬不须辨，亦止百年间。百年后来者，憎爱不相缘。公议然后出，自然见媸妍。孔孟困一生，毁逐遭百端。后世苟不公，至今无圣贤。所以忠义士，恃此死不难。"⑤ 他们从圣贤那里得到慰安，坚信公议不久即会降临，君子得位行道的时代也将再次开启。

在坚持"有待"十年后，庆历士大夫终于齐聚庙堂，兼济天下的时代似乎要重新降临。不过，他们已然失去范仲淹、尹洙、苏舜钦等中坚力量，存者历尽"风波流落"亦无复少壮锐气，嘉祐、治平之治遂将注定不同于往日。当然，这是后话了。

第三节　"众乐"：一场后新政时代的
文化实践

在后新政时代，"与民同乐"（或称"众乐"）主题不断复现于

---

① （宋）富弼：《范文正公仲淹墓志铭》，《全宋文》卷610，第29册，第61页。
② （宋）欧阳修：《重读徂徕集》，《欧阳修全集》卷3，第46页。按，庆历士大夫在写及新政的文字中皆有意区分仁宗与"奸邪"。如尹洙《答镇州田元均龙图书》："年来朝廷凡所更置，亦有所存虽高，而事不下接者。自非圣人，未能无过。至于进用，皆天下贤士，大抵治平之渐也。圣上聪明，任人不疑；而奸人忌贤丑正，务快己意，其下石如此。"（《尹洙集编年校注》，第306页）欧阳修《资政殿学士户部侍郎文正范公神道碑铭》："其知政事，才一岁而罢，有司悉奏罢公前所施行而复其故。言者遂以危事中之，赖上察其忠，不听。"（《欧阳修全集》卷21，第335页）
③ （宋）富弼：《祭范文正公文》，《全宋文》卷610，第29册，第70页。
④ （宋）范仲淹：《与韩魏公书》其二三，《范文正公尺牍》卷中，《范仲淹全集》，第677页。
⑤ （宋）欧阳修：《重读徂徕集》，《欧阳修全集》卷3，《范仲淹全集》，第46页。

时已贬谪地方的庆历士大夫的笔端，贯穿整个仁宗朝中后期，就中尤以欧阳修《丰乐亭记》《醉翁亭记》、范仲淹《岳阳楼记》、韩琦《定州众春园记》《相州新修园池记》最为典型。庆历士大夫在诗文中积极追寻"众乐"，与唐至宋初盛行的郡斋自适的写作模式大异其趣，由此开辟出宋代地方官创作的新范式。那么，"众乐"书写在庆历士大夫中间如何展开？又包含哪些审美、思想、政治文化的新特质？更重要的是，它于后新政时代方兴起并流衍，主要由何种因素促成？以上是本节将着力予以说明的三方面问题。

　　关于"众乐"书写，前人在进行单篇作品的解读或进行两宋诗文研究时已有涉及。① 需要说明的是，这些成果一则历时来看，没有具体说明这种写作范式在唐宋地方官诗文（特别是亭台楼阁记）发

---

① 关于欧、范诸文"与民共乐"之旨，宋人刘敞《和永叔食糟民》、孙觌《滁州重建醉翁亭记》、王十朋《读岳阳楼记》就有揭示，刘诗、王诗还直接与孟子"众乐"说相联系。后世古文评点家亦屡言及此，如余诚谓"记亭所以名'醉翁'及醉翁所以醉处，俱隐然有乐民之乐意在"[（清）余诚编：《古文释义》，岳麓书社 2003 年版，第 365 页]。浦起龙认为"丰乐，意取同民"[（清）浦起龙《古文眉诠》卷 59，第 16 页 a]。唐文治评《岳阳楼记》"'先天下之忧'二句，实隐用孟子'乐以天下，忧以天下'之意"（唐文治：《国文经纬贯通大义》卷 1，《历代文话》，第 9 册，第 8256 页）。近现代学者在解读诸记时对上述观点多有踵继，兹不赘。综合分析则有程杰：《诗可以乐——北宋诗文革新中"乐"主题的发展》（《中国社会科学》1995 年第 4 期）将宋人"乐"主题分为四个意向：与时为乐、乐民之乐、与民同乐、与贤者同乐，并总结宋人乐情的美感新意，其中"与民同乐"一段尤具启示意义。谢琰在程文基础上以诗歌为中心进一步论述了北宋前期诗人的"后乐"观念，认为其意味着"与人同乐"，与之前"吏隐"等观念旨趣不同，要到仁宗朝才普遍化（参见谢琰《北宋前期诗歌转型研究》，第 224—225 页）。朱刚：《从"先忧后乐"到"箪食瓢饮"——北宋士大夫心态之转变》（《文学遗产》2009 年第 2 期）则引王十朋《读岳阳楼记》诗探讨以范仲淹为首的庆历士大夫所提倡的偏于"外向"的忧患精神。日本学者汤浅阳子《「衆樂」とその変奏—北宋中期における地方官の遊楽をめぐって—》（《人文論叢》（三重大学）第 31 号，2014 年，第 15—29 页）由记文题材探讨北宋中期（欧阳修至苏轼）地方官游乐志趣的变化，关注"众乐"的意义。此外，园林史学者毛华松：《论中国古代公园的形成——兼论宋代城市公园发展》（《中国园林》2014 年第 1 期）提出唐代少有官员与城市平民同乐的记载，随着两宋士大夫自觉精神和市民文化的兴起，与民同乐才普及。

展过程中的开拓价值；二则横向而言多限于解读个案，对这样一个以记体文为中心的特定时段的群体性文学现象还有进一步探讨的余地；三则对此现象在何种政治、思想与文学情境中生成，则需向纵深掘探。可见这一论题尚存广阔的研究空间。因此，本文力图在全面考察仁宗朝中后期"众乐"书写的基础上，通过对代表作品的阐释展示其在题材、风格、创作心态诸层面的新变。此外，本节还将结合庆历新政前后的政治困境与地方吏治改革，及庆历时期初兴的"孟子升格运动"①，追溯"众乐"书写在政治与思想史方面的深厚渊源，将其还原为一种兼具多种意涵的文化实践。

一　欧阳修"滁州双亭记"的文学革新意义

庆历六年（1046），即欧阳修守滁的翌年，他偶于丰山幽谷发现清泉，有感于"山民虽陋，亦喜遨游"②的现实，遂筑丰乐亭于其上，并撰名篇《丰乐亭记》记其事。记文起首叙述建亭本末，强调"与滁人往游于其间"的目的；中以修史余力运笔，于伤古惜今间传达作者对太平之世的自觉与自信；末段收拢双线，在宏阔的历史背景下历数刺史与民众之乐，自然引出丰乐亭"与民共乐"的深厚意涵③。在前人的官修亭记中，往往只呈现从州县政通人和到个人逍遥自适的转换，欧文则更添上民无游处至与民往游的考量，使共乐理念贯穿始终，形成宽广的复线结构。此小小亭记之成"能画出太平气象"④的大手笔，正在于欧阳修把文人雅兴、地方官责任感与史家卓见绾合入文，三者同时并驱，无有偏废。

---

① 徐洪兴认为"孟子升格运动"大致可分为四个阶段：中唐至唐末为滥觞期，北宋庆历前后为初兴期，北宋熙、丰前后为勃兴期，南宋中叶及稍后为完成期。参见徐洪兴《唐宋间的孟子升格运动》，《中国社会科学》1993 年第 5 期。

② （宋）欧阳修：《与韩忠献王稚圭书》其四，《欧阳修全集》卷 144，第 2333 页。

③ 参见（宋）欧阳修《丰乐亭记》，《欧阳修全集》卷 39，第 575 页。

④ （宋）李涂著，刘明晖点校《文章精义》（与《文则》合刊），人民文学出版社 1960 年版，第 73 页。

　　将《丰乐亭记》揭橥的共乐理念真正以诗性笔调出之的是其姊妹篇《醉翁亭记》。《醉翁亭记》乃自我作记，为模拟酣畅而出神的醉感体验，作者采用浸透主观情感的他者视角。随着视点局限的消失，太守作为主导者，又深深参与到山林、禽鸟、游人的乐境中，由此绘写出全景式的共乐群像。醉翁笔下的共乐境界同时是众声喧哗的世界，和唐人追求于亭台幽赏山林不同，当透露出自然无限生机与动态的四时景象缓缓展开，太守亦将人世的熙攘喧闹引入丰山幽谷，以新的审美眼光发现州民游览、宾主宴酣本身蕴含的诗意，显示了自然、人事各得其所的深沉满足感。这样一来，原本从属于俗世的滁人，也在欢畅的游赏氛围中得与林泉和谐共处。而当作者稍稍远离自身，又恰能体味禽鸟、游人内在的乐情。是以与自然冥合，共鸟兽忘机，及宾客尽欢，和滁人无间，物我、人我的界限逐渐消融。欧阳修后在《题滁州醉翁亭》《丰乐亭小饮》《醉翁吟》诸诗中反复书写这种与滁人与自然浑融敦睦的关系。与唐人一味避俗出世不同，醉翁是入世而脱俗之人，《醉翁亭记》末段从山林、禽鸟、人之乐层层上升到"太守之乐其乐"①，即揭示了这位颓然醉乎其间的老翁精神气度的超拔。

　　有学者曾从郡斋诗的角度探讨过中晚唐"沧洲吏"的亭台诗文："这些野外的山亭或湖亭，将郡斋中的'沧洲'扩大到郡城周围，为吏隐官员们在'地僻人远，空乐鱼鸟'的远荒开辟出'别见天宇'的山水胜境，消解了他们身处沧洲的落寞。"② 可见中晚唐亭台诗文之旨趣与郡斋诗大致无二，吏隐观念与幽赏山林的意趣一直是其中占主流的书写要素。州县官极入世的事实反促使他们在公余的游赏与创作中突出高蹈姿态，于是他们一般都选择清美绝尘之地筑亭观游，而构建的亭宇亦多供使君自我逍遥之用。这些亭榭楼台实则为官员们提供了静处山林以满足物外高情的固定处所，俗人俗务

①　《欧阳修全集》卷 39，第 577 页。
②　参见葛晓音《中晚唐的郡斋诗和"沧洲吏"》。

被遣尽后，其间才有闲雅自适的抒情主人公出场。

披览中唐至宋初同类型的亭台诗文，作者皆有意在俗务以及人间之昏浊喧嚣反衬下，凸显山林田园的安恬幽丽。像欧阳修《丰乐亭记》《醉翁亭记》（以下简称《丰》《醉》）二文那样把与民共乐上升到诗性境界的，可说是遍寻不见。少数例外如皇甫湜《枝江县南亭记》讲到："其民日致，忻游成群。使缨叹恋，停车止征。实为官业，而费家赀。不妨适我，而能惠众。呜呼！是乃仁术也。"① 县令许民欢游，虽已具众乐意味。但前文明言韦庇作新南亭，盖出于自身"以适旷怀"的目的，说明韦庇之"惠众"是额外的德政，乃作者特予标举的"仁术"，在唐终属孤立现象。此外，皇甫湜只是直陈其事，并未自觉揭出"与民同乐"之旨。再如韩愈《燕喜亭记》、柳宗元《永州崔中丞万石亭记》等提及州中父老来观，然作者实意在借重其口以彰显郡守的逸致与德望。即如徐铉在南唐时所写《乔公亭记》虽有"行有余力，与人同乐"这样的论说，然从"郡人瞻望，飘若神仙"的描述看，此中同乐主宾仅限冠盖之士。②

将欧公与唐人亭记两相比对可知，从洛阳《非非堂记》《夷陵县至喜堂记》、滑州《画舫斋记》到滁州《丰》《醉》二亭记，欧阳修由传统的郡斋独憩进而选择与民共乐于双亭③，不仅由于空间从私人向公共移置，更取决于施政理念的转变，而这正源自欧阳修对孟

---

① （清）董诰等：《全唐文》卷686，第7027页。

② （清）董诰等：《全唐文》卷882，第9224页。此外，独孤及《琅琊溪述》虽非记文，但提及"公登山乐，乐者毕同"的细节，可视作《醉翁亭记》之嚆矢。这点清人何焯就有发现，参见《义门读书记》卷38。然一来后文"无小无大，乘兴从公"原出《诗·鲁颂·泮水》，"无小无大，从公于迈"句下郑笺："臣无尊卑，皆从君行而来。称言此者，僖公贤君，人乐见之。"（《毛诗正义》卷20，《十三经注疏》，第1317页）"大小"指尊卑而非年辈。以此观之，"乐者"可能指官吏而非滁民；二来亦莫如欧公《丰乐亭记》之筑亭志在同游，乃至将"共乐"上升至太守职责，有一偶然一主动之别。

③ 当然，欧阳修在滁州也写有郡斋诗，他还建醒心亭，由曾巩代作《醒心亭记》，描写独醒意识正好与醉翁亭共醉成一对照。但双亭共乐显然构成欧在滁最重要的写作场域。

子思想的汲取。如《丰乐亭记》里对滁人"安于畎亩衣食，以乐生送死"的描述便沿袭孟子"王道之始"① 的论述。类似观点欧阳修早年在《与张秀才棐第二书》中就有表述，并认为此是古道简明易行的体现。更重要的是，在传统观念里，像白居易《白蘋洲五亭记》一类政成而后"以余力济高情"② 的表述构成前人亭记的主要模式，然欧阳修显然不满足于在滁州已然的太平丰乐下自适于林泉，而欲本其山川风俗，使滁民既能乐此丰年，又知上功德。他的具体举措是与滁人往游于双亭，理论依据则为孟子"与民同乐"之说。

"与民同乐"说散见于《孟子》各章。孟子曾各以文王"与民偕乐"、夏桀"独乐"为正反例证向梁惠王阐述帝王游园之乐。③ 他又在类似情境下向齐宣王宣扬理想的君民关系："乐民之乐者，民亦乐其乐；忧民之忧者，民亦忧其忧。乐以天下，忧以天下，然而不王者，未之有也。"④ "与民同乐"的同义说法还有"众乐"，孟子在和齐宣王探讨"好乐"问题时，先是达成"独乐乐"不如"众乐乐"的共识，最后孟子通过描述"乐民之乐者，民亦乐其乐"的图景激励君王以"与民同乐"施行王道。⑤ 统言之，孟子"与民同乐"（"众乐"）理念，其核心观点在于劝诫统治者在己须推己及人，于民则忧乐以民，时刻以民心向背、百姓欲求为施政导向，并强调君主经由共享苑囿和民众保持密切和睦的联系⑥。

欧阳修在滁以与民同游双亭为契机对此理念进行了朴素实践，向太平刺史的职责提出了更为积极的要求，即"宣上恩德，以与民

---

① 参见（清）焦循《孟子正义》卷2《梁惠王章句上》，第55页。
② 《白居易文集校注》卷34，第2005页。
③ 参见（清）焦循《孟子正义》卷2《梁惠王章句上》，第45—50页。
④ （清）焦循：《孟子正义》卷4《梁惠王章句下》，第119页。
⑤ 参见（清）焦循《孟子正义》卷4《梁惠王章句下》，第100—106页。
⑥ 参见（清）焦循《孟子正义》卷4《梁惠王章句下》，第108页。

共乐，刺史之事"①。他将原本抽象的共乐理念落到实处，并首次呈现了"与民同乐"这种政治理想的诗意境界。② 刘敞后在《和永叔食糟民》里揄扬欧："岁丰饮酒众同醉，岁饥散糟民亦济。……翰林仙伯屈主诺，忧民之忧乐民乐。"③ 就援引孟子之言，将欧公代表诗文《丰》《醉》与《食糟民》拼合成他忧乐以民的崇高形象。欧阳修在双亭诗文中创造的开放而富有人情味的共乐境界，其开创价值在于，它突破了唐人亭台诗文呈现的幽赏自适的狭小视野，使文士游赏之趣和地方官爱民之志在众乐层面得到统一。李唐诸亭记中那些独乐自逸的地方官，一变而为赵宋《醉翁亭记》里咸与共乐的醉翁。欧阳修对"众乐"的追寻将山林之趣与民庶之乐融而为一，汇成博大闹热的审美新质。此中乐境与传统的避世之乐不同，无疑有着"乐在社会、合乎人伦的世俗性、现实性"④。绍兴年间知滁州魏安行重修醉翁亭，就感叹："此邦虽小，文忠公尝辱居焉，而醉翁亭者，盖尝与民共乐于此。比经寇暴，颓基岿然，父老过之有出涕者。"⑤ 正因世代承载与民共乐的记忆，醉翁亭方成为滁人追念欧公的首要遗迹。

欧阳修的同时代人很快就发现了其双亭诗文的独创处，并在往来唱和中积极予以回应。如苏舜钦《寄题丰乐亭》："游此乃可乐，岂徒悦宾从？野老共歌呼，山禽相迎逢。……境清岂俗到？世路徒冲冲。"⑥ 在欧文热烈和畅的共乐境界中尚融入诗人屏居沧浪亭的孤

---

① （宋）欧阳修：《丰乐亭记》，《欧阳修全集》卷 39，第 575 页。

② 欧阳修对与民共乐的宣扬，不只出现于两部亭记，如《菱溪石记》："亭负城而近，以为滁人岁时嬉游之好。"（《欧阳修全集》卷 40，第 579 页）《与韩忠献王稚圭书》其四："自此得与郡人共乐，实出厚赐也。"（《欧阳修全集》144，第 2333 页）悉见爱民念民之心。

③ 《公是集》卷 16，第 175 页。

④ 程杰：《诗可以乐——北宋诗文革新中"乐"主题的发展》。

⑤ （宋）孙觌：《滁州重建醉翁亭记》，《全宋文》卷 3481，第 160 册，第 388 页。

⑥ 《苏舜钦集编年校注》卷 4，第 244 页。

清体验。梅尧臣《醉翁吟》写田父眷怀醉翁："翁朝来以暮往，田叟野父徒倚望兮。翁不我搔，翁自陶陶。翁舍我归，我心依依。"① 王令《效醉翁吟》亦设想醉翁与民无间的状态："来与我民兮不间以处，谁不此留兮公则去遽！"② 王安石《幽谷引》则通首代滁民立言，表达敬意之际亦寄托其循吏理想。盖彼时安石知鄞，乃同知冷暖者。而此诗不流于质木的政治说教，端赖诸如"山有木兮谷有泉，公与客兮醉其间。芳可搴兮甘可漱，无壮无稚兮环公以笑"③ 这样生动温馨的细节。

二 友声：范仲淹及同道的"众乐"书写

庆历六年（1046）欧阳修《丰》《醉》二亭记的写就，标志着地方官亭台书写新范式的诞生。质诸唐宋地方官的亭台诗文，此种拓展是极其明显的。嗣后在欧阳修皇祐三年（1051）所写《真州东园记》及熙宁三年（1070）《岘山亭记》中，我们仍能听到与民共乐的余响，如他在《岘山亭记》里称颂史中辉："君知名当世，所至有声，襄人安其政而乐从其游也。"④ 年已垂暮的欧公写至此，会否想起彼时四十便"自号醉翁聊戏客"⑤ 的风流太守。值得注意的是，欧公《丰》《醉》虽首著先鞭，却并非孤明独发，在庆历之际实有许多友声存在。

与欧阳修知滁几乎同时，范仲淹在知邓州任上"孜孜民事，政平讼理。公余营花圃，为台榭之胜，许郡民游乐"⑥，和欧阳修筑亭与民同游适相遥应。同在庆历六年（1046），范仲淹更应知岳州滕宗

---

① 《梅尧臣集编年校注》卷 26，第 882 页。

② 《王令集》卷 1，第 17 页。

③ 《临川先生文集》卷 4，《王安石全集》，第 5 册，第 194—195 页。

④ 《欧阳修全集》卷 40，第 589 页。

⑤ 《赠沈遵》，《欧阳修全集》卷 6，第 94 页。

⑥ （明）李贤等撰：《大明一统志》卷 30，三秦出版社 1990 年影印本，第 527 页。

谅之请，写成名作《岳阳楼记》，结尾于唱叹之中竭力宣扬其高度自律的责任感："嗟夫！予尝求古仁人之心，或异二者之为，何哉？不以物喜，不以己悲。居庙堂之高，则忧其民；处江湖之远，则忧其君。是进亦忧，退亦忧。然则何时而乐耶？其必曰：先天下之忧而忧，后天下之乐而乐乎！"① 范仲淹此种"先忧后乐"的强烈淑世精神，正生发自孟子对贤者"乐以天下，忧以天下"② 的论断，与欧公《丰》《醉》共享相同的思想和话语资源。《岳阳楼记》在欧阳修《丰》《醉》主写与民共乐的地方官关怀之外，开辟了"众乐"书写的另一种模式，即以追求"古仁人之心"为鹄的的士风砥砺型创作，其政治文化意义详见下节。

稍晚在皇祐三年（1051），韩琦于定州缮治众春园，作《定州众春园记》："中山之地，自唐天宝失御，盗据戎猾，兵革残困，民不知为生之乐者百有余年。至我朝而后，始见太平，亭障一清，生类蕃息。不有时序观游之所，俾是四民间有一日之适，以乐太平之事，而知累圣仁育之深者，守臣之过也。……于是园池之胜，益倍畴昔，总而名之曰'众春园'。庶乎良辰佳节，太守得与吏民同一日之适，游览其间，以通乎圣时无事之乐，此其意也。"③ 此记之回溯历史，宣布恩泽及与民共乐太平之事，皆合于欧阳修《丰乐亭记》。而本文将园池台榭之废兴，各自视作"专一人之私以自利"与"公于其心而达众之情"的象征，以此论证了众春园兴建并定时开放的必要性，则较欧进逼一步，显示出韩氏一代名相之高瞩。韩琦还作《众春园》诗撮述治园宗旨："为政本人情，三代所不易。汉吏称循良，在宣布恩泽。兹吾治废园，大揭众春额。庶乎时节游，使见太平迹。……三春烂熳时，为民开宴席。观者如堵墙，士女杂城陌。野态得天真，靓妆非俗格。惟意任所如，去来何络绎。"④ 此诗极类

---

① 《范文正公文集》卷8，《范仲淹全集》，第195页。

② （清）焦循：《孟子正义》卷4《梁惠王章句下》，第119页。

③ 《安阳集》卷21，《安阳集编年笺注》，第695页。

④ 《安阳集》卷1，《安阳集编年笺注》，第43页。

韵语化的记文，一则治园就循吏理想说开，二则园中春光凸显州民游赏的场景，三则其议论化的形制，均与传统游园诗有别。

后在嘉祐元年（1056），韩琦于乡邦相州重葺园池，作《相州新修园池记》记叙彼时士女欢游的盛况，并明言建园“以及众人之乐”①。则韩琦治下园池，寓有推己乐及众乐的深意。他先后三度知相，写有《康乐园》《寒食会康乐园》《休逸台》等诗，篇篇不离“众乐”之意。韩氏取园名曰“康乐”，寄意“取时康而与民同此乐也”②，就很能看出欧公丰乐亭的影响。多年后，欧阳修读到《相州新修园池记》，尚感叹“乐然如与都人士女游嬉于其间也”③。不过，和丰山幽谷间常年开放的丰乐、醉翁二亭稍不同，众春园、康乐园作为定、相二州城内郡圃的一部分，主要供地方官自娱奉宾之用，只在特定节令向民众开放。虽则如此，韩琦在《定州众春园记》里着重提出“良辰佳节，太守得与吏民同一日之适”④，《众春园》中更将“休吾民”放在“奉嘉客”之前⑤，已远超出唐人郡斋写作之旨趣，可见“众乐”理念的深刻影响。

除上述三位核心人物的创作，尚有：庆历八年（1048）梅尧臣在宣城作《览翠亭记》：“太守邵公于后园池旁作亭，春日使州民游遨，予命之曰共乐。”⑥命名一本于欧阳修《丰乐亭记》意旨，可见欧文的示范作用。田况皇祐年间于成都作《浣花亭记》，中含“与众共乐”的狂欢景象⑦。他在《成都遨乐诗》序里也点出组诗“与

---

① 《安阳集》卷21，《安阳集编年笺注》，第709页。
② （宋）韩琦：《寄题滑州梅龙图西溪》自注，《安阳集》卷8，《安阳集编年笺注》，第347页。
③ （宋）欧阳修：《与韩忠献王稚圭书》其三一，《欧阳修全集》卷144，第2344页。
④ 《安阳集》卷21，《安阳集编年笺注》，第695页。
⑤ 《安阳集》卷1，《安阳集编年笺注》，第43页。
⑥ 《全宋文》卷593，第28册，第165页。
⑦ （宋）田况：《儒林公议》附录3，第184—185页。

民共乐"的总主题①。又梅挚知滑州时治西溪，纵民游赏，韩琦赠
诗颇有知己比邻之感："我亦治园同众乐，夹河相望称为邻。"② 嘉
祐中，梅挚知江宁府时又作《子隐台记》："予因表是台，新是堂，
非止卜高明之居，包游览之胜，而与民同乐，亦将有激时世云。"③
观游与众乐均成为不可或缺的要素。嘉祐初，刘敞知郓州时建园名
乐郊，作《东平乐郊池亭记》言志："以其地曰乐郊，所以与上下
同乐者也。……孟子曰：'贤者而后乐此，不贤者虽有此不乐也。'
吾其敢自谓贤乎？抑亦庶几焉。"④ 欧阳修闻讯寄诗引为同调："乐
郊何所乐？所乐从公游。三日公不出，其民蹙然愁。一闻车马音，
从者如云浮。"⑤ 复如福州州园春台馆"岁二月，启钥纵民游赏，常
阅一月，与民同乐也"⑥，蔡襄嘉祐初为郡时作《开州园纵民游乐》
记其事。在唐人诗文里原本封闭的亭池郡圃，逐渐变为完全或按时
向普通民众开放的游乐场所，公共化的特性日益鲜明。宋人诗文里
的亭园因此在"众乐"理念的实践里被描画得眉目清晰。

嘉祐末，渐入暮年的仁宗曾"宣谕臣僚，上元观灯，不为游赏，
盖与民共乐也"，时蔡襄《上元进诗》："宸游不为三元夜，乐事全
归万众心。……要知尽作华封祝，四十年来惠爱深。"⑦ 帝王与庆历
士大夫似一同为这个行将落幕的伟大时代拟定了总结语：与民共乐。

要之，孟子的"众乐"观念既非枯槁的政治说教，亦非强制的
道德训令，本身就包含丰富的感性体验，并能在标举士大夫优越感
的同时，促成上下融洽的关系。这种理念还极易与宋代盛行的循吏

① （宋）田况：《儒林公议》附录 3，第 213 页。

② （宋）韩琦：《寄题滑州梅龙图西溪》，《安阳集》卷 8，《安阳集编年笺注》，第 347 页。

③ 《全宋文》卷 414，第 20 册，第 114 页。

④ 《公是集》卷 36，第 433 页。

⑤ （宋）欧阳修：《乐郊诗》，《欧阳修全集》卷 7，第 116 页。

⑥ （宋）梁克家：《淳熙三山志》卷 40，《宋元方志丛刊》，中华书局 1990 年影印本，第 8248 页。

⑦ 《蔡忠惠集》卷 4，《蔡襄集》，第 59—60 页。

观念结合，成为地方官吏的施政理想。于是，原本单一的调和型的吏隐模式被打破，宋人广泛追求地方官责任感与诗人审美天性和谐相融的共乐境界。在唐人那里原本充斥着闲澹自适的私人性体验的亭台诗文，开始集体性地显现出地方官对于公共职责的体认，乃至韩琦将之上升为"私以自利"与"达众之情"的对立，反映出庆历士大夫公私统一的强烈呼声。范仲淹的先忧后乐之说，个人忧乐一本于天下君民，正是这一声音的极致表达。在这种富有理性精神的乐境中，向内能忘忧自适，对外则政事及物，仕隐出处的矛盾因此被有效消解。庆历士大夫无疑情钟于这种新鲜而宏大的乐感体验。他们纷纷用自己的诗文开拓了这片创作范式的新疆界，创作出诸如《醉翁亭记》《丰乐亭记》《岳阳楼记》这样的经典文本，不仅提高了记体文的议论品格，还极大扩展了抒情、写物的容量，昭示了这种文体的成熟状态。

三　缘起：庆历之际的吏治观念与孟子升格运动

庆历士大夫重新发现孟子"与民同乐"思想，在地方官任上主动予以践行，并主要通过成熟的记体散文传达他们的诗意与思考，于经术、吏材、文章间和会融通，展现出这一代士人身兼学者、官僚、文士之角色丛的独特魅力。而地方官的"众乐"书写要到后新政时代方才勃兴，且在短期内发展为群体性的文学现象。这与其认为是创作观念自我更新的结果，莫若说是文学作为时代精神的载体，在特殊历史阶段与政治、思潮相激荡而引起的某种启蒙与"变态"。

宝元、庆历之际，宋朝面临着严重的政治危机。一向倡导召和气、重民本的宋代士大夫对此深为警觉，而庆历新政前后言路的畅通则为这些观点提供了陈述宣泄的平台。范仲淹《答手诏条陈十事》对时势的判断在士林中就很有代表性："（我国家）富有四海，垂八十年，纲纪制度，日削月侵，官壅于下，民困于外，夷狄骄盛，寇盗横炽，不可不更张以救之。"① 宋朝内部民生凋敝、盗寇横行的失衡局面，使得当时士人普遍产生了"人情惨怨"② 的危机感。如范仲淹即指出四方多事和吏治败坏招致"上下相怨，乱所由生"③，又直言地方官不能履行职责致使"生民困苦，善人嗟痛"，成为"天下怨叛之本"④。庆历三年（1043），欧阳修描述当时"天文变于上，地理逆于下，人心怨于内，四夷攻于外"的严峻形势，提请仁宗"为社稷生民留意"⑤。欧后来还强调"民怨已久，民疲可哀，因其甚困，宜速赐惠，不惟消弭盗贼之患，兼可以悦其疲怨之心"⑥，点出悦疲怨之民的必要。时任枢副的富弼也持类似观点："西鄙用兵以来，骚动天下，物力穷困，人心怨嗟。朝廷不能抚存，遂使聚而为盗。"⑦ 将盗贼起因归结为人心怨嗟。庆历五年（1045），他再次警告民心怨恨已至"人心多叛"的程度⑧。蔡襄也意识到当时"陶陶生民，若在风涛之上；嗷嗷四海，偷为旦暮之安"⑨，庆历四年（1044），他与余靖等台谏官联名屡上《言灾异奏》，认为灾异起因是"君臣上下皆有阙政，是致内外空虚，民力雕耗，怨毒之气干动至和"，借以求请仁宗正视"人心如涸，天意益高"的窘迫现状⑩。当时在野的学者李觏亦作《寄上富枢密书》云："今赋敛之烦，数

---

① 《范文正公政府奏议》卷上，《范仲淹全集》，第 524 页。

② （宋）范仲淹：《答手诏条陈十事》，《范文正公政府奏议》卷上，《范仲淹全集》，第 524 页。

③ （宋）范仲淹：《奏乞择臣僚令举差知州通判》，《范文正公政府奏议》卷上，《范仲淹全集》，第 544 页。

④ （宋）范仲淹：《奏灾异后合行四事》，《范文正公政府奏议》卷上，《范仲淹全集》，第 581 页。

⑤ （宋）欧阳修：《准诏言事上书》，《欧阳修全集》卷 46，第 652 页。

⑥ （宋）欧阳修：《论救赈江淮饥民札子》，《欧阳修全集》卷 104，第 1584 页。

⑦ （宋）富弼：《乞选任转运守令以除盗贼奏》，《全宋文》卷 603，第 28 册，第 336 页。

⑧ （宋）富弼：《论河北七事奏》，《全宋文》卷 603，第 28 册，第 332 页。

⑨ （宋）蔡襄：《论财用札子》，《蔡忠惠集》卷 26，《蔡襄集》，第 448 页。

⑩ 《蔡忠惠集》卷 16，《蔡襄集》，第 307—309 页。

倍常法；旱灾之作，绝异曩时。民力罢羸，众心愁怨。"① 可见朝野上下往往将邦本不固的根源归结为内在的民心怨嗟。

由此共识出发，庆历士大夫广泛认识到择吏去弊以结民心的必要性。庆历三年（1043），枢密副使韩琦上疏条列"今所宜先行者七事"，其六即曰收民心。② 范仲淹、富弼等宰执亦进言："今民方怨，而未甚叛去，宜急救之。救之之术，莫若守宰得人。"③ 而庆历新政围绕治致太平的宗旨，首重吏治改革。范仲淹认为遣按察使省视官吏"则天下官吏知陛下忧赤子之心，各务爱民求理，不为苛政，足以息生民之怨叛也"④。精择良吏以厚生息怨当是他们澄清地方吏治的期望。欧阳修在谏官任上对按察官吏更感迫切，一再上书力主推行此事，强调"百姓嗷嗷，疮痍未复，救其疾苦，择吏为先"⑤。要之，庆历改革派一致认为，缓和上下失维之困局的出路在于整顿地方吏治，并实行宽恤民力的政策。

在当时民怨载道的背景下，孟子的民本仁政学说，尤其是"众乐"理念，正足以成为缓解官民对立情绪的对症之药。而庆历前后恰是"孟子升格运动"的"初兴期"⑥。汉唐时，《孟子》始终未入经部之列，不受世人推重，只得到少数学者的关注。就"众乐"理念来看，惟"窃自比于孟子"⑦ 的扬雄《羽猎赋》曾化用孟子对文王之囿的描述。韩愈《上巳日燕太学听弹琴诗序》引述"众乐"之说探讨琴乐。此外他《答崔立之书》亦称道"同吾之所乐于人"⑧。

---

① 《李觏集》卷28，第304页。

② （宋）李焘：《续资治通鉴长编》卷142，第3414页。

③ （宋）李焘：《续资治通鉴长编》卷144，第3481页。

④ （宋）李焘：《续资治通鉴长编》卷151，第3671页。

⑤ （宋）欧阳修：《论按察官吏札子》，《欧阳修全集》卷98，第1505页。

⑥ 参见徐洪兴《唐宋间的孟子升格运动》。不过，此文并未就范、欧等人观点展开具体论述。

⑦ （汉）扬雄撰，汪荣宝撰，陈仲夫点校：《法言义疏》卷4《吾子卷第二》，中华书局1987年版，第81页。

⑧ 《韩昌黎文集校注》卷3，第167页。

直到宋初，《孟子》在思想界的影响仍很有限。而逮至仁宗朝，《孟子》在当时士人中间引起极大反响，其思想的权威性不断增强，并日益波及意识形态领域。与思想史脉络下强调的柳开、孙复、石介之尊孟相呼应的另一翼，是以范仲淹、欧阳修、韩琦为核心的庆历士大夫。

"孔孟"合称在宋前并不多见，于范、欧等人的诗文中却在在而有，这种自发增多的现象足以说明他们推尊孟子的热情。① 又如韩琦曾作《五贤赞》颂扬"孔孟之道，尧舜之德"，沿袭宋初"五贤人"体系。但和柳开、石介首重韩愈稍异，韩琦认为孟子乃"孔子之后，一人而已"②。欧阳修与韩琦观点近似，明言："孔子之后，惟孟轲最知道。"③

《孟子》三万余言建构起宏大的思想体系，所倡道统、性善、仁政、王霸、养气诸观点，为后世提供了多面向的接受路径与阐释空间。与柳开、石介等道学先驱鼓吹古道不同，范、欧等人虽受道统论的影响，但明显持经世致用的观点，偏重孟子对于王道、仁政等政治领域思想的论说。早在天圣三年（1025），范仲淹作《奏上时务书》说圣人能"敦好生之志，推不忍之心，薄于刑典，厚于恻隐"④。又《皇储资圣颂》："举一刑，则必怅然有不忍之心，暴何端而兴矣？"⑤ 明显受到孟子由"不忍人之心"推至"不忍人之政"的

---

① 如范仲淹就有"君子皆有通塞，孔孟不能逃。"[（宋）范仲淹：《与仲仪待制书》其二，《范文正公尺牍》卷下，《范仲淹全集》，第703—704页］"君不见仲尼之云兮，'予欲无言'。……又不见孟轲之志兮，养我浩然。"[（宋）范仲淹：《灵乌赋并序》，《范文正公文集》卷1，《范仲淹全集》，第9页] 等说法。又梅尧臣《依韵和刘敞秀才》"孔孟久已亡，富贵得亦傥"（《梅尧臣集编年校注》卷8，第128页）亦以孔、孟对举。欧阳修也说："愿[顾]我实孤生，饥寒谈孔孟。"[（宋）欧阳修：《述怀》，《欧阳修全集》卷5，第89页] 又《重读徂徕集》："孔孟困一生，毁逐遭百端。后世苟不公，至今无圣贤。"（《欧阳修全集》卷3，第46页）

② 《安阳集》卷23，《安阳集编年笺注》，第762页。

③ （宋）欧阳修：《与张秀才棐第二书》，《欧阳修全集》卷67，第979页。

④ 《范文正公文集》卷8，《范仲淹全集》，第204页。

⑤ 《范文正公文集》卷8，《范仲淹全集》，第170页。

影响①。天圣五年（1027），范仲淹《上执政书》实开庆历新政的先声，他这样总述道："况儒者之学，非王道不谈，某敢企仰万一，因拟议以言之，皆今易行之事。"又："况圣贤存诚，以万灵为心，以万物为体，思与天下同其安乐。"②"与天下同其安乐"，即先忧后乐之说；而范仲淹"非王道不谈"，"耻道桓文之事"③，浓厚的"王道"情结亦为孟子所着重。足见范仲淹政治观的成型有必要从孟子的政治学说中探知消息。当然，范仲淹之复兴王道绝非空言妄语，而有政治上的"易行之事"相辅成。蔡襄《杭州戒弄潮》也有"推予不忍之心"④的说法。他并曾撰写策题，讨论孟子不言霸道而卑视管仲一事，此外还作《推进论》论说严守孟子的义利之辨。

就中观点最鲜明的要数欧阳修。景祐二年（1035），欧连作二书与石介，针对其一味好古而求异的个性，提出为人行事须"履中道、秉常德"⑤。欧、石之分歧不仅于此，如对于《孟子》"王道"，石介是在道统论的框架下认识的，其《读原道》定义"王道"，由《书》之《洪范》历数至韩愈《原道》，颇显层累庞富。至于孟子之王道为何反倒难以把握。欧阳修为论则平实切近，面对同样舍近取远的晚辈张棐，他教诲："孔子之后，惟孟轲最知道，然其言不过于教人树桑麻，畜鸡豚，以谓养生送死为王道之本。夫二《典》之文，岂不为文？孟轲之言道，岂不为道？而其事乃世人之甚易知而近者，盖切于事实而已。"⑥反对诞者"述三皇太古之道"的迂远无用之说，注重孟子所言"王道""易知而近""切于事实"的实用价值。欧阳修早已确立"处心学古贵适用"⑦的为学法门，他学古论道之

① 参见（清）焦循《孟子正义》卷7《公孙丑章句上》，第232页。

② 《范文正公文集》卷9，《范仲淹全集》，第211页。

③ （宋）范仲淹：《耀州谢上表》，《范文正公文集》卷16，《范仲淹全集》，第394页。

④ 《蔡忠惠集》卷34，《蔡襄集》，第620页。

⑤ （宋）欧阳修：《与石推官第一书》，《欧阳修全集》卷68，第992页。

⑥ （宋）欧阳修：《与张秀才棐第二书》，《欧阳修全集》卷67，第979页。

⑦ （宋）蔡襄：《四贤一不肖诗》，《蔡忠惠集》卷1，《蔡襄集》，第10页。

际并不像石介那样刻意强调道统，而始终保持务实眼界，主张"（君子为学）知古明道，而后履之以身，施之于事，而又见于文章而发之，以信后世"①。范仲淹在论及乐分古今时也认为："且何伤于异制，但无求于独乐。……举今古而酌中，与英茎而岂异。"② 明道酌中而非复古佞古的通达立场，当为庆历士大夫共享。这同时也是以欧、范为代表的庆历士大夫接受孟子的主流声音。欧阳修能于滁州率先进行孟子"众乐"理念的实践与书写，正是在地方上将其积蕴的"君子之学""施之事业"兼"见之文章"③ 的结果。

而孟子政治学说中"众乐"理念亦为重民本之庆历士大夫所崇尚。天圣六年（1028），范仲淹掌应天府学，曾出题并拟有一批律赋范作，从中可见他欲与后辈学人探讨的一系列论题。其中《今乐犹古乐赋》之限韵"民庶同乐，今古何异"便源自《孟子》，赋云："原夫惟孟子之谟猷，激齐王之思虑。惠民之道将进，述乐之言斯著。"④ 将孟子"述乐之言"概括为"惠民之道"。又《用天下心为心赋》："爱将众同，乐与人共。德泽浃于民庶，仁声播于雅颂。"⑤ 足觇孟子"与民同乐"之说对范仲淹思考君民关系的助益。

欧阳修《易童子问》解释"豫卦"："圣人忧以天下，乐以天下。……圣人以天下为心者也，是故以天下之忧为己忧，以天下之乐为己乐。"⑥ 前段原出《孟子》，后段将"以天下为心"与忧乐以天下相结合，与范《用天下心为心赋》《岳阳楼记》同调。欧公早在景祐元年（1034）就揭出范氏忧乐以天下的夙志："希文登朝廷，与国论，每顾事是非，不顾自身安危，则虽有东南之乐，岂能为有

---

① （宋）欧阳修：《与张秀才棐第二书》，《欧阳修全集》卷67，第978页。

② （宋）范仲淹：《今乐犹古乐赋》，《范文正公文集》卷1，《范仲淹全集》，第15页。

③ （宋）欧阳修：《薛简肃公文集序》，《欧阳修全集》卷43，第618页。

④ 《范文正公文集》卷1，《范仲淹全集》，第14页。

⑤ 《范文正公文集》卷1，《范仲淹全集》，第21页。

⑥ 《欧阳修全集》卷76，第1109页。

忧天下之心者乐哉！"① 他后为范作神道碑，亦强调仲淹"慨然有志于天下，常自诵曰：'士当先天下之忧而忧，后天下之乐而乐也。'"② 全引《岳阳楼记》警句，愈见年辈稍长的范仲淹在庆历士大夫群体中的枢纽地位。

韩琦看法与范、欧相近，景祐三年（1036）他上书议乐："孟子之对齐宣王，亦有'今乐犹古乐'之说，言能与百姓同乐，则古今一也。"③ 由孟子论乐揭示君主须"与百姓同乐"的内涵。他的《赵少师续注维摩经序》亦引述孟说："昔伊尹思天下之民，匹夫匹妇，无不被尧、舜之泽者。孟子曰：'忧以天下，乐以天下。'是知净名慈悲之心，于吾儒仁义之道，恶有戾乎？"④ 从孟子对"圣之任者"伊尹的推尊及其忧乐观出发论证自任天下乃慈悲之心与仁义之道的同一属性。

此外，即是放废幽居于沧浪亭的苏舜钦，尚称道"贤者必欲推己之乐以乐众"⑤。又梅尧臣《送王判官同提点坑冶》明言"利在与民共"出自孟氏⑥。复如蔡襄《谢昭文张相公笺》亦云："是其所乐者，思与天下之人同其所乐也。"⑦ 皆显示志在经世济时的庆历士大夫对孟子"众乐"理念的积极接纳。

政治与学术这种在同一时段、同一士人群体那里齐头共进的态势，于庆历前后终于产生了交汇。如前引天圣五年（1027）范仲淹《上执政书》、景祐三年（1036）韩琦论乐奏议，以及范、欧、蔡诸人所撰律赋范作、进士策题，均可见孟子思想的影响。更典型的是庆历三年（1043）新政期间余靖适时上《论御盗之策莫若先安民

---

① （宋）欧阳修：《与范希文书》，《欧阳修全集》卷67，第983页。
② 《欧阳修全集》卷21，第333页。
③ （宋）韩琦：《同详定阮逸胡瑗邓保信等所造钟律奏》，《韩琦诗文补编》卷1，《安阳集编年笺注》，第1591页。
④ 《安阳集》卷22，《安阳集编年笺注》，第739页。
⑤ （宋）苏舜钦：《答马永书》，《苏舜钦集编年校注》卷9，第668页。
⑥ 《梅尧臣集编年校注》卷18，第454页。
⑦ 《蔡忠惠集》卷31，《蔡襄集》，第563页。

奏》："臣闻孟子曰：'推恩足以保四海，不推恩无以保妻子。'此古今之通论也。国家西陲用兵而来，经费渐广。故言利之臣日进其术，不以安民为意者多矣，惟陛下察之。……安民之术，则但不夺其时，不伤其财。能禁其为非，而去其为害者，则皆安堵矣。"① 除余靖直接祖述的推恩及民之说，孟子的王道论及义利之辨在此奏议中亦有所体现，并导向安民去害以结人心的施政方案。孟子学说对当时的政治困境给予了直接回应。这表明，伴随《孟子》地位的抬升，其思想日益渗透到此期政治言说的层面。于是政治困境的迫切需求，与孟子思想的重新发现，共同构成庆历士大夫们追寻"众乐"的坚实基础。

四　北宋中后期"众乐"理念的实践与影响

事实上，"与人共乐"向为表现君王仁术之陈辞，而尤被赵宋帝王所措意。以北宋前三朝为例，如太祖《乾德六年南郊改开宝元年赦天下制》："长怀鱼水之欢，共乐太平之化。"② 一次太宗召群臣赏花于后苑，自夸："春风暄和，万物畅茂，四方无事，朕以天下之乐为乐。"③ 真宗时丁谓曾上《贺雨乞赐酺奏》："所冀万姓瞻仰天颜，与人共乐。"④ 但这多属国家庆典时虚浮空泛的常调，与孟子"众乐"说所体现的厚重责任意识和实践色彩相较，当有本质差异。

等到新政期间，庆历士大夫将州县亲民官比拟作古之诸侯，以期增进士大夫对此角色的重视。正是在这种复古话语的推动下，孟子对诸侯职责的讨论以及赵宋的君王仁术，即"众乐"理念，自然被引导至地方长吏这一层级。后新政时代这批士大夫虽谪处江湖，

---

① 《武溪集校笺》卷21，第671—672页。
② 《宋大诏令集》卷119《典礼四》，第407页。
③ （宋）李焘：《续资治通鉴长编》卷25，第575—576页。
④ 《全宋文》卷208，第10册，第261页。

却依旧深孚众望，并时受仁宗瞩目。① 换言之，他们没有全然丧失政治机会，反能代表州县向中央争取更多的主动权。

于是，当庆历士大夫在中央权力斗争失利后被贬地方，他们并未叹谪嗟穷，而是一面在理定心宽后充分体验林泉之乐，一面在州县亲民官任上以和顺平易的心态践行新政理念和循吏理想，为"众乐"书写提供了现实基础。鉴于庆历初年内外多事之时势，新政诸同仁在州县为政力主安民求理而非生事挠民，即《答手诏条陈十事》所承诺的："为陛下爱惜百姓，均其徭役，宽于赋敛，各获安宁，不召祸乱，天下幸甚。"② 范仲淹很早就树立"政必顺民③的治道观，他移知邓州时也有"求民疾于一方，分国忧于千里"④ 的自觉，很快便在任上实现了"吏民可安，自且恬泰"⑤ 的两全之道。又如韩琦于地方官任上主张"宣朝廷宽大之诏，令百姓知上意慈仁"⑥，先

---

① 庆历七年（1047）韩琦接替富弼徙知郓州，同时欧阳修继韩知扬州。皇祐三年（1051）范仲淹代富弼继任青州知州。至和二年（1055）富弼紧随韩琦之后，移知并州。扬、郓、青、并诸州皆为大藩重镇，而宋廷亦不忌讳庆历士大夫接续为政。当事人韩琦即谓："上以聪明仁恕御天下，……故当时指以党而排去者，不三四年间，皆复显官，处大任。"[（宋）韩琦：《故崇信军节度副使检校尚书工部员外郎尹公墓表》，《安阳集》卷47，《安阳集编年笺注》，1459页] 此外，司马光《涑水记闻》卷3抄录了一份庆历五年（实为庆历七年）正月一日见任两制以上的官员名单，韩琦、范仲淹、富弼（以上资政殿学士），田况（龙图阁直学士），杜衍（尚书左丞），欧阳修（知制诰），滕宗谅（天章阁待制）依次在列，他们都属于侍从官这一清望官僚群体。足见仁宗对他们依旧予以优待。关于《涑水记闻》所载官员名单的考辨和说明，参见张祎《宋代侍从官的范围及相关概念》，载袁行霈主编《国学研究》第34卷，北京大学出版社2014年版，第83—108页。

② 《范文正公政府奏议》卷上，《范仲淹全集》，第531页。

③ （宋）范仲淹：《用天下心为心赋》，《范文正公文集》卷1，《范仲淹全集》，第20页。

④ （宋）范仲淹：《邓州谢上表》，《范文正公文集》卷18，《范仲淹全集》，第419页。

⑤ （宋）范仲淹：《与韩魏公书》其二十，《范文正公尺牍》卷中，《范仲淹全集》，第676页。

⑥ （宋）韩琦：《郓州谢上表》，《安阳集》卷25，《安阳集编年笺注》，第831页。

是在定州救济饥民，后在太原蠲除弊政，治下很快便"民安事简"①。复如余靖出知吉州时则立志"方今甲兵渐息，赋敛必省。谨当奉朝廷宽大之诏，求古人简易之理。削去苛横，勤询疾苦"②。而欧阳修于入仕之初就思考过一位州县官应当如何恢复凶年之后的地方秩序：

> 某闻古之为政者，必视年之丰凶。年凶则节国用，振民穷，奸盗生、争讼多，而其政繁。年丰民乐，然后休息而简安之，以复其常。此善为政者之术，而礼典之所载也。凡某前所陈者，亦不过如是而已。其意谓夫乘凶年之后，灾沴消息，风雨既时，耕种既得，常平之粟既出而民有食，关西之运既重至而军不乏，不旱不蝗，下民乐利，天子不忧虑。能如是，然后务大体，简细事而已，岂有直以镇俗救民愁、无为置军食之说邪？③

欧阳修强调，地方从年凶民怨复归到年丰民乐的过程中，州县官在其间切忌折腾，不能只想着通过镇俗来救济民愁，而是要与民休息。欧在此后的宦游生涯中践行了"连典剧郡，以镇静为本，不求赫赫名，举大体而已"④的施政风格，在地方无不能获致"民便安之"的成效。总之，范、欧、韩诸人在任上均能做到为政宽简勤廉，休息疲民。这批庆历士大夫虽在"庙堂之上"壮志未酬，却于"江湖之远"得以尽己所能化一方民怨为众乐。"众乐"书写由此构成仁宗朝中后期地方上具有政治、学术、文学多重属性的重要现象。

作为儒学复兴、诗文（以古文为主）创作与政治改革互动下的

---

① （宋）韩琦：《并州新修庙学记》，《安阳集》卷21，《安阳集编年笺注》，第702页。

② （宋）余靖：《谢知吉州启》，《武溪集校笺》卷17，第512页。

③ （宋）欧阳修：《答西京王相公书》，《欧阳修集》卷67，第980页。

④ （宋）吴充：《〈欧阳修〉行状》，《欧阳修全集》附录3，第2697页。

产物，孟子的政治理念以庆历新政为契机影响到地方官的施政、创作，是催生"众乐"书写这一文学景观的关键所在。同时，"众乐"书写亦是一次集中的政治宣言。欧阳修在《丰乐亭记》里重新定义的刺史职责："宣上恩德，以与民共乐，刺史之事。"韩琦《相州新修园池记》释"名园之意"："（使州之士女）知天子圣仁，致时之康；太守能宣布上恩，使吾属有此一时之乐。"① 又《康乐园》："朝家恩泽宽，宣布在封守。体民当有时，使得遂仁寿。"② 表达的都是相同的循吏抱负：治州简静，宣导王泽，富民厚生，与众同乐于太平之年。他们的亲民作风，以及对宣布上恩的侧重，皆反映出一种迫切的使命感，即以州县官为中介，加强君民上下之良性联系。这是对庆历初年之政治困境如言利纷繁、上下离心、物力困乏、民心嗟怨的积极回应。在开放亭园以与民共乐的朴素实践背后，实则蕴含着庆历士大夫对民心的体谅与珍重，亦体现了他们对身处上承君下临民的中间位置的确认。而欧阳修筑亭为"使民知所以安此丰年之乐者，幸生无事之时"③，韩琦修园"俾是四民间有一日之适，以乐太平之事"④，田况与民同游言是"蒙幸太平之效致然"⑤。庆历士大夫在地方上纷纷文致太平，均可视作新政时兴致太平这一终极目标的回响。

　　另外也要看到，"众乐"书写还反映出庆历士大夫的精英意识。先不论地方官才是筑亭修园施予恩泽的主导者（这在庆历士大夫对官位职守的强调就能看出），即便庆历士大夫如欧阳修辈已与滁人同游共醉，然最后"醉能同其乐，醒能述以文者"⑥ 仅是太守。《丰乐

---

① 《安阳集》卷21，《安阳集编年笺注》，第709页。

② 《安阳集》卷2，《安阳集编年笺注》，第79页。

③ （宋）欧阳修：《丰乐亭记》，《欧阳修全集》卷39，第575页。

④ （宋）韩琦：《定州众春园记》，《安阳集》卷21，《安阳集编年笺注》，第695页。

⑤ （宋）田况：《浣花亭记》，《儒林公议》附录3，第185页。

⑥ （宋）欧阳修：《醉翁亭记》，《欧阳修全集》卷39，第577页。

亭记》里那些懵然安于生活而忘却历史亦弗知上德的州民，与通晓
治乱并自立使命的刺史亦形成鲜明对比。韩琦在定州既与民同游众
春园，亦修阅古堂期于"在燕处之间，必将监古以自勉"①，在相州
既治康乐园"以及众人之乐"，同时也建昼锦堂使观者"知太守仗
旄节来故乡，得古人衣锦昼游之美"，他在堂中则"朝夕自视，思有
以报吾君也"②。这些拥有知识、道德、名爵高位的士大夫终自知己
身和民众处在和而不同的位置，因此州民在他们笔下有时呈现出劣
于己的他者形象。

　　庆历士大夫重回当国的嘉祐、治平之际，政治风向明显趋于稳
健保守。不过无论是改革抑或因循，庆历时期以来去弊安民的政
治理念已成主流话语，欧阳修"思辅治于和平，务敦行于仁厚"③
的说法是当时执政大臣的共识。嘉祐、治平之治故而构成孟子
"与民同乐"思想被广泛接受的时期。"众乐"观念从此成为北宋
后期士大夫特别是地方官的普遍意识，相关创作日益兴盛，如沈
括《苍梧台记》《江州揽秀亭记》将熙熙同乐景象置于缥缈仙境
中，同样面对如此迥出尘寰的境界，唐人如柳宗元《柳州东亭记》
会发出"忘乎人间"④的感叹，而沈括却明言欲与邑人同游浩茫之
中。即使比之醉翁引喧入幽，亦更见亲民做派。此非孟氏"众乐"
理念浃于人心则不可得。又如嘉祐中钱公辅知明州时于南湖建众乐
亭，有诗序云："民之游者，环观无穷，而终日不厌。孟子曰：'独
乐与众乐，孰乐？不若与众。'众乐之名于是乎书。"⑤ 直接表出
"众乐"理念。钱公辅同时又嘱托友人邵亢为作《众乐亭记》，而当

① （宋）韩琦：《阅古堂记》，《安阳集》卷21，《安阳集编年笺注》，第698页。
② （宋）韩琦：《相州新修园池记》，《安阳集》卷21，《安阳集编年笺注》，第
709页。
③ （宋）欧阳修：《致仕谢两府书》，《欧阳修全集》卷96，第1474页。
④ 《柳宗元集校注》卷29，第1940页。
⑤ （宋）钱公辅：《众乐亭二首》序，张津等：《乾道四明图经》卷8，《宋元方
志丛刊》，第4912页。

时王安石、郑獬、吴充、冯浩、王益柔、司马光、邵必、吴中复、陈汝羲、张伯玉、陈舜俞、章望之、胡宗愈等一批士人纷纷写诗寄题（载《乾道四明图经》卷8），颂扬钱公辅"此乐为民非为身"①的博大胸怀。可见"众乐"越来越成为地方官建亭园之初的考量标准。

随着孟子地位的继续抬升，尤其自王安石大力"尊孟"，士人们对《孟子》的接受愈为普遍而深入。虽自北宋中期起，"疑孟"思潮日益勃兴，但其本质上与"尊孟"一样均重视孟子思想。以孟子理论体系之博大，宋人有所去取自属正常现象。而即是疑孟派中人，对"众乐"亦持赞许态度，如李觏《庆历民言三十篇·损欲》、刘敞《东平乐郊池亭记》、司马光《独乐园记》皆援引"众乐"格言立论，可见此种政治理念近乎成为时人之共识。

于是在创作典范与学术发展的刺激下，北宋中后期的地方官更明确地揭出孟子的"众乐"观念，甚至径以此命名所建亭园，如明州众乐亭②、高邮军众乐园③、太平县众乐亭④、兴化军共乐亭⑤、英州众乐亭⑥等，并往往形成广泛的诗文唱和活动。又如熙宁六年（1073），司马光于洛阳建独乐园。私家园林之名"独乐"，本无不可，君实却在《独乐园记》里颇费笔墨为己辩护："孟子曰：'独乐乐，不如与人乐乐；与少乐乐，不如与众乐乐。'此王公大人之乐，非贫贱者所及也。……或咎迂叟曰：'吾闻君子之乐必与人共之，今吾子独取于己，不以及人，其可乎？'迂叟谢曰：'叟愚，何得比君子？自乐恐不足，安能及人？况叟所乐者，薄陋鄙野，皆世之所弃

---

① （宋）吴充：《众乐亭》，《乾道四明图经》卷8，《宋元方志丛刊》，第4908页。

② 参见（宋）邵亢《众乐亭记》，《全宋文》卷1033，第48册，第77页。

③ 参见（宋）杨蟠《众乐园记》，《全宋文》卷1045，第48册，第243页。

④ 参见（宋）孙觉《众乐亭记》，《全宋文》卷1585，第73册，第30页。

⑤ 参见（宋）刘弇《重修共乐亭记》，《全宋文》卷2559，第119册，第54页。

⑥ 参见（宋）李修《英州南山众乐亭记》，《全宋文》卷2773，第128册，第202页。

也，虽推以与人，人且不取，岂得强之乎？必也，有人肯同此乐，则再拜而献之矣，安敢专之哉！’”① 一则此身拘于“独乐”的司马光终不改“众乐”之志，其门人刘安世就认为司马光“创独乐园，自伤不得与众同也”②；二则孟子关于“众乐”的宣言，已为时人所周知，甚至弥散至私园的写作领域。而就算是独乐园亦有按时开放的情况③。这表明“众乐”之说在宋人的亭台书写中业已成为自觉的创作观念。

两宋“郡必有苑囿与民同乐”④ 现象的形成，固然根植于唐宋之际的社会变革和城市发展，但同时士大夫的“众乐”观念并非被动触发，而自有其深厚的思想史背景。后新政时代正因其独特的政治、学术环境，构成地方官对官署园林的公共性达成体认并付之书写的质变阶段。虽则神宗朝君臣欲“大有为”的变法运动深刻改变了北宋历史的走向，但在赵宋总体宽仁敦厚之社会氛围的培育下，这种全新的亭台书写观念在两宋文坛上风行一时，并对后世的亭台诗文创作持续辐射其影响。

第四节　忧济者的内在转向与自我正名：《岳阳楼记》的思想世界

有别于滁州双亭记以文辞传世，《岳阳楼记》起初并未得到尹洙、欧阳修等古文家的认可，其经典化的动力主要来自文末“先天

---

① 《司马光集》卷66，第1376—1378页。

② （宋）马永卿：《元城先生语录》卷中，《诸儒鸣道》卷50，山东友谊书社1992年影印本，第1099页。

③ 张端义《贵耳集》载：“独乐园，司马公居洛时建。……有园丁吕直，性愚而鲠，公以直名之。夏月游人入园，微有所得，持十千白公，公麾之使去。”[参见（宋）张端义《贵耳集》卷上，中华书局1959年版，第13页]

④ （宋）谈钥：《嘉泰吴兴志》卷13，《宋元方志丛刊》，第4739页。

下之忧而忧，后天下之乐而乐"一语所标举的精神境界。① 事实上，从欧阳修为范仲淹作神道碑开始，世人便习惯把"先忧后乐"句从《岳阳楼记》中截取出来，作为表征范本人乃至赵宋士大夫之"自觉精神"（钱穆语）的时代宣言。这似乎证明，此一警语自身就表现出迥出他句之上的超越性和独立性，纵使脱离文本亦无损其思想的光辉，以至在许多情况下反使作品成为它的陪衬。

与"先忧后乐"的格言化或曰口号化进程相呼应，后人在阐发其意涵时，也鲜少由整体性的文本解读切入，而是倾向于将记文中的若干警语视作自足的意义单元，并直接界定为以天下为己任的意识。时至今日，"先忧后乐"和"以天下为己任"在许多人的观念里几乎构成一对同义句。这样的处理固然可以凸显诸名句的要旨，但也要看到，聚焦的背面是遗落，"先忧后乐"在经过一次抽离和一次转写后，业已失去母体文本的支撑和补充，其意义在被凝定的同时其实也在被化约。在此过程中，有许多于原初语境才会发露的思想元素以及范仲淹独有的人生经验皆不可避免地遭到了遮蔽。

"先忧后乐"的思想渊源是相关研究的另一核心议题。从修辞方式看，"先忧后乐"的原型是《孟子》"乐以天下，忧以天下"② 等宣扬王者"众乐"的语段。不过，孟子的"众乐"说实质是他为游说诸侯而设的权宜之辞，而"先忧后乐"预设的对象是"古仁人"，以及现实中未必能得位的士。故从"忧乐天下"到"先忧后乐"，虽只添增数字，后者的思想高度和自觉程度均非前者可比。这点宋人早已看到，王十朋即谓"先忧后乐范文正，此志此言高孟轲"③。由此可见，范高倡"先忧后乐"，在形式上深受孟子"众乐"说启发，其思想缘起则是多元的，远非"众乐"所能牢笼。对此，学界

---

① 参见高步瀛选注《唐宋文举要》，上海古籍出版社 1982 年版，第 655 页；叶宽《论〈岳阳楼记〉的经典化过程》，《社会科学论坛》2010 年第 14 期。

② （清）焦循：《孟子正义》卷 4《梁惠王章句下》，第 119 页。

③ （宋）王十朋：《读岳阳楼记》，梅溪集重刊委员会编，王十朋纪念馆修订《王十朋全集》（修订本），上海古籍出版社 2012 年版，第 447 页。

大致形成了四种探源理路。

方法一以关键词为中心，扣住句内"忧""乐"二字，广泛搜集儒家经典中有关"忧""乐"的片段，从中抽绎出所谓"忧乐观"或"忧患意识"，作为"先忧后乐"的思想前导。① 这种偏重"形似"的做法确实大大扩展了材料的范围，但过于留意字眼而相对忽视整体的句意和语境，将时代、主体、情境、层次各异的"忧""乐"文字统合为"先忧后乐"的思想背景，亦容易造成研究视野的窄化和失焦。

方法二则从"先忧后乐"的思想内核入手，先把该格言等价替换成"以天下为己任"，再以其上承曾子"仁以为己任"、孟子"乐以天下，忧以天下"及东汉士大夫"以天下风教是非为己任"的精神。以上论述在勾画"先忧后乐"精神之历时脉络的同时也确定了它的历史位置，可谓要言不烦。不过，这番溯源背后有两重预设：对"先忧后乐"意义的置换；对中国古代士史的总体认识。有学者认为，东汉、赵宋是三代以降士之政治主体意识最为特出的两个时代，范仲淹这一代北宋士人遥接先贤的责任意识，如高峰特起于"浮薄"的唐人之后。而"以天下为己任"的精神及其话语变体是这一判断的关键依据。不难看出，这实际在做观念单元（unit-ideas）导向的观念史研究，所呈现的仍是抽象的而非历史的思想图景。一则，"以天下为己任"一类说法在魏晋以下的史书中并不鲜见，并非如其所说到宋代才流行和明朗化②，故不能单纯用话语的递进来辨识思想的发展。二则，韩愈的缺席，致使其叙述遗漏了"先忧后乐"思想生成史上至关重要的一环。

方法三来自汉学家芮沃寿（Arthur F. Wright）。他跳出儒学的范

---

① 该方法广泛存在于"先忧后乐"的探源研究中，较典型的如郑志强《范仲淹〈岳阳楼记〉"忧乐"思想与艺术新论》，《江西社会科学》2010 年第 11 期。

② 按，除学界标榜的李膺外，宋前的正史还先后讲到杨阜、古成诜、崔暹、孔休源、元怿、苏绰、高颎、长孙无忌、宇文融、房琯、陆贽、杨虞卿、郭崇韬、王峻等以天下为己任，足见这是普遍现象。

畴，依据思想的近似，提出"先忧后乐"是大乘佛教之菩萨行本土
化的结果。① 这一新奇的见解对学界产生了一定影响，后续也有学者
从不同角度予以补充。② 但现有证据并不支持该假说。③ 况且，中国
本土思想特别是儒、墨两家，完全具备"先忧后乐"的因子，故无
劳外求。

　　方法四则贯彻"神似"的思路，认为"先忧后乐"的渊源是多
元的，是范仲淹综合儒、道、释、墨各家思想精华的结晶。④ 这种方
法看似视野开阔，然究其实质，是通过比较范的言行与各思想流派
的论说片段来立论，得出一连串表面丰富但略显碎片化的观点。一
方面，研究者难以将部分论证落到实处，无法确切说明范与若干思
想流派的联系。另一方面，对诸家思想的结构性特征以及彼此之间
的复杂关系缺乏充分的考虑和解释，易使研究变为寻找人类思想共
性的过程，论述愈全面，"先忧后乐"的思想层次和特性反而愈模
糊。再者，该方法还有一个前提，即"先忧后乐"涵盖范氏思想的
全部面相，这也值得商榷。

　　鉴于既往研究呈现的种种洞见与未见，本文尝试把"先忧后乐"
还原为一整套话语体系，一个由一系列次级话语和概念彼此支持、
彼此连结而形成的意义系统，将其放置于《岳阳楼记》文本乃至范
仲淹整体的言说与思考中予以把握和诠解，同时回归唐宋之际的政

---

　　① 参见［美］芮沃寿（Arthur F. Wright）《中国历史中的佛教》，常蕾译，北京
大学出版社 2009 年版，第 70 页。

　　② 参见毛丽娅《范仲淹与〈十六罗汉因果识见颂〉》，载范敬中主编《中国范仲
淹研究文集》，群言出版社 2009 年版，第 276—284 页。

　　③ 范仲淹在公共领域明确要求独尊儒学，认定佛老不能用来治理天下。因此很
难想象"先忧后乐"这样至公的观念来自佛教。与其说范氏的济世之志来自大乘佛教，
毋宁说大乘精神恰与他素有之儒学思想合辙。后文提到的范氏同道尹洙、韩琦的事迹
也可作为佐证。故芮沃寿很可能倒果为因。关于范仲淹与佛教的关系，孙海燕：《一代
大儒范仲淹与佛教之关系略论》的讨论较为允当。

　　④ 比较典型的如郭正忠：《论范仲淹"先忧后乐"的崇高境界与思想渊源》，载
范仲淹研究会编《范仲淹研究论集》，苏州大学出版社 1995 年版，第 25—56 页。

治文化语境，全面发掘范氏的话语逻辑与现实关怀，由此抻开思想
的褶皱。本文还将借助释义给出的线索追根溯源，在长时段的思想
史考察中不拘执于字面，关注观念的整体倾向和体系化传承，尤其
重视韩愈在先秦儒家与范仲淹之间发挥的中介作用，并以韩、范的
"忧乐"话语为支点楬橥唐宋之际士人思想的承与变。

一　《岳阳楼记》和范仲淹言说中的"忧乐"话语

在宋代读者眼中，《岳阳楼记》最显著的语言特征是"用对语
说时景"①。此种近似俳偶的笔法在记文末段的议论环节仍在延续。
从"不以物喜，不以己悲"到"先忧后乐"四组警句，范仲淹通过
关键字词的正反置换，建构出互文式的反对或互补式的正对，充分
调动丽辞"理殊趣合""事异义同"②的表意功能。《岳阳楼记》的
结构层面同样表现出对称的特性。范氏每以"若夫""至若""嗟
夫"等领头词标示话题的迁转。由此，记文的主体部分可被切分为
若干相对独立的文段。其中"若夫""至若"两段在写景上有明暗
之别，在情感上亦有悲喜之异，同时两者作为整体又与后文关于
"先忧后乐"的议论构成一组对照。正是借助句与句之间、句群与句
群之间在逻辑上的比对和递升关系，范仲淹思想的超越性才得以呈
露。《岳阳楼记》的上述形式特征导源自作者精于别白异同的创作思
维。实际上，范仲淹对于"先忧后乐"的阐述就建立在公/私、忧/
乐、进/退、先/后、古/今等一系列二元范畴之上。

先看公/私。因自身遭际或外物感发而产生心绪变化，这本是
人性固有的倾向，也是范仲淹于记文中段随景写情的基础。但他
随后自明己志，将前面的情绪波动视作囿于一己之私的狭隘境界，
一笔扫倒，转而提出一种极其理想化的人生观：个体的情感与思
虑皆应完全系之于至公至广的天下。据其玄孙范公偁所言，范仲

---

① （宋）陈师道：《后山诗话》，载《历代诗话》，第310页。
② （梁）刘勰：《增订文心雕龙校注》卷7《丽辞第三十五》，第443页。

淹在记文中大谈"悲喜忧乐"，意在规劝滕宗谅平复贬官后的愤
郁。① 只是范仲淹式的"不以物喜，不以己悲"② 不再依靠明得丧、
御外物的内修工夫，而是彻底抹去个体之利益、情感的价值，代之
以公共意识。这种舍私奉公的强烈取向是"先忧后乐"的思想框架，
也是范构思《岳阳楼记》的基点。张剑指出，记文末段议论与前数
段之间发生了文脉的拗折。③ 范在文章布局上故示"破绽"，实是为
强调公与私高下悬隔。这在宋人那里几乎演变成一种论述相近观点
的写作范式，足证范给予后人的不单是精神之感召，也有言说兼思
维方式的启迪。④ 范青年丁忧，"不以一心之戚，而忘天下之忧"，
遂"冒哀上书，言国家事"。⑤ 中年守边御敌，"不敢念身世之安，
忘国家之忧"，宁可自己"日劳月忧"，也不愿朝廷仓促议和。⑥ 此
类公共言行无不体现他忧国忘身的立场。后来欧阳修为范作神道碑，亦
从公、私两面立论，把"先忧后乐"诠释为"于富贵、贫贱、毁誉、
欢戚，不一动其心，而慨然有志于天下"的"大节"⑦，可谓解人。

再看忧/乐。"先忧后乐"并非以天下为己任式的道德教条，而
是发乎内衷的至情。范仲淹选择用情感词表达以天下事为分内事的
自觉，无疑借鉴了孟子"众乐"说推己及人的思维，从而构建出一
种诉诸感性又根柢于伦理的共情能力，阐明己身与他人乃至天下之
间的内在联结，为公共责任感寻找到源于人性的驱动力。相较于范

---

① 参见（宋）范公偁撰，孔凡礼点校《过庭录》（与《墨庄漫录》《可书》合
刊），中华书局 2002 年版，第 324 页。

② 《范文正公文集》卷 8，《范仲淹全集》，第 195 页。

③ 参见张剑《〈岳阳楼记〉的文脉断裂与情怀超越》，《求是学刊》2019 年第
2 期。

④ 参见本书第六章第三节第三小节。

⑤ 参见（宋）范仲淹《上执政书》，《范文正公文集》卷 9，《范仲淹全集》，第
211 页。

⑥ 参见（宋）李焘《续资治通鉴长编》卷 139，第 3353—3354 页。

⑦ （宋）欧阳修：《资政殿学士户部侍郎文正范公神道碑铭》，《欧阳修全集》卷
21，第 333 页。

用来描述个体情感的悲、喜，忧、乐所指涉的心理状态多出一层外向和及物的特性。"忧者，深思极虑而不敢暂忘"①，忧兼具思理，并非说一味溺于消极情绪，忧也可能导向改变现状的积极行动，心忧天下更是需要相当的判断力和行动力。徐复观就认为，儒家面对忧患而要求加以救济，不同于道家的解脱。② "忧"遂被范仲淹用来形容自内向外投射的精神力量。他每以"忧天下之心"来自励和勉人，视之为士必备的素质。③ 至于喜、乐，南唐徐锴曾援引经传训释两者异同："小言之曰喜，大言之曰乐；独言之曰喜，众言之曰乐。"④ 可见对唐宋人而言，乐比喜更具公共和伦理的属性。范仲淹亦常用直观的"天下乐"形容万物各得其宜的太平之世，如《依韵答提刑张太博尝新酝》由樽酒之乐推想至天下之乐："但愿天下乐，一若樽前身。长戴尧舜主，尽作羲黄民。耕田与凿井，熙熙千万春"⑤，化用《击壤歌》及《道德经》"众人熙熙，如享太牢，如春登台"⑥ 的字面，颇为形象地描绘了如尧、舜、三代般风俗淳美的谐和世界。

"忧天下之心"和"天下之乐"在范仲淹的观念中是相互支撑的一对概念。一方面，"跻民在春台，熙熙乐不淫"⑦ 一直是范念兹在兹的人生目标，他始终期望用一身之"先忧"换来天下之众乐，足见其忧乐逻辑与其公私观若合符节。另一方面，对"天下之乐"

---

① （宋）欧阳修：《论契丹侵地界状》，《欧阳修全集》卷118，第1822页。

② 参见徐复观《中国艺术精神》，华东师范大学出版社2001年版，第80页。

③ 参见郭正忠《论范仲淹"先忧后乐"的崇高境界与思想渊源》，载《范仲淹研究论集》，第25—56页；张希清："以天下为己任"——范仲淹为政之道研究之一》，载《邓广铭教授百年诞辰纪念论文集：1907—2007》，第438—460页。

④ （南唐）徐锴：《说文解字系传》卷35，中华书局1987年版，第314页。

⑤ （宋）范仲淹：《依韵答提刑张太博尝新酝》，《范文正公文集》卷3，《范仲淹全集》，第59页。

⑥ （魏）王弼注，楼宇烈校释《老子道德经注校释》上篇，中华书局2008年版，第46页。

⑦ （宋）范仲淹：《阅古堂诗》，《范文正公文集》卷3，《范仲淹全集》，第64页。

的期待促使范仲淹采用理想化的视角审视现行政治，于常人习焉不察处发现问题。范曾上表自白"触事为忧，所重在太平之业"①，正是在太平理想的对照下，他才能做到"先忧"。

接着看进/退与先/后，这两组概念各自确定了忧、乐在空间和时间上的界限。显然，忧、乐的时空分布极不平衡，一如《岳阳楼记》里那句几近于反问的设问"然则何时而乐耶"②，范仲淹心目中的士，无论置身何时何地，都要担荷济世的责任，总归是长忧而寡乐的。就空间来说，范明言士当"进亦忧，退亦忧"③，可见忧是一种恒定的心理状态，不随境而迁。

进退通常被用来标示士的仕隐趋向，但和同类词汇如出处、去就、用舍、行藏相比，进退还表示体制内的官位升降。范所说的进退，分别指向"庙堂"与"江湖"两个场域，偏重后一义项（体制内），皆以入世作底色。也就是说，他的进退本质上都属于"进"的范畴。范习惯用进退描绘自身作为中高层文官迁转于中央、地方的宦游轨迹，如"进者道之行，退者道之止""进则尽忧国忧民之诚，退则处乐天乐道之分""进则持坚正之方，冒雷霆而不变；退则守恬虚之趣，沧草泽以忘忧"④，暂不论上述说法与"先忧后乐"在退则何为的问题上意见相左，可以很明显地看到它们均以进、退为线索传达浮沉宦海的节律感。

"江湖"同样融入了范的仕宦经验。他因事贬外，往往去到云水缭绕的南方，尤其是壮年的睦州、饶州之行，促使范在历经政治风

---

① （宋）范仲淹：《青州谢上表》，《范文正公文集》卷18，《范仲淹全集》，第425页。

② 《范文正公文集》卷8，《范仲淹全集》，第195页。

③ （宋）范仲淹：《岳阳楼记》，《范文正公文集》卷8，《范仲淹全集》，第195页。

④ （宋）范仲淹：《访陕郊魏疏处士》，《范文正公文集》卷3，《范仲淹全集》，第54页；（宋）范仲淹：《谢转礼部侍郎表》，《范文正公文集》卷18，《范仲淹全集》，第423页；（宋）范仲淹：《润州谢上表》，《范文正公文集》卷16，《范仲淹全集》，第391页。

波后摸索出既能寄顿身心又不失有为的生活方式。他于润州上谢表云："萧望之口陈灾异，盖无负于本朝；公子牟身处江湖，徒不忘于魏阙。"① 意思已非常接近"处江湖之远，则忧其君"②。庆历五年（1045），范决计"求取罢兵南国去，满楼苍翠是平生"③，由边地邠州移知邓州，随即营造百花洲作为游息之所，延续了先前的进退策略。此番应滕宗谅之请为洞庭畔的岳阳楼作记，范仲淹于是很自然地用"处江湖之远"指称为政地方的状态。

明乎进退之意，无疑有助于理解范对于忧乐的安排：入朝侍君，则下忧其民；出守亲民，则上忧其君，士无论进退皆要担负起自己的全部使命。正因这份身为士的角色自觉，范氏的忧患心，于中央、地方各有侧重，凭借精神的自主性和超越性冲破职守及空间的限制，积极扩充至君民全体或说整个天下。

再看先/后。"先忧后乐"看似在时间上给出了乐的可能，但范仲淹设置了异常严苛的条件："后天下之乐而乐"④，亦即，待天下太平之后自能获致自身的安乐。然而，太平本质上是带有乌托邦色彩的社会理想⑤，只存在于传说中的尧、舜、三代，此后的千百年里就没有真正实现过。既然天地间总有人不得安生，依照范仲淹的承诺，士理当永远保持"忧天下之心"。易言之，对于身处现实世界的士而言，"乐"是悬隔于未来的梦想，"忧"才是不断复现的当下。

范仲淹的"先天下之忧而忧"在"忧天下"前添上时间限定语，明言于祸患未彰、天下无忧之际就率先发现问题，这无疑向士

---

① （宋）范仲淹：《润州谢上表》，《范文正公文集》卷16，《范仲淹全集》，第391页。

② 《范文正公文集》卷8，《范仲淹全集》，第195页。

③ （宋）范仲淹：《与张焘太博行忻代间因话江山作》，《范文正公文集》卷6，《范仲淹全集》，第122页。

④ 《范仲淹全集》，第195页。

⑤ 参见陈弱水《追求完美的梦——儒家政治思想的乌托邦性格》，载刘岱、黄俊杰编《中国文化新论思想篇（一）：理想与现实》，联经出版事业公司1982年版，第211—242页。

提出了更高的标准。"先忧"不仅意味着责任感，也需要察变识几的眼力和危言危行的勇气。胡适就已发现，范仲淹《灵乌赋》中"忧于未形，恐于未炽""宁鸣而死，不默而生"诸句是为"先忧后乐"的翻版。① 范氏敏锐的洞察力一则得自其前述理想化的阅世之眼，二则与范长于《易》学也有直接关联②。他曾于外贬后申说自己在朝专就君臣之分累言宰相专权，缘于汉唐史事、孔子之言与"大《易》之义"的垂范，尤其是考较《易》义，是促成他"虑于未萌"的关键。③ 再者，先忧而后直言，不乏政治风险。范仲淹也很清楚，"朝廷无忧，则苦言难入"④，先忧者往往要面对这样的悲剧：他非但不能及时唤醒短视、苟安的世人，还极易招致他人的误解乃至敌视，反给己身带来灾祸。故《灵乌赋》有云："知我者谓吉之先，不知我者谓凶之类。故告之则反灾于身，不告之则稔祸于人。"⑤ 范仲淹对自身的处境有着深刻的认知或者说预判，"宁鸣而死，不默而生"正是他基于公、私关系的思考而做出的决断。

最后看古/今。范仲淹在末段议论部分开宗明义：他对"先忧后乐"的阐发导源于"古仁人之心"⑥。范氏平生"把古儒圣贤境界作为心灵的归宿"⑦，故多有"求古仁人之心""惟慕古人之节"⑧ 一

---

① 参见胡适《"宁鸣而死，不默而生"——九百年前范仲淹争自由的名言》，载欧阳哲生编《胡适文集》，第 11 册，北京大学出版社 1998 年版，第 814—818 页。

② 参见漆侠《宋学的发展和演变》，《文史哲》1995 年第 1 期；余行迈、徐茂明《儒家的"天下"观与范仲淹的"天下忧乐"思想》，载《范仲淹研究论集》，第 76—98 页。

③ 参见（宋）范仲淹《润州谢上表》，《范文正公文集》卷 16，《范仲淹全集》，第 390—391 页。

④ （宋）范仲淹：《上执政书》，《范文正公文集》卷 10，《范仲淹全集》，第 212 页。

⑤ 《范文正公文集》卷 1，《范仲淹全集》，第 8—9 页。

⑥ 《范文正公文集》卷 8，《范仲淹全集》，第 195 页。

⑦ 参见程杰《北宋诗文革新研究》，第 96 页。

⑧ （宋）范仲淹：《岳阳楼记》，《范仲淹全集》，《范文正公文集》卷 8，第 195 页；（宋）范仲淹：《苏州谢就除礼部员外郎充天章阁待制表》，《范文正公文集》卷 16，《范仲淹全集》，第 388 页。

类说法。"古"在儒学观念中不单指时代先后，也包含价值判断。范仲淹对古圣贤之心的追慕，尤为鲜明地呈现在"外王"层面的行道济世之志上。富弼谓其"为学好明经术，每道圣贤事业，辄跂耸勉慕，皆欲行之于己。自始仕，慨然已有康济之志"①，即点出范身为行道者的本质。"先忧后乐"实则就是师古忧世的别种表述。乾兴元年（1022），范向张知白回忆求学经历，讲到自己"慨然有益天下之心"起始于"识书学文，为衣冠礼乐之士；研精覃思，粗闻圣人之道"②。天圣八年（1030），他对晏殊解释自己先前心忧天下，遇事敢言，不过是"但信圣人之书，师古人之行，上诚于君，下诚于民"③。由此看来，学古不止涉及思想倾向，更指向人生道路的抉择，用范仲淹的话说，关系到"吾谁与归"的问题。他用毕生时间给出的答复是"涉圣之余，揭厉洄沿"④，踏上那条罕有人行的崎岖长路。而世人溺于一己之私利私情，难以真正领会古道，更无法想象在今世行道的壮举。是故，就像《岳阳楼记》里那句"微斯人，吾谁与归"⑤的慨叹所示，这注定是一次不被绝大多数人理解和支持的颠沛之旅。欧阳修为范仲淹作祭文，起首便感喟范"学古居今，持方入圆。丘、轲之艰，其道则然"⑥，等于给其人生定下基调。古与今的价值对立以及由此引发的政治冲突几乎贯穿范仲淹的一生，那一次次"先忧"的发声，那场指向"天下之乐"的政治改革，皆是范学古的表现，也是造成他终如圣贤般不遇的因由。

通过上文剖析可以看到，范仲淹的"忧乐"话语看似显白，却用意深远。它主要由若干组二元概念聚合而成的意义系统，其中，公/

---

① （宋）富弼：《范文正公仲淹墓志铭》，《全宋文》卷610，第29册，第62页。
② （宋）范仲淹：《上张右丞书》，《范文正公文集》卷9，《范仲淹全集》，第209页。
③ （宋）范仲淹：《上资政晏侍郎书》，《范文正公文集》卷10，《范仲淹全集》，第231页。
④ （宋）富弼：《范文正公仲淹墓志铭》，《全宋文》卷610，第29册，第62页。
⑤ 《范文正公文集》卷8，《范仲淹全集》，第195页。
⑥ （宋）欧阳修：《祭资政范公文》，《欧阳修全集》卷50，第697页。

私确定总体框架，古/今标示思想渊源，意义的细部则交给忧/乐、先/后和进/退来呈现。这些概念与范氏的日常言说构成明显的互文关系，足见"先忧后乐"是范晚年回顾其人生志业与公共经验的产物。

必须承认，范仲淹在相对有限的文段内，调动并不复杂的字句，完成了一次极具穿透力和冲击力的思想表达。针对二元概念兼具互斥和互补两种特征，范在记文中有意采取差异化的写作策略。对于公/私、忧/乐、古/今，他都决然地选择前项，同时拒却后项，借助二元概念内部的对立，凸显一种不容半点折中的至公无私的生活方式，将行道济世的责任感一举抬升至无比纯粹、高远的境地。至于先/后、进/退，他则经由铺开这两对时空概念对人生做出全方位的安排，俾使上述单向度的生活覆盖士的整个生命历程。专就执着于济世这一点看，范氏笔下的"古仁人之心"显已超越孟子"众乐"说及东汉士大夫"以天下为己任"意识。

而从私的一面看，范仲淹的"忧乐"话语为士的主体注入刚健壮大的精神，却也导致其无法自足，永远有待于外（即便这里的"外"指向公道而非私利）。一则，范对古道的接受集中在"外王"层面，"先忧后乐"完全指向人性中的利他性，而鄙弃自利的本能，公共责任感因此不断挤占私人空间，造成道对于身的自我压抑；二则，"忧"毕竟是负面情感，"先忧后乐"意味着士无论是否得志，终生都要背负忧天下这一严肃而沉重的义务，不复拥有自得其乐的权利。

范仲淹在《岳阳楼记》里宣扬如此偏至而周遍的行道观，与其说出于醒豁耳目的修辞目的，莫若说这本就为范氏意中所有，是他平生所信守的行动准则，并且早已为士林所周知。景祐元年（1034），欧阳修考虑到南方江山秀美、鱼米富庶，致信时知苏州的范仲淹，提醒这位"登朝廷，与国论，每顾事是非，不顾自身安危"的"有忧天下之心者"，不应如常人那样贪图眼前的"东南之乐"。①

---

① （宋）欧阳修：《与范希文书》，《欧阳修全集》卷67，第983页。

欧强调天下之忧与江湖之乐互斥，其意与"退亦忧，进亦忧"如出一辙。无独有偶，皇祐元年（1049），金君卿作百韵长诗投赠范仲淹，称范谪居饶州时"身虽江湖岂云乐，与国忧戚常悁悁。谓时久安虑必远，往往达旦目不眩"①，褒扬其"先忧"而不暇乐身。皇祐四年（1052），范仲淹过世后，苏颂在替杜衍撰写的祭文中这样解释范氏之死："始进以勤，竭精宣力，俄罢而休，谓宜偃息。忠臣惓惓，远不忘国。王事一埤，为我心恻。寒暑交侵，中若结轖。东徂不归，大病俄革。"② 认定范的病因正是处江湖之远而忧其君。欧阳修、杜衍、金君卿是范仲淹的故友、门生，皆熟知其为人，并且金正是在饶州拜入范门下，亲见其议论、行事。故诸人之诗文足以证明，范仲淹在"先忧后乐"的实践和推广层面从未做过任何妥协和降格，范关于公/私、忧/乐的辩证法也正是它的精髓兼魅力所在。

二　"先忧后乐"与先秦儒学的异同

严格说来，范仲淹极而言之的"古仁人之心"和传统儒家思想并不完全一致，两者的分歧主要表现在如何处理个体与儒道之关系这一核心问题上。和偏于儒道一端的"先忧后乐"不同，先秦儒家寻求在个体与儒道间建立起均衡、协调的联系。就孔子而言，行道济世确是其毕生志业，为此，他周游诸侯，求仕行义，以期改变天下无道的现实，并视"博施于民而能济众"为"尧、舜其犹病诸"的至圣境界③。不过，个体在孔子那里从来就不只是行道的工具，它本身就拥有同等重要的意义。一则，安身之于君子同样不可或缺，孔子因此一再倡导随时通变的生活方式："天下有道则见，无道则隐""邦有道，则仕；邦无道，则可卷而怀之""用之则行，舍之则藏"④。守

---

① （宋）金君卿：《范资政移镇杭州一百韵》，《全宋诗》卷400，第4920页。

② （宋）苏颂：《代杜丞相祭范资政》，《苏魏公文集》卷70，第1062页。

③ 参见（清）刘宝楠《论语正义》卷7《雍也第六》，第248页。

④ （清）刘宝楠：《论语正义》卷9《泰伯第八》、卷18《卫灵公第十五》、卷8《述而第七》，第303、617、261页。

经达权，此之谓也。"隐居以求其志"① 有时也不失为人生的一个合理选择。二则，孔子长期无位行道，对他来说，在外向的行道之外，内向的修身以道才是最为根本和日常的守道方式。孔子一方面推尚"修己以安百姓"②，已开后世修齐治平的法门，另一方面主张君子"忧道不忧贫"③，把忧思的重心放在修身领域。有学者就发现，曾参"仁以为己任"的格言和"以天下为己任"有微妙的差异，它表明先秦的士是价值世界而非现实世界的承担者。与行道相比，修己为之在我，无待乎外，更易达成自足，也能很好地兼顾道、身，促使主体培育出超越性的道德力量。故"君子不忧不惧"④，安仁乐道构成得道者的心理底色。孔子自述"发愤忘食，乐以忘忧，不知老之将至"⑤，在颠沛、贫贱的一生里，他的内心始终充实而愉悦。正是出于这份"乐亦在其中"⑥ 的深刻共鸣，他对弟子颜回在陋巷箪食瓢饮而"不改其乐"⑦ 深加激赏。

由孔子及其门人确立的守道观念是多元且颇具弹性的，于公私、内外均无有偏废，其底层逻辑和"先忧后乐"存在明显的差异。这表现在行动上，即是孔子用行舍藏的出处策略、"乐以忘忧"的情感体验与范仲淹进退皆忧济之间的强烈反差。乍看之下，范似乎只是把孔门守道观念里有关行道的部分发挥到了极致，使之成为支配士人思想的存在。

后来孟子将孔门的出处原则归结为"穷则独善其身，达则兼善天下"⑧，这一精辟的概括对后世影响甚巨。孟子强调修身和济世的互补性。历时来看，两者使得君子在不同情境下都能保有道义。共

---

① （清）刘宝楠：《论语正义》卷 19《季氏第十六》，第 665 页。
② （清）刘宝楠：《论语正义》卷 17《宪问第十四》，第 605 页。
③ （清）刘宝楠：《论语正义》卷 18《卫灵公第十五》，第 637 页。
④ （清）刘宝楠：《论语正义》卷 15《颜渊第十二》，第 487 页。
⑤ （清）刘宝楠：《论语正义》卷 8《述而第七》，第 270 页。
⑥ （清）刘宝楠：《论语正义》卷 8《述而第七》，第 267 页。
⑦ （清）刘宝楠：《论语正义》卷 7《雍也第六》，第 226 页。
⑧ （清）焦循：《孟子正义》卷 26《尽心章句上》，第 891 页。

时来看，修身与济世经由推己及人的仁恕之心联系起来，实质上构成体、用关系。穷则独善并不意味着就此放弃"泽加于民"的理想，而是在为未来可能到来的兼善做准备。此外，修身还能化世，不失为一种有为。同样的，达则兼善以实现独善为基础，亦离不开修身打底。这和范仲淹"先忧后乐"也有本质差异。

除正面解说外，孟子还着重通过论辩来阐明儒家的守道观。论辩的第一种情形是为攻乎异端。孟子置身"圣王不作，诸侯放恣，处士横议"① 的思想环境，其时杨朱、墨翟之言大行于世，对"孔子之道"构成严峻挑战，孟子不得不展开批驳。孟子指出，杨朱学说的宗旨是"为我"（极端自利），连"拔一毛而利天下"都不肯做，墨家思想的核心则是"兼爱"（完全利他），为利天下甘愿"摩顶放踵"，这等于是以杨、墨为左、右两极描画出一个思想光谱。孟子随即点出君子在两极之间"执中"而不"执一"，重申儒家兼顾公私、达权知变的理念。② 杨国荣就注意到，孟子在抨击两家学说的同时对群己关系予以思考和揭示，孟子通过拒墨深化个体性原则，又通过辟杨高扬群体的原则。③

第二种情形是为辨析圣贤。孟子"言必称尧、舜"④，圣贤的嘉言懿行既为世人提供表率，又能够增重儒家学说的合法性。孟子视线内的圣贤，自尧、舜以下至于孔门，达四十余人之夥。他们的时世、身份、事迹不尽相同，甚至不乏两相矛盾的情况，孟子需要在儒学体系内一一给出妥帖的解释，弥缝潜在的罅隙。圣贤言行的"歧异"集中发生在出处进退方面。譬如，禹、稷"当平世"，为治水兴农日夜奔忙，以致"三过其门而不入"；颜回"当乱世"，在陋巷安贫乐道。两种处世方式俱得孔子称颂，这就引出一个问题：禹、

---

① （清）焦循：《孟子正义》卷 13《滕文公章句下》，第 456 页。

② 参见（清）焦循《孟子正义》卷 27《尽心章句上》，第 915—918 页。

③ 参见杨国荣《孟子的哲学思想》，华东师范大学出版社 2009 年版，第 61—68 页。

④ （清）焦循：《孟子正义》卷 10《滕文公章句上》，第 315 页。

稷与颜回是否同道？单从行事判断，他们的确表现出利他与自利的反差，乃至可说，禹、稷近于墨子之兼爱，颜回则与杨朱之为我略同。①事实上，墨家同样尊尚圣人，尤其重视大禹治水以利天下的壮举，视之为兼爱的典范。②《庄子·天下》亦载，墨家取法禹，"行劳天下"，"以自苦为极"，宣称"不能如此，非禹之道也，不足谓墨"。③由此可知，当下的思想皆能在往昔找到对应物，辨析圣贤与排斥异端是分不开的。对此，孟子指出，禹、稷、颜"同道"，"易地则皆然"，将三人放到儒家"穷则独善，达则兼济"的框架中加以诠解。他还强调，禹、稷如此焦劳，盖出于"思天下有溺（饥）者，由己溺（饥）之"的责任感。④

另一组常被孟子拿来比较的圣贤是伯夷、伊尹、柳下惠和孔子。孟子面对四人行事的差异，承认他们不同道，但都趋向仁义。伯夷被他定义为"圣之清者"，伊尹是"圣之任者"，柳下惠"圣之和者"，孔子"圣之时者"。不难发现，前三人各有偏至⑤，惟孔子"可以速而速，可以久而久，可以处而处，可以仕而仕"⑥，是为前所未有的"集大成"者，亦是孟子效法的楷模。孟子对孔子的描摹，令人想到孔子自己评述逸民群体时自白的"无可无不可"⑦ 的进退

---

① 后世儒者如杨时、张栻等皆不讳言这点。参见（宋）杨时《孟子解》，林海权整理《杨时集》卷8，中华书局2018年版，第518页；（宋）张栻《南轩先生孟子说》卷4，杨世文点校《张栻集》，中华书局2015年版，第494页。

② 参见（清）孙诒让撰，孙启治点校《墨子间诂》卷4，中华书局2001年版，第106—110页。

③ 参见王叔岷《庄子校诠》卷5，第1308—1309页。

④ （清）焦循：《孟子正义》卷17《离娄章句下》，第597页。

⑤ 按，孟子认为伯夷、柳下惠各有其教化对象〔（清）焦循：《孟子正义》卷20《万章章句下》，第669页〕，有时还会指摘伯夷"伯夷隘，柳下惠不恭"〔（清）焦循：《孟子正义》卷7《公孙丑章句上》，第249页〕。二圣各有偏至，不言而喻。孟子在某些场合甚至会利用这种差异来立论。如淳于髡见孟子处齐国三卿之中，未及有为便去位，质疑孟子"自为"而非"为人"，孟子援引伯夷、伊尹、柳下惠的事迹为自己辩护。参见（清）焦循《孟子正义》卷24《告子章句下》，第829—830页。

⑥ 参见（清）焦循《孟子正义》卷20《万章章句下》，第672页。

⑦ 参见（清）刘宝楠《论语正义》卷21《微子第十八》，第729页。

原则。这里还需留意伊尹。孟子说他以"天民之先觉者"自居，"思天下之民匹夫匹妇有不与被尧舜之泽者，如己推而内之沟中"，故"治亦进，乱亦进"，"自任以天下之重"。① 在孟子看来，伊尹觉民济世的精神与禹、稷无异，均从超凡的共情能力生发出无限的责任意识。②

　　总之，孟子通过论辩构建起一个极具思想跨度和历史纵深感的观念参照系，在比较的视野中进一步明晰孔子所确立的"执中"且知权的出处原则，凸显其包容性和灵活度。而他在排异端、辨圣贤上面对的诸多问题以及给出的种种解答，一方面透露出先秦儒学内部的思想张力，另一方面则转化为后人探讨进退出处的思想兼话语资源，持续发挥作用，特别是颜回之乐和禹、稷、伊尹之忧，分别构成兼济与独善的典型例证，时常引发讨论乃至争议。③

---

　　① 参见（清）焦循《孟子正义》卷20《万章章句下》，第671页。

　　② 此外，在先秦还盛行一则"伊尹以割烹要汤"的轶闻。此事与伊尹出身庖人的传说有关（参见陈奇猷《伊尹的出身及其姓名》，《中华文史论丛》1981年第3辑），也符合其急于行道的形象。当时惟孟子反对该说法，认定伊尹"以尧舜之道要汤"，未尝"枉己而正人"。为佐证己说，孟子指出伊尹出身处士，并详述他由在野乐道转入居位行道的心路历程，重提"先觉"意识。这样一来，孟子就将伊尹的一生纳入儒家穷达皆不离道的脉络中予以理解和呈现，又注重阐扬其"圣之任者"的气质。

　　③ 在后世，禹、稷、伊尹以及孔子成为行道济世的典范。如《文子·自然》胪列"神农形悴，尧瘦癯，舜黧黑，禹胼胝，伊尹负鼎而干汤，吕望鼓刀而入周，百里奚传卖，管仲束缚，孔子无黔突，墨子无暖席"等一系列事迹，强调圣人出仕，志在救物。参见王利器《文子疏义》卷8，中华书局2009年版，第372页。《文子》及《淮南子》的这些记载和《孟子》出自同一个传说体系。其中孔、墨事流传尤广，是后人书写淑世精神时常拿来并举的熟典。又如"文学"在盐铁会议上提出："禹、稷自布衣，思天下有不得其所者，若己推而纳之沟中，故起而佐尧，平治水土，教民稼穑。其自任天下如此其重也，岂云食禄以养妻子而已乎?"显是把孟子论说伊尹的片段嫁接到禹、稷身上。参见（汉）桓宽《盐铁论校注》卷2《刺权第九》，第121—122页。而颜回则被视作安贫乐道乃至隐逸的代表。如皇甫谧《高士传》截取《庄子·让王》所载颜回退居自乐而自白"不愿仕"的轶事，将其塑造成一位逸民。中唐以后，随着孟子升格运动的兴起，士人更是频繁地类比圣贤。如皇甫湜《答刘敦质书》、李宗闵《随论下》为明进退之义，以禹、皋陶、伊尹为一组，以颜回为一组，以孔子为一组，明显受到孟子影响。

三　前史：韩愈的"忧天下之心"与儒家兼济观的内转

先秦以降，儒家守道观念得到士阶层的广泛认可，"穷则独善，达则兼济"也因其适用于不同情境而成为士立身处世的基本模式。在这样的思想背景下，"圣人不利己，忧济在元元""丈夫须兼济，岂得乐一身"① 一类取公舍私的说法虽不绝于后世，却始终处于边缘位置。直到韩愈系统地总结了儒家的行道观，同时将之推至极境，独善和兼济的互斥关系才算在主流语境中稳固地建立起来，并给予庆历士大夫以十分切近的影响。

韩愈理想中的士同样是"忧国如家、忘身奉上"的"纯信之士，骨鲠之臣"②。而他集中表述"忧天下之心"，是在贞元十一年（795）干谒宰臣的书信中。当时他连上三书以求仕，为表明此举无可厚非，他引述"古之士"（实即孔孟）栖皇列国以自进的事例，进而解释道：

> 故士之行道者不得于朝，则山林而已矣。山林者，士之所独善自养而不忧天下者之所能安也；如有忧天下之心，则不能矣；故愈每自进而不知愧焉；书亟上，足数及门，而不知止焉。③

韩愈在"穷则独善，达则兼济"的框架下展开议论，却彻底重构了其间的逻辑。他把"行道"释为"忧天下之心"，并明言惟"独善"者方可安于山林，皆指向内在的心理状态。也就是说，韩所说的"独善""行道"实质指的是自养之心和兼善之志。这就将原先的现

---

① （唐）陈子昂：《感遇》其十九，徐鹏校点《陈子昂集》，上海古籍出版社2013 年版，第 7 页；（唐）薛据：《古兴》，（唐）殷璠编《河岳英灵集》卷下，傅璇琮、陈尚君、徐俊编《唐人选唐诗新编》，中华书局 2014 年版，第 225 页。

② 参见（唐）韩愈《论今年权停举选状》，《韩昌黎文集校注》卷8，第587 页。

③ （唐）韩愈：《后廿九日复上书》，《韩昌黎文集校注》卷3，第 163 页。

实问题转换为意愿问题。决定独善、兼济的首要因素不再是外在的境遇（即能不能），而是主观的选择（即为不为）。独善与兼济遂构成人生中非此即彼的分岔路。正如汉儒所说："为世忧乐者，君子之志也。不为世忧乐者，小人之志也。"① 一心独善显然远不及矢志忧济。在儒家原先的设计里，君子的内衷始终兼具独善、兼济两种思虑，只是因为穷达而有隐显的差异。韩愈在这里从心志出发作刻意区分和高下判别，无疑是要为自己所代表的寒士阶层张目。他强调，体制之外并非不能行道，关键在于"有忧天下之心"，其具体表现则是积极求仕以行其志。同时，韩愈通过凸显"独善""行道"的对立，表达了一种炽热而纯粹的"忧天下之心"，塑造了一种新的士人主体：他能在行道的过程中充分发挥人的能动性，不管在朝在野皆以天下为先，为此甘愿时刻承受精神的重压和身体的劳损。

韩愈的上述自辩虽是有激而云，却清晰地折射出他本人的思想倾向。卑视独善而推重兼济一直是韩愈行己及律人的准绳，故被一再表而出之。早在贞元九年（793），韩愈作《争臣论》，就已充分阐明自身的行道观。文章采用对问体，围绕"道"往复论说，盖为激劝谏官阳城尽职敢言。阳城早年隐于中条山，博学而不求闻达，在乡里以古道化民成俗，是为隐居求志的儒者。后经名相李泌举荐，阳城被唐德宗召拜右谏议大夫，在朝不以富贵动心，居位不以激讦要名，"守其道而不变"，被时人许为"有道之士"。不难看出，阳城偏重修身见世。韩对他的批判大体分为两个层次。他一开始引入外在的"时""职"为前提，力反阳城执守其道，主张"所居之时不一，而所蹈之德不同"，告诫阳城切不可得位而循默无为。韩愈这番立论和"穷则独善，达则兼济"的儒家守道观并无二致。不过，他并未就此止步，而是从主体的角度向阳城也向自己提出了更高的要求：

---

① （汉）荀悦撰，（明）黄省曾注，孙启治校补：《申鉴注校补》卷4《杂言上》，中华书局2012年版，第170页。

> 自古圣人贤士皆非有求于闻用也，闵其时之不平，人之不
> 义，得其道，不敢独善其身，而必以兼济天下也。孜孜矻矻，
> 死而后已。故禹过家门不入，孔席不暇暖，而墨突不得黔：彼
> 二圣一贤者，岂不知自安佚之为乐哉？诚畏天命而悲人穷也。
> 夫天授人以贤圣才能，岂使自有余而已？诚欲以补其不足者也。
> 耳目之于身也，耳司闻而目司见，听其是非，视其险易，然后
> 身得安焉。圣贤者，时人之耳目也；时人者，圣贤之身也。①

韩愈在这里有意翻转了书写的理路，他既反对一味修身见世，亦不取上文议论所倚仗的因时权变的中道，而是立场鲜明地朝向行道兼济靠拢。一种至公无私的人生观由此被树立起来。韩愈强调：得道之士无论穷达，终身以兼济天下为己任，孜孜行道，不敢独善自乐。曾子口中价值世界的承担者至此真正成为现实世界的行动者。

在具体表述中，韩愈对"独善""兼济"的使用脱离了孟子的语境，亦不考虑穷达之类的前提，使得这两个概念从内（心理）到外（行动）都构成反义。首先看独善。"独善其身"通向"自安佚"之乐，被韩愈视作追求自利而予以否定。有时他还会将"独善"和"杨朱之道"直接联系起来，于此持论甚苛。② 即如颜回安贫乐道，在他眼中亦不过"哲人之细事"。③ 这当然是韩早年自伤穷贱的悲愤

---

① （唐）韩愈：《争臣论》，《韩昌黎文集校注》卷2，第112页。

② 参见（唐）韩愈《圬者王承福传》，《韩昌黎文集校注》卷1，第55页。按，此传记以孟子之言贯穿始终，无论是圬者在"劳力""劳心"之间做出人生选择，抑或是韩愈在"自为""为人"之间确定"独善"的性质，还是韩愈对杨朱之道的阐释，都可看到孟子的影响。王承福自食其力，本无可厚非，连韩愈也承认他贤于利欲熏心之徒。不过，他对王仍予讥评，指摘其"独善其身"是"学杨朱之道"，"其自为也过多，其为人也过少"，并引以自鉴。足见卑视独善而推重兼济是韩愈一贯的原则，不因社会角色的下移而有所放松。

③ 参见（唐）韩愈《闵己赋》，《韩昌黎文集校注》卷1，第9页；（唐）韩愈：《与李翱书》，《韩昌黎文集校注》卷3，第179—180页。

之语，却也反映出他轻忽独善的固有倾向。再看兼济。圣贤"兼济天下"一则源于闵时悲世的共情力，二则来自特出的使命感。韩愈指出，上天把才能授予圣贤，是让其以己之有余补济人之不足。所谓"不足"，既是物质的匮乏，也指精神的昏钝。重视才士的能力与责任是韩愈一贯的观念。他主张性分三品，认为人生而有善恶贤愚的差异，进而呼吁国家以道德才学而非门第出身用人，建立以贤役愚的社会秩序。① 相应的，他也要求寒士"修己立诚"，求仕行道，得位即推己及人，由此设计出上下"交相求而一其致"的政治蓝图。② 韩愈认为，阳城和自己都在贤士之列，理应有所作为。韩愈将此种天赋职责称为"天命"。"天命"，汉唐注家一般作吉凶穷达解，韩援引《易·说卦》提出"命谓穷理尽性，以至于命也，非止穷达"③。故圣贤"畏天命"在这里不只是避凶就吉，还指向明理知性，其中便包含兼济的自觉。最后，他还参考《孟子》中劳心、劳力的社会分工论，用"耳目""身"式的譬喻凸显圣贤与时人休戚一体的关系，以论证圣贤何以会产生兼济的情感冲动。凡此种种，皆令人想到伊尹"天民之先觉者"的宣言。④

　　还须注意，韩愈对得道兼济的理解取径颇宽。首先，既然独善、兼济是意愿问题，韩愈认定做出利他的努力即是践行兼济之志，不必看得位与否，亦不必问结果如何。他颂扬禹、孔子、墨子为利天下而奔劳，这些都是先秦以来流播于世的圣贤事迹，其中孔、墨便是无位而求济世的典范。元和三年（808），韩愈为鼓动隐士李渤应诏出仕，亦云"昔者孔子知不可为而为之不已，足迹接于

——————————

　　① 韩愈人性论与用人观的关系，参见葛晓音《论唐代的古文革新与儒道演变的关系》。

　　② 参见（唐）韩愈《上宰相书》，《韩昌黎文集校注》卷3，第156页。

　　③ （唐）韩愈、（唐）李翱注：《论语笔解》卷下，中华书局1991年版，第31页。

　　④ 按，韩愈在《上宰相书》中说："古之君予［子］相其君也，一夫不获其所，若己推而内之沟中。"（《韩昌黎文集校注》卷3，第156页）可见他十分熟悉伊尹之志。

诸侯之国"，以证明像李这样于"可为之时"自藏山林即是"与仁义者异守"。① 孔子俨然成为执着于兼善的表率。青年穷困，中年不遇，有心济世，无位行道，令韩愈于敬慕之外对孔子的遭际心有戚戚。他尝慨叹："昔阙里之多士，孔圣亦云其遑遑。苟余行之不迷，虽颠沛其何伤？"② 那栖栖惶惶的身影，由圣人与自我叠合而成。孔子于韩愈笔下不复是孟子崇尚的"圣之时者"，而近于"治亦进，乱亦进"的"圣之任者"。孟子眼中的降格在韩愈看来却是升华。

其次，韩愈在体的层面固守儒学本位，师法孟子排击异端，在用的层面则以儒学为中心有选择地接纳诸家思想，取舍标准是能否增进公共利益。他推许禹、孔、墨为"二圣一贤者"，就透露出对墨家自苦以利天下的认同。韩愈另有《读墨子》，明言孔子"泛爱亲仁，以博施济众为圣"即墨子所谓"兼爱"，并表示儒、墨"同是尧舜，同非桀纣，同修身正心以治天下国家"。③ 他对墨家兼爱观念及其实践的态度比之孟子显然正面得多。④ 韩愈还从"援其道而施于国家"出发重审黄老、刑名之学。这些议论皆反映出他的务实眼光：一切有助于兼济的思想都有其价值。⑤ 同时，韩愈在《原道》开篇提出"博爱之谓仁"，继承汉唐儒学的理论旨趣，聚焦仁的外治之功，与孔孟哲学的关注点略有不同。⑥ 可见他接受儒学也有这个

---

① 参见（唐）韩愈《与少室李拾遗书》，《韩昌黎文集校注》文外集卷上，第665页。

② 参见（唐）韩愈《祭田横墓文》，《韩昌黎文集校注》卷5，第300页。

③ 参见《韩昌黎文集校注》卷1，第40页。

④ 按，在韩愈之前，汉儒王充已明确提出，"孔子栖栖，墨子遑遑"，这是"忧世济民于难"的表现，而"黄、老"之徒"恬憺无欲，志不在于仕"，惟"欲全身养性"，不能称之为贤人。参见（汉）王充《论衡校释》卷27，第1113页。韩愈对先秦思想的判分与王充类似，而更强调兼济的重要性。

⑤ 参见（唐）韩愈《读鹖冠子》，《韩昌黎文集校注》卷1，第37—38页；（唐）韩愈：《进士策问十三首》其五，《韩昌黎文集校注》卷2，第104页。

⑥ 参见刘宁《韩愈"博爱之谓仁"说发微——兼论韩愈思想格局的一些特点》，《中国典籍与文化》2006年第3期。

倾向。

最后，韩愈于《争臣论》文末提出"君子居其位，则思死其官；未得位，则思修其辞以明其道"[①]，既是自解，同时也在传达一种新的立身准则。他变"穷则独善"为"穷则传道"，在求仕之外又为寒士兼济提供了别一途径。[②] 这也是韩愈给自己安排的退路。他曾对友人倾诉：如若仕宦终究无望，他将回归山林，"求国家之遗事，考贤人哲士之终始，作唐之一经，垂之于无穷，诛奸谀于既死，发潜德之幽光"。[③] 立言不朽是韩愈修辞明道的终极目标。

韩愈就"忧天下之心"展开了系统的论述，涉及概念的革新、逻辑的重组、圣贤事例的选择和修辞策略的运用，构建起一套完整且自洽的话语体系。这指向他以兼济为基点重新发掘儒学以及整合诸子的努力。不仅如此，韩愈与阳城、李渤还用不顾一己之安危的直谏行动证明忧天下云云绝非虚言。韩愈的言说与作为，推动了儒家守道观念的变迁。韩愈的守道观明显偏于兼济一端。他一面强调行道兼济在人生中的主导性和排他性，一面积极拓宽它的思想、前提及形态，以执着、开放的姿态阐明了行道兼济的必要和可能。韩愈的"忧天下之心"，内核是寒士欲跻身为政治主体的角色意识和权力诉求，昭示公共责任感的内转和下移。[④]

需要指出的是，这种偏至型的守道观并不意味着背离儒学传统，相反，它是韩愈在中古的历史条件下重振儒学以及变革政治文化的一种尝试。吉川忠夫早已看到，韩愈在上宰相书中自白心忧天下，是对受佛道浸润的六朝贵族文化首重独善的有力反拨，宣告新士大

①　（唐）韩愈：《争臣论》，《韩昌黎文集校注》卷2，第112—113页。

②　韩愈传道论的内涵和意义，参见葛晓音《论唐代的古文革新与儒道演变的关系》。

③　参见（唐）韩愈《答崔立之书》，《韩昌黎文集校注》卷3，第168页。

④　按，兼济观念在中唐的内转和同时期儒学重心从礼乐到仁义的演变是同步的，反映出中唐儒学思想的总体倾向。关于后者，参见葛晓音《论唐代的古文革新与儒道演变的关系》；［日］副岛一郎：《从"礼乐"到"仁义"——中唐儒学的演变及其背景》，载《气与士风：唐宋古文的进程与背景》，第81—100页。

夫主体的生成。① 韩愈意识到，"释老之害过于杨墨"②，症候之一即是兼济精神的遗失。他遂在《原道》里大声疾呼：古人遵循修齐治平的步骤，"所谓正心而诚意者，将以有为也"；今人则不然，"欲治其心，而外天下国家"。③ 是故，复兴儒学既需推进心性之学，也要发扬儒学关切天下国家的特征和优势，甚至可以片面强化此种公共意识。矫枉或须过正，这便是韩愈重兼济轻独善背后的考量。但显然，他的上述观念与言行往往不被时人接纳。韩愈对此的解释是"志乎古必遗乎今"④，把自身及同道的不得志拿到古今对立的框架下予以体认。在韩愈的观念中，"古""道"基本同义。陈弱水就发现，韩愈言必称古，这一概念在他心中具有整体性和精神性，昭示其对中古思想传统的根本挑战。⑤ 而忧济天下自然为古人所践履，为古道所包蕴，是韩愈志乎古行于今的必然之举。

韩愈的"忧天下之心"无疑构成"先忧后乐"的先声。他对于公/私、忧/乐、古/今等二元范畴的弃取，在朝在野皆不变的济世热忱，无不是范仲淹的前导。范本就熟谙韩愈的诸多言行，他平生因言事得罪，每以韩为法，曾自白：韩"自谓有忧天下之心"，故议论时政得失，这是激励自己直言的重要因素。⑥ 他后来被贬饶州，誓要步趋王章、韩愈"皎皎明于霜"的"古人节"⑦。从话语、观念到行动，韩、范都趋向一致。范仲淹所追求的"古仁人之心"并非直承孔、孟，而是经过韩愈的诠释和改造，打上了中唐以来新儒学的印记。

---

① 参见［日］吉川忠夫《六朝精神史研究》，第180—203页。

② （唐）韩愈：《与孟尚书书》，《韩昌黎文集校注》卷3，第215页。

③ 《韩昌黎文集校注》卷1，第17页。

④ （唐）韩愈：《答李翊书》，《韩昌黎文集校注》卷3，第171页。

⑤ 参见陈弱水《唐代文士与中国思想的转型》，第58—64页。

⑥ 参见（宋）范仲淹《上资政晏侍郎书》，《范文正公文集》卷10，《范仲淹全集》，第231页。

⑦ 参见（宋）范仲淹《鄱阳酬泉州曹使君见寄》，《范文正公文集》卷3，《范仲淹全集》，第49页。

四　庆历士大夫对"忧天下"的正名与省思

范仲淹"先忧后乐"和韩愈"忧天下之心"之间的关系与其说是承袭，莫若说是异代共鸣更为恰切。范仲淹一直把兼济视作士之为士的根本，对此有透彻的思考和表述。宋人吴曾记载，范仲淹微时即树立"利泽生民"的大丈夫之志，发愿不能为相则为良医，他"志于相"的缘由是期望得君行道，"思天下匹夫匹妇有不被其泽者，若己推而内之沟中"。① 此段叙述无论真伪，范仲淹自少就具备"圣之任者"的自觉，这是毋庸置疑的事实。范早年上书张知白、吕夷简，均援引前述格言，以伊尹为得位者的表率。另据金君卿的长诗，范仲淹发起庆历新政是因"公言一物未云获，惴惴若己推诸渊"②，足见范的兼济之志源于伊尹式的同理心，突出儒学的利他色彩，标举自内而外的公共责任感，这是"先忧后乐"的思想背景。

不宁唯是，范仲淹同样表现出兼济优于独善的倾向。如他作《贤不家食赋》明言：国家选贤任能，君子不应拘守"一箪之乐"，而要像姜尚、伊尹那样踊跃出仕，"外兼济于黔首，内尽忠于王者"。③ 此律赋题目得自"大畜"卦之《象传》，原本只是讲朝廷养贤，范仲淹则把写作重心放到士的出处心态上，在上下交相求的理想图景中推举士入仕行道的热情。又如他于《灵乌赋》结尾回顾孔、孟周流求仕的旧典，提出"小者优优，而大者乾乾"④ 的行事原则，为自身勉力行道辩护。如果说《贤不家食赋》尚算范仲淹在达则兼济的界限内极力敷演，那么他在《灵乌赋》中的自白就已突破传统儒家的穷达框架。范仲淹还从历史的维度探讨兼济的必要性。他为张纶撰神道碑，起首由舜历难及禹治水抽绎出"圣人率天下以勤，

---

① 参见（宋）吴曾《能改斋漫录》卷13，第381页。
② （宋）金君卿：《范资政移镇杭州一百韵》，《全宋诗》卷400，第4920页。
③ 参见《范文正公别集》卷2，《范仲淹全集》，第485—486页。
④ 《范文正公文集》卷1，《范仲淹全集》，第9页。

故能成其务"的"舜禹之道"，借此批判"王道缺漓，坐饰话言"的"六代之风"，并颂美本朝用"舜禹之道"治天下，俾使吏治勤恪，从而颂扬张纶是"拳拳四方，老于王鹽"的"舜禹之臣"。① 范笔下以循吏张纶为代表的"舜禹之臣"无疑属于响应韩愈召唤的新型士人。从舜、禹、伊尹至于孔、孟，范仲淹和韩愈一样连缀出忧天下的圣贤谱系，重视儒学的及物性，这些共识构成范接受"忧天下之心"的基础。

而正如韩愈拥有柳宗元、李翱、孟郊、张籍、李观等学古行道的友朋，范仲淹身边亦不乏同志。庆历士大夫实质上就是一个道义共同体，以至范仲淹常用"忧国者"指称他所处的这个群体，以与"谋身者"相区分。② 他们同范氏一样着力表达大公无私的志愿。欧阳修非常认同"先忧后乐"，在神道碑中摘句作为范氏精神的写照。他还在《易童子问》中借"豫"卦宣扬圣人"以天下之忧为己忧，以天下之乐为己乐"，不同于止"豫其身"的"众人之豫"。③ 此说超越孟子的"众乐"，而臻于"先忧后乐"。宋人还流传这样一则欧阳修与晏殊的轶事。庆历初，西事未已，一日大雪，欧阳修与陆经去问候时任枢密使的晏殊，晏殊"遂置酒于西园"，欧阳修即席赋《晏太尉西园贺雪歌》，末章云："主人与国共休戚，不惟喜悦将丰登。须怜铁甲冷彻骨，四十余万屯边兵。"晏殊阅罢很是不平，曾对人说："昔日韩愈亦能作诗词，每赴裴度会，但云'园林穷胜事，钟鼓乐清时'，却不曾如此作闹。"④ 欧阳修向晏殊强调，遭此多事之秋，即便在公余，有职守者也应当忧国而非宴乐。这无疑是在践行

---

① 参见（宋）范仲淹《宋故乾州刺史张公神道碑》，《范文正公文集》卷 12，《范仲淹全集》，第 287—288 页。

② 参见（宋）范仲淹《邓州谢上表》，《范文正公文集》卷 17，《范仲淹全集》，第 419 页；（宋）范仲淹：《与省主叶内翰书》，《范文正公文集》卷 11，《范仲淹全集》，第 261 页。

③ 《欧阳修全集》卷 76，第 1109 页。

④ 参见（宋）魏泰《东轩笔录》卷 11，第 126—127 页。

"先忧后乐"的理念。① 而晏殊自辩时要专门提到韩愈，或许也是因为他明白此种行道观其来有自。富弼则认为古人"为人不为己"，并引述汉人贡禹的格言"天生圣人，盖为百姓，不独使自娱乐而已也"，决心得时以道济民，不得时以道著书传世，明显参照韩愈的忧济话语和人生设计。② 韩琦在定州"自以天下为己任"，"意气所怀""见于造次赋咏之间"，曾作诗云"吾心尽欲医民病，长得忧民病不消"，是为"先忧后乐"的同调。③ 韩琦还曾为赵概续注《维摩经》作序，强调"普救众生"的大乘精神，进而用"吾儒仁义之道"比拟"净名慈悲之心"，透露出儒学本位立场。④ 他将"仁义"解释为伊尹之志、忧乐天下以及"博济之心"，深受孟子、韩愈濡染。尹洙对崇佛者的态度则更为坚决。他见李侍禁景仰佛教之"博爱"，便建议研习孟子、韩愈的仁义之说，最终促使友人豹变为"非孟即韩"的纯儒。⑤ 韩、尹的儒佛异同论一方面佐证范仲淹"先忧后乐"来自儒学而非佛教，另一方面折射出韩愈身后"仁义"内涵向兼济偏移的过程。⑥ 至如石介不在其位，却"不忘天下之忧"，遂以言行道。⑦ 杜衍致仕，"退不忘天下以为心"，日夜忧虑国事。⑧ 石、杜的言行共同诠释了何谓进退皆忧。不难看出，庆历士大夫忧济天下的思想及其表述，处在孟子、韩愈的延长线上。

---

① 朱刚指出，欧阳修这里提醒晏殊，其立场与他本人弹劾吕夷简无异，也和范仲淹"先忧后乐"精神一致。参见朱刚《唐宋"古文运动"与士大夫文学》，第152—154页。

② 参见（宋）富弼《与陈都官书》，《全宋文》卷608，第29册，第23页。

③ 参见（宋）叶梦得《石林诗话》卷下，载《历代诗话》，第436页。

④ 参见（宋）韩琦《赵少师续注维摩经序》，《安阳集》卷22，《安阳集编年笺注》，第738—739页。

⑤ 参见（宋）尹洙《送李侍禁一首》，《尹洙集编年校注》，第387页。

⑥ 值得一提的是，与韩、尹同时的高僧契嵩曾作《西山移文》讥刺不愿应诏出仕的隐者自然子，行文明显参照韩愈"忧天下之心"、皮日休"三隐说"，益可见韩愈对北宋中期智识阶层的影响力。

⑦ 参见（宋）欧阳修《徂徕石先生墓志铭》，《欧阳修全集》卷34，第506页。

⑧ 参见（宋）欧阳修《祭杜祁公文》，《欧阳修全集》卷50，第699页。

庆历士大夫将"忧天下"表达得如此周遍、极致，同样心存抗俗自立、矫枉过正的深意。从中唐开始，士忧心天下的呼声越来越热烈，却始终不是时代的主流。① 中古思维以及官僚习气至庆历之际仍旧占据着大部分士人的心灵。② 价值层面的对立使得世人非但无法理解那些志在忧济的言行，还因此由衷地猜忌乃至排斥新型士人。在多数人看来，这些所谓的"忧国者"是可怕的投机分子。他们表面忠直实则奸私，先忧而言不过是卖直取名；他们迂阔而又激进，妄自推行改革，只会扰乱正常的政治秩序。譬如，晏殊在听闻范仲淹上书言事后言辞激烈地斥责他绝非"忧国之人"，指出范这类轻率的举动会被世人认定是在"好奇邀名"。③ 范仲淹也承认，"浮浅侥觊之辈"横行于世，致使"真有忧天下之心者"不受信任。④ 高若讷则干脆表示"蒿目而忧世者，非致治之心也"⑤，援引老庄之言，认定过于强调忧济不仅无益于致治，反倒带来不必要的纷扰。晏、高二人的言论反映出传统政治文化压抑新型士人的事实。

欧阳修就深切地感受到"忧国者"所背负的污名。他慨叹身处"在位而不肯自忧，又禁他人使皆不得忧"的时代，忧国之人寥寥无几，"又皆贱远"，而"其余光荣而饱者，一闻忧世之言，不以为狂

---

① 韩愈、柳宗元对兼济的强调及其在中晚唐的反响，参见葛晓音《论唐代的古文革新与儒道演变的关系》。

② 一个明显的例证是五代宋初史臣对以天下为己任者褒贬不一。如《旧五代史》谓郭崇韬"性复刚戾，遇事便发，既不知前代之成败，又未体当时之物情，以天下为己任，孟浪之甚也"[（宋）薛居正等：《旧五代史》卷57《唐书三十三》，中华书局1976年版，第772页]，谓王峻"为性轻躁，举措率易，以天下之事为己任，每有启请，多自任情"[（宋）薛居正等：《旧五代史》卷130《周书二十一》，第1712页]，对志大才疏者予以否定。

③ 参见《上资政晏侍郎书》，《范文正公文集》卷10，《范仲淹全集》，第230页。

④ 参见《上资政晏侍郎书》，《范文正公文集》卷10，《范仲淹全集》，第233—234页。

⑤ （宋）文彦博：《观文殿学士尚书左丞谥文庄高公神道碑》，《文彦博集校注》卷12，第554页。

人，则以为病痴"。① 蔡襄也曾在《四贤一不肖诗》中感慨："吾君睿明广视听，四招邦俊隆邦基。廷臣谏列复钳口，安得长喙号丹墀？昼歌夕寝心如疢，咄哉汝忧非汝为。"②"钳口"的"廷臣谏列"只会对范仲淹忧国言事投以嘲笑与攻讦。逢此贤愚倒置之世，韩愈、李翱、范仲淹、欧阳修、尹洙、石介、苏舜钦，包括欧、蔡他们自己，不也是别人言之凿凿的"狂人"和"病人"吗？庆历士大夫于动辄得咎的境遇下坚持为圣贤、为"忧国者"也为自己发声，正是对世俗偏见的抵抗乃至启蒙。特别在后新政时代这一理想落潮期，范仲淹推进由前贤和同道参与的去污名化运动，用高度精辟且有力的修辞奏响了为"忧天下"正名和赋形的最强音。唐宋士人的忧济之志经范之手最终凝聚为"先忧后乐"格言，在一代代的诵读、引述和记忆中持续激励着世人。

当然，庆历士大夫远不止是重提中唐士大夫的旧调，他们还在检讨韩愈言行的基础上对其行道观予以补充和发展。韩愈集中阐述忧济观是在干谒这一特定情境下进行的。他强调"忧天下"，也是为了不给上位者留下怀禄自进的印象。但求仕毕竟掺杂私欲。韩愈本人也承认，像他这样的孤寒子弟"汲汲于进"，"其小得盖欲以具裘葛、养孤穷，其大得盖欲以同吾之所乐于人耳"③，混含政治理想与现实需求，表现出道、利并存的价值二重性④。再者，韩愈把精力主要放在外在的行道兼济，对独善乐道虽偶有提及⑤，却终非兴趣所向，用力亦不深，落得大半生"进则不能容于朝，退又不肯独善

---

① 参见（宋）欧阳修《读李翱文》，《欧阳修全集》卷72，第1050页。

② 参见《蔡忠惠集》卷1，《蔡襄集》，第8页。

③ 参见（唐）韩愈《答崔立之书》，《韩昌黎文集校注》卷3，第167页。

④ 参见景凯旋《从〈闵己赋〉看韩愈儒学思想中的道与利》，《徐州师范大学学报》1999年第4期。

⑤ 如韩愈曾勉励友人："以道德为己任，穷通之来，不接吾心。"[（唐）韩愈：《与卫中行书》，《韩昌黎文集校注》卷3，第194页]但实际上韩愈自己也很难做到这点。

于野"①，心绪每为之动荡不宁。故韩愈在未达及贬谪之际时有"不平之鸣"，其中既包含愤世嫉俗之意，亦不乏私人性的怨天尤人、悲己伤时之情。② 韩愈的上述表现暴露了"忧天下之心"的代价。这种失衡的守道观念带来两个新问题：一是过于理想化，不但难以落实，还易给利欲打幌子，变成虚伪的托词；二是个体有沦为行道工具之虞，公共责任感将加重个体的心理压力，妨碍其保持"仁者不忧"的心境，这在士人不得志时表现得尤为突出。"忧天下之心"其实也反映了韩愈偏狭狷急的性格和急于仕进的意图。

庆历士大夫就十分警惕韩愈之忧中功利、世俗的一面。如欧阳修对读韩愈《感二鸟赋》与李翱《幽怀赋》，明确指出韩惟愿一己之显达，而李则关心行道事业与藩镇问题，并慨叹中唐士人鲜少能变易"叹老嗟卑之心"为李翱"所忧之心"。③ 由此求全之毁足见欧认定士应完全做到去私奉公。欧阳修还常和余靖、尹洙谈及，前世名士当论事时"感激不避诛死，真若知义者"，及至贬所，"则戚戚怨嗟，有不堪之穷愁形于文字"，连韩愈也不能免俗。④ 他们对此均引以为戒。是故，补足前贤"其心欢戚无异庸人"⑤ 的短板，追求更为正大、纯粹的忧济情怀，是庆历士大夫主动承担的任务。

首先是理想与实践的关系。范仲淹之所以把"不以物喜，不以己悲"作为《岳阳楼记》全篇意脉的实际转折点，正是为了克服滕宗谅的常人之情，进而对"忧天下之心"做出全方位的规定。而在行动中，范仲淹无位则进言，得位则行道，比韩愈更为自觉地践行

---

① （清）叶燮著，蒋寅笺注：《原诗笺注》，上海古籍出版社 2014 年版，第288 页。

② 韩愈性情与其诗学、创作的关系，参见葛晓音《从诗人之诗到学者之诗——论韩诗之变的社会原因和历史地位》，《学术月刊》1982 年第 4 期。

③ （宋）欧阳修：《读李翱文》，《欧阳修全集》卷 72，第 1050 页。

④ 参见（宋）欧阳修《与尹师鲁第一书》，《欧阳修全集》卷 69，第 999 页。

⑤ （宋）欧阳修：《与尹师鲁第一书》，《欧阳修全集》卷 69，第 999 页。

兼济之志，走出了"躬之不逮"的困境。经过自我的实践、表述以及同道的书写，这样一个崇高而又征实的主体在士人面前被真正树立起来，使"先忧后乐"不至沦为空洞的口号。于是就有黄庭坚那句著名的判断：所谓"先忧后乐"，是范仲淹"饮食起居之间先行之，而后载于言者也"。①

其次是个体与儒道的关系。范仲淹一生跌宕，却从未叹老嗟卑。范因直道事君三用三黜，"黜则欣然而去，人未始见其有悔色"，并明言："我道则然，苟尚未遂弃，假百用百黜，亦不悔"。② 更有学者指出，范仲淹在宦游生涯中实际采取进则忧国忧民、退则乐道独善的行事策略，有别于韩愈的执着之志。③ 由此理想与现实、公共与日常的参差可知范本人即明了"先忧后乐"与传统守道观的异同。有趣的是，范仲淹自白进忧退乐限于贬谪时期，而宣扬忧天下则不分进退，足见后者优先于前者，始终是范志业之所系，牵引着他的人生。范仲淹不取韩愈式的"感激怨怼"，也不满足于孔、孟穷则独善乐道，摸索出一种以忧济为要务同时又不失弹性的行道方式。从韩愈到范仲淹，自元和至庆历，士人心态的成熟和人格的健全既离不开个体的自我技术，也是由于科举士人阶层社会地位的上升为"先忧后乐"的生成和传播提供了历史的契机。

韩愈的"忧天下之心"和范仲淹的"先忧后乐"，无疑是唐宋之际科举士人群体成长过程中借由典范人物发出的两次关键性宣言。特别是范氏的言说，不仅展现了更为完善的儒士人格，还经由"三位一体"的格言、文本以及作者的公共形象昭示士的新主体正式走上历史的前台。④ 在这个意义上，《岳阳楼记》不单是文学文本，同

---

① 参见（宋）黄庭坚《跋范文正公诗》，《范仲淹全集》附录3，第1068页。

② 参见（宋）富弼《范文正公仲淹墓志铭》，《全宋文》卷610，第29册，第61页。

③ 参见程杰《北宋诗文革新研究》，第97—103页。

④ 有学者提醒读者，范仲淹是否随时随地做到"先忧后乐"是次要问题，重要的是他提出了一种在宋代儒家社群中得到巨大回响的新精神。

时也是庆历之际的一次政治文化抗争运动，折射出唐宋新型士人将儒家兼济精神重新注入主体的一贯努力。以此为标志，北宋中期士人的价值观发生了深刻的变革，"忧天下"逐渐成为他们的共识。故可以说，"忧天下之心"的萌发与演进是理解唐宋政治文化史的一条线索。

不过，韩愈、范仲淹的主张毕竟使原本包含多种可能性的守道观坍缩为单一的兼济模式，削弱了它的实用性。即便是范，也在贬谪后回归穷则乐道的传统守道观。在庆历士大夫影响下成长起来的后辈士人，不仅熟习孟、韩、范一系的忧天下理念，还利用三人创造的话语、思想资源进一步展开讨论，对"先忧后乐"也有所褒贬。这从侧面反映出新儒学的深化。如刘成国指出，刘敞、王安石都反对士逾越其分以忧天下，故不取"先忧后乐"，重提达则兼济、穷则独善的传统原则。① 二人之所以刻意批驳，是因为一方面"先忧后乐"毕竟有近于墨家的嫌疑②，另一方面彼时的青年士人普遍受到儒家理想主义的感召，以致多有"忧天下之忧以翘于人"③ 的怪状。当然，北宋后期儒者并非简单地复述圣贤之言，而是借由心性之学深度融合修身与兼济，打开内圣外王的通路。周敦颐的名言"志伊尹之志，学颜子之学"④，于内外方面皆有创变，可以代表宋儒的守道观。只是北宋后期士人投注在"伊尹之志""颜子之学"上的兴趣是极不平衡的，他们显然更青睐后者。朱刚就从中发现北宋士大夫心态转移的轨迹，即"从以天下为己任的外向淑世意识转为以内在精神天地为主要关怀对象"。⑤ 时至南宋，深受理学影响的罗大经

---

① 参见刘成国《〈弟子记〉与北宋中期儒学——以刘敞、王安石为核心的考察》，《社会科学辑刊》2021 年第 1 期。

② 按，儒家尤其警惕这类似是而非的现象，朱熹曾说："仁民爱物，固是好事。若流入于墨氏'摩顶放踵而利天下为之'，则全不好了。此所以贵裁之也。"[（宋）黎靖德辑：《朱子语类》卷 29，《朱子全书》，第 15 册，第 1058 页]

③ （宋）刘敞：《送焦千之序》，《公是集》，第 422 页。

④ （清）黄宗羲原撰，（清）全祖望补修：《宋元学案》卷 12，第 523 页。

⑤ 参见朱刚《从"先忧后乐"到"箪食瓢饮"——北宋士大夫心态之转变》。

崇尚颜子之乐，同时注意到乐道与"先忧"可能存在的龃龉，他引魏了翁"须知陋巷忧中乐，又识耕莘乐处忧"诗句，主张"盖惟贤者而后有真忧，亦惟贤者而后有真乐，乐不以忧而废，忧亦不以乐而忘"，用圣贤忧乐并行不悖来解释这个问题。① 由此看来，过与不及，无疑是儒者行道的永恒难题。

_____

① 参见（宋）罗大经著，王瑞来点校《鹤林玉露》丙编卷 2，中华书局 1983 年版，第 273 页。

第 六 章

何以为士：庆历士大夫中晚年的
思想趋向与代际互动

至和二年（1055）六月戊戌，仁宗罢免宰臣陈执中，同日任命富弼、文彦博为相，朝野皆谓得人。这次高层人事变动是标志仁宗朝后期政治风向转移的关键事件，预示富弼、韩琦、欧阳修长期主政的嘉祐、治平时代的来临。而据曾巩《南丰杂识》记载，仁宗在擢用富、文后，和时任翰林学士的欧阳修有过这样一段意味深长的对话：

> 数日，欧阳修得对，上问："新除彦博等，外议如何？"修具以朝议为对。上曰："卿意如何？"修曰："诚如外议。"上又问："彦博、弼果如何？"修曰："陛下已用彦博等，复问其如何，臣所未喻。"上曰："彦博有才，然胆大；弼前在政府甚好，今复来，恐多顾虑。"良久，又曰："弼前深为人所中伤，今来亦焉能不顾虑？然不若守前志不变也。"①

仁宗分别品评了两位辅弼的才性短长，并着重指出：富弼于庆历时期任枢密副使，颇思振作，却也因此遭致夏竦等政敌的恶意中伤，

---

① （宋）朱熹：《三朝名臣言行录》卷3引《南丰杂识》，《朱子全书》，第12册，第443页。

此番回朝极有可能因心存顾虑而不敢尽力。曾巩补充道，后事果真如仁宗所料，富弼"竟以多顾虑少所建明"①。不过，有充分的证据表明，仁宗在至和年间从未向欧阳修褒贬过二相。② 仁宗的担忧似乎更应该被理解成后辈士大夫借王言传达他们对富弼居相位无法做到"守前志不变"的惋惜以及失望。

　　曾巩的文字提醒我们：一方面，宋人素来称道"庆历、嘉祐之治"，庆历士大夫在这两个时段的立朝表现虽皆可圈可点，但他们的施政风格却相去甚远。南宋初年的吴曾就注意到："前辈谓韩魏公庆历、嘉祐施设，如出两手，岂老少之异欤。欧阳公出处与韩同，其论冯道，予以为当以庆历、嘉祐为例。"③ 朱熹亦感叹："韩、富初来时，要拆洗做过，做不得，出去。及再来，亦只随时了。遇圣明如此，犹做不得。"④ 刘子健将富、韩、欧诸人的"老少之异"概括为早年矢志改革有为、晚年力求稳健慎重，并用丰富的史事阐明了这一点。⑤ 那么，要如何解释庆历士大夫在政治上的这种前后反差呢？宋人大都主张，应该从庆历新政的失利中寻找原因。如叶适认为：

　　　　仁宗亦慨然思欲整治，用弼与范仲淹、韩琦为两府，议论前却，施行舛误，小人交斗其间，三人逐去，而前规故习遂不可破。当时议者，以为三人不能循致治功，而欲以岁月成天下之事，其意太锐，故至于此。嗟乎！此三人者，正坐不能以岁月成天下之事耳。弼与琦相继当国，其惩前之祸愈深，而循致之说愈用矣。虽然，循致者卒不能有所致也。弼相四年，琦相

---

　　① （宋）朱熹：《三朝名臣言行录》卷3引《南丰杂识》，《朱子全书》，第12册，第442页。

　　② 证据是：根据欧阳修《归田录》所述，仁宗的确向欧阳修询问外议如何，但没有后半段人物品评部分。

　　③ （宋）吴曾：《能改斋漫录》卷10，第299页。

　　④ （宋）黎靖德辑：《朱子语类》卷129，《朱子全书》，第18册，第4029页。

　　⑤ 参见刘子健《欧阳修的治学与从政》，第224—238页。

七年，所循致者何事哉？①

叶适指出，富、韩吸取庆历新政的教训，为保全自身，减小阻力，原打算在嘉祐当国时循序渐进地推动改革，到头来虽久秉国政，却不能成事。比照二人的政治经历，叶适的这番因果论断可以说合情合理。事实上，庆历士大夫的"中年变法"确与庆历新政的失败以及自身的忧患体验息息相关。它首先表现为观念转型，随后导向行动层面。这一过程也能从后新政时代范仲淹、欧阳修等人的集体言说中窥见端倪。

另一方面，如果说意锐心切、忽焉而败的庆历新政成就了富、韩、欧仕宦生涯中的高光时刻，那么持重且持久的嘉祐、治平之治则无疑是一出荣光与苦涩皆极突出的悲喜剧。对于后者的评价和定位，自宋人开始就聚讼纷纭。一派观点认为："嘉祐之政，世多以为得。"② 富、韩后期的执政风格也是由于"阅历岁月，经涉忧患，始知天下之事不可妄有纷更"，故老成谋国，相较于王安石"年少气盛，强项莫敌，尽将祖宗典制变乱之"，高下立判。③ 有学者提出，嘉祐时期呈现出社会安定、人才之盛、政治清明诸景象，堪称两宋政治的绝佳阶段，"嘉祐之治"也在北宋后期废新法复旧政的背景下作为政治神话被提出。④ 另一派观点则明言，"嘉祐之治"名不副实，系旧党粉饰故君前朝以发明党争工具的结果。在彼时稳定的政治表象之下，财政、边境、民生、治安等问题日益加剧。⑤ 而富弼、

---

① （宋）叶适：《纪纲三》，《水心文集》卷14，《叶适集》，第815页。

② （宋）苏辙：《欧阳文忠公神道碑》，《栾城后集》卷23，《苏辙集》，第1133页。

③ 参见（宋）邵博《邵氏闻见后录》卷20，第156—157页。

④ 参见曹家齐《"嘉祐之治"问题探论》，《学术月刊》2004年第9期。

⑤ 张邦炜将"嘉祐之治"视为整个"仁宗之治"的代称，结合仁宗朝尤其是宝元、庆历之际的政局对其进行了检讨和批判。参见张邦炜《"嘉祐之治"：一个叫不响的命题》。另外，嘉祐、治平时期的政治形势，参见王晓薇《北宋嘉祐治平时期的政治改革》，《广西社会科学》2005年第6期。

韩琦也从庆历年间的革新中坚沦为嘉祐、治平时期循默无为同时又阻碍后辈才能之士上位有为的保守分子①。叶适更是哀叹，富、韩于嘉祐、治平之际未能把握改革的窗口期，一味守旧，致使"财用耗乏，人材颓弛，天下玩弊愈甚，而士以虚名相高"，遂有"王安石相神宗，欲一反之"，其后新法和党锢交叠，终致"天下大病"。② 之所以出现上述褒贬两极化的局面，是因为双方一则多力图从北宋历史的整体视角出发，通过凸显特定性质的史料，来裁断嘉祐、治平之治的是非以及富、韩、欧的功过，二则察觉它直接关系到王安石变法的评价问题，故其中的许多意见都带有学术乃至意识形态上的意图。③

嘉祐、治平时期无疑属于一般意义上的治世，远没有到部分研究者所说的危机四伏、矛盾激化乃至非变革无以救世的地步。但也应该看到，当政的富、韩、欧诸人虽陆续实行一些改作措施，却未曾尝试发起全局性的政治改革以从根本上解决宋初以来的积弊，更没有像他们承诺过的那样把"三代"带回人间，从而造就真正的远大之政、长久之道。这样说并非要苛责古人，而是想强调如下观点：嘉祐、治平时期之成"合变时节"④，与其说是迫于客观形势，毋宁说是士大夫的主观意愿使然。在彼时的权力世界里，庆历士大夫不仅不是唯一的主角，更有日渐边缘化的趋势。在他们的言行和精神感召下成长起来的新一代士大夫同样身具"以通经学古为高，以救时行道为贤，以犯颜纳谏为忠"⑤的自觉，这些年富力强的后生接过儒家理想主义的大旗，迅速占据了前辈让出的政治生态位，成为

---

① 参见漆侠《王安石变法》，上海人民出版社 1959 年版，第 77—81 页；王晓薇《北宋嘉祐治平时期的政治改革》；张钰翰《北宋新学研究》，北京师范大学出版社 2022 年版，第 191—194 页。

② 参见（宋）叶适《纪纲三》，《水心文集》卷 14，《叶适集》，第 815 页。

③ 如曹家齐就认为，嘉祐之治不为学者所注意，很大程度上与学术界对变法的态度有关，带有很强的主观倾向。参见曹家齐《"嘉祐之治"问题探论》。

④ （宋）黎靖德辑：《朱子语类》卷 130，《朱子全书》，第 18 册，第 4035 页。

⑤ （宋）苏轼：《六一居士集叙》，《苏轼文集》卷 10，第 316 页。

政治改革的呼吁者和政治批判的发起者。

宋人早已看到了这点。司马光的门人刘安世指出："祖宗以来，以忠厚仁慈治天下。至于嘉祐末年，天下之事似乎舒缓，委靡不振。当时士大夫亦自厌之，多有文字论列。然其实于天下根本牢固。"①刘安世点明，嘉祐时期士大夫先是厌弃宋初以来的政风，然后才用危言质疑天下根本不固，甚者如王安石"以仁庙为不治之朝"②，鼓动神宗进行大破大立的变法。而士大夫将"似乎舒缓"的天下之事斥作"委靡不振"，正是用特定理念察世观风的结果。陈亮亦发现："方庆历、嘉祐，世之名士常患法之不变也；及熙宁、元丰之际，则又以变法为患"，比如"习于论事"的苏轼、苏辙"勇果于嘉祐之制策，而持重于熙宁之奏议，转手之间而两论立焉"。③ 其论直指政治观念层面。

而当"嘉祐四友"们成为新时代的"庆历士大夫"，"庆历旧人"则很快失去了政治文化的领导权，并转而在"濮议"、熙丰变法等政争中扮演他们原先所鄙夷的"老成"角色。是故，庆历士大夫在仁宗末年至神宗朝的公共生活不单关涉他们自身，也取决于士大夫间的代际互动。而"为士之道"正是两代士大夫讨论乃至争论的核心话题。④ 一位真正的士大夫需要具备哪些素质？士得位（尤其是当上言官和宰执）之后应该如何行道？不同世代的士大夫各自给出了自己的答案。

基于以上检讨，本章将经由观念变迁和代际互动两个角度入手

① （宋）马永卿：《元城先生语录》卷上，《诸儒鸣道》卷49，第1070页。
② （宋）马永卿：《元城先生语录》卷上，《诸儒鸣道》卷49，第1071页。
③ 参见（宋）陈亮《铨选资格策》，《陈亮集》卷12，第134页。
④ 王德权指出，南北朝后期去乡里化的制度改革割裂"士人—乡里"间的制度联系，标志着个体化官僚制秩序的成立，导致士不成士的现象日益显著，这成为开元以降士人反省其职分、重构"为士之道"的起点。在这方面唐宋的延续多于断裂。参见王德权《为士之道：中唐士人的自省风气》，政大出版社2012年版。宋人反思成士、选士即为士之道也处在这一延长线上。近来学界已注重发掘宋人反省"为士之道"的现象，参见刘成国《论王安石的翻案文学》，《浙江社会科学》2014年第2期。

探讨庆历士大夫的后半政治生涯。首先，聚焦范仲淹晚年致叶清臣书以及庆历士大夫的集体纪念文字，揭示庆历士大夫如何反思新政败局和朋党之论，并在交流和论辩中形成愈趋稳健的言行原则。这一思想上的保守倾向直接影响他们在嘉祐、治平之际的执政风格。其次，通过对苏颂、吕公著、三苏、王安石、曾巩的士夫化经历展开传记式深描，揭示庆历士大夫引导下后辈士人的政治社会化（political socialization）过程，进而勾勒新型士大夫文化在不同世代间的承变轨迹。最后，将嘉祐之治、治平"濮议"至熙丰变法的政治史还原为科举士大夫内部的代际互动以及代际冲突，由此具体呈现庆历士大夫在"英俊"理念内退而外进阶段的仕宦经历，并从欧阳修晚年的自述性写作观察他在冲突和压力中的心灵世界与言行策略。

第一节　思想·交游·仕宦：庆历士大夫后半公共生涯的三个面相

庆历新政不单在时间维度上更在政治维度上构成仁宗朝的中点，同时也将庆历士大夫的公共人生分为前后两个阶段。在此之前，庆历士大夫是坚定的理想主义者，他们持续冲击主流政治文化，在不懈的抗争中走向联合，最终创造并把握住了得位行道的机遇。而在新政失败后，庆历士大夫于忧患中迎来了自己的中年乃至晚年。一方面，他们仍保持初心，在地方践行吏治理念，借助言说为"忧天下"辩护，还在和后辈士人的互动中传递"英俊"理念。另一方面，他们主动变易观念，调整行事风格，开始向现实主义者过渡。及至嘉祐、治平之际，庆历士大夫在后新政时代种下的"因"纷纷萌芽结果，并逐渐发生越来越剧烈的化合反应。庆历士大夫长期扮演居位主政的角色，进一步强化了现实主义的政治思维方式，这引发新生代士大夫的不满。紧张的代际关系又导向仁宗末年至神宗初年的一系列政治变迁。由此看来，庆历士大夫中晚年的政治生涯同样具有连贯性，要阐明他们后期当国时的种种作为和遭遇，必须从新政败局讲起。因此，本节将首先关注庆历士大夫在后新政时代的思想转型和代际互动，接着考察这两个因素如何在嘉祐、治平之际交汇、碰撞，揭示影响时风的先行者们如何又被时风所吹拂。

一　政治反思与自我变法——从范仲淹晚年致叶清臣书说起

宋人在批判富、韩久居相位而无所作为时总是忍不住设想：如果范仲淹——这位皇祐四年（1052）赍志以殁的革新领袖——能像富、韩那样活到归朝主政的那一天，他会如何行事？朱熹和他的弟子就有过类似的对话：

> 某云："韩公（富弼）当仁庙再用时，与韩魏公（韩琦）在政府十余年，皆无所建明，不复如旧时。"曰："此事看得极好，当记取。"又问："使范文正公（范仲淹）当此，定不肯回。"曰："文正却不肯回，须更精密似前日。"[1]

朱熹强调，庆历新政的失败非但不会让范仲淹抛弃理想，还能历练他的心志和能力，范若能再度进入决策层，必将把改革事业成功地推行下去。然而，历史无法假设，现实只有富、韩的无能以及王安石的妄举。朱熹的意见很有代表性。如叶适同样叹息富、韩晚年背弃了自身的初心和亡友的遗志："且仲淹之志，本欲变通，琦与弼既协同其说，虽群小不容，仲淹竟去，未久而死；然琦、弼相次为相，终不能复伸仲淹之志。"[2] 在叶适看来，"仲淹之志"就等同于改革的信念，故自范氏一去，革新派就犹如失却精魂一般。

与之相对，还有一批士大夫则主张，范仲淹其实从一开始就不提倡过于激进的行事风格，在历经新政风波后更是心生悔改之意。

---

① （宋）黎靖德辑：《朱子语类》卷130，《朱子全书》，第18册，第4034页。
② （宋）叶适：《习学记言序目》卷48，第721页。

如苏辙分析范、吕解仇的原因：

> 范文正公笃于忠亮，虽喜功名，而不为朋党。早岁排吕许公，勇于立事，其徒因之，矫厉过直，公亦不喜也。自越州还朝，出镇西事，恐许公不为之地，无以成功，乃为书自咎，解仇而去。其后以参知政事安抚陕西，许公既老居郑，相遇于途。文正身历中书，知事之难，惟有过悔之语，于是许公欣然相与语终日。许公问何为亟去朝廷。文正言欲经制西事耳。许公曰："经制西事，莫如在朝廷之便。"文正为之愕然。故欧阳公为《文正神道碑》，言二公晚年欢然相得，由此故也。后生不知，皆咎欧阳公。予见张公言之，乃信。①

苏辙先是有意将范仲淹与其余"矫厉过直"的同道区别开来，以显示范原本就有相对持重的一面，接着明言，范执政后方始理解吕夷简为相的难处，故积极与政敌和解。苏辙笔下的范、吕解仇一事比之欧阳修碑文多了"过悔"的诛心之论，以此表明范仲淹后期确实发生了观念转向。这可能来自张方平的口述，其用意自然在于通过叙说范仲淹这位异见领袖的自我调整来确证"老成"理念优于"英俊"理念。逮至南宋初年，史臣范冲为强调王安石变法是北宋灭亡的根源，更是借由范仲淹主动放下执念来申说变革之害远大于利：

> 仁宗皇帝之时，祖宗之法，诚有弊处，但当补缉，不可变更。当时大臣，如吕夷简之徒，持之甚坚。范仲淹等初不然之，议论不合，遂攻夷简，仲淹坐此迁谪。其后，夷简知仲淹之贤，卒擢用之。及仲淹执政，犹欲伸前志，久之自知其不可行，遂已。②

---

① （宋）苏辙：《龙川别志》卷上，第83页。
② （宋）李心传：《建炎以来系年要录》卷79，中华书局1988年版，第1289页。

范冲的历史叙述伸吕抑范，不同于庆历士大夫构建的通行版本，但在反王安石变法的南宋士人那里也颇有市场。在他们看来，范仲淹执政而自知前志不可行，主要原因并非改革本身的艰巨性，而是范认识到不能轻易变更祖宗法度。

无论是作为理想的象征还是作为悔过的典范，范仲淹都被认为是庆历士大夫中最具远见的那一个，他晚年的思想动向备受后人瞩目，甚至直接连接庆历、熙丰以降士人一直在追问的名为"变革是否正当"的终极议题。于是问题来了：范仲淹在亲历新政后到底有何感想？幸运的是，在范仲淹晚年撰写的书信当中保存了一份关键文本，完全可以视作他本人的回答。[①]

皇祐元年（1049），权三司使叶清臣和判大名府贾昌朝因事争执不下，叶坚持己见，且上疏斥贾"跋扈不臣"。[②] 差不多同时，叶致书范仲淹论及此事，表示"自信之心，弗改于旧。此金石其诚，对明神而无愧"[③]。范在回信中先是肯定叶的坦荡，继而话锋一转，劝"天资爽迈，遇事敢行"[④] 的老友千万要隐忍：

> 然国之安危存亡，系于其人。正人安则王室隆，正人危则天下忧。故君子安其身而后动，易其心而后语。所以身安而国家可保，岂特厚于己耶！汉李膺之徒，黑白太明，而禁锢戮辱。

---

① 学者已注意到此信的史料价值，参见王瑞来《试论导致庆历新政失败的一个因素——读范仲淹致叶清臣信》，《学术月刊》1990 年第 9 期。但此信的政治文化意涵还有待发覆。另外，福田殖敏锐地意识到此信的价值，但他认为"身安而国家可保"与"先忧后乐"相通，都是为克服"同忧"的缺陷而产生的，进而指出，"先忧后乐"构成范仲淹后期思想的转折点，和进则忧国、退则乐道的观念趋向一致。参见［日］福田殖《范仲淹に関する二、三の問題》，《九州大学文学論輯》第 35 号，1989 年。福田殖显然误解了"先忧后乐"的意义。

② 参见（宋）李焘《续资治通鉴长编》166，第 3995 页。

③ （宋）范仲淹：《与省主叶内翰书》其二，《范文正公文集》卷 11，《范仲淹全集》，第 263 页。

④ （元）脱脱等：《宋史》卷 295《列传第五十四》，第 9855 页。

虽一身洁清，千古不昧，奈何邪正相激，速天下之祸，汉室亦从而亡之。仆以为与国同忧之人，宜弗为也。如与国存亡，则有视死于鸿毛者，岂特轻其己耶！今上睿圣至仁，惟股肱协德，则尧舜同功，天下为寿。前者数君子感遇激发，而高议直指，不恤怨谤；及群毁交作，一一斥去。虽自信于心，未足为耻，使太上用忠之意，谓吾道无可信者，此不为重乎！道卿（叶清臣字）能不鉴此？宜其与国同忧，无专尚名节，而忘邦家之大，则天下幸甚幸甚！①

这封信与《上资政晏侍郎书》《近名论》《岳阳楼记》等一系列文本都呈现明显的互文关系。更具体地说，范仲淹在此处提出的核心观点"身安而国家可保"，与其早年乃至三年前极力主张的危言危行论、积极近名论和"先忧后乐"说皆截然相反，透露出他晚年在思想上的自我革命。

范仲淹首先摆出立论的前提：天下治乱、国家兴废、王室吉凶无不取决于正人的安危。这种将政治昏明"系于其人"的观念实际上是范一贯的见解。早在《上资政晏侍郎书》中，他就说过："天下理乱，在二党胜负之间尔。"② 只是彼时范仲淹强调"危言危行"是终极的全身远害之道，要求君主和世人理解并接纳此种饱受争议的言行原则。但如今，他反过来建议君子须用审慎的行动和平和的言论取得君主、世人的信任，先确保自身安好，才能保全国家。不仅如此，范为论证上述观点，又举汉末名士的悲剧为反例，批判李膺等人因善恶是非太过分明而招致酷烈的党锢之祸，指摘他们虽得以气节永享令名，却终归激化矛盾，加速东汉灭亡。总之，范认定汉末名士的所作所为是不明智也是不负责任的。

---

① （宋）范仲淹：《与省主叶内翰书》其二，《范文正公文集》卷11，《范仲淹全集》，第263页。

② 《范文正公文集》卷10，《范仲淹全集》，第235页。

不难看出，范仲淹在这里强调逊言慎行、安身为先，不单颠覆了他先前提倡的刚直敢言的公共人格，其私而后能公以至私即是公的基本逻辑，更在实质上背离了"先忧后乐"至公无私的总体原则。尤其是范明言"与国同忧之人"不应像汉末名士那样危言危行，这意味着他更改了"先忧"、直谏的公私属性，进而质疑其正当性。是故，范仲淹守道实践的多元化导向言说的复调性，该现象在后新政时代表现得尤为显著，我们可以从晚年的范仲淹身上清晰地辨识出"忧乐"的三副面孔："先忧后乐"标举兼济理想的极致境界，"进则尽忧国忧民之诚，退则处乐天乐道之分"是对宦游日常生活的描摹，而"身安而国家可保"则既道出范在权力世界中的生存策略，也是自我反思兼思想转变的表征。

"身安而国家可保"这一新观点的问世，是范仲淹反复回顾庆历新政的结果。一方面，新政以来愈演愈烈的政治斗争乃至政治倾轧凸显安身的必要性。在宋廷终止改革以及排击"浮薄"的过程中，庆历士大夫自然首当其冲，他们饱受中伤和排击，接连远贬江湖。在险恶的政治形势下，他们先前为行道而积极言事的公共意识被自我所压抑，为保全身家而戒言避祸的思虑开始加重。逊言慎行在一定程度上成为他们阶段性的共识。如苏舜钦忆回忆道，尹源于"奏邸狱"事发后担心苏舜钦重得罪于朝廷，故"数相过"，"感慰激切"，引得苏叹息："其意结括避慎，非昔时子渐（尹源）也。"① 欧阳修也说，他和尹源在庆历新政前后为避"朋党之诬"鲜有通信。② 而苏舜钦何尝不是如此？欧阳修听闻苏在受罚后不欲令人见《水谷诗》，不解像友人这样的豪迈之人竟至"畏时讥谤"。③ 但实际上，欧阳修自己就曾致书苏舜钦戒其作诗，又于庆历五年（1045）作诗

---

① 参见（宋）苏舜钦《尹子渐哀辞并序》，《苏舜钦集编年校注》卷 3，第 187 页。

② 参见（宋）欧阳修《祭尹子渐文》，《欧阳修全集》卷 49，第 693 页。

③ 参见（宋）欧阳修《与梅圣俞书》其十六，《欧阳修全集》卷 149，第 2452 页。

赠内，表达了自劾息谤的愿望。多年后，他在撰写范仲淹神道碑时还因顾忌"辨谗谤，判忠邪，上不损朝廷事体，下不避怨仇侧目"①，下笔颇为踌躇。庆历四年（1044），尹洙在写给欧阳修的信中也感慨："今之相知者多见戒曰当避形迹，见疏者则相目以朋党。……见询晋、潞少时所游之乐，今欢意都尽，不惟年物之异，直畏事耳。尝忆往年送王胜之序云：'圣朝方以文法治天下，子其慎之。'当日亦偶为此言，不谓遂验。阓茸辈唯欲摭人细过，不可不虑也。"② 可见庆历士大夫是如何在"世路迫窄多阱机"③ 中养成畏慎心态的。后来尹洙还说："予自得罪，不欲以文辞发闻于人，虽朋游素厚者，未尝先为书问，非以自爱，虑为朋游累也。"④ 蔡襄亦曾于庆历五年（1045）提醒韩琦要警惕祸从口出："扬州天下之冲，赖公镇之。然使客盈前，一语一默，皆即传著，愿从者慎之。"⑤

身为革新领袖，范仲淹更是遭遇了来自政敌以及既得利益者的"百种之谤"⑥，切身地体会到宦途的凶险，明白安身一事刻不容缓。早在新政末期，范仲淹和富弼不安于位，便相与商议："吾辈上为朝廷尽忠竭节，而为群谗陷害如此深切。未顾一身性命，各且保取家族，但求得一事出去，避此谤陷，他辈得进，则自然稍息。"⑦ 面对"毁訾如沸"的危局，范、富"公云圣贤，鲜不如是。出处以道，俯仰无愧"⑧ 的高论背后原是"保取家族"的现实需求。为此，他

---

① （宋）欧阳修：《与孙威敏公元规书》其二，《欧阳修全集》卷 145，第 2362 页。

② （宋）尹洙：《答河北都转运欧阳永叔龙图书》其二，《尹洙集编年校注》，第 317 页。

③ （宋）欧阳修：《长句送陆子履学士通判宿州》，《欧阳修全集》卷 7，第 110 页。

④ （宋）尹洙：《送供奉曹测一首》，《尹洙集编年校注》，第 368 页。

⑤ （宋）蔡襄：《致资政谏议书》，《蔡忠惠集外集》，《蔡襄集》，第 750 页。

⑥ （宋）范仲淹：《遗表》，《范文正公文集》卷 18，《范仲淹全集》，第 427 页。

⑦ （宋）富弼：《叙述前后辞免恩命以辩馋谤奏》，《全宋文》卷 605，第 28 册，第 359 页。

⑧ （宋）富弼：《祭范文正公文》，《全宋文》卷 610，第 29 册，第 70 页。

们纷纷寻机出抚边地，离开了是非之地。庆历五年（1045），言官在王素托人市木案发后检举其姻亲监察御史里行阎询，王素认定这是政敌因为自己先前直谏而行打击报复，遂在谢表中表达了颇多义愤之语。范仲淹从邸报中获知此事，立即写信给王素，提醒他"台刻颇深，岂涉亲党。或须理会，亦当款曲，勿令悖戾"，并分析其谢表"有事触权贵，力排奸邪之语，此必招怨，济个甚事！所云投鼠伤器，此实诣理而无害也"，还说起自己"曾落职南行，当时满朝见怒，惟责己乐道，未始动怀"。① 不知范仲淹下笔时，会否想起自己当年"落职南行"后撰写的那些同样可能招怨的公私文字？庆历七年（1047），范仲淹在给尹洙写祭文时也指出，尹洙"黑白太明"导致"吏议横生"，这是他晚年悲剧的直接诱因。② "黑白太明"云云，正是范在信中描述东汉名士的用词。直到皇祐年间，范仲淹致书三司使叶清臣议论财政，讲到自己"亦尝面陈君天下之计，而应和者寡，故不得行。及其居外，固当不复为言"，又说"欲笔削于左右，请公自行之，则虑搢绅多言，谓阁下力革前数君子之为，以结上意；又欲言于朝廷，俟当阁下主议之，亦惧获晚节躁言之谤，以故迟迟而莫能发"。③ 范仲淹此时为不惹事端而对在公私场合谈论国事多有顾虑，无复往年刚直无畏的气性。在日渐"衰晚"之年，回思半生"风波屡涉，不自知止，祸亦未涯"，范仲淹的心中不能不生出一个"惧"字。④

故而，从现实角度来说，即便不为保全国家，明哲保身这件事本身同样得到范仲淹的认同和践行。此种观念其实一直深藏于范内

---

① 参见（宋）范仲淹《与仲仪待制书》其二，《范文正公尺牍》卷下，《范仲淹全集》，第 703 页。

② 参见（宋）范仲淹《祭尹师鲁舍人文》，《范文正公文集》卷 11，《范仲淹全集》，第 277 页。

③ 参见（宋）范仲淹《与省主叶内翰书》其一，《范文正公文集》卷 11，《范仲淹全集》，第 262 页。

④ 参见（宋）范仲淹《与韩魏公书》其十六，《范文正公尺牍》卷中，《范仲淹全集》，第 674 页。

衷，在后新政时代终于有盖过忧济之志的趋势。范仲淹长于易学，认定圣人"安危之几"存乎《易》①。他自作《易义》，强调君子应知几顺时。"安其身而后动，易其心而后语""身安而国家可保"即出自《周易》的《系辞传》，前句从"益"卦上九爻辞引申而来，重在指导君子全身远害，后句本有居安思危之意，范将其断章取义，又和前句连属，以突出"安身"之旨。景祐党争时，范仲淹执守"大过"卦"越位救时"的有为之志，弗取"艮"卦"思不出位"②。庆历新政末期，范仲淹和富弼自请离朝，劝余靖、石介出外，则又是在践行君子于"柔胜于刚"时"知吉之先，辨祸之萌，思远其时"的"肥遁之利"③。范的前后反差是其思想焦点在自身与天下之间切换所致。

再看安身何以保国家。范仲淹多年来复盘新政，苦思败因，由此深刻地意识到：政治改革永远不是在真空中进行的，必然牵扯到现实极其复杂的人事关系和利益纠葛，故君子首先要低调行事，维持自身与君主、官员甚至"小人"的关系，方可期望有所作为。④因此，范仲淹站在公义的立场对庆历谏官褒贤贬奸的净谏活动提出了异议，批评他们虽问心无愧，但终究于事无补，甚而变本加厉。范指出，仁宗本是可以争取到正人一方以致治太平的明君，然而，

---

① 参见（宋）范仲淹《上时相议制举书》，《范文正公文集》卷 10，《范仲淹全集》，第 237 页。

② 参见（宋）范仲淹《与胡安定屯田书》，《范文正公尺牍》卷下，《范仲淹全集》，第 693 页。

③ 参见（宋）范仲淹《易义》，《范文正公文集》卷 7，《范仲淹全集》，第 143 页。

④ 其实早在新政期间，范仲淹就已表现出行事慎重的一面。当时，宰相章得象消极应对改革，富弼"愤惋，数欲悖之"，范仲淹"惜大体不许也"。参见（宋）王岩叟《韩魏公别录》，《安阳集编年笺注》附录 4，第 1870 页。欧阳修在为革新派辩护时也强调范"老练世事，必知凡事难遽更张，故其所陈，志在远大而多若迂缓，但欲渐而行之以久，冀皆有效"。参见（宋）欧阳修《论杜衍范仲淹等罢政事状》，《欧阳修全集》卷 107，第 1627 页。另外，范、富在庆历新政中援引祖宗之法为手段，表现出相当的政治智慧，参见邓小南《祖宗之法——北宋前期政治述略》，第 423—428 页。

庆历谏官言事过于激切，引发保守势力的强烈反对乃至毁谤，造成两个严重后果，一是致使革新派集体遭贬，二是令仁宗不再信任君子以及他们秉持的古道。特别是后者，使得改革在很长一段时间内都不再有可能，这让范仲淹颇感痛心。宋代士大夫"得君行道"的观念，在范氏这里已现端倪。他最后总结说，汉末名士和庆历谏官这类注定青史留名的士人"专尚名节"，而将家国公义置诸脑后，并非真正的"与国同忧"之人。换言之，这些自以天下为己任的名节之士越嫉恶如仇，越会损害公义。他们本质上也是一群"卖直取名"、忘公谋私之徒，只不过他们追求的是看似崇高、长远的个人利益。积极近名论消灭了基于私利的重己轻国之举，却又创造了新的基于声望的重己轻国之举。

范仲淹向叶清臣揭示了这样一个关于名节的悖论：名节原是源于同时也导向公义的，但当名节本身成为士大夫极力追求的对象，则很可能反过来妨碍公义的实现。范将名节归入私人利益的范畴，而与国家的公共利益对立，其对待名节的态度显然以贬抑为主。这几乎和他本人年轻时倡导的积极近名论适相背反，等于一只脚跨入了他曾极度鄙夷的消极近名论。唯一不同是范较老成士大夫多悬设一个有待实现的高远目标。范仲淹对于积极近名论的反思无疑是非常彻底的。当士人高呼"忠义可以事国，名节可以荣身"① 时，"国"与"身"之间的张力就已然存在了。范仲淹晚年点明专尚名节而忘家国之弊，即意在理顺积极近名论下的"国""身"关系。同时还应该看到，"英俊"理念的合法化进程，其最大的动力和阻力都在庆历士大夫的修辞转换。而范仲淹也从早年新政治话语的主导者一变而为晚年的批判者，就中不变的是他的公忠之心和有为之志。

韩琦、富弼、欧阳修的"中年变法"不仅和范仲淹步调一致，更和范有直接关联。作为思想变革领路人的范仲淹，也同样带动了

---

① （宋）欧阳修：《颍州谢上表》，《欧阳修全集》卷90，第1327 页。

群体内的观念转向。如欧阳修替范仲淹撰写神道碑时，一改先前严分君子小人以及颂扬君子有党的论点，特意添上范、吕解仇的情节，意欲消解朋党之论。① 又如，韩琦曾品评尹洙、范仲淹两位挚友的行事和成就，从中也可以明显看出范的影响：

> 公谓："挺然忠义，奋不顾身，师鲁之所存也。身安而后国家可保，明消息盈虚之理，希文之所存也。"敢问二公孰贤？公曰："立一节则师鲁可也，考其终身，不免终亦无所济。若成就大事以济天下，则希文可也。"②

备尝艰险的行道者无不重视国与身孰者为先的命题。在韩琦眼中，尹洙和范仲淹代表了理想主义者的两种类型。尹为国事"奋不顾身"，这或许非常契合后世想象中的庆历士大夫形象。但韩指出，从结果看，尹只能树立一己之名节而无济于国。他更青睐范将"身"置于"国家"之前，最终却能做到"济天下"，即为了实现更高的善而压抑当下追求正义的冲动。这显然延续了范仲淹的观点。"身安而后国家可保，明消息盈虚之理"云云，前句源于范氏口述，后句语出"剥"卦《象传》，意谓"君子通达物理，贵尚消息盈虚。……若值消虚之时，存身避害，危行言逊也；若值盈息之时，极言正谏，建事立功也"③。而在"剥"卦"不利有攸往"的语境中，"尚消息盈虚"显然侧重在"道消""道虚"之时，故王弼告诫世人："强亢激拂，触忤以殒身。身既倾焉，功又不就，非君子之所尚也。"④ 由此看来，韩琦较量尹、范，意在教导后辈士人两个貌似庸俗的道理：其一，

---

① 范仲淹神道碑的思想转型意义，参见王水照《欧阳修所作范〈碑〉尹〈志〉被拒之因发覆》；本章第二节第三小节。

② （宋）强至：《韩魏公遗事》，《安阳集编年笺注》附录 5，第 1881 页。又，王岩叟《韩魏公别录》也有类似条目。可见韩琦晚年很重视范、尹之辨，并将自己的思考主动传达给后辈。

③ 《周易正义》卷 3，《十三经注疏》，第 76 页。

④ 《周易正义》卷 3，《十三经注疏》，第 76 页。

君子固然不至逊言逊行，却往往不懂得或不屑于存身避害；其二，天下间最难的事不是义无反顾，而是耐心等待兼济天下的机会。就像韩琦自己说的："以之遇则可以成功，以之不遇则可以免祸者，其惟晦乎？"①

在庆历士大夫中，韩琦原本就相对老成持重，行事稳当。他尝自述："内刚不可屈，而外能处之以和者，所济多矣。"② 此种内刚外和、至诚做事的处世态度贯穿韩琦的一生。关于言论问题。韩琦一向主张"夫善谏者，无讽也，无显也，主于理胜而已矣"，特别是对身负言责者来说，"非面折廷争之难，盖知体得宜为难"。③ 他就任右司谏后扪心自问：

> 上之知汝任汝之意厚矣。汝之所言，当顾体酌宜，主于理胜，而以至诚将之。兹所以报陛下而知任之之意。若知时之不可行而徒为高论，以卖直取名，汝罪不容诛矣！④

韩琦所提倡的"顾体酌宜，主于理胜"的言者观念，和同道相比显然更接近中道。他在职三年多，一方面恪尽言责，"凡明得失、正纪纲、辨忠良、击权幸，时人所不敢言，必昧死论列之"，尤以攻退王随、陈尧佐、韩亿、石中立四宰执最称英勇，另一方面注重知体得宜，"上宽而可其奏者十八九，卒免重戮，进登掖垣"，做到了善始善终。⑤ 王曾比较高若讷、范仲淹、韩琦三人的谏官经历，谓高择

① （宋）王岩叟：《韩魏公别录》，《安阳集编年笺注》附录 4，第 1867 页。
② （宋）王岩叟：《韩魏公别录》，《安阳集编年笺注》附录 4，第 1867 页。
③ （宋）韩琦：《谏垣存稿序》，《安阳集》卷 22，《安阳集编年笺注》，第 720 页。
④ （宋）韩琦：《谏垣存稿序》，《安阳集》卷 22，《安阳集编年笺注》，第 720 页。
⑤ 参见（宋）韩琦《谏垣存稿序》，《安阳集》卷 22，《安阳集编年笺注》，第 720—721 页。

利，范近名，惟韩"纯意于国家事"①。足见韩琦的言论观有近于
"老成"的一面。

再看朋党问题。韩琦有感于"富、范、欧、尹，常欲分君子小
人，故小人忌怨日至，朋党亦起。及其极，君子消退，巨公大人有
不能出力救之者"，立朝"务容小人，善恶黑白不太分"，"故小人
忌之亦少"。② 在仁宗朝前期党争中，韩琦懂得如何在合适的时机出
手，于"英俊"阵营中常发挥中流砥柱的作用。如在景祐党争中，
韩琦弹劾陈恢越职希恩，以彼之道还施彼身，巧妙地保护了蔡襄。
康定元年（1040），韩琦在陕西安抚任上力荐范仲淹，为避嫌明确表
示"若涉朋比，误国家事，当族"③，范仲淹遂复天章阁待制、知永
兴军。至庆历新政，韩琦先是为深陷"奏邸狱"的苏舜钦、王益柔
多方开解，并提醒仁宗：张方平等近臣于此多事之秋不积极论列大
事，"而同状攻一王益柔"，"此亦其意可见也"。仁宗听罢，顿觉释
然。④ 稍后，韩琦见宰执杜衍、范仲淹、富弼并罢政事，出补外任，
上奏隐忍不言杜、范之事，集中笔墨讨论富弼离任有损朝廷。不过，
韩琦也明白让朝廷收回成命不现实，于是请求仁宗"以北事专委富
弼，以西事专委仲淹"。韩最后还不忘强调："臣下朋党，本求进
身"，如今自己"叨窃宠任，班署已优，不能惜事寡言，随众上下，
渐图进用，而救辨得罪之臣，自取祸患"，显非结党之人。⑤ 与此同
时，韩琦为对抗朋党之论，又上奏提醒仁宗这是小人用来污名化君
子的借口。在新政以后的诸多政治风波中，革新派或多或少都受到
冲击，韩琦虽受水洛城事件牵连，但总体上比范、富、欧、苏、尹

① 参见（宋）王岩叟《韩魏公别录》，《安阳集编年笺注》附录4，第1869页。
② 参见（宋）强至《韩魏公遗事》，《安阳集编年笺注》附录5，第1881页。
③ （宋）韩忠彦：《韩魏公家传》卷1，《安阳集编年笺注》附录3，第1759页。
④ 参见（宋）韩忠彦《韩魏公家传》卷4，《安阳集编年笺注》附录3，第1792页。
⑤ 参见（宋）韩忠彦《韩魏公家传》卷4，《安阳集编年笺注》附录3，第1793—1794页。

等人均安稳得多。

不难发现，韩琦致力于用从容中道的行事风格来实现内心的道义，他在仁宗朝政治文化变革方面的贡献或许比不上范、欧，也不如蔡襄、苏舜钦、尹洙、石介，但他在政争、言事、改革、边事、吏治等公共事项上的实绩却是有目共睹的，此外，也应该看到韩琦在党争中多次保全自身和同道的努力，以及在嘉祐、治平之际定策两朝的丰功，皆得益于韩琦"可属大事，敦厚如勃"的性格特质，范仲淹"身安而国家可保"的说法自然深契其心。韩还拉来代表直臣志士的尹洙作衬，大力向后辈推广这种表面像老生常谈、实际却大有可为的理念。①

富弼之性情颇异于韩琦，他"好善疾恶"出于天资，常自言："君子小人如冰炭，决不可以同器，若兼收并用，则小人必胜，熏莸杂处，终必为臭。"② 富弼在饱受新政前后的一系列攻讦和倾轧后，依然力主明辨正邪，故在撰写范仲淹墓志时毅然选择用明白直截的言辞褒善贬恶，以"泄忠义之愤"。③ 不过，历史教训和个人经历致使富弼不看好君子、小人之争的结果，遂发出"小人必胜"的预警。既然千百年来"君子常为小人所胜"④，那么君子居位为政往往举步维艰。富弼晚年向神宗叙述前后辞免恩命以分辩谗谤，说起那些"不喜臣者"不认可其辞免恩命，又担心他"粗得虚名，异时复用"，"常自有心，及使其朋类依约影响，架造谗谤"，大则欲陷他于死祸，小则欲他"永废不用"。富弼还透露，他每每"静思生平"，"未尝有一事复人之仇，立朝唯务包容含忍，且欲共成国家之

---

① 刘子健亦指出，韩琦性格沉稳，有同理心，不像很多革新派那样自命清高，再加上其个人操守，以及出身于高贵的北方籍家庭，使他得以东山再起，并提携部分同道。参见刘子健《欧阳修：十一世纪的新儒家》，第70页。

② 参见（宋）苏轼《富郑公神道碑》，《苏轼文集》卷18，第536页。

③ 参见（宋）邵博《邵氏闻见后录》卷21，第163—164页。

④ （宋）富弼：《上神宗论采听既多当辨君子小人奏》，《全宋文》卷604，第28册，第352页。

务"，但那些馋人"只是忌前好胜，不欲臣有寸长片善在己之上"，不容他在朝。① 通过富弼絮絮叨叨的讲述，我们分明可以看到他那伤痕累累的灵魂。君子单单立朝便艰辛如斯，那么主持变革则更是难以完成的任务。于是富弼在范仲淹墓志中这样记叙仁宗、范仲淹与庆历新政的关系：

> 上倚公右于诸臣，公亦务尽所蕴以图报。然天下久安则政必有弊者，三王所不能免。公将刬以岁月而人不知惊，悠久之道也。上方锐于求治，间数命公条当世急务来。公始未奉诏，每辞以事大不可忽致。于是露熏，降手诏者再，遣内臣就政事堂督取，开龙图阁给笔札，令立疏者各一，日日面诘者不可数。退曰："吾君求治如此之切，其暇岁月待耶？"即以十策上之，盖取士、课吏、减任子、更卫兵、择守宰、谨赦令、厚农桑之类者。又先时别上法度之说甚多，皆所以抑邪佞、振纲纪、扶道经世，一一可行。上览奏襃纳，益信公忠耿，不为身谋恤也，遽下二府促行。论者渐龃龉不合，作谤害事。公知之如不闻，持之愈坚。②

富弼指出，求治心切的帝王和老成谋国的辅臣一道促成了新政，范仲淹原本倾向于推行长时间的渐进式的改革，在"人不知惊"的状况下实现理想，但仁宗频频催促，打乱了范的计划，令他只得拿出全局性的改革方案，仁宗立即命令政府一一施行，果然激起强烈的反对意见，范明知前路凶险，却仍坚持变革，直至因事离朝。在范仲淹一生最为奋发有为的事件中，富弼突出了他的稳重以及明知不可而为之的勇气，并让年轻有锐气的仁宗分担了新政失败的责任。富弼如此下笔，既是为受挫的挚友辩护，也是在反省改革失利的根由。

---

① 参见（宋）富弼《叙述前后辞免恩命以辩谗谤奏》，《全宋文》卷605，第28册，第360—361页。

② （宋）富弼：《范文正公仲淹墓志铭》，《全宋文》卷610，第29册，第60页。

对小人的敏感乃至畏避，对变革的悲观，从此成为富弼的心结。英宗即位后询问执政："积弊甚众，何以裁救。"富弼的回答是"恐须以渐厘改"。① 这便是曾巩托仁宗御口慨叹富"前深为人所中伤"而"恐多顾虑"的背景。朱熹也同情富弼的转变，他说："观仁宗用韩、范、富诸公是甚次第，只为小人所害。及韩、富再当国，前日事都忘了。富公一向畏事，只是要看经念佛，缘是小人在傍故耳。"② 叶适则出言讥讽：富弼初执政时"明敏而果锐"，"更张之意过于范、韩"，及至作相，"乃以一切坚守无所施为为是"，虽如韩琦微有改作，他亦不肯合作，古之贤相如周公"因忧患而益明"，富"因忧患益昏，而犹欲自以为贤"，并不可取。③ 无论持何种态度，宋人都清晰地看到富弼在相位的行事风格在很大程度上来源于新政前后的忧患体验。

范、富、韩、欧的反思和反差表明：新政失败后，庆历士大夫朝向务实的理想主义者转化。他们更希望创造当下的政治实效而非遥远的道德胜利。他们不再忽视个人安危，转而推广融通公私的政治理念。他们开始越来越多地关注"英俊"理念的弊端和末流，重审自己和同道的政治性格，决心以稳妥而非激进的方式实现理想。然而，成熟并非没有代价。庆历士大夫的反思重在自我批判而弱于建构，在"身安"和"国家可保"之间还存在许多理论上的模糊地带。范仲淹虽提及"尧舜同功，天下为寿"的终极理想，但在多数时候，范设置的政治目标是相当保守的，他明言君子安身即是政治清明的表现。韩琦甚至径直认定范仲淹已然接近于"成就大事以济天下"，但事实上，韩自己就承认范之言"格而未行，或行而复沮者几十四五"。范之所蕴"不克尽施于世"，远未达成"济天下"的大志。④ 况且，"英俊"

---

① 参见（宋）李焘《续资治通鉴长编》卷 201，第 4868 页。

② （宋）黎靖德辑：《朱子语类》卷 129，《朱子全书》，第 18 册，第 4028 页。

③ 参见（宋）叶适《习学记言序目》卷 48，第 718 页。

④ （宋）韩琦：《文正范公奏议集序》，《安阳集》卷 22，《安阳集编年笺注》，第 724 页。

理念是有机联系的整体，其内部的思想取向也是高度统一的。由直谏和名节所支撑的刚直人格本身就是北宋儒家理想主义的外显，也是通往理想、实现道义的路径。如何能在变更理念体系中若干要素的同时不影响其他相关联的要素，从而保持理想主义的大方向？当个体的政治观念趋于稳健，如何在琐碎、庸俗的日常行政中不忘初心，如何通过渐变乃至不变的方式达成太平？以上种种问题皆无人解答，或许根本就没有答案。至嘉祐、治平君子道长之际，富、韩、欧长期秉政，如愿实现"身安"，拥有了前所未有的政治优势，终未能致君于尧舜，未能尽跻天下之民于春台。这恰印证了范仲淹早年的忧虑："圣贤存诚，以万灵为心，以万物为体，思与天下同其安乐。然非思之难，致之难矣。"①

二 庆历士大夫影响下后辈士人的政治社会化

正当庆历士大夫在仁宗朝的公共空间中发起一系列变革活动，新一代士大夫也已准备好登上历史舞台。他们主要是新千年 10 到 30 年代生人，在青少年时期见证了庆历士大夫的活跃表现，又历经宝元、庆历之际的危机和革新，因此深受前辈的影响，服膺儒家理想主义，其中还有不少人直接得到过庆历士大夫的指引和教诲。这一代士大夫入仕后，也大多同情乃至追随庆历士大夫，并于后者当国的嘉祐、治平时代崭露头角，进而完成代际更替，主导神宗、哲宗二朝政治。苏轼于元祐年间代哲宗作《韩维父亿赠冀国公制》有言："朕闻仁宗在位之久，有同成、康，得士之盛，不减武、宣。如储药石，以待疾疢，如种梓漆，以备器用。凡今中外文武之选，率多庆历、嘉祐之人。"② 洵非虚语。下面以仁宗朝中后期进士榜为线索，列举新一代士大夫中的代表人物：

① （宋）范仲淹：《上执政书》，《范文正公文集》卷 9，《范仲淹全集》，第 211 页。
② 《苏轼文集》卷 38，第 1087 页。

进士及第时间	代表士大夫
宝元元年（1038）	范镇（1008—1088）、吴中复（1011—1078）、吕诲（1014—1071）、司马光（1019—1086）、吴充（1021—1080）
庆历二年（1042）	韩绛（1012—1088）、陈洙（1013—1061）、李师中（1013—1078）、石牧之（1015—1093）、陈荐（1016—1084）、陈襄（1017—1080）、吕公著（1018—1089）、黄庶（1018—1058）、王珪（1019—1085）、苏颂（1020—1101）、王陶（1020—1080）、王安石（1021—1086）、金君卿
庆历六年（1046）	刘敞（1019—1068）、贾黯（1022—1065）、强至（1022—1076）、刘攽（1023—1089）、王存（1023—1101）、陈舜俞（1026—1076）
皇祐元年（1049）	冯京（1021—1094）、钱公辅（1021—1072）、范纯仁（1027—1101）、吕大防（1027—1097）、孙觉（1028—1090）、刘恕（1032—1078）
皇祐五年（1053）	滕元发（1020—1090）、钱藻（1022—1082）、李清臣（1032—1102）、王开祖（约1035—1068）、徐无党
嘉祐二年（1057）	曾巩（1019—1083）、张载（1020—1077）、王回（1023—1065）、王向、王无咎（1024—1069）、王韶（1030—1081）、蒋之奇（1031—1104）、程颢（1032—1085）、吕惠卿（1032—1111）、梁焘（1034—1097）、林希（1035—1101）、晁端彦（1035—1095）、曾布（1036—1107）、朱光庭（1037—1094）、苏轼（1037—1101）、苏辙（1039—1112）、黄通
嘉祐四年（1059）	胡宗愈（1029—1094）、刘挚（1030—1098）、安焘（1032—1106）、章惇（1035—1105）、蔡确（1037—1093）、杨杰
嘉祐六年（1061）	黄履（1034—1101）、孔文仲（1033—1088）、王安礼（1035—1096）、韩忠彦（1038—1109）
嘉祐八年（1063）	沈括（1031—1095）、许将（1037—1111）、吴居厚（1037—1113）、范祖禹（1041—1098）、孔武仲（1042—1098）

在这批士大夫成长为政治人的过程中，庆历士大夫施加了强劲的形塑力，并发展出多种影响渠道。其一，重建师道，提倡经世致用。全祖望早已看到，当真、仁二宗儒林草昧之际，戚同文、孙复、胡瑗"相与讲明正学，自拔于尘俗之中"，又适逢贤者在朝，韩琦、范仲淹、欧阳修"皆卓然有见于道之大概，左提右挈"，"于是学校遍于四方，师儒之道以立"。①钱穆也指出："宋学兴起，既重在教

---

① 参见（清）黄宗羲原撰，（清）全祖望补修《宋元学案》卷3，第134页。

育与师道，于是连带重要的则为书院和学校。"① 可见师道之重建离不开内在的精神自觉和外在的物质基础，故赖庆历士大夫于朝于野共同用力。学界对于范仲淹、欧阳修、孙复、胡瑗、石介、李觏诸人兴学育才、复兴儒学的历史功绩已有充分讨论，尤其将范仲淹视为宋学的开创者。② 这里还可以补充二点，一是欧阳修与青年士人之间的互动。欧上承韩愈，强调古文家主体以"道"来充实自己，提高修养，发为文章。③ 换言之，欧阳修有意修正唐以来以文词为中心的"干谒—施恩"的传统交往模式，致力于推广以道贯通的新型角色丛，塑造新的士人主体。二是蔡襄倡兴闽地儒学。蔡于仁宗朝后期数知福、泉诸州，期望改变闽士"专用赋以应科举"的俗习，举荐周希孟为州学教授，"以经术传授，学者常至数百人"，蔡"为亲至学舍执经讲问，为诸生率"，同时，蔡折节下士，礼遇陈烈、陈襄、郑穆等"以德行著称乡里"的贤士，"以劝学兴善"。④

其二，发掘英才，提携后进。庆历士大夫在政坛上多以识人之慧眼和荐士之公心著称，比如：

> 时天下久无事，一旦西陲用兵，士之负材能者，皆欲因时有所施设，而范公（范仲淹）望临一时，好贤下士，故士之乐从者众。⑤
> （杜衍）其荐士于朝，达者最多。⑥

① 参见钱穆《宋明理学概述》，九州出版社 2010 年版，第 2 页。

② 参见徐洪兴《思想的转型——理学发生过程研究》，第 236—260 页；杨渭生：《范仲淹与宋学之勃兴》，《浙江大学学报》1999 年第 1 期；李存山：《宋代的"新儒学"与"理学"》，《中原文化研究》2019 年第 2 期。

③ 参见朱刚《唐宋"古文运动"与士大夫文学》，第 30—32 页。

④ 参见（宋）欧阳修《端明殿学士蔡公墓志铭》，《欧阳修全集》卷 35，第 521 页。

⑤ （宋）吴充：《（欧阳修）行状》，《欧阳修全集》附录卷 3，第 2694 页。

⑥ （宋）苏颂：《元祐癸酉秋九月蒙恩补郡维扬十一月到治莅事之始首阅题名前后帅守莫非一时豪杰固所钦慕矣然于其间九公颇有夤缘感旧思贤嗟叹不足因作长韵题于斋壁以寄所怀耳》自注，《苏魏公文集》卷 5，第 49 页。

（欧阳修）生平以奖进人材为己任，一时贤士大夫虽潜晦不为人知者，必延誉慰荐，极其力而后已。后进之士一为公所称，遂为闻人。①

（欧阳修）爱养人材，奖成诱掖。甄拔寒素，振兴滞屈。以为己任，无有废咈。②

（韩琦）喜用有名之士，或不识其面，而既用之，其人亦不自知所进荐也。不私所亲以官，而怨家仇人，其才果可用，必自之。……重恩义，好乐士大夫，奖与后进，周人之急。……士归趋之无远近。③

（富弼）平生所荐甚众，尤知名者十余人，如王质与其弟素、余靖、张瓌、石介、孙复、吴奎、韩维、陈襄、王鼎、张昷之、杜杞、陈希亮之流，皆有闻于世，世以为知人。④

庆历士大夫对后进的扶助是全方位的，或以先达身份对晚辈予以品评、揄扬，或以长官身份礼遇僚佐，或为国选材，或辟召、举荐，留下了许多佳话。如范仲淹在西事期间发现并举荐了一批文武之才，就任参政后又推荐了不少英俊进入馆阁。⑤ 又如欧阳修名望极高，天下之士指欧门犹"龙门"⑥。欧一生奖掖成就人才甚多，其中不乏曾巩、王安石、王安国、苏洵、苏轼、苏辙、司马光、苏颂、吕公著、韩绛、韩维、孙觉、陈舜俞、崔公度、李清臣、安焘、章惇、王回、王向、徐无党、徐无逸、焦千之、常秩等贤能之士。由他主持通过的嘉祐二年（1057）进士榜亦号称济济多士。富弼、韩琦出任地方长官时亦厚待下属韩维、陈襄、强至、王岩叟等，于嘉祐主政之际

---

① （宋）吴充：《（欧阳修）行状》，《欧阳修全集》附录卷3，第2694页。
② （宋）曾巩：《祭欧阳少师文》，《曾巩集》卷38，第526页。
③ （宋）李清臣：《韩忠献公行状》，《安阳集编年笺注》附录2，第1744页。
④ （宋）苏轼：《富郑公神道碑》，《苏轼文集》卷18，第536页。
⑤ 参见方健《范仲淹评传》，第168—174页；诸葛忆兵《范仲淹研究》，第39—44页。
⑥ （宋）契嵩：《上欧阳侍郎书》，《镡津文集校注》卷10，第205页。

又参照声望体系用人。仁宗朝"庆历嘉祐间，人才于斯盛"① 的大好局面，与庆历士大夫自身的崛起，以及他们识拔后进的一系列活动息息相关。

其三，以身作范，推扬儒家理想主义。从明道、景祐时期的政争开始，庆历士大夫的言说与行动业已流播人口，他们所倡导的"英俊"理念对初入社会的青年士人来说亦极具吸引力。特别在庆历士大夫发起政治革新以后，他们面向士林的影响力又上了一个台阶。那些无缘亲炙的士人也同样能够感受到庆历士大夫的引导和鼓舞。宋人习惯将本朝士风的转关系于范仲淹或欧阳修一人之身，但实际上，庆历士大夫也会以群体的力量来重塑宋代士大夫的政治认知。

下面以欧阳修和三组不同阶层的后辈士人（三苏父子；曾巩、王安石；吕公著、苏颂）之间的互动为中心，观察上述影响渠道是怎样发挥作用的，揭示庆历士大夫引导下第二代科举士大夫政治社会化的三种类型（启蒙；强化；融合），并期望通过典型案例探讨"英俊"理念如何通过代际传递成为主流政治文化。

先看三苏父子。苏洵出生于眉州一个家境尚算小康的平民家庭。或许是由于蜀中相对偏僻、封闭的环境②，以及父亲的"放纵"③，

① （宋）陆游：《杂兴十首以贫坚志士节病长高人情为韵》其六，《剑南诗稿校注》卷52，第3099页。

② 参见程杰《北宋诗文革新研究》，第210—211页。三苏与蜀中地域文化的关系，还可参见王水照、朱刚《苏轼评传》，南京大学出版社2004年版，第45—60页；冯志弘：《北宋古文运动的形成》，上海古籍出版社2009年版，第236—248页。

③ 据苏轼所述，苏洵之父苏序十分关心次子苏涣的学业，"所以劝导成就者，无所不至"，苏涣也很争气，于天圣二年（1024）进士及第。与之形成鲜明对比的是，幼子苏洵游荡不学，苏序从不过问，有人提醒，苏序笑而不答，许久才回复："吾儿当忧其不学耶？"参见（宋）苏轼《苏廷评行状》，《苏轼文集》卷16，第497页。抛开苏轼的后见之明和文饰之辞，苏序的做法可能反映了宋代平民家庭的现实选择，即将有限的资源集中到一两个儿子身上，期望通过他（们）在科举和仕宦上的成功实现阶级跃升。而苏洵一开始并不被寄予厚望，他的预定路线多半是子承父业，继续经商或务农。事实上，苏洵笃志读书时已然分家，面临"家待我而生，学且废生"的难题，全靠其妻程氏"罄出服玩鬻之以治生"才得以"专志于学，卒成大儒"。参见（宋）司马光《苏主簿程夫人墓志铭》，《司马光集》卷76，1554—1555页。

苏洵相当晚熟，"少时独不学，已壮，犹不知书"①，成年后才发愤向学，其入仕之路也十分曲折，和那些早年立志的科举士大夫截然不同。故苏洵虽和欧阳修是同辈人，但开启士夫化进程上却较欧迟了整整一个世代。无论是苏洵本人还是其亲友都用"浪子回头"来概括他的前半程人生，且看嘉祐元年（1056）苏洵上书干谒欧阳修时的自述：

> 洵少年不学，生二十五岁，始知读书，从士君子游。年既已晚，而又不遂刻意厉行，以古人自期。而视与己同列者，皆不胜己，则遂以为可矣。其后困益甚，然后取古人之文而读之，始觉其出言用意，与己大异。时复内顾，自思其才则又似夫不遂止于是而已者。由是尽烧曩时所为文数百篇，取《论语》《孟子》、韩子及其他圣人、贤人之文，而兀然端坐，终日以读之者七八年。方其始也，入其中而惶然；博观于其外，而骇然以惊。及其久也，读之益精，而其胸中豁然以明，若人之言固当然者，然犹未敢自出其言也。时既久，胸中之言日益多，不能自制，试出而书之，已而再三读之，浑浑乎觉其来之易矣。然犹未敢以为是也。近所为《洪范论》《史论》凡七篇，执事观其如何？②

苏洵的求学生涯经历了两次自我转向。第一次是二十五岁时从"游荡不学"转变为"闭门读书"。只是彼时苏洵读书的主要内容是重拾先前"未成而废"的"句读、属对、声律"之学③，目的是学作"文辞"以便像兄长苏涣那样顺利通过科举④。因此，当他自认科举

---

① （宋）苏轼：《苏廷评行状》，《苏轼文集》卷16，第497页。
② （宋）苏洵：《上欧阳内翰第一书》，《嘉祐集笺注》卷12，第329—330页。
③ 参见（宋）苏洵《送石昌言使北引》，《嘉祐集笺注》卷15，第419页。
④ 苏涣正是以律赋受知于眉州通判蒋堂，被录为发解试第三，第二年又登进士乙科。

程文的写作水平已高于同侪，就马上懈怠下来。第二次转向则发生在三十七八岁时，此前苏洵屡试不第，遂开始研读"古人之文"，发现其中的言语、思想远超自己的认知，惊觉时文"不足为吾学"①。因现实挫折特别是科举失利而重塑身份认同，这是科举士大夫的常态，韩愈、欧阳修莫不如此②。但和欧的妥协不同，苏洵立即用焚弃旧稿兼"绝笔不为文辞"③的决然姿态表达了"以古人自期"的强烈志望。套用韩愈的说法，苏洵从此将问学目标由"蕲胜于人而取于人"调换为"蕲至于古之立言者"④。这是一个极其漫长的自我改造的过程，苏洵以古文磨砻浸渍，"得其粹精，涵畜充溢，抑而不发"⑤，进而将一套以古道为宗旨的话语范式、知识系统、思维方式和价值观念内化于心。从韩愈开始，古文家开始摸索通过熟读古文来修养身心，注重以外在的学习来变化内在的气质。⑥而苏洵一直在努力践行此种儒家修养理论⑦，他曲折的求学经历和沉潜古道的决心自然能够深深打动欧阳修。

苏洵还强调，自己并非刻意为文，他的文字都是从胸臆间不可遏制地自然流露出来的，是主体道德修养的外显。这种文学发生论从根本上说赓续了韩愈养根俟实、加膏希光的主张，以及欧阳修道

---

①　（宋）欧阳修：《故霸州文安县主簿苏君墓志铭》，《欧阳修全集》卷35，第513页。

②　参见［日］川合康三《终南山的变容：中唐文学论集》，刘维治、张剑、蒋寅译，上海古籍出版社2007年版，第146—149页；本章第三节第一小节。

③　（宋）欧阳修：《故霸州文安县主簿苏君墓志铭》，《欧阳修全集》卷35，第513页。

④　（唐）韩愈：《答李翊书》，《韩昌黎文集校注》卷3，第169页。

⑤　（宋）欧阳修：《故霸州文安县主簿苏君墓志铭》，《欧阳修全集》卷35，第513页。

⑥　参见刘宁《韩愈古文理论与儒家修养思想》，《安徽大学学报》2014年第3期。

⑦　罗根泽已看到，苏洵的这段话近似于韩愈《答李翊书》中自述为文经过。参见罗根泽《中国文学批评史》，商务印书馆2017年版，第774页。叶晔也指出，苏洵在《上欧阳内翰第一书》中提出的"为文养心"说来源于孟子的"我善养吾浩然之气"，及韩愈《答李翊书》中的"为文养气"说。参见叶晔《投书与示法：唐宋古文家论文书牍的发生语境》，《中华文史论丛》2020年第1期。

充于中而发为文之说，同时也暴露了他关注文辞的一面。① 尤其是苏洵于上书中段纯从风格角度评述孟子、韩愈、欧阳修何以"断然自为一家之文"②，苏虽接受韩愈"能自树立，不因循"③ 的为文观，但其说聚焦古文的形式美感，显然又逾越了韩、欧的界域。韩、欧谈"气盛言宜"，详养气而略发言，或有矫枉过正的用意在。④ 而苏洵气、言并重，一则是个人情性使然，二则得益于时代。至嘉祐年间，欧阳修不仅以道德、行事，更以其文章征服了世人，伴随欧文的经典化，古文运动亦已初见成效。⑤ 因此，苏洵可以在干谒时坦荡地表出欧文的审美特质，以彰显敏锐的文学感知力，示意自己于道于文都足以做欧阳修的知己。

当然，苏洵虽对文辞始终抱有浓厚的兴趣，但在赏析文章时依旧严守文以明道的底线，他最终由"欧阳子之文"体会到的亦是"光明盛大之德"⑥。苏洵认定，文章理应出于道而用于世。他在闭户读书的年月中"大究六经、百家之说，以考质古今治乱成败、圣

---

① 参见郭绍虞《中国文学批评史》，百花文艺出版社 1999 年版，第 301—310 页。

② 参见《嘉祐集笺注》卷 12，第 328—329 页。

③ （唐）韩愈：《答刘正夫书》，《韩昌黎文集校注》卷 3，第 207 页。

④ 韩愈、柳宗元鲜少从文辞角度立论，韩愈《进学解》自言广采先秦西汉诸家古文之长以成就"肆其外"（《韩昌黎文集校注》卷 1，第 46 页）的文风，柳宗元《答韦中立论师道书》讲自己"旁推交通而以为之文"（《柳宗元集校注》卷 34，第 2178 页），算是不多的例证。欧阳修强调"道胜者文不难而自至"[（宋）欧阳修：《答吴充秀才书》，《欧阳修全集》卷 47，第 664 页]，主张如能充实其中则"言出其口而皆文"[（宋）欧阳修：《与乐秀才第一书》，《欧阳修全集》卷 70，第 1024 页]。故欧在壮年时几乎不详谈文辞，他深赏尹洙之文，赞语亦不过"简而有法"四字，这还引发尹洙亲友的不满。他指导曾巩、王安石，略及作文之法，亦多重独创性的老话。

⑤ 按，皇祐元年（1049），范仲淹作《尹师鲁河南集序》，描述尹洙、欧阳修在古文运动中的功绩，提出"遽得欧阳永叔，从而大振之，由是天下之文一变而古"（《范文正公文集》卷 8，《范仲淹全集》，第 183 页）。至和元年（1054），韩琦作《故崇信军节度副使检校尚书工部员外郎尹公墓表》，更是明言"次得欧阳永叔以雄词鼓动之，于是后学大悟，文风一变"（《安阳集》卷 47，《安阳集编年笺注》，第 1458 页）。

⑥ 参见（宋）苏洵《上欧阳内翰第一书》，《嘉祐集笺注》卷 12，第 329 页。

贤穷达出处之际"①，"意有所择，亦必发之于此"②，故有为而作，不为空言。嘉祐三年（1058），苏洵称病谢绝宋廷的召辟，又上书仁宗议论天下之事，并于末尾自白为文用心：

> 曩臣所著二十篇，略言当世之要。陛下虽以此召臣，然臣观朝廷之意，特以其文采词致稍有可嘉，而未必其言之可用也。天下无事，臣每每狂言，以迂阔为世笑。然臣以为必将有时而不迂阔也。贾谊之策不用于孝文之时，而使主父偃之徒得其余论，而施之于孝武之世。夫施之于孝武之世，固不如用之于孝文之时之易也。臣虽不及古人，惟陛下不以一布衣之言而忽之。不胜越次忧国之心，效其所见。③

苏洵明言己作关切"当世之要"，并将"言之可用"置于"文采词致"前，向宋廷凸显不屑以文辞进身的儒者本色。苏洵的创作和表态显示，他已然自居为道义共同体的一员，积极参与由庆历士大夫开启的以言行道的风潮。首先，苏洵在乡居苦读期间撰写的《权书》《衡论》《几策》《六经论》《洪范论》《史论》等一系列议论文，确如欧阳修所言，"辞辩闳伟，博于古而宜于今，实有用之言"④。在苏洵之前，尹洙、石介、李觏等中下层士人已写出不少政论文，并以此著称于世。特别像尹洙，"尤长于《春秋》，善议论，参质古今，开判凝滞"，于"天下无事，政阙不讲，以兵言者为妄人"之际独先著《叙燕》《息戍》等十数篇"以斥时弊"，"时人服其有经

---

① （宋）欧阳修：《故霸州文安县主簿苏君墓志铭》，《欧阳修全集》卷 35，第 513 页。

② （宋）曾巩：《苏明允哀辞》，《曾巩集》卷 41，第 560 页。

③ （宋）苏洵：《上皇帝书》，《嘉祐集笺注》卷 10，第 292—293 页。

④ （宋）欧阳修：《荐布衣苏洵状》，《欧阳修全集》卷 112，第 1698 页。

世之才"。① 苏洵的政论文同样关注兵事，很可能受到尹洙的影响。
时人亦常以苏洵媲美尹洙。如嘉祐元年（1056），雷简夫向韩琦力荐
苏洵，就指出苏洵和他们的亡友尹洙一样"可与议论当世事"，还夸
赞苏洵所作"《洪范论》，知有王佐才；《史论》得迁史笔；《权书》
十篇，讥时之弊；《审势》《审敌》《审备》三篇，皇皇有忧天下
心"，足以和尹洙相颉颃。② 苏辙晚年作《颖滨遗老传》，也提到欧
阳修初见苏洵便慨叹："予阅文士多矣，独喜尹师鲁、石守道，然意
常有所未足。今见君之文，予意足矣！"③ 可见在欧眼中，三人是当
世一流的古文家，苏才犹在尹、石之上。其次，苏洵预料到，自己
于"天下无事"之时屡进"狂言"，会被世人讥笑为"迂阔"之人。
但他仍决定效法贾谊，以布衣之身于治平之日献纳自己的"越次忧
国之心"。他这番委曲而有坚定的言说令人想起范仲淹在上书论政中
的言者姿态。"狂言""迂阔""越次"云云，不正是苏洵和范仲淹
这样怀揣"忧国之心"的政治批判者共享的"罪名"？

　　事实上，苏洵很早就熟知庆历士大夫的政治作为，且钦慕有加，
他的第二次转向亦和庆历新政有直接关联。苏洵在《上欧阳内翰第
一书》一开头便清晰追忆起并悠然神往于多年前那个"天下之人，
毛发丝粟之才，纷纷然而起，合而为一"④ 的伟大时刻。苏洵先是
听闻仁宗"方有意于治"而众贤人居位行道，他在振奋之余又自惭
形秽，打算"退而养其心，幸其道之将成，而可以复见于当世之贤
人君子"。接着，苏洵又在开封亲见革新派分散四出，只得"忽忽仰
天叹息，以为斯人之去，而道虽成，不复足以为荣也"，继而又想到
君子并非没有机会重聚，遂决定"姑养其心，使其道大有成而待

　　① 参见（宋）韩琦《故崇信军节度副使检校尚书工部员外郎尹公墓表》，《安阳
集》卷47，《安阳集编年笺注》，第1446页。

　　② 参见（宋）邵博《邵氏闻见后录》卷15，第119页。

　　③ 《栾城后集》卷12，《苏辙集》，第1014页。

　　④ 《嘉祐集笺注》卷12，第327页。

之"。① 根据苏洵的自述可知，他的公共责任感是经由庆历士大夫启蒙而萌发成形的。苏洵深受新政鼓舞，急欲养心成道，从而有能力加入当世的道义共同体。而改革失败后"道之难行"的苦闷现实，更和个人的困顿一道加速促成苏洵的豹变，并转化为不断提升自我的动力。养心有待于是成为苏洵、曾巩等一批青年士人在后新政时代的人生主题。

总之，苏洵的第二次转向不止于调整学术路向，更是由内而外重启人生，追随新的理想和新的偶像，主动进行再社会化（resocialization）。于内，他彻底舍弃了功利的旧价值观，重新树立言古志道的远大抱负。于外，他选择"退居山野，自分永弃，与世俗日疏阔"②，走上了"绝意于功名，而自托于学术"③ 的人生道路，其身虽不遇，其学其文却"可用"。有学者因此感慨："严格地说，苏洵之为苏洵，是从这时开始的。"④

庆历七年（1047），苏洵归蜀，暂时停止"宦学四方"⑤。此时，苏轼十二岁，苏辙九岁，迎来自我意识发展的关键期。苏洵适时地把所学所感尽皆传授给他们，并将"庶几能明吾学"⑥ 的期望寄托在两个儿子身上。苏辙晚年回忆道：

> 予少而力学。先君，予师也。亡兄子瞻，予师友也。父兄之学，皆以古今成败得失为议论之要。以为士生于世，治气养心，无恶于身，推是以施之人，不为苟生也。不幸不用，犹当以其所知，著之翰墨，使人有闻焉。⑦

① 参见《嘉祐集笺注》卷 12，第 327—328 页。
② （宋）苏洵：《上田枢密书》，《嘉祐集笺注》卷 11，第 319 页。
③ （宋）苏洵：《上韩丞相书》，《嘉祐集笺注》卷 13，第 353 页。
④ 王水照、朱刚：《苏轼评传》，第 59 页。
⑤ （宋）苏辙：《亡兄子瞻端明墓志铭》，《栾城后集》卷 22，《苏辙集》，第 1117 页。
⑥ （宋）苏辙：《颍滨遗老传上》，《栾城后集》卷 12，《苏辙集》，第 1014 页。
⑦ （宋）苏辙：《历代论一并引》，《栾城后集》卷 7，《苏辙集》，第 958 页。

在苏洵的悉心指导下，二苏的人生观和学术规模已然大致定型，让两人受用一生。苏洵的教育主要分为两块。一方面，他自然会指导二苏涵泳古文以养心修身，苏轼成年后声称"自七八岁知读书，及壮大，不能晓习时事，独好观前世盛衰之迹，与其一时风俗之变。自三代以来，颇能论著"①，不通时事当然是谦辞，但好古识变确是三苏所长。另一方面，苏洵也着意培育二子的忧济行道之心。苏轼十岁时在母亲指点下读《范滂传》，"奋厉有当世志"。② 苏洵很快就接过了二子的政治启蒙任务。他刚从开封归来，有感于"文章其日工，而道将散"，便向苏轼出示颜太初的诗文十余篇，让他熟读。这些作品"有为而作，精悍确苦，言必中当世之过"，令苏轼懂得何为"斯文"。③ 而庆历士大夫即是苏洵帮助二苏养成政治观念的路标。早在庆历三年（1043），苏轼就从《庆历圣德颂》获知韩、范、富、欧四位人杰所代表的革新派，但彼时苏轼毕竟还年幼，虽心生敬意，却不能明了他们的品格和功绩。苏洵回乡后，想必会向好奇的孩子解释他由庆历新政得到的启迪。三苏父子还时常阅读庆历士大夫的文字。比如，他们曾同读富弼《使北语录》，嗟赏其游说契丹国君的言语"明白而切中事机"，还引史事互相发明。④ 又如，苏轼十来岁时，苏洵叫他记诵并拟作欧阳修的《谢宣召赴学士院仍谢赐对衣金带并马表》。复如，至和二年（1055），苏轼撰写《正统论》，反对章望之的霸统之说，为欧阳修的《正统论》辩护，同时批判欧务名忽实。苏轼后来能将欧文之宗旨精辟地概括为"以通经学古为高，以救时行道为贤，以犯颜纳说为忠"⑤，依靠的正是少年以来"昼诵

---

① （宋）苏轼：《上韩太尉书》，《苏轼文集》卷48，第1381页。

② 参见（宋）苏辙《亡兄子瞻端明墓志铭》，《栾城后集》卷22，《苏辙集》，第1117页。

③ 参见（宋）苏轼《凫绎先生诗集叙》，《苏轼文集》卷10，第313页。

④ 参见（宋）马永卿撰，崔文印校释《懒真子录校释》卷1，中华书局2017年版，第40页。

⑤ （宋）苏轼：《六一居士集叙》，《苏轼文集》卷10，第316页。

其文，夜梦见之"① 的阅读经验。

及至嘉祐元年（1056），苏洵携苏轼、苏辙出蜀，三人已完全具备科举士大夫的内在素质，这是他们能一鸣惊人并迅速融入士大夫圈子的重要原因。他们在嘉祐年间的干谒对象就包括在朝的"庆历旧人"欧阳修、富弼、韩琦，而庆历士大夫也多积极接纳、举荐三苏父子。尤其是欧阳修，盛赞苏洵"论议精于物理而善识变权，文章不为空言而期于有用"，认定他"非特能文之士也"，而是自己所敬重的"通经学古、履忠守道之士"②，并主动把苏洵介绍给宰相富弼。不久，欧阳修主持省试，"得东坡之文惊喜，欲取为第一人，又疑其是门人曾子固之文，恐招物议，抑为第二"。③ 苏轼及第后，致信梅尧臣，详叙以欧、梅为精神偶像的个人成长史：苏轼自年幼读书起，便听说"今天下有欧阳公者，其为人如古孟轲、韩愈之徒"，又有梅尧臣"从之游，而与之上下其议论"。乃至成长到能读懂两人的文词，苏轼"想见其为人，意其飘然脱去世俗之乐而自乐其乐也"，但考虑到自己"方学为对偶声律之文，求斗升之禄"，没有勇气去拜会两位大贤。直到苏轼参加省试，高中第二，梅爱赏其文，"以为有孟轲之风"，欧"亦以其能不为世俗之文也而取焉"，他才主动联系梅，并感慨"非左右为之先容，非亲旧为之请属，而向之十余年间，闻其名而不得见者，一朝为知己"④。透过苏轼的自述，可以看到欧、梅的文字为青年苏轼展示了不同于流俗的创作道路和人生目标，也构成两代人神交的纽带。后来，欧阳修鼓励苏轼："此我辈人，余子莫群。我老将休，付子斯文。"⑤ 凡此，皆反映出庆历

---

① （宋）苏轼：《祭欧阳文忠公夫人文》，《苏轼文集》卷 63，第 1956 页。

② 参见（宋）欧阳修《荐布衣苏洵状》，《欧阳修全集》卷 112，第 1698 页。

③ 参见（宋）杨万里《诗话》，辛更儒笺校《杨万里集笺校》卷 114，中华书局 2007 年版，第 4374 页。

④ 参见（宋）苏轼《上梅直讲书》，《苏轼文集》卷 48，第 1386 页。

⑤ （宋）苏轼：《祭欧阳文忠公夫人文》，《苏轼文集》卷 63，第 1956 页。

士大夫与三苏之间深厚的精神联结。①

再看曾巩、王安石。和僻居西蜀多年的苏洵不同，曾、王出生于江西籍的中下层士大夫家庭，自少年起就长期随父宦游，视野相对开阔，又有家学渊源，发蒙甚早。仁宗朝"复古明道"思潮的渐染②，以及南丰曾氏、临川王氏"明古谊，达时变"之学风的熏陶③，促使他们从小就"独古人是信"④，"欲与稷、契遐相希"⑤。也就是说，即便没有庆历士大夫的引导，他们也会按照自己的轨迹成长为科举士大夫，只是前者的横空出世大大加强了这一趋势。

家庭是曾巩、王安石政治社会化的起点。曾、王的父祖多是刚直有为的材士，两人耳濡目染，也早早确立了尚古兼济的目标。王安石之父王益"少而博学，及强年，有仕进之望，其志欲有以为而遽没"⑥。他平时"未尝怒笞子弟，每置酒，从容为陈孝悌仁义之本、古今存亡治乱之所以然，甚适"⑦。年少的王安石虽不得备闻父亲的"为政之迹"，但陪侍左右，"尚能记诵教诲之余"，进而领受其遗志："欲大润泽于天下，一物枯槁，以为身羞"。⑧ 王安石眼中王益的兼济观同范仲淹"先忧后乐"说一样源于伊尹之志。曾巩的祖父曾致尧少时身处儒学不振、文辞浅近的五代之际，"所学已皆知

---

①　朱刚指出，二苏认同并继承了欧阳修思想、政见，参见朱刚《苏轼十讲》，上海三联书店 2019 年版，第 47—51 页。

②　参见程杰《北宋诗文革新研究》，第 186—190 页。

③　参见冯志弘《北宋古文运动的形成》，第 221—225 页。

④　（宋）王安石：《上张太博书二》，《临川先生文集》卷 77，《王安石全集》，第 7 册，第 1367 页。

⑤　（宋）王安石：《忆昨诗示诸外弟》，《临川先生文集》卷 13，《王安石全集》，第 5 册，第 334 页。

⑥　（宋）王安石：《先大夫集序》，《临川先生文集》卷 71，《王安石全集》，第 6 册，第 1271 页。

⑦　（宋）王安石：《先大夫述》，《临川先生文集》卷 71，《王安石全集》，第 6 册，第 1270 页。

⑧　参见（宋）王安石《答韶州张殿丞书》，《临川先生文集》卷 73，《王安石全集》，第 6 册，第 1304 页。

治乱得失兴坏之理，其为文闳深隽美，而长于讽谕"①。他出仕以后更是"勇言当世之得失"②，在真宗朝和梅询一道"以才名自负"③。曾巩父亲曾易占亦"学博而守约，思深而见远，观古治乱，明习当世之务"④，位卑而不忘忧天下。他谪官归乡后"寓其志于文章，凡数万言"，主张"治道之本先定，而其末亦从而举矣"。⑤ 其中有《时议》十卷三十篇大行于世。西事期间，进言者纷纷论兵求进，曾易占上书称天下之忧不在外而在内，又曾上书劝仁宗尽早立储，同样敢言人所难。同时，种种迹象表明，曾易占是庆历士大夫的支持者。景祐党争爆发后，他携曾巩赴京，途径筠州，特去拜会被贬于此的同年余靖，向余出示自己所作《临川十二诗》，还让曾巩问学于余。余靖则为其作序，叹赏好友不以穷达系怀，这显然是共勉之词。庆历新政失败后，曾易占让曾巩请欧阳修为曾致尧作神道碑，并在赴京途中允许曾巩自江宁往滁州欧阳修处小住二十天，后两人行至应天，曾巩又拜谒杜衍。曾易占病卒于南京，由杜衍资助医药、丧葬费用。庆历之际党论大兴，曾易占上书提醒仁宗明辨忠邪，他在遗疏中亦心忧此事，似与革新派被贬一事有关。曾巩的个性养成以及他对庆历士大夫的亲近，无疑都有父亲引导这一层因素。

顺带一提，像曾致尧、曾易占父子这样的鲠直之士在北宋前中期的政治环境中其实是备受压抑的。尤其是曾致尧，被真宗、李沆视为"浮薄新进喜事之人"的典型而不得重用⑥，甚至留下了"辞多激讦"⑦、浮薄喜事之类恶名。曾巩遗憾地发现，他的祖父由于

---

① （宋）曾巩：《先大父集后序》，《曾巩集》卷12，第194页。

② （宋）曾巩：《先大父集后序》，《曾巩集》卷12，第194页。

③ （宋）苏辙：《龙川别志》卷上，第74页。

④ （宋）陈师道：《光禄曾公神道碑》，明弘治十二年（1499）刻本《后山先生集》卷20，《宋集珍本丛刊》影印本，第29册，第17页。

⑤ 参见（宋）李清臣《曾博士易占神道碑》，《名臣碑传琬琰集校证》中卷42，第1301—1302页。

⑥ 参见（宋）苏辙《龙川别志》卷上，第73—74页。

⑦ （元）脱脱等：《宋史》卷441《列传第二百》，第13051页。

"常激切论大臣"而"卒以龃龉终"，"其功行或不得在史氏记，借令记之，当时好公者少"。① 因此，曾巩从庆历年间开始就不断邀请师友为父祖作碑志，以此洗刷污名，进而表彰他们的立朝大节。王安石受曾巩之托，先后为曾致尧、曾易占作墓志。他这样评述曾致尧之不得志："始，公自任以当世之重也，虽人望公则亦然。及遭太宗，自谓志可行，卒之闭于奸邪，彼诚有命焉。悲夫！亦正之难合也。"② 接着，他又特别解释曾易占作《时议》的用意是"惩已事，忧来者，不以一身之穷而遗天下之忧"，并提倡后人"读其书以求其志"。③ 而在曾巩组织的父祖纪念行动中，请欧阳修为曾致尧作碑文是至为关键的一环。曾巩对老师坦言："先祖困以殁，其行事非先生传之不显，愿假辞刻之神道碑。"④ 曾巩之所以寄希望于欧阳修，不仅因为崇敬欧的"道德文章"，还由于他明白祖父就是一位不幸早生五十年的"英俊"，需由当代的直臣正人给予一个迟到但足以不朽的盖棺论定。欧阳修没有辜负弟子的托付，他在碑文的结尾处这样总结曾致尧的一生：

> 公当太宗、真宗时，言事屡见听用，自言西事不合而去，遂以卒于外。然在外所言，如在朝廷而任言责者，至其难言，则人有所不敢言者。予于其论议，既不能尽载，而亦有所不得载也，取其初不见用、久而益可思者，特详焉，所以见公之志也。⑤

---

① 参见（宋）曾巩《先大父集后序》，《曾巩集》卷 12，第 194—195 页。

② 参见（宋）王安石《户部郎中赠谏议大夫曾公墓志铭》，《临川先生文集》卷 92，《王安石全集》，第 7 册，第 1595 页。

③ 参见（宋）王安石《太常博士曾公墓志铭》，《临川先生文集》卷 93，《王安石全集》，第 7 册，第 1607—1609 页。

④ （宋）曾巩：《上欧阳舍人文》，《曾巩集》卷 15，第 237 页。

⑤ （宋）欧阳修：《尚书户部郎中赠右谏议大夫曾公神道碑铭》，《欧阳修全集》卷 20，第 330 页。

欧阳修将曾致尧描述成一位根柢于道且卓有远见的"言者"，正是对曾巩期望的回应。曾巩在收到碑铭后，立刻写信感谢老师令"先祖之言行卓卓"① 永永流传。随后，他一面勒碑刻铭，一面给祖父编文集作后序，鼓励后世君子参读"公之碑与其书，及余小子之序其意者"，这样一来，"具见其表里，其于虚实之论可核矣"。② 至此，曾巩终于在同道的帮助下重塑了祖父的形象，在两代士大夫身上都挖掘出刚直的政治品格。

庆历元年（1041），曾巩、王安石在开封订交，两位青年士人在思想上已然接近于科举士大夫。他们"纷纷说古今，洞不置藩域"③，彼此许为知己。同年，曾巩在初谒欧阳修时这样自我介绍道：

> 巩性朴陋，无所能似，家世为儒，故不业他。自幼逮长，努力文字间，其心之所得庶不凡近，尝自谓于圣人之道，有丝发之见焉。周游当世，常斐然有扶衰救缺之心，非徒嗜皮肤，随波流，搴枝叶而已也。惟其寡与俗人合也，于公卿之门未尝有姓名，亦无达者之车回顾其疏贱，抱道而无所与论，心常愤愤悱悱，恨不得发也。今者，乃敢因简墨布腹心于执事，苟得望执事之门而入，则圣人之堂奥室家，巩自知亦可以少分万一于其间也。④

曾巩说自己天性"朴陋"，其实并非实情。他从小便是天分极高的读书种子，其弟曾肇作行状称："公生而警敏，不类童子，读书数百千言，一览辄诵。年十有二，日试六论，援笔而成，辞甚伟也。未冠，

---

① 参见（宋）曾巩《寄欧阳舍人文》，《曾巩集》卷16，第254页。
② 参见（宋）曾巩《先大父集后序》，《曾巩集》卷12，第195页。
③ （宋）曾巩：《寄王介卿》，《曾巩集》卷2，第18页。
④ （宋）曾巩：《上欧阳学士第一书》，《曾巩集》卷15，第232页。

名闻四方。"① 曾巩这里故作自谦，一是要凸显他期望问学于欧的迫切性，二是为强调自身纯以儒学为业，未曾留意那些浮巧的杂学。值得注意的是，曾巩的自觉不止于内向的言古志道之心，更激发出外向的"扶衰救缺之心"，即挽救沉沦之道及衰颓之世的责任感。正因如此，青年曾巩始终落落难合，他既不会拿文辞去干谒达官显贵，也无法得到那些俗人的肯定。他抱道不发，自尊自重，孜孜寻觅可以引领自己进入"圣人之堂奥室家"的当世圣贤，终于在千百人中发现了欧阳修。曾巩后来向欧阳修推介王安石，也采用了同样的话术：

> 巩之友王安石，文甚古，行甚称文，虽已得科名，居今知安石者尚少也。彼诚自重，不愿知于人，尝与巩言："非先生无足知我也。"如此人古今不常有。如今时所急，虽无常人千万不害也，顾如安石不可失也。②

曾巩携王安石拜入欧门，当然不排除功利上的考虑，但一个显而易见的事实是，精神层面的共鸣是这些青年士人主动接近欧阳修等庆历士大夫的关键因素。用曾巩自己的话说："非苟慕执事者，慕观圣人之道于执事者也"③。这彻底改变了北宋中期士人的干谒方式。而时任馆阁校勘的欧阳修之所以在士林中拥有如此高的感召力，是因为青年士人极度推崇欧在道德、文学、政事等所有文化领域做出的开创性贡献：

> 巩自成童，闻执事之名，及长得执事之文章，口诵而心记之。观其根极理要，拨正邪僻，掎挈当世，张皇大中，其深纯

---

① （宋）曾肇：《（曾巩）行状》，《曾巩集》附录，第 791 页。
② （宋）曾巩：《上欧阳舍人书》，《曾巩集》卷 15，第 237 页。
③ （宋）曾巩：《上欧阳学士第一书》，《曾巩集》卷 15，第 232 页。

温厚，与孟子、韩吏部之书为相唱和，无半言片辞踌驳于其间，真六经之羽翼，道义之师祖也。既有志于学，于时事，万亦识其一焉。则又闻执事之行事，不顾流俗之态，卓然以体道扶教为己务。往者推吐赤心，敷建大论，不与高明，独援摧缩，俾蹈正者有所禀法，怀疑者有所问执，义益坚而德益高，出乎外者合乎内，推于人者诚于己，信所谓能言之，能行之，既有德而且有言也。韩退之没，观圣人之道者，固在执事之门矣。天下学士，有志于圣人者，莫不攘袂引领，愿受指教，听诲谕，宜矣。窃计将明圣人之心于百世之下者，亦不以语言退托而拒学者也。①

曾巩认为，"大贤"应该是近乎全能的人，对于道，他"口讲之，身行之，以其余者，又书存之，三者必相表里"。② 而欧阳修的道德、文章、行事无不遵循"圣人之道"，足以超轶世俗而追配古人，是为当今在道统上继承孔子、孟子、韩愈的不二人选。次年，曾巩再度上书，又称誉欧"好贤乐善，孜孜于道德，以辅时及物为事，方今海内未有伦比"，"文章、智谋、材力之雄伟挺特"乃"韩文公以来一人而已"。③ 在欧阳修的一生中，这基本上是第一次有人将他和孟子、韩愈相比并。虽说干谒先达不免夸言，但对比曾巩同时期写给范仲淹、蔡襄、杜衍、田况等庆历士大夫的书信，确实可以发现欧阳修在曾巩心中占据不一般的位置。像曾、王这样的青年士人迅速接受了欧阳修一直提倡的以道贯通的新型角色丛，并转而以此评判前辈，于此可见欧的推广、示范之功。

曾巩自信能得到欧阳修的认可，是因为他察觉两人之间不但存在古道的纽带，也共享明道的使命。曾巩强调，三代后"道之难

---

① （宋）曾巩：《上欧阳学士第一书》，《曾巩集》卷 15，第 232 页。
② 参见（宋）曾巩《上欧阳学士第一书》，《曾巩集》卷 15，第 231 页。
③ 参见（宋）曾巩《上欧阳学士第二书》，《曾巩集》卷 15，第 233 页。

全"，且局势日益恶化。先是，孔子在乱世中"无时无位，存帝王之法于天下，俾学者有所依归"；孔子既没，千年间异端蜂出，惑世诬民，则又有"孟、荀、扬、韩四君子之书"保存"圣人之道"；韩愈逝后，百年来无一人能修辞明道，近世学者更是"饰藻缋以夸诩，增刑法以趋向，析财利以拘曲"，连"为民之师表者"都不了解"仁义礼乐之道"，更遑论广大民众。① 曾巩因此提出，在这个"圣人之道泯泯没没，其不绝若一发之系千钧"的衰世，唯有"命世大贤，以仁义为己任者"才能力挽狂澜，既然欧阳修上承道统，那么他就身负"明圣人之心于百世之上，明圣人之心于百世之下"的重任。② 职是之故，欧阳修也急需联合、培养曾巩这样的"奇伟闳通之士"，"使趋理不避荣辱利害，以共争先王之教于衰灭之中"。③ 有学者把曾巩采用的这套修辞策略定义为"道统话语"，还指出：它能有效掩饰师生关系中的利益诉求，并将一种同志于道的高尚理想注入其中。④ 的确如此，北宋中期士人上书中的"道统话语"和美劝话语都具体展现了道义共同体是如何跨越阶层、世代进行扩展的。

　　曾巩完全契合欧阳修对士的设想。不难想见，当欧阳修展读曾巩的上书和那些"传缮不谨"且"简帙大小不均齐"的杂文时务策时，内心会油然而生惺惺相惜之感。欧阳修既以"过吾门者百千人，独于得生为喜"⑤ 称赞曾巩，同时也把他引见给同道，评价他"好古，为文知道理，不类乡间少年举子所为"⑥。欧、曾之间的互动内容自然也赅备道、文与事，尤以道为核心。曾巩回忆两人初次相见的情形："坐而与之言，未尝不以前古圣人之至德要道，可行于当今

---

① 参见（宋）曾巩《上欧阳学士第一书》，《曾巩集》卷15，第231页。

② 参见（宋）曾巩《上欧阳学士第一书》，《曾巩集》卷15，第231页。

③ 参见（宋）曾巩《上欧阳学士第一书》，《曾巩集》卷15，第232页。

④ 参见刘成国《9～12世纪初的道统"前史"考述》，《史学月刊》2013年第12期。

⑤ （宋）曾巩：《上欧阳学士第二书》，《曾巩集》卷15，第234页。

⑥ （宋）欧阳修：《与杜正献公世昌书》其四，《欧阳修全集》卷145，第2355页。

之世者，使巩熏蒸渐渍，忽不自知其益，而及于中庸之门户，受赐甚大，且感且喜。"① 像这样的交流是欧阳修与曾、王的常态，也是双方的共同要求。乃至于，王安石未曾回应欧阳修关于作文的建议，也婉拒欧托付文宗地位的愿望，坚持"传道"的本心。② 而在庆历之际的权力世界中，曾巩、王安石不单是庆历士大夫的追随者，也开始扮演诤言者和异议者的角色，表现出独立的品格和有为的志向。③

最后看吕公著、苏颂。吕公著、苏颂出身官宦世家，青少年时期拥有丰厚的教育资源和文化资本④，入仕以后也成功地维系乃至提高了家族的地位。值得注意的是，两人的父亲吕夷简、苏绅皆为庆历士大夫的大敌，在庆历新政时期曾遭欧阳修等言官严厉攻击，以至被斥作误国坏事的"奸邪"。吕公著长兄吕公绰也被欧阳修贬为"膏粱子弟"。但到皇祐年间，吕公著、苏颂分别在颍州、应天府担任欧阳修的僚佐，颇受欧信任，彼此相处融洽。由欧阳修和寿州吕氏、同安苏氏两代人的交往，可以勾勒出仁宗朝前期士大夫党争从勃兴到消弭的轨迹。

作为世家子弟中的佼佼者，吕公著、苏颂无论是在个人素质还

---

① （宋）曾巩：《上欧阳学士第二书》，《曾巩集》卷 15，第 233 页。

② 参见鄢嫣《疏离于古文运动之外——论王安石与欧阳修、曾巩的文学交游》，《北京社会科学》2021 年第 2 期。

③ 曾巩与欧阳修的政治互动，参见本章第三节第三小节。王安石在庆历新政初期读邸报而作诗，表达了对庆历士大夫立朝的期待。宋人传闻，王安石在淮南签判任上和上司韩琦常议论事不合。如王安石"数引古义争公事，其言迂阔"，韩琦多不从。此事参见（宋）司马光《涑水记闻》卷 16，第 311 页。又如王安石诋韩琦行事如"俗吏"。此事参见（宋）晁说之撰，黄纯艳整理《晁氏客语》，《全宋笔记》，第 1 编，第 10 册，第 109 页。据王晋光考证，王、韩之争诸事不可尽信，参见王晋光《王安石淮南签判时期与上司关系考辨》，载王晋光著《王安石八论》，大安出版社 2006 年版，第 1—18 页。但从这些记载仍可看出，青年王安石比之韩琦更具好古之心和理想主义。

④ 青少年时期的苏颂在父祖的安排下得到了非常优越的家庭教育，参见管成学、王兴文《苏颂评传》，吉林文史出版社 2006 年版，第 38—47 页。吕公著"幼不好弄，嗜学忘寝食"，吕夷简很器重他，预言"他日必至公辅"。参见《吕正献公公著传 实录》，《名臣碑传琬琰集校证》下集卷 10，第 1927 页。

是在为人处事上都有类同之处。一方面，两人都受过良好的家庭教育，兼具学识与吏干，这后来成为他们立朝的底气；另一方面，两人在"老成"父亲的熏陶和引导下，皆养成宽厚的性格。吕公著为人简重清静，"平生未尝较曲直，闻谤未尝辨"，少时座右铭为"不善加己，直为受之"。① 吕公著死后，哲宗亲题碑首曰"纯诚厚德"②。苏颂"天资闳厚，有犯不校"，"凡所施为，主于宽恕，故天下推为巨人长者"。③ 同时，两人一开始积累人脉，得父辈助益，亦偏向"老成"阵营。如景祐四年（1037），苏颂与吕公著相识，从此结为平生知己。庆历新政时期，张方平拜访苏绅，反对苏颂与石介交游。皇祐五年（1053），苏颂上书干谒宰臣陈执中，乞召试职名。他在馆阁期间，以文受知于宋庠、宋祁兄弟，尤得大宋称奖。另据宋人传闻，苏颂及第后曾登门谢谒宰臣章得象、吕夷简，此事虽未必为真，亦可窥见苏颂人际关系的初始特征。④

不过，吕公著、苏颂成长以及发迹的年月，正值庆历士大夫持续推进政治文化的变革，不少世家子弟如王质、王素、王益柔受此影响，纷纷加入"英俊"一方。而吕夷简晚年亦与范仲淹不再尖锐对立。苏绅也先后延揽李觏、黄晞教导苏颂。不难看出，世家大族虽大体提倡修谨的人格，却也有随时应变的一面。吕公著、苏颂在时代浪潮面前依旧立定跟脚，在后新政时代业已形成比较成熟的政治价值观，但同时，他们也尊重庆历士大夫，理解乃至在一定程度上接受"英俊"理念。"老成"子弟的包容姿态，恰与庆历士大夫的思想转向相应和。当吕、苏与欧阳修相遇在地方，由于观念对立

---

① 参见（清）王梓材、（清）冯云濠编撰，沈芝盈、梁运华点校《宋元学案补遗》卷19引《家塾记》，中华书局2012年版，第1414页。

② （元）脱脱等：《宋史》卷336《列传第九十五》，第10776页。

③ 参见（宋）曾肇《赠司空苏公墓志铭》，《苏魏公文集》附录2，第1196页。

④ 参见（宋）方勺撰，许沛藻、杨立扬点校《泊宅编》卷9，中华书局1983年版，第52页。此事是方勺转述吴德素之语，但吴认为苏绅与章得象、吕夷简为同年，故苏颂以年家侄的身份拜见，显误。不过，苏绅和章得象同为闽人，又和吕夷简关系匪浅。

趋于缓和，双方都能捐弃旧日纷争，进而彼此交契。

据宋人笔记记载，欧阳修"素不以文靖（吕夷简）为然"，及至在知颍州任上碰到通判吕公著，"见其学识，已改观矣"。当时刘敞、王回也寓居颍州，四人"日相从讲学为事，情好款密"。① 从欧集所存的酬赠诗什和往来书信看，他确实很享受"与贤者共乐"②。欧阳修还褒扬吕公著"德义胜华宠""高行可倾竦"，预言吕和自己的门生焦千之"道合若胶巩"。③ 足见欧阳修对吕公著的学术和德行都很认可。不久，两人因宦游分别，仍保持联络。欧阳修还朝后又力荐吕公著。后来，欧出使契丹，契丹君主问起"中国学行之士"，欧首先想到的还是吕。④ 在欧阳修的大力揄扬下，"深自晦默"的吕公著遂名闻天下，"由是渐见进用"。⑤ 有学者指出，两人的私交可能是欧阳修在范仲淹神道碑中添入吕、范解仇事的原因之一。⑥ 而在吕公著这一边，他"每议政事，博取众善以为善，至所当守，则毅然不回夺"⑦，其政治人格也融入了刚直的成分。他在"濮议"中进言濮安懿王不当称亲，又上奏请求追回对吕诲等言官的降责敕命，宋廷皆不从，吕随即称病求外补。英宗不允，他居家百余日，英宗遣内侍至其家敦谕，并告诫内侍吕公著"劲直"。他后在其兄公弼劝说下回归旧职，但不出数月就自请离朝，最终出知蔡州，显出新一代科举士大夫的凛然风骨。宋人曾比较吕氏父子相业道："以夷简为父，而公著为子，其谋谟事业有大过人者。盖夷简善任智，而公著

---

① 参见（宋）佚名撰，黄宝华整理《南窗纪谈》，《全宋笔记》，第 5 编，第 1 册，第 200 页。

② （宋）欧阳修：《与吕正献公书》其一，《欧阳修全集》卷 145，第 2357 页。

③ 参见（宋）欧阳修《送焦千之秀才》，《欧阳修全集》卷 4，第 72 页。

④ 参见（元）脱脱等《宋史》卷 336《列传第九十五》，第 10772 页。

⑤ 参见（宋）张邦基撰，孔凡礼点校《墨庄漫录》卷 8（与《过庭录》《可书》合刊），第 227 页。

⑥ 参见全相卿《欧阳修撰写范仲淹神道碑理念探析》，《史学月刊》2015 年第 10 期。

⑦ （元）脱脱等：《宋史》卷 336《列传第九十五》，第 10777 页。

则持正以成天下之务，贤于父远矣。"① 由吕蒙正、吕夷简到吕公
著，可见这个宰相世家与时推移的"演化史"。

皇祐二年（1050），苏颂赴南京任留守推官，遂与欧阳修、杜衍
结交。欧阳修于同年移知应天府兼南京留守。他和苏颂是旧识，庆
历二年（1042）主持别头试时取苏头名，此番重聚，"待遇特厚"，
将公事都托付给苏颂，并坦承："爱君至诚，喜得共事，故事事奉
诿，必不惮烦也。"② 苏颂"处事精审"③，让欧很放心。欧后来为他
亲书考牒曰："才可适时，识能虑远。珪璋粹美，是为邦国之珍；文
学纯深，当备朝廷之用。"④ 可做欧对苏的评判。两人不仅是上下级
关系，私交亦甚笃，日常交流不断。欧阳修组织燕集，常只请杜衍
和苏颂二人。苏颂曾回忆："予在乐安（欧阳修）幕府二年，日接
论议，闻所未闻。府事之外，则章奏书疏，悉以见托。至于私家细
故，亦多询其何如，故其简札，丁宁委屈，虽至亲亦不过如此。"⑤
两人在密友之外又是诤友。苏颂说，欧阳修来信"往往指事诘难，
尽其底处"，他自己"亦荷其知照，于论议间纤悉无隐"。⑥ 这一段
宝贵的经历令苏颂终身受用，他和欧阳修"自尔相知尤厚，始终不
替"⑦。

苏颂同时还受知于退居南京的杜衍。杜非常器重苏颂，认为他

---

① （宋）王称：《东都事略》卷 88《列传七十一》，第 751 页。

② （宋）苏颂：《题跋》，（宋）欧阳修著，李逸安点校《欧阳修全集》卷 145，
《儒藏》精华编集部第 208 册，北京大学出版社 2016 年版，第 1995 页。

③ （元）脱脱等：《宋史》卷 340《列传第九十九》，第 10859 页。

④ （宋）苏颂：《题跋》，《欧阳修全集》卷 145，《儒藏》精华编集部第 208 册，
第 1995 页。

⑤ （宋）苏颂：《题跋》，《欧阳修全集》卷 145，《儒藏》精华编集部第 208 册，
第 1996 页。

⑥ （宋）苏颂：《题跋》，《欧阳修全集》卷 145，《儒藏》精华编集部第 208 册，
第 1995—1996 页。

⑦ （宋）苏颂：《元祐癸酉秋九月蒙恩补郡维扬十一月到治莅事之始首阅题名前
后帅守莫非一时豪杰固所钦慕矣于其间九公颇有夤缘感旧思贤嗟叹不足因作长韵题
于斋壁以寄所怀耳》自注，《苏魏公文集》卷 5，第 50 页。

是少有的兼具文学和吏能之士。随着两人交往加深，杜衍"奖进之意，益加于前，或赞之于当途，或誉之于仕进，作为文章，乃使之评视，奏疏章草，又使之执笔。间旬月不及门，则恨相见之疏隔。每见之，必推古人之所为，相期于久远"①。杜还将自己"自小官以至为侍从、宰相所以施设出处"②倾囊相授，并预言苏颂必定前途无量。苏颂亦感念旧相的爱重之意。苏颂明言：杜衍所谓的文学、政事指向明道、兼济，他自己"每一承相公之言"，"未尝不退而自省所趣向与所作为，惧有不至，必将以圣人之法言为规准，勉勉焉以不戾于道为至也"，他这样做，"非唯力儒行己，其义当尔，亦将求免为无闻之人，庶几不负知己者之责望也"。③

不难看出，南京是苏颂仕宦生涯中的里程碑，促使他立志行道有为。在杜衍、欧阳修的言传身教下，苏颂对"英俊"理念也有深刻理解。皇祐四年（1052）范仲淹过世后，苏颂分别替杜衍、张方平撰写祭文，极力颂扬范的才学、节义与事迹，如《代杜丞相祭范资政文》云：

> 我思若人，才质美粹，识通道广，心和色毅，政事文学，圣门高第。蹇蹇匪躬，王臣之义，克全厥修，以辅天子。在天圣间，犹为小官，属时无事，法弛禁宽，论疏利病，书闻宸前。上察其忠，擢置谏垣，国蠹民害，造膝极言，三黜无慍，天下称贤。氐羌负固，抗吾王旅，召还远邦，更帅西府，令肃而壹，士豫以附。书责渠帅，敌气败沮，果入请和，复期其故，告厥成功，登赞台辅。亦既遇时，知无不为，修明百度，更张四维。铨度流品，经制边陲，事靡不举，政无阙遗。始进以勤，竭精宣力，俄罢而休，谓宜偃息。忠臣惓惓，远不忘国，王事一埤，

---

① （宋）苏颂：《谢太傅杜相公书》，《苏魏公文集》卷68，第1032页。

② （元）脱脱等：《宋史》卷340《列传第九十九》，第10859页。

③ 参见（宋）苏颂《谢太傅杜相公书》，《苏魏公文集》卷68，第1032—1033页。

为我心恻。寒暑交侵，中若结辖，东徂不归，大病俄革。①

范仲淹的儒者本色、言者风采，以及儒帅、改革者的光辉形象，无不跃然纸上，绝似同道亲笔。连范氏之死在苏颂笔下都是由于"远不忘国"所致，足见他服膺大贤、表彰新观念的拳拳之心。

总之，我们在青年吕公著、苏颂身上可以清晰地看到，"英俊"理念在后新政时代如何被"老成"子弟自主整合进自身的价值体系，由此大幅扩展其影响力。而从两代士大夫的互动则可以发现，"英俊""老成"如何实现求同存异，他们所信奉的两套意识形态又怎样从对立转向共存。宋人每云消释党争是仁宗和嘉祐贤宰富弼、韩琦的功劳。实际上，欧阳修在后新政时代早已开始尝试一系列破冰行动。

三　从士大夫的代际互动看嘉祐、治平之治

仁宗朝前期的范、吕党争大体上可以视作一场士大夫内部持续性的代际冲突。② 庆历士大夫作为后起之秀，带着强烈的自我意识，怀揣创造太平之世以及整顿官僚队伍的迫切愿望，不断向年辈、地位普遍较高的老成士大夫发起冲击。而老成士大夫则出于维护自身权力和政治秩序的需要，极力抑制后辈上位。两代士大夫的斗争在庆历新政中达到高潮，最后在嘉祐时期以相对和平的方式迎来了结局。庆历士大夫在历尽挫折后夺取了最后的胜利，而仁宗朝的士大夫阶层也完成了大换血。有趣的是，当庆历士大夫终于占据政坛的中心位置，却发现自己反倒变成了元老重臣，而在他们引导下成长起来的新锐们活跃于朝廷与地方，以越来越高亢的声音宣示自身的存在。仁宗晚年至神宗初年的政治情势在很大程度上就是由这两代

---

① 《苏魏公文集》卷 70，第 1061—1062 页。

② 仁宗朝党争中的代际因素，参见江小涛《士大夫政治传统的重建与宋仁宗时期的"朋党之议"》，载《隋唐辽宋金元史论丛》第 4 辑，第 247—267 页。

士大夫的互动所决定的，而嘉祐之治、治平"濮议"与熙宁变法即分别表现为代际间的协作、冲突与更替。在这过程中，庆历士大夫做出过世人称颂的壮举，也遭到过猛烈的批判乃至恶毒的毁谤。最后，他们大多选择离朝、致仕，主动终止自己的政治生涯。而下一代士大夫的新旧党争正愈演愈烈，北宋的士大夫政治也已然迈入熙丰、元祐以至绍圣的新阶段。下面从代际互动的视角切入嘉祐之治与治平"濮议"，具体呈现庆历士大夫立朝最后阶段的功绩与困境。

有学者指出，嘉祐时期的宋廷十分谐和，一方面，宰相及其他职位的人事安排相对稳定，皇权、相权和台谏权形成三足鼎立并相互制约的良性秩序，是最能代表"共治"格局的历史阶段；另一方面，朝廷内部团结，几无党争。① 洵为的论。嘉祐之治最显著的特征就在于政治稳定。尤其和后新政时代"大臣体轻"的纷扰局面相比，嘉祐时期的决策层可以说安如磐石，名臣辈出。庆历士大夫更是获得了前所未有的政治优势。富弼于至和二年（1055）拜集贤相，嘉祐三年（1058）拜昭文相（即首相），嘉祐六年（1061）以母丧去位，共居相位近6年。丁忧期间，仁宗五次遣人至洛阳诏富弼起复，遭富力辞。韩琦于嘉祐元年（1056）升任枢密使，嘉祐三年（1058）拜集贤相，嘉祐六年（1061）拜昭文相，直至治平四年（1067）辞相，总计在相位9年零4月有余。富、韩的在位时间在整个仁宗朝宰相群体中都位居前列②，有效地扭转了后新政时代辅弼不安其位的现象。欧阳修则于至和元年（1054）迁翰林学士，嘉祐三年（1058）权知开封府，次年因病准免，嘉祐五年（1060）兼翰林

---

① 参见曹家齐《"嘉祐之治"问题探论》。

② 按，若按单次连续居位时间排序，仁宗朝22位宰相中，韩琦在位时间（9年4月5天）最长，曾公亮（9年13天）排第二，章得象（7年1月3天）第三，王曾（7年6天）排四，富弼（5年9月）第五，陈执中（4年3月20天）第六，吕夷简（4年3月3天）第七；若按居位总时长排序，则吕夷简居首，韩琦仍能排到第二位，富弼位列第八。

侍读学士，同年拜枢密副使，嘉祐六年（1061）拜参知政事，治平四年（1067）辞参政外补。蔡襄于嘉祐六年（1061）除翰林学士、权三司使，至治平二年（1065）辞计相。田况于至和元年（1054）由三司使升任密副，嘉祐三年（1058）除枢密使，次年因病罢为尚书右丞、观文殿学士、翰林侍读学士。王尧臣于嘉祐元年（1056）拜参政，嘉祐三年（1058）病故于任上。庆历士大夫之所以深孚众望，长期当政，不仅是由于他们在职位上表现出来的能力和公心[1]，还因为他们注意和后辈士大夫维持良好的关系，积极展开政治合作。是故，可以从人事安排、直面批判和政治协作三个角度谈谈庆历士大夫在嘉祐时期的代际互动。

首先是人事安排。富弼、韩琦、欧阳修等人归朝后，依然保有康时济物的盛名。同时，他们的观念、言行愈趋稳健，能够平心静气地同老成士大夫展开交往[2]，也从未歧视、报复"老成"子弟，用宽宏的度量和敦厚的作风有效地弥合了权力世界自仁宗亲政以来就一直存在的分歧和裂隙，带领士大夫阶层走出"党议"的阴霾，

---

[1]　士林中盛传"四真""三得人""富、韩"等名目足以证明富、韩、欧称职。曹家齐：《"嘉祐之治"问题探论》也详细论述过富、韩在嘉祐时期的治绩。

[2]　素性鲠直的欧阳修回朝后在台谏弹劾宰臣陈执中、枢密使贾昌朝的行动中出过力，但总体上，他和老成士大夫的关系有所缓和。如欧阳修和陈执中素不相能，嘉祐元年（1056）陈罢相出知亳州，不久又罢使相，适逢欧阳修当制，陈"自谓必不得好词"，"及制出，词甚美"，陈大喜过望，乃至感叹："使与我相知深者，不能道此，此得我之实也。"陈还手抄制词寄给门客李师中，并强调："吾恨不早识此人。"参见（宋）张邦基《墨庄漫录》卷8，第227页。欧任翰林学士期间还和当台谏时弹劾过的王举正交游，"爱其为人"，称许其为"清德之老"。参见（宋）欧阳修《跋观文王尚书举正书》，《欧阳修全集》卷73，第1062页。又如，嘉祐元年（1056），张方平任三司使，擘画漕运十四策，宰相富弼对仁宗读张奏至深夜，仁宗啧啧称善，富也赞叹："此国本大计，非常奏也。"朝廷遂一一施行。富弼退朝后对张方平说："庆历以来，公论食货详矣，朝廷每有所损益，必以公奏议为本，凡除主计，未尝敢先公也。"由此足见"老成""英俊"和衷共事。此事参见（宋）李焘《续资治通鉴长编》卷183，第4436页。复如，韩琦侄韩公彦娶贾昌朝堂兄弟贾昌符之女，其子韩忠彦娶吕夷简孙女吕氏，吕氏早逝后，再娶其幼妹。韩琦家族的婚姻情况，参见陶晋生《北宋士族：家族·婚姻·生活》，"中央研究所"历史语言研究所2001年版，第245—266页。

造就上下齐心、新旧协和的大好局面，因此被宋人视为终结党争的典范。如李壁劝说宁宗撤除庆元党禁："赖神文至仁如天，辅以韩琦之忠，品节扶持，融摄和会，两党之隙，帖然自消，故天下之才不卒至于毁伤破坏，而皆为国家用。"① 叶适在敦促宁宗合一人材时同样提出："仁宗初年，尝有党论。至和、嘉祐之间，昔所废弃，皆复湔洗，不分彼此，不间新旧，人材复合，遂为本朝盛时。"② 当然也应该看到，后新政时代欧阳修与吕公著、苏颂相得甚欢，已透露出"人材复合"的趋势。

富、韩、欧当国，十分重视培育、选拔人才。一方面，他们尊重公议，录取、荐举以及擢用了一大批言古志道、才学兼备的贤士，令时人赞颂"庶位得人，而野无遗才"③；另一方面，他们留意甄别"忠者"与"巧者"，在保持官僚队伍活力的同时，协助仁宗大力打击投机分子和奸险之人。如嘉祐五年（1060）六月，宋廷察觉"比者中外臣僚，多上封章，言人过失。暴扬难验之罪，告案无证之辞。或外托于公言，实内缘于私愤。事多暧昧，意肆诋欺"，故颁布一系列措施约束这类诬陷善良、有伤风化的现象，并告诫言官"虽许风闻，宜务大体。如事关朝政，无惮极论，以辅不逮，自余小过细故，勿须察举"。④ 就在一个月后，御史中丞赵概提醒："比年以来，搢绅之伦多险刻竞浮，宜行戒敕之。"于是仁宗下诏谴责在位者"或为危言诡行，务以惊众取誉，罔上而邀宠"，批判言事官"搜抉隐微，无忠恕长厚之风；托迹于公，而原其本心，实以合党图私"，命中书门下"采端实之士，明进诸朝；察辩激巧伪者加放黜焉。明扬朕言，

---

① （宋）真德秀：《故资政殿学士李公神道碑》，明正德刻本《西山先生真文忠公文集》卷41，《宋集珍本丛刊》影印本，第76册，第435页。

② （宋）叶适：《上宁宗皇帝札子》，《水心文集》卷1，《叶适集》，第2页。

③ （宋）范纯仁：《富郑公行状》，元刻明修本《范忠宣公文集》卷17，《宋集珍本丛刊》影印本，第15册，第499页。

④ 参见《诚约不得言人赦前事及小过细故诏》，《宋大诏令集》卷194《政事四十七》，第712页。

以厉多士"。① 嘉祐六年（1061）御史中丞王畴进言："浮华险薄之
徒，往来谏官、御史，掎摭人罪，浸以成俗，请出诏戒劝。"② 仁宗
遂下诏训斥士大夫"违古人厚重之守，蹈末俗薄恶之为"，命中书门
下"明扬朕训，开儆群品。务敦修于行实，无过事于言华。以忠告
善道为药石之珍，以厚诬巧訾为风俗之戒。好是正直，共熙天工。
傥循敝风，当申显罚"。③ 嘉祐时期，君主、宰辅和言官在抵制巧伪
上达成了共识，足以看出这一问题的严重性。

　　上述诫饬类诏书均采用北宋前期（乃至整个中国古代）通行的
抑浮薄厚风俗的话语模式，反映出长期主政的庆历士大夫接续了老
成士大夫的行政导向。不过两者的动机同中有异。同在于，伴随思
想的转向和阅历的累积，庆历士大夫深刻地了解到，承平日久，越
来越多官员为了在日常政务中表现自己以获取名利，会做出许多看
似忠直的出格举动。如韩琦曾说："阅人多矣，久而不变为难。"④
又曰："中等以下人见利则去，是其常情，不须怪也。"⑤ 这些言语
不禁让人想起吕夷简对范仲淹说的那句"吾见之多矣，无有节行
者"，它同样来自韩琦的口述。富弼晚年则和龚鼎臣发生过如下对
话：富慨叹："人劝弼不次进用贤士大夫，及朝臣进用偶未及己，则
复出议论。"龚回答："人往往以一身观朝廷，不能以天下休戚观朝
廷。"富以为知言。⑥ 富弼从自己的执政生涯中得出一个结论：功利
而非公义乃多数士大夫之所欲也。有鉴于此，作为把控全局的决策
者，势必要持续抑制躁进之风。异在于，至嘉祐时期，"英俊"理念
已然成为主流政治文化，这固然可以激劝后生，但也带来了不可忽

---

　　① 参见（宋）李焘《续资治通鉴长编》卷192，第4637页。按，这一诏令的具
体内容，《宋大诏令集》《东都事略》的记录稍有不同。

　　② 参见（宋）李焘《续资治通鉴长编》卷194，第4691页。

　　③ 参见《诫约台谏诏》，《宋大诏令集》卷194《政事四十七》，第712页。

　　④ （宋）王岩叟：《韩魏公别录》，《安阳集编年笺注》附录4，第1867页。

　　⑤ （宋）王岩叟：《韩魏公别录》，《安阳集编年笺注》附录4，第1867页。

　　⑥ 参见（清）王梓材、（清）冯云濠《宋元学案补遗》卷2引《东原录》，第
157页。

视的副作用：肤浅者空得其形而不知精神所在，故变得狂妄、浮躁；钻营者则借其名以谋利，真伪难辨。早在嘉祐元年（1056），欧阳修于讨论"庆历之学"的弊端时就提出："夫人之材行，若不因临事而见，则守常循理，无异众人。苟欲异众，则必为迂僻奇怪以取德行之名，而高谈虚论以求材识之誉。"① 欧看到，石介的师道成就了"太学之兴"，却也让急欲自见的年轻人纷纷做起"矫伪之行"。也是在嘉祐年间，欧阳修关注言事者的名节问题，无疑是有的放矢。从这个意义上说，庆历士大夫遏制伪善风气，也是为了确保"英俊"理念在政治实践中不至流于极端化、庸俗化。

仁宗和庆历士大夫不单下诏诫饬，还会奖拔那些不事奔竞的恬退之士，综合运用赏罚手段来引导士风。而在后进中，正好涌现出王安石、吕公著、司马光、苏颂等一批廉静自守的君子。他们凭借自身的德与才颇得庆历士大夫爱赏。如苏颂行状特别提到，苏颂在馆阁前后待了九年，"官冷俸薄"，用度不足，而他"处之晏如"，宰相富弼、韩琦"务推尚廉退有德之士以劝励风俗"，"知公久次儒馆，不干荣利，屡问所欲"，苏"惟力求外以便亲养"，遂除知颍州，其后富弼还写信夸奖："若吾子出处，可谓真古之君子矣。"② 而欧阳修亦"常患士大夫少高退之节"，遂荐吕公著、张瓌、王安石、韩维，"欲以激励风俗"。③ 特别是吕、王，欧阳修自回朝起就不断上疏推荐，期望这两位既"躬履儒行""学赡文富""器深识远"又"有古君子之风"的贤才"用之朝廷，可抑浮俗；置在左右，必为名臣"④。欧阳修的考虑不止于此，至和元年（1054）他在举荐两人充任谏官时阐明了另一层用意：

① （宋）欧阳修：《议学状》，《欧阳修全集》卷110，第1673页。

② 参见（宋）邹浩《故观文殿大学士苏公行状》，《苏魏公文集》附录2，第1204—1205页。

③ 参见（宋）朱熹《三朝名臣言行录》卷8引《家塾记》，《朱子全书》，第12册，第607页。

④ （宋）欧阳修：《举吕公著自代状》，《欧阳修全集》卷91，第1340页。

　　臣伏见陛下仁圣聪明，优容谏诤。虽有狂直之士犯颜色而独忌讳者，未尝不终始保全。往往亟加擢用，此自古明君贤主之所难也。然而用言既难，献言者亦不为易。论小事者既可鄙而不足为，陈大计者又似迂而无速效，欲微讽则未能感动，将直陈则先忤贵权。而旁有群言，夺于众力，所陈多未施设，其人遽已改迁。致陛下有听言之勤，而未见用言之效，颇疑言事之职，但为速进之阶。盖缘台谏之官，资望已峻，少加进擢，便履清华。而臣下有厌人言者，因此亦得进说，直云此辈务要官职，所以多言。使后来者其言益轻，而人主无由取信，辜陛下纳谏之意，违陛下赏谏之心。臣以谓欲救其失，惟宜择沉默端正、守节难进之臣置之谏署，则既无干进之疑，庶或其言可信。伏见殿中丞王安石，德行文学，为众所推，守道安贫，刚而不屈。司封员外郎吕公著，是夷简之子，器识深远，沉静寡言，富贵不染其心，利害不移其守。安石久更吏事，兼有时才，曾召试馆职，固辞不就。公著性乐闲退，淡于世事。然所谓夫人不言，言必有中者也。往年陛下上遵先帝之制，增置台谏官四员。已而中废，复止两员。今谏官尚有虚位，伏乞用此两人，补足四员之数，必能规正朝廷之得失，裨益陛下之聪明。①

这封荐人札子可以和嘉祐四年（1059）欧阳修力阻御史中丞包拯出任三司使的上书同看，它们都显示出欧阳修维护"英俊"理念和言事风气的苦心。欧一再强调"献言者"面临的困境：即便身处开明的时代，言官仍旧很难实现"用言之效"，依然容易被抹黑成"资言以进"。欧阳修在这里提出的解决方法是，专门挑选那些澹泊、正直的官员担任言官，用他们的人品为言事行为背书，这样一来，既能消除嫌疑，也能提高言论的可信度。于是欧阳修将热切的目光投

---

　　①　（宋）欧阳修：《荐王安石吕公著札子》，《欧阳修全集》卷109，第1653—1654页。

向他一向器重的王安石、吕公著，劝说仁宗进用两人以重现"庆历四谏"的风采。

再来看直面批判。吕公著、王安石的恬退不惟是个性使然，也是经理性思考后的人生选择。据《晦叔家传》载，嘉祐元年（1056），吕公著自知单州回朝，"益研精讲学，无进趋之意"，曾与王安石相对而叹："今天下虽小康，然尧、舜之道知不可复行。"吕"以故求闲局，将以遂其志"。① 新一代科举士大夫同样信奉儒家理想主义，嘉祐治世和他们回向三代的志望相比仍有很大差距。在这个意义上，吕、王之韬晦无疑是另一种形式的"有待"。而在很多时候，他们也会忍不住发声，表达对现状的不满，呼吁变革，要求大有为。嘉祐、治平之际于是成为士人给天子上"万言书"②的井喷期。嘉祐中，程颐、苏洵、王安石先后给仁宗上书③。英宗即位后，陈舜俞接连进呈三封上书，程颐也代其父程珦应诏上书。朱熹指出："庆历之初，杜、范、韩、富诸公变之不遂，而论者至今以为恨。况其后此又数十年，其弊固当益甚于前，而当时议者亦多以为当变。如吕正献公父子《家传》，及河南程氏、眉山苏氏之书，盖皆可考。"④ 显然已经看到嘉祐、治平之际的万言书及上执政书是时代呼声的载体。

这些万言书很容易让人联想到范仲淹早年进呈给皇帝、执政的上书。不过，范仲淹注意对时事条分缕析、指弊献策，与之相比，这些后辈士人上书多倾向于陈大体，遗细故，侧重抽象的道德原则，更富于理想主义气质。如陈舜俞鞭策英宗："今陛下欲为二帝，则可

① 参见（宋）朱熹《三朝名臣言行录》卷 8 引《家传》，《朱子全书》，第 12 册，第 608 页。

② 宋人习惯将"上进天子之书"称为"万言书"。参见（宋）赵升编，王瑞来点校《朝野类要》卷 4，中华书局 2007 年版，第 87 页。

③ 程颐给仁宗上书的时间，参见朱刚《唐宋"古文运动"与士大夫文学》，第 71 页。

④ （宋）朱熹《读两陈谏议遗墨》，《晦庵先生朱文公文集》卷 70，《朱子全书》，第 23 册，第 3381 页。

以侔德于勋华；求为三代，则无惭德于启诵。岂区区汉唐之君，文景、开元之盛足为拟伦哉？顾陛下加之意如何耳。"① 这番话令人想起王安石初见神宗时提出的"每事当以尧、舜为法"② 的宣言，这种卑视汉唐、直追三代的气度，已非庆历士大夫所能及。又如，程颐开篇即定调"臣请自陈所学，然后以臣之学议天下之事"。他在陈学环节大谈自古学者鲜得"大中之道"，在议事环节则先是极言内外之患，力劝仁宗于"今天下犹无事，人命未甚危"之时"早警惕于衷，思行王道"，然后由事及人，批判仁宗"有仁心而无仁政"，斥责百官不学无术，以此勉励仁宗以"忧虑天下之心行王道"。③ 复如，王安石下笔欲抑先扬，称赞仁宗是德、智、勤、俭、仁、明兼备的贤君，紧接着点出他所面临的"内则不能无以社稷为忧，外则不能无惧于夷狄，天下之财力日以困穷，而风俗日以衰坏，四方有志之士，諰諰然常恐天下之久不安"的窘境，由反差引出"今之法度，多不合乎先王之政"的主旨，继而又从法度讲到人才，强调"天下之人才不足"是千百年来的问题之源，随后详细阐释教士、养士、取士、任士之道。④ 程颐、王安石和庆历士大夫一样主张复行王道、回向三代，但他们的关注点已从调整政策导向转向重塑行动主体，两人的上书因此透现出"以先觉觉后觉"的强烈意图。庆历士大夫虽期望通过改革科举、学校来培养人才，也依靠言传身教变革士风，但终究没有如此强烈的自觉意识。由此言之，他们显然已被由自己道夫先路而不断向前跃进的时代精神抛在了后头，这或许就是先驱的宿命。

---

① （宋）陈舜俞：《上英宗皇帝书二》，《全宋文》卷1534，第70册，第312页。
② （清）黄以周等辑注，顾吉辰点校：《续资治通鉴长编拾补》卷3上，中华书局2004年版，第92页。
③ 参见（宋）程颐《上仁宗皇帝书》，《河南程氏文集》卷5，《二程集》，第510—515页。
④ 参见（宋）王安石《上仁宗皇帝言事书》，《临川先生文集》卷39，《王安石全集》，第6册，第749—769页。

仁宗晚年"渊默垂拱，万机之政，皆仰成宰相府"①，英宗即位初期又抱病难以理政，故致治太平不仅是帝王的责任，更是宰执的义务。程颐在《为家君应诏上英宗皇帝书》中明确提出：

> 今执政大臣皆先朝之选，天下重望，在陛下责任之而已。臣愿陛下召延宰执，从容访问今天下之事，为安为危，为治为乱，当维持以度岁月乎？当有为以救其弊乎？如曰当为，则愿示之以必为之意，询之以所为之政，审虑之，力行之，时不可后，事不可缓也。
>
> 如曰非不为也，患不能也。则天下之广，岂无贤德可以礼问？朝廷之上，岂无英髦可以讨论？有先王之政可以考观，有经典之训可以取则，道岂远哉？病不求尔。在君相协心勤求，力为之而已。
>
> 如曰无妄为也，姑守常而已，则在陛下深思而明辨之。②

不难看出，后辈士人上呈这些万言书，意在向君主和宰执同时施加压力。而程颐口中素负重望的元老，自然包括韩琦、富弼、欧阳修。按照程颐的定义，他们入仕以来的政治表现应该算是庆历之际"曰当为"且"力行之"，嘉祐、治平时期观念上"非不为也，患不能也"，而实际行动则近于"无妄为""姑守常"。这样的前后反差自然得不到后辈士人的认可。陈舜俞、苏辙、苏轼等一批青年士人纷纷上书宰相富弼，对其保守作风深表失望，指摘他不能得位有为。而王安石、吕公著主动边缘化，也隐隐然有抗争的意味。值得注意的是，连欧阳修晚年都开始反思嘉祐、治平之政。他曾向英宗坦言：近年以来"进贤之路太狭"，问题就出在主事者富弼、韩琦的用人方

---

① （宋）范纯仁：《富郑公行状》，元刻明修本《范忠宣公文集》卷17，《宋集珍本丛刊》影印本，第15册，第499页。

② 《河南程氏文集》卷5，《二程集》，第524页。

针上。欧接着解释道，自富、韩当国以来的十余年间"外自提刑、转运，内则省、府之类，选擢甚精，时亦得人"，和往年相比已有很大改观，但他们"用材"聚焦于"钱谷、刑名强干之吏"，却唯独忽略了馆职这一条"进贤之路"。① 因此，欧阳修激励英宗从重视馆阁取士开始，扭转"先材能而后儒学，贵吏事而贱文章"的"取士之失"。② 可见欧阳修立朝始终重视儒学、文章，与晚年倚重文吏的富、韩有异。③

南宋人洪迈以为，富弼、韩琦读到王安石的万言书会"不乐，知其得志必生事"。④ 这恐怕过于想当然了。富、韩、欧虽不会像后辈士人期待的那样去进行变法，但同时，他们也不会像吕夷简那样将上书言事之人斥为迂阔、好名。实际上，他们始终尊重这些热忱的文字，也能欣赏这批怀揣行道之志的年轻人。他们从不回避批评，而是积极和后辈士人展开接触和交流，并奖掖、进用批判者以充实人才队伍。⑤ 正是在王安石上万言书的嘉祐四年（1059），史载"度支判官、祠部员外郎王安石累除馆职，并辞不受，中书门下具以闻，诏令直集贤院，安石犹累辞乃拜"⑥。也是在该年前后，欧阳修见苏洵在万言书中推托召试，便"论之于天子，再召之试"，苏又推辞，欧仍"叮宁而不肯已"。⑦ 不久，苏洵携二子重到开封，欧阳修向朝

---

① 参见（宋）欧阳修《独对语》，《欧阳修全集》卷119，第1835页。

② 参见（宋）欧阳修《乞补馆职札子》，《欧阳修全集》卷114，第1727页。

③ 朱东润曾比较韩琦、范仲淹、尹洙、欧阳修、梅尧臣的个性，认为韩、范更偏政客，尹、欧、梅更偏书生。参见朱东润《梅尧臣传》，载《朱东润传记作品全集》第2卷，第76页。而欧阳修在政府中的专长也偏重文化以及意识形态领域。宋人有云："韩魏公得宰相体。时曾鲁公为亚相，赵阅道、欧阳永叔为参政，凡事该政令则曰问集贤，该典故曰问东厅，文学则曰问西厅，大事则自与决之矣。"［参见（宋）王得臣《麈史》卷上，第4页］

④ （宋）洪迈：《容斋随笔》四笔卷4，第673页。

⑤ 这其中程颐似乎是个例外，不过程颐是否真如研究者所说遭到欧阳修的刻意打压（参见朱刚《唐宋"古文运动"与士大夫文学》，第69—73页），还值得商榷。

⑥ （宋）李焘：《续资治通鉴长编》卷189，第4566页。

⑦ 参见（宋）苏洵《上欧阳内翰第五书》，《嘉祐集笺注》卷12，第341页。

廷力荐，最后由富弼、韩琦定夺，除试秘书省校书郎。同样的，陈舜俞、苏辙、苏轼亦于上书后很快被推荐应制举。而苏辙应贤良方正能直言极谏科的经历也可以证明庆历士大夫的包容。苏辙在《颍滨遗老传》中追忆，他在御试环节"因所问，极言得失"，他起笔从仁宗策问中流露出的"忧惧"之意敷演开去，先是回顾宝元、庆历之际仁宗因西事"昼不安坐，夜不安席"，引得"天下皆谓陛下忧惧小心如周文王"，接着叙述仁宗"自西方解兵""弃置忧惧之心二十年矣"，以此指摘仁宗"无事则不忧，有事则大惧"，与"古之圣人"的行为截然相反。① 苏辙这段关于"忧乐"之节的发言赓续庆历士大夫在宝元、庆历之际的自辩，相信仁宗和考官对此不会陌生。苏辙完成立论，便大谈他风闻的"宫禁之事"，从伤身、害政、靡财三个角度集中批判了仁宗的"女宠之害"。苏辙于上缴对策后"自谓必见黜"，最终却入第四等。② 这其实是各方激烈博弈的结果：

　　司马光（考官）"第以三等"→范镇（考官）"难之"→蔡襄（三司使，批判对象）"曰：'吾三司使也。司会之言，吾愧之而不敢怨。'"→胡宿（考官）"以为不逊，力谓黜之"→仁宗（批判对象）"不许，曰：'以直言召人，而以直弃之，天下谓我何？'"→宰相（批判对象）"不得已，置之下第，除商州军事推官"→王安石（知制诰、考官）"意其右宰相专攻人主，比之谷永，不肯撰词"→韩琦（宰相，批判对象）"哂曰：'此人策语，谓宰相不足用，欲得娄师德、郝处俊而用之。尚以谷永疑之乎？'"→沈遘（知制诰、考官）"知其不然，故文通当制有爱君之言"→杨畋（举主）"见上曰：'苏辙，臣所荐也。陛下赦其狂直而收之，盛德之事也，乞宣付史馆。'"→仁

---

① 参见《苏辙集》卷 12，第 1014 页。
② 参见《苏辙集》卷 12，第 1014—1015 页。

宗（悦，从之）①

关于苏辙对策的评价，考官们存在严重分歧。仁宗、韩琦和蔡襄身
为主要批判对象，并没有被苏辙的风闻其事以及危言耸听激怒，或
坚持以直召人的原则，或自愧任职表现，或为苏辙辩护，皆表态接
纳苏辙的讦直之言，使得苏辙免于被污名化。再者，二苏的另一位
举主欧阳修在听到两人通过制举后赞叹为"自前未有"的"盛
事"②。总之，庆历士大夫作为高位者，摆出开明的姿态，传达沟通
的意愿，这无疑能够有效减轻他们和后辈之间因理想落空而产生的
摩擦，这有助于他们在争议之中仍能安居其位。

　　最后是代际协作。言官群体在嘉祐时期依旧延续了庆历以来的
言事风格，他们对宰执仍十分挑剔，言辞也很锋利。庆历士大夫当
然也不能幸免。如嘉祐五年（1060），御史中丞韩绛以宰相富弼荐引
张孜为由请求仁宗罢黜富弼，富弼闻讯"引咎求罢政事"，韩绛亦居
家待罪，"自言不敢复称御史中丞"。谏官唐介、王陶和台官范师道、
陈经、吕诲、陈洙等都认为，张孜被任用管军是由二府共同决策的，
韩绛这么做是欲"以危法中伤人臣，而不知主无根之言，摇动众听，
翻为朝廷不便"。③由此风波可以看出，立朝身正行端是庆历士大夫
面对言官的底气，也是他们能够保位全名的关键，因此在多数情况
下，庆历士大夫都不是言官重点攻击的对象。而欧阳修在翰林学士
及枢副、参政任上，韩琦居相位，都有意和言官保持一定的政治协
作，这自然能够极大缓和代际间以及体制内的结构性矛盾。

　　先看欧阳修和台谏的联动。欧阳修于至和元年（1054）回朝后
不久就被仁宗召入翰林，在文学侍从的位置上一待就是六七载。翰
林学士作为文章之选、论思之职，本就十分契合欧阳修的才性。因

---

　　①　参见《苏辙集》卷12，第1016页。
　　②　参见（宋）欧阳修《与焦点丞书》其十一，《欧阳修全集》卷150，第
2478页。
　　③　参见（宋）李焘《续资治通鉴长编》卷191，第4626页。

此，欧在这些年中的表现堪称典范，他自己也过得比较适意，尤其和后来的枢副、参政生涯相比，内翰生涯令欧不止一次发出"却思玉堂，如在天上"①的浩叹。欧阳修在翰林学士任上同样拥有参议政治的责任感②，仍践行年轻时树立的言事观念。他"知无不言，屡建议，多见施行"③，连撰写春帖子词都"篇篇有意"，引得仁宗赞赏："举笔不忘规谏，真侍从之臣也！"④而最能体现欧阳修之言者本色的，无疑是至和、嘉祐之交协助台谏弹劾宰相陈执中、枢密使贾昌朝的事迹。

以逐陈执中事为例。至和元年（1054），御史中丞孙抃及其下属赵抃、郭申锡、毋湜、范师道等以"纵嬖妾杀婢"为由激烈地弹击他们厌弃已久的宰臣陈执中，仁宗执意保全陈执中，不仅没有听纳台官的意见，还训诫他们不识大体，言事或失于当。陈执中一被劾奏即居家待罪，不敢出，后摸清仁宗态度，复入中书视事。台官们继续累章弹奏。就在几方僵持不下之际，欧阳修毅然上书声援台官，有力地扭转了局势。身为旁观者，欧阳修洞察仁宗、宰执、言官之间的离合关系，他依旧不改当年褒贬分明、"意切言狂"的本色（故上书未果后自请出知蔡州），同时思虑更为周密，言说也更讲究策略。这封《论台谏官言事未蒙听允书》⑤围绕君主的决策心理展开，欧阳修首先点明自古人君"莫不欲为明主而常至于昏者"的根源在于"好疑自用而与臣下争胜"，接着以此分析时事：近年来宰相多以过失而遭台谏弹劾，仁宗"不悟宰相非其人，反疑言事者好逐宰相"，又由疑心生出"自用之意"，认定"宰相当由人主自去，不可因言者而罢之"，因此不管宰相是否称职，仁宗都"屈意"以留用之，目的只是要"沮言事者"而已。易言之，仁宗出于独裁的本

---

① （宋）欧阳修：《跋学士院题名》，《欧阳修全集》卷73，第1061页。

② 参见陈元锋《北宋馆阁翰苑与诗坛研究》，第101—102页。

③ （宋）欧阳发等：《先公事迹》，《欧阳修全集》附录卷2，第2635页。

④ （宋）欧阳发等：《先公事迹》，《欧阳修全集》附录卷2，第2636页。

⑤ 参见《欧阳修全集》卷108，第1634—1637页。

能，从权势而非治理的角度来思考问题，将言官弹劾宰相的履职尽责之举理解成舆论权力和皇权的零和博弈，于是原本公正、超然的仲裁者直接介入了争端，"以万乘之尊，与三数言事小臣角必胜之力"，一手造成恶性循环：

> 宰相陈执中"不协人望，累有过恶"→言官群起抨击→仁宗猜忌言官，"用执中之意益坚"→"言事者攻之愈切"→仁宗越发想要"取胜于言事者"→"邪佞之臣"希合上意，"因隙而入"，宣扬宰相不可令动摇，甚者诬陷言官"欲逐执中而引用他人"→仁宗"方患言事者上忤圣聪，乐闻斯言之顺意"，遂听信谗言，"拒言事者益峻，用执中益坚"→言事者见"圣意必不可回"，只得"知难而止"→仁宗有"尧舜之用心"而使天下"纲纪日坏，政令日乖，国日益贫，民日益困，流民满野，滥官满朝"

欧阳修强调，这样一个"言事者本欲益于陛下，而反损圣德者多矣"的双输局面危害甚大，它之所以愈演愈烈，首先应当归咎于仁宗师心自用，次要责任则由台谏承担，他们本心忠直，只是由于言事"太切"而激成仁宗之"疑惑"罢了。职是之故，欧阳修最后恳请仁宗从内在的症结开始，"廓然回心，释去疑虑，察言事者之忠，知执中之过恶，悟用人之非，法成汤改过之圣，遵仲虺自用之戒，尽以御史前后章疏出付外廷，议正执中之过恶，罢其政事，别用贤材，以康时务，以拯斯民，以全圣德"。

不难看出，在经历庆历新政以来的一系列风波过后，欧阳修和范仲淹一样都致力于解决"太上用忠之意，谓吾道无可信"① 的难题。范仲淹在自我反思后主张转变观念，欧阳修给出的答案则更为

---

① （宋）范仲淹：《与省主叶内翰书》其二，《范文正公文集》卷11，《范仲淹全集》，第263页。

复杂：对于朋党论，他主动予以消解；对于致治太平的理想，他有心而无力，乃至警惕变革①；对于危言危行论和积极近名论，他仍旧坚守，同时也做出必要补充。欧阳修一方面从言事主体的角度提倡"自明而取信"的行事原则，另一方面也期望君主放下成见，不再怀疑、抵触那些逆耳之言。欧阳修回朝出任翰林学士后，亦从这两方面入手尽力护佑新理念。他密切关注着言官的选任、履职和晋升全部环节，积极引入新鲜血液，适时提醒言官避嫌，更会在关键时刻挺身而出，给予支持和辩护。同时，他也一直在尝试说服仁宗从心底接纳这些忠直的言者，理解"言事太急"背后的用心。因此，欧阳修在很多时候扮演了君主、言官之间的调解者角色，努力促进双方的政治互信，以此维持他和同道开拓的言事风气。而言官自然明白欧阳修是同道中人，也上奏讽劝仁宗挽留欧这样的正人贤士。

欧阳修升入二府后，依然"毅然不少顾惜，尤务直道而行，横身当事，不恤浮议"，但凡发现"事有未可"，或遇"奏事上前，众议未合"，上至宰执，下至百官，他"未尝不力争"，"往返折难，无所顾避"。② 同时，政治身份的转换亦未改变欧阳修同情言官的立场。嘉祐六年（1061），谏官唐介、赵抃、王陶和台官范师道、吕诲弹劾枢密副使陈旭，陈上奏自辩，仁宗认定台谏所言非实，但因他们言之不已，故索性将两方都外放。欧阳修见状，立即上奏力劝仁宗"召还介等，置之朝廷，以劝守节敢言之士"③。他先是根据君主的性格讨论"谏人主者""言大臣者"孰难孰易的问题，并让仁宗从言事的曲直、公私明辨"人之忠邪"，这和范仲淹早先的二元修辞遥相呼应。欧接着指出，仁宗"仁圣宽慈，躬履勤俭"，既"乐闻谏诤，容纳直言"，又优礼大臣，"思与臣下爱惜名节，尤慎重于进退"，因此，欧阳修从这次言官集体贬谪事件中看到的是他们在仁宗

---

① 参见刘子健《欧阳修的治学与从政》，第 224—227 页。

② 参见（宋）欧阳发等《先公事迹》，《欧阳修全集》附录卷 2，第 2638 页。

③ （宋）欧阳修：《论台谏官唐介等宜早牵复札子》，《欧阳修全集》卷 113，第 1714 页。

朝始终面临的困境："规切人主则易，欲言大臣则难"。① 于是欧阳修展开了台谏同宰执抗争的当代史：

> 臣自立朝，耳目所记，景祐中，范仲淹言宰相吕夷简，贬知饶州。皇祐中，唐介言宰相文彦博，贬春州别驾。至和初，吴中复、吕景初、马遵言宰相梁适，并罢职出外。其后赵抃、范师道言宰相刘沆，亦罢职出外。前年韩绛言富弼，贬知蔡州。今又唐介等五人言陈旭得罪。自范仲淹贬饶州后，至今凡二十年间，居台谏者多矣，未闻有规谏人主而得罪者。②

欧阳修特为提醒仁宗，从范仲淹景祐之贬以来，言者们前赴后继、愈挫愈勇，唐介诸人早已不是第一次这么做了，他们明知言大臣难却仍选择履行言责，堪称"进退一节，终始不变之士"。欧强调，这批言官的"出处本末之迹"完全可以证明他们的为人，"言虽不中，亦其情必无他"，需要仁宗给予包容。最后，欧阳修又用事实破除"言事之臣好相朋党，动摇大臣，以作威势"的非议，这类批评随台谏的崛起而愈出不穷，欧本人也曾是它的受害者。由此可见欧阳修与台谏的精神共鸣。

再看韩琦和台谏的合作。嘉祐政治的一个核心主题是解决皇位继承危机。仁宗一直没有成年的皇子，随着他年事渐高，该问题愈益凸显出来。尤其是嘉祐元年（1056）正月仁宗生了一场突如其来的重病之后，朝野上下普遍认定立嗣一事刻不容缓。仁宗养病期间，时任宰臣的文彦博、张沆、富弼已说服仁宗及早立嗣，对象便是从小养在于宫中的宗室赵宗实，连奏议都已起草，适逢仁宗病愈，此事遂中辍。与此同时，知谏院范镇上疏请求仁宗暂立宗室贤者为储

---

① 参见（宋）欧阳修《论台谏官唐介等宜早牵复札子》，《欧阳修全集》卷113，第1713页。

② （宋）欧阳修：《论台谏官唐介等宜早牵复札子》，《欧阳修全集》卷113，第1713页。

君。奏疏上达后，文彦博派蔡抗前去询问范镇具体内容，范如实相
告。蔡埋怨范不和执政沟通就贸然行事，范回击不愿被执政掣肘。
殿中侍御史赵抃、并州通判司马光亦上疏响应范镇，司马光还写信
激励范以死相争。不久，仁宗以水患"诏群臣实封言时政阙失"，范
镇借机重论建储事，并建议仁宗把他先前所上奏章"付执政大臣速
为裁定"。① 文、富等起初议定立嗣，未曾和枢密院商量，致使枢密
使王德用不悦。翰林学士欧阳修得知此事，鄙夷王的浅陋，并上疏
力劝仁宗建储，疏凡再上，皆留中不出。此后，知制诰吴奎、殿中
侍御史吕景初亦论此事。吴奎甚至主张，今之灾沴"亦不独陛下之
过，辅弼之臣未闻力争"，造成"宗社无本，郁结群望，感召沴气，
毒流天下"，故"所宜深罪，推之咎罚，无大于此"。② 八月，司马
光、范镇又因天变一再进言。范镇"前后六奏宗庙社稷安危大计"，
其中有两奏奉旨送中书，但"历月逾时，寂然不见有所猷为"。他两
至中书，宰执不但"递相设辞以拒"，还警告范不可"干名希进"。
范一面上书执政严词抗议，一面上疏称，仁宗"欲为宗庙社稷计"，
而宰臣畏避苟安，不欲主持建储一事。③ 朝廷任命范镇为侍御史知杂
事，他"以言不从，固辞不受"。宰执向范解释，他们原先已在运作
此事，但现在仁宗康复，又有人从中挑拨，很难再推进下去。范镇
再次写信反驳，又三次向仁宗面陈，仁宗只好承诺等两三年以后再
给明确答复。范镇仍不屈服，"凡章十九上，待罪百余日，须发为
白，朝廷不能夺"，终罢言职。而建储一事最后还是暂时作罢。④ 不
难看出，宰执和台谏一开始并未形成充分的协作，反倒相互猜忌。
以文彦博为首的宰执认为兹事体大，须从长计议，因此一面观望仁
宗意向，一面大搞密室政治。如此做派引发台谏的强烈不满，导致
他们把批判的矛头指向了宰执，减轻了仁宗的压力。而以范镇为代

---

① 参见（宋）李焘《续资治通鉴长编》卷 182，第 4416 页。
② 参见（宋）李焘《续资治通鉴长编》卷 183，第 4428 页。
③ 参见（宋）李焘《续资治通鉴长编》卷 183，第 4432—4434 页。
④ 参见（宋）苏轼《范景仁墓志铭》，《苏轼文集》卷 14，第 438 页。

表的台谏面对态度消极的君主和宰执，坚持己见，言辞激切，也令宰执很是难堪，乃至心生成事不足之感。

这样的僵局终于在嘉祐六年（1061）迎来了转机。当年七月，同修起居注司马光同知谏院。据韩琦长子韩忠彦所撰《韩魏公家传》披露，这次任命是由时相韩琦授意的。韩琦一直关切仁宗的继承人问题，期望得到言官的助力。他知道司马光在并倅任上有过类似的行动，遂有上述布局。无论韩琦是否真就如此深谋远虑，一个显而易见的事实是，韩琦和司马光从此展开了合作。很快，司马光先是上疏，后入对面陈，正式开启第二阶段的建储拉锯战。司马光和仁宗当面讨论立嗣事后，又至中书禀告其他事宜，韩琦问司马光向仁宗面陈何事，后者暗忖"此大计，不可不使琦知，思所以广上意者"，当即回答谈了"宗庙社稷大计"。韩琦心领神会，亦无复多言。① 过了十天，宋廷派司马光和殿中侍御史里行陈洙同详定行户利害，陈洙趁四下无人时将韩琦的诉求转告给司马光："君实近建言立嗣事，恨不以所言送中书。欲发此议，无自发之。"② 司马光遂再度上奏、面陈，争取到奏章奉旨送中书。司马光随即至中书挑明此事，并勉励宰执。韩琦十分欣慰，立刻应承下来。恰巧知江州吕诲也上疏请求早建皇嗣。不久，韩琦等宰执与同列奏事垂拱殿，读到司马光、吕诲的两封章奏，终于说动仁宗建储，起复赵宗实为泰州防御使、知宗正寺。然而赵宗实却一再推辞，仁宗也愈发动摇。等到嘉祐七年（1062）七月，右正言王陶上疏建议仁宗先和执政大臣商量，给赵宗实一个差遣名目。韩琦和曾公亮、欧阳修则私下商议，决定劝仁宗直接给予皇子的名分，并通过耐心的沟通换得了仁宗的首肯。同年八月，赵宗实被正式立为皇子，改名赵曙。这就是未来的宋英宗。

嘉祐末年的立嗣事件虽一波三折，却能大功告成，这一结果和

----

① 参见（宋）李焘《续资治通鉴长编》卷195，第4719—4720页。
② （宋）李焘：《续资治通鉴长编》卷195，第4722页。

士大夫之间的精诚合作是分不开的。司马光、陈洙、王陶等言官，和韩琦、曾公亮、欧阳修等宰执一道说服态度暧昧的帝王，携手克服烦琐的程序以及台谏与宰执串通的嫌疑①，最终妥善解决了被长期搁置的皇位继承难题。这其中，台谏的勇气与锐气，宰执的运筹帷幄和步步为营，还有双方都表现出的坚定意志，无疑是成事的关键。而由立嗣的整个过程来看，嘉祐政治的主要矛盾围绕君主和士大夫展开，士大夫内部不能说没有争执，但面对强大的皇权，舆论权和行政权也逐步磨合，达成合作关系。特别在嘉祐后期，宰执和台谏为共同的政治目标彼此配合，尽力和君主周旋，迎来了庆历以来难得的平静期。

然而，宰执和台谏之间、元老与新进之间和衷共济的关系到治平年间再也无法维持，局势急转直下。英宗即位后，首相韩琦有定策之功，权势益盛，难免惹来"专政"之类的訾议②。参政欧阳修一方面始终是韩琦的政治盟友，另一方面在百官奏事时常与人辩论，"闻台谏论事，往往面折其短"③。前者有党附权相之嫌，至于后者，心直口快于台谏任上是为践行言责，于宰执任上却可能被认为是仗势欺人。韩、欧的地位愈稳固，表现愈强势，则让台谏越发难以忍受被压制的现状。再加上英宗和曹太后的矛盾，以及枢密使富弼和韩琦、欧阳修的龃龉乃至决裂④，治平政坛云诡波谲，冲突一触即发。

治平二年（1065），环庆路总管孙长卿除河东都转运使，台谏交

①　李昌宪指出，韩琦之所以无法和司马光直接联系，而要通过司马光好友陈洙私下传话，是因为有台谏与宰执不能私相往来的禁令。参见李昌宪《司马光评传》，南京大学出版社 1998 年版，第 121 页。

②　关于韩琦为相以来"专权"的争议，参见朱义群《宋神宗起用王安石知江宁府的背景及其政治和文化意涵》，《中华文史论丛》2017 年第 3 期。

③　（宋）欧阳发等：《先公事迹》，《欧阳修全集》附录卷 2，第 2638 页。

④　富弼和韩琦、欧阳修关系破裂的原因和过程，参见刘子健《欧阳修的治学与从政》，第 231—233 页；黄燕生：《宋仁宗 宋英宗》，吉林文史出版社 1997 年版，第 291—300 页。

章论列其守边无状，宜加降黜。英宗认定朝廷的命令不可轻易改变。韩琦、欧阳修等宰执亦向英宗明确表态：一则，孙长卿无败事，不能曲从台谏之言令他蒙冤受黜；二则，自英宗亲政以来，朝廷很少采纳台谏之言，故外人非议中书致人君拒谏，但实际上，就像孙长卿事所显示的那样，他们只是"难徇言者滥行黜罚耳"。英宗深以为然，并提出"台谏夺权"之说。欧阳修立即上奏反驳道："此则为陛下言者过也。朝廷置台谏官，专为言事，若使默然，却是失职。苟以言事为夺权，则台谏无职可供矣。"① 此事是治平政局的缩影。英宗病愈亲政以后，仍倚靠长期扶助他的宰执，而警惕台谏以言夺权。皇权和行政权力的联合，给予舆论权力极大的压力，迫使台谏寻找突破口来扩展自身的生存空间。很快，他们就等来了"濮议"。

"濮议"，即宋廷有关英宗生父濮王赵允让之名分的争论，引发台谏与宰执的严重对立。它不只是仪礼之辩，更是一场台谏借机向宰执发难的政治斗争。② 这里不妨引述一段曾巩的见闻和评论：

> 治平元年（实为治平三年），余与孙觉皆编校史馆书籍，直舍相对。觉过余言曰："闻台官以数言事不用，相约以谓言小事不足决去就，当共争濮王事，知不听则决去。"盖是时知杂御史吕诲、吕大防、范纯仁等，与谏官数论孙固庸回、王广渊奸邪，不当用，其言愈切，而用之愈坚。事如此类者甚众。凡台谏官入，辄以进呈讫寝之，时人谓之"讫了"。范纯仁言台吏，亦为之沮衄。每白御史曰："某事又讫了也。"盖执政方恃权，欲一切以阻言者，而言者以不能塞职为惭且愤，故相约如此。（以下为"濮议"后期经过）……盖自至和以后，仁宗虽尝属疾，然

---

① 参见（宋）欧阳修《论孙长卿为台谏所劾事》，《欧阳修全集》卷119，第1833—1834页。

② 刘子健早已指出了这一点，参见刘子健《欧阳修的治学与从政》，第234—238页。

在位久，熟知人情伪与群臣材性之善恶。故虽委事大臣，而听用台谏官，广开言路，使耳目无壅蔽，大臣有不法者，辄去之，故任者虽专，亦不能自肆。治平初，英宗新即位，多不豫，任事益专，始欲快意。……是时凡台谏官言事，一切不听，或尽逐台官，不留一人。京师为之语曰：“绝市无台官。”其蔽至于如此。然人主犹采物论，朝廷正人未尽去，公议有所属，故言事者尽斥逐相望，而后来者其言愈厉。至濮王之事，执政议称王为考是也，遂欲称王为伯，陋矣。盖两言者各率其私意，而不知考据于载籍，皆不学之过，故各有得失。然争论至于纷纭，连年汹汹者，盖由言路不通，人情愤惋，故至于此者，皆执政自用好胜激之使然也。①

曾巩本人持“称考”的意见，尝作《为人后议》寄给欧阳修。然而他回顾“濮议”，却不局限于礼制，亦不站在执政一边，堪称慧眼如炬，立场公允。他不仅详叙台谏力争“濮议”的背景和细节，更将“濮议”置于仁宗后期至英宗时代君主、执政和言官的三角关系中予以诠解，一一点破言官和执政在这场礼仪之争中的“私意”。曾巩指出，言官之所以刻意立异，“连年汹汹”，主要是为了发泄“言路不通”的愤懑；而执政拂逆公议，坚持己意，则是由于“恃权”“任事益专”“自用好胜”之故。两相比较，后者显然要在这场不必要的冲突中负主要责任。曾巩的这番论述代表了许多旁观此事的后辈士大夫的看法。

需要注意的是，由前揭欧阳修《论孙长卿为台谏所劾事》可知，英宗亲政后好恶分明，他压制台谏有时比宰执还要用力。宰执强行遵奉濮王为皇考，其背后正是英宗的意志。曾巩在笔记中又举台官数度弹劾孙固、王广渊无果以及知制诰钱公辅、祖无择封还枢密副

① （宋）朱熹：《三朝名臣言行录》卷 5 引《南丰杂识》，《朱子全书》，第 12 册，第 509—510 页。

使王畴词头而遭黜罚诸事为例以证明宰执专权，但事实上，孙固、王广渊、王畴的任命都由英宗直接过问，王广渊是其潜邸旧人，孙固为王广渊死交，受韩琦器重，除编修中书诸房文字，曾有议请称濮王为皇考，议未及上，就遭台官交章弹击。他后被任命为颍王侍讲。王畴先前在御史中丞任上曾劝曹太后还政，又以"清直好学"见赏于英宗。故三人上位显是新君在扶持亲信。总之，治平后期的权力格局绝非主弱臣强，英宗颇有主见，和宰执一样强势，只不过两者在很多时候结成了盟友，相互倚重以达成各自的政治目的。因此严格来说，应该批判宰执媚上而非怙权。不过，无论是当事人还是旁观者都将矛头指向站在前台的宰执，乃至认定英宗"益事谦逊，深自晦匿"而令"大臣专权，甚于先朝"①，无疑是期望离析君相的利益，从而争取英宗回心转意。

台谏向英宗陈说宰执的专权之弊，集中于两个方面：一是，宰执于"天下多事之际""壅塞言路""蒙蔽宸聪"，"使忠臣抱吞声之恨，圣君有拒谏之名"；二是，"朝廷居安之久，是陛下大有为之时，不宜持循，当务更化，（韩）琦之用，恐未足以救天下之安危"。②不难看出，"濮议"是嘉祐以来士林不断累积的失望情绪的一次总爆发。而直谏之风气和革新之理想，原是庆历士大夫于千难万险中带动起来的，也一直为他们所珍视，但讽刺的是，他们晚年却被第二代科举士大夫视为阻碍新理念的最大保守势力。而"博识古今，精习文史"③的欧阳修随后更是被台谏指控为"首开邪议，妄引经据，以枉道悦人主，以近利负先帝"④的元凶。司马光、吕大防、范纯仁、吕诲等人是如此具有攻击性，以至于韩、欧倍感骇然，始终难以接受。韩琦看到范纯仁的奏疏，对同僚叹息："琦与希文（范仲淹

① 参见（宋）司马光《上皇帝疏》，《司马光集》卷34，第794页。
② 参见（宋）李焘《续资治通鉴长编》卷206，第5012—5013页。
③ （宋）李焘：《续资治通鉴长编》卷207，第5024页。
④ （宋）李焘：《续资治通鉴长编》卷207，第5023页。

字），恩如兄弟，视纯仁如子侄，乃忍如此相攻乎?"① 欧阳修则于
"毁辱愧耻愤闷忧郁"② 之中持续从政治和礼制上反击政敌，为自己
以及二府大臣辩护。这些声音最后汇聚成《濮议》四卷。

欧阳修在《濮议》的序言和卷一开宗明义道，这批言官坚持皇
伯之议，和伦理、正义无关，只是他们要借"濮议"这个"好题
目"来泄愤和干誉，满足一己之私欲。欧在书中满含激愤地叙写台
官"诬君以恶而买虚名"的过程：他们"皆新被擢用，锐于进取，
务求速誉，见事辄言，不复更思职分，故事多乖缪，不可施行"，但
"不自知其言不可施行，但怨朝廷沮而不行"，随后他们因"言事不
行"而出言不逊，又遭朝士戏笑，"益怏怏惭愤，遂为决去就之计，
以谓因言得罪，犹足取美名"，其后以"濮议"奇货可居，"相与力
言"，却被英宗否决，于是"愈益愧耻，既势不能止，又其本欲以言
得罪而买名，故其言惟务激怒朝廷，无所忌惮而肆为诬罔"，最后士
大夫不知"濮议"本末，轻信台官所诬之言，"但谓以言被黜，便
是忠臣，而争为之誉"，台官由此达成"得虚名"的意图。③

欧阳修对言事者的抨击，几乎就是消极近名论的翻版。不过，
与其说这是欧阳修在重复老成士大夫质疑诤谏者和近名者的老调，
不如说是他和范仲淹一样受亲身经历的刺激而深度批判危言危行论
和积极近名论。欧阳修在嘉祐年间畅论名节，比之范仲淹晚年匡正
"专尚名节"之弊，可以说是对直言论和近名论的一种建设性反思，
但深陷"濮议"之后，他对新型言事及声望观念的支持被彻底动摇。
欧阳修观察到，在积极近名论被新一代士人普遍接受后，产生了一
类更为极端更为高级的卖直取名的手段。一方面声望成为十分重要
的象征资本，甚至对于很多士人来说，名节本身就是自我实现的最
高境界，具有独立的并且是无上的价值，另一方面台谏只要因为某

---

① （宋）李焘：《续资治通鉴长编》卷207，第5033页。
② （宋）欧阳修：《乞出第三札子》，《欧阳修全集》卷92，第1368页。
③ 参见《欧阳修全集》卷120，第1847—1852页。

种形式上的诤谏而遭到朝廷的责罚，一般就能得到舆论的同情和褒扬。如此一来，台谏为追求直声往往会集体采取一种极其高调、偏激乃至带有自毁性质的言事策略或者说政治表演，变相怂恿上位者降下处罚，这使得整个朝廷持续陷入无意义的政治内耗之中。无论有意无意，这都是一种假正义为名的无所顾忌的恶行。"君子"一旦自私起来，无疑要比那些沽激躁进的小人更没有底线。欧阳修的观点从根本上来源于他晚年保守的政治立场，同时也不可避免地带有意气的成分。但他也确实指出了积极近名论在成为主流政治文化的过程也有异化的倾向。而欧阳修这位新型声望观的倡导者最终戏剧性地成为它的受侮者和反对者，似是命运对他本人"出尔反尔"的某种作弄。

至于欧阳修这次的书写活动能否像往常一样引导舆论，减轻压力，答案很可能并不乐观。原因倒无关《濮议》本身，而在文字之外。首先，从横向来看，以韩、欧为代表的宰执面对多数人主张的异议，借助皇权和手中的行政权强行通过"皇考"的决议，又强迫台谏集体解职离朝，俨似景祐党争中的吕夷简，只会将舆论进一步推至对手一边，况且，吕诲诸人"自写章疏，宣布中外，今闾巷之人皆能传诵"①，也在积极争夺舆论；其次，从纵向来看，欧阳修早年以诤谏著称，直到治平年间还在捍卫台谏的言事权，但一经"濮议"即改换立场，对此，即便是同情者也会感慨一句有始无终。后辈士大夫恰恰就利用欧阳修的前后反差予以驳斥。如司马光熙宁五年（1072）作《吕献可章奏集序》，开篇先援引欧阳修《上范司谏书》中谏官行道与宰相等夷的论述，并以此表彰吕诲"以直道自立，终始无缺"②的一生，真可谓以彼之道还施彼身。邵雍之孙邵博便领会司马光如此措辞的用意，他指出，司马光或许是认定吕诲"能尽欧阳公所书谏臣之事，使欧阳公无得以怨"，或许又

---

① （宋）欧阳修：《乞出第一札子》，《欧阳修全集》卷92，第1364页。
② 《司马光集》卷65，第1349页。

是在暗示欧阳修"但能言之"，吕诲"实能行之"，而欧阳修撰作《濮议》专与台谏论辩，独归咎于吕诲，显是过甚其辞。① 南宋人罗大经亦讥刺欧阳修：《濮议》若成立，那么他本人"为谏官侍从时，每事争辩"不也是在"贪美名、求奇货、寻好题目"。② 更吊诡的一点是，就算是赞同言官卖直取名之说的学者，也往往将这一风气追溯到欧阳修身上，嘲讽他自作自受。如叶适强调，欧"先为谏官，后为侍从，尤好立论，士之有言者，皆依以为重，遂以成俗"，逮至"濮议"事发，"未知是非所在"，而天下之人"反回戈向之"，致使"平日盛举，一朝堕损，善人君子，无不化为仇敌，至今不定"。在叶适看来，欧阳修无疑政治失序、君子失和的始作俑者，但他同样也是受害者，"欧阳氏之所以攻人者，亦其所以受攻而不自知也"。③ 不难看出，欧阳修在"濮议"之后已陷入越说越错的尴尬境地。

总之，在这场以"濮议"为名的权力之争兼代际冲突中，老之将至的宰执与正当盛年的言官都视对方为大敌，也都竭力劝说君主和士林选边站队。在前者看来，他们有责任阻止躁进的后生上位；而在后者眼中，我辈是在挑战无能却怙权的肉食者，是在批判那些背弃道义和理想的前辈。正是经由精神意义上的"弑父"，第二代科举士大夫向世人宣告了自身的成熟和独立。他们显然已按捺不住创造新世界的冲动，正急切地走向舞台中央。结果，元老维持了他们的政治地位，但立朝执政的志念已被大大消磨，而后进则获得舆论的拥护。这表明重塑代际权力格局已成为士林的共识。嗣后，随着神宗时代的到来以及王安石得位变法，权力世界的代际更替迅速成为现实。愈趋保守的庆历士大夫也很快迎来了政治生涯的落幕。

---

① 参见（宋）邵博《邵氏闻见后录》卷16，第129页。
② （宋）罗大经：《鹤林玉露》丙编卷2，第260页。
③ 参见（宋）叶适《习学记言序目》卷47，第709页。

第二节　以文字报知己：庆历士大夫的集体 纪念文字及其政治文化意涵

　　作为一个初级群体，庆历士大夫彼此间的联系同时表现为道义上的投契、行动上的协同、文字上的往来，以及情感上的连结。他们的文字是最好的证明。在庆历士大夫合力完成的一系列群体书写现象当中，有一类现象兼具规模和深度，尤其值得注意，那便是他们为去世成员而创作的以碑志和哀祭两个文类为核心的纪念文本群。死生固是人生大事，在一次次永诀的时刻，庆历士大夫身为共同体的意识得到了堪称极致的激活和袒露。这些纪念文本群因而承载了庆历士大夫内部交往的诸多信息，不仅指向生者对逝者的缅怀和认可，同时也包含了生者之间围绕碑志写作而展开的种种协作和博弈，足以揭示庆历士大夫亲密而又富于张力的独特关系，以及他们对于这种关系的认知。是故，本节将尝试还原庆历士大夫为同道举行的集体悼念活动及与之相伴的群体书写现象，在由士人交游和文本网络组成的诸人际、篇际关系中细读文本，探讨士人关系与文学书写之间的深层联系，进而重审尹洙、范仲淹碑志撰作之争，还原他们对于"党议"的差异性的思考。

一　庆历士大夫的集体哀悼活动与纪念文本群

　　欧阳修于挚友尹源逝后曾向其弟尹洙倾诉道："吾徒所为，天下之人嫉之者半，故人相知不比他人易得，失一人如他人之失百人也。"[①] 作为北宋政治文化变革的先行者，庆历士大夫的行事一直饱受世人的质疑和争议，故他们极其珍视来自同道的理解和支持。对他们来说，和每一位"真朋"的关系皆是唯一且不可替代的，每一

---

① （宋）欧阳修：《与尹师鲁第五书》，《欧阳修全集》卷69，第1002页。

人的故去都是人生中无法挽回的损失。巨大的落差感遂激起旺盛的表述欲，他们常觉"中怀亦自有千万端事待要舒写"①，故人的音容、共同历经的往事乃至由生死引发的深沉感喟一时间喷薄于心口，因而撰作纪念文字不止为告慰亡魂，更是一种自我纾解的方式。

职是之故，庆历士大夫多主动承当记录同道生平以垂不朽的任务，大有舍我其谁之意。这在欧阳修身上表现得最为突出。庆历五年（1045），尹源逝后，他立即给尹洙去信，提出"修于子渐（尹源）不可无文字，墓志或师鲁（尹洙）自作则已，若不自作，则须修与君谟（蔡襄）当作，盖他平生相知深者，吾二人与李之才尔。纵不作墓志，则行状或他文字须作一篇也"②。庆历七年（1047），石介被夏竦诬陷而险遭开棺之祸，欧阳修闻讯又欲作文刻石以伸彼冤，还因此事询求石介家人，无奈久无回应，只得作《读徂徕集》《重读徂徕集》二诗一抒愤懑。皇祐四年（1052），欧在收到范仲淹子孙"以埋铭见托"的请求后亦表示："某平生孤拙，荷范公知奖最深，适此哀迷，别无展力，将此文字，是其职业，当勉力为之。"③他对杜衍墓志亦一再摆明"自当作"的态度："平生知己，先相公最深，别无报答，只有文字是本职，固不辞，虽足下不见命，亦自当作""其论报之分，他事皆云非公所欲，惟纪述盛德，可以尽门生故吏之分"④。足见以最为本色的文字报答知己是欧阳修郑重告别的方式。其他成员的文学才能虽未必比得上欧，亦期望用真挚的文字送别亡友。所以我们可以清楚地看到，在庆历新政失败后，庆历士大夫步入人生的后程乃至末程，几乎每一位同道的离世都会引发一次纪念性质的群体书写活动，其总体面貌如下表所示：

---

① （宋）欧阳修：《与姚编礼书》其一，《欧阳修全集》卷150，第2482页。

② （宋）欧阳修：《与尹师鲁第五书》，《欧阳修全集》卷69，第1002—1003页。

③ （宋）欧阳修：《与孙威敏公元规书》其二，《欧阳修全集》卷145，第2362页。

④ （宋）欧阳修：《与杜诉论祁公墓志书》《再与杜诉论祁公墓志书》，《欧阳修全集》卷70、卷70，第1020、1021页。

亡者 （逝年）	传状碑志 （作年）	哀祭诗文 （作年）	文集序文 （作年）
尹源 （1045）	欧阳修《太常博士尹君墓志铭》（1054）	欧阳修《祭尹子渐文》（1045）、苏舜钦《尹子渐哀辞》（1045）、梅尧臣《哭尹子渐》（1045）	—
王质 （1045）	苏舜钦《朝奉大夫尚书度支郎中充天章阁待制知陕州军府事平晋县开国男食邑三百户上护军赐紫金鱼袋王公行状》（1045）、范仲淹《尚书度支郎中充天章阁待制知陕州军府事王公墓志铭》（1045）、欧阳修《尚书度支郎中天章阁待制王公神道碑铭》（1054）	范仲淹《祭陕府王待制文》（1045）、余靖《哭王子野待制》（1050）	—
石介 （1045）	欧阳修《徂徕先生墓志铭》（1065）	欧阳修《读徂徕集》（1046）、《重读徂徕集》（1047）	—
滕宗谅 （1047）	范仲淹《天章阁待制滕君墓志铭》（1047）	范仲淹《祭同年滕待制文》（1047）、苏舜钦《祭滕子京文》（1047）、苏舜钦《滕子京哀辞二首》（1047）	
尹洙 （1047）	孙甫《行状》（1047，佚）、欧阳修《尹师鲁墓志铭》（1048）、韩琦《故崇信军节度副使检校尚书工部员外郎尹公墓表》（1054）	范仲淹《祭尹师鲁舍人文》（1047）、韩琦《祭龙图尹公师鲁文》（1047）、苏舜钦《哭尹师鲁》（1047）、富弼《哭尹舍人词》（1047）、梅尧臣《哭尹师鲁》（1047）、梅尧臣《五月二十夜梦尹师鲁》（1048）、欧阳修《祭尹师鲁文》（1048）	范仲淹《尹师鲁河南集序》（1049）
苏舜钦 （1048）	欧阳修《湖州长史苏君墓志铭》（1056）	欧阳修《祭苏子美文》（1048）、《苏子美挽辞》（1048，残句）、蔡襄《祭苏子美文》（1051）	欧阳修《苏氏文集序》（1051）

续表

亡者 （逝年）	传状碑志 （作年）	哀祭诗文 （作年）	文集序文 （作年）
范仲淹 （1052）	孙沔《行状》（1052，佚）、富弼《范文正公仲淹墓志铭》（1052）、欧阳修《资政殿学士户部侍郎文正范公神道碑铭》（1054）	欧阳修《祭资政范公文》（1052）、韩琦《祭文正范公文》（司马光代作，1052）、韩琦《祭范资政文》（强至代作，1052）、富弼《祭范文正公文》（1052）、蔡襄《祭范侍郎文》（1052）、杜衍《祭范资政文》（苏颂代作，1052）、梅尧臣《闻高平公殂谢述哀感旧以助挽歌三首》（1052）	韩琦《文正范公奏议集序》（1054）
苏舜元 （1054）	蔡襄《苏才翁墓志铭》（1056）	欧阳修《苏才翁挽诗二首》（1056）、梅尧臣《度支苏才翁挽诗三首》（1056）	—
孙甫（1057）	欧阳修《尚书刑部郎中充天章阁待制兼侍读赠右谏议大夫孙公墓志铭》（1060）	—	—
孙复 （1057）	欧阳修《孙明复先生墓志铭》（1057）	梅尧臣《哭孙明复殿丞三首》（1057）	—
杜衍 （1057）	欧阳修《太子太师致仕杜祁公墓志铭》（1057）	欧阳修《祭杜祁公文》（1057）、韩琦《祭正献杜公文》（1057）、韩琦《司徒侍中杜公挽辞三首》（1057）、蔡襄《祭杜祁公文》（1057）、梅尧臣《太师杜公挽词五首》（1057）	—
王尧臣 （1058）	欧阳修《尚书户部侍郎参知政事赠右仆射文安王公墓志铭》（1059）	韩琦《祭仆射王公伯庸文》（1058）、韩琦《仆射王公挽辞三首》（1058）	—
胡瑗 （1059）	蔡襄《太常博士致仕胡君墓志》（1060）、欧阳修《胡先生墓表》（1061）	—	—

续表

亡者 （逝年）	传状碑志 （作年）	哀祭诗文 （作年）	文集序文 （作年）
余靖 （1064）	欧阳修《赠刑部尚书余襄公神道碑铭》（1067）、蔡襄《工部尚书集贤院学士赠刑部尚书谥曰襄余公墓志铭》（1065）	—	—
蔡襄 （1067）	欧阳修《端明殿学士蔡公墓志铭》（1067）	欧阳修《祭蔡端明文》（1068）	—
欧阳修 （1072）	韩琦《故观文殿学士太子少师致仕赠太子太师欧阳公墓志铭》（1072）	韩琦《祭少师欧阳公永叔文》（1072）	—

　　庆历士大夫书写纪念文字，往往并非孤立地各抒其情，而有充分的协作和配合。死者的离场促成生者的再度集合。他们通过频繁的书信往来保持密切的联络，始终在互动中安排葬事，推进纪念文字的集体书写。特别是碑志撰作的各个环节，从选择作者到获知墓主行谊到具体写作再到评议文稿，大都经过群体内部充分的讨论乃至争论。他们在哀悼死者、叙述历史的同时，也在重申作为士大夫共同体的自觉。围绕尹洙、范仲淹之死而展开的两场集体哀悼兼书写活动便是典型例证。

　　庆历七年（1047），尹洙染疾于均州，遂立即动身前往邓州投奔老友范仲淹。在他弥留之际，范提议由韩琦、欧阳修"各做文字"，俾使其"平生节行用心""垂于不朽"。尹"举手叩头"以示赞同。尹过世后，范又差人请孙作行状，待写成后送欧作墓志，又致信韩告知死讯，并附上众人的祭文挽诗，请他作墓表。范在信中还表示自己因"恐知他当年事不备"不敢作墓志，故选择完成整理友人文集并作序的任务（后托下属李厚完成）。① 不久，范向韩寄去行状，托他转交欧。韩琦在回信中质疑行状记事有误，并随信附录尹洙侄尹材的批评，劝范速将其说告知孙，让孙刊正舛误后再寄与欧。范回复表示认同，并将尹材及尹洙三子尹构的异议交给韩、欧，方便他们自作增损，同时写信敦促孙修正初稿。欧阳修接到范仲淹信后，回复说尹材的反驳并不合理，反见其轻率狂妄，望范能予以戒勖。欧也不赞同韩琦的意见，写信致意。次年，欧完成墓志，分寄给范、韩，范读后致信韩，认为欧志虽文辞可称，然记事"亦恐不满人意"。鉴于欧"书意""不许人改"，范请韩在墓表中详书未尽之事，并提醒韩切勿褒美过甚。② 庆历八年（1048），欧阳修写成墓铭后，建议尹材在刻石和篆盖时尽量从简。皇祐元年（1049），韩致信范告知他对《尹师鲁河南集序》的审阅意见。范有选择地听取韩的意见，调整了部分用语，并在回信中再次指摘欧不改墓志。同年，新进士孔宗嗣受尹洙妻子之托，至颍州与欧阳修辩论半月，欧阳修为撰《论尹师鲁墓志》自明作旨，让孔转交尹妻，并寄给范仲淹一份。皇祐五年（1053），梅尧臣告知欧读到"俗本妄传"的尹洙文字。欧回信说，尹洙文集已由李厚编次为十卷，前冠范序，"甚有条理"。欧还透露，他和李相约春末会面，届时将议定尹集，"别谋镂本"。③ 至和元年（1054），韩在先前讨论的基础上撰写墓表。欧闻讯，去信承认自己作墓志"事有不备"，称赞韩"作表甚详"，使尹"不泯于后"。④

　　皇祐四年（1052），范仲淹从青州徙知颍州，行至徐州孙沔处沉

---

① 参见（宋）范仲淹《与韩魏公书》其一，《范文正公尺牍》卷中，《范仲淹全集》，第666—667页。

② 参见（宋）范仲淹《与韩魏公书》其二十，《范文正公尺牍》卷中，《范仲淹全集》，第676页。

③ 参见（宋）欧阳修《与梅圣俞书》其二十八，《欧阳修全集》卷149，第2458页。

④ 参见（宋）欧阳修《与韩忠献王稚圭书》其十七，《欧阳修全集》卷144，第2339页。

疴不起，遂托付后事。韩琦听说范患病，马上派人送书药至徐州，接着便收到孙发出的讣告。韩琦、欧阳修等人惊闻噩耗后，立即致信孙沔，在哀恸之余庆幸范后事有孙这样的"仁者"尽力操办，可以"瞑目无憾"。[1] 孙致信欧告知范遗命希望"与母坟同域"，欧则认为此是范临终病昏之言，似不合伦理，期望孙能妥善处置。[2] 欧还向孙表示，自己为范公作文字义不容辞，为求稳当，须经同道"共力商搉"，他恳请孙尽早完成行状，这样自己写作时有个参照。[3] 欧同时也对韩琦感慨"范公人之云亡，天下叹息"，并告知，范家人请他作神道碑铭，自己虽有丧母之痛，但"义所难辞"，只是感到"极难为文"。[4] 杜衍为欧许诺为范作碑铭感叹不已。年末，李觏来信询问孙沔范仲淹后事近况，孙回复说已依照范遗言办妥，并随信寄去行状草稿。富弼把自己所作的墓志铭寄给欧阳修，并和欧商议碑志之作法。欧读完墓志后很是感动，他回复范仲淹长婿蔡交说自己一定尽心撰作碑铭，并提醒《述梦后序》或可不收入家集。皇祐五年（1053），杜衍见欧许久未完成碑铭，托姚辟问询，范仲淹诸子亦屡屡催促，欧一一写信解释迟作缘由。至和元年（1054），范仲淹次子纯仁拜访欧阳修，出示韩琦所作奏议集序。欧于是将刚完成的碑铭初稿寄给韩琦，请他指明"纪述未详及所差误"处。韩回信后，欧据其所言修订文稿，并提醒韩有一份范的奏议在夏人界内被找到。其后，徐无党向欧阳修传达富弼对碑铭所记范、吕解仇事的批评，欧写信自辩，坚持自己的作法。范纯仁亦不接受解仇事，在刻石时删去此一节，并拓文寄给欧。欧严词拒绝，态度也很强硬。嘉祐二

---

[1]　参见（宋）韩琦《与孙元规龙图书》，《韩琦诗文补编》卷8，《安阳集编年笺注》，第1699页。

[2]　参见［日］东英寿考校，洪本健笺注《新见欧阳修九十六篇书简笺注》，上海古籍出版社2014年版，第53页。

[3]　参见（宋）欧阳修《与孙威敏公元规书》其二，《欧阳修全集》卷145，第2362页。

[4]　参见（宋）欧阳修《与韩忠献王稚圭书》其十四，《欧阳修全集》卷144，第2337页。

年（1057），欧受托撰杜衍墓志铭，犹向其子杜诉诉说范、尹二家不满己文之事，预先说明自己撰作碑志之法。治平年间，苏洵向欧论及范仲淹神道碑，欧重提旧事，并录呈文本，明言以此为准。他晚年和张绪通信，再次强调范、吕解仇为事实，并嘱咐张劝导范氏子弟。

总而言之，尹洙身后的文字纪念活动由范仲淹发起和筹划，以孙甫、韩琦、欧阳修这三位尹氏的平生知己为核心，再加上尹氏子弟、富弼、梅尧臣、苏舜钦、李厚、曾巩、赵良规、贾黯、韩宗彦、孔宗嗣等友朋和后辈的辅助。范仲淹碑志的写作班子则由其家人敲定，以富、欧、韩为主要执笔者，又有杜衍、蔡襄、文彦博、李觏、司马光、强至、徐无党、姚辟、张讽、黄庶诸人或作哀祭文字或居间协调。不难看出，两场群体书写活动皆有明确组织，始终被联系紧密且分工清晰的士人团体所承担，这样的写作环境直接导向纪念文本群内部强烈的互文性。

自两宋以来，世人就聚焦于庆历士大夫群体书写差异性的一面，而对他们的协作没有足够的关注。这可能是因为围绕欧阳修所撰范《碑》、尹《志》的争议过于激烈，致使后人忽视了范、尹碑志文作旨之共性和联系远大于歧异和区隔，所有的不同也都是在求同过程中产生的。理解庆历士大夫的群体关系，回到他们的写作现场，对于探讨上述同中之异无疑大有裨益。

二　庆历士大夫的群体关系与"知人"主题书写

庆历士大夫的集体悼念文字明显共享一个相同的主题，那便是"相知"。这和庆历士大夫的群体关系有直接关联。庆历士大夫和一般意义上的政治朋党有本质差异，他们走到一起首先出于观念上的契合和精神上的共鸣，他们在政坛上联手行事亦是为行道革弊的公共目的而非个人私利。因此可以说，庆历士大夫之相知不仅由于交情深厚，更根柢于志同道合。尤其是身当纷争不断、心迹难通的变革时代，他们认定真正的友情必须建立在同德同心的基础上。

庆历士大夫一再陈述这种互为知己的理性关系。前引欧阳修对尹洙"故人相知不比他人易得"的表述，就说明，在观念冲突的时代，这种源自志同道合的友情尤显深刻而宝贵。欧阳修曾回忆交结杜衍的经历："余与时寡合，辱公之知，久而愈笃，宜于公有不能忘。"① 杜衍在庆历士大夫中年辈较长且身居高位，一直扮演着荐举者和庇护者的角色，对欧实有知遇之恩，欧亦报以道义之交，于杜衍故后惟觉"知己今不可得，每临公事，但知感涕尔"②。欧阳修还于王质死后感慨："子野之贤难得，此天下公议共惜之。若相知之难得，则其私恨亦有万万不穷之意，苦事苦事。"③ 在天下人的惋惜之外更有因相知而产生的无穷私恨。杜衍则自言和范仲淹相识："某也无似，处时寡与，辱为交游，声气相许。"④ 尹洙也讲到他十年中难遇像友人孙甫那样的"深相知者"⑤。蔡襄在祭悼苏舜钦时自叹"人岂不多，知我则少兮子独何之。殁者已矣，生者浮游兮谁乐谁悲"⑥，大有解人难得之意。

在"与时寡合"背景的反衬下，和挚友交心愈可宝贵，因此庆历士大夫在述及彼此友谊时常有推至极致之辞。如欧阳修自认是和蔡襄"游最久，而相知之最深者"⑦，自居为梅尧臣诗风的独赏者，又自言"平生知己"⑧，杜衍最深。蔡襄自述曾与余靖"同职事"，亲见其于多事之秋建功立业，故"学术文章、忠义谋画""知之最深"⑨。韩琦颇感怀新政失败后和范仲淹"相缘补外，谤毁崎岖。感

---

① （宋）欧阳修：《跋杜祁公书》，《欧阳修全集》卷73，第1058—1059页。
② （宋）欧阳修：《再与杜䜣论祁公墓志书》，《欧阳修全集》卷70，第1021页。
③ （宋）欧阳修：《与王郎中书》其一，《欧阳修全集》卷147，第2406页。
④ （宋）苏颂：《代杜丞相祭范资政》，《苏魏公文集》卷70，第1062页。
⑤ （宋）尹洙：《与邓州孙之翰司谏书》其二，《尹洙集编年校注》，第342页。
⑥ （宋）蔡襄：《祭苏子美文》，《蔡忠惠集》卷36，《蔡襄集》，第659页。
⑦ （宋）欧阳修：《祭蔡端明文》，《欧阳修全集》卷50，第708页。
⑧ （宋）欧阳修：《与杜䜣论祁公墓志书》，《欧阳修全集》卷70，第1020页。
⑨ （宋）蔡襄：《工部尚书集贤院学士赠刑部尚书谥曰襄余公墓志铭》，《蔡忠惠集》卷40，《蔡襄集》，第730页。

公之知，谓死不渝"①，难忘彼此在人生低谷守望相助。韩琦又因承蒙杜衍相知"世无比旃"，故于杜逝后痛呼："虽愿百殒以赎公而莫得兮，其哀深痛切，非文字之可传。"② 足见韩、杜忘年交契。韩琦还追念和欧阳修延续终身的友谊："余早接公，道同气类。出处虽殊，趣向何异？……公之逝矣，世鲜余知。不如从公，焉用生为！"③ 慨叹自己于知己故去后无复生意。富弼则回顾他少年和范仲淹初识："自是相知，莫我公比。一气殊息，同心异体。"④ 竭力陈说知己同调在自己孤危崎岖的人生中占据着不可替代的位置。欧阳修《朋党论》谓"君子之真朋"修身则"同道而相益"，事国则"同心而共济"，并且"终始如一"⑤。君子间这种深入至道德和思想界域的"同""一"诠释了现实交游的理想形态。庆历士大夫在新政失败后背负着"朋党"的污名，却仍向世人宣示他们的相知和情谊，无疑是需要相当勇气的。

　　庆历士大夫在人际关系上相知之深的特质于文本层面也有充分展现，他们在哀祭诗文里常倾吐自身对于亡友独到而深沉的认知，以作为哀悼的前提。许多哀祭文整体就呈示出从知之深到痛之切的逻辑链。如欧阳修《祭苏子美文》以"嗟乎世人，知此而已，贪悦其外，不窥其内"为关纽，由苏舜钦雄豪放肆震惊世人的文章，转入对他始终仁义于穷达之道德人格的表彰，终以"惟人不知，乃穷至此。蕴而不见，遂以没地"的挽歌，凸显人知浅而我独知深的命意⑥。韩琦致祭尹洙的文章同样采用世人似知而实不知的结构，在

————————

　　① （宋）韩琦：《祭文正范公文》，《安阳集》卷43，《安阳集编年笺注》，第1332页。

　　② （宋）韩琦：《祭正献杜公文》，《安阳集》卷43，《安阳集编年笺注》，第1341页。

　　③ （宋）韩琦：《祭少师欧阳公永叔文》，《安阳集》卷44，《安阳集编年笺注》，第1364页。

　　④ （宋）富弼：《祭范文正公文》，《全宋文》卷610，第29册，第70页。

　　⑤ 《欧阳修全集》卷17，第297页。

　　⑥ 参见《欧阳修全集》卷49，第695页。

"名重天下，无人不知。知之深者，非余而谁"句后深情追忆那段宋夏战争时"周旋塞上，余往君随"的峥嵘岁月，详述自己在共同应对国难的过程中见识其才又目睹其冤，以亲眼见证的事实呼应祭文开头对尹氏才干与声名的总体判断，也充实了祭文"琴不鼓矣，呜呼子期"的伤悼主题。①

富弼《哭尹舍人词》则以"哭"为文眼，他先在篇首点出不落常人之泪的原因在知己之哭必义："呜呼！人皆贵，君实悴焉。人皆富，君实窭焉。人皆老，君实夭焉。吾知君为深，是三者举非君之志，则吾焉哭？哭必义。"富接着大段铺陈独属于自己的知音之哭，"一哭而恸"是痛惜尹洙亡后"使斯文不能救其源而极其致"，"再哭而咽"是哭"使所学不能信于人而用于时"，"三哭而魂离"是哭"使贤者之行不能移人心而化大国"，"四哭而肠绝"是哭"使君子之道不能被天下而致太平"，持续用"使"字领头的长句有规律地打破由四言韵语组成的句群，在长短错落的篇制中由友人之文、学、行层层上升到道，知君之深使哭君不已显得诚挚而自然，同时哭君不已又逐步展开为知君之深，其构思和文体形式在当时以齐言为主的哀祭文中均别具一格。② 富弼不以文名，此篇哀辞却写得格外动人，还被吕祖谦收入《皇朝文鉴》，作为"哀辞"体下的首作，良有以也。

庆历士大夫在许多纪念文字的叙事部分还会大量穿插彼此交游相知的片段，甚而将私人性的回忆作为叙述的线索，由此构建彼此联结的唯一性。如由韩琦口述、司马光代笔的《祭文正范公文》并未采取列叙死者生平的寻常作法，而是用限制视角，专写韩记忆中的挚友。文章从他"始立朝""接公尚疏。道同气合，千里相符"式的神交说起，再是韩、范"忝帅于西，乃与公俱"的往事，两人

---

① 参见（宋）韩琦《祭龙图尹公师鲁文》，《安阳集》卷43，《安阳集编年笺注》，第1327—1328页。

② 参见《全宋文》卷610，第29册，第67—68页。

"协心毕力"抵御外敌，"义切王室，情均友于"，接着到"与公并命，参翊万枢"的新政阶段，两人"争而后已，欢言如初"，随后两人负谤迁谪，韩更"感公之知，谓死不渝"，继而两人分处定、青，通信不断，"爱顾益深，交朋莫二"，最后是韩听闻范病重以至于永逝，"气填满膺，食不知味"。韩、范是在携手应对仁宗朝中期内外危机的经历中真正订交的，可以说各自参与了彼此人生乃至公共历史中的关键事件，因此，这一长段韩、范交往录，虽未及范氏仕宦始终，却足以将其人生的关节一一点出，进而在公与私两种话语的交织中，由韩琦之心眼透现出范仲淹的"高文奇谋，大忠伟节"。①

范仲淹为好友滕宗谅所作的墓志，亦打破碑志撰作的常格，着重表现他与滕之间相知转深的全过程，以此结构全篇。范仲淹在墓志开头承认，他对这位同年"始从之游，然未笃知其为人"。接着，他们在泰州共事，范开始真正接触滕。而"同护海堰之役"是他们知交的契机，滕于风浪间神色不变，镇静众人，令范"始知君必非常之才而心爱焉"。后来，他们又在边塞协力抗敌，定川寨之败后，滕为边牧，于兵凶间处置得力，立下守土安民之功，范"目此数事"，"乃知君果非常之才，始请君自代"。随即，滕在庆州受御史弹劾，被指滥用公钱，范时在参知政事任上，为滕"力辩之"，却未奏效。滕终降官移知内郡，不久病亡。② 伴随范仲淹的回顾和讲述，我们似乎见证了滕宗谅起伏跌宕的一生，了解到他的性情和才干，还很可能对范"君子"的定论产生强烈的认同。滕两次在危难之间力挽狂澜的壮举被范叙述得尤为翔实，写作者有意以目睹的不容置辩的事实来表明自己相知之不诬。这使得整个墓志成为一篇高明的辩护书。事实上，滕宗谅才高而行事疏略，他在地方官任上确有用度无节之嫌，引发了不小的争议，并造成他的贬谪。而范在朝替滕

---

① 参见（宋）韩琦《祭文正范公文》，《安阳集》卷43，《安阳集编年笺注》，第 1332—1333 页。

② 参见（宋）范仲淹《天章阁待制滕君墓志铭》，《范文正公文集》卷15，《范仲淹全集》，第 360—364 页。

辩解，也被人认为是朋比之举。① 是故，范仲淹在墓志中用至为坦诚的笔调写出他对挚友的钦慕和信任，从其为人和才略的角度将所谓的财务问题转化为战时的灵活行事，力图凭借自己的叙述和信誉为滕完成最后的辩护。

　　庆历士大夫在集体纪念文字中的"知人"主题书写，反映出这一北宋新型士人群体内部兼有"知"与"情"的深厚联系。他们往往由公共道义上的投契而建立私人的情谊，又由交游而生发出更深的相知。正是在"知""情"的交融和循环之中，庆历士大夫的友谊方能历尽人生中的得位、磨难乃至生死而始终不变。而他们哀悼同道离世，既是有感于友朋凋零，生者寂寞，更是痛惜"忠正大贤，天下属望，平生素蕴未得纾尽，遂至于此"②。公义一直占据着他们思虑的中心位置，他们的集体写作实际是一次次自警以及互相提醒：他们必须接过同道的理想，继续前行。这或许就是纪念的真谛。

三　重审范仲淹、尹洙碑志撰作公案

　　知己为文基于私人性的记忆、情感和观念，可能招致第三者的不满或误解。庆历士大夫在尹洙、范仲淹碑志撰作上的异议即是显例，尤其是围绕欧阳修《尹师鲁墓志铭》《资政殿学士户部侍郎文正范公神道碑铭》二文发生的争端，已然演变为两桩聚讼纷纭的文字公案。学界历来通过考辨相关史事、关注党争背景及解析欧公碑志"书法"、史家意识入手探讨这两桩公案，积累了非常丰富的成果。③ 本

---

　　①　按，这点可以参见王拱辰墓志对滕宗谅案的叙述。

　　②　参见（宋）韩琦《与孙元规龙图书》，《韩琦诗文补编》卷8，《安阳集编年笺注》，第1699页。

　　③　参见刘德清《范仲淹神道碑公案考述》，《西南交通大学学报》2005年第1期；王水照：《欧阳修所作范〈碑〉尹〈志〉被拒之因发覆》；王瑞来：《范吕解仇公案再探讨》；仝相卿：《欧阳修撰写范仲淹神道碑理念探析》；李贞慧：《史家意识与碑志书写——以欧阳修〈范文正公神道碑〉所书吕、范事及其相关问题为讨论中心》，载李贞慧著《历史叙事与宋代散文研究》，中国社会科学出版社2015年版，第47—83页；张兴武：《欧阳修〈尹师鲁墓志〉引发质疑的逻辑与史实》，《文史哲》2017年第1期等。

小节尝试从人际关系的角度探讨范、尹碑志撰作之争。实际上，尹、范碑志集序等公共纪念文字的书写者，包括范仲淹、韩琦、富弼在内，在创作中都各自融入了身为知己的所见所思，报答挚友并非欧阳修有心立异，也只有在这种普遍性的和而不同中才能更深入地理解欧的坚持。

首先需要说明的是，范、尹二人的碑志是在特定的政治情势和群体关系中生成的。范仲淹、尹洙是为庆历士大夫群体以及当代史进程中的关键人物，二人的身后文字"系国家天下公议"[1]，因此，庆历士大夫在写作时群策群力，投注了相当大的热情和精力，寄寓了他们在后新政时代用公议对抗权力和谗毁的愿景。

庆历士大夫选择写作人选的原则是俾知己作文。如范仲淹在和尹洙诀别时提议："师鲁（尹洙）平生节行，当请欧阳永叔与相知者为文字，垂于不朽。"[2] 得到尹本人的赞同。范一开始请孙甫作尹洙行状，也是考虑到他"知师鲁最深"[3]。他们最后敲定尹洙由孙甫作行状，欧阳修作墓志，韩琦作墓表，范仲淹作文集序；范仲淹则由孙沔作行状，欧阳修作神道碑，富弼作墓志，韩琦作奏议集序。以上数人不仅是墓主知己，亦多为庆历士大夫的核心成员。在尹、范碑志的书写过程中，写作者们随时保持书信交流，除共享资料外，还不断就文本的叙事、命意以及字句展开评阅和讨论。如韩琦看到孙甫所撰尹洙行状与自己的闻见"殊不相合"，就斥其纪事不实，认为孙未"尽相知之诚"，有负良友，痛心尹洙"为平生相知者所诬，以恶书之，是必不瞑于地下矣"[4]。范偏向韩，而欧则认为行状"无

---

① （宋）欧阳修：《与韩忠献王稚圭书》其十五，《欧阳修全集》卷144，第2338页。

② （宋）韩琦：《与文正范公论师鲁行状书》，《安阳集》卷37，《安阳集编年笺注》，第1111页。

③ 参见（宋）范仲淹《与韩魏公书》其二，《范文正公尺牍》卷中，《范仲淹全集》，第667页。

④ （宋）韩琦：《与文正范公论师鲁行状书》，《安阳集》卷37，第1111页。

不是处"，只是"文字不工，或人所见不同"①，已然认识到每个人记忆中亡友的事迹和形象都有独特之处。再如欧阳修在写范仲淹神道碑时主张"更须诸公共力商榷，须要稳当"②，又念及韩琦"契至深厚，出入同于尽瘁"，请韩指正碑文"纪述未详及所差误"处③。由此可见，"相知"对于书写者来说既是一种权力，也是时刻处在同道监督之下的责任。范、韩与欧关于《尹师鲁墓志铭》的分歧及富、欧之间有关范仲淹碑志写作的论证正是以上讨论的延伸。

细味范、韩、富、欧往来的书牍与精心撰作的碑志序文，不难发现他们虽同属知己为文，在书写上却各有自己的考虑，这和他们与亡友的关系以及共同经历的往事都直接相关。先来看韩琦和范仲淹。由韩执笔又经范商议的尹洙墓表相对来说是最符合碑志写作之一般原则的文本。韩在向范指摘孙甫所撰尹洙行状时指出："前贤行状，必求故人故吏为之者，不徒详其家世、事迹而已，亦欲掩疵扬善，以安孝子之心。"④ 这说明，韩作行状与"前贤"无异，首先要满足尹洙家人的情感需求，具体方法则是详述亡友的家世和生平，并做到"掩疵扬善"，塑造光辉完满的尹洙形象。韩、范考虑到孙甫所撰行状记事不当，乃至有书恶诬友之嫌，又发现欧阳修所撰墓志"书事实"过于简略，多有"不满人意"的地方，遂选择"实书其事"⑤，将"未尽事"表而出之，做到"不遗美"，以此回报亡友及其家人。韩琦在尹洙墓表序文末段有意让"范公"和"予"敷演一段和亡友生平无涉却与墓表写作直接相关的对话："范公尝以书谓余

---

① 参见《新见欧阳修九十六篇书简笺注》，第 107 页。
② （宋）欧阳修：《与孙威敏公元规书》其二，《欧阳修全集》卷 145，第 2362 页。
③ （宋）欧阳修：《与韩忠献王稚圭书》其十五，《欧阳修全集》卷 144，第 2338 页。
④ （宋）韩琦：《与文正范公论师鲁行状书》，《安阳集》卷 37，《安阳集编年笺注》，第 1111—1112 页。
⑤ （宋）韩琦：《故崇信军节度副使检校尚书工部员外郎尹公墓表》，《安阳集》卷 47，《安阳集编年笺注》，第 1460 页。

曰：'世之知师鲁者莫如公。余已为其集序矣，墓有表，请公文以信后世。'余应之曰：'余实知师鲁者，又得其进斥本末为最详，其敢以辞？'"① 因此墓表在如实详述尹洙的政治遭际外，又总述其性情作为，在具体情景中突出尹力为古文兼知兵有谋的文武之才，并展现他"不得一纾所蕴于公卿之位"的悲剧。总之，韩琦以平实详切的文字逐一叙述亡友一生的"节行用心"，在盖棺论定之际给予他一个圆满而妥帖的评价。尤其是他颂扬尹洙文武之才的段落，确实起到了填补欧志未尽处的功能。

同时，范、韩还讲求书写的分寸感，警惕赞颂"不可太高"，"恐为人攻剥"，反损亡友之名。② 王水照指出，韩琦所撰尹洙墓表与范仲淹所撰尹集序文颇为恰切地描述了尹洙在北宋古文运动中发挥的承前启后的作用，确实做到了不虚美。③ 从范、韩往来的书信看，他们对墓表和序文的用词和表述的确有过推敲，特别是其中讲到古文运动的语段，范曾询问韩："其间言永叔从而振之，又莫见写否？"④ 可见，范、韩已注意到必须妥善处理尹洙与欧阳修等古文家的关系，才能"以信后世"，反映出两人严谨的写作态度。

当然，尹洙墓表也不乏耐人寻味的地方。从叙事看，墓表依次由景祐政争、西事攻守之议、定川寨之败、城水洛之争、庆历新政、董士廉之讼六个场景组成，中间则用官职迁转组成的概要（summary）来串联。这六个事件指向尹洙人生中极具争议的关节点。而韩琦在每件事上都是尹洙的支持者和同情者，可以说最知其用心。韩琦因此做了一番精心的叙事安排。其中景祐政争、城水洛之争、庆历新

---

① （宋）韩琦：《故崇信军节度副使检校尚书工部员外郎尹公墓表》，《安阳集》卷47，《安阳集编年笺注》，第1460页。

② （宋）范仲淹：《与韩魏公书》其二十，《范文正公尺牍》卷中，《范仲淹全集》，第676页

③ 参见王水照《欧阳修所作范〈碑〉尹〈志〉被拒之因发覆》。

④ 参见（宋）范仲淹《与韩魏公书》其二五，《范文正公尺牍》卷中，《范仲淹全集》，第679页。

政、董士廉之讼为一组。韩琦叙述景祐政争，在范仲淹、尹洙之外
又叙及余靖、欧阳修的作为而组成"四贤"，看似闲笔，实是伏笔。
直至讲完城水洛之争，韩琦又宕开一笔，说起尹洙未亲身参与的庆
历新政，点出范、余、欧等人在朝改革弊政，不避权贵，并以"向
天下目之为贤者，执政指之为党，皆欲因事斥逐之"勾连前事，引
出董士廉之讼。如此一来，尹洙人生中的两次政治挫折被韩巧妙地
整合进党争叙事中，尤其是后者，直接从经济案件升格为政治事件，
从而明确尹"以文致其罪"的冤屈，完成欧志被人认为未完成的
"辩师鲁以非罪"的任务。西事攻守之议和定川寨之败则构成另一事
件序列。由韩、尹参与谋划的攻守之议常被世人认定直接造成定川
寨惨败。韩琦在墓表中详述前因后果，力图替友人也为自己辩护。
韩在叙事后意犹未尽，又于总评环节补叙尹洙因担忧葛怀敏寡谋而
欲从军出征，进一步淡化尹洙的责任，将此负面事件转化为凸显亡
友"忘身为国"品格的典型事例。从韩琦对这两个事件群的叙述和
组织，可以清楚地看到他"掩疵扬善"的写作趋向。

　　韩琦、范仲淹作尹洙墓表重在扬善，富弼作范仲淹墓志则在褒
善的基础上尤其强调黜奸。富弼在写给欧阳修的信中明确表示，他
作文弗取《春秋》"隐奥微婉"的文风，而要"明白其词，善恶焕
然"，俾使"希文之善稍彰，奸人之恶稍暴"，同时，他在墓志中
"皆指事据实"，"尽是天下人闻知者"。① 富弼做出这样的决定，原
因有二：一则和他本人"好善疾恶"的性情有关；二则同他与范仲
淹的共同经历是分不开的。关于后一个原因。富弼曾在《祭范文正
公文》中深情回顾他与范三十年来"师友僚类"的交游历程，他认
定自己是在范的知遇、指引和鼓励下才得以成长的，并沉痛地指出
他和范在同进共退的过程中蒙受了异常残酷的政治倾轧。用富弼自
己的话说，"自此蛊孽，毁訾如沸。必置其死，以快其志"②，小人

---

① 参见（宋）邵博《邵氏闻见后录》卷21，第163—164页。
② 《全宋文》卷610，第29册，第70页。

（夏竦）诬告的阴毒程度远远超出他的想象，令他无比深切地感受到政治的凶险，而彼时正是范仲淹对他做了人生中最后一次开导。

这段经历始终是富弼的一个心结。他于皇祐二年（1050）对孙沔感慨终于消释了"五年凝结之恨"①。然而谈何容易，富弼晚年作《叙述前后辞免恩命以辩谗谤奏》历数仕宦挫折，仍将庆历之际遭谗的往事放在中心位置。富弼透露，新政期间"谗言愈起，日甚一日，其所谗者，尽是窃弄威权，惑乱朝廷，谓臣欲谋废立。以至使其党学臣等三两人所书字体，伪写作臣等往复简帖，商量废立之事，又别使人缴进，此所以取仁宗必信之谋也"，富"其时恐惧，如坐燃薪之上，自亦不敢安于其位"，遂和范仲淹商量为保取家族"避谗解祸、以出使为名"。但富弼外任后，谗言仍不消歇，污蔑他和石介意欲勾结契丹、无赖，起兵谋反。② 这些事情的恶劣程度已然超出一般党争的界限。而范仲淹晚年也常生宦海孤危之叹。他临终所上《遗表》还着重叙述自己在庆历新政前后遭受的"百种之谤"。足见两人对此皆寤寐不忘。

往事历历，当富弼听到范仲淹离世的消息，脑海中第一个浮现的很可能就是两人"罹此谗慝，志莫究宣"③的遭际。于富而言，没有什么比这样一位如父如兄的贤者赍志以殁更令人悲痛的了，况且他本人同样也是受难者，更加一倍苦闷。在这个压抑的年代，小人在朝堂变乱黑白，排斥君子，君子"惟有三四寸竹管子，向口角头褒善贬恶"，才能重新找到人生的主动权，从而替挚友也为自己讨回公道，宣泄胸中郁积已久的"忠义之愤"。

富弼写作范仲淹墓志时虽情绪激越，却不失章法。他着意将范悲壮的一生置于以吕夷简为首的"憸人""谗者"、"清议"与"上"（宋仁宗）的交互中娓娓道来，在三方分合异同的态势中彰显

---

① 参见（宋）富弼《与孙元规大资帖》其一，《全宋文》卷608，第29册，第27页。

② 参见《全宋文》卷605，第28册，第359页。

③ （宋）富弼：《范文正公仲淹墓志铭》，《全宋文》卷610，第29册，第62页。

范的忠正，暴露吕夷简和"谗者"的奸险。此之谓富弼的"公是公非"。墓志的开篇讲到，范仲淹之死令"天子感慨，一不御垂拱殿朝，特赠兵部尚书。太常考行，谥文正。录孤赙物，悉用加等"，令"中外士大夫骇然相吊以泣，至于岩壑处逸，无不痛惜之"。墓志临近结尾则写"宣抚之初，谗者乘间蜂起，益以奇中造端飞语，亡所不及，甚者必欲挤之死而后已。赖上宽度明照，知公无他，始终保全，获殁牖下"。以首尾确定范氏得士民心、结天子而独受谤于小人的基调。富弼强调，在范仲淹勇于行道的一生中，清议始终是他屡仆屡起的坚实后盾，如景祐政争前他回朝盖因"朝廷知清议属公"，庆历新政前夜他升任参政是由于"舆议谓公有经纶才，不当局于兵府"。来自仁宗的眷顾则决定范仲淹进能革弊退能保身。富弼在墓志中细致地展现了范与天子的复杂关系。范前期的进言活动给仁宗留下了深刻的印象，仁宗开始对他的感情较为复杂，既有开悟采纳的时候，更多的则是"不怿"而略施薄惩的情况。宝元、庆历之际内外多故，范仲淹在陕西边境的作为令仁宗"益信公智谋过人远甚"，终于在庆历新政时期达致君臣遇合的境界，"上览奏褒纳，益信公忠耿，不为身谋恤也，遽下二府促行"，变革由此展开。及至范仲淹自请出外，饱受攻讦，仁宗仍给予充分的信任和保全。① 富弼把仁宗与以吕夷简为代表的"奸邪"剥离开来，也是一种叙事策略，且描画出范仲淹与仁宗这一对君臣极具张力的复杂关系。庆历士大夫对庆历之际仁宗的重用以及护佑皆铭感终生，他们还因此相信谗言不可能长久。范仲淹得到清议的支持和仁宗的理解，其直言进谏反遭迁谪，改革弊政又功败垂成，以至道之难行，皆是奸邪作谤之故。尤其是时相吕夷简对范仲淹的百般排抑，更是直接证明了富弼"憸人""欲伸己志而不志乎邦家"的论断。富弼讲述范、吕景祐政争的几个回合很是精彩。先是吕夷简"阴使人讽公"勿出位多言，而范仲淹

---

① 参见（宋）富弼《范文正公仲淹墓志铭》，《全宋文》卷610，第29册，第56—62页。

据理力争；接着吕"知不可诱，乃命知开封府，欲挠以剧烦而不暇他议，亦幸其有失即罢去"，而范颇有治绩，继续进言；再是吕"益不悦，嗛其党短公于上前"，而范针锋相对，并广得"当世英豪"的拥护；最后吕只得"指为朋"，令诸人"相继谪去"。所谓的"胜者"愈倚仗权势和阴谋，愈无法掩饰自己的无能和虚弱，愈反衬出弱势一方的光明磊落、义无反顾，在文字间，胜负已见分晓。可见富弼的善善恶恶并不只是"直笔不隐"①，其实也注重叙事的艺术。他无疑期望拿这一场文字带来的"快活"来好好告慰泉下的知交。

韩琦、富弼所作的友人碑志虽各有侧重，但都贯彻以翔实的笔调来褒善哀贤的写作宗旨，基本符合范、尹家人的预期。欧阳修的两篇碑志却表现出迥异于韩、富以及碑志常格的个性，在同道和丧家那里引发了极大的争议。

相较于韩琦、富弼的详书事实，欧阳修的记事尤显简洁。这种叙事风格其实是欧主动追求的结果。他曾在《书尹师鲁墓志》详述自己的为文用心。首先是文章结构的层面，欧不取传统墓志按照一定次序叙述墓主"十三事"的陈套，在一句话讲完讳、字、姓氏、乡邑后，紧接以对尹洙其人其才的总述，随后在叙述尹氏生平的部分各以其事实证明尹洙的文学、议论、才能、大节。欧阳修这样的结构安排使得尹洙墓志成为一个以人为中心的整体，关于墓主生平的线性叙事不再如松散的流水账，而是各以其类，聚凑到墓志的人物特质之下，让读者能快速理解作者在每一事后的写作意图。其次是事件层面，欧阳修不再细大不捐，一味详叙墓主生平，而是根据人物塑造的需要，对事件进行筛选和剪裁，让读者在他布置的详略反差中自然关注起少数几件能凸显墓主个性的关键事件，不致迷失于过密过详的事件群中。如欧阳修写尹洙生平的部分，只展开叙述了三件事，一是尹洙深知西事而未及施为，二是景祐政争中尹"上

---

① （宋）欧阳修：《与韩忠献王稚圭书》其十五，《欧阳修全集》卷144，第2337—2338 页。

书论范公而自请同贬"，三是"临死而语不及私"。前者见其材能，后两者证实尹"平生忠义"和"临穷达祸福不愧古人"的大节，确实收到了"举其要者一两事以取信"的效果。最后是文字层面，欧阳修倡导"文简而意深"，在颂扬尹洙文学、议论时注重"文之轻重"而非"言之多少"，用寥寥几语即点出尹洙之高才足以追攀圣贤。欧讲及尹洙以非罪而贬谪以至于死，师法《春秋》《诗经》"其语愈缓，其意愈切"的作意，通过事实的勾连暗示和用字的精密深沉，托出尹洙的冤屈和自己的哀恸。①

欧阳修碑志的"文词高妙"正体现在这三个层面的相统一。欧在碑志文写作中明确将写人放在核心位置，他认为"人"的要素要远远优先于"事"，并且叙事必须为写人服务。这使得他的碑志文真正成为文学的文本。欧阳修自觉将"知人"主题引入碑志文创作的核心环节。他写作务以简练精粹的笔触捕捉那些在亡友身上最为独出而世人所见不及的特质，那些欧所认识的范、尹之所以为范、尹的精神所在，即所谓的"大节"。欧阳修在尹洙墓志起首就说："世之知师鲁者，或推其文学，或高其议论，或多其材能。至其忠义之节，处穷达，临祸福，无愧于古君子，则天下之称师鲁者未必尽知之。"② 世人泛泛之"知"未至"忠义之节"，则终是"未尽知"。欧之重视"节"，全因他认为文学、议论、材能虽"皆君子之极美"，"然在师鲁尤为末事。其大节乃笃于仁义，穷达祸福，不愧古人"③。欧自己超越世人的知己之见恰是亡友卓立于众人的大节。其后，欧在范仲淹神道碑序文里亦详述范公"慨然有志于天下"的"大节"，在结尾处还特别对序文只简述范公为人、为政、声名且不论著世次官爵加以说明，强调他要记录的是范仲淹生平"系天下国

---

① 参见（宋）欧阳修《论尹师鲁墓志》，《欧阳修全集》卷 72，第 1045—1046 页。

② 《欧阳修全集》卷 28，第 432 页。

③ （宋）欧阳修：《论尹师鲁墓志》，《欧阳修全集》卷 72，第 1045 页。

家之大者"，并认定此"亦公之志也"。①

　　顺带一提，欧阳修这种典型化的做法是他报答知己的一贯方式。他作杜衍墓志，记事"皆录实，有稽据，皆大节与人之所难者"，"其他常人所能者，在他人更无巨美，不可不书，于公为可略者，皆不暇书"。② 在欧阳修看来，像杜衍、尹洙、范仲淹一类人物，于私为知己，于公为大贤，自应只书大节，凸显其卓绝的形象。而对以诗知名的友人如苏舜钦、梅尧臣，欧阳修或删削"凡述作中人可及者"而"留其警绝者"③，或在收拾遗稿和旧藏的基础上"掇其尤者"④。惟其如此，方可掘深世人的浅见，使"后世视之，为如何人也"，则"朋友之间可以为慰尔"⑤。可见，欧阳修经典化的纪念方式，不仅是与亡友对话，还期望能召唤后世的知音。就像他自己强调的那样，"能有意于传久，则须纪大而略小"⑥。

　　作为"平生相知深者"，欧阳修相信自己对墓主大节的把握和书写。故在"人"这一点上，欧认定自己写作无需参考他人意见，亦不必因他人訾议而删修文本。欧阳修在尹源死后曾对尹洙谈起墓志写作的前期准备工作。他指出，自己与尹源"相别多年"，故其事迹"不知子细"，需要尹洙提供资料，而"子渐为人，不待缕述，修自知之"⑦，这是何等的自信。欧后来为尹源写成的墓志，开篇就在尹氏兄弟性情的比对中揭出尹源的性情，欧还明确表示"自天圣、明道之间，予与其兄弟交，其得于子渐者如此"⑧。

　　值得注意的是，欧阳修之"知人"在交游外还有一个同样重要的渠道：阅读。欧始终相信，文章蕴藏着亡友的精魂，读其文章足

---

①　参见《欧阳修全集》卷21，第332—336页。

②　(宋) 欧阳修：《再与杜䜣论祁公墓志书》，《欧阳修全集》卷70，第1021页。

③　(宋) 欧阳修：《与梅圣俞书》其二十五，《欧阳修全集》卷149，第2456页。

④　(宋) 欧阳修：《梅圣俞诗集序》，《欧阳修全集》卷43，第613页。

⑤　(宋) 欧阳修：《与梅圣俞书》其二十五，《欧阳修全集》卷149，第2456页。

⑥　(宋) 欧阳修：《与杜䜣论祁公墓志书》，《欧阳修全集》卷70，第1020页。

⑦　(宋) 欧阳修：《与尹师鲁第五书》，《欧阳修全集》卷69，第1002页。

⑧　(宋) 欧阳修：《太常博士尹君墓志铭》，《欧阳修全集》卷30，第451页。

以想见其为人。是故，他要亲自编辑苏、梅的文集，要让尹洙寄来亡友尹源的"所为文章"。欧还在石介死后作《读徂徕集》《重读徂徕集》悼念亡友，二诗可合做一部碑志看。杜衍死后，他又拾掇旧稿，"集在南都时唱和诗为一卷"，"发箧，得公手书简尺、歌诗，类为十卷而藏之"①。而对于尹洙、范仲淹，欧阳修也很关心他们文集编集、刻印的状况。他作尹洙墓志"用意特深而语简"，意在模拟尹洙的文章风格，与亡友最后结一次韩愈、孟郊、樊宗师那样的文字之交。他作范仲淹神道碑，述其大节，特意引用范在《岳阳楼记》中写下的先忧后乐之格言，亦遥致敬意。凡此种种，皆是欧阳修文人心性的体现。

最后来看欧阳修所记范、吕解仇事。欧阳修说得很明白，他和富弼叙事风格的分歧在于"大抵某之碑，无情之语平；富之志，嫉恶之心胜"②。这种差异集中体现在两人对范、吕政争的处理上。比起富弼的直言不讳，欧阳修笔下的吕夷简形象确有一定改观，吕在景祐政争中一则只是被动回击，二则自己似乎也受牵连而罢相，并不像是富弼所说的阴险小人。再看最关键的范、吕解仇事，富弼和范纯仁坚决否认此事，而欧阳修则这样记录道：

> 自公坐吕公贬，群士大夫各持二公曲直，吕公患之，凡直公者，皆指为党，或坐窜逐。及吕公复相，公亦再起被用，于是二公欢然相约戮力平贼。天下之士皆以此多二公，然朋党之论遂起而不能止。③

这一段夹在西事和新政之间的补叙显然是欧阳修用力所在。他在这

①　（宋）欧阳修：《跋杜祁公书》，《欧阳修全集》卷73，第1058页。
②　（宋）欧阳修：《与渑池徐宰无党书》其四，《欧阳修全集》卷150，第2474页。
③　（宋）欧阳修：《资政殿学士户部侍郎文正范公神道碑铭》，《欧阳修全集》卷21，第335页。

里其实叙述了两个事项：一是范、吕在政治上由景祐时期的敌对走向西事期间的合作，这便是通常所说的范、吕解仇事；二是由吕夷简在景祐政争后一手炮制的"朋党之论"愈演愈烈。前者淡化党争之实，而后者则强化党争之名，名实之间的反差颇有深意，接下来从欧、范关系加以抉发。

相较于富弼、范仲淹的亲密无间，欧阳修与范仲淹相对疏远。在欧、范关系中，公共的同道之谊占到很大的比重。而这和"朋党之论"有直接关联。或许可以这样说，欧、范的关系就是在"朋党之论"中建立起来的，两者互为因果。先是在景祐政争中，欧阳修与余靖、尹洙、蔡襄公开支持范仲淹，被政敌扣上"朋党"的罪名，此是"朋党之论"的缘起。其后于庆历新政前后，欧阳修、蔡襄、余靖、王素等人在谏官任上严辞声讨吕夷简，力主重用范仲淹、富弼，亦被人视为台谏与执政结党的表现，此是"朋党之论"不能止的背景。正是在这样的形势下，欧阳修奏上《朋党论》，公然宣扬君子有朋之说，并论证君子真朋之于君王、国家均不可或缺，期望通过政治修辞的褒贬转换挑战现有的政治认知，彻底清扫他们身上背负的朋党之诬。但这一石破天惊之论反而愈加激起仁宗和一般士大夫的猜疑。由此看来，欧阳修一系列善善恶恶的言行适得其反，给政敌编造和鼓扇"朋党之论"提供了现成的材料和借口。

而欧阳修一提起范仲淹，首先想到的也是"朋党"之名。康定元年（1040），他回绝范仲淹的招辟，回想起景祐年间支持范仲淹的往事，决定"同其退不同其进"，还对梅尧臣解释他并非畏惧被世俗指为朋党而不行，自己和范从未结党。庆历五年（1045），欧无奈地发现自己和范仲淹等改革派宰执被"小人"诬作"朋党"，只得自劾避祸。直到皇祐四年（1052），欧阳修接到范仲淹的死讯，第一反应仍是一再叹恨他和范"平生打破名目，号为党人"①。事实上，欧阳修为范仲淹撰写的祭文和碑铭，亦痛诋小人谗毁君子，词锋丝毫

---

① 《新见欧阳修九十六篇书简笺注》，第 51 页。

不让富弼。而这些谗言当中至为不仁的要数"党论"。

"朋党之论"很自然地成为欧阳修写作范仲淹神道碑文时首要考虑的议题。有些出人意料的是，欧阳修在反复斟酌后先是采纳可能有争议的"事实"缓和范、吕关系，再是阐述"朋党之论"的缘起和危害。关于缓和关系，有学者指出，这体现了庆历士大夫的集体反思，欧阳修通过倡导从政为公的政治操守，防止党同伐异之风的滋长。① 这是十分精辟的见解。从上一节的讨论也可以看到，范仲淹晚年的观念转型得到欧阳修、韩琦的认同。范仲淹神道碑恰好就交给韩琦审核过。因此不难推知，欧阳修淡化范、吕党争之实，很可能也是为了回应范本人的晚年思想。而对于范碑中"朋党之论"的相关问题，则仍有进一步探讨的必要。

欧阳修在范仲淹神道碑中对"朋党之论"做出一番釜底抽薪式的描述，意在从根本上解构这一政治污名。一方面，他通过范的人生以及范、吕之间的对抗，向世人展示"党论"的巨大危害，它不仅导致无意义的政治内耗，更造成贤者的沉沦和行道事业的受阻；另一方面，他经由叙述"朋党之论"的形成过程，以及吕夷简这位始作俑者的幡然醒悟，揭示了"党论"的有名无实、荒诞不经，将"党论"的本质定义为政治攻讦的借口。欧阳修这番破除"党论"的意向，理应放在《朋党论》的延长线上理解。只是和《朋党论》故作惊人之语不同，范仲淹神道碑的立论明显更为稳妥也更为彻底。

实际上，欧阳修在发现《朋党论》引发极大争议后，很快就开始调整自己的论辩姿态。庆历五年（1045），他见杜衍、范仲淹等罢政事，立即进言：

> 昔年仲淹初以忠言谠论闻于中外，天下贤士争相称慕，当

---

① 参见王水照《欧阳修所作范〈碑〉尹〈志〉被拒之因发覆》。此外，仝相卿《欧阳修撰写范仲淹神道碑理念探析》认为吕夷简后人的压力是欧阳修如此写作的主因。

时奸臣诬作朋党，犹难辨明。自近日陛下擢此数人，并在两府，察其临事，可以辨也。盖衍为人清慎而谨守规矩，仲淹则恢廓自信而不疑，琦则纯正而质直，弼则明敏而果锐。四人为性，既各不同，虽皆归于尽忠，而其所见各异，故于议事，多不相从。至如杜衍欲深罪滕宗谅，仲淹则力争而宽之。仲淹谓契丹必攻河东，请急修边备。富弼料以九事，力言契丹必不来。至如尹洙，亦号仲淹之党，及争水洛城事，韩琦则是尹洙而非刘沪，仲淹则是刘沪而非尹洙。此数事尤彰著，陛下素已知者。此四人者，可谓天下至公之贤也。平日闲居，则相称美之不暇；为国议事，则公言廷诤而不私。以此而言，臣见衍等真得汉史所谓忠臣有不和之节，而小人谗为朋党，可谓诬矣。①

欧阳修在这里聚焦辨明朋党之诬的问题。他先是点明庆历士大夫以忠义结群的本质，强调"奸臣"用似是而非的罪名来打击贤臣，继而详述杜、韩、范、富等改革派宰执和而不同的忠臣之节，展现诸人公私分明的处事原则，力证他们绝非结党营私的小人。显然，欧在这里仍不忘描述君子之朋的关系特征，但已绝口不提"君子有朋"的名目。他期望通过强调君子间的不同和不私来论证他们的关系建立在公义之上，以此消除指向私利的"党论"。庆历新政失败后，欧阳修一直在往这个方向努力。他为其他同道或前辈所作的墓志，包括余靖、尹洙、王质、程琳、杜衍、孙甫、苏舜钦、晏殊等，均叙及景祐、庆历之际的党争往事。欧阳修或由景祐党争中众人追随范仲淹自愿遭贬的公义之举，以证明"党论"之无稽；或延续《论杜衍范仲淹等罢政事状》的论点，叙述庆历士大夫和而不同，以证明"党论"之无实；或从同道的悲剧凸显"朋党"作为污名的巨大危害。治平四年（1067），欧阳修作蔡襄墓志，绝口不提蔡作《四贤

---

① （宋）欧阳修：《论杜衍范仲淹等罢政事状》，《欧阳修全集》卷107，第1626—1627 页。

一不肖诗》一事，他后来自编《居士集》，亦削去《与高司谏书》
不载，四库馆臣推测这是因欧晚年"客气渐平，知其过当"①。范仲
淹神道碑正是这些碑志群中最为关键的文本。欧阳修在文中推本溯
源，不仅是为了消除范仲淹至死也未能摆脱的关键污名，也是一次
自我调适兼自我救赎的尝试。

范、韩、富、欧诸人明显共享以文字报知己的创作心态以及与
俗见相疏离的书写基调，在如何建构亡友形象上却选择了不同的路
径，这是导致他们相互论争的一个重要原因。在一个联系密切且相
对均质的交游网络里，这种话语权的争夺在所难免。再者，每一方
的声音都有其合理性和独到之处，我们只有合而观之，才能从角度
各异但同样真诚的书写中发现一个个更为立体的士大夫形象。

欧阳修撰作的知己碑志由于带有强烈的个人印记，非但与范、
韩、富所见趋异，亦招致亡友家人的非难和篡改。欧阳修则一直认
为，种种争议的源头均在不同人际关系所造成的认知与需求的差异。
他本人对杜衍之子解释道：

> 修文字简略，止记大节，期于久远，恐难满孝子意。但自
> 报知己，尽心于纪录则可耳，更乞裁择。……以此见朋友、门
> 生、故吏与孝子用心常异，修岂负知己者！范、尹二家，亦可
> 为鉴，更思之。然能有意于传久，则须纪大而略小，此可与通
> 识之士语，足下必深晓之。②

正是知己的身份给予他自主创作及坚持己见的权力和自信：他作文
意在"自报知己"，完成个人对个人的承诺和缅怀，并寻求当下及后
世之通识者的认同，而非为了区区"满孝子意"。然而，彼此相知愈

---

① （清）永瑢等：《四库全书总目》卷152《集部五》，第1313页。关于此事的
评述，又可参见胡旭《欧阳修〈与高司谏书〉发覆》，《文学与文化》2012第1期。

② （宋）欧阳修：《与杜䜣论祁公墓志书》，《欧阳修全集》卷70，第1020页。

深，则外人之理解者愈少。他在《论尹师鲁墓志》中曾辩白墓志文简而意深是自己有意学习尹洙文风的结果，继而悲叹："又思平生作文，惟师鲁一见，展卷疾读，五行俱下，便晓人深处。因谓死者有知，必受此文，所以慰吾亡友尔，岂恤小子辈哉!"[①] 言语间满是孤傲兼无奈。欧阳修虽自认"止记大节"也是知己的心声，但也往往难遏郢人已矣的哀恸。

第三节　成士之道：欧、曾互动与 青年曾巩的士夫化历程

皇祐元年（1049），曾巩在故乡南丰写成《宜黄县县学记》，起首即讲明古今建学育材之法的变易和变质。他先是详述三代"自家至于天子之国皆有学"，古人从幼至长皆在学校熏习"凡人之起居、饮食、动作之小事，至于修身为国家天下之大体"的全方位教育，故于"堂户之上"便周知"四海九州之业、万世之策"，"及出而履天下之任，列百官之中"自然"随所施为，无不可者"。紧接着，他直指后世"圣人之制作尽坏"，学校或有存者，"亦非古法"，遂造成千余年间士不成材乃至仁政不行的后果。[②]

这是一篇广受好评的绝大文字，只是以区区县学而引出措意如此深远的"原学"之说，未免稍显小题大做。[③] 但此一长段儒者宏论恰是曾巩用力所在，其所承载的古今之辨和天下视野在曾巩乡居时期的创作中时有呈露，这折射出他早年就已形成的特定思维方式。再者，从文体角度看，宋代学记普遍追溯周代的学校制度，将此学

---

① 《欧阳修全集》卷 72，第 1046 页。
② 参见《曾巩集》卷 17，第 281—282 页。
③ 清人吕葆中就认为"此篇前段讲古人立学之意甚备，其议论体势太重，一宜黄学收拾不住"。参见（清）吕留良辑《晚邨先生八家古文精选·曾文精选》，清康熙四十三年（1704）吕氏刻本，第 3 册，第 39 页 a。

制之兴废看作后世治乱的源头。① 而曾巩《宜黄县县学记》及其父曾易占《南丰县兴学记》可谓得风气之先。此类议论在学记中的盛行反映出，两宋士大夫基于自身求学入仕的经历，对士的培养和选任深感忧虑，视之为政教的根本问题。他们清楚，"士曾未教，则贤材不充"② 的现实和贤能政治的期望，科举"以文学取士"的现状和朝廷"以德行官人"的要求③，卑陋不堪的现行体制和至为高上的理想人格，皆过于悬隔甚至两相背反，往往令士人学子或止步于中途，或迷失于歧路。尤其是乡党庠序的长期废弛，导致地方教育及治理上的深层次困境。宋廷屡次发起兴学运动和贡举改革便是君主和士大夫持续回应成士、选士之弊的表现。

宋人之所以重视成士、选士诸环节，是因为他们对士大夫抱有极高的角色期望。伴随庆历士大夫的崛起，北宋中期的科举士大夫阶层迅速生发出明确的身份自觉和群体认同。他们认定自身不仅是官员，也是兼具天下立场和儒家文化传承意识的知识分子。④ 换言之，科举士大夫不单是权力赋予的政治身份，更是需要通过自我提升而获致的一种文化身份。

那么，北宋中期的地方士人在缺乏官僚身份和制度保障的情况下如何凭借个人的努力以及师友的支持达致政治、精神上的双重跃升，成长为一位真正的科举士大夫？这是一个值得深究的问题。而曾巩正是极为典型的个案。作为第二代科举士大夫中的代表人物，曾巩很早就开始自觉思考成士问题，并将通经行道确立为毕生的志业。不过，这位颖秀之士两度应举不售，长期蛰居乡党，直至嘉祐二年（1057）三十九岁时方进士及第，可谓两宋精英士人中早熟而晚仕的典型。幸运的是，庆历元年（1041），曾巩拜入欧门，又结识

---

① 参见刘成国《宋代学记研究》。

② （宋）范仲淹：《上执政书》，《范文正公文集》卷9，《范仲淹全集》，第212页。

③ 参见（宋）欧阳修《议学状》，《欧阳修全集》卷110，第1673页。

④ 参见朱刚《唐宋"古文运动"与士大夫文学》，第239—240页。

王安石，由此和两代科举士大夫建立了紧密的联系。曾巩对圣贤之道的孜孜追求能够得到偶像欧阳修的赏识，无疑给予他本人巨大的精神动力。这位青年地方士人在欧阳修的引导、示范和鼓励下坚持"畜德养志，愈期远到"①，向一名科举士大夫自觉靠拢。总之，曾巩"言由公（指欧）诲，行由公率"②，经历了漫长而切实的士夫化过程，和苏轼、苏辙兄弟甫一出蜀即决胜场屋、一举成名形成了鲜明的对比。青年曾巩的遭际和行动充分展现了唐宋新型士人社群内部自主发展起来的成士之道。

是故，本节将在前人研究的基础上③，从历史的维度以及人际互动的视角进入青年曾巩的未第岁月，探究其士夫化的过程和意义。一则，呈现唐宋之际科举士大夫的成长轨迹及其代际差异，以之为前提剖释曾巩如何在逆境中实现精神超越和自我提升，由此确定曾巩所代表的一代人在科举士大夫这一新历史主体的生成史上的独特位置；二则，关注曾巩的文学才能在其士夫化过程中发挥的重要作用，同时，观察曾巩对成士之道的探求如何投射到个人创作，催生出怎样的文学景观；三则，揭示以欧阳修为代表的庆历士大夫如何在曾巩置身的政治文化场中掀起变革的浪潮，像曾这样尚未进入官僚序列的地方士人又怎么看待前辈树立的新价值观，给出了哪些回应。

一 唐宋之际科举士大夫的士夫化历程及其代际差异

从通行的后设视角看，青年曾巩早早学古力学，继而拜入欧门，至嘉祐二年（1057）经欧阳修选拔而登第，他以儒道为导向的人生

---

① （宋）欧阳修：《与曾舍人书》第一，《欧阳修全集》卷150，第2468页。

② （宋）曾巩：《祭欧阳少师文》，《曾巩集》卷38，第527页。

③ 如刘德清：《欧阳修纪年录》（上海古籍出版社2006年版）、唐亚飞：《从滁州唱和看欧阳修与曾巩的诗歌交游》（《辽宁工业大学学报》2017年第1期）、吕肖奂：《欧梅唱和圈中的曾巩形象与创作——兼论曾巩唱和圈的存在与基本样态》（《福州大学学报》2019年第6期）、李震：《曾巩年谱》（江西人民出版社2019年版）、王琦珍：《曾南丰先生评传》（江西人民出版社2019年版）、陈斐：《曾巩与欧阳修交游史实考论》（《苏州大学学报》2021年第3期）等。

选择既顺应了历史的潮流，又最终通往仕途，可谓一举两得。不过，这样的成长叙事容易将曾巩的士夫化历程讲得过于自然平顺，而淡化了其中的艰辛和曲折，忽视曾巩对种种负面因素的体认和应对。另外，也有一些传记作者注意到青年曾巩遇到的诸多人生困境，但只是孤立地进行呈现和分析，将曾巩青年时期的遭际和作为表述为一个普通的励志故事，以上两种理路均难以揭示曾巩之成长史的典型价值和历史意义。

事实上，青年曾巩所克服的是每一位科举士大夫都要面对的结构性问题。通常来说，科举士大夫在士夫化过程中必定会经历思想和现实的双重考验：首先，他要从以科举时文或具体说诗赋为中心的古典"应试"教育中萌发学古行道的意识，并将之内化为人生信条，此之谓心灵的革命；其次，他还得面临志于古而不合于今的困境，需要自立于流俗之外，守道不变，一面"动心忍性，曾益其所不能"①，一面在现行的科举制和官僚制下尽力寻求兼济天下的机会，此之谓现实的革命。一言以蔽之，科举士大夫必须在庸常的日常生活中完成基于儒道的自我觉醒和自我超越，并能持之以恒。这显然并非易事，能真正通过考验的往往只有少数精英士人。

先来看第一重考验。庆历士大夫及其先导中唐士大夫在他们的自述文字里常将青年时期矢志明（或行）道定义为自我意识的奠基性时刻以及公共人生的开端。如韩愈告诉好友崔斯立："仆始年十六七时，未知人事，读圣人之书，以为人之仕者皆为人耳，非有利乎己也。"② 这段话透露出两个信息：一则，五经一直是士人由领会圣人遗意进而生发出儒家理想主义的核心媒介；二则，韩愈重兼济轻独善的守道观直接导源于圣人和五经的启示，从此，那个因怀揣"忧天下之心"而自进不止而感激怨怼的韩愈踏上了汲汲行道的征程。李翱的情况与韩愈近似：

①　（清）焦循：《孟子正义》卷25《告子章句下》，第864页。
②　（唐）韩愈：《答崔立之书》，《韩昌黎文集校注》卷3，第166页。

　　翱自十五已后，即有志于仁义。见孔子之论高弟，未尝不以及物为首，克伐怨欲不行，未得为仁。管仲不死子纠，复相为仇，而功及天下，则曰"如其仁。"曰："由也果，赐也达，求也艺。于从政乎何有？"然则圣贤之于百姓，皆如视其子，教之仁，父母之道也，故未尝不及于众焉。

　　近代已来，俗尚文字，为学者以抄集为科第之资，曷尝知"不迁怒，不贰过"为兴学之根乎？入仕者以容和为贵富之路，曷尝以仁义博施之为本乎？由是经之旨弃而不求，圣人之心外而不讲，干办者为良吏，适时者为通贤，仁义教育之风，于是乎扫地而尽矣。生人困穷，不亦宜乎？州郡之乱，又何怪焉？①

李翱亦于束发入学之年就从圣贤言行中体认到及物修身的仁义之道。他由此观念出发审视自己所置身的世界，很快就发现今（现实）与古（理想）的巨大差距。他指出，当下从士子至于官员都只关心一己私利，无人讲求经旨圣心，无人有志于济世救时，更无人推行仁义教育，遂造成一片衰乱景象。从李翱的这番批判不难看出，唐宋之际科举士大夫所面临的双重考验是异常严峻的，他们需要付出相当大的努力以及代价才能从教育和仕宦中突围。

　　柳宗元同样在"志学"阶段便"颇慕古之大有为者"②，定下立德、立言、立功的人生目标。在这三者当中，立言一途尤其值得注意。柳曾追忆："始吾幼且少，为文章，以辞为工。及长，乃知文者以明道，是固不苟为炳炳烺烺，务采色、夸声音而以为能也。"③柳宗元对文、道关系的辨析，不仅依靠理性思考，也浸染着个人经验。由文进乎道，被他认定是自身成人的标志。柳宗元所描述的文道转关其实是许多科举士大夫在成长过程中都要经历的一种价值重构，

---

　　①　（唐）李翱：《与淮南节度使书》，《李翱文集校注》卷 8，第 114—115 页。
　　②　（唐）柳宗元：《答贡士元公瑾论仕进书》，《柳宗元集校注》卷 34，第 2192 页。
　　③　（唐）柳宗元：《答韦中立论师道书》，《柳宗元集校注》卷 34，第 2178 页。

比如蔡襄自述：

> 襄幼而从学，少长举进士，作词章，日益务奇新，与时等
> 辈争声名，当时处之无所愧也。数年以来，专于圣人书，更求
> 其意，少有得焉，储于心而力于躬。其于为文，不复奋肆夸丽，
> 通乎意则已。要之，是莫敢有所至焉。然勇于进，而不能自视
> 度其性之与力堪否，贸然冥行，而不知止。既而翻然省其中，
> 昔之处而无愧者，今也愧日益加矣。以愧心之加，然后能自信
> 乎有意于古者也；有意于古，则莫能与今尽同也。①

这是宝元年间蔡襄写给时相张士逊的笺牍。景祐三年（1036）蔡襄
进入西京留守张士逊幕府中出任推官。张很是欣赏这位年轻人，入
朝为相后特向仁宗举荐。蔡襄闻讯，作笺拜谢，并对老上司袒露本
心。据蔡襄自述，他的人生观大致以进士及第为节点迎来了质变。
此前，蔡襄一直专力于文辞，欲借此在科场文坛中争名求进，彼时
的他认为这一切理所当然。②登科出仕后，蔡襄开始潜心经籍，决心
从古离俗，遵照圣人之意来生活。因此，他的人生目标从当下转向
三代，立志作文明道，仕宦行道，不再追求甚至是有意抵制词章的
文学性，亦不再将文辞作为功利之具。

　　蔡襄的思想转换与其身份变迁同步，和韩、柳的少年立志相比，
来得更迟，也更猛烈。蔡襄在幡然醒悟后，对少时所为愧悔不已，
几乎走向了另一个极端。他认定"今之学文章者"都是把文章当做

---

①　（宋）蔡襄：《谢昭文张相公笺》，《蔡忠惠集》卷31，《蔡襄集》，第562页。
②　据苏象先《丞相魏公谭训》载，蔡襄、蔡高兄弟幼时在乡里，受教于仙游县
尉凌景阳。天圣七年（1029），凌景阳又为蔡襄兄弟争取到了在开封府取解的机会。蔡
襄于发解试结束后，录自作《寝不逾庙赋》交予凌。凌将蔡赋上呈给晏殊。晏殊阅后
大加称赏，认为当世名士所作都比不过蔡襄，预言蔡襄将高中解元。榜出，蔡襄果得
第一。次年，晏殊知贡举，蔡襄举进士甲科。由此事可知，蔡襄在及第前确实对诗赋
创作颇为用心，以词章之才得名于世。

"速进之资"的浅薄之徒，这些人一旦"临政官民"，便以不通俗务的名士自居，旁人亦以"文章士"不宜"责以材用"来替他们开解。蔡襄由此得出工文怠事的结论。职是之故，他在张士逊手下任职期间将公共生活的重心放在吏事上，"苟非承命及因论列事，则不敢以文词妄进于左右，日与群吏口语，辨是非当否"，惟于公务之余才"执书自娱"。蔡襄强调，自己这般行事，并不是要"求异于人"，只是为了问心无愧。而张士逊大概是注意到蔡襄在洛阳的诗文创作和恬退表现，专门褒奖其"艺文操履"，却令蔡"闻命愧畏，莫知止极"。蔡襄最后只好对张士逊的好意敬谢不敏，同时激励张"得天下之贤者布列朝廷，条理制作，大备太平之事"，表示己所乐者不在区区之身，而在与天下人同其所乐。这就给两人关系定下了大公无私的基调，以区别于浮泛的文辞之交。①

不过，蔡襄声称自己在及第前纯是一介"文章士"，其实只道出了部分事实。早在天圣九年（1031），蔡襄于漳州军事判官任内上书拜谒福建路转运使王嘉言，就说出了他少年求学的另一番光景："家世无显荣，幼而从学，龆龀之岁偶能习诗赋，既而孜孜刻志，临文自省，不陷邪说于师道久废之世，自强不息。"② 显然，蔡襄自少便开始反思以诗赋为主的传统教育，进而笃志守道自强，已然表现出不俗的眼界。蔡襄为儿时学友杨晕所作墓表也可作为佐证。蔡襄在文中深情追忆和杨晕同学于乡序的过往，对杨的共勉之辞记忆尤深："今世取士失其方，而仕者多所矜伐智诈以为材能，位通禄厚，侈心夸欲纵肆，使其风流沾染于下，偷靡败烂。我曹傥得志，正当立诚苦节，以代磨世俗。"③ 杨晕将官员的腐化堕落归因于取士制度，并强调要引以为戒。这段深刻的批判及自省当场就引发蔡襄的共鸣，后来又成为他自我检视的格言。蔡襄在写给王嘉言的信中还说，他

---

① 参见（宋）蔡襄《谢昭文张相公笺》，《蔡忠惠集》卷31，《蔡襄集》，第562—563页。

② （宋）蔡襄：《上运使王殿院书》，《蔡忠惠集》卷27，《蔡襄集》，第462页。

③ （宋）蔡襄：《杨公明墓表》，《蔡忠惠集》卷37，《蔡襄集》，第678页。

后来走上了应试、从政的用世之路，年少时种下的信念更是被自己明晰为"必先本诸先圣人之道"的仕宦观。由此看来，蔡襄士夫化的起点并不比韩、柳晚，他在释褐后也很快找到了行道的方向，勤于庶务自是不在话下。

顺带一提，蔡襄对张士逊的拉拢稍显冷淡，却主动接触王嘉言，期望能在王的教诲下"长育以成其材"，自有其深意。表面的缘由是，王嘉言身为转运使，担负监察一路大小官吏的职责，他对蔡襄的评价将直接影响蔡的政治前途。蔡襄自念"介介而行，一无所屈，故知获誉必少，而得谤必多也"①，是以需要向这位雷厉风行的长官说明自己的为人和才干。更为重要的原因则是，王嘉言乃王禹偁次子，他"平居阅书史，为辞章，以嗣续前烈为志"，手抄《小畜集》三十卷并藏于家，曾献《翊政论》十篇，"究切世事"，于丁谓当权时还严词拒绝过丁的笼络，可以说继承了王禹偁的"文章正直"。②蔡襄十分崇敬王禹偁，他在信中对王嘉言极力称赞其父道："能以文章为己任，提挽党类，恢宏词于天表，挹清醇于笔下，焕赫洋溢，流于无穷，若执事先君子者几何人哉！"③因此，蔡襄在上书的后半段采用"道统"话语，表明自己急欲受知于王嘉言，"亦非有所冀私恩而垂曲庇也"，而是企盼能在王嘉言门下推进王禹偁的事业，为张大"吾道"、致治太平"驱策驽钝、黾勉展效"。④要之，蔡襄给予张士逊、王嘉言不同待遇，反映出他入仕以来以"吾道"为基准的政治立场。

由以上两封书信可以看出，蔡襄在年少求学阶段就已产生学古行道的自觉，只是这种意识于很长一段时间内停留在萌芽状态，并

① （宋）蔡襄：《上运使王殿院书》，《蔡忠惠集》卷27，《蔡襄集》，第463页。
② 参见（宋）刘攽《赠兵部侍郎王公墓志铭》，《彭城集》卷37，第959—962页。
③ （宋）蔡襄：《上运使王殿院书》，《蔡忠惠集》卷27，《蔡襄集》，第463页。
④ 参见（宋）蔡襄：《上运使王殿院书》，《蔡忠惠集》卷27，《蔡襄集》，第463—464页。

未外显，直到蔡入仕以后方才予以践行。蔡襄在行动上的滞后性，和前面讲到的第二重考验息息相关。出生寒远的青年蔡襄，为改变自身及家人的境况，为实现得位行道的目标，只能屈从世俗的文学风尚，迎合朝廷的诗赋取士之方，将自己的绝大部分心力投注到词章上。即便蔡襄内衷一直不认同"文章士"，但他在现实中也不得不违心地扮演这个身份，以至久假而不归。蔡襄的遭遇同样发生在青年欧阳修身上，并且表现得更明显。欧阳修曾用一部敝帚自珍的《昌黎先生文集》串起自身的精神成长史：

> 予少家汉东，汉东僻陋无学者，吾家又贫无藏书。州南有大姓李氏者，其子尧辅颇好学。予为儿童时，多游其家，见有弊筐贮故书在壁间，发而视之，得唐《昌黎先生文集》六卷，脱落颠倒无次序，因乞李氏以归。读之，见其言深厚而雄博，然予犹少，未能悉究其义，徒见其浩然无涯，若可爱。
>
> 是时天下学者杨、刘之作，号为时文，能者取科第，擅名声，以夸荣当世，未尝有道韩文者。予亦方举进士，以礼部诗赋为事。年十有七试于州，为有司所黜。因取所藏韩氏之文复阅之，则喟然叹曰："学者当至于是而止尔！"因怪时人之不道，而顾己亦未暇学，徒时时独念于予心，以谓方从进士干禄以养亲，苟得禄矣，当尽力于斯文，以偿其素志。
>
> 后七年，举进士及第，官于洛阳。而尹师鲁之徒皆在，遂相与作为古文。因出所藏《昌黎集》而补缀之，求人家所有旧本而校定之。其后天下学者亦渐趋于古，而韩文遂行于世，至于今盖三十余年矣，学者非韩不学也，可谓盛矣。①

与韩集的邂逅，为欧阳修打开了一个非同寻常的意义空间，也为古文运动在唐宋之际的延续和深化架设了桥梁。欧阳修对于韩文的认

---

① （宋）欧阳修：《记旧本韩文后》，《欧阳修全集》卷73，第1056—1057页。

识经历了由文至道的递进过程。他儿时初读韩文，便被其不同于时文的"深厚而雄博"的文辞所打动。不过，欧阳修彼时囿于知识以及阅历，对韩文之义理尚一知半解。直到十七岁那年，秋闱的失利构成欧阳修重读韩文并进而一窥真谛的契机。人生的不得志促使欧主动跳出庸俗的现实，以韩文作梯航，去寻觅那个应然的世界，最终将弘扬韩文所承载的文、道确定为前行的方向。欧阳修所追叙的这个重塑认同的时刻，和韩愈《出门》诗所展现的心态变迁可谓如出一辙。根据川合康三的解读，韩愈在诗中细致描述了"现实中的被疏远感→接近古人→恢复认同→现实中个人生存方式的自觉"这样一个完整的心路历程。① 欧阳修亦于现实和理念的冲突中产生了尚古背时的自觉，韩愈的古文正是联结欧阳修与圣贤之道的中介。

不过，虽然欧阳修从十七岁起就立志承继韩愈之文、道，但他的这份"素志"在及第前都潜藏于内衷，一直被延宕到入仕以后方才予以落实。这是由于欧阳修采取了一种务实而迂回的行事策略：借助时文求取名利，先解决现实问题，然后便可以"尽力于斯文"。② 因此，青年欧阳修几乎把全部的时间和精力放在学习时文上，自然没有余裕钻研经书和韩文。欧阳修对自身求学时的功名心从未加以掩饰，他于景祐四年（1037）就曾向乐秀才坦承：

> 仆少孤贫，贪禄仕以养亲，不暇就师穷经，以学圣人之遗业。而涉猎书史，姑随世俗作所谓时文者，皆穿蠹经传，移此俪彼，以为浮薄，惟恐不悦于时人，非有卓然自立之言如古人者。然有司过采，屡以先多士。及得第已来，自以前所为不足以称有司之举而当长者之知，始大改其为，庶几有立。③

① 参见［日］川合康三《终南山的变容：中唐文学论集》，第146—149页。
② 东英寿已注意到欧阳修面对科举的灵活立场，参见［日］东英寿《复古与创新：欧阳修散文与古文复兴》，王振宇等译，上海古籍出版社2005年版，第48页。
③ （宋）欧阳修：《与荆南乐秀才书》，《欧阳修全集》卷47，第660—661页。

欧阳修讲述了自己从顺时转换到自立的过程，期望用自我反省来警醒其他士人。不难看出，欧在时文、古文之间的抉择关系到整个人生态度的变动。自天圣元年（1023）、天圣五年（1027）两次应试无果，欧阳修急于寻求奥援，遂以文笔二编拜见知汉阳军胥偃。从欧阳修为赞见而进呈的《上胥学士启》以及两人沟通的笺启来看，欧为这次干谒做了精心准备。《上胥学士启》洋洋千言，皆用四六骈俪，文辞富艳，句句用典，一则注重技巧，以标榜才学为鹄的，二则严守尊卑之分，意欲传达对上位者的恭敬和求请，一如欧自评："惟恐不悦于时人，非有卓然自立之言如古人者。"胥偃读到欧的文字，果然大为嗟赏，预言他必将有名于世。胥偃随后亲携欧入京参加国子监解试，"为之称誉于诸公之间"①。东英寿指出，胥偃的帮助对欧阳修及第发挥了很大的作用。一方面，国子监能够及时把握省试趋势和流行文风，这有助于欧准备接下来的省试；另一方面，由于国子监解试在当时还未采用糊名法和誊录法，胥偃为欧进行的造势活动很可能对考官直接施加影响。② 欧阳修的行卷还有胥偃的延誉，均带宋初遗风。两人的互动主要建立在私人性的炫才以及施恩的基础上，和后来兴起的提倡公共观念的"道统"话语有本质区别。可以看出，青年欧阳修无论是个人创作还是行事风格都带有鲜明的功利色彩，和世俗之人无异。毕竟对于家境贫寒的欧阳修来说，遵从己心是个过于奢侈的选择。

欧阳修的全面转型发生在西京留守推官任上。③ 首先是创作上的转向。欧阳修在幕主钱惟演手下拥有相当的自由和闲暇，他和尹洙一道写作古文，补缀旧藏韩集，变私习为公开倡导，并在后来的人

---

① （宋）欧阳修：《胥氏夫人墓志铭》，《欧阳修全集》卷63，第921页。

② 参见［日］东英寿《复古与创新：欧阳修散文与古文复兴》，第48—54页。

③ 王水照对以欧阳修为核心成员的北宋洛阳文人集团及其文学活动做了多角度的考辨和探究，参见《北宋洛阳文人集团的构成》《北宋洛阳文人集团与地域环境的关系》《北宋洛阳文人集团与宋诗新貌的孕育》《欧阳修学古文于尹洙辨》等，载《王水照自选集》。

生中助推古文大行于世。也是从洛阳时期开始，欧阳修决心不再写作四六，即便因职务需要当作，亦不作。康定元年（1040），范仲淹欲举荐欧阳修为经略掌书记，亦被欧以不复作四六为由予以拒绝。欧阳修创作转向之彻底，可与蔡襄悔其少作同看，这和两人的出身直接相关。其次是行道观念的外显和发展。欧阳修在洛阳、许州各给范仲淹、王曾寄去书信，面对尊官不卑不亢，关注公事而不及私利，开启了以言行道的生涯。欧阳修在洛阳还读到李翱的文章，深赏其忧国行道之志，引以为异代知己。他在景祐党争后更是通过对读李翱、韩愈的文字，批判后者"叹老嗟卑"，还和余靖、尹洙指摘韩愈在贬所无法摆脱穷愁之态。种种迹象表明，欧阳修已在尝试站在前人的肩膀上完善自身的儒道观。最后是关系网的重组。欧阳修在洛阳遇到梅尧臣、尹洙、尹源、富弼等知交，同时和范仲淹建立了联系。一个道义共同体业已显出雏形，而欧阳修自然是其中的活跃分子。景祐三年（1036），胥偃与范仲淹在刑狱问题上意见相左，欧阳修明确支持范，因而与胥偃——这个对自己有过知遇之恩又有过翁婿关系的故人——产生嫌隙。无独有偶，蔡襄在入仕后同样"忘恩负义"的表现。庆历三年（1043），谏官王素、欧阳修上状反对朝廷给予凌景阳馆职，蔡襄没有为昔日的恩公辩护，遭到一些士大夫的非议。① 总之，欧、蔡的人生以进士及第为转捩点，他们真正在行动上追求古道要等到入仕以后，并没有想象中那样自主。

古语有云："非知之艰，行之惟艰。"在科举士大夫那里，现实的考验远比思想的考验严峻。因为一旦把理念付诸行动，便会和世俗发生直接冲突，持续承受来自现实的压力。就好比，在心田间埋下理想的种子，其实并非难事，但要朝夕涵养，让它生根发芽，破土而出，进而在风雨炎寒的日日侵逼下长成枝繁叶茂的大树，这才是真正的挑战。尤其对布衣之士来说，各类资源的匮

---

① 参见（宋）苏象先《丞相魏公谭训》卷6，《苏魏公文集》附录1，第1157页。

乏导致他们几乎不可能克服现实的困境，往往只有提前离场（隐居求志）和增加筹码（入仕得志）两种选择。前者至多只能做到独善，后者虽然不失完美解决问题的可能，但同时也多了些名缰利锁和无可奈何。

唐宋时期的寒士自然要走那条义利兼取的曲折长路，韩愈形容孟郊"混混与世相浊，独其心追古人而从之"①，道出了他们日常生活的真实样态。欧、蔡早年种种"和光同尘"的表现即印证了这一点。当然，并非所有寒士都如此早慧而"内秀"，比如韩愈在求仕时就喊出了"忧天下"的口号，但他的经历却恰从另一侧面诠释了寒士在科举社会的悲剧。一方面，韩愈有借推尚古道的大言来粉饰其干进意图的倾向，这种以道求禄逐名的俗气在柳开那里进一步外露②。另一方面，就算是韩愈，当年少时发下的宏愿被青年时的窘困生活持续消磨，他也只得无奈承认"仕之不唯为人耳"，然后纵身跃入应试求仕的大潮：

> 及来京师，见有举进士者，人多贵之，仆诚乐之，就求其术，或出礼部所试赋诗策等以相示，仆以为可无学而能，因诣州县求举。有司者好恶出于其心，四举而后有成，亦未即得仕。闻吏部有以博学宏辞选者，人尤谓之才，且得美仕，就求其术，或出所试文章，亦礼部之类，私怪其故，然犹乐其名，因又诣州府求举，凡二试于吏部，一既得之，而又黜于中书，虽不得仕，人或谓之能焉。退自取所试读之，乃类乎俳优者之辞，颜忸怩而心不宁者数月；既已为之，则欲有所成就，《书》所谓耻过作非者也。因复求举，亦无幸焉。乃复自疑，以为所试与得之者不同其程度；及得观之，余亦无甚愧焉。夫所谓博学者，岂今之所谓者乎？夫所谓宏辞者，岂今之所谓者乎？诚使古之

---

① （唐）韩愈：《与孟东野书》，《韩昌黎文集校注》卷2，第137页。
② 参见葛晓音《北宋诗文革新的曲折历程》。

豪杰之士若屈原、孟轲、司马迁、相如、杨雄之徒进于是选，仆必知其怀惭乃不自进而已耳；设使与夫今之善进取者竞于蒙昧之中，仆必知其辱焉。然彼五子者，且使生于今之世，其道虽不显于天下，其自负何如哉！肯与夫斗筲者决得失于一夫之目而为之忧乐哉！故凡仆之汲汲于进者，其小得盖欲以具裘葛、养孤穷，其大得盖欲以同吾之所乐于人耳；其他可否自计已熟，诚不待人而后知。①

这是一段"扭曲"灵魂的自白，"乐之—私怪其故—然犹乐其名—颜怩怩而心不宁—耻过—乃复自疑—亦无甚愧—必知其怀惭—必知其辱"，一系列描述情绪、心理的词汇密集地涌现，时或相互对立，时或前后递进，传达出既隐忍又愤懑、既渴望又羞惭、既自负又自卑、既自重又自贱的复杂心境。韩愈明明知道，整个科举制度毫无合理性和公正性可言，作为考核工具的诗、赋、策既无关乎学也无关乎文，但残酷的现实逼迫他反复揣摩那些俗陋的应试文章，一再去和那些他根本看不起的无才无德之人竞争，屡屡将自己的前途交到那些只凭一己之好恶行事的考官手中，结果却是"四举于礼部乃一得，三选于吏部卒无成"②，叫韩愈如何不对这荒诞的现实"感激怨怼"呢？韩愈不是不能够跳出自身的困境来对现实中的人事展开全面的批判，对自我予以开解，他也不是不理解应试只是改变命运以及追寻理想的一种姑且为之的手段，然而，当人格的折辱和场屋的蹭蹬成为青春的常态，当世人口中的"美仕"和高名始终悬于眼前，当与世俗较量的胜负欲在心中燃起，韩愈不也在一步步变成他曾经鄙夷的那类人吗？韩愈"耻过作非者"的自嘲，无疑诠释了儒家理想主义者面对晦暗生活而做出的妥协，生出的烦闷。

---

① （唐）韩愈：《答崔立之书》，《韩昌黎文集校注》卷1，第166—167页。
② （唐）韩愈：《上宰相书》，《韩昌黎文集校注》卷3，第155页。

韩、柳、欧、蔡诸人曾面对的考验，亦是青年曾巩正在历经的试炼。曾巩同样很早就决心学古志道，他在《上欧阳学士第一书》中的自述就清楚地表明了这一点。又如他的《冬望》诗一面慨叹世路之难行，一面描画心路之绵长：

> 南窗圣贤有遗文，满简字字倾琪瑰。旁搜远探得户牖，入见奥阼何雄魁。日令我意失枯槁，水之灌养源源来。千年大说没荒冗，义路寸土谁能培？嗟予计真不自料，欲挽白日之西颓。尝闻古者禹称智，过门不暇慈其孩。况今尪人冒壮任，力瘅岂更余纤埃。龙潭瀑布入胸臆，叹息但谢宗与雷。著书岂即遽有补，天下自古无能才。[1]

曾巩的这段自白有两层含义。第一层：经由儒家经典上溯圣贤的精神世界，使之成为濡养心灵的不竭源泉。这是科举士大夫成长的必由之路，青年曾巩只是表现得更沉浸一些罢了，并无多少卓异之处。关键在第二层：从上述理想境界出发对现实予以整体性的批判，意识到千年来儒道沦落，进而立志效法大禹兼济的壮举，拒斥隐逸独善，决定或汲汲行道于天下，或著书明道于衰世。曾巩当然清楚，凭他现在的力量要振兴儒道，就像"欲挽白日之西颓"一般艰难，但他仍旧义无反顾地走下去。庆历元年（1041），曾巩初见欧阳修，即告以"道统"话语，从此成为庆历士大夫的坚定支持者。二年（1042），他落第归乡，立志"广其学而坚其守"[2]。五年（1045），他听闻新政失败，更是决心和革新派同进退。往后的十余年间，曾巩始终在地方肆力于学，用古道培育"义路寸土"，未尝踏足场屋，亦不曾汲汲求进。曾巩于庆历以来的种种人生选择，皆是他行动力的表现。这些举动放在布衣之士身上堪称难能可贵，即连青年时期

---

① （宋）曾巩：《冬望》，《曾巩集》卷1，第1页。
② （宋）欧阳修：《送曾巩秀才序》，《欧阳修全集》卷44，第625页。

的欧、蔡恐怕也自愧弗如。①

　　不过，觉醒越彻底，言行越坚定，则现实越难堪，何况曾巩入
仕的年龄本来就要比韩、柳、欧、蔡等前辈晚得多，他对好古之寒
士的人生困境自然有着至为深刻的体验，同时他也做出了十分丰富
且透彻的表述。曾巩很早就体会到，贫寒的家境以及琐屑的世务一
直是他求学深造之路上无所不在的阻碍。曾巩虽出身官宦世家，但
在他和曾牟、曾布兄弟三人同年进士及第以前，曾家却显露出家道
中落的迹象。曾巩之父曾易占一生名位不显，在知玉山县任上因遭
上司钱仙芝挟私报复而被朝廷除名，乡居不仕达十二年之久，最终
死于赴京献书途中。曾易占晚年虽不以"冤且困"介怀，但"无田
以食，无屋以居"②的窘迫现实毕竟需要他们一家人来承受和应付。
曾易占三度娶妻，共生子六人女九人，曾巩排行第二，因此，曾巩
很早就为家计奔走操劳。③尤其在曾易占及其长子曾晔分别于庆历七
年（1047）、皇祐五年（1053）病逝后，曾巩更是不得不一面安排
葬事，一面勉力支撑起"委废单弱"④的家庭，其间的艰辛困苦可
想而知。曾巩自云"十年万事常坎壈，奔走未足供藜羹"⑤，不为虚
言。皇祐三年（1051），曾巩作《读书》诗回顾求学历程，首先想
到的正是自己那漂泊多难的人生：

　　　　吾性虽嗜学，年少不自强。所至未及门，安能望其堂？茬

----

①　这里主要关注青年曾巩对于人生的总体规划。当然也应该看到，曾巩并非完
全依照理想行事，他在乡居时期亦讲应俗治生的策略，详见下文。另外，曾巩在和友
人讨论出处问题时提出："然巩不敢便自许不应举者，巩贫不得已也。"［（宋）曾巩：
《答袁陟书》，《曾巩集》卷16，第261页］令人想到孟子的格言"仕非为贫也，而有
时乎为贫"［（清）焦循：《孟子正义》卷21《万章章句下》，第707页］，同样反映出
寒士脚踏实地的一面。

②　（宋）曾肇：《（曾巩）行状》，《曾巩集》附录，第796页。

③　按，王安石就亲眼见证曾巩年少当家："父在困厄中，左右就养无亏行，家事
铢发以上皆亲之。父亦爱之甚，尝曰：'吾宗敝，所赖者此儿耳。'"参见（宋）王安
石《答段缝书》，《临川先生文集》卷75，《王安石全集》，第7册，第1345页。

④　（宋）曾肇：《（曾巩）行状》，《曾巩集》附录，第796页。

⑤　（宋）曾巩：《初夏有感》，《曾巩集》卷2，第20页。

苒岁云几，家事已独当。经营食众口，四方走遑遑。一身如飞云，遇风任飘扬。山川浩无涯，险怪靡不尝。落日号虎豹，吾未停车箱。波涛动蛟龙，吾方进舟航。所勤半天下，所济一毫芒。最自忆往岁，病躯久羸尪。呻吟千里外，苍黄值亲丧。母弟各在远，计归恐惊惶。凶祸甘独任，危形载孤艎。崎岖护旅榇，缅邈投故乡。至今惊未定，生还乃非常。①

"嗜学"而不能专力于学，这对于曾巩，无疑是绝大的悲剧。曾巩的解释是因为自己不够自强，但当他絮絮叨叨地说起自己惶惶四方，历经万险，只为求得一家温饱，当他回忆起自己独自扶病护送父亲遗体回乡的悲剧，我们可以很清楚地看到，恶劣的客观条件显然才是罪魁祸首。在如此劳苦的生活中，曾巩尝尽"忧虑心胆耗，驰驱筋力伤"，终于身心交瘁，只得归家休养，待强撑病躯，起视书卷，才发现自己蹉跎日久，以致"新知固云少，旧学亦已忘"。② 曾巩对于苦难的记忆是如此深刻，以至三年后又在《学舍记》中重提那段不堪的过往。据曾巩追述，他曾有一段无忧无虑的童年，当时他跟随老师接受启蒙教育，但因沉迷嬉戏，未知好学。到十六七岁，他开始理解六经，领会"古今文章有过人者"，遂对读书产生了浓厚的兴趣。然而，也是从那时起，他的人生愈益被"家事"所"侵扰"。曾巩接着用大量笔墨铺叙一己之劳生：他有过"涉世而奔走"，有过"单游远寓，而冒犯以勤"，有过"经营以养"，有过"遘祸而忧艰"，也有过"皇皇而不足"。曾巩这些年感觉自己越挣扎，就越陷入不幸的泥沼之中，面对"予之所好慕"而无能为力的"学"，只得徒然"自视而嗟"。③ 总之，对寒士而言，"学"其实是一件十分奢侈的事，要保持稳定的学习状态，光靠一己之热情、信念是做不到的，还需要物质、闲暇等诸多外在的基本保障，青年曾巩在这方

---

① 《曾巩集》卷4，第54页。
② （宋）曾巩：《读书》，《曾巩集》卷4，第54页。
③ 参见《曾巩集》卷17，第284页。

面的有心无力，不禁令人慨叹。

"贫贱之士"的自我定位也让曾巩在和师友交流时总把姿态放得很低。早在庆历四年（1044），曾巩就向欧阳修倾诉过自己的不得已：

> 巩闲居江南，所为文无愧于四年时，所欲施于事者，亦有待矣。然亲在忧患中，祖母日愈老，细弟妹多，无以资衣食，恐不能就其学，况欲行其他耶？今者欲奉亲数千里而归先生，会须就州学，欲入太学，则日已迫，遂弃而不顾，则望以充父母养者，无所勉从，此岂得已哉？韩吏部云：诚使屈原、孟轲、扬雄、司马迁、相如进于是选，仆知其怀惭，乃不自进而已尔。此言可念也。失贤师长之镌切，而与众人处，其不陷于小人也，其几矣。早而兴，夜而息，欲须臾惬然于心不能也。①

长年"拂性苦形而役于物"② 的拘束状态令曾巩深知读书、就学、修身之不易。韩愈的感慨对于彼时的曾巩来说是如此真切。他根本没有选择的余地，只能对生活做出妥协，在远离师友的环境里，利用极其有限的闲暇和精力来勉强维持自己的自学状态。面对那些关系稍远的前辈，曾巩的表述则愈显保守，往往直言自己资质鲁钝、家事烦冗，对于"学"可以说是无才也无力。譬如，有感于范仲淹的知遇，曾巩一面自谦"学不足以明先圣之意，识古今之变，材不足以任中人之事，行不足以无愧悔于心"，一面自伤"流落寄寓，无田畴屋庐匹夫之业，有奉养嫁送百事之役，非可以责思虑之精，诏道德之进也"。③ 又如，曾巩在答复孙抗的夸奖时也坦言自己"愚且懒，且为事物疾病所侵"，故"不专而且未久于学"。④ 复如，曾巩

---

① （宋）曾巩：《上欧阳舍人书》，《曾巩集》卷15，第237页。
② （宋）曾巩：《南轩记》，《曾巩集》卷17，第285页。
③ 参见（宋）曾巩《答范资政书》，《曾巩集》卷16，第251页。
④ 参见（宋）曾巩《答孙都官书》，《曾巩集》卷16，第260页。

向朋友袁陟倾诉，自己"遽舍其学而欲谋食"，有愧于古人。① 上述话语的一再复现，无疑反映出曾巩心中长久郁结的忧虑。因此，如何在清寒的布衣生涯里摸索出既能安顿家人又能安放书桌的双全法，是青年曾巩亟待解决的难题。

在治生过程中，曾巩很快发现自己拙于应对俗务，本性就抗拒和世人"争于势利、爱恶、毁誉之间"②。曾巩所遭遇的困难远不止于此，他在日常生活中还时刻感受到自身与世俗之间存在深层次的矛盾。曾巩在得到江南西路转运按察使王逵的眷顾后，向王讲述了自己的两大特质：其一，他是"其状可谓有不堪之忧"的"世之穷人"；其二，他是"与时不对"的怀道自守之士。对于后者，曾巩这样解释道："力求圣人之道，苦心并日夜，每见义理之所当然，则推而行之，未尝求信于人，亦诚无以使人见信。所为益久，处身益穷，亦不自悔于心。"③ 曾巩明白，他的学古行道之举不可能取得世人的认可，这是他不遇的根源所在。虽则如此，曾巩亦无意媚世，仍坚持矫俗自立。曾巩在诗文中一再重申自己的立场："用心长者间，已与儿女异。况排千年非，独抱六经意。终非常情度，岂补当世治？幽怀但自信，盛事皆空议。"④ 当下学古虽是孤独而无用的，但他仍自信于心。

多年后，曾巩在馆阁校书，苏轼给他推介了两位蜀地的青年士人黎生、安生，曾巩借黎、安"闳壮隽伟"的文字称赞二生"可谓魁奇特起之士"。黎生对曾巩表示，他和安生学作古文，乡里之人为此都嘲笑他们"迂阔"，他们期望能得到曾巩这位前辈的肯定，来给乡人解惑。曾巩没有给出他们想要的答复，反而自嘲是世上最"迂阔"的人：

　　　余闻之，自顾而笑。夫世之迂阔，孰有甚于予乎？知信乎

---

① 参见（宋）曾巩《答袁陟书》，《曾巩集》卷 16，第 261 页。
② （宋）曾巩：《南轩记》，《曾巩集》卷 17，第 285 页。
③ （宋）曾巩：《上王转运书》，《曾巩集》辑佚，第 773 页。
④ （宋）曾巩：《写怀二首》其二，《曾巩集》卷 1，第 12 页。

古而不知合乎世，知志乎道而不知同乎俗，此余所以困于今而不自知也。世之迂阔，孰有甚于予乎？今生之迂，特以文不近俗，迂之小者耳，患为笑于里之人。若余之迂大矣，使生持吾言而归，且重得罪，庸诅止于笑乎？然则若余之于生，将何言哉？谓余之迂为善，则其患若此；谓为不善，则有以合乎世，必违乎古，有以同乎俗，必离乎道矣。生其无急于解里人之惑，则于是焉，必能择而取之。①

曾巩强调，"古"与"世"、"道"与"俗"本质上是完全互斥的，一个尽心追求"善"的士人注定无法"同乎流俗，合乎污世"，也就必然会遭受世人嗤笑。在这个意义上，"迂阔"同"朴陋""愚蒙"一样是对士的褒奖②。曾巩因此总结说，黎、安"文不近俗"只是"迂之小者"，唯有像他那样"志乎道"方是真正的"迂阔"。二生不被乡人理解的无奈或许勾起了曾巩那并不美好的乡居记忆。③

———————

① （宋）曾巩：《赠黎安二生序》，《曾巩集》卷13，第217—218页。

② 曾巩曾对欧阳修感慨，自己"独以愚蒙之质、动作语默与俗多违"，招致许多"忌且怨谤之者"。曾巩此处用到的"愚蒙"可与"迂阔"同看。参见（宋）曾巩《上欧阳龙图书》，《曾巩集》辑佚，第772页。

③ 按，王明清《挥麈后录》载："南丰昆弟六人，久益潦落，与长弟晔应举，每不利于春官。里人有不相悦者，为诗以嘲之曰：'三年一度举场开，落杀曾家两秀才。有似檐间双燕子，一双飞去一双来。'南丰不以介意，力教诸弟不息。"［参见（宋）王明清撰，燕永成整理《挥麈后录》卷6，《全宋笔记》，第6编，第1册，大象出版社2013年版，第162页］此事可能并不属实。一是细节谬误。据李震考证，曾巩乡居时期，每四年开一次贡举，"三年一度举场开"要到治平四年（1067）以后才成为常态。参见李震《曾巩年谱》，第146页。二是情节不实。曾晔确于皇祐五年（1053）举进士不第，抱病而归，卒于江州。而曾巩于庆历二年（1042）落第后，一直到嘉祐元年（1056），始终不曾应举，有其《应举启》"三遇文闱，一逾岁纪，足迹不游于场屋，姓名不署于乡间"（《曾巩集》卷36，第504页）为证。因此，曾巩兄弟于父亲曾易占庆历七年（1047）病逝后仍旧结伴应举，铩羽而归，这样的情节必是虚构的。不过，《挥麈后录》中的这则记事也并非无中生有，它很可能源于曾巩青年时期因家道中落、科举不利、好古违俗等原因而被乡人冷嘲热讽的遭遇，是曾巩和世俗间关系紧张的表征。又，（宋）朱熹：《三朝名臣言行录》卷9引《温公日录》："（曾易占）再劾，复往英州，因死焉。子固时不奔丧，为乡议所贬，介甫为作《辨曾子》以解之。子固及第，乡人作感皇恩道场，以为去害也。子固好依漕势以陵州，依州陵县，依县陵民。"（《朱子全书》，第12册，第651页）曾巩不奔丧事，朱熹已有考辨，确定为司马光"传闻之误"。故本则记事亦不可信，但同样可以看出曾巩与乡里不睦。曾巩乡居时期遭人中伤、非议的事例，亦可详见下文。

正如青年曾巩自己说的那样："吾之不足于义，或爱而誉之者，过也。吾之足于义，或恶而毁之者，亦过也。彼何与于我哉？此吾之所任乎天与人者。"① 作为过来人，曾巩很早就从自身的生活经验中得出结论：关键是和自我而非和世人和解。就这样，曾巩的人生早早地进入了一个自我正义化的循环：一方面，曾巩从思想到言行都明确以志古违俗为基准，以故常和世人发生有形的或无形的冲突；另一方面，由于曾巩将自身的不得志归因于环境，他愈受到外界的抵制，则愈加确信自己固有的观念，愈加坚定地和流俗相抗争。曾巩在乡居时期曾作《秋怀》诗倾吐怀抱：

> 天地四时谁主张，纵使群阴入风日。日光在天已苍凉，风气吹人更憭慄。树木惨惨颜色衰，燕雀啾啾群侣失。我有愁轮行我肠，颠倒回环不能律。我本孜孜学《诗》《书》，《诗》《书》与今岂同术？智虑过人只自雠，闻见于时未裨一。片心皎皎事乖背，众醉冥冥势凌突。出门榛棘不可行，终岁蒿藜尚谁恤？远梦频迷忆故人，客被初寒卧沉疾。将相公侯虽不为，消长穷通岂须诘？圣贤穰穰力可攀，安能俯心为苟屈？②

曾巩的人生好似停留在万物衰飒的秋，他对儒道的坚守换来的是他人的排斥，是无以措足的"榛棘"，是贫病加交，是"愁轮"九转。但曾巩从未消沉，他在困境中磨炼出不为穷通动心的豁达，始终抱有力攀圣贤的信念以及不愿同流合污的气节。这便是曾巩做出的人生选择。

对圣贤事业的不松懈，对流俗衰世的不妥协，致使曾巩长期以寒士的身份经受贫与穷的多重考验，持续对抗外界施加的压力。饶是坚毅如曾巩，要直面然后克服人生中的诸种磨折，也绝非易事。

---

① （宋）曾巩：《南轩记》，《曾巩集》卷 17，第 286 页。
② 《曾巩集》卷 3，第 34 页。

从庆历二年（1042）到嘉祐二年（1057），曾巩在这段"万事常坎
壈"①的漫长岁月中，不仅始终保持超凡的意志，同时又展现出相
当的行动力和创造力。他活跃于南丰、临川及周边地域，因应自身
的处境，变被动的承受为主动的承当，利用有限的资源和一己的特
长改造他所置身以及他所能触及的多层空间，开辟出足以寄顿身心
的一方园地。曾巩在其中持续砥砺心性，强化学古行道的自觉，朝
向心目中的理想人格一步步迈进，平稳地度过了人生中的许多晦暗
时刻。

综上所述，对于如何处置现实与理想的矛盾，如何应对心灵与
世俗的冲突，如何在困境中保持自己的初心，如何跨越科举入仕的
门槛，不同世代的青年士人用亲身实践给出了各自的方案。从韩愈
的愤郁和矫饰，到欧阳修、蔡襄的妥协、悔过和转变，再到曾巩的
守道不变以及平滑过渡，唐宋士人的人生轨迹由曲折、断裂通往统
一、连续的演进历程，实则也是科举士大夫这一历史主体持续走向
觉醒、成熟的过程。在新的社会条件和文化氛围下，历经数代人的
探索，到曾巩、王安石这一辈科举士大夫，一整套以古道为中心的
集修身、应物、兼济于一体的成士之道业已迭代发展到十分完备的
程度，并被越来越多的青年士人用来改造和提升自我。借助曾巩的
经历和创作，我们得以近距离观察此种自我技术的运作细节。这其
中，个人的努力、师友的扶助以及时代的风会皆是不可或缺的动力。

二　书斋·乡里·天下：青年曾巩的自我调适与人生选择

如前所论，曾巩通过改造空间来实现自我调适，并具体落实成
士之道。他精心经营的每一层空间都承载着差异性的心智活动和交
际行为，分别对应特定的现实困境和精神需求。乡里是曾巩面向世
俗的所在，他利用创作持续缓和、扩展自身和地方士庶之间的关系，
在获取名利的同时还进行以文化俗的尝试。屋舍及书斋是曾巩用以

---

① （宋）曾巩：《初夏有感》，《曾巩集》卷2，第20页。

寄顿身心的场所，他围绕读书、自学展开修身，以圣贤为方向不断拓宽知识，涵养心灵。天下则是曾巩理想之所系，他不仅心怀天下，也在整个天下寻求同道。就这样，青年曾巩创造了具有丰富层次感的生活，乡居耕读之于他，不再是退而求其次的无奈之举，而是向着整个世界开放的日新之途。下面将逐层分析青年曾巩在这些空间中推进的文化活动，揭示他具体如何悬挂在自己编织的意义之网上。

首先来看乡里。景祐三年（1036）曾易占受诬失官以及庆历二年（1042）曾晔、曾巩双双落第，促使曾氏父子回归乡里。截至曾易占去职，他已入仕为官近二十载。一开始，他以荫补太庙斋郎，先后担任宜黄、临川县尉，又徙抚州司法参军，尚生活在故乡附近。天圣二年（1024），曾易占进士及第后，迁镇东节度推官，因人保举监真州装卸米仓，后知如皋、玉山二县。十余年宦游漂流，曾易占与南丰总是隔着数重山水。而少年时期的曾巩则时常随侍父亲左右。如果没有经历仕宦、科举上的两次挫折，按照北宋士大夫家族传承发展的一般轨迹，曾易占一家和南丰之间的联系很可能会变得越来越稀薄，到曾巩这一代，南丰或许会在其人生的大部分时光里缺席，仅作为籍贯、葬地存在。而在现实中，曾易占"谪官以还"，起初竟"无寸土狭庐可以自立"①，只得奉母携幼侨居于临川。要知道，在曾巩祖父曾致尧在世时，曾家在南丰和南城还拥有大片田庄（参见曾致尧《春日至云庄记》）。这足能佐证他们一家和南丰的关系已较为疏远。由此可说，政治上的失意开启了曾氏父子回流乡里的进程。

曾巩在地化的基础自然是在南丰购置屋舍田园一类恒产，找到托身立足的支点。此事在曾易占离世后方才得以落实。皇祐二年（1050），曾巩兄弟几人在权知开封府、江西吉州永新人刘沆的资助下买田庄于南源，曾巩很快又接连建起茅屋、学舍，逐渐在故乡定居下来。与此同时，曾巩主动参与南丰乃至整个江西地区的人际关系网络，和州县的官吏、士人、民众以及僧道等各色群体都有往来。

---

① （宋）曾巩：《上王转运书》，《曾巩集》辑佚，第 773 页。

而曾巩的文字特别是古文创作，既成为拓展人脉的利器，也构成他和世俗之间关系的润滑剂。

曾巩的文名主要由三方面因素促成。一是世风的转移和下移。从仁宗初年开始，宋廷即有意通过革正科举时文来引导天下的文风和士风。① 在庆历新政期间，革新派"意欲复古劝学"②，一方面改变科举应试文体的次序，进士先策论而后诗赋，另一方面鼓励州县兴学。这些政策虽不久即因新政失败而或很快告停或沦为空文③，但确实推动了地方文教事业的发展，并将朝廷崇文复古的意图直接传达至州县。再加上，欧阳修、尹洙等古文家崛起于文坛，凭借自身的创作实绩带动"天下之文一变而古"④。故自庆历以后，地方也开始流行起古文。孙觉于熙宁四年（1071）回顾他所亲历的文化转型道：

> 夫诗赋之文，能言者知其无用。然自庆历以来三十余年之间，朝廷以古文相尚，州县推行诏书，往往建庠序，教诸生，朝夕从事于六艺之文，虽隐约穷陋，多能喻上意，厌于雕篆淫浮之辞矣。故登科第，立朝廷，号多经术之士。⑤

孙觉以央地互动的框架阐述了庆历以来的世变：朝廷指挥州县用古文在庠序之中教育诸生，而州县则持续向朝廷输送"经术之士"，使政教进入了良性循环。是故，无论是出于功利的目的还是道义的考虑，地方的官吏及士人显然都无法忽视古文和儒学的重要性。宋末王应麟同样将庆历兴学视作故乡明州文教蔚起的直接推力：

---

① 参见王水照《欧阳修散文创作的发展道路》，《社会科学战线》1991 年第 1 期；冯志弘：《北宋古文运动的形成》，第 148—163 页。

② （宋）李焘：《续资治通鉴长编》卷 147，第 3563 页。

③ 庆历兴学运动的失败，参见全仁经《北宋中后期的三次兴学运动》，《抚州师专学报》1985 年第 2 期；陈文龙：《庆历兴学三题》。

④ （宋）范仲淹：《尹师鲁河南集序》，《范文正公文集》卷 8，《范仲淹全集》，第 183 页。

⑤ （宋）孙觉：《婺源县建学记》，《全宋文》卷 1585，第 73 册，第 31 页。

明自唐为州，文风寥寥。宋庆历中，始诏州县立学，山林
特起之士，卓然为一乡师表。或授业乡校，或讲道间塾，本之
以孝弟忠信，维之以礼义廉耻，守古训而不凿，修天爵而无竞。
养成英才，纯明笃厚。父兄师友，诏教琢磨，百年文献，益盛
以大，五先生（即杨适、杜醇、王致、王说、楼郁）之功也。①

庆历兴学在明州掀起崇儒讲学的浪潮。明州五先生崛起于乡里，其
原因不仅在于他们自身毅然以师道自任，还在于整个时代风气的转
向。庆历之后，价值和形式两个层面的"古"日益得到世人的认可，
这为地方儒士的活跃提供了舞台。全祖望所描画的"庆历之际，学
统四起"②的盛况，应当也有时势造英雄的成分。

而在庆历兴学运动中，江西的地方官学经历了一波立学高潮。③
这其中，抚州、建昌军恰属于积极响应朝廷号召的地区。自北宋开
国以来，抚州、建昌军可谓文教发达，济济多士，但遗憾的是，两
地长期"因仍旧贯，黉舍未辟，良家子弟肄习儒业，无讲问之
所"④，欠缺官方背景的县学和州学，致使教育相对滞后于本地的文
化需求。这样的局面在庆历时期发生了根本性的变化。庆历三年
（1043），建昌军军治所在的南城县"始诏立学"，郡守亲至李觏家
礼聘他为师，"四方来学尝数百人"。⑤南丰县学同样建成于庆历三
年（1044）前后，由知县周燮和县丞俞珹主持修造，包括讲堂、宿
舍以及原有的孔庙，规模颇为可观。周燮还请来"好古博学，慷慨
有行义"的余畴若掌管县学的教育事宜，李觏对余氏之行抱有很高
的期望，称赞周燮汲汲于立学延师，是想要以"先王之道"熏陶

---

① （宋）王应麟：《先贤祠堂记》，王骁飞点校《四明文献集》卷1，中华书局
2010年版，第35页。

② （清）黄宗羲原撰，（清）全祖望补修：《宋元学案》卷6，第251页。

③ 参见胡青《宋代江西地方官学考略》，《江西教育科研》1991年第2期。

④ （宋）史纶：《新建抚州州学记》，《全宋文》卷640，第30册，第121页。

⑤ 参见（宋）魏峙《直讲李先生年谱》，《李觏集》，第500页。

"邑之人"，使他们"闻仁义忠信之说，知夫古之所谓儒者如彼其大也"，"然后进可以治乎国，退可以齐乎家，出乎己而加乎人，罔不曰宜者"。① 而抚州州学的营建则经历了马寻、王周两任知州，反映了央地协同兴学的趋向。庆历三年（1033）十月，马寻初到任，便听取地方士人的呼声，谋划兴学。他得郡内富户慷慨解囊，选择在夫子庙背面的空地上动工，命下属谢镇、张彦博参掌此事，同时上奏朝廷，乞以州学为榜额。同年十二月，王周接替马寻，他在拜谒夫子庙时知晓此事，即刻下令完成整个工程。王周考虑到"居学之职不得无人"，奏乞以临川主簿杨伯华担任州学教授。马、王的请求很快得到宋廷的回应。州学遂于庆历四年（1044）仲秋正式举办入学仪式。通判史纶见此场景，不禁畅想"抚之诸生弦诵于是，歌咏先王之道于是，正其言于是，成其行于是，涵养熏陶，蒸蒸日上，处则为彦士，出则为名臣"②。和南丰、临川、南城诸县不同，宜黄县于庆历新政期间未及立学，当地的学者只能前往抚州"群聚讲习"③，待兴学运动受挫，这些学者也尽皆散去。直至皇祐元年（1049），县令李详谋划立学，得到治下士庶的响应和襄助，很快就兴建起县学，又请曾巩作记。从上述案例可以看出，地方的兴学活动一则源于民众的文教需要，二则离不开州县官的自觉，由此上下相维，方能取得实质性的进展，并维持下去。④ 就像曾巩在《宜黄县县学记》里说的："夫及良令之时，而顺其慕学发愤之俗，作为宫室教肄之所，以至图书器用之须，莫不皆有，以养其良材之士。"⑤地方要持续培养"良材之士"，"良令之时"和"慕学发愤之俗"缺一不可。曾巩无疑是庆历兴学运动的直接受益人。他在抚州就试图

---

① （宋）李觏：《送余畴若南丰掌学序》，《李觏集》卷25，第270—271页。
② （宋）史纶：《新建抚州州学记》，《全宋文》卷640，第30册，第121页。
③ （宋）曾巩：《宜黄县县学记》，《曾巩集》卷17，第282页。
④ 陈文龙指出，庆历兴学的导向作用一则表现在推动地方官将建学纳入考虑范围，二则表现在启发地方士人推动地方官建学。参见陈文龙《庆历兴学三题》。
⑤ 《曾巩集》卷17，第282页。

通过江南西路转运使齐廓的关系进入州学学习，不必再远赴太学。而他的文学交游，也得益于抚州、建昌军一带日益高涨的崇文尚古的文化氛围和教育风气。

二是家族的名望。曾巩祖父曾致尧是为南丰入宋以后的第一位名士兼显宦，他本人连同其家族在乡里一直享有崇高的声誉。景祐、嘉祐之际，曾易占、曾巩父子虽不得志，但依旧作为文化世家子弟而倍受乡人敬重。南丰县学建成后，以刘德纯为首的地方士人提出要绘图作记，期于永久。他们选择的作记人正是曾易占，理由是："吾县初无隶儒者，繇曾氏。建隆、祥符间，谏议（即曾致尧）以文行，为海内望，其世寝闻。往请于谏议之子，其可遂来"，如此，必能做到"假之以其言为来世信行者"。① 由此事可一窥南丰曾氏在地方的号召力。家族对曾巩的隐性支持不限于此。曾巩还在某种程度上继承了父祖以及母亲的人际关系，这对于他的文学交游也是重要的助力。如嘉祐二年（1057），曾巩受蔡冠卿等人之托为其父蔡充写作墓志铭。蔡充官至司封员外郎、提点荆湖北路刑狱公事，曾得当世名臣如王曾、王诒永、富弼的举荐。曾巩之所以能替这位前辈才臣撰志作铭，主要是因为"故人子"的身份。② 同时，曾巩的举人身份也能在一定程度上维持南丰曾氏的名望，并使其个人在地方享有一定的社会地位。③

---

① 参见（明）夏良胜《建昌府志》卷7，《天一阁藏明代方志选刊》，上海书店出版社 2014 年影印本，第 20 页 a。

② 参见（宋）曾巩《司封员外郎蔡公墓志铭》，《曾巩集》卷43，第585—586页。

③ 宋代举人的社会地位以及该身份在地方的影响力，参见李弘祺《宋代的举人》，载刘海峰编《二十世纪科举研究论文选编》，武汉大学出版社 2009 年版，第361—375 页；张邦炜：《宋代士绅社会琐议》，《四川师范大学学报》2020 年第 1 期。又，韩明士（Robert P. Hymes）在综述抚州地方精英的类型时将举人也纳入其中，参见 Robert P. Hymes, *Statesmen and Gentlemen: The Elite of Fu-Chou, Chiang-Hsi, in Northern and Southern Sung*, Cambridge University Press, 1987, p. 8. 另外，宋代士人在地方的地位和活动，参见［日］高桥芳郎《宋至清代身分法研究》，李冰逆译，上海古籍出版社 2015 年版，第 126—133 页；梁庚尧：《宋代科举社会》，东方出版中心 2021 年版，第 179—193 页。

三是自身的才学。曾巩天赋之高，立志之坚，迥出时辈之上。再加上父祖的熏陶和家族的支撑，他因此很早就崭露头角。林希在曾巩墓志中强调："由庆历至嘉祐初，公之声名在天下二十余年，虽穷阎绝徼之人，得其文手抄口诵，惟恐不及，谓公在朝廷久矣。"①这段针对青年曾巩之文名的赞颂虽有溢美成分，但也指出了一个事实，即曾巩很早就拥有远超其社会地位的文化影响力。林希还不忘提及"欧阳公一见其文而奇之"②，当世文宗的肯定既证明曾巩确实"文识可骇"③，又能在全国范围内迅速提升曾巩的文名。曾巩不曾辜负自己的才华和师长的青睐，他在创作时着意发挥散文在叙事、议论方面的优长，在书、序、记、碑、志等各类文体上大显身手，凭借卓绝的文辞、不俗的学养以及深厚的情思持续地推进文学交游④，获取他人的尊重和信任，进而成为区域性的人际网络节点。

先看本身就带有社交属性的书、序一类文本。曾巩在乡居时期作有多篇序文，包括赠序（《送江任序》《送刘希声序》《送赵宏序》《送王希序》《送蔡元振序》《送丁琰序》《喜似赠黄生序》《送周屯田序》）、诗序（《思轩诗序》）和字序（《王无咎字序》），题赠的对象大都是和曾巩年辈、地位相若的官吏、士子。他们的交往相对平等，也比较深入。这些序文比之一般的应酬诗要更为郑重⑤，可谓友情的信物。曾巩在文中或称颂友人的道德行谊，或勉励友人进德修业，或细

---

① 《曾巩集》附录 1，第 798 页。

② 《曾巩集》附录 1，第 798 页。

③ （宋）欧阳修：《与余襄公安道书》，《欧阳修全集》卷 147，第 2400 页。

④ 比如，倪春军指出，曾巩《宜黄县县学记》起首论古代学制一段整合了《礼记》《周礼》《仪礼》《汉书》等经史书籍中关于古代礼仪的记载。参见倪春军《宋代学记文研究：文本阐释与文体考察》，复旦大学出版社 2021 年版，第 79—80 页。由此可见曾巩的学养与文才之间的良性互动。

⑤ 按，曾巩在乡居期间也写过许多寄赠、送别地方人士的诗歌如《东津归催吴秀才寄酒》《送吴秀才》《代书寄赵宏》《送陈商学士》《送人移知贺州》《送王补之归南城》《送徐竑著作知康州》《送僧晚容》《送叔延判官》《简翁都官》《简如晦伯益》《陈祁秀才园亭》《李节推亭子》等，相对序文来说偏向日常。

数往事，或畅想未来，一方面以当下为基点上下沿洄，将情义延展于时间之流中，另一方面常把彼此声气相投的缘由上升到公、道的高度。

在序文所呈现的人际关系中，曾巩通常是占据主导地位的一方。尤其在面对地方士子时，曾巩往往扮演师友的角色，给予对方学问上的指导乃至人生方面的指引。比如，南城人王无咎家贫而力学，曾巩深赏其"明经术，为古文辞，其材卓然可畏"，妻以次妹，又为王无咎取字"补之"，期望他能效法颜回"勉焉而补其所不至"。① 又如，开封府东明县人刘震随姐夫张彦博至抚州②，从游于曾巩，三年间两人"皆罕与人接，得颛意以学问磨砻浸灌为事"③。送别之际，曾巩嘱咐刘震要"一趋"于圣人之道而始终"不息"④。即连庆历六年（1046）殿直赵宏护送抚兵奔赴潭州支援平寇，于临行前也要向一介书生曾巩讨教其对潭州蛮乱的看法。如果把视野放宽到曾巩的墓志、诗歌，我们还可以发现许多类似王、刘的士子。如抚州金溪人胡晏非常关心儿子胡敏的学业，从小就亲自教导，后来孜孜为其求师，又让胡敏多接触"四方善人君子"。胡敏也明白父亲的苦心，不仅学行修明，还考上进士。而曾巩便曾被胡晏请来指点过胡敏，在胡敏英年早逝后又为他写作墓志铭。⑤ 又如，韶州曲江人张持

---

① 参见（宋）曾巩《王无咎字序》，《曾巩集》卷14，第227页。

② 按，曾巩《送刘希声序》中的"刘希声"实为"刘伯声"之讹。结合曾巩所作《刘伯声墓志铭》《刑部郎中张府君神道碑》《张文叔文集序》来看，刘伯声名震，开封府东明县人，庆历三年（1043）来到抚州，从游于曾巩三年，性情方面有以下几点比较突出：一是"为人质厚沉深，寡言笑，恂恂蹈规矩"；二是"与人游，见其一善，若恐不能及；见其一失，若恐不能拔。其笃于谊如此"；三是"读书有大志，慨然欲有为者也"；四是"笃于求古，广见多闻"。参见（宋）曾巩《刘伯声墓志铭》，《曾巩集》卷43，第581页。而据《送刘希声序》，刘希声也是开封府东明人，在临川从游于曾巩三年，于庆历五年（1045）还乡，临行前询问曾巩如何守道。在曾巩印象中，他"其貌勉于礼，其言勉于义，其行亦然，其久亦坚。其读书为辞章日盛"。参见（宋）曾巩《送刘希声序》，《曾巩集》卷14，第222页。合而观之，两人的籍贯、经历、性情和学养都高度一致，基本可以断定是一人。

③ 参见（宋）曾巩《刘伯声墓志铭》，《曾巩集》卷43，第581页。

④ 参见（宋）曾巩《送刘希声序》，《曾巩集》卷14，第222页。

⑤ 参见（宋）曾巩《胡君墓志铭》，《曾巩集》卷44，第594—595页。

"为人深沉有大度，喜气节，重交游"，和广汉张贲、蒲阳陈惇交厚。庆历五年（1045），张持路过临川，向曾巩出示文章，两人相与讨论"古今治乱是非之理"以及"为心持身"之道。张持过世后，好友陈惇毅然揽下葬事，将铭墓的任务托付给曾巩。① 还有一位钱姓士子自携"满橐书"来谒见曾巩，曾未及展读，他又"叩门忽言归"。曾巩见此，一面惋惜对方有志而不遇，一面表示自己也无力接济，只得嘱咐他"去矣善自立"。② 复如，临川人裴煜也和曾巩数相往还，曾和他约定"相期在规诲，庶以辅顽疏"③。由以上几个交游事例不难看出，曾巩很早就成为抚州一带知名的学者，吸引远近士子聚拢到他身边。而曾巩的教诲非常朴素：修身为学从来没有捷径，靠的是自觉自立以及坚持不懈。实际上，这种偏重"磨砻浸灌"的成士之道也是曾巩一贯的自修方式。

青年曾巩撰作的部分书信则反映了其与州、路一级高官的交往，他们包括两任江南西路转运使齐廓、王逵以及某一任抚州知州。④ 曾巩写寄这些书信，或是为了谒见主政当地的长官，或是为了答谢上位者的垂顾，或是为了求取入学资格，主要出于私人目的，所用文辞虽不及上欧公诸书之坦荡正大，但曾巩于言谈间仍恪守儒生本分，言必称公道，不见丝毫媚态。如曾巩恳求齐廓对像他和诸弟这样不符合入学条件的侨居之士给予优待，将齐廓先前为人放宽入学标准的行为说成是意在"伸法令之疑"，进而申说"伸法令之疑者，不为一人行，不为一人废，为天下公也，虽愚且野可进也"，以消除齐廓以公谋私的嫌疑。⑤ 另外，曾巩有数封寄上王逵的书信，从中可以

① 参见（宋）曾巩《张久中墓志铭》，《曾巩集》卷43，第590—591页。
② 参见（宋）曾巩《送钱生》，《曾巩集》卷2，第23页。
③ 参见（宋）曾巩《答裴煜二首》其一，《曾巩集》卷2，第18页。
④ 按，（宋）朱熹：《三朝名臣言行录》卷9引《温公日录》："子固及第，乡人作感皇恩道场，以为去害也。子固好依漕势以陵州，依州陵县，依县陵民。"（《朱子全书》，第12册，第651页）这则记事虽不实，但可以看出曾巩与地方官有往来。
⑤ 参见（宋）曾巩《上齐工部书》，《曾巩集》卷15，第245页。

窥见他如何用自己的方式同地方官得体地展开交游。先是初识阶段，曾巩将王逵主动结交自己这样的穷士的举动诠释为遇人以道，并借此事彰显"执事之心公于进善，信其所职守孜孜于国家"。① 接着是交游阶段，曾巩从贵贱交往的古今之变讲起，称誉王逵不吝与布衣韦带之士应答唱和，于以见其"颖然自抗于众见之表，扳古之道，行之于己，而赐之所被"。② 最后是暂别，王逵移使湖北，曾巩因病未去饯送，遂修书一封劝勉王逵尽心履职，并告诫他切不可由于自身不得进用而心怀怨怼。总之，曾巩面对王逵的延揽，始终将两人的关系控制在公道的范畴内，一面把自己最擅长的话语化作赞颂，一面又就事论事，和上位者保持一定的距离，并未投注过多个人的感情，也没有对王逵的人格做整体评价。显然，曾巩巧妙地营造并维系了一种体面而有分寸的关系，并逐步在这段关系中站定脚跟。尤其是曾巩的临别赠言以美为劝，义正词言，践行了他本人报之以道的承诺。王逵在江南西路转运使任上的争议表现，或许能帮助我们理解曾巩的反应。

　　如果说曾巩自撰的上书尚且维持在公道的限度内，那么他代人而作的上书（启、表）则明显表露出功利的真面目。如他替知抚州王周所作上表，向宋廷详述王的资历、劳绩，几乎是在赤裸裸地乞求转官。③ 又如曾巩于庆历新政中代人撰写的上欧阳修书，先是铺陈众贤得位行道的盛况以表彰欧，接着讲到上书人自己以门荫入仕，屡得上司推赏，及至图穷匕见，则一心要和欧攀关系，指望他能"以伯氏昔年京洛之旧，以庇其衰绪而振其子弟"④。拿此信和曾巩先前为拜谒欧阳修而通体采用"道统"话语写成的《上欧阳学士第一书》作一对读，不难看出前者犹如一锅夹生饭，起首是曾巩式的，待转入"自我"陈述部分，就切换到另一套私的话语。之所以会出

---

① 参见（宋）曾巩《上王转运书》，《曾巩集》辑佚，第 774 页。
② 参见（宋）曾巩《上王刑部书》，《曾巩集》辑佚，第 774 页。
③ 参见（宋）曾巩《代上皇帝表》，《曾巩集》辑佚，第 768—769 页。
④ 参见（宋）曾巩《代人上永叔书》，《曾巩集》卷 52，第 715 页。

现这样的现象，是因为曾巩只负责用文辞（通常是他擅长的那类公共话语）修饰上书人的利益诉求，予以委婉呈现。而在当时，前来委托曾巩作书的官员、士子可谓络绎不绝。曾巩尝言："求余文者多矣，拒而莫之与也。"① 尽管曾巩的创作是选择性的，后人还是可以从《圣宋文选》和金刻《南丰曾子固先生集》等文献中辑录出多篇代他人干谒而作的书信文（如《代上皇帝表》《代人上州牧书》《代上蒋密学书》《代人上石中允书》《代人上永叔书》《代人谢余侍郎启》《代上张学士启》等），足证曾巩的文才已然获得乡里的认可，并被世人所需要。作为一时作手的曾巩，因此在地方性的人际交往中居于十分优越的地位。

庆历年间曾巩和抚州司法参军张彦博的交往同样反映了他在文学交游上特有的优势。张彦博自小便好学深思，为人热心，"不惮折节以交贤士大夫，而喜趋人之急"②。他虽较曾巩年长，却喜好跟从曾巩"问道理，学为文章"③，还多次请曾作文。先是，张彦博统筹亡父张保雍的葬事，分别从时任史馆修撰的王质和时任校书郎的王安石那里求得其父的墓志铭和诗序。至于"惟所以显章于墓道之左者"，张考虑到"其辞不立，惧无以畀四方人视听"，故请曾巩撰文"张之于碑"。④ 稍后，张彦博改建卧室，挖出一具幼童遗骸，遂打听到发生在这名叫"秃秃"的男童身上的人伦惨剧。他决定重新安葬秃秃，并请曾巩详细记录事件始末，刻石置于圹中，一则告慰亡童，一则暴露恶行。这两个文学事件于曾巩眼中是他和张彦博友谊的象征。在二人的交往中，文章、学问超越了年辈、官位，使得张彦博从一开始就主动师事曾巩。而在曾巩的乡居阶段，像张彦博这样倚重曾巩文才的不在少数，从曾巩彼时应约而作的建筑记文群即可见一斑：

---

① （宋）曾巩：《送丁琰序》，《曾巩集》卷 14，第 229 页。

② （宋）王安石：《尚书司封员外郎张君墓志铭》，《临川先生文集》卷 94，《王安石全集》，第 7 册，第 1631 页。

③ （宋）曾巩：《张文叔文集序》，《曾巩集》卷 13，第 213 页。

④ 参见（宋）曾巩《刑部郎中张府君神道碑》，《曾巩集》卷 47，第 646 页。

记文	建筑地点	写作时间	请记人及其身份
《墨池记》	抚州城东	1048	州学教授王盛
《菜园院佛殿记》	抚州城南	1048	僧可栖
《抚州颜鲁公祠堂记》	抚州	1056	知州聂厚载与通判林慥
《拟岘台记》	抚州城东	1057	知州裴材
《宜黄县县学记》	抚州宜黄县	1049	县之士
《饮归亭记》	抚州金溪县	不详	县尉汪遘
《仙都观三门记》	建昌军南城县	1046	观主道士凌齐晔
《分宁县云峰院记》	洪州分宁县	1043	邑僧道常及其徒子思
《兜率院记》	洪州分宁县	约1043	僧省怀
《鹅湖院佛殿记》	信州铅山县	庆历初	僧邵元
《醒心亭记》	滁州西南郊	1047	知州欧阳修
《繁昌县兴造记》	太平州繁昌县	1047	县令夏希道
《金山寺水陆堂记》	润州	1049	寺僧瑞新

由上表可以推知：庆历以后，曾巩很快在地方崭露头角，他在学术和文学上的知名度以抚州为中心辐射至江南东西路的广大地域①，甚至能和年长他十岁的江西名贤、建昌军南城县人李觏相颉颃②。正是凭借丰厚的文化资本（曾巩则还有家族和举人身份的助

---

① 按，曾巩能在离乡里相对较远的润州、繁昌县享有知名度似与王安石的推许有关。如繁昌县令夏太初兴建官舍、县学，分请曾巩、王安石作记，王安石在记文中透露自己是夏的故人。金山寺僧瑞新也和王安石、曾巩是旧交。王知鄞县时，瑞新主管天童山景德寺，数相过从。瑞新移锡金山寺，也和王保持联络。故曾巩、瑞新之交也很可能是由王安石引介的。瑞新与王安石的交游情况，参见刘成国《王安石年谱长编》，中华书局2018年版，第209页。

② 按，王安石在答复王开祖的书信中列举李觏、曾巩为"江南士大夫"中兼有"道与艺"的代表，也可以证明当时已有李、曾齐名的趋势。参见（宋）王安石《答王景山书》，《临川先生文集》卷77，《王安石全集》，第7册，第1382页。正因如此，江南西路转运使王逵也主动结交曾巩、李觏。此外，建昌军麻姑山的仙都观，先于庆历六年（1046）由观主道士凌齐晔请曾巩为三门作记，后于皇祐三年（1051）由道士黄太和请李觏为御书阁作记。抚州的菜园院，庆历三年（1043）由僧人可栖重建，请记于李觏，庆历八年（1048），可栖又得州民之钱建起佛殿，请曾巩作记。由此二三事亦可见两人同为地方名士。

力），李、曾跻身地方精英的行列，并且频繁受邀参预州县的各类公共事业以及私人文化活动。① 两人的文字往往充当其中的门面，为这些公私事务及其产物记录始末，赋予意义，以期使这些善举懿事流传后世。约请曾巩、李觏作记的皆是地方政治、文教、宗教领域的头面人物，足见曾、李近乎成为地方文化的代言人和引导者。他们凭借自身的才能嵌入抚州、建昌乃至江南的社会关系网络之中，并且占据独特且稀缺的生态位。这使得两人的创作拥有充分的自主权和可靠的传播渠道。而曾巩牢牢把握住了如此难得的机遇。通过这类文学活动，他不仅可以获取润笔费来贴补家用，还能加深自己和地方的精英、民众之间的联系，扩大个人声誉，更重要的是，曾巩找到了以言行道的途径，积极地探索寓教于文，化民成俗。

曾巩在书写记文时往往小题而大作，从眼前的人、物说开去，阐述自己对于各类社会现象、伦理问题的系统性的思考，创作出一系列以《宜黄县县学记》为代表的旨在扶道劝世的文本。如《墨池记》"因物引人，由人喻理，据理诲人，逐层深入"②，借王羲之学书的故事勉励"欲深造道德"的学人须重视后天努力。《抚州颜鲁公祠堂记》将颜真卿悲壮的人生置于盛中唐之际的动荡历史中予以呈现，凸显其"终始不以死生祸福为秋毫顾虑"的忠义大节。③《拟岘台记》则步武欧公《醉翁亭记》《丰乐亭记》，于铺写光景后表出地方官与民同乐的新风。可见，少年老成的曾巩无论面对何人何物，总是忍不住流露心底的大关怀。

而最能体现曾巩此期创作之意图与个性的要数受僧道之托撰写

---

① 需要补充的是，邀请李觏、曾巩这样有潜质的士人作文在某种程度上也是性价比极高的投资。如若两人在政治、文学和学术任一方面取得更大的成就，他们所作文字的价值自然水涨船高，结交于微时的关系也将得到延续。而从李、曾日后的表现看，这些地方精英可谓慧眼识珠。

② 参见洪本健《曾巩王安石散文之比较》，《华东师范大学学报》1995年第6期。

③ 参见《曾巩集》卷18，第293—294页。

的宗教建筑记文。从宋代开始，就不断有古文评点家发现，曾巩早期创作的佛殿、道院记文多严守儒家本位，甚至表现出"以正义斥异端"① 的倾向。李成晴进而指出，曾巩在佛老题文中赓续韩、欧的笔法，跳出主题的约束，以儒学为法度，发表独立见解，无论排斥抑或赞誉佛老都是为"自家门第"，前者是要伸张吾道，后者则是焦虑儒门不振。② 他的观察十分精准。曾巩在创作时常身陷人情与公义的两难境遇。在一些情况下，曾巩可以采取"为申其可言者宠嘉之"的书写策略来化解之，并"使刻示邑人"，达成教化乡里的目的。③ 但在大多数时候，曾巩排异端的立场严正坦荡，溢于言表。比如，他写作《仙都观三门记》，既不忍推掉同乡的观主道士凌齐晔的请托，又不愿违背儒家的公义，最终决定"不以人之情易天下之公"。他因此预感，凌齐晔看到自己言辞凌厉的批判后可能会心生不悦。④ 曾巩已然认识到，在为他人作记时过于强调自主性可能会带来文章遭拒乃至关系破裂的风险，但他依然践履心中的道义，以布衣的身份做出这样的抉择，确实不同凡俗。不过，曾巩的纠结似是无谓的。江西一带的缁衣羽流从未因为曾巩和李觏公开排击佛老就停止约稿，对他们来说，借重曾、李的文名扩张自身在地方的影响才是核心目的，至于两人到底是褒是贬，反倒没那么在意；况且，如果需要的话，他们完全可以在刻石阶段对文章进行删改。换言之，文章后面的作者署名（而非文章内容）才是此类请记人最看重的要素。正因如此，自韩愈始，宗教界与古文家之间这种看似别扭的合作才会持续上演。从本质上说，这是一场各取所需的游戏，佛老一方要名，古文家一方则利、义兼收。或许，曾巩真正需要忧虑的应是文章被改窜以及被文化程度不高的乡人"误读"的风险，但这显

① （宋）黄震：《黄氏日抄》卷63，《黄震全集》，第1927页。

② 参见李成晴《必为自家门第：〈曾巩集〉佛老题文中的儒家本位》，《北京社会科学》2019年第5期。

③ 参见（宋）曾巩《分宁县云峰院记》，《曾巩集》卷17，第273页。

④ 参见《曾巩集》卷17，第274页。

然已非一介文士所能左右的了。由此看来，曾巩以文化俗的行动能否如愿在乡里落实，其实值得斟酌。

曾巩面向乡里的文学活动表明，他在遵循抗俗自立的立身总原则下还践行灵活的应俗策略，即利用文学交游构建在地的人际关系网。这样既能缓和己身和世俗的紧张关系，增加彼此之间的理解，也能对乡里的士庶施加影响，另外还能纾解经济压力。代价则是需要曾巩在交游、创作时对世俗做出一定程度的让步。当然，曾巩在应俗的过程中还是很讲分寸的，绝不至违背自己的道德底线。并且，他在文学交游方面明显拥有主导权，这给予他的创作以闪展腾挪的广阔空间。曾巩因而在道、俗的对立间摸索出一条可持续的生活之道，对此，他是有自觉的：

> 士有与一时之士相参错而居，其衣服食饮语默止作之节无异也。及其心有所独得者，放之天地而有余，敛之秋毫之端而不遗。望之不见其前，蹑之不见其后。岿乎其高，浩乎其深，烨乎其光明。非四时而信，非风雨雷电霜雪而吹嘘泽润。声鸣严威，列之乎公卿彻官而不为泰，无匹夫之势而不为不足。天下吾赖，万世吾师，而不为大；天下吾违，万世吾异，而不为贬也。其然也，岂剪剪然而为洁，婷婷然而为谅哉？岂沾沾者所能动其意哉？其与一时之士相参错而居，岂惟衣服食饮语默止作之节无异也？凡与人相追接相恩爱之道，一而已矣。①

此一长段关于"士"的宏论，实质上就是韩愈那句"混混与世相浊，独其心追古人而从之"② 的翻版，但两者的思想倾向及情感基调却判然有别。韩愈这番悲人兼自悲的不平之鸣，强调的是"处今世"的不得志和不得已，而曾巩则不然，他看到的是心灵的自由。

---

① （宋）曾巩：《与抚州知州书》，《曾巩集》卷15，第245—246页。
② （唐）韩愈：《与孟东野书》，《韩昌黎文集校注》卷2，第137页。

曾巩用极富诗意的文字描述了一种积极的并且可行的人生态度：士可以借助内、外的张力来承接道、俗的冲突。具体来说，一位真正的士在日常生活中无需求异于人，相反，他应该表现出亲和力。另一方面，士独得于内的精神彻底摆落了现实的束缚，亦不因外物而改易，是那样的超拔不羁，那样的光明俊伟。换言之，士的肉身固然被限制在一时一地，但他的心灵则自在往来于无尽的时空。这既是曾巩的自白，也是对抚州知州的勉励。正是怀揣着这份信念，曾巩深深扎根于地方，同时又完全超越了地方。

那么，如何在日常生活中存养这颗"不安分"的士心呢？曾巩的选择是，近则安放于书斋，远则遨游于天下。先看书斋。前面讲到，皇祐年间，曾巩在南丰陆续建起屋舍，虽仍要不时为家计奔忙，但毕竟算是基本实现了"巩之家苟能自足，便可以处而一意于学"①的心愿。在为居所南轩所作的记文中，曾巩说自己"得邻之芜地蕃之，树竹木灌蔬于其间，结茅以自休，嚣然而乐"，即使是"处廊庙之贵""抗万乘之富"，他也不愿拿当下清贫而自足的生活来交换。曾巩解释道，一方面是由于这种"伏闲隐奥"的状态最适宜自己的本性，另一方面则是因为南轩兼具书斋的功能，曾巩可以在轩中饱览"六艺百家史氏之籍，笺疏之书，与夫论美刺非、感微托远、山镵冢刻、浮夸诡异之文章，下至兵权、历法、星官、乐工、山农、野圃、方言、地记、佛老所传"，汲取古今"圣人贤者魁杰之材"关于"天地万物，小大之际，修身理人，国家天下治乱安危存亡之致"的种种论说和智慧。②耕读生活带来的安宁和适意，曾巩体味甚深，他于题为《南轩》的诗中复述过："久无胸中忧，颇识书上趣。圣贤虽山丘，相望心或庶。"③曾巩经由阅读获致的不止有知识的增长，更有性行的养成，用他自己的话讲：

———————

① （宋）曾巩：《答袁陟书》，《曾巩集》卷16，第261页。

② 参见（宋）曾巩《南轩记》，《曾巩集》卷17，第285—286页。

③ 参见《曾巩集》卷1，第4页。

> 吾窥圣人旨意所出，以去疑解蔽，贤人智者所称事引类，始终之概以自广，养吾心以忠，约守而恕者行之。其过也改，趋之以勇，而至之以不止，此吾之所以求于内者。①

这一段自述透现出十足的书生本色。于曾巩而言，阅读作为连通主体与圣贤、智者的关键中介，开启了曾巩以理想人格为标的的精神之旅。在此过程中，曾巩自觉地以儒学为根柢，又不失广采众家的博学志趣，既重学问、养心，又强调外在的行动，并且能够不懈地进行自我纠偏及提升。在曾巩这里，阅读、学习兼具知识性和伦理性，几乎成为修身的代名词。

曾巩又作五古长诗《读书》，对自己的"嗜学"之状做了更加精细的描摹，据其自述，他尽心于学不仅是为一己之成长，更带有于衰世"为往圣继绝学"的使命感。曾巩在诗里刚说完自己家贫无学，便调转话头，开始集中批判儒学史上出现过的两类学人群体，指出他们各有各的问题。第一类是前代经师（"古人"），他们代表了一种质重而古板的学风。由于六经博深，又兼百家异趣，这些经师皓首穷经，仅通一经，便足为专门名家。然而，他们一则从事烦琐的章句之学，动辄煌煌千言而不得要领，二则墨守师说，固执己见，总是想要掩饰谬误，却弄巧成拙，反倒是向后世自曝其失。第二类是近世的青年学者，这些"后生"的学问看似讲求创新实则空疏。他们才智平庸，仗着"世久无孔子"②，妄以己意揣度经义，臆想道义，但因欠缺基本功，一碰到文物、礼制方面的疑难就不知所出。和前代的专家相比，他们只能说是等而下之。显然，曾巩早已不满足于传统及时兴的学风。而同时，曾巩的学术目标又是如此高远，无论是对于深隐微妙的性命之际，还是对于至为宏大的家国兴亡，他都要求自己具备洞见和预见。但现在的问题是：如何去接近

---

① （宋）曾巩：《南轩记》，《曾巩集》卷17，第286页。
② （宋）曾巩：《读书》，《曾巩集》卷4，第54页。

目标？前辙故不可复蹈，新的路向又在何处？曾巩暂时陷入了迷茫。面对自身的困境和儒学的危机，曾巩决心自己闯出一条路来：

> 因思幸尚壮，曷不自激昂。前谋信已拙，来效庶云臧。渐有田数亩，春秋可耕桑。休问就医药，疾病可消禳。①

从被动到自主，从漂泊到安居，从不能学到专力于学，曾巩将稳定的耕读生活视作一种"自激昂"的选择，进而视作人生的新篇章。自此，他正式开始了自我疗愈、自我完善的进程。在这个意义上，《读书》是为一篇由"学"串起的自传，讲述了一部战胜苦难、回归本性的个人成长史。几年后，曾巩又把家旁的草房改建成学舍，并作《学舍记》"历道其少长出处，与夫好慕之心"②，同样以"学"之有无为标准将人生划分出不同阶段，亦可见"学"之于曾巩的重要意义。曾巩在为自己创造出安稳的学习环境后，立即过上了埋首书堆的生活：

> 性本反澄澈，情田去榛荒。长编倚修架，大轴解深囊。收功畏奔景，窥星起幽房。虚窗达深暝，明膏续飞光。搜穷力虽惫，磨砺志须偿。譬如勤种艺，无忧匮囷仓。又如导涓涓，宁难致汤汤。昔废渐开辟，新输日收藏。经营但亹亹，积累自穰穰。既多又须择，储精弃其糠。一正以孔孟，其挥乃韩庄。宾朋顾空馆，议论据方床。试为出其有，始如官应商。纷纭遇叩击，律吕乃交相。须臾极万变，开阖争阴阳。③

或许是为弥补逝去的时日，或许是考虑到自身才性，或许是有惩于

---

① （宋）曾巩：《读书》，《曾巩集》卷4，第54页。
② 《曾巩集》卷17，第285页。
③ （宋）曾巩：《读书》，《曾巩集》卷4，第54—55页。

近世学风，或许是出于嗜学之心，或许是借鉴韩愈积学以修身成德的修养论①，总之，曾巩是以沉潜者的姿态重启学术之路的。他将读书比作耕耘"情田"、疏浚泉源，一个需要耐心、需要付出同时又持续受益的过程。因此，曾巩焚膏继晷，朝夕苦读，付出了巨大的精力，却别有积学日深的满足感。当然，曾巩求知也不是一味贪多，他于广收博取后还要以孔孟之道为准展开精细的择汰，尤其注意排斥道、法等异端之学。随后，曾巩为免独学无友的孤陋之弊，又招来朋侣，相与切磋学问。在热烈的议论声中，曾巩猛然感到心神开豁："南山对尘案，相摩露青苍。百鸟听徘徊，忽如来凤凰。乃知千载后，坐可见虞唐。"② 书斋所连通的原来是无尽的远方和复古的时光，这一方卑隘的天地对于曾巩来说何其深广，在世俗纷扰之中为他的灵魂提供了栖息、成长的宝贵空间。

最后来看天下。对于一个尚未进入官僚序列的地方士人来说，以儒道为基点，不断拓宽自身的视野，逾越私的界限而扩展至公共领域，是培养士大夫意识的关键。青年曾巩在这点上显露出远超常人的强烈意识。仍以《宜黄县县学记》为例。曾巩于开篇大谈古今学制之变，明显参考其父曾易占《南丰县兴学记》"申古之意告之"的作法③。不过，曾易占仅指出乡党学校的教导能使士守法而不为非，所涉空间和效用都很有限。曾巩在这两方面均作周遍性的阐发，一面说明三代小到家大到天子之国皆有学，一面强调三代的学校教育从个人习惯至修身、治国之理无所不包，议论宏肆，大有青出于蓝之势。如此广阔的时空观无疑导源于曾巩早已成形的天下视野。

---

① 韩愈的修养论，参见刘宁《韩愈古文理论与儒家修养思想》。

② （宋）曾巩：《读书》，《曾巩集》卷4，第55页。

③ 按，两文的承袭关系不仅表现在观点和结构的类同，曾易占文的议论部分还几乎被曾巩全盘抄入《杂说·说学》中，可见父亲的观点给他留下了深刻的印象。另外，宋末元初的南丰人刘埙提到，"前辈相传"《南丰县兴学记》乃曾巩代父而作。参见（元）刘埙《隐居通议》卷14，商务印书馆1936年版，第149页。

曾肇在行状中称兄长"自在闾巷，已属意天下事，如在朝廷"①，可谓实录。故可以说，青年曾巩虽未入仕，但自觉地承担起兼济天下的责任，在观念上已与科举士大夫无异。

此外，曾巩虽多数时间身居乡里，却始终心怀"欲求天下友，试为沧海行"②的抱负。需要说明的是，曾巩不是没有在地方主动挖掘同道，他本人也的确陆续得到过王无咎、刘震、张彦博等学侣。然而，这些地方士人或因年辈较浅，或因学识有限，或因立志未久，总归是倚仗曾巩更多一些。③曾巩和他们难以达成真正的精神共鸣，更遑论从这类关系中获取启迪和鼓舞。是故，曾巩求友于天下的意愿是十分迫切的：

> 圣人之于道，非思得之而勉及之，其间于贤大远矣。然圣人者，不专已以自蔽也。或师焉，或友焉，参相求以广其道而辅其成。故孔子之师，或老聃、郯子云；其友或子产、晏婴云。师友之重也，圣人然尔。不及圣人者，不师而传，不友而居，无悔也希矣。予少而学，不得师友，焦思焉而不中，勉勉焉而不及，抑其望圣人之中庸而未能至者也。尝欲得行古法度士与之居游，孜孜焉考予之失而切劘之，庶于几而后已，予亦有以资之也。皇皇四海，求若人而不获。④

师友之道本为儒家所重，但在后人的实践中愈益流于表面，这引起了唐宋新型士人的警觉。从元和至庆历，儒家师道运动兴起，并从

---

① 《曾巩集》附录，第 794 页。

② （宋）曾巩：《欲求天下友》，《曾巩集》卷 1，第 9 页。

③ 需要补充的是，从宋代开始，就一直有传闻称，曾巩曾拜入李觏门下。但遗憾的是，从现存史料看，曾巩青年在临川、南丰时和李觏并无往来。南宋人张渊微也通过考辨否定了这一传闻。参见（宋）张渊微《直讲李先生门人录》，《李觏集》，第511 页。

④ （宋）吴曾：《能改斋漫录》卷 14，第 413 页。

批判性的边缘话语发展为一种和国家政策、社会制度相结合的意识形态。① 友道同样在元和、庆历两代士大夫那里恢复了交之以道的真义。曾巩把中唐以来复兴的师友之道完全予以内化，将师友的鞭策和规饬视作完善个体之人格、行事的必要环节。同时，曾巩虽知圣人常以不如己的贤人为师友，但能入其眼的"行古法度士"在如今这个衰世终究是寥寥无几，因而，在很长一段时间内，曾巩都陷于求友而不得的困境。

不过，庆历之际正是政治文化变革及新型士人涌现的关键时期。曾巩所期待的师友，还是要去往广阔的天地间找寻。于是，曾巩积极利用游历四方的机会来发现那些"天下之贤"，领略这个变革时代的风会。庆历初年，他随父入京，虽科场失意，却得以结识欧阳修、王安石，还和两人建立深厚的友谊。在接下来的数年里，曾巩始终和外界保持频繁的联络，他一面继续加深先前积累的关系，一面借由欧、王不断拓展自身在两代科举士大夫中的人脉，积极融入学古行道的士人共同体。② 自此，曾巩的治学生涯从"常惧乎其明之不远，其力之不强，而事之有不得者"的"自求"期，转换到既"自求"又"交天下之贤以辅而进，飫其磨砻灌溉以持其志、养其气者有矣"的新阶段。③

下面以曾巩、王安石的互动为例说明曾巩和同道的相处模式。曾巩在与王安石订交以后，写过两封名为《怀友》的书信，一自藏，一寄友，从中可以窥知曾巩对于师友关系的思考。上文在讲曾巩对求友的渴求与焦虑时已引述《怀友》的前半段，书信的后半段则同样以自白的形式阐发人生得一知己的快意：

---

① 唐宋之际师道运动的历程，参见陆敏珍《论韩愈〈师说〉与中唐师道运动》，《社会科学战线》2009 年第 1 期。

② 前面讲到，曾巩对于庆历士大夫敬慕有加，和欧阳修、蔡襄、范仲淹、杜衍、余靖、田况、孙甫等人都有深度交流，在精神和物质上得到过许多帮助。在同辈当中，曾巩和王安石、孙侔、王回、王向等士人交厚，彼此以道相互砥砺。

③ 参见（宋）曾巩《上范资政书》，《曾巩集》卷 15，第 243 页。

自得介卿，然后始有周旋激恳，摘予之过而接之以道者。使予幡然其勉者有中，释然其思者有得矣，望中庸之域，其可以策而及也，使得久相从居与游，予知免于悔矣。而介卿官于扬，予穷居极南，其合之日少，而离别之日多，切劘之效浅，而愚无知易懈，其可怀且忧矣。思而不释，已而叙之，相慰且相警也。介卿居今世，行古道，其文章称其行，今之人盖希，古之人固未易有也。①

信中"相慰且相警"一语精准地概括了曾、王之交的实质。② 首先是"相慰"。曾、王无论是内在的价值观念还是外在的行事风格都高度趋同，故他们不仅拥有源于古道的灵魂共振，也分享着不被世人理解的苦闷。换言之，他们是漫漫行道路上抱团取暖的旅伴。王安石自述他之所以珍视曾巩的友谊，很大程度上是因为"吾少莫与合，爱我君为最"③，与时寡合的境遇凸显爱我之人的可贵。只是，曾、王订交后，一在乡养家，一宦游四方，或为生事或为王事所羁绊，鲜有会合晤语的机会。在千万人中觅得一二知己，却动辄"乖离五年余，牢落千里外"④，不能与之居游，这种落差体验无疑大大加重了本就散漫于曾、王生命当中的孤独感，思而不见遂成为两人寄赠诗中反复吟咏的主题：

> 一昼千万思，一夜千万愁。昼思复夜愁，昼夜千万秋。故

---

① （宋）吴曾：《能改斋漫录》卷14，第413—414页。
② 按，王安石收到曾巩的《怀友》书后，回赠《同学》一首，同样"相警且相慰"。王在信中表达了自己期望在曾巩、孙侔两位贤人辅助下登堂入室的愿景。参见《临川先生文集》卷71，《王安石全集》，第6册，第1278—1279页
③ （宋）王安石：《寄曾子固》，《临川先生文集》卷12，《王安石全集》，第5册，第309页。
④ （宋）王安石：《寄曾子固》，《临川先生文集》卷12，《王安石全集》，第5册，第309页。

人远为县，海边勾践州。①

　　江上信清华，月风亦萧洒。故人在千里，樽酒难独把。由来懒拙甚，岂免交游寡。朱弦任尘埃，谁是知音者？②

　　故人莫在眼，屡独开巾笈。忠信盖未见，吾敢诬兹邑？出关谁与语？念子百忧集。③

　　和同道久别，带来的是心门的长期闭塞。一如曾巩所说："术学颇思讲，人事多可恻。含意不得发，百愤注微臆。"④ 多少学术上的发现，生活中的困恼，皆因无人可语，无人能懂，只得郁积于胸，终致"宛转抱凄戚"⑤。只有在知己面前，曾巩、王安石才会彻底地敞开自我，才能在倾诉理想或宣泄愤懑之际及时得到对方的理解和宽慰，甚至不需要言语就能达成"知我者谓我心忧"的默契。

　　与世龃龉不合自然是王、曾"相慰"的重点。庆历五年（1045）夏秋之交，曾巩寄诗给王安石，叙述自临川归返南丰途中的所见所感，间或夹杂一句"吾心本皎皎，彼诟徒嚖嚖"⑥ 的感慨。王敏锐地捕捉到了友人的意绪，在答诗开篇即作开解："吾子命世豪，术学穷无间。直意慕圣人，不问闵与颜。彼昏何为者？诬构来嚖嚖。应逮犯秋阳，动为人所叹。"⑦ 将曾巩受人非议一事阐释为慕圣学古而易遭俗谤，和曾的思维如出一辙。正是出于这份相知之意，王、曾会在挚友的品行受到质疑时尽力替他辩护。如王安石借鉴韩愈《调张籍》诗的创意，就曾巩的文章气节反诘小人："曾子文章

----

　　① （宋）曾巩：《一昼千万思》，《曾巩集》卷3，第35页。

　　② （宋）曾巩：《江上怀介甫》，《曾巩集》卷3，第43页。

　　③ （宋）王安石：《得曾子固书因寄》，《临川先生文集》卷13，《王安石全集》，第5册，第332页。

　　④ （宋）曾巩：《寄王介卿》，《曾巩集》卷2，第19页。

　　⑤ （宋）曾巩：《寄王介卿》，《曾巩集》卷2，第19页。

　　⑥ （宋）曾巩：《之南丰道上寄介甫》，《曾巩集》卷2，第21页。

　　⑦ （宋）王安石：《答曾子固南丰道中所寄》，《临川先生文集》卷13，《王安石全集》，第5册，第330页。

众无有，水之江汉星之斗。挟才乘气不媚柔，群儿谤伤均一口。吾语群儿勿谤伤，岂有曾子终皇皇？借令不幸贱且死，后日犹为班与扬。"① 相信曾巩读后会在愧谢之余心头一暖。又如前述王安石答复段缝的书信，虽对曾巩不无褒贬，但总体上仍持挺曾立场，认定他不失为"贤者"。这封回信一则从事实出发，澄清了一些攻击曾巩为人的谣言，二则从事理层面剖析曾巩的境遇，指明"贤者常多谤"的根源是"愚者"对"贤者"的颖异和"自守"心怀"忌怨"。王以此告诫段缝，要像圣贤那样"不惑于众人"，毋再"引忌者、怨者、过于听者之言，悬断贤者之是非"。② 曾巩同样会将王安石周身的訾议放在道、俗对立的框架下予以解释。早在庆历三年（1043），王安石回乡，独与曾巩、张彦博往来密切，惹得他人不快。曾巩随后在寄给王的诗里点出"群儿困不酬，吽嚘聚讥谪"，并和"仁义殊龃龉，昧者尊恶跖"的流俗之态联系起来。③ 至和二年（1055），王、曾共同的好友袁陟写信给曾巩，说起王安石在京屡辞馆职，被人扣上矫俗干誉的帽子，因而慨叹"自信独立之难"。④ 曾巩的回应则干脆利落："然介甫者，彼其心固有所自得，世以为矫不矫，彼必不顾之，不足论也。"⑤ 此之谓知己。

　　其次是"相警"。曾、王的关系建基于公道之上，故彼此责善、直谅相待是交际的常态。两人皆用"切劘"形容这种益友之道，他们对此表现出高度的自觉，已然超越了前辈庆历士大夫。曾巩在《读诗》中悬想的那个迭相论难的学友，或许就以王安石为原型。而王安石显然也有同样的诉求，一再表达"旧学待镌磨，新文得删拾"

---

① （宋）王安石：《赠曾子固》，《临川先生文集》卷13，《王安石全集》，第5册，第328页。

② 参见（宋）王安石《答段缝书》，《临川先生文集》卷75，《王安石全集》，第7册，第1345—1346页。

③ 参见（宋）曾巩《寄王介卿》，《曾巩集》卷2，第19页。

④ 袁陟所谈事项，参见刘成国《王安石年谱长编》，第334—335页。

⑤ （宋）曾巩：《答袁陟书》，《曾巩集》卷16，第261页。

"何由日亲灸，病体同砭艾……怀思切劙效，中夜泪霡霂"① 一类呼声，描述"披披发鞬橐，懔懔见戈锐。探深犯严壁，破惑翻强膽"② 的论道场景，两人的言说往往相互应和。就像曾巩说的那样："心中有与足下论者，想虽未相见，足下之心潜有同者矣。"③ 庆历三年（1043），王安石返乡，特来拜会曾巩。据曾巩所述，两人促膝长谈，"绸缪指疵病，攻砭甚针石"④，抓住宝贵的会面机会互作深度批判。当然，曾、王聚少离多，在多数情况下还是利用通信来切磨箴规。庆历三年（1043），就在曾、王会面后不久，段缝给王安石去信，由曾巩之行事质疑其为人。王安石在回信中反驳了曾巩与亲友不睦的传言，同时批评曾巩在京"避兄而舍"，还补充说，曾巩"果于从事，少许可，时时出于中道"，他在还乡时已予以规劝，对方听罢，即瞿然而悟。⑤ 王安石强调，这正是曾巩本人提倡的交往方式，并举曾所作《怀友》书为证。又如，庆历七年（1047），曾巩写信给王安石告知欧阳修爱赏其文，并转达欧"（作文）取其自然"的建议。⑥ 不难看出，曾、王"切劙"的范围极广，包括道德、行事、学术、文章，几乎涉及士人立身的全部方面。顺带一提，两人在后来的人生中依旧延续了直谅的交流方式，从不讳言自己的异见和忠告，甚至因此发生争执。这类现象暴露了曾、王在政治观念和学术志趣上的分歧，成为两人晚年交疏的一个导火索。⑦

---

① （宋）王安石：《得曾子固书因寄》，《临川先生文集》卷13，《王安石全集》，第5册，第332页；（宋）王安石：《寄曾子固》，《临川先生文集》卷12，《王安石全集》，第5册，第310页。

② （宋）王安石：《寄曾子固》，《临川先生文集》卷12，《王安石全集》，第5册，第310页

③ （宋）曾巩：《与王介甫第一书》，《曾巩集》卷16，第255页。

④ （宋）曾巩：《寄王介卿》，《曾巩集》卷2，第19页。

⑤ 参见（宋）王安石《答段缝书》，《临川先生文集》卷75，《王安石全集》，第7册，第1345—1346页。

⑥ 参见（宋）曾巩《与王介甫第一书》，《曾巩集》卷16，第255页。

⑦ 参见刘成国《变革中的文人与文学：王安石的生平与创作考论》，浙江大学出版社2011年版，第182页。

曾巩、王安石之间的"相慰且相警"不仅持续发生在直接的互动上，同时也呈现为一种互为参照的深层联结。青年时期的王、曾在精神层面犹如一对双生子，因着科举的顺逆，各自走上了出、处两条道路。两人的人生因而是互补的，同时也暗藏一层竞争关系。他们总是只能远远地望着挚友或说另一个"我"活跃在山林／朝市之中，心向往之而身不能至。知悉对方正在经历的别样人生，业已闯出一片天地，固然能够在某种程度上缓解自己被束缚于单一人生样态的无奈，却也因此愈加映衬出当下生活的缺憾，以及萦绕于怀的成长焦虑。曾、王在互动文字中每有抑己扬人的片段，这些略带夸张却又发自内心的赞美，透露出他们对现状的不满和反思：

> 故人远为县，海边勾践州。故人道何如，不间孔与周。我如道边尘，安能望嵩丘？又若涧与溪，敢比沧海流。景山与学海，汲汲强自谋。愁思虽尔勤，故人得知不？[1]
>
> 君名高山岳，竭蹶嵩与太。低心收惷友，似不让尘坱。又如沧江水，不逆沟畎浍。君身揭日月，遇辄破氛霭。我材特穷空，无用补仓瘝。谓宜从君久，垢污得洮汰。[2]

围绕进退出处而产生的"围城"效应经由共时的比较立刻就凸显了出来。令曾巩、王安石自惭形秽的，不仅是挚友的天赋、道德、才学或声名，还有他此刻正在进行的事业，正在度过的人生。曾叹赏王主政鄞县，得行其道。王则誓要追随曾，洗去满身俗尘。他们从挚友身上看到的是自己暂时无法实现的另一种生活，或者说，他们把自己无法实现的理想投射到对方的生活上。人我之间的落差感迅速转化为一种以挚友为参照持续展开自我批判的内在动力。用他们

---

① （宋）曾巩：《一昼千万思》，《曾巩集》卷3，第35页。

② （宋）王安石：《寄曾子固》，《临川先生文集》卷12，《王安石全集》，第5册，第309页。

自己的话讲，即始终在关系中保持"自警且自慰"①的状态。该说法出自曾巩作于庆历七年（1047）的《喜似赠黄生序》②，这篇赠序的对象是黄庆基以及他背后的表兄王安石，其写作缘起还要追溯至庆历三年（1043）曾、王的洪州之别。自此，两人分道扬镳。王安石去往扬州继续担任签判，其后放弃召试馆职的机会，出知鄞县。曾巩则回到乡里，一直没能走出远离知己的忧愁：

> 而予自洪州归，虽其身去介卿（王安石）之侧，其心焦然，食息坐作，无顷焉不在介卿也。人有至自介卿之门者，虽奴隶贱人，未尝不从之委曲反复问介卿起居状与其行事，得其所施为，虽小事皆识之，以自警且自慰也。③

王安石在淮南的"行事"和"施为"，成为曾巩探问的关键信息。这既是由于外在的言行及其效果容易被他人观察到，也是因为王的官员身份足够让他有所作为，而这恰是曾巩彼时所欠缺的。对于王氏道德与日俱增的及物性，曾巩一则由衷感到欣慰，一则为落于人后深自警省。这种复杂的情绪在看到因与王朝夕相处而颇得其兄之风的黄生时立刻攀升到了高潮。借由眼前这位言行举止、修为学养无不"似吾介卿"的少年，曾巩直观地感受到"介卿之德，入人这深、化人之速也如此"，甚至不禁遐想：假使挚友"得其志于天下"，将带给天下之人一个何其美好的世界！面对"方驾周孔之道行乎百代之下，而追于百代之上"的老友，还有他身边"日进"的黄生，曾巩反顾自身"断然不一二备而不尺寸进，比其少之时缺且忘者众矣"，最终因自愧而"欲重警戒自修"。④总之，《喜似赠黄生

---

① （宋）曾巩：《喜似赠黄生序》，《曾巩集》辑佚，第 780 页。

② 《喜似赠黄生序》的相关考证，参见刘成国《王安石年谱长编》，第 120—122 页。

③ （宋）曾巩：《喜似赠黄生序》，《曾巩集》辑佚，第 780 页。

④ 参见（宋）曾巩《喜似赠黄生序》，《曾巩集》辑佚，第 780—781 页。

序》完整呈现了曾巩从怀友到自励的心路历程。实际上，无论有没有直接或间接的互动，王安石在曾巩的心中早已幻化为一个需要尽力追赶却在现阶段始终难以企及的目标，不断鞭策曾巩跋涉在修身行道的长路上。

曾、王之间的"奔赴"是双向的。当曾巩在乡里景仰王安石行道化人的事业，王安石同时也在官场悠然神往于曾巩隐居求志的生活。王安石一直心存从游的渴望，也常被来自挚友的音讯勾起回归江湖、园田的夙愿，有诗为证：

> 不恤我躬瘁，乃嗟天泽悭。令人念公卿，烨烨趋王班。泊无悯世意，狙猿而佩环。爱子所守卓，忧予不能攀。永矢从子游，合如扉上镮。愿言借余力，迎浦疏潺潺。亦有衣上尘，可攀裨太山。①

> 严严中天阁，霭霭层云树。为子望江南，蔽亏无行路。平生湖海士，心迹非无素。老矣不自知，低回如有慕。伤怀西风起，心与河汉注。哀鸿相随飞，去我终不顾。②

> 崔嵬天门山，江水绕其下。寒渠已胶舟，欲往岂无马？时恩缪拘缀，私养难乞假。低回适为此，含忧何时写？吾能好谅直，世或非诡诈。安得有一廛，相随问耕者。③

怀友引出思乡、刺世、归田等诸多意绪。王安石对自己所深陷的流俗污世有多厌恶，对曾巩和他的生活就有多钦羡。他向挚友望去，满眼皆是身的自由、心的纯粹和志的远大，故油然为之心折。在某

---

① （宋）王安石：《答曾子固南丰道中所寄》，《临川先生文集》卷13，《王安石全集》，第5册，第330—331页。

② （宋）王安石：《寄曾子固二首》其一，《临川先生文集》卷5，《王安石全集》，第5册，第202页。

③ （宋）王安石：《寄曾子固二首》其二，《临川先生文集》卷5，《王安石全集》，第5册，第203页。

种程度上，曾巩近乎成为青年王安石的精神寄托，亦是王人生归宿的路标。① 当然，王安石虽寄情于曾巩的乡居生活，但并未将它过度浪漫化，也没有把它充作为理想赋形的容器，相反，王安石明白曾巩身为寒士的种种难处，而挚友居穷守道的壮举才是驱使他"永矢从子游"的根本原因：

> 思君挟奇璞，愿售无良侩。穷阎抱幽忧，凶祸费禳禬。州穷吉士少，谁可婿诸妹？仍闻病连月，医药谁可赖？家贫奉养狭，谁与通货贝？诗人刺曹公，贤者荷戈役。奈何遭平时，德泽盛汪濊。鸾凤鸣且下，万羽来翔翔。呦呦林间鹿，争出噬苹蘱。乃令高世士，动辄遭狼狈。人事既难了，天理尤茫昧。圣贤多如此，自古云无奈。周人贵妇女，扁鹊名医滞。今世无常势，趋舍唯利害。而君信斯道，不闵身穷泰。弃捐人间乐，濯耳受天籁。谅知安肥甘，未肯顾糠糯。龙螭虽蟠屈，不慕蛇蝉蜕。令人重感奋，意勇忘身蒇。何由日亲炙，病体同砭艾。功名未云合，岁月尤须惕。怀思切劘效，中夜泪霑需。②

偏僻的乡里，贫寒的家境，连月的疾病，丧亲的打击，以及身当太平之世却郁郁不得志的处境，曾巩接连遭遇的一系列人生挫折直令王安石也太息天理茫昧。然而，曾巩从未就此沉沦或变质，他自外

---

① 按，王安石入世本为救世，他对尘世始终抱有疏离感，这一思想倾向贯穿他的一生。因此，王安石在其仕宦生涯的关键时刻总会发出退归的心声。如熙宁元年（1068），王安石自江宁赴京，写下名作《泊船瓜洲》，感慨"春风自绿江南岸，明月何时照我还"（《临川先生文集》卷29，《王安石全集》，第5册，第595页）。又如熙宁三年（1070）拜相，百官造门奔贺，王安石皆闭门不受，书"霜筠雪竹钟山寺，投老归与寄此生"于窗［参见（宋）魏泰《东轩笔录》卷12，第140页］。赵齐平指出，这些文字反映出王安石功成身退的思想以及居庙堂而乐山水的意趣。参见赵齐平《宋诗臆说》，北京大学出版社1994年版，第127—128页。

② （宋）王安石：《寄曾子固》，《临川先生文集》卷12，《王安石全集》，第5册，第309—310页。

于利益至上的今世之俗，如同古圣贤一般穷则修身、达则兼济，在山林之间益以道自信，不因穷达易心改节。曾巩于人生低谷迸发出来的精神力量和生命元气，也感染了王安石，让他难抑"切劘"之思。由此看来，王安石念兹在兹的山林隐逸终究不失儒家气味。

三　从山水之乐到天下之乐：由《醒心亭记》透视欧、曾互动

如果说，王安石之于曾巩，相当于另一个更好的"我"；那么，欧阳修在曾巩心里就是"我"想成为的那个人。欧既扮演着引导者的角色，也是曾巩翘首以盼的兼济天下的当世圣贤。在两人的关系中，曾巩为天下赋予的两种文化意涵（行道与求友）融而为一。而曾巩对欧阳修的敬意和期待，集中反映在他本人于庆历七年（1047）应师命写就的《醒心亭记》一文中。

庆历新政失败后，欧阳修谪守滁州。他物色当地胜处建起丰乐亭与醒心亭，又以自号为僧人智仙所筑山亭取名"醉翁"。从此，这三处亭台及其周边山水构成欧阳修在滁最主要的游赏兼写作空间。欧在命名的同时写作名篇《丰乐亭记》《醉翁亭记》，又让适来游滁的曾巩为醒心亭作记。欧一生视文章为分内事，很少以之属人，现在特意把写作任务分给曾巩，足见他对弟子的信任和期许。曾巩自然不会辜负恩师之托，故精心结撰记文讲述他所理解的其亭其人。

曾巩作《醒心亭记》以"欧阳公""自为记以见其名之意"的丰乐亭开场，首先当然是为表白尊师之意，其实也在提醒读者：醒心亭的意义不完全来自其自身，更多源于它在整个州亭群落中的特定位置，特别是和丰乐亭的对照。同样的，曾巩于文末强调"得以文词托名于公文之次"，可见他在动笔前就读到欧阳修自作的两篇亭记，早已领会恩师一系列营建及写作活动蕴含的深层意涵。因此，《醒心亭记》和《丰乐亭记》《醉翁亭记》也构成互文关系，模仿、回应乃至最后"超越"欧公二亭记是曾巩书写《醒心亭记》的底层

逻辑。①

　　于是曾巩随即围绕丰乐亭与醒心亭在休闲功能上的互补性写开去，前者宜聚饮至醉，后者宜"醒心而望"，并用极富诗意的笔调细致说明醒心的过程。这里其实隐含一层和《丰乐亭记》的对照：位于"泉水之涯"的丰乐亭让人感觉周身被山谷泉石所环绕，风景在俯仰掇荫之间即可得，故在欧笔下呈现出一派清秀可爱的景致；而曾则着重描述欧在"得山之高"的醒心亭登高眺远，望中尽是清旷壮阔的远景、全景，令人神清气爽。曾巩通过差异化的写作策略证明醒心亭和丰乐亭互补的原因在于两者的选址和景观各有千秋。

　　醒心本质上属于静观自然时的私人体验，故《丰乐亭记》中与民同游的温馨氛围，《醉翁亭记》中太守与宾客、民众欢声喧闹的景象，在造境偏于清冷的《醒心亭记》中悉数遗落②。而这类"众乐"书写正是欧阳修对唐宋地方官创作的重要开拓。"滁人"的隐没使得《醒心亭记》不再紧随欧记前行，反而回归到中古地方官公余幽寻自适的传统路数。曾巩也并不讳言这点，他明言"醒心"二字取自韩愈《北湖》诗中"应留醒心处，准拟醉时来"③之语。而《北湖》所属组诗通首不过夸美虢州刺史刘伯刍优游郡斋的景况，无甚深意。相对应的，《醒心亭记》写景叙事的前半部分也主要是在称颂欧阳修"善取乐于山泉之间"的雅趣。

　　若换作唐人为地方官撰写亭记，行文至此已大致完成规定步骤，差不多可以搁笔了，最多顺势添上几句对地方官治绩、人格的颂词。然而，曾巩并不满足于仅做泛泛揄扬，他甫一说罢山水之乐，便立马调转话头，一笔宕开，直接表出和前文没有关涉的"公之乐"：

---

　　①　譬如，《醒心亭记》整体呈现出纡徐委备的风格，尤其以赋法形容山水之乐和天下之乐，显然是曾巩模拟欧阳修《丰乐亭记》《醉翁亭记》的结果。

　　②　按，《醒心亭记》也说到欧公与"州之宾客者"同游于双亭，但他们在醒心亭显然没有实质的交互，这点和《丰乐亭记》《醉翁亭记》迥然不同。

　　③　（唐）韩愈著，（清）方世举编年笺注，郝润华、丁俊丽整理：《韩昌黎诗集编年笺注》卷8，中华书局2012年版，第460页。

> 虽然，公之乐，吾能言之。吾君优游而无为于上，吾民给
> 足而无憾于下，天下学者皆为材且良，夷狄鸟兽草木之生者皆
> 得其宜，公乐也。①

在曾巩眼中，欧公内在的快乐指向一种理想的天下秩序：从君、民、
学者、夷狄至于鸟兽草木，一切生灵皆各得其宜，天地间无一物失
其所。这般无比广博的仁爱胸怀是曾对天下意识的极致表达，也是
他对欧的至高礼赞。

接下来的问题是：如何由感性的山水之乐过渡到理性的天下之
乐？怎样在一篇并不长的文章中容纳两种异质的乐而不失整体感和
连贯性？理论上，曾巩完全可以做到自圆其说，比如，他可以运用
一些中介性的概念或格言，在两类"乐"之间建立逻辑上的联系。
这对于才高学富的曾巩来说并非难事。像他嘉祐六年（1061）作
《清心亭记》，以"斋其心者，由乎中庸，所以致用也"② 为桥梁，
将斋心（体）与修身治国平天下（用）顺接起来，以保证意若贯
珠。但在现实中，曾巩却并未如此行事，他明白地告诉读者："一山
之隅，一泉之旁，岂公乐哉？乃公所以寄意于此也。"③ 曾巩实质上
通过从价值和事实两个层面否定山水之乐来凸显欧公之乐的伟大和
纯粹。他在两类"乐"中间划出一道清晰的鸿沟：一是文人的有限
而轻浅的审美体验，一是儒者的无限而深沉的济物情怀。前者虽能
触发一些暂时的情绪，但其本身终究是不自足的情感外壳，远远够
不上"公之乐"，唯有后者才真正寄寓着欧阳修的情思，构成了
"公之乐"的本体。随后在记文末段，曾巩的视线回溯数百年前，又
悬想千百年后，在漫长的时间尺度中确定欧阳修正是那个在道统上
接续韩愈的稀世大贤。曾巩立论的基础即是宾客不知而唯独"吾能

---

① （宋）曾巩：《醒心亭记》，《曾巩集》卷17，第276页。
② （宋）曾巩：《清心亭记》，《曾巩集》卷18，第296页。
③ （宋）曾巩：《醒心亭记》，《曾巩集》卷17，第276页。

言之"的天下之乐。

曾巩对二"乐"关系的处理不可避免地造成《醒心亭记》的文气在叙述山亭之游的前幅和阐扬主人情志的后幅之间呈示出似连又似断的张力状态。一方面，曾巩在文章内部设置了许多前后呼应的地方：如《醒心亭记》全文以"乐"贯穿始终，在这点上它和《丰乐亭记》《醉翁亭记》也构成对照关系①；又如韩愈既是前段"醒心"的发明者，又是后段的比拟对象；又如前段讲到宾客与欧阳修的同游，后段则以宾衬主，点出宾客尚未知欧之难得；又如开头提到构亭作记，结尾则说明这些"迹"将作为留名千古的凭证。曾巩的种种细节打磨使得《醒心亭记》带给读者形式上的完整感。但另一方面，《醒心亭记》的行文逻辑以"虽然"为标志发生了"突兀"的转折，乃至表现出自反的特征。山水之乐和天下之乐的境界在曾巩笔下判若云泥，彼此脱节，意脉也随之做出惊险的一跃，几乎无法连属。对此，曾巩只是用"寄意"这样一根细线"勉强"将两者串联起来，显然难以弥合二乐间的差距，故转得有失平顺。由此看来，曾巩似乎犯下了"句不断而意断"的作文大忌。

再者，传统建筑记文由物及人、即物即人的思路在《醒心亭记》这里也被彻底颠覆了。曾巩颇费笔墨渲染的州亭之游，那环绕的群山、氤氲的云烟、无穷的旷野、掩映的草树、清新的泉石，那心神从酣醉中"洒然而醒"的瞬间，这些原本应该成为题眼、主干和辞藻的文段，竟成了为突出"公之乐"而可以被弃绝的微不足道的引子、可以被打破的相形见绌的靶子。这无疑是在挑战读者对记文的阅读期待。而曾巩表彰欧公人格的部分则蹈空而来，不再围绕"醒心"这一题面展开，亦彻底脱离建筑和地域，完全以作者心眼中的人为中心，犹如绝崖壁立，在予人深刻印象的同时也造成"离题"的嫌疑。况且，但凡通览欧阳修的双亭记便知，欧阳修在滁州的山水游赏本身就不无深意，就浸透着欧的风度、志趣。那么，曾巩何

---

① 参见黄毓任《〈醒心亭记〉赏析》，《名作欣赏》2001 年第 1 期。

以要无视欧阳修的自述，选择人为地离析而非融合二乐？这种刻意
而为背后蕴藏着怎样的意图？

细心的读者或许已经发现：曾巩《醒心亭记》所采取的屈曲递
进的章法安排，和范仲淹《岳阳楼记》的布局何其近似。从体制上
看，范、曾都在文章记叙部分和议论部分的接榫处故作拗折，为强
调两种异质情感的差距，不惜将文采不凡的前幅一笔扫倒。就思想
而言，两位作者均漠视因外物感发的私人性的情绪，而提倡由内向
外投射的以天下为己任的至公情怀。有诸多证据表明，《岳阳楼记》
在问世后便广为流传，欧阳修、尹洙等范氏同道更是熟读此文。故
不妨做如下推测，曾巩在欧阳修处便已获读《岳阳楼记》，深深感佩
于范仲淹出人意表的构思和"先忧后乐"的精神，遂在撰写《醒心
亭记》时着意仿效，以范况欧，向两位大贤致敬。曾巩笔下的"公
之乐"，便是《岳阳楼记》"后天下之乐而乐"的绝好注脚。

清代理学家张伯行就读出《丰乐亭记》《醒心亭记》《岳阳楼
记》主旨相通："《丰乐亭记》，欧公自道其乐也，《醒心亭记》，子
固能道欧公之乐也，然皆所谓后天下之乐而乐者。"① 三篇记文以及
《醉翁亭记》关怀虽同，呈现的方式却各有不同。欧阳修书写双亭
记，追求文理畅通，不作大而空的道德说教，而是以圆美流转的文
章整体打动读者，令他们自然而然地达成认同。《丰乐亭记》对比滁
州昔日的乱世故事和现时的安闲民风，顺势引出"与民共乐"的
"刺史之事"，颇见以小见大的功力。《醉翁亭记》则用审美的眼光
和诗性的笔调表出"众乐"这一措意深远的新命题。范仲淹《岳阳
楼记》虽亦有状物之妙，然而正如金圣叹所言，"中间悲喜二大段，
只是借来翻出后文忧乐耳"②，"先忧后乐"诸句，大声镗鞳，足以
震撼人心。而曾巩《醒心亭记》同时接受了欧、范的影响，始由欧

---

① （清）张伯行选编，肖瑞峰点校：《唐宋八大家文钞》卷15《曾文定公文》，
上海古籍出版社2019年版，第370页。

② 参见（清）金圣叹《天下才子必读书》卷15，《金圣叹全集》，第5册，第
530页。

文入手，终究归结到范文。在这个意义上，《醒心亭记》是一篇十足的儒者言志之文。后新政时代的内外局势虽走向缓和，但离儒家设想的太平盛世还有不小的距离。因此，曾巩在记文中标举的天下之乐，与其说是实有其事的"公之乐"，莫若说是有待实现的"公之志"。

事实上，范仲淹《岳阳楼记》的确可以说开辟了记文写作的新范式。证据除曾巩《醒心亭记》外，又有嘉祐三年（1058）曾巩好友、胡瑗高足孙觉在太平县令任上作《众乐亭记》，由山水之乐一路探讨至君子之"至乐"。他先是指出，"声利之士"和"逋放之士"虽纵情山水，却"皆未能无忧于中，故假于外而后乐也"，故"皆为有过，而未造乎道"。接着，他强调"君子出处，不累于心，而忧乐两忘矣"，借前两类士来衬托君子的精神高度。行文至此，孙觉仍不满足，又从"然则君子无忧乐已乎"一句设问生出波澜，由此引逗出一篇之眼"君子乐与众乐，忧与众忧，而身不与也"，从消极和积极两个角度完成了对君子"至乐"的阐述。① 显然，孙觉这篇《众乐亭记》，无论是命名，还是层层脱换、层层深入的写法，抑或是舍私奉公的立场，都有因袭《岳阳楼记》的痕迹。孙觉本人也非常尊崇范仲淹的为人，他曾作诗追怀范在广德军司理参军任上的旧事，末六句云："公名塞天壤，文字未易工。不若揭以榜，因之晓愚蒙。后来仰高山，相与传无穷。"② 虽然孙觉在诗中讲的是范仲淹在屏风上记录的往复论辩刑狱之语，但他的评价同样可以移用到《岳阳楼记》上。由上述写作范式兼思维模式的传承，可以清晰地看到范仲淹的文字对后辈士人的感召和启迪。

《醒心亭记》将儒者兼济天下的精神表达到了极致，这和《岳阳楼记》如出一辙。不过，范仲淹把"先忧后乐"归为他所毕生追

---

① 《全宋文》卷 1585，第 73 册，第 30 页。

② （宋）王象之编著，赵一生点校：《舆地纪胜》卷 24《江南东路 广德军》，浙江古籍出版社 2013 年版，第 781 页。

求的"古仁人之心"，下笔犹有分寸；曾巩则径以天下之乐为"公之乐"，进而点明欧足能上承韩子，出言不留余地。虽然在后人看来，欧阳修无疑当得起上述评价，没有让曾巩陷入"谀且妄"的窘境①，只是他如此揄扬其师，不能不令人心生称道过盛的疑虑。曾巩的颂辞其实自有其深意。他于庆历元年（1041）拜入欧门，就先人一步，认定名位不显的欧阳修为"今之韩愈"，这一判断被曾巩反复提起，直到庆历七年（1047）为欧撰作《醒心亭记》。是故，若要全面理解记文的内涵和曾巩的意图，先须回顾庆历之际的欧、曾互动，梳理曾巩眼中的欧阳修与其心中兼济观念之间的联系。

前面讲到，"行事"是曾巩验证欧阳修是否为大贤的重要环节。与流俗相抗争，以行道以己任。这是他对欧之行事风格的概括。曾巩的依据是"时事"，即欧阳修在景祐党争中的抉择和作为。在他看来，欧阳修写信切责高若讷，公开声援政治上弱势的范仲淹，甘愿付出贬谪的代价也要维护道义，正是在践行以言行道的理念。在仁宗朝的一系列政治冲突中，景祐党争无疑是促成青年士人向庆历士大夫靠拢的关键事件。早在党争爆发之时，曾巩便和金君卿相与作诗歌咏此事。曾诗虽不存，但从金的和诗来看，两人显然已被"四贤"的壮举所折服。一年后，曾巩又随父亲拜会谪居筠州的余靖。景祐党争前后的闻见和遇会，开启了曾巩主动了解、接近欧阳修等庆历士大夫的行动。

曾巩拥护"范党"的政治立场源于强烈的思想共鸣。在父祖的熏陶和儒学的刺激下，曾巩很早就萌发行道兼济的意识，形成了刚直、特立的性格。他初次拜会欧阳修，便以"趋理不避荣辱利害"的"奇伟闳通之士"自居②。周游于仁义之道衰微的当世，曾巩真切地感受到士林的苟且与堕落，并觉察出自身与流俗格格不入。他

---

① 何焯评点此文道："其言之非谀且妄，故后半但觉清新。后之人则不可以率尔画虎也。"参见（清）何焯著，崔高维点校《义门读书记》卷42，中华书局1987年版，第776页。

② 参见（宋）曾巩《上欧阳学士第一书》，《曾巩集》卷15，第232页。

曾先后向欧阳修、蔡襄、田况倾诉自己对当下政坛的不满：

> 自长以来，则好问当世事，所见闻士大夫不少，人人惟一以苟且畏慎阴拱默处为故，未尝有一人见当世事仅若毛发而肯以身任之，不为回避计惜者。①

> 方今内外居位之士以千数，贵者贱者举措趋向一本于苟且，天下没没，日就衰缺，虑终不可更兴起，四方每见用一伟人，则皆曰："是人也，天子特达用之，其能使古道庶几可复见乎？"群臣颙颙，思见其为国家兴太平也。天子既以此望之，而又为公卿大夫侍从司计谋持纪纲之臣，是宜朝拜职而夕建言，使四方闻之，皆曰："天子明于知人，而群君子不负天子之知、天下之望矣。"其久而默默而自欺也，岂国家用贤者意适然哉？四方有司论而疑，且叹息者矣。②

上述言论是曾巩透过"英俊"理念审视老成士大夫的结果，表现出力图超越文吏政治的儒家理想主义，与欧阳修、蔡襄诸人正在进行的政治批判可谓桴鼓相应。他们在针砭士风的同时提倡一种敢于承担、勇于有为的新型人格，进而期望这样的士大夫能够得位行道、致治太平。而从景祐党争到庆历新政，正是庆历士大夫在一系列的政治冲突及危机中崭露头角并走向联合的核心阶段。曾巩猛然间发现，就在不远处，有这样一群"豪杰不世出之材"③，他们不顾流俗，"孜孜于道德，以辅时及物为事"④，行事是如此坚毅、磊落，完全符合曾巩对贤者的期待。从此，庆历士大夫承托起曾巩心中的英雄梦想。他们的行动如疾风骤雨，令死水般的仁宗朝政坛重新激荡起来，也让犹如置身无边暗夜的曾巩找寻到可以导引前路的星辰。

---

① （宋）曾巩：《与欧蔡书》，《曾巩集》卷52，第707页。
② （宋）曾巩：《上田正言书》，《曾巩集》卷52，第704页。
③ （宋）曾巩：《上范资政书》，《曾巩集》卷15，第243页。
④ （宋）曾巩：《上欧阳学士第二书》，《曾巩集》卷15，第233页。

　　曾巩接下去要做的，便是奔向庆历士大夫的麾下，用儒术兴起治道，振奋世人。因此，他在干谒欧阳修的同时，又一改"今世布衣多不谈治道"的旧习，致信时任右正言的田况，敦促他慷慨进言，"使古道庶几可复见"。①在这封以美为劝的书信中，曾巩强调"凡居其职者，固以一人之身而系天下之得失，当万世之是非也，其重较然者"②，显然参考了欧阳修《上范司谏书》对谏官职责的描述。他于文末激励田况"若欲兴太平，报国家，则愿无容容而随俗也"③，又加入了自己的关注点。

　　逮至庆历四年（1044），庆历士大夫集聚中央，一场以救时弊、开太平为宗旨的政治改革如箭在弦。曾巩虽僻处南丰，同样知觉变革的浪潮，认定"今有士之盛，能行其道，则前数百年之弊无不除也，否则后数百年之患，将又兴也"④。他有感于"圣贤之时"难得而易失，于是接连上书谏官欧阳修、蔡襄，既期望对时政有所补益，也是在督责二人"以其道及人"⑤。曾巩的议论多是书生之见，却也不乏深度思考。比如，他担忧仁宗任用贤者会引来邪人、庸人进谗，遂劝说谏官强化对仁宗的影响。这和庆历谏官的想法不谋而合。再比如，他提醒欧、蔡当世有听贤、裕民、力行三大急务，并探讨了士子学习经史的细节问题。这些建议得到了蔡襄的肯定。从曾巩的具体论述来看，如何维持君子有为的局面，如何培养通经史、明义理的新人，是他念兹在兹的目标。总之，伴随庆历新政的推进，曾巩对庆历士大夫的认同也在持续加深。他经由致信欧阳修、蔡襄这两个连通士林与朝廷的管道，实现了间接参与改革的愿景。

　　当庆历五年（1045）新政流产及君子被贬的消息传来，曾巩立即给欧阳修、蔡襄去信。他回顾了二人在谏官任上直言无隐的壮举，

---

① 参见（宋）曾巩《上田正言书》，《曾巩集》卷52，第704—706页。
② 《曾巩集》卷52，第705页。
③ 《曾巩集》卷52，第706页。
④ （宋）曾巩：《上蔡学士书》，《曾巩集》卷15，第239页。
⑤ （宋）曾巩：《上欧阳舍人书》，《曾巩集》卷15，第237页。

并直言为小人毁谤革新派"感愤痛切，废食与寝，不知所为"①。曾巩在信末还补充道，自己将愤慨尽数写入《忆昨诗》《杂说》之中，随信寄上，"欲启告觉悟天下之可告者，使明知二公志。次亦使邪者庸者见之，知世有断然自守者，不从己于邪，则又庶几发于天子视听，有所开益"②。曾巩今日之所为，一如欧、蔡昔日在景祐党争中以言相争。曾巩明言自己公开声援欧、蔡二公不仅是为贤者打抱不平，更是"为天下计"，因为"使二公之道行，则天下之嗷嗷者，举被其赐"③，又一次展露了天下意识。曾巩的这些创作也向士林宣示了自己从道不从势的政治立场。在后新政时代，曾巩继续拓展他在庆历士大夫中间的人脉。他不仅和欧、蔡保持密切的交流，又和范仲淹、杜衍、孙甫等人建立联系，还作诗悲叹尹洙之死。而那场令人惋惜的改革构成他赞颂诸大贤的核心话题。曾巩选择追随这些失势的君子，并非出于功利目的，而是希望加入行道的队伍，这既有助于成长，也算是尽自己的一份心力。如他对杜衍表示："今也过阁下之门，又当阁下释衮冕而归，非干名蹈利者所趋走之日，故敢道其所以然。"④ 患难方见真心，这也是曾巩能得到赏识的重要原因。

曾巩的思考不限于当下，他接着又把目光投向幽暗的未来，力劝欧、蔡在这个"道之难行"的时代也要守住儒者的本心：

> 虽然，君子之于道也，既得诸内，汲汲焉而务施之于外。汲汲焉务施之于外，在我者也；务施之外而有可有不可，在彼者也。在我者，姑肆力焉至于其极而后已也；在彼者，则不可必得吾志焉。然君子不以必得之难而废其肆力者，故孔子之所说而聘者七十国，而孟子亦区区于梁、齐、滕、邾之间。为孔

---

① （宋）曾巩：《上欧蔡书》，《曾巩集》卷52，第708页。
② （宋）曾巩：《上欧蔡书》，《曾巩集》卷52，第709页。
③ 参见（宋）曾巩《上欧蔡书》，《曾巩集》卷52，第709页。
④ （宋）曾巩：《上杜相公书》，《曾巩集》卷15，第242页。

子者，聘六十九国尚未已。而孟子亦之梁、之齐二大国，不可，则犹俯而与邾、滕之君谋。其去齐也，迟迟而后出昼，其言曰："王庶几改之，则必召予。如用予，则岂惟齐民安，天下之民举安。"观其心若是，岂以一不合而止哉？诚不若是，亦无以为孔孟。今二公固一不合者也，其心岂不曰"天子庶几召我而用之"，如孟子之所云乎？肆力焉于其所在我者，而任其所在彼者，不以必得之难而已，莫大于斯时矣。况今天子仁恕聪明，求治之心未尝息，天下一归，四方诸侯承号令奔走之不暇，二公之言，如朝得于上，则夕被于四海，夕得于上，则不越宿而被于四海，岂与聘七十国，游梁、齐、邾、滕之区区难艰比耶？姑有待而已矣。非独巩之望，乃天下之望，而二公所宜自任者也。岂不谓然乎！①

曾巩比庆历士大夫更为及时也更为清晰地喊出了"有待"的阶段性口号，并突出了其中有为的一面。他把行道拆解为主观和客观两个层面予以讨论。君子得道而必欲施行于外，这种行动源于他内中如同本能般的冲动，故完全可以自主；至于君子是否能真正实现行道的意愿，这个问题受太多外在因素的影响，不在个人的掌控范围内。曾巩随即强调，虽则古往今来，得志行道的机会着实渺茫，但君子绝不会就此放弃行道的努力，即便身处无望的境遇，他依旧要尽自己的全力去创造行道的可能，孔、孟周游诸侯以求仕的事例便是明证。最后，曾巩通过比对古今指出，挫折只是暂时的，欧阳修、蔡襄在行道兼济方面其实具备前所未有的优越条件，是故，他们在地方千万松懈不得，仍需以道自任、志在天下，等待入朝行道的那一天再度到来。这不独是曾巩个人的期望，更是天下人的呼声。

无论是聚焦兼济天下的主观性，还是主张穷达不易行道之志，曾巩的言说皆与韩愈的"忧天下之心"、范仲淹的"先忧后乐"暗

---

① （宋）曾巩：《上欧蔡书》，《曾巩集》卷52，第708—709页。

合。一言以蔽之，曾巩式的"有待"正是"退亦忧"的别种表述。而这番勉人之语又何尝不是自励？他直到入仕前的人生难道不是一场旷日持久的"有待"之旅？曾巩于新政期间就曾对欧阳修自白："巩闲居江南，所为文无愧于四年时，所欲施于事者，亦有待矣。"①皇祐三年（1051），他在《读书》诗中自比为养精蓄锐以待驰骋的良驹："施行虽未果，贮蓄岂非良。何殊厩中马，纵龁草满场。形骸苟充实，气力易腾骧。此求苦未晚，此志在坚刚。"②曾巩提升自我的目标很明确，就是要将所学施行于世。至和元年（1054），曾巩又作《学舍记》重申乡居修身的宗旨："予之卑巷穷庐，冗衣砻饭，芑苋之羹，隐约而安者，固予之所以遂其志而有待也。"③强调自己在安贫乐道的生活中仍旧不失有为之志。由此可见，"有待"是青年曾巩长期以来的日常状态。现在，他把这一凝结着个人生命体验的词汇分享给欧、蔡，实是将心比心。因为曾巩发觉：他们实际上面临相同的困境（这便是君子的宿命），也拥有相通的精神力量。这既强化了曾巩的归属感，也让他愈益坚定地走下去。

　　从景祐党争开始，曾巩的政治热情一直为庆历士大夫所牵动，他将自身行道兼济的愿望也托付给君子们。随后的庆历新政更令曾巩深信，当天下大贤联翩而来，当仁宗可以做到选贤任能、奋发有为，如三代、汉唐一般的"圣贤之时"不复是遥不可及的梦，得君行道、太平之政也不再停留于儒者的口头笔下，这些理想在不远的未来是能够被实现也终将被实现的。

　　庆历新政的失败一方面使得曾巩被激发出来的用世之志郁结于心，另一方面让他对庆历士大夫的敬意和期待到达极点。于是，曾巩在后新政时代一再提醒庆历士大夫：不能因为残酷的政争而遗失邪不胜正的信心，不要由于谪居州郡就忘却兼济天下的信念，庆历

---

①　（宋）曾巩：《上欧阳舍人书》，《曾巩集》卷15，第237页。

②　《曾巩集》卷4，第55页。

③　《曾巩集》卷17，第284页。

士大夫如若放眼远望，便能明了现在局促于地方只是过渡，得位行道才是他们应有的常态。由此可见，曾巩在这个理想落潮期依旧表露出非同一般的乐观，同时也希望庆历士大夫时刻保持至为高远的公共责任感。

职是之故，在后新政时代，我们可以发现曾巩在和庆历士大夫的文字互动中反复运用两组彼此相对的因子：一是地方与天下的广狭之辨，二是独善自乐和行道兼济的公私之别。庆历士大夫的现实状况是主政地方，并明显展现出独善乐道的倾向。这和曾巩的期待并不完全契合。他的理想是庆历士大夫行其道于天下，他的要求则是庆历士大夫始终将行道兼济放在第一位。曾巩此期的诸多创作即是在现实与期待的交错间生成的。譬如，同样是歌颂欧阳修的《奉和滁州九咏九首》，曾巩写至结穴处，每每以地方和天下对照成文："先生抱材置荒郡，有若此字存岩扃。当还先生坐廊庙，悉引万事归绳衡""先生鸾凤姿，未免燕雀猜。飞鸣失其所，徘徊此山隈""天下颙颙望霖雨，岂知云入此中来""春满人间不知主，谁言炉冶此中开""先生卓难攀，材真帝王佐。皎皎众所病，蜿蜒龙方卧。卷彼天下惠，赴此一郡课。……先生席上珍，岂忍沟中饿？毋徐黑轓召，当驰四方贺"[①]。由这些表述足见曾巩为欧阳修谪居地方甚是抱屈，急切地期盼老师回归中央，惠及天下。与此同时，曾巩在寄给蔡襄（时知福州）的回信中发出如下言论：

> 执事自言在闽，于身无不如意，诚如来谕，然执事之素所自任与人之望执事，则固异此，此愚心之所以惓惓也。卒曰：作州以来，自以食其食者空厥职，蚤夜以之。诚理之所当尔。
>
> 夫古之以道事君者，不可则去之，假如于鲁，则去而之卫，于卫则去而之晋、之秦无不可也，不去其国则归焉可也。今之以道事君者，不可则去而无所之，归而无所托也，使贤者曷所

---

① 《曾巩集》卷2，第27—30页。

向乎？去朝廷则州郡矣，在州郡亦各守其守，不空食其食，是亦自处之宜也，与古之云其大任者其迹虽不同，其理岂异耶？故曰诚理之所当尔。

自南出者，亦人人赞执事之治，以为莫及。此固不足论，彼知之施于此之宜，不知施于天下之无不宜，此无牵制难行，故难见也，则彼之不知也宜。况此岂能尽无牵制以出执事之所有哉？直就文法而为之耳，已足出一世，矧极执事之意耶？是固无如之何，徒使憔悴者日企而望焉尔。①

曾巩就蔡襄当下的状态区分出三层境界：第一层是安身，第二层是治理好地方，第三层是以其道施于天下。蔡襄在来信中讲到自己兼有前两层境界。曾巩的反应却很耐人寻味。首先，曾巩明确表示不认可第一层境界，他的理由是这和蔡襄的人品以及士林的期望不符；其次，曾巩有保留地肯定了第二层境界，指出蔡襄和那些得君行道的古人相比迹不同而理相通，但同时，曾巩仍不满足蔡襄止步于此，认为以蔡的才干，在州郡有治绩，并不值得称道；这就来到了曾巩神往的第三层境界，他不止一次地悬想：蔡襄居庙堂之高，无人掣肘，得以全力施展自己的抱负和能力，那该是多么辉煌的局面！不难看出，曾巩对蔡襄提出了更高的要求，鞭策蔡襄超越自身境遇，立足于儒道和天下来思考问题。

曾巩在后新政时代宣扬的"有待"说，为解析《醒心亭记》的创作宗旨提供了关键线索。山水之乐与天下之乐之所以无法融通，是因为曾巩本就认为两者境界悬殊、公私异趋，力主君子做出取舍。曾巩透过欧阳修在滁山滁水间的宴饮、游赏，看到的尽是欧得君行道后致治太平的和谐图景，在伟大的理想面前，现实再有雅趣，也终究是渺小的。就这样，曾巩一把将自己视若圣贤的欧阳修从现实拉回他应在的理念世界。由此可见，《醒心亭记》与前述《答蔡正

---

① （宋）曾巩：《答蔡正言书》，《曾巩集》辑佚，第772—773页。

言书》分享了同一主旨，均反映出曾巩阶段性的政治思考。他在记文中以颂美为讽劝，提醒老师勿以山水之乐而忘天下之责，一如十三年前青年欧阳修说与范仲淹的那句忠告："虽有东南之乐，岂能为有忧天下之心者乐哉！"①

庆历之际曾巩与欧阳修的政治互动，折射出两代北宋新型士人之间的精神共鸣和文化传承，充分展露了道义共同体内部的活力和张力。欧阳修在景祐党争和庆历新政中的"行事"为曾巩确立了行道兼济的标杆，他的肯定和接纳也给予曾巩莫大的鼓舞，让曾巩的天下意识获得了生长的土壤和附丽的对象。而曾巩则在这段关系里扮演追随者、建议者、诤言者等多重角色。他的自主性随着时间的推移而逐渐加强，直至后新政时代，他力劝欧阳修、蔡襄"有待"于地方，用理想反哺大贤，以超越前辈的有为姿态印证了自身的成长。至此，曾巩已经能够自觉地运用科举士大夫的标准来律己和律他。这标志着他的精神已然发育成熟，先于外在的身份转换一步而完成了士夫化。

逮至嘉祐元年（1056），乡居一纪有余的曾巩决定再度应举，他向地方官自荐："伏念巩材质浅陋，艺学荒芜。读圣人之经，未知大义；明当世之务，多泥旧闻。虽坚树立之心，岂适变通之用？"② 自谦中透出志古的自信，现在，他要全力由修齐转入下一个治平的阶段了。很快，曾巩在欧阳修主持贡举时高中进士，正式取得入仕的资格。嘉祐五年（1060），他又经欧阳修举荐充任馆职，于秘阁校书的同时写成《秘阁十序》，同欧阳修《本论》、王安石《杂说》一道"班班播在人口"③，在文学、学术方面已和师友齐名。其后，他出倅越州，又历知齐、襄、洪、福、明、亳诸州，"其材虽不大施，而所治常出人上"④。这些都是水到渠成之事。

---

① （宋）欧阳修：《与范希文书》，《欧阳修全集》卷 67，第 983 页。
② （宋）曾巩：《应举启》，《曾巩集》卷 36，第 504 页。
③ （宋）刘弇：《上知府曾内翰书》，《全宋文》卷 2554，第 118 册，第 320 页。
④ （宋）曾肇：《（曾巩）行状》，《曾巩集》附录，第 792 页。

第四节　"今之韩愈"的负累：欧阳修晚年的角色自觉与书写策略

"欧阳子，今之韩愈也。"① 苏轼在《六一居士集叙》中的这番道统叙述，是为欧阳修"当世宗师"② 地位而下的定论。于欧公而言，自年少偶得昌黎文集始，接武韩子实为其毕生心结所在。此种经久而自觉的角色意识，就其外在向度观之，充分表现为欧阳修在道、文二端赓续韩愈志业的使命感，这也是他被时人许为"今之韩愈"的关键。对此，学界的论说已十分详尽。③ 而从内向一面来看，在北宋尊韩思潮下，"今之韩愈"的称誉意味着当世圣贤的角色期望，其施与欧阳修个人的还有那强烈且延绵的焦虑感。尤其自欧晚年"蒙人主之知，备位朝廷，与闻国论"④，久任枢副、参政，置身于嘉祐、治平之际政坛与士林的中心，占据韩愈亦不曾至的高位，其文宗兼执政的崇隆位望背后实是远逾一般名公显宦的心理重负和舆论压力。

那么，欧阳修在上述境遇中如何自处，他的心灵世界因而呈现出哪些动态，更重要的是，这样一种角色自觉又促使他形成何种书写策略。这是本节将着力阐明的几方面问题。

一　自述的变形：对问体谱系中的自序与自传

在欧阳修晚年的自我表述中，嘉祐七年（1062）《集古录目

---

① （宋）苏轼：《六一居士集叙》，《苏轼文集》卷10，第316页。
② （宋）欧阳发等：《先公事迹》，《欧阳修全集》附录卷2，第2628页。
③ 参见朱刚《唐宋四大家的道论与文学》，第69—70页；顾永新：《北宋前中叶的尊韩思潮》，载费振刚、温儒敏主编《北大中文研究：创刊号》，北京大学出版社1998年版，第154—177页；何沛雄：《宋代古文家的"尊韩"》，《清华大学学报》2002年第1期；李贵：《天圣尊韩与宋调的初步成型》，《文学遗产》2007年第6期；洪本健：《欧阳修天圣学韩：北宋"文学自觉"的重要标志》，《华东师范大学学报》2009年第3期。
④ （宋）欧阳修：《归田录序》，《欧阳修全集》卷42，第601页。

序》、治平四年（1067）《归田录序》、熙宁三年（1070）《六一居士传》前后连缀成其阶段性总结的序列。欧的这三篇自序、自传明显共享着若干具有统一性的主题及形式要素，皆指向那些贯串他人生末程的持续性思考。

首先在文章命意上，三文均表现出离而归的叙述模式。相对较早的《集古录目序》虽主要为辩白自身与俗异趋的"嗜古"之癖，然欧阳修在文末点明其笃于集古意在"足吾所好，玩而老焉"[①]，已表出视《集古录》作"归老之计"[②] 的用心。再结合他同时写给挚友蔡襄的《求书集古录目序书》，其中深自感慨身陷吉凶无定之宦途的不适和忧愁，与之相对，则是对归老玩物的倾心，"寓心于此，其乐可涯"[③]，足见欧在升任参政的翌年即有离此适彼之志。在五年后的《归田录序》[④] 中这种表述愈为显豁。如书名所示，《归田录》和《集古录》一样是欧阳修为归田后"以备闲居之览"而录的，欧在序中亦一再承诺"吾其归哉"。不过序文主体并非归园田居的宁静，欧先是预设儒者理应行道的使命，再用大段笔墨回顾八年来他在二府的从政经历，反复申说自己无所建明、负人主恩的愧悔情绪，更兼他当时因"濮议"饱受台谏的攻讦甚至诬谤，又有蹈祸遭辱的怵惕感。可以说"乞身于朝，远引疾去"与"优游田亩，尽其天年"在欧阳修那里本是彼此推拉、一体两面之事。较靠后的《六一居士传》[⑤] 作于欧阳修致仕前夕，则更是尽数收纳先前二序的念虑而复加深思，极言"得意于五物"的"乐且适"，无非上承《集古录目序》端绪，却多了挟物返庐"与五为六"[⑥] 的圆融；痛陈"轩裳珪组劳吾形于外，忧患思虑劳吾心于内"，强调"三宜去"，亦是《归

---

① 《欧阳修全集》卷42，第600页。
② （宋）欧阳修：《杂法帖六》其四，《欧阳修全集》卷143，第2315页。
③ （宋）欧阳修：《杂法帖六》其四，《欧阳修全集》卷143，第2315页。
④ 《欧阳修全集》卷42，601—602页。
⑤ 《欧阳修全集》卷44，第634—635页。
⑥ （宋）苏轼：《书六一居士传后》，《苏轼文集》卷66，第2049页。

田录序》致仕去朝的老调，而愈为决绝。

总之，欧自述文中进退仕隐的图景惟有劳逸忧乐的个体差异，而不见传统归田主题中常有田园与官场清浊雅俗的对立。这说明在政治清明且身得高位的情势下，驱使欧阳修去官归田的动力非指向外部世界，而来自他内心的焦虑。正是在不能如愿去朝归田中迁延时日，离而归方成欧晚年人生的主轴，确立了他生活的忧乐界限。①

然而，若说欧阳修暮年的自述文字仅呈现上述人生体验和思虑，则和寻常士大夫年老显达之际烦恼仕隐进退并无大异，只不过欧的关注更持久，仕途更多舛，内省更透辟，私人生活更雅致罢了。就像朱熹所讥，欧晚年"分明是自纳败阙"②。与内容相较，更值得注意的其实是自述者采用的特定文本形式——对问体。

"对问"（或称"设论"）作为一种散文体式，源于宋玉《对楚王问》，其最显著的特征在于以主客对答的形式结构篇章。后世代有拟作，如东方朔《答客难》、扬雄《解嘲》、班固《答宾戏》、崔骃《达旨》、张衡《应间》、蔡邕《释诲》、郤正《释讥》、皇甫谧《玄守论》、束皙《玄居释》之类。刘勰《文心雕龙·杂文》对此已有详论。③

---

① 按，这种离而归的叙述结构在欧阳修晚年的其他自述文如《内制集序》（1061）、《思颍诗后序》（1067）、《续思颍诗序》（1070）中普遍存在。

② （宋）黎靖德辑：《朱子语类》卷139，《朱子全书》，第18册，第4304页。

③ 《文选》卷45"对问"类收宋玉《对楚王问》，同卷"设论"类收东方朔《答客难》、扬雄《解嘲》、班固《答宾戏》。可见编纂者把"对问"和"设论"看成是关系紧密而略有区别的两种文体。不过，因为"对问"和"设论"实在差别无几，从刘勰《文心雕龙·杂文》开始就将上述文章都纳入对问体的范围，形成从宋玉《对楚王问》到东方朔《答客难》以下众作的文本谱系。此外，作为文章体式的对问体和辞赋中常见的主客问答形式有渊源关系，宋玉《风赋》《高唐赋》《神女赋》《登徒子好色赋》都采用主客问答的结构，他的《对楚王问》在开启"用辞赋之骈丽以为文"[（清）刘熙载撰，袁津琥校注：《艺概注稿》卷1，中华书局2009年版，第72页]风气的同时亦借鉴主客问答形式而创造出对问体。因此对问体杂文一开始兼具文笔两体的特性，乃至姚鼐《古文辞类纂》"辞赋类"以设辞托讽为根本标准，就收录宋玉《风赋》《高唐赋》《神女赋》《登徒子好色赋》《对楚王问》、东方朔《答客难》、扬雄《解嘲》《解难》、韩愈《进学解》等。不过对问体自产生之日起就形成了自身的写作传统，与辞赋还是有一定区别的。

从源流来看，对问体主要用以自明己志，带有很强的自述性。刘勰即言宋玉"始造对问，以申其志"①。《册府元龟》"总录部"下"自述"门收录汉晋之间的对问体文章达九篇之多，其后缀连六朝人的自叙（序）、自传，最后以韩愈《进学解》收束。② 这表明，宋人认为对问体本质上是一种自述文体，代表自叙传的早期形态。而在中唐以后，自传全文或部分语段采取对问形式成为常态，中唐至宋初就涌现出白居易《醉吟先生传》、陆龟蒙《甫里先生传》、柳开《东郊野夫传》《补亡先生传》、种放《退士传》、僧智圆《中庸子传》等典型文本，足见对问的文本形态与作者的自我意识有着深刻的联结。其次，作者写作对问体文章，意在自我砥砺兼自我辩明③，是其行事操守受世俗讥侮后的反驳，往往构成不得志者的不平之鸣。故刘勰认为对问体"乃发愤以表志"④，吴讷谓是"设辞以自慰"⑤。这表现在形式层面，便是代表自我的"主"在论辩中彻底说服或至少压倒代表世俗的"客"。客难部分仅作为作者"设疑以自通"⑥ 的靶子而存在。从《答客难》《解嘲》《应间》《释诲》等模式化题名就能看出，对问体的重心在题头"解答"义的谓语上。最后，先唐文士总是在自身不被理解的情况下选择撰写对问体文章作为辩护和抗争的方式，相似的境遇令他们对先贤之言深有同感。他们很清楚自己是在特定的文章谱系之下展开创作的。如班固作《答宾戏》源于"或讥以无功，又感东方朔、杨雄"；崔骃"少游太学，常以典籍为业，未遑仕进之事，时人或讥其太玄静，将以后名失

---

① （梁）刘勰：《增订文心雕龙校注》卷3《杂文第十四》，第180页。

② 参见（宋）王钦若等编纂《册府元龟》卷769至卷770，第8887—8924页。

③ 参见［日］川合康三《中国的自传文学》，蔡毅译，中央编译出版社1998年版，第205—206页。

④ （梁）刘勰：《增订文心雕龙校注》卷3《杂文第十四》，第181页。

⑤ （明）吴讷著，于北山校点：《文章辨体序说》（与《文体明辨序说》合刊），第49页。

⑥ （南朝宋）范晔撰，（唐）李贤等注：《后汉书》卷60下《蔡邕列传第五十下》，中华书局1965年版，第1980页。

实"，故"拟杨雄《解嘲》，作《达旨》以答焉"；蔡邕"闲居玩
古，不交当世，感东方《客难》及杨雄、班固、崔骃之徒，设疑以
自通，乃斟酌群言，蕝其是而矫其非，作《释诲》以戒厉云尔"；
郤正"为秘书郎，依则先儒，假文见意，号曰《释讥》，其文继于
崔骃《达旨》"。① 由于是规模前人，因此对问体文章在自述性和自
辩性上呈示出非常明显的延续性，乃至可说成为一种特化的文章体
式。洪迈、叶梦得就论崔骃等拟作"皆屋下架屋，章摹句写"，视之
为文章之衰。惟韩愈《进学解》里主、客差堪对敌，合成一副自嘲
口吻，被洪、叶认为是一洗陈辞。②

欧阳修即在上述文体学背景下开始他晚年的自我呈现。而欧对
于对问体的运用显然有一个渐进的过程，在他前中期的写作里，对
问形式多被探讨经史的论说文所采用，如论史之《为君难论上》
《正统论·或问》，疑经之《易或问》《序问》等，形制较为传统，
更接近于论理性质的问难体。③ 直到晚年写作《集古录目序》以后，
欧才着意将对问体与自述性散文结合起来。④

开初，《集古录目序》中的"讥予"者只在文末登场，以物的
聚散之理发问，很快便被"予"的玩物之说驳回。这尚属对问体的
常格，是为欧对外界可能的"玩物丧志"之责难的回应⑤。

---

① 参见（宋）王钦若等编纂《册府元龟》卷769至卷770，第8887—8924页。

② 参见（宋）洪迈《容斋随笔》卷7，第90页；（宋）叶梦得：《避暑录话》卷
上，《全宋笔记》，第2编，第10册，第274—275页。

③ 问难体的定义及源流，参见（清）章学诚著，叶瑛校注《文史通义校注》卷
4，中华书局1985年版，第407—409页。此外，欧晚年所作《濮议》卷二"答问"、
卷四"或问"亦属论理性质。

④ 此外，《秋声赋》作于嘉祐四年（1059），虽有欧阳子与童子的对答（这也是
欧阳修唯一一次在赋中采用此形式），其伤感主题也与欧阳修晚年自述文有共通之处，
但一来体裁上属于辞赋而非文章，二来《秋声赋》本质实是欧阳修的独白，童子只是
一个陪衬人物，其文体功能并不显著。

⑤ 关于欧阳修对"玩物"的焦虑，参见［美］艾朗诺（Ronald Egan）著，杜斐
然、刘鹏、潘玉涛译，郭勉愈校《美的焦虑：北宋士大夫的审美理想与追求》，上海古
籍出版社2013年版，第12—13页。

逮至《归田录序》，那个"闻而诮余者"却明显反客为主，他那一长段声色俱厉、言辞凿凿的呵斥完全负担了欧心中自责和内愧的部分。而主人，即自称的"余"，在听罢客指责其平庸无能且自取其祸后未作任何反驳或辩解，反甘受凌轹，摆出幡然醒悟的姿态，起而谢曰："凡子之责我者，皆是也。"① 在务为他人"掩恶扬善"②的《归田录》中，欧唯独对自己似过于不情了。前面说到，对问体传统上专为自辩而设，故无论文字体量、辞气抑或说理、抒情多遵循主胜客的原则。而欧《归田录序》中的"闻而诮余者"彻底压倒"余"，客难由此占据文本的中心位置，它不再像一般的对问体自述文那样仅起到标示流俗成见的文体功能，而是和主人语一样由作者的内省声音分裂而成，共同承担主体情志的展示，甚至可以说发挥着关键性的表意功能。这种安排表明，欧在此处的自述并非意在追求道义高点用以显示自身的优越性，而是他以极其严肃的方式袒露心灵，经由自遣呈示内衷的种种忧思，这是欧在对问体上的独创。

到更晚的《六一居士传》里，主、客亦不构成传统的对抗关系。③ 客担起净友角色，在和六一居士（欧阳修为自己致仕归颍生涯预先拟就的名号）的一问一答间展开对六一之内涵、更名之缘由、乐于五物累于二事之暮年生活的阐述。一番交流后两人还颇为知己地"握手大笑"，达成以上诸事皆"区区不足较"的共识，主、客明显走向和解。然欧至此仍未放松，于末尾横生枝蔓，居士执意慨叹"三宜去"，内容正和《归田录序》的长段"诮余"之言约略相当。欧将客难转为居士的逊辞，也不同于对问体的惯常做法。显然，欧对于自身玩物和去朝二者的思虑并不平衡：归于私人领域的玩物自可做主，在公共性质的立朝方面却身不由己，举目皆隐忧。而欧阳修晚年对于"对问体"的运用正凸显了他在这一人生阶段的深重

_____

① 参见《欧阳修全集》卷42，第601—602页。

② （宋）欧阳修：《归田录》卷2，《欧阳修全集》卷127，第1942页。

③ 有趣的是，苏轼后作《书六一居士传后》也采用对问体为恩师辩解。

忧虑。

从嘉祐四年（1059）《秋声赋》里"垂头而睡"的童子①，到嘉祐七年（1062）《集古录目序》中结尾现身的讥予者，到治平四年（1067）《归田录序》里占尽优势的诮余者，再到熙宁三年（1070）《六一居士传》和主人"握手大笑"的客，欧晚年自述性写作中的他者角色则越来越强势和自足，逐渐成为自我而非世俗的象征，而指涉自我的主人则一改传统对问体里那类位卑而坚毅的自辩者形象，最终定位为位高而谦卑的自诘者，同时主、客交流愈加深入，两者关系也趋于多元化。凡此种种，皆逸出对问体的常格。同类表述模式的一再复现实则是特定思维方式的外显。欧阳修式的，或严格来说，欧阳修晚年风格的对问体绝非故作自谦，正反映了他对自我省察乃至批判的注重。

不过，欧阳修就其天禀讲本属刚锐负气者，早先曾倡言君子措政一旦"审而后果"，"则不可易而无悔"②。因此青年时移书切责高若讷而遭外贬，仍有"自决不复疑"的果敢③。中年同因新政失败遭谪，则对苏舜钦"畏时讥谤"不免牢骚④。但这位"无悔"者至老却转而对讥谗甚为警觉和忧畏。

儒家素有"内自讼"⑤的传统，韩愈就认为古之君子"责己也重以周"⑥。而正如孔子"躬自厚而薄责于人"本为"远怨"⑦，孟子"反求诸己"盖因"行有不得"⑧，对问体的主客对谈也多是现实中人我互动的投射。欧阳修晚年的心态转变除个人年辈、阅历和修养的影响，实亦根柢于他对自身地位及外在舆论的知觉和紧张感

---

① 《欧阳修全集》卷 15，第 256—257 页。

② （宋）欧阳修：《送陈子履赴绛州翼城序》，《欧阳修全集》卷 66，第 968 页。

③ （宋）欧阳修：《与尹师鲁第一书》，《欧阳修全集》卷 69，第 998 页。

④ （宋）欧阳修：《与梅圣俞书》其十六，《欧阳修全集》卷 149，第 2452 页。

⑤ （清）刘宝楠：《论语正义》卷 6《公冶长第五》，第 206 页。

⑥ （唐）韩愈：《原毁》，《韩昌黎文集校注》卷 1，第 23 页。

⑦ （清）刘宝楠：《论语正义》卷 18《卫灵公第十五》，第 627 页。

⑧ （清）焦循：《孟子正义》卷 14《离娄章句上》，第 492 页。

当中。

二　盛名下的自愧与退怯: 欧阳修晚年的位置感

伴随庆历士大夫对儒学复兴、古文运动和政治革新的推进, 作为其间中坚的欧阳修至庆历之际就已在士林中获得全面的声望, 比肩韩愈的呼声亦自兹始。由前述曾巩、苏轼的称颂便能看出欧阳修在时人眼中于文统、道统二端皆上承韩愈的独特地位。正是携着一时无匹的盛誉和号召力, 欧阳修彻底走出庆历新政失败后的十年外放期, 从地方强势回归中央, 被时人许为"真翰林"①。他嘉祐五年 (1060) 能自翰林入二府, 亦颇得力于其声名:

> 韩魏公屡荐欧阳公, 而仁宗不用。他日复荐之曰: "韩愈, 唐之名士, 天下望以为相, 而竟不用。使愈为之, 未必有补于唐, 而谈者至今以为谤。欧阳修, 今之韩愈也, 而陛下不用, 臣恐后人如唐, 谤必及国, 不特臣辈而已, 陛下何惜不一试之以晓天下后世也?"上从之。②

仁宗、韩琦君相为避当代及后世之谤, 对使欧能"位能副名"的关注远在他是否真能"名实相副"之上, 足见"今之韩愈"在时人心中的分量, 以及这一盛名对于高层人事变动所能投射的影响力。

于是, 在科举士大夫全面崛起的北宋中期, 欧阳修这位"今之韩愈"已得到昔之韩愈所不至的显位, 他不仅政治地位逾迈前贤, 也几乎同时到达当时文章、道德诸领域的顶点。如苏洵称欧身兼"经世之文"与"致君之略", 此次"入持国枢"是"益因物议之所归, 以慰民心之大望", 故望他能"因千载之遇, 一新四海之瞻"。③

---

① (宋) 洪迈:《容斋随笔》五笔卷3, 第866页。

② (宋) 陈师道撰、李伟国点校:《后山谈丛》(与《萍州可谈》合刊) 卷5, 中华书局2007年版, 第66页。

③ (宋) 苏洵:《贺欧阳枢密启》,《嘉祐集笺注》, 第478页。

苏辙则先历数古人才位难并，事功如陈平、裴度"不文"，文学如韩愈、贾谊"不遇"，继而极言欧名位双全，"位在枢府，才为文师，兼古人之所未全，尽天力之所难致。文人之美，夫复何加"。① 后来沈括《上欧阳参政书》更是说欧"为天下之师三十余年"已属"不可得而待于古者"，今又得"天下之时与朝廷之位"，那么"天下之所望于"欧，及欧"所以自处"的皆应是自周公以来罕有的得位之圣贤的角色期望。② 这代表了彼时许多士人特别是后辈的看法以及期待。

　　实际上就整段唐宋士史看，欧此时声名之全面兼权位之崇隆不仅空前，亦且绝后。伴随士大夫之学的发展和政治形势的愈趋复杂，仁宗末年较为谐和的士林很快在英宗朝因"濮议"之争始生罅隙，至神宗朝以后，由于学术上王学、朔学、洛学、蜀学诸学统的分化，道学与文学群体的"周程、欧苏之裂"③，以及政治上新旧党争及两党内部的对立，北宋后期士大夫阶层的碎片化已呈无可弥缝之势。这决定了士林中再无一人能获致全局性的声望，欧后辈里如王安石、司马光、二苏、二程等精英士大夫就在舆论场中同时遭受两极化的此誉彼毁。在这个意义上，欧阳修身当宋型士大夫之学初兴而未分的节点，其位置是相当特殊的。

　　然而，正所谓"宰辅有任责之忧"④，拥有政治抱负和责任感的二府重臣首先就须担荷君恩与名望的双重压力，老年欧阳修尤甚。孔、孟、韩等圣贤皆有德无位，后人唯有惋惜遐想，而"今之韩愈"已获大位，他于是不得不面对时人系于其身的得君行道的现实压力。欧在庆历新政期间曾督促仁宗与范仲淹等人改革弊政，"上不玷知人

---

① （宋）苏辙：《贺欧阳副枢启》，《栾城集》卷50，《苏辙集》，第858页。

② 《长兴集》卷7，（宋）沈括原著，杨渭生新编：《沈括全集》，第1册，浙江大学出版社2011年版，第51页。

③ （宋）刘埙：《隐居通议》卷2，第17页。关于北宋后期文学与道学的对立情况，参见朱刚《唐宋"古文运动"与士大夫文学》，第105—113页。

④ （宋）欧阳修：《跋学士院题名》，《欧阳修全集》卷73，第1061页。

之明，下不失四海之望"①，现在言说者自己终成承担者。仁宗在任命欧为参政的制书里就督促他"力行王道，今也其时"，望他能辅佐君王"俾我有宋之治，如三代盛时者"。② 欧公门生陈舜俞亦言明自己久未致信庆贺欧升任参政，是因他认为像欧这样的有道之士"富贵皆固有，且欲以功名远过于皋、夔、稷、契，故不以位为乐，而以为忧也"③，此可谓真知其师者。只是由于为政的趋于保守和个体的日渐衰老，得位之圣贤的角色期望远非"心志凋零，形骸朽悴"的欧阳修所能承当的了。嘉祐六年（1061）他对刘敞坦承担任枢副半年来的矛盾心境："思有所为，则方以妄作纷纭为戒，循安常理，又顾碌碌可羞。"④ 以"有为"为"妄作纷纭"，不单是外界压力使然，更是欧自身观念转向的结果，兼之心志、精力的衰退，欧阳修的仕宦生涯最终呈现出"昔当少壮，锐意立朝，今而衰退，一至于此"的"老少之异"。⑤ 欧的人生轨迹或许可以借用二程的一段经说作注脚。二程解《论语》"子曰甚矣吾衰也"章云："孔子盛时，寤寐常存行周公之道；及其老也，则志虑衰而不可以有为矣。盖存道者心，无老少之异；而行道者身，老则衰也。"⑥ 欧阳修的"老少之异"亦首先体现在身老志衰以致无能行道这一点上。同时，欧阳修亦深知，自己就才性而言更适合做翰林学士或台谏式的论治者而非高层决策者，他本人注定无法成为挚友韩琦那样胸怀宽广、意志坚

---

① （宋）欧阳修：《论乞主张范仲淹富弼等行事札子》，《欧阳修全集》卷 101，第 1554 页。

② 参见（宋）胡柯编《欧阳修年谱》，《欧阳修全集》附录卷 1，第 2614 页。

③ （宋）陈舜俞：《上欧阳参政侍郎书》其一，《全宋文》卷 1535，第 70 册，第 336 页。

④ （宋）欧阳修：《与刘侍读书》其二十，《欧阳修全集》卷 148，第 2426 页。

⑤ 参见（宋）欧阳修《乞洪州第六状》，《欧阳修全集》卷 91，第 1344 页。按，欧阳修在《谢观文王尚书举正惠西京牡丹》里也感慨自己"心衰力懒难勉强，与昔一何殊勇怯"（《欧阳修全集》卷 7，第 112 页）。

⑥ （宋）朱熹撰：《四书章句集注》之《论语集注》卷 4《述而第七》，中华书局 1983 年版，第 94 页。

定的政治家。①

　　在位既然外不能兴治太平以副时望，己身又长期见留高位，欧阳修应对角色自觉之重负的方式并非外向的得君行道，而更多表现为内向的反思意识。过高的角色期望使欧阳修极易陷入"徒耗廪禄，每自咄嗟"②的自我否定中，欧晚年自述文中诸如"不能因时奋身，遇事发愤，有所建明，以为补益""吾尝用于时矣，而讫无称焉"③这样的责己之声即渊源于此。这可与他同期的其他创作互为验证。也是从至和元年（1054）回朝起，欧的诗作中开始大量出现内自讼的絮语。自感如"职业愧论思，文章惭诰命。厚颜难久居，归计无荒径""多病惭厚禄""禄厚愈多责""报国无功嗟已老""国恩惭未报""惟惭未报君恩了""自愧国恩终莫报，尚贪荣禄此徘徊"④；对语如"国恩未报惭禄厚，世事多虞嗟力薄""纷纷竟何为，凛凛还自惧""官闲行能薄，补益愧空疏"⑤。他晚年在奏札中亦常自白在二府多年"既不能遇事发愤，慨然有所建明；又不能与世浮沉，

----

　　①　《韩魏公遗事》载："欧公少许人，平日惟服韩公，尝因事发叹曰：'累百欧阳修，不足望韩公！'公谓欧与曾同在两府，欧性素褊，曾则龊龊，每议事，至厉声相攻不可解，公一切不问。俟其气定，徐一言可否之，二公皆服。"（《安阳集编年笺注》附录5，第1886页）由此可见欧与韩同作为决策者角色的差距。欧的政治性格确实较为褊急直露，在朝好面折人短，故多招人怨。欧称赞韩："进退之际，从容有余；德业两全，谗谤自止，过周公远矣。"〔（宋）李清臣：《韩忠献公琦行状》，《安阳集编年笺注》附录2，第1745页〕此外，欧不长于吏事已是宋人通见。如范镇认为"欧阳永叔每夸政事，不夸文章"是"不足则夸"〔（宋）范镇：《东斋记事》，第47页〕。苏颂亦谓："欧公不言文章，而喜言政事。君谟不言政事，而喜论文章。各不矜其所长，而夸其所不足也。"〔（宋）苏象先：《丞相魏公谭训》卷4，《苏魏公文集》附录1，第1146页〕

　　②　（宋）欧阳修：《与王龙图益柔书》其三，《欧阳修全集》卷148，第2437页。

　　③　（宋）欧阳修：《归田录序》，《欧阳修全集》卷42，第601页；（宋）欧阳修：《六一居士传》，《欧阳修全集》卷44，第635页。

　　④　（宋）欧阳修：《述怀》《感兴五首》其一其四、《下直》《秋阴》《春晴书事》《闻沂州卢侍郎致仕有感》，《欧阳修全集》卷5、卷6、卷6、卷13、卷14、卷14、卷14，第89、96、97、227、232、246、246页。

　　⑤　（宋）欧阳修：《赠沈博士歌》《奉酬扬州刘舍人见寄之作》《答梅圣俞大雨见寄》，《欧阳修全集》卷7、卷7、卷8，第105、108、123页。

默尔以为阿徇"，终致"每多言而取怨，积众怒以难当"①。这些深沉而频繁的愧耻感和自责声在欧这里绝非故作姿态，而汇成他"老年力尽，兼亦忧畏颇多"②的核心体验，这和少壮时立志"但竭愚虑，知无不为"③的欧阳修几乎判若两人。

其实欧阳修对于身居重位的焦虑并不陌生，每谓："当时不树立，后世犹讥评。"④他早年为岳父薛奎撰墓志时特别提到薛在参政任上"欲绳天下，无细大，一入于规矩。往往不可其意，则归卧于家，叹息忧愧，辄不食"，家人笑其何必若此，薛奎说："吾惭不及古人，而惧后世讥我也。"⑤同样的，在欧阳修这里，古人的不可企及，当下的欲有为而终无能为以及后世可能的讥嘲叠合成他晚年内心的重负。欧或许永远不能像一个职业官僚那样思考与行事，亦难摆出标准的名臣面孔。"两朝顾命定策元勋"韩琦用欧的评价来说是"位望愈隆心愈静"⑥，则欧全然反之，可说是"官高责愈重，禄厚足忧患"⑦，但这种种骚动与脆弱处正能烛照出欧公作为文人型官员的良心。

欧阳修"天下责望过重，恨无所为"⑧的忧虑施予自我的压力过于沉重，导致他身处高位未多时便一再摆出退避的姿态。欧在谏

---

① （宋）欧阳修：《亳州乞致仕第一表》，《欧阳修全集》卷93，第1388页。

② （宋）欧阳修：《与韩忠献王稚圭书》其四十，《欧阳修全集》卷144，第2347页。

③ （宋）欧阳修：《辞召试知制诰状》，《欧阳修全集》卷90，第1316页。

④ （宋）欧阳修：《述怀》，《欧阳修全集》卷5，第89页。

⑤ 参见（宋）欧阳修《资政殿学士尚书户部侍郎简肃薛公墓志铭》，《欧阳修全集》卷26，第403页。

⑥ （宋）欧阳修：《观鱼轩》，《欧阳修全集》卷14，第249页。按，宋人谓韩琦"在嘉祐治平间，当昭陵未复土，英庙未亲政。中书文字，日盈于前，一一从头看，看了即处置了。接人更久，处事更多，精神意思，定而不乱，静而不烦，如终日未尝触事者"[（宋）罗从彦：《遵尧录》卷6，《豫章罗先生文集》卷7，《宋集珍本丛刊》影印本，第32册，第428页]，可与欧诗同参。

⑦ （宋）欧阳修：《偶书》，《欧阳修全集》卷54，第766页。

⑧ （宋）欧阳修：《与韩忠献王稚圭书》其十七，《欧阳修全集》卷144，第2338页。

官及翰林学士任上曾数度弹劾那些缄默无为、"招致人言"① 却仍迁延恋栈的宰执们。这次终于轮到他为自己做出抉择了。他不愿"违其素志而自食其言"②，自觉"衰病碌碌，厚颜已多"而决心"有名即得引去"③。于是内讼很快外显为现实中的自劾。④

通览欧阳修中晚年仕宦可以发现一对看似矛盾的现象，在他和政治盟友富弼、韩琦等长期主政的嘉祐、治平之际，欧求外乞退的频度却极为惊人，不乏连上六七表札的情况。乃至可说，整个北宋前中期还未有一位高层官员在政治形势明显对己有利的情况下如此坚决而频繁地求退，又被朝廷如此坚决而频繁地驳回。除去官场的例行推辞，欧阳修在这一阶段自乞补外及求致仕的表札如下所示：

时间	主要职任	表札	结果
嘉祐二年至五年（1057—1060）	翰林学士	《乞洪州札子》《乞洪州第二札子》《乞洪州第三状》《乞洪州第四札子》《乞洪州第五札子》《乞洪州第六状》《乞洪州第七状》	不允
治平二年（1065）	参知政事	《乞外任第一表》《乞外任第一札子》《乞外任第二表》《乞外任第二札子》《乞外任第三表》	不允
治平二年（1065）	参知政事	《为雨水为灾待罪乞避位第一表》《乞避位第二表》《乞避位第三表》	不允

① （宋）欧阳修：《论台谏官言事未蒙听允书》，《欧阳修全集》卷108，第1635页。

② （宋）欧阳修：《六一居士传》，《欧阳修全集》卷44，第635页。

③ 参见（宋）欧阳修《与苏丞相书》其十一，《欧阳修全集》卷145，第2367页。

④ 陈湘琳指出，欧阳修"归田"之快意背后是从政的失意和理想的落空，参见陈湘琳《欧阳修的文学与情感世界》，第179—182页。许东海认为，欧阳修的归田之思一则起自兼济理想欲振乏力，二则因为人生焦虑益觉沉重。参见许东海《秋声·谏诤·归田——欧阳修〈秋声赋〉、〈归田录〉中的诤臣与困境》，《文学与文化》2013年第2期。

续表

时间	主要职任	表札	结果
治平三年 （1066）	参知政事	《再乞外任第一表》《乞出第一札子》《乞出第二表》《乞出第二札子》《乞出第三表》《乞出第三札子》《乞出第四札子》《乞出第五札子》	不允
治平四年 （1067）	参知政事	《乞罢政事第一表》《乞罢政事第二表》《乞罢政事第三表》《又乞外郡第一札子》《乞外郡第二札子》《乞外郡第三札子》	罢参政知亳州
熙宁元年 （1068）	知亳州	《亳州乞致仕第一表》《亳州第一札子》《亳州第二表》《亳州第二札子》《亳州第三表》《亳州第三札子》《亳州第四表》《亳州第四札子》《亳州第五表》	不允
熙宁三年 （1070）	知青州	《辞宣徽使判太原府札子》《辞宣徽使第二札子》《辞宣徽使第三札子》《辞宣徽使第四札子》《辞宣徽使第五札子》《辞宣徽使第六札子》	得请
熙宁四年 （1071）	知蔡州	《蔡州再乞致仕第一表》《蔡州再乞致仕札子》《蔡州再乞致仕第二表》《蔡州再乞致仕第二札子》《蔡州再乞致仕第三表》	致仕

　　由以上庞大的乞外求退表札群可知①，欧任翰林学士时即已萌生退志，后在参政任上遭台谏弹劾则更是坚求释位归田，足证他晚年屡求退避实是"发于至情"，非"苟以借口"②。他自述文中的离而归结构亦是由来有自的。欧在乞退表奏里不惮其烦地诉说自己求退

---

① 此外，嘉祐四年（1059），欧阳修病中闻准免知开封府，深感"如释笼缚"［（宋）欧阳修：《与吴正肃公长文书》其六，《欧阳修全集》卷145，第2374页］。治平二年（1065），他又坚辞枢密使的任命，得请。

② （宋）苏轼：《跋欧阳文忠公书》，《苏轼文集》卷69，第2204页。

是为保全"进退名节""晚节""知止之名"①，这恰对应《归田录序》"乞身于朝，远引疾去"以足"知止之贤名"②的人生选择。他的笃志归田是要在四十余年的宦途终点以暮年可以自主的谦退姿态达成名节的建树。也只有在这样的人生关口，欧阳修才终于能够成为一位"平生自恃心无愧"③之人。

而欧阳修长期"进易而退难"④，饱尝拉锯式的乞外求退过程，则还是由于朝廷顾虑他的重望。这点欧本人就有自觉，早在嘉祐年间，他已向人抱怨进退不由己，"造物者畏浮议以见縻""诸公特以外议为畏，勉相留""诸公畏物议，不敢放去，意谓宁俾尔不便，而无为我累"⑤。欧上述拘牵感正来自士林的注目。欧阳修晚年虽因"濮议"稍犯清议，却仍是极具号召力的名臣。是故神宗朝他数以老病乞致仕⑥，又在朝堂引起了极大的争议。当时冯京固请留之，王珪也特意提醒神宗："修若去位，众必藉以为说。"神宗则认定欧"罔违道以干百姓之誉"，决计不顾众说而许其请。王安石也附和说欧阳修"留在朝廷则附流俗，坏朝廷"，故留之无用。⑦可见欧阳修的声望使得他晚年的每一次职务任免都需宋廷斟酌一番。而就算是素称

① （宋）欧阳修：《乞出第五札子》《亳州第一札子》《亳州第二表》《亳州第四表》《辞宣徽使第六札子》，《蔡州再乞致仕第二札子》，《欧阳修全集》卷92、卷93、卷93、卷93、卷94、卷94，第1369、1389、1390、1394、1411、1416页。

② 《欧阳修全集》卷42，第602页。

③ （宋）欧阳修：《寄答王仲仪太尉素》，《欧阳修全集》卷57，第827页。

④ （宋）苏轼：《题刘景文所收欧公书》，《苏轼文集》卷69，第2197页。此外，叶梦得也说欧阳修晚年"屡请得谢归，不及年而薨，未必能偿此志（退居谈笑之乐）"[（宋）叶梦得：《避暑录话》卷上，《全宋笔记》，第2编，第10册，第259页]。可见欧阳修不但自请致仕在士林中引起轰动，其求退之难也同样广为人知。

⑤ （宋）欧阳修：《答韩钦圣宗彦书》其一、《与王文公介甫书》其三、《与王懿敏公仲仪书》其四，《欧阳修全集》卷151、卷145、卷146，第2492、2368、2388页。

⑥ 当时欧不但通过公共渠道发声，也写信给执政以自己"老病，诸事旷废处自知极多"为由恳请宰执的准许，参见（宋）欧阳修《与执政》，《欧阳修全集》卷146，第2398页。

⑦ （宋）李焘：《续资治通鉴长编》卷224，第5449页。

"人言不足恤"① 的神宗和王安石君臣，面对反新法的欧阳修自乞致
仕也要下很大决心克服一定阻力才能让欧也让己方遂愿。②

欧阳修在最为擅场的创作上同样有无奈。庆历以后，欧成为文
坛宗主，故多有求撰碑志者。他亦自认"自明道、景祐以来，名卿
巨公往往见于余文矣"③。但愈到晚年，"获铭当世仁贤多矣"④ 的荣
耀愈益变为繁重的负担。欧曾对友人诉苦："闲思宜为刘义所消，然
自此当绝笔，虽不能如俚俗断指刺环、邀于鬼神以自誓，然当痛自
惩艾兹时之劳也。"⑤ 上以古人下以俚俗言行以示停笔的决绝。然欧
毕竟绝笔无计，只得叹息："更为人家驱逼作文字，何时免此老
业？"⑥ 足见，文章、经术、道德、名位、时望数者鲜见的一致受人
尊崇，业已构成这位"今之韩愈"生命中不可承受的重压、无法挣
脱的羁束。

三　欧阳修晚年的舆论压力与畏忌心态

"夫预政之途，盖天下之责至者丛矣"⑦。老年欧阳修既难完成
"今之韩愈"的角色扮演，那么以名望跻高位的他亦无能回避名望贬
损的苦涩经历。况且，在庆历士大夫影响下成长起来的后辈士人接
纳了儒家理想主义，在学术、政治、文艺上较之前辈还往往有着更
为精纯和终极的追求。庆历士大夫晚年已然落于人后。再加上，欧

---

① （元）脱脱等：《宋史》卷 327《列传第八十六》，第 10550 页。

② 事实上，王安石自己就先后替神宗撰写过一系列不允欧致仕的批答如《赐观
文殿学士刑部尚书知亳州欧阳修上表奏乞致仕不允诏》《赐知亳州欧阳修陈乞致仕第二
表不允诏》《赐知亳州欧阳修第三表并札子陈乞致仕不允诏》《赐观文殿学士兵部尚书
欧阳修辞知青州不允诏二道》等。

③ （宋）欧阳修：《江邻几文集序》，《欧阳修全集》卷 43，第 617 页。

④ （宋）欧阳修：《与蔡交书》，《欧阳修全集》卷 150，第 2485 页。

⑤ （宋）欧阳修：《与刘侍读原父书》其十四，《欧阳修全集》卷 148，第
2422 页。

⑥ （宋）欧阳修：《与刘侍读原父书》其十六，《欧阳修全集》卷 148，第
2424 页。

⑦ （宋）王珪：《赐欧阳修乞退不允批答》，《华阳集》卷 21，第 258 页。

阳修"性直"，行事"不避众怨"①，故"名则远闻"却"一生惹言语"②。是以，在仁、英之际士大夫的一系列代际冲突里，声名正隆的欧阳修遂成后辈士大夫的集矢之的。

经术上，性理之学兴起后，欧"（性）非学者之所急，而圣人之所罕言"③ 的观点引起了不少訾议，时人计用章就说："性，学者之所当先，圣人之所致言。吾知永叔卒贻后世之诮者，其在此书矣。"④ 此外，欧疑经惑传亦遭学者质疑。政治上，治平时期年轻的台谏官与韩、欧等大臣爆发"濮议"之争，台谏斥责欧"备位政府，不能以古先哲王致治之术，开广上意，发号施令，动合人心，使亿兆之民，鼓舞神化。希意邀宠，倡为邪说，违礼乱法，不顾大义，将陷陛下于有过之地"⑤，后段首倡邪说的指控欧阳修坚予驳回，但前段辅治无能的攻讦则欧亦无能自解，反愈激起他的不安。随之而起的"长媳案"更是玷污了欧视作士之根本的名节。因此，至熙宁初，神宗与王安石论及欧阳修，王断言欧"在政府必无补时事"，又"不知经，不识义理"，仅"文章于今诚为卓越"⑥。至此"今之韩愈"惟文辞可称。而即便在文章上，欧为尹洙、范仲淹所作碑志亦招致两家子孙的非议乃至擅改。他在那自言"毁辱愧耻愤闷忧郁"⑦ 的从政末期，确于纷扰的舆论场中同时遭遇闻名与毁谤的双重境况。

而从内向一面来看，由于欧立性刚直，"平生吃人一句言语不得"，他对外界的评价和议论其实十分敏感，连闲事"亦常不欲人拟议"⑧。并且至仁宗朝，舆论在政治运作中的影响力日增。重视舆论

①　（宋）欧阳修：《独对语》，《欧阳修全集》卷119，第1835页。
②　（宋）陈师道：《后山谈丛》卷2，第35页。
③　（宋）欧阳修：《答李诩第二书》，《欧阳修全集》卷47，第699页。
④　（宋）王得臣：《麈史》卷中，第37页。
⑤　（宋）李焘：《续资治通鉴长编》卷207，第5025页。
⑥　（宋）李焘：《续资治通鉴长编》卷211，第5135页。
⑦　（宋）欧阳修：《乞出第三札子》，《欧阳修全集》卷92，第1368页。
⑧　（宋）欧阳修：《与姚编礼书》其一，《欧阳修全集》卷150，第2482页。

的观点亦贯穿于欧阳修的政治生涯。因此欧晚年的公私文翰皆对士论表现出极大的关心乃至畏忌。①

在私人的书信里，欧阳修曾要求门生徐无党："士大夫有所论，当悉以见告，庶助其不及，实有望也。"② 并表示："士大夫见责者深，是待我厚而爱之过尔，敢不佩服。"③ 进入二府后，欧愈发担忧来自士林的责难。他向友人坦陈自己必因恋栈"以取责于一时而贻讥于后世"④，在自顾时亦"惟知忧畏，而众论实可多惧"⑤，还对人感慨自己"碌碌无称，莫塞咎责"⑥。治平二年（1065），欧又向王益柔回顾自己的副相生涯："窃位于此，已六七年，白首碌碌，初无补报，而罪责无量，谤咎独归。"⑦ 欧终身都非常在意外界对自己的评价。治平四年（1067），他离开帝京开封，却依然时刻关注那个舆论中心的动态，上呈谢表的同时立即给留在开封的长子欧阳发去信询问："近日群议如何？《谢上表》到后，莫有云云否？"⑧ 可能是长子回报不尽人意，欧再度寄书催促："《谢上表》到多时，因何不传？若传，人言谓何？及今诸事，有何议论？"为此他指示欧阳发"亦问冲卿（吴充）便知"，嘱咐他"子细报来"，还感慨亳州"此中如井底"。⑨ 文宗兼执政的崇高位望，无疑让欧意识到自己身处士

①　宋人相传韩琦临终前谓欧阳修："凡处事，但自家踏得田地稳，一任闲言语。"[（宋）晁补之：《晁氏客语》，《全宋笔记》，第 1 编，第 10 册，第 101 页] 此事不足为信，但可见宋人心目中欧要远比韩在乎舆论的态度。

②　（宋）欧阳修：《与渑池徐宰无党书》其三，《欧阳修全集》卷 150，第 2473 页。

③　（宋）欧阳修：《与渑池徐宰无党书》其六，《欧阳修全集》卷 150，第 2475 页。

④　（宋）欧阳修：《答杜植书》，《欧阳修全集》卷 151，2501 页。

⑤　（宋）欧阳修：《与王懿敏公仲仪书》其九，《欧阳修全集》卷 146，第 2390 页。

⑥　（宋）欧阳修：《与王懿恪公书》其五，《欧阳修全集》卷 146，第 2395 页。

⑦　（宋）欧阳修：《与王龙图书》其七，《欧阳修全集》卷 148，第 2438 页。

⑧　（宋）欧阳修：《与大寺丞发书》其三，《欧阳修全集》卷 153，第 2532 页。

⑨　参见（宋）欧阳修《与大寺丞发书》其四，《欧阳修全集》卷 153，第 2533 页。

论圈的漩涡中心，凡我之一语一默、一动一静皆被人们关注、议论，这又加深了他内心自惕自戒的倾向。

在公共的表札中，欧阳修亦常将一己之进退行止系于士论。如治平元年（1064）辞转官，他申说："臣心自揣，常负惊忧。岂谓宜黜而升，当责而赏？非惟臣自知不可，顾于物论，其谓如何？"①还强调自己"所以区区不能自已"是因担心"自贪宠荣，以速议论"②。治平二年（1065）乞外，他的理由是"虽未责于旷官，亦难安于尸禄。与其坐待于弹劾，岂如自乞于哀怜"③，颇担忧未来可能招致的政治攻讦。治平三年（1066）乞外，欧"深自揣思"的根脚仍落在"可畏之公议"④。熙宁三年（1070）六辞宣徽使，他在自违言行"愧于心颜"之外更忧虑"必公议之难遏"⑤。一年后乞致仕，他"每自省循"、念兹在兹的还是"可畏至公之议，何施有腼之颜"⑥。要之，欧高度的自律感往往呈现为一种他律形态，亦即，他对自身行为的约束和反思常以顾忌外界言论为前提。他晚年乞外求退之目的全在"不取非于清议，而无愧于晚节"⑦。

在欧阳修之前及同时，还从未有士大夫在政治言说中如此自觉地强调舆论对自身言行决定性的约束力，甚至欧在濮议中虽"自信无愧于心"，待得知台谏传扬攻击宰执的章疏以至"下传闾巷，外播四夷"，他执意向英宗痛陈无颜以对"百辟之瞻望，众人之讥诮"，愿能"乞身远去，少避指目"，而非"负惭俯首以见搢绅"⑧。公私言论的一再重复反映出舆论始终强烈影响着欧阳修，上述未然或已然的群议之声构成这位絮叨老者日常生活的重要背景，他作文行事

① （宋）欧阳修：《再辞转官第一札子》，《欧阳修全集》卷92，第1354页。
② （宋）欧阳修：《再辞转官第二札子》，《欧阳修全集》卷92，第1355页。
③ （宋）欧阳修：《乞外任第一表》，《欧阳修全集》卷92，第1357页。
④ （宋）欧阳修：《再乞外任第一表》，《欧阳修全集》卷92，第1362页。
⑤ （宋）欧阳修：《辞宣徽使第五札子》，《欧阳修全集》卷94，第1409页。
⑥ （宋）欧阳修：《蔡州再乞致仕第三表》，《欧阳修全集》卷94，第1417页。
⑦ （宋）欧阳修：《辞宣徽使第六札子》，《欧阳修全集》卷94，第1411页。
⑧ （宋）欧阳修：《乞出第二札子》，《欧阳修全集》卷92，第1365—1366页。

皆存此预期。当然，欧阳修如此公开声明还有一个用意：敦促宋廷立即消除"濮议""长媳案"给他带来的负面影响。

欧阳修的当世文名使其个人创作也分享着上述舆论压力，他诗中"尔虽不我责，我责何由逃""怀禄不知惭，人虽不吾责"①的话头，亦是自律他律化的表征。欧对士论外议的极度警觉，自然导向他自述文中普遍存在且极具个性的主客对问形式，诮余者的质诘、六一居士的自嗟不独是欧阳修努力与自我达成和解的表现，实际亦对应着外界疑虑非难的种种显流与潜流，是欧阳修将这些否定之声内化的结果。同时在这个意义上，欧的设客难己也未始不是故降姿态以预作申辩，只是策略上由晓以理向动以情偏移：将他人一切可能的斥责先由自讼说尽，由此消抵舆论场里相当一部分不满情绪，并希冀读者在讥诮之客的代入感中，在作者极端坦诚的剖白面前重新树起宽容和共情的心理，进而领会他那深沉的悔恨与无奈。

欧阳修非常清楚自己文字在舆论场中的声威和力量，故将其作为自辩的主要渠道。他一上谢表便急于探听朝廷议论，即因他深知自身公共言论的巨大影响力。②欧的私人文字在传播速度上也毫不逊色，如《归田录》"初成，未出而序先传"，乃至上达宋神宗处，欧"以其间纪述有未欲广者，因尽删去之。又恶其太少，则杂记戏笑不急之事，以充满其卷帙"。③同样是预感到自身文字将广泛流传，欧阳修在《归田录》序文部分对于自我的大胆揭露、激烈批判，和正文部分对于他人的小心拣材、温情眷顾形成了极大反差，这主副文本间的不和谐处恰是他用力所在。《归田录》完成于"濮议"风波

① （宋）欧阳修：《食糟民》《感兴五首》其二，《欧阳修全集》卷4、卷6，第72、96页。

② 据苏颂描述，欧阳修成名后"上之朝廷，诏诰词命与典谟相高；下之台阁，论议章奏有忠嘉之美。至于一篇一咏，尺牍片札，朝染翰墨，夕遍家户"［（宋）苏颂：《吕舍人文集序》，《苏魏公文集》卷66，第1011页］，可见欧文字流传的速度与广度。

③ （宋）朱弁：《曲洧旧闻》卷9，第217页。

甫平而"长媳案"亦刚落定的治平四年（1067），当时欧正罢参政出知亳州，他把晚年律己力度最大的自述文与专注于恕人的杂记一道掷入舆论场，就是矢志在言语纷扰之中为自己八年来的辅政岁月做一次谦逊而倔强的辩白。而他晚年写的另一篇自序《续思颍诗序》虽未用对问体，但仍袭用离而归的叙述模式，感叹"非才窃位，谤咎已盈"，还在文末着重提到将两组积年写成的思颍诗刻于石，以期"览者知余有志于强健之时，而获偿于衰老之后，幸不讥其践言之晚也"①。他刻石传播的目的亦在息人讥谤。

另外值得注意的是，欧阳修对士论的措意，对自我形象的苦心经营不仅是当代性的，更面向后生晚辈，具有垂意后世的深衷远意。有门生疑惑欧"德望为朝廷倚重，且未及年"却一再要求致仕，欧答复："某平生名节，为后生描画尽，唯有早退以全晚节，岂可更被驱逐乎？"②后生议论，致仕，全节及至不朽，在欧是一条通畅的逻辑链。仕宦如是，文章亦然。欧平生"书意""不许人改"③，这是他对自身话语权力的自信。但偏偏，他自己"每为文，既成，必屡自窜易，至有不留本初一字者"④。晚年更是"自窜定平生所为文，用思甚苦"，夫人以其文宗地位来劝止，欧坦承："不畏先生嗔，却怕后生笑。"⑤那代代相续的无数后辈的言语始终在欧心中回响，令他的忧虑越出当世的界限。上述轶事屡被宋人笔记、书启记录和引述，先不论其细节的真实性，实有以见出后人想象这位"今之韩愈"垂暮形象的核心原则。而从这个角度说，欧晚年的那些选择和自白

①　《欧阳修全集》卷42，第604—605页。

②　（宋）周煇撰，刘永翔校注：《清波杂志校注》卷9，中华书局1994年版，第388页。

③　（宋）范仲淹：《与韩魏公书》其二十，《范文正公尺牍》卷中，《范仲淹全集》，第676页。

④　（宋）吕希哲撰，夏广兴整理：《吕氏杂记》卷上，《全宋笔记》，第1编，第10册，第266页。

⑤　（宋）沈作喆撰，俞钢、萧光伟整理：《寓简》卷8，《全宋笔记》，第4编，第5册，大象出版社2008年版，第71页。

可谓大获成功。

文体革新需要通过还原文学作品产生的现场来理解。对问体文章在唐宋时期各以韩愈《进学解》、欧阳修《归田录序》《六一居士传》为代表能够先后突破前代体制僵化的困局，这从根本上说源于中唐以降科举士大夫对自我认识特别是自我省察的重视。这些科举士大夫创造性地运用特定文体来袒露异常充实而个性化的内心世界，中唐韩愈的不遇导向了他在《进学解》中的自嘲，而北宋欧阳修的得位则促使他将承传自传统士大夫特别是中唐士人的自惭意识发扬到了极致。①

欧阳修晚年的言行展现出一个自尊而性敏的灵魂在舆论漩涡中心、在盛名之下的挣扎和自赎。而他晚年一系列自述文正承载着其长久呼喊的声浪：离朝思归是因无能担负得位圣贤的角色期望，不留情面的内讼源于迁延在位的愧耻感，独特的对问形式则是自律他律化的表现，同时也是外界舆论的内化。以上经年而稳固的文本特征为后人理解这位文人型官员的晚年生活提供了关键的线索。在这里，自述文本不仅在内容更在形式层面，与文人的深沉意绪构成微妙的联系。

---

① 中唐士人的自省风气特别是他们的惭愧意识，参见王德权《为士之道：中唐士人的自省风气》，第313—364页。这其中最典型的白居易的惭愧意识，参见［日］渡辺信一郎《白居易の慙愧 —唐宋変革期における農業構造の発展と下級官人層—》，《京都府立大學學術報告》（人文），1985年；［日］花房英樹：《白居易研究》，世界思想社1990年版，第406—418页。此外，有学者指出，中唐韩愈、柳宗元直面并接受自我真实而丰富的情欲世界，形成自传性和自嘲的特点，使两汉以降僵化的设论文（即对问文之异名）重获生机。参见刘桂鑫《自我意识与设论体的僵化和突破》，《名作欣赏》2015年第20期。

结　　语

通过前面六章的讨论可以清楚地看到，言说也是一种权力。庆历士大夫的笔舌有效弥补了诸人前期在政治上的弱势地位，是他们进行政治斗争以及宜扬自身观念的工具。因此，言说在这里不仅是理念世界和现实世界之间的中介，更成为塑造两个世界的原动力。庆历士大夫积极利用修辞上的褒贬转换撬动政治文化的变革，并且，这样一种在正名情境下高度策略化的表达方式也决定了新型士大夫文化的整体风格，使其具有不同于传统儒学的时代新质，呈现为一种刚特、率直、有为的偏至型精神。

另一方面，政治文化变革同时构成推动北宋诗文革新的结构性力量。庆历士大夫进行文学创作的一个重要前提兼主题便是占据其人生之中心位置的仕宦经历和政治志念。他们的几乎每次理念革命都会催生出群体性的文学书写现象，这不仅让新观念在文本中得到及时而充分的呈露，同时也以集群的形式和经典的作品丰富了宋代士大夫文学的景观。再者，书写给予庆历士大夫一个自我表述和自我反思的空间，乃至构成他们生命中"一种更日常、更有兴味的生存方式"①。庆历士大夫昂扬的主体精神，集中体现在他们积极发挥自己的能动性，创造性地扮演了宰执、翰林学士、词臣、台谏、馆阁、学官、地方官、儒帅、幕僚、武将等一系列重要政治角色，并在突破旧角色期望、塑造新期望的过程中坚持践行"英俊"理念。

---

① 王水照：《宋代文学研究的思考——北宋名臣文集五种出版感言》，《鳞爪文辑》，第122页。

此外，对现实的不满以及对特定角色的关注，也会促使不在其位的士大夫将角色意识带入自主的文学创作，从而对抗缺憾，寄托理想。而庆历士大夫的上述角色扮演和角色想象也构成至为丰富的生命体验，成为激发文学书写的重要场域。这批士大夫文人独特的角色意识，持续走向成熟的政治人格，尤其是在面对逸出常轨的事件（无论是国家层面的内忧与边患，还是个体的政争、贬谪乃至死亡）时思想与情感的细微动态，均通过他们的创作得以展露。新的文学经典、审美经验、诗学观念、政治思考也往往在这些不寻常的时刻被获致和创造。因此，文字承载了庆历士大夫在漫长政治生涯中的种种理性思虑和感性体验，为后人进入他们的心灵世界以及他们置身的历史世界提供了通路。从韩愈到欧阳修等古文家都强调涵养人格是创作的关键。在这个意义上，当庆历士大夫以我手写我心时，北宋诗文革新就已然展开了。他们的文学书写正是以其真实而博大的人格，充沛而刚健的情思，改变了北宋前期"不知而作，影响前辈，因人之尚，忘己之实"① 这样肤廓单一的文学格局，标志着宋代士大夫文学正式形成自身的特色，也为后世的士大夫文学确立了创作的典范和对话的对象。

毋庸讳言，本书为凸显仁宗朝政治文化转型的内在脉络，总体上仍采用"革新—保守"的二元分析框架。在这样的大框架下，再怎么强调搁置价值判断，平等地倾听两方的声音，还是容易造成研究失衡的问题，何况本书的研究重心本来就压在革新的那一端。是故，在前文的论述中，革新、保守两方所呈现的形象可以说是截然不同的。庆历士大夫具有强烈的主体意识和独立人格，与之相较，老成士大夫大多缺乏个性，他们的政治观念不过是宋初以来传统意识形态的翻版，他们自身也仿若主流政治文化的提线木偶一般。必须说明的是，老成士大夫的上述面相是出于研究需要而不得不进行化约的结果。我们如

---

① （宋）范仲淹：《唐异诗序》，《范文正公文集》卷 8，《范仲淹全集》，第186 页。

果将视线拉长，就能发现老成群体也是宋代士大夫走出五代进而发育为政治主体的重要一环。相比于前辈，这些士大夫的能力愈加综合，责任感更为突出。惟其如此，他们才能有效遏制刘太后的政治野心，使宋廷得以平稳度过真宗末年到仁宗初年的这段"非常时期"。两宋士大夫政治的许多特征，已经在他们这一代乃至李沆、王旦等上一代显露端倪。① 另有学者指出，仁宗朝前期，刘筠、石中立、宋绶、章得象、宋庠、宋祁等所谓"杨亿派"士大夫以及张方平、王拱辰等范仲淹集团的对立面一面反思天书时代，一面排斥声病之文，有力地推动了古文运动，其影响力甚至一度超过范仲淹集团。② 换言之，老成士大夫同庆历士大夫一样，在某种程度上也是应运而生的新人，也为北宋政治文化的转型贡献过一份力量。

不过，老成士大夫和庆历士大夫在价值观念以及行为模式上依旧存在根本的差异。老成士大夫虽提倡儒学，但他们中多数人的思想体系是驳杂的，混合佛教、黄老、名法等各类学说，对思想的践行也体现出工具化的取向。再者，他们在权力世界里对儒家理想主义始终抱有疑虑，也不太认同刚直有为的政治人格和行古道回三代开太平的仕宦原则。他们改革时文风气的主要动力，来自务实戒虚的文学观念和政治逻辑，这符合"老成"一贯的政治文化，而和庆历士大夫似同实异。因此，他们既不能从道统出发为古文运动奠定思想基础，也无法提供创作上的典范，注定只能是古文运动的外围力量。③ 总之，老成士大夫虽有开风气的一面，但总体上仍是宋初以

---

① 参见邓小南《祖宗之法——北宋前期政治述略》，第340—369、417—419 页。

② 参见张维玲：《从天书时代到古文运动：北宋前期的政治过程》，第222—230、284—291 页。

③ 正如朱刚所指出的那样，在古文运动中，古文与古道、古制是一体的。参见朱刚：《唐宋"古文运动"与士大夫文学》，第1—42 页。因此，古文运动不仅是一场文体革新运动，更是一场思想革新运动。这决定了老成士大夫无法从根本上推动古文运动。老成士大夫如宋祁在古文运动中的具体位置，参见谢琰《〈宋景文公笔记〉的字学好尚与文章观念——兼论唐宋散文发展中的语言革新问题》，《文学遗产》2016 年第 6 期；刘成国《书写"涩体"：宋祁与古文运动》。

来政治传统的继承者，尤其在面对庆历士大夫发起的政治批判和政治改革时，往往表现出保守的面目。由此看来，对于老成士大夫新旧性质的评判，取决于特定的观察角度和比较对象。

还需要指出的是，庆历士大夫引领北宋政治文化的巨变，这是无可置疑的事实，但这并不代表"老成"理念就此便从权力世界销声匿迹。准确地讲，仁宗朝的政治文化转型实质上是由单一趋向多元的过程。在庆历士大夫的大力倡导下，儒家理想主义和"英俊"理念融入主流政治文化，并成为其上层的潮流和风向。而"老成"理念的影响力虽大幅衰减，但因更符合一般官员的利益，仍不失为主流政治文化的根基。是故，仁宗朝以降，在整个士大夫阶层当中，真正的儒家理想主义者始终是"创造少数"，其数量甚至远不如那些借"忧天下"来邀名求利的投机者。不过这并不代表庆历士大夫的努力就白费了。他们确立儒家理想主义的合法性，为两宋士人指出了向上一路。在这条长路上，背道而驰者和中途而废者固然占到绝大多数，但坚持跋涉者亦持续涌现，并且往往成为时代的焦点，引领世人继续走下去。两宋历史上的一系列大事件，诸如王安石变法、新旧党争、学统分化以及道学兴起，其实都可以从庆历士大夫奠定的新型士大夫文化讲起。

此外值得注意的是，历代学者对庆历士大夫及其政治亚文化也多有反思。从吕祖谦、陈亮、叶适等南宋浙东士大夫，到明清之际的王夫之，再到现代研究者刘子健，都批评过庆历士大夫的通病，揭示过新型士大夫文化的负面作用。他们基于自身的政治情境，借助通观两宋历史的后见之明，用更为理性、周密的笔调落实并深化了老成士大夫的攻讦和忧虑。上述学者的褒贬之辞连缀出庆历士大夫评价史上的一条暗线。这其中，王夫之《宋论》的相关论述最为系统，也最为严苛。他集中批判了仁宗朝盛行的言事风气、党争现象，视彼时台谏之活跃为乱象，以范仲淹之更张为"生事"，认定科举改制不得要领。在他看来，庆历士大夫的崛起，彻底改变了北宋前期"敦庞笃厚之醇风"，开启"宋以言语沓兴，而政紊于廷，民劳于野，境蹙于疆，日削以亡"的进程。①

我们的确可以清楚地看到，北宋士风在仁宗朝发生了剧烈的转折，几乎是从一个极端走向另一个极端。若以儒家的中庸之道来评判，老成士大夫固然有所不及，但庆历士大夫何尝不是"过犹不及"？庆历士大夫强调士的能动性和独立品格，主张依据内在的学养、道德和个性行事，就算和世人认定的规范相悖也毫不畏怯。为对抗权力世界中无所不在的传统和常识，他们不惜矫枉过正，自我构建了一种特立乃至偏至的新型士大夫人格。范仲淹这位得风气之先者"事上遇人，一以自信，不择利害为趋舍。其所有为，必尽其力"②，被富弼许为"韩愈所谓信道笃而自知明者"③。范晚年更是手书韩愈《伯夷颂》以明己志，并广邀同道品题，韩文起首便是"士之特立独行，适于义而已，不顾人之是非、皆豪杰之士，信道笃而自知明者也"④，颇为精辟地点出了新型士大夫人格的精神内核。韩愈以主体特立无匹、与众不同的才华与个性来展现主体的高度自觉与智慧，这和孔子言必称"中行""中庸"形成了鲜明的对比。⑤ 庆历士大夫继承了韩愈"因狂狷而进于道"的思想，并将这样一种气质进一步落实为权力世界中的政治人格。

新型士大夫人格蕴含逾越规矩的倾向。在庆历士大夫看来，犯错、越界有时要比无过、循常更值得提倡。⑥ 如范仲淹宣扬作官"公罪不可无，私罪不可有"⑦，因"言事太急"被贬，则主张做

---

① 参见（清）王夫之《宋论》卷4，第81—99页。

② （宋）欧阳修：《资政殿学士户部侍郎文正范公神道碑铭》，《欧阳修全集》卷21，第333页。

③ （宋）富弼：《范文正公仲淹墓志铭》，《全宋文》卷610，第29册，第61页。

④ 《韩昌黎文集校注》卷1，第65页。

⑤ 参见刘宁《"务去陈言"与"归本大中"——论韩柳古文"明道"方式的差异》，《北京师范大学学报》2006年第4期。

⑥ 漆侠：《范仲淹集团与庆历新政——读欧阳修〈朋党论〉书后》也指出，范仲淹集团中的士大夫对传统"士节"某些方面多有突破。

⑦ （宋）晁说之：《晁氏客语》，《全宋笔记》，第1编，第10册，第105页。

"患守常经""越位救时"的"大过人"①。当他被晏殊斥为好奇邀名，又博引伊尹、吕尚、仲尼、管仲、蔺相如、诸葛亮、陈汤、祖逖、房玄龄、姚崇等圣贤出奇制胜的事迹来自辩。范后在知开封府任上被欧阳修前岳丈胥偃指为"数纠其立异不循法"，欧因支持范而与胥有隙。② 这类大胆的言行传达出范对传统仕宦原则的鄙夷。尹源大呼"人臣不忠"以"无过"为大，并申说忠臣行事"或犯上之忌，或冒下之谤"③，可与范仲淹之言同看。庆历士大夫对诸政治角色期望的重塑和创造，无疑也受这种观念的影响。总之，庆历士大夫是重估一切价值的一代人，他们不再被动接受现行标准，而是用全新的理性眼光——审视前人成果，以挑战者的姿态在政治、文学和学术诸领域发起变革。他们主导了仁宗朝的政治改革、疑经思潮和诗文革新，充分体现出这一代人探求真理的信念，建立理想秩序的雄心，以及敢于突破传统、质疑现状的勇气和创造力。

　　庆历士大夫倡导特立独行的新型士大夫人格，不单是为冲击主流政治文化，更是有感于现行体制对人才的压抑。庆历士大夫置身于一个官僚制度日趋精细化和理性化的时代。宋代的考课制度变型为磨勘制度，课绩之法流于形式，循资原则却迅速膨胀，限制甚至取代"循名责实""考功课吏"原则的实施，成为铨选制度中窒息人材的重要原因。④ 这样一个"资历至上"的体制，自然容易养成不求有功但求无过的政治作风和因循保守的政治性格。⑤ 尹源在

---

　　① 参见（宋）范仲淹《与胡安定屯田书》，《范文正公尺牍》卷下，《范仲淹全集》，第 693 页。

　　② 参见（元）脱脱等《宋史》卷 294《列传第五十三》，第 9818 页。又及，范仲淹在胡则墓志中称赞他"富宇量，笃风义，往往临事得文法外意，人或讥之，公亦无悔焉"（参见《范文正公文集》卷 13，《范仲淹全集》，第 324 页）

　　③ 参见（宋）尹源《答客问》，《全宋文》卷 436，第 21 册，第 93—94 页。

　　④ 参见邓小南《宋代文官选任制度诸层面》，第 115—118 页；邓小南：《课绩·资格·考察——唐宋文官考核制度侧谈》，大象出版社 1997 年版，第 40—107 页。

　　⑤ 李华瑞指出，宋初保守政风的一个重要成因便是循资转官的磨勘制度。参见李华瑞《论宋初的统治思想》，载李华瑞著《宋史论集》，河北大学出版社 2001 年版，第 1—32 页。

《答客问》里就描述过这类庸人的表现和危害：

> 内则为宰相，为卿大夫，不敢主天下事，与进贤退不肖，曰："吾知循故事尔，专则罪也。"外则为郡为邑，以至廉察一道，视政之弊不敢革，视民之疾不敢去，曰："吾知奉法尔，违乃辟也。"若此者，不惟时君以为无过，天下之人亦以为无过。苟终不能辨之，使内外相济，以成其俗，则国日削，民日弊，以至大乱而莫之御。①

在庆历士大夫看来，这些一心追求表面无过的不忠之臣满布庙堂与地方，而老成士大夫无疑就是他们的保护伞。吕夷简等人自身虽不至如此不堪，但他们谨厚慎重的政治性格和有所不为的仕宦原则，在某种程度上的确是对宋初以来官僚体制的一种适应，他们对传统和现状的维护，也在客观上庇护了许多钻营逐利的官员。

庆历士大夫在如此沉闷的权力世界中孜孜寻觅"当世之贤豪"，又为这些"智谋雄伟非常之士"往往"无所用其能"② 而愤愤不平。他们自身同样也在明道废后和景祐党争中备受屈抑。但很快，庆历士大夫就等来了扭转乾坤的机遇。宝元、庆历之际的宋夏战争激化了宋朝的内外矛盾，产生了大量亟待处理的非常规事务乃至紧急状况，一则向士大夫提出了理乱济急的素质要求，一则促使仁宗"既厌西兵，闵天下困弊，奋然有意"③，把用人方针从"承平宜用资"调整为"边事未平宜用才"④，并暂时确立了除弊有为的目标。范仲淹、韩琦、富弼等人正是在这一阶段凭借自身的才干和功劳积累了丰厚的政治资本和士林声望，先后跃升为御边与改革的主事者。而

---

① （宋）尹源：《答客问》，《全宋文》卷 436，第 21 册，第 94 页。

② （宋）欧阳修：《释秘演诗集序》，《欧阳修全集》卷 43，第 611 页。

③ （宋）欧阳修：《观文殿大学士行兵部尚书西京留守赠司空兼侍中晏公神道碑铭》，《欧阳修全集》卷 22，第 353 页。

④ 参见（宋）李焘《续资治通鉴长编》卷 154，第 3736 页。

庆历新政的一个主要方向即是通过调整官员入仕、选任、升迁各环节激活愈益僵化的官僚体制，使其恢复选贤任能的功能，从而让"俊明之人"在科举中少受声病、程式的拘束，在做官时排除资格、法度的限制，获得任事和发挥的广阔空间。① 不止如此，范仲淹还抓准时机，用人不责全求备，"多取气节，阔略细故"②，在边在朝招辟以及推举了一大批才能和性格皆极突出的中下层士人，传为佳话。

另一方面，面对愈演愈烈的党争和"世路迫窄多阱机"③ 的现实，庆历士大夫其实很早就开始反思新型人格不得于中的固有缺陷。范仲淹特意区分"公罪"与"私罪"，即是期望将新型士大夫人格中逾矩的精神力量悉数引导至公共领域。蔡襄和尹洙在称颂王益柔特出之才时也都做出规劝。再如欧阳修劝告石介行中道，又在景祐党争后寄信嘱咐尹洙，意欲祛除自己先前沾染上的近世"傲逸狂醉"的饮酒习气④。值得注意的是，这些现象和他们突破陈规是同时进行的。更为深刻的改变来自新政失败之后。前面讲到庆历八年（1048）范仲淹写给叶清臣的书信，提倡"安身而国家可保"。这和范在仁宗朝前半期倡导的不恤谤议、越位救时的名节观截然相反，等于是倒转了自己原先提出的公私定义，自我抑制新型士大夫人格中偏至的

---

① 范仲淹等决策者在新政期间对磨勘法展开了尖锐的批判，因此他们要重点改革考核制度。参见邓小南《课绩·资格·考察——唐宋文官考核制度侧谈》，第43、100—101页。另外，欧阳修身为改革派的喉舌，作为谏官集中抨击了朝廷"依常守例，须用依资历级之人，不肯非次拔擢"的"乏人任用之弊"〔（宋）欧阳修：《论李昭亮不可将兵札子》，《欧阳修全集》卷101，第1551页〕，作为知制诰则多次借重王言阐释了改革考课磨勘制度的用意，如《国子博士陈淑秘书丞薛仲舒尹源太子中舍李随大理评事朱寿昌磨勘改官制》："国家考课之格，叙进有常，所以示为法之均平，而防有司之轻重也。及其弊也，贤愚并进，而功过不明。属者命考旧文，稍更新制，不专累日以为限，间须善举而后迁。夫选之艰则材者出，赏之当则能者劝焉，此予之意也。"（《欧阳修全集》卷79，第1131页）由此亦可见革新派在决策层和舆论层的配合。

② （宋）叶梦得：《石林燕语》卷10，第151页。

③ （宋）欧阳修：《长句送陆子履学士通判宿州》，《欧阳修全集》卷7，第110页。

④ （宋）欧阳修：《与尹师鲁第一书》，《欧阳修全集》卷69，第999页。

一面。后来欧阳修批判"庆历之学"异众求名的弊端，嘉祐二年（1057）知贡举时排斥怪诞诋讪、不遵程式的"太学体"。同道在立身措政上的策略调整皆和范仲淹的反思步调一致。

当然，反思并非没有代价。正是由于范、吕党争的经历和随之而来的反思，庆历士大夫在人生的后半程逐渐收敛新型人格，而倾向于保守型的政治理念，这在韩琦、富弼和欧阳修重新当国主政的嘉祐、治平之际表现得尤为显著。从此，富弼、韩琦在南宋人的当代史叙述里和王曾、吕夷简一样，都被视作仁宗、英宗朝宰相中"谨守资格"的代表。① 后辈士人对庆历士大夫的"老少之异"有清晰的认识。嘉祐六年（1061），苏轼上书时相富弼，描述仁宗朝士风之变道：

> 异时士大夫皆喜为卓越之行，而世亦贵狡悍之才。自明公执政，而朝廷之间，习为中道，而务循于规矩。士之矫饰力行为异者，众必共笑之。夫卓越之行，非至行也，而有取于世。狡悍之才，非真才也，而有用于天下。此古之全人所以坐而收其功也。今天下卓越之行，狡悍之才，举不敢至于明公之门，惧以其不纯而获罪于门下。轼之不肖，窃以为天下之未大治，兵之未振，财之未丰，天下之有望于明公而未获者，其或由此也欤？昔范公收天下之士，不考其素。苟可用者，莫不咸在。虽其狂獧无行之徒，亦自效于下风，而范公亦躬为诡特之操以震之。夫范公之取人者，是也，其自为者，非也。伏惟明公以天下之全而自居，去其短而袭其长，以收功于无穷。②

苏轼希望从庆历士大夫先后提倡的"喜为卓越之行"与"务循于规矩"两类政治人格中间找到一条中庸而有为的道路。奈何熙、

---

① 参见（宋）叶适《资格》，《水心别集》卷12，《叶适集》，第792页。
② （宋）苏轼：《上富丞相书》，《苏轼文集》卷48，第1377页。

丰时代风雨欲来，留给他们的时间已不多了。

治平四年（1067）正月，英宗晏驾，年仅20岁的神宗即位，权力世界的代际更替开始加速。当月，欧阳修被台官蒋之奇、彭思永指控私通长媳吴氏，虽然台官之风闻随即被证明是诬告，然而欧前后历经两次风波，愈思归田，连上表札请求罢政外放，随即出知亳州。同年四月，御史中丞王陶等人极口痛诋韩琦，以韩"自嘉祐末专执国柄，君弱臣强"为由"乞行退罢"。① 韩琦去意已决，在英宗的永厚陵复土后不再进中书视事，坚请罢相，除镇安武胜军节度使、司徒兼侍中、判相州。而神宗在这一系列政争中的表现很耐人寻味，他表面上贬黜台官，再三挽留和宽慰韩、欧，并在两人外放后给予厚待。但在另一方面，他想为"濮议"翻案，又暗许台官弹劾韩、欧，意图以迂回的方式收回权柄。②

神宗在排斥前朝旧臣的同时也在积极物色贤士，以助力自己实现大有为的政治抱负。司马光和王安石是神宗非常看重的两位候选人，他也很快付诸行动。当年闰三月，神宗诏王安石知江宁府，九月又以其为翰林学士。王安石回朝后，君臣相得，锐意改革。于是在熙宁二年（1069），神宗亲擢王安石为参知政事，倚重他主持变法。这造成北宋政坛的持续震荡。随着各项措施的颁行，士大夫围绕变法是非分裂成新旧两党，爆发了激烈的政治冲突，也不可避免地造成私人关系的重组。

庆历士大夫面对新法，更加坚定保守立场，并成为反新法阵营的重要力量。③ 由此之故，他们和以司马光为代表的旧党或者很快达

---

① 参见（清）黄以周等《续资治通鉴长编拾补》卷1，第1页。

② 神宗即位后清除韩琦势力的过程，参见冀小斌（Xiao‑bin Ji）：*Politics and Conservatism in Northern Song China: The Career and Thought of Sima Guang (A. D. 1019 – 1086)*, *The Chinese University Press*, 2005, pp. 111 –130；朱义群：《宋神宗起用王安石知江宁府的背景及其政治和文化意涵》。

③ 欧阳修反对新法的作为，参见刘子健《欧阳修的治学与从政》，第253—254页。

成和解①，或者相知愈深。如欧阳修晚年在颍州与吕公著及二苏兄弟交游，富弼晚年在洛阳和邵雍、司马光等人时相往来，都传为美谈。在旧党那里，庆历士大夫重新成为值得信赖和尊重的三朝元老。同时，庆历士大夫和以王安石为首的新党的关系则日益恶化。他们凭借其位望在政治和舆论上确实给王安石的变法事业带来巨大压力。但显然，庆历士大夫的生理生命和政治生命都在迅速衰退，已不复是权力世界的主角。富弼虽同样于熙宁二年（1069）复相，见王安石得君改革，只得称病不出，不久罢相离朝，在亳州又拒行青苗法。但不到一年时间，富弼就自请致仕，退居洛阳。熙宁三年（1070），韩琦于河北上疏乞罢青苗法，几乎说动神宗，一度令王安石十分被动。最后，王安石指挥制置三司条例司撰作驳韩琦疏，并让朝廷镂版行下，又以御史中丞吕公著、右正言孙觉鼓吹韩琦兵谏为由将两人贬外，青苗法行之如故。韩琦见状，"晓官属亟奉行"，并称："某一郡守也，其敢不如令！"② 欧阳修在青州亦上疏抗议青苗法，并擅止散青苗钱，遭到宋廷责问。欧此时业已笃志归休，力辞判太原府，以绝神宗拜相之意。其后，欧开始频繁地乞致仕，终于熙宁四年（1071）遂愿，退居颍州一年光景即不幸病逝。无论如何，神宗朝已不再是庆历士大夫的时代，他们先后退出政治中心，无力也无心左右政治文化的风向，并很快迎来了政治生涯的落幕。在庆历士大夫的视线中，王安石、司马光、吕公著、二苏、二程等第二三代科举士大夫已然崛起，他们接过前辈造就的遗产以及未竟的志业，以自己的方式继续前行。

新旧两党早年都认同或至少理解儒家理想主义，但在熙宁以降的政治实践中，双方的政治理念分别向革新、保守两端偏移，并各自对刚直有为的"英俊"理念做出取舍，以至形成"彼以此为流

---

① 实际上，双方在"濮议"后已展露出和解的迹象，治平四年（1067）欧阳修举荐司马光就是证据。

② 参见（宋）李清臣《韩忠献公琦行状》，《安阳集编年笺注》附录2，第1743页。

俗，此以彼为乱常"① 的党争格局。先看新党。王安石勉励神宗
"大有为"，师法二帝三王致治之意以变法新民，其改革的力度和广
度远超庆历新政。但正如朱熹所说："荆公此意便是庆历范文正公诸
人要做事底规模。"② 熙宁新法和庆历新政的思想基础和改革精神是
高度一致的。早在庆历三年（1043），青年王安石于邸报读到"赐
诏宽言路，登贤壮陛廉"，便热望"相期正在治，素定不烦占"。③
皇祐四年（1052），他作文祭奠范仲淹，详叙范氏一生行迹，把范在
景祐党争中受挫的原因概括为"风俗之衰，骇正怡邪。蹇蹇我初，
人以疑嗟"，又撮述新政大要，将范视为自己的同道中人。④ 时过境
迁，王安石后来在《上仁宗皇帝言事书》《本朝百年无事札子》中
终将仁宗朝归入"一切因任自然之理势，而精神之运有所不加，名
实之间有所不察"⑤ 的旧时代，庆历的伟人与懿事逐渐从他的言谈
间隐去。

　　更有甚者，王安石为坚定神宗意志以保证变法的进行，持续利
用行政权力整顿台谏，排斥异论，廓清"流俗之言"，打击那些在
"声望政治"中享有高名的舆论领袖。而欧阳修、韩琦等元老重臣恰
恰属于王安石非常警惕的那类"流俗宗主"。王安石熙宁时期的言说
于是出现了一个有趣的现象。一方面，他在公共性或礼节性较强的
文字如《祭欧阳文忠公文》《韩忠献挽词》中对前辈大加表彰，并
传达自己作为门生故吏的敬意；另一方面，他在和神宗的对谈时却
屡屡毫不留情地贬斥韩、欧诸人。如熙宁三年（1070）四月，神宗
欲用欧阳修执政，王安石持保留意见。王虽承认欧"性行虽善"，但

---

① （宋）刘挚：《论用人疏》，《忠肃集》卷3，第50页。

② （宋）黎靖德辑：《朱子语类》卷71，《朱子全书》，第16册，第2401页。

③ 参见（宋）王安石《读镇南邸报癸未四月作》，《临川先生文集》卷16，《王
安石全集》，第5册，第381页。

④ 参见（宋）王安石《祭范颍州文》，《临川先生文集》卷85，《王安石全集》，
第7册，第1493页。

⑤ （宋）王安石：《本朝百年无事札子》，《临川先生文集》卷41，《王安石全
集》，第6册，第802页。

也提醒神宗：欧"见事多乖理"，又"能惑其视听"，得位后"恐误陛下所欲为"。① 同年五月，王安石见欧擅止散青苗钱，再次向神宗申说："臣固尝论修在政府必无补时事，但使为异论者附之，转更纷纷耳。"其后，神宗和王安石讲起"华辞"不如"吏材"有益，王认同"华辞无用"之说，更以欧阳修为例说明"若从事于放辞而不知道，适足以乱俗害理"。② 熙宁四年（1071），欧阳修上章乞致仕，又引发神宗和王安石等宰执对其为人的讨论。王安石一则批判欧阳修附丽韩琦，以韩为社稷之臣，"尤恶纲纪立、风俗变"，二则用欧阳修言行前后不一的表现证明台谏不过是一群附和流俗之徒。③ 此外，王安石和神宗还曾訾议范仲淹的措政、行事。熙宁九年（1076），神宗谈起，范仲淹欲修学校贡举法，却"教人以唐人赋体《动静交相养赋》为法"，可见他"无学术，故措置止如此而已"。王安石补充道，范"天资明爽，但多暇日，故出人不远"，并且"好广名誉，结游士，以为党助，甚坏风俗"。神宗总结说，范之所以好名，"止为识见无以胜流俗尔"。④ 显然，王安石和神宗业已认定，庆历士大夫无论是思想还是行事都无足称道。他们这对君臣不仅超轶昔日之庆历士大夫，更需抵制今日之庆历士大夫。

旧党以反对王安石变法为要务，政治立场愈趋保守。另一方面，他们期望依靠舆论权力阻止新法实施，故重视台谏的独立性，提倡保持言路畅通。故不难理解，为何司马光元丰八年（1085）甫一归阙便力请朝廷"明下诏书，广开言路"⑤。而旧党在论证言事的重要性时，总是乐意承认这是庆历士大夫留下的政治文化遗产。如熙宁

---

① 参见（宋）李焘《续资治通鉴长编》卷211，第5134—5135页。
② 参见（宋）李焘《续资治通鉴长编》卷211，第5135页。又及，熙宁八年（1075），王安石和神宗读欧阳修的《五代史》，又说他"文辞多不合义理"。参见（宋）李焘《续资治通鉴长编》卷263，第6441—6442页。
③ 参见（宋）李焘《续资治通鉴长编》卷224，第5449页。
④ 参见（宋）李焘《续资治通鉴长编》卷275，第6732页。
⑤ （宋）李焘：《续资治通鉴长编》卷353，第8466页。

五年（1072）司马光为吕诲的章奏集作序，为称颂挚友的言者风采，开篇即援引欧阳修《上范司谏书》里的名言。吕诲先是在"濮议"中"引义固争"，并与御史范纯仁、吕大防共劾欧阳修为"首开邪议"的大奸，后来又在王安石初执政时上疏力诋王"初无远略，惟务改作立异，罔上欺下，文言饰非，误天下苍生，必斯人也"。① 司马光如此下笔，亦心存为吕诲危言鲠论辩护的用意。又如元祐元年（1086），苏辙在右司谏任上见朝廷对待台谏封事"一切留中不出，既不施行，又无黜责"，有违广开言路的方针，遂上疏回溯宋初以来言事风气的盛衰，以此作为风俗邪正的指向标。他尤其细致地讲述了仁宗朝台谏势力上升的过程和影响：仁宗"仁厚渊嘿，不自可否"，将"是非之论"全托付给台谏，适逢孔道辅、范仲淹、欧阳修、余靖诸人"以言事相高"，这种言事风气成形以后，"士耻以钳口失职"，彼时的"执政大臣"虽不皆尽贤，然"畏忌人言，不敢妄作"，一有不善者，即遭人言而屏去，因此，仁宗虽宽容，"而朝廷之间无大过失"。苏辙接着又强调，神宗和王安石贬窜反对新法的台谏，造成"风俗大败，无一人复正言者"的恶果。② 苏辙的褒贬态度十分明确，他列举仁宗朝作为神宗朝的对立面，也启发了后世的言事者。

二苏对庆历士大夫精神的阐发和继承远不止于此。在旧党当中，他们以庆历士大夫特别是欧阳修的传人自居，始终怀揣拳拳追随之意。关于这点，只要读一读苏轼《范文正公集叙》《六一居士集叙》《祭欧阳文忠公文》《富郑公神道碑》《祭韩忠献公文》《祭魏国韩令公文》以及苏辙《欧阳文忠公神道碑》《祭欧阳少师文》《欧阳太师挽词》《祭忠献韩公文》等诗文便不难获知。在这些庄重的文字里，范、欧、富、韩的形与神，进与退，言与行，功绩与大节，都得到

① 参见（元）脱脱等《宋史》卷321《列传第八十》，第10428—10429页。

② 参见（宋）苏辙《论台谏封事留中不行状》，《栾城集》卷36，《苏辙集》，第623—624页。

了淋漓极致的展现。最后让我们再回到《六一居士集叙》，苏轼于序文结尾道出他塑造"言统"的深意：

> 欧阳子没十有余年，士始为新学，以佛老之似，乱周孔之真，识者忧之。赖天子明圣，诏修取士法，风厉学者专治孔氏，黜异端，然后风俗一变。考论师友渊源所自，复知诵习欧阳子之书。予得其诗文七百六十六篇于其子棐，乃次而论之曰："欧阳子论大道似韩愈，论事似陆贽，记事似司马迁，诗赋似李白。此非余言也，天下之言也。"①

朱熹曾评价道："东坡《欧阳公文集叙》只恁地文章尽好，但要说道理，便看不得，首尾皆不相应。起头甚么样大，末后却说诗赋似李白，记事似司马相如。"② 不过，对于苏轼来说，言辞却恰恰是"言统"不可分割的一部分。他把欧阳修所创造的以儒道为核心同时又全面均衡的士大夫文化作为正统，无疑是为了抗衡王安石的"新学"。一则，新学"以佛老之似，乱周孔之真"，是为思想上的异端。二则，王安石宣称"华辞无用""华辞害理"，必将导致知识结构的偏狭。在士大夫文化迅速分化的北宋后期，文学地位的沦落给苏轼造成越来越大的压力。由此可见，苏轼为欧阳修文集作序，既是为道更是为文的价值辩护。他在文与道几近对立的现世重新召唤那个前贤以言行道的伟大时代，期望以此提醒世人切勿忘却言说的正义与力量。

---

① 《苏轼文集》卷10，第316页。
② （宋）黎靖德辑：《朱子语类》卷139，《朱子全书》，第18册，第4305页。

参考文献

一　古籍

（春秋）孙武撰，（三国）曹操等注，杨丙安校理：《十一家注孙子校理》，中华书局 2012 年版。

（秦）吕不韦编，许维遹集释，梁运华整理：《吕氏春秋集释》，中华书局 2009 年版。

（汉）班固撰集，（清）陈立疏证，吴则虞点校：《白虎通疏证》，中华书局 1994 年版。

（汉）班固撰，（唐）颜师古注：《汉书》，中华书局 1962 年版。

（汉）桓宽撰集，王利器校注：《盐铁论校注》，中华书局 1992 年版。

（汉）刘安编，何宁撰：《淮南子集释》，中华书局 1998 年版。

（汉）陆贾撰，王利器校注：《新语校注》，中华书局 2012 年版。

（汉）司马迁撰，（南朝宋）裴骃集解，（唐）司马贞索隐，（唐）张守节正义：《史记》，中华书局 1982 年版。

（汉）王充著，黄晖撰：《论衡校释》，中华书局 1990 年版。

（汉）荀悦、（晋）袁宏著，张烈点校：《汉纪　后汉记》，中华书局 2002 年版。

（汉）荀悦撰，（明）黄省曾注，孙启治校补：《申鉴注校补》，中华书局 2012 年版。

（汉）扬雄撰，汪荣宝撰，陈仲夫点校：《法言义疏》，中华书局

1987 年版。

（三国魏）曹植著，赵幼文校注：《曹植集校注》，人民文学出版社 1984 年版。

（三国魏）嵇康著，戴明扬校注：《嵇康集校注》，中华书局 2014 年版。

（三国魏）阮籍著，陈伯君校注：《阮籍集校注》，中华书局 2012 年版。

（三国魏）王粲注，俞绍元校点：《王粲集》，中华书局 1980 年版。

（晋）陶渊明撰，袁行霈笺注《陶渊明集笺注》，中华书局 2003 年版。

（后晋）刘昫等撰：《旧唐书》，中华书局 1975 年版。

（梁）僧祐撰，李小荣校笺：《弘明集校笺》，上海古籍出版社 2013 年版。

（梁）释僧祐撰，苏晋仁、萧链子点校：《出三藏记集》，中华书局 1995 年版。

（梁）萧统编，（唐）李善注：《文选》，上海古籍出版社 2014 年版。

（北齐）颜之推撰，王利器注：《颜氏家训集解》（增补本），中华书局 1993 年版。

（南朝梁）刘勰著，黄叔琳注，李详补注，杨明照校注拾遗：《增订文心雕龙校注》，中华书局 1999 年版。

（南朝宋）范晔撰，（唐）李贤等注：《后汉书》，中华书局 1965 年版。

（南朝宋）刘义庆著，徐震堮校笺：《世说新语校笺》，中华书局 2006 年版。

（南唐）徐锴：《说文解字系传》，中华书局 1987 年版。

（魏）王弼注，楼宇烈校释：《老子道德经注校释》，中华书局 2008 年版。

（五代）何光远撰，邓星亮、邬守玲、杨梅校注《鉴诫录校注》，巴蜀书社 2011 年版。

（唐）白居易著，谢思炜校注：《白居易诗集校注》，中华书局 2006 年版。

（唐）白居易著，谢思炜校注：《白居易文集校注》，中华书局 2011 年版。

（唐）岑参著，廖立笺注：《岑嘉州诗笺注》，中华书局 2004 年版。

（唐）陈子昂著，徐鹏校点：《陈子昂集》，上海古籍出版社 2013 年版。

（唐）杜甫著，（清）仇兆鳌注：《杜诗详注》，中华书局 1997 年版。

（唐）杜牧撰，吴在庆校注：《杜牧集系年校注》，中华书局 2008 年版。

（唐）房玄龄等：《晋书》，中华书局 1974 年版。

（唐）高适著，刘开扬笺注：《高适诗集编年笺注》，中华书局 1981 年版。

（唐）韩愈、（唐）李翱注：《论语笔解》，中华书局 1991 年版。

（唐）韩愈著，（清）方世举编年笺注，郝润华、丁俊丽整理：《韩昌黎诗集编年笺注》，中华书局 2012 年版。

（唐）韩愈撰，（宋）魏仲举集注，郝润华、王东峰整理：《五百家注韩昌黎集》，中华书局 2019 年版。

（唐）李翱撰，郝润华、杜学林校注：《李翱文集校注》，中华书局 2021 年版。

（唐）李白著，（清）王琦注《李太白全集》，中华书局 1999 年版。

（唐）刘禹锡撰，瞿蜕园笺证：《刘禹锡集笺证》，上海古籍出版社 1989 年版。

（唐）柳宗元著，尹占华、韩文奇校注：《柳宗元集校注》，中华书局 2013 年版。

（唐）孟郊撰，韩泉欣校注：《孟郊集校注》，浙江古籍出版社 1995 年版。

（唐）权德舆撰，蒋寅笺，唐元校，张静注：《权德舆诗文集编年校注》，辽海出版社2013年版。

（唐）实叉难陀译：《华严经》，上海古籍出版社1991年版。

（唐）王建撰，尹占华校注：《王建诗集校注》，巴蜀书社2006年版。

（唐）玄奘译，韩廷杰校释：《成唯识论校释》，中华书局1998年版。

（唐）元稹撰，冀勤点校：《元稹集》，中华书局2010年版。

（唐）张籍撰，徐礼节、余恕诚校注：《张籍集系年校注》，中华书局2011年版。

（唐）张九龄撰，熊飞校注：《张九龄集校注》，中华书局2008年版。

（宋）包拯撰，杨国宜校注：《包拯集校注》，黄山书社1999年版。

（宋）蔡襄著，（明）徐𤊽等编，吴以宁点校：《蔡襄集》，上海古籍出版社1996年版。

（宋）晁公武撰，孙猛校证：《郡斋读书志校证》，上海古籍出版社1990年版。

（宋）陈傅良著，周梦江点校：《陈傅良文集》，浙江大学出版社1999年版。

（宋）陈均编，许沛藻、金圆、顾吉辰、孙菊园点校：《皇朝编年纲目备要》，中华书局2006年版。

（宋）陈骙、（宋）李涂著，刘明晖点校：《文则　文章精义》，人民文学出版社1960年版。

（宋）陈亮著，邓广铭点校：《陈亮集》（增订本），中华书局1987年版。

（宋）陈师道、（宋）朱彧撰、李伟国点校：《后山谈丛　萍州可谈》，中华书局2007年版。

（宋）陈振孙撰，徐小蛮、顾美华点校：《直斋书录解题》，上海古籍出版社 1987 年版。

（宋）程颢、程颐著，王孝鱼点校：《二程集》，中华书局 1981
　　年版。

（宋）杜大珪编，顾宏义、苏贤校证：《名臣碑传琬琰集校证》，上
　　海古籍出版社 2021 年版。

（宋）范镇、（宋）宋敏求撰，汝沛、诚刚点校：《东斋记事　春明
　　退朝录》，中华书局 1980 年版。

（宋）范仲淹著，李勇先、王蓉贵校点：《范仲淹全集》，四川大学
　　出版社 2002 年版。

（宋）方勺撰，许沛藻、杨立扬点校：《泊宅编》，中华书局 1983
　　年版。

（宋）费衮撰，金圆校点：《梁溪漫志》，上海古籍出版社 1985
　　年版。

（宋）高承撰，（明）李果订，金圆、许沛藻点校：《事物纪原》，中
　　华书局 1989 年版。

（宋）龚明之撰，孙菊园校点：《中吴纪闻》，上海古籍出版社 1986
　　年版。

（宋）韩琦著，李之亮、徐正英笺注：《安阳集编年笺注》，巴蜀书
　　社 2000 年版。

（宋）洪迈撰，孔凡礼点校：《容斋随笔》，中华书局 2005 年版。

（宋）胡宿撰：《文恭集》，丛书集成初编本，商务印书馆 1936
　　年版。

（宋）胡瑗著，白辉洪、于文博、［韩］徐尚贤点校：《周易口义》，
　　中国社会科学出版社 2021 年版。

（宋）胡仔辑：《苕溪渔隐丛话》，人民文学出版社 1962 年版。

（宋）黄朝英撰，吴企明点校：《靖康缃素杂记》，中华书局 2014
　　年版。

（宋）黄庭坚著，刘琳、李勇先、王蓉贵点校：《黄庭坚全集》，四

川大学出版社 2001 年版。

（宋）黄庭坚著，（宋）任渊、（宋）史容、（宋）史季温注，黄宝华点校：《山谷诗集注》，上海古籍出版社 2012 年版。

（宋）黄震著，张伟、何忠礼主编：《黄震全集》，浙江大学出版社 2013 年版。

（宋）惠洪、（宋）朱弁、（宋）吴沆撰，陈新点校：《冷斋夜话　风月堂诗话　环溪诗话》，中华书局 1988 年版。

（宋）江少虞撰：《宋朝事实类苑》，上海古籍出版社 1981 年版。

（宋）李焘撰，上海师范大学古籍整理研究所、华东师范大学古籍整理研究所点校：《续资治通鉴长编》，中华书局 1992 年版。

（宋）李纲著：《李纲全集》，岳麓书社 2004 年版。

（宋）李觏著，王国轩点校：《李觏集》，中华书局 2011 年版。

（宋）李心传撰，崔文印点校：《旧闻证误》，中华书局 1981 年版。

（宋）李心传撰：《建炎以来系年要录》，中华书局 1988 年版。

（宋）李心传撰，徐规点校：《建炎以来朝野杂记》，中华书局 2000 年版。

（宋）李攸：《宋朝事实》，中华书局 1955 年版。

（宋）李廌、（宋）朱弁、（宋）陈鹄撰，孔凡礼点校：《师友谈记　曲洧旧闻 西塘集耆旧续闻》，中华书局 2002 年版。

（宋）刘攽撰，逯铭昕点校：《彭城集》，齐鲁书社 2018 年版。

（宋）刘敞撰：《公是集》，丛书集成初编本，商务印书馆 1936 年版。

（宋）刘敞撰，黄曙辉点校：《公是先生弟子记》，华东师范大学出版社 2010 年版。

（宋）刘克庄著，辛更儒笺校：《刘克庄集笺校》，中华书局 2011 年版。

（宋）刘克庄撰，王秀梅点校：《后村诗话》，中华书局 1983 年版。

（宋）刘清之辑：《戒子通录》，四库全书珍本初集，商务印书馆

1935 年版。

（宋）刘挚撰，裴汝诚、陈晓平点校：《忠肃集》，中华书局 2002 年版。

（宋）柳开撰，李可风点校：《柳开集》，中华书局 2015 年版。

（宋）陆游著，钱仲联校注：《剑南诗稿校注》，上海古籍出版社 1985 年版。

（宋）吕中撰，张其凡、白晓霞整理：《类编皇朝大事记讲义　类编皇朝中兴大事记讲义》，上海人民出版社 2013 年版。

（宋）吕祖谦编，齐治平校点：《宋文鉴》，中华书局 1992 年版。

（宋）罗大经著，王瑞来点校：《鹤林玉露》，中华书局 1983 年版。

（宋）马永卿撰，崔文印校释：《懒真子录校释》，中华书局 2017 年版。

（宋）梅尧臣著，朱东润编年校注：《梅尧臣集编年校注》，上海古籍出版 1980 年版。

（宋）欧阳修、（宋）宋祁撰：《新唐书》，中华书局 1975 年版。

（宋）欧阳修著，洪本健校笺：《欧阳修诗文集校笺》，上海古籍出版社 2009 年版。

（宋）欧阳修著，李逸安点校：《欧阳修全集》，《儒藏》精华编集部第 206—208 册，北京大学出版社 2016 年版。

（宋）欧阳修著，李逸安点校：《欧阳修全集》，中华书局 2009 年版。

（宋）欧阳修撰，（宋）徐无党注：《新五代史》，中华书局 1974 年版。

（宋）潘汝士等撰，杨倩描、徐立点校：《丁晋公谈录（外三种）》，中华书局 2012 年版。

（宋）彭百川著：《太平治迹统类》，江苏广陵古籍刻印社 1981 年版。

（宋）钱若水修，范学辉校注：《宋太宗皇帝实录校注》，中华书局

2012 年版。

（宋）钱易撰，黄寿成点校：《南部新书》，中华书局 2002 年版。

（宋）邵伯温撰，李剑雄、刘德权点校：《邵氏闻见录》，中华书局 1983 年版。

（宋）邵博撰，刘德权、李剑雄点校：《邵氏闻见后录》，中华书局 1997 年版。

（宋）邵雍著，郭彧整理：《邵雍集》，中华书局 2010 年版。

（宋）沈括原著，杨渭生新编：《沈括全集》，浙江大学出版社 2011 年版。

（宋）沈括撰，金良年点校：《梦溪笔谈》，中华书局 2015 年版。

（宋）石介著，陈植锷点校：《徂徕石先生文集》，中华书局 1984 年版。

（宋）释契嵩著，邱小毛、林仲湘校注：《镡津文集校注》，巴蜀书社 2014 年版。

（宋）司马光编著，（元）胡三省音注：《资治通鉴》，中华书局 1956 年版。

（宋）司马光撰，邓广铭、张希清点校：《涑水记闻》，中华书局 1989 年版。

（宋）司马光撰，李文泽、霞绍晖校点：《司马光集》，四川大学出版社 2010 年版。

（宋）司马光撰，李裕民校注：《司马光日记校注》，中国社会科学出版社 1994 年版。

（宋）宋敏求编：《唐大诏令集》，中华书局 2008 年版。

（宋）宋祁著：《宋景文公笔记》，中华书局 1985 年版。

（宋）宋祁撰：《景文集》，丛书集成初编本，商务印书馆 1936 年版。

（宋）宋庠撰：《元宪集》，丛书集成初编本，商务印书馆 1935 年版。

（宋）苏轼著，（明）茅维编，孔凡礼点校：《苏轼文集》，中华书局
　1986 年版。

（宋）苏轼著，（清）王文诰辑注，孔凡礼点校：《苏轼诗集》，中华
　书局 1982 年版。

（宋）苏舜钦著，傅平骧、胡问陶校注：《苏舜钦集编年校注》，巴
　蜀书社 1991 年版。

（宋）苏颂著，王同策、管成学、颜中其等点校：《苏魏公文集》，
　中华书局 1988 年版。

（宋）苏洵著，曾枣庄、金成礼笺注：《嘉祐集笺注》，上海古籍出
　版社 1993 年版。

（宋）苏辙撰，陈宏天、高秀芳点校：《苏辙集》，中华书局 1990
　年版。

（宋）苏辙撰，俞宗宪点校：《龙川别志》，中华书局 1997 年版。

（宋）孙甫：《唐史论断》，清影宋钞本。

（宋）田况撰，张其凡点校：《儒林公议》，中华书局 2017 年版。

（宋）田锡撰，罗国威校点：《咸平集》，巴蜀书社 2008 年版。

（宋）王安石撰，（宋）李壁笺注，（宋）刘辰翁评点，董岑仕点校：
　《王安石诗笺注》，中华书局 2021 年版。

（宋）王辟之、（宋）欧阳修撰，吕友仁、李伟国点校：《渑水燕谈
　录 归田录》，中华书局 1981 年版。

（宋）王称撰，孙言诚、崔国光点校：《东都事略》，齐鲁书社 2000
　年版。

（宋）王得臣撰，俞宗宪点校：《麈史》，上海古籍出版社 1986
　年版。

（宋）王珪撰：《华阳集》，丛书集成初编本，商务印书馆 1936
　年版。

（宋）王令著，沈文倬点校：《王令集》，上海古籍出版社 1980
　年版。

（宋）王钦若等编纂，周勋初等校订：《册府元龟》，凤凰出版社 2006 年版。

（宋）王十朋著，梅溪集重刊委员会编，王十朋纪念馆修订：《王十朋全集》（修订本），上海古籍出版社 2012 年版。

（宋）王象之编著，赵一生点校：《舆地纪胜》，浙江古籍出版社 2013 年版。

（宋）王应麟著，张骁飞点校：《四明文献集》，中华书局 2010 年版。

（宋）王应麟撰，（清）翁元圻等注，栾保群、田松青、吕宗力校点：《困学纪闻》（全校本），上海古籍出版社 2008 年版。

（宋）王曾撰，张其凡点校：《王文正公笔录》，中华书局 2017 年版。

（宋）王铚、（宋）王栐撰，朱杰人、诚刚点校：《默记 燕翼诒谋录》，中华书局 1981 年版。

（宋）魏泰撰，李裕民点校：《东轩笔录》，中华书局 1997 年版。

（宋）文同著，胡问涛、罗琴校注：《文同全集编年校注》，巴蜀书社 1999 年版。

（宋）文彦博著，申利校注：《文彦博集校注》，中华书局 2016 年版。

（宋）文莹撰，郑世刚、杨立扬点校：《湘山野录 续录 玉壶清话》，中华书局 1997 年版。

（宋）吴处厚撰，李裕民点校：《青箱杂记》，中华书局 1997 年版。

（宋）吴曾撰：《能改斋漫录》，上海古籍出版社 1979 年版。

（宋）徐自明撰，王瑞来校补：《宋宰辅编年录校补》，中华书局 2012 年版。

（宋）薛居正等撰：《旧五代史》，中华书局 1976 年版。

（宋）杨时著，林海权整理：《杨时集》，中华书局 2018 年版。

（宋）杨万里撰，辛更儒笺校：《杨万里集笺校》，中华书局 2007

年版。

（宋）杨亿等著，王仲荦注：《西昆酬唱集注》，中华书局 2007
　　年版。

（宋）杨仲良编：《续资治通鉴长编纪事本末》，北京图书馆出版社
　　2003 年版。

（宋）叶梦得撰，（宋）宇文绍奕考异，侯忠义点校：《石林燕语》，
　　中华书局 1984 年版。

（宋）叶适：《习学记言序目》，中华书局 1977 年版。

（宋）叶适撰，刘公纯、王孝鱼、李哲夫点校：《叶适集》，中华书
　　局 1961 年版。

（宋）佚名编：《群书会元截江网》，文渊阁四库全书本。

（宋）尹洙撰，时国强校注：《尹洙集编年校注》，中华书局 2019
　　年版。

（宋）余靖撰，黄志辉校笺：《武溪集校笺》，天津古籍出版社 2000
　　年版。

（宋）袁褧撰，（宋）袁颐续，姚士麟校：《枫窗小牍》，中华书局
　　1985 年版。

（宋）岳珂撰，朗润点校：《愧郯录》，中华书局 2016 年版。

（宋）曾巩撰，陈杏珍、晁继周点校：《曾巩集》，中华书局 1998
　　年版。

（宋）曾巩撰，王瑞来校证：《隆平集校证》，中华书局 2012 年版。

（宋）詹大和等撰，裴汝诚点校：《王安石年谱三种》，中华书局
　　1994 年版。

（宋）张邦基、（宋）范公偁、（宋）张知甫撰，孔凡礼点校：《墨庄
　　漫录　过庭录　可书》，中华书局 2002 年版。

（宋）张端义著：《贵耳集》，中华书局 1959 年版。

（宋）张方平撰，郑涵点校：《张方平集》，中州古籍出版社 1992
　　年版。

（宋）张戒、（宋）陈岩肖撰：《岁寒堂诗话　庚溪诗话》，中华书局
　　1985 年版。

（宋）张栻著，杨世文点校：《张栻集》，中华书局 2015 年版。

（宋）张詠著，张其凡整理：《张乖崖集》，中华书局 2000 年版。

（宋）张载著，章锡琛点校：《张载集》，中华书局 1978 年版。

（宋）赵令畤、（宋）彭□辑著，孔凡礼点校：《侯鲭录　墨客挥犀
　　续墨客挥犀》，中华书局 2002 年版。

（宋）赵汝愚编：《宋朝诸臣奏议》，上海古籍出版社 1999 年版。

（宋）赵升编，王瑞来点校：《朝野类要》，中华书局 2007 年版。

（宋）周必大撰，王瑞来校证：《周必大集校证》，上海古籍出版社
　　2020 年版。

（宋）周辉撰，刘永翔校注：《清波杂志校注》，中华书局 1994
　　年版。

（宋）朱熹撰：《四书章句集注》，中华书局 1983 年版。

（宋）朱熹撰，朱杰人、严佐之、刘永翔主编：《朱子全书》，上海
　　古籍出版社、安徽教育出版社 2002 年版。

（元）刘埙撰：《隐居通议》，商务印书馆 1936 年版。

（元）马端临撰，上海师范大学古籍研究所、华东师范大学古籍研究
　　所点校：《文献通考》，中华书局 2011 年版。

（元）脱脱等撰：《宋史》，中华书局 1985 年版。

（明）陈邦瞻撰：《宋史纪事本末》，中华书局 1977 年版。

（明）陈子龙撰，孙启治校点：《安雅堂稿》，辽宁教育出版社 2003
　　年版。

（明）黄淮、杨士奇编：《历代名臣奏议》，上海古籍出版社 1989
　　年版。

（明）李贤等撰：《大明一统志》，三秦出版社 1990 年影印本。

（明）马峦、（清）顾栋高撰，冯惠民整理：《司马光年谱》，中华书
　　局 1990 年版。

（明）吴讷、（明）徐师曾著，于北山、罗根泽校点：《文章辨体序说　文体明辨序说》，人民文学出版社 1962 年版。

（明）谢肃：《密庵诗文稿》，《四部丛刊》三编景明洪武本，上海书店出版社 2015 年版。

（明）朱存理、旧题（明）朱存理编，赵琦美编：《珊瑚木难　赵氏铁网珊瑚》，上海古籍出版社 1991 年版。

（清）董诰等编：《全唐文》，中华书局 1983 年版。

（清）顾炎武著，黄汝成集释，栾保群、吕宗力校点：《日知录集释》，上海古籍出版社 2006 年版。

（清）何焯著，崔高维点校：《义门读书记》，中华书局 1987 年版。

（清）何文焕辑：《历代诗话》，中华书局 1982 年版。

（清）黄以周等辑注，顾吉辰点校：《续资治通鉴长编拾补》，中华书局 2004 年版。

（清）黄宗羲原著，（清）全祖望补修，陈金生、梁运华点校：《宋元学案》，中华书局 1986 年版。

（清）焦循撰，沈文倬点校：《孟子正义》，中华书局 1987 年版。

（清）金圣叹著，陆林辑校整理《金圣叹全集》，凤凰出版社 2016 年版。

（清）厉鹗辑撰：《宋诗纪事》，上海古籍出版社 2013 年版。

（清）刘宝楠撰，高流水点校：《论语正义》，中华书局 2009 年版。

（清）刘熙载撰，袁津琥校注：《艺概注稿》，中华书局 2009 年版。

（清）卢文弨撰，杨晓春点校：《钟山札记　龙城札记　读史札记》，中华书局 2010 年版。

（清）吕留良辑：《晚邨先生八家古文精选》，清康熙四十三年（1704）吕氏刻本。

（清）彭定求编：《全唐诗》，中华书局 1960 年版。

（清）皮锡瑞著，周予同注释：《经学历史》，中华书局 1959 年版。

（清）浦起龙编：《古文眉诠》，乾隆九年（1744）三吴书院刻本。

（清）阮元校刻：《十三经注疏》，中华书局影印清嘉庆刊本，2009 年。

（清）孙诒让撰，孙启治点校：《墨子间诂》，中华书局 2001 年版。

（清）王夫之著，舒士彦点校：《宋论》，中华书局 1964 年版。

（清）王先谦撰，沈啸寰、王星贤点校：《荀子集解》，中华书局 1988 年版。

（清）王先慎撰，钟哲点校：《韩非子集解》，中华书局 1998 年版。

（清）王梓材、冯云濠编撰，沈芝盈、梁运华点校：《宋元学案补遗》，中华书局 2012 年版。

（清）吴任臣撰，徐敏霞、周莹点校：《十国春秋》，中华书局 2010 年版。

（清）吴之振、吕留良、吴自牧选，（清）管庭芬、蒋光煦补：《宋诗钞》，中华书局 1986 年版。

（清）徐松辑，刘琳等点校：《宋会要辑稿》，上海古籍出版社 2014 年版。

（清）严可均辑：《全上古三代秦汉三国六朝文》，中华书局 1958 年版。

（清）颜元，王星贤、张芥尘、郭征点校：《颜元集》，中华书局 1987 年版。

（清）姚鼐选纂，宋晶如、章荣注释：《广注古文辞类纂》，国学整理社 1935 年版。

（清）叶燮著，蒋寅笺注：《原诗笺注》，上海古籍出版社 2014 年版。

（清）永瑢等撰：《四库全书总目》，中华书局 1965 年版。

（清）余诚编：《古文释义》，岳麓书社 2003 年版。

（清）袁枚撰，周本淳标校《小仓山房诗文集》，上海古籍出版社 1988 年版。

（清）张伯行选编，肖瑞峰点校：《唐宋八大家文钞》，上海古籍出版社 2019 年版。

（清）章学诚著，叶瑛校注：《文史通义校注》，中华书局 1985 年版。

（清）赵翼著，王树民校证：《廿二史札记校证》，中华书局 2013 年版。

（清）周春著，胡玉冰校补：《西夏书校补》，中华书局 2014 年版。

（清）朱记荣辑：《金石全例》，北京图书馆出版社 2008 年版。

北京大学古文献研究所编：《全宋诗》，北京大学出版社 1995 年版。

陈尚君辑校：《全唐诗补编》，中华书局 1992 年版。

陈尚君辑校：《全唐文补编》，中华书局 2005 年版。

程树德撰，程俊英、蒋见元点校：《论语集释》，中华书局 1990 年版。

丁福保辑：《历代诗话续编》，中华书局 1983 年版。

丁福保辑：《清诗话》，上海古籍出版社 1978 年版。

董平主编：《杭州佛教文献集萃》，宗教文化出版社 2016 年版。

傅璇琮、陈尚君、徐俊编：《唐人选唐诗新编》，中华书局 2014 年版。

傅璇琮主编：《唐才子传校笺》，中华书局 1987 年版。

郭茂育、刘继保编著：《宋代墓志辑释》，中州古籍出版社 2016 年版。

郭绍虞、富寿荪编：《清诗话续编》，上海古籍出版社 1983 年版。

孔子文化大全编辑部编辑：《诸儒鸣道》，山东友谊书社 1992 年版。

黎翔凤撰，梁运华整理：《管子校注》，中华书局 2004 年版。

逯钦立辑校：《先秦汉魏晋南北朝诗》，中华书局 1983 年版。

马其昶校注，马茂元整理：《韩昌黎文集校注》，上海古籍出版社 1986 年版。

钱仲联、马亚中主编：《陆游全集校注》，浙江教育出版社 2011 年版。

《清代诗文集汇编》编纂委员会编：《清代诗文集汇编》，上海古籍出版社 2010 年版。

上海师范大学古籍整理研究所编：《全宋笔记》（第一至十编），大象出版社 2003、2006、2008、2012、2013、2016、2017、2018 年版。

上海书店出版社编：《天一阁藏明代方志选刊》，上海书店出版社 2014 年版。

舒大刚主编：《宋集珍本丛刊》，线装书局 2004 年影印本。

司义祖整理：《宋大诏令集》，中华书局 1962 年版。

隋树森编著：《古诗十九首集释》，中华书局 1955 年版。

唐圭璋编：《全宋词》，中华书局 1965 年版。

陶敏主编：《全唐五代笔记》，三秦出版社 2012 年版。

汪圣铎点校：《宋史全文》，中华书局 2016 年版。

王利器辑录：《历代笑话集》，上海古籍出版社 1981 年版。

王利器：《文子疏义》，中华书局 2009 年版。

王叔岷：《庄子校诠》，中华书局 2007 年版。

王水照编：《历代文话》，复旦大学出版社 2007 年版。

王水照主编：《王安石全集》，复旦大学出版社 2016 年版。

王智勇、王蓉贵主编：《宋代诏令全集》，四川大学出版社 2012 年版。

吴洪泽、尹波主编：《宋人年谱丛刊》，四川大学出版社 2003 年版。

杨伯峻：《列子集释》，中华书局 1979 年版。

余祖坤编：《历代文话续编》，凤凰出版社 2013 年版。

曾枣庄编：《宋代传状碑志集成》，四川大学出版社 2002 年版。

曾枣庄、李凯、彭君华编：《宋文纪事》，四川大学出版社 1995 年版。

曾枣庄、刘琳主编：《全宋文》，上海辞书出版社、安徽教育出版社 2006 年版。

曾枣庄主编：《宋代序跋全编》，齐鲁书社 2015 年版。

张寅彭主编：《清诗话三编》，上海古籍出版社 2014 年版。

中华书局编辑部编：《宋元方志丛刊》，中华书局 1990 年版。

周勋初主编，葛渭君、周子来、王华宝编：《宋人轶事汇编》，上海古籍出版社 2014 年版。

［日］东英寿考校，洪本健笺注：《新见欧阳修九十六篇书简笺注》，上海古籍出版社 2014 年版。

二　专著

包伟民：《宋代地方财政史研究》，中国人民大学 2011 年版。

包伟民、吴铮强：《宋朝简史》，福建人民出版社 2006 年版。

包伟民主编：《宋代制度史研究百年（1900—2000）》，商务印书馆 2004 年版。

昌彼得等编：《宋人传记资料索引》，鼎文书局 1976 年版。

陈峰：《北宋武将群体与相关问题研究》，中华书局 2004 年版。

陈峰：《武士的悲哀：北宋崇文抑武现象透析》，陕西人民教育出版社 2000 年版。

陈侃理主编：《变动的传统：中国古代政治文化史新论》，上海古籍出版社 2023 年版。

陈明明：《北宋馆阁与文学研究》，中国社会科学出版社 2007 年版。

陈平原：《千古文人侠客梦》，人民文学出版社 1992 年版。

陈荣照：《范仲淹研究》，生活·读书·新知三联书店 1987 年版。

陈弱水：《唐代文士与中国思想的转型》，广西师范大学出版社 2009 年版。

陈苏镇：《〈春秋〉与"汉道"：两汉政治与政治文化研究》，中华书局 2011 年版。

陈湘琳：《欧阳修的文学与情感世界》，复旦大学出版社 2012 年版。

陈寅恪：《寒柳堂集》，生活·读书·新知三联书店 2001 年版。

陈寅恪：《金明馆丛稿初编》，生活·读书·新知三联书店 2001
　　年版。

陈寅恪：《隋唐制度渊源略论稿 唐代政治史述论稿》，生活·读书·
　　新知三联书店 2001 年版。

陈寅恪：《元白诗笺证稿》，生活·读书·新知三联书店 2001 年版。

陈元锋：《北宋馆阁翰苑与诗坛研究》，中华书局 2005 年版。

陈元锋：《北宋翰林学士与文学研究》，复旦大学出版社 2019 年版。

陈振：《宋史》，上海人民出版社 2003 年版。

陈植锷：《北宋文化史述论》，中国社会科学出版社 1992 年版。

陈植锷著，周秀蓉整理：《石介事迹著作编年》，中华书局 2003
　　年版。

成玮：《制度、思想与文学的互动——北宋前期诗坛研究》，复旦大
　　学出版社 2013 年版。

程杰：《北宋诗文革新研究》，内蒙古教育出版社 2000 年版。

程千帆：《程千帆全集》，河北教育出版社 2000 年版。

程应镠：《程应镠史学文存》，上海人民出版社 2010 年版。

仇鹿鸣：《长安与河北之间：中晚唐的政治与文化》，北京师范大学
　　出版社 2018 年版。

仇鹿鸣：《魏晋之际的政治权力与家族网络》，上海古籍出版社 2015
　　年版。

邓广铭：《邓广铭全集》，河北教育出版社 2005 年版。

邓小南：《课绩·资格·考察——唐宋文官考核制度侧谈》，大象出
　　版社 1997 年版。

邓小南：《朗润学史丛稿》，中华书局 2010 年版。

邓小南：《宋代文官选任制度诸层面》，河北教育出版社 1993 年版。

邓小南主编，方诚峰执行主编：《宋史研究诸层面》，北京大学出版
　　社 2020 年版。

邓小南：《祖宗之法——北宋前期政治述略》，生活·读书·新知三

联书店 2006 年版。

邓子勉编：《宋人行第考录》，中华书局 2001 年版。

刁忠民：《两宋御史中丞考》，巴蜀书社 1995 年版。

刁忠民：《宋代台谏制度研究》，巴蜀书社 1999 年版。

丁耘主编：《什么是思想史》，上海人民出版社 2006 年版。

杜若鸿：《北宋诗歌与政治关系研究》，北京大学出版社 2015 年版。

方诚峰：《北宋晚期的政治体制与政治文化》，北京大学出版社 2015 年版。

方健：《北宋士人交游录》，上海书店出版社 2013 年版。

方健：《范仲淹评传》，南京大学出版社 2001 年版。

方笑一：《经学、科举与宋代古文》，浙江大学出版社 2018 年版。

方震华：《和战之间的两难——北宋中后期的军政与对辽夏关系》，社会科学文献出版社 2020 年版。

方震华：《权力结构与文化认同——唐宋之际的文武关系（875—1063）》，社会科学文献出版社 2019 年版。

冯志弘：《北宋古文运动的形成》，上海古籍出版社 2009 年版。

傅乐成：《汉唐史论集》，联经出版事业公司 1977 年版。

傅璇琮、陶敏著：《新编唐五代文学编年史》，辽海出版社 2012 年版。

傅璇琮主编：《宋登科记考》，江苏教育出版社 2005 年版。

傅璇琮、祝尚书主编：《宋才子传笺证·北宋前期卷》，辽海出版社 2011 年版。

高步瀛选注：《唐宋文举要》，上海古籍出版社 1982 年版。

高二旺：《魏晋南北朝丧礼与社会》，上海古籍出版社 2017 年版。

高毅：《法兰西风格：大革命的政治文化》（增补版），北京师范大学出版社 2013 年版。

葛晓音：《八代诗史》，陕西人民出版社 1989 年版。

葛晓音：《汉唐文学的嬗变》，北京大学出版社 1999 年版。

葛晓音：《山水田园诗派研究》，辽宁大学出版社 1993 年版。

葛晓音：《诗国高潮与盛唐文化》，北京大学出版社 1998 年版。

葛晓音：《唐诗流变论要》，商务印书馆 2017 年版。

葛晓音：《唐宋散文》，北京大学出版社 2011 年版。

葛兆光：《宅兹中国：重建有关"中国"的历史论述》，中华书局 2011 年版。

葛兆光：《中国思想史》（三卷本），复旦大学出版社 2013 年版。

龚鹏程：《侠的精神文化史》，山东画报出版社 2008 年版。

龚延明编：《宋代官制辞典》，中华书局 1997 年版。

龚延明：《宋史职官志补正》，中华书局 2009 年版。

顾颉刚：《史林杂识初编》，中华书局 1963 年版。

顾永新：《欧阳修学术研究》，人民文学出版社 2003 年版。

管成学、王兴文：《苏颂评传》，吉林文史出版社 2006 年版。

郭绍虞：《中国文学批评史》，百花文艺出版社 1999 年版。

郭学信：《北宋士风演变的历史考察》，中国社会科学出版社 2012 年版。

何冠环：《北宋武将研究》，中华书局（香港）2003 年版。

何冠环：《宋初朋党与太平兴国三年进士》，中华书局 1994 年版。

何寄澎：《北宋的古文运动》，上海古籍出版社 2011 年版。

何寄澎：《唐宋古文新探》，北京大学出版社 2010 年版。

何俊：《南宋儒学建构》，上海人民出版社 2013 年版。

何忠礼：《科举与宋代社会》，商务印书馆 2006 年版。

何忠礼：《宋代政治史》，浙江大学出版社 2007 年版。

何忠礼：《宋史选举志补正》，中华书局 2013 年版。

洪本健编：《宋文六大家活动编年》，华东师范大学出版社 1993 年版。

洪本健：《欧阳修和他的散文世界》，上海古籍出版社 2017 年版。

侯体健：《刘克庄的文学世界：晚宋文学生态的一种考察》，复旦大学出版社 2013 年版。

侯体健：《士人身份与南宋诗文研究》，复旦大学出版社 2018 年版。

侯外庐、邱汉生、张岂之主：《宋明理学史》，人民出版社 1987 年版。

胡宝国：《汉唐间史学的发展》（修订本），北京大学出版社 2014 年版。

胡鹏：《政治文化新论》，复旦大学出版社 2020 年版。

黄德进：《欧阳修评传》，南京大学出版社 1998 年版。

黄宽重：《宋代的家族与社会》，国家图书馆出版社 2009 年版。

黄宽重：《艺文中的政治：南宋士大夫的文化活动与人际关系》，北京大学出版社 2020 年版。

黄燕生：《宋仁宗 宋英宗》，吉林文史出版社 1997 年版。

霍松林：《唐音阁论文集》，河北教育出版社 2000 年版。

贾玉英：《宋代监察制度》，河南大学出版社 1996 年版。

姜国柱：《李觏评传》，南京大学出版社 1996 年版。

姜鹏：《北宋经筵与宋学的兴起》，上海古籍出版社 2013 年版。

姜西良：《田锡年谱》，北京语言大学出版社 2015 年版。

蒋维锬：《蔡襄年谱》，厦门大学出版社 2000 年版。

金传道：《徐铉年谱》，内蒙古教育出版社 2010 年版。

金春峰：《汉代思想史》，中国社会科学出版社 2006 年版。

孔凡礼：《三苏年谱》，北京古籍出版社 2004 年版。

孔凡礼：《苏轼年谱》，中华书局 1998 年版。

李昌宪：《司马光评传》，南京大学出版社 1998 年版。

李昌宪：《宋代安抚使考》，齐鲁书社 1997 年版。

李春玲、吕鹏：《社会分层理论》，中国社会科学出版社 2008 年版。

李存山：《范仲淹与宋学精神》，中国人民大学出版社 2019 年版。

李更：《宋代馆阁校勘研究》，凤凰出版社 2006 年版。

李贵：《中唐至北宋的典范选择与诗歌因革》，复旦大学出版社 2012

年版。

李国玲：《宋人传记资料索引补编》，四川大学出版社 1994 年版。

李浩：《唐代园林别业考论》，西北大学出版社 1996 年版。

李华瑞：《宋史论集》，河北大学出版社 2001 年版。

李华瑞：《宋夏关系史》，中国人民大学出版社 2010 年版。

李华瑞：《宋型国家历史的演进》，商务印书馆 2022 年版。

李华瑞主编：《“唐宋变革”论的由来与发展》，天津古籍出版社
　　2010 年版。

李强：《北宋庆历士风与文学研究》，上海人民出版社 2011 年版。

李松涛：《唐代前期政治文化研究》，台湾学生书局 2009 年版。

李天石、陈振：《宋辽金史研究概述》，天津教育出版社 1995 年版。

李同乐：《北宋士大夫的政治理想和实践：以北宋前中期为中心的研
　　究》，浙江大学出版社 2015 年版。

李蔚：《西夏史》，人民出版社 2009 年版。

李一飞：《杨亿年谱》，上海古籍出版社 2002 年版。

李裕民：《宋史考论》，科学出版社 2009 年版。

李贞慧：《历史叙事与宋代散文研究》，中国社会科学出版社 2015
　　年版。

李震：《曾巩年谱》，江西人民出版社 2019 年版。

李之亮：《两宋郡守通考》，巴蜀书社 2001 年版。

李之亮：《宋代京朝官通考》，巴蜀书社 2003 年版。

李之亮：《宋代路分长官通考》，巴蜀书社 2003 年版。

梁庚尧：《北宋的改革与变法：熙宁变法的源起、流变及其对南宋历
　　史的影响》，台湾大学出版中心 2022 年版。

梁庚尧：《宋代科举社会》，东方出版中心 2021 年版。

梁建国：《朝堂之外：北宋东京士人交游》，中国社会科学出版社
　　2016 年版。

林鹄：《忧患——边事、党争与北宋政治》，上海人民出版社 2022

年版。

林嘉文：《忧乐为天下——范仲淹与庆历新政》，山西人民出版社
　　2016 年版。

林岩：《北宋科举考试与文学》，上海古籍出版社 2006 年版。

林宜陵：《北宋诗歌论政研究》，文津出版社 2003 年版。

刘成国：《变革中的文人与文学：王安石的生平与创作考论》，浙江
　　大学出版社 2011 年版。

刘成国：《荆公新学研究》，上海古籍出版社 2006 年版。

刘成国：《王安石年谱长编》，中华书局 2018 年版。

刘德清：《欧阳修纪年录》，上海古籍出版社 2006 年版。

刘复生：《北宋中期儒学复兴运动》（增订本），生活·读书·新知
　　三联书店 2023 年版。

刘静贞：《北宋前期——皇帝和他们的权力》，稻乡出版社 1996
　　年版。

刘宁：《汉语思想的文体形式》，华东师范大学出版社 2012 年版。

刘宁：《唐宋之际诗歌演变研究》，北京师范大学出版社 2002 年版。

刘浦江：《政统与华夷：中国传统政治文化研究》，中华书局 2017
　　年版。

刘守宜：《梅尧臣诗之研究及其年谱》，文史哲出版社 1980 年版。

刘淑芬：《中古的佛教与社会》，上海古籍出版社 2008 年版。

刘咸炘：《推十书》（增补全本），上海科学技术文献出版社 2009
　　年版。

刘咸炘著，黄曙辉编校：《刘咸炘学术论集》，广西师范大学出版社
　　2010 年版。

刘扬忠分卷主编：《中国古代文学通论·宋代卷》，辽宁人民出版社
　　2005 年版。

刘扬忠：《儒风汉韵流海内：两宋辽金西夏时期的“中国”意识与
　　民族观念》，河北教育出版社 2014 年版。

刘越峰：《庆历学术与欧阳修散文》，商务印书馆 2013 年版。

刘子健：《两宋史研究汇编》，联经出版事业公司 1987 年版。

刘子健：《欧阳修的治学与从政》，新文丰出版公司 1984 年版。

卢国龙：《宋儒微言：多元政治哲学的批判与重建》，华夏出版社 2001 年版。

鲁迅：《而已集》，人民文学出版社 1980 年版。

陆扬：《清流文化与唐帝国》，北京大学出版社 2016 年版。

吕肖奂：《宋诗体派论》，巴蜀书社 2007 年版。

罗根泽：《中国文学批评史》，商务印书馆 2017 年版。

罗家祥：《朋党之争与北宋政治》，华中师范大学出版社 2002 年版。

罗立刚：《史统、道统、文统：论唐宋时期文学观念的转变》，东方出版中心 2005 年版。

罗联添：《韩愈研究》，天津教育出版社 2012 年版。

马东瑶：《文化视域中的北宋熙丰诗坛》，陕西人民教育出版社 2006 年版。

马茂军：《北宋儒学与文学》，暨南大学出版社 1999 年版。

马茂军、张海沙：《困境与超越：宋代文人心态史》，河北教育出版社 2001 年版。

马自力：《中唐文人之社会角色与文学活动》，中国社会科学出版社 2005 年版。

马宗霍：《中国经学史》，上海书店 1984 年版。

蒙文通：《中国史学史》，上海人民出版社 2005 年版。

孟二冬：《中唐诗歌之开拓与新变》，北京大学出版社 1998 年版。

孟庆延：《源流：历史社会学的思想谱系》，商务印书馆 2022 年版。

苗书梅：《宋代官员选任和管理制度》，河南大学出版社 1996 年版。

倪春军：《宋代学记文研究：文本阐释与文体考察》，复旦大学出版社 2021 年版。

聂崇歧：《宋史丛考》，中华书局 1980 年版。

欧阳哲生编：《胡适文集》，北京大学出版社 1998 年版。

漆侠：《漆侠全集》，河北教育出版社 2009 年版。

漆侠：《宋学的发展和演变》，河北人民出版社 2002 年版。

漆侠：《王安石变法》，上海人民出版社 1959 年版。

漆侠主编：《中国改革史》，河北教育出版社 1997 年版。

祁琛云：《北宋科甲同年关系与士大夫朋党政治》，四川大学出版社 2015 年版。

钱穆：《国史大纲》，商务印书馆 2010 年版。

钱穆：《宋明理学概述》，九州出版社 2010 年版。

钱穆：《中国历代政治得失》，生活·读书·新知三联书店 2001 年版。

钱志熙：《唐前生命观和文学生命主题》，东方出版社 1980 年版。

钱锺书：《管锥编》，中华书局 1986 年版。

钱锺书：《宋诗选注》，生活·读书·新知三联书店 2002 年版。

钱锺书：《谈艺录》，中华书局 1984 年版。

任半塘：《唐声诗》，上海古籍出版社 1982 年版。

沈松勤：《北宋文人与党争——中国士大夫群体研究之一》，人民出版社 1998 年版。

沈松勤：《南宋文人与党争》，人民出版社 2005 年版。

沈松勤：《宋代政治与文学研究》，商务印书馆 2010 年版。

四川大学古籍所编：《现存宋人别集版本目录》，巴蜀书社 1989 年版。

苏国勋：《理性化及其限制：韦伯思想引论》，商务印书馆 2016 年版。

孙友虎编著：《北宋吕氏家族“一门三相”编年录》，黄山书社 2018 年版。

汤用彤：《隋唐佛教史稿》，武汉大学出版社 2008 年版。

汤用彤：《魏晋玄学论稿》，上海古籍出版社 2001 年版。

唐长孺等编：《汪籛隋唐史论稿》，中国社会科学出版社 1981 年版。

唐长孺：《魏晋南北朝隋唐史三论——中国封建社会的形成和前期的变化》，武汉大学出版社 1992 年版。

唐红卫、李光翠、阳海燕：《二晏年谱长编》，南开大学出版社 2016 年版。

陶晋生：《北宋士族：家族·婚姻·生活》，"中央研究院"历史语言研究所 2001 年版。

陶晋生：《宋辽关系史研究》，联经出版事业公司 1984 年版。

陶文鹏编：《两宋士大夫文学研究》，中国社会科学出版社 2012 年版。

田耕宇：《中唐至北宋文学转型研究》，中国社会科学出版社 2009 年版。

田建平：《宋代出版史》，人民出版社 2017 年版。

仝相卿：《北宋墓志碑铭撰写研究》，中国社会科学出版社 2019 年版。

汪涌豪、陈广宏：《侠的人格与世界》，复旦大学出版社 2005 年版。

汪涌豪：《中国游侠史》，复旦大学出版社 2001 年版。

王德权：《为士之道：中唐士人的自省风气》，政大出版社 2012 年版。

王德毅：《宋史研究论集》（第 2 辑），鼎文书局 1983 年版。

王晋光：《王安石八论》，大安出版社 2006 年版。

王乐理：《政治文化导论》，中国人民大学出版社 2000 年版。

王琦珍：《曾南丰先生评传》，江西人民出版社 2019 年版。

王瑞来：《宋史宰辅表考证》，中华书局 2012 年版。

王瑞来：《天地间气：范仲淹研究》，山西教育出版社 2015 年版。

王瑞来：《宰相故事：士大夫政治下的权力场》，中华书局 2010 年版。

王瑞明：《宋代政治史概要》，华中师范大学出版社 1989 年版。

王叔岷：《陶渊明诗笺证稿》，中华书局 2007 年版。

王水照、崔铭：《欧阳修传》，人民文学出版社 2019 年版。

王水照：《鳞爪文辑》，陕西人民出版社 2008 年版。

王水照：《王水照自选集》，上海教育出版社 2000 年版。

王水照、朱刚：《苏轼评传》，南京大学出版社 2004 年版。

王水照主编：《宋代文学通论》，河南大学出版社 1997 年版。

王水照：《走马塘集》，复旦大学出版社 2016 年版。

王桐龄：《中国历代党争史》，上海书店出版社 2012 年版。

王瑶：《中古文学史论》，北京大学出版社 1986 年版。

王永平：《道教与唐代社会》，首都师范大学出版社 2002 年版。

魏鸿：《宋代孙子兵学研究》，军事科学出版社 2011 年版。

吴大顺：《欧梅唱和与欧梅诗派研究》，陕西人民出版社 2008 年版。

吴国武：《经术与性理——北宋儒学转型考论》，学苑出版社 2009
　　年版。

吴国武：《两宋经学学术编年》，凤凰出版社 2015 年版。

吴洪泽：《宋人年谱丛刊》，四川大学出版社 2003 年版。

吴孟复：《吴孟复安徽文献研究丛稿》，黄山书社 2006 年版。

吴天墀：《吴天墀文史存稿》，北京师范大学出版社 2016 年版。

吴天墀：《西夏史稿》，广西师范大学出版社 2009 年版。

吴宗国：《隋唐五代简史》，福建人民出版社 1998 年版。

吴宗国主编：《中国古代官僚政治制度研究》，北京大学出版社 2004
　　年版。

夏承焘：《唐宋词人年谱》，上海古籍出版社 1979 年版。

萧庆伟：《北宋新旧党争与文学》，人民文学出版社 2001 年版。

谢琰：《北宋前期诗歌转型研究》，北京大学出版社 2013 年版。

邢义田：《天下一家：皇帝、官僚与社会》，中华书局 2011 年版。

徐复观：《中国艺术精神》，华东师范大学出版社 2001 年版。

徐规：《王禹偁事迹著作编年》，商务印书馆 2003 年版。

徐洪兴：《思想的转型——理学发生过程研究》，上海人民出版社1996年版。

许倬云：《我者与他者：中国历史上的内外分际》，生活·读书·新知三联书店2010年版。

许总：《宋诗史》，重庆出版社1992年版。

严杰：《欧阳修年谱》，南京出版社1993年版。

阎步克：《察举制度变迁史稿》，辽宁大学出版社1991年版。

阎步克：《士大夫政治演生史稿》，北京大学出版社1996年版。

颜中其、苏克福编撰：《苏颂年谱》，北方妇女儿童出版社1993年版。

燕继荣：《现代政治分析原理》，高等教育出版社2004年版。

杨国荣：《孟子的哲学思想》，华东师范大学出版社2009年版。

杨宽：《战国史》，上海人民出版社2003年版。

叶国良：《石学蠡探》，大安出版社1989年版。

叶烨：《北宋文人的经济生活》，百花洲文艺出版社2008年版。

易行广编：《余靖谱传志略》，暨南大学出版社1993年版。

印顺：《华雨看云》，正闻出版社1986年版。

于迎春：《秦汉士史》，北京大学出版社2000年版。

余嘉锡：《四库提要辨证》，中华书局2007年版。

余英时：《士与中国文化》，上海人民出版社2003年版。

余英时：《宋明理学与政治文化》，广西师范大学出版社2006年版。

余英时：《中国思想传统的现代诠释》，江苏人民出版社1989年版。

余英时：《中国文化史通释》，生活·读书·新知三联书店2012年版。

余英时：《中国知识阶层史论（古代篇）》，联经出版事业公司1984年版。

余英时：《朱熹的历史世界：宋代士大夫政治文化的研究》，生活·读书·新知三联书店2011年版。

余英时著，何俊编：《东汉生死观》，侯旭东等译，上海古籍出版社 2005 年版。

虞云国：《宋代台谏制度研究》，上海社会科学院出版社 2001 年版。

曾瑞龙：《北宋种氏将门之形成》，中华书局（香港）2010 年版。

曾瑞龙：《拓边西北——北宋中后期对夏战争研究》，中华书局（香港）2006 年版。

曾祥波：《从唐音到宋调——以北宋前期诗歌为中心》，昆仑出版社 2006 年版。

曾枣庄、吴洪泽：《宋代文学编年史》，凤凰出版社 2010 年版。

张邦炜：《宋代婚姻家族史论》，人民出版社 2003 年版。

张邦炜：《宋代政治文化史论》，人民出版社 2005 年版。

张国刚：《唐代藩镇研究》，湖南教育出版社 1987 年版。

张鸣选注：《宋诗选》，人民文学出版社 2004 年版。

张其凡：《宋初政治探研》，暨南大学出版社 1995 年版。

张廷杰：《宋夏战事诗研究》，甘肃文化出版社 2002 年版。

张维玲：《从天书时代到古文运动：北宋前期的政治过程》，台湾大学出版中心 2021 年版。

张希清：《澶渊之盟新论》，上海人民出版社 2007 年版。

张希清：《中国科举制度通史：宋代卷》，上海人民出版社 2015 年版。

张兴武：《两宋望族与文学》，人民文学出版社 2010 年版。

张兴武：《宋初百年文学复兴的历程》，中华书局 2009 年版。

张兴武：《五代作家的人格与诗格》，人民文学出版社 1998 年版。

张毅：《宋代文学思想史》，中华书局 1995 年版。

张毅主编：《宋代文学研究》，北京出版社 2001 年版。

张钰翰：《北宋新学研究》，北京师范大学出版社 2022 年版。

章炳麟著，徐复注：《訄书详注》，上海古籍出版社 2000 年版。

赵冬梅：《司马光和他的时代》，生活书店出版有限公司 2014 年版。

赵冬梅：《文武之间：北宋武选官研究》，北京大学出版社 2010 年版。

赵冬梅：《武道彷徨》，解放军出版社 1999 年版。

赵惠俊：《朝野与雅俗：宋真宗至高宗朝词坛生态与词体雅化研究》，复旦大学出版社 2019 年版。

赵齐平：《宋诗臆说》，北京大学出版社 1994 年版。

赵园：《明清之际士大夫研究》，北京大学出版社 1999 年版。

赵园：《制度·言论·心态——〈明清之际士大夫研究〉续编》，北京大学出版社 2006 年版。

周宝荣：《走向大众：宋代的出版转型》，中国书籍出版社 2012 年版。

周兵：《新文化史：历史学的"文化转向"》，复旦大学出版社 2012 年版。

周佳：《北宋中央日常政务运行研究》，中华书局 2015 年版。

周剑之：《黼黻之美：宋代骈文的应用场域与书写方式》，北京大学出版社 2021 年版。

周剑之：《宋诗叙事性研究》，中国社会科学出版社 2013 年版。

周叔迦：《佛教基本知识》，中华书局 2005 年版。

周裕锴：《宋代诗学通论》，上海古籍出版社 2008 年版。

朱传誉：《宋代新闻史》，台湾商务印书馆 1967 年版。

朱东润：《梅尧臣诗选》，人民文学出版社 1980 年版。

朱东润：《朱东润传记作品全集》，东方出版中心 1999 年版。

朱刚：《苏轼十讲》，上海三联书店 2019 年版。

朱刚：《苏轼苏辙研究》，复旦大学出版社 2019 年版。

朱刚：《唐宋"古文运动"与士大夫文学》，复旦大学出版社 2013 年版。

朱刚：《唐宋四大家的道论与文学》，东方出版社 1997 年版。

朱国华：《权力的文化逻辑：布迪厄的社会学诗学》，上海人民出版社 2017 年版。

朱瑞熙、程郁:《宋史研究》,福建人民出版社 2006 年版。

朱瑞熙:《中国政治制度通史》宋代卷,人民出版社 1996 年版。

朱维铮编:《周予同经学史论著选集》(增订版),上海人民出版社 1996 年版。

诸葛忆兵编:《宋代科举资料长编》,凤凰出版社 2017 年版。

诸葛忆兵:《范仲淹传》中华书局 2012 年版。

诸葛忆兵:《范仲淹研究》,中国人民大学出版社 2010 年版。

诸葛忆兵:《宋代宰辅制度研究》,中国社会科学出版社。2000 年版。

祝尚书:《北宋古文运动发展史》,北京大学出版社 2012 年版。

祝尚书:《宋代科举考试与文学考论》,郑州:大象出版社 2006 年版。

祝尚书:《宋代科举与文学》,中华书局 2008 年版。

[德] 顾彬(Wolfgang Kubin)、梅绮雯、陶德文、司马涛:《中国古典散文——从中世纪到近代的散文、游记、笔记和书信》,周克骏、李双志译,华东师范大学出版社 2008 年版。

[德] 马克斯·韦伯(Max Weber):《经济与社会》(第 2 卷),阎克文译,上海人民出版社 2010 年版。

[德] 韦伯著:《学术与政治:韦伯的两篇演讲》,冯克利译,生活·读书·新知三联书店 2013 年版。

[法] 米歇尔·福柯(Michel Foucault)著,汪民安编:《福柯文选》,北京大学出版社 2016 年版。

[法] 皮埃尔·布迪厄(Pierre Bourdieu):《艺术的法则:文学场域的生成与结构》,石武耕、李沅洳、陈羚芝译,典藏艺术家庭 2016 年版。

[芬] 凯瑞·帕罗内(Kari Palonen):《昆廷·斯金纳思想研究:历史·政治·修辞》,李宏图、胡传胜译,华东师范大学出版社

2005 年版。

［美］艾朗诺（Ronald Egan）著：《美的焦虑：北宋士大夫的审美理
想与追求》，杜斐然、刘鹏、潘玉涛译，郭勉愈校，上海古籍出版
社 2013 年版。

［美］包弼德（Peter K. Bol）：《历史上的理学》，王昌伟译，浙江大
学出版社 2010 年版。

［美］包弼德（Peter K. Bol）：《斯文：唐宋思想的转型》，刘宁译，
江苏人民出版社 2000 年版。

［美］蔡涵墨（Charles Hartman）：《历史的严妆——解读道学阴影下
的南宋史学》，中华书局 2016 年版。

［美］戴维·波诺普（David Popenoe）：《社会学》（第 10 版），李强
等译，中国人民大学出版社 1999 年版。

［美］戴维·斯沃茨（David Swartz）：《文化与权力：布尔迪厄的社
会学》，陶东风译，上海译文出版社 2012 年版。

［美］费正清（John King Fairbank）编：《中国的思想与制度》，郭
晓兵等译，世界知识出版社 2008 年版。

［美］加布里埃尔·A. 阿尔蒙德、［美］小 G. 宾厄姆·鲍威尔著：
《比较政治学——体系、过程和政策》，曹沛霖、郑世平、公婷、
陈峰译，上海译文出版社 1987 年版。

［美］贾志扬（John W. Chaffee）：《宋代科举》，东大图书股份有限
公司 1995 年版。

［美］林恩·亨特（Lynn Hunt）：《法国大革命中的政治、文化和阶
级》，汪珍珠译，北京大学出版社 2020 年版。

［美］林·亨特编：《新文化史》，姜进译，华东师范大学出版社
2011 年版。

［美］刘子健：《欧阳修：十一世纪的新儒家》，刘云军、李思、王
金焕译，重庆出版社 2022 年版。

［美］刘子健：《宋代中国的改革：王安石及其新政》，张钰翰译，

上海人民出版社 2021 年版。

[美] 刘子健:《中国转向内在:两宋之际的文化内向》, 赵冬梅译, 江苏人民出版社 2002 年版。

[美] 迈克尔・布林特 (Michael Brint):《政治文化的谱系》, 卢春龙、袁倩译, 社会科学文献出版社 2013 年版。

[美] 欧文・戈夫曼 (Erving Goffman):《污名:受损身份管理札记》, 宋立宏译, 商务印书馆 2009 年版。

[美] 派伊著:《政治发展面面观》, 任晓、王元译, 天津人民出版社 2009 年版。

[美] 芮沃寿 (Arthur F. Wright):《中国历史中的佛教》, 常蕾译, 北京大学出版社 2009 年版。

[美] 特伦斯・鲍尔 (Terence Bell)、詹姆斯・法尔 (James Farr)、拉塞尔・L. 汉森 (Russell L. Hanson) 编:《政治创新与概念变革》, 朱进东译, 译林出版社 2013 年版。

[美] 田浩 (Hoyt Tillman) 编:《宋代思想史论》, 杨立华、吴艳红等译, 社会科学文献出版社 2003 年版。

[日] 川合康三:《中国的自传文学》, 蔡毅译, 中央编译出版社 1998 年版。

[日] 川合康三:《终南山的变容:中唐文学论集》, 刘维治、张剑、蒋寅译, 上海古籍出版社 2007 年版。

[日] 东英寿:《复古与创新:欧阳修散文与古文复兴》, 王振宇等译, 上海古籍出版社 2005 年版。

[日] 副岛一郎:《气与士风:唐宋古文的进程与背景》, 王宜瑗译, 上海古籍出版社 2005 年版。

[日] 高津孝:《科举与诗艺:宋代文学与士人社会》, 潘世圣等译, 上海古籍出版社 2005 年版。

[日] 高桥芳郎:《宋至清代身分法研究》, 李冰逆译, 上海古籍出版社 2015 年版。

［日］谷川道雄：《隋唐帝国形成史论》，李济沧译，上海古籍出版社 2011 年版。

［日］吉川幸次郎：《宋诗概说》，郑清茂译，联经出版事业公司 2012 年版。

［日］吉川忠夫：《六朝精神史研究》，王启发译，江苏人民出版社 2010 年版。

［日］井上进：《中国出版文化史》，李俄宪译，华中师范大学出版社 2013 年版。

［日］内山精也：《传媒与真相：苏轼及其周围士大夫的文学》，朱刚、益西拉姆等译，上海古籍出版社 2005 年版。

［日］内山精也：《庙堂与江湖：宋代诗学的空间》，朱刚、张淘、刘静、益西拉姆译，慈波校译，复旦大学出版社 2017 年版。

［日］平田茂树：《宋代政治结构研究》，林松涛、朱刚译，上海古籍出版社 2010 年版。

［日］浅见洋二：《距离与想像：中国诗学的唐宋转型》，［日］冈田千惠译，上海古籍出版社 2005 年版。

［日］浅见洋二：《文本的密码：社会语境中的宋代文学》，李贵、赵蕊蕊译，复旦大学出版社 2017 年版。

［日］土田健次郎：《道学之形成》，朱刚译，上海古籍出版社 2010 年版。

［日］竺沙雅章：《宋朝的太祖与太宗：变革时期的帝王》，方建新译，浙江大学出版社 2006 年版。

［英］波考克（J. G. A. Pocock）：《德行、商业和历史：18 世纪政治思想与历史论辑》，冯克利译，生活·读书·新知三联书店 2012 年版。

［英］波考克（J. G. A. Pocock）：《马基雅维里时刻：佛罗伦萨政治思想和大西洋共和主义传统》，冯克利、傅乾译，译林出版社 2013 年版。

［英］昆廷·斯金纳（Quentin Skinner）：《霍布斯哲学思想中的理性和修辞》，王加丰、郑崧译，华东师范大学出版社 2005 年版。

［英］昆廷·斯金纳（Quentin Skinner）：《马基雅维里》，李永毅译，译林出版社 2014 年版。

［英］昆廷·斯金纳（Quentin Skinner）：《现代政治思想的基础》，段胜武译，求实出版社 1989 年版。

［英］昆廷·斯金纳（Quentin Skinner）著，李强、张新刚主编：《国家与自由：昆廷·斯金纳访华讲演录》，北京大学出版社 2018 年版。

［英］塔利（James Tully）等著：《重思〈近代政治思想的基础〉》，胡传胜等译，华东师范大学出版社 2010 年版。

三　期刊论文、学位论文及论文集

北京大学中国古代史研究中心编：《邓广名教授百年诞辰纪念论文集：1907—2007》，中华书局 2008 年版。

卞孝萱：《"退之服硫黄"五说考辨》，《东南大学学报》1999 年第 4 期。

曹家齐：《"爱元祐"与"遵嘉祐"——对南宋政治指归的一点考察》，《学术研究》2005 年第 11 期。

曹家齐：《"嘉祐之治"问题探论》，《学术月刊》2004 年第 9 期。

曹家齐：《赵宋当朝盛世说之造就及其影响——宋朝"祖宗家法"与"嘉祐之治"新论》，《中国史研究》2007 年第 4 期。

曹清华：《富弼年谱》，硕士学位论文，四川大学，2002 年。

陈斐：《曾巩与欧阳修交游史实考论》，《苏州大学学报》2021 年第 3 期。

陈峰：《心徒壮，岁将零——张亢与宋代儒将的归宿》，《美文》2009 年第 4 期。

陈锋、张建民主编：《中国古代社会经济史论——黄惠贤先生八十华诞纪念论文集》，湖北人民出版社 2010 年版。

陈鼓应主编：《道家文化研究》第 4 辑，上海古籍出版社 1994 年版。

陈奇猷：《伊尹的出身及其姓名》，《中华文史论丛》1981 年第 3 辑。

陈苏镇主编：《中国古代政治文化研究》，北京大学出版社 2009 年版。

陈文龙：《庆历兴学三题》，《珞珈史苑》2011 年卷。

陈晔：《北宋政情、政风下的转对制》，《史学月刊》2010 年第 11 期。

陈晔：《词汇与理念：宋代政治概念中的"公议"》，《安徽师范大学学报》2019 年第 1 期。

陈晔：《"思不出位"观念与宋代士大夫议政》，《四川师范大学学报》2015 年第 1 期。

陈元锋：《王安石屡辞馆职考论——兼论宋代馆职、词臣之荣显与迁除》，《文史哲》2002 年第 4 期。

陈植锷：《从党争这一侧面看范仲淹改革的失败》，《北京大学学报》1986 年第 4 期。

成长健、师君侯：《从三篇〈朋党论〉看北宋的党争》，《中国文学研究》1993 年第 2 期。

成玮：《褒贬即从字面求——由〈于役志〉看欧阳修〈春秋〉学的特色》，《华东师范大学学报》2017 年第 2 期。

程杰：《诗可以乐——北宋诗文革新中"乐"主题的发展》，《中国社会科学》1995 年第 4 期。

程苏东：《"诡辞"以见义——论〈太史公自序〉的书写策略》，《岭南学报》复刊第 11 辑。

程晓文：《文章、学术与政治：北宋庆历学者之文化网络与学术观念》，硕士学位论文，台湾大学中国文学研究所，2005 年。

程章灿编：《中国古代文学文献学国际学术研讨会论文集》，凤凰出版社 2006 年版。

仇鹿鸣：《事件、过程与政治文化——近年来中古政治史研究的评述与思考》，《学术月刊》2019 年第 10 期。

崔海正：《北宋"东州逸党"考论》，《武汉大学学报》2003 年第 4 期。

邓广铭、郦家驹等主编：《宋史研究论文集》，河南人民出版社 1984 年版。

邓广铭、漆侠主编：《国际宋史研讨会论文选集》，河北大学出版社 1992 年版。

邓广铭：《宋朝的家法和北宋的政治改革运动》，《中华文史论丛》1986 年第 3 期。

邓小南、程民生、苗书梅编：《宋史研究论文集》，河南大学出版社 2014 年版。

邓小南、田浩、阎步克、陈苏镇、葛兆光、李华瑞、黄宽重、张国刚：《历史学视野中的政治文化》，《读书》2005 年第 10 期。

邓小南：《信息渠道的通塞：从宋代"言路"看制度文化》，《中国社会科学》2019 年第 1 期。

邓小南主编：《政绩考察与信息渠道：以宋代为重心》，北京大学出版社 2008 年版。

刁忠民：《北宋前三朝台谏制度述论》，《四川大学学报》1998 年第 4 期。

刁忠民：《论北宋天禧至元丰间之台谏制度》，《四川大学学报》1999 年第 3 期。

丁义珏：《自适·共乐·教化——论北宋中期知州的公共景观营建活动（1023—1067）》，《中华文史论丛》2020 年第 3 期。

范国强主编：《范仲淹研究文集：1900—1999》，人民出版社 2003 年版。

范敬中主编：《中国范仲淹研究文集》，群言出版社 2009 年版。

范立舟：《忠义之气：张齐贤对宋初儒学政治文化的构建及其政治实

践》，《杭州师范大学学报》2015 年第 3 期。

范仲淹研究会编：《范仲淹研究论集》，苏州大学出版社 1995 年版。

费振刚、温儒敏主编：《北大中文研究：创刊号》，北京大学出版社 1998 年版。

葛焕礼：《论刘敞在北宋的学术地位》，《史学月刊》2013 年第 8 期。

葛晓音：《北宋诗文革新的曲折历程》，《中国社会科学》1989 年第 2 期。

葛晓音：《从诗人之诗到学者之诗——论韩诗之变的社会原因和历史 地位》，《学术月刊》1982 年第 4 期。

葛晓音：《论唐代的古文革新与儒道演变的关系》，《中国社会科学》 1987 年第 1 期。

葛晓音：《中晚唐的郡斋诗和"沧洲吏"》，《北京大学学报》2013 年第 1 期。

葛兆光：《洛阳与汴梁：文化重心与政治重心的分离——关于 11 世 纪 80 年代理学历史与思想的考察》，《历史研究》2000 年第 5 期。

葛兆光：《"唐宋"抑或"宋明"——文化史和思想史研究视域变化 的意义》，《历史研究》2004 年第 1 期。

巩本栋：《北宋党争的再评价及其思想史意义》，《古籍研究》2000 年第 1 期。

顾友泽：《北宋"进奏院案"探析》，《古典文献研究》第 12 辑， 2011 年

顾友泽：《北宋文人政治遭际与诗歌创作的标本——苏舜钦"进奏院 案"前后诗歌之比较》，《江西社会科学》2008 年第 4 期。

顾友泽：《"进奏院赛神会"与会人员考》，《古籍整理学刊》2004 年第 5 期。

顾友泽：《论宋庆历年间"进奏院案"的性质及兴起与扩大化》， 《枣庄学院学报》2008 年第 3 期。

过常宝、高建文：《"立言不朽"和春秋大夫阶层的文化自觉》，《北

京师范大学学报》2014 年第 4 期。

何沛雄：《宋代古文家的"尊韩"》，《清华大学学报》2002 年第 1 期。

何新所：《宋代联句诗考论》，《中国韵文学刊》2004 年第 3 期。

何忠礼：《略论北宋前期的制度革新》，《浙江社会科学》2011 年第 3 期。

洪本健：《欧阳修入主文坛在庆历而非嘉祐》，《华东师范大学学报》1999 年第 5 期。

洪本健：《欧阳修天圣学韩：北宋"文学自觉"的重要标志》，《华东师范大学学报》2009 年第 3 期。

洪本健：《曾巩王安石散文之比较》，《华东师范大学学报》1995 年第 6 期。

胡青：《宋代江西地方官学考略》，《江西教育科研》1991 年第 2 期。

胡旭：《欧阳修〈与高司谏书〉发覆》，《文学与文化》2012 第 1 期。

黄纯艳：《"汉唐旧疆"话语下的宋神宗开边》，《历史研究》2016 年第 1 期。

黄宽重：《宋史研究的重要史料——以大陆地区出土宋人墓志资料为例》，《新史学》第 9 卷第 2 期，1998 年。

黄永年：《唐玄宗朝姚宋李杨诸宰相的真实面貌——兼论李杨与宦官高力士之争》，《中国史研究》2003 年第 2 期。

黄毓任：《〈醒心亭记〉赏析》，《名作欣赏》2001 年第 1 期。

黄正建主编：《隋唐辽宋金元史论丛》第 4 辑，上海古籍出版社 2014 年版。

姜锡东、李华瑞主编：《宋史研究论丛》第 6 辑，河北大学出版社 2005 年版。

金传道：《北宋书信研究》，博士学位论文，复旦大学，2008 年。

景范教育基金会统筹：《范仲淹研究文集之二》，新亚洲文化基金会有限公司 2001 年版。

景凯旋：《从〈闵己赋〉看韩愈儒学思想中的道与利》，《徐州师范大学学报》1999 年第 4 期。

雷家圣：《宋夏战争时期范仲淹的荐才用人策略——以滕宗谅、种世衡为例》，《东华人文学报》2007 年第 11 期。

李昌舒：《论北宋士人的"好名"：以欧阳修为例》，《安徽师范大学学报》2018 年第 5 期。

李成晴：《必为自家门第：〈曾巩集〉佛老题文中的儒家本位》，《北京社会科学》2019 年第 5 期。

李春青、桂琳：《双重生存空间中的欧阳修——兼论欧阳修新型人格结构的生成》，《江西社会科学》2006 年第 4 期。

李存山：《宋代的"新儒学"与"理学"》，《中原文化研究》2019年第 2 期。

李贵：《天圣尊韩与宋调的初步成型》，《文学遗产》2007 年第 6 期。

李海洁：《夏竦蒙冤的道学环境与史学背景》，《中华文史论丛》2015 年第 3 期。

李浩：《韩愈〈服硫黄〉新证》，《中国语言文学研究》2019 年第 2 期。

李华瑞：《近二十年来宋史研究的特点与趋势》，《社会科学战线》2020 年第 6 期。

李华瑞：《宋初黄老思想三题》，《河北大学学报》1995 年第 3 期。

李剑鸣：《美国政治文化史研究的兴起和发展》，《历史研究》2020年第 2 期。

李峻岫：《石介交游考》，《文献》2002 年第 1 期。

李立：《北宋安抚使研究——以陕西、河北路为例》，博士学位论文，北京大学，1999 年。

李强：《北宋"诗文干政"与士风——以仁宗庆历之际为中心》，《东岳论丛》2008 年第 2 期。

李少雍：《刘知几与古文运动》，《文学评论》1990 年第 1 期。

李祥俊：《北宋时期儒家学派的排佛论》，《齐鲁学刊》2006 年第

1 期。

李裕民：《宋代“积贫积弱”说商榷》，《陕西师范大学学报》2004
　年第 3 期。

林庚：《略谈唐诗高潮中的一些标志》，《社会科学战线》1982 年第
　4 期。

林岩：《北宋“太学新体”考论——以张方平庆历六年科举奏章为
　中心》，《文艺研究》2022 年第 8 期。

刘成国：《北宋党争与碑志初探》，《文学评论》2008 年第 3 期。

刘成国：《〈弟子记〉与北宋中期儒学——以刘敞、王安石为核心的
　考察》，《社会科学辑刊》2021 年第 1 期。

刘成国：《论王安石的翻案文学》，《浙江社会科学》2014 年第 2 期。

刘成国：《9～12 世纪初的道统“前史”考述》，《史学月刊》2013
　年第 12 期。

刘成国：《书写“涩体”：宋祁与古文运动》，《文学评论》2023 年
　第 1 期。

刘成国：《宋代学记研究》，《文学遗产》2007 年第 4 期。

刘大明：《北宋“文人论兵”现象形成与“重文抑武”政策》，《华
　中国学》2017 年秋之卷。

刘岱、黄俊杰编：《中国文化新论思想篇（一）：理想与现实》，联
　经出版事业公司 1982 年版。

刘德清：《范仲淹神道碑公案考述》，《西南交通大学学报》2005 年
　第 1 期。

刘桂鑫：《自我意识与设论体的僵化和突破》，《名作欣赏》2015 年
　第 20 期。

刘海峰编：《二十世纪科举研究论文选编》，武汉大学出版社 2009
　年版。

刘俊文主编：《日本学者研究中国史论著选译》，中华书局 1993
　年版。

刘宁：《韩愈"博爱之谓仁"说发微——兼论韩愈思想格局的一些特点》，《中国典籍与文化》2006 年第 3 期。

刘宁：《韩愈古文理论与儒家修养思想》，《安徽大学学报》2014 年第 3 期。

刘宁：《盛衰体验对欧阳修诗歌日常化书写的影响》，《苏州大学学报》2018 年第 1 期。

刘宁：《"务去陈言"与"归本大中"——论韩柳古文"明道"方式的差异》，《北京师范大学学报》2006 年第 4 期。

刘浦江：《祖宗之法：再论宋太祖誓约及誓碑》，《文史》2010 年第 3 期。

刘庆：《"文人论兵"与宋代兵学的发展》，《社会科学家》1994 年第 5 期。

楼培：《宋初南北两大文学群体研究》，博士学位论文，浙江大学，2013 年。

陆敏珍：《论韩愈〈师说〉与中唐师道运动》，《社会科学战线》2009 年第 1 期。

吕肖奂：《欧梅唱和圈中的曾巩形象与创作——兼论曾巩唱和圈的存在与基本样态》，《福州大学学报》2019 年第 6 期。

罗昌繁：《北宋党争与党人碑志研究》，硕士学位论文，华中师范大学，2011 年。

罗昌繁《"范党为是，吕党为非"刻板印象之形成——以庆历党人碑志为中心》，《天中学刊》2012 年第 5 期。

洛阳地区文物工作队：《北宋王拱辰墓及墓志》，《中原文物》1985 年第 4 期。

马东瑶：《论北宋庆历诗风的形成》，《文学遗产》2002 年第 2 期。

马东瑶主编：《弦诵集》，中国社会科学出版社 2017 年版。

马里扬：　《北宋士大夫词研究》，博士学位论文，北京大学，2012 年。

马茂军：《论宋初百年士风的演进》，《华南师范大学学报》2004 年第 4 期。

马茂军：《庆历党议与苏舜钦诗风的嬗变》，《商丘师范学院学报》2006 年第 3 期。

马自力、范伟：《韩琦的名臣心迹与诗歌创作》，《求索》2017 年第 7 期。

毛华松：《论中国古代公园的形成——兼论宋代城市公园发展》，《中国园林》2014 年第 1 期。

梅国宏：《宋代诗人笔下的宋夏战争题材诗歌论略》，《海南大学学报》2008 年第 3 期。

孟庆延：《担纲者的“类型学”：中国革命研究的新视野》，《学海》2022 年第 2 期。

莫砺锋：《论北宋名臣韩琦的诗歌》，《文学遗产》2014 年第 1 期。

南京大学古典文献研究所编：《古典文献研究》第 12 辑，凤凰出版社 2009 年。

漆侠：《范仲淹集团与庆历新政——读欧阳修〈朋党论〉书后》，《历史研究》1992 年第 3 期。

《漆侠先生纪念文集》编委会编：《漆侠先生纪念文集》，河北大学出版社 2002 版。

漆侠主编：《宋史研究论文集》，河北大学出版社 2002 年版。

秦寰明：《论北宋仁宗朝的诗歌革新与欧、苏、梅三家诗》，《文学遗产》1993 年第 1 期。

全仁经：《北宋中后期的三次兴学运动》，《抚州师专学报》1985 年第 2 期。

尚永亮、李丹：《“元和体”原初内涵考论》，《文学评论》2006 年第 2 期。

尚永亮、刘磊：《欧、梅对韩、孟的群体接受及其深层原因》，《四川大学学报》2005 年第 4 期。

沈松勤主编：《第四届宋代文学国际研讨会论文集》，浙江大学出版社 2006 年版。

四川大学古籍整理研究所、四川大学宋代文化研究资料中心编：《宋代文化研究》第 3 辑，四川大学出版社 1993 年版。

苏力：《修辞学的政法家门》，《开放时代》2011 年第 2 期。

苏贤：《杜大珪〈名臣碑传琬琰集〉整理与研究》，硕士学位论文，华东师范大学，2015 年。

孙刚：《夏竦年谱简编》，《古籍整理研究学刊》2014 年第 5 期。

孙海燕：《一代大儒范仲淹与佛教之关系略论》，《法音》2004 年第 8 期。

台湾大学中国文学系主编：《纪念欧阳修一千年诞辰国际学术研讨会论文集》，台大中文系 2009 年版。

台湾宋史座谈会编：《宋史研究集》第 13 辑，"国立"编译馆中华丛书编审委员会 1980 年版。

谭积仁：《家族视域中的苏舜钦研究》，《中国诗歌研究动态》2012 年第 2 期。

唐亚飞：《从滁州唱和看欧阳修与曾巩的诗歌交游》，《辽宁工业大学学报》2017 年第 1 期。

唐兆梅：《论宋初的黄老思想》，《中州学刊》1991 年第 1 期。

陶希圣先生九秩荣庆祝寿论文集编辑委员会编：《国史释论——陶希圣先生九秩荣庆祝寿论文集》，食货出版社 1988 年版。

仝相卿：《欧阳修撰写范仲淹神道碑理念探析》，《史学月刊》2015 年第 1 期。

涂序南：《梅尧臣研究》，博士学位论文，南京师范大学，2013 年。

王军营、陈峰：《北宋中期文人谈兵社会风尚刍议》，《西北大学学报》2011 年第 3 期。

王利民、武海军主编：《第八届宋代文学国际研讨会论文集》，中山大学出版社 2015 年版。

王瑞来：《范吕解仇公案再探讨》，《历史研究》2013 年第 1 期。

王瑞来：《论宋代相权》，《历史研究》1985 年第 2 期。

王瑞来：《试论导致庆历新政失败的一个因素——读范仲淹致叶清臣信》，《学术月刊》1990 年第 9 期。

王世农：《台谏、舆论与北宋改革的命运》，《文史哲》2004 年第 3 期。

王水照编：《首届宋代文学国际研讨会论文集》，复旦大学出版社 2001 年版。

王水照：《欧阳修散文创作的发展道路》，《社会科学战线》1991 年第 1 期。

王水照：《欧阳修所作范〈碑〉尹〈志〉被拒之因发覆》，《江西社会科学》2007 年第 9 期。

王晓薇：《北宋嘉祐治平时期的政治改革》，《广西社会科学》2005 年第 6 期。

王晓薇：《论张方平的政治主张与实践——以庆历新政前后为例的分析》，《贵州文史丛刊》2006 年第 1 期。

王曾瑜：《宋朝的文武区分和文臣统兵》，《中州学刊》1984 年第 2 期。

王曾瑜：《宋朝宣抚使等的属官体制》，《文史》第 22 辑，1984 年。

王志双：《吕夷简与宋仁宗前期政治研究》，硕士学位论文，河北大学，2000 年。

王智勇：《论宋真宗朝"五鬼"》，《四川大学学报》2002 年第 1 期。

伍晓明：《〈论语〉中的"论辩"与孔子对言的态度》，《中国文化研究》2008 年第 1 期。

武克忠：《论孔子的言、行观》，《齐鲁学刊》1988 年第 3 期。

西北师范学院学报编辑部、西北师范学院中文系编：《唐代边塞诗研究论文选粹》，甘肃教育出版社 1988 年版。

项楚主编：《新国学》第 7 卷，巴蜀书社 2008 年版。

肖红兵：《宋代御赐神道碑额考述——以文献所见六十余人碑额为中心》，《中原文化研究》2013 年第 5 期。

谢思炜：《宋祁与宋代文学发展》，《文学遗产》1989 年第 1 期。

谢琰：《〈宋景文公笔记〉的字学好尚与文章观念——兼论唐宋散文发展中的语言革新问题》，《文学遗产》2016 年第 6 期。

谢琰：《"不朽"的焦虑——从思想史角度看欧阳修的金石活动》，《华东师范大学学报》2017 年第 2 期。

徐洪兴：《唐宋间的孟子升格运动》，《中国社会科学》1993 年第 5 期。

许东海：《秋声·谏诤·归田——欧阳修〈秋声赋〉、〈归田录〉中的诤臣与困境》，《文学与文化》2013 年第 2 期。

鄢嫣：《疏离于古文运动之外——论王安石与欧阳修、曾巩的文学交游》，《北京社会科学》2021 年第 2 期。

杨光：《政治过程与历史书写——景祐三年范仲淹被贬事件发微》，《北京社会科学》2019 年第 12 期。

杨光：《专职言事官的设立——北宋前期对台谏制度的整顿》，《中华文史论丛》2019 年第 2 期。

杨军：《宋代榜的传播学解读》，《新闻与传播研究》2011 年第 3 期。

杨芹：《宋代敕榜研究》，《中华文史论丛》2017 年第 3 期。

杨世利：《北宋士风与儒家名节观》，《中州学刊》2010 年第 2 期。

杨渭生：《范仲淹与宋学之勃兴》，《浙江大学学报》1999 年第 1 期。

杨渭生主编：《徐规教授从事教学科研工作五十周年纪念文集》，杭州大学出版社 1995 年版。

姚红：《北宋宰相吕夷简奸臣说献疑》，《人文杂志》2008 年第 3 期。

姚华：《游戏于斯文：宋诗写作中的游戏姿态及其诗学意义》，博士学位论文，北京大学，2015 年。

姚瀛艇：《论"庆历新政"对宋代吏治的改革》，《史学月刊》1988 年第 1 期。

叶宽：《论〈岳阳楼记〉的经典化过程》，《社会科学论坛》2010 年第 14 期。

叶晔：《投书与示法：唐宋古文家论文书牍的发生语境》，《中华文史论丛》2020 年第 1 期。

余恕诚、王树森：《唐代有关河湟诗歌的诗史意义》，《学术界》2012 年第 8 期。

余恕诚：《战士之歌和军幕文士之歌——从两种不同类型之作看盛唐边塞诗》，《文学遗产》1985 年第 1 期。

袁行霈主编：《国学研究》第 38 卷，北京大学出版社 2016 年版。

袁行霈主编：《国学研究》第 34 卷，北京大学出版社 2014 年版。

袁行霈主编：《国学研究》第 3 卷，北京大学出版社 1995 年版。

曾枣庄：《文星璀璨的嘉祐二年贡举》，《北京大学学报》2010 年第 1 期。

张邦炜：《"嘉祐之治"：一个叫不响的命题》，《四川师范大学学报》2021 年第 1 期。

张邦炜：《宋代士绅社会琐议》，《四川师范大学学报》2020 年第 1 期。

张德建：《议论文章"与北宋时代精神塑造及文学变革》，《文学遗产》2023 年第 3 期。

张剑：《〈岳阳楼记〉的文脉断裂与情怀超越》，《求是学刊》2019 年第 2 期。

张劲松：《〈孙威敏征南录〉贬低狄青功绩探因——史实考辨与士大夫叙述心态解析》，《江西社会科学》2012 年第 12 期。

张立升主编：《社会学家茶座》第 17 辑，山东人民出版社 2006 年版。

张林：《从平庸到仁圣——两宋政治迭变中的仁宗形象》，博士学位论文，中山大学，2010 年。

张其凡：《"皇帝与士大夫共治天下"试析——北宋政治架构探微》，

《暨南学报》2001 年第 6 期。

张希清、范国强主编：《范仲淹研究文集》（五），北京大学出版社
　　2009 年版。

张希清：《范仲淹与富弼关系考》，《中州学刊》2010 年第 3 期。

张晓宇：《"学统四起"下的北宋古礼运动——陈烈事迹的一个思想
　　史考察》，《新史学》第 30 卷第 2 期，2019 年。

张兴武：《欧阳修〈尹师鲁墓志〉引发质疑的逻辑与史实》，《文史
　　哲》2017 年第 1 期。

张兴武：《〈庆历圣德颂〉与北宋中期政治文化的转型》，《中华文史
　　论丛》2007 年第 1 期。

张兴武：《庆历新义关涉古文盛衰的内在逻辑》，《中华文史论丛》
　　2017 年第 3 期。

张兴武：《宋初百年文道传统的缺失与修复》，《文学遗产》2006 年
　　第 5 期。

张祎：《制诏敕札与北宋的政令颁行》，博士学位论文，北京大学，
　　2009 年。

章培恒主编：《中国中世文学研究论集》，上海古籍出版社 2006
　　年版。

赵雨乐：《北宋中期文武御边典范——论韩、范战略与狄青陷阵》，
　　《中国范仲淹国际学术论坛》会议论文，2008 年。

郑志强：《范仲淹和宋仁宗政治关系新论》，《社会科学研究》2010
　　年第 6 期。

郑志强：《范仲淹〈岳阳楼记〉"忧乐"思想与艺术新论》，《江西社
　　会科学》2010 年第 11 期。

《中国中古史研究：中国中古史青年学者联谊会会刊》第 3 卷，中华
　　书局 2013 年版。

周剑之：《"以天下为己任"诗风之开启——北宋景祐三年朋党事件
　　中的诗歌写作及其诗歌史意义》，《广西社会科学》2010 年第

11 期。

朱刚：《从"先忧后乐"到"箪食瓢饮"——北宋士大夫心态之转变》，《文学遗产》2009 年第 2 期。

朱刚、刘宁主编：《欧阳修与宋代士大夫》，上海人民出版社 2007年版。

朱铭坚、魏希德（Hilde De Weerdt）：《北大史学》第 20 辑"宋金元时期士人的书信往来与讯息沟通"专辑，2107 年。

朱瑞熙：《范仲淹"庆历新政"行废考实》，《学术月刊》1990 年第2 期。

朱瑞熙：《新兴的官僚地主阶级的首次改革尝试——北宋庆历新政》，《浙江学刊》2014 年第 1 期。

朱新亮：《"险薄"的背后：宋夏战争视域下的梅询历史评价问题》，《河南大学学报》2017 年第 1 期。

朱义群：《宋神宗即位初期政治研究（1067—1070）》，硕士学位论文，首都师范大学，2013 年。

朱义群：《宋神宗起用王安石知江宁府的背景及其政治和文化意涵》，《中华文史论丛》2017 年第 3 期。

诸葛忆兵：《范仲淹的西北边塞诗作》，《古典文学知识》2011 年第4 期。

邹陈惠仪：《曾巩诗文本概况与辑佚》，《古籍整理研究学刊》2003年第 2 期。

［美］田安（Anna Shields）撰：《同慰死生：中唐文人在友人逝后的友谊践履》，卞东波、刘杰译，《文学研究》2019 年第 1 期。

四　外文文献

［日］東英寿：《「太学体」考——その北宋古文運動に於ける一考察》，《日本中国学会報》第 40 号，1988 年。

［日］渡邊久：《北宋の経略安撫使》，《東洋史研究》第 57 巻 4 号，

1999 年。

［日］渡辺信一郎：《白居易の慙愧 —唐宋変革期における農業構造の発展と下級官人層—》，《京都府立大學學術報告》（人文），1985 年。

［日］福田殖：《范仲淹に関する二、三の問題》，《九州大学文学論輯》第 35 号，1989 年。

［日］高津孝：《北宋文学史の展開と太学体》，《鹿大史学》第 36 号，1988 年。

［日］花房英樹：《白居易研究》，世界思想社，1990 年。

［日］梅原郁：《宋代官僚制度研究》，同朋舍，1985 年。

［日］湯浅陽子：《「衆樂」とその変奏：北宋中期における地方官の遊楽をめぐって》，《人文論叢》（三重大学）第 31 号，2014 年。

［日］西嶋定生：《中国古代国家と東アジア世界》，東京大学出版会，1983 年。

［日］小林義廣：《歐陽修その生涯と宗族》，創文社，2000 年。

［日］熊本崇：《宋天禧元年二月詔—宋初の御史—》，《石巻專修大学研究紀要》，1991 年。

［日］佐藤仁：《范仲淹の「近名論」について》，《久留米大学文学部紀要》，1994 年。

Ari Daniel Levine, *Divided by a Common Language*: *Factional Conflict in Late Northern Song China*, University of Hawai'i Press, 2008.

Charles Hartman, *The Making of Song Dynasty History*: *Sources and Narratives*, 960 – 1279 *CE*, Cambridge University Press, 2020.

Colin S. C. Hawes: *The Social Circulation of Poetry in the mid-Northern Song*: *Emotional Energy and Literati Self-Cultivation*, State University of New York Press, 2005.

Gabriel A. Almond, "Comparative Political Systems", *The Journal of*

Politics, Vol. 18, No. 3, 1956.

James T. C. Liu, "An Administrative Cycle in Chinese History: The Case of Northern Sung Emperors", *The Journal of Asian Studies*, Vol. 21, No. 2, 1962.

James Tully (ed.), *Meaning and Context: Quentin Skinner and His Critics*, Princeton University Press, 1988.

Mabel Berezin, "Politics and Culture: A Less Fissured Terrain", *Annual Review of Sociology*, Vol. 23, 1997.

Morris Rossabi, *China among Equals: The Middle Kingdom and Its Neighbors*, $10^{th} - 14^{th}$ Centuries, University of California Press, 1983.

Quentin Skinner, *Forensic Shakespeare: Clarendon Lectures in English*, Oxford University Press, 2014.

Quentin Skinner, *Vision of Politics Volume 3: Hobbes and Civil Science*, Cambridge University Press, 2002.

Quentin Skinner, *Vision of Politics Volume 1: Regarding Method*, Cambridge University Press, 2002.

Quentin Skinner, *Vision of Politics Volume 2: Renaissance Virtues*, Cambridge University Press, 2002.

Robert P. Hymes, *Statesmen and Gentlemen: The Elite of Fu-Chou Chiang-Hsi, in Northern and Southern Sung*, Cambridge University Press, 1987.

Xiao-bin Ji, *Politics and Conservatism in Northern Song China: The Career and Thought of Sima Guang (A. D. 1019 – 1086)*, The Chinese University Press, 2005.

索　引

G

P

Q

后　记

　　这本书写的是他们的故事，讲述一群士人五十年间在权力世界聚散升沉的经历。而对于笔者而言，它分明也是一本关于我的书。往昔无数可见、可触、可嗅、可感的鲜活瞬间隐伏于字里行间，叠合成独属于我的"记忆之场"。十年来，我早就习惯和庆历士大夫"朝夕相对"，颂其诗，读其文，想见其为人。经由庆历士大夫的自我表述，经由他们或和鸣或争鸣的诸种声音，不断接近这些光明俊伟的灵魂，深入他们所置身的历史世界，已然成为日常生活的一部分，乃至于理解古人也可以成为反躬自省的契机。刘勇强老师在博论预答辩时调侃："能看出你的写作过程很亢奋，一千年前的人就像住在你家隔壁似的。"当然，在进行研究时首先需要严守价值中立，讲究分寸，适当克制"尚友千载前"的冲动，做"诤友"而非"信徒"，只是这份共鸣终难掩遏，时或倾泻为写作的激情。每每翻览和审订这一篇篇犹然温热的旧文，似乎是在以某种方式重新打开过往的人生，回顾那一段个人学术史以及精神史上的"所来径"。

　　我"初识"庆历士大夫是在 2014 年的研究生课上。彼时，我选修葛晓音教授的"山水田园诗研究"和导师张鸣教授（我们都亲切地称他"夫子"）的"宋元文学史专题研讨"，一面受葛师新作《中晚唐的郡斋诗和"沧洲吏"》影响而关注韦应物等"沧洲吏"的诗文创作，一面在夫子指点下开始精读欧阳修的文集，获知滁州是韦、欧政治生涯和创作历程的节点，遂欲接着葛师的话题继续讲，以韦应物、王禹偁、欧阳修三人的滁州书写为中心，由个案观察唐宋地方官创作的承变。通过一番阅读和分析，我惊奇地发现滁州书写颇具文学史意义，它既昭示以"吏隐""幽赏"为主要表征的郡斋诗创作传统在中晚唐的复兴，也直接开启了北宋中期以降地方官"与民同乐"（或称"众乐"）的写作新范式。我在描述完现象后仍不满足，希望对"众乐"书写的起源问题一探究竟，但很快察觉若局限于文学内部恐怕很难说清。正当我苦思冥想之际，突然联想到经学史关于孟子升格运动的阐述，便试图自问自答：既然"众乐"话语渊源于《孟子》，那它和这场思想运动有没有关系？思路一打开，便有了推进研究的方向。我查阅大量集部文献和《续资治通鉴长编》等史料，发现以欧阳修、范仲淹、韩琦为代表的第一代"众乐"书写者大多从属于同一士大夫群体。这批士大夫尊孟，同时也是庆历新政的发起者。而"众乐"书写在后新政时代大量涌现并非偶然，恰是时代精神的投影。将"众乐"书写放回到庆历之际，就能发现文学之外的诸多面相。它既是庆历士大夫行道兼济的表现，也是他们对庆历初年政治困境的一种回应，承载着新政革新吏治的目标。文章写成后，得到葛师、夫子的肯定，又经进一步打磨，先是被用作博士生中期考试的论文，最终有幸被《文学遗产》录用。我通过这次学术训练第一次尝到文史交叉研究的甜头，心里萌生一个念头：聚焦宋代士大夫作为复合人才的特性，将他们的文学创作和政治实践、思想观念贯通起来思考，探寻不同属性的文本间的深层联系，或许是一个可行的方向。

　　时至 2015 年年底，我开始焦虑博士论文的选题。构思和写作开题报告无疑是许多古代文学博士求学阶段的一道坎。要在这个积累深厚的学术领域做出一系列有价值的创新，属实不易。像我这样读书不多、根基甚浅的直博生则更是举步维艰，有如筋骨未及长成的稚子被驱逼去长途跋涉一般。我思量良久，最后只得向"老朋友"求助，初步决定以庆历士大夫为研究对象，关注他们的政治活动和文学书写之间的关系。夫子建议我系统阅读重要作家的别集，并由《全宋诗》《全宋文》泛览整个宋仁宗朝士大夫的创作，同时以《续资治通鉴长编》《宋史》等史书为基础制作政事资料长编，以便把握仁宗朝政治的总体面貌。然而，我愈读愈觉文献庞杂，头绪繁多，如堕五里雾中，一时间实在找不出一条可以贯穿博论始终的主线。我和夫子反复商议，只得把题目暂定为"北宋庆历士大夫的政治角色与文学书写研究"，想借助社会角色理论来搭建整体框架，并撰写了样章。坦率地说，这是一个没有多少想象力的选题。夫子和我虽认为该选题算是补上了研究视角，有可行性，但都不大看好，觉得它上限不高，远未达到我们的预期。一则，社会角色理论很早就被马自力等学者用于古代文学研究，即便现在迁移到宋代士大夫身上，也已失去首创性，落入了第二义；二则，我的实操没有足够的说服力，如何把理论和研究对象贴合起来，如何运用理论切实推进文学研究，解决具体问题，对文本形成新认识，如何避免出现政治与文学两张皮的窘境，都有待解决；三则，整体结构虽有理论支撑，但仍缺乏体系，思路略显杂乱，章节设计犹如拼盘，东一榔头西一棒子，各章之间也没有内在联系。

老师们在开题环节果然就结构松散及套用理论等方面指出了不少问题。同期开题的两位同门师姐都拿出了比较成熟且亮眼的选题，我所谓"政治角色与文学书写"的研究相形见绌。急就章式的开题报告倒是通过了评议，但这不过是将我的压力分散、延展，结构性的问题依旧在那里。此后的很长一段时间里，我陷入深深的挫败感和自我怀疑之中，对阅读、思考和写作统统提不起兴趣。况且，现有框架近似一盘散沙，我也实在不知道该如何下手。

幸好，直博生开题早，相应的，写作博论的时间也相对宽裕。我索性花费一些时日调整心态，并尝试用一种非功利的眼光重读庆历士大夫的文字，发现他们也不乏畏惧、焦虑和挣扎的时候。随着阅读的扩展和深化，我虽没有积累多少材料，但对仁宗朝的政治与文学慢慢形成了比较系统的认识。直到有一天，我恍然大悟，完全可以转换视角，靠自己从士大夫纷繁复杂的言说入手抽绎出仁宗朝政治变迁的内在脉络，从而达到纲举目张的目的，无劳刻意引入其他学科的理论。在我的自我认知里，这个时刻才是博论写作真正的起点。我于是选择从范仲淹《遗表》和欧阳修《祭资政范公文》两个文本切入，剖析那个众声喧哗的权力世界，抉发仁宗朝士大夫在价值观和政治言论上全面对立的现象，进而将范、吕党争还原为士大夫基于不同理念的聚合或对抗行为。在这个意义上，庆历士大夫在党争中不顾自身安危，于朋党、近名、言事、改革等多项公共议题上自辩其"罪"，为原先被主流鄙弃的行为正名，既是政治风骨的体现，更反映出他们批评旧传统、宣扬新理念的努力。仁宗朝之"士风丕变"，实质是士阶层价值观的整体转向。而这正是庆历士大夫最大的历史功绩，言说则是他们最锋利也最可靠的武器。

　　大约在 2017 年 3 月，我在师门读书会上宣读了上述思考，并着手写作。适逢思想史家昆廷·斯金纳教授来燕园讲学，我第一次知道"剑桥学派"，接触到"历史语境主义"，这些新奇的名词、知识和方法都让我大开眼界。我随即阅览相关学者的论著，其中斯金纳关于革新思想家如何利用修辞策略促成某些社会行为合法化的讨论非常吸引我。受斯金纳启发，我力图对庆历士大夫独特的党争方式和论辩策略做出更具学理性的阐述，了解到修辞层面的褒贬转换实则指向政治理念的革命。换言之，庆历士大夫凭借系统性的修辞战略重建儒家理想主义的正当性，彻底改变了仁宗朝政治文化的范式结构，最终开创了一个属于他们的新时代。由此，我终于把捉住了那条苦苦追寻的主线：宋仁宗朝发生的政治文化转型。它既是庆历士大夫言说及力行的结果，同时也是北宋诗文革新的主题和背景。采用这一动态、综合的新线索，一则可以超越文学与政治研究传统的单向视角，重点发掘文学书写对政治的作用，对思想的塑造，而这正是既往研究相对薄弱的地方；二则有助于呈现中国古代政治、思想与文学之间互动以及联动的复杂图景；三则能够重构旧框架，串联各章节，使博论真正成为有机统一的整体。以上种种在开题阶段都曾深深困扰过我，从此皆不成问题。

　　我于是振作士气，很快就写出了开宗明义的第一章"范、吕党争"，又抓住庆历士大夫参与论争的主要议题，预定第二章"名的自觉"（声望、名节）、第三章"宁鸣不默"（舆论、言事）要写的内容，并把"众乐"书写和梅、苏西事诗整合进新框架，分别构成第四章"忧乐之际"（贬谪、吏治）和第五章"儒者奉武"（边事、文武关系）的主体部分。我将调整后的结构交予夫子审阅，终于获得认可。在夫子建议下，我敲定博论题目：北宋仁宗朝政治文化转型中的庆历士大夫及其文学研究。至此，博论初具雏形，接下来只需逐步完成规划即可。我很快发现，思路一变，无论阅读还是写作都顺畅了许多，原先纷繁的历史变得明晰，论述所需的文本和史事亦源源而来。如行山阴道中，风物应接不暇。我感觉自己好似可以逆料事件的走向，预判士大夫在其中的言行和抉择。即便是一些直觉式的判断也往往经得起材料的检验。一系列正反馈大大增强我的自信。刘老师所说"亢奋"的写作状态，在此阶段表现得尤为明显。这些心无旁骛赶稿的日子至今仍引人怀想。

其后，我顺利完成博论，依次通过预答辩、外审和答辩，得以按时毕业，并获 2018 年北京大学优秀博士学位论文奖。现在看来，作为学术论文，这篇仓促写成的文章仍有许多不足之处。但我想，正因如此，它才可以说是博士研究生学位论文，它呈现的是那种青涩、粗粝而又不乏生气的学术气质。

我和庆历士大夫的"缘分"并未因博论杀青而告终。博士毕业后，我暂时留在系里做博雅博士后，在尝试进行唐代文学研究的同时继续围绕庆历士大夫展开思考和写作。来到武汉大学文学院工作后，我也一直保持着这个习惯。这些年，我一方面将若干章节修改成单篇论文投出去，利用这种方式删改或补充旧文，另一方面仍不忘从大处着手，探索方法，充实主线，期望从整体上提升博论的理论水准。

2021 年 10 月，我申请到国家社科基金优秀博士论文出版项目，决意集中精力全面增订博论。不料这一做就是两年，修订工作的艰辛和繁琐远超预期，学术上的收获亦不小。除细部的删修以及文字上的润色外，比较大的改动共计有三处。首先是把书名改定为《言以行道：庆历士大夫与北宋政治文化的转型》。博论题目由于要将"宋仁宗朝""政治文化转型""庆历士大夫""士大夫文学"几个关键词捏合起来，所以稍嫌冗长，也没有办法凸显文学的地位和特性。修改时决定采用主副标题的形式，先拈出"言以行道"这一庆历士大夫提出的言道关系新命题作为主标题，将士大夫文学包纳进来，并突出它的能动性和及物性，言简意赅。副标题则具体阐述主题。如标题所示，本书关注的是庆历士大夫如何通过以言行道的实践来推动北宋政治文化的转型。其次是重写绪论和结语。尤其在绪论部分，由复数的"庆历"讲到庆历士大夫的定义，再从讨论"政治文化"概念入手揭示本书的研究宗旨，最后通过细读苏轼《六一居士集叙》自然过渡到斯金纳的学说，并证明庆历士大夫的言说与北宋政治文化的变革本就关系密切。以上大都是近年来思考所得，尽力在方法论层面弥补博论的缺憾。最后是结构调整。调换博论第二三章的前后位置，第四五章如法炮制，以符合逻辑上或时间上的顺序。增补第六章"何以为士"，揭示庆历士大夫中晚年的政治境遇、思想转变和代际互动，俾使论述覆盖庆历士大夫的整个政治生涯，同时补充说明他们对后辈的影响。经过调整，本书定稿大体呈现三期六章的格局。

　　我时常自嘲是"善变"的研究者，喜欢自诘，喜欢折腾，老是看过去的结构、论述或文字不顺眼，不由自主就上手涂抹起来。是故，博论从开题到出版共换了三个标题，经历了两次结构性的调整，一次大幅扩充，小修小补更是不计其数。对我来说，每一回自我变法都是向着心中那本理想之书的全力一跃，都是为了不辜负这场同古人的神交和契会。如其所是地理解庆历士大夫遭遇的困境，做出的抗争，发出的呐喊，展开的思考，以及造就的影响，一直是我探讨宋代文化的重心所在。也正是在这反复修订的过程中，我略微窥见了学术写作的门径。当然，各个阶段的思考层累在一起，使本书成了现在这副笨重的模样。宁过而无不及，这既是自身秉性使然，或许也和庆历士大夫的熏染不无关系。我切身感受到这批儒家理想主义者的感召力，但同时也警惕此种认同感对学术研究的潜在影响，毕竟庆历士大夫远非北宋中期历史的全部，我们同样需要尊重他们的对立面。

博论能得到国家社科基金资助出版，首先要感谢我的导师张鸣教授。回想起来，从本科学年论文一直到博士学位论文，夫子都是我的指导老师。夫子善于启发学生，鼓励我们发散思维。无论多么微小的灵感，都能被他敏锐地捕捉到，并立即加以点化。夫子的评语往往金句迭出，一再让我领略到学术的趣味和真谛，也时刻提醒我对每一篇论文都不能松懈。夫子所言传身教的，不仅是真学术更是真学者应有的境界。他常嘱咐我们要做"为己之学"，要学会以寸铁杀人。我逐渐明白，人文学术需要"从自性悟出"，需要自己去寻找直指问题本质的方法。同时，学术研究也是反观自身、成全自我的过程。理想的研究应该达到一种高度个性化的境界，浸透着研究者的性情和才气，既接地气亦兼逸气，令读者一见即知其人。因此，作为文学研究者，先要做一个有个性、有态度的人。

其次，还要感谢博士后合作导师葛晓音教授。葛师的学问深厚而精密，读其文，听其课，方知何谓宫墙数仞。我从博一开始就时常拿习作向她求教。从遣词造句，到论文布局，研究思路，再到具体论述，葛师每次都会耐心指导，一一解答，手把手教我如何从事学术思考和写作。葛师强调读懂文本是一切学问的关键，认为只要是从文学作品中读出来的问题，都可以算是文学本体研究。她对文本解读的坚持以及对文学研究的通达态度，一直激励我在文史交叉这条路上走下去。

在博论写作过程中，我还多次得到李简、刘勇强、潘建国、李鹏飞等北大中文系老师的指点。老师们的肯定、质疑和建议不断校正我博论写作的航向，指引我拓宽理路，加深思考。诸葛忆兵、刘宁、张剑、马东瑶教授在答辩环节的评议一针见血，也让我受益良多。出道以来，李贵、林岩、刘成国、叶晔、马里扬、汪超诸师友对于本人博论以及相关论文的关注和评论，他们的鼓励和提醒，无不令我感佩，并让我深深体会到来自学术共同体的温暖，还有压力。此外，和邓小南教授门下丁义珏、张亦冰、吴淑敏、杨光等友人的交往，使我对宋史及其研究者有了一种别样的亲切感。

时常怀念在夫子门下和师兄弟姐妹们相伴读书求学的日子。感谢王建生、李飞跃、张蕴爽、周剑之、罗旻、姚华、岳娜、谭清洋、韩世中、董岑仕、宁雯、黄柯柯、李恩周、李真雅等师兄师姐对我的关心和帮助。感谢姜西良、陈琳琳、刘杰在博论写作各环节担任秘书，为我奔走操劳。感谢张卉、程海伦、王萧依、毛锦旖、袁苗苗、周磊、友美等同门的陪伴，张门因为你们而增添了许多生趣和风采。当然，必须要感谢师母无微不至的呵护，让我们在张门也能感受到家一般的温馨。

最后还要感谢我的家人。你们的支持是我前行的动力。更重要的是，是你们让我踏踏实实地活在此时此刻，让我明白，生活不只有学术，而学术却需要生活的历练。

本书的部分章节曾在《文学评论》《文学遗产》《中外论坛》《励耘学刊》《国学学刊》《北京社会科学》《海峡人文学刊》《华南师范大学学报》等刊物发表，感谢匿审专家和编辑的意见。我在修订博论时发现，但凡发表过的章节就无需过多改动。想起葛师曾说，著作可以注水，而论文都是干货。信然。